简明版

汉语音义系统字典

齐冲天　著

海燕出版社
·郑州·

图书在版编目（CIP）数据

简明版汉语音义系统字典 / 齐冲天著. —郑州：海燕出版社，2023.10

ISBN 978-7-5350-8697-6

Ⅰ.①简… Ⅱ.①齐… Ⅲ.①汉字–字音–字典 ②汉字–字义–字典 Ⅳ.①H12–61

中国版本图书馆CIP数据核字（2021）第210934号

简明版汉语音义系统字典
JIANMINGBAN HANYU YINYI XITONG ZIDIAN

出版人：李 勇　　　　　　　　美术编辑：刘 瑾

选题策划：李道魁　　　　　　　责任校对：王 达 郝 欣

特约编辑：王建新　　　　　　　　　　　　康若怡 屈 曜

责任编辑：朱立东 李红彦　　　　责任印制：邢宏洲

　　　　　王 森 李 强

出版发行：海燕出版社

　　　　　地址：河南自贸试验区郑州片区（郑东）祥盛街 27 号

　　　　　邮编：450016

　　　　　网址：www.haiyan.com

　　　　　发行部：0371-65734522　总编室：0371-63932972

经　　销：全国新华书店

印　　刷：河南瑞之光印刷股份有限公司

开　　本：880毫米×1230毫米　1/32

印　　张：21.75

字　　数：1200 千字

版　　次：2023 年 10 月第 1 版

印　　次：2023 年 10 月第 1 次印刷

定　　价：88.00 元

序 言

　　我的《汉语音义字典》以及这部《简明版汉语音义系统字典》是以汉语的内部规律——音义的系统为纲来编写的。2006年1月15日《人民日报》发表了我的《字典改革之我见》，这里算是我的观点的自我实践。现代科学已经发展到了系统论的高度，钱学森先生写了《创建系统论》一书。我曾在钱先生的灵堂前致了三鞠躬的永别礼，而学术则要后人追随前人，不断前进。倘若我们的字典还是成千上万的字、词一个一个互不相干地罗列着，恐怕有点难理解了。抓住规律，无疑是启发思路、提高学习效率的唯一通道。

　　虽然我们过去也有语源字典，如章太炎先生的《文始》、王力先生的《同源字典》，都很有影响，但是他们都以音转说来解释其中的疑难。包括之前乾嘉学派中段玉裁的《说文解字注》、王念孙的《广雅疏证》都不下百余次地以"一声之转"来解释音义系统中的疑难之点。如"墨"，从土黑声，可是它的声母为什么从h变成m了呢？音转在语言史中无疑是存在的，但必须是成批的字有规则有条件地向邻近的发音部位演变。这"一声之转"不是成批而是一个个的字不论条件地、不是向邻近的部位演变，那到底是一种什么现象？就只有另待后人研究。

　　本字典共搜集了将近9000个单音节词，近现代的多音节词也都是由单音节词构成的（只有少数音译词除外）。按照它们的音义历史，共分为753个词族，每个词族平均是12个词。其中两个语源的词是3000多个，对它们声韵两方面的语义都加以补充并结合起来，从而呈现出了一个音义的系统。当然，这个系统不能做到十全十美，两三千年前史前时期的问题已无人查证，就是有史记载以来的问题也难能做到完美无缺，只能是尽力为之，后人还可补充。字典的最后一部分是328个附录字。收入附录里的字，从没人说过它们是由谁派生的，也从没人说过它们曾经派生过谁，因为史料都已丢失了，很难说得清楚。

　　附录中的字，有些是古僻字，有些在现代还是常用的重要字，比如"男"字。从"女"的派生词有一系列，音义从"男"的派生词却一个也没有，这显然跟母系社会有很大关系。但是到父系社会的年代也已不短，"男"字也并未见有派生词，只有几个派生字而已。这是为什么呢？目前还没有令人信服的答案。所以，我们对语言音义方面的现象还研究得很不够。

本字典实际上也是一本汉语的语源字典。若是以 20 年为一代，从《说文解字》到现在有百代的语文研究学者常常梦想能有一本成系统的、完善的汉语语源字典，能使汉语词语的历史规律一目了然，但是都没能实现。原因是许多音义之间的联系都不得其解，都被割断了，但是藕断丝连，大量的音义迹象还是存在的。只要我们带着一个客观科学的态度去修订，多方面地去求证，问题就不难解决。因为汉语所保留下来的大量典籍，在世界语言史中都是最丰盛的。尤其是训诂学和古音学的发展，更从不同方面提供了科学依据。

我国语言学的发展是从汉代声训开始的。声训就是联系语音以解释语义。其中尤其精到的是把单音节分解为声和韵。这声母和韵母的分分合合，在现代是幼儿园和小学生的课程，拼音就是两者之合，可是在汉代声训以来两千年的声与韵，却只知分而不知合。汉代声训的莫大功绩是做了声与韵之分，并各述其义；汉代声训的莫大缺陷是知其分而不知其合。这个局面一直维持到现代。所以我从音义的语言逻辑出发，提出：双声为训必须与叠韵为训相结合，一个必然的结果就是，一部分单音节词是由声韵两部分音义构成的，它们存在两个语源。

我还想再说一遍：汉代声训的莫大功绩是双声为训与叠韵为训之音义之分，其莫大缺陷是未知其合。《说文解字》中的几百例声训中，只有一例是双声为训与叠韵为训同时存在只是未加结合的，那就是："全，完也。一曰纯玉曰全。"这里"全"与"完"叠韵为训，"全"与"纯"双声为训。可是两者是分割的，所谓的"一曰"。其他所有双声为训与叠韵为训的例证，声韵都遭割裂而残存了。

这里有一个十分严重的问题：理应由声韵两方面结合的语义，被割裂而丢失了其中之一。这类丰满的单音节词的词义遭丢失而变得单调贫乏了。例如《诗经》的第一首诗："窈窕淑女，君子好逑。"毛亨传："淑，善也。"至今所有的大小词典都解释"淑"为善良、美丽之义。我认为这解释了"淑"字的语义的一半，丢失了一半。"淑"与"善"声母相同，双声为训，韵母方面就不说了。"淑"与"叔"叠韵，"叔"，少也。所以，"淑"是善良而年少之义。

又如"道"，字典上可以解释几十个义项，但却未能得其要领。周秦诸子大家都承认他们的学说是道。道，途也，双声为训。途是指大路，如说前途。"道"从首声，"首"作动词，指头之所向，如说"狐死必首丘"，它的头向着它所居住的土丘。"道"与"首"叠韵。这样，"道"就是指有方向的大路。这样，诸子学说的前瞻性就显示出来了。上千的诸侯纷争，国家的前途是什么？都要回答这个道的问题。故后说向导。这样，由音及义，语源的探讨就很重要了。道的释义丢弃了它语义的一半，成为一个缺点了。

历史上最早做出双声与叠韵相结合的以释义的最早例证，可举在三国时代《左传·桓公六年》的杜预注中对"牲"字的释义："牲，纯色完全也。"杜注说：祭祀时所用的猪、牛、羊等三牲都要体全而毛色纯。当时的礼俗，祭祀时所用的三牲，都要自小照这样的标准选好，然后另外喂养。当然，杜预是根据当时习俗，破天荒将双声与叠韵为训两者结合起来了。他还没有能理解声与韵的音义结合规律，但却也足以表现他语文学习和研究的精细深入。杜注是高明的。杜预本是西晋时代的一位将领，他文武兼备，难能可贵。

在现用的八九千个单音节的汉字中，大约有三千个词由两部分音义构成。有许多已被揭示出来，但未曾结合，未曾引起关注。还有大量的则是未曾明确揭示。例如有近百个字在字形上就声韵俱全、音义俱全地表现出来了。例如"风"，从虫从凡，实际上风与凡双声，风与虫叠韵。又如"游"，从扩从汓（即泅），游与扩双声，游与泅叠韵。所以，音义联系可待发掘的余地还很大，理应把它们进一步系统化。真正要费尽心血地去稽古钩沉的情况很少，形音义俱在，语言文字应是大家都懂得的东西。我从现存的常见史料中发掘出了大量的音义联系，是平时未曾注意到的。这里有古音、古义、古形的现象，需要认真对待，有时还稍有一点奥妙。念错字或写别字，就得不到历史的真相。

从严格的意义上说，汉语单音节语的最终形成是元代入声韵部的全部消失。因为韵尾-p、-t、-k、-m的存在，单音节词的韵尾最终还要发一个破裂音，就不算是地道的单音节。大家有一个共同的感觉：北京话好听。其中一个主要的因素，就是没有入声字了，不用到一个音节的最后再来一个塞擦音，费了唇舌，而是一律由韵母收尾，洪亮而顺畅。不同语言的音义体系的接触，是促成音义体系演变的重要因素。元代的大都（今北京）就是在这样的语言环境中促成了现代的普通话。所以，语言音系和音义体系的演变，没有语言学家去倡导，没有政府的文告去促成，人民大众在语言交流中自然而然地就出现而完成了。京剧的唱腔中，语音的讲究很多，至今还是如此，显然要对语音音系的演变起一定作用。入声字最后的闭塞音显然对唱腔的最后发挥起不利影响，从而就要求它消失。有一位美国学者竟说了这样的话：若要嗓子好，就去学汉语。

当气流从胸中呼出时，若是受到阻止或摩擦，便是声母；若是顺当通畅，便是韵母。这样，声韵之间便是一个对立不统一的关系，是通畅与阻塞的对立。两者又统一于单音节，即一加一等于一。我们的说唱艺术中，你想要吐字清楚，便注意发好声母；你想要拉长调、耍花腔，便要在韵母上下功夫。我们的口舌是非常灵巧的，即使是最为笨嘴笨舌的人，也是相对而言，实际也很不平凡。多音节语构词时，一般则是 1+1=2，或 2+3=5 之类，此外还常需另加后缀，因为它们的语法发展形态学，以后缀为形态。汉语则主要依靠词序、虚词来表达语法关系，保持了单音节的格局。所以，从汉语的发展史看，单音节无疑是它的最大特色和主要成果。

我们还有一个不成文的观念：一个单音节的词只能是一个语源，而单音节的词在语源上是不能再分割的了。即使古代声训分割了，也不用管它，后代已没有这种事。所以，百代以来的语文学家们没人能在此再进一步。现代人有一条共识：声和韵都可以直接与语义相结合，这在多音节语中是不可能的。这一认识又只能在现代语的若干例中适用，谁也没有把它应用到语源学中，推而广之与汉代声训相结合。这样，我们的语文研究中欠缺的一个重要步骤，就是没能推而广之，没能融会贯通，没能一以贯之。

这里我感到是一种理论思维的欠缺，一种哲理的方法论的欠缺。我们推崇朴学，这是很好的，但不能只推崇朴学，停滞甚至限制在朴学，成了偏颇。我们也有评议理论的科目，但是把它的视野扩展到汉语及其历史的研究，就欠缺了。

双声为训而丢弃韵母，叠韵为训而丢弃声母，从而结合成一个新的单音节词，这不是谁能想象而得的。至今汉藏语系的许多语种，都还在实现这种 1+1=1 的过程，都还在向单音节语过渡的历程中，都还要经过一个复辅音的过程，然后丢失其中之一，形成单音节语。我到中央民族大学走了几趟，真是大开眼界。几位博士生都一再叮嘱我："齐老师，发复辅音时一定要快，然后第二个辅音逐渐弱化，逐渐消失，形成单音节。"抗日战争时期，我的老师罗常培先生曾在广西调查少数民族语言，他说："广西壮语中变化的变字，念复辅音 pl。"罗先生于此疏忽了一点："变"字本来的字形从攴从䜌，两偏旁字的声母正是 p 和 l，两声母结合成复辅音，然后弱化并丢失第二个辅音，便实现 1+1=1。《说文》："䜌，不绝也。"不断地卜卦，国家的政治要变革了。变革一词，《易经》中已见用，它本是一个政治概念。就这样，"变"字就产生了。

多音节语是语言构词发展的自然结果，单音节语则是要靠我们祖先应用和改造语言音义而得的结果。它显得如此丰满而简练。我们的祖先在此不知花了多少心思，对音义和文字真是精益求精啊。

总　目

凡　例

　　一、本字典以词族为纲，每个词族以语源词为首，以下排列着由它所派生的一系列词，最少的一两个，最多的上百个。字头后括号内列出繁体字。

　　二、每个词族内部，以与语源词音义关系的远近排列，近者在前，远者在后。每个词族前冠以数码。

　　三、全部词族依语源词的义类，分列为十个部分：

　　（一）人体与言行之一（人及其繁育）；

　　（二）人体与言行之二（身体感官与思虑）；

　　（三）人体与言行之三（有关手与足的行为）；

　　（四）衣食、舟车；

　　（五）农牧、建工；

　　（六）工具、武器；

　　（七）政法、文武；

　　（八）草木、鸟兽；

　　（九）日月、山川、气象、鬼神；

　　（十）方位、数量。

　　应该说，上述以社会生活为纲的分类，只能是大概的。

　　四、每个语源词之后，列出该词的全部派生词，以顿号隔开。每遇有分号者，分号以后为有两个语源之词，即一部分语源来自该语源词，一部分语源出于其他词族。

　　五、每个词下用现代汉语拼音注音，不再交代上古音。

　　六、释义方面，一般不用义项罗列。义项罗列的优点是清晰，但诸义项之间往往被割裂。故我们采用连贯叙述的方法。先说本义，常常结合字形或语音，再说引申义、再引申义。

　　七、没有在每一义项之后必举例句，对过于熟悉或过于生僻的义项，往往省略例句。

八、古文例句有时加译义。冷僻字加注音。

九、释义有详略，古今常用词详细，生僻字较简略。

十、同一词族诸词在原则上是一个整体，各词之间是互相联系的，只是有直接联系与间接联系、再间接联系的区别罢了。

十一、书中有好些简称：《说文》即东汉许慎《说文解字》，段注即段玉裁的《说文解字注》，释例即王筠《说文释例》，义证即桂馥《说文解字义证》，通训即朱骏声《说文通训定声》。再如《十三经注疏》中各经的注者和疏证者，是大家都知道的，这里就不赘述。

十二、关于语源研究的证据：

语音方面，主要依据王力先生的上古音体系，再有就是明清以来公认的"同谐声者必同部"。声旁字是否都声中有义？原则上都是声中有义，但是有少数声旁字有变化，已经变更了的声旁字就不表其义。用王力先生的上古音体系把汉语的语源都疏通了，这就从语源学方面证明这个上古音系是靠得住的。语源学应该感谢古音学的研究，没有这个，语源学是举步维艰的。

语义方面，单音节词之间互相解释，说明它们之间存在着相同或部分相同的语义。特别是一些大注家、大训诂家、大辞书家、大文字学家笔下的声训，都是语源学研究的可靠证明。我们不依靠他们还依靠谁呢？但是他们大多是具体的、散乱的，缺乏系统化、缺乏理论的指导。我们把它汇总起来，得以统观全局，拨开云雾，辨别是非，一个庞大的汉语的音义体系，就呈现在我们的面前了。

什么是语源？就是每个词语的音义之源以及它们后来的演变与发展。

十三、本字典的最后部分是附录，包括四个部分：

1. 一时找不到该词的语源，同时它也没有派生出别的新词。这样，它们在词族之林中就处于游离状态。其中有许多是很重要的词。可能是由于我们才学浅陋，如有高明的人不吝赐教，言之成理，我们是非常感谢，非常乐于接受的。

2. 来自国内各少数民族语言和国外语言的音译词。这里只是录了较为常用的或有构词能力的词。国内55个兄弟民族的专门名称，大多为音译词，书中只做简单说明，未做语源方面的解释，检字表中也未收录。

3. 人名、地名等专门名词之一时未知其语源者。

4. 象声词、感叹词之单纯象声、不论语义者。

部首检字表

(一)部首目录

（部首右边的号码指检字表的页码）

(二)检字表

（字右边的号码指词典正文的页码）

十六画	10	七画	剽 513	网 554	伏 22	佃 229
鹰 220	刂部	荆 234	剿 305	五画	伛 481	佚 376
鹯 398	三画	剠 54	剿 409	肉 535	优 48	作 162
9	刊 295	剌 402	剿 316	六画	伐 310	伯 452
匚部	四画	削 536	十二画	罔 555	伢 87	伭 217
二画	列 211	剞 433	劀 277	九画	仲 530	伶 327
区 481	刑 234	剐 171	劂 497	冕 187	件 589	佣 531
匹 567	划 349	剑 104	劁 536	十三画	件 576	低 467
巨 281	刚 463	剚 24	十三画	鼏 329	任 39	佝 83
三画	则 301	前 226	劋 425	13	气 493	佽 412
叵 501	刍 494	剃 430	十四画以上	亻部	伤 457	佟 598
匝 16	创 239	565	劐 68	一至二画	伥 64	㑇 382
匜 542	删 459	八画	劓 79	亿 115	价 557	你 347
四画	刐 363	剖 215	劘 440	仁 3	份 568	住 515
匡 371	刘 266	剒 166	劗 167	什 578	公 329	位 445
刑 234	五画	剒 501	劘 253	仆 375	伦 351	伴 570
匠 590	刮 519	剕 422	11	517	伧 239	伺 325
五画	别 569	剔 430	卜部	仇 577	伋 598	佛 545
医 314	利 241	剖 478	卜 517	化 10	伪 146	伽 595
医 16	删 350	剜 505	三画	仍 504	仵 260	佁 45
臣 86	刨 8	剡 63	占 518	仂 60	伊 585	六画
匣 375	刬 84	剥 292	卢 285	仅 470	仳 12	佳 342
六至八画	判 570	剧 436	外 595	三画	似 43	侍 164
匦 577	到 6	刷 168	四至五画	仨 573	五画	佶 88
匮 261	六画	剜 129	卡 208	仕 323	传 195	佬 35
匼 489	刲 80	九画	贞 342	仗 64	佞 3	侼 80
匪 405	剌 398	副 559	卣 338	代 404	估 92	供 150
匭 422	剋 171	剳 398	六画	付 140	体 340	使 325
九画	到 298	剧 17	卦 342	仙 477	何 498	佰 453
匮 336	列 310	剧 259	卧 585	仟 579	佐 125	侑 128
匾 350	剀 183	剑 225	八画	仪 28	伾 380	侉 171
十画	制 408	十画	桌 476	们 265	佑 127	侠 16
匫 239	刮 112	剄 58	十二画	他 543	佈 33	侦 342
十四画	例 211	喇 403	睿 586	仞 300	佔 518	侗 558
匷 101	剑 550	剧 436	12	仔 41	攸 488	侣 56
匶 579	刹 388	剩 477	冂部	四画	但 450	侃 488
十五画	剁 381	剭 317	二至四画	伕 36	伸 155	侧 52
匵 386	剂 244	割 306	冄 202	伟 546		侏 396
	刻 41	十一画	冈 462	休 23		侥 166
	刷 137	剺 408	冋 328	伍 575		㑀 5
		删 592	同 557	伎 412		佸 112

侨	473	俛	187	俥	101	傤	528	儘	349	六画		今	550
侉	221	係	541	倓	505	偊	541	儗	123	券	573	仓	239
佺	49	信	117	倌	323	做	177	價	385	並	12	三画	
侩	549	悦	95	倥	279	傍	223	儥	479	单	101	参	119
佮	548	侵	366	倇	63	傢	137	十五画以上		七画		丛	375
俏	594	偏	142	健	348	傧	77	儡	232	差	125	令	327
佻	521	俑	531	倨	92	容	330	儦	513	养	248	四画	
佩	495	俊	118	倔	168	储	365	儳	446	美	216	全	49
侈	460	八画		九画		偏	264	儸	81	叛	139	会	549
侪	244	俸	372	偾	175	催	416	儹	167	酋	338	合	547
佼	176	倩	371	偞	390	十一画		14		首	48	企	587
依	186	债	399	做	163	偅	227	八部		总	271	众	17
侅	41	俵	514	鹁	24	僄	513	八	566	八画		伞	214
伴	248	倖	122	偓	261	傔	347	二画		羞	138	氽	441
併	11	借	215	偄	57	催	413	兮	504	粆	572	五画	
饮	563	偌	384	個	63	傻	586	分	567	益	489	余	257
侘	379	值	116	偄	66	僝	117	公	329	兼	246	佘	257
侔	250	俠	207	偕	13	像	438	六	594	九画		金	103
七画		倬	166	偿	527	僇	424	四至五画		着	364	坐	24
传	231	倚	500	偶	437	十二画		兴	157	兽	324	谷	85
俨	149	倾	52	偈	26	僖	357	兵	590	十画		含	551
便	458	倒	298	偎	245	傲	276	六画		尊	336	六至七画	
㢟	341	俳	422	偲	114	僯	496	其	275	挲	41	舍	257
俩	564	俶	208	偟	320	僚	523	具	152	擘	193	命	108
俪	565	倬	476	傀	466	僭	277	典	350	曾	271	俞	224
俅	189	倏	587	偫	165	僬	511	九画		訾	107	俎	272
修	489	倘	529	偷	225	僻	172	黄	506	十一画		龛	534
俏	536	俱	152	御	85	僦	476	十二画		獻	338	八至九画	
俣	96	倡	94	偵	23	僭	121	與	155	十四画以上		軕	361
俚	233	伤	429	偬	270	僧	595	龚	461	黇	507	拿	29
俔	69	脩	489	停	283	僝	337	十五画		馘	404	衾	550
保	144	候	316	偻	262	催	263	鮨	128	鞭	101	斜	258
傅	501	倭	245	偏	351	儌	182	[14]		夔	593	盒	548
促	158	倪	42	假	136	僎	42	丷部		15		十画	
俐	241	俾	337	偒	143	十三画		三至五画		人(入)部		舒	257
俄	27	偭	459	十画		僵	230	兰	402	人	3	畲	257
侮	31	傛	111	傲	169	儇	195	关	560	一至二画		翕	548
俦	156	倞	475	傫	197	僑	213	苂	296	个	593	禽	551
俭	104	俯	141	傅	32	僻	332	兑	95	介	21	16	
俗	85	倍	478	傪	489	十四画		弟	564	从	10	勹部	
俘	144	倦	572	傝	489	儒	67			仑	351	勹	7

抛	586	择	75	挭	71	捷	534	搂	306	揩	178	擎	322
拟	122	拚	187	拹	61	捯	299	撺	191	撲	174	摽	513
抒	153	抬	165	拯	324	排	422	撲	390	搔	143	撇	188
五画		拇	30	挼	587	捐	214	搭	549	揉	312	撮	110
抹	389	拗	196	七画		掉	476	搽	258	搽	254	摆	232
拔	286	六画		捒	512	㧬	435	揸	410	十画		撾	171
拑	219	拭	404	抓	82	捆	451	摵	562	搆	395	摧	413
拓	468	挂	342	捞	60	捆	404	揠	261	摄	81	撄	443
㧟	33	持	165	捕	32	掼	560	搣	32	揶	80	摊	438
拢	439	拮	88	梗	458	捶	381	揩	14	摸	383	撬	356
拔	252	拷	498	捂	575	推	465	揹	11	搢	461	摘	400
抨	502	拱	150	振	442	捭	337	揽	73	搏	34	摔	427
拣	401	挜	57	捄	254	掀	302	提	455	搣	32	搯	460
拈	520	挎	171	捄	189	捨	257	揖	82	摅	435	撒	149
担	518	挞	4	捎	537	採	147	揭	27	搋	507	摺	421
挓	273	挟	16	捍	294	授	221	揾	287	搞	425	摎	423
押	376	挠	471	捏	449	捻	552	揣	398	摁	586	十二画	
抽	407	挃	179	捉	158	掏	8	揾	59	摆	334	撺	227
拐	587	挡	528	捆	269	掎	144	欿	551	携	417	撷	88
抶	377	拽	539	捐	433	掐	25	插	237	摭	541	撕	303
怍	163	括	112	损	486	掬	154	揪	522	搬	222	撒	214
拖	543	挢	474	把	328	掠	475	搬	397	摇	212	撬	307
拍	452	挺	540	梅	410	掂	520	揸	313	搞	454	撑	98
拆	298	拴	50	捈	257	掖	55	揄	225	摘	516	撢	271
抮	120	拾	549	捡	104	捽	360	援	148	搪	456	撅	496
拎	327	挼	388	挫	24	培	478	挽	440	搒	224	撩	524
拥	484	挑	521	捋	145	接	39	掏	55	搐	248	撙	277
抵	467	採	381	换	77	捲	572	揞	352	搤	489	撑	529
拘	83	指	15	挽	187	掸	101		553	搛	246	撮	134
抱	7	格	109	捣	231	控	278	掃	400	搠	298	撬	474
拄	515	挣	145	捃	132	揜	251	拒	224	摈	78	播	572
拉	4	挤	244	捐	142	掮	54	搁	109	搽	330	擒	551
拦	402	挍	41	捅	530	探	271	搓	125	搰	264	撸	363
拌	570	拼	12	挨	45	据	92	搂	262	摧	417	撚	213
拧	114	挖	418	八画			436	搅	154	摚	280	撞	533
抿	37	按	261	捧	372	掘	168	揎	487	搦	317	撤	180
拂	544	挥	147	捺	519	掺	574	揆	251	摊	415	擤	336
拙	167	挦	359	措	215	掇	129	慨	497	搡	236	撣	441
招	299	拶	574	描	242	揸	96	握	258	㩆	236	撰	153
披	190	挪	203	掎	500	九画		十一画		十一画		撜	341
拨	173			掩	157	揍	354	摒	12	搅	282		

莙 71	蒜 579	蒂 186	蔽 168	蘁 405	四画	三画
葳 32	蓍 15	蔷 394	蕴 287	蘸 420	寿 231	夸 171
惹 384	蒢 464	蕲 401	蔹 199	十五画	时 164	夺 95
黄 66	幕 383	蕖 512	十三画	藕 437	寽 145	尖 309
葬 383	蓦 383	蔽 188	蕻 151	爇 235	六画	四画
萷 52	葙 273	暮 383	蘋 78	蕴 242	封 373	尧 104
葺 82	蒨 371	摹 384	蔷 239	蕡 322	耐 66	夹 76
葛 27	蒋 489	慕 383	黇 519	豬 364	七画	五画
蕡 336	蔓 425	蔓 554	甄 20	蘁 232	尃 32	奈 66
蕙 114	蓓 478	蔑 76	蕹 588	藜 241	酎 140	奔 175
萼 297	蒠 79	蔸 76	蕾 232	截 419	辱 235	奇 500
董 532	蓖 13	蔓 443	蕆 301	藤 29	射 314	奄 157
萩 522	蒿 212	兜 365	薯 364	蘪 513	九画	奋 421
葆 145	蔱 497	蓰 159	薨 76	藩 572	尉 359	奇 267
葩 432	蒺 541	敊 104	薙 314	蕙 360	尌 340	六画
蒏 485	蓊 330	蔡 523	黅 155	十六画	十四画	契 305
蒐 36	蓟 592	蔗 18	薛 368	藿 427	爵 419	奂 66
葰 366	蓬 373	蔟 315	薇 181	蓬 436	38	奄 82
葎 60	蓑 186	蔺 175	薜 447	孽 368	廾部	牵 200
蒌 482	蒿 473	蔉 281	薨 473	蘅 592	廾 150	类 206
葡(萄) 595	蓆 17	蔌 271	薦 393	蘑 192	三画	奖 394
蒮 23	蒤 127	蔼 26	薪 335	藻 106	异 515	七画
蒝 495	蒀 517	蔚 359	薏 116	十七画	五画	套 143
葱 270	蒡 224	蓼 423	薙 484	蘱 314	弄 286	奚 541
葶 283	蓄 247	十二画	薮 580	蘸 384	六画	八画
蒏 544	蒹 247	賁 175	薄 34	蘩 374	异 155	奅 7
蒂 399	蒴 297	蕙 121	薛 332	蘖 368	羿 591	奢 363
萷 226	蒲 33	蕈 98	薸 23	襄 102	七画	九画
蒋 395	蒧 600	蕨 400	十四画	蘸 73	乔 572	焱 251
落 109	蓉 330	蕨 496	藉 216	十八画	十一画	奥 269
葵 251	蒙 555	蕹 382	薹 165	蘁 232	弊 188	熬 59
萱 331	蓂 556	蕞 134	蔽 34	十九画	十五画	奠 339
487	蓥 509	蕾 76	薾 347	蘸 511	彝 436	十一画
蒷 498	蒻 317	蕉 511	藏 395	蘼 189	39	獒 123
葭 136	蒥 156	奠 269	薵 67	蘼 192	大部	十二画
葵 174	蓣 206	蕃 374	藕 27	37	大 3	奭 578
羹 375	蒐 250	蕣 172	薰 510	寸部	一至二画	十六画
艸 383	蒏 153	蕁 337	藐 290	寸 140	矢 51	奰 102
菽 312	蒸 325	蕲 303	薛 217	三画	太 3	40
十画	十一画	蕊 113	蔓 76	寻 574	夯 19	九部
蓁 244	蔫 415	蔬 177	藻 512	导 48		九 371

嗙 224	羿 102	**四画**	妃 194	客 110	嵝 262	帜 404
嗌 490	器 590	园 195	**四画**	**七画**	嵋 68	帙 377
嗛 246	噬 15	围 545	屽 296	崂 600	**十画**	帕 452
嗤 164	嗷 453	囵 485	峀 412	崃 600	嵊 477	帔 190
嗓 236	噻 259	困 268	屺 481	峺 458	嵨 317	帚 276
十一画	**十四画**	囤 377	岗 462	峭 536	嶂 56	帑 590
嘈 276	嚏 183	囮 11	岘 600	峨 27	嵩 331	希 436
嘿 415	嚅 67	囵 352	岑 551	峇 368	**十一画**	**六画**
嗽 401	嚎 473	昏 458	岚 495	崄 104	嶂 355	帮 373
嘌 513	嚓 523	囫 362	吞 269	崝 552	**十二画**	带 186
喊 208	嚅 123	**五画**	岔 130	峪 85	隋 126	帧 342
嘎 307	**十五画**	国 403	岛 231	峰 373	嶙 508	帡 12
嘘 462	嚚 322	固 91	**五画**	峻 118	嶒 272	帣 572
嘣 566	嚣 170	困 238	岵 93	**八画**	嶰 447	**七画**
嘤 443	嗊 303	图 327	岢 600	崚 385	嶲 154	帱 231
嘭 18	**十六画**	图 591	岸 463	崖 343	嶇 429	帨 480
嘛 192	曛 427	**六画**	岩 150	崎 500	嶝 479	帨 95
嘀 400	**十七画**	囿 128	岿 465	崦 157	**十三画**	**八画**
嗾 315	嚼 511	**七画**	岨 273	崭 305	嶼 288	帻 399
嗷 150	嚷 440	圃 33	274	崮 91	**十四画**	帷 157
嘹 423	嚷 102	圀 451	岬 375	崔 413	巇 122	帴 309
十二画	**十九画**	圂 575	岫 407	釜 551	**十五画**	帼 404
嘻 357	囊 103	圆 433	岭 327	崤 345	巂 417	帷 546
噎 89	嚣 149	圆 485	峋 84	崩 566	**十六画**	帵 62
嘶 304	囔 167	**八画**	岽 267	崞 600	巅 120	**九画**
嘲 222	**二十二画**	圍 370	岷 37	崒 361	巇 435	幅 559
噂 98	囔 103	圈 573	岩 299	崇 260	**十七画**	帽 553
噉 497	**44**	**十画**	峄 75	崆 279	巍 466	输 226
嘹 524	**口部**	圖 198	岳 333	崛 168	巉 440	帻 226
嘈 277	口 545	**十三画**	岱 404	**九画**	**46**	幄 258
喝 134	**二画**	圜 75	咖 90	嵌 219	**巾部**	帣 312
嗡 549	囚 25	圆 195	**六画**	嵘 509	巾 589	**十画**
噙 551	四 563	**45**	峙 165	嵖 410	**二至四画**	幌 507
噜 363	囧 486	**山部**	崤 397	崴 32	帆 374	幎 556
噂 337	**三画**	山 462	炭 464	嵎 437	市 567	幣 222
嘱 431	因 20	**三画**	峡 16	崿 297	帅 465	**十一画**
十三画	团 194	屿 155	峣 471	嵚 551	帆 494	幖 513
噤 391	回 545	屹 493	峒 557	嵬 466	帐 64	幔 554
嘴 162	吅 100	岁 310	峤 474	嵏 483	**五画**	幗 270
噱 436	团 585	岌 131	峥 145	嵹 542	帔 252	幖 523
噗 96		岂 182		嵯 126	帖 519	幛 355

十二画
幱 340
幞 375
幡 571
幢 533
㡣 555
十三画
幬 333
幨 518
十四画
幰 76
幖 479
十六画
幡 421

47
彳部
彳(亍) 587
三画
行 179
四画
彶 130
役 361
彻 180
五画
征 160
徂 273
袖 406
往 371
彼 190
径 6
六画
待 165
徊 545
徇 9
徉 249
衍 488
律 348
很 70
後 321
七画
徒 470

徕 207
程 5
徐 258
八画
術 207
徘 422
徙 158
徜 529
得 141
衔 551
街 200
九画
街 343
衕 557
徸 533
復 181
徨 320
循 313
徥 313
十画
衛 575
微 181
徭 212
徯 541
十二画
德 116
徝 23
十三画
徵 453
衡 180
十四画
徽 181
禦 576
衞 427
二十一画
衢 74

48
彡部
彡 573
四画
形 234

杉 573
彤 469
六画
彣 66
八画
珍 121
帇 349
八画
彭 371
彬 391
彪 592
彩 147
彫 99
九画
彭 356
婆 65
十一画
彰 354
十二画
影 475

49
犭部
二画
犯 491
三画
犷 506
犸 249
四画
狂 372
犹 338
狆 378
犰 53
狄 253
狙 138
五画
㺓 69
狨 308
狙 274
狎 376
狐 217
狗 84
狍 7

狮 350
狞 114
狒 545
六画
狭 81
狭 16
狮 595
独 431
狯 550
狰 145
狡 176
狩 324
狼 70
狲 43
七画
狴 304
狷 433
猃 104
狼 206
狌 13
狻 118
八画
猜 147
猪 364
猎 446
猫 242
猗 500
猓 219
猖 94
猁 409
猊 42
猝 338
猝 360
狮 348
猛 283
九画
猢 94
猹 410
猩 369
猥 245
猾 59

獀 35
猴 316
猫 352
 553
獉 483
猸 68
猱 313
十画
猿 148
十一画
獐 355
獍 356
獝 149
十二画
獤 471
獭 496
獠 523
猏 416
獬 213
十三画
矇 555
獭 403
獲 229
獱 196
獬 447
獠 423
十六画
獹 285
二十画
玃 74

50
夕部
夕 459
二画
夗 62
三画
舛 172
多 460
五画
夥 460

六画
怨 63
七画
貿 62
鸳 62
八画
梦 76
九画
飨 588

51
夂部
夂 170
四画
夆 173
夅 372
条 489
夋 118
五画
夌 385
六画
备 152
六画
夐 598
九画
夎 152
十四画
夒 17

52
饣部
二画
饥 182
四画
饬 378
饪 39
饫 51
饬 203
饭 139
饮 553
五画
饯 309
饰 203
饱 144

饲 325
饳 169
饴 43
六画
饵 80
饶 472
蚀 203
饷 270
饸 548
饺 446
饼 11
七画
饽 567
饹 401
饳 341
饿 27
馁 246
八画
馃 218
馅 24
馆 323
九画
馈 410
馈 336
馊 36
馋 440
十画
馌 284
馍 383
馏 266
馐 138
十一画
馑 470
馒 554
十二画
馓 89
馓 214
馔 152
十三画
馕 488

油	406	洪	151	七画		涌	531	液	55	溅	308	溽	236
泔	229	洹	601	涛	231	浹	44	淬	360	滑	58	源	464
泱	18	洒	428	涝	60	浚	118	涪	600	湃	368	滤	435
泂	328	洧	600	浡	567	八画		淩	39	湫	522	滥	73
泅	25	浒	393	浦	33	清	370	淤	414	湩	532	溷	507
泗	600	浃	16	涑	401	渍	399	消	212	溲	36	溻	425
洗	377	浇	471	浯	600	添	519	淡	505	湟	601	滔	452
泭	140	洗	506	酒	339	渚	363	淙	260	淑	258	微	181
泊	452	浊	386	涞	601	凌	385	淀	160	渝	225	溴	80
泠	327	洞	557	涟	227	鸿	280		229	湲	148	滁	489
泒	600	洇	20	浙	304	淇	275	涫	324	溢	568	滔	143
沿	486	洄	545	涉	588	淋	390	深	271	淘	55	溪	541
沟	84	测	301	消	537	淅	303	涮	137	湾	198	瀚	330
泖	267	洗	166	涅	449	淞	600	湢	168	渟	283	溜	266
泡	7	活	113	涠	545	淶	386	渗	574	渡	17	滦	198
泫	347	洑	22	泿	158	涯	343	渣	96	游	25	滈	473
注	515	涎	86	涓	434	淹	157	涵	380	湉	220	漓	517
泣	4	洎	79	涡	171	涿	254	淄	491	渼	216	滚	321
泫	200	洫	59	涓	600	凄	38	涴	62	溠	126	溏	457
泮	570	派	488	涅	328	渠	281	九画		溇	262	滂	223
泞	113	浍	550	涔	551	渐	305	渍	175	湭	226	滀	248
沈	256	洽	548	浩	107	淑	208	湛	221	滋	193	溢	489
沱	542	洵	9	海	31	淖	476	港	151	渲	487	溯	297
泻	416	浲	173	涂	599	淌	528	滞	186	溉	497	滨	77
泌	405	洛	109	浠	600	渂	449	湖	93	渥	258	溶	330
泳	487	浏	266	浴	85	混	451	湘	72	湄	68	滓	335
泥	14	济	243	浮	144	渒	600	渣	410	湑	178	溟	556
泯	37	洨	601	涪	552	涸	94	渤	567	滁	257	溺	317
沸	545	浐	463	涣	77	渑	441	湮	20	潜	14	滩	415
泓	54	洪	601	浼	187	淮	546	涷	402	十画		十一画	
泏	169	洣	600	涤	489	淦	551	涵	63	滗	25	潢	506
沼	299	洲	484	流	486	渚	345	澳	67	溱	245	潇	347
波	191	浑	358	润	459	渊	490	湜	454	溘	284	溇	73
泼	174	浒	576	涧	268	淫	40	渺	538	溲	81	漆	409
泽	75	浓	229	涕	565	淦	552	湣	82	满	558	澢	238
泾	7	津	349	浣	362	淝	213	湿	490	溂	383	漕	333
治	45	浔	574	浪	205	湝	459	温	286	溍	461	漱	401
六画		浞	158	浸	366	渔	216	渴	26	漠	383	漂	512
洼	343	洳	30	涅	444	淘	8	渭	547	滢	509	滽	442
洁	306			涨	64	淴	362	溃	336	滇	120	潊	346
洱	80			涩	238	淳	209	湍	398				

潭 502	潜 34	瀛 287	怆 240	恫 558	悽 38	復 181
潵 188	潺 42	潿 510	怍 187	恺 182	慙 305	惶 320
漫 554	澄 326	十七画	忼 53	恻 301	悱 422	愧 466
潔 232	潚 536	灌 100	忧 19	恾 422	悒 9	愉 225
漈 600	十三画	瀤 105	快 133	恓 9	悼 476	愔 352
潳 560	濩 425	瀹 357	忸 138	恌 476	愀 350	慻 553
潐 104	濛 555	潏 419	五画	恤 59	恼 529	愃 487
潴 364	濑 403	瀗 103	怔 160	恮 50	惧 74	慨 497
漪 500	濒 159	瀱 479	怯 284	恰 548	悸 219	惆 80
潓 296	澌 301	瀮 492	怙 93	恑 472	惕 430	惛 178
潅 291	澉 82	十八画	怵 208	恂 9	惘 555	像 253
漳 355	澧 339	瀾 347	怲 457	悁 14	悸 23	十画
滰 356	澡 105	瀷 74	怖 33	恼 482	惟 413	愫 197
滴 400	澴 195	灏 449	怦 502	恪 109	惆 100	憎 15
漩 362	潗 79	滩 484	怛 409	恼 115	惜 459	悾 58
漾 248	潨 522	二十三画	怋 450	恽 359	惚 362	慑 81
演 461	滏 15	灦 451	怞 407	恨 70	惊 343	慎 120
漥 343	激 453	56	快 18	协 61	惇 210	慄 409
潵 505	澹 518	忄部	怳 38	七画	惦 520	悃 452
漏 594	潾 447	忆 116	性 368	悈 309	悴 360	慥 107
潖 423	澶 450	忉 299	怍 163	悖 567	倦 572	慆 212
潍 600	濂 247	三画	怕 452	悚 401	惮 101	惰 143
十二画	澳 57	忖 140	怜 509	悟 575	悾 279	愔 247
潜 277	澼 332	忏 309	怙 383	悭 13	惋 63	慊 246
澍 341	十四画	忆 494	怩 14	悭 322	惨 574	憎 61
澎 357	濊 76	忙 480	佛 545	悄 536	愀 130	十一画
澌 304	澜 429	四画	怊 299	悍 294	九画	慓 513
潮 221	濡 67	忱 49	怿 75	悃 269	惯 560	慢 554
潜 214	濮 375	忧 374	怪 393	悁 433	愤 175	慯 457
潭 98	濒 461	怖 567	怡 43	八画	惮 191	愫 531
潦 524	潴 127	忮 411	六画	悫 328	慌 481	慷 296
潲 537	十五画	怀 445	恸 371	悔 31	愊 559	憎 421
潟 416	瀎 48	忧 48	恻 532	悕 346	惰 126	十二画
潗 419	横 507	忳 378	恃 164	悯 38	愐 63	懂 532
潃 17	瀑 514	忡 530	恒 224	悦 95	愠 286	憭 524
澳 269	潭 259	忤 576	恓 220	悌 565	惺 370	憎 277
潏 548	潕 513	忾 493	恢 508	悢 205	愦 336	憬 475
潘 572	十六画	怅 64	恔 21	悀 531	愕 297	憍 474
潼 533	瀚 361	忻 302	恥 41	惬 16	惴 398	憔 511
澈 180	灌 427	饭 139	恑 244	悴 122	愣 385	懊 269
澜 402	瀣 594	忪 329	恍 507	惜 215	愀 522	憧 533

第一列

憎 272
十三画
懞 555
憵 178
懒 402
憾 97
懆 105
憿 453
憸 104
憎 550
憺 518
懈 447
懔 237
十四画
懥 183
懦 67
懝 123
十五画
懵 76
懽 303
懰 266
十八画
懵 417
二十画
戁 74

57
宀部
二画
宁 113
　 260
它 543
宄 577
三画
宇 503
守 324
宅 379
安 261
字 41
四画
完 49
宋 331

第二列

宆 77
宏 54
牢 590
灾 392
五画
宝 288
宗 260
定 160
宕 456
宠 440
宜 461
审 117
宙 407
官 323
宛 62
实 259
宓 405
六画
宣 487
宥 128
宬 283
室 179
宫 313
宪 331
客 108
七画
害 306
宽 268
宦 86
家 136
宵 536
宴 261
宾 77
容 329
宲 77
宰 335
㝩 205
宿 132
案 261

第三列

八画
寇 591
寅 461
寄 501
寂 208
宿 460
宷 147
九画
寒 492
寒 492
富 559
寓 437
寐 389
十画
塞 259
骞 492
寠 384
寝 366
寐 204
十一画
寨 259
赛 259
搴 492
寒 259
窾 135
窹 575
察 523
蜜 405
康 296
十二画
寱 168
十三画
寯 213
襄 492
寰 195
十四画
塞 492
襄 317

第四列

58
辶部
二画
边 329
辽 524
三画
迁 503
达 3
迈 429
过 170
迁 477
迄 494
迅 424
巡 483
四画
进 175
远 195
违 546
运 358
还 195
连 227
迓 87
迍 576
近 302
返 139
迎 22
迟 53
五画
述 207
迪 406
迟 22
迥 328
迭 377
迮 163
迤 542
迫 452
迣 408
迱 347
迢 298
迨 44

第五列

六画
迵 211
迥 328
选 153
适 400
追 464
逅 321
逃 521
迻 461
迸 175
迹 399
进 12
送 151
迷 204
逆 297
退 535
逊 43
七画
逋 32
速 401
逗 340
逦 565
逐 184
逝 304
逑 189
逍 537
逞 5
造 107
透 243
途 257
逛 372
逑 253
逢 373
递 540
通 530
逡 118
八画
逭 215
逯 430
逻 426
逶 245

第六列

淫 40
週 99
逸 377
逍 324
逮 444
逯 292
九画
逼 559
遇 437
遏 26
遗 336
遛 297
遄 398
遑 320
遁 313
逾 225
遊 25
道 338
道 48
遂 255
遍 351
遐 136
十画
邀 169
遘 395
遢 424
遣 331
遴 445
遥 212
遛 266
十一画
遭 333
遰 262
遟 253
遮 18
達 427
十二画
遺 560
遷 593
遵 509
遵 336

第七列

遴 535
十三画
邃 436
邀 454
邂 447
避 333
十四画
邈 290
邃 255
十五画
遗 386
邋 446
59
彐部
灵 106
五画
录 291
八画
彗 276
雪 277
九画
彘 256
二十二画
蠡 425
[59]
彑部
彑 256
六画
彖 254
十画
彙 547
60
尸部
尸 22
二画
尼 14
尻 577
四画
层 272
尾 13
尾 444

屄 432
局 142
尿 594
　五画
居 92
鸤 22
屈 168
　六画
屍 22
屋 258
眉 79
屏 13
屎 461
　七画
展 280
屑 537
屐 412
犀 444
屙 500
　八画
屠 365
屣 255
屝 422
屦 390
　九画
属 430
屏 474
犀 444
屦 262
屩 42
　十一画
羼 158
　十二画
履 22
屦 262

61 己(已巳)部
己 193
已 44
巳 46

　七画
阰 86
　八画
岜 194
　九画
巽 152

62 弓部
弓 313
　二至三画
弘 54
弙 503
弛 544
　四画
弨 481
张 64
弢 540
弜 432
　五画
弣 141
弧 217
弥 347
弦 200
弩 29
　六画
弭 230
弮 572
弳 80
　七画
躬 313
弱 433
　八画
弸 566
弹 101
　九画
粥 544
强 230
粥 385
　十画
彀 556
彈 426

弰 491
　十一画
彍 189
彊 507
　十九画
彊 348

63 子(孑)部
子 41
孒 88
孓 496
　二至三画
孕 441
孖 41
　四画
孛 42
孚 144
孜 41
　五画
季 23
孥 154
孨 29
孟 283
孤 217
　六画
孢 7
籽 41
籽 41
孩 40
孬 42
　九画
罩 144
　十四画
孺 67

64 屮部
屮 368
　七画
蚩 164

65 女部
女 29
　二画
奶 30
　 347
奴 29
　三画
妆 393
奸 294
如 30
妁 289
妇 23
妃 194
她 544
好 24
　四画
妟 261
姆 202
妥 146
妍 296
妩 374
妓 412
妪 482
妣 12
妙 538
妠 534
妊 39
妖 51
妗 550
姊 407
妨 223
妫 146
妒 263
姐 138
奻 43
　五画
妻 38
娍 308
委 245
妾 38

妹 389
姗 219
姑 91
妊 6
姐 274
姐 599
妯 407
姻 20
姓 369
姁 84
姗 350
妮 14
始 44
姆 30
　六画
要 56
威 31
耍 587
娌 381
娄 261
姿 563
娃 343
姥 35
娅 58
姷 128
姨 21
娆 471
姪 179
姝 396
娇 474
姞 320
姚 521
姁 8
娍 472
姣 176
姘 12
姹 379
娜 203
　七画
姿 469
姬 86

娠 442
娌 233
娱 96
娉 501
娟 433
娲 599
娗 5
娥 28
娩 187
娴 268
娣 565
娘 206
娓 444
娪 44
　八画
婆 134
婑 157
婴 443
婆 222
婧 371
婊 514
婷 122
娵 134
婼 384
媌 242
媖 18
婰 349
婕 598
娼 94
婛 463
娩 42
婢 337
婬 40
婳 99
婚 458
婘 572
婵 102
婻 117
婉 62
婊 291

　九画
婴 86
媒 31
媸 221
媞 454
媪 287
媳 36
媛 148
婷 283
媄 216
媕 546
媚 68
婿 178
　十画
媭 509
媾 395
媳 598
嫄 464
嫂 164
媳 79
媲 12
媱 212
媛 498
媆 541
嫙 382
嫉 127
嫌 246
嫁 137
嫔 77
娯 556
嫣 317
　十一画
嫱 399
嫠 408
嫛 282
嫣 415
嫱 394
嫖 513
嫩 66
嬉 274
嫚 554

嫘	599	驴	285	九画		骒	434	纳	534	结	88	绷	566		
嬷	362	五画		鸷	159	骉	45	纤	39	绕	471	绸	99		
嫜	355	鸷	29	骘	312	八画		纵	10	绖	179	绺	111		
嫡	400	驾	90	骗	351	骎	207	纶	550	绗	180	绛	360		
嫠	188	驵	273	骚	174	骎	466	纶	352	绘	550	绻	573		
嫦	527	驶	325	骚	143	骒	136	纷	568	给	548	综	260		
嫪	423	驷	328	十画		九画		纸	37	绚	9	绽	160		
十二画		驹	564	骜	169	骗	27	纹	344	绛	173		450		
嬉	357	驸	141	骝	266	十画		纺	223	络	109	绾	324		
嬫	524	驹	84	骗	264	骏	477	纴	260	绝	199	缍	251		
嬢	412	骀	382	十一画		十二画		纽	138	绞	176	绿	292		
十三画		驻	515	骠	512	骥	98	纫	540	统	46	缀	129		
嬉	121	驼	543	骏	347	骦	102	纾	153	七画		缁	492		
嬖	332	驿	75	骤	232	骦	536	五画		绠	458	绹	8		
嬗	550	骀	45	骢	270	骦	6	线	308	绑	564	九画			
嬛	247	六画		十二画		十四画		绀	219	缅	565	缂	191		
十四画		骂	249	骖	42	骦	231	绁	539	绢	433	缃	72		
嬬	67	骁	471	十四画		67		绂	252	绣	243	缄	97		
嬷	30	骃	20	骥	134	纟部		练	402	绨	346	缅	63		
孋	420	骎	166	十六画		二至三画		绀	285	绥	170	缆	73		
十五画		骄	474	骧	516	纠	561	组	274	绡	536	缇	455		
嬻	386	骅	172	十七画		纤	503	绅	156	绦	489	缈	538		
嬲	418	骆	110	骦	100	红	280	细	114	继	198	缊	287		
嬺	157	骇	41	骦	72	纡	140	绅	407	绨	565	缉	81		
十七画			309	骦	103	纤	201	织	404	绤	588	缋	336		
孺	72	骈	11	[66]			310	绉	329	八画		缌	114		
孈	310	七画		馬部		纥	493	绒	377	绩	371	缎	397		
孾	30	骊	565	三画		纠	483	绐	120	绩	399	缏	458		
十九画		骋	501	驹	290	级	131	终	199	绪	365	缐	224		
孍	167	验	104	四画		约	291	绐	382	绫	385	缑	317		
66		骍	590	驭	345	纨	539	绊	570	续	387	缒	465		
马部		骎	366	骉	15	纩	506	绋	545	绮	500	缓	148		
马	249	骏	118	五画		纪	193	绌	169	绯	422	缔	399		
三画		八画		驲	502	纫	300	绍	299	绰	476	缕	262		
驮	543	骐	275	驮	377	四画		绎	75	绲	451	编	350		
驯	483	骑	500	骖	119	纬	546	经	6	绳	441	缗	38		
驰	543	骒	422	六画		纭	485	绐	45	绶	382	缘	254		
四画		骓	219	骎	24	纯	378	六画		维	413	十画			
驱	481	骕	413	骒	506	纰	13	绑	373	绵	196	缟	461		
驲	449	骖	344	七画		纱	469	绖	342	绶	221	缜	119		
驳	345	骖	574	骦	250	纲	463	绒	81			缚	34		

璑 374	韗 358	四画	枯 92	桱 7	校 177	梭 119
璠 571	十二画	枉 371	栲 326	柏 165	核 40	梨 241
璘 509	韄 122	林 390	柯 499	染 591	样 248	梁 300
璲 255	十三画	枝 411	柄 246	架 90	栟 11	八画
璏 256	鞫 386	杯 380	柘 468	柔 312	梡 49	棒 372
璧 314	贛 518	枢 482	桄 439		根 70	楮 365
十三画	72	枥 242	框 184	六画	栩 420	棱 385
璨 211	木部	枨 64	柈 502	栽 392	柴 162	椏 519
璩 436	木 388	柜 336	栖 428	栖 428	桀 39	棋 275
璐 110	一画	柘 561	栌 285	框 371	臬 317	椰 87
璪 106	术 207	枒 87	查 410	梆 373	桨 394	楛 93
璬 453	札 418	枘 534	柤 273	桂 342	七画	植 116
十四画	二画	枫 463	相 71	桔 88	梼 231	森 592
璧 332	朽 498	杵 576	柙 376	栲 498	械 309	棼 569
十六画	朴 375	枪 493	神 156	棋 150	梵 597	焚 508
瓒 167	朴 517	枚 592	枵 111	桠 58	婪 391	棂 386
十七画	机 567	杪 538	柚 406	郴 599	梗 458	椅 500
瓛 100	机 182	析 303	柍 18	桓 487	梧 575	椒 208
71	朳 561	板 139	枳 112	桪 393	梜 16	棳 254
韦部	杒 59	枞 10	柞 163	楝 565	梐 13	棹 475
韦 545	权 100	枌 568	树 141	桡 471	樫 6	椋 152
三画	束 397	松 330	柏 452	桎 179	梢 536	椠 218
韧 300	朵 381	枪 239	柝 298	桢 342	程 6	棍 451
四画	杂 419	枫 495	柭 468	桃 506	桯 107	椤 426
炜 546	三画	构 395	柧 217	档 528	梅 410	槁 170
五画	杆 294	杭 53	柢 467	桐 557	检 104	棰 381
祎 546	杇 504	枋 223	枸 84	株 396	梫 146	椎 464
六画	杜 470	杰 172	栅 350	梃 5	桴 144	棉 197
铧 546	杠 279	枕 19	柳 266	栝 112	桼 409	椑 337
辖 426	杖 64	杻 138	柨 7	桥 474	椭 446	棚 566
九画	杌 50	杷 432	栎 353	柏 236	梓 335	椆 100
趌 546	材 392	杼 153	柱 515	梃 540	梳 177	棓 459
十画	村 378	枭 300	柿 408	桦 172	梲 95	椁 328
韬 143	杏 592	枇 13	五画	桁 180	梯 565	椼 39
[71]	极 9	五画	粒 4	栓 50	桫 469	椴 505
韋部	130	某 409	栏 402	桧 550	桹 205	棕 482
六画	杗 480	某 390	样 570	桃 521	槐 106	棺 323
鞪 573	杞 199	标 512	柲 405	桅 472	榎 366	椌 279
九画	杝 544	栈 308	栀 14	格 109	楖 444	椰 204
韝 136	杨 456	柑 219	柫 545	桩 237	桶 520	棨 264
韛 397	权 130	栅 539	枷 90			楗 348

棘	444	楣	68	横	558	橘	536	六画		十一画		轷	50
椐	92	椻	287	橢	394	十三画		臭	79	殣	470	辂	110
楼	129	橡	254	槽	334	檬	555	十画		十二画		较	176
榴	491	桼	312	械	208	檀	230	獒	169	殨	89	七画	
榘	305	十画		楻	529	橄	454	74		殯	336	辄	82
椫	303	榖	556	樞	554	檁	237	歹部		十五画		辅	32
九画		榛	245	樀	404	檀	450	歹	596	殰	387	辆	564
楔	306	楷	15	樱	443	檥	28	一画		75		八画	
椿	378	槛	284	椴	388	檍	115	歺	210	车部		辇	226
楠	533	模	384	樊	391	櫧	347	三画		车	226	辊	451
禁	391	槙	120	橡	438	檗	332	歼	309	一至三画		辋	555
楂	274	榍	242	槲	446	檐	479	四画		轧	376	暂	305
榀	559	榎	9	槴	438	十五画		殳	490	轨	577	辍	475
楝	402	榰	461	樟	355	檿	291	五画		轩	294	辍	129
械	97	槎	405	樑	301	檵	446	残	308	轪	4	辐	492
楔	66	榫	422	橄	149	十六画		殆	93	轫	50	辈	422
椹	562	榜	436	楠	126	檽	34	殂	273	轫	300	辌	324
楷	14	槛	73	樛	423	櫔	309	殃	18	四画		辇	359
楫	82	榾	507	樏	315	十七画		殇	457	轰	55	九画	
楬	27	榻	424	樂	364	櫙	440	殆	44	转	194	毂	556
樟	546	樱	235	十二画		檀	50	六画		轭	376	辕	354
榀	105	桦	210	蘖	343	十八画		殊	397	斩	305	辐	559
椯	398	槲	315	樾	307	檷	81	殉	9	轮	241	辑	81
楞	385	槑	19	橱	340	檴	74	毙	188	轮	351	辒	287
楸	522	榥	13	橛	496	十九画		七画		轵	37	输	225
榎	180	榴	266	橑	524	欑	167	殒	486	五画		辖	338
椴	397	槤	186	樿	98	二十一画		殓	104	轲	499	十画	
槐	466	槁	473	橤	277	欐	431	殍	145	轴	406	辕	148
楯	313	榜	224	橇	474	欚	253	八画		轶	112	辖	307
榆	224	槟	78	桑	202	73		殖	116	轷	377	辗	280
楥	148	榨	163	橋	213	犬部		殘	245	轸	119	十一画	
楝	335	榕	330	樵	510	犬	589	殙	459	轹	353	辘	291
楄	56	楮	363	檜	551	三画		殡	360	轺	299	十二画	
槎	126	榷	417	橹	363	状	393	殚	101	轻	6	錾	305
楼	262	楣	306	橦	533	四画		殛	10	六画		辙	180
槟	251	樊	401	橄	404	戾	251	九画		载	392	辚	508
桦	155	槊	297	樽	336			殨	256	轴	66	[75]	
椳	136	十一画		樗	574			十画		轼	404	車部	
楈	178	槽	276	樿	445			殩	80	轾	179	二画	
楸	312	槿	470	檐	398			殢	473	轿	474	軋	491
概	497	横	506	橙	341			瘝	77	辀	221		

三画	輚 95	戭 461	瓶 380	**十画**	昏 458	**八画**
書 276	**二十画**	馘 403	**九画**	敲 454	杳 96	替 586
刪 483	蠸 287	臧 395	甄 20	敥 246	**五画**	晉 277
四画	76	**十一画**	瓷 522	**十三画**	春 378	晴 369
軒 372	**戈部**	戠 461	**十画**	敷 431	昧 389	暑 363
軔 378	戈 307	戮 424	瓶 317	敽 75	是 454	晰 303
軜 534	**一画**	**十三画**	甋 330	敿 132	易 455	晻 157
軓 139	戈 308	戴 393	**十一画**	81	显 451	晶 593
軏 53	戌 312	**十四画**	甋 347	**日部**	映 18	晹 430
五画	戊 307	戳 309	**十二画**	日 449	昷 286	暑 111
軛 252	**二画**	戳 420	甒 357	**一画**	星 369	晾 475
軒 502	戎 591	**十六画**	甐 304	旦 449	昳 377	晼 62
軨 106	戍 310	鹹 97	甏 272	**二画**	昨 163	智 115
軝 467	戉 591	77	**十三画以上**	旭 578	晌 84	普 33
軥 84	成 283	**比部**	甕 333	旬 9	昂 267	晵 264
六画	**三画**	比 12	甒 288	旨 14	昱 4	晸 424
軭 372	戒 309	**四画**	79	旮(晃)577	昵 14	**九画**
耕 12	**四画**	昆 451	**止部**	**三画**	咄 169	暍 307
七画	或 403	**五画**	止 158	旱 294	昭 299	暖 67
輓 187	戔 309	皆 13	**二画**	旰 294	昶 594	睰 542
八画	**五画**	毖 406	此 161	旷 506	**六画**	暗 352
輢 500	战 101	**六画**	**三画**	**四画**	耆 15	暄 224
輚 308	**七画**	毘 12	步 159	昧 546	晋 461	暇 136
畺 152	戚 208	78	**四画**	肠 455	晒 566	暌 174
輬 218	戛 307	**瓦部**	歧 412	者 363	晟 283	**十画**
輣 566	盛 283	瓦 590	肯 214	旺 371	晓 471	暖 498
縱 10	**八画**	**三画**	**九画**	昊 19	晃 507	暝 556
九画	戢 392	瓨 280	歱 533	449	晔 172	暬 235
輹 180	裁 392	**四画**	**十画**	昙 19	晌 270	暚 405
輚 483	載 307	甌 482	歰 238	呆 593	晐 40	暴 451
十一画	惑 403	瓮 484	80	昃 52	晏 261	**十一画**
輴 316	戡 82	**五画**	**支部**	昌 94	晕 358	題 454
十二画	**九画**	瓴 327	支 517	昵 69	**七画**	暵 415
輷 175	戣 404	**六画**	**六画**	昇 477	匙 454	暴 513
轎 524	戠 221	瓻 306	敁 547	昕 302	晡 33	**十二画**
轀 533	戥 166	瓶 12	**八画**	明 450	晤 575	暄 89
轐 375	戮 174	瓷 563	鼓 350	易 429	晨 442	翵 449
十三画	**十画**	**七画**	皷 429	昀 362	晦 31	曒 210
轐 238	截 419	瓶 590	鼕 337	昀 8	晞 346	**十三画**
十四画		**八画**		昂 21	晗 552	曚 555
轐 479		甄 381		昉 223	晚 188	

曙 363	顺 443	八画	十一画	[85]	犄 500	九画
曇 272	贩 139	赇 371	黎 241	见部	掔 322	摯 522
十四画	贬 161	赍 244	膝 326	八画	犇 422	十画
曚 67	购 395	赋 358	十三画	觊 207	犋 152	擗 548
曤 490	贮 260	赌 364	黏 520	九画	犌 463	擎 322
曥 510	货 10	赎 387	十四画	亲 335	犉 209	十二画
曜 420	质 303	赐 430	黡 73	觏 148	犙 574	擘 343
鼅 96	贪 553	赑(屃)587	十九画	十画	九画	十三画
十六画	贫 569	赒 99	爨 198	觐 485	犏 351	擎 237
曦 28	贯 560	赔 478	85	觑 556	犐 306	擗 332
十七画	五画	十画	见部	十一画	犟 230	十五画
曩 103	贲 175	赘 134	见 69	觌 236	十画	攀 391
十九画	贳 539	赙 32	四画	牜(牛)部	犒 152	88
曬 150	贵 335	罂 443	规 281	牛 590	犑 382	气部
82	郧 599	赚 247	视 69	二画	犔 472	气 493
曰部	贱 308	十二画	五画	牝 12	犗 306	四画
曰 485	贴 520	赠 271	砚 296	三画	十一画	氖 568
五画	贶 38	赞 167	觇 519	牡 470	犤 463	五画
曶 349	贻 43	十三画	览 73	牣 300	十三画	氢 6
曷 26	贷 404	赡 518	觉 154	四画	犪 230	六画
七画	贸 267	十八画	六画	牦 201	十五画	氩 20
曹 333	费 545	赣 278	觋 69	牧 589	爆 514	氧 248
曼 554	贺 90	[83]	觌 183	物 362	犫 547	氨 493
八画	六画	贝部	笕 69	五画	犩 513	八画
最 134	贾 557	三画	舰 73	牯 91	犪 446	氰 371
九画	赟 135	寻 141	七画	牰 564	十六画	氕 493
曑 544	赀 162	贻 542	觍 594	牴 467	犫 414	氮 505
十一画	贼 301	五画	八画	牮 590	87	氯 292
曐 204	贿 129	贩 190	靓 371	六画	手部	九画
十六画	赂 110	十二画	觊 386	特 166	手 125	氲 287
曅 418	赃 395	赙 146	九画	牺 28	四画	十二画
83	赅 40	十四画	觎 69	牷 321	抙 394	氎 182
贝部	赆 349	赎 387	觏 225	牶 49	六画	89
贝 442	赁 39	84	十画	牸 41	拳 150	毛部
三画	资 563	水(氺)部	觐 395	七画	挈 306	毛 201
财 392	七画	水 593	十一画	牾 107	挚 135	五画
贩 443	赉 207	五画	觑 470	犁 241	掌 162	毦 201
四画	赈 442	泵 596	觑 462	牿 250	拳 572	毡 450
责 399	赊 189	六画	十三画	八画	八画	六画
败 442	赊 257	泉 484	黌 282	犊 387	弄 566	耗 201
账 64	591	浆 394			挲 409	毪 201

耗	80	敢	149	欣	302	釜	32	胪	285	脑	114	臀	264
七画		八画		斧	32	爹	35	胆	518	胲	41	腱	62
毿	189	散	214	祈	302	95		胛	375	胼	12	腘	92
八画		敬	343	五画		月部		胂	156	朕	28	腮	129
氄	201	敞	527	斫	83	月	459	胜	29	脓	229	九画	
毯	505	敦	210	六画		二画		肤	377	朔	297	臊	562
毽	348	九画		颀	302	肋	59	胕	141	脊	56	膝	354
九画		敷	453	七画		三画		胎	452	朗	205	膜	31
氈	126	敳	17	断	305	肙	433	胍	217	七画		膆	390
氋	27	数	579	八画		肝	295	胗	119	脖	567	腩	534
氄	225	十画		斯	303	肚	469	胝	467	脯	33	腷	559
十一画		敫	426	斳	215	肛	279	胸	84	豚	253	腰	57
氂	528	十一画		九画		肘	140	胛	350	脶	232	膪	82
十三画		敷	34	靳	302	肭	538	胞	7	脢	30	腥	369
氍	555	夏	76	新	335	肠	456	胖	570	脐	346	腮	114
90		十三画		二十一画		四画		脉	488	脸	105	腭	297
攵部		警	169	斸	431	肾	322	胴	169	脞	24	腨	397
二画		91		93		肤	435	胫	6	脟	146	腹	181
收	561	片部		爫(爪)部		肺	567	胎	43	脱	95	腺	484
三画		片	569	爪	142	肢	411	胥	178	脘	49	腯	253
改	194	四画		四画		肰	212	六画		望	480	腧	226
四画		版	139	圣	39	肫	378	胹	66	八画		鹏	566
放	223	五画		采	147	肿	533	胴	80	腠	308	腊	352
五画		牂	569	爬	432	服	334	胯	171	期	275	膊	553
政	160	八画		五画		胀	64	胰	21	毂	345	膣	29
故	91	牍	386	再	148	朋	566	胫	179	腈	370	滕	29
敏	83	牌	337	六画		肷	495	胱	506	腊	446	腾	28
六画		九画		舀	143	股	311	胴	558	腌	157	腿	146
敖	169	牒	390	爰	497	肪	223	胭	418	腓	422	膔	313
敕	399	牖	225	八画		胆	138	胭(脂)	595	腆	350	膝	254
致	179	十一画		舜	172	肥	213	脡	5	腘	238	十画	
敌	400	牗	184	十一画		胁	61	脸	550	腄	381	膜	383
效	177	十三画		虢	592	五画		脆	202	腴	155	膦	119
敉	204	牘	421	十八画		胡	93	脂	14	脾	337	膊	34
七画		92		爨	541	背	11	胸	482	腤	24	膈	242
赦	512	斤部		94		胃	547	胳	108	腋	55	臁	13
教	345	斤	302	父部		胄	407	脏	383	腑	140	膀	223
敔	575	一画		父	32	胠	286	脐	244	腚	160	膁	246
救	189	斥	298	四画		胚	379	胶	423	腔	279	膋	363
敝	188	四画		爸	499	胧	439			腕	63	十一画	
敏	31	所	303	六画		胨	532					膘	513

第一列

熔 330
煏 264
十一画
熿 530
熭 276
熯 415
熰 413
熄 271
熵 355
熠 421
熨 360
十二画
燉 25
燀 98
燎 523
燠 269
燔 572
燃 213
燈 210
燧 255
燊 594
爐 536
十三画
燥 105
燨 237
爕 587
十四画
燹 591
十五画
爆 514
爒 523
十七画
爓 419
十八画
爛 433
[101]
灬部
五画
点 519
六画
烈 211

第二列

热 235
羔 249
七画
羡 231
魚 522
烹 209
八画
煮 363
焉 416
無 373
焦 510
然 212
九画
煦 84
照 299
煞 388
煎 226
十画
熬 168
熙 86
熏 510
熊 44
十一画
熟 210
十二画
燕 418
部 478
102
斗部
斗 289
四画
斝 263
五画
科 240
六画
料 588
七画
斟 446
九画
斠 221
斞 155

第三列

斶 521
十画
斠 396
103
户部
户 263
三画
戾 131
四画
肩 54
房 222
五画
扆 286
扁 350
扃 329
六画
扅 461
扆 186
扇 264
七画
扈 263
八画
扉 422
雇 263
104
礻部
一画
礼 339
二画
礿 182
三画
礽 504
社 470
礿 290
祀 46
祃 249
四画
袄 51
祆 51
祉 158
祇 37

第四列

役 70
五画
祛 286
祐 93
祐 127
袚 252
祖 273
神 156
祝 525
祚 163
祇 467
祢 347
衬 141
祠 325
六画
祯 342
祧 521
祜 112
祥 249
七画
祷 231
祳 442
祸 171
祰 107
裋 366
八画
祺 275
禅 101
禄 291
九画
褉 306
福 559
禖 31
禋 20
禔 454
禘 400
十画
褶 266
十二画
禧 357

第五列

禫 98
十三画
禮 229
禬 549
十七画
禳 102
十八画
禷 206
[104]
示部
五画
祟 168
六画
祡 162
票 512
祭 522
十二画
禜 357
纛 202
105
心部
心 113
二画
忑 387
三画
忒 405
志(㞢)587
忌 194
忍 300
四画
态 44
忠 530
忥 494
忩 10
念 552
忿 569
忽 362
悉 497
五画
思 114
怎 163

第六列

惢 140
急 131
怒 29
怼 95
怠 44
六画
恝 306
恚 343
恐 279
恶 57
恧 66
虑 435
恩 20
恁 39
息 79
恋 198
差 248
恣 563
恳 70
恕 30
七画
悬 542
患 560
悠 488
您 347
悉 116
恿 531
八画
甚 276
惠 121
悲 422
惄 209
惩 326
惢 113
九画
想 71
感 97
愚 437
愁 522
愆 488
愈 225

第七列

慈 193
慭 38
十画
慝 405
憨 149
愍 354
十一画
慧 276
憙 236
慹 135
慼 208
慰 359
十二画
憖 168
憋 188
憝 31
慾 85
憩 26
憑 202
憨 95
十三画
懋 311
懃 470
懣 558
十五画
懿 235
十八画
懿 563
十九画
戁 415
二十画
戀 279
106
聿(聿聿)部
聿 348
肆 445
肄 436
肇 591
肅 578

镂 262	十五画	镟 62	鐵 309	秭 408	稞 218	十五画
镒 193	镳 513	录 291	鑛 418	杭 53	稠 238	鳌 241
锵 395	镴 446	锸 380	117	秋 522	稚 23	穟 513
十画	十七画	鍱 390	矢部	五画	稗 337	十七画
锯 81	镶 103	九画	矢 314	乘 477	稔 552	穰 103
镇 120	镱 440	鍊 402	四画	秣 388	稠 99	穮 517
镈 34	二十画	锻 397	矩 281	秠 380	颓 65	稣 240
锐 529	镢 74	锺 533	矧 540	秪 468	颖 52	119
锩 213	[116]	鍑 181	六画	秤 148	九画	白部
镐 473	金部	鍬 316	矫 474	租 273	福 559	白 452
镒 489	金 551	锢 55	七画	积 399	稷 66	二画
镖 78	三画	鍒 313	短 341	秧 18	稼 112	皂 410
镕 330	钊 295	鏊 312	矬 24	秩 377	稠 27	皀 203
十一画	钦 4	十画	八画	秨 163	稷 482	三画
镖 513	钔 83	鏊 170	矮 245	秫 241	稚 397	帛 452
镗 529	四画	镧 494	雉 314	称 148	稳 479	的 290
镘 554	钯 11	锵 240	九画	秘 406	稊 498	四至五画
锏 566	钎 302	鎏 486	锡 457	六画	稍 178	皇 320
镛 531	钕 19	十一画	十画	秸 14	十画	皋 19
镜 356	五画	鏪 276	短 57	88	稹 119	六画
镝 400	钍 284	鍋 170	十二画	稆 363	稽 15	皎 345
镞 315	钜 16	锪 270	矰 272	移 310	稷 235	皑 183
镠 423	鉴 72	鏦 10	十三画	移 460	稻 144	皎 176
十二画	六画	镟 362	矱 425	秶 244	穋 382	七画
镦 214	鎏 279	十二画	十四画	秌 229	稿 473	皓 107
镡 98	鉴 162	镖 306	孺 66	七画	稼 137	皖 49
镢 497	钟 12	镬 496	118	酥 177	十一画	八至九画
镣 524	七画	锶 303	禾部	稣 601	穑 238	皙 303
镁 375	鍪 8	钟 533	禾 240	稍 537	穆 345	魄 453
镦 210	钿 82	鏹 255	二至三画	程 6	穄 523	十画
镩 441	铿 6	铁 182	秀 243	稆 433	十二画	皠 416
镥 536	销 434	十三画	秆 294	稌 258	穗 122	噑 19
镫 341	铕 30	鏊 332	和 240	黍 486	種 532	皞 473
十三画	铅 85	十四画	秉 246	税 95	穟 255	十一至十三画
镬 425	铭 552	镨 277	四画	稊 565	麳 14	翔 20
镯 431	鎏 51	镭 474	租 281	稂 205	十三画	皤 571
镰 436	八画	镧 67	秕 13	八画	穑 425	皦 453
镰 247	錶 514	十五至十八画	香 204	稑 385	馥 181	十五画
十四画	锴 96	镤 514	秒 538	稆 57	穑 550	皭 513
镲 523	钟 337	镪 303	种 532	稘 275	横 506	十七画
	销 212	鑫 595	秔 493	稙 116	穙 563	皭 419

120
瓜部
瓜 217
五画
瓝 377
瓞 217
宓 217
六画
瓡 218
　 503
十一画
瓢 513
十四画
瓣 571
十七画
瓤 103

121
鸟部
鸟 412
二画
鸠 577
四画
鸥 482
鸦 87
鸧 239
鸰 15
鸩 19
五画
鸪 91
鸫 532
鸬 285
鸮 273
鸭 376
鸯 111
鸲 18
鸱 327
鸥 467
鸵 543
鵔 256
鸷 193

六画
鸳 135
鸪 113
鸰 180
鸽 548
鸡 177
七画
鹁 281
鹅 567
鹄 33
鹆 241
鹃 433
鹇 107
鹅 27
鹈 268
八画
鹉 215
鹊 592
鹋 157
　 553
鹎 338
鹏 566
鹐 25
鹑 210
鹒 62
鹓 344
鹔 168
九画
鹕 94
鹖 27
鹗 297
鹘 253
鹕(鹘)603
鹚 522
鹜 193
鹛 68
鹝 312
十画
鹞 242
鹟 261
鹠 212

鹡 56
鹢 330
鹣 266
鹤 246
鹤 416
鹥 492
十一画
鹦 347
鹦 443
鹨 18
鹩 423
十二画
鹪 524
鹫 511
鹬 476
鹭 535
十三画
鹲 555
鹳 425
鹱 110
鹯 195
鹰 332
十四画
鹲 76
十七画
鹳 100
[121]
鳥部
六画
鸹 208
驾 39
七画
鸺 118
八画
鹆 129
九画
鹇 148
十画
鹎 361
鹈 317
鹉 212

十一画
鹙 314
鹜 188
鹝 413
十二画
鹲 89
鹰 496
鹯 474
鹱 210
十三画
鹭 154
鹲(鸫)602
十五画
鸁 98

122
疒部
二画
疔 282
疖 326
疝 561
疗 353
　 524
疫 128
三画
疟 435
疠 429
疛 140
疕 462
疙 494
疚 183
疡 456
四画
疬 242
疣 128
疥 21
疭 10
疮 240
痕 37
疯 495
疫 361
疢 594

疲 139
疤 432
五画
症 160
　 326
疹 119
疳 219
病 499
病 457
痁 520
疽 274
疸 450
疴 112
疾 127
痄 163
痂 141
痛 484
疼 433
疱 7
痃 515
痉 200
痂 90
疲 190
痊 6
痕 408
六画
痔 165
痤 58
痍 128
痧 21
疵 162
痊 50
痒 41
痒 248
痕 71
七画
痣 164
痨 60
痛 530
痦 575
痘 341

痞 380
痟 433
痢 241
痧 65
痗 31
痤 24
痪 77
痫 267
痧 469
八画
瘩 365
瘃 254
痱 422
瘍 430
痹 515
痼 92
痢 408
痴 123
瘘 245
瘩 23
痪 154
瘁 360
瘀 414
瘩 478
瘅 101
痰 505
瘆 574
九画
瘩 549
瘌 402
瘂 16
瘟 287
瘥 522
瘦 36
瘼 466
猴 316
痫 225
瘩 352
瘩 553
瘥 126

痿 262
瘌 351
瘕 136
瘙 143
瘥 256
十画
瘗 306
瘅 306
瘟 284
瘼 384
瘝 71
瘅 426
瘾 79
瘭 189
瘢 570
瘤 266
瘠 56
瘫 415
十一画
癀 507
瘰 232
瘿 443
療 523
瘴 354
瘫 173
癃 479
癌 90
十二画
癍 570
癣 304
癌 150
癞 174
十三画
癫 402
癯 229
癫 441
癔 116
癫 57
癣 332

十四画		一画		十画		袖	407	褙	56	襘	549		126
癀	231	乞	418	窬	217	袍	542	袱	62	十四画		疋部	
癬	217	二画		十一画		衫	119	褐	129	襦	348	疋	177
十六画		究	577	窸	117	袍	7	九画		襦	67	六画	
癲	120	穷	314	窿	173	袄	200	褡	549	襫	78	蛋	540
癱	427	三画		十二画		袢	570	褛	57	襟	244	七画	
癫	65	空	278	窾	496	被	190	褌	261	十五画		疏	177
十八画		穹	313	窳	160	袯	174	褙	11	襵	514	八画	
癯	74	四画		窭	524	六画		褆	454	襦	334	楚	177
	123	突	250	竈	202	袪	88	褐	27	十七画			127
立部		窀	378		125	袴	171	褕	397	襳	393	皮部	
立	4	穿	560	衤部		裆	528	複	181	襕	100	皮	189
四画		窃	592	二画		袽	20	裸	144	十八画		三画	
竑	54	窆	161	补	32	袜	396	褕	225	襺	197	皱	538
五画		五画		初	589	袆	22	楼	262	十九画		四画	
站	520	窍	454	三画		袍	9	褦	251	襻	391	皱	190
竚	260	窄	163	衬	503	袷	548	褊	350	[125]		皲	190
六画		宿	169	衬	335	袼	108	褪	535	衣部		五画	
竫	370	窈	196	衫	573	袳	460	褑	254	衣	186	皱	382
竛	11	六画		衲	313	裈	358	十画		四画		六画	
翌	5	室	179	四画		七画		褥	236	袅	412	皱	358
七画		窒	212	袄	36	裋	340	褴	73	五画		颇	190
竦	401	窑	25	袒	449	裲	564	褐	425	袋	405	七画	
童	532	窕	521	衲	534	裌	16	褫	541	袈(裟)	595	皱	191
竢	44	七画		衽	39	裣	104	褧	329	袋	29	皱	118
竣	118	窜	441	袄	269	裕	85	褾	513	六画		八画	
八画		窝	171	袪	21	裤	226	褩	438	裂	211	皱	215
意	115	窖	267	衿	550	裥	268	十一画		装	394	十五画	
竫	337	窗	270	衯	568	裙	132	褶	421	七画		皱	514
九画		窘	132	袀	8	八画		袋	189	裹	328	十八画	
竭	26	八画		袂	133	裱	514	襕	400	八画		皱	197
韶	299	窥	282	五画		绩	399	襕	402	裝	422		128
端	397	窦	387	袜	76	褂	343	十二画		裂	209	癶部	
十画		窠	218		389	褚	365	襌	101	製	408	癶	173
竧	541	窟	168	袪	286	裺	157	襈	255	九画		七画	
十二画		九画		袘	539	裪	214	褥	574	裹	218	登	341
竪	65	窬	225	袙	468	裸	219	襊	230	十画			129
	124	窨	352	袚	252	裼	430	十三画		襄	445	矛部	
穴部			553	袓	449	裨	337	襟	391	十三画		矛	311
穴	256	窭	262	袓	274	裾	92	襢	229	襞	332	四画	
						裯	99	襗	75			矜	311
								褐	431				

七画	**一画**	**六画**	**九画**	顲 380	蚁 183	蛭 179
矞 535	耵 82	罨 477	颥 97	**九画**	虻 480	蛳 465
婺 312	**四画**	粟 588	颤 437	韻 59	好 42	蛐 289
八画	耽 55	**十二画**	颥 398	顤 466	蚂 249	蛔 545
猎 215	耻 80	覆 181	颜 463	**十画**	蚕 143	蜓 5
130	耽 19	**十三画**	额 110	顳 396	**四画**	蛞 113
耒部	耸 10	覈 454	**十一画**	**十一画**	蚕 277	蜒 539
耒 294	聊 459	135	颠 81	類 347	蚌 372	蛤 548
四画	**五画**	**页部**	颠 559	**十二画**	蚨 36	蛴 244
耕 234	聘 202	页 585	颠 120	顲 277	蚑 412	蛟 176
耘 485	职 404	**二画**	颖 236	136	蚍 13	蛘 249
耖 538	聆 327	顶 282	**十二画**	**虍部**	蚜 87	蛇 379
耙 432	聊 265	顷 52	颢 449	虍 434	蚶 202	蜂 250
耝 90	聃 169	**三画**	额 206	**二画**	蚋 534	蛮 540
五画至八画	**六画**	预 294	颣 121	虎 434	蚧 21	**七画**
粕 45	聒 113	项 280	**十三画**	虏 435	蚪 289	蜃 442
耜 45	联 560	顺 483	颤 450	**三画**	蚓 461	蜇 304
耢 61	聐 80	须 65	**十四画**	虐 435	**五画**	蜣 250
耤 215	**七画**	**四画**	颥 67	**四画**	蚶 219	蜈 96
耱 227	聘 501	顽 49	**十五画**	虒 540	蛄 91	蜎 433
稍 528	**九画**	顾 263	颦 159	虓 578	蛴 326	蜗 171
九画	聩 336	顿 377	**十七画**	**五画**	蛎 429	蜊 241
耦 437	聪 270	颁 569	颥 101	虘 274	蛛 532	蛾 28
耧 261	联 174	颂 329	[135]	**七画**	蛆 274	蜉 144
十画	**十画**	预 153	**頁部**	虞 434	蚰 406	蜂 373
耩 396	聱 169	**五画**	**四画**	虚 462	蚶 141	蜣 249
耪 236	聱 335	颅 285	頗 412	虞 96	蚱 163	蜕 95
耥 224	**十三画**	领 327	煩 128	**十画**	蚯 462	蛹 531
十五画	聸 518	颈 6	領 493	虜 288	蛉 327	**八画**
耰 48	133	**六画**	煩 19	137	蛐 168	蜚 58
十六画	**臣部**	颊 16	**五画**	**虫部**	蛏 7	蜻 369
耱 445	臣 322	颐 5	頓 168	虫 433	蚴 196	蜞 275
糖 192	**二画**	颌 547	**六画**	**一至二画**	**六画**	蜡 446
131	臤 322	颖 52	頰 11	虬 561	蛰 392	蜥 303
老部	134	颏 41	類 206	虮 182	蛋 278	蜮 403
老 35	**襾(西)部**	**七画**	**七画**	**三画**	蛰 135	蜻 535
六画	襾 557	频 159	顧 269	虺 50	蛙 343	蝈 404
耋 179	西 428	颓 552	**八画**	592	蛄 88	蝎 429
132	**四画**	**八画**	顥 490	蛊 428	蛸 128	蝇 441
耳部	栗 409	颗 276	頼 337	虹 279	蛱 16	蜘 115
耳 80	要 161	颜 218	額 160	虾 136	蛲 472	蜕 42

籤 20	十三画	艘 35	羲 28	糌 316	五画	[149]
籀 407	鬺 307	艖 126	十二画	精 178	翌 252	麥部
簏 498	**143**	艏 48	羳 277	糅 312	翈 308	四画
簾 247	血部	艑 351	十三画	十画	翎 327	麪 77
簿 34	血 59	十画	羹 249	精 152	翏 423	麧 493
籃 259	四画	艕 223	**146**	糙 107	翊 84	五画
十四画	衄 138	十一画	米部	糗 90	翍 190	麸 286
籍 216	十四画	艚 333	米 204	糖 457	六画	六画
十五画	衊 76	十二画	四画	糕 249	翘 471	麯 289
籑 579	**144**	艟 533	粃 13	粢 388	八画	八画
籔 580	舟部	十三画	粉 568	糊 537	翥 363	麰 218
鑭 266	舟 221	艨 555	粑 432	十一画	翡 422	九画
十六画	二画	**145**	五画	糟 334	翟 410	麷 125
籬 427	舠 298	羊（⺶⺷）部	粝 429	糍 117	翠 360	**150**
籚 285	三画	羊 248	粗 273	糠 295	翣 39	走部
籫 287	舣 28	二画	粕 452	十二画	九画	走 588
十七画	四画	羌 249	粒 4	糨 98	翦 191	二画
籫 576	舨 139	三画	粆 570	糜 202	翩 226	赴 517
籯 357	舱 239	牵 3	粜 420	糝 510	翮 351	赵 537
籤 104	航 53	姜 230	六画	糯 230	十画	赳 561
十九画	五画	四画	粪 479	十四画	翰 242	三画
籣 150	舸 499	羓 432	粞 428	糵 76	翯 473	赶 294
141	舻 285	五画	粲 236	糯 67	十一画	起 194
臼部	舳 407	羚 106	七画	糗 194	翳 276	四画
臼 236	舴 163	羝 467	粦 508	十六画	翼 516	赸 412
臼 154	舶 452	羡 248	粱 211	蘖 368	十二画	越 408
二画	舲 106	六画	粳 458	糯 420	翻 571	赹 133
臽 24	船 487	善 121	粮 206	十七画	十三画	五画
五画	舷 200	翔 249	梁 301	糠 102	翾 196	越 307
舂 236	舵 543	羑 86	八画	二十画	十四画	趄 274
七画	六画	七画	精 370	糵 374	翿 231	趑 377
舅 184	艄 428	群 132	粿 218	**147**	**149**	趔 298
142	艇 5	九画	粄 337	艮部	麦部	趁 121
自部	七画	瘇 20	粥 508	艮 70	麦 207	趋 382
自 78	艄 536	羯 26	粹 360	**148**	四画	超 298
八画	俄 27	306	糁 572	羽部	麸 145	六画
鼻 78	八画	辜 209	粽 483	羽 420	六画	趌 88
九画	艨 260	翰 225	糝 574	四画	䎜 250	趐 211
魮 317	艋 284	犟 312	九画	翅 411	八画	趖 161
十一画	九画	十画	糊 93	翁 330	麴 154	趙 408
齇 567	艓 390	羱 464	楂 410			

八画	**152**	酾 566	醢 588	**十画**	跗 298	踦 500
趣 134	**豆部**	醒 6	**十三画**	猴 541	跆 44	踠 208
趙 215	豆 340	酲 434	酿 436	**十一画**	跑 83	踝 218
趖 476	**四画**	酷 107	醴 339	縱 10	跚 350	踢 430
趑 528	豉 412	酶 30	醳 75	**十二画**	跑 8	蹉 245
趄 200	**六画**	酴 258	**十四画**	豒 89	跦 353	踔 337
九画	豐 339	醉 145	醵 67	**156**	跎 543	蹄 303
趋 471	**153**	醇 144	醮 510	**卤（鹵）部**	跏 90	踩 147
十画	**酉部**	酿 103	醯 106	卤 589	**六画**	踏 520
趌 36	酉 338	酸 118	**十五画以上**	**九画**	跰 296	踔 360
十二画	**二画**	**八画**	醯 73	鹾 126	跱 165	踏 478
趠 474	酊 282	醋 399	醋 419	**157**	跨 171	蹊 39
趚 536	**三画**	醋 215	醸 192	**里部**	趹 4	蹒 572
十三画	酐 588	醚 204	彝 569	里 233	跷 471	踪 10
趣 431	酌 289	酸 309	**154**	**四画**	跳 161	踵 260
十四画	配 194	醇 475	**辰部**	野 153	跣 166	踠 63
趱 196	酏 542	醇 209	辰 442	**五画**	跹 477	踺 348
趲 420	**四画**	醉 360	**十三画**	量 206	跧 50	踞 92
十五画	酞 287	醋 478	䢉 550	**158**	跳 521	踯 168
趲 419	酤 567	醵 291	**155**	**足（⻊）部**	跺 382	踏 96
十六画	酗 84	酸 130	**豸部**	足 158	跪 472	**九画**
趲 167	酖 19	**九画**	豸 253	**二画**	路 109	蹀 390
十八画	**五画**	醋 80	**一画**	趴 566	跻 243	踏 410
趲 420	酣 219	翻 93	豸 254	**三画**	跤 176	踶 455
二十画	酤 92	醍 455	**三画**	趸 590	跰 11	蹄 395
趲 74	酢 163	醒 370	豚 50	趿 131	跟 70	踞 136
151	酡 543	丑 339	**四画**	**四画**	跸 426	踹 398
赤部	酤 174	醢 19	犯 432	趺 412	**七画**	蹂 312
赤 512	酱 187	醋 178	**五画**	距 281	踌 231	**十画**
四画	**六画**	**十画**	狨 382	趾 158	踅 304	踵 533
赧 585	酤 128	醯 129	**六画**	趵 535	跰 304	蹑 428
六画	酤 229	醨 517	犴 296	跃 420	踉 82	踊 225
赪 342	酪 110	醇 163	猃 41	趼 239	跰 159	蹉 17
赦 64	酪 108	**十一画**	狠 70	趺 133	踉 205	蹄 400
七画	酬 231	醪 423	豨 435	**五画**	踦 142	蹉 125
赫 512	酱 394	醫 314	豢 573	践 308	踞 194	踹 351
八画	酯 14	**十二画**	**七画**	趺 539	踊 531	蹑 81
赭 363	**七画**	醇 98	豨 346	跖 468	跨 118	蹒 559
十画	酵 35	醋 277	**九画**	跋 252	**八画**	踵 227
赣 361	酺 33	醸 375	猕 175	跌 377	踏 215	蹋 424
	酽 150	醮 511	獌 136	跗 141	踌 384	蹈 143

170 鱼部

鱼 216

二画
魝 298 　魢 193

四画
鱿 128 　鲀 253 　鲁 363 　魮 432

五画
鲅 252 　鲆 502 　鲇 520 　鲊 163 　稣 216 　鲋 141 　鮈 84 　鲍 7 　鲏 190 　鲐 593

六画
鲑 342 　鲒 88 　鲔 128 　鲕 66 　鲖 557 　鲗 301 　鲙 521 　鲜 216 　鲟 574 　鲞 588

七画
鲠 457 　鲢 227 　鲣 322 　鳌 211 　鲥 165 　鲤 233

鲦 489 　鲧 598 　鲩 49 　鲪 132 　鲫 56 　鲨 469

八画
鲭 369 　鲮 385 　鲯 134 　鲲 451 　鲳 94 　鲴 593 　鲵 42 　鲷 99 　鲸 230 　鲺 424 　鲻 492

九画
鳅 175 　鳆 559 　鲽 390 　鳋 527 　鳃 114 　鳄 297 　鲲 455 　鳅 339 　鳆 181 　鳇 320 　鳊 351

十画
鳈 485 　鳌 169 　鳍 15 　鳎 425 　鳏 71 　鳐 330 　鳑 212 　鳒 223 　鳓 246

十一画
鳖 189 　鳘 31 　鳚 60 　　403 　鳔 513 　鳕 277 　鳗 554 　鳙 531 　鳛 359 　鳜 421

十二画
鳜 496 　鳝 121 　鳞 508 　鳟 336

十三画
鳢 97 　鳣 339

十四画
鳤 324

[170] 魚部

二画
魟 59

三画
魠 379 　魛 290 　魢 13 　魥 139 　魟 53

五画
鮊 457 　鮇 380

七画
鮻 565

八画
鮇 207 　鮗 408 　鮤 111 　鮺 39

九画
鱧 261 　鳜 316 　鳓 483

十一画
鳘 282

十二画
鳢 98 　鳣 277 　鳤 474 　鳥 34

十四画
蘚 189

十五画
鱻 98 　鱼 353

171 革部

革 191 　靪 282 　靬 503 　靫 51 　靮 290 　靰 131

四画
靶 540 　靴 172 　靷 432

五画
靼 450 　鞅 18 　鞋 570 　鞍 190 　勒 196

六画
鞓 541 　鞑 4 　鞒 548 　鞍 261

七画
鞘 536

鞚 6 　鞘 434 　鞗 489 　鞔 187

八画
鞫 322 　鞞 337 　鞠 154 　鞟 328 　鞡 278 　鞢 96

九画
鞲 80 　鞳 393 　鞭 458 　鞫 154 　鞯 313

十画
鞴 395 　鞴 152 　鞣 63 　鞲 222 　鞳 223 　鞴 336

十三画
韂 425 　韅 518

十八画
韉 418

二十三画
韊 451

172 面部

七画
靦 32

173 骨部

骨 58

三画
骩 538

四画
骹 412 　骱 21

五画
骺 93 　骶 467 　骸 191

六画
骷 162 　骶 112 　骺 321 　骼 108 　骸 176 　骹 40 　骿 11

七画
髂 457

八画
髁 218 　髃 430 　髀 337 　髅 63

九画
髑 437 　髅 262

十画
髌 34 　髅 223 　髋 77 　髓 268

十二画
髓 127

十三画
髑 430 　髒 550

174 鬼部

鬼 465

四画
魂 485 　魅 389

傀 11

五画
魅 389 　魆 252 　魊 403

七画
魖 564 　魑 537

八画
魏 466 　魋 403

十画
魑 516

十一画
魔 416 　魇 192

175 音部

音 352

四画
韵 8

十二画
韽 352 　韾 553

176 彡部

三画
彤 50

四画
彣 201 　髟 19

五画
髻 219 　髭 202 　鬏 545 　鬓 299 　髮 190

六画
髯 88 　鬒 80 　鬖 162

词族目录

(一)人体与言行之一(人及其繁育)

仪议欐舣羛曦牺

瘦馊锼

（二）人体与言行之二（身体感官与思虑）

（三）人体与言行之三（有关手与足的行为）

（四）衣食 舟车

（五）农牧 建工

（六）工具　武器

（七）政法　文武

(八)草木　鸟兽

(九) 日月 山川 气象 鬼神

十、方位 数量

简 明 版

汉语音义系统字典

（一）

人体与言行之一

（人及其繁育）

1. 人

人 rén 本是象人两臂下垂，两腿微屈，为恭敬之形。隶书才写成一撇一捺，笔画大为改变。"大"字是四肢伸展之人形，"立"是"大"字下面加一横，谓人立于地。今说做人、为人，则主要是就人的品性说的。从社会角度说，人能制造工具，进行生产劳动，并战胜灾难，建设人类的世界。

仁 rén 从二，人声。果子分裂出果仁，结出果实。仁的抽象义谓亲爱、亲近，《论语》中几次解释，仁者爱人。《韩非子》中也说："仁者谓其中心欣然爱人也。"不仁，就是不道德。仁字从二，二为等同、齐平之义。故仁有一视同仁之义。

佞 nìng 从女，仁声。古时"不佞"常常用作自我的谦称，即是不才之义。在母系社会，女性为主，女性的才能大为发扬，教育子女的责任也主要在母，故"诲"字音义从母。孔子说他诲人不倦，那是已经到了父系社会。父系社会女人再来干政，常常被看作不正当的行为，故佞字的贬义越来越重，称为奸佞。实际上，真正奸佞的人大多是男性，只因文字是从母系社会传下来的，就有这种误差。

音从人的字虽只有以上三个，但它们语义的发展却引人深思：一、人的发展组成了社会，讲究人品、道德，因而人的引申义、派生词主要指人品；二、果仁也叫人，是就繁衍而言；三、人类战胜了灾难祸患，但同时以仁爱之心看待一切，故由人而及仁；四、仁爱也能走向反面，成为奸佞。

2. 大

大 dà 大字之形取人的正面，作四肢伸展之形。故大字的本义主要指人之大，如说大人、大王、大妈等等，引申指一切事物、现象、性能之大。大为形容词。大作动词，为扩大、夸张等义。当它修饰形容词时，又变成了副词，如说大红大绿、大智大勇，是极、最、很之义。

太 tài 从丶，大声。极其大或过分地大，叫作太。太阳为阳气之最，没有比它更大的了。太祖就是始祖，没有比他更大的了。太公太婆就是比公婆再高一辈。竹笋长得太老了，就是老过头了，咬不动了。太平就是极为平安。太字或作泰，作安泰、康泰。处之泰然就是安详闲适之貌。

泰 tài 是从太分化出来的一个字，后来作了分工，安泰、康泰等均不作太了。故泰有安适、康宁之义，如说国泰民安。泰的反面是否，否极泰来，就是物极必反之义。泰者，大之极也。今则皆作太。

汰 tài 从水，太声，水太大了就要分流，故得清洗、选择、淘汰之义。这也是语义向相反的方向发展，因为太甚，就要选择淘汰，今则专用于淘汰之义。

奎 dá 从羊，大声，小羊也。大有扩大、增多之义，故繁殖、发达也叫大，于是把繁殖的小羊也叫奎。今则小曰羔，大曰羊。

达（達） dá 通达、到达、传达。从辵，奎声，因为它的形旁从辵，故与人的行走有关。抽象义可说事业之发达、思想之豁达、地位之显达、言语之表达等。构成双音节词如说火车之直达、体育之达标、达到目的、达成协议等。单独说一个达字的时候很少了。

闼（闥） tà 从门，达声。门内曰闼，即已到达。门亦可曰闼。排闼，就是推开门。排绣闼，就是推开挂有绣花门帘的阁门。

挞（撻） tà 以手击之，《康熙字典》说即今之打字。鞭挞就是用鞭子打。古时若有失礼之处，就以手挞其背，使之达礼，故音义从达。

鞑（韃） tà 用鞭子打人，故字从革。鞑实即挞字。

釱 dì 脚镣。刑具之在颈曰钳，在足曰釱。故釱的音义从大，取挞罚之义。

軑（軩） dài 车轴上圆管状的金属套，对车轴起钳制的作用，音义接近于釱。

跶（躂） dá 失足摔倒在地曰跶，故音义从达。从手曰挞，从足曰跶，均及、到之义。

墶（墶） dā 名词，指达到的地方或场所，故从土。方言中时有此音义，或作塔，哪塔就是哪里、什么地方。吴语说格塔（可以有不同写法），就是这里。

莚（蓬） dá 又名车前草、当道。因其喜在牛马迹中生长，故从草，达声。中草药中称车前草，或称芣苢，相传吃了能生育，即取繁衍、发达之义。

3. 立

立 lì 从大，立一之上。一，地也。人四肢伸展，立一之上。会意字。由人之立引申指事物之立，如《诗经》中就有"立室家"的说法，就是立门户、立户口，置立产业。人三十而立，指事业的创立，从而说立身、立命，乃至王位、制度的建立。立还有副词的用法，指立刻、立马，表时间、行为之快疾，这一义项在周秦时就已见用。

粒 lì 人成曰立，谷成熟曰粒。米食曰粒，区别于肉食。粒就是成熟的米，粒从立声，取成熟之义，"绝粒"就是断粮。六朝以来，量词大发展，凡颗粒状的东西

皆可曰粒，如说一粒豆、一粒珍珠、一粒子弹等。

笠 lì 戴在头上防雨的竹编帽子，笠从竹，立声。立，置也，置于头上以防雨、防暑也。常说蓑笠、斗笠。

拉 lā 从手，立声，本谓摧毁、推倒之义，即手的行动很快，如说摧枯拉朽。拉断，就是折断。后说拉，常用为拉近、拉拢之义，如说拉关系、拉生意，是越拉越近，具体的抽象的都可以说。但说忽拉，还是急疾之义。今南北口语中常说拉倒，拉倒吧，即是算了吧，别计较了。

柆 lā 折木。又指以折木编制的栅栏。

垃 lā 垃圾，或作拉扱，宋代已见此词。拉指破折散乱之物，扱为聚集，因为是打扫聚集，常多尘土，故两字皆改从土旁。古时还说拉飒，今吴语还说垃飒，飒为秽杂、散乱之义。

飒（颯） sà 风声快捷，如说萧飒秋风。也可作萧瑟、萧骚、萧索、萧散等，均为双声词。萧寥、萧条为叠韵词。还说萧萧或飒飒。

泣 qì 哭与泣为溪母双声，泣与立为缉部叠韵，泣为立即哭。如《晏子春秋》中，齐景公听到贤相晏婴去世的消息，泣。此时他可能是大声的，也可能是小声或无声，重要的是他立即就哭了。但是从《说文解字》到我们现在所有的大小字典，都说无声或小声地哭曰泣。然而《诗经·斯干》就有"其泣喤喤"，毛传："喤喤，大声也。"可见泣不是小声或无声。《尚书·大禹谟》有"（舜）日号泣于旻天"。号，痛声也，呼也。哭而有言者曰号，可见泣也不能是无声或小声。

昱 yù 从日，立声。明日，即第二天，或作翌。作形容词谓光明之义，作动词为照耀之义。昱与耀双声，昱之声母义从耀。

煜 yù 照耀。"日以昱乎昼，月以昱乎夜。"日月称二耀。昱、煜与耀均双声，差别在于韵部。昱从立声，取疾速之义，光照之疾。昱日就是随即到来之日。

翌 yì 或作翊，飞翔之貌。指次于今日、今年的，如翌日指次日，另有翌年、翌晨等。

4. 壬

壬 tǐng 字形从人从土，人立土上，会意字，挺立也。由人引申指物，象物出地挺生之形，再引申指一切挺拔、伸展、张扬之行为或事物，从而加不同的偏旁。因为是从土，故最后一横长，从而区别于壬、任等字。

廷 tíng 从廴，壬声。廴，长行也。院子是可以挺立而长行的地方，故说闲庭信步。后来有一个特殊的含义，指帝王朝廷，大臣们挺立议事的地方。

庭 tíng 从广，廷声，指有屋顶的廷，故说门庭若市、家庭成员。庭、廷二字常通用。

挺 tǐng 拔出，举起，伸直。如说挺胸、挺腰。挺拔是直而高耸之义，抽象义指人的精神和风貌。军队可说挺进。挺还可作程度副词，说挺好、挺早。作量词说一挺机枪。

莛 tíng 植物的茎，挺而高耸者曰莛。韭菜开花，狗尾巴草结穗，都要长莛，直而高耸，花和穗都在最高处。

梃 tǐng 植物的主干，梃之言挺也。竹曰竿，木曰梃。

筳 tíng 小竹片，小木片之直长者，也指竹杖。

脡 tǐng 干肉条。一脡肉，即一条干肉。屈曰朐，伸曰脡。

铤（鋌） dìng 铜铁之类未曾制作成器，熔铸成条状，备以为料，今说钢铤、铝铤，金条亦可说金铤。今说铤而走险作金旁，是说挺身如金属。古人称金银曰铤，今用锭字。锭，定母；铤，透，定两读，于此是相通的。至于纺锭、纱锭是卷纱或卷布用的长筒，还是不失音义从廷的本义。

珽 tǐng 君臣朝见时手持的玉笏，长三尺。

艇 tǐng 本指简陋的直长的小船。今说舰艇，大曰舰，小曰艇。

蜓 tíng 蜻蜓，腹部以下直长。

侹 tǐng 长貌，平而直。

婷 tǐng 长好貌，即是身材长得好。

颋（頲） tǐng 头部和容貌正直。跟颈也有关系，而颈的音义从巠，巠也从壬。

霆 tíng 雷声急疾而余音缭绕曰霆。所谓春雷响四方，是大自然呼唤世间一切有生命的物种从冬眠中醒来，是挺身的时候了。

听（聽） tīng 从耳、惪，壬声。惪的形音义从直，积极主动地去听叫听，传来的叫闻，故说传闻，不说传听。今说窃听、听诊器都是主动去听，不能说闻。听而不闻，就是听了就像没有听见。听还有听从、治理之义。《西厢记》有听琴，就是积极主动地跑到院子里，躲到门背后去听。

厅（廳） tīng 办公会客之所，总比一般的房间大。今说教育厅、财政厅，则由场所引申指机构。

呈 chéng 从口，壬声，口有所申述曰呈，是言语、心意之申。向上级说呈请、呈报、呈文、呈正。事物的性状也可说呈现，就没有口述了。

锃（鋥） zèng 金属器物经过磨砺或擦洗后呈现光亮就说锃光，或锃亮。也说皮鞋擦得锃亮，光头也说锃亮，不一定限于金属器物。

徎 chěng 直插的小路，即捷径。

逞 chěng 放纵，放任，今说逞能、逞欲、逞强、逞凶，以求一逞，常带贬义。

醒 chéng 酒中逞能，即发酒疯。是在清醒中有点昏沉，或在昏沉中有点清醒，于是就逞能、逞性起来。醉后曰醒，醉中曰醒。

埕 chéng 沿海一带专门用以晒盐或培育介生动物的田叫盐埕、蛤埕、蛏埕，因为那种田平坦而直长，故字从土，呈声。

程 chéng 路程、里程，是说路的长度。程，本指长度，引申指学习、办事的进度、达到的水平。进一步指法式、标准，如说程式、程度、章程。过程指事情的发展经过。程字从禾，与秒、科等一样，是作为度量衡的单位而从禾的，因为度量的对象首先是谷物。

裎 tīng 或作裎，束腰的皮带可说腰裎，它直长。古时衣带常束于外，缀有玉石之类作点缀，故也有呈现之义。

裎 tīng 床前几。古时多坐床，故床前设几，平而直挺，是呈现于前的直长者。厅堂前的大柱子叫楹，是竖而直长者，也可叫裎。故裎又可读同楹。

郢 yǐng 楚国的首都在郢。城门有两楹，故郢也读同楹。

戜 dié 亦作戜。坚利也，从戈，呈声。戈是坚利而直长的，现在戈字写得弯曲了，那是文字演变造成的，现在成、城等字的草书，还把从戈的笔画写成直长之形。

铁（鐵） tiě 古以金属的颜色来作区别，如今还说黄金白银。铁为黑金。古说黑，常与漆相联系，至今犹说漆黑。我国早就用漆树之汁作涂料。这样，铁的音义就是从黑又从漆，坚利而色黑之谓也。铁作为形容词可说铁骑、铁拳、铁人；又形容事或物之确定不移，说铁定、铁案、铁了心、铁哥们。

驖 tiě 马赤黑色。后说铁骊，指深黑如铁色一般的马。

圣（𡉉） jīng 从巛在一下，一，地也。壬省声。圣指水的主干道，直而长也。

茎（莖） jīng 草木的干，是直长的。

颈（頸） jǐng 脖子的前面部分叫颈，后叫项。这是因为血脉所在水脉曰圣，故前曰颈。

刭（剄） jǐng 断颈之刑。

胫（脛） jìng 小腿，直而长似草木之茎。膝上曰股，膝下曰胫。

劲（勁） jìng 主干挺拔有力，如说劲松、劲草。引申指有力、使劲。一个劲儿，就是持续不断，一直地。

婞（娙） xíng 身材长而好看，苗条。

痉（痙） jìng 抽筋，痉挛。肌肉和关节不能自由收缩或放松，即是僵直，不能自由收缩。

径（徑） jìng 步行小道。区别于车行大道，往往是直插的小路，故曰捷径。半径，是通过圆心的直线。捷径的径，也是直插过去的小路。

经（經） jīng 织布时的纵线叫经，人体气血运行的血脉叫经络，经指主干，络指旁支。道路也有主干与旁支的区别，地球也有经纬度的区别。作动词，经，过也。引申为抽象义，指学问、道义，记载这些常道的书叫经书，十三经是古时认定的十三部经典著作。《诗》三百总体叫《诗经》。

轻（輕） qīng 谓迅捷直取敌方之战车或猎车。引申为一般轻重之义，如说体态之轻盈、心境之轻松、思想之肤浅、举止之轻浮、作风之轻率、地位之轻贱等，自古就大多用作抽象义。司马迁说人固有一死，或重于泰山，或轻于鸿毛。

氢（氫） qīng 氢是最轻的一种化学元素，是现代新词。

樫 jìng 樫木似杉，主干直挺着往上长。

鋞 xíng 温器。圆筒形直上，插入热水中，用以温酒。

陉（陘）xíng 山势挺拔，直上直下的峭壁。常用作地名，河北有井陉，河南有陉山，山西有陉岭，都是专名。

泾（涇）jīng 水的主干道，波势直下。所谓泾渭分明，不只是清浊之分，泾从巠声，是直的，渭从胃声，围也。

圣（聖）shèng 从耳，呈声，通也。从耳从口，就是听觉和言辞的灵敏、通达。圣人就是通达之人。战国以后，把圣人神化了，成为无比神明、只能尊崇的人。圣成了帝王或宗教的尊称词，说圣上、圣旨、圣诞、圣母等。但是现在又可说每个人都有神圣不可侵犯的生存权利，从而带有一点民主和现实可知的色彩了。古圣、声二字双声，字均从耳，音义相通。

柽（檉）chēng 河柳，一名雨师，天将下雨，它能有反应，就称它为圣树了。

蛵（蟶）chēng 蚌属，但比一般的蚌狭而长，故音义从壬。

以上从壬的词族有五十多词，语义非常广泛。

5. 勹

勹 bāo 象人字弯曲之形，象有所包裹，是包的本字，后皆作包。

包 bāo 从巳，勹声。巳是未成形幼儿，尚在胎内，故包实即今之胞字。同胞本指同父母所生。包引申指各种包裹，或各种包的行为。作名词如说书包、包子，抽象义如说淘气包。作动词如说包含、包庇、承包，许多用例都已没有包裹的行为，是包括、据之义。

胞 bāo 本指胎衣。详见包字。生物体的细胞由细胞膜包裹着细胞核和细胞质组成。

孢 bāo 一些低等动植物的细胞有繁殖作用，离开母体能独立生长，如苔藓之类，叫孢子植物。

疱 pào 本指一种面疮，形如水泡，后泛指一切疮疱、脓疱。

袍 páo 包于外而长的衣。后有战袍，则可包括盔甲之类。旗袍比长袍短一点，因为穿着它要上马。原只是旗人的习俗。汉族人也爱穿，不骑马也叫旗袍。语言的习惯脱离实际生活，使语义发生变化，使语言表现出了稳固性。

苞 bāo 花苞之类，含而未放，以人之包言草木之包。

枹 bāo 枹树。丛生者为枹，如各枝相抱。

匏 páo 葫芦之类，取其可包藏物也。八仙中的吕洞宾身上背着一个葫芦，里面装有药，实际是一个药包。

狍 páo 传说中的一种怪物，羊身人面，包括在一身。

泡 pào 水上漂浮的包，大曰泡，小曰沫。说泡影、泡幻，是即刻消失之义。灯泡与水泡完全不同，但语义可以超越这许多差异，还可说手脚上磨起个泡，眼睛鼓起个眼泡。更有泡茶、泡菜、泡饭，是动词。

炮 páo 裹物烧之。今枪炮之义，本作抛，读pào，发射铁石弹丸，作砲。后发明了火药为发射的动力，便作炮。

庖 páo 庖厨就是包烹鱼肉以烹的地方。现在不大说庖了，因为包的工序不多了。

鲍（鮑）bào 或干或湿的咸鱼，总要加以包装或腌藏，即使这样，总还不免腥臭，故说"如入鲍鱼之肆，久而不闻其臭"。

雹 báo 下的不是雨点而是冰，叫冰雹。雹，包也，阴气包围了阳气，是阴阳不和之谓。

抱 bào 以双臂和身子环抱，抱是包的动词用法，也说怀抱。抱负，就是手抱和背负。作抽象义指一个人的志愿。坚持陈旧的观点，可说抱残守缺；形容心情可说抱怨、抱恨、抱歉。引申义指鸡孵卵日抱窝，是用翅膀和身子去孵。更抽象的说法，如老子说的"圣人抱一为天下式"，即坚持一种思想观点，始终如一，坚持不渝，叫作抱一。

刨 páo 大多指一种向下或向里的挖掘行为，如说刨一个坑，象一个包的动作。木匠的一种工具叫刨（bào）子，往前推，或往后刨。

龅（齙） bāo 龅牙，是说牙齿长出唇外，成了包的形状。

跑 páo 本指牲口或禽兽以脚刨地。我国有几处虎跑泉，相传是老虎前脚刨地而得泉。引申指奔走，读pǎo，说跑步、跑路，引申指外出的某些职业或行当，如说跑买卖、跑外，做事走了样也可说跑，唱歌说跑调，写文章说跑题，照相说跑了光，漏电也说跑电，都已没有用足跑的行为。

匋 táo 从缶，包省声。今皆作陶，指土器已烧者。

陶 táo 制作陶器大多有包的动作，方能成容器。陶与掏通，掏是有目的地选择和去除，淘则是除去杂质沙子。陶、除双声而义通。陶的制作，有时用黏土包，有时还从里往外掏，以完成陶的制作。引申指人的心灵与情操的陶冶、培养，又引申为喜悦或忧郁，说乐陶陶就是喜悦，说郁陶就是或喜或忧。

掏 tāo 挖出，掏空，掏心，就是从心里掏出来的话。

淘 táo 在水中冲刷，去除杂质，如淘米、淘金。淘气，就是气也有好有坏，是有选择地对待。

绹（綯） táo 绞绳索，作名词指绳索。绳索也要去除一些不适用的杂草之类。

諨 táo 往来言也，有好有坏，要有选择地传言。传来传去，人们要有选择地对待。

嗝 táo 来回反复地号叫，如说号啕大哭。

6. 勻

勻 yún 均匀，齐平。从勹，从二，即在一个周遍的范围之内调匀。

韵（韻） yùn 和谐之音，均匀协调。故音义从勻，主要表现在韵母。诗歌押韵就是句末韵脚字的韵要求相同。韵相同就可以前后呼应，就是均匀，就是共鸣。

筕 yún 竹皮也。竹皮匀净而青，有坚韧之质。以竹和松喻人，早在《诗经》时代就开始了。别的草木也坚韧，为什么专爱松竹？因为它们冬天也不凋零，常青常绿，有均一之义。

昀 yún 日光。它周遍齐平，故音义从勻。

鋆 yún 指各种金属，它们均匀齐平。

畇 yún 开垦的土地平整之貌。

钧（鈞） jūn 是重量的单位，三十斤为一钧，雷霆万钧，就是三十万斤。权与钧双声，权作名词指秤锤，也指秤，作动词谓衡量，钧就是权而勻。钧旨，就是公正的意见。钧还指制作陶器时的转轮，陶器的坯放在上面旋转，可使陶器制得圆转、匀称，古今都是此法。钧还指调节音乐使之和谐的标准。这样，钧就把度量、政权、音乐等方面的观念融会在一起了。

姰 jūn 从女，从日，匀省声，谓男女均等之义。

均 jūn 平均、调节、等同。均匀为叠韵词，指事物分布适当。均势就是双方实力相等。均田本指除过草的田。均徭、均赋才是平均之义，近代以来还说均权。

袀 jūn 从衣，匀声。古说袀服，指上衣和下裳同一颜色，有时指将帅与士兵同一戎服。

旬 xún 从日，匀省声。十日曰一旬。我国汉唐以来以十日为一周，唐人有旬假，或叫旬沐。旬月或旬年、旬岁，都有两层意思：一指十个月或十年，另指满一个月、满一年。

徇 xùn 或作徇，谓巡行示众，徇为周遍之行。斩以徇，就是杀了并行遍示众以为戒。引申为夺取谋求之义，如说徇私舞弊、徇私枉法，均为到处谋求私利之义。

殉 xùn 殉葬就是杀人跟他一同去葬。殉难就是为国之患难而牺牲，殉情就是迫于环境为爱情而死。

绚（絢）xuàn 音义从旬、从匀，故指环采之美。文为错综交织之丽，绚为环采匀称之丽。故今常说绚丽。还说绚烂，就是环采匀称，鲜明亮丽。

洵 xún 副词，全然、实在、的确。洵的音义从信、从均，确实、都的意思。

询（詢）xún 今说询问、咨询，询为周遍之问，以其音义从旬。

恂 xún 恭敬、诚信之貌，严肃认真而诚实的心态。《论语》有："孔子于乡党，恂恂如也，似不能言者。"此即恭顺之貌。

笋（筍）sǔn 竹之芽，质嫩而鲜匀，义也与筍通，匀净也。

荀 xún 传说中的一种香草，佩戴它可得明净、美丽之效。

珣 xún 东夷所产之一种美玉，与绚字语义切近。

眴 shùn 目摇，即眼睛转动。眴与瞬双声。瞬，目摇，目转。瞬字从舜，两腿左右摇动，眴字从旬，周遍而匀。一瞬间，就是一转眼；不瞬，就是目不转动。先学不瞬，而后可以言射。

袨 xuàn 或作袨，衣服美鲜者也。字从旬，取绚丽之义。

在从匀的词族中，声母屡变，都是根据语义和语源来的。

7. 夏

夏 xià 大也。大是象形字，象四肢伸展的人之形，故又引申为大小之义。夏亦象首和四肢之形，夏的上部即首字，夂为伸展之两足，夏的古字形中部还有一个白字，两个部分分别居于夏字中部的一上一下。故夏也引申有大之义。夏天宇宙阳气大盛，万物发达，故称夏季为夏。夏代称夏，是政治和农业的大发展时代。

厦 xià 今说高楼大厦（shà）。《诗经》中就有"夏屋渠渠"的说法，指大屋深广。福建厦门，意思就是国门之大者。

榎 jiǎ 槐树之小叶而皮理粗者，本作檟。故声母和语义皆不同于夏。

8. 亟

亟 jí 亟字的上下两横表示天地，中间是个人字，人在天地之间用口又用手（又，即右手），这就是中心和法则，这是亟字的语义。亟为极（繁体作極）的古字。地球有北极和南极，世上的事物分阴阳两极。又说事物之极端。后来极就发展为副词，是很、甚之义，如说极好、极坏之类。

极（極）jí 本指房屋的正梁，是最高的、居中的。引申为极顶、穷尽之义。极点就是最高点。极乐就是最快乐。在佛教中，西方是极乐世界。

悈 jí 心急。

殛（殛）jí 死。殛刑就是死刑，是最重的刑罚。

9. 从

从（從）cóng 听从、随从，故从二人。抽象义谓从事、从宽、从严等。引申为介词，说从东从西、从难从易。也说自从。随从指跟从的人。

踪（蹤）zōng 作动词为追随之义；作名词为足迹之义，如说踪迹。

鬷 zōng 车迹也。

纵（縱）zòng 今说放纵，就是任其自由地表现。纺织时，梭子左右来往的叫横线，或纬线；上下的叫纵线，或经线。纵横相对而言。说纵线，言其直而挺；说横线，言其顺而从。

怂（慫）sǒng 怂恿，就是鼓动别人去做什么事，叫人听从别人的鼓动。怂的声母略有变化是受了悚字的影响。怂，悚也。

耸（聳）sǒng 本为劝勉、鼓励之义，使人有所从。今说耸人听闻，有惊惧之义；耸立，谓高出之义，为悚、竦之假借义，故皆声母相同。

枞（樅）cóng 松叶柏身之木，高十仞而无枝，栋梁之材，取高耸之义。

豵 zōng 六月或一岁的小猪，爱相跟而从聚，北方爱放猪，即可见其相从聚。

鏦 cōng 矛戟之类的长兵器，以撞刺，故可由放纵之义引申。

扠（摐）chuāng 撞也，打钟鼓也。由放纵之义引申。

玱（瑲）cōng 身上佩戴的玉石之类行走时相撞击之声，可说玱瑢或玱玱。

疭（瘲）zòng 小儿抽风病。疭之言纵也，放任不能自控。小儿受惊吓，也呈不能自控之状。

苁（蓗）cōng 肉苁蓉，指一种中药材，药性和顺，故有从容之称号。

从"从"的词族，声母屡有变化，但都不超出舌尖音的范围，也未影响语义，所以属于语音内部的微小变化。

10. 化

化 huà 本作化，是个倒写的人字。教化之义，它能使一个人颠倒过来，故今说教化、感化，是化字的本义。引申指各种事物的变化，作动词。它的主语和宾语大为扩展了。今说变化、转化、造化、融化、化解、化缘等；化学的化，含义就更深广了。

货（貨）huò 财物作为商品，就可叫货。货，化也。施行买卖，即等价的转化。货币是转化过程中等价的信用的凭证。故货的词义着重在化。货就是转化，就是交易。通过交易，生殖利润。古今都往往把人骂成货，如说蠢货、赖货，猪八戒被说成是夯货。这恐怕是奴隶制以来的遗风，那时的奴隶常可以作为货物进行交易。

花 huā 本作化，是花钱之义，即交易转化。还说花销、花费，为什么要加草头？花果的花，本写作華或荂，那是大自然的造化，就写作从艹，化声。从语源上说，花钱在前，花果在后，都取自化。引申指似花的事物，如说浪花、心花，还说花费、花腔、花絮、花样等。作动词用法还可说花时间、花功夫、花心血等。词义走向反面的可说耍花招、花言巧语等。

傀 huà 从鬼，化声，即由人的变化引申到鬼的变化。但鬼花招仍写作花。

讹（訛） é 从言，化声，谓感化、教化，语义引申到反面，讹言指伪言，今还说谣言，是虚假伪造之言。讹与化韵母相同，讹与伪古声母相同。故讹言就是伪造之言。今还说以讹传讹。讹言原还可作譌言，人有作为，又可派生作诈讹。

囮 é 鸟媒，对它经过训练，又用它引诱他鸟前来，伺机捕捉，起讹诈的作用。囮也有诈人财物之义。

鉳 é 工匠削去加工的部件上的棱角之类，故音义从化，取改变之义。

11. 北

北 běi 为两人字相背之形，即背对背。万物向阳而负阴，故自古宫室多南向，宾宴排座多南面。军败兵走曰北，或说败北。交战时两军相向，弃甲曳兵而走，就是背向着对方。背之所向曰北方。

背 bèi 从肉，北声。引申义如说背盟约、背秦、背楚，背本就是忘本，各种事物的反面也说背，如说碑背。今还说鲤鱼背、马背、门背后。背地里就是避人耳目之所，还说背光、背水一战。乖字只是字形从北，语音不从北。

揹 bēi 是背的动词用法，是明清以来用开的，古曰负，今曰揹。京剧《追韩信》中有"身揹宝剑"的说法，《史记》中是说"负剑"。还说揹黑锅、揹债，语义抽象了，便不用手了。

褙 bèi 今说褙心，或作背心，没有领和袖，只是贴个胸背。在布或纸的背面，再糊上一层布或纸，叫裱褙。

邶 bèi 指商代都城朝歌以北地区，今河南淇县以北。

12. 并

并 bìng 是两人相从的"从"字中间再加两横，故为相并之义。从是随行，常有主从之分，相并则不分主从。故有一并、合并、并肩、并排等，为众多并列之义。

併 bìng 指人或人事之相并列。作副词谓一起、都。併起，谓一齐都起。亦作并、竝。

骈 pīng 骈石，指并排罗列的石头，或上下累积的石头。或作𰍟。

跰 bìng 并足立貌。今说三步并作两步走，形容逃奔踉跄之状。

骿 pián 骿胁，就是肋骨紧密相连。

齞 pián 谓齿之前或后又长出一齿。

𫄨 pīng 帛青白两色相并。

颁 pǐng 脸色发青发白。人在大怒极愤时，脸色青白。

骈（駢） pián 驾二马也。今说并驾齐驱，指一车或多车并驾，一车并驾二马亦曰骈。引申指物之并列相对，骈文就是通篇文章的字句都是两两相对的排偶句。

栟 bìng 栟榈，即棕榈树。枝条合并为一主干。故谓之栟，其皮层层相连而上故谓之榈。

絣 bìng 谓不同颜色的纱相间而织。也指平纹布，即没有花纹，只见经纬相并。

饼（餅） bìng 由两层或多层的面皮合并而成，故称饼，《史记》无饼字，即西汉人还不怎么吃饼，东汉时饼的名目就很多了。

鉼 bǐng 把金、银铸成饼状或板状叫鉼，今叫金条或金锭。

拼 pīn 常说拼合。有拼版、拼盘、拼音、拼凑。还说拼命，拼与拚通。

胼 pián 胼胝，即手掌或脚板上磨起的厚皮，也叫老茧，茧本作趼。

瓶 píng 本作缾，井上汲水的桶，欲其坚厚，故音义从并。后来把插花的瓶子也叫瓶，瓶的形制就越来越多了，语义也宽泛了。

屏 píng 今说照墙，立在大门里面或外面，屏风指室内的屏障物，起隔或挡的作用。屏字的一个新用法指荧屏、屏幕，主要指一个平面。

摒 bìng 今说摒除、摒弃、摒退，还说屏气，也是动词用法。

姘 pīn 男女不合法的私下苟合，如说姘妇。

軿 píng 一种有屏蔽的兵车，也指有帷帐作屏蔽的妇女乘坐的车。

帡 píng 用以覆盖或隔离的帷帐之类，帡之言屏蔽也。

迸 bèng 人之四散逃奔，物之一齐涌出，都可曰迸出。白居易《琵琶行》："银瓶乍破水浆迸。"今说迸发、迸裂。

並 bìng 本作二立字相并，隶书作业。今並、并同音通用，原来有细微差别。並的虚词用法一般不作并，只"並且"一词，偶或可作并且。

碰 pèng 是明清以来才用开的词，石之相撞曰碰，引申指多种事物之相碰。对人也可说碰见、碰头。

13. 比

比 bǐ 两人为从，反从为比，为毗连、亲密之义。引申为比赛、比方、比较等义。比翼双飞，就是挨着翅膀一起飞，

亲密之义。事物之间可说比较，科学上说比率、比重等。

匕 bǐ 是人字的反写，毗连而有顺序。照例说，相毗连，不能是一个反写的人字，无从毗连。它着重从某一方说，如"尼"字从匕，从后近之也，也有亲昵之义，但它是着重从相毗连的某一方说。

妣 bǐ 父母本称考妣，后考妣专指已故的双亲，先考指父，先妣指母。妣从比，也取亲密之义。

毗 pí 肚脐。从囟（xìn），脑门。比声，取比连之义。脐带是胎儿与母体密切联系的通道，一切营养都从这里输入，出生时才剪断脐带。

媲 pì 动词，匹配。今常说媲美，即并列称美。

仳 pǐ 离别，可说仳别，是比连之后又分别，还特指女方被遗弃。比连和分别，相反的两种义项同时出现，是比连之后的离别。

牝 pìn 指雌性的家畜，雄性的叫牡。甲骨文中不一定都作牛旁，可作羊、犬、马、豕、鹿等旁。引申义指它们的阴、阳生殖器官。刻印章时笔画处是凹下的叫阴文，凸出的叫阳文。

麀 yōu 牝鹿也，即母鹿。麀的读音是一个特殊情况，此从略。

坒 bì 地相次比也。作名词指相毗连的土地，作动词指事物之相毗连、衔接。

坒 bì 配合。与媲之义切近。

毗 pí 或作毘。谓辅助、依附，引申指相比两人之间的关系。

庇 bì 覆盖、保护、依托、掩蔽。今常说庇护，谓包庇、袒护。字从广，是房子的庇护。字或作庀，即草木枝叶之覆盖。

庀 pǐ 具备，配备，与媲字义近。

陛 bì 升高的台阶，总是毗连的。群臣尊称帝王为"陛下"，本是呼陛下之

近臣转告帝王，以避免直呼或直指。

箆 bì 梳理头发，去垢及虮虱的梳箆。齿疏者曰梳，齿密者曰箆，取比密之义。现在卫生水平提高了，头发里极少长虱子，所以箆子也很少见了。

蓖 bì 蓖麻，一年或多年生草本植物，结蒴果，内含数颗种子，相毗连。

膍 pí 或作肶，牛羊等反刍动物的胃下呈相毗连的百叶之状，故其音义从比，有时也叫牛百叶。

枇 pí 枇杷，一种果木，它的果实似杏而成串成把，比连而生，因名其木亦谓枇杷。

榉 bì 榉栌也。古时官署前用以阻挡人马通行的路障，用木料交叉制作而成。榉从比，比连其木，栌从互，交互其木。

槌 pí 屋檐上的模板，连绵而长，故亦取比连之义。

鮍 pí 鱎鮍，成群地浮行水面的极小鱼类，淘米时手快一点就可以用箅箕去接住它。鱎从旁，并行也；鮍从比，比连也。鱎鮍，成群浮行之状。

批 pī 本义是反手击也。由于比字是反写的两个人字，因而从比的字往往有相反之义，如北、背等。不过用多了就成一般的击了。现代主要是用的引申义，指思想言论的批评、批判。有时说批语、审批，不一定是抨击，赞同甚至赏识也可以，语义在延伸。作量词说一批、成批、批发，是说人或物之相次比，全无手击之义。语义已走得很远。

琵 pí 琵琶，本流行于波斯、阿拉伯一带，汉代传入我国。推手前曰批，引手去曰把，是由演奏时手的两个动作来命名的。现在已经成了我国的民族乐器。

貔 pí 或作狉，如豹之类的猛兽，所以是取批击之义，它袭击人畜。

狴 bì 胡地的一种野狗，能逐虎豹，故也取批击之义来命名。古时画狴于狱门，以示威慑。

砒 pī 或作礕，今说砒霜。是一种含砷的矿石，经过提炼，变成白色，有

剧毒，以其性猛如貔，故名砒霜。

吡 bǐ 恶言的诽谤。批为手之击，吡为口之击。即今所说之批倒、批臭。

諀 pī 吆喝，斥责。批为手之击，諀为言之击，声之击。形音义均相通。

紕（紕） pī 将丝缕比次、编织成丝带，做衣冠或旗帜上的花边装饰。紕又指布帛的破败状态，即象丝缕未织的次比状态。又说线紕了，麻紕了，就是拧紧的纤维松散或断开了。引申说紕漏，就是事情出了差错；说紕缪，就是失误、过错。

悂 pī 谬误，即心之次比。

秕 bǐ 瘪谷，秀而不实。秕政，就是散乱破败之政，就像个空壳子。

籵 bǐ 坏米，粟不成粒者。虽有粒，但质量极差。紕缪也可作籵缪。

屁 pì 谷中空曰秕，肠中空曰屁，也兼有败坏、污秽之义。与秕、籵的语义最切近。

蚍 pí 蚍蜉，大蚂蚁。

以上从比之字 33 个，它们的语音都很相近或相同，声母均属唇音。以下从皆之字声母，皆读舌根音。从比的词族是几个最大的词族之一。

皆 jiē 全都。从白，比声。今说比比皆是，皆有比的音义，即韵母是相同或相近的。表示数量的副词。它的声母方面的语源从"俱"，《说文》："皆，俱词也。"皆、俱至今声母相同，音义相通。

偕 xié 偕行、偕老都是俱的意思，一同、都的意思，亦有比、两人相比连之义。

喈 jiē 风雨急疾之声，与貔之猛烈之义相近。喈又表和谐之声，则与谐的语义相近。

锴（鍇） kǎi 质量好的铁曰锴，坚而白，称锴铁，或白铁。

阶（階） jiē 台阶，比连而升。阶与陛不同，陛没有皆的语义，

宫廷的台阶升了几级之后就留出一个平台，缓冲一下，再升一些台阶，所以它不能是皆毗连，不能有皆俱之义。在宫廷说陛下就不能说阶下。阶级本指台阶逐级而上，引申指等级社会贵贱的森严区分。阶段指事物发展中出现的不同过程。

蜡 jiē 虫名，蜡虫长三寸，知天雨，则于草木下藏其身，故取庇护之义，音义皆从比。

秸（稭） jiē 禾稿去皮编成的席子，故取皆、比之义。

楷 kǎi 楷木即黄连木，干枝疏而不屈，由于它的质直而得楷模之义。于金曰锴，于木曰楷。今说楷模。楷书即正书。

湝 jiē 指水势盛大，流连不绝，亦与皆、比之义切近。

揩 kāi 摩，擦。是手的比连、摩拭的动作。南方人揩面，北方人说洗脸。还说揩台布、揩脚布，都是接连来回的行为。

谐（諧） xié 和谐，指音乐、社会人际关系等。和谐双声。谐有和的声母和语义，谐的韵母从比，取比连、并列之义。谐的本义应为比连而和谐。谐又引申为诙谐、滑稽之义。

龤 xié 专指音乐的和谐，故从龠旁。龠指一种古代的吹奏乐器。

騞 xié 指马性温和，人与马之间在驾驭时易于求得配合、和谐。

尼 ní 从尸，匕声。尸为横卧的人，下面一反写的人跟随着，故尼为接近、跟随之义。尼的声母从"匿"，尼、匿双声，匿为逃亡、躲藏，故《说文》说："尼，从后近之也。"近之就是从比，从后就是从匿。昵，也可写作暱。可见，尼与匿的音义关系非同一般。尼，从匿，又从比。

昵 nì 即暱字。日日亲近、甚为亲近之义。昵、暱都可作程度副词，与极、甚同义。

妮 ní 宋元以来流行的称谓词，指年少的女儿和女仆。《西厢记·楔子》中称红娘为小妮子。今上海称女儿为囡（nān）妮。

呢 ne 语气词，在句末或句中表示停顿，故呢字从口。从尼，表示停止之义。后常用为疑问语气词。呢喃，小声多言也。多言就是连着说。呢字的一项新义指呢子，指厚而密的毛织品，取比密、紧密之义。

詅 ní 呼人也。是亲近的表现，故从尼。

怩 ní 忸怩，羞涩、惭愧之状。因惭愧而难以言语，也是取阻止、停止之义。

梶 ní 阻止车轮前进的一块横木，故也是取遏止、阻塞之义。

旎 ní 旖旎，旌旗随风飘扬之貌，故为柔顺、随从之义。又可作猗狔，尤是随从人后的。又作椅柅，形容草木柔弱。

泥 ní 水和土也。雨水停在地势低下之处流不出去，泥泞黏滑。作动词读nì，谓以泥涂刷，如说泥墙。引申为拘泥、固执、阻滞等抽象义。又作名词，说枣泥、印泥，指柔软的泥巴状态的事物。

黏 nì 黏也，即具有黏性、附着力，使两种事物连在一起。字从黍，黍亦具黏性。

旨 zhǐ 口中滋味甘美。从甘，匕声。演变从日。旨的音义从比，即其甘美之味与谷物媲美。常指言论的美好。引申为名词，指美好的言论、观点、主张，如说旨趣、要旨、主旨。宋以后专指帝王的命令，曰圣旨。旨的声母已发生变化。旨的音义从志，旨趣可作志趣、指趣、恉趣，旨意可作志意、指意。意志也可作意旨。故旨的音义从志又从比，即与意志相毗连。

脂 zhī 今说油脂。凝结者为脂，稀释者曰膏。今说脂肪，实际是长的肥肉，是凝结的。

酯 zhǐ 化学名词，指一类有机化合物，是脂肪、油类的主要成分。

恉 zhǐ 旨意。心之所之为志，恉谓心中之志意。但恉字没有用开，一般还作旨或指。

指 zhǐ 人们常以手示意，心之所之，以指示之，故手指曰指。脚趾的趾，形音义皆从止，因为人们很少用足来示意。但是现在因为语言可以类推，也可作脚指头。指作动词，谓以手指点。又说指教、指挥、指派等。抽象义就没有手的行为，如说指盼、指望、指日可待。

楮 zhǐ 垫在堂屋柱脚下的石礅，古用木，今用石。既是柱脚，故可与止、之的音义相联系。

诣（詣） yì 往也，到也，即到一定时候才去问候、探望。如说诣访。词义逐步宽泛，凡谨畏地去到都称诣，如说诣阙，《桃花源记》中说"诣太守"，是谨畏而前。学问、修养达到了高深的境界曰造诣，或超诣。诣的声母从倪，弱小之辈能有造诣。

稽 jī 停滞。今犹说稽留。禾上长而到了尤甚的程度，故说稽查、稽研。稽首，就是曲首至地，以表示敬意。稽古，就是考究古事。

乩 jī 与稽通。占卜之事，视兆而查考之，稽问神明，决之蓍龟。

耆 qí 从老，旨声。年六十曰耆，从旨为到达之义，耆年就是到了老年的人。耆儒或耆硕就是到了老年而又有德望的人。耆的语义就是老而强。

愭 qí 恭敬，谦慎。耆老好礼，故有此引申之义。

鳍（鰭） qí 鱼脊背上的骨头。人老了，往往有点驼背，鱼的脊背与之相似，就叫鳍了。

鬐 qí 马颈上的一长绺长毛。鬐与鳍相通。

嗜 shì 嗜好、嗜欲，就是喜欢。耆老所食，故曰嗜欲。嗜的引申超出食之所欲，从嗜酒、嗜鱼到嗜财、嗜利，成了贬义。嗜的声母从羡。羡本为贪欲之义，嗜、羡本都指人的口欲，两字的宾语宽泛起来，可说"嗜杀人者"。

蓍 shī 本指一种蒿草，菊科植物，但是古人用它来占卜，所以它的音义就从耆了。由人之耆而到了鬼神，又由鬼神再到人事之占卜。

综上所述，从比之字，声母发生了几次演变，从唇音到喉音，语义也随之起很大变化，而韵母则稳定未变，这是单音节词演变发展中的常态。韵部相对稳定，但也不是一成不变，只是相对稳定。以下三个从巫的字，韵母发生了变化。这里所说的声韵，都是就古音学来说的。古时说的天书，谁也难懂，就是指它，这里就从略了。

筮 shì 卜卦时巫师手中所用的蓍草或竹枝。龟曰卜，蓍曰筮。即是用蓍草和竹枝来组成会意字。揲（积累）蓍取卦，折竹为爻，这里有一套专门的用字。

噬 shì 食也。口中有物就合口啮之，以喻刑法，上下之间有物间隔，就需用刑法去治，这就叫噬嗑卦。

滋 shì 水边增土以为防，故得堤防之义，有好兆头。

14. 卂

卂 bǐ 从比，从十。比之多，故从十。后作"保"。五家为比，使之相保，即是保甲之义。此为保字前身。

鸨（鴇） bǎo 鸨这种鸟，性不爱在树上栖息，似雁而虎纹，善走不善飞，故以它比喻在外行役奔走，没有安定的居处，没有家。体长可达一米，背部有黄褐和黑色斑纹，腹面近白色。常群栖草原地带。鸨的另一义指妓女或管理妓女的女人，称老鸨或鸨母，鸨鸟喜淫，诸鸟求之即就。

鵏 bǎo 鸨足强健而善奔驰，故以喻马。从马，卂声。

15．夹

夹（夾） jiā 挟持。从大，挟二人。即一人挟持两人或两物。如说挟太山以超北海。今说夹子，则是以物夹物。夹的主语和宾语大为扩展了。夹衣就是表里两层的衣。

荚（莢） jiá 豆荚，由两长片包住豆子，荚之言夹也。豆荚长而端锐，故也说豆角。

筴（筴） jiā 筷子，用以夹饭菜。筴作动词谓钳ср的之义。

梜（梜） jiā 一函线装书用两块木板上下夹住，两边用绳子穿连系住。

铗（鋏） jiá 可以持冶器铸镕者。即用铁夹持铸锅。今从炉火或灶火中夹取者曰火钳，钳从甘，为口中含物，与夹的取义相似。

裌（裌） jiá 两层之衣，或省作夹衣。

蛱（蛺） jiá 蝴蝶也称蛱蝶，夹翅而飞。

颊（頰） jiá 脸颊，脸之两旁。

匧（匧） qiè 或作箧，箱子之类，由箱和盖合在一起。

惬（愜愿） qiè 愉快，满意说惬意，从夹与从合相通。惬当，就是适合、恰当。

挟（挾） xié 夹持。由于夹持的目的不同，引申出多种义项：如有辅佐、卫护之义，可说挟辅王室；有要挟、钳制之义，可说挟制、挟天子以令诸侯。挟的声母从胁(亦作脅)，脅，挟也，在两旁臂所挟也。要挟可作要胁，挟持可作胁持。

峡（峽） xiá 两岸为高山夹持江河的地段称峡，长江有三峡，黄河有三门峡。峡也指两山间的峡谷地带。

硤（硤） xiá 榨，压。音义从夹。常指上下之夹。

狭（狹） xiá 窄，隘。夹得越紧迫则越狭，是就地势而言，抽象义可说心地狭窄。有时狭与广成反义，如说广义、狭义。但字从犬，大多指禽兽出没的狭窄地带。

侠（俠） xiá 侠客，指一些有武功的人，讲义气肯助人，路见不平，拔刀相助。今有武侠小说，古代《史记》有《游侠列传》。对侠的评价有褒有贬，他们有时伸张正义，有时不过是为私交殉难，以武功要挟、威胁。若是从夹的词义来看，也有褒贬相反的两种语义存在。可见，人之夹是个很复杂的行为。语义在这里纠结往返，要做到条理分明。

睫（睫） jié 眼毛，本作映。今映也说睫毛，从捷速取义，眨眼是捷速的。

匝（匝） zā 本作帀，周也，三周也说三匝。后来匝又可写作浹，可见它的音义还是从夹的。天干以十日为一周匝，地支则以十二为一周匝。

浹（浹） jiā 本指水浸泡、渗透。今说汗流浃背，是遍及之义。亦与匝相通。

咂（咂） zā 用嘴唇吸。咂肤，就是咬破皮肤，咂嘴，就是用舌头抵住上腭发出吸气声，表示赞赏。

砸（砸） zá 用石头、锤子或其他重物猛击另一物，两物周合。如说砸饭碗、砸锅、砸核桃。又说砸破、砸碎，是动补结构。事情办坏了说办砸了。

錭（錭） zā 指一种提炉，内装香料，与一个机环或球壁相连，能不停地转动，使香气在席间或帐中不断散发。故这种香球亦有周匝之义。

瘞（瘞） yì 从土，痰声。痰病而气息奄奄，又与土联系起来，故得埋葬之义。它指一种与祭祀相联系的埋葬，瘗鹤，就是祭祀并葬了一只鹤。瘗字从夹，医，藏也。葬，亦藏也。《说文》曰："瘗，幽薶(埋)也。"瘗与幽双声。翳、隐、幽三字，声母皆相同，语义相近，都曾用来训释瘗。瘗的音义便是从幽从夹。声与韵都有来源，都兼有语义，是两者在音义史中合成的。这种合成在汉语中已经见不到了，周秦时代的汉语已经是成熟的单音节语，但在现代诸多的汉藏语系的小语种中，还常可见到由两个词合成一个单音节词的现象。汉语中这种合成的现象见不到了，但合成的种种条件者还明显存在。它启示了我们，要研究单音节，就要理解好单音节词的音义及其由来。

16．众

众（衆） zhòng 繁体作衆，是目下三个人字。今犹说众目睽睽，逃不过众人的眼睛，所以众字和目字联系起来了。作名词为众从之义。作形容词，古曰众，今曰多；古说众寡，今说多寡。"众鸟相与还"，"众鸟"今说多种的鸟，许多的鸟。

渶 zhōng 小水大水，众多的水，也指众多水的汇合处。

螽 zhōng 或作蝩。指蝗虫，铺天盖地而来，无疑是众多的。《诗经》中用它来形容后妃的子孙众多。

丛字也从众，详"丵"下。

17．庶

庶 shù 众也。今说民众，古说庶民、庶人。今说万事万物，古说庶务、庶物。

人与物之众多皆可曰庶。富庶指物产丰盛。常说庶几，几，微也；庶，多也。故庶几，就是差不多了。

度 dù 从又，庶省声。法度也。古时惯以人体为法。什么是一寸呢？从人拇指端到虎口就是一寸。什么是一咫呢？中等妇人手长八寸就是一咫。什么是一仞呢？一伸臂就是一仞。以手取法，故度字从又，又就是右手。在古代，这些都是差不多的大约数，不像现在这样精确。大体来说，古代的长度单位比现在的尺寸要小。度字的引申义超出长度、高度、宽度，更说温度、角度、弧度、硬度、浓度、湿度、力度等，还说适度、过度、程度等，抽象义说风度、气度等，就无仪表可测了。度字的声母从丈，说丈量就是度量。丈字从又持十，与度字从又庶声相通。间而到时间，说速度。作动词读 duó，说忖度。

渡 dù 过河曰渡。引申义就不限于水，如说渡过难关。

镀（鍍） dù 以金饰物。古时贴一层金或银的薄片作装饰，现在则有电镀，用电解的方法使一种金属附着到其他物体上面，形成一个薄层。

斁 dù 因为度作动词有限制之义，又由限制引申为闭塞、杜绝，如说杜绝歪门邪道、杜门谢客。这个杜字是假借字，实际都是斁字。

踱 duó 慢步行走，有所忖度，故踱字读同忖度的度。不能读 dù。如说踱方步。

劂 duó 工匠对着材料作定夺、分割。劂，判也，分割。

庹 tuǒ 从尺，度省声。成人两臂平伸的长度。

席 xí 作名词，指席子，用竹篾编成的叫筵，用蒲草之类编成的叫席。作动词为铺垫、凭借、依靠、继承之义。《说文》："席，藉也。"两字双声为训。席的音义从藉从庶。席的功用和制作越来越广泛。

蓆 xí 因为席字主要用作席位之义，草蓆就加草头。

蔗 zhè 今常说甘蔗，其味甘也。也曾作竿蔗，形如竿也。古则以藷蔗为通语，藷与蔗，双声，蔗的音义从藷又从庶。这种味甘者区别于其他草木之味甘者。

遮 zhē 阻止，阻塞，遮拦，遮蔽。因为字从辵，便是就人的行动而言。今常说遮阳、遮风、遮雨之类，遮道说拦路。还说遮盖，抽象义是说遮羞、遮丑。庶的语源诸又从庶。

嗻 zhè 抢嘴、岔题，不让人说话。故为遮拦之义，多语之貌，与诸的语源相近。嗻还作语气词，与者、诸的语源很切合。

蠦 zhè 一称土鳖虫，活动于墙根屋角、阴湿阴蔽之地，取义于遮拦。

鷓（鷓）zhè 鷓鴣，南方一种雉类的鸟，畏霜露，早晚稀出，因此说它是遮拦人们稀出之鴣（羽毛多斑纹），它的叫声似乎是说"行不得也哥哥"。

蹠 zhí 脚掌。作动词谓践踏、跳、行。

18. 央

央 yāng 从大，在门之内。门即坰，国邑之远界。正面站立之人在国邑远界之中，故谓中央之义。亦有广远之义，如说泱泱大国，泱即从央。

映 yìng 日照中央，故为映照之义，如说映照、放映，相映成辉。映山红就是红色映照到全山的杜鹃花。映又有隐蔽之义，两物相映，一方受到阻止与遏止，便成为隐蔽的现象了。如说"出月隐山，落日映屿"。隐与映互文见义。

泱 yāng 水广远。引申指宏大之声或宏大之物。

柍 yǎng 作帐柱的柱梁，柍常居屋之中央而粗大，故音义从央。

英 yīng 草木之大而光美者，故指其花，如说"落英缤纷"。人才美好曰英才。德过千人曰英。有时也可指外表，如说英姿飒爽。

媖 yīng 女中英杰。

瑛 yīng 玉光彩，色泽鲜明。作名词指美玉。

秧 yāng 禾或草木之初生者，如说树秧，特指禾之秧，还说瓜秧、鱼秧，还作动词，可说秧了一池鱼。

鞅 yāng 套在牛马脖子上的颈饰，从美好取义。

絳 yáng 缀在帽上或颈上的环带，以革曰鞅，以丝曰絳。

盎 àng 腹大而敛口之盆。故又得充溢之义，如说春意盎然、生机盎然，谓洋溢、旺盛。

坱 yǎng 尘埃也。从充盛、广远取义。

怏 yàng 不满意、不服气，与鞅的不服气受制约之义切近。今说怏怏不乐。

殃 yāng 灾祸。养殃就是酝酿灾祸。今说祸国殃民，使人民遭殃。

訣 yàng 先知先觉。音义从央，言其广远，智慧过人。又有央求之义，即甚为求告。

鸯（鴦）yāng 鸳鸯，详"鸳"下。

所有从央之字，语音未变，语义由广远、久远到中央、英华，又到美饰、颈缨，又到受遏制、遭灾殃，变化很大。

19. 允

允 yín 从人出门，人出郊外，即漫步长行。谣谣，或作允允，走得多，从而有长远之义。

沉（沈）

chén 久雨在低洼处的积水，也指泥渣之类沉淀物。动词，由人行郊外到人行水中，有的是潜藏，有的是遭灭顶之灾，还有的是自沉，又可作形容词，谓空间之深，时间之久，如说沉冤，谓积久未雪之冤。沉字的引申义很多，完全脱离了人和水的关系，如说脑子昏沉沉，是不明之义；夜深沉，指时间之久，人定沉寂，夜色浓重。沉醉，是说人迷恋，沉不在水，醉也不在酒。沉的反义词是浮，深沉的反面是轻浮，是就人的风貌而言。

霃

chén 久阴雨也。又有霃，音义相通。淫也有沉溺、沉湎之义。

黕

dǎn 滓垢，沾染污点。

曇（曇）

tán 云布也。曇曇，乌云貌。曇花，为梵语优曇钵花的译名简称。曇花开花时间很短，故说曇花一现。

醓

tǎn 肉酱，肉多汁。沉在下面的肉末也叫醓。

酖

dān 沉湎于酒。一度专用以指毒酒。

鸩（鸩）

zhèn 毒鸟，把它的羽毛泡酒，即成毒酒。成语有饮鸩止渴，实际是饮鸩而死了。

扰

dǎn 深击也，即手伸至远处击之。

㲚

zhěn 下击上也。沉是由上而下。两字相反为义。人行坰外，则是远近，都是在空间的因素范围之内演变。

銧

chén 钿属，或曰铁签。如今之粮检人员手持铁签模样的棍，随时都可插进粮袋，上有一小槽，随槽取出一些颗粒，检验优劣。这种粮检的工具也是由下击上，取出颗粒。

紞

dǎn 古冠冕上缀有塞耳的玉，叫瑱，即填在耳里。悬瑱的丝带叫紞，取其下垂之义。

髧

dàn 头发下垂之貌。如说"髧彼两髦"，即两边的长发挂下来。

耽

dān 耽耳就是耳垂到肩。

酖

dān 耽的俗字。今说酖搁、酖误，均滞留之义，即身之滞留、延误，或快乐、沉溺。

眈

dān 今说虎视眈眈，《说文》："视近而志远。"即深沉之义，志在必得，它是要吃人吃兽的，故不是一般的看。

枕

zhěn 今说枕头，起衬垫或滞留的作用。但枕字从木，木制的枕头不多。枕木指车厢底座前后的横木，有了它，就能在轴轮上架起车厢。今铁路上有枕木，也是起枕的作用，即垫平并滞留（固定住）。

頣

zhěn 项枕，即头骨后，仰卧时，头骨靠着枕头的部分。

忱

chén 热诚，也可作热忱，即热烈而真心的情意。忱，心之所沉，即心都落定在这里了。

訦

chén 亦诚信之义，真实可靠之义。于言为訦，于心为忱。

20. 夲

夲

tāo 从大，从十。言其进之疾，如兼十人之能，迅速行进之义。

皋

gāo 从白从夲，就是速进告白。后来皋字主要指泽地，兰皋就是长有兰草的水边泽地。

睪

gāo 睪丸，人之阴器，取其白色之义。

槔

gāo 或作橰。桔槔，汲水器。亦作撎皋，撎，悬持；皋，速进。

皜

hào 洁白光明之貌，常作皜旰，两字双声。

昊

hào 本作界，春为昊天，元气放任扩散，从大、八。八，分也，散也。

嗥

háo 叫唤之声浩大，今说鬼哭狼嗥。也说虎嗥，也指人叫唤声。比吼稍差。

翱 áo 翱翔，指鸟或人。翱字从皋，并不只是速进之义，还有遨游之义。翱与敖双声。翱的语源从敖又从皋，速进且遨游。故常说翱翔。

21. 因

因 yīn 从口，从大，象人躺在草席上，本即茵字。后因字主要用作连词（因为）和动词（凭借）之义，本义就又加草头。草席的功用是铺垫，故因作动词为凭借、依靠、依据、沿袭等义，如说因人而异、因地制宜。作原因之义说因果、因缘、因素、因为、因此。

茵 yīn 草垫子，或作鞇，皮褥子。看偏旁而定。绿茵，就是草坪。

裀 yīn 指衣服的腰身，它是依照人的腰身来的。裀又指夹衣，指床垫之类。

姻 yīn 指婿家，女之所因。旧姻就是指原来的婚事。

恩 ēn 我依靠你，就是得了你的恩惠，我给你个依靠，就是施恩、恩赐。恩又有感谢之义，如说千恩万谢。恩的反义词为怨，常说恩怨。

咽 yān 咽喉，空气和食物都从此咽下，是生命的凭借和依靠，作动词读yàn，作嚥。若是咽不下，叫噎。

氤 yīn 氤氲，也作烟煴、絪缊，即云雾迷蒙。从壹的字有郁积之义。又流通，又郁积，便是氤氲了。

骃（駰） yīn 马的毛色阴白而杂，如天色氤氲。

堙 yīn 填塞，埋没。或作湮、陻。如《山海经·北山经》：“（精卫）常衔西山之木石以堙于东海。”即精卫填海。

湮 yīn 或作陻，为水堙（yān）没。引申指各种事之失传、埋没，或说湮没、湮灭。

洇 yīn 或作涃。水或墨水在吸水性很强的纸上或布上，或松散的泥土上，很快向四周扩散渗透，即洇没之义。

煙 yān 火气也。或作烟。火未被充分燃烧，而冒出烟气。水汽也可叫烟，如说烟雨楼、烟波江上使人愁，都是水汽。现代的人抽的水烟或旱烟，都是未燃烧的蒸叶的烟。烟草，或说蒸草，产自吕宋，明朝时才传入中国。采叶干之，切为细丝，可指各种品牌之烟。鸦片便叫大烟。

禋 yīn 特别恭敬、虔诚的祭祀，沐浴斋戒，谓之禋。升烟以祭，焚柴，加牲体及玉帛。现在的烧香，也是这么传下来的。

闉（闉） yīn 城门外再筑护门的小城，又加小门，叫作甕城。两道门不朝同一个方向，是曲折的，甕从雍，取臃肿之义，闉从垔，取堵塞之义。

羥 yān 牛羊之瘟疫传染，群羊相积也。

甄 zhēn 从瓦，垔声。瓦本指土器已烧者，今还说瓦罐、瓦盆之类，瓦解、瓦全指已烧土器之破裂或完整。土器逐渐为陶瓷代替，瓦字就只指砖瓦之瓦了。砖，本指陶器，砖与瓦本皆为陶器之通称。作瓦器时就要开动转轮，故砖与转的音义也相通。甄与垔字母相同。甄与壹叠韵。故甄，填土脱坯，制作瓦器之谓也。故甄作动词，引申有制作、识别、察看、选拔、表彰等义。甄别，就是识别、区辨。甄作名词，谓土器、瓦器。

籈 zhēn 用以鼓敔止乐，籈一敔，乐曲终止。故音义从甄，取阻塞、停止之义。

蒑 zhēn 一种菊科的杂草，一名豕首，它生长时，麦正熟，该是夏收季节了。

22.介

介 jiè 从人从八。八，分别也。人与人之间总有区别，故介为居于两者之间，有间隔、界线之义，又有相接、介绍之义，两义相反相成。界线就是居于两者之间的。介义又可指侧畔，江介就是江畔、江边。介与甲声母相同，并常通用。介虫就是甲虫，即有硬壳的虫。介马就是披甲的战马。介胄就是甲胄。耿介之士，就是耿直坚定的人。

界 jiè 从田，介声，两田、两地之中介。引申指某个一定的范围，如说工商界、政界、学界等。"世界"原本是佛教的说法，三世与十界，三世就是过去、现在与将来，十界就四面八方加上下。三世是就时间说，十界是就空间说。

衸 jiè 衣衩。古时的裙子在中间开衩。为左右之分。今之长袍在左右开衩，为前后之分。介字从八，就是分。

衸 jiè 指骨节与骨节的衔接处，南方话把脱臼叫脱衸，即中介处脱节了。

閉 xiè 门扇也。亦就其介而言。

芥 jiè 小草。经常用作微贱的象征。纤介就是微小的毫毛。芥菜，皮中都有比较粗硬的纤维组织，取坚硬甚小之义。

蚧 jiè 指不同的一些甲壳虫，还指一种海蚧。此外南方还有一种蛤蚧，俗称大壁虎，身上长有疣鳞，起保护作用。

疥 jiè 疥疮，疮上结一层盖，故其音义从介。

玠 jiè 诸侯有等级的高低，分赐给他们不同等级的介圭，还兼有人文方面的语义，如形容人的坚定、独特，是礼与福的结合。

23.夷

夷 yí 从大，从弓。本指东部的一些部族，称作东夷。作为常用词，是平夷之义，今说化险为夷，夷是险的反面，即平夷之地。指人的平辈，如说姨，是和母亲平辈的人。作动词就是削平、铲平。芟夷，就是除草又平整土地。

恞 yí 悦也。即心情平和，引申为愉悦。

胰 yí 夹脊肉。脊骨是高起的，脊之两侧长起肌肉，使背部平坦，并牵动脊骨弯曲活动，故从平易取义。胰又指胰脏，是一条平滑的带状体，附于腹后壁，故也从平夷取义，今称胰腺，分泌胰液。

姨 yí 妻之姐妹，今称小姨子。母亲的姐妹称姨母，简称姨。祖母的姐妹，南方称姨婆，东北叫妻老娘。

痍 yí 今说满目疮痍，指国家和社会遭受破坏，由削平、消除引申为创伤。

24.卬

卬 yǎng 从匕，从卩。匕是颠倒的人字，抬头看还不行，要拜倒看。又从卩，是关乎气节的。关乎气节的敬仰和追求，故后又加人旁作仰。

仰 yǎng 抬头。仰是就人、就首而言，超出这个范围的便是引申义，引申为依赖，如说仰仗，信仰的仰还包含敬慕之义。

昂 áng 举首，抬头。从日，卬声。如说昂首阔步。抽象义如说慷慨激昂，是精神状态高涨，振奋。

迎 yíng 迎接，欢迎。还说迎亲。宾语扩展至迎春、迎国庆，便是引申义了。

25. 伏

伏 fú 会意字。犬在人旁，故得俯伏，守候之义。后有伏牛、伏虎、老骥伏枥等说法。对人好说伏尸百万、伏兵。伏甲、埋伏，是指暗藏的甲兵。夏天最热的一段时间叫伏天，是说自然界阳气藏伏，伏日一过，阴气上升，就开始秋凉了。

袱 fú 包袱。本指妇女裹头的头巾，头巾也常用以裹物，就指一般的包袱了。抽象义说思想包袱，即精神负担。

洑 fú 潜流的地下水。洑流随地质的变化，总是回旋的。

緎 fú 或作靾，覆在车轼上的饰物，车前人所伏也。

茯 fú 茯苓，是一种寄生于赤松或马尾松根上的菌类。它要寄生，又需阴湿，就只有伏了。茯苓可入药。

匐 fú 匐与伏音义相同。匍匐，可作匍伏，匐从畐，逼迫，贴近于地，亦伏地也。

26. 尸

尸 shī 本指古代祭祀时代死者受祭、象征死者神灵受祭的人，以臣下或死者晚辈充任。后世改用神主、画像，尸的制度就取消了，故尸的字形象卧人。卧不一定就是躺着，凭几曰卧，坐靠着也可叫尸。尸的引申义为尸体、陈列、主持等。尸位就是不晓政事，默坐朝廷，不能言事，与尸无异，故曰尸位。

鸤（鳲） shī 鸤鸠，即布谷鸟，会执事、会主持的鸠鸟，它能公正地对待它的一群孩子。故在"鸟"旁加一尸字形容，后一般都叫鸤鸠或鸣鸠。

屍 shī 今简化作尸。屍本指死后横卧的遗体，长期以来，也可作尸，二字并用。如说伏屍百万、暴屍于市等。

死 sǐ ①死的字形是歺(è，残骨、半骨)旁一个人字，人骨分离便是死了。古说死，常常指罪罚致死，刑法对人的骨肉残害，是奴隶制时代的遗风。所以贵族帝王们的死不能叫死，以免混同于诛戮。后来死便主要指自然死亡了，如说"死则同穴"之类。死与澌(sī)音义相通，澌谓水之竭尽，死为精神之竭尽。但是澌又从斯，斯为分解、劈开、撕裂之义，刀锯之所加，这又可与死字从半骨相联系了。②许多没有生命的事物也可说死，走不通的路叫死路，无源头的水叫死水，绳子上的结解不开的叫死结，火山不再喷发了叫死火山，打排球扣了一个无法救起的球，叫扣死了，不可和解的敌人叫死敌。③抽象义：心眼不会转弯的叫死心眼，读书不消化的叫读死书。④语义向相反方向发展，雨下得没完没了叫死下，干活没完没了叫死干，也说死干活干。高兴得不得了叫真是乐死人，两人交情非常好叫好死了，挣钱挣得多就说肥死了，肥要命。要命是要死，还是要活？还说要死要活的，好像死活可以等同。

履 lǚ 作名词指鞋子，如丝履、西装革履。作动词指脚踩，如履行、如履薄冰。履行还可有抽象义，履行诺言，就是实现之义。古说履，常常跟行礼联系在一起。今日鞋，古曰履，更早曰舄(xì)或屦(jù)。

犀 xì 尸下有辛，辛，罪也，人下有罪，得滞留之义。迟字本从犀。

迟（遟） chí 慢行。本作犀下一个辵。今说迟留、迟缓、迟待、迟误、迟到。待旦、待明，可说迟旦、迟明。滞留不进就是待，待久了就是迟。今说迟到，虽说无罪，却也有错。

偫 tí 久待。

墀 chí ①台阶上面留出的一块平整空地，便于人们滞留。②台阶。

稚 zhì 本作穉。少、晚、小：幼稚、童稚，稚气就是孩子气。极少见到稚字形容禾苗或鸟类的用例，都是指人。

季 jì ①子之最小者。古时长幼排行用伯、仲、叔、季。季字从禾，是稚字的省略，音义得从稚。②季也用以计时，一季度的最后一个月称季月，季春就是阳春三月，季冬就是十二月，年终了。引申指整个季度，春季便是一至三月。季也指年代，季世或季叶，就是来年或末代，要改朝换代了。

悸 jì 惊惧。心有余悸，意思是心里最后还在跳动呢。

瘈 jì 心悸病，即心动过速，要用心率超速抑制的药物治疗。

27. 负

负（負）fù ①人下一个贝字，人守贝有所恃，即依靠、仗着之义。负嵋，就是背靠着山曲，还可说负郭、负海。②抽象义如说负强（依仗他的强大）、自负其能、负贵而好权。③作怀抱之义的如说负石入海。抱负是同义词结合，抽象义，指胸怀志愿。④背负的如说负荆请罪、负薪负剑、身负版筑。⑤抽象义作违背讲，如负盟、负约、负言、负命。今说负债，也说背了一身债。负担，是背负和肩担，今说负担都是抽象义，有精神负担、思想负担。又说肩负重担。

蝜 fù 蝜蝂，一种善于背负的小虫，碰到什么东西就背，愈重愈挣扎不止。因为人间有负版（国家图籍）的说法，就也说它负版了。

蕢 bèi 或作菩。古时有一种野祭，束蕢草为神主，祭完后以车轮碾压之而去，谓负载山行而无险阻。

偩 fù 自负，即依仗自己的一些优点，就以为了不起。但是此字没有用开，通常作负。

妇（婦）fù 妇与负两字长期同音相通用，故后产生娔字。这就告诉我们，男子是用力耕田，妇女则是负戴（用头顶戴）于途，大家都在劳动。所不同的是妇女还有一个专用的象形字"女"，男人却没有自己的象形字。这也是历史上重女不重男的表现。

28. 休

休 xiū ①人倚在木旁，为休息之义。引申有欣喜、安乐、美德、福庆之义，大多已成古义。成语有休戚与共，就是喜与忧成反义词。②休字新的用法为罢休之义，如说休官、休战、休妻等。③否定副词，如说休想、休说。

庥 xiū 休是靠着树木休，今是在屋下休。作名词为树荫、屋荫，作动词为庇护之义。休命亦可作庥命，指美好的使命。

咻 xiū 休息，也指喘息，口中气出气或出声曰咻。与今嘘字相似，嘘他就是干扰他，使他罢休或停止。

烋 xiū 美好、庆善。焘烋就是现在说的咆哮，盛气怒吼之状。

鬃 xiū 赤黑色漆。我们黄种人以黑鬃为美，故鬃又可指黑色之美。

薅 hāo 或作茠。拔除田草，即草之害休止。薅（rù）除草复生也。阻止它的复生，便是薅了。今还可说薅头发之类。

髤 xiū 好马，骏马。

貅 xiū 猛兽。比喻军队威武勇猛。

鵂（鶴）xiū 鵂鶹，不祥之鸟，把它赶走，即是休留。

好 hǎo 美好。好与休两字古音相同，休也有美好之义。善良、欣喜，也是两字共同的义项。草薅除了，禾苗就长好了，因此薅字从女，即是取好字的音义。古代有一种圆形而中间带孔的玉，名璧，即是完璧归赵的璧。白璧无瑕，璧玉的体叫肉，中间的圆孔叫好。为什么叫好呢？就是取去除之义，也就是薅除之义。

29. 坐

坐 zuò 两人休止于土上，原先人们席地而坐，故可从土。然后是坐床、坐板凳。坐冷板凳就是遭受了冷遇。坐镇就是把守，坐失良机就是不积极主动地争取。因为有坐牢的说法，定罪也叫坐，如说坐死罪。连坐，就是因牵连而获罪。

座 zuò 坐的名词义，座位、座具、车座。许多讲究的摆设底下有底座。山不能有座，说一座山，恐怕是从假山开始说起的。

挫 cuò ①折：挫折、挫伤、挫败。②抽象义：挫了锐气、挫伤了积极性。挫字的这些语义，跟坐着休息没有直接关系，是从坐字的伤害、打击、判罪之义来的。

剉 cuò 折伤，砍。今简化字归为锉字。

锉（銼）cuò 作名词指锉刀，有铁锉、钢锉以及各种大小、曲直的锉。作动词为锉削、磨制，指用锉

对部件所做的种种加工行为。

莝 cuò 作名词指铡碎用以喂牛马的草料，作动词指用铡刀铡草。

脞 cuò ①细碎的肉，肉末。脞作动词与剉、锉同义，作名词与莝义同。于草曰莝，于肉曰脞。②琐细、细碎，如脞说、脞谈、脞记。

睉 cuó 目小也。

矬 cuó 身材矮小，矮、短二字也从矢，古以弓为丈量之器，以矢喻短。

痤 cuó 小疖，表皮上肿起的小疙瘩。可说痤疮、痤疽。今还指年轻人脸上起的粉刺。

30. 臽

臽 xiàn 作名词，坑，小陷阱；作动词，陷入。臽是舂米的，凿石为之，原始时代掘地为臽。废弃不用了，人踩上去就踩了个空，跌倒了。但总比跌到凵里遭到凶险好些，凶字就从凵，凵与臽形状相似。

陷 xiàn ①名词指陷阱，动词谓下陷、坠入，陷入深渊。②抽象义：陷之死地而后生、陷罪、缺陷，作名词，指事物缺点、残损；陷害、陷落，也不是指下陷的具体行为，是在错误和犯罪的过程中越陷越深。

脋 xiàn 肉吃不够，填不满。

馅（餡）xiàn ①包子、饺子等面食中裹的菜、肉、豆或枣泥之类，南方则是团子、汤圆中有馅，显然是陷于其中的缘故。②抽象义如说露馅，指泄露了事情内部的真相。

坎 kǎn 本作埳。陷阱、凹陷之处、坑。坎井：坏井、废弃不用之井。今说井底之蛙，古说坎井之蛙。什么叫坎坷？坎，

凹陷的坑；坷，土块。故坎坷为凹陷与凸起，就是不平了，或指道路或指人生的历程。

蛤 hàn 树木中的蛀虫，能食木。蛤，陷也。

鹐（鹐）qiān 鸟啄物。鹬蚌相争，鹬之尖嘴如矛，陷于蚌中不得出。抽象义谓以言语讥人，使人陷入困境。

欿 kǎn ①贪而受陷害，与脂、坎之义相近，不满足。②谦虚，不自满，如说虚怀若谷，谷比坑更大更虚，故只说欿然，不自满之义。欿字的两义项相反相成，一为贬义，一为褒义。

阎（閻）yán 或作焰。里巷的外道门叫闾，里道门叫阎。外道门是要加固，里道门陷于内，往往加以装饰，故阎与艳字相通，古说艳妻，也可作阎妻，也作剡妻。阴间的阎王也美丽吗？那是梵久阎魔王的翻译，意思是平等王。他凶恶，能平等也不坏。

焰 yàn 或作爓。火焰，有美艳之义，如说火焰万丈。

艳（艷）yàn 美好而长大。与阎、焰、燄语音相同，语义相通。今说百花吐艳，是丰满盛大之美。形容人的容貌或妆饰，《红楼梦》中形容薛宝钗盛妆艳服，林黛玉瘦弱，不能说丰满，是另一种美丽。

滟（灩）yàn 水势涨满盛大之貌：激滟。激，聚集；滟，盛大。

燄 yàn 火苗，火势微弱。今焰与燄归为一字。焰火一词本指闪动的火苗，今说放焰火，则是五彩缤纷的了，说艳阳天，也是阳光灿烂、春光明媚，语义演变了。

啖 dàn 爱得，欲求。苏东坡《食荔枝》："日啖荔枝三百颗，不辞长作岭南人。"今作啖与脂都有食而不厌之义，但啖义轻，脂义重，脂已是贪得之义。

苔 dàn 或作菡。菡苔，荷花的花苞，引申指荷花。花未开之状为菡苔，已开为芙蓉。函，含也；台，凹陷也，故

菡苔为含苞之义。荷花的花苞很大，举出水面，所谓出水芙蓉，十分可爱，故起了这么一个专门的名称。

窞 dàn 坎中小坎，即陷入又陷，或是见不到底的坎。

谄（諂）chǎn 本作諂。美丽动听的言语，故为奉承、讨好、献媚、巴结之义。与佞字相似，佞字从仁，表面上仁义，实际有奸诈，谄字从阎，表面上美丽，实际可能有陷害。今说谄媚，这眉毛也是好看的，媚的语义也是有褒有贬。

掐 qiā ①刺入、摘断：掐一朵花，就是用指甲把花枝掐断。②用手的虎口和手指紧紧卡住叫掐脖子。身上痒得很的地方用指甲掐，也是陷入而没有断的结果。

31. 囚

囚 qiú 人在口（即围字）中，指囚徒，如说阶下囚、囚犯。作动词为捕获、拘系之义，如说囚蔡叔。围人为囚，围本为困（即絪），围禾为困（禾把），围豕为圈（猪圈）。

泅 qiú 或作汓。浮行水上，今说泅渡，为水所困，故从囚。泅也曾有淹没之义，今已不用。

游 yóu ①游水，或浮行，或潜泳，各种游法都有。它从㫃（yǎn），旌旗来回飘动之状，汓声。游泳就是来回出入飘动之义。②流动不定，如游子、游民、散兵游勇、游击、游侠、游说，游目就是四处观望。③水流，如上游、下游、力争上游、甘居下游。

遊 yóu 从水为游，从辵为遊。实际上游击、游行等皆不作遊，故两字相通。只在遊玩、遊乐、遊戏、遊逛等字作遊。

遊目、遊荡，两字通用。

蝣 yóu 蜉蝣，一种水生的微小昆虫，也作浮游。成虫集结于水面飞行，朝生夕死。字亦作蟉。

32. 匃

匃（丐） gài 今作丐。匃字从勹，从亡，亡人为匃。丐，匃求也。亡人就要乞求，故曰乞丐。也说行乞、流丐，他们集结起来就成了丐帮。但是原先说亡人而乞求，并不就全指丐，还有一些颇有才干的人，一时是亡人的处境，有求于人。只要看看从匃的派生词就明白了。

曷 hé 曷字从曰，匃声。曰，口气之出；匃，乞求，请求。故曷为求问、请问之义，还是一个疑问代词，是怎么、何的意思。曷与何音义相通，它表疑问语气就是从这里来的。曷有请求之义，求则总欲达到、及到，从而又得尽止、阻止之义，如遏，为遏止之义，渴为喘息之止。不过这些义项就只保留在它的派生词中了。

谒（謁） yè 禀告、告白。从曷声，则为请求、求见之义。禀告则要先请求谒见。谒者，是秦汉时代一个官职的名称，专管宾客的接待、晋见。谒医就是求医，谒见就是求见。

藹（藹） ǎi ①草木繁盛，阻塞遮蔽之状。形容人，则为人才济济，众多之状。而人才之多又常常是来拜谒的。②藹又有和善之义，今说和藹可亲。藹如，形容人言行风貌和气。

靄（靄） ǎi 云雾充塞、笼罩、靄靄多云。作名词可说烟靄、青靄、暮靄。也说香靄，过去的香气大多是点燃香草来熏染的，故也有烟雾。

遏 è 阻止、防止、抑制、遮蔽。亡人为匃，其中就包含有隐蔽之义。今常说遏止、遏制、怒不可遏。

堨 è ①堤堰，阻止水的流通。②堨又与埃通。《左传》和《三国演义》中都有这种战术：把树枝拴在马尾巴上，拖着前行，弄得尘埃塞途。后面的人弄不清前面还有多少人马，也就停止追击了。这是遏止敌人之一法。

羯 jié 割掉了生殖器官的公羊，使它失去生殖能力，故也是取竭尽、遏止之义。

歇 xiē 停止劳动，如歇脚、歇肩，歇响就是午休。歇字从欠，就是人出气多，加以遏止，就只有休息了。歇字大为发展，下雨停止了叫潇潇雨歇；春天花季过了叫春歇；唱歌的节拍暂停一下叫歇拍，不长的一段时间叫一歇。

竭 jié 尽。歇为多气之尽，竭为使用之尽。如说取之不尽，用之不竭。竭诚相待，就是用全部的诚意对待。竭力，就是用尽全力。

渴 kě ①水之竭尽为渴。主要用于口干说渴。②抽象义，如说渴望、渴求、渴念等。

喝 hē ①口之所及、口之所到，如茶水、酒浆、汤粥之类，都可说喝。人渴则欲喝，是连贯的行为。竭尽就说喝完。②大喝(hè)一声、吆喝，为大声而止，表示诃责、阻止，有时也表赞好，说喝彩。

憩 qì 或作愒。疲劳之后，身心需要休息、静止，往往说小憩。有时写作愒，心之甜美。可知憩之从舌，是取的甜美之义。

偈 jié ①偈偈，用力貌。②勇健，也就是有力可用。③疾趋，也需用力，与趌字义近。

趌 jié 竭力奔走，急趋。

朅 qiè ①急疾离开。②勇武。

騔 gé 马急奔。人走用力为趨，马走用力为騔，字亦作駒。

鷉（鶡） hé 似鸡，又呼鷉鸡，斗必至死。鷉字从曷，取勇健之义，取竭力之义，取遏止之义，至死乃止。古代武官的帽子上，左右各插一根鷉鸡的毛，叫作鷉冠，表示勇健，今京剧道具中还可见。

揭 jiē ①竭力以举，故为高举之义，如说揭竿而起。揭揭，形容词，高高的。②揭露、揭发、揭盖子，是对敌对势力的斗争行为，包含用力、竭力之义。③揭开、揭幕、揭锅盖等并不需要用尽力气，那就成为一般的打开之义，多少还带点高举之义。

楬 jié 用作标志物的木桩，它是要高举的，起揭示的作用。

碣 jié ①特立之石。东海有碣石山，曹操曾"东临碣石，以观沧海"。②专指碑碣，是竖起之石，方者为碑，圆者为碣。

稭 jié 禾穗初挺出于苗曰稭，故亦为高举之义。灌浆成熟以后，穗则下垂，禾字上面的一撇，撇向左下方，象穗之形，就不算高举了。

藒 qiè 藒车香，一种香草名，高数尺，故有高举之义。历来记载它味辛辣，能防蛀，除臭，故又有遏止之义。

葛 gé 我国古代冬天穿皮毛（裘），夏天穿葛麻。葛是一种牵藤的豆科植物，它茎皮中的纤维很长，取以纺织。长与高在语言上是可以相通的，葛从曷，取其长。葛在春秋时代分封诸侯，有葛（Gě）国，取子孙延长之义，今河南尚有长葛市。诸葛是在山东分封的，兄弟三人都分封了，人们就称作诸葛。

褐 hè ①用葛麻织成的粗布衣服称褐，平民所穿。褐也指短袄，称短褐。②褐色，指黄中略带黑的颜色。颜色之词时常跟服饰之词、植物名称相联系，褐的音义显然是从葛来的。

覕 hé 毛布。形音义皆与褐切近，又与鷉、楬二字相通。

从曷的字，尚有喝、餲、蝎、蠍四字，皆有伤害、毒害之义，取义于害，曷与害是假借关系，故把它们归入从丰、从害的词组中。

33. 我

我 wǒ ①一种武器，象形字，故从戈。②第一人称代词，与吾、卬二字古声母相同，都用作第一人称代词。③顷刻，顿时，表示短暂时间。顷，头倾斜；顿，头低下。故是回头与低头的短暂时间。音义从我的派生字多取此义。

俄 é ①指身体倾斜欲倒之状。②指倾斜欲倒的短暂时间，如说俄顷、俄而，类似于现在说的转身之间。

餓（饿） è 饥甚，行动倾斜、困顿。故音义从俄字直接派生。面有饥色，饥是脸色的问题；饿死，不说饥死，饿是生死的问题。

鵝（鹅） é 野曰雁，家曰鹅。南方飞来的小鸿雁，不落长江不起飞，可是那些家养的鹅身体肥重，走路摇摆，左右倾斜，行动困顿，所以就叫它鹅了。一度还叫它舒雁，即是舒缓、迟钝的雁。

峩 é 嵯峨，有二义：①山势不齐貌，嵯，差异；峨，倾侧。②高峻貌。

硪 é 砐（è）硪，或作硩硪，高耸貌。通峨。又读 wò，一种砸地基的工具，亦高大。

髥 wǒ 髥（bì）髥，或作駊騀，高大貌。

艖 é 大船。

以上四字主要取高大之义。

莪 é 斜蒿，即是一种常是从旁蘖出而生之蒿，所谓抱宿根而丛生的抱娘蒿。

蛾 é 本指蚍蜉、蠛蠓之类，一般朝生暮死，或因雨而生，见阳而死，有的活数小时，长的约一周，故名曰蛾，俄顷之义。蛾又指蚕蛾之类，前面有一对斜出、弯曲而细长的美丽触须。蛾眉，或作娥眉，娥是蛾的派生字。

娥 é 眉毛。浓眉可说浓娥。又兼指美女，如说秦娥、宫娥。作形容词为美好之义，如说娥娥红粉妆。

义（義） yí 本指人的美好仪容、风貌，是从蛾、娥的美好之义来的。字从羊，取吉祥、善良之义。后来义字完全强化为一个道德的概念，如说仁义、礼义、正义、义气、义愤等，就把仪容之义写作"仪"了。转为道德概念之后，义，读yì，宜也，即合情合理，协调、适当。遇不仁不义之事，就要舍生取义。不义之财不取，从而产生了义与利的对立和协调问题。起义，就是为正义而战。义务，就是合理的应做的事务。

仪（儀） yí ①美好的容貌、风度。礼仪小组必须美丽而彬彬有礼，司仪就是主持仪式的人。还说仪表堂堂、仪态万方等。②由人而指物，如说科学仪器，各种仪表，指能准确测定数据的精密装置，因而用仪字来形容它。

议（議） yì 商讨事务之是否适宜。常说议论，议，言事之所宜，论，言事之条理。不适宜、不合理的就要加以非议，即否定。

檥 yǐ 立木以作表干，以它为准。

舣（艤） yǐ 舣船，也可作檥船，船靠岸，常在船头立篙以稳定船身，就是立木以作表干之义，不过作用略有不同。

羲 xī 大气之适宜，和顺。常说羲和，是同义词结合，就是四时皆宜，风调

雨顺。

曦 xī 和暖的阳光：晨曦、春曦。或作爔。

牺（犧） xī 今说牺牲，指为国为民而献身。古说牺牲，指宗庙祭祀所用供奉之牲物（牛、羊、豚为三牲），毛色纯一无杂曰牺，牲体完整无缺曰牷。于日曰曦，于牲曰犧，都是气色和顺之义。

"我"字是现在的最常用字之一，我们已无从查证"我"字的三义项之间的联系，但是形音义从"我"之字的语义发展，它和武器，和美丽、正义、和顺之义相通，不也算得是一种自我关照吗？其中也有杀伐，也有倾斜，不是那么单一。语言是委婉的，又是深刻的。

34. 朕

朕 zhèn 我。原来人无贵贱皆可自称朕，从秦始皇以后，只有天子自称朕。

朕的古文字作舟旁一个龹(zhuàn)字，舟是盘子，盘字即从舟。龹是两手供奉火种。故朕为两手奉给火种，是给予之义。"送"字也从龹。予字也作第一人称代词，就是给予之义。火的利用是人类文明的一大进步，火的获取、保存和传送，无疑是燧人氏时代的要事。音义从朕之字都有传送和上出之义，火势总是上出的。

腾（騰） téng ①本谓传送邮驿。今说传播，古可说腾播。②马的奔腾、腾跃，还有骑乘之义。③不得安宁：折腾、闹腾、倒腾、翻腾。④腾空：腾房子、腾箱子、腾桌子、腾出手。

誊（謄） téng 语言文字的转录；誊清。誊一遍就是重抄一遍。

縢 téng 作名词指绳子，作动词为捆绑、约束之义，以便清理传递。

滕 téng 水势之上出并传布，今皆作腾，如说百川沸腾、四海翻腾，皆指水，皆用腾。

藤 téng 蔓生植物的茎：瓜藤、葡萄藤，紫藤也叫藤萝（如网罗），皆取延传而上出之义。

螣 téng 一种能飞的蛇：螣蛇，也作腾蛇，实际是向上腾跃。于马为腾，于虫为螣。

䲢（腾）téng 一种能腾跃而起的鱼，鱼大多能腾跃，活蹦乱跳，但它常半埋于泥沙中，伺捕食物。

膡 shèng ①本指以物相增盖、赠送。如婚嫁以财赠送，还以人陪送，叫作膡。②今引申为膡余之义，字作剩。那也是一种延传，前剩余给后。

塍 chéng 田埂，或田园中垄畦，都是上出的，是传送人的。

胜（勝）shèng ①力量之上出，如说胜过、胜任、事实胜于雄辩。②胜败、胜负之胜。字或可作乘。

媵 yìng 诸侯的女儿出嫁，有人陪嫁曰媵，媵之为言送，传送亦给予之予。于女为媵，于贝为膡。

35．女

女 nǚ ①女儿，女子。说子，包括儿子和女儿，今说子，主要指儿子。嫁女亦可曰女，动词。②柔弱、幼小。

奴 nú 古之罪人。在奴隶社会，大多数人都是奴隶，少数奴隶主，他们就不叫奴了。民和主民则是自由的。奴成了一个下贱之称。说奴家、奴才，老家伙说老奴。

帑 nú 妻子与儿女。妻帑连称，则帑指子女。也作贱称。

袈 ná 破旧的衣服。

絮 rú 破败板结的丝麻之类。

胬 nǔ 眼球结膜上增生的肉，损害视力，故其音义从奴。

驽（駑）nú ①下等的马。②人的才能低下，如说愚驽、驽钝。

拿 ná 本作挐。①拘捕罪人，今犹说捉拿罪人。俗作拿。拿下敌人的碉堡、拿下某个战役，都是拿（奴隶）之义的扩展。又说拿云，捉拿云雾，意思是壮志凌云、本领高强，这就突破了拿字本有的语义界限。之后，各种事物都可说拿，抽象义如拿主意、拿态度、拿腔做势。②拿的又一新义是作介词：拿他当样板，拿他当靶子，介词的宾语是人；拿扁担挑、拿肩膀扛，是表工具的介词，为用、以的意思。

笯 nú 鸟笼，与捉拿有关。

砮 nǔ ①箭头，是射击和捕捉敌人和鸟兽的。制作砮的这种石头也叫砮。②磨刀石。

弩 nǔ 是一种机械装置的臂，代替人臂将弓弦拉紧，然后拨动机牙，将箭射出。弩是一种更强硬有力的弓。捉拿罪犯或敌人，都要靠暴力，人的暴力和物的暴力。

努 nǔ ①用力。如说努力，由努力捉拿，发展为努力追求，今说努力，主要是积极勉励之义。②努的宾语扩展，可说努嘴，即噘起嘴巴，以表示生气，或指示去做什么事。

怒 nù ①生气，心情中用力，故与努字相近。怒就是发怒，动词。青蛙遇到敌人，尤其是蛇，叫唤起来，嘴巴和肚子都在抖动。越王勾践要士卒们学习怒蛙。《孙子兵法·作战》："故杀敌者，怒也。"②草木怒生、百花怒放，形容长势旺盛；怒涛、怒潮，形容水势汹涌。这都已脱离人的心理现象，指物的气势。

如 rú ①往，去到。如字从女，女作动词，为出嫁之义，从而引申为一般的去往之义。②如同、比得上：你不如他那样灵活，身子一年不如一年。③好像、比如：如饥似渴、如鱼得水。④适合、依照：不如意、如实说、如期赶到。

茹 rú ①以草料喂牲口。②人吃的菜也可叫茹，菜字也是草字头。③抽象义：含辛茹苦，就是受苦，茹亦有含的意思。

洳 rú 沮洳，腐烂而低下的泥沼地，土湿是水之所如。

汝 rǔ 第二人称代词，与你、尔、而、乃、若、戎等第二人称代词声母相近或相同，韵部则有近有远。它们也大多是假借字，只有尔字，它的派生字"迩"有近的语义，可引申为近指，你字则从尔。

恕 shù 宽恕、原谅、不苛求于人。心之所如(到、去)，推己及人。恕与心声母相同，恕与如韵母相同。今还说饶恕，就是不要计较，手下留情吧。

絮 xù 衣服或被套里铺的丝绵或棉花叫絮，取宽厚之义。恕，在己之心中宽厚以待人；絮，在人之体表宽厚以保温。精者为绵，粗者为絮；新者为绵，旧者为絮。絮与茹义相近。陈旧之绵为絮，故称败絮，金玉其外，败絮其中。今又说柳絮。

36．母

母 mǔ ①它的古字形是女字中间加两点，象人乳之形。故母为养育的人，作动词为养育之义。据《庄子》《尸子》等书中记载，古代有一个"知其母，不知其父"的时代，即母系社会。父亲是谁？就是那些持石斧的人。所以，父母双亲连称，要等到家庭和私有制的起源之后了。②许多雌性能生育的动植物也称母，一些有滋生能力的事物也称母，如母畜、母株、母校、母语、酵母、母字。工作母机指能生产诸种机床的机床，母线指电站向各方输送电能的总导线。

嬷 mó 妈孾之转音。母、妈、嬷、孾音近义亦略同。后称奶妈曰嬷嬷，亦泛称一般老年妇女。《红楼梦》中称嬷嬷的就很广泛。

奶（嬭） nǎi 楚人呼母。今北方称祖母为奶奶。

孾 mí 齐人呼母。或由于方言，或由于表爱称，造成读音和字形上的差异，语源相通。

拇 mǔ 将指，即指中将帅，是最长的中指。后把头指称大拇指。

脢 méi 背上的肉。胂为夹脊而伸长之肉，脢为全背大片之肉，字亦作脄，脄之言恢，亦广大之义。

姆 mǔ 本指女师，后尊称一般年长妇女。南方称阿姆，有时指乳母；北方称保姆。

锅（鉧） mǔ 钴锅，古指熨斗。物之凹陷者有时称母，熨斗是凹陷的。螺丝也有螺母。

鋂 méi 大环。亦指大环中套小环的连环。鋂从母声，取其大的语义。

酶 méi 酵母，也称酒母，即酒曲。音义从母，取其滋生、培育之义。

每 měi ①草盛。滋生则盛，故从母。②事之频繁、屡次，亦兴盛之义，如说每事问，即每一件事都要问个究竟。它成了一个常用的指事形容词，但是它的本义作莓。

莓 méi 苔藓植物可称莓苔，取其青翠茂盛之义。草莓，鲜美可食，我们每吃一颗草莓，实际上已经吃了几十颗草莓的籽，它们都聚生在一个球形的花托上，故莓之从每亦形容其籽之盛。

亩（畝） mǔ 本作畮。可耕地面积的单位词，一方面每亩地都有每的语义，另一方面这里都是禾盛上出。

霉 méi 或作徽。久雨天家里的东西都发霉，因为长出了霉菌。菌为麇集之义，霉为茂盛之义。徽为细微而青黑之义。

三者皆为同一事物的不同特征而言。今说倒霉，即是事情败坏了，运气不佳。

黣 měi 脸色晦黑、黯淡。

煤 méi 今指煤炭。本指燃烧过程中挥发出来的黑色烟尘，粘结在烟囱或屋顶上，故它的音义从黣，取义于黑。某，假借为每，其音义仍从母，只是与父母之义没有直接关系了。

痗 mèi 心病。心情黯然，或感到了霉。

谋（謀） móu 古文见𣇄，或譬。计谋、策划，即考虑困难的问题。重大而疑难的问题要找母亲商量，计谋从母亲口中说出，这就是母系社会的特点。谋还有咨询、审察、营求等义，如说谋事、谋生、谋求，又说谋害、阴谋等，正面反面都可以用。还说不谋而合、谋求发展等，在语源上都表现为求之于母。

媒 méi ①在两不同姓氏之间谋合婚事。过去成婚都得要有媒人。②超出婚介的范围，对诸多事物之间起媒介作用的，都可说媒，如新闻媒体、媒介作用。

禖 méi 谋求生儿育女的祭祀。比如后来说的送子观音，她便是该享用禖祭的神，不过她是外来的神，叫菩萨。

膟 méi 妇女开始怀孕的征兆叫膟，这正是所谋求的。

敏 mǐn 办事有谋，聪慧而敏捷。今说敏感，就是反应快。敏锐，就是感觉灵敏，思想尖锐。

懋 mǐn 心灵机敏，有主意。敏字从攴，着重在行，懋字着重在心。

鳘（鰵） mǐn 鳘鱼的脑味道特别肥美，它是否在鱼类中特别聪明，就无处考证了。

侮 wǔ 伤害。今说欺侮、侮辱、侮蔑，都是对人凌辱、损害。一度侮字还是奴婢的贱称，这反映母系社会已经过去，妇女的社会地位迅速下降。与此相似的还有一个"娶"字，娶亲像对待俘虏一样割取其右耳。在奴隶制时代，战俘是奴隶的主要来源，男俘抓回去养不活，只有杀了，女俘抓回去可以生育繁殖，就有娶和侮了。侮与务音义相通。

堥 měi 贪婪。是谋求过了头。

诲（誨） huì 教导。今曰教，古曰诲。诲字形音义皆从每，是母之教。后来说，养不教，父之过，孔子说他诲人不倦，这都是父系时代的话。

晦 huì 每月的最后一天，依阴历算，月亮全是黑的，与霉、黣之义切近。晦的反义词为明，昼夜可以说晦明。宋代的大学者朱熹，熹同照，为光明之义，因此他取号曰晦翁，表示谦虚，最大的学者也常有不明白的时候。这时，晦明已是抽象之义，指命运不佳，机遇坏。说晦气满面时，也指脸色阴暗。

悔 huǐ 事终而心情昏暗，悔与晦语义相近。今说后悔莫及，就是后悔当初想错了，做错了。悔则有恨(恨，憾也)，故曰悔恨，悔则欲改，故曰悔改。悔改也来不及，就说悔之晚矣。

海 hǎi ①容纳百川者。在我们先民的观念里，我国四周皆大海，故曰四海之内。地倾东南，故我国的河流大多东去；天倾西北，故众星皆围绕北斗旋转。这是对天文地理的最初观察。大海色黑而晦，即是昏暗之义。②常说大海，故海字有大的意思。大碗曰海碗，大湖也可曰海，有青海、洱海等。抽象义有海涵、海量，指人的气量大，能包容各种不同意见、不同的人。

37. 威

威 wēi ①尊严、权威。这是最能象征女性权威的一个字。从语言史上看，母重于父，女威于男。人们谈权威，崇拜权威，却不大注意这个威字是从女的。②畏惧、慑服、恐怖，由权威而引申为使人畏惧，从而与"畏"字相通。如说威胁、威吓。③媳妇称婆婆曰姑，亦称威，或威姑。

崴 wēi 形容山势高峻险厄，如说崴嵬（wéi）。这是从人事之威引申指山川之威。

葳 wēi 草木盛出，如说葳蕤（ruí）。盛则或高耸，或下垂。又可形容饰物之华丽。

搣 wēi 使细长的东西弯曲，以手加威。威与畏、隈相通，故可得曲的语义。或作崴（wǎi），崴泥，做什么事崴泥了，就是不顺利，遇到了曲折。脚搣了，就是脚扭伤了。字亦作踒。

38. 父

父 fù ①它的古字形作又（右手）字左上角有一根或长或短的杖，故为"从又举杖"，父就是从又举杖的人，指英雄、武士或长者。如敢于追赶太阳的人叫夸父，即是跨步的英雄。作男子之美称，读fǔ，字亦作甫，如有古公亶父，姜尚称为尚父。②父亲。父辈的人又称伯父、叔父、岳父等。祖辈说祖父，还有曾祖父。

斧 fǔ 本来都是石斧，叫作斤，只是石头有个刃。后来发明装上柄，真是先进得多了，这就是"从又举杖"。装柄的孔是椭圆的便叫斧，是方孔便叫戕（qiāng），是用来砍除荆棘之类的工具和武器，斧斤是石器时代最普遍的工具。现代考古工作中还时而能发现原始时代的石斧。

釜 fǔ 或作酺。炊煮的锅，大者曰釜，小者曰锼，陶制或铁制，口小，有柄或耳，故音义从父。

甫 fǔ 古字形从用，从父，甫的上部原是父字，这一长竖是父字的捺，一横是父字的撇，笔画有很大演变。甫为男子之美称，是大有用之人。如古有仲山甫，后有杜甫等，他们起辅助和传布等的巨大作用，故甫有广大之义。又有初始之义，男子始冠，便是成年人了，便可美称为甫。

峬 fū 峬峭，言山形美丽而高峻。抽象义亦形容人之仪表及文章风貌。

尃 fū 后皆作敷，为传布之义。布以法度，寸，法度之义。后说发布政令，布字也是巾上一个父字。尃又读pò，从尃的字音多读此。

傅 fù 作动词为辅佐、教导，作名词为师傅，也作师父。

补（補） bǔ ①补衣服。②抽象义工作上有缺陷，有破损，便要弥补，或补充完整。还说将功补过。③补的宾语大为扩充：补锅、补鞋、补轮胎、填补路面、补课、补身体、补血、补钙、补牙等。女娲补天之补，是补字较早的富有想象力的十分新颖的用法。

辅（輔） fǔ ①本指车轮两旁对车辆起支撑作用的两根直木，故有夹持、辅助之义。②脸的两颊。辅车相依，就是脸颊和牙床是两相依傍的。

酺 fǔ 脸颊。是从辅字分化出来的，没有用开，人们还是用颊字。

赙（賻） fù 丧礼。以钱财或布帛，也有用珠玉、衣服的，助丧家为礼。

捕 bǔ 捉、取：追捕、搜捕、逮捕、捕获。宾语为罪犯、奴隶、鸟兽，捕鱼捉虾。捕风捉影、捕影系风，算是捕字用于抽象义的开始，现在思维分析方面有时也用捕捉（概念或定律之类），还没有普遍化。

逋 bū 逃亡。如逋逃、逋迁、逋客。追捕与逃亡是相连的行为，故可作语义的引申。

痡 pū 人疲惫不能行走之病，即匍匐于地难以起身。

匍 pú 人体附着于地。常说匍匐，参见匐字。

哺 bǔ 燕雀之属，捕食以哺。如说哺育、哺养。捕捉与哺育也是相连的行为，故可作语义的引申。人也可说哺，含哺或吐哺。

餔 bū 晚饭。又与哺通用，口中嚼食喂小儿。

晡 bū 吃晚饭的时候，本是指鸟吃饱、喂饱归巢的时候而言，是日落西时之前，即申时。显然，晡是从餔、哺派生来的。

簠 fǔ 祭祀时盛黍稷稻粱的祭器，也用作宴享时的食器。祭器是鬼神的食器。它也是直接从餔字派生的。字从竹，大多为竹编。常说簠簋（guǐ），方曰簠，圆曰簋。

以下从父之字又多铺陈之义，即铺开和陈列。父要辅助政事，传布命令，都是铺陈的行为。簠作祭器，就专门用于陈列。

布 bù 麻、葛及后来之棉等的织物，统称曰布，从巾，父声。布是舒卷铺陈之物，故其音义从父，作名词指传布之物——布匹。布又往往作货币，货币也是传布天下之物。布作动词为散布、发布、宣布、铺陈之义，布政就是发布政令。又说布置工作、布局合理，是做全面安排的意思。

佈 bù 普遍传布。佈是布直接分化出来的字，布告天下，后作佈告天下。又说满佈、密佈。佈今简化为布。

捬 bù 抚摸而持，按住。抚摸则面积较大，故可从布。散布也曰捬，又说铺天盖地，则是用铺。捬字没有用开。

怖 bù 本作怖。害怕、惶恐。心与捕捉相联系，得恐怖之义。恐字从卂（jǐ），象手有所执持，怖字从父，为右手举杖。卂为巩固之义，又可得恐惧之义；父发展为捕捉之义，也可得恐惧之义。

圃 pǔ 种蔬菜、瓜果的地方：苗圃、园圃。菜农亦可称老圃。园圃是需要分畦、布置的。

浦 pǔ 水边、岸边、浅水处、滩头地。浦，铺也；滩，摊也，都是平布之义。

铺（鋪） pū 或作舖。陈设、布置、铺排。如说铺张、铺陈、铺衬、铺垫等，都是两个同义的动词的结合，铺路、铺床等都是动词和宾语的结合，还包含有平坦之义。铺作名词说铺（pù）子，是各种商品的陈设，可说是货铺，商店叫铺子。铺的另一个名词义指床铺，床是需要铺的。

蒲 pú 蒲草，生于水滨，故从浦声。它是草本植物，叶子特别狭长，晾干后纤维仍较柔软，故可编成席子后铺床铺地。有一种坐具叫蒲垫，佛教徒常盘坐在上面念佛修行，善男信女们跪在上面磕头。蒲有香蒲、菖蒲、菰蒲等，菰蒲的嫩茎就是茭白。

醭 pú 帝王因庆贺而特许的全臣民的大宴享，往往醭五日或三日。故是取遍布之义。

脯 fǔ 肉干。它需要铺开晾干或曝晒，又可与铺联系，为食物之义。今瓜果的干制品称瓜脯、果脯，有桃脯、梨脯等。胸脯的脯读 pú，也应是取平铺之义。

鵏（鵏） pú 鸟的胸脯。今常说鸡胸脯，仍作脯。

普 pǔ 本作溥。専为遍布之义，故溥引申为水之广大和事物之广大。今作普天之下，本作溥天之下。普天之下为日所照，故曰普照。今说普遍、普通、普及，又说普查、普选等。

谱（譜） pǔ ①言之周遍者曰谱。即是对事物做系统的记载，如有家谱、族谱，年谱是对一个人生平的逐年记载。还有菜谱、棋谱、曲谱、乐谱。②谱作动词，如说谱了一个曲子，就是将一首歌的节奏从头到尾用符号表示出来。③对某件事的处理或某个问题的解决，没有主意，就说心里没谱。

鱇 pū 即江豚，是鲸的一种，也称江猪。体长一米多，是水生的哺乳动物。鱇的音义从京，大也；鲸的音义从普，亦大也。

潽 pū 水滚开了并溢出，叫潽了。锅里的粥溢出也可说潽出来了。字本作铺，是从铺张之义来的。

敷 fū 或作敷。传布，施展，施行。敷政就是传布和施行政令，敷教就是推广和施行教化。敷衍一词，本是散布、传播之义。衍是水的流行。今说敷衍了事，已演变为应付差事，没有认真办理。

蔽 fū 花叶分布铺陈。

黼 fǔ 作斧形花纹的衣料。古时诸侯衣上常绣把斧子，帝王身上绣条龙，都是表现威武的。引申指花纹。

以下的从父字皆为入声字。

搏 bó 搜索攫取，强力捕取。今犹说搏击、拼搏。捕则是一般的取，可以夺取，也可以轻取。搏与捕音义相近，既有联系，又有区别。寸，是手，又带有法律的因素。

膊 bó ①胳膊，手臂近肩处。胳，可以格斗；膊，可以搏击；臂，可以开辟。②干肉。膊与脯都指干肉。膊指薄的干肉，把肉切割，捶击(往往还加椒姜)成片状，贴在板上曝晒或晾干；脯则为一般干肉。两字音义既有联系，又有区别。

髆 bó 或作胉。肩胛骨。也泛指肩膀。从尃与从白，音同而义通，肩胛迫着于体躯。

缚（縛） fù ①用绳子捆绑：束缚，一般都要求紧迫，与缠绕不同。②抽象义，说思想束缚，往往比一般束缚更难解开。

鎛（鎛） bó ①锄那样的除草工具，迫着于地以去草。②如钟而大，它单独悬挂，以木槌搏击。

薄 bó ①迫近：日薄西山，即迫近西山。②厚薄之薄：如履薄冰。多用于具体义。也可用作抽象义，如说人情的轻薄、见识的浅薄、报酬的微薄、力量的单薄。还有薄技、薄命等特定的用法。③用竹篾或蒲苇等编成的席子、帘子之类。如有蚕薄，养蚕用的薄片状物。蚕薄亦可作箔，从尃与从白音义相通。④薄的动词用法，如说厚古薄今。又说鄙薄，就是轻视，看不起。

簿 bó ①帘子之类，也可作箔。锡箔就是锡制的极薄的纸片状。②值得注意的是，登记簿、练习簿、户口簿、账簿等均读bù，因为它取铺陈之义，登记在册，一览无遗，不取急迫、搏击之义。同时也不能用箔字。

栿 bó 在屋柱和房梁交接处设置的斗拱，它承受屋顶的压力，故音从薄，紧迫之义。

礴 bó ①冲击。②磅礴，或作旁薄、旁魄，为广大而急迫之义，如说气势磅礴。盘礴，大石也。槃礴，箕踞而坐，谓盘腿而迫着于地也。它们两字可以分析各自的语义。

餺 bō 或作餔。饼类食物，搏之使成薄状。

博 bó 普遍则博大，迫近则通达，故说博学、博物、博文、博爱，又说博闻(强记)、博览(群书)、博求(广搜)、博采(众长)。

簙 bó 簙弈，就是下棋。今简化作博。谓博取对方之义，又称局戏，谓布局的游戏。弈从亦，谓夹击。一着不慎，全盘皆输，亦迫着对方之义。

以上从父派生之字共48个，还有几个过于古僻的字没有收录。它们在语音上，声母不出唇音的范围，韵母不是u，就是o，情况是简单的；语义上则纷繁复杂，不是几句话所能交代清楚的。但是不论它们是发生大变，或是精细入微地演变，都是不难理解的，因为在新义中间总还包含一些旧的义素，是推陈出新，是同中有异、异中有同。

39. 爹

爹 diē 《广韵·麻韵》:"羌人呼父也。"这个常用的称谓词来自我国西北地区羌族的羌语之中,于六朝时传入汉语,唐宋时就流行开了。

嗲 diǎ 嗲声嗲气,是形容儿女在爹娘跟前的娇气,但是到常人面前就成了看不惯的撒娇了。嗲的音义从爹,由名词转成了形容词。它的主要元音则与爸、妈的韵母相同,是表亲爱的。

40. 耶

耶 yé ①疑问语气词:是耶非耶? ②父:"不闻耶娘唤女声,但闻黄河流水鸣溅溅。"(《木兰诗》)

爷(爺) yé 本指父,后常指祖父为爷爷,外祖父为姥爷。又泛称男性长辈或长官为老爷、王爷,还有少爷,少也得称爷。更有老佛爷、老天爷。爷儿们则是表多数。

41. 老

老 lǎo ①须发变(白)了就叫老,是老年人的尊称。②气衰曰老,军队士气低落也可曰老。牛马也论年齿,故早已有老马识途的说法。一般事物年久曰老,

如老树、老屋。此时,老字已由名词转化为形容词。③虚化成为词头词尾。如说娶老婆,这里没有尊长之义,又说老张、老王等。④副词用法,如说老好就是很好,老早就是很早,老远就是很远,等等。

姥 lǎo 姥指老妇,后特指外祖母,北方称姥姥,南方称舅婆。

佬 lǎo 大多称成年男人,有老大之义,如说乡下佬,是加在地名之后,剃头佬是加在职业之后。还有阔佬、肥佬,是就某个特征而言。

孝 xiào 赡养并善待父母等长辈的品德。如孝顺、孝敬。

酵 jiào 发酵。粮食遇到酵母菌的分化,便松软而易于消化,做成饼便叫发面饼。它需要一定时间的酝酿,一定温度的培育,故其音义从孝。

42. 叟

叟 sǒu 年长老人之称,能引导和辅助他人。

搜 sōu ①寻求。如说搜求各方意见,这是从对叟的尊老之义引申为搜求之义的。②又从而有聚集之义,如说搜集革命文物、搜罗人才。搜字的一个更显眼的发展是它与灾祸之义相联系,与尊重、尊敬之义完全相反,如说搜捕罪犯、搜查罪证、搜刮钱财等。

艘 sōu 本作橾。本指船,舟船亦可曰艘。又发展为量词,说一艘船。舟,本为承受之义;船,为沿水而行之义;艘,则是搜集人员和粮食以运载。它们都是从动词义引申作名词的。艘字原来主要指战船和漕运,战船载人,漕运载粮。因此艘字主要用于大船、舰艇,一叶扁舟是不说艘的。

獀 sōu 亦作蒐。春猎。打猎总是要搜索的,春猎更是如此。

廋 sōu 隐蔽、躲匿。字从叟，在广下，故为隐蔽。

螋 sōu 蠼（qú）螋，状如小蜈蚣，有一对大钳，能夹人或物，故其音义从攫，攫取之义。又因它生活于土中、石下、杂草间，故其音义从廋，隐匿之义。

蒐 sōu 茅蒐，根紫赤色，可以染红，因此说它是人血所生，一名地血。故字从草从鬼，会意字。此草来自地府，人皆归往之处。它与槡、搜、廋三字皆可通用。

溲 sōu ①以水浸泡或湿润，今说溲面，溲粉，面粉就聚集。一种是加水少，面粉为松散状，可以蒸糕；一种是加水多，面粉揉成一块，可擀面条。②溲又作象声词，加水不多，往往发出嗖嗖之声，故人尿尿也叫溲溺。

飕（颼） sōu 也作嗖，风声，也说飕飕。又说凉飕飕、寒飕飕，就有清凉或寒冷之义。这样从叟字的集结之义变成象声，又从象声获得清凉或寒冷之义。

嫂 sǎo 兄之妻曰嫂，故从女，叟声，取年长之义。称惯了，即使兄妻的年龄有时没有弟媳大，那也称嫂。演变为对一般年长妇女的通称，如祥林嫂、阿庆嫂等。

瞍 sǒu 特指眼瞎的长者。眼衰退收缩。

趖 sōu 趖（jú）趖，指驼背的人。体不伸曲趖，衰退而收缩曰趖。趖从走，行而不进，退缩之义。

瘦 shòu ①少肉。有病态的瘦，是衰竭的表现，也有健康的瘦。②超出人体的范围，土地、衣服都可说肥瘦。③抽象义，指艺术风格上的清瘦，如书法上有宋徽宗的瘦金书。人比黄花瘦，诗也可以瘦。

餿（餿） sōu 夏天的饭菜过夜就餿了，本可作瘦，是损耗腐败之义。

锼（鎪） sōu 铁生锈，受腐蚀。于食曰餿，于铁曰锼。刻镂亦可曰锼。

43. 夫

夫 fū ①人长八尺，故曰丈夫。男的称丈夫、大丈夫，女的称夫人。《诗经》中就有老夫、农夫、武夫、征夫、仆夫（即车夫）的说法。大夫、膳夫为官职之称。②作语气词，在句首便是发语词，句末便是感叹语气。现代语中已不用。

伕 fū 指服劳役的人，如民伕、车伕、马伕等。

扶 fú 辅佐。人称丈夫，便是可依仗的人，故引申为依仗、扶助。如说救死扶伤、扶老携幼。可扶之物称扶手、扶梯。扶植就是扶助培植。扶病就是支撑病体。

蚨 fú 青蚨，一种青色的昆虫，相传取其子，母即飞来，必知其子所在之处。可见，母对子的扶养，子对母的依仗，关系多么密切。

芙 fú 芙蓉，或称芙蕖，即荷。蕖从巨，象手持规矩之形。芙从夫，扶持其花叶。荷从何，负何其花叶出水。此皆由动词转为名词。

袚 fū 衣服的前襟，手常扶持者。

44. 氏

氏 shì 姓氏，是子孙家族传接的一个标志。本来，男子称氏，妇女称姓。姓，生也。氏，延续也。现在男人也说姓，女人也说氏。而最初，只有有土地、有官爵的人才有姓，"百姓"本只指官员，后来民皆有姓，都是老百姓了。氏字有时也常用，如顾炎武可称为顾氏，段玉裁可称为段氏。

祇 qí 大地之神。常说神祇，神字从申，为延伸万物之义；祇从氏，延续之义。祇又有指示代词这、此之义，又有副词只有、仅有之义，这些便都是假借义了。

芪 qí 芪母，也称知母草，即懂得作为母亲的草，它随处都能活，容易接续，容易繁衍，只有干透才死，故其音从氏。芪有多种，黄白者最好，故称黄芪，是多年生的中草药。

疷 qí 病不止，即治不好的老毛病，也取延续之义。

軝（軝） qí 或作軝。车轴两端穿过的轮心上的皮革装饰。古时形容城市繁华，说肩摩毂击，即人肩摩擦而过，车轮的毂互相撞击，那时最易发的交通事故就是毂击，所以毂要用皮革保护起来，可以延续使用，它不只是起装饰作用。

纸 zhǐ 或作帋。书写所用。古多用竹简木牍，书于缣帛者谓之纸。到东汉蔡伦发明用树皮、麻头及破布等造纸。纸的音义从氏，亦取伸展之义。

45.民

民 mín 众人。土著者曰民，外来者曰氓。民和人的区别，一度是这样：民，庶民，即民众；人，在位者。原来，有四民：士民、农民、工民、商民。商民和工民都较有点钱，可以争取一点社会地位，都叫商人、工人了，士则叫做士，有男士、女士。工人一词，早就有了，本指有技术的人，工人和工民还有区别，后来叫工人了。

而工人和农民还有人和民的区别。后来，大家都是有姓氏的人或民了。民的观念上的演变，只要看看民的语义及其派生字的发展，就可了解一个大概：民有众多的义素，也少不了有无知、愚昧、细小、混乱之类的义素，但也有个别的字有美、强之类的义素，如珉，石之美者。民者，神之主也；民者，君之本也(均见《穀梁传》)，不过这种观点不占主导地位，故在语义及语义的解释上，均不能留下踪迹。

氓 máng 流动外出，或隐匿逃亡之民。氓字原无贬义，后来说流氓，成了贬义词。

泯 mǐn ①灭亡，今说泯灭。一笑泯恩仇，就是把过去的恩仇在一笑之间打消了。②混乱，可说泯乱。③混合，可说泯合，合群也是民众的一个特点，虽散乱，却总是要合的，并派生了眠、抿、岷三字。

眠 mián 同瞑。①瞑目，就是合上眼睛。眠就是合眼。引申为睡眠，如安眠药、失眠症、不眠之夜等。②蚕生长时有头眠、二眠、三眠，蚕眠期间，不吃不动，蜕去一层皮，然后长得更大了。蛇也有这种过程，我们时常可在草堆里或树枝上看到干枯的蛇皮。蚕眠、蛇眠不是睡觉，而是生理上发生蜕变，只是在语义上就都叫作眠了。

抿 mǐn 稍稍合拢，如抿着嘴笑。常说笑口常开，如今是合着点嘴笑，是微笑或暗笑。又如说，你不喝酒，稍微抿一点尝尝，就是稍喝一点。抿与泯、民、缗相通。

岷 mín 四川有岷山，又有岷江。岷山又名渎山，雨水下注而汇合曰渎，这主要是就水说的。岷山分两支：一为岷山，其南为峨眉山；一为巴山，其东为三峡。自上而下为分，自下而上便是合了。岷山历史上又名汶山，从民字与从文字常相通，岷江边有汶川县，也是居两水交汇处。川南还有合江县，居岷水与赤水交汇处，故称合江。

蚊 wén 本作螡。蚊之从民，取众多之义。如说聚蚊成雷、聚蚊成市。

珉 mín 珉珉，众多貌。

瑉 mín 石之美者。它比石美，但又不如玉。可是玉少而贵，瑉则多而贱，两者仍不能相比。

缗（緡） mín ①钱贯，即古时穿钱孔的绳子，也指成串的钱，都离不开众多之义。②钓丝，它要引诱并钓起众多的鱼。

愍 mǐn 悲痛、忧虑。这是由心之泯灭联系而得的，所谓悲痛欲绝。愍又有抚爱之义。说来悲痛与抚爱两义并不相近，却是一件事的两个方面，愍、怜、惜、爱四字都有这种共同的情况：可怜有可惜之义，又有可爱之义；可惜有惋惜之义，又有爱惜之义；爱怜有抚爱之义，也有爱惜之义。

悯 mǐn 哀怜，忧虑。悯民，就是哀怜百姓。悯，本作闵，从民之字有时可从文，悯，实即愍。

46. 兄

兄 xiōng ①兄长，与弟相对而言。②一般同辈的男性友人，都可称老兄、仁兄、道兄。即使有时对方年纪略小，也不妨尊称为兄。四海之内，皆兄弟也。③兄的本义是增益。兄长就是年岁有所增长。

况 kuàng ①情形、状况：情况、近况。②比方、譬喻：比况。③况亦有增益、更加之义，从而虚化为表示递进的连接词：况且、何况，就是更进一步说。地下的蔓草锄掉了，过几天又长出来了，何况是人呢！

贶（貺） kuàng 赐给、赠与。赠就是以贝增益，贶也是以贝增益，取义相同。此为动词，作名词指赠与的赠品、赐品。

怳 huǎng 或作恍。狂之貌。狂为心之旺盛，怳为心中增益。怳惚，或作恍惚，心中或多或少，或有或无，为模糊不清、捉摸不定之义。

47. 妻

妻 qī 妇之与夫等齐者曰妻，这是传统中对妻字的解释。名词。作动词为出嫁之义，此已是古义。

萋 qī 草盛：芳草萋萋，即草木齐等。齐，禾麦吐穗上平。

綨 qī 锦帛上的花纹错综繁盛。

霎 qī 云行貌。由草之盛引申为云之盛，萋与霎相通。

凄 qī 风雨兴起，亦为盛义。风雨凄凄，还有寒凉之义，有时还有心情悲怆凄凉之义。凄风即是寒风。凄厉、凄怆，既指气候，也指心情。

凄 qī 本作凄，后派生凄，从冰。如说明媚的花园代替了凄凉的荒地。

悽 qī 悽惨悲伤，与凄字相通。如说"悽悽惨惨戚戚，乍暖还寒时候"，主要在说心情，也有天气因素。

48. 妾

妾 qiè 不讲聘礼，为人之妾，大多有罪女子，得接于君。这是妾的本义，亦是女奴。后把丈夫娶的正妻之外的女子均称作妾。有时正妻自谦，也称为妾，如《孔雀东南飞》中刘兰芝是正式聘娶的，诗中她四次自称为妾，焦仲卿则四次尊称她为卿。

接 jiē ①娶妾。还指两性交接，今还说妓女们接客。②宾主、朋友之间的接触交往、接待。送往迎来，皆是接待。兵刃既接、短兵相接，既是人之接触，也是物之接触。③接还有一项古义，谓束缚、捆绑，显然和女奴有罪相连。④事物之间的连接，如说接二连三、表里相接、接受、接班、接头、接应。⑤抽象义，如说接茬儿，就是接着上一个人的话说；接气，就是写文章要连贯，一气呵成。

椄 jiē 植物的嫁接，移花接木，今皆已作接。杂交水稻，说交不说接。

翣 shà 古时仪仗队中举的羽毛大扇，主要表迎接之义，说的是防风尘，两者是结合的。丧事于枢车两侧也有垂以羽扇，是接之于棺的。

㳟 jí 水的支流，与主流相接者，亦居侧旁为妾者。

鯜 qiè 鯜鱼，相传它常一行三条，一前二后，若婢妾。亦称魪，俗称鳑鲏，旁亦从方，方，别有一船于旁相并，义与妾相似。

喢 shà 水鸟或鱼类吃食之貌。什么样的呢？它们接二连三地来咬，有时是一次解决问题，不能便紧接着再来。鸭子更是这样，鸭嘴在泥塘里搠个没完。常说喢喋，喋，多言，喋喋不休，说个没完。一吃一说，相接而来，便是生动的用语了。

蹕 qiè 蹕蹀，脚步接连之貌。蹀为不断踏脚，蹕为脚步接连。两字叠韵连语。

49．壬

壬 rén 承担、负任，动词。作名词指承担之物。壬还有大的语义，天将降大任。生育是女性之大任，故曰妊。壬，大任也。

任 rén 信任，即赋予使命，任用。对受到信任者来说，便是担任、负责之义。作名词为职位、责任、任务之义，如说上任、卸任、委以重任。每人都要承担一定的社会责任，而能者更要委以重任。任又有佞的语义，指一种错误的信任，以谄媚、奸诈而得的信任。故任又得贬义，就像仁字派生佞字，由正及反，语义向相反方向发展。

鴲 rén 或称戴鴲、戴胜鸟。它的头上有一个棕栗色的羽冠，鸣时随声摆动。鴲从任，指头上的任戴物，亦叫胜，指彩色的结。

妊 rén 怀孕，取体有任戴之义。

衽 rén 衣襟，即衣之前胸。肩负曰任，怀负曰妊。抱也是一种任，抱，胞也。衣衽即是怀抱之义。

恁 rén 心之负任，故得思念之义。又假借为指示代词，如此、这么之义，恁么就是这么，恁般就是这般。《水浒传》第四回："这个人不似出家的模样，一双眼却恁凶险。"恁凶险即这么凶险。

赁 lìn 租赁，即花钱租用。于人说佣赁，于物说租赁。因为赁从任，故也可以言人。今则多用于租物。

纴（絍） rén 或作纴。作动词为纺织，作名词指缯帛，或丝缕纱线之类。今穿针引线曰纴针。

荏 rěn ①荏菽，大豆。从任，取大之义。②草木之柔软，柔弱，如说荏弱、荏苒，色厉而内荏，即脸上凶，内心荏弱。它与柔、孺、弱、软等字声母相同，语义相通。

稔 rěn 柔弱。与荏、恁二字通用。

饪（飪） rén 或作肛，食物或肉煮烂，即大熟，比软还软。

㾕 yín 字从爪、壬，即朝下的手争求利不止，故为淫欲之义。朝下的手放任，滥贪之义。二义实一义。或有所得，即为侥幸之义。

淫 yín ①水之渗透、淹没，淫雨指历久的雨。②淫有盛大之义。淫威，本指盛大的威仪，今引申为滥用权威、过度的权威。③于是，淫成为贬义词，并为抽象义。如说淫侈、骄奢淫逸。贪于女色，为奸淫之义，或作婬。④淫与佚、泆、逸音义相通，为过分、放纵之义。

霪 yín 久雨。范仲淹《岳阳楼记》："霪雨霏霏，连月不开。"

婬 yín 指过头的不正当的男女关系。今多作淫。

逸 yín 过头、过度。逸与逸音义相通。

50. 亥

亥 hài 依靠、凭借。亥字用作地支，居十二地支的末位。用以计月，则为阴历之十月，这时大自然阴气抬头，上接盛阴，人则男女生育，故孩字从亥；草木之根亦孳长，故草根曰荄，字从亥。

孩 hái ①孩提，指婴儿到几岁时的小孩子。②称儿女，有时几十岁了，父母也可称是自己的孩子。

核 hé ①桃、李、枣等的果子中心包含着一颗坚硬的核，核中含育着果仁。它们都是"盛阴感阳，万物皆含育于内"的结果，于人曰孩，于木曰核。②事物的中心部分说核心：细胞核、原子核、核能源、核武器。③作动词，对照、考察，即核实、核算、审核、考核。与覈字相通。

劾 hé 揭发、审核犯人的罪行，如弹劾。劾状就是审劾罪状。与核的动词义切近。

骸 hái 人骨，包藏于内，坚硬如核。人与兽皆外皮肉而内骨骸，龟与贝则骨外而肉内。

阂（閡） hài 又读 hé，关闭、包藏或阻碍、隔离。如说隔阂，就像有一个坚硬的外壳，和周围隔离起来，不往来，自己关起门来，不能真诚相见，主要指人际关系方面，已是抽象义。有时也指山川关隘的隔阂，隔字从阜，就是山川。阂与碍字音义相通。

荄 gāi 草根。典型的是韭菜根，地气一动，盛阴感阳，白白的芽就冒出来了。竹笋也是芽发在根部。于草曰荄，于木曰根。根荄也作根核，根荄二字，音义相通。

垓 gāi 土地。八垓，指八方的土地，普天之下的土地。草之荄与木之根皆含育于内，故从亥声。垓又有边际、界限之义，又作最大数量的单位词，万万为亿，古可曰垓。这些派生义都是从垓的大地之义来。

陔 gāi 台阶、界限、田埂之类，都是就地势之包含与划分说的。于阜曰陔，于土曰垓。

晐 gāi 阳光普照。垓是大地，晐是普照。没有大地，没有阳光，万物就不能含育，它们在语源上就相通起来了。从孩到核，多么细小；从垓到晐，又是多么广大。微观世界与宏观世界如此地沟通着。晐又有包容、兼备之义，今已不用，而用该、赅。

该（該） gāi ①兼备，全都具备，如说该备，无所不该。②全都，副词：一概。如概不退还。③指示代词，不指这，也不指那，说该同志、该事，指上文或前面讲话中已经说过的人或事，以上所述中已具备的人或事。④应该，如说该当何罪。该不该（是你出面），就是应不应该，这是该字在现代的最常用义。阴阳感应，万物含育，相应而生，天理如此，故该从亥声。今又说该死、活该、该！就是理所当然。

赅（賅） gāi 完备、齐全、充分：言简意赅，谓言语简单，意思却很完备。以偏概全，就是用片面的道理来概括全面内容。

侅 gāi 常理可曰该，非常之理可曰侅，如军事上出奇兵，以长击短，也在情理之中。兵法上还可以叫阴阳握奇经。侅与奇成为同义词，可说奇侅。

咳 ké 本作欬。呼吸管道逆气曰咳嗽，即迅速吸气，包容于内，然后略有阻碍，气流逆出。

痎 jiē 二日一发之疟疾，取间隔之义。

颏（頦）kē 下巴，或说下巴颏，脸的最下部分。也指脸颊，叫颏颏，有颧骨作为它的内核。

胲 gāi 牲蹄。猪、牛、羊等牲畜的蹄子，至今人们还爱吃，可是里面都是硬骨头，是骸，取其皮肉和筋，故字从肉。

豥 gāi 猪四蹄皆白者称豥，故与胲音义通。

毅 gāi 以桃（桃能驱邪）木（有时用核）或金玉刻成的佩戴饰物，以为可以驱除疾病或精鬼，也叫刚卯。驱除需用力，故与劾切近，亦表审核、弹劾之义。

刻 kè 以力曰弹劾，以刀曰镂刻。于金曰镂，于木曰刻。刀割、刻画、刻削、伤害等均为具体义，抽象义也说刻骨铭心、思想或印象深刻，政令苛刻。刻的抽象义还表冷酷无情，如说刻毒、刻薄，还有呆板僵硬之义，如说刻板。现在十五分钟说一刻，主要是从古时的漏刻计时来的。水在漏壶中一昼夜能下漏多少，刻痕以计时，比如一个时辰是两小时，则为八刻钟。故从刀刻之义转为计时之词了。

挏 hài 撼动。与阂字之有阻碍之义、咳字之有逆气之义、毅字之有驱除之义、骇字之有振动之义，均相近。

恢 hài 痛苦、愁恨。与刻字有伤害之义相近。

骇（駭）hài 马惊。引申而指人之惊骇，如说骇人听闻；又引申而指事物之振动或扬起，如说惊涛骇浪。

51. 子

子 zǐ ①儿子或女儿。后大人亦可称子，第二人称你亦可称子，如说以子之矛陷子之盾。又作人之尊称，老师也可称子，士大夫亦称子。②鸟之子、鱼之卵、木之果均可称子。更进一步说桌子、凳子。最终成了名词的词尾。③作动词，可有抚养、成长之义，今已不用。

孳 zī ①滋生，为子字的动词义。鸟兽之生亦可曰孳，货殖亦可曰孳。②孳孳，盛貌。

籽 zǐ 谷物豆类等的种子。

仔 zǐ 幼小的。可指人，也指牲畜，如说仔畜。仔细的仔，亦取细小之义，即小心、细心，如子为长辈做事。仔又读zǎi，字或作崽，后为蔑视之称，骂作兔崽子。仔的一项古义为胜任之义，与孜字相近。

字 zì ①本义是生育、孵化、抚养，故在宀下。②派生字叫作字，非派生的象形字叫文，后来文与字统称为字。名字的字，原来是由名派生的。如诸葛亮，字孔明，由亮而得明。曹操，字孟德，讲节操就是有德。称人之字而不称名，就是表尊重。

孜 zī 办事认真，勤恳，像儿女对待大人一样，如说孜孜不倦。

耔 zǐ 或作秄。培土于禾根。这是子字的动词义，即养育，培土就是育苗。

牸 zì 母牛。牛、马、猪、羊、驴五畜等之母都可曰牸。子需要养育，母是养育者，名词派生出动词义，动词又回到名词义，子便变成母了。

孖 zī 今说双生子，仍写作子。

蚜 zǐ 蚜蛢(fāng)，俗称黏虫、五色虫，幼虫时作害稻麦等的茎叶，成虫时蜕化为飞蛾。

李 lǐ 木之多结子者，即桃李之李。本读同样，即从木，子声。后假借为理，为征伐及刑戮之主管，才改读同理，即声母改变了，韵母未变。如说行李，本指外交官，即外行之理，后兼指他们携带的行李物品。

52. 孨

孨 zhuǎn 小心谨慎，与仔、孜之义相近。

屦 chán 狭窄、逼迫、拘束。字从三子在屋下，故又可得谨慎、忍让之义，或软弱之义。

骣（骣） chǎn 骑马不加鞍辔，故为谨慎、忍让之义，非善骑者，不易驾驭。

僝 zhuàn 表现弱小、忧虑。

潺 chán 水之弱小温和者，即徐流貌，如说潺潺流水，帘外雨潺潺、泣涕潺湲。

53. 儿

儿（兒） ér 脑门还未长合的小孩，女曰婴，男曰儿。儿的年龄和性别逐步宽泛，中青年也可说儿，《孔雀东南飞》中刘兰芝说"儿实无罪过"，她也自称为儿。再后来，动物甚至一些无生命事物之小者也称为儿，并派生了一些新字。

倪 ní 弱小者，幼小始生。端倪，指事物之开端和始生。俾倪，指城墙上凹凸的短墙，也叫女墙，防守时用以窥视和挡箭。俾从卑，矮也，倪从儿，小也。

婗 ní 女亦可称儿，本曰婴。"倒叫我桂英儿挂在心头"，字仍作儿。又指啼声。

睨 nì 小视，斜视。也可指顾视或窥视，又作睥睨，可说左右睥睨。也可指城上女墙。

齯（齯） ní 老年人牙齿掉了又长出较细的齿。

麑 ní 鹿子。麑裘就是小鹿的皮做的皮袄。

猊 ní 狮子。狮是单译名。汉文有曰狻猊，狻，骏也，一日行五百里；猊，儿也，如虎而小，取身段较细小之义。

鲵（鯢） ní ①娃娃鱼，似鲇鱼而小，大者谓之鰕。②小鱼。

蜺 ní 寒蝉，似蝉而小，青赤。

霓 ní 虹有时双出，色鲜盛者为虹，较暗淡者为霓，故霓虹连称。虹，工也，霓，儿也。

阋（鬩） xì 兄弟之间、儿女之间的内讧。儿弱小，故只有多诉讼。古常说胁阋，胁为威胁、逼迫，阋为争讼。不过虽然常有胁阋，遇到外来的欺侮，大多是要联合对外的。

儿、子二字，各有自己的一系列派生字，最后又都发展成了名词的词尾。在语音上，儿出现了儿化音，子成了轻声，都抽象成为一种纯粹的语法现象。

54. 孙

孙（孫） sūn ①子之子曰孙。自孙以下都叫作孙，子子孙孙就无穷匮了。②由人及物，孙竹，指竹根末端长出的新竹，竹的繁殖主要是移其根苗。孙枝，枝上再生的枝。孙络，人体经络上再生出之络，大概归为现在说的微循环了吧。因此，孙字引申有后生、细小之义。③恭顺、顺利，从而派生为逊字。

逊（遜） xùn 避让。逊位就是退位，逊国就是让国。逊志就是顺你的心。引申为恭顺、谦逊，出言不逊就是说话不谦虚，稍逊一筹就是差一步，是不如、不及，就不是谦虚的问题了。避让有不同的原因，词义也就变了。

狲（猻） sūn 猴子之所以叫猴狲，是取躯体细小之义。

荪（蓀） sūn 一种香草。到底是什么样的香草，不见具体记载。人们用兰荪来映视忠贞的品德，则荪之从孙，概是取谦逊。这只是一个推测而已。

55. 弖

弖 yǐ 又作已、以。是已成形的胎儿之形。胎字从台，台字的上半部分即为弖字，只是笔画变化不同了，原来是一样的。从弖之字都与胎儿有关。

苢 yǐ 或作苡。芣（fú）苢，或称车前，历来相传它的籽实吃了能怀孕，能治疗不育症。芣从不，胚也；苢从弖，已成形之胎儿。故芣苢即胚胎之义。

饴（飴） yí ①米、麦等的芽熬成的糖稀，即常说的麦芽糖。干硬成块者曰糖、曰饧，濡弱者为饴。米、麦之芽，也是已成形的胎儿，人和动植物之间在语言上的沟通，是时而发生的。②甜。③赠送。与贻字相通，贻为赠送财物，饴为赠送美食。

贻（貽） yí 赠送。如说贻笑大方，即受到学者们的嘲笑。贻误后人就是把错误流传下去，贻害子孙。

诒（詒） yí 以言相赠，或以言相欺，都可曰诒。

台 tái ①假借为臺字，参见臺。②古读 yí，实即怡字，并与颐通用，为喜悦、快乐之义。③作第一人称代词，与余、予二字声母相同，实即孩儿之义，与后来自称为孩儿、儿、后生、小子之义相似。

怡 yí 喜乐、和悦。如说兄弟怡怡，便切近于怡字从弖的本义了。又说心旷神怡、怡然自得。

冶 yě 冶金包括销熔、调配、铸造，从而冶炼成各种金属材料。陶冶性情，就是像陶工和冶工那样，对人的性情品格进行再塑造，变得优美高尚。故冶又指人的容貌风度美丽，如说冶容、佳冶等。

胎 tāi ①今说脱胎，就是小儿从母体出生。于人为脱，于虫为蜕。脱胎二字皆从肉旁，骨肉之事。胎指已成形的小儿。对植物则说胚胎，就不指骨肉了。②指无生物的内在物，如轮胎、车胎、铁胎、泥胎。③抽象义：祸胎，也说祸根，为祸患之源。鬼胎，指心里有了坏主意。

邰 tái 古代封国，在今陕西武功县。周代的始祖后稷封国曰邰。邰的音义从弖，邰是炎帝的子孙后代。类似的取义，如古有息国，今河南还有息县，取子息之义。又有叶国，今河南有叶县，取世系之义。又有杞国，今河南有杞县，取继承之义。

簅 tái 竹笋，为竹之脱胎。

姒 sì 兄之妻与弟之妻互称为姒，取生子嗣续之义。

似 sì 或作佀。①子女的容貌像其父母。②引申指事物之间的相像。如说貌似、形似、近似、类似。数学上有近似值。似乎就是好像。③似还有继承、嗣续之义，为古义。

始 shǐ ①生息繁殖。始祖一姓一族、一家一国最早分封的祖先，大多已是男性，即是父系时代。原始时代就是人类社会最早形成的阶段。②又说创始、开始，都是首先之义。始，首先。它早已超出婴儿初生之义。③表顺序之首、时间之首的副词，如说始发车，与末班车相对。

枲 xǐ 麻。确切说是麻无实者，有子曰苴，无子曰枲。枲是牡麻。然而它的音义还是从目。等于说，这时候，男性才是始祖。由母系到父系的过渡，概是奴隶社会的末期，男性稍得解放；概是农业社会的初期，男人要去力田。

能 néng 能字的左旁，下部是肉字，上部是目字。本从目声。能是熊属，古常以熊罴来形容人有能力、有才干，古今都说能耐。耐，古能字。目为任用、治理之义，耐为坚忍之义，故能为坚忍而胜用，即是力堪胜任。能字古今的常用义是能够、可能之义，为助动词或副词，如说富贵不能淫，贫贱不能移。能字用于现代概念的如能源、能量、电能、核能，是物质运动所需要的能量，均已转为名词。能字用于现代哲学概念的如说主观能动性，指人特有的自觉运动；事物发展的可能性，与现实性相对而言。

熊 xióng 熊是能之炎者，即能力盛大的兽，故熊与炎有关系，至今还说熊熊烈火。

态（態） tài 或作能。今说心态，即心中才能，着重指内心。又说姿态，姿为资质之义，也不在外表。不过内才总要外露，因而说仪态、状态、态度，是包括外部表现的。

以下从已之字与成就、终了、停止之义相关。

已 yǐ 由已成形的胎儿，引申为完成、成就之义，又引申为终了、停止之义。事已，就是事成之后，亦事情结束、终了之后；不已，就是没有个完，如说欣喜不已。已经，或说已业，或业已，是一个副词，就是已经完成，或已经完毕。不鸣则已，就是不叫就算了，也是完毕之义。

矣 yǐ 句终语气词，原本就有完毕之义，它的上半部就是已字，虚化为只表结束的语气，表肯定、完成，少数兼表感叹。疑问句也用矣字，但必须与疑问词相结合，实际是对疑问的肯定。矣字何以从矢？气直疾，就是表示直截了当而快的语气。已矣是一个文言的语气词，大体上相当于现代语中的"了"。

唉 āi 表感叹、叹息的语气词，如说唉声叹气，出气直而疾。唉还可以是一个表示答应的语气词。

欸 āi 表感叹、表应对，与唉字大体相同，有时也表呵斥、惊愕。

埃 āi 尘也。埃风就是扬埃之风。

娭 xī 即之之嬉字，嬉戏。又读 āi，喜乐而出声气也。

諆 xī 表笑声，又读 yì，表恶声恶气。笑声与恶声之间并不是不可逾越，笑有强笑、奘笑、讥笑等，语义稍一转，语气稍一变，就到了反面。

竢 sì 或作俟。等待，立待（完成或达到目的）、指日可待。

涘 sì 河岸边，水之所止。两岸可说两涘。诛求无已，也可说诛求无涘，就是无休止地诛求，音义从已，就是停止、完毕之义。

迨 dài 或作逮。及、到，就未来说，就是等到；就现在说，便是趁着。迨天之未阴雨，是就现在说的，趁着现在还没阴雨变天。

跆 tái 踏，即足之所及。

怠 dài 疲倦、松懈、怠惰。即是精力已经用完，取完毕之义。怠慢则是有精力也不用，为懈怠之义。

殆 dài 危，如说危殆。又有失败、毁坏、困乏之义，如说知彼知己，百战不殆，即是立于不败之地，或说没有危险。殆和已，有一个共同点，即都有副词的意义和用法。所不同的：已有已经、必定、后来、已甚等义，都是很确定的；殆字则是大概、恐怕、几乎、将要等义，经常是推测、不确定的。实际上，百战不殆，也是一个推测。如说常胜，则偶或也有失败时。殆的另一项语义是疑惑，如说思而不学则殆，就是要陷入疑惑迷惘的境地。

颱 tái 是南亚语的一个音译词。可是进入汉语后往往赋予它一定语义，故有人说颱字从台，台字有大的意思，也有危殆之义。

绐（紿） dài 丝絮板结，失去弹性和柔性，已呈敝败之状曰绐。绐，怠也。于人曰懈怠，于丝曰敝绐。又有疑惑之义，与怠、殆通；又有欺诈之义，则与诒通。

苔 tái 生于阴湿的地皮、台阶或墙脚上的苔藓植物，常说青苔。过去的观念里，苔，水垢也，常说泥苔。它的引申义如说舌苔，是医学名词，患者舌上生的一层垢腻，由垂死的表皮细胞及黏液构成。故此与怠、殆、绐之义切近，取败坏之义。

炱 tái 物体燃烧后，灰烬飘浮在空气中，然后凝积而成的黑灰。从台声，取败坏、污垢之义。常说煤炱、炱朽。

伆 yǐ 又可读ǎi。痴呆、滞钝。如说伆儗（yì），即傻样；又说伆㑌，指手足麻痹萎缩，不听使唤。这显然跟怠字的语义相近，怠是心态，伆是病态。伆字虽不是常用字，它却还有几个又读音，义随音变，但它没有超出从目诸多的范围。这里就不多举了。

眙 chì 又读yí。目不转睛，即看呆了，看傻了。

駘（駘） tái 劣等的马。驽骀连称，是同义词的结合。也用以形容人之平庸无能，抽象义。

騃 ái 痴呆、愚蠢无知之貌，即音义与伆相近。当它读同怠、绐的时候，为疲怠、困乏之义。騃还有一个特别的义项，是与此不相连的：马行伇（yì）伇也。伇，勇壮貌，谓气之盛大。

以下从目之字，皆与使用之义相关。

以 yǐ ①人已经成就之后，便可以使用。由人的使用，广泛地引申指物的使用。②引申为依仗、凭借之义，如说立国以本，就是靠农业立国，农业是本。③引申为作、为、从事之义，林则徐的名言："苟利国家生死以，岂因祸福避趋之。"即是如果是有利于国家的事，不论生死都要去做。④引申为以为、认为之义，如今说自以为得意，以与为是同义词的结合。⑤古今的以字最常用的一项用法，就是作表工具、表目的、表原因的介词，语义为用、拿、把，如说以兵去兵、以毒攻毒、以卵投石、以貌取人、以德报怨、不以言举人、不以人废言等。⑥用作表时间、地点、方位的介词，如说以前、以后、以外、以内、以上、以下、以东、以西等。

耜 yí 犁头，或曰铧。它由以字的使用之义，转化指使用的工具，由动词变为名词。又读chí，说耘耜，为除草之义，与绐、殆二字毁坏之义相近。

耜 sì 耒端之木，用以刺土，古以木为之，又以贝壳为之，后以金属为之。义与耜同。

治 zhì ①治理。从水，如夏禹治水；台声，取其从事、作为、成就之义。由治水而言治政、治国。②宾语大为扩展，可说治学、治病、治装、治蝗等。没法办，可说没有治。

笞 chī 以竹板、木杖或鞭子等击，以治其罪。笞以治之。

挨 ái ①受打、受罚曰挨。笞是主语行施这种行为，挨是主语接受这种行为，形音义是可以相通的，都是从以之字。②靠拢、依次。读āi。如说挨近点、一个挨一个。

56. 巳

巳 sì 母胎中尚未完全成形的胎儿，它在古文字中的字形为"子"字少一横，即双手还没有长出。尚在襁褓之中为子，方生顺产为㐬(liú)，未生在腹已成形者为巳，尚未完全成形者为巳。

氾 sì 水虽有出口，但不能流出归海，反而倒灌，叫氾。就像孩子未成形不能出生。流水的流就是从㐬，不流出海就是氾了。

祀 sì 祭祀。祭之无已便是祀，就是没有个完的时候。这里的无已，有两层意思：一是指一年四季，各种祭祀，轮流一遍，接着是第二年的再来。二是指子孙代代相传，香火不绝。千年可说千祀，后代可说后祀。岁是以岁星的运行来纪年，年是以庄稼成熟来纪年，祀是以各种祭祀周行一遍来纪年。

57. 充

充 chōng 养育、成长。充的字形从儿、从倒写的子字，与㐬、育二字的上半部分一样。故充为对儿女的充养，又说

充腹、充饥、充腴。俗话说打肿脸充胖子，便是充腴之义，即养肥了个胖子。当然也可说充当胖子，但是为什么要说充腴，自有它的语源。充与形容词结合，可说充足、充实、充满、充沛、充斥等；与动词结合可说充当、充任、扩充、补充、填充、冒充等。东汉大哲学家王充，字仲任，即是取充任之义。充与名词结合，如充水、充电、充血、充军、汗牛充栋、滥竽充数等。

茺 chōng 茺蔚(wèi)，即益母草，一种中草药，宜于妇人，明目益精，故有益母之称。茺就是充盛、充溢之义，蔚就是慰藉、安抚之义。

盹 chòng 打瞌睡也可说打瞌盹，也说丢个盹。瞌，从盍，合也，合眼坐睡。盹，屯也，当聚精神之义。睡，垂也，坐而闭目，眼帘下垂，以养精神。盹，充养也，息养片刻以充神益精。

铳（銃） chòng 斧子上打的孔叫铳，是安把柄的。铳从充，实也，长也，充实其孔而柄长也。现在打眼穿孔的工具叫铳子，一种打孔的机床叫铳床(大多已写作冲床)。元代以来一种圆筒形的火器，筒内充满火药，下亦有把，叫火铳或鸟铳。

统（統） tǒng 联系。联系而长，便是系统；传统就是继其统，传之无穷；正统就是真正的传统，而不是旁系；血统就是宗族和生育方面的系统继承。以上都是名词说法，作动词，为统治、统率、统领之义，还说统括、总统。统一就是统归于一。总其统绪，可谓王统、天统，最后是统归于天，拿着天的意志来统治天下。

（二）

人体与言行之二

（身体感官与思虑）

58. 首

首 shǒu ①人头：古曰首，今曰头。如说昂首、翘首。引申指动物、器具的头，如说马首、匕首等。②第一的、最高的或最前的：首先、首都、首领、首屈。③抽象义：如说首要任务、首创、出首(告发)。④动词，向着：东首就是面向东，狐死必首丘就是狐狸死了，它的头总是向着它所住的山丘。

艏 shǒu 船头。

惥 yōu 后皆作憂，简化为忧。百或页，本为首字，页假借为叶。惥为形声字，从心，页声。心之所向，便有所待，即担心、挂念之义。思字从心从囟，即心在脑门，便是思念，与忧字取义相似。今说忧愁，愁字是心在秋下，秋(龝)字从龟，即龟甲在火上，占卜禾稼与年景，急切而有所待。古今常说忧郁，心有郁闷而有所待，便是忧愁了。

忧(憂) yōu 漫步而心有所待，宽裕而和缓之义。此本义已消亡，皆作忧愁、忧虑之义。

优(優) yōu 富饶、宽裕，实即忧字之本义。如说优厚、优惠，为富饶丰盛之义，优待就是宽待。优的另一义项指演员，名优就是名演员。又说倡优，倡有领唱、发歌之义，领唱，就是首发唱，优也有优先之义。只有优美、优秀、优良之义是优字自己引申而得的。文艺总要讲究美，要心之所向，故说优美，领先的东西总是优秀的。今又说优质、优选、优生等，大多为抽象义。优的反义词是劣。

耰 yōu 摩田器。它一方面用以敲击土块，一方面是播种之后覆盖并摩平土地。来回摩平，便是从容缓行、优游之义了。

澷 yōu 雨水丰盛，故与优字丰盛之义切近。今说优渥，其中"优"字即澷字，澷为行水之多，渥为存水之多，故曰既优且渥。今说优渥主要指生活条件、所得待遇之优厚。

扰(擾) rǎo 或作搅。夒(náo)，猿猴之属，贪兽，常骚扰捣乱，故扰得烦扰之义。今还说打扰、扰乱等。

道 dào ①有方向、有目标的路。道从首声，头向着，即有方向。这是道与路、径、途、行等字不同的地方。途为大路，说前途。径为直路，说捷径，故还是斜路、小路。路则是多方连接而又有分歧，所谓路路通。条条道路通罗马，这句话很妙，道和路是同义词的结合，说罗马，目标所向只有一个，这是道，可是它又是路，是路路可通的。②所指范围扩大到其他事物：航道、渠道、脸上被划了一道。③抽象义：有个说道、说三道四、头头是道。④学术概念。春秋战国时代，诸侯兼并，打了几个世纪，最后的出路在哪里？学术上出现了百家争鸣的局面，各家都说他们自己的主张是道，即是社会的出路和方向在哪里，只是道的内容不同罢了。道家说"道可道"，儒家"朝闻道"，法家、墨家虽没有总括为道，也不违避是道。兵家说兵是存亡之道。所以到最后，在我们的语言中，谁说话都是说道，说三道四的了。知的也是道，叫知道。理就是道，叫道理。

导(導) dǎo 引导、教导、领导等，是道字的动词用法，字从寸，法也。又说向导，导总要有个方向，导是方向性的导，导游、导航则是由抽象义进到具体行为上的导。导弹是自我制导而击中目标，至于导电、导热、半导体等，则已引申为传播之义。

以上从首的字共9个，声母有三次变更，韵母现在已经变了，古韵则是相同的，而语义上一脉相承，清晰明朗。

59. 元

元 yuán 始、开头。元气就是最初的气。原始，即元始。元月、元旦为时间之始。元首，人之长；元帅，将帅之长。原来，头是首的贬义词，如说提着头来见；元是首的褒义词，故要称元帅、元首。用广泛了，褒贬的色彩就淡化了。元字头上两横，是古文字的"上"字，人之上为元。

鼋(黿) yuán 大鳖。古说元龟，是用以占卜吉凶的神物，它居于人之上而表现天命，故以元字形容它。

完 wán ①完善，成全，修理。故今说完美、完满、完备、完整、完成，都是同义词的结合，完婚就是成全，完稿就是完成。②从而完又产生结束、告终之义，如说完毕、完结、完工、完事、完了、做完、吃完、完蛋等。③坚固，完则坚。

皖 wǎn 白色之纯全者，白净。安徽简称为皖，有皖水、皖山、皖国，那就是山水之明净了。

晥 huàn 目之完善，或明亮或美丽。引申指其他事物之美好。

垸 huán 修补，使之完善。又指油漆家具之类，也是使之完美。

院 yuàn ①院子：四合院。庭院有围墙四院，如怡红院。②只是一个抽象概念，往往并无围墙可言：科学院、国务院、法院、翰林院。

脘 wǎn 胃的内腔、内壁，中医说胃脘。胃即为围。

棍 hún 不易劈开的、囫囵的柴火，当然是从坚固取义的了。

鲩(鯇) huàn 草鱼，俗称浑(hùn)子，以其体长，呈圆筒形，取浑圆之义。

顽(頑) wán 棕木，劈不动的疙瘩头。亦指人，顽固不化，为抽象义，故字从页。如说愚顽、顽钝、顽鲁、凶顽。今说顽强，则无贬义。

玩 wán ①欣赏、赏识，是从完善、完美之义来的。字或作贠、翫，即是常常玩弄玉和贝，所谓玩物丧志。②抽象义，以不严肃的态度对待人或事，如说玩世不恭、玩忽职守。③玩字在现代最普遍的用法是说玩耍、游玩、玩笑、玩花招、玩命。

忨 wán 贪图、贪求，心之所玩而无限度。其实玩、顽二字也都有贪的语义。

莞 guān ①一种可以编席的蒲草，蒲粗而莞细，蒲弱而莞坚，故莞之从完，取义于坚固。②莞(wǎn)尔，微笑貌，为舒展面目之义，所谓的眉开眼笑，为展颜、展眉之义。

冠 guān 綦(juàn，束也)发之巾曰冠。冠字从寸，有法度。又从元，礼之始也。作动词谓加冠(guàn)，如说功冠三军。冠军谓军中之冠。

全 quán 纯粹而完整的玉。引申指事物的纯而全，如说全家人的合影，意思是别家的人一个也没有，自家的人一个也不缺。现在一般说全主要是完整之义，如说全部、全面。

佺 quán 古代传说中的仙人，当然是纯而完的人了。

牷 quán 祭祀时所用的全牛，牲体不能有丝毫残缺。至于毛色，祭牲早就另加豢养，毛色混杂之牛不得充作祭牲。牷字也从牛，本义谓祭礼物、牲物，皆为牷物。牷的反义词为駹(máng)，牛黑白杂毛。駹，犬杂色。今说庞杂，庞与駹通。

诠(詮) quán 诠言，纯粹而完备之言。作名词，指事理，是纯而完的；作动词指对事物作选择和权衡。

铨(銓) quán 作名词指秤，是权衡重量的；作动词谓权衡、衡量。东汉王充的哲学名著叫《论衡》，其

《对作篇》中说："故《论衡》者，所以铨轻重之言，立真伪之平。"

悛 quān 专心谨慎，心志具全之义。

痊 quán 疾病痊愈。愈取俞声，逾越病害之义；痊从全声，病过得以保全。

絟 quán 精细完美之丝麻织物，是纯而完的。粗者为纻。

荃 quán 香草。古诗文中往往以荃暗指君王。

筌 quán 罗列在水中呈回匝形的捕鱼竹器，它要求周全，故从全声。成语有得鱼忘筌。并引申有卷曲之义。

以下从全字而有卷曲、圆转之义。

轻（輇） quán 车轮卷曲圆转，故曰轻。以大木之横断面为轮，即椎轮，笨重难行，但是它安全，由尊长者乘坐。

跧 quán 足之卷曲，可指匍匐行走，甚至屈膝弯腰，如说跧伏、跧缩，实际就是蜷伏、蜷缩。

睠 quán 一转眼，指短暂的时间，或说一瞬间。

拴 shuān 用绳子系结或捆绑、缠绕之义。如有拴马桩。

栓 shuān ①盂，圆转之物。②木钉，连接部件者，应是拴的名词义。后木钉状的部件也叫栓，如说把门栓插上。③器物上可以开关的部件，如枪栓、消火栓。④起关闭、堵塞作用的部件叫栓子，堵塞血管的血块或血管壁上的凝结物叫血栓，堵塞大脑血管的叫脑血栓。

闩（閂） shuān 本作檈。关门后横贯门内的大木棍，故造门内加一横，是地道的俗体字。曾有一个时期改用小巧的插销。

檈 shuān 或作虔，从户，睘声。从睘之字也多圆转之义，故可与从全字相通。

60. 兀

兀 wù ①高而上平者曰兀。人之高而上平者为髠，山之高而上平者为阢，木之高而上平者为朳。②兀也有高耸之义，如说突兀。杜甫《茅屋为秋风所破歌》："呜呼，何时眼前突兀见此屋，吾庐独破受冻死亦足。"③动摇不定、昏沉无知之状，如说兀然而醉。

朳 wù ①伐余之木，即木上平。②今说朳子指凳子，是上平的。③朳陧，或朳桌，指动摇不安之状。

虺 wù 虺虺，动摇不安，字皆从危，高危。

阢 wù 荒山秃岭。也有高兀之义。

扤 wù 动摇不定。抽象义指动摇不安。

軏（軏） yuè 车辆上的小部件，却也起车辆平衡前行的关键作用。车辕和车厢的衡木相接处的键（木钉、插销之类起固定作用的部件）叫軏，车辕和驾马的轭相接处的键叫輗（ní），没有輗和軏，车子就不能行进。与此相似，还有一个小部件叫辖，指车轴两端固定车轮位置的键，没有它，车轮固定不了也是走不成的。

髠 kūn 剃除头发，在古代叫髠刑。现在进监狱也要剃光头。引申指木，截其枝条亦曰髠。至今柳树还是插枝栽培，把枝叶都去掉，就是栽一根光光的树干。这叫作髠柳法。

虺 huǐ 一种毒蛇，叫土虺。有时把它比喻为害人的坏人。

豗 huī 野猪用嘴拱土，寻找作物的块根或根茎来吃，它对农作物的破坏性很大。又引申有喧嚣和撞击之义。

靰 wù 靰鞡，也作乌拉，本是来自突厥语的音译词。乌拉草是东北三宝之一，它紧密丛生，茎叶细长，显然将出现高而上平的景象，字亦曾作兀剌。加革旁是因为它还指一种东北人冬天穿的保暖鞋，皮革制作，里面垫有乌拉草。

61. 天

天 tiān ①人之头顶曰天，今还把头盖骨说成天灵盖。②天空。还指天神、命运。③指天气、季节和时间，如说晴天、阴天，春天、秋天，一昼夜为一天。④天生的、自然，如说天性、人定胜天。⑤古代一种刑罚，黥凿人之头颠，就是在额上刺字。在奴隶制时代，去耳曰刵，去鼻曰劓（yì），去髌曰髌，凿颠即曰颠。《易经》中有句话"其人天且劓"，指一人额上被凿了字，还割去了鼻子。这都是对待奴隶的行为，故意污辱人。

忝 tiǎn 耻辱。从心，天声，显然是因为头上凿了字，一生都是耻辱，故天可引申为内心耻辱之义。如说忝姓，就是有辱于门第。常常在大场合的辞令中作为自谦之词，如说忝官、忝任或忝列，就是有愧于自己所在的官职，带来了耻辱。

吞 tūn ①整个地咽下，如囫囵吞枣。②诸侯国之间的并吞、侵吞。遗恨失吞吴，即没有把吴国一下吞掉，实是遗憾了。③抽象义，吞恨、吞声。吞声哭，就是哭不出声来。忝为从心之天，吞为从口之天，故可有吞恨、吞声之说。

祆 xiān 一种少数民族尊奉的神，源于古波斯。祆教又称拜火教，以礼拜圣火为主要仪式。天神是掌光明与火的神，故祆字的音义从天又拜火，故又叫火祆教。祆与火声母相同。祆教于南北朝时传入我国。

从忝的字还有添、舔、掭等，见占字下所列。

62. 夭

夭 yāo 屈曲，桃之夭夭，就是桃树长得弯曲多姿，即是长得茂盛。又说夭折，是人早殇。

妖 yāo 美丽。曲线就是美。古时描写女性美的诗篇，都少不了要用这个妖字。常说的有妖媚、妖艳、妖冶、妖娆等。但是许多魔怪和丑恶反常的人物，也常以美丽的面貌出现，从而使妖的词义也向相反的方向发展，可说妖魔、妖怪、妖风、妖精等。所谓的美恶不嫌同名。

袄 yāo 或作祆。袄字兼有鬼神的语义，故从示旁，妖怪、妖孽本该作袄，今皆作妖。

沃 wò 或作浇。①浇水。土地肥美曰沃土、沃壤，它直接与夭、妖的美好之义相联系。沃若，是滋润的样子。山西有曲沃，那地方隐曲而又肥沃。②抽象义，人心可说心地、心田，故也需要浇灌，起开导、宽慰、润泽的作用，叫沃心。今已不用。

鋈 wù 白色的金属，鋈之言沃、妖。

饫（飫） yù 食之美好者，私饮宴。

63. 矢

矢 zè 今作侧。倾侧，大字的头向左倾侧。

仄 zè ①古作厂下一个矢字，崖岩之下空间狭窄，人要侧身或低头才过。引申为狭窄、旁侧之义。②抽象义，心情不安可说歉仄，出身卑微可说仄陋。③专指声调的平仄。上、去、入三声皆非平调，故称仄，或由低而高，或由高而低，或作波势。

昃 zè 日已偏西叫昃。后常说斜阳。

沭 zè 湢沭，水势又逼又倾侧，则激荡汹涌。

侧 cè ①旁边。侧面就是旁边，如说侧耳倾听、旁敲侧击。反侧就是反面和侧面。侧目而视，就是不敢正面看，有点畏惧，却又愤恨。侧是仄的或体字，与法则之则没有联系，但又不能和仄归为一字，因为它们各有所用。②侧又引申为处于、参与或夹杂之义，如说侧身，即参与其间，或处身其间；侧足就是插足其间，还说侧杂。

厕（厠） cè 猪圈、厕所皆可曰厕，居于高屋之隐侧。厕也有厕杂、夹杂之义，今多作厕。

萴 cè 也作侧子，生于附子之侧。附子是一种药材，生长一年之后，就于根旁生出根块，药性大苦大热，称作萴子。

顷间。或者也可说是顷头之间，犹如一瞬之间就是一眨眼之间。

倾（傾） qīng 倾侧、倾斜、倾倒，都是同义词的结合。具体义如说倾杯、倾盆、倾巢、倾国倾城、倾泻、倾销等，抽象义如倾心、倾慕、倾诉、倾吐、思想倾向、政策倾斜。

庼（廎） qīng 小堂，也指小屋、瓜棚之类，故以顷取短小之义。屋侧也可曰庼。

颎（熲） jiǒng 火光。字与炯通，颎与顷的声母和韵母均稍有差别，是受了炯字影响的缘故。古说颎耀，今说闪耀，闪为迅速出现，颎字从顷，也是取短暂、顷刻之义。

颖（穎） yǐng ①禾末，禾穗。穗在禾之末，禾苗抽穗灌浆之后便要下垂，即头不正了。②颖又有行列之义，植株有疏密，总要讲究行列。颖，本可作"役"，叫禾役。役为服役之行列，引申为种植之行列。③人之才能冒尖，抽象义，如说聪颖、颖悟。

颕（潁） yǐng 春秋时有颕城，今尚有临颕，皆由颕水得名。颕水源于河南嵩山，两岸古今都是产麦区，得到颕水的灌溉，禾皆垂颕。

64. 顷

顷（頃） qīng ①头不正。顷其听，就是侧着耳朵去听，凑上去听，头就不正了。顷的主语也由头变到了耳。顷筐就是斜口的筐，浅了，装得少了，由耳之顷变到了筐之顷。从而可指一般的倾斜、倾侧之义。一百亩地为一顷，取一方、一侧之义。②人举足则身不正，故可说顷步，主要指时间之短，即顷刻、少顷、俄顷、有顷

65. 亢

亢 kàng 人颈，包括咽喉和大动脉，所以亢也常指咽喉，派生为吭。人类互相残杀的一个重要方式就是斩首，也说刎颈、绝亢、断头。颈项之强直变成了高举、抗争与不屈的表现。如说强项、亢直、高亢等。亢与卑构成反义词，说不卑不亢。

吭 háng 同颃，咽喉。引吭高歌，今说扯开嗓子唱。吭亦可指鸟喉。吭的一个动词义为吞，它的另一动词义为出，

如说吭声、吭气，就是出声说话。颉颃是一个古词，指鸟的集结与高飞。

抗 kàng 谓手之高举，对抗、抵挡之义，如说抗礼，就是与尊长行对等之礼，抗衡就是对抗而求得均衡。抗字大多用于军政和人品方面，都可以与人颈相联系。常说低声下气或抬不起头来，这就是跟喉咙和脖子有关。现代更有许多新的用法，新的主宾语的关系，如物理学上的抗压、抗震等，医学上的抗体、抗生素、抗药性等，政治上的抗议、抗暴等。

亢 kàng 相对、匹敌、抵挡。亢俪就是夫妇，亢就是相当，俪就是并列。亢也有强健、刚正之义。

炕 kàng 高举物于火上以炙之。炕与抗音义相通。至少在宋代，北方人就比较普遍地睡热炕了。它用土坯或砖石砌成，里面是曲折来回的通道，炕头连着锅台口，一年四季做饭时，烟火从炕道出，就烧热了炕。一家大小都可以在炕上做活休息，吃饭睡觉。来客也请上炕。后炕连着烟囱，可以排烟。炕之从亢，取其高。它一般高出地面两三尺，对席地而坐的习惯来说，那当然是高的了。宋代桌子和凳子还不普遍，桌字音义从卓，高也，凳字音义从登，高也。炕上也有桌，叫炕桌。其实那是案，不是桌，因为炕桌不高。因为有了桌椅，人们不用小案了，案字就成了古语，即使是案，人们也说炕桌。

航 háng 古作斻。从方、亢声。方字的本义是两舟相并，古时并舟为浮桥里常有的事，赤壁之战的曹军更是三五十只船用铁链连在一起。故航字从亢、抗，取相对、相连之义。引申指一般的航行。除了说航海，还说航空。

杭 háng 即航，从舟与从木之别，舟由木制，故两字相同。杭州最早由余杭得名，秦始皇南巡，于此渡江，留舟斻，故名余杭。

軏 kàng 车迹、轨道。由舟而及车，由航行而及车轨。

远 háng 兽迹，鸟兽所行之道。《说文解字》的叙言中说仓颉"见鸟兽蹄远之迹"，从中受了启发，发明了文字。这是把兽迹叫作远。

坑 kēng 沟堑、丘壑之类的低陷之地，如说泥坑、粪坑。脚下一踩一个坑，便是迹了。战场上、矿床里都挖坑道，便是很长的了。河南开封的包（龙图）公府里有一个相当大的湖，却叫包府坑。可见坑的形状大小长短，没有定规，它是从航行、车道、足迹之义引申来的。

阬 gāng 大阜也，取义于高。也指沟堑，则取义于坑。两义项成了鲜明对比，这并不矛盾，因为它们是由不同的直接语源来的。

畖 gǎng 田间小道，田埂。这与车道、鸟兽之道相近。畖还有边疆之义，疆界二字皆从田，由田间道引申指诸侯国之间的界限。

阆（閬）kàng 门高也，如说阆阆。与阬相近。

伉 kāng ①壮士不得志，内自高亢愤激也。今说激昂慷慨，慷即伉。②傲慢。

夯 hàng 自大粗鲁、莽撞无礼的样子。不会低头行礼，就成了莽夯了。照理说，脖子不算是人体的重要部位，但是事关礼节、刑法和志气，脖子的软硬、粗细、曲直，就成了人们敏感而常有差别与变化的部位了。从而在语言上也就产生了一系列音义从亢的词。

沆 hàng 水广大谓之沆沆，也说沆茫，有点烟波江上的意思。

魧 háng 贝之大者曰魧。

犺 kàng 强壮的狗。

秔 jīng 或作粳。黏者曰糯（或作稬）稻，不黏者曰秔稻，今常作粳，刚健之义。从亢之字坑、秔等，今韵母读 eng，是受了形音义可以从更的影响。

66. 肩

肩 jiān ①肩膀。肩的上半部并不是门户的户字，是肩的象形字，后来就用了一个形似的户字。息肩，就是扛在肩膀上的东西放下来休息一下。②担任、任用。此已是古义。

掮 qián 肩的动词义，用肩扛。掮客，就是市场经济中的中间人，他自己没有货，只是介绍别人的货从中取利，起一个肩扛、搬运的作用。实际上肩扛也不用他，他只是一个从中介绍而渔利的人，所以掮客一词，很快就成了贬义词。政治上也有掮客，他自己不是政要，只是从中串联、促哄，以达到他的目的。掮客一词的语义已经抽象化了。

67. 克

克 kè ①能够。克勤克俭，就是能够勤劳，能够节俭。②制胜，克制。以柔克刚，克服困难，克己就是克制、约束自己，如说克己奉公。③战胜。克敌、攻克柏林。

剋 kè 或作尅、勊。克之甚者，即程度上比克更甚，如说剋扣，就是苛刻地扣除，不该扣的要扣，该扣的尽量扣。剋意就是专心一意。剋心就是铭刻于心。剋与刻通，如可说苛刻，就是刻之苛严者。

68. 厶

厶（肱） gōng 手臂的上半节。如说股肱，股指腿的上半节。臂胫，则各指其下半节。有时语义灵活起来就臂肱不分了，肱的古字形就是臂肱相连作曲折之形。从肱的派生词均指其大而有力。

竑 hóng 广博、壮大。古常以手或臂作为度量的标准，如两臂伸直，便是一寻，为八尺。这是要由国家立法来让大众遵守的。

宏 hóng 房屋宏大。常用于抽象义，如说宏材大略、宏构、宏愿、大展宏图。

弘 hóng 常指含容之大，即人的包含与容纳何其广大。弘毅，就是含容弘大而刚毅。弘毅、弘道，跟弓弩有关系，射就是六艺之一。国家的强大说弘，就更与弓弩有关，强弱二字都是从弓的。

雄 xióng ①鸟兽之雄性，雄从厶，取其大而有力；雌从此，取其小，如疵是小病，柴是小木散材。这是一般情况。②引申指人，并有抽象义，如英雄、雄姿、雄风。雄辩是大而有力之辩，雄师百万是强大的军队。与弘、宏通。

闳（閎） hōng 里巷之门曰闳，比一般家门高大。

泓 hóng 深广之水，湖海深潭之类。也作形容词，如泓量。

谹 hóng 或作吰。空谷回响，也形容屋深，并皆兼有含容。

硡 hōng 石落声宏大。

铉（鋐） hóng 金属声。钟鼓声说铿铉，其中也有石乐器磬，磬为声之远闻。

㴉 hóng 耳鸣。其实声音不大，只因它在耳中，就宏大了。耳中常䂆䂆然，故谓之䂆。还有一点象声的因素。

訇 hōng 亦作詢。说话吓人的声音叫訇。与今说哄、哼的音义均相似。故訇又指欺人之声，也指笑语吓人。伊斯兰教中把主持教仪、讲授经典的人叫阿訇，这是波斯语的音译词。

㴉 hōng 水浪冲击声，或水石相击声。如说㴉湱(huò)，与豁的音义相近。

鐄 hōng 铿鐄，钟鼓声相杂。

掉 hōng 本指掉击之声，引申指掉击的行为，如说掉出去、掉牲口，是挥手、驱赶义。

轟 hōng 亦作輷。群车声，今常以形容雷声、炮声之类，常说轰隆、轰鸣、轰响。炮轰了三天，便是动词了，可说轰炸，则是指飞机扔下了炸弹。又说轰动，就与訇字相通了。故掉、輷等皆已成古字，今皆作轰。轰轰烈烈，形容声势浩大。哄堂大笑也可作轰堂大笑。訇的词族，最后只有一个轰字活跃在现代语之中。

69．亦

亦 yì 今腋之本字。①臂下曰亦，俗称胳肢窝。因为亦字主要用作虚词，故又作腋、掖二字以表它的本义。常称腋下，为名词义；掖着，为动词义。语音没有区别，文字有偏旁之差。②也，又。亦然，就是也是这样。因为人之臂亦有二，第二个就是亦了。且第三、第四亦皆可说亦。亦工亦农，就是又工又农。还说亦文亦武。亦世就是世世、累世，亦代就是世代。③很，甚。《论语》开卷就说："学而时习之，不亦

说乎！"因为没有上文，就不能是也、又之义，常说"不亦……乎"，义在加强其程度，不是重复其次数，为"不是很……吗"之义。

奕 yì 高大而重累。亦世，亦可作奕世，就是累世，世世。今说神采奕奕，指人风度翩翩，精神饱满，抽象义和具体义综合地存在着，很难说只有哪方面的因素，可以就具体的应用场合来判断，不同场合重点也可以不一样。而且从历史上看，奕奕还时而形容人容貌之美丽、事物之有光华。

弈 yì 围棋，作动词便是下围棋。我国至少在春秋时代便已有人在下围棋，黑白双方之子互相掖持、包围，举棋就是张掖，举棋不定就不能击败对方。

夜 yè 自昏至旦便是夜，昏与旦皆从日，旦为日上升，昏为日低下，两日之间便是夜了。夜字从夕从亦，即是挟在两日之间而月亮半现，夕为半个月亮爬上来。

掖 yè ①亦的动词义，以腋夹持。甘肃省有张掖县，相传为古传国臂亦之地。②还是手臂挟持的行为，但是目的略有不同。如可有扶持和奖励提拔之义，说扶掖、奖掖。③又有掩藏、堵塞之义，如说把被子掖好，就是顺好并压住，使不透风。

腋 yè ①亦的名词义，亦下即腋下。腋与掖均与夜字的语义无关。②旁侧之义，如说腋芽。③集腋成裘，这里的腋是指狐狸腋下那块不大的皮毛，聚集得多了也能缝成一件皮袄，是积少成多之义，此义亦偶或用之。

液 yè 津液。臂腋之下，除血脉之外，水质的津液就是今说的淋巴腺。液的本义是淋巴液，呈乳糜状，饱含着食物中吸收来的营养，输送到人体各部位。唾液、血液是最接近于液字本义的用法，鼻涕也说鼻液，是人体的排泄物，与淋巴液已不能相提并论，但总还不同于水。虽可说清水鼻涕，但其味咸，不同于水。汉武帝于建章宫内建太液池，以液指水，是形容其水之尊贵，与金水河的水字含义相似。这是液字指水而兼有尊贵之义，还是不同于

水，后来把酒说成琼浆玉液，酒当然不同于水。到现代，液字才可指任何一种流质的液体。随着科学的发展，这个术语成为一般的生活用语，如说溶液、液化气之类。

被 yì 衣服的腋下称被。衣服部位与人体部位的名称一致，如裤腰与人腰之名同，裤腿与人腿之名同，等等。

焲 yì 火光。它的直接语源从奕，取其光采美丽之义。但此字已不见用例。

70. 脊

脊 jǐ 人的背脊、脊梁、脊柱，由33块椎骨组成。①以此作为动物分类标准，称脊椎动物。以此为中介，形体左右对称，相对平衡，比较美丽。②引申义有屋脊、山脊。

瘠 jí 瘦，脊骨显露便是瘦的表现。瘦有病态的瘦和健壮的瘦。瘠马便是健壮的马，瘦马虽瘦骨却奇。宋徽宗的瘦金书笔画特别瘦，却至今还有人喜欢，说明它还是一种美丽的瘦。

崤 jí 山崤。山有脉络，称山脉，高出其中的主脉称山脊或山梁。山西有吕梁山，吕字为脊骨之形。

塿 jí 土地也讲肥瘠，土壤需要化验、改良。贫瘠的土地长不出庄稼。

鲫（鯽） jì 本作鰿，形似小鲤，色黑，腹大而脊隆，故称鰿鱼。以其随处有之，故俗作鲫。

鹡（鶺） jí 鹡鸰，或作脊令、鹡鸰，体小而尾长行则摇，飞则鸣，似有急难之状。有急难，即即有令。

踦 jí 或作躤。小步，急迫而又需谨慎之状。"谓地盖厚，不敢不踦。"即是说大地虽厚，也不敢不小心行走，步子迈小一点，若行险处。这是一句名言，居安思危之义。

71. 吕

吕 lǚ 脊骨也。后说心腹之臣，原说心吕之臣，在内为心，显露者为吕。姓吕的人，他们的祖先曾是心吕之臣，故封为吕侯。从吕的派生词主要取相联系之义。

侣 lǚ 作名词为伴侣之义，伴取其半，侣取其相联。作动词的结交（伴侣）之义。

闾（閭） lú 里巷之门。古时户籍的编制也称闾，五家为比，比邻也；五比为闾，相联也，常说闾巷，巷字从共，两手相拱，闾字从吕，表示联结。

椶（櫚） lú 椶（今作棕）榈，或称栟榈。树不分枝，叶子丛聚而生其上。椶从夌，聚也；榈从吕，联也；栟从并，併也。它们都是同义词，取义相近。

72. 要

要 yāo 即腰。后要字主要用作重要、主要等引申义，本义就另作腰。①腰为身之大关节，屈伸由之，故引申指事物的关键、重要部分，如说要塞、要道、要闻、要务、要旨、枢要、提要、纲要，还说紧要、主要，均为名词，具体义、抽象义常兼有。②要作动词，最初是挂在腰间、束在腰间之义，腰总是要约束的，古今都是如此，要与约二字曾相通。要又作中途遮拦、截住之义，如说"要于路"，或者是邀请，或者是拦阻，要的目的不同。今说拦腰截断。又从而得求取、索取、勒取之义，如说要求，比较客气点，要钱、要命就不客气了。这是要字的现代主要动词语义，以上诸义均已极少使用。古曰欲，今曰要。主要是需要、想要之义。欲速，就是要求快；欲往从之，就是想要去跟他。③逐步虚化为助动词、副词，如说将要，表时间之将临；不要，表示为之肯定或否定。又作连接词，如说要是，表示假设；要么，表示选择。这都没有具体的行为了。

腰 yāo 本作要。最初是在刑法上要求做这种明确区别，如说要斩，最好作腰斩。腰字就逐步用开了。

偠 yǎo 细腰苗条之美。

褑 yāo 裙子上端围住腰身的部分。腰身和衣领都是服装设计最为讲究的地方，故曾有专门的用字。

73. 殿

殿 diàn 即臀。因为殿字作宫殿之殿用，故又作臀，以加区别。殿从屍声，它从尸、从丌（即基字），从几，人坐则臀为基，又在几上，与席地而坐相比，得高大之义。故堂屋之高大者曰殿，后专指宫殿和佛殿，说金銮殿、大雄宝殿。又因臀部居人之后，故殿字又有后的语义，军在前曰启，后曰殿，今说殿军，居冠、亚军之后。

臀 tún 人和动物皆用以坐的部位。但是说坐臀，那就只能指割的猪肉，是猪的臀部位，不能指人了。为什么会有这个区别？是受了肫（chún）字的影响，肫字可指祭祀所用牲体之后、股上的部位，那是不能指人的。而语音上，臀的韵母也就读同肫，而其他的从殿字，韵母仍读同殿。故这是音义相兼的现象。这就是臀字不读同殿的缘故。

澱 diàn 沉积于水下的淤泥、渣滓、杂物，因其居于水之下，故从殿声。殿，

后也，引申指下，殿的古义可引申指器物的底部，底，即下部。作动词谓沉积，字今作淀，从定，止也，停也，这又是淀不读同定的缘故。

癜 diàn 皮肤上出现的紫、白斑点，是老丑的表现，亦如杂质，不光净，与一般斑点不同。

74. 亚

亚（亞） yà ①丑，象人驼背之形。由此派生了恶、諲、蛮等字。②背曲则必矮，从而派生了短、稏等字。③从丑又得差次之义，今说不亚于……，就是不次于……。亚军就是次于冠军，比冠军矮一截。④从而又引申为匹配、挨近之义，如娅字即取此义。

諲 wù ①说人丑事，揭人短处，毁人名声，言不正。②与厌恶之恶的动词义音义相同。

砑 yā 碌砑，地形不正。石头多，地势崎岖不平，今说地势险恶，就不平得更厉害了，恶字也从亚。

垭（埡） wǔ 亦作坞、鸣。①地势稍有起伏，即是小有障碍。②矮小的城墙、小城堡。皆为矮小之义，故从亚。

短 yà 穲（bà）矮，短也。字皆从矢旁，短亦矢旁，以矢的尺寸为典型。

稏 yà 穲（bà）稏，稻也，形容稻棵矮小摇摆之状。就是稻菽千重浪的形象。

揠（掗） yǎ ①摇动。②通压，故又读作 yà。揠卖，就是硬压着卖给你，强制性的。

恶（惡） è ①罪恶，与善相对。如善恶分明、作恶多端。②形貌丑恶。孔子学生中长得最难看的是澹台

灭明，"状貌甚恶"，孔子不想要他。后来还是收了，结果学得很好，孔子说我差点"以貌取人"。那时齐国的大夫晏婴，大概连一米四也不到，称得上是矮矬了，他的妻子也是又老又丑，但是人家的事业了不起。古曰恶，今曰丑，美的反而于古曰恶。《左传》中记载一位"贾大夫恶，取妻而美"，以致他的妻子"三年不言不笑"，其中的反差是够大的了。③凶险、险恶，如说地势险恶、形势险恶，又有恶劣、坏的意思。"恶人"有二义：一指容貌丑陋的人；一指坏人，品质恶劣，危害社会。④作动词为厌恶、憎恨之义，读 wù。今说爱憎，古说爱恶。爱的反面是恶，皆从心。孔子经常谈仁爱，他的那位精明能干的学生子贡就发问了：君子亦有恶乎？孔子说有四恶，其中第一种叫"恶(wù)称人之恶(è)"，即憎恨称赞别人丑恶的人。

垩（堊） è 作名词指白土子，或叫石灰、大白，用以涂墙，作动词；用石灰涂饰墙壁亦曰垩。地面起伏不平曰砸、垭，墙面用版筑及土筑成，亦不平整，涂饰去其不平亦可垩，从而作垩。

蜥 è 蛇恶而毒长曰蜥。

恹 yà 心情受到压抑而抑郁，与挜、压之义切近。

欿 yà 气逆，亦抑郁不畅之义。于心曰恹，于气曰欿，音义相通。

哑（啞） yǎ 哑巴。嗓子坏了，故从亚声。嗓子受损伤，可说声音沙哑。还有一种是保持沉默，或者是屈服于压力，或者是自己稳住阵脚，不到时候不说话，也成了哑巴。哑还作象声词，形容人笑声或鸟鸣声。

瘖 yǎ 瘖瘂：黯然沉默。瘖(yīn)，不能言，黯然之义；瘂，病坏不能言。瘖本指哑巴，今皆作哑。

剄 yà 自剄。誣谓以言毁，剄谓以刀毁。毁亦坏，故亦与恶之义近。

桠（椏） yā 俗作丫。草木之桠杈，由干、茎分枝，由枝分条。枝从支，取分支之义，桠从亚，取次第、第二之义。丫头就是她头上的两个髻左右歧出。

娅（婭） yà 两婿相称为娅，他们的妻子是姐妹关系。今称连襟，如衣襟相连，娅从亚，取次第之义。如说姻娅。

75. 骨

骨 gǔ ①肉中之核。人和鸟兽，外肉内骨；龟贝之类，外骨内肉。在内曰骨，在外曰甲。桃李肉中有骨，核桃、花生骨中有肉。②骨的特征是坚硬、正直、润滑，故有骨鲠、骨气、润滑之类的说法。骨坚而滑，外面附着一层骨膜，故滑字从骨。③抽象义。李白腰间有傲骨。有人说赵孟頫笔下有媚骨。鲁迅的骨头是最硬的，话中有骨。④多种事物的骨架，如扇骨、伞骨。骨朵，也叫金瓜，长柄的头上安了一个瓜形的大锤。故它本是一种武器之名。称骨取其硬也，称朵取其块状而大。取其形似，今花苞可说花骨朵，嘴噘起来可说咕嘟着嘴。菩葵是形容草木的果实呈骨朵状。楇柮(gǔ duò)指树疙瘩，断木的头。馉饳(gǔ duò)，面果也。

滑 huá ①由骨膜之滑扩展到多种事物之滑。水流或其他事物之流利往来曰滑。滑的反义词是涩(古作濇)。今常用的滑字如滑冰、滑雪、滑翔、滑轮等。②抽象义指做人、说话时，善于掩盖、躲避、伪装、欺诈，有问题叫人抓不住，如说滑头、油腔滑调、圆滑，都是贬义，并派生出"猾"字，说狡猾。滑也有美的语义，指柔和、润泽之美，如说润滑、翠滑等，也是抽象义。所谓美恶不嫌同名。③牙齿也是骨，为口中之骨。齝（huá），从齿骨声。读同滑。在《说文解字·齿部》中，形容牙齿不正、不齐、差跌者有一连串的字，却没有一个形容齿美的字，说明上古时代的牙齿问题很严重，自小吃骨头，啮骨之声时起，把牙齿吃坏了。滑稽一词，是个古老的复合词。滑谓滑利，稽谓滞留，这是相反二义的结合，意思是圆转自如、爽快利索，或迟留停顿，关系人物的品貌，并一直有褒、贬两方面的语义。《史记》和《汉书》中都有《滑稽列传》，它的语义是微妙而要细加琢磨的，如说滑稽多辩、滑稽多智。要说滑稽可笑，那是比较轻松的；若是话中有骨，矛头所向，便是沉重的了。今说骨气，为刚正之气，褒义；说滑，常常就是没骨气。

猾 huá 扰乱。这是滑字的贬义用法，猾臣、猾吏，都是贬义，奸猾（也可作滑）、狡猾的贬义就很强烈了。

頢 kuī 大头。联系骨朵指大锤，从骨字可有大的语义。

尵 gǔ 膝病，大多是风湿之类，严重了就要肿大，变形，呈骨朵状。

繑 gǔ 解不开的结，呈骨朵状。如说"心结繑分折揢"，为抽象义。

揢 hú 或作榾，掘地，揢之然，用力（掘揢地）之貌。因为骨有坚硬之义，因而可引申为用力挖掘。

76. 血

血 xuè 人或其他动物的血液。泣血或啼血，表示极大的悲痛，泪尽而继之以血。血气指年轻人的热情，容易冲动；有血性，就是指正义感之类的内容了。

恤 xù 或作卹。心头出血，显然是很忧伤了。又从内心的担忧引申为怜悯、体谅、安抚、救济等义，如今谈体恤，即

体谅用情；抚恤，即安抚救济。

蒀 xuè 地蒀，或曰绛草，可以染红。绛，大赤。今还染血红、血色。血还指青绿色如染血青、碧血。人血中红色的血细胞有含铁的复合蛋白质，构成血红素。一些节肢动物、软体动物的血带的血青素，是一种含铜的蛋白质，输送和释放氧气时呈青绿色，故血青色。传统人血种"三年而化为碧"，碧是一种青色的玉石，于是就说作碧血千秋（含有忠贞之义）或碧血丹心了。

洫 xù 由血之脉搏，引申指水之流动。今说血脉，由血而指田洫、沟洫，这沟也像血管那样，是管道或水道。史书中有《沟洫志》，记载一个时代的水利工程。

77. 力

力 lì 人体的能量，如说体力、劳力、臂力、视力。抽象义有智力、能力、想象力、人格的魅力。又引申到社会活动中有物力、财力、武力、权力，到自然界中有电力、磁力、万有引力、动力。力的动词用法有出力、努力、尽力之义，如说力求就是努力求得，力争就是努力争取，力行就是竭力行动。

肋 lèi 胸两边的十二对肋膀骨，包括肋条肉、肋膜，统称为肋，形音义皆从力，人们出力的时候，那里的肌肉纹理、骨条，最多最明显地显示出来了，画人体素描时，务必把那里画清楚。

鱳 lèi 也作肋鱼，它似箭而小，身薄、细骨满肋，故名肋鱼。鱼的肋骨和人的肋骨部位相似。

朸 lì 木之纹理，即年轮。朸为木之理，防为地之理，渤为水之理，力为人身之理。

阞 lè 地质学上研究的地壳土石的分层构造，也是年代的表现。所谓山脉，就是山石的去向，有纹理可见。

洐 lè 今说水文地质，谓水之凝聚与汇合，分布与流向。有天文，有地理，水也有文。我国的河流，大多是由西向东的流向，大江东去，黄河奔流向东方，地倾东南，这都是我国的地质条件决定的。力及从力的几个字表现从生理学走向地质地理学、水文的研究。

勒 lè ①作名词指马辔，故从革旁；作动词指拉紧缰绳停下，故从力声，如说悬崖勒马。②指捆束东西把绳子勒(lēi)紧，准备过穷日子就说把裤腰带勒紧。强制的行为如说勒令、勒索、勒问，勒的宾语大为扩展了。③刻石而有纹理叫勒石、勒碑。

莇 lè 多年生藤本植物，似葛，茎有细刺，善勒人肤，故名勒草。因方言语音的差异而写作莇，故它仍应归从力的语源。

簕 lè 俗称刺竹。因为它叶子的背面有稀疏的小刺，碰到它有点勒手。簕竹高大，有十余米，故它长出了一些防卫性器官。

鱳（鱳） lè 即鲹鱼、白鳞鱼，它小首细鳞，腹下有硬刺。这就比簕竹、莇草的刺厉害多了，扎了手是要出血的。

扐 lè 作名词指两指之间，作动词是用两手指夹住。扐专指一种占卜的动作，即在指间夹多少根蓍草，然后加以排列，都有数的讲究，根据数来定吉凶。扐是其中的一个程序。

仂 lè 这是一个有关数的专门概念，即十分之一。肋为肉之理，枥为木之理，仂为数之理。数之理用以说明人事，吉凶成败，故从人。十分之一是一个比较稳定的比例数，即零数，如税率往往是十分之一，举丧也是用三年之十一。

78. 劳

劳（勞） láo 用力之急剧、强烈曰劳，极其用力为劳。劳的本义是劳作、劳动，今说干活。劳则有损耗，故说疲劳、劳累、劳损等，从另一方面说，劳而有功，故说功劳、勋劳，又有慰劳、犒劳。劳的字形取义很精辟，它从力，从荧省，即省了荧字下部的一个火字。荧为火光闪烁之义。从荧省的字如：荣为草木花叶之闪烁，莹为玉色之闪烁，莺为鸟之文采闪烁，这样，劳便是力的闪烁，这其实包含着对劳动创造的颂扬。劳的古文字常作惢，或荧字下面一个悉字。悉为心之辨别，悉心为之。心与力与劳动分不开，说明劳心与劳力的分工与对立，还未曾到严重的地步。

痨（癆） láo 积劳成疾，故一些气血衰的病叫痨病。现在的肺结核病，原来也叫痨病。

涝（澇） láo 水淹以后，庄稼根部腐烂，枝叶枯萎而死，犹如人气血衰败为痨。于人为痨，于禾为涝。有时虽未经水淹，但土壤过湿，不能透气，仍要烂根枯死，称为暗涝。

捞（撈） láo 沉取曰捞，今说打捞沉船，捞鱼虾，捞稻草不是稻草要沉去捞，而是沉者要到上面来捞。如今捞字在口语中大为发展，捞的宾语大为扩充了，如说捞油水、捞资本，鲁迅《孔乙己》："你怎的连半个秀才也捞不到呢？"以上大多是非正当的捞，有点贬义色彩；也有无贬义的，如说捞着个机会，你做死了也捞不到自己一顿饱饭。

唠（嘮） láo 唠叨，或说嘞得，都指话说太多。但是说唠唠为家常，唠一唠，唠嗑，都是一般闲谈，没有过多辛劳之义了。

耢（耮） láo 用荆条编成的长方形平面摩压器，来回在犁过的土面上摩压，发出细碎嘈杂的响声，故与唠字义近。

莍（犖） luò 驳牛。驳，马毛色斑驳。今则指牛毛色不纯一，即花牛。莍又从荧，是火光闪烁。这样，驳莍一词主要就是形容色彩斑斓之义，叠韵词。现代的莍字主要用于抽象义，如说莍莍大端，是事理显著明确之义；卓莍，为超越、卓绝之义。

79. 劦

劦 xié ①诸多之力和谐一致，可说和协、协力等。②不断地用力。

胁（脅） xié 人体两膀、腋下的部位。用臂和胁挟住叫胁持、胁从。威胁就是以威力胁迫。

拹 xié 或作搚。折断、摧折，这是从挟持、威胁之义引申的，也是力之紧急。

协（協） xié 众人协力同和，今说劲往一处使，拧成一股劲。协商、协议、协调、协和，皆为动词，协会、协定为名词。协字主要用于国事和民事之间的协和、调合。

歛 xié 气的挟持，即是不出气，收敛着。

恊 xié 齐心协力。

憪 xié 以威力相恐憪，与威胁之义相切近。它同时还有胆怯之义。胆怯是威胁的结果，语义在因果两事之间引申。

勰 xié 和协，即思想认识上的一致与和谐。六朝时代文艺理论和文艺批评的大家刘勰，字彦和。

荔 lì ①荔枝，我国南方特产水果。果肉白色，多汁而甜。唐代杨贵妃爱吃荔枝，苏东坡更有"日啖荔枝三百颗，不辞长作岭南人"。据说它"结实时枝弱而蒂牢，不可摘取，必以刀劙取其枝"。则荔字从三力，取坚固之义，即蒂牢不可摘取。荔又与蠡、劙通，取以刀割取之义。②荔又指马荔，也叫马薤（xiè），是一种草。这种草，似蒲而小叶，坚硬，牛马不食，故从劦。③薤本指一种百合科的蔬菜，鳞茎，故也称荔，取和合之义。

飑 lì 急风。力多则急，故从三力。它又读为 xié，则为风调和，则又是取和谐之义。从古音学看来，它的两个读音，韵没有变，只是声母换了。那么声母变换，语义也就不同了。

珕 lì 用大蚌的贝壳磨制的刀鞘上的装饰物。贝壳上有环形的纹理，则与从力的语义相关；贝壳坚硬，则又与劦的语义有联系。

80. 筋

筋 jīn ①能够发力的肉。发力时筋和肌肉都绷紧，纹理就显示出来了。筋是骨与肉或骨与骨之间的韧带。蹄筋则是猪、牛等蹄上的筋，那里全是骨，很少肉，就全靠筋了。肌肉也常包括在筋的语义里，如抽筋的时候，是筋和肌肉一起绷紧的。俗话又说青筋，实际是静脉血管。语义和解剖学不同，它根据群众的认同，是常识范围以内的事，错了也没关系。如说"心想"，想并不在心里，是在脑里，古时理解错误了，在语言上则无妨。②钢筋、橡皮筋，主要取其韧性而言。事物本无所谓筋，但是筋字从竹，竹是物之多筋者，可见筋的理解本就不限于人或兽畜之肢体。竹也很能承受拉力，有篾缆，就是用多根竹篾编制的缱绳。

腱 jiàn 本作夗，它是筋和夗两字各取一部分合成的，夗与夗者义同，腱就是筋的夗转处，即筋固定于骨的地方，关节转动时便动着它，所以它叫作腱。腱和筋声母相同，腱和夗韵母相同，腱是筋和夗的音义结合。腱就是躯体的关键，故也可从建。

籏 qián 腱鸣。老年人骨关节转动时，往往发出响声，因为他们的肌腱老化，不像年轻人那么柔滑，年轻人若是转动的角度大，有时也有腱鸣。

81. 夗

夗 yuàn 转身而卧。夗字从夕从卩，卩是膝关节，它的屈伸和转动的幅度是很大的。晚上屈伸转动，便是转身而卧了。一系列从夗之字都有委曲之义。

苑 yuàn ①用以养禽兽的地方。古曰囿(yòu)，汉代以后曰苑。囿从有，谓帝王占有之义，苑则取圈围之义。②引申之义说文苑、艺苑，指文化的一个领域而言。今则住宅小区也往往称苑。

鸳（鴛） yuān 鸳鸯。或曰雄者为鸳，雌者为鸯，止则相耦，飞则为双。鸳从夗，取转卧、相顾之义；鸯从央，取相并、央求之义。

鹓（鵷） yuān 凤凰，也是雌雄相连的鸟，常称鹓鸰、鸳鸾。

宛 wǎn ①宛转，曲折。②似乎，好像：常说宛如、宛然。有时却解释为真切可见，历历在目。当人们有所想念时，近在眼前，远在天边，有时模糊，有时真切，但都不过是一个好像。

婉 wǎn 婉转、回旋、曲折之美，如说婉而成章、婉言相劝、婉转自如。

碗 wǎn 本作盌、㼝。小盂，盂从于，取迂回、旋转之义；碗从宛，亦回旋之义。

鋺 wǎn 金属的碗，今皆作碗。铁饭碗一词是抽象义，指永不会丢失的职位，铁表示打不烂，饭碗指收入。

豌 wān 豌豆，其苗柔宛，像是蔓生，蚕豆、黄豆等之茎皆梗直，老了就成豆萁。豌豆还是豆中之最为圆转者。

菀 wǎn 紫菀，其根色紫而柔宛，是一种多年生草本植物。

蜿 wǎn 动物的盘旋行动。如蚯蚓，一名蜿蟮，一名曲蟮，蜿，曲也。山势像龙蛇盘走，可说蜿蜒，为屈曲延续之状，也可说逶迤。委，曲也；迤，延续。蛇字或作虵，也是从也。

畹 wǎn 田三十亩为一畹，或说十二亩，各时代大小不一。畹也是取圈、围之义。常说田园、家园，园取其长，畹取其曲。

瑌 wǎn 圭有瑌。圭是一块长的玉，下端是方角，上端是半圆，象征天圆地方。古时使者执瑌圭为凭证。

晼 wǎn 晼晚，即太阳偏西，取转向之义。

涴 wǎn 涴演，水流回旋曲折。

箢 wǎn 箢箕，或说箢笸，竹篾编成的盛器，是圆转的，因为竹篾柔宛，很少把它屈断了去编制。

帵 wān 帵子。布料剪裁后裁下或剃下的布头，因为衣服用料常是取曲线之形。

袜 wǎn 袜子。袜筒是直的，袜端是宛曲的。也指袖端，古说袖，都指袖端接出的一截水袖，它时常是下垂的。

腕 wàn 腕肕(huàn)，形容眼珠转得活。

智 yuān 眼窝深陷。又说智井，即枯井，都是显出圆陷之形。

踠 wàn 扭了腰，或崴了脚，即是骨关节处受伤，扭曲了。也说踒（wō）。

腕 wàn ①手脖或脚脖的关节处可以转动，称手腕或脚腕。②抽象义，要手腕，就是用多种方式对付你；铁腕，就是用强硬的办法对付你。

髖 wàn 膝盖关节的弯曲处，或曰髖关。踠、腕、髖三字实指一事。四肢的关节是重要部位，三字表义略有差别而已，今通用腕。

剜 wān 刀转动着挖去一部分肉或别的什么加工部件。如说剜肉补疮，意思是只顾眼下的治疗，实际危害更大。字亦作揎。

惋 wǎn 心有所转，如说转念之间，由平静转向惋惜、怨恨。怨亦心之宛转，不能平静。

怨 yuàn 怨是心中有委屈，愠是心中有郁积，都是生气了。无怨无悔，心中就平静了；怨而不怒，则怨比怒轻。

諉 wǎn 劝慰。婉言规劝，让人回心转意。

惋 wǎn 欢乐。亦有相劝之义。欢与劝的语源相同，欢字从欠，劝字从力，即是出气与出力之别。气与力也难分，但是欢、劝二字的现代语义差别很显著。

以上从夗词族共27字，音义简明，一脉相承。

冤 yuān 或作寃。①屈。冤在宀下不得走，只能转圈。②主要用于人事方面的抽象义，为冤枉、怨恨之义，无过受罪曰冤，或说冤案。现在又产生一些宽泛的用法，如说办了冤枉事，就是不该去办的事办了，还不讨好，当了傻帽。还说花了冤枉钱，走了冤枉路，受了冤枉气，都是说白费了劲，吃亏上当，日子过得真冤。

鞔 yuān 或作鞥。一指量器，似盌之类，一指掏井挖泥之器，包括挖泥的动作，是宛转的。

82. 面

面 miàn ①本义指人的脸面，面孔。②引申指各种事物的表面，某个平面或方面，如说地面、水面、四面受敌、四面八方。③抽象义如说全面看问题、片面性、矛盾的主要方面。④人际关系中的情面、体面。⑤作动词，谓面向，"南面而朝天下"，就是面向着南，让天下的人都来朝见。⑥面还有当面的意思，如说面送、面议。⑦面还有一项特殊的意义：相背四面。面缚就是束手于背而面向前。

偭 miǎn ①向。②背。"偭规矩"可以有两种解释，实际是面对着规矩就违背了规矩。偭是面的动词用法。

湎 miǎn 沉溺，迷恋。如说沉湎酒色，总是面向，不就是沉湎了嘛。

缅（緬）miǎn 由面向引申为思念，今犹说缅怀、缅想。缅从丝旁，喻思念之长远。以丝喻情思的如说思绪、思缕、情系、情结。还说思维、综合、演绎，都从丝旁。

勔 miǎn 勤勉、劝勉。面想而又加努力。亦作愐、绵。"此恨绵绵无绝期"，亦情思之长远。

愐 miǎn 心之思念。与勔相通。

83. 色

色 sè ①脸上的表情，神色。字形从人，从卪，即是人的气节表现于脸面。这是色字语义深刻之所在。如说正色，是一本正经，严肃的脸色。引申指一般喜怒哀乐，如说喜形于色，有声有色就不一定与气节联系。②特指女色。③指事物之颜色。如说土壤有五种颜色。正色的具体语义是指纯正不杂的颜色，和其他颜色混合调配的叫间色。颜色一词，本是指人脸部神情，两眉之间的气色，现在也只指一般的事物。

赩（xì）怒色。生大气的时候，脸涨得通红，故字从赤，赫然的样子。赫字很符合它的语义，即又红又威。

84. 长

长（長）cháng 本指头发（髮）长，髮字就从长。髟（biāo），长发猋猋也。引申指人体之长，如说身长，手长，各种事物及时空之长，如说路长，天长地久，山高水长。抽象义指情意及观念之长，如说长相思、长相忆。这是形容词方面。作动词读 zhǎng，指人及生物之生长，事物及现象之增长，如说长个子、长膘、长见识。

张（張）zhāng ①弓上的弦平时松开，叫作弛，以防止弹性减损；使用时把弦绷紧，叫作张。今说紧张已是抽象义，指气氛、情绪、形势之紧张。②张的引申义如说张琴瑟、张罗网、纲举而目张。张口结舌，是说话不灵。还可作量词，见帐字。

涨（漲）zhǎng 水涨，也说潮涨，也可说涨水、涨潮。今说情绪高涨，物价上涨，为增长之义。

胀（脹）zhàng 或作痮。今说肿胀，从重与从长是一致的。有时说发胀，并未涨大，只是身体内壁受到压力。引申义如说库存爆满叫胀库。事物热胀冷缩，这胀的范围就很广了。

帐（帳）zhàng 张施于床的叫蚊帐，张施于军营中的叫军帐。

"运筹帷帐中"，在旁曰帷，在上曰帐。"以帷幕九张行"，这是量词用法，对可张之物的数量说张：一张纸，纸可以伸开；一张桌子，桌子大多是摆开的；一张脸，脸不能卷起，主要是说会用脸部表情说话，摆出一副面孔给人看。

账（賬）zhàng 一揽子的钱财出入叫作账簿。今还说欠账、放账、收账、催账、要账，都是指的债务，并不指账目。这是明清以来市场经济发展的新词。

伥（倀）chāng 俗有时作猖，猖狂之义。猖取昌盛之义，伥取助长之义。狂人可以叫伥子，狂人是一时失道的人，更有时，狂人被说成表面似狂，内心却是大得其道的人，如唐代大草书家怀素被说成是狂僧，这是似狂而大得草书之道。为虎作伥就是替老虎张声势到了猖狂的地步。

怅（悵）chàng 怅恨，就是惆怅而遗憾；怅惘，就是惆怅而迷惘。惆怅，就是失志、失意之貌，昏闷而张望也。

枨（棖）chéng 杖、柱，皆为长木，可以支撑。

苌（萇）cháng 草木之细长，或柔顺，或坚劲，皆表现为长。

丈 zhàng 十尺为丈，取长的音义。作名词指十尺，作动词为丈量之义。丈人，就是年长之人，岳父可说岳丈。

杖 zhàng 持、支撑，周武王伐纣时，"左杖黄钺"，就是左手拄着一把黄金装饰的大斧。杖作名词，如说手杖、兵杖、禅杖、丧杖、竹杖、擀面杖等。又说权杖、法杖，虽也是长木，更重要的是象征政法，其实禅杖也象征宗教，丧杖也表示治丧的礼节。

仗 zhàng 本指各种兵器。今说仪仗，指仪容与兵仗，现在的仪仗队，主要是旗帜和鼓乐，没有兵仗了。打仗，意思是用武器进行战争，打了一仗，仗已成了量词。仗也有动词义，仗剑就是执剑，与杖的动词义相切近。今又说依仗，就是依靠之义,仗义执言、仗势欺人,就更是抽象义了。

85. 秃

秃 tū 人无头发叫秃,也叫秃顶或秀顶。冬天不戴帽子也叫秃着个头。禽鸟的尾巴掉了毛也叫秃,草木顶梢无枝叶也叫秃,山无草木叫荒山秃岭。再超出这个范围,镐头、毛笔尖用久了,失去锋芒,也可叫秃了。文章开头结尾该说的话没有说到,也可说有点秃。

痪 tū 头上长了疮,皮下组织如毛囊等都受了损伤,不能长头发,叫痪,今皆作秃。

颓(頹) tuí 或作穨。光秃而崩溃也。山上没有草木就容易崩溃,形成泥石流。于水曰溃,于山曰隤。"泰山其颓乎!"义谓泰山大概要倒塌了吧,以此来比喻一代哲人之逝世。光是一个秃,就没有倾颓倒塌之义,这是秃与颓的语义区别,必须颓字才有崩溃倒塌之义,今说颓废、颓丧、颓唐,主要指精神状态不能振作,说精神崩溃了。

癞 tuí 或作瘨。男子生殖器官颓败。往往疝癞连称,疝气病曰疝,睾丸病曰癞。

86. 须

须(須) xū ①胡须,如说须发,须眉指男人。引申指植物的花须、须根,动物的触须,有龙须、虎须等,皆谓形似人须之细长。②假借为必须之须,副词,如说同志仍须努力,就是仍旧必须努力。③等待。须臾,就是等一会儿。

鬚 xū 口上曰髭,颐下(即下巴)曰鬚,颊旁曰髯。今简化作须。今皆说胡子。本来牛羊的下巴曰胡,人的下巴曰颐,今人的鬚也称须或胡子。以牲畜鸟兽肢体的名称说人,不乏其例,最突出的是嘴字,本只指鸟类角质尖刺形的嘴。

媭(嬃) xū 或作嬃。女子的名字有时叫媭,取可等待之义,也即有指望。

嬃 xū 等候,立待。嬃过,就是等一会儿之后。

繻 xū 畜生的前两足被绳子绊住,又不能捆紧,只是防止它走远,也是立待之义。

盨(盨) xǔ 顶在头上的木盆或铜盆之类,是所需之器,古时须与需相通。现在西南一些少数民族以及朝鲜族,还有头上顶戴的习惯,我国唐代的一些记载中,还时而有人头上顶着个盆,是卖饼的。

87. 而

而 ér ①本指颊毛,即络腮胡子之类。引申的柔弱而下垂之义,因为颊毛就是这样的。②假借为第二人称代词,与汝、尔、若、乃、戎等第二人称代词均声母相同。而与乃韵亦相近。③假借为副词词尾,从而与如、若、然、尔、耳并列,音义切近。如说焕如,就是明亮地;沃若,就是滋润地;卓尔,就是崇高地。忽忽而来,就是匆匆地来到。④作连词,连接两个句子成分或两个句子,如说取而代之,是连接并列的两个动词,久而久之,是连接两个时间副词。

髵 ér 颊须，实际就是而字的本义，彡，毛饰画文，表示美丽。关云长有个外号叫美髯公，"而"应该包括"髵"，一大片胡子就不能区分得那么清楚了。剃掉颊须也可叫髵，那是古时最轻的一种刑法，读 nài，比剃头的髡(kūn)刑还轻些。

耐 nài 忍受。耐字本指一种很轻的刑法，是名词，作动词便是忍受、经得起。耐的宾语越来越宽泛，许多不是刑法也叫耐，如说耐寒，就是经得起严寒，耐劳，就是经得起吃苦；不耐烦，就是经不起麻烦；耐用、耐久，就是经得起用，经久不坏；怎耐我家贫穷，就是怎么能经受得起家境的贫穷。

奈 nài 本指沙果、花红一类的果木名称，假借为耐，两字同音通用，为经得起、忍得住之义，如说耐着，也可作耐看，就是经得起人们看，即看不厌。奈听也可作耐听，即百听不厌。奈何，就是经得起什么呢；无可奈何，就是没法办了；奈何他不得，就是不能把他怎么样，或拿他没办法。

茸 ér 草多叶，柔而下垂之状。

鮞（鮞） ér 鱼秧、鱼苗，取柔弱之义。另指一种鮞鱼，其肉味细软而美。

輀（輀） ér 丧车。两边都有下垂的布幔，呈飘柔之状。

胹 ér 或作胹。把肉煮熟、煮烂，取义于软。

恧 nǜ 心软，或自惭形秽，则必无所争，退缩而软化了。

𨑠 ér 丸之熟转，即旋转之易。又读同丸，即从丸声，而得圆转之义。

㢵 ruǎn 人大而软弱。由毛发之柔而下垂，引申指人之怯弱。亦取丸声，而有倾侧圆转之义。

软（軟） ruǎn 本作輭，俗作软。安车软轮，即在车轮上裹以蒲草，也用布麻之类，没有充气的胶皮轮胎，用这种高级的软轮车接送，是一种极高的礼遇。软字何以从欠？欠为人上出气，指人的气节。人之禀气，有的充实而坚强，有的虚劣而软弱。软字由人的气节之软弱，引申指事物之柔软，由抽象而指具体，如指丝葛等织物之柔软。说细软，是指一些珍贵物品。火也可说成软，是与气相关的，软炊就是用小火、文火、慢火做的菜肴。逐渐地，一切柔软的事物和观念都可说成软，古曰柔，今曰软。软刀子、软骨头、吃软不吃硬等都是形象而生动的说法；又曰软件、软着陆，更是崭新的科学概念。软着陆本指宇宙飞船的降落，引申指经济体制的转换。软件不指计算机上大家都统一固定的部件，而是根据开发和控制的需要，在程序的编制和维护中，可以千变万化，不论系统软件还是应用软件，都有无限的可变性，这就叫作软。

偄 ruǎn 柔弱而圆转。实际上这是早期的软字。

嫩 nèn 本作偄(ruǎn)，柔弱之美，本指初生之美好，本指人事，故从女旁。如说皮肉嫩，还说娇嫩，指不老练，资历浅。然后泛指事物，如说嫩枝、嫩芽。

蝡 ruǎn 虫行的动作柔婉之状，如虾、螺、蜗牛等今称软体动物。又有蚯蚓等，动作柔而能圆转。

嬬 ruǎn 软弱，指人身材矮、性格弱。矮、短等亦皆从矢。

麑 nuàn 幼鹿，取其柔弱之义。

㮕 ruǎn 即黑枣。枣肉厚而软，故其音义从柔从丸。肉厚则略呈丸形。

䔃 ruǎn 木耳。生于枯木干上，柔软如人耳，故名木耳。它是胶质的菌类植物。

陾 ruán 城脚下的田，它是处于内城之外和外城之内的小块隙地，随城垣而圆绕。

稬 nuǎn 或作糯、穤。糯米黏性大，故其音义从㮕；粳米不黏，故其音义从更。

暖 nuǎn 或作煖，本作煗，或暅。温。今犹说温暖。本指温火，非烈火，故亦取柔弱之义。又常从日取暖，故从日旁。温暖、和和均为形容词，也作动词，如说暖手、暖暖身子。暖人心，则为抽象义。

澳 nuǎn 热水，或温水。如说"浴兰汤兮"，汤有开水之义，也可指温热的水，洗过澡后的浴汤，能是开水吗？

孺 rú 作名词指乳子，即正待乳养的幼子，是柔弱的，也说孺子。作动词为生育之义，即是乳养。

嬬 rú 妇女的柔弱，与娞字的女性温柔之美语义不同，语音也不同。

儒 rú 人之柔弱曰儒。文人学士大多儒雅温顺。孔孟学派主修文治、礼治，故称儒家。孔子说要温、良、恭、俭、让，这都是柔的表现。

嗫 rú 嗫(niè)嚅，即不敢说话，软弱胆怯。如说"口将言而嗫嚅"。嗫，轻声说；嚅，不敢说。

颥（顬） rú 颥颥，指说话或吃饭时面部肌肉稍有牵动，为微弱之动，而不是大肆抽搐，凶相毕现。

懦 nuò 怯懦。多畏曰怯，志弱为懦。今说懦夫，与勇士相对。

褥 rú 短袄，是轻柔的，同时也起到养护人体的作用。

臑 nào 又读 rú，祭祀的牛羊的前腿，其肉嫩软。也指松软的肉末，并有乳养身体之义，故与腝字略有不同。

醹 rú 厚酒。酒有厚薄、醇醹、清浊之分，却无软硬、刚柔之分，故醹与濡的音义相近，取滋润、补宜身心之义。

糯 nuò 黏性的稻米称糯。它是我国栽培的稻米的一个变种，含支链淀粉高，易糊化，故黏性强。米粒乳白色，因而要强调它的滋养作用。糯用以酿酒，故糯与醹之间又存在音义的密切联系。

濡 rú 滋润、养护、补益，从而常用作浸湿之义。相濡以沫，就是用口沫互相湿润。濡字从雨，雨露滋润万物成长。

暔 rú 沿河的滩头地，多淤泥肥沃，或是松软的沙土。暔与暖两字的区别，语音上是有无鼻音韵尾之差，语义上是暖字强调了圆转之义。

嘘 rú 日色暗淡，光线柔弱。作抽象义，谓不明事理，如说嘘昧。

蠕 rú 像蚯蚓那样柔婉、缓慢地行进，叫作蠕动。引申指敌人的反动行为，也说蠢蠢欲动，蠢亦从虫。这时候，就不论敌人的行为是缓慢还是急遽，柔婉还是刚劲，只是一个贬义。蠕行动物没有脊椎，没有骨骼，皆柔而能圆，故常常认为蠕与蝡同。实际上从语源上看，两字的音义差别仍然存在，只是语义经过引申，差别就不那么清晰了。

薷 rú 本作蒘。味香而叶柔，常称香薷，并有补益作用。它又指木耳，则与蕠同义。

檽 rú 梁上短木，取短小而有所补益之义。它又读作 ruán，指黑枣，则与楻同。这时它也可指木耳，则与蕠的音义相同。

麘 rú 鹿子，取幼弱之义。一般认为此即麛字，但语音上还有重大差别，人子曰孺，鹿子曰麘。

貐 nóu 兔子。亦取柔弱之义。

鑐 rú 铁水。与濡字相通。又读 róu，或作鍒，铁之耎者，指熟铁。生铁脆而易断，熟铁柔韧。又读 xū，读同必需之需，指钥匙，是开锁之必需。这样，鑐的声和韵可以灵活更替，随着语义也有差异。这里可作两点说明：一、语音的更替，一般是或声或韵，部分更替，另一部分保持不变。不变的部分表示它的继承，更替的部分表示它的发展，这就是语言的渐变性、非爆发方式。二、又读，就是一个字或词可以有几种音义，但是具体应用到某个场合，又只能有一音一义，一个与几个之间，若即若离。实在是矛盾着的两个方面，是语言内部的矛盾现象。

鄗 rú 柔弱，它经常指皮革之柔滑。生革坚硬，革就有革除之义，故字从刀。生革制成熟皮，古称韦，故鄗、柔双声而义通。

需 xū 遇雨不进，立而待也。即是立待雨之滋润，从而得需要或必需之义。需与须，两字本相通，音同而义相连，后来才把两字严加区别。需是欲雨未降而待时，需要也；须是立待、急迫而必需也。值得注意的是，需字也有几个义读音：读ruǎn 而与奭通，读 rú 而与奭通，读 nuò 而与懦通。这实在是若即若离的音义史上的发展现象。

繻（繻）xū 彩色的丝织品，是细软之物。古时出入关口要道时有一种帛制的通行证，叫作繻券，是必须验证的。这样，繻字从需又从而的音义就都解释到了。它又读 rú，而与襦音同而义通。

媚 mèi ①美好。如说妩媚，最初主要用以形容人之美好，不一定都是女人。逐步形容山川风光、艺术造型等之妩媚。如说春光明媚。②喜爱。由美好而引申为喜爱，"媚兹一人"，就是爱戴周武王一个人。③讨好、奉承、巴结，如说谄媚，贬义词，媚过头了，或媚错了人，就走向反面，如说奴颜媚骨。

蝐 mèi 相传是一种寄生于龟壳中的似虾的昆虫，食之能增人颜色，故从眉声。

鷡（鷡）méi 通称画眉，周身是深色羽毛，唯眼圈白色，并向后延伸，呈蛾眉状。

猸 méi 山獾，俗称白猸、猸子，体形较猫小，呈棕灰色，两眼间有一方形白斑，并有一白纹向后延伸至肩部，因此就叫它猸子。它并不是眉的部位，是一种拟似的说法。

88. 眉

眉 méi 眼上之毛。它的引申义是上端或旁侧，因为眉毛是在目之上，或居两侧。我国自古讲究眉毛之美，早就会画眉。又讲究眉宇之间所表现的种种内心活动，如说喜上眉梢，或眉头一皱计上心来，还有横眉冷对，等等。

楣 méi 门户上的横梁曰门楣。常说眉宇之间，指眉心，字本指屋檐，屋檐的横板亦曰楣。

湄 méi 水边。岸边或浅滩处的草木形成一条眉毛状，草本是地皮之毛，没有草的地方叫作不毛之地。

嵋 méi 峨嵋，四川峨嵋山，今作峨眉山。两山相对如眉，各自向后延伸。峨为高峻之义。

89. 目

目 mù 眼睛。名词和动词两用。极其重要的一点是：目作动词，非一般的看，而是注视之义。怒而侧视曰目眦，有所示意亦曰目。眼睛是横的，为什么现在的目字都写成竖的？在古文字中，目字总是从右下方向上左方扬起，或者是从左下方向右上方扬起，都不是平衡的。这表示注视。后来笔画变得不是横平就是竖直：像"见"字的目，就竖直了；像"梦"字的目就横平了，依照它们所处的位置不同而定。"目"的引申义，在大项之下分小目，称纲目、科目、项目、书目。

眣 mò 目不正。今说斜眼，可以针灸治疗。字形是从屮（即乖）、从目，乖就是不正。

苜 mù 苜蓿，也叫木粟、连枝草、牧宿、目宿。开紫花的豆科植物，南方多作绿肥，北方多作牧草。汉武帝时从西域传入我国，故此为少数民族语的音译，语义不从目。

90. 见

见（見） jiàn 看见，为视觉之词。今日看，古曰视。古说视而不见，听而不闻，就是看了没有看见，听了没有听见。古说见，就是见到；古说闻，就是听。视与听相对，今可说视听，如以正视听；见与闻相对，今可说见闻，如以广见闻。

现（現） xiàn 今说现在，古说见在，谓现今存在。今说军无现粮，古说军无见粮。在唐代前后，现字普遍用开了。①开始主要指时间，现时的、当前的、当场的，如说现状、现任的、现存的、现有的。②逐渐指眼前显示着的事物，如说言行表现、现款交易、现场会议、当前的现实、事物的现象。见和现的声母差别虽然不大，还是明显的，现的声母是受了"显"字的影响，两字早就可以互相解释，音义都切近。

伣 xiàn ①譬喻。因为用譬喻说话，可以使语义更明显。②间谍，取义于细视，秘密窥察，当然总要求察觉、察见。

睍 xiàn ①眼睛鼓出、圆睁，表示惊喜之类。②表示胆怯或驯服，低眉小视，如说睍睍。总之，它不表示一般的看。

晛（睍） xiàn 日出好貌，如说雨雪瀌瀌，见晛曰消。

笕（筧） jiǎn 或作视枧。引水的管子，现在都是金属的，但是管字还从竹头。古时用竹，把竹节处打通，从这头可以看见那头，多根竹竿连起来可用作水引。

苋（莧） xiàn 苋菜是我国古已有之的传统菜，有六种：人苋、赤苋、白苋、紫苋、马苋、无色苋，多以颜色区分。

蚬（蜆） xiǎn ①又称缢女，实际它是吐丝自裹之状，是一种小黑虫，赤头，色泽显现。于草曰苋，于虫曰蚬。②蚬又指小蛤。蛤从合，它的两片贝壳相合；又名蚬，蚬从见，贝壳张开便是出现。

靦（靦） tiǎn 或作䩄。面见，就是有面目见人，无愧于心，心地光明磊落，故可从旦，是坦然的。语义向相反方向发展，指无面目见人，即心有惭愧，故为面惭、羞愧之义。这是靦字的常用义，有靦颜、靦面。还有靦觍（miǎn tiǎn），指孩子见人害羞，胆子小。

91. 示

示 shì 给人看。主要用于神事，如祭、祈等字皆以示，然后也常用于人事。今说表示、出示、指示、示威、示弱、示众等，都是人事。

视（視） shì ①视是一般的看，示是给人看，即行为的主语不同。电视若作电示，按理说也是可以的，它是给人看的，但不如说电视，是人民大众来看。今说视线、视野、视力、视察、视听，皆不能用看字去代替。②视死如归，这个视是看待、对待之义。③视事的视，是治理、任职之义。

狋 yí 犬怒视貌，即犬示人以怒。如说狋狋。一般的犬视说狊（jú），谓守候、监视。

殳 duì 在城郭和市里，有高悬的羊皮和竿以为殳，出示给人和牛马看。古代兵器，即殳，用以撞击、抵挡，或惊牛马。殳，从殳，示声。

92. 艮

艮 gèn 艮戾不进而怒视。艮字从目从匕，就是目相狠视而比对着。这里的目是竖目，便是怒目，不同于一般的看。故狠、恨等字皆从艮。

很 hěn 不听从，行动之中有艮，如违逆，甚至凶险，狠毒。故后皆写作狠，狠、很二字本通用。后很字专用于程度副词，如说很好、很坏等，是近代以来的最常用字之一。

哏 hěn 在很字通行以前，一度作哏，如说哏不便当、哏好等。古曰甚，今曰很。

狠 hěn ①凶狠，险恶。如说心狠、狠毒。②坚决，如说做工作都要有一股狠劲，又说狠抓工作，都用于积极方面。类似的如猛字，也是从犬旁，说干活猛，有股猛劲。

詪（詪） hěn 说话狠。于行为很，于言为詪，于目为艮，于心为恨。詪字没有用开。

恨 hèn ①怨恨，即心有乖戾、心之违逆。如说恨之入骨、仇恨满腔。②后悔，遗憾，常是对自己，如说相见恨晚、死无遗恨。有时重叠使用，表示抱恨不已，如《孔雀东南飞》："生人作死别，恨恨那可论。"

艰（艱） jiān "艱"字的左旁从堇，指黏土，故艰字有耕作艰难之义。引申泛指诸事之艰难，进程中之艰险。又说艰辛、艰苦。又说艰涩、艰深，指文章不流畅，晦涩难懂。

垦（墾） kěn 耕之艰者，今说开垦、垦荒。狠今说啃，啮也，即对坚硬的荒地要像刀刻一般去咬动它。

恳（懇） kěn 至诚曰恳，常说诚恳。即是心如刀刻、齿啃一般。所谓刻意，就是克制意欲，排除杂念，从而专心一意，便是至诚了。恳切，就是诚恳而殷切，还说恳请、恳求等。

狠 kěn 或作啃。咬，人之咬曰龈，豕之咬曰狠。今说艮了牙，就是吃生硬的东西，牙齿嚼着痛，就是嚼得狠了。

龈（齦） kěn 咬得狠，啃。又读 yín 牙龈就是牙根，牙龈炎就是齿根的肉发炎。根也从艮，艮就有止的意思。

跟 gēn ①脚后跟。②作动词谓跟随于后，如说跟踪、跟班、跟屁虫。跟脚就是随即，跟手就是随手。③作介词如说遇事多跟群众商量，跟群众就是介词结构，表动作之所向。④又作连词，如说人跟人不一样，这里谁也不跟随谁，是说人和人不一样。

根 gēn ①草木植根于土中的部分。于牙曰龈，于人曰跟，于草木曰根，于土曰垠。②引申指事物的根基，如墙根，还说祸根、命根子。耳朵根子不牢，是抽象义，说他自己没有主见，听谁说了就跟谁，对思想理论也不追究它们的根源，还有社会根源和认识根源。

垠 yín 土地的边缘，如说原野上一望无垠，还说广漠无垠。垠的同义词是边，如说无边无垠。水岸也可叫垠。

限 xiàn 终止、停止。如说限止，界限到此为止。作名词说界限、门限、权限、期限、限额、限度等，作动词如说限止、限定、限期、不限等。

眼 yǎn 古曰目，今曰眼、眼睛、眼窝。古曰眼指眼珠，抉眼就是挖出眼珠。这是眼与目的区别。因此说眼波、眼色、眼神等，不大用目字，只有等到眼字的语义可指整个视觉器官时，眼、目二字才能等同。现在，眼前与目前，眼光与目光，眼中无人与目中无人，应该是没有语义的差别。但是当目字在口语中逐渐淡出，有许多眼字就不能用目字去代替了。如说愁眼、醉眼、势利眼等的眼字，都不能说目。眼的许多引申义就更不能说目，如泉眼、针眼、枪眼等。同时一些古老成语典故中的目字，也不能用眼字去代替，如说纲举目张、目无全牛、怒目而视等。

裉 hén 用力牵引或排斥他人的行为。

茛 gèn 一种牵藤的草，与艮字相通。它有剧毒，则又与狠字相关联。

痕 hén 疮疤，今又说伤疤。疮从仓，创伤之义；瘢从斑，取斑点之义；疤从巴，取巴结之义；痕从艮，取艮止之义。病之所止，留下了痕迹。迹，足痕。痕的引申义泛指事物过后留下的痕迹，如有泪痕、血痕、齿痕、笔痕等。

银（銀） yín 五金之一，古称白金。今还说银白色。大约是殷周及其前后的一段时期里，我国历史上出现了几个重大事件，大大地改变了社会的面貌：一是汉字的创造，殷墟甲骨文已经是一个初具规模的文字体系。二是农业的发展，《诗经》中所描写的中原大地已经是麦浪滚滚的景象。它使诸侯的分封制成为可能。三是开创了冶金业，由金属的冶炼到五金的识别，再到多种合金钢的配制。人们最初认识的金是综合性的，所有金属总称为金。为什么叫它金金？金，禁也，它是一种超硬材料，能禁止和制服万物之有害者。银，艮也。艮，很也，狠戾坚硬也；艮，亦止也，能禁止万物者。我们现在知道，银的硬度并不高，纯银多用于妆饰，作为金属，多炼成合金钢。这样，金和银的初始取义就很近似了。

93. 睘

睘 guàn 相视之貌。字从罘(dà)，目相及，也就是相对而视。

瘝 guān 痛苦，病患。亦即病之所及。痌(tōng 痛也)瘝，就是疾病的痛苦。

鳏（鰥） guān 本指一种其性独行的鳏鱼，故可引申指人间男子无妻曰鳏夫。鳏寡就是鳏夫与寡妇。原来鱼目没有眼皮，它永不闭眼，故是目相及的。鳏鳏就是张目不眠之貌。

94. 相

相 xiāng ①省视，查看。此为动词，所相的是木，是否成才，由匠人相之。②作名词，说相貌、哭相、傻相。③至于查看事物之相，故得事物之质地、本质之义。伯乐相马，相其相也，即是相千里马之质，要看它的筋骨。④作副词，为交相、互相、两相之义。

葙 xiāng 青葙子，嫩叶似苋菜可食，花叶与鸡冠花相似。一种清肝明目的中草药，故其意义从相，明目则能省视。

想 xiǎng 期待、希望、想念、考虑，由目之省视引申为心之明察，所谓心明眼亮。今已泛指一般思想之义。古曰思，今曰想。古曰退思，今曰回家想想。古曰思乡，今曰想家。司马迁两次说"想见其为人"，都是深切怀念、如见其人之义，一次想见的是孔夫子，一次想见的是屈原。现在说想，所指的范围更宽泛，更深远。如说想办法，那就往往是周密研究；想当然，那就往往是主观上的推测；想得开，常常就是人生观的问题了；想象，更是一种思维的创造。它们都可以用多音节词，也可以单用想字，还有联想、苦想、冥想等，各种思维活动都可通俗地说想。

厢（廂） xiāng 正房两边的房叫厢房，《西厢记》是西厢房发生的事。厢取两相、相辅之义。又说一厢情愿、一边厢，都是一边、一方面之义，外厢就是外边。今又说车厢，本作箱。

箱 xiāng 本指大车的车箱，两边有挡板或布帷，两两相与为体，内可容人容物，故从相声。后则作厢，箱就专指箱笼、箱箧。

湘 xiāng 湘水经湘阴县至磊石山分为两支流，后又汇合流入洞庭湖，故湘水就是中途两厢分流之水。

霜 shuāng 霜降而肃杀之气至，收敛万物，即秋收冬藏，岁功乃成。故说霜是成物的。故霜之从相，取质地已成之义。

孀 shuāng 妻丧夫曰寡，亦曰孀，即女之成霜者。夫虽丧亡，儿女已在，品质已成，犹如天时霜降，万物已成。

骦（驦） shuāng 骦骦，谓其质已成，是良马之材。

礵 shuāng 砒礵，白色，详见"砒"。礵从霜，取其白义。

缃（緗） xiāng 帛浅黄色。常说缃素，素为白色，都是切近于丝帛本质的颜色。古代的帛书，主要是写在缃素之上的。

95. 省

省 xǐng ①明察，睁眼细看。今地方行政区域的名称。称省市的省（shěng），是从元明两代开始的，意思就是要接受朝廷的省察。不过这之前，朝廷有些机构已经称省，如中书省、尚书省等，是接受省察之义。随着省视的目的不同，还可有检查、反省、问候等义，如说省视，已经是问候父母及亲属之义。②省又引申有简省、节省之义，省视有简有繁、有省有费，因而可引申为一般的省吃俭用或省事省心等义。

篟 xǐng 渔人盛鱼的竹笼曰筌篟或篟筌。筌从今，取玲珑中空之义；篟从省，取竹编之多孔可省察之义。

擤 xǐng 或作揩。擤鼻涕，音义从省，取去除之义。

96. 监

监（監） jiān 照见。当人们还没有镜子的时候，都是端一盆水来照照自己的脸，这就是监字的本义。发展了冶金业以后，人们制作了青铜镜，我们现在在出土文物中还能见到汉代的青铜镜，并有了鉴（或作鑑）字。而鉴的本字监，则主要用于监察、监督、监管、监视等动词的说法，作名词指监狱，可说拘监、探监等，从而与镜子就完全没有联系了。只是有一点还保留着：对着一盆水照脸，必定是居高临下的，监视与被监视也大多有高下之分。

瞰 jiān 看。即是由临水之监到一般的目监。

鉴（鑒） jiàn 或作鑑。名词指镜子，作动词谓照见。引申为抽象义说借鉴，"殷鉴"就是以殷代成败的经验教训做镜子。今说鉴别、鉴定，是对人或事业的优劣成败做出正确评价，鉴赏是对美好的事物说的，鉴戒是对失败的行为说的。

槛（檻） jiàn 关闭禽兽的木笼、关闭牛羊的圈。囚禁罪人的车叫槛车。槛又读作 kǎn，说门槛，是监督和限制外人的。今说门槛高，指要进入某个单位去工作或学习，要求的条件高。

舰（艦） jiàn 舟的上方加板以御矢石，现代的战舰更以钢板护卫，监护自己，监督敌人。

尴（尷） gān 尴尬，像受到监视或有所间隔，颇有为难之状，或者是自己行为不正，叫人识破，难以见人，不自然了，如说一副尴尬相。两字双声，皆从尢（wāng）字，即大字的右腿偏屈，走路困难。

览（覽） lǎn 字从见从监，监谓临盆而省视。览谓居高临下而视，或周视四览。今说一览无余，那就临视、周视都有了。又说展览、阅览、游览、博览，语义都是遍视，你看了多少，暗送秋波情况不同罢了。而临视之义是可以概括一切的，你要览，就必须身临其境。

揽（攬） lǎn 聚集而持取。它由目之临视，引申为手之持取；由周遍而谓聚敛。今说包揽一切、大权独揽。又说一揽子计划，就是总计划。目揽与手揽往往分不开。

缆（纜） lǎn 系舟的大绳曰缆，系舟亦曰缆，动词。由揽之从手，到缆之从丝麻，是顺理成章的。今说钢缆、电缆，用钢缆牵引游览车上山叫缆车。

滥（濫） làn 水之周遍，便是泛滥了。引申为沉浸、过度等义。滥觞，是说水的源头流量很小，只能浮起一只牛角杯，故为开始、起源、发端之义。又说陈词滥调，为言之泛滥。又说滥伐林木，滥用职权，都是过度之义。宁缺毋滥，就是要有选择，不能只求数量。滥竽充数，就是只求数量了，实际上此人不会吹竽，混在乐队里凑个数而已。

黬 jiàn 沉物水中使冷。

漤 lǎn 或作滥、灠。把水果或蔬菜放在盐水或糖水中腌制，或在调料水中浸泡。

醂 làn 周遍斟酒以饮。

襤（襤） lán 襤褛，衣服的边沿叫褛襤，滥也。衣服的边沿都破败不堪了。

篮（籃） lán 以木曰槛，于禽兽、牲畜曰槛；以竹曰篮，于鸟、于鸡曰篮。篮的声母不同，因为它是临下的，是周遍的。篮的一项早期的语义指烘篮，半圆形的竹器，架在火上烘干衣物，它也是临下的，周遍的，现在也可见到。烘篮翻过来口子朝上，便是盛物的篮子了。今说菜篮子工程。蓝草，可以染青，所谓青出于蓝。染必周遍濡之，必淹没之，故染可曰滥，并特指染青，故染青之草曰蓝。取染之蓝色亦曰蓝。

蓝（濫） hàn 泡制的黄瓜、白菜之类，略带酸味，今东北日泡菜，鲜嫩而开胃。蓝的音义从滥，取淹没而周遍之义。有一种腌的肉酱叫醢（hǎi），醢的古文字作蘸，皿中有卤，有为右手持肉，腌入其中，上面还有草字头，表示还可腌菜，故蓝与醢声母相同，音义相通。

盐（鹽） yán 从卤，监声。它作名词指食盐，作动词读 yàn，谓以盐腌制各种肉、鱼、蔬菜，取监护、腌制、储存的作用，故从监。盐还有一个特殊的义项：它有美好、令人羡慕、爱欲之义，盐与"艳"古音同。盐是生活中不可或缺的爱欲之味，故盐亦取艳的音义。一个有力的证据是六朝以来有许多乐曲称作盐，就是美好之义，即艳。如隋代流行的昔昔盐，意思就是夜夜曲，唱妇女怀念出征的丈夫。还有阿鹊盐、神鹊盐、疏勒盐等，都是乐曲名，都取美好之义。咸是盐味，太咸了就发苦，咸有苦的语义。盐则有美好之义。苦盐叫鹽（gǔ），指盐池中开采出来未经炼制的盐。盬，苦也。盐是美好的盬，有美好的腌制、监护的成分。

97. 昍

昍 jù 惊顾而左右视，故作两个并列的目字。

瞿 qú 鹰隼等鸷鸟之雄视四周。从文字看，昍以言人，瞿以言鸟。但瞿字早已言人之张目四顾，或雄视，或惊顾，或喜望，看具体语境而定。

惧（懼） jù 惊恐、害怕，勇者不惧，临危不惧。

癯 qú 或作臞。瘦，少肉。人消瘦则眼大，左右而视。瘦是就衰老而言，瘠是就骨现而言，癯则就眼大而言。这是从语源来说，具体用以引申，便颇有讲究。如说地瘦，也说瘠土，就不用癯字，因为土地与眼睛不好联系。又说癯仙，指骨姿清瘦的仙人形象，却未见有人说瘦仙或瘠仙。扬州的瘦西湖，因为它湖身狭长，就显得消瘦，也没有人去用癯字或瘠字，恐怕用这两个字就意味颇为不同了。

趯 qú 一面跑着，一面还左右张望，是搜罗信息，还是判断形势？是瞿的语义又增加了走（今曰跑）的义素。

衢 qú 交叉的十字路口，不光是十字路，五条、九条的交叉路口也可叫通衢。人到歧路口，若不熟悉就要四顾张望。杨朱逢到歧路，则要痛哭一场，因为那是人们走错路的地方。

欋 jú 四个齿的耙子叫欋，显然是从四达之衢引申的。

灈 qú 即今河南遂平县之石泽河，它一部分流入溺水，又一部分流入汝水，中途还有乱流，河床不固定，所以就称它为灈水了。水流之灈与道路之衢音义相通。

玃 jué 禽鸟之类被获而左右视，叫作玃玃。获，古文作隻。获与隻韵同。被获而左右视，意欲逃逸，玃与昍声母同。夺是鸟在手上已经逃脱，玃则还在手上左右而视呢。故玃可引申为急迫之义。

戄 jué 急遽地抓取。戄的主语可以是鸟兽，它被抓持以后，急遽抗争，也可指人，强于人曰戄取。

趨 jué 急遽奔走，常常是诳人奔夺。

躩 jué 加快了脚步，往往是礼节的表现，不宜多作逗留，故躩与趨同音而语义微别。

懭 jué 惊遽，皆谓于心、于目奋力之状。懭然就是受惊而急视之状。

獲 jué 鸟兽戄持人曰獲。一般仍作戄，相传女娲补天之前，世界上"鸷鸟獲老弱"，即是鸟兽吃人，而不是人捕鸟兽。

蠼 jué 实即獲的或体字，从虫与从犬通。常以蠼（或作犬旁）蝚连称，指猿猴之类，蝚从柔，体柔便捷，善攀登；獲与蠼，好戄取。峨眉山的猴子能摘人的眼镜。龙的形貌是蠼如的。

彏 jué 张弓紧急之状。这是由目视之急，抓取之急，引申而为执弓张弦之急。弓弦之急，以求戄取，它也是获的工具，故也与或的音义相联系。

钁（钁） jué 大锄。钁与欋音义相近而又有差别，欋用以耙土，钁用以锄草。锄之大者，就更是戄的行为了。

以上8个从瞿字，语音古今都相同，但是在使用中不致混淆，就要靠语法关系来区别，语法是语义的重要佐证。

98. 睪

睪 yì 注视、侦查(罪人或其罪行),故从睪之字多有传布、不绝之义,侦查是要不断地用目(睪字的上部为目字)去看,看了便要传回谍报。

驿(驛) yì 设置车马传递官方文书,有驿站、驿馆、驿亭、驿吏、驿书等。有上传下的,有下递上的。几千年都是通过这样的邮驿来传达的。现在才有了发达的通信技术。

译(譯) yì 传译周围少数民族的语言,通称译官。从马曰驿,从言曰译。

圛 yì 络绎不绝,或绝了又回而相连之状,故字从口(即囗字)。

绎(繹) yì 抽丝。缫丝的时候,引出了丝的端绪,便一直抽到最后,连续不断曰绎。思想的方法有归纳法和演绎法,纳和绎皆从丝。根据种种现象,归纳概括为某个一般原理,纳为纳入;与之相反,根据一般原理,可以推测种种具体情况的发展,绎为抽引而出。

怿(懌) yì 心之络绎不绝,引申为喜悦之义,如说说(即悦)怿,为同义词的结合。

峄(嶧) yì 山东有峄山,秦始皇二十八年东巡时还留下了峄山刻石。为什么叫峄山? 古代的地理志上记载,说它"络绎相连属也"。

醳 yì 陈酒,也叫昔酒、绎酒,谓连续存放、历时久远之酒。

斁 yì 字从支,治事曰支。治事络绎不绝,从而得厌倦、懈怠之义,又进而为解除与终止之义。语义已向相反方向发展,本来是络绎不绝的,现在是终止了。无斁就是无休止、无已时,这是一般的解释。

斁又有法度之义,这和支有关,治事总是要讲究法度,法度终止或解除,就是败坏之义。萚、箨二字皆取败坏之义。

萚(蘀) tuò 草木枯槁败坏之叶,落叶。作动词谓落。

箨(籜) tuò 竹皮,即笋壳,它是不久就脱落的。同时,笋壳是随笋之抽引,总是有节度而络绎向上的。这样,箨之从睪,就很确切了。

铎(鐸) duó 大铃。古时宣教政令,振铎以警示众人。文教之事用木铎,武教之事用金铎。故铎亦有法度之义。铎是要不断地振的,法度也是要不断地宣教的。

择(擇) zé 由目之察看,进而作政与法的拣选,去其败坏。如说择言、择人、择其善者等,都是择的本义用法,还有择乡、择日、择交,也都与上述之择有联系。再进而引申指一般的选择,不包括政法的内容了。如说饥不择食、寒不择衣等。

泽(澤) zé ①法度如水之滋润,故泽得惠、恩德之义,从而说润泽。②今说沼泽地带、水乡泽国,泽是水之络绎,也取润泽万物之义。山之相连谓峄,水之相连谓泽。泽又可读同醳,或又读同释,从而与它们音义相通。

襗 zé 内衣,亦称汗衣,谓近身受汗泽之衣。故襗往往写作泽,两字通用。

释(釋) shì ①辨别而解释。识别什么呢? 释字的左旁为采(即辨)字,指鸟兽之迹。在渔猎时代,鸟兽之迹是生产中的最重要的信息,识别它就可知道哪里有捕猎的对象。所以,解释、说明,应是释字的本义。②释又有释放罪人、舍免之义,释与舍、赦音义相通。从而引申为一般的放下,如如释重负、手不释卷等。

99. 瞢

瞢 méng 眼睛向两边转动，不正视，或者是有所不明，或者有所暗示。

懜 měng 瞢是目之不明，懜是心之不明。即神志迷惘，昏昧糊涂，如说聪明一世，懜懂一时。还说懜懜懂懂，懂是明白，正与懜字相反，即是聪明一世之义。但是语义着重在懜。有时写作懜懂，懂是糊涂，便是同义词的结合了。

梦（夢） méng 本指天色昏沉不明，故字从夕。引申指睡觉做梦之梦。做梦的本字作癚，睡觉了还有所知觉，今皆省作梦，读作 mèng。引申指那些不切实际的思想或幻想，常说梦想成真，这说未必完全指幻想。

甍 méng 屋脊。覆蒙于屋上，不明就是覆蒙，故也从梦。

薨 hōng 公侯贵族死曰薨。古时天子死曰崩，诸侯曰薨，大夫曰卒，士曰不禄，庶人曰死。于山曰崩，于城曰坏，薨就是小的毁坏。

蔑 miè 或作眜。①眼睛疲劳则无精光之状。②抽象义，引申为细小，蔑视为轻蔑小看。还说轻蔑、侮蔑。

巇 miè 以血污染曰巇，今说污巇、诬巇。简化作蔑，侮蔑就是诬陷和毁坏别人的名誉。

瀎 mò 即抹。今说抹布，古作瀎布。抹为装饰之义，与污巇之巇最切近。

糡 mò 米粉。就是米之末，就其细蔑而言。

篾 miè 竹子破折成细薄的长条叫竹篾。靠外皮的叫篾青，柔而韧，是编制竹器的好材料；靠里的叫篾黄，则易折。

幭 miè 家里或车上覆盖各种器物的巾，头巾床单之类也可称幭，故是取覆盖、覆蒙之义，与甍的词义切近。

袜 wà 本作韤、韈。袜子先是用皮革制作，并要用带子系住。后称罗袜，是布帛制作了。据说是魏文帝曹丕的吴妃，改样以罗为之。它也是取覆蒙之义。

蠛 miè 蠛蠓，比蚊子还要细小的成群飞虫。

鷩（鷩） miè 一种小雀，体长约三寸，故其音义从蔑，为细小之义。它的窝做得特别精巧，用草叶、羽毛等编制而成并有圆顶，故又名女匠、巧妇、工雀。

100. 夐

夐 xiōng 要求。字的上边是人字，中间是穴字，下边是夏（xuè）字，举目视人之义。人在岩穴之上，便是远离朝廷的圣者，故需环视而有所求。引申有长远、远大、目视、流传等义。

琼（瓊） qióng 玉之美，如琼花、琼莹、琼英。又说琼浆玉液，便已超出玉石的范围。琼玉也是居岩穴之中，也是散布各地而需要营求。

夐 qióng 夐茅，一种灵草，可以占卜。花赤而美。

瞏 xuān 举目而视，或直视，或远视，或注目而丧精。

譞 xuān 流散之传言，即散布、传播而远之义。

矣 huàn 求取。例如交换的换，就是一种求取的行为。矣字的上半部就是夐字的省略，求；矣字的下半部从卅（即拱），左右两手相拱而取。矣字与亘（xuān）字相通，亘字从二从回，谓上下回旋。如涣可作洹，奂与垣字相通，换与矩字相通。这样，矣就是上下周旋地求取。从矣的派生字，有的着重在周旋、传遍，有的着重在求取。

涣 huàn ①水的流散：涣散。又说泮涣、融解、分散之义。涣然冰释，这话最早是老子说的。春天来了，冰就消融成水，流淌一地，散布四处。道家的道，也有这种消融作用。②抽象义说人心涣散、组织涣散、精神涣散，是流传、分布、周遍之义，与謋（流言）的语义也切近。

焕 huàn 火光照射。焕然，明亮的样子。于水曰涣，于火曰焕。光的放射也是周遍的，如说光芒四射，又说光环、光圈。玉之明曰瑷，火之明曰焕。抽象义如说精神焕发。

换 huàn ①今说交换，一来一去，是回转的，也是有所求的。换字是随着市场的等价交换、货币的兑换而发展起来的，开始阶段大多是以物易物，然后货币发达起来。李白《将进酒》："五花马，千金裘，呼儿将出换美酒。"李白求取的是美酒，转换给人家的是马和裘。②更换、改变。换字在现代得到很大发展，几乎无所不可以换，如说以假换真，以心换心等，还说换了人间，是改换之义。

痪 huàn 瘫痪，是四肢麻痹，不能行动。瘫，软瘫之痪，散架。即是神经系统发生障碍，丧失运动能力。

寏 yuán 即院，又读 huán，院子都有围墙，即是周遍之义，说周垣。又有唤字，参见从奂的词族。

101. 丏

丏 miǎn 平地上筑点隐蔽的小工事叫丏。人躲在它的后面看不见，有时也可闪现一下，窥视敌人行动。城墙上的这种短墙叫女墙或堞雉，可以避箭，可以窥视。

眄 miǎn ①一目病，只能用另一只眼偏视，或者眼睛正面反而看不见，旁边侧反看得清。这都与避箭短墙之后的窥视相似，因此眄从丏声。②抽象义，指骄傲、轻蔑态度的斜视，如说"按剑相眄"，是仇视和对立，还说眄睨、眄视，眼睛并没有毛病。③表示相顾而眷念之义，头也有点回顾，眄睐就是顾盼，睐亦有旁观之义。

沔 miǎn 沔水，是汉水的别名。汉，水盛大之义；沔从丏，谓水受壅蔽，则满。汉水上游又称沮水，沮，阻也，水在东狼谷一带，屡受阻塞、壅蔽则满。所以汉水的两个别名，取义相同。

麪 miàn 今简作面。麦之细微粉末，取不见之义。今说面粉，稻米之末曰糯，亦细微之义。

宀 miàn 屋中的人皆相顾眄而合，故宾客的宾字从宀。

宾（賓） bīn 从贝，宀声，宾客至有礼物赠之，故从贝，宾主皆相顾眄眷念之人。客字从各，为分异之义，宾字从宀，为相合之义。宾又有旁边之义，宾陈列于两旁而又相合，于人曰傧，于水曰滨。滨海，可说旁海，即海边。

傧（儐） bìn 接引宾客的官员或亲友曰傧，为名词。作动词为引导、接待之义。

嫔（嬪） pín 妇之顺从者，则陈列于旁。后也指侍从的宫女，或宫中女官，说嫔妃。

鬂（鬢） bìn 颊旁之发，常说两鬓。

髌（髕） bìn 膝盖骨，是弥合股胫两骨之间的关节者。夏代的一种刑罚叫髌，就是去掉膝盖骨，亦作膑。

殡（殯） bìn 死者收殓于棺，出殡埋葬，都是像对待宾客的礼节，故曰殡。

滨（濱） bīn 江边、海边，其涯岸象壅蔽之形，故从宀字。滨作动词为傍水、临近之义。滨字还有一个又读音，即读同"边"。

缤（繽） bīn 纷繁、盛多。沔为水满，缤为丝盛。常说缤纷，字皆从丝，音为双音，义皆为繁盛。

矉 pín 恨而张目。与眄字之义相近，眄由斜视引申为傲视、仇视之义，仇视也常张目。

摈（擯） bìn ①接引宾客，实即摈字，或说是宾字的动词义。②弃除，今说摈弃一边，与旁边之义有联系。

镔（鑌） bīn 精炼的最好钢材，用它制作刀具,可以摈除一切。故其音义从摈。

槟（檳） bīn 槟榔，南方果木，宾与郎皆贵客之称，两广一带风俗，贵客至必先以此果相迎，故取此名。

蘋（蘋） pín 本作蕒。水草名。古时女子临嫁，有宗庙祭祖之礼，以鱼覆蘋藻为祭牲，代替北方所用牛羊，故蘋之从宾，取礼遇之义。嫔亦有出嫁之义。这种水草，大的叫蘋，小的就是现在说的浮萍，故蘋字又读 píng。这样，今苹果之苹，亦取义于蕒，礼遇宾客。

102. 自

自 zì ①鼻子。鼻、嗅、息等字皆从自，皆取鼻义。②今自字主要用以指自己，人称代词。“自我”为同义词结合，说自我批评。自我陶醉。③介词，为自从之义，如自古以来，自东及西。这是从开始之义引申而得的，自字从鼻子之义，到自我之义，到开始之义，从何时何地开始，便成了时空的介词了。④自然、当然之义，如说自有后人评说。⑤动词，经过、及到之义，也是古义。

自己，这是两个第一人称代词的结合。吾、我、卬都是第一人称代词，何以又有一个自己？己，识记，即自己的标记，它常与人字对称，如说己欲立而立人，还说知己知彼。自字最初多用于罪人自称，最典型的例子是自作孽，不可活，自作自受。原来在那个时代，天子自称曰朕，其他的人莫非王臣，臣就是奴仆、屈服者，都是有罪该死的人，民就更不用说了。

自然，是我们汉语中很宝贵的一个词，它的本义是：自身本来就如此。《老子》五次提出自然。老子是什么样？人们说，就是他自己那个样子。整个世界为什么是那个样？也决定于它自己。说到最后，就归之于是指自己。这个深刻的哲学概念，同时又通俗而为大众所接受。一、自然与人为相对立，如有自然孵化与人工孵化，有自然免疫力与人工免疫力。二、它又与社会相对立，有自然科学和社会科学，有自然美与社会美。三、在文艺风格上，从书画到表演，失之自然，一切就难以评价了。它与呆板、与矫揉做作相对立。四、哲学和文艺中还有自然主义，实际是只看到一个简单、直观、烦琐的生活描写，不深刻地看待自然。五、在语言上它引申为一个大众口语中的常用副词，如说他自然会来的，还说自然而然地。

鼻 bí 从自从畀（bì），相互给予曰畀，鼻子就是引气自我供给的器官。畀也有赐与之义，那么这鼻子就是人家赐与的了，是天赐与的了。鼻还有一项特殊的语义：猎人穿兽鼻曰鼻。对人说刑鼻，对兽便单说洗鼻。但是鼻的引申义也还有好的方面：始祖可说鼻祖。花果的蒂，也可叫鼻，蒂从帝，是缔造、缔结之义，和天帝的语义相通，它和鼻字在语言中不就走到一起来了嘛。语言本是人民创造的，走到一起也不足为怪。

襣 bì 裤衩。古称犊鼻裈，没有裤腿，伸腿处成了两个大窟窿，裤裆连着，像是两个牛鼻孔。现在的泳装，伸腿处收紧，就更像犊鼻了。

劓 yì 或作劓。割鼻之刑，作动词就是割鼻，并引申指一般割除，宾语宽泛了。臬（niè），箭靶。射者之鼻与臬对准，就可以命中，故臬从自。总之，都是与鼻子有关系。

罪 zuì 本作辠。犯法曰罪。从辛之字大多与罪或法有关。故辠就是罪人自称其有罪。罪的本义是捕鱼的竹网，故罪字从网，从非，谓以竹左右纵横相连编成网，以罪代替辠，网就是指法网，非就是指违法。所以找到这个罪字来指罪辠，就很合适了。

澻 cuǐ 清新。字从水旁，取清的语义；字从罪声，为犯罪之义，引申为改过自新。新字就从辛声，从斤又从木，为砍伐树木之义，新字同时就有改变旧的、改过自新之义。

洎 jì 或作潀。①水之所自，即水所经过、及到。特指把水灌到锅里，又特指肉汁。②它与自字一样，可作介词，如说洎乎近代，就是到了近代；自古洎今，就是从古到今。此并与暨字相通。

屓 xiè 睡了打呼噜，即鼾。屓字强调自鼻出，鼾字强调干扰了别人。

103. 息

息 xī 鼻息。息有小息、太息、长太息，还指喘息。自古至今都有"休息"，这不是停止呼吸，而是停止喘息。一般说，一呼一吸为息，犹左右腿各跨一步为步。屏息就是屏住呼吸，生息就是生命与呼吸。从而引申为生命与繁殖之义。利息之息，也是从生的语义派生的，也说起息，是本金所生之利。消息一词，本义是消亡与长生，以概括事物之不断更替，引申指社会中的新闻消息。今又常说信息、信息论、信息科学、信息产业，专指用符号方式来作传送。

媳 xí 子之妻称媳妇，取生育、繁殖之义。今河南有息县，或作郧，指姬姓后代的封国。今口语中还说侄媳、孙媳，并泛指一般已婚妇女，如说谁家媳妇。

熄 xī 有正反二义：生火与灭火。今说熄灯，已不用口气去吹，过去点油灯、膏灯的时代，都是吹熄。吹的结果也可以是生火，野火、森林大火，都能灭了又着。水火相息，一般注为相生之义。熄字正反二义，与息字有生息与休息、小息与疾息二义是相应的。

瘜 xī 或作瘜。瘜肉，是鼻黏膜、肠黏膜、宫颈等处增生的团块组织，也称恶肉、死肉，所以瘜之从息，也是有增生之义。

蒠 xī 蒠菜，或作宿菜，极似萝卜，野地自生，宿根不断，冬春皆可采食，故是自我生息、不用栽种的野菜。

饐 xī 谓动物吃了东西生长，林木吸收营养生长，故字从食。"日夜之所息"，即是不停地生长，但是有时赶不上斧斤伐之，牛羊牧之。

104. 臭

臭 xiù ①会意字，从犬从自，犬的鼻子是最灵的，至今有些侦查工作还常用犬。臭作名词指气味，香臭都可曰臭，还有异臭、恶臭。"如入芝兰之室，久而不闻其臭"，此便是香气。后专指恶臭，并读chòu，即读同"丑"。杜甫的名句："朱门酒肉臭，路有冻死骨。"一般认为这是指恶臭，但也有人主张指酒肉之香，还引起了注释家们的一些争论。结果也很难说一个绝对的意见。语言上有一定的歧义是正常的。②抽象义，已不指气味，如说臭架子、臭人臭样等，是令人厌恶之义。但是农村里有的孩子叫臭蛋，还令人喜欢呢。③作动词，闻。辨别香臭。后作嗅。

殠 chòu 指腐烂败坏之气，后多作臭。

嗅 chòu 或作齅。臭的动词义，古曰嗅，今曰闻。耳闻与鼻嗅皆曰闻。

糗 qiǔ 经过炒或熬的米麦干粮。

潒 chòu 水的气味。如说水腥味。水本无色无味无臭，水中往往溶解一些杂物、腐败物还有水生物，从而有了气味。

105. 耳

耳 ěr 听觉器官。人们以花朵之形来形容它，故称耳朵。自古人们以大耳为有福的象征，但古时征战中又总以割敌人之左耳以计功，耳朵有一部荣辱的历史。形似耳者有卷耳、木耳、银耳，鼎彝等的两旁有便于抬起的把手，称鼎耳。

胹 èr 人体的筋腱之类，如耳之呈胶质与软骨状态。故其音义从耳。

咡 èr 口旁曰咡，因为耳居两旁。循咡就是沿着嘴边。

佴 èr 因为耳居两旁，故引申为顺次、随后、副贰、非主要之义。

洱 èr 云南大理有洱海，因湖形如耳。那里又有西洱河，河形如月抱珥。

珥 ěr 缀于耳之饰物曰珥，如耳环、耳珰。《孔雀东南飞》中的刘兰芝，她耳着明月珰，该是圆而有点透明的小玉石。

毦 ěr 以毛或羽制作的装饰品，往往施于犬马。

刵 èr 断耳之刑。常劓（yì）刵连称，皆属轻刑。

聑 èr 耳血。后泛指杀牲血以涂祭器，表示迎鬼神。

餌 (餌) ěr 以少量人马诱敌，对方以为可得俘聝（guó），即俘虏的左耳，反陷重围，为我所制，叫作

"饵兵"。也叫诱捕，以此用之于禽兽之捕猎。饵之从耳，也有堕耳之义，指引诱之物。也说钓饵。这是先民的斗争智慧。饵字后来指一种粉面与肉末制成的饼食。饵亦作虫旁一个耳字，以虫为饵。

鉺 (鉺) èr 鉺狗钩，钩之形如耳者，如衣钩之类。钓钩亦可作鉺。

弭 mǐ 弓末。即弓的两端末梢是象牙或骨角为之，射完弛弓时只要把角耳扭转过来，弓弦就放松了。这种角弓就叫弭，区别于一般的弓。由于弭字有末梢之义，故引申为消除、停止、平息、顺服、安定等义。弭兵就是弓弦松弛不用了，就是消停了；弭乱，就是平息了，弥谤，就是停止毁谤之言。又说治国家而弭人民，就是让人民安定。

㢳 mǐ ①消除、阻止，实即弭兵、弥谤之弭。②假借为弥，为勉励、加甚之义。

耻 (恥) chǐ 耻辱，生获断耳而内愧于心者。引申指一般耻辱，如不能供养老人、不能辅佐于君、文过饰非、醉酒等。耻与惭的语源义很相近，惭，心如斩也。耻又与忝、天是声母相同的同义词，耻是耳朵受辱，忝是头额受辱（即额上刺字受了黥刑）。

茸 róng 草木丛生葱茏之状，可说草茸茸；也形容毛发细柔之状，如说毛茸茸。鹿茸是指鹿初生之角，角上长有一层茸毛，故称鹿茸。茸与褣音义相通，皆为葱郁之义。故茸为柔而盛。

髶 róng 发多而乱之貌。

鞣 róng 或作緷。马鞍上以细毛为饰。

醲 róng 或作酮。重酿，即酿出的酒再用以酿，则酒必酽，故形音义从茸，故酒味柔而浓。

挼 róng 或作捼。捣，推。捣则乱，推则倒，皆毛发与草木柔顺所致。

荴 róng 荴菽，或作戎菽、荏菽，即今之大豆。大豆的豆荚上长满了细的茸毛，至今还说毛豆，枝叶上也有毛。又说茸葵，即蜀葵，它也满身长有许多茸毛。荴又与"襫"通。

绒（絨） róng 羊毛之粗者为毡，细者为绒。故音义从戎取细柔之义，羊毛衫与羊绒衫不同，驼毛与驼绒也不同，鸭毛与鸭绒就更不同了。

狨 róng 金丝猴，或称金线狨，其脊毛最长，毛有金色。狨毛或狨皮制作的坐垫或马鞍，是高档商品。

106．聂

聂（聶） niè 耳语、窃窃附耳私语。故引申有附着、轻微细小之义，这充分表现在它的派生词中。

讘 niè 多言，往往也是附耳小语。

嗫（囁） niè 嗫嚅(rú)，小语谋私之状。唐代韩愈《送李愿归盘谷序》："足将进而趑趄，口将言而嗫嚅。"此为欲言又止、吞吐之状，同时也不是三言两语就完了。

颞（顳） niè 耳前曰颞，即附耳私语时所对着的那个部位，不在耳后，也不在耳之上下。颞颥(rú)，鬓骨，即两鬓所在的骨头，也叫颞骨。

蹑（躡） niè 脚轻轻地踩，如说蹑手蹑脚，就是轻手轻脚，它是从聂字的附耳小语之义引申的。蹑还有追随、攀登、急趋等义，如说蹑踪，即追随，这时还有没有轻快、别有用意之类的语义呢？有的，既然是追随，跟一般的走路总还是不一样。蹑蹀，就是往来小步貌。这正是语义的精微生动之处。

镊（鑷） niè 或作籋。镊子，用以夹取细小之物，或拔除毛发，也需要手的操作轻巧、细致，不能毛手毛脚，聂的语义仍然存在。

摄（攝） shè 轻持、轻夹，并兼有修饰之义。今常说摄影，不仅被摄的人要修饰，摄影师也要有取景、表情、光线等的讲究，绝非一般的持取行为。摄政，不同于一般的执政，是代理、辅佐幼主执政，是小心谨慎的执政。

慑（懾） shè ①威慑，即威胁摄取。②慑服，即恐惧屈服。后一义是前一义派生的，是发出这一行为的主语不同。慑字从心，指心理因素。

偛（懾） chè 心服，恐惧，实即摄字。

㭫（欇） shè 紫藤，它缠绕其他林木而生，故取摄持之义。人们爱种它，并且搭起架来，故有人认为它也有装饰庭院之义。

澁（灄） shè 木筏。用竹木编排、捆绑而成的行水工具，它有装饰之义，也有夹取之义。小曰桴，大曰筏，澁也应较大。

107．耴

耴 qì 口耳相附低声说话。从耴的派生词多积累、重合之义。

缉（緝） jī 积聚。缉麻，就是把麻积聚、搓合成缕。缉捕，就是捆绑逮捕，是绳子的聚合。

辑（輯） jí 把车上的席子编集、铺排好，故字从车。今说编辑，就是把文章收集编排妥当。辑录，就是收集著录成书。辑引申为和合之义，把国家治理得和谐、亲睦，叫辑安、辑熙。

葺 qì ①本义指覆盖草屋，就是把草收集、编排，苫得整齐，这就和辑、缉之义也相通了。②引申义为修葺就不一定用草，也不限于苫房顶了，如说葺墙，就是把照墙修补好。

戢 jí 聚集。和协。字从十，取数量之多。

戢 jí 聚集收敛兵器，就是息兵，休战。

濈 jí 聚集而和顺之貌，形容词。如形容羊群放牧之后息下来的景象"濈濈然"。

湒 jí 雨水聚集而多，即沛然下雨之状。

楫 jí 划船的桨。长曰櫂，短曰楫。作动词谓划船，是和协而进的行为。

揖 yī 拱手行礼曰揖，是聚合两手的行为。同时还有俯身按压之义，即身子按下、压下，表示谦让，而拱手是表示恭敬。

108. 耴

耴 zhé 耳朵下垂。耳长大历来被看作是一种吉兆。

奲 dā 大耳。今说奲拉，仍是下垂之义，如说奲拉着个脑袋、奲拉着尾巴。奲下脸来，就是脸也长了。

腤 dā 因肥胖而皮肉宽厚下垂之貌。口语中说胖腤腤。

輙（輒） zhé 车厢两边人可依靠的木板，是从人之耳居两边而下垂之义引申的。輒字引申为专擅之义，即人有了靠山，就有恃无恐，往往自作主张，擅自妄为。又从而得副词义：总是、就。这是輒字在现代语中还能见到的两项语义和用法。如说浅尝辄止，就是对问题不往深里追究，大概了解一下就停止了。这是

就的意思。又如说动辄得咎，就是动不动就要得罪人，这里动作的数量不止一次，故辄为总是之义。

踂 niè 脚踏地而不能进，或只能作很小的步子行进，不能迈开步，是足疾的一种。它与蹑字的音义相通，又有耴的下垂之义。

挋 zhé 以指夹物，即与摄字的音义相通。

鉗 zhé 火钳，铁钳。

109. 口

口 kǒu ①人说话与吃饭的器官。②器皿、宫室、道路、山河等凡可出入之所，皆可称口，破裂之处说伤口、决口等。③清代开始，普遍地把口说成嘴。嘴本指鸟喙，角质而突起。话到了口边，也可说嘴边。但引申义如烟嘴、茶壶嘴等仍不能说口，碗口、门口等也不能说嘴。④抽象义如说口、论口，即是辩论之处，无贬义，说嘴、论嘴指不正当的胡搅蛮缠，说歪理，便是贬义。

扣 kòu ①以手持牛马之口或击其口曰扣，实即牵马、执辔之义。②扣关就是击关，扣球就是击球，可扣之物宽泛了。③用有口的器物去覆盖，如说扣菜、扣帽子。用口形、圈形的绳子套住东西，如说纽扣（或作鈕），指纽头和扣眼两者，扣子实际是指的纽，是被扣者。在语言上，主动和被动常可转化。④扣留或减除，如说扣人、扣工资。

筘 kòu 织布机上用竹片或钢丝排成的密缝，经线从这纱筘中通过，保持它有条不紊的位置。当经线间隔着上下交替活动时，梭子从中来回通过，织上纬线，便是布了。筘眼一千至数千不定，决定布

面的宽窄。

叩 kòu 敲击。叩头是礼节的表现，故从卩，口声。以头击地叫叩响头，还有三跪九叩首，是极尊敬的表现。叩叩，诚恳之义，为形容词。叩舟就是敲敲船舷，还可说叩辕，都是有节奏地敲击，接着便是渔舟唱晚了。再古一点便是秦国的击瓮叩缶。用于抽象义，便是说扣人心弦，为心情激动。叩心则表示悔恨。

凵 qiǎn 后作坎，故又读 kǎn。张口之义，是凵字缺了上面的部分。凶、函等字皆从凵。

坎 kǎn 下陷之地，如坑、洼之类。坎从土，欠声。欠，气不足也。土之不足者为坎。今说挖坑，古说掘坎。常说路途坎坷，指地势高低不平；又说人生坎坷，指经历曲折。坎从欠，为人之气不足；坷从可，为口之气上出。这样，就没有平静的时候了。

句 jù 又读 gōu，声母从丩，韵部从口声。弯曲之义，如钩，这是语义着重在丩；纠而留之，如拘，这是语义着重在扣留。今说一句话的句，古人常常每到一句话处就画一个钩，有钩处便是一句话，句是名词，也作量词。

勾 gōu 弯曲。作动词如说勾手、勾一勾头，一笔勾销，就是打一个钩，全部消除。又说勾引、勾结、勾搭、勾通等，常常带有贬义，因为它包含有扣留之义。作名词如说勾当，指不正当的事，有贬义。它本是动词，为办理、处置适当之义，作名词为事情之义，后就指不正之事。勾与句本相同，厶的篆文形体就是一个钩的样子。

钩（鉤）gōu 钩子。必是曲的，是用以钩取、连接或悬挂的工具，都必须扣住所取、所结、所挂之物。所以钩的音义仍然是从丩、从口的。钩的抽象义如说钩心斗角。"钩沉"就是把将要沉沦散失的史料，作摘录抢救的工作，把深刻隐微、难为人知的寓意，加以探索和阐述。

釦 kòu 釦子。今说纽釦(简化作扣)，釦眼曰釦，形如口，今被说成眼，被釦之纽，如头，却曰釦，只因它常常扣住了釦眼，纽与釦本是对立统一的两方。语义上则可以沟通和引申。与之相似的如榫，有榫头，又有榫眼，双方均曰榫。

拘 jū 阻止，扣留，拘捕。抽象义如说拘束、拘泥、拘谨，大多指做事、想问题，作风上都放不开，受旧观念的局限，没有贬义。

敂 kòu 扣打。与叩、扣相通。敂关，也可作叩关，即是攻打函谷关。

斪 qú 作名词指斧、锄之类的工具，作动词是砍、击。

絇 qú 以绳索纠结，故与纠字语义切近，絇比纠字多了扣击之义。絇还指网罟，它是以丝缕纠结而成的，是用以扣击鸟兽鱼虾的。

跔 jū 腿脚遇寒，冻得关节僵硬，难以伸展。

劬 qú 劬劳，即是过度的劳苦，腰背也难以伸直。

佝 gōu 佝偻，也作疴瘘，老人腰背直不起来，也说偻佝、罗锅。清代的一位宰相刘墉，人称刘罗锅，他驼背。今说的佝偻病，指幼儿得的软骨病，不但驼背，还鸡胸，腿弯曲。

耇 gǒu 盈满、增益，老人寿耇。所谓体态龙钟，实际上还是佝偻之义。

够（夠）gòu 盈满，增多，聚集，足够。聚集之义是从丩来的，纠集则多。内蒙古等一些地区说吃饱了，绝不能说吃够了，因为吃够了就是老了该死之义，所以够字与耇、佝、劬三字的语义相近。够是六朝时出现的字，今已用得很广泛。不但多可说够，少了也可说够少了，即少也少到足够的程度。还说够穿了、够住了、够受的，就是苦难很多，抽象义如说够意思、够条件、够得上、够不上，都是动词。能够一词为助动词，语义就更广泛了。

从此以下 21 字皆为从句的名词。

刏 gōu 镰刀，又称刈钩，则刏与钩同。镰刀常是弯曲的，弯弯的月亮说月如钩。而用镰刀割草常是一种纠集的行为。

軥 qú 驾车时套在牛马颈上扼住肩颈、借以拉车的器具，亦曰轭。轭，扼也，就其行为之扼住而言；軥，句也，就其形状之弯曲而言。

笱 gǒu 竹编的捕鱼长笼，两头都有逆向的长刺，鱼可顺利而进，却不能逆向而出，把它装在沟渠河道的流水处，尤其是春夏发水季，鱼逆水而上产卵，进了笱里就出不来了。

朐 qú 古时干肉的制作，薄曰脯，长曰脩，曲曰朐，直曰脡。统称亦曰脯。

枸 jǔ 一名扶留，一种藤本植物，则其枝条必纠而曲，需扶而留之。不仅枝条，根盘错亦可曰枸。

苟 gǒu 一种野菜，是纠葛弯曲状的野草。苟字引申为草率、马虎、随便，即苟且之义，也单说作苟，都是姑且一时、暂且求得之义。又引申为假若、如果之义，为虚设之辟，就更为轻率之想。如陈胜说："苟富贵，无相忘。"与之相似的有若字，若本是指可采、可不采的野菜，从而引申为如若、苟若之义。

雊 gòu 雄雉叫唤的时候，长脖子呈弯曲之形，求其雌，故雉鸣曰雊。

翑 qú 鸟羽。大多是曲的，越长越曲。

泃 jū 水名，在河北，河道本向西南，折向东南，转了一个九十度弯，故名其水曰泃。

岣 gōu 湖南衡山，别称岣嵝山，本指其七十二峰之主峰曰岣嵝，山之曲脊也。于人曰佝偻，于山曰岣嵝，音义上则为一个。

狗 gǒu 本指犬子。狗，叩也，叩气吠以守，故犬亦曰狗，古曰犬，后曰狗。叩气之事，又有欨字（详下）。狗或作豿，兼指熊虎之子。

驹（駒） jū 马两岁曰驹，今说马驹，指幼小的马。虎豹之子亦曰驹。驹与狗音义相通。蚁之大者可叫玄驹。

鼩 qú 鼱鼩，体长6—8厘米，栗褐色，形似小鼠。并非鼱鼩之幼小者，而是其长大者，形似小鼠。

鮈（鮈） jū 鮈鱼，身体小，侧扁或亚圆筒形，广布于我国各河流湖泊中。

欨 xū 吹气。欷、歔、欨、呼、呵皆指出气，五字声相同，随韵母不同，语义也就有差别：欷为叹息、抽泣，歔欷悲泣气咽而抽泣；呼是一般出气，或缓或急，或无声或呼号；呵是大声吆喝、呵责，也说笑呵呵，都是出气较大，还说一气呵成。欨为吹气，今说哈气，要把冻僵的手吹得暖和，欨的特点是叩击其气，或叫唤出声，叫的音义从丩，与欨从句，句从丩从口，相通。

呴 xǔ 气以口吹之，使之温润。与欨音义相切近。又读hǒu，与吼、吅相通。

齁 hōu 鼻喘息声，今说打呼噜。如说齁如雷吼。今又说齁咸、齁甜、齁得喉咙冒气。手碰到锅炉里喷出的蒸汽，就说齁了手。这个叩气就同小可了。

昫 xù 太阳是阳气之精，昫为日出而温暖，这是太阳向大地叩气。

煦 xù 阳光的温暖之气，如说春风指煦，又说和煦、煦煦等。

姁 xū 和乐、愉快，如说言语姁姁。

酗 xù 古作酌。醉怒，即喝醉了酒就发酒疯，凶暴地叩气。酗的声母从凶，韵母从句。

110. 舌

舌 shé 品味与说话的器官。它是由多种方向的横纹肌排列而成的，故能完成各种发音和饮食的动作，非常灵敏。人与鸟兽的舌没有重大区别，故都称舌。舌的引申义指形似舌的一些现象，如说帽舌、火舌，还有牛舌鱼、鸭舌草等。

絜 xié 丝或布之结实耐穿。则舌之引申义为坚韧。

111. 谷

谷 jué 或作䫨、臄、嗋。口内上腭凹曲处靠前的部位。靠后的便是上下腭。故大略地说，口上为谷，口下为函。谷的另一义项为大笑貌，人笑则开口而谷现。上海话说发䫨、䫨头，指言谈幽默，引人发笑、喜乐。

却（卻） què 从卩，谷声，谷是喜悦、欲望之义，卩是去除、节制之义，却就是节制欲望，后强调其去除之义，字改作却。却就是退回、去除、制止之义，去除的宾语在使用中逐渐宽泛而淡化了。如说退却，是行军退却或一般退却，不限于欲望。却字又逐步虚化为副词、连词，表示语义的转折、反问，或出乎意料。如说"却原来，我是风里生来雨里长"就是竟没有想到，我是在暴风雨中长大的。

脚（腳） jiǎo 人的下肢曰脚，如说膑脚，指膝盖和下肢，其实脚也从节，起节制的作用。引申义可说山脚、树脚，指物的下部，水脚、汤脚，指下沉的渣滓，是去除之物。还说下脚料，是材料用过之后的剩余之物。

佝 jué 屈曲，从而得疲倦、劳累之义，疲倦则直，挺直了就容易累，倦字从卷，也是屈。从谷之字有曲义，口上之阿曲。

欲 yù 欲望，要求。字不从山谷之谷，是谷字的俗体。欲是喜爱而欲求，与谷字的喜悦之义相合。欲有想取、求取、

强取、贪婪而取等义。一般地说，古曰欲，今曰要。如说欲速则不达，就是只要求快，就达不到目的。

慾 yù 欲望、嗜好，即心与口之欲。这是欲字中分化出来的名词义，今简化作欲。

裕 yù 今说富裕、宽裕、充裕、裕民政策等，都是指吃穿不愁，都能喜乐满足。

浴 yù 洗身以求去垢。洗，本指去足垢；盥，本指去手垢；沐，去发垢；浴，去身垢；沫（huì），去面垢。虽皆曰去垢，音义却各不相同。今说习俗，古可说习浴，这就告诉我们，浴之从谷，本是作为一种习俗和意愿来看待的。婚丧要沐浴，斋戒要沐浴，朝拜要沐浴，都是隆重的礼节。现在我国严重缺水的地区，婚事前夕总是要洗澡的。浴的抽象义可说浴德，即是修身养性之义；今说浴血奋战，是奋不顾身之义。

峪 yù 山如口之有壁而凹陷。以口喻山，如说山嘴，谓山的突出部分；山口，谓山凹陷缺口部分。函谷关，谓谷口如函；嘉峪关，谓谷口如谷，两崖壁立而有口可入。

鉊 yù 金属的钩子，它可以钩住鼎的两耳抬起来，它还可以捅炉炭，今曰火钩。谷就是口上之阿，阿，曲也，鉊从谷声，金属之屈者。

俗 sú 今说习俗、礼俗，谓民间之习惯与欲望。入乡随俗，就是随的这两项内容。俗的反义词是雅，所谓雅俗共赏。俗是普及的，雅是提高的，两者结合，便是共赏的。俗又有俗气、庸俗的说法，就具有贬义。

112. 頤

頤 yí 现作颐。作名词，指嘴巴，或说腮帮子，有时单指下巴。作动词谓养育，嘴巴上下咀物以养育人。常说颐养，颐年堂，就是颐养天年之堂；颐和园，就是颐养与和乐之园。

宧 yí 室之东北角，古时习俗庖厨食阁皆设在室之东北角，那里是阳气始起，故宧之音义取颐养之义。

姬 jī 相传黄帝居姬水，因以为姓。姬水养育了黄帝一家一族，无论是畜牧还是农业，都要逐水而居。姬字同时还有"居"的语义，又读同"居"。炎帝姓姜，居姜水，因以为姓。姜水养育了炎帝一家一族，姜的音义从羊，与养的音义从羊相同，那么姜也应有"居"的语义，姜与居声母相同。

茝 zhǐ 香草名，又称白芷、辟芷，经常与兰连称，如说"岸芷汀兰，郁郁青青"。

熙 yí 脸颊宽大。

姬 yí 喜悦，快乐。所谓喜笑颜开，也就是脸面宽大了。故与熙字音义相通，也通颐。

熙 xī 兴盛。熙与兴声母相同。康熙，大意就是安康而兴盛。由于康、熙二字都有多项语义，语义很活，还可以作不同解释。

熹 xī 火烤，炽热。又与熙字相通，可有光明之义。宋代的大理论家、大注释家朱熹，他的名字就是取光明之义，后来他表示谦虚，就取字为元晦，或仲晦，号晦菴，离不开一个晦字。晦，暗也；熹，明也。

瞦 xī 眼珠。瞦之从喜，实即从喜、熙而取光明之义。今还说眼睛明亮。

饎 chì 火炽而熟曰饎。饎还有炊义，即烧火做饭，饎、炊二字声母相同。这样，饎的语义就是把饭做熟。

113. 涎

涎 xián 本作次。口水，学名说唾液，俗话说哈喇子，古说涎。成语有垂涎三尺，即是馋得不行了。字从延，长行。口水之长行，便是垂涎三尺了。涎字的引申义一度指呆滞或嬉笑。它本是指嘴馋的神情，逐渐就脱离了与嘴馋的联系。如说涎脸，就是嬉笑的脸；涎眼，是眼神呆滞，因为看着人家吃，常常会看傻了。

羨（羨） xián 涎与羨本是同一个字，分化为两字后，涎为名词义，羨为动词义。常说羨慕，就是眼红，原来还有贪得无厌之义，现在贬义没有了。而羨慕的宾语大为扩展，对别人的成就、优点、有利条件都可说羨慕，都是积极的含义。至于羨字从羊，也是有讲究的。汉族人原来吃猪肉不是最多的，和现代草原牧民相似，以羊肉为主。故羹、美、养、鲜等字皆从羊。羨的最典型的对象就是羊。

唌 xián 谓言语中带有叹息，语气就延长了，故也从延声。它也有羨慕之义，故与羨字同音。也有贪欲之义，是随羨字来的。唌唌，馋急的样子。

114．牙

牙 yá ①大牙。生于两旁者为牙，生于中间靠前者曰齿。齿今说门牙。古说唇亡齿寒，不能说牙寒。后统称为牙或牙齿。说牙科，就不论是牙是齿，都是要医治的。②如牙之相错合，市场上介绍买卖双方成交的人或商店称牙子或牙行。

芽 yá 植物萌生之芽。麦芽糖就是麦子发芽时所做之糖。植物所萌之芽，其形如牙，故曰芽。

伢 yá 幼孩。从牙、芽引申为幼小之义。牙吏就是小吏，牙将就是小将，牙笋指刚出土的笋。月牙指刚露生魄的新月。人之幼小者曰伢，房之矮者曰厏，虫小似芽者曰蚜。

厏 yǎ 廊下小屋、牲圈马棚之类，音义从牙，取义于小。

蚜 yá 蚜虫体小，并似于牙，长圆形，腹大，故似芽。有麦蚜、棉蚜、菜蚜等多种。

迓 yà 两物相迎而合称迓，就像犬牙那样错合，故称迓。动词。牙、迓、咬、迎四字声母相同，语义也可互相解释。迓作动词，它的主语就大为扩展了，如木工将木器的两部件相接处，作相迓、相咬定的设置，要叫它们整合得牢固。

讶（訝）yà 惊动，常说惊讶。惊不一定是惧，也可以是喜，说惊喜，故迎宾，一度也说讶宾。今都用作惊讶，主要是受惊而感到奇怪之义。

枒 yā 枒杈，或作丫杈，名词指树枝，形容词指树枝交错杂出之貌。槎枒，错杂不齐之貌。槎从差，差错也；枒从牙，交错也。

椰 yē 本作枒。椰树的胚芽内呈角质结石，可作妆饰用珠，称椰珠，故名其木曰枒，以芽名木。

砑 yà 碾，动词。如说砑光，即以石碾磨纸、皮、布帛等物，使它们坚实有光泽。牙作动词，可以是咬，也可以是磨，今说磨牙，也说咬牙，实际是磨，以坚对坚。最典型的磨牙当然就是啮齿类的老鼠了，它们的牙齿长得快，不磨牙或不咬物就活不成。

呀 yā 张口而唇不掩齿之貌，谓之呀呀。可形容哭声，可形容笑声，还有小儿学语声。或作牙牙。今呀字用作语气词，可表感叹，表疑问，表停顿，不一而定。白话语气词呀，应是承接古语气词邪、耶而来，并用得更加广泛。

邪 yá 本用作山东琅邪郡之地名字，故字从邑。假借为语气词，可表疑问，亦表判断。它还时而与"也"字并用，"其真无马邪？其真不知马也。"语气重在第二句，千里马常有，问题是要有知马的伯乐。邪字发音的开口度适中，也字开口度大。邪还假借为衺、斜（xié），不正之义。

鸦（鴉）yā 本作雅。乌鸦，纯黑，故称乌，又能反哺，故称孝鸟。相传乌之哑哑，鹊之喳喳，是象其鸣声，没有实在语义。至于鸦片则为英语 opium 的音译词。

雅 yǎ 正而有美德谓之雅正，从而又说文雅、风雅。还说雅教、雅座、雅鉴等，成了一个较为笼统的尊称之辞。

115．吉

吉 jí 善。今说吉利、吉祥。吉的反义词是凶，常用于占卜事之吉凶，今说吉日、吉庆等。吉本多言人，它从口从士，出于士之口者皆善言也，或说口出吉祥之言者，士也。故过去常说吉人、吉士等。吉的原来含义比现在的理解要深广得多，如正直便是吉，坚实是吉，专一是吉。

诘（詰） jié 责问。本是以言言相告，不过在奸邪罪孽者面前，便是责问之义了。问字从门，是不知而问，询字从旬，是周遍的问。诘字从吉，是正直的问、责问。对罪孽责问，实际就是审讯，追查。诘难，就是责问和辩驳。诘屈，本是直和屈，但是语义往往着重在屈，似乎诘也有屈的语义，实际上诘只有直的语义。诘的另一引申义便是治理，责问就是一种治理。诘字的许多语义都已成为古义，现代汉语中只有诘问或反诘一义。

佶 jí 端正，整齐。又有坚实、健壮之义，都是直接从吉字的语义来的。

颉（頡） jié 或读 xié，脖子正直上挺，表示志操高远。古说首或页，是包括头和脖子而言的。颉颃（xié háng），本是上下之义：颉从首，脖子是向上的；颃，即亢，咽喉是向下的。故颉颃本是有上有下之义，有时就引申为上下不定，或不相上下、可相抗衡之义。

桔 jié 正直之木，故其音义从吉。桔梗是一种草药，它一茎直上。桔槔是井上的吊杆，用以从井中提水，槔从皋，通高，故桔槔就是直木而架高者。

秸 jié 麦秸或豆秸，禾本是有穗之木，庄稼的棵，也是直木。秸与稭通用。

蛣 jié 蛣蜣，木中之蠹虫。蛣从吉，取直义，蜣从屈。一直一屈，毛虫行进之状。又有一种海虫名蚧（suǒ）蛣，省称蛣，是一种小蚌，由两片贝壳结合而成。故蛣之从吉，取结合之义。

鲒（鮚） jí 小蚌，实即蛣，详上蛣字。

孑孒 jié jué 蚊子的幼虫，又可作蛣蟩，孑从吉，直也；孒从厥，颠仆。它在水中是短小的一条，一遇惊动，身子迅速左右蜷曲，像颠仆之状。

以上从吉之字，多取正直之义。以下从吉字取坚实之义。

劼 jié 力的坚定与牢固，便是吉祥。又引申为谨慎、勤劳之义。

齕 xiá 嚼坚硬之物发出的声音。牙齿也很硬，这是硬对硬。

砐 qiā 石的坚硬。现代科技仍然需要寻找超硬材料，但是早已超出石的范围，冶金工业之前，主要是向石头寻找硬度，斤是石斧，磨和砺也都从石。现在还有砂轮厂，可见向石头寻求硬度，尚未停止。砐引申有突破、奔突之义。

趌 jí 趌趨（jié），猛冲直奔。直行。

黠 xiá 又黑又硬的人或物，如说狡黠的敌人，就是狡猾而凶顽之敌；黠吏，就是贪赃枉法的官吏。黠字形容动物，如说黠犬、黠鼠之类。

结（結） jié 丝的结实、牢固，便是结。如说结网以渔、结绳以治。心如结，又说情结，就是用心专一和牢固，便是抽象义，还说结好、结识、结婚。结字在现代语中用得非常广泛，如绳索之系结，人事之缔结、结交、结仇，事物之结构、结合，金融之冻结，账目之结算，事务之终结、了结、结尾、结束等。

髻 jì 辫子是下垂的，发髻（或作结）则盘在头上，用簪固定住，古时男女皆梳髻。杜甫老来还说他"白头搔更短，浑欲不胜簪"，就是髻也快梳不成了。

袺 jié 抓起衣襟来兜住，实即结的动词义。《诗经》中描写那些摘野菜的人，摘了野菜就抓起衣襟来兜住。那时人们腰间都缠有衣带，把衣襟掖在腰里，就能装了。

撷（擷） xié 或作襭。撷和袺的区别，袺是表行为，撷是表行为的目的，即兜野菜或别的什么东西。在逻辑上，行为与其目的是两回事，在语言的音义上则常常可以相通。而且后来"采撷"常常连用，撷的动词义也就加强了。

拮 jié 操作辛劳。它的字形是手与口并用，常说拮据：拮从吉，谓伸直之义；据或作掬，从居，谓卷曲之义。故拮据谓手之屈伸劳作。此义与蛣蜣之义相合。拮据还有两项引申义：一、手病，指手难以

屈伸；二、手头拮据，指经济窘迫，入不
敷出。这就像是手有病了，不能自由屈伸。

壹 yī 心之专一即为吉，专心于善则为壹。壹的篆文作壶字中间一个吉字。壶是一种圆形的礼器，上部象其盖之形，下部是壶体。壶体上有个吉字，意思是礼节上的专一。壹与一，本是两个字，但古今皆同音，并同有专一之义。壹与一比较，壹还有从吉之义，即专一于善则为壹。壹与吉至今也还韵母相同。壹与一之同异，还表现于它们的引申义：两字皆有统一之义，天下一，也可说壹天下。两字又都有等同、均衡之义，作副词又都有一概、全部、皆、又等义。所不同的，壹字从吉，有完善、坚固、郁结、闭塞之义，却是"一"字所没有的。壹的下部从豆，是俗体字，豆是高脚盘子，也是一种礼器。壹的语义往往跟礼和礼器多少有点关系。而"一"字的单独、各个之类的语义，都不写作壹。壹作为一的大写，是从唐代武则天时代开始的。

噎 yē 吃饭咽不下去，叫噎住了。气逆也可说噎。食物与气流之凝结或堵塞。

饐（饐） yē 食物闷着，时间长了就发酵出水，腐败变质，叫作饐。面粉之类放在阴湿处，也会结块发霉，成了饐粉。从吉字有凝结之义。

獢 yì 猪肥重，跑多了就喘息，睡了也出气粗，叫作獢。人剧烈运动之后也是这样，睡了还要吹气，像是阻塞，来不及换气。

鱛 yì 或作鶍。即鸬鹚、鱼鹰、水老鸦。渔人以绳系其颈，闭塞如噎，下水捕得小鱼就吃下去了，捕得大一点的，咽不下就只有吐出来，更大的就只有衔在嘴里，交给渔人。

殪 yì 死，是真正的气闭塞了。

曀 yì 大地云气有郁塞阴霾，遮蔽阳光，曰曀。

墰 yì 天阴沉而扬沙，故字从土，壹声。

擫 yì 或作揖。今皆作揖，从畐取聚集之义，壹也有聚合之义，故可相通。

116. 言

言 yán 泛指一般意义上的说话。不论内容，学术的或文艺的，不论体裁，不论大小，从一部专著到一句话、一个字，都可称之为言。五言诗就是五个字一句的诗。作动词，不论是文章还是口述，也都叫言。语，为使人晓悟之言；论，为有条理之言；谈，为深入之言；说，为解释之言；詈，为指责之言；谗为毁人之言；歌，为咏唱之言；讥，为精微之言；讽，为规劝之言；诵，为涌出之言；詠，为长言。诸字亦皆从言。

唁 yàn 吊唁。本来慰问生者曰唁，安慰死者曰吊。现在只就死者而吊唁。

闇（闇） yìn 和颜悦色而又持正不阿地说话曰闇闇。字从门，谓如家门内言。

117. 誩

誩 jìng 二言相并，意思就是言论上的竞争，看谁更有理。

竞（競） jìng 競字的上部为两个言字，下部为两个人字，競与竟古来同音通用，故競的上部写成两个"立"字。竞争二字早就联系起来了，从言为竞，从手为争（争字从爪从又）。争比竞更具竞争性和对抗性，如说竞赛、竞选、竞技等，是要决出高低胜负，而争则要说斗争、战争等，是要决出成败生死的。

兢 jīng 今说战战兢兢，惊恐而有戒备；又说兢兢业业，认真而慎重。这样，兢就是认真而有戒备，是坚强貌，要参与竞争。

118．加

加 jiā 以言语加之于人，即是说人好坏。说人好的，如加奖、加爵；说人坏的，轻者说三道四，重者诬陷谋害，可说加罪、加祸。加必有所增，故可说加大、加高，不能是加小、加低之类。加字的一个重要发展，便是作程度副词，为更加、愈加之义，这里可说更加小了，更加低了，各种程度都可表达，如更加浅了，更加稀了，更加淡了，等等。

嘉 jiā 有礼节地以言赞美，或以物嘉奖。嘉作形容词泛指人事方面的美好，如说嘉宾、嘉偶、嘉会、嘉庆、嘉言、嘉许、嘉绩等。

贺（賀）hè 以礼相庆，今说恭贺。嘉为以乐赞美，贺为以贝奉庆。贺也有慰劳之义，不一定用贝，可以牛酒、箪食壶浆。今说贺辞，便是以言相加。贺，加也；赠，增也。两字取义是相同的。

茄 qié 今说茄子，夏秋间常食蔬菜。茄之从加，吃了多生子。这是古时一种习俗，说吃茄子能厚肠胃、动气发痰。当它开花的季节，摘它的叶子铺在路上，人踩了就多生孩子，故说茄子。

珈 jiā 是加在发簪上的妆饰，所谓六珈，是六种动物的形象缀在簪上，是很盛大的玉石装饰品。

岬 qié 众山森列貌。森列则必多，亦相增加之义。

麚 jiā 或作麚。公鹿。一般比雌性的个头大，故音义从加。

驾（駕）jià 以轭与辕加于马。今驾驶员用的是现代化交通工具，没有加和驾的行为，也可说驾车、驾飞机。实际是开车，为打开油门。古今都说劳驾，驾指车辆，劳您大驾，就是表示尊敬的口气。抽象义说驾驭、临驾，是指对事业、技术或机构的掌握或管理，如说驾轻就熟。

耞 jiā 亦作枷。连耞，打谷具，加于谷使脱粒。这种农具至少已用了两千年，现在都已由收割机将收割与脱粒一次完成。

枷 jiā 枷锁，刑具，夹住颈部的两块木板，有时两手也夹在上面，是加于囚徒之身的。

架 jià ①用许多钢、木材料纵横交加地设置起来，以存放物件，叫搭架子，有书架、货架。大的可说架屋，架桥，小的说架床、架梯。名词和动词两用。②抽象义说摆架子，指地位高的人不能跟一般人平等相待。空架子、花架子，指摆出很有能耐的架势，实际很无能。因此有打架、吵架、招架、劝架的说法，过去的打斗，还真有架势，有枪法，有拳路。

跏 jiā 跏趺，或作加趺，即左脚背加在右大腿上，右脚背加在左大腿上，盘腿而坐。这是佛教徒的一种坐法，许多佛像就是这样盘坐在莲花座上的。

痂 jiā 疮口上结的硬壳，故其音义从加。

瘸 qué 手之举、足之行，皆不能平衡。若痂之有症结，若架之有固结。今说一瘸一簸，或一颠一瘸，手足之病。

从加之字又有释伽之伽、袈裟之袈，为佛经音译语。笳是西北少数民族传入的一种乐器，也应是音译词。

119. 古

古 gǔ 字从十，从口，十口所传，为前人之言。孔子说他"信而好古"，就是喜欢古人之言，这是本义用法。"故"字从攴，就是治理之古言。古作形容词，有古雅、古朴、古拙等义，还有古怪、古奥的说法。又说人心不古，古是朴实厚道、庄重正派之义。其实古代也有不古的人心，只是不能十口所传罢了。

诂（詁）gǔ 解释古人之言。作名词指语言中的古人、古事、古文化。

故 gù ①所传古人治理之事，今说故事，大多是对人有教益的。②今又说事故、变故，均已指当今之事，指其中的因果变化。③这样，故又有原因和结果之义，从而虚化为表因果的连接词。"故所以"就是表结果的连接词。④故又表时间之先前，如说故乡、故人、故宫等。故辙，就是原先走过的老路；故意，就是原先就有的打算，早已有心这么做。

姑 gū 媳妇称公婆古曰舅姑。舅，久也；姑，古也。此皆为长辈、先辈之义，亦永久之亲。今说姑姑，指父之姐妹，也长了一辈。丈夫的姐妹称姑姑，妻子的兄弟称舅舅。《孔雀东南飞》："却与小姑别，泪落连珠子。新妇初来时，小姑始扶床。今日被驱遣，小姑如我长。"这小姑指焦仲卿的妹妹，是以刘兰芝的口气称呼的。今说姑娘，已是年轻妇女的通称，本有尊称和表亲昵之义，只是说多了也就淡化了。

鸪（鴣）gū 对鸟的人格化、女性化的称谓，如说鹁鸪，可作鸨姑，又说鹧鸪。植物中有慈姑，和芋头一类的食用植物，它一根生十二子，如慈姑之爱育诸子，这也是拟人化了。

菇 gū 蘑菇，伞状食用菌类，圆厚如磨盘，那就是磨面之姑了。又说蘑菇战术，就是利用有利条件，来回周旋，伺机消灭敌人。泡蘑菇，或说磨洋工，指拖延时间，因为蘑菇再泡，也总是在水上漂漂而已。

蛄 gū 蝼蛄，或称仙姑、石鼠、蜊蜊姑、土狗子。说它是狗或鼠，因为它昼伏夜出，偷吃农作物的芽或茎。它有一对前肢成掌状利于扒土。蝼，楼也，用以搂土。蜊，剌也，亦有松土之义。石鼠，即鼢鼠，石，拓也，开拓、扩展之义。仙，山中人也，蝼居土垄之穴，故称仙姑。

牯 gǔ 母牛，音义从姑，取其母性之义。牯亦称阉割过的公牛，禁锢其生育，音义与锢相近。

固 gù ①国家四周永久而牢固的险阻要塞。固引申为坚固、稳固、禁锢、固定、闭塞等义，巩固国防就是加强国家的攻守能力，固体就是坚硬的物体形态。②抽象义指人的固执、顽固，指思想作风坚持一端，多有贬义。③作副词，义为原来的、本来的、早先的，又为坚决地、必定地、一再地等义，如说意见对，固然应该接受，就是不对也可今后加勉。即是正确意见，本应接受。

钴（鈷）gǔ 钴锛，即今之熨斗。金属制品，故取坚固之义。锛从母，取凹陷之义。柳宗元作《钴锛潭记》，谓其谭如钴锛。

蓝 gǔ 一种周围陡直的深锅，故可与固字音义相通。

崮 gù 四周陡峭，顶上较平的山，多用地于名，谓其地势固，如山东的孟良崮、抱犊崮。

锢（錮）gù 浇铸铜铁时堵塞其缝隙，以求坚固。作抽象义如说思想禁锢，即思想受到束缚，不能跳出圈子。

堌 gù ①土堡、土城，是堌的本义。②堤，江苏有龙堌，山东有青堌集，皆作地名用字，堤坝能不固吗？

痼 gù 老病，久治不愈。有时作錮疾，有时说顽症，顽亦固。

以上从古字是久远、牢固之义，以下从古字为获取、罪辜之义。

罟 gǔ 渔猎时代，人们结绳而为网罟，有空中的或水下的，有长柄的或短把的，有覆下的或上捞的，有排列的或围拢的，统称网罟。网者门也，蒙覆取之；罟者，固也，围拢取之。由网罟之义向两面引申：一是收捕罪人，罗织罪名，如辜；一是坐收渔人之利，网罗天下财利，如沽、贾。

辜 gū 罪名。从辛，古声。辛就是罪过，罪字本作自字下面一个辛字；古，即罟。把法律比作网罟，至今犹说法网，它要渔（捕获，动词）人于罪（本义是捕鱼竹罟）罟。《诗经》中两次说"无罪无辜"，又说"民之无辜"，无辜就是无罪，辜负就是负罪、对不起。死有余辜，就是给了命还抵不完罪。辜还有祸害、惩处、分解肢体等义。

蛊（蠱） gǔ ①事故。为会意字，饮食器中有虫，吃了下去，腹中长虫，便是出了事故。今说蛊毒，就是食物中毒了。引申指以毒药药人。②疑惑，抽象义，如说蛊惑人心，也可说思想的毒害。总之，蛊都是指一些害人的罪恶事故。

沽 gū 获取、猎取、谋取，是罟的动词用法，但是不能说沽鱼了，只是三点水还存在。辜是以网罟比法律，沽是以网罟比商业。商业的买卖都可叫沽，沽的是财利。买、卖二字也都从网，网的是贝。货币可以叫泉，沽就是从中去获取、去渔利。这实在是渔猎生产与商业贸易在社会生活中的密切结合，表现在语源之中了。买卖两利，故都可称沽。待价而沽就是卖出，沽酒而待就是买进。沽名钓誉是抽象义，即谋取名誉。

酤 gū 买酒可作酤。又指酿造才一夜，始熟之酒。古字有原始、本来之义，故可谓开始。此与久远之义相反相成。酤亦可有卖义，汉代著名的卖酒女郎卓文君曾当垆酤酒。

估 gū 估计、估量、估定。如说估一个价，这是本义用法。它的宾语大为扩展，对各种事件和问题，都可作估计，对它的成败可以评估，还有高估、低估。不仅数量、价值可估，事态也可估，如说估计他今天不一定会来。

以下从古字主要为固定之义。久固则枯，就又有枯萎之义。

居 jū 本作凥。作名词指居所、居处，作动词谓居住。居从古声，取固定之义，居则必定，今说定居。居的动词义还发展有安置、停止、身处、蓄积之义。如说居高临下、居功自傲，是就身处的位置说；二者必居其一，就是占据其中的一个。抽象义如说居心不良、居心叵测。

踞 jù 蹲下。也就是固定、停止不动。如说龙盘虎踞。

倨 jù 大多是就居于上位而言，为傲慢不逊之义，如说倨傲。

裾 jū 衣袍。袍从包，包则四围，即从固之义。又指衣襟，从禁，取禁锢之义，故亦从固。

琚 jū 一种正方形的佩玉，佩戴时常居于中，故音义从居，也是取四周之义。

椐 jū 一种有肥大枝节的树木，常用以作手杖，老人据以得安，故为居安之义。

据 jū 拮据，谓手曲不能伸展自如。拮，结也，固结不得解；据，踞也，如足之踞而曲。引申指经济困难，不能维持日常开支，就说手头拮据。

腒 jū 风干的鸟肉。肉久置则干，故其音义从古，取久的语义。从古字有"枯"，枯，亦干。

枯 kū 枯槁之木。如说摧枯拉朽、枯木逢春。木曰枯，草曰萎。枯从古，久干之义；萎从委，曲垂之义。枯，可得故；萎，可得矮。又从枯得痼，久病也，实即痼。

又从萎得瘘，谓萎缩麻痹之症。枯的引申义首先是指枯水、枯鱼、枯骨。枯崖是崖岸不长草木，但是枯冢（即荒坟）不是不长草木，而是长满草木，是无人管理和祭祀之义。之后更多地向抽象义发展，如说枯笔，指文思枯竭。书法上的枯笔是笔头墨汁不多。枯笑就是干笑，没有理由、没有真情的笑。枯的反义词是荣。

骷 kū 骷髅，干枯的头骨。骷，枯也；髅，娄也，空也。

殆 kū 实similar骷。殆的左旁为歹(è)，半骨也。然而殆更接近于辜，有罪就裂其骨，成半骨而枯。裂字从列，列字就是从刀，从半骨。

苦 kǔ 苦菜。即荼。引申指滋味之苦、生理疾病之痛苦、生活上之困苦、耕作之劳苦、精神上悲伤与痛苦。滋味和草木有密切的联系，现代的许多调味品，也还主要是从粮食和草木中去提炼。只有盐，属于结晶体，取自海水或地矿。五味之中，苦和咸关系密切，常言道，咸得发苦，苦即大咸。吃得太咸了，舌头就干枯，就要喝水。苦与盐就这样联系起来了。在中医上，咸了就伤骨，骨伤便萎缩，就是枯。苦的一项古义是指物件的粗劣。

鹽 gǔ 从盐，古声，义为大苦之盐，即盐井里出的未经炼制的盐。鹽也有粗劣、不结实之义，如说器用鹽恶。鹽是劣等的盐。鹽又有停止、结束之义，《诗经》中重复最多的一句话叫"王事靡鹽"，即王侯之事没完没了。鹽又与姑字通，为姑且之义。

祜 hù 多福。

怙 hù 依靠，仗着。从古之字有久固之义，有多福之义，当然就是可依靠的了。今成语有怙恶不悛(quān)，就是依仗着恶势力，长期不肯悔改。

岵 hù 无草木之山，故与枯字音义切近。但历来也有另一种意见，指多草木的山。

楛 hù 似荆条而坚韧，以制箭杆，称楛矢。楛的音义从古，取枯而坚固之义。它又指器之粗劣，则又与苦的音义切近。

胡 hú ①牛的下巴，皮肉宽松而下垂，少长之牛没有下垂之胡，故胡之从古，久也，是长老的象征。不光是牛，老狼也有胡。人老了也有胡，且是福相的表现。故胡有寿考之义。②胡的另一义项是假借义，作疑问词，意思是什么、为什么，如《诗经·伐檀》："不稼不穑，胡取禾三百廛兮。"③胡字后来又有胡说、胡闹、胡乱等词，是现代口语中常用的。这是从疑问词派生来的，胡闹就是为何闹。④古称西北少数民族为胡人，"胡同"也是元代以来的音译词。

鬍 hú 本作胡，今又简化为胡。鬍，生于胡下之须。

蝴 hú 蝴蝶，本作胡蝶，可单说蝶。蝶美于须，故称胡蝶。

湖 hú 大的沼泽，南方名之曰湖，取胡之老大之义。五湖都在南方，北方只有少数称湖。北京有昆明湖，其他称北海、福海、玉渊潭、莲花池等。

糊 hú 或作黏。糊糊就是粥，有稀有稠，还说浆糊，皆名词，动词谓粘住、贴上(此义有时读阴平)，如说糊口，就是充饥。糊涂就是黏合和涂抹，把不同的问题搅在一起。糊涂一词有很大的语义的模糊性，今大多用作抽象义，说一个人有点老糊涂了，其实他绝大多数的事都是清楚的。这真是攻其一点，不及其余。又说小事糊涂，大事不糊涂，这更是不计较，不注意小事，实际是清楚的表现，是难得的糊涂。

煳 hú 食品或衣服放火上烤，变黄变黑，是胡乱的行为。

醐 hú 牛羊的奶熬炼，下面成奶酪，上面结了一层奶皮子，称白油。再加提炼，便成奶油，它热的时候呈糊状，冷了便呈软块。所谓醍(tí)醐，就是提炼成糊状物。

猢 hú 猢狲，即猴子。猴子有猴王，下面的便称它们是侯，猴子的别名叫王孙。猢狲是说它们的容颜类乎老公公，躯体似乎小儿。猢狲是猿猴的一种，生长在我国中北部的山林中。

葫 hú 葫芦，一年生草本蔓生植物，结的果实叫葫芦，表面光亮可作器皿。芦从卢，为饭器；葫从胡，老大之义，即老了可作盛器。俗话说不知他的葫芦里卖的什么药，则葫芦也作盛药之器。八仙中的铁拐李、佛教中的观音菩萨往往带葫芦，里面大多有法宝。

鹕（鶘） hú 鹈鹕，一种擅长捕鱼的水鸟，颈下拖着一个大胡，像是可装数升的口袋，捕以盛鱼。故鹈从弟，有曳引、拖长之义，鹕从胡，取胡的本义，颈下皮肉宽松下垂，竟可盛鱼了。

瑚 hú 珊瑚，生活在海洋底层的一种圆筒形腔肠动物，身上长出芽状幼体，便是它的后代，死后留下石灰质骨骼，成珊瑚树，甚至有珊瑚礁。有红、白、青、黑等色，是名贵的观赏品，也雕琢成器物之形。珊从删，删取而成疏离之状；瑚从胡，老而干枯坚硬之义也。

涸 hé 泉水枯竭。常说涸泽而渔，也说涸渔就是涸泽而渔。渔猎时代就严禁涸泽而渔、焚林而畋，因为它一次吃光打尽，以后就没有了。涸从固，也可取堵塞之义。

120. 昌

昌 chāng 从日，从曰。曰就是说话，日就是光明，故昌谓正当、光明之言，如说昌言昌辞、昌盛。

倡 chàng 今说倡始，就是带头开倡；倡导，就是开倡引导；倡议，就是首先提出的开倡性的提议。它们也都离不

开言语。强调首先开创，则是倡字新增的义素。

唱 chàng 本义是号召起义，唤醒群众，故为倡导之义。引申为唱歌之领唱，再进而指一般的唱歌，有独唱、合唱、清唱等。有时大声喊也可叫唱，如说唱喏、唱票、唱高调、唱反调。

娼 chāng 本作倡，卖淫妇女，娼妓。她们本来都是一些很有艺术才华的人，卖唱卖艺，后来才沦为娼妓。

猖 chāng 今说猖狂，猖从昌，为昌盛之义；狂从旺，为旺盛之义。犬之猖狂，故为凶猛之义。又说猖獗，獗即蹶，谓猖狂而必跌倒、覆灭之义。

阊 chāng 常说阊阖，指天宫之门，即是倡导与收藏所必经之门。阖，闭合，收藏；阊，倡导、昌盛。一年就是天地之间的一个阊阖，一个开导与闭合。

菖 chāng 菖蒲，是一种多年生的水草，蒲叶常用以编席作铺垫，故音义从铺。菖蒲是春天来了发芽最早的草，故取首倡之义。

鲳（鯧） chāng 鲳鱼，体扁，头小，银灰色的细鳞，肉味鲜美，故名鲳。昌，美言；鲳，味美之鱼。

121. 对

对（對） duì ①回答，如说应对，即是答应和回答。古时说对，一度有一个严格的条件，即必须是下回答上的问。上对下则曰答。对字从寸，就是有法度之义。这是诸侯政治时代的一项特定语义。不久就宽泛了，谁对谁都不说对。②进一步发展，对字不一定是对人，还对事物，如说"对案不食"，这里也不用讲法度问题了。对字用以指人时，可是冤家对头，也可以是君臣，夫妻的配对成双。

对字用以指物时，说对立面，是相矛盾的
关系，说对称形，则是相配的。我们的对联，
则是既相对，又相配。如说碧云天，黄叶地，
天与地既相近，又相配。③对又引申为正确、
适宜、符合之义。对的反义词是错。④再
进一步虚化为介词，如说"对于"，也单用对，
如说对工作、对学习、对事不对人等。

怼（懟）duì 怨恨。是心理现象，显然是取冤家对头之义。如说怼恨、怼险，就是凶恶之义。

憝 duì 怨恨。与怼语义相同，但古音不完全相同，可能是怼字之或体。

轛 zhuì 车轼下横直相交的栏木，以其与扶轼之人相对，故音义从对。

兑 duì 本作倒。即今兑换之义，兑换必有两方，故音义从对。假借作兑。兑的本义是沟通，不同货币等值兑换，得以沟通交易，故可假借作兑。今说兑现，即兑换成现款，原来只是账上的钱，现在要付款了。又引申作说话要兑现、政策要兑现，即是答应的条件要付诸行动。总之，兑的双方都有得失，失的与得的对等，才能成交。所以，兑又有夺的语义，夺有夺去、摆脱之义，又有夺取之义，是有得有失的（详下夺字）。夺又作敓，兑与夺形音都相通，故兑的语义是相对等而有所得失。

侻 tuō 通达。是就情理而言，故从人旁。又有平易之义。

脱 tuō 本作捝。解脱。古说解衣，今说脱衣。今南方有的方言还说解衣裳。脱衣服总是在手而有所失的，从而引申出脱险、脱难、脱身、脱颖而出等说法。脱的本义从肉，指消瘦，口语说掉了几斤肉，故今说脱脂、脱皮、脱发等。对昆虫而言，就派生为蜕。

蜕 tuì 蝉、蛇过了一段时间就要脱一层壳，解一层皮，身体就长得更大了。今说事物的变化发展叫蜕变、蜕化，不是单纯地脱一层皮，是要成长或衰老的。

夺（奪）duó 或作敓。隹在手挣脱而去。挣脱便是夺。夺又有强取之义，如说争夺地盘、争夺权力。这样，夺有失去之义，又可有夺取之义，语义相反相成。夺字的语义发展也向两方面延伸：由失去之义引申为脱落、差错之义，如说"勿夺农时"，就是不要错过了农业季节。由强取之义引申为竞争、改变之义，如说夺标。

悦 yuè 怿乐，愉快。悦从心，谓心之通达。今犹说顺心，顺字从川，谓水之贯穿通流。今又说喜悦，喜意重而悦意轻。

阅（閱）yuè 古时军伍出阵，于门中一一通过，并查检人数。故至今还说军队检阅。又引申有阅览、阅读之义，又说查阅、审阅，都是从通检之义来的。

说（説）shuō 解释。如许慎著的《说文解字》，就是专门解释文字及语词的。说字从兑，即解释而通达，它还有讲述、评论、劝告等义，总之，它不同于一般的说话。后来佛教中讲经说法，就没有边际了。又有说书人讲述前代故事，可以随口铺陈，都使说字的语义越来越宽泛，以至所有一切的言语都是说，只要动嘴就是说，还有随便说、瞎说、胡说等。古曰曰，今曰说。

税 shuì 租税，赋税。租本指田租，赋本指军赋，它们都可以作税，还有关税、牙税（牙行所纳税）、矿税，还有粟米之征、力役之征、布缕之征等。作动词就是纳税、征税。税与阅字的本义最切近，为计数查检之义。

帨 shuì 经常携带的用以擦手或拭物的毛巾、抹布之类，好一点的便是手绢。作动词便是擦拭之义。故它也是查检之义引申的。

棁 zhuó 屋梁上又架起的短柱，它经常是成对的，故棁的音义从对，并起支柱的作用。棁的另一义指木杖，木杖也是起支柱作用的。

踏石杵而下曰碓（duì）。现在都靠电机碾米，这些手工操作的东西都已被淘汰了。

鼫 tà 物件厚厚地堆积起来曰鼫鼫。引申义指看人、用人无贤与不肖之分辨，说用全都可用，纷至沓来。

122. 沓

沓 tà 话多。沓字从水，从曰。今说滔滔不绝，滔滔就从水。作动词便是擦拭之义。故它也是从查检义引申的川，贯穿通流之水。可见以水多形容话多，是一致的，但是滔滔，没有贬义，沓则有拖沓、杂沓的说法，就不那么美好了。沓沓或重沓，都是形容其多。沓作量词，如说一沓报纸。也是重合而多之义。

諁 tà 諁謕，多语、妄语。

舚 tà 连续喝，大喝，并且出声，有失礼貌。

溚 tà 水沸而溢，即重沓不断地沸滚。

搨 tà 缝纫时用韦革做成圈，套在指上，以防顶针时扎痛手指，叫作指搨。射箭时套在手臂上的叫臂搨。此亦取重沓之义。今日顶针，或曰针箍，并以金属制成。

鐕 tà 以金属制作的套在车轴头上起保护作用的东西叫鐕，包住门槛的铁皮也叫鐕，以防屡遭磨损，故亦重沓之义。

蹋 tà 脚不断地踩地，或指脚踏住不放。"李白乘舟将欲行，忽闻岸上踏歌声。"踏歌就是一群人拉手而歌，以脚踏地为节奏。这是汪伦请人表演踏歌，为李白送行。现在脚在地上只踏一下，也可叫踏。至少在汉代宫女中就有踏歌，从踏字的初期用例看，似乎踏字就是由蹋字创造的一个新字。今说原地踏步，则为重沓行为，合乎踏的本义。

鞜 tà 革履，即皮鞋，是脚踏之物。

磆 tà 舂过的米筛过以后，有一部分还要再舂，就叫作磆，重沓之义。以手举石杵而下曰舂，还有一种装置是以足

123. 吴

吴 wú 从口，从矢，是张口、歪头之状，即说大话或讲歪理，因此误字从吴。又为欢哗之义，故娱字从吴。但吴字有时也指高论。

误（誤） wù 言之过错、荒谬。误字的发展，不限于指言语，想错了问题，做错了事，延误了时机，都可叫误，还有远近大小等时空上的误差也可叫误。

娱 yú 各种文娱活动。古时常说娱耳目、娱乐心意，娱左右（的人），现在都不能加宾语了。

俣 yú 壮大而美，形容人之容貌。

虞 yú 传说中一种似虎的仁义之兽。故虞从吴声，指的是至理要言、重大谋议，从而引申有预料、考虑等义，虞也有娱乐、谬误之义，从而与娱、误二字相通。春秋时代有吴国，三国时代有东吴，今苏州那里还有吴县，它们为什么叫吴？吴，虞也，娱也。吴国的先祖吴太伯得知周要他的弟弟即位，他主动让贤，出奔到了南蛮之地。后来周就封太伯于吴。意思是要娱其心志。故吴国叫吴，取虞、娱之义。

噳 yǔ 麇鹿大群相聚之貌。鹿好成群，麇集的麇字便从鹿。噳噳又是笑貌，则与娱字音义相近。

蜈 wú 蜈蚣，体扁长，多节多足，头部金黄色，口器由一对大颚和两对小颚构成，故蜈字从吴，取其口器之大，

捕食小动物或咬起人来，都是很厉害的。

124. 咸

咸 xián 从口，从戌。戌(xū)，尽也，灭也。如灭，火尽。水尽亦曰灭，如说灭顶之灾。物尽皆曰灭。减，少，尽。岁，一年尽。三字皆从戌。故咸为口尽物，鹹为齿尽物，是吃完、咬完之义。完，全也。从而咸又引申为全都、皆、悉之义，是咸字的常用义，为副词。如："村中闻有此人，咸来问讯。"又咸字从戈，用以刺杀，故鹹(今作针)、箴等字皆可从咸。

鹹 xián 口含物，口尽物。由于盐味是口中常感之味，故咸字引申指盐味，加卤旁，今简化作咸。咸淡合适，就是口感好。感字亦从咸，心中含物，心中尽物，就是感觉。

齘 jiān 嚼，或是口含。

喊 hǎn 口出大声，如说喊话、喊叫。古时尝味咂嘴之声亦曰喊，从而有尝味之义，与鹹义相近。

缄(緘) jiān 封闭，扎束。是从口含物之义来的，有句成语叫金人三缄其口，谓一再闭口，就是有话也不说，要千万谨慎。缄默，就是闭口沉默；缄扎，就是书信，总要封口。

械 jiān 信函。与缄字相通。又读hán，与含字相通，为容纳之义。

繁 jiān 闭口不言，或含而不露。

减(減) jiǎn 减少，减损。咸为口尽物，尽物则必减。减的反义词是加或增。比较抽象一点的说法有减罪、减色、减速。减肥还是具体的。

顲(顲) kǎn 面黄，吃得少，故从减损取义。如说顲颔，是两

个同义词的结合，咸就有口含之义，屈原的《离骚》中说"长顲颔亦何伤"，即长期是脸黄瘦、吃不饱有什么关系呢？只要我的心是诚实而清白的。

瞰 qià 眼睛凹陷。和脸黄瘦是一回事，不过是从页与从目的区别，故瞰与顲音义相通，也是取受损之义。

感 gǎn 动心。咸是以口尽物，感是以心尽物，即是对事物的感受。今说感触，触是以角碰，感是以戈矛刺。故感有忧伤之义，是受伤害了。又说百感交集，可以指各种心的感受，语义开始延伸了。如说感怒，还说感应，更是感动神灵了。又说感化、感谢、感慨等。感是心理现象，感于心就要动于身，由抽象而到具体。感有两个派生词：撼与憾。撼指具体行动，憾仍指情意。

撼 hàn 或作摵。摇动。它常常要指一种震撼人心的大行动，跟一般的摇动不同，如说"撼山易，撼岳家军难"。岳家军为什么难摇呢？因为军心坚定。撼指动摇，跟人们的思想、信念、主张联系着，要改变人们的既定意向。

憾 hàn 恨。恨的语义重，憾的语义轻。今说遗憾，就是留下感慨，没有遗憾，就是事后是平心静气的了。

諴(諴) xián 和谐、融洽。从感的派生字中有表憾恨的，有表和洽的，正负两方面都有了。憾字从心，諴字从言，从言与从心通，言为心声。

鳡(鱤) gǎn 鳡鱼体长大，性凶猛，大鱼吃小鱼，最为狠毒，池中有此，就不能再畜鱼。故鳡字从咸，实是口尽物，是咸的本义。

针(針) zhēn 本作鍼。缝纫的工具，今类似针的如有别针、银针(针灸用)等。针灸的针，早期称砭(biān)，是用石磨制的，动词也称砭。所以后来针砭时常连称，至今还可说"针砭时弊"，为批评、规劝之义，成了抽象义。针与锥两字可以互相解释，互相通用，现在已是两个互不相干的词了。古说贫无立锥

之地，今则说针尖那么点地方。针与锥声母相同。

箴 zhēn 竹针。现在已很少用，只有"箴言"一词，指规劝、警戒之言，是不能用针字去代替的。此外它还有两个派生词，足以显示箴字的古老面目。

鱵 zhēn 一种水鸟，苍黑色，其嘴锐似针。鸟嘴怎么尖也不能像针，或可说像锥，现在说是从箴，像竹针还差不多。

鰔 zhēn 针嘴鱼。形细小如今之银鱼，嘴的尖端有一细黑骨如刺。因为它细小，故如针不如锥。

以上从咸字共 18 个。以下从覃字也是 17 个，都有长的语义，由滋味之长引申指各种事物之长。针总是长的，但语音不从长，覃字的声母古音与长字同。

覃 tán 口有所衔而滋味厚重。字本作𣥠，就是味道好，有回味。引申指葛之茎长、声音长等。

嘾 dàn 口中所含者，其味深长。

醰 tán 酒味醇厚。酒或甜或苦，皆口衔而长。

糜 tán 菜粥，其滋味厚长。

燂 qián 火烤的时间长，即烤熟烤透。

禫 dàn 过了服丧的期限，已经脱去了粗布的丧服，却还去进行祭祀，谓时已久长之后的祭礼。服丧时间长的可达三年。

鱘 xún 长鼻鱼，亦称鲟鱼，八尺为寻，故寻亦有长义。相传"伯牙鼓琴，鱘鱼出听"。但没有人说它是耳朵长，其实语义经过引申，耳朵、鼻子和嘴，便不易分清。味是从口的，气味就可对鼻子说；闻字时从耳的，也可对鼻子说。

蟫 yín 亦称白鱼、蠹鱼等，其实它不是鱼，只是形状长条形像鱼，是蛀衣服、蛀书的虫。白，指其颜色；蟫，指其体长；蠹，指其患害。

驔 diàn 黑马的脊梁上长着一条黄色的鬃毛，故其音义从覃。又指一种腿上长有长毛的马，拉起车来很有劲。

鐔（鐔） xín 剑鼻。于鱼曰鱘，于剑曰鐔。什么地方是剑的鼻子？一说是剑体延长的可以插入剑把中的部分；一说是剑体与剑把之间突起于两侧者。后者应为引申义。

樿 diàn 长枝。又指屈檐与承霤（接雨水的水槽）相接处的长木条。

簟 diàn 竹席。它长而平整。又指一种出于南越的特别直且长的簟竹。

蕈 tán 似芦苇一类的植物，也可以编席，故从覃。又读 xùn，指一种菌类植物，即蘑菇、香菇之类，长在树干上。菌字从囷，取聚集之义；蕈字从覃，取蔓延之义。

潭 tán 深渊，即水之深者。李白《赠汪伦》："桃花潭水深千尺，不及汪伦送我情。"可见潭是深的。又说龙潭，是要藏龙的。

坛（罈） tán 酒坛，盛器之深者，口小腹长大，陶制。

撢 tàn 同探。探，远取，如探听、探视，都不在近处，故也可从覃。

瞫 shěn 深视，能见底里。今说看得远。

谭（譚） tán 言之意味深长者。可同"谈"，指敏锐的深入分析之言。《天方夜谭》是一部翻译作品，古时把中东阿拉伯民族地区称天方夜谭就是一千零一夜意味深长的谈话。译者用这个谭字是很对的。

125. 周

周 zhōu 从用从口，就是说话和用事之周到、谨密。故又说周密、周全、周遍、周围等，都是同义词的结合。作名词，一周就是一圈，作动词就是绕圈，如说周而复始。周到、周密等则为形容词。它还有普遍地、全都之义，如说众所周知。

週 zhōu 环行一周曰週。今简化作周。如说周年、周岁、周期。一星期曰一周。

賙（賙）zhōu 以财物给予足够的救济、周到的照顾，如说賙济，或作周济。

彫 diāo 或作琱。画文妆饰之周密、精到曰彫。如说彫墙，就是宫廷门前的照墙大加彫饰，是形象工程。治玉亦可曰彫。今说彫刻，谓彫琢刻画。刻字从刀，彫琢便是用刀刻画。其实周字后来也已有周到之义，如说照顾不周，也就是照顾不到。

婤 chōu 精细周到之美。

鬌 tiáo 发多。今则大多说稠。一般人的头发都在万根以上，而其稀稠的差别就很大。

绸（綢）chóu 今说绸缎，为一般丝织品的总称。蚕丝较一般麻枲的纤维更细，故其织物薄而稠密，细而柔软，故绸的音义为周到。缎则要求厚实，制作过程中要用石头（碫）捶击滚压。绸还有一项古义谓以绳索缠绕、捆缚，即取绕之义，动词。

裯 chóu 单被。衾裯连称，衾，被子；裯，单被。从周，取围、裹之义。

稠 chóu 稠密。秝（lì），指禾苗的种植稀稠适当，稠便是密植了。这是农艺上的研究课题，合理的密植可以提高产量。超出禾的范围，可说人烟稠密、稠人广众。稠粥的说法也早就有了，指水里的米下得多了。现在说稀稠，适用的范围很广了。

啁 zhōu 啁哳（zhā），或啁啾，形容鸟鸣、人言等细碎杂乱的声音。一般认为是象声词，实际上啁仍有众多、细密之义。

调（調）tiáo 协调，和合。言之周到、适合，起到协和的作用。用于言语方面的，如说话的腔调、言谈的论调，还有调笑、调谑的说法。还如歌唱的调（diào）门，节奏的协调，地方曲调等。关于口的还有烹调，说众口难调、饮食的调养、营养的调配。调字的发展远远超出言与口的范围，简直无所不及。粮食的调运、人员的调动、社会的调查、阴阳四时的调和、犬马鸟兽的调驯，还有弓的强弱与矢的轻重要调，电视上的各种频道要调，机床上的压力要调，数学上有调和分析、调和函数，农业上有调茬轮作。调字和许多同义词结合，构成大量的双音节和多音节复合词。口语中如调侃、调皮等。

蜩 tiáo 即蝉。秦晋曰蝉，楚曰蜩。蝉从皿，取喧嚣之义；蜩亦鸣蜩，也从鸣声取义，谓其稠密无间隙，喧嚣于林。

雕 diāo 猛禽，似鹰而大尾长翅，健飞，空中盘旋，无细不睹。故雕之音义从周，取其视之周密详细。雕与彫通，故也作雕刻、龙虫并雕。

鯛（鯛）diāo 我国近海所产的一种小鱼，品种繁多，体扁圆，两颚有强齿，鳍亦坚硬，故其名音义从周。

碉 diāo 石室，又说碉房，均以石累砌。故碉从周，围而且密。后军事上大修碉堡，就更加坚固。堡，保也；碉，周也，周密以防。

凋 diāo 《说文解字》："半伤也。"即是轻伤。而伤又是创之轻者。这是独到的解释。字或作雕、彫。如说雕弓、雕戈，不能使弓体或戈体受伤，但是又要雕，所以是轻伤。《论语·子罕》："岁寒，然后知松柏之后凋也。"这句话并不是孔子第一个说的，但是以他这一句流传最广，有的说是最后凋谢，有的说是未曾凋谢，都没有讲对。松柏到最后受了轻伤，春天来了，就在地下落了一层松针。所以冬天来了，松柏不那么周密了，却也不是凋落了，就得半伤之义。凋的半伤义，逐渐就淡化模糊了，今说凋谢、凋零，就很难说有半不半的问题。

椆 chóu 木名，它寒而不凋。叶似樟稍小，皮光而灰黑，木质坚重，耐久不蛀。

惆 chóu 惆怅，失意之貌，也是心受半伤。如说"心惆焉而自伤"。亦即悲痛，内心受了创伤，但还是没有到悲痛欲绝的地步。

126 . 吅

吅 xuān 众人并呼，音义都与"喧"字相同，实即喧字，俗作喧。

鹳（鸛） guàn 鹳雀，水鸟，似雀之善鸣而喜。它仰鸣则晴，俯鸣则阴。我们现在知道，雨前大气压降低，故有些动物能感觉得到。

灌 guàn ①水之流入或倾注，如说灌溉、浇灌。灌灌是水盛之貌。②祭祀开始时，洒酒在地上，表示迎神、降神，叫作灌。这是一个特定的古义。③抽象义，指情感、精神的灌注，如说全神灌注。思想的传播也可说灌输。④录音可说灌音，唱片的制作叫灌制。灌的对象和方法都大变了。

盥 guàn 洗手。盥的字形是左右两手，中间有水流下，下有器皿接住，故为洗手。洗字的本义是洗脚，洗从先，先的本义是脚伸在前。盥，与灌音义相同。

罐 guàn 可以注水或酒浆的容量较大的瓦器，是灌的名词义。罐的形制，大小、功用，各不相同，如今的油罐车，特大，常横卧，并用金属制作。

瓘 guàn 玉升。于缶（瓦器）曰罐，于玉曰瓘。常瓘斝（jiǎ）连称，斝是酒杯，瓘中便是酒浆了。

矔 guàn 注视、注目，谓视线之专注，从而区别于一般之视。

观（觀） guān 仔细地看，周遍地看。如说观察、观测、观赏、参观，都区别于一般的看。抽象义大多作名词，如说观点，又说宏观、微观、悲观、乐观、世界观、宇宙观。

𦇧 quān 头巾，是用以卷发的，故有环绕、周围之义。

矔 guàn 衣带。它周绕于身。古时服饰的腰身和袖子都肥大，总需衣带缠束。

劝（勸） quàn 鼓励。劝农，就是鼓励耕作；劝学，就是鼓励学习；劝善，就是勉励人们从善。又说劝诫、劝导、规劝，就都是同义动词的结合。今说劝，你有事情想不开，帮你分析，疏导一下，或者做了错事，不能回头，给你指点一下，叫作劝告。不管是鼓励，还是劝告，都是力的灌注，故字从力，吅声。

欢（歡） huān 欢为心之灌注、气之灌注，常说欢喜、欢乐。原说欢，总是指国家大事，民众大事之欢乐，逐步宽泛，身边小事也可指欢。佛教有欢喜佛、欢喜菩萨、欢喜园、欢喜地等说法，对欢喜一词的广泛使用，也起一定作用。

讙（讙） huān 这是就马的性格说的，有烈性马，这是和顺欢快的马。

权（權） quán ①秤砣，作动词谓称物之重量。灌注都是向下的行为，秤锤也是向下的，锤的音义从垂，就是下垂之义。权力也大多是向下行使的。全国的度量衡标准单位，自古都由国家公布法令，大家照规定执行，这样，秤锤和国家的政法权力就联系起来了。②权就是要权衡利弊、是非、取舍、轻重等，而且那里的复杂现象中还常常有变数，因而有权变、权宜的说法。《孟子》中讲了这么一件事："男女授受不亲，礼也；嫂溺，援之以手者，权也。"这就是讲权变、权宜，人家淹在水里了，你还在授受不亲，不是没有人性了吗?

颧（顴）quán 颧骨，两颊高出的颧骨，取高低、大小平衡之义，因此看起来美。人体的左右是对称的，但对称之中也有不对称，鼻梁就不是绝对居中，两手之力也不等，一般的人是右撇子，有些人是左撇子，十个指头的纹，更是连点对称的意思也没有。

单（單）dān 为单一、单独、简单、单薄之义，作副词为仅只、偏、全都之义。作名词还有床单、被单、名单、货单之义。单的字形是兽（獸）字的左旁，又省略下象兽足的部分而来的，兽的上半部分象兽之头、耳之形。故戰（今简化作战）的字形是以戈击兽，后才主要指人与人战。象兽之头耳，故得单一等义；兽常喧嚣、惊呼，故又附会作从叩。从单字如惮，有畏惧之义，战有战抖之义，都与叩的语义相联系。单与亶又经常音义相通，如战抖可作颤抖，瘅与瘇没有区别，亶与单都有竭尽、全部、专一之义。单与叩、亶二字的音义交融着。

啴（嘽）tān 喘气。鼻息之大而急者。啴啴亦有喜乐之义，均从叩的语义而得。

辴（囅）chǎn 大笑。辴然而笑，就是一展笑容。

僤（僤）dàn 急疾。僤怒，就是大怒。

腪dān 大腹。

貚tán 虎之大者。

禅dān 单衣。与複相对，複为重衣、夹衣。

繟（繟）chǎn 衣带宽松，宽即是大了。抽象义谓人的宽松、舒缓，如说繟然。

惮（憚）dàn ①发怒，即心之急疾。②畏惧，如说肆无忌惮，即放肆而无所畏惧。

殚（殫）dān 竭尽，殚智竭虑，就是用尽心机。殚还可作勤

dān 力之竭，用尽心力。

郸（鄲）dān 详见邯郸之邯。

瘅（癉）dàn 累病了，即用尽心力。也可作瘴。

弹（彈）dàn 子弹。古之弹如丸，今犹说弹丸之地，形容地方狭小。现在的导弹几十米高也叫弹，对语义来说，就不能那么计较了。弹作动词读 tán，射击，取急疾、用力之义。弹人，就是以丸击人。弹与战作动词时语义切近，但常是用战，不用弹，如说枪战、交战，弹的动词义则用于弹琴、弹指、弹性等，宾语不用了。

战（戰）zhàn ①兵斗曰战。战之从单，主要取大呼、大怒之义。战，勇气也，勇就是气与力之涌出。一鼓作气，再而衰，三而竭，衰竭也是战，即是殚，是用尽了气和力。②畏惧，如说战抖、战栗。

掸（撣）dǎn 用鸡毛或布条之类绑成的掸子，用以拂除尘土。作动词就是掸拂尘土。掸与弹义近，新沐（洗头）都必弹冠，就是掸去帽上尘土。

箪（簞）dān 小筐、饭盒。箪食壶浆，就是一筐筐饭食，一壶壶浆汤。

匰dān 宗庙中盛放神位木柱的箱盒之类。

禅（禪）shàn 或作襢。这是取亶的诚信之义，帝位的禅让，就是诚信相传。尧让给舜，就是诚信禅让给圣明的人。至于后来佛教中说的禅院、禅堂、禅师、禅杖等，都是梵文"禅那"的省称，读 chán，是静思之义，要去除一切尘俗杂念，也就是修行。

埠（壿）shàn 除草治地（以祭祀天地山川）。埠之从单，取除尽之义。埠与坛既有同，又有异：埠为尽除草秽；坛为垫土筑实，使之平坦，亶字的下半部分本是从旦。旦，坦也。

阐（闡）chǎn 大开。阐字从门，故有开的语义。门大开，就是阐发、阐明、阐幽发微，就是阐发事物深刻的涵义。阐又有连续不断、相传之义，与禅字义近。

蝉（蟬）chán 蝉的鸣声连续不断，故音义从单。今犹说蝉联，是同义词的结合。蝉在从前是高洁的象征，它栖高枝，饮而不食，饮清露而仰首，两周即死。古以貂尾（珍贵）蝉纹（高洁）为饰，三国时代有美女名貂蝉，即取此义。

婵（嬋）chán 婵娟，容貌美丽。由蝉之高洁引申指人或事物之美好，"月婵娟"就是月亮美好，从而月亮也可称婵娟，叫千里共婵娟。

燀（燀）chǎn 炊，即火之盛大。

觶（觶）duǒ 张大而富有。觶的声母从单，为张大之义。觶从奢，奢又作侈，音义从多，觶的韵母从多，啴又可作疹。多就是富有，今说奢侈，侈也从多。

弹（彈）duǒ 城郭之广大。单，取广大之义；从享，即郭、廓。

鼍（鼉）tuó 扬子鳄，亦称鼍龙。它从黽，从单，它长丈余，故从单亦取张大之义。它形似蜥蜴，即四脚蛇，蜥蜴不过二三寸。

驒（驒）tuó 马之毛色如鼍鱼。驒又读作tān，即与啴同，为喘息之义，出气大，这就又回到了单的音义。

觶（觶）zhì 或作觗。乡里宴饮时所用酒杯，尊者举觶，卑者举角。觶为爵之大者。觶的音义还从氏，乡里宴饮，多氏族聚居，尊者举觗，为氏族之长。

127. 哥

哥 níng 治理。字从叩、从爻，表示乱；从工、从己，表示理。会意字，乱了就要治理。

攘 rǎng 推开、排除。攘外，就是排除外来的祸患，也就是治理之义。襄字的上下部分合起来是衣字，中间是哥字的简化。扰攘、烦攘的说法，则是取攘字的乱义，乱则欲治。攘字的另一古义为偷窃之义，攘鸡就是偷人家的鸡，偷窃也是一种扰攘。

纕 ráng 卷起。纕臂，就是卷起袖子，露出手臂，实即排除袖子的拖沓。今人多说卷。古时袖子宽大，多以绳束，故纕字从丝。

襀 ráng 除灾的祭祀。

襄 ràng 襄荷，一种辛辣味的植物，根似姜，旁生笋似荷。根入药，可治蛊毒，即解除毒性，取襀除之义。

让（讓）ràng 责让，即以言责备人，使人退让，亦排除而治理之义。说谦让、礼让、辞让、禅让、让的方式和目的，都与责备之义大不相同了。让字在现代语中用得十分广泛，已经虚化为介词，如说帽子让风刮跑了，这里不仅不用言，连句中的行为也是无生命、无意识的行为，仅仅表示行为的被动而已。

嚷 rǎng 叫喊，吵嚷。常说乱嚷嚷、瞎嚷嚷，是烦扰之义。也有责备之义，如吵他，可说嚷他。是北方普通话中的口语词。

糯 niàng 杂乱、混杂。杂米曰糯。

穰 ráng 丰盛，众多。如说丰年穰穰。降福穰穰。

瓤 ráng 果实的肉，充塞在果皮之中，如说西瓜瓤。醪糟中的江米不叫糟，叫酒瓤。

酿（釀） niàng 制酒曰酿，叫酿造业。把粮食蒸熟，拌以酵母（曲子），裹藏起来，待其发酵。故酿的语源义也是充塞其中。佳酿就是好酒，是名词用法。酿的宾语扩展，如说酿出祸端，又说条件酝酿成熟、人逐由大家去酝酿，都是抽象义。从饮酒中发展了一批常用词，如酋长的酋，指久酿的酒。医药和酒也有密切关系，医的繁体字下部即从酉，汉代的中药大多制成药酒。婚配的配字也与酒有关。

膼 rǎng 肥胖，即从丰盛取义。

瀼 ráng 露水重。亦从繁盛取义。

壤 rǎng 松软肥沃的土曰壤。土壤学研究土的成分，适宜种植什么，如何改良以保持它的丰厚肥力。指土地时说壤，便是就耕作来说的，九州可说九壤，天地可说霄壤，还说穷乡僻壤，接壤就是疆域紧挨着。

曩 nǎng 指酿酒待熟所需的一段时间，既久又不很久。昔，本是指晾干肉所需的一段时间，也不很确定，只能大概地说，使用中还颇有伸缩。

囊 náng 干粮口袋。有底曰囊，无底曰橐。囊从石声，取开拓之义；囊从襄声，取充塞之义。皮肉里面发炎，肿起来了，叫囊肿，即是充塞。胆还可说胆囊。鸟类的食道下面有一个口袋状用以盛食的器官叫嗉囊。

馕（饢） nǎng 努力往嘴里塞食物叫作馕，动词。《西游记》第31回："你这馕糠的夯货！"这是孙悟空骂猪八戒的话。他被师父赶回了花果山，正一肚子窝囊气，八戒又来叫他了。这糠常作猪饲料，猪吃得很起劲，故曰馕糠。窝是藏身的，可说窝藏；囊是藏物的，可说囊括。如今窝囊的全是气，不能散发，怎能过好日子。还可说窝囊废，指无能的人，只能废弃在贮藏室里。

囔 nāng 嘟囔，即嘟噜着嘴，似在囊里，不欲为人所知。

齈 nàng 鼻子不通气，说话瓮声瓮气，像在瓮里，听不清楚。可说齈鼻子，或鼻子发齈，也可说瓮鼻子。瓮为陶器，囊为布袋，有时开口，有时封闭。这是近代以来出现的笔画最多的一个口语词。

攮 nǎng ①推攮，是囊的动词义，把东西攮进一个容器里，也说攮来攮去，就是推来推去。②作名词。指攮子，指藏在囊中的小匕首。

襄 xiāng 辅助治理，动词，可说襄助。作名词谓相助治理的人，可说襄理。

骧（驤） xiāng 作名词指良马，作动词谓重载善驰之义。

镶（鑲） xiāng 或作瓖。在器具的边上再镶嵌一道金玉，作为点缀，或使之更牢固，故为相助之义。衣服上常见镶边，即在边缘或骑缝处包上一道其他颜色的布。镶牙就是在空隙处再补上一颗牙，这种用法的镶字可作相或厢，为辅助或边旁之义。

128．佥

佥（僉） qiān 人们相从而多言，并聚合在一起。这是佥的会意字字形告诉我们的。佥作名词，为众人、大伙之义；作形容词为众多之义；作副词为皆、都之义。佥没有动词义，聚合本为动词义，但都归于它的派生词了。

签（簽） qiān 或作籤。检验、验证。今说签名，就是为了验证。

又说标签、书签，转为名词，指可验证之物。

检（檢） jiǎn 查检。今说检查、检讨、检点、检察、检视、检举，都是就法有所禁、事有所失，应予制止而言的。检疫，就是要检查和防止传染病。

捡（撿） jiǎn 聚合并约束。今说检举、检验、检阅，古皆可作捡。捡字在口语中的常用义项是拾取、挑选，如说捡柴火、捡麦穗等。

碱 jiǎn 本指盐卤，引申指洗涤用的碱面。碱的音义从金，乃取采集、聚合之义，即捡。人们于日未出之时，见地上有白若霜者，扫而煎之，即成为碱。

俭（儉） jiǎn 节约、约束。今说勤俭持家，有所聚合，有所禁止，才叫作俭。

睑（瞼） jiǎn 上下眼皮。眼皮聚合，那就是禁闭了；眼皮收敛，那就是睁开了。

剑（劍） jiàn 指人们可以裹藏在衣内或佩带在衣带上的武器。开始的剑，像匕首之类，便于收敛，后来才铸得长了。那时还有一种类似于剑的武器叫长铗（jiá）。铗从夹声，可挟带也；剑从金声，便收敛也。

验（驗） yàn 检查、证实。如说经验、实验、考验、检验。验字从马，最初就是对马等动物作检验而言，伯乐相马是要多次验证的，赵高指鹿为马的故事叫"设验"。验字作为单音节字在现代用得多起来了，如说验血、验光、验尸、验墒（土壤的湿度）等，验的方法也各种各样。

谂（讅） xiǎn 验问，查问。故字从言，后多作验。

险（險） xiǎn 阜之聚合者，即重岩叠嶂，则高峻而险隘。作名词，如说遇险；作形容词如说险滩、险峰、险象、险症。同义的形容词结合，如说险峻、险阻、险恶、凶险、阴险。险的反义词是"易"。危险一词既有具体义，也有抽象义，如说

危险人物，是就他的反叛阴谋说的。还有副词用法，如说险些摔倒，就是差一点儿。

崄（嶮） yǎn 高峻貌，与"岩"字音同而通用。它又可读同"险"，与险字通用，险塞可作崄塞，险些可作崄些。

猃（獫） xiǎn 猎犬。取凶险之义。

憸 xiān 奸邪。今说居心险恶，恶，亦邪，可说邪恶。险字就也有险恶之义。故憸与险的语义最切近。

敛（斂） liǎn 聚合，征收。敛字的一项重要用法就是指税收，可说赋敛、聚敛、税敛，重税说厚敛。敛秭（jì）是说实物地租，禾之割下而待捆束收敛，就被征收走了。敛字还有略的语义。普天之下，莫非王土，王经略土地，例如划定疆界、治理农事，才能聚敛赋税。略字就从田，疆界二字也都从田。所以，略就是依法经划土地，然后依土地征收赋税，叫作聚敛。暴敛，就是强力征收。

殓（殮） liǎn 收殓尸体，入棺埋葬，曰殓。说殡殓，那就还加上仪式。

籢 lián 或作匲。盛放梳妆用品的匣子叫镜籢。

奁（奩） lián 今多作妆奁、嫁奁。还有香奁，是焚烧香料，薰衣薰物的用具。

裣（襝） liǎn 衣襟下垂并收敛。

蔹（蘞） liǎn 是一种中草药，能起敛疮的作用，故名为蔹。它在植物学上属于葡萄科，聚伞花序；故取名蔹，聚敛之义。这又是对蔹的取义又一解释。在语言学上，这不必认为是抵触排斥的，因为人民大众可以有不同理解，可以互相补充。根据它果实的不同颜色，又有白蔹、赤蔹、乌蔹莓等品种。

潋（瀲） liàn 水溢貌，水波动貌，皆谓水之聚敛无涯，常说

潋滟。

脸（臉） liǎn ①人面的颧骨的部位叫脸，常说脸红，即是羞惭而脸红的部位，是气色、表情最明显的部位，是神色的聚敛与检验。今说脸型、脸谱、笑脸、哭脸、铁青的脸。②有些场合，实际已指全部的面，如说脸谱，就不只是颧骨那一块。面盆也常说脸盆，洗脸也不只是洗颧骨那一块。③抽象义，指做人讲究的体面，如说要脸不要脸、丢脸、挣脸。

129. 品

品 pǐn 众多。从三口字，主要是就人而言，但器字就从四口，故对器物也可说品，如说物品、礼品、产品、商品。更重要的，品不只指数量或种类，还说品质、品位、品格、人品等。品还作动词，如说品尝、品茶、品酒等，都是具体义，抽象义则要用心去品，如说品诗、品画、品书等，为评价、评论之义，可说品头论足。

榀 pǐn 一个屋架叫一榀，故从木。榀与品通用，说品种，一种菜可说一品肴馔，一味药也可说品。过去官职也曾论品，如说七品芝麻官。

临（臨） lín 临的字形就是伏着身子临视众庶之民，故说临位、临政、临民等，临本是一个政治用语。今还说面临什么局面。临又有来的语义，今犹说来临，两字声母相同。"如临深渊，如履薄冰"，就是面对着深渊，踩上了薄冰。这时就没有政治因素了。今说临水、临街，还说临摹，就是照着写。还有一个特殊的用法，如说临别就是面临离别、正当离别的时候。

潾 lín 山谷可称潾，取义于泉水源源而出之地。临字与水的关系特别密切，

山东有临淄、临沂，河南有临颍，山西有临汾，内蒙古有临河，陕西有临潼，甘肃有临洮，湖南有临沅等等，对山就很少说临，因为临有居高临下之义。

130. 喿

喿 zào 后作噪。上古穴居，有巢氏教民构筑为巢，居于木，以避侵害，这在木上三口相噪的情况就每天都在发生了。故有三口在木上之喿。后世圣人易之以宫室，上栋下宇，以待风雨，对喿字就不理解了。后来鸟兽之嘴亦皆曰口，鸟群鸣亦可曰噪。凡嘈杂扰乱之声均可曰噪。今说噪音，更是对乐音而言。

譟 zào 扰耳之言。今一律简化作噪。

懆 cǎo 心中不能平静，今说烦躁，大多作躁，本该是从心的。

躁 zào 或作趮，从足与从走同。今说急躁、浮躁，多指动作或言论，躁的反义词是静。戒骄戒躁，或说急躁，则已是指性情、作风方面的抽象义。

操 cāo 凡手之动而又出众声，如说操琴，就是弹琴。引申指可以操作而未必出声，如说操心，即是用心，既无声，又已是抽象义。操行、节操、贞操，都是指人的品德而言了。曹操，字孟德，他的操便是指道德。今说体操、广播操，虽不用出声，奏曲则不可少，操就是指动作。

澡 zǎo 以手洗刷腐垢，它的宾语就不限于手和身，如可说澡麻、澡龟，今只指洗澡。

燥 zào 缺水或无水分，说干燥，说话多了就要唇焦舌燥。焦字是一只短尾巴的鸟在火上烤，不光是燥，还要着火，烧熟。燥的宾语也大为缩小了，《易经》有

说"燥万物"，就是对万物都可说烤干烧焦。

剿 jiǎo 本作剿，用刀斩尽杀绝。以火曰燥，以刀曰剿。今说剿匪，要连窝端。

藻 zǎo 或作薻。水草，它泡在水里，故从澡。水草生长在水里，茎叶舒展，很好看，故常把艺术的文采说成藻，如文学上说词藻，绘画上说藻绘、藻饰，藻井就是绘有花纹、如井状的天花板。

璪 zǎo 玉饰如水藻般之文采。

缲（繰）zǎo 喿谓众色相合，缲谓深青或赤色相杂。故缲谓深色之缯帛。

臊 sāo 肉或鱼的腥臭。水居者腥，肉獲者臊，草食者膻。肉獲，就是搏斗并攫取其他动物的肉而食，即是肉食动物的肉是臊味。如鹰雕、虎豹之类，都是食肉动物。今说臊还指尿臊，还说害臊。害臊就是获得或招来了臊气，因而羞愧，这个臊便是指坏事、坏名声，抽象义。

131. 咖

咖 líng 或说众鸟也，或说众声也，都是联系枭字来的。它与品字义近，品，众庶也。但它们的语音各不相关。

零 líng 本作霝，指雨露之下，零落不断，眼泪落下也可说零，如感激涕零。今说零落、零散、零星、零零碎碎等，都是散乱或落下之义。又说草本零落，花叶的凋谢也是散乱状态。花叶凋落了，枝头就空无所有了，因而零字又引申为空、尽之义。又说零钱、零件、零食等。零又指没有数量的数量，零位数，即空位数。零的概念和语义在数学中、在科学思维中，都是非常重要的。零的语义由众多、雨的散落、草木等等的零落、空尽，到没有数量，

实是一番奇观。

棂（櫺）líng 旧式窗户的格子，它要采光，故中空。

灵（靈）líng 作名词指神灵，动词谓神灵的降落或灵验，即神来显灵。灵的语义发展逐渐脱离与巫和神灵的关系而指人，人也有灵魂，然后又说性灵、心灵、灵感、灵敏、灵活，这样就把灵字的一些神秘色彩全都淡化了。说话不灵了，意思是不起作用，没人听了。书画要有灵气，意思是不能刻板、僵硬，要能发挥，飞扬起来。

醽 líng 或作酃。经过过滤的清酒、美酒，从而包含落下之义。史载湘东有个酃县，县里有个酃湖（或作零湖），取水为酒，味美。即那里的水质特别好，含有许多特有成分，故那里的水和酒、湖和县，都取名从醽。

酃 líng 古县名，于今湖南，汉代设置，参见上醽字。

罏 líng 亦作瓴。瓦器，似瓶，有耳，用以盛酒或水，取中空之义。从皿与从令相通，是字形上的同音假借。

轹 líng 车厢前面和两侧的围栏，用木条纵横交错做成，似窗棂，故亦取中空之义，字亦作笭。笭又有竹笼之义，亦中空也。

艆 líng 舟上有屋，屋上有窗，故取窗棂之义。

羚 líng 或作麢，相传羚羊有神，夜宿防患，以角挂树，脚不着地，所谓的羚羊挂角，不落痕迹，以此比喻艺术高超，自然天成，毫无做作。故羚羊取名于灵。还有一种高原的牛叫羚牛，菌类或作䴎。犀牛还叫灵犀。植物则有灵芝，就更神奇了，《白蛇传》中白娘子去盗仙草，为的是挽救许仙，能起死回生，就是要的这种草。灵芝属于孔菌科，一看名字就可知道它是中空的。又中空，又神灵，便是灵芝了。

苓 líng 茯苓，也简称苓。也作茯灵。茯苓者，埋伏之神灵也。参见茯字。

岗位来说是违离了，语义是着重在违离的。

132. 告

告 gào 从口，从牛，会意字。牛，件也；件，事理也，故向人陈述事理曰告。或诉说哀乐，或阐明吉凶，都可曰告。告诉一词，本指受害者向上申诉，汉代以后就不分上下，不论内容，都可说告诉了。

诰（誥）gào 限于上告下民才可曰诰。

祰 gào 祭祀的时候向鬼神或祖先有所告诉。不是正常祭祀的季节，一时有事相告而祭，也叫作祰。

嚳（嚳）kù 从告，又从学省声。急告曰嚳？教令也。教令火急，因需急学。

酷 kù 本指酒味浓厚，故至今犹说酷爱、酷好。也形容酒味酷烈，今说烈性酒。并可说酷烈、酷暑、酷刑、酷吏、冷酷、残酷等。酷由形容词逐步发展为程度副词，当它修饰的不是名词，而是动词、形容词，便成为很、极之义，如说酷热、酷似等。

梏 gù 手铐。它也是教令，你不听，就要告诫你，手铐也叫手械，械与诫是木与言之区别，言教不行就木教。梏又有正直之义，教令是正直的。

牿 gù 牛马牢，今说栏或圈。告的一项古义是牛触人，牿的一项古义是牛两角之间加一横木，防止它顶撞或挑死了人。

靠 kào 有依靠、挨近、指望、信任等义。后二义全为抽象义。对于教令是要相信和依靠的。今说靠是相依之义，然而古说靠则为相违之义。靠字从非，非就是相违之形。语义向相反方向发展了。这中间并没有鸿沟。如今说靠后点，对后来说是挨近了，对原站地点来说是离远了。又如说靠边站，对边来说是靠近了，对工作

焅 kù 火气、旱气。酷是酒气盛，焅是旱气盛。

烤 kǎo 用火烘或炙。烤火是要暖，烤饼是要做熟，即是要火烈。字或作焳、熇。

陆 kū 阜之高大者。从告字有浓烈、高大之义。

鹄（鵠）hú 古常鸿鹄连称，鹄的声母读音同鸿。鸿有大的语义，鹄从告，亦有大义。鸿有时也指鹄，总称为鹤，鹄是其中的一种。鸿常称大雁，鹄一举千里。黄鹄为仙人所乘，"黄鹤一去不复返"，就是指它。鹄又读gǔ，即读同告，为鹄的（箭靶）之义，鹄的语源义是正直，箭靶总在射者的正前方，故说正鹄，而教令总是正直的。

浩 hào 亦作澔。水盛大。如说浩瀚，或浩涵，均双声词。浩然之气，就是正大刚直之气。浩歌，就是放声歌唱。浩劫，就是巨大的劫难。

皓 hào 本作皜，亦作皥。光明盛大。皓首，就是白发，还可说明星皓皓。

造 zào 去到、往。造访，就是去拜访，就要有所告诉了。造，往告也。造又有成就之义，今还说造就，两字双声。如说造就人才，又常说制造、创造、改造，语义都着重在成就，去、到的意思淡化了。又说造房、造桥，还说造船业。造的古文字作艁字，造的主要用意是在造舟，成语说木已成舟，要乘舟而往。在造桥之前，人们是"造舟为梁"，即是并舟为梁，今说架座浮桥通行。

慥 zào 诚实的样子，可说慥慥然。实即是正直之义。

簉 zào 或读chòu。副车、随从之车。帝王或将军出行，从属之车随后。因为从车较简陋，却轻捷，故字从竹，也作艁，取往、去之义。

糙 cāo 稻米脱壳之后，或春或碾，还要精细加工，未加工之米曰糙米或

糙粝。又说精米或精粉，以与粗糙相对。在晋唐之际糙字产生之前，人们都说精粗。今又常说粗糙，泛指各种产品，甚至各项工作，做得不精细。语义发展了，即粗糙一词的主语或宾语大为扩展了。

133. 名

名 míng 名字。动词义为命名。从夕，从口。晚上看不见的时候，就要以口自名。古时百官承事，朝见君谓之朝，暮见君谓之夕，看不见的时候，就要直呼其名了。在父系社会，男人常有名，妇女常无名，娘家的姓和婆家的姓合起来叫个什么氏。鲁迅笔下的阿Q身世卑贱，没有名字，连姓也没有。名的引申义指名声、名望，又泛指各种事物之名。

铭（銘） míng 记录着，可说铭记在心，铭刻于金石。现在大多写在纸上，挂在墙上，以示不忘。

酩 mǐng 酩酊，或茗艼。醉甚不自知，如说酩酊大醉。酩亦作佲，"酩子里"（宋元以来的口语词）就是暗地里、平白无故地、糊里糊涂地。酊，顶也，丁盛之义也。事物到了极点，往往就叫酩酊，亦即昏暝至极。

茗 míng 茶药。早采曰茶，晚采曰茗。茗字或作茮。茗，晚也。茗本为茶之一种，从而也可泛指茶，品茶可说品茗。

命 mìng 名的动词义为命名。命字从口，令声。令，使。故命，使人使物叫作什么名。在科学没有发达时，天地间生下了人，是天的制令，故说天命，故人的生命叫命。这样，命又有生命之义。从而又说命运、短命、长命、命途多舛等。又有宿命论，宿，安守也，即是安守天命，一切命中注定，不能改变，这就束缚了创造力。

134. 各

鸣（鳴） míng 鸟的叫声是自呼其名，故鸣，命也。皆为动词。鸣的引申义也可指人，如说不平则鸣、百家争鸣。百家各言其旨，也是自命其名，如讲道的是道家，讲法的是法家等。

各 gè 口说各不相同曰各，故各字从口，指言辞，引申指言辞不同的人，说各人、各自，又引申指事物，如说物各有主。这样，各字就成为遍指每一个人或物的代词。各字的上半部为夂(zhǐ)，它的两撇象两腿前行，它的一捺象要阻止，故叫"行而止之"，即是一个个地口有所述，却又各不相同，各说各的。这种现象叫各，各自为政。

客 kè 人在异乡便是客，与主相对而言。宾与客的区别很大，宾是主人尊敬、主宾契合的重要人物，客是游走他乡、言语也不同的来人；宾取义于冥合，客取义于分异。作动词，宾是以礼相待，如说相敬如宾，客是外来寄宿之人。现在都说客人，上述的区别没有了，对待贵宾也是毕恭毕敬的，可说上宾，也说座上客。说客气，就是有礼貌，多谦让；古说客气，为言行非出于真心，是外加的、表面的甚至是虚伪的气。

胳 gē 手臂亦叫胳膊，可格斗，可拼搏。臂，辟也，用以开辟。此皆就其功能而言，可见人体的直立，双手的解放，为人类的生存竞争，打开了新的门径。

袼 gē 衣袖的腋下部分。袼的大小高下，以手臂能自由运动为好。

挌 gé 手臂能行能止叫作挌，即自由行动，以便出击，今说挌斗，或作格斗。

骼 gé 人的胳膊指上肢，兽的胳膊指后腿。这是汉代大注释家郑玄明确说了的。牛马和毛驴，它们的后腿能踢人，这就是它们的格斗了。这说明胳膊的语源，的确是从挌从搏的。用什么去格斗，什么就叫胳膊。骼本应指膊膊之骨，引申指骨枯曰骼，人骨也可说骨骼。

格 gé 能行能止、阻止、限制。格格不入，就是处处有阻止，窗户的格子，就是纵横阻隔。今说合格、规格，或说破格、格外，就已引申为一种标准、格式之义。抽象义如风格、格调、格律，也是这个意思。于是格又有端正之义，方格就是正方形。

阁（閣） gé 开门开到一定限度时，门后有一根木桩挡住，不能再开了。这个木桩就叫阁，实在就是"行而止之"的意思，为名词。现在门框、门槛、门槛等，都在门开合时起止扉的作用，叫门停住不动。现在把横架的木板用以搁置什物的设施叫阁，碗柜、书柜里有许多层横置的木板，也叫阁。又进而把接屋隔间的贮藏室、内室都叫阁或阁楼。《木兰诗》："开我东阁门，坐我西阁床。"这是闺女住的内室小房间。至于藏书的地方叫天一阁、文渊阁之类，那就大了。今有的国家政府机构称内阁，就更大了。

搁（擱） gē 是阁的动词义，存放。如说正好搁下一张床，搁不下一张书桌。又说菜里再搁点盐，这就跟居室、门扇完全无关了。抽象义如说把问题再搁一搁、事情搁浅了、心里搁不住等。

恪 kè 或作愙。心有所寄、心有所止，便是谨慎、认真之义。恪守，就是认真遵守、严格遵守。恪，严格，这是以格释恪。

　　以下从各之字，声母发生变化。

络（絡） luò 散乱而牵连之状。今说联络，两字双声。又连又交错，就叫作络。今说网络，为同义词结合，络的一个义项就是指网。网就是丝的纵横相连与分异，今说交通的网络、信息的网络。又说笼络，笼为竹片的纵横交错，笼以竹编，络以丝结。笼络作动词，今已用作抽象义，

如说笼络人才、笼络人心，为招募、拉拢、控制之义。笼头，也叫络头，套在牛马的嘴上，让它走路或干活的时候不能吃东西。马笼头或叫马络头，是套在马头上用以系缰绳或挂嚼子的，讲究的有金络头或青丝络头。

烙 luò 连续不断地在火上烘烤。炮烙是一种刑法，烙的是人体，留下烙印。口语读lào，有烙铁、烙饼，都是较长时间的烤。

珞 luò 璎珞，即项链，用珠玉穿成。璎则以贝。链从连，珞从联，取义同。

洛 luò 水流络绎不绝。故常以洛名水，我国古来名洛水的河流有四，最著名的当然是洛阳那里的洛河，陕西有洛川，川，贯穿通流水也，当然就是洛洛的了。曹植写《洛神赋》，"流眄乎洛川"，为洛神想象一个美丽的背景。洛神就是洛阳那边的洛水之神。

落 luò 草木凋衰。花叶与籽实一齐掉下，语义着重在"各"，即分离，行而止之。落有衰败、堕落、降落、陷落、去除、荒废、殒落等义，是我们至今还能理解并使用着的。落又有始的语义，落成，就是开始完成。落英，指初生的花，也可指凋谢的花，有时就引起争论。种子落地了，就是新的生命的开始，故落与开始之间就相通起来了。现代的落字，有许多抽象义；落得个身败名裂，就是指事情结局；落空，就是一无所得。

铬（鉻） luò 剃。今说剃头，也说落发为僧，铬与落音义相同。铬又读作gé，指一种古兵器，似钩，则又与格字音义相近，如说格杀勿论，铬就是用以格杀的。铬的声母变了，就没有联络的意思了。

路 lù 道路，路途。途是伸展远大的路，如说前途；道是有方向目标的路，如说条条道路通罗马；路是联络而又分异的，如说路路通。三字的差别很大，却又不是严密的逻辑分割，如歧路，也可说歧途、大道，也可说大路。尤其是现代复音词多，

可说道路、路途，这时就不能过于拘泥了。路还有在外之义，与在家相对，从而得暴露于野、疲惫、困顿、羸弱之义。于丝为络，于足为路。路字在现代常常用于抽象义，如说路子、路数，常是指办事或想问题的方法，路线就更是政治理论问题了。又如说路越走越宽，或说冤家路窄，也是指的社会关系方面。古今都有"大路"的说法，从而路字就有大的意思，这也成了它的一项古义。

辂（輅） lù 大车，天子、诸侯所乘。辂与路通，路有大义，故辂可指大车。辂又指缚于辕上的横木，成纵横交错之形，故从车、从各。

硌 luò 山中大石。音义从各，取大义。作动词谓累起、叠起，用同"摞"。身体压到坚硬的东西而疼痛，叫作硌（gè），则是取抵触之义，声母变了。

鹭（鷺） lù 或称白鹭、鹭鸶，以其体形高大。福建有厦门，音义从夏，大也。厦门又称鹭门、鹭屿，可见鹭取高大之义。

骆（駱） luò 马白色黑鬣尾也。马身的毛色白似鹭，所以名骆。于鸟为鹭，于马为骆。骆驼简称驼，驼大于马，故称骆驼，同时骆还有络绎不绝之义，这也是有书可证的。

酪 lào 旧读 luò，常说乳酪或奶酪，白色，今说说乳白色。

璐 lù 大而白的玉，如说大璐。

赂（賂） lù 作名词指大笔财物，作动词为赠送大笔财物，或广泛赠送财物，如说"赂以鼎""割地以赂秦"，都是动词。

露 lù 名词指露水，动词谓沾了露水，暴露本谓日晒夜露，晒和露都是动词。引申指显露、裸露、滋润等义。今具体义可说暴露目标，抽象义说暴露思想、暴露矛盾。

略 lüè 经略，即经营与略定。略从田，田亩的丈量与计算，周围的邻界。

故略的音义也是从田从各，定城国，封诸侯，都是国家的经略了。侵略就是诸侯国之间的侵占与掠夺。略地就侵占土地，略为巡行（各字的"行而止之"之义）、占领、强取之义。因为略就是略定土地，农业时代最重要的生产资料，故可说雄才大略、谋略、要略。又常与数量有关，可说约略（约莫数、大概数）、略微，略略为稍微之义。

撂 liào 放置、抛弃、摔倒，即是分异、相违之义。如说把包撂下，就是放下包；撂下我一个人，就是丢下；把他撂倒在地，就是摔倒。字或作撩。

貉 hé 或作貈。似狐，常说狐貉，双声。锐头，尖鼻，斑色，毛长，光滑，可以为裘。貉字从各，分异之义，即是似狐而略异也。

额（額） é 或作頟。额头。它的同义词是颜。颜指眉目之间，也指整个颜面、容颜。额为颜之高大处，是其部分，故从各。门楣、匾额，也可叫颜。额的引申义指凭据或文件上写明的数额、名额、定额之类，又可说缺额或超额、额外等。

峉 è 山高大貌。可说山巅、山头，也可说山之额了，峉与额音义相通。

135. 咎

咎 jiù 字从人，从各，与人相违背，故为灾难、罪过、祸患之义，为名词。作动词则为指责、归罪、追究责任之义。如说畏咎，就是畏罪。咎由自取，就是自找罪受。

怂 qiú 心中有所违逆，故为怨仇之义。怂与仇至今犹同音，可能是一字，从九与从咎字相通者亦有数例。

俗 jiù 毁坏。怨咎而毁坏之。

鲋 jiù 今曰鲋鱼，以其出现有季节。体扁而大鳞，肥美而多骨鲠，鲠，鱼刺卡喉中，相违、祸患也，故音义从咎。

晷 guǐ 立竿见影，以测定其移动来规定时刻，这种仪器叫晷。何以从咎？日在东则影在西，日在南则影在北，故为相违。

屚 guǐ 岩下的泉水，从旁流出者曰屚，水之流向相违。晷说的是天文，屚说的是地理。

绺（綹） liǔ 织布时纬线十缕称为一绺。纬线对经线而言，纵横交织，称为布匹。纬从韦，相违也。故又可从咎，取相违之义。缕之相违曰绺。今又说一绺线、一绺头发、一绺烟。《智取威虎山》中那些土匪自称绺子也，也取违逆之义。

136. 吹

吹 chuī 从口从欠，欠为人字上头出气。自人曰欠，自鼻曰息，自口曰吹。都是会意字。出气急曰吹，缓曰嘘。吹嘘就是为人或为己过多地说好话、宣扬，今说吹牛；还说告吹，就是垮台了，拉倒了。

炊 chuī 从火，吹省声。即是吹气生火做饭。炊烟就是做饭冒的烟。

137. 号

号（號） háo 除号叫之义外，其他均读去声 hào。号字为口在丂上，丂的下部为气上出之形，被一横所阻碍，口下阻气，呼喊、号啕了。号为呼声高大有威势，从而区别于一般的呼。啼饥号寒，啼为声音拉得长，号为呼声高。号引申为扬言之义，如说号称八十万大军。号作名词指号令、徽号，还用于数字号目。川江号子、军号之类，出声就更大了。

鸮（鴞） xiāo 即猫头鹰、猛禽，故其音义从号，以其鸣声取名。实际上它的叫声还是恶声恶气的。

枵 xiāo 木大而中空之貌。木大则常多空穴，故又有空虚之义。枵与虚声母相同，枵腹就是腹内空虚，即饥饿了。

饕 tāo 贪而大也。饕与贪声母相同，从而饕有贪婪之义。饕又从号声，且是从虎之号，大有威势。自古就说饕餮（tiè），相传黄帝时代有个氏族首领叫缙云氏，他的一个不才之子叫饕餮，人如其名，是个可怕的贪吃贪财的魔鬼。后来饕餮这个词成了恶兽的名称。周秦时代常以饕餮的头像铸于钟鼎，作为一种警戒和警惕，防止饕餮残害天下。

138. 只

只 zhǐ 置于句末表语气结束之语气词。只字下部的两点表气之曲而下引，因此从只的派生词有弯曲和终止之义。只字表终止的语气，相当于"罢了"，字或作咫、轵。如："是知天咫，安知民！"意思是了解天意罢了，怎么能了解民意！只字早已不作语气词用，由终止之义引申为仅、只之义，作副词，常说只有、只能、只顾、只是等。

穧 zhǐ 木枝纠结弯曲，不能舒展成长之状曰穧，它不是禾字旁，而是禾 (jī)，即木字的头曲。

枳 zhǐ 似橘。若是把橘从江南移植到淮河流域，便停止生长，成了枳，果子小而酸，不能吃，因此叫作枳，又称枸橘。

轵（軹）zhǐ 车轴两端的小孔，轵贯穿其中，使车轮行进时，轵卡住了轮，不致脱落。即是起阻止和控制的作用，故其音义从只。

疻 zhǐ 凡殴伤于人，皮肤青黑而无创瘢者称疻，有创瘢者曰痏(wěi)。这是古代法律上的概念。皮肉没有破，即使受伤也是皮下出血，伤势有限，故音义从只。

迟 qì 曲行，为的是避开敌人，就要腰斩。迟是军法上的用语，与一般迂回的曲行不同。

139. 昏

昏 guā 隶书时变作舌，与舌头之舌音义皆不同。昏本又从口，昏(jué)即橛，木橛子。马口中常衔橛，或叫马嚼子，今常衔铁用以制驭马之前进或停止。从昏的派生字有塞口、包含、会合之义。

佸 huó 家人的会合、团聚。会、合、佸三字声母相同，是佸的声母受了会、合二字声母的影响。

髺 kuò 把头发会总起来结住。字也作鬠。还常用一根竹制的簪别住。

现在只有女子头上有发结。古时不理发，男子也梳髺，杜甫头上就有发髺，他的《春望》诗："白头搔更短，浑欲不胜簪。"

骺 guā 骨端与骨端的会合处，骨关节。

括 kuò 结，捆扎。今说包括、囊括，又说概括、总括，就全用于抽象义。

刮 guā 也作括。搜刮钱财，就是搜索聚集，也说刮地皮，就是把老百姓的钱财抢劫干净。又说洗劫一空，就不是用刀刮，是用水冲。三国时关云长刮骨疗毒是把毒素刮掉，还有聚合之义。现在的刮痧，只是一个来回刮的行为；又说刮目相待，就只是擦擦眼睛，另眼看待之义，连刀也不用了。又说刮肠子，是苦费思索，刮肠洗胃，是痛改前非；刮脸皮，是羞辱人，都是抽象义。

颳 guā 它是从刮字分化出来的字，言风如刀刮。逐渐地，风沙也说颳，还说颳倒了树，更重要的是不如刀刮一般的起风，也可说颳风，更没有会合的意思，语义在演变，今作刮。

话（話）huà 本作諙。善良之言的会合。它的义素有三：一是善，二是言，三是会合。如今说会话，不能说会言。又说话本，就是说书人的底本，虽然分章回，却是会合的全本、足本。周秦时人用字提到话，多指王者、哲人、尊者之言、教令之类，一般的人只用言字。六朝时代开始，对农夫、田父都可说谈话。逐渐地，凡言都可说是话，可说苏北话、闽南话、闲话、坏话等。话字的三义素只剩了一项：凡言都是话。古曰言，今曰话。

秴 huó 祈求刮除灾祸的祭祀。

栝 kuò ①檃栝，一种纠正竹木弯曲的器具，檃，审度；栝，会合。与竹木合而定竹木之弯直。②栝又指箭的末端，发射时栝与弦会合之处。③一种叶如柏、身如松合会之树，与桧相通。

聒 guō 声乱耳谓之聒，言语欢哗会合于耳。如说絮聒、聒噪。

鸹（鴰） guā 鸹鸹，今说老鸹，即乌鸦。其色苍，其声鸹。

蛞 kuò 虫鸣声聒，于鸟曰鸹，于虫曰蛞。

活 huó 亦作湉，水流声。今犹说活水，即是有源头、不会干涸的水，从而引申为活命、生活之义，活我就是救活我。从水之活到人之活，水与生命的关系何其密切。然后指鱼之活，草本之活。活字的主宾语的范围越来越广泛。然后说活计，即生计，还说赶活儿。活的反义词是死。用作抽象义，灵活与呆板、僵硬相对，活泼与严肃相对。

阔（闊） kuò 阔，远也，如说辽阔，可说广阔天地、海阔天空。阔字从门，又是对家门而言，离家门远，就是阔别。又指人的聚散。阔的抽象义如说阔达，即心胸开阔，事理通达。但说迂阔，则是相反，迂远而疏阔，指不切实际，不能解决问题之类。

140. 心

心 xīn 心脏。它本是象形字，都是弧形笔画，连成一个心脏之形。由隶到楷，笔画草书化了，其中三笔演变成三个活泼的点。古人误认为心脏是思想的器官，故有关思维活动的字，大多作心旁。又心脏是人体的中心部位，故又把事物的中心部分称心，如说莲心、枕心、圆心、核心、计算中心等。

沁 qìn 动词，感觉进入心肺。如说沁人心脾，指吸了新鲜空气、喝了清凉饮料的感觉，能透心。还有优秀的文艺作品给人深刻的共鸣，震撼人心，都可说

沁。故引申为渗入（心田、心扉）、注入之义。又可说沁骨、沁鼻，即是它的宾语发展了。

芯 xīn 灯芯草的茎中长满纤维性的髓，可以做油灯的灯芯，故其从草，音义从心。蜡烛的芯是线做的，叫捻子，也叫芯子。有一种布料叫灯芯绒，它的正面有一条条凸起的毛绒，像是灯芯。

蕊 suǒ 亦作蘂。怀疑，多心。蕊与心声母相同。也说挂心，蕊有垂下之义。蕊又读作 ruǐ，即与蕊同。参见蕊。

蕊 ruǐ 花心说花蕊。蕊一般都是多心的，有雄蕊、雌蕊。刚开花的时候，蕊皆挺出，不久就下垂了。这下垂的样子叫葳蕤（ruí）；蕤，草木花垂貌。蕤与蕊声母相同，语义相通。

141. 宁

宁（寧） níng 安静。字形作心在宀（深屋）下，又在皿（饮食之器）上，住房和吃饭问题都解决了，就安宁了。宁字的下部今作丁，本作丂，为舒气状。这样，物质上精神上都有了，还不安宁吗？后说息事宁人。宁又有宁愿之义，心之所愿。宁的引申义，可说宁国、宁乡，还有西宁，应是西方安宁，还有南宁、辽宁、海宁。《易经·乾卦》有"万国咸宁"的话。宁字还有疑问副词的用法，宁渠，就是难道、如何之义，宁、难、如都是声母相同，是宁字的假借义。

泞（濘） níng 水宁静则清，故为清的意思。又说泥泞，谓道路黏滑难行。又说汀泞，汀，平也，停也，即平静之水；也指泥淖，黏着。

咛（嚀） níng 叮咛，嘱咐也，也作丁宁，即一再反复告诉，叮与咛皆有追逐、黏着之义。

拧（擰） níng 扭转，拧紧，或揪住不放，如说拧衣服、拧耳朵、拧螺丝，抽象义如说拧成一股劲。拧的语义还可向相反方向发展，拧反了，反而不安了，如人际关系相处别扭，不顺当，或一方脾气倔，都可说拧着了，说话拧了。

狞（獰） níng 凶猛，丑恶。如说狞厉、狞劣。狞笑，就是凶恶的笑。狰狞，亦可作拏和挲字，即犬毛扭转，乱成一团，由犬毛之恶劣，引申为形象之凶狠。

142. 囟

囟 xìn 脑门。婴儿头盖骨未合拢，儿字的上部就是脑门未合之形，长大了就合拢了，故用门字来说明它。

思 sī 上半部分本从囟字，隶书通俗化，变作从田。囟是象形字，它还有一个形声字的写法，作膟，即从肉，宰声。意谓脑是人之主宰。心和脑所主宰的便是思。思作动词的思考、想念之义，如说思索、思量、相思等。思作名词为思绪、情思之义，如说思路、思潮、乡思等。思想一词，名动两用。思维则是一个哲学概念，与物质相对而言。

偲 cāi 有才能。又读作 sī，勉励，切磋。这都是有思想、有头脑的表现。

諰 xǐ 从言，思声，即一边想，一边说，不知是否该说，不知说的后果，故得惶恐不安之义。另一义项谓语有所失，字或作葸。从犬旁，取不正之义。

葸 xǐ 畏惧。与諰同音而义切近，字从草，取草率之义。

飔（颸） sī 悲凉之风。这是风与人的情思之间的联系，字从风，思声，思字就有悲的意思。飔风又解释为疾风，疾风多摧折，也可与悲伤的情思相联系。

鰓 sāi 牛羊之角，外骨套内骨，牛斗而折其角，则内鰓可见，如小角，以与脑门相附会，亦思想之器官，故从思声。

鳃（鰓） sāi 鱼鳃，居鱼头两侧，是鱼类的呼吸器官，由鳃盖、鳃弓、鳃瓣、鳃丝等几部分组成。鳃瓣上排列着大量鳃丝，实际都是毛细血管，以实现气体的交替与吸收氧的功能。其实也与思想无关，只是与脑门相附会。

腮 sāi 或作顋。人的两颊的下部，北方说腮帮子，南方说颊腮。腮腺是从两耳下部到腮帮子的唾液腺，腮腺发炎就叫腮腺炎。于人曰腮，于鱼曰鳃。

缌（緦） sī 指一种细而疏的麻布，两麻一丝的混纺，语义着重在细而合的。用以制丧服，远亲就穿缌麻，表示血统联系细小而合。

细（細） xì 微小。细的右旁本是囟字，脑门是细而合的，用以形容丝缕、毛发之类的微细而比合。细纱、细布、细眉等都是细字的本义用法，细沙、细粉之类便是引申义了。春秋时代的楚灵王好细腰，腰也可说成细。精细、细致等是同义词的结合，细心、仔细、详细等是抽象义。细说是指逸言，奸细、细作指间谍，这些细字，都是细密、隐蔽之义。

143. 𡿺

脑（腦） nǎo 或作𡿺。右下部为囟字，囟上长的是头发。左旁从肉，或从匕，即比，为脑门比合之义。脑的本义是指头髓，是反映和思考的器官，引申指人的思想，说脑子清楚或糊涂，说某人有头脑，是说他对问题、对时局有自己的见解。电脑能代替人脑的部分功能，如记录、计算等，故也称脑。与脑形似之物有豆腐脑、樟脑等。

恼（惱） nǎo 恨。今说恼怒、恼火、烦恼、苦恼、懊恼。恼了，就是生气了，还可加宾语说恼人。在人的七情中，它主要指恨与怒，因为它最伤脑筋。喜乐欢笑则使人年少。这是群众生活中的体验。实际上极端的快乐也能死人，也伤脑筋，不过这已不是常情。

堖（瑙） nǎo 小山丘。以人的头脑作比喻。常作地名，南堖就是南边山丘处的那个村子。

硇 nǎo 硇砂。烧过的石灰坑中或火山旁的一种矿物，其状如脑，是熔化后凝结的，性毒，服之使人恼乱，故曰硇砂。

瑙 nǎo 玛瑙，或称玉髓、石髓，是石英一类的矿物，它是胶体溶液的沉积物，故常呈头髓状。它质地坚硬，色彩艳丽，有光玉髓、绿玉髓、血玉髓等。玛瑙制品是汉武帝时代由西域身毒国传入的，故可能是音译词而赋予了汉语的语义，玛字从马，取大的意思。

144. 知

知 zhī 作名词指知识、认识、智慧、智力，作动词为明白、懂得、理解、识别、感动、觉得、记住等义。知有深浅、广狭、大小，只是错误的不能叫知识，一旦发觉了就要刬除掉。知字从口从矢。知识总要由口说出来，现在书面交流发达，也得以口述为基础。知字何以从矢？矢言，就是正直之言。矢必须是直的，必须正对着目标，所以矢字经常与正直的观念联系着。如矩从矢，是正方之器；矫从矢，是纠正之器。所以正直之言方能叫知，谬误不能叫知。今常说知道，就是知，道的意思没有了。知道一词原本是个动词加宾语的结构，《孙子兵法》中说："知道，胜；不知道，不胜。"道就是取胜的办法，就是兵法。

智 zhì 智慧、知识、智谋，是知字的名词用法，是从知字分化出来的字。智斗就是凭智慧来斗争，智取就是靠智慧来取胜。

蜘 zhī 蜘蛛。李时珍《本草纲目》引王安石《字说》："设一面之网，物触而后诛之。知乎诛义者，故曰蜘蛛。"所以蜘蛛者，知诛也。

145. 意

意 yì 内心的各种活动都可叫意。如情意、好意、恶意，又说主意、意志、意境，就是更深入内心的东西了。意从心，从音，心之音也。

亿（億） yì 满，满足。今犹常说满意不满意，意常要求满足，故可引申为满。心也可说满，叫心满意足。又说满仓，指仓库充满粮食，古则说亿，《诗经·伐檀》有"胡取禾三百亿兮"，"三百亿"就是三百满仓的粮食。亿字后引申作万万为亿，数之满也，即满数。

檍 yì 也叫万年木或万岁木，可见音义从意，就是取亿万之义。檍是一种高贵之木，古代就是官园种植之木。

繶（繶） yì 缝补在衣缝中使之完满的丝带。也叫纫（xún），指鞋底和鞋帮相接处，嵌有一圈的丝带。繶还有捆束之义，一满捆就是一捆。

臆 yì 胸，意在心胸之中，故说胸臆。胸从凶，取下陷之义；臆从意，则取满义。一陷一满，为呼吸之象。人悲愤之时，气郁结于胸，即是气满，或说义愤填膺。又如说愊臆，愊也是满的意思，也可作愊亿、幅亿，满则幅。臆又有臆想、臆测的说法，即是意想之中的推测、猜想。

今说主观臆测、盲目臆断、凭空臆造，就都是言而不中的了。

癔 yì 心意之病，即是神经官能症，也说癔病，那是受了重大刺激，变得哭笑无常，严重失控，胡乱打闹，或痉挛失语。

忆（憶） yì 念到、想起。记忆就是常思不忘，回忆就是追思不忘。忆旧就是想念老朋友。

薏 yì 荷花结的果实叫莲子，许多莲子长在一个莲蓬里，莲子是洁白的，剥开莲子，中间有个青色的胚芽，叫薏，俗称莲心。心和意是同义词。莲心为什么又叫薏? 就是艸也有心意之义。因为并蒂之莲在我们民族文化中一直象征夫妻情意，莲并与"恋"谐音。这个最中心的东西，就是有着心意。这样，这个构思和命名，便富有诗意了。再加上佛教也常常取莲为号，荷与莲就一直保持着它的美好形象。现在还有一种薏米，是薏苡这种植物结的果仁。苡从以，即已，未成形的幼儿; 仁从人，故薏从意，亦心意之义。

146. 直

直 zhí 正视。直字的古字形作直，十字下面一个目字，目字下面一个L（即隐字，隐蔽曲折之地）。十字是纵横两笔相交，即是取正的方位。上有正直，下有曲折，中间一个目字，便是审视曲直。老话说: 正曲为直，即是能匡正人家的曲，便是正直。立心偏，便是曲; 立心直，则为德。所以，直本是一个抽象概念，立心有曲有直，引申指各种事物现象的曲直，由抽象而具体。又引申为副词，为径直、直接之义，"直驰入"就是直接骑马驰入军营，没有检查审批之类手续。

德 dé 本作悳，心直为德。从心，直声。这是在语源上表明的道德观。又从彳，即是行动上也要正直。实行为德，不可只存于心。引申有恩惠、感谢之义，"德我"就是感激我。

矗 chù 又直又长之貌，即高耸之义。今说矗立、直矗云霄。形容山峰或高大建筑。

值 zhí 两两相当为值。值班就是正当班，值日就是当天（打扫），价值就是其价相当，值多少钱。

植 zhí 直立之木，如门两旁之柱，筑墙时两端所立之柱，都是两柱相当。引申作动词，为种植、树立之义，植物一词早就有了。立志可说植志。

稙 zhí 先种曰稙，后种曰稚。由种植之义引申指早种的庄稼，名词。

殖 zhí 生殖、繁殖。于草木曰植，于人曰殖。歹，半骨。于骨肉曰殖，于资产亦曰殖，如说货殖，指经济的流通与增长。《汉书》中有《货殖传》，专门记载经济发展状况。

埴 zhí 黏土。土黄而细密，有黏性，能制各种器皿而站立。又引申有坚固之义。

置 zhì 置的上部是网字，指法网。身在法网之下也能直立，故得赦免之义，今还可有放弃、去除、废除、搁置等义，都是由此义派生的。置还有设置、购置、安置、建立等义。设置还可指法规、职位、人员的设置。今说位置，就是设立的职位。这样，设置与搁置，语义相反，却又包含在一字之中。

147. 悉

悉 xī 从心，从采（biàn）。采，鸟兽的指爪分别之形，即是鸟兽之迹。心中有鸟兽之迹，得熟悉详尽之义。这是渔猎畜牧时代的词。这兽迹有多少，向何处去了，是什么鸟兽，实在是狩猎生产中的最大信息。所以，这个悉字也就十分重要了。至今还说熟悉、深悉、洞悉，都不是一般的知道。从而悉又由动词发展为副词，是全都之义，如说悉心照顾、悉力相助、悉数归还等。

偬 xiè 人钻在草堆里，就要发出偬偬崒崒的声音，故偬，动草声，小声。也指人呻吟或叹息之声。

穝 xiè 穝糤(sǎ)，散米声。两字双声。

窸 xī 窸崒(sū)，受惊不安之声。动物急速出洞声，如说出溜一下窜走了。两字双声。

蟋 xī 蟋蟀，一名促织，谓其声如急织，由雄者两翅摩擦发出细碎之声。亦两字双声。

148．审

审（審） shěn 本作宷。采，即辨字，象兽之指爪可分辨。在家里审辨，那就是对各种事情的详细、明白、慎重、确实的认识，为形容词；作动词为审察、辨别、审核、讯问等义。由兽迹之审，到内心对各事各物之悉，真切地反映狩猎畜牧时代人们的生活与心态。熟悉、审察之后，还要做出解释，释字也从采。我们有一个传统的说法，文字是从鸟迹发展出来的，作为一种信息和符号，在社会中表达和交流。

谂（讅） shěn 言之审，如说验谂，实同审。

婶（嬸） shěn 叔父曰叔，叔母曰婶，叔取叔少之义，少于父，

故称叔父，简称叔。婶的取义，谓审悉事理之人。如说姑嫜的嫜，姑之夫也，章也有对事理章明之义，从而作为尊称。叟字从又从申，申便是引导、申述之义，叟是灾祸来临时引导与辅佑的人。嫂是女的叟者，女的引导与辅佑之人，也是尊称、推崇之取义。而媳妇的媳，一度也曾写作婶。

沈（瀋） shěn 辽宁沈阳，居沈水之阳，沈水又名五里河、小沈河。顾名思义，沈水就该是清明之水。但相传古时有一神羊，于此为民造了福，故名此址为神羊，谐音而得沈阳，这可说是民间的通俗语源。沈有古义指液汁。

149．信

信 xìn 真诚。作动词为相信、信任、信仰之义。作名词，①指诸侯国使者，如说遣信、信使。②指用作信的凭证、符契之类，如说印信、信矢(令箭)。③书简，如说信件。信字还有副词用法，谓确实之义，如王羲之说兰亭聚会那天的心情是"信可乐也"，就是确实快乐。

印 yìn 印章。是一种凭信。作名词说按个印，或按个指纹；作动词说印刷、印染。印的字形是从爪，从卩。印与信至今韵母相同。今说按，古则说抑。抑即印，它本是反写的印字，后加了提手旁。抑与印至今声母相同。有些古文字的研究家认为抑与印是一个字，但是两字的韵母不同。

玺（璽） xǐ 王者之印信玉玺。这是从秦开始的，本来不分上下都可称玺。秦王子婴出来投降的时候脖子上就挂着他的玺。玺与信，声母相同。玺的韵母从尔。尔又是从㸚(lǐ)得声。㸚象罗网和窗牖的交文。玺上也必有交文，实即文字。故玺字的音义上并没有王者的

痕迹，是秦王专用了全民语中的字，后来也遵守了这个用字。袁世凯当了皇帝，刻了一个印章叫"中华民国之玺"。既是民国，还叫作玺。这是我国的最后一个玺。

150. 允

允 yǔn 诚信。字形从人（即儿）从目（即以）。允和以，两字声母相同。以，用也。人之用，即信，今说信用。公允就是公平而诚信。允又引申为赞同、许诺、适当之义，如常说允许。

兖 yǎn 兖州，我国古代九州之一，因为它在兖水流域。兖或作沇，水平稳，适当流动。沇沇，水盛多貌。故兖与允音义相通。

夋 qūn 行走平稳、舒迟之状。从夂，允声。夋与允韵母相同，夋与夂声母相同。夂（suī），行走迟缓状。故夋的语义就是行走舒缓。

逡 qūn 退让、谦逊。这也是诚信、公允的表现。逡巡为欲行又止之义。

竣 jùn 谦退而止。事毕也说竣，今说竣工、告竣。

踆 cūn 行而退。逡、竣、踆三字相通，皆指足之行进，或进或退、或退或止，因为都是在表现诚信、公允，皆出于夋。

俊 jùn 才智不凡，超群出众。常说俊杰，杰也是杰出之义。又说俊拔、俊彦、俊逸、俊迈、英俊，都是同义词的结合，又说俊秀、俊俏，往往还包括容貌。夋本是由行走而及诚信的品德，故它可以从外表与内在两方面说。

悛 quān 心之所逡，故为迟缓、悔改之义，如说怙恶不悛、长恶不悛，即不悔改。

峻 jùn 或作陖、陖。由才智出众之俊，到山之峻，语义由抽象到具体，如说崇山峻岭，便是峻的本义用法，高峻也。也说峻峭、险峻，峻字就是屋宇高大。还说形势严峻，严刑峻法，乃作抽象义。

焌 jùn 燃烧时火焰飙升峻急。又指燃火以灼龟，这灼龟无疑是诚信的。

畯 jùn 农中之有才智者。田畯，田大夫也。

酸 suān 醋的滋味。字从酉，酒也。酸指酒一类发酵物的滋味，酒坏了也成醋味，所谓狗恶酒酸。酸能帮助消化，酒能舒筋活血，行俊夋也。心酸，是悲痛之义，寒酸的酸也是悲痛之义。

皴 cūn 皮肤起的皱纹。年轻人皮肤细而且紧，老年人皮肤松弛而粗糙，甚至形成皱褶，故皴从夋声，取宽缓、松弛之义。

浚 jùn 疏通水道，是来回迟缓的行为，与逡巡相似。又为濬的简化字，读xùn。

骏（駿） jùn 马中之俊才。马之俊良主要表现于奔驰，故有飞速之义，还有长大、高峻之义，形容山高也可说骏，显然就是峻字的假借。骏命就是大命、天命。现在骑马的时代已经过去，但是把有关马的词语用之于汽车，在语言中还时有表现。

巁 jùn 狡（机灵之义）兔。兔中之俊才，主要表现于蹦跳、挖洞。所谓狡兔三窟，就是指狡猾的兔子有三个窝。

狻 suān 狻猊，即狮子，出自西域乌弋国。狮是少数民族语的音译词，汉语名狻猊，犬中之俊才，它的主要表现是食虎豹和走五百里。狻字的声母可能受到狮字的影响，两字双声。后来人们还是接受了一个简单的音译词，至今称狮。

鵔 jùn 即锦鸡，鸟中之俊才，主要表现是羽毛似锦。它又名鷩雉，雉也是羽毛美丽，而它还性格憋急耿介，故名鷩雉。

駿 jùn 鼧鼠，从石，取开拓之义，又叫五技鼠，能飞、能缘、能游、能穴、能走，这在鼠辈之中不就显得是俊了吗？

至此，人、马、兔、犬、鸟、鼠，皆有其俊，表现各有不相同，这就使俊的语义复杂，总括起来便是良材、突出之义。鱼也有其俊，因为它是传说中的事，已很渺茫，就从略了。实际上鲛鱼长有人面、人手、鱼身，现在还有美人鱼的说法，不也就是鱼中的俊英嘛。

梭 suō 织布机上递送纬线的梭子，本作莎，或再加木旁，是行纱的。又作篗，与梭只是竹木之别，都从夋，取来回行纱之义，是最典型的逡巡行为了吧。

唆 suō 怂恿（别人去做坏事）。如说唆使，引诱青少年去犯罪的人称教唆犯。古无唆字，通作嗾，又作哨，都是使犬声，又作嗾。总之它们都是象声的，在语音上略有差异，就是可以理解的了。而唆使，往往是来回反复的，不能一次完成，故可从夋了。

睃 suō 来回仔细地看，有所唆使地看。从口曰唆，从目曰睃，形音义都相通。

吮 shǔn 或作噂。吸，与浚的语义相近，即来回疏通，如说吮乳、吮血。古时有人长了脓疮，气血阻塞，时或有吮痈疽的记载。不只是下人给主人去吸，大将军吴起也曾给士兵中的病疮者去吮。

151 . 真

真 zhēn 热诚，诚实，诚心诚意。又有纯真、纯正之义，今说真正。从老子到庄子，对真字做了许多发挥，如说"为人也真"，"有真人而后有真知"。后又说失真。真正一词有二义：一是名实相符，如说真正的英雄；一是的确之义，如说真正好看，是副词。真的反义词是伪、假，也是后来的说法。从真得声的字大多是取充实之义。

嗔 chēn 气盛。就是气之充实。如说嗔喝，就是怒而呵喝；嗔睨，就是怒目斜视。

謓 chēn 怨恨，发怒。亦声势之充盛。通嗔，从言与从口之别。

瞋 chēn 张目也。亦发怒、充气之义，如说瞋目张胆，以瞋与张为互交。

膜 chēn 肉之肿胀，亦充实之义，可说膜胀。

稹 zhěn 禾苗或竹木之丛生曰稹，亦稠密、充满之义。

缜（縝） zhěn 丝织品精密、细致，也说人之缜密，即是精心周到。缜纷，义为丛集茂盛。南朝时唯物主义的哲学家范缜，字子真，名与字一般取同义词为主，他这是取同语源的字为之。

参 zhěn 即鬒。《诗经》中有"参发如云"的说法，即是头发长得稠密、黑盛。彡(shān)形容羽毛或头发长而美。参则以稠黑为美，字亦可作黰。至今我们黄种人还以黑发为美，白种人则是金发。

裖 zhěn 黑色的美服。有时着重指黑衣，有时着重指华美之衣、画衣。

诊（診） zhěn 对疾病的省察而告之，今说确诊，就是诊断的确实。

疹 zhěn 皮肤上起的小疱，常说疹子。肿于体内，起于体表，有麻疹、痘疹等。与疹字切近的字是脤。脤是肉之肿起，疹是疾之肿起，皆谓起。

脤 zhěn 嘴唇起疱肿起，上火了。脤的另一义指鸡鸭及鸟类的胃曰鸡脤、鸭脤，那不是病疹的肿起，而是吃饱了鼓起。胃，围也；脤，鼓起，取义相近。

䀝 zhěn 重视，审视，注目。或说是含恨而瞪着眼，也是气之充实。

䭴 zhěn 马载重难行之状。取义于重而止。

轸（軫） zhěn 车厢后下部的横木，或指车厢下部架在轴上的木框，是车厢的底座，是承载重量最吃紧的地方。也指整个载重的车辆，还轸，就是回车。故辁，马载重难行；轸，车载重难行。轸的引申义指心情之沉重，轸怀，就是心中沉重难忍，悲痛欲绝。轸还有一项妙义，指琴瑟上调济琴弦松紧的转轴，弦松弦急，这个调济也是重而难的。

绠（縝） zhěn 扭转。绠从丝，就是将一股股纤维，经过扭转，纠结一起，成为绳索。与紧字相通，紧就是将丝缠紧。绠臂，就是扭转人家的手臂，使人不能动弹。

捵 zhěn 背转身，扭过身去。

畛 zhěn 田与田之间的界线，顺便作田间道路。田界为田之终止处。畛又有告的语义，则与诊的语义相近。

慎 shèn 小心、注意、谨慎。今说慎重，谨慎则侧重，从真之字常有重的语义。这里是它的抽象义，就心理现象说的，没有重量，也不是实的，是虚的，是一种精神境界。从真之字的声母从此以下发生了变化。在此以上的从真字声母也略有变化，不影响语义。

颠（顛） diān 头顶。颠和顶声母相同，并可互相解释，可见是音义相通的了。顶的音义从丁，丁为壮实之义，与真有真诚之义是相通的。诚字从成，成又从丁。由人之颠引申指事物之颠，如说颠峰就是顶峰。颠有一个重要的派生义，几千年至今都还活跃着，即颠倒之义。《易经》中有句话叫"鼎颠趾"，就是鼎的三只脚做了颠，即倒过来了，底朝天。在语法上是颠的意动词用法，便成了倒的语义了。颠与倒就成了同义词。颠还可有坠落、殒下之义，人之跌下，事之覆败，皆可曰颠，如说上下颠簸、流离颠沛、颠覆一个政权。

巅（巔） diān 山顶。如说我站在高山之巅。

撧（撧） diān 跌落。多用于宋元以来白话，如说臂折腰撧，就是把腰跌坏了。撧还有顿脚之义。撧字从手，本多用于从手中跌落，如说撧碎了玉盏。

槙 diān 木之顶，今说树梢，也说树头子。一丝风也没有，就说树头上好点烛香。槙又指仆木，即倒下之木。槙又读 zhěn，指木质坚密，与稹、缜、参、真的声母相同，语义切近。

癫（癲） diān 喜怒无常，颠倒错乱，癫狂也。它是一种精神错乱症。但是也有一类癫狂之人，他们都很清醒，或者是艺术上的浪漫主义者，或者是政治上为了躲避风险，佯称癫狂。如唐代的草书大家张旭，写起狂草来，呼叫狂走，人称张癫。另一位草书大家怀素自称要以狂继癫。

瑱 tiàn 亦作顤。以玉充塞耳朵。平时悬挂在帽带上，防止噪声，或恶言恶语，于是就充耳不闻。

阗（闐） tián 声之充盛，故字从门。门，闻也。如说喧阗，就是声音嘈杂。常用以形容鼓声稠密，即紧锣密鼓。宾客阗门，实即填字；填然鼓之，实即阗字。两字相通。

滇 diān 水丁盛而充实。云南简称为滇，因有滇池。滇池为什么叫滇？从地质上说，那里是由断层陷落而形成的，故水深而出水处浅狭，蓄水充盈，故名曰滇。

填 tián 或作寘，从土与从穴通。塞满。如说填沟壑，意思是人死了，那把贫贱的骨头就丢在沟壑里吧。这是本义用法。后说义愤填膺，这填字的主语和宾语就远非土石骨头了。现代语的填字用得更广泛，如说填脖子、填缝、填表、填词等，同义词结合如说填补、填充，动补结构如说填满、填好、填不进。

镇（鎮） zhèn 压、安。安是镇的行为的结果。今说镇压、镇定。与兴奋剂的作用相反的药物叫镇静剂、镇痛片。镇字常用于军事，如说军事重镇，就是军队镇守的据点。如说镇国家，抚百姓，为安抚之义。也说镇抚四海，坐镇各地。云南有镇雄，甘肃有镇原，陕西有镇坪，还有吴起镇、直罗镇，江苏有镇江，浙江有镇海。宋代以来，县以下的市集设市镇或乡镇。那里没有军队，便是取丁盛、充实之义。乡者，五谷之亨也，镇者，社会之安定也。乡镇者，既享又安之谓也。

珍 zhēn 宝贵，美。珍的音义从真，这里真、善、美三者融会在一起了。如说膳，就是美食，也说珍馐、珍肴。金玉为珍，便常与价值观联系，说珍贵、珍稀。用于抽象义如说珍重、珍视、珍惜，均爱惜、重视之义。于金曰镇，于玉曰珍。语源虽相同，两字的发展已没有共同之点。

趁 chèn 乘、赶。走(今曰跑，古曰走)之气盛充沛者。趁车、趁船，为搭乘之义；趁墟，就是赶集。趁火、趁势、趁机、趁空、趁便，就是赶时机；趁早、趁亮、趁黑，就是赶时间。

殄 tiǎn 尽、终止。殄谓生命之所尽，畛谓田地之所止。两字声母不同，殄有丁盛之义，由丁盛而绝止。人之死，国之亡，乃至凶顽腐恶之灭绝，皆由盛而止。这便是殄和畛的音义差别。

152.善

善 shàn 言之吉祥者便是善。善的古文字作譱，现简化从口。例如听人说了一番好话以后，就赞扬说："善哉!"同义词结合，如说和善、亲善、慈善、善良。作动词有喜爱、赞许、擅长等义。宗教对善字也用得很多，如说善男信女等。

傮 shàn 故作姿态，有点卖弄，讨人欢喜。

嫸 zhǎn 善于把话题岔开，不想叫人继续说下去，即插话、岔题。

額（顚）zhǎn 高傲地看待别人。

以上3个从善的字，都是有关言语表情方面的词，并都有一定贬义，说明善的表现略有偏差，就易于走向反面。以下诸善字都用于具体事物。

墡 shàn 白垩。即饰墙的涂料，取洁净美善之义。

缮（繕）shàn 修补。今说修缮，即是把破损的东西修理完善。它的使用范围早超出丝线或布帛的范围，如说缮甲兵、缮城郭等。

膳 shàn 作名词指食之善者，如说用膳、膳食、膳宿。作动词谓置备美好食物。

鱔（鱔）shàn 《本草纲目》中说它善补气，妇人产后宜食，能补五脏，去十二风邪，故称鱔鱼。

153.惠

惠 huì 仁爱，恩惠。从心，从叀(zhuān，从幺，从草，或丝或谷之类，表示财物)，在心为仁爱，在叀为恩惠，就都有了。惠作名词，指利益、爱心，如说实惠；作动词谓赐予、赠送、爱护，如说"惠此中国"，就是爱国、惠民政策，就是给人民以实惠的政策。又说平等互惠或互利互惠，就是双方都得益。惠作动词，可说我施惠于人，也可说我受惠无穷。惠顾光临，即你到我这里来就是对我的爱心，或赠礼；惠存，就是你收存这件礼物，就是对我表了爱心。

譓（譓）huì 或作憓。顺服，惠字就有此义项，故是惠的分化字。譓又有辨察、多智谋之义，实即譓的同音或体字，音义皆从慧。

蕙 huì 香草名。一指佩兰，佩戴于身或制作焚香以驱疫，又名薰草，有惠于身，或可互赠。一指蕙兰，与兰花相似。

轞 huì 兵车上用以装载弓矢等武器的大口袋叫櫜（gāo），从咎声，是罪过之义。兵车上用以装敌人头颅的大口袋叫轞，从惠声，是赏赐之义，凭此论功行赏。

穟 suì 本作采，从爪、禾，会意字，变成形声字，从禾，惠声。这是周代前后汉字发展的大趋势。禾谷在茎端开花结实的部分称穟，是惠人惠民的。穟与穟（suì）声母相同，穟从禾遂声，遂，事已成就曰遂，遂事就是既成之事。禾已成就则其穟下坠之貌曰穟。穟，坠也，其穟下坠也。禾字上面的一撇，本是象谷穟下垂之形，它是天之所惠于民者，故要从惠声。穟与穟两字通用，其实两字的古韵母相差还很大，因为要表示惠民的思想，就又取惠声。从惠字的角度看，它的这个声母就很有讲究了。它不是单纯的语音变化，而是从坠来的。从引申义来看，多种下坠的饰物称穟，它们形似谷穟，如车马、宫灯、锦旗上常有垂穟，其实有的也不像麦穟，只是因为穟有坠下之义。广州简称为穟，相传有五仙人在那里出现，乘羊持穟。

繐 suì 又作繐。细疏布。从彗之字多细小之义，那么为什么又要从惠？古常繐衰连称，是指丧服，长辈逝世，儿女要穿丧服，以白布缝制，此习俗至今可见。这白麻衣越是粗疏者，表示受到死者的恩惠越大，繐是细疏之布，与死者亲属关系远者穿戴，表示也要记住此恩惠。

154. 幸

幸 xìng 幸的古字形从夭、从屰，夭为夭折，不幸之事，屰就是逆转。不幸之事而能逢凶化吉，便是幸。幸就是逆夭而行。走字的上半部分本也从夭，也隶书化，作土的形体，是笔画平直化了。岸、斥二字的下部本也从屰，简化为干，屰字

本是从干从屰（即左字）。屰字的最后一撇，便是从屰；屰字的最后一笔作竖，便是从干。幸字从干，最后一笔便是长竖了。从逆境中走出来，从绝境中求生存，这是幸的本义。幸字今引申为幸福、幸亏、喜悦（如说幸喜）、爱好（如说宠幸）、希望（如说冀幸）等义。

倖 xìng 由于意外的原因、偶然的因素，免于灾难，曰徼倖。今说倖存者，已简作幸。徼亦可作傲、侥，求取之义。

婞 xìng 刚直，可说婞刚、婞直，是一种美德。字从女旁，取美好之义。

悻 xìng 刚直。从心，与婞、倖通。又引申有恼怒之义。

155. 疑

疑 yí 惑，不明白。今说疑惑不解。引申为猜疑、犹豫、恐惧之义，又有好像、似乎、不能断定之义。疑是银河落九天，便是好像是、怀疑是之义。疑的右下角是个止字，许多人认为疑从止得声，有说无所止疑，两字叠韵，就是无所阻碍。疑心就是怀疑之心，总以为别人有什么不好的念头，疑神疑鬼。

碍（礙）ài 如说阻碍、障碍，或从石，或从阜，即是挡路了。又说碍手碍脚、碍事，就是不便利。碍面子，即情面上过不去，为抽象义。碍眼，就是不顺眼，或嫌有人在旁边看见。

拟（擬）nǐ 揣度，捉摸不定，即手有所疑也。如说草拟一个方案，是初步设想，没有确定，还需研究。所谓将信将疑，或是一个初步打算。拟有模拟、仿效之义，拟古诗就是模仿古典诗歌的作品，拟人化就是把无生命的事物人格化。

嶷 yí 九嶷山，据说那里有九溪，皆相似。陕西的骊山不过是两个山峰相

似，故名为骊。这九嶷，实在需要大加观摩、比拟一番，蔚为奇观了。嶷嶷，又谓高峻之义，抽象义可形容德之崇高。

嶷 yì 小儿有知。即是模拟大人，着重在模拟说话，故从口。

譺 ài 说话结巴，不顺畅，故其直接的语源从礙，间接从疑。

僶 nǐ 僭越。即臣民超越自己的地位，冒用皇上的名义行事，叫作僭越。也即比拟、仿照之义。

懝 ài 无知，痴呆。嶷为小儿有知，实即童蒙，故语义可演变为无知。痴呆是无知识的病态的表现。懝又有畏惧之义，今说疑惧，疑则易恐惧，不疑则勇，有大无畏的精神。

痴（癡） chī 迟钝不慧曰痴呆。懝就有痴呆之义，所差的，痴还有癫狂之义，懝字没有。痴与癫的古声母相同。癫则性理颠倒失常，动作狂妄。痴兼有呆与狂两方面的意义。痴的引申义不止疾病，对某人、某种艺术、某些事物的喜爱到了迷恋不解的程度，也可叫痴，如说痴情、痴迷、书痴、画痴。有时想入非非，有点浪漫，或是天真，也可叫作发痴。具有贬义的可说痴心妄想。痴的一个

同义词为蚩，敦厚而迟钝过度，蚩从虫，这是以虫言人。比痴字晚出的同义词有獃，或作呆，獃是以犬言人，呆是以木言人，笨拙之谓也。

獃 dāi 或作呆。象犬小时未有分辨事物的能力。推究獃、呆二字的音义，与痴字没有区别，故三字实为一字，獃、呆二字是唐宋以来流行的俗体字。只有"傻"字与此无瓜葛。

凝 níng 作名词指冰，一般认为凝即冰字，但是，凝与冰只有韵母相同，声母差别很大，不能只说其同，不谈其异。凝作动词为凝结、凝滞、凝固之义，凝与疑声母相同。疑字从止声，今疑字右下作疋，疋亦从止。止为停滞、固结之义，故凝字的凝结之义，就是从止疑之义来的。凝就是冰之冻结，液体变成了固体，阴气在发威。凝在语义的发展，摆脱主语和宾语的限制，不限于水和冰。如白居易《琵琶行》："冰泉冷涩弦凝绝，凝绝不通声暂歇。"这里既指泉水之凝，又指音乐之凝。今又说凝神、凝思、凝虑、凝想、凝情，都是结集、凝聚之义。凝眸、凝视、凝睇，均为注目、定睛之义。定字从正，正字亦从止。定则止。凝妆应是凝视妆饰、盛妆之义。

（三）

人体与言行之三

（有关手与足的行为）

156. 手

手 shǒu 人的上肢。象手臂及五指之形。笔画的平直化，把四个手指写成了两直横。作动词，以手持物亦曰手，如说手剑，就是持剑，但此义今已不用。有以手代人的用法，仍为名词，如说能手、选手、凶手。还指技艺、本领，如说他有一手。

失 shī 字从手，从乙，失字的一捺本是乙字，其余部分是手字。在手而逸去为失，这是失字的本义，即是鸟从手里挣扎着飞走了。乙，象春天竹木冤曲难出，此指鸟从手中挣扎难出。失与手声母相同，韵母不同。失的韵母从乙，失从乙声。从乙得声的字很多，都没有读同手或失的，就是从失的字如佚、轶等也不读同手或失的声母。所以，失的声母是独一无二的。失的又读音，读同逸或乙，如说"其马将失"，或"马逸不能止"，此时失读同逸，不读同失。可见，失字的声母从手是不轻易扩展的。

157. 左

左 zuǒ 或作ナ。即左手，象左手之形，与又（即右手）相对。后作左，加工字，取工巧之义。但是左引申为乖庚、差失、违背之义，一般人总是左手不如右手。左右二字皆引申为方位词，并皆可作动词，为向左与向右之义，并皆得相助之义，派生为佐和佑。古代的一项重要习俗，尊右而卑左。古时贬官叫"左迁"，"右贤"就是尊崇贤士，这与现在正好相反。如果分封右贤王、左贤王，右比左的职位高。这显然是由于右手比左手灵便能干的缘故。故左字又引申有卑下、偏邪、违背、不正、不合、不便利等义，如说旁门左道，左道就是不正之道。至于今说左派就是革命派，右派就是保守派，这是外国传来的说法。

佐 zuǒ 帮助，如说辅佐。佐证就是帮助证明。

差 chā 字从巫（即垂字），从左，隶书将垂ナ二字结合，求得一个形似，写成羊字之形，垂是向下，左是卑下，这就是差。故常说差失、差错、差别、等差、参差（cī）不齐等。差（chāi）又从辅佐、下级之义中引申差使、差遣、差役、出差等说法。

搓 cuō 左右两手来回切摩叫搓手。也说搓背、搓脚，还有搓绳、搓线、搓团子。洗衣服用的叫搓板。

磋 cuō 将玉石在其他坚硬物上来回地搓或磨。常说切磋，治骨曰切，治象牙曰磋。磋和磨皆从石，动作亦相似，只是加工的目的不同。磨的音义从麻，使加工物细碎；磋的音义从差，使加工物断开或光净。磋和磨，从石器时代磨制工具和武器，到打磨玉石之类妆饰品的工艺技巧，又引申指人们在立身、品德和治学方面的切磋琢磨，在很长的时期里，人们需要这种区别精细的常用词。

麷 cuó 磨麦也，或捣也。从麦，差声。这是把磨的行为说成搓，可以想见，人们在制作出圆形的磨盘之前，面粉的加工是用两块石头搓的。捣也是一种差异错杂而来回重复的行为。

蹉 cuō 足有差失，今说一失足成千古恨。跌从失，蹉从差。蹉跎（tuó）是叠韵词，本是失足之义，马失前蹄，引申指失时，错过时机，虚度岁月。蹉还有经过、赶路、脚踏等义，今多已不用了。

尬 zuǒ 走路姿势不正。尤（wāng），腿偏曲；左，有差别，故尬谓走路姿势不正。

齹 cuó 牙齿朝里朝外错生，参差不齐。

鬘

cuó 头发参差不齐。有的人追求头发一般齐,好看,有的人是追求参差不齐之美。古时人们不理发,则多长短不齐之差,是自然状态的美。所以,从差之字有时也有美好之义。鬘,发好也。

嵯

cuó 山势嶒嵯不齐。山势起伏不定,高峰叠出,山好也。又说嵯峨,山高而起伏,从我之字也有美好之义。

溠

zhā 水流转折拐弯,多有差跌。是水的参差之美。

醝

cuó 咸也。咸有各种程度的差别,咸极则苦。醝是咸得好,开胃口。

瘥

chài 或读 cuó。病痊愈曰瘥。痊从全,取完善之义;愈从俞,取胜过之义;瘥从差,取美好之义。显然,瘥字从差,也可以是身体有所差失,即得病之义。小疫曰瘥。这两项相反的语义,凭语境来做区别。它们之间不是对抗性矛盾,是语义演变中的正常现象。

暛

cuó 指大田之外,残余而荒芜的边角地,是差等的地。

嗟

jiē 长叹。它表感慨,或思念,或呼号,或悲痛。还有说于嗟、猗嗟、嗟乎、嗟尔、嗟嗟,都是加强感叹的复合感叹词。嗟是从实词演变来的,从差,应是表有所失的感叹,但也可是赞美的语气。的确,嗟字在古义中是用得极广泛的叹词。

槎

chá 因为差有歪邪不正之义,故树枝丫杈可曰槎。如说枯木横槎。作动词,砍伐枝条亦曰槎,如说山不槎蘖。蘖指树木砍伐之后根旁再生出来的枝条,如果再把它砍掉,就要变成荒山秃岭,土壤、气候都将恶化。

艖

chā 大舟谓之舸,小舸谓之艖,即有差等。

堕(墮)

duò 或作陸、墹。城墙倒塌,山阜坍塌。它是从差失之义来的,即是音义从左,甚至从两个左字,左而又左,差而又差的了。堕与坠两字可互相解释,即语义有共同之点,语音上两字的古声母相同。所以堕的音义从坠又从左。从左之字皆得落下之义,只有

堕有掉下之义,如说坠露,即是从树上落下来的露水,能不能说堕露呢?不能,因为露水不能有差失。又如说思想堕落,能不能说坠落呢?不能,因为堕落者自己有差错、过失,否则不会堕落。今说飞机坠落,不说堕落,因为人们并不是要首先去追究谁的过错,即使查明了失事的原因,也不说堕落。人的堕落与飞机的坠落实在不能等同看待。

鬌

chuí 掉头发,或说脱落。鬌与鬘二字虽然都是说的头发,都从左得声,只是有声母之差,语义就很不同。一个是说毛发尽落,本该是长得好好的;一个是说毛发参差好看。小孩儿剪头发也叫鬌,甚至剪发时留下的一撮也叫鬌。留下这一撮是为了取吉利,也觉得好看,于是发美也可以叫鬌。词义就可以这样灵活地演变。

毻

tuò 鸟兽换毛。实与鬌字音义切近。

惰

楕(橢）

tuǒ 椭方就是长方形,椭圆就是长圆形。从左之字有长的义素者为"嗟",长叹也。

隓

duò 山狭而长叫隓山。

隋

duò 从肉,从陸省,祭祀残剩下来的肉。它与暛字的取义相同,暛为残剩的边角地块,只是从田与从肉的区别,残田与裂肉是一个意思。残与列本都是指骨肉说的。这是隋字的本义和本来读音。隋字今又读 suí,只是用以指隋唐的隋。它为什么有这个又读?即声母又发生了变化。因为隋文帝杨坚曾受封于随(隨)州,于今湖北随州一带。他改随为隋,建立隋朝。说是六朝以来,政权屡多变迁,故去其辵。于是隋又读同随。

随(隨)

suí 今说随从,从,随行也。又说追随、跟随、随顺、随便,都是同义词的结合。《老子》中说"前后相随",既有前后,便是有差别,所以它的

音义从左。随又何以得顺从之义？随与㕚、遂声母相同。㕚，从也；遂，从行也。今说随意，原也可作遂意，今说半身不遂，原也可作随，今说随心所欲，原也可作遂。这并不是说随、遂二字语义相等，而是说两字语义有共同的部分。从左字与从㕚字之间有渊源关系的，便是堕与坠。

澅 suǐ 滑。即是顺势。有时还跌倒，即有差失，便是从左了。

髓 suǐ 骨中脂。今说骨髓，其中有一部分是脂肪细胞，故髓也是从油滑、顺利取义。引申指事物之精华，曰精髓。

隳 huī 毁坏。一说是堕的俗体字。隳与毁古今都声母相同，隳还有败坏、倒塌之义，即是从左。

疾 jí 急病，包括传染病、瘟疫之类。从矢，急也；从疒(nè)，病也。今曰病，古曰疾。古曰病，则是气息奄奄，危在旦夕，要下病危通知书了。今日病，则小病（"疵"之类）、急病、重病，都包括了。疾是急病，有小有大，有的疾来得快，去得也快，瘟疫之类，来得快，就不是小病了。疾与疒的古韵母相同，即从疒声。但是它的声母不从疒。疾的声母从"瘥"，身有差失，小疫曰瘥。疾与瘥又都有劳苦义。这说明疾、瘥二字的语义是吻合的。疾字引申为急速之义，但在初期，如说疾战、疾风、疾雷等还常与伤害、暴虐之义相联系，逐步才说疾走、疾言等，指单纯的快速，疾与徐相对。

嫉 jí 对处境或地位比自己强的人心怀不满，甚至怨恨、厌恶，陷害人家，叫作妒嫉。因此多数是贬义词，也有褒义的，如说嫉恶如仇，嫉的对象是恶人恶事，不就是好事了嘛！

蒺 jí 蒺藜，有刺的草，布地蔓生，细叶，特别是它结的籽，外带三角的尖刺。故蒺从疾，取残害之义，疾从矢，就是急疾伤人的。

以上直接、间接音义从左的词族共计31字。

158. 又

又 yòu 右手也。象右手及三指（简化的三指）之形。后它作为又一次的又，表动作的重复或持续，右手的右加口字，并作方位词。在文字构造中的又字，则大多指右手，如取、叐、受等。

右 yòu 相助。人们用手兼用口，互相补充。并作方位词。右又有亲近、爱护之义，左则为疏远、冷落之义，但此义项今均已不用。

佑 yòu 因为右字主要用以指方位，就用佑字来表辅助。故佑是从右分化出来的。佐字也是这样。左右手都可相助，故佐、佑的语义也可不加分别了。

祐 yòu 神之相助也。今作佑。如说上帝保祐。

友 yǒu 从二又，一度也曾把两个又字左右并列成上下重叠，隶书把上面的又字，写作𠂇，即左字。这也是左右不分，语言文字上有时是可以通行的。友作名词指朋友，作动词有结交、亲近、随从等义。哲学家冯友兰，就是与幽兰交友之义吧。

有 yǒu 本作𡨄，隶书把又字的捺脚抬高，写成带挑笔的长横，楷书去掉了挑笔，就成了现在这个样子。右手之下有肉，是占有之义。为什么不占有个白菜呢？因为在渔猎畜牧时代，肉是主食，是生产的主要产品。分肉与有肉是社会分配与占有的主要对象。《诗经·伐檀》："不狩不猎，胡瞻尔庭有悬狟兮？"狟就是肉，这是有字的本义用法。"有"字有"宜有"和"不宜有"相反的两义项，如贿字从有，就是不宜有之义。《说文解字》："有，不宜有也。"在产生私有制的初期，直到我们今天，私有与公有并存，在公与私、宜有与不宜有之间，都存在着激烈的争论。于是这个有字，一直保持着它的重要性，至今还是我们几个最常用字之一。有字从占有之义引申为有无之有，《老子》中说“有无相生”，有了产品就要去营销，销售完了就要求再生产，这就是有无相生。道家把有与无的概念提到了最宽泛的程度。一切的存在都可说“有”，以至在语言上，有字就发展成了一个词头，加在名词之前，可说有苗、有夏、有周，加在动词之前，如说有请、有劳大驾。有与又，本来是相通的，后来就越离越远了，以至于在小学的语文教学中总要讲一讲有与又的区别。

囿 yòu 园林之内养有禽兽，供人打猎，外有围墙，故为私人所占有，称作囿。如有文王之囿，他是开明君主，老百姓也可以进去打猎，与民同之。囿的引申义谓限制、局限之义；囿于，就是局限于。

宥 yòu 助兴、助欢，此与佑、佐之义相近。又有宽待、宽恕之义，则与手下有肉之义相近，宥罪就是宽宥罪人。

侑 yòu 劝食、劝助，显然与手持肉有关。与鼓励、报答之义也可相通。

酭 yòu 报答、酬答。主人进客以酒，与手持肉以进，实是一个意思。此与侑、宥通用。

婟 yòu 两人并耕曰耦，男人力田，女人相助，故婟从女，助耕曰婟。

尤 yóu 字从又(𠂇)、从乙，尤字的第三笔是个乙字，春天来了，竹木冤曲而顽强地挺出地面，用右手来辅助和治理它。故谓万物出达，异于寻常，突出而优异。尤，万物尤甚，优异，今说尤其、尤为、尤异。尤字的点，是为了区别于尢(wāng)，尢是大字的一条脚弯曲了，为跛脚之义。加点是区别字形的常用手段。物过盛则异于常，因此，尤字又得过错之义，语义向相反方向发展。故尤为优异、超过之义，又有罪过、指责之义，如说怨天尤人，就是指责别人，孔子的原话是“不怨天，不尤人”。

鱿（魷） yóu 生活在海洋中的一种软体动物，与乌贼相似，是一种名贵的海味。鱿之从尤，取优异之义，是一种尤物。

訧 yóu 罪过。

疣 yóu 或作肬。俗称瘊子，皮肤上长出的肉瘤，常呈黑色，故也作黕。也说赘(zhuì)疣，意思是多余之物，过盛之物，故其音义从尤。

頄 yóu 指一种头摇动不定的病，亦过甚之义。

疚 yòu 指一种手抖的病，不是寒冷了颤抖，而是血管硬化、机能衰退引起的，行动之过甚者。

痏 wěi 受到殴打，皮肉肿起者谓之疻(zhǐ)，伤至青黑色则谓之痏。即是皮下瘀血，青一块，紫一块。痏与疣有一个共同之点，即从又之字与颜色联系起来了。痏又指疮痏，指伤后留下的瘢痕，颜色也与一般皮肤不同，伤疤常由青紫而转白色。

鲔（鮪） wěi 似鳣而青黑，故也从颜色取义。头小而尖，口在颔下。鳣为鲟鱼之属，肉黄，或称黄鱼，故鲔与鳣作颜色的区别。一说鳣即今吃的黄鳝，色亦呈黄。

黊 wěi 青黄色。常指伤病的脸色或肤色，或黄或青，或黑或白，都是指一种病态之色。

蛕 huí 或作蚘，今作蛔，腹中长虫也。音义从回，是就蛔虫的形态说的。蛕的读音受蛔字的影响，蛔虫为白色或米黄色，也在从有字所指颜色的范围之内，但是从有字的声母没有读同蛔者。既然两字同指一物，同为一音，那就是受了蛔字声母的影响了。肚里长有许多蛔虫的孩子，脸色青黄，营养都被蛔虫吃去了，医生能从脸色判断孩子肚里有虫，脸色与蛕相关。所以，人们日常多用蛔字，医书中多用蛕字。

琇 xiù 玉佩戴久了，色就发黄或发黑，叫作朽玉。朽玉不是病玉，只是颜色显得老旧。琇的声母也很可能是受了朽字的影响，因为从又的字也没有读同朽的声母者，只是因为珤是一个古字，有关的史料很少。

赇（赇） huì 私有的财物。赇从有声，故有占有之义。古常货赇二字连用，双声结合，赇的声母从货，故指财物。货的音义从化，指财物之可交换，与价值之可转化，这正是占有关系的转化。你的货赇通过流通、交易，变成他的了。赇字从有，有字有二义：宜有与不宜有。宜有之赇便是正当之财，不宜有之赇便是赇赂之赇。今说受赇，就是不宜有也，成了贬义词。

盍 huì 或作盉。从它的形音义看，就是指购得的用以盛肉的小盆，可能这种盆开始时是这样的，但是后来用多了，用久了，就只指一般舀水的小盆了，从有或右，以手舀也。

醢 hǎi 肉酱。字从右，西声（醢抑或从盍），这是有字从肉的明证。从卤谓盐，肉酱都要盛在器皿中，故从皿。醢字还可加竹头，竹木也可用以作酱，如有荠酱、榆酱。还有用鱼鳞及蟹螺之类作酱。据《周礼》记载，周人能做一百二十种各种滋味鲜美的酱，实在可以供现代餐饮从业者参考。醢字还是古代一种野蛮酷刑的名称，醢谓把人剁成肉酱，说醢之，脯谓把人烤成肉干，说脯之，都是动词用法。这都是奴隶制时代的刑法。

右手是我们生活和劳动中最重要的肢体。有、又、右、友等都是我们现代最常用的词，首先是占有和分配问题，包括几千年来的赇赂现象，接着便是辅佑问题、罪过问题。这一只手完全是社会的手。

159. 叕

叕 zhuó 联缀。它并非由四个又字组成，篆作叕，是六根短线交络互缀之象，一度还写作上下各两个巴岔相累，隶变成四个又字之形。这样，叕的语义便是短而不足，需要缀联，从而区别于一般之联。

缀（缀） zhuì 缝合，补缀。如说缀白狐之腋以为裘，今说缝个狐皮皮袄。引申的说法，如说缀文，就是把字句集结成篇，写成文章。缀学，就是继承前人之学。点缀，就是装点与缀合。这都是中断和零散状态的缀合。

裰 duō 补缀破衣，故与缀的语义切近，有一项专门的用义叫直裰，指家居常服，斜领大袖，一般都较宽敞。

畷 zhuì 田间道路，当然也是取联结之义了。作动词为联结，与缀字可通用。

鶈 duò 鶈大如鸽，似雌雉，为鸟愁急，结队群飞，出北方沙漠地。故知此鸟名鶈，取联缀之义。

棁 zhuō 梁上短柱，与梁联缀者。叕即有短的义素。

巀 zhuō 或作巀，短也。指脸面短。

辍（辍） chuò 车行中途短暂停止。引申为中止、暂止之义，亦车队行断而复续。如说络绎不绝，语义偏重于续，辍则语义偏重于断。如引申说辍学，即没有到毕业，中途因故休学了。今后争取复学，即使不能复学，也叫辍学，即是中止了。

掇 duō 拾。今说拾掇，以手联缀取之，如说家里拾掇得整整齐齐，那就不是手的一次性行为。还说掇弄，即是收拾、修理之义，也不是一个动作所能完成。有时说拾掇一下，或说一番、一场，也不是一个动作的意思。

朒 chuò 挑取骨肉肉也。一般也都要多次地挑，连续挑。

剟 duó 以刀削、刺，或割除。如说剟定法令，就是削改法令条文，这里就不一定非是连续的行为了。删改一字也是剟，语义在演变着。

惙 chuò 忧心联缀，如说忧心惙惙。又指长期的疲乏虚脱。还指停止之义，如说弦歌之声不惙，亦作不辍，即惙与辍相通。

醊 chuò 或作餟。祭祀的中间或最后把酒和饭菜撒在地上，表示让其他的鬼神享用，亦即连续而祭之。如说"餟食群神从者"。

啜 chuò 品尝。如说啜茗，就是品茶，要慢慢地品出滋味，不能是狼吞虎咽。

歠 chuò 饮。与啜字相通。喝粥可说歠粥。歠字不同于一般的饮，要喝得合适、喝得好，特别是在讲究礼数的场合。若是在服丧期间歠粥，不能是愁眉苦脸地喝，而是要痛快地喝，顺当地喝。

从叕之词大多有联缀、缀合之义。

160. 叉

叉 chā 叉字的手指之间加一点，为指示之义，意思是象手指那样的歧出之形，指事物之歧出皆曰叉。如说钢叉、鱼叉、粪叉等。作动词如说叉腰，就是叉开手指，架在腰里。叉腿就是两腿分开。武功和体操运动都有劈叉，就是两腿分开还要腾空而起，或臀部着地。叉字的声调，有阴、阳、上、去四种读法，大体上作名词时读一、四调，动词读二、三调，即要求用声调来区别语法意义。

扱 chā 挟取，实际是叉的动词义。以钢叉捕鱼说扱鱼。引申为打击、推操之义。

岔 chà 山脉的分岔处说山岔，会意字。音义还是从叉来的。引申指道路的分岔处说岔路。铁路上的道岔，是铁轨的分岔处。它是活动的，要有扳道工去扳道岔。抽象义如说事情出了什么岔子，就是出了错误、事故。错开话题叫打岔。

杈 chà 树枝的歧出叫杈头、丫杈。有一种收草的工具叫大木杈，也有钢制的，用以叉取禾把或捆着的草，把它撩上大车或草堆。

钗（釵） chāi 别住头发的钗子，分成两股，成叉形。簪子一般不分股。有些钗子为角制，就写作叉。妇女别称裙钗，金陵十二钗指《红楼梦》中的十二个主要女性。钗也指一种兵器。

衩 chà 衣服下摆的开衩口，多数在两边，少数在前后。短内裤说裤衩(chǎ)。

汊 chà 河道的分岔。也叫浜。汊河就是分出来的河道，小支流。

161. 及

及 jí 从人，从又，人字的第二笔与又字的起笔连起来。会意字，右手够到人，可以是逮捕、连累，也可以是追随、跟住，还可以是一般的到、和之义。《论语》中说"学如不及"，说学习就好像总是赶不上人家，即总是带有紧迫感。逮住之义如《左传》中说"故不能推车而及"，说齐顷公的卫士不能下来推车，就叫晋军的主帅郤克追上逮住了。及字还发展为介词和连词，如说"及至年夜时分"，及、至二字都是到的意思，同义词结合。作连接词，主要是和的意思，如说国有经济及个体经济。

彶 jí 急行。无论是追赶还是逮捕，都需要急速，故从及字很容易就引申有急速之义。

笈 jí 外出游学随身携带的小书箱。负笈就是背着书箱游学，谓连带所及，及字就有连带之义。

极 jí 做一个木架子跨在驴背上以负载货物。这种木架叫极。它和笈字的取义相同，也是连带之义。今极字用作极的简化字，则音义从亟。

芨 jī 一名接骨草，能治跌打损伤，可见芨之从及，取连接之义。芨又指一种白芨，兰科，多年生草本，地下有指状分歧的肥厚块茎，数个相连接，故名白芨，又名连及草。

岌 jí 或作圾。小山虽小，却高过于大山，这种景象叫岌，它也是高危之义，却不同于一般的高和危。岌岌从及，谓达到之义，引申为高危。

级（级） jí 丝的优劣等级。引申指一般的等级、次第。如阶之次第，可说拾级而上。故级之从及，也是取连接、毗连之义。等级之等从寺，寺又是从寸，也是取连之义。寸从足，及从手。等级在现代社会中就用得更广泛了，工厂有几级工，学校有年级，市场有超级市场，地区有县级市、地级市、省级市，诸如此类。

扅 jí 门上的插销、门闩之类，象手之触及，打不开门户。

吸 xī 吸取空气。与吐出空气的呼字相对。但是吸字从口，没有从鼻或从自，人们只有到气急、喘息时才用口，故吸字本应指急速吸气，一般的空气自鼻出入叫息。如吸吸，就是上气不接下气，汲汲就更是急切之义，急字的上半部便是一个及字，心之所及为急，口之所及为吸。今说吸烟、吸毒，比一般的吸气要用力一点，说气息奄奄时就用了息。引申义如说吸引人才、吸引注意力、磁石的吸力，也都不用息字，还说吸血鬼就吸得更厉害了。人吸水的意思不大说了，陆游《醉歌》诗中还有"吸酒"的说法，也不是让酒自然地流入口中的意思。说来也是科学的，人的呼吸又何尝是空气的自然流入？它要靠肺部的收缩和扩张来操纵。肺从巿，就是充气；胸从凶，就是下陷，也有力的运作。吸的声母在从及字中是唯一的，它从翕（xī）而得。翕，引也。吸、翕二字同义通用，故吸也读同翕。

汲 jí 引水于井曰汲，所及者水曰汲，所及者气曰吸。汲汲然就是急切之貌。

古还有汲善（引导学善）、汲古（钻研古籍）之类的抽象用法，现在不说了。

急 jí 或作忣。及字的捺，与有字从又的捺一样，收缩为一横。及字的撇也向上收缩，这急字就成了现在的字形，这都是隶楷以来笔画书写上所作的调整。心之所及为急，如说急性子、急中生智等，没有心缓急的用例。心之所及，便都是抽象义，逐步走向具体，如说急风暴雨、急起直追等。当务之急，则可能是某些事，也可能是思想认识或政策掌握上的抽象问题。时间上和空间上的紧急、危急，都可说急。

扱 qì 手之所及。如说妇拜扱地，男人稽首。即下拜的时候手够到地，大约便是九十度；稽首是头够到地，那便快要一百八十度了。扱有收拾之义，也与音义从及相联系。扱又读 chā，与插字相通，从而有插到、插入之义，如说扱衽，就是把衣衽收起来，插到衣带里，或者便于行动，或者衣衽里可以兜东西。这时候，扱字便是又插又及之义了。

以下 2 个从及字声母发生了变化，语义相应也变了。

靸 sǎ 或作靸。韦为熟的皮革，较软。革所制鞋，足之所及。靸、鞋、舄都是皮革所制，于朝祭时所穿之鞋。所不同的，舄（xì）是复底鞋，即鞋底下面又加一层木板，防止潮湿和泥泞。靸和舄古声母相同，故靸的音义是从舄不从及的。靸又读同沓（tà），拖沓之义，拖鞋可说靸鞋，至今人们还穿靸拉板，是没有鞋襻，只有鞋帮的木底鞋。这不又和舄相近了吗？还有一种木拖板曰木屐（jī），它的特点是鞋底有两个齿，踩泥的时候就不滑，故其音义从支；支，歧也。

跶 tā 跶的音义从沓，又从及。作动词谓拖着鞋走，作名词指拖鞋。亦作跶拉，把布鞋的后帮踩在脚跟下，也叫跶拉。跶的另一义项谓进足有所拾取，即手也有所及。

也是聚集数幅布料制成。帔，披也。帔无双袖，裙无裤腿，都是聚集布料，有百褶裙，竭言其聚集之多。裙带就是衣裙和衣带，裙带关系就是与妻妾相关的眷属。

162. 尹

尹 yǐn 作名词指官员，楚国的丞相叫令尹，作动词为治理、掌握、经管之义。字从又、丿，会意，丿表事，用右手去执持。又字的捺，也像急字那样，收缩成一横，但此为长横。尹为一手掌事，争为爪（朝下的手），又两手争事。

君 jūn 从口，尹声。以口掌事，发令者也。至今友人或同事之间称君，还有或多或少的尊重之义。古称君主、国君，那就是极大的权威。不过古称君子，就不一定发令，很有道德修养的人便是君子。君的古文字形作卝下一个口字，卝为左右二手相拱，即为共、拱字，君与共、拱的古声母相同，君的语义从拱又从尹，即端正、认真的执事、发令者。

郡 jùn 从邑，君声，郡就是君所管理的地区。常说郡县制，周代分天下百县，县下有四郡，秦代分天下为三十六郡，郡下设县。

群 qún 成批的人和畜都可称群，字从羊，君声。羊性好群，故群字从羊；犬性好独，故独字从犬。所谓物以群分，可说群的事物就越来越多。群从君声，就包括有管理之义，牛羊成群就便于放牧，人成群也便于治理。群字引申有聚集、会合、和好、众多等义。现代的群字已无动词用法，只是可说群的事物多了，如说建筑群、机群（编队飞行的飞机）、群岛等。

羣 qún 聚集起来施行侵夺。

羣 qún 聚居。学窘，就是学识的荟萃。

帬 qún 或作帬。古时男女都可穿裙，连接群幅，以蔽下身。现在男的没人穿裙了。古时裙还指帔肩、佩巾之类，

捃 jùn 采集，拾取，亦从聚集之义引申。字亦作攟，音义从囷，囷为粮仓，粮之所聚。又从鹿，鹿好聚。捃与摭(zhí)常连用，捃为拾取，摭为摘取，都是聚集。

窘 jiǒng 本指洞穴、居室之狭窄、紧迫，但是现在都用于抽象义，指人的处境之窘迫，如感到难堪，情面上过不去，难以自容，都可曰窘，或是受窘，也说窘人，还可是使人受窘。口语中用得很活跃。

莙 jūn 牛藻，又称聚藻，生水中，叶如蓬，聚生。

鮶 (鮶) jūn 小型鱼类，体扁侧而长，群栖于浅海岩礁之间。

麕 jūn 即獐子。麕至，就是成群而至。鹿爱成群出行。字亦作麏。

163. 夬

夬 jué 或作夬，隶化作夬。向左的脚和右边的手，两者相背、分决，故得决裂、破坏之义。

抉 jué 剜、挖。如说抉眼，就是把眼珠挖出来，眼的本义是眼珠。又说抉门、抉关，就是把门撬开。又说"以杙抉其伤"，就是用一根木橛子去挑人家的伤口。今说挑剔，古说抉剔。

决 (决) jué 开凿注水灌溉为决，大水冲垮堤岸亦曰决。引申义有军事上的决围、决战、决胜，法律上的判决、处决，政治上的决议、表决，思想上的决心、断决，社会关系中说决裂。决又有副词用法，如说毅然决然，就是很坚决；决不会，就是一定不会。

炔 guì 烟出貌，与翻滚奔腾之水决相似。

诀（訣） jué 以言相告而远别。又特指死别，说永诀。诀窍、口诀、秘诀的诀，指处事、从业中的一些获取成功的方法，其中多是一些决断之言。

玦 jué 圆形的佩玉上有了一个缺口叫玦，有时就是一块半环形的玉。赐他一块玉玦，表示以后再也不要来见，诀别了，叫作逐臣赐玦。《史记》中写鸿门宴，范增三次举玉玦，向项羽暗示，快下决心，杀掉刘邦。玦与决、缺三字都是音义同源而相通的字。

缺 quē 器破，即是瓦器破裂了。今说碗打破了，已不说缺，只是打了个缺口时说缺。即本义已有点萎缩，但它的主语和宾语大为发展，如说王道微缺（衰微和残缺）、礼乐缺、王室缺，人或事业有缺点，月亮也可以有圆缺，这是主语的宽泛，宾语方面如说缺课、缺席、缺勤，就缺了你一个等。缺字的语法组合能力一直是很强的。

觖 jué 缺为缶之缺，玦为玉之缺，觖为角之缺。但觖主要用以指心之缺，即意有所不满。自视觖如，就自己对自己也感到不满意。觖望，就是怨恨、失望，但觖望也有希望之义，包含一点谦虚的因素，语义就向相反方向发展了。

快 kuài 心之分决为快，一吐（说出来）为快，常说快乐，快则喜乐。若是闷在心里，便是闷闷不乐。又说痛快、畅快、爽快。项羽打最后一仗时说"愿为诸君快战"，即是最后痛快地决一死战。这战是痛快的：痛，涌也；快，决也。同时，也不能是慢吞吞的，应是暴风雨式的、高速度的。所以快字很容易就引申为快慢之义。慢字也从心，本为急慢失礼之义。急慢的时候行为常常是慢条斯理，也便引申为快慢之义。快字还有刀剑锐利之义，如说快刀斩乱麻，若是只有速度，手持的是铅刀一把，这乱麻也是斩不断的。所以快也不难引申为锋利之义。

筷 kuài 筷子本说箸，字或作筯，与住同音，船家讳言住，讳言翻，就改住为快，作筷，这是通俗语源现象，明清以来用开的字，许是在南方水运繁忙，工商活跃的条件下产生的。

驶（駃） jué 驶騠（tí），也叫驴骡，是公马和母驴杂交的一种良马，起于北狄。騠，蹄也；驶，决也，言其走势之疾如决。

跌 jué 奔马后蹄蹋地腾空之貌，即如急流之决。

趏 jué 马以足击人急疾。

从夬字中最特别的一个字便是袂，声母变了。

袂 mèi 袖之末端，或说袖头。古说袖，指今说之袖前面又接出的一部分，京剧中称水袖，一般皆以洁白之帛为之。它是分袂的，没有缝成袖筒。袂的长短，把它从袖口折过来，可到肘部，即上肱与下臂的关节处，大约是一尺多长了。因为它长，经常是下垂的。这样，袖就成为可藏书卷、匕首，甚至几十斤铁锤的地方了。袂的声母从末，为袖之末。人的四肢可说四末。末与袂声母相同。镖（biāo），衣袂也叫镖，标也，标为木之末；薫为草之末；镖为刀鞘末端的铜饰。故镖与袂的取义相同，皆取末端之义。

164. 取

取 qǔ 从又持耳，捕取也。古时战争中捕杀俘虏，必定割取其左耳，揣入囊中，回营计功。引申指取彼狐狸、取禾，不需取左耳，或无耳可取，也叫作取。取左耳需强力，逐步对非强力的手段也可说取，如说拿取、收取、舀取、采取，甚至还有求取。取的方式也未必用手，如智取、谋取，还说取巧、取乐等，都已是抽象义。

娶 qǔ 嫁娶，本只作取，说取妻。结亲嫁娶之事，居然是用割取耳朵之字，说明母系社会妇女受到无比尊崇的地位，至此已荡然无存。《易经》中三次说到"匪寇，婚媾"。梁启超说，那是在办婚事，像盗寇一样，却又不是寇，即是说的抢亲，是抢婚制，先下手为强，也带强制性，少不了要用右手，只是不动左耳罢了。

娵 jū 指美女，即可娶之女。亦年少之义，指女之少。

聚 jù 聚集、会合。从众，取声。众本作三个并列的人字，隶书把中间的字作了变化，今说聚众闹事，取多了便是聚。如果取的是财物，那便是积聚、收敛之义。作名词，村落可曰聚。最初称聚，应该就是指俘虏营、奴隶村之类，故从取声。不过在奴隶制时代，众也大多是奴隶。

鄹 jù 村落，民所聚居。

骤（驟） zhòu 马疾步。取为捕取之义，故可得强力、急疾之义，引申说骤雨，骤然就是忽然、突如其来。今说工作有步骤，骤是快步，有快有慢，不乱章法。骤又有多次、屡次之义，显然是从聚集、从众之义来的。骤战骤胜，就是屡战屡胜。

趣 qù 从走，取声。走，疾趋、跑。急走而又疾取，故可得催促之义。促织，本可作趣织，督促，可作督趣。取舍，亦可作趣舍。今说兴趣，谓兴之所取；志趣，为志之所向，趣味，就是所取之味。

堅 jù 从土，聚省声（省略了众，取聚之声），积土曰堅，今曰堆，或曰垛。

陬 zōu 山脚下或城角落之类较偏远的地方。如说山之陬，城之陬。陬落，就是村落，人之所聚。

諏（諏） zōu 聚谋。如说咨诹，即咨询与聚谋。

鯫（鯫） zōu 白鱼，是群聚于淡水上层的中小型鱼类。浅薄愚陋的小人称鯫生。

冣 jù 从冖（mì），取声，上有覆盖，下为积聚。读同聚。到六朝时代，冣与最就不分而一律作最，冣就成了一个冷僻字。

椒 zōu 烧柴，析薪，就是劈柴。又说积薪，薪要积聚，等到要烧火的时候再析薪，就来不及了，所谓譬如积薪，后来居上。椒字从取，取积聚之义。

菆 zōu 或作廍。麻秆，剥去麻皮以后，聚以供燃。

篍 zōu 竹柴，积以供燃。

最 zuì 从冃（mào），从取。取为俘敌割取左耳，故最的本义是军功之最。军功上曰最，下曰殿，即所谓殿最。如《史记》中说"高祖以萧何功最盛"，即军功最上的功臣。逐渐地，最字摆脱取耳立功的范围，成为一个仅表程度之最的副词。如说最空泛、最抽象，是抽象义用法。最与取为双声。最又有会合、会聚之义。最有总计之义，是从计功来的，而会字也有会计之义。

撮 cuō 两指或三指合会而取叫撮取。今犹说一小撮。撮又可用作小量的计量单位，常用以计中草药的重量，我们现在大多用克，古则说撮。今又说用簸箕撮，把要撮的东西扫到一起撮走，是聚合之义。又说撮合，是抽象义，指调解和促成人际关系的和谐，就不是用指头了。

嘬 zuō 或读 chuài。嘴唇聚拢叫嘬口，或作摣口。小儿吃奶的时候就嘬口吸取。当我们说嘬字的时候，取其音，口也是撮的，所以嘬就是口之合取。

蕞 zhuó 草聚貌。蕞尔，就是一蓬草的样子。蕞尔国，就是弹丸之地的小国。

篝 zuì 笤帚。聚竹扎成把以扫。故有聚、撮之义。

贅（贅） zhuì《说文解字》："以物质钱。从敖、贝。"敖字从出，从放，即是放出钱贝，而要以物抵押，叫作赘质。质，抵押、抵当。今说人质，就是把人押住，拿钱来才放人。赘与质声母相同，语义上互相解释。同时，《广雅·释诂三》："贽，聚也。"《玉篇》："贽，最也。"即会聚之义。贽与最叠韵，语义上也可互相解释。这样，贽就是以人或物为抵押来聚集钱贝。这里有一事之两方：有钱的一方和无钱的一方，往往有一方要追悔，因此贽字得累赘和多余义。赘言就是多余无用的话，赘行就是丑恶的行为，赘疣就是身上长的瘤，以指多余无用之事物。

165．执

执（執） zhí 捉拿罪人。执的右旁本作丮(jǐ)，那一竖两短横，本是手字，丮就是受众有所执持。执字的左旁本是幸(niè)，从大，大即人，从羊(rěn)，为干犯之义。故执为捕捉干犯的人，便是执法；但也可以是执了干求人的人，便是执礼。例如贽，执的是贝，以贝为礼。又如挚，执的是友，叫作诚挚之友。又说执言，仗义执言，执的是义言。这样，执的宾语越来越多，如执政、执意等，同义词结合如执着、执拗（或作㧓）、固执，具体用法如执辔、执筐、执刀、执殳、执簧等。

嚞 zhé 拾。拾起人家的话头，喋喋不休。

慹 zhí 恐怖、害怕。如说慹服，谓恐惧而顺服。即言有所执，心有所执。

挚（摯） zhì 手有所执。今为诚恳之义，如说真挚、诚挚，挚友就是真诚之友。

贽（贄） zhì 执钱贝、玉帛以相见，今说见面礼。古时习俗，男人之礼大的是玉帛，小的是禽鸟，来表明自己的贵贱身份；女的是水果、肉干之类，表明自己的诚挚态度。"百蛮执贽"就是周

围少数民族国家的使者带着礼物来见。

絷（縶） zhí 作名词指系马的缰绳，或指绊马索；作动词，谓拴马。执絷就是手执缰绳。指绊马索的时候，字还可作冘，此字中马下之口非口舌之口，而是围困的围字。

跿 dié 小步。因为绊足，只能小步。

鸷（鷙） zhì 鸷鸟，谓能捕杀执伏众鸟，如鹰、鹘。

蛰（蟄） zhé 潜藏。动物冬眠，不吃不动，一冬天钻在洞里，叫蛰伏。对人的潜藏，不到公众场合露面叫蛰居。故蛰之从执，取执服之义。

霫 zhí 蛰为虫类执伏，霫是来持执它们。虫是动物之通称，其实植物也冬眠，冬天的一场寒雨或一层早霜后，叶子就蔫了。早霜而寒谓之霫，故从雨，执声。它又读diàn，读同垫。

垫（墊） diàn 下陷于土中，亦下藏之义，故与蛰的语义相近。下陷或下湿则要垫土，故又得增高之义，语义立刻走到了反面，所谓"高下相倾"。作名词如说草垫子、鞋垫子、座垫；作动词如说垫脚、垫肩、垫牛圈、垫猪圈、垫底等。

窴 diàn 屋倾下，倒塌。

166．叚

叚 jiǎ 凭借、依靠、借助。叚字早已消亡，《说文解字》也已无法解释，均用假字，从人叚声，指人事之假借。假道，就是借路。如《荀子·劝学》："假舆马者，非利足也，而致千里。"即是借助于车马。由此引申为一时的、代理的、非正式的。项羽一度做了假上将军，就是代理的上将

军，因为没有得到楚怀王的任命。王莽自称为帝的时候，说他自己是"假皇帝"，他不能认为是假冒伪劣，并不能有丝毫误解。假使，就是一时使得；假如，就是一时如果。今说假面具，原先是说"代面"。假日的语源义是假借的时日，用以休沐，故曰请假。

假 jiǎ 六朝时，假字由凭借、代理之义引申为虚假的、假冒的、伪造的，与真字相反，如说假惺惺，便是虚伪、假装之义。晋朝的妇女爱戴假髻，或曰假发，主要是装饰的代用品，不过当真发已经掉完，就无所谓代用，只能说是假冒了。所以，语义由凭借、代理之义演变为虚假、伪造之义，是一个渐变的过程，有时候不知不觉地演变了，是因为变化小。也有少数变得快，显著地感觉到了，假字的一项古义是大，物有所凭借则壮大，《诗经》中有："假哉，天命！"又有："假哉，皇考！"天当然是最大的可以凭借和依靠的了。假字的语义演变，实在是很可观的。

暇 xiá 闲暇，动词；闲暇之日、闲暇之时，名词。有暇，就是有空闲的时候。

瑕 xiá 玉贵洁白，上有赤色斑点或裂缝、残缺，便是玉之病。故有瑕之玉便是以残代全，以瑕充瑜。瑕的引申义是缺点、漏洞、乘虚而入，可说乘瑕。瑕的同义词是疵，小病，可说瑕疵。

瘕 jiǎ 瑕为玉之病，瘕为人之病。中医上指腹内结的硬块，据医书中的解释，瘕之从假，为假借于物形。即是口语中说的肚子里像是长了个东西。东西就是物的意思。

騢 xiá 马赤白杂毛曰騢，玉有赤斑曰瑕。两字同音，取义也相同。

虾（蝦） xiā 亦作鰕，长须之水产物，活的是青白色，经过一煮，便赤白相间。鰕也指一种斑纹鱼。

霞 xiá 云气为赤白之色者。字亦作鰕、蝦。因为虹霞曾常连称，虹从虫，故霞也可从虫作蝦。白云映早晚之阳光而成赤色，深浅异彩。

鞎 xiá 鞋子，足之所依。故鞎字从假，取借助之义。

跒 xiā 脚踩的地方，立足点。亦足之所借助。

葭 jiā 芦苇之初生者曰葭，长大为芦，老成曰苇。三字同指一物，故苇、大葭也。三者皆是编织凉席的好材料，有苇席、芦席，也有"茅葭的席"，细柔的葭编织的精细的铺垫物。借也，凭借、借助之义。故曰葭，从假，取借助之义。

椵 jiǎ 木名。常以此木制作床几，人之所凭借、依靠者。古之床常指坐榻，亦为几。所谓伏几，伏膺之几也。于木曰椵，于草曰葭。椵以为几，葭以为席。几，凭也；席，借也。一木一草，皆凭借借也。

鍜 gǔ 远大，久远。叚，大也；古，久远也。鍜又引申为福，福，满也，故可与远大之义相通，谓大福。长远之福，还可说遐福。

遐 xiá 远。遐迩，为远近之义，如说遐迩闻名。遐举，就是远行或大行动，抽象义便指大的功业。遐想，就是远离周围现实的想象。

貑 jiā 似猕猴而大，色苍黑，能攫持人。故貑之从叚，取大之义。

麚 jiā 雄鹿曰麚，雌鹿曰麀。绝大部分公鹿的体形比母鹿要大。在公鹿与公鹿之间又有激烈斗争，最后决出一头最强壮有力的鹿称霸一方，一切交配等事，由它包揽，别的鹿都要听从它的。这种情况，马和野猪等也大体差不多。看来这独裁也是一种天性，服从也是需要。

豭 jiā 公猪，体形和体力比母猪要大。于豕曰豭，于鹿曰麚，于豸曰貑。豭字还可作犬旁，即还有犬豭，此外还有鸡豭的说法。人也有豭，秦始皇时，由丞相李斯书写的《泰山刻石》："夫为寄豭，杀之无罪。"谓男人若是到别的女人家去过夜，该死。这是以豭指人。如果说这里还是只指少数不规矩的人，那么家字就是泛指了。

家 jiā 人之所居曰家。据《说文解字》，家字从宀，豭省声，即是豭字省略了

声旁。男之所居为家，女则嫁之。在家和
豕的古文字中，都看到在象形字豕的后腿
或肚子处，都有一个崛起的笔画，那就是
它们的生殖器，那就是豭、家字。家作名
词指家庭、居所，家作动词谓成家、居住，
治家也可说家。家字把人和牲畜的关系拉
得这么近，是畜牧时代、家庭和私有制起
源时代的产物。家的语义扩大范围，把学
派也叫家，由治家而至治学。行业也可以
叫行家。现在还可说艺术家、外交家，都
是擅长某个领域、某个行业的人。

嫁 jià 就男之所居为家，女则嫁之。在家和方说，便是出嫁，变更主语，便是
两个词了。嫁的主语或宾语宽泛，嫁有往、
出、转移之说，如说嫁祸于人，还说嫁怨、
嫁非，就是把怨气或错误转移到别人头上。
还有说嫁接，移花接木，我国至少在北魏
贾思勰的《齐民要术》中就已讲到了枣树的
嫁接。嫁字从家，接字从妾，都是以人移
以指木。

傢 jiā 傢伙，或作家伙。伙指一同起火
吃饭的同伴，则傢也应为自家人之义。
说傢伙或老傢伙，往往还容易带亲切或厌
恶的感情色彩。傢伙可引申指家具器物，
也说傢具。

稼 jià 作动词，为耕种之义，"不稼不
穑"就是不种不收。作名词，家事在
农家主要就是稼。粮食、谷穗也可叫作稼。
今多说庄稼。

斝 jiǎ 玉的酒杯，殷代曰斝，周代曰爵。
都有三足，有把手，有杯口，从二
口，表示欢呼饮酒之义。斗也是容酒之器，
故从斗，冂，象形。因为杯子上画有谷穗，
故名此酒杯为稼，并又造了一个会意字来
指称名为稼的酒杯。其实爵上也都刻镂禾
穗，不过形制又多变化，名称也随时更改
了。

167. 毇

毇 jiù 从殳，象手持之形；从専（zhuān，
后作专），纺线或绕线时用以圆转之
物名纺砖。砖、转等字皆从专。手持以使
圆转，故毇为揉屈之义，把材料揉屈，以
制作成器。

簋 guǐ 或作匭。盛粮的方形盛器，故
从竹，从皿，中间是専字的楷化。实
际它还是毇省字。那是殷周时代的常用之
器，亦有陶制。常以簠簋连称，一说方曰簠，
圆曰簋，可能是时代或地区之间有形制之
差，不论是方是圆，都要揉屈。

厩（廄）jiù 马舍。广（yǎn）下有盛
黍稷之器，便是养马之所了。
如说"厩有肥马"。

168. 戫

戫 shuā 从又持巾在尸下，故从擦拭、
扫除之义。会意字。

刷 shuā 又刀刮，又巾擦，清除工作就
很好做了。今说刷，主要是用毛刷子
刷洗。名词和动词两用。刷白，就是像刷
洗过那么白。看来毛刷子是较后起的。今
说刷墙，古则说圬。古说刷涕，今说擦眼泪，
用的是巾，不能用毛刷子擦泪。古说刷鬓、
刷发，即是梳理头发。刷的抽象义，自古
就说刷耻，即洗刷耻辱。现在的一项新用法，
是说刷新了一项什么纪录，实际上没有刷
的行为。

涮 shuàn 以水冲刷、洗涤，如说涮瓶子。
今说涮羊肉，就是把肉片放到滚着的

汤里来回烫两下子，其实既无刷，又不去垢，只是动作上相似而已。

唰 shuā 象声词。象擦拭的声音，故从刷，如说西风吹得黄叶唰唰地响，鸟从空中飞过，翅膀发出唰唰之声。象声词大多有实词语义。唰的语源义就是刷。

169. 丑

丑 chǒu 从又，三个手指之间有绳子拴住，故为纽结之义。又字的捺脚收缩成一横，有时还写成一个点。豕字是豕字的脚上有绳子拴住，以致走起路来就一扭一扭的了。豕字中的那段绳子早就写作了一个点。丑的本义是纽或扭，因丑字主要用作地支之名，它的本义就作纽和扭了。

纽（纽） niǔ 结。今说纽结，动词。作名词如说纽带、纽扣、纽襻、秤纽、印纽、枢纽等。其中纽带、枢纽还常用于抽象义，如说团结的纽带、交通的枢纽。纽和丑的声母差别小，不影响语义。

钮（鈕） niǔ 或作丑。印鼻。即在印章上端雕琢一个龟、狮或虎之类，既作装饰，又便于携取，如说龟钮。也有的印钮是一个环，便于系绳佩戴。今又说电钮，是输电线路的纽结装置。

扭 niǔ 转。今说扭转。如扭转身子、扭头、扭了腰，还有扭打、扭屈、扭送。扭的宾语扩展，如说扭秧歌、扭转方向，抽象义如说扭转局势、扭亏为赢、说话做事扭他不过（执拗）。

衄（衄） nù 鼻出血曰衄。这是中医的特有名词。有时还有牙衄、耳衄、肌衄，是血液流动的扭曲与凝结。

杻 niǔ 俗称万岁木，木质坚而且韧，弓的主体、车轮的外圈，还有手铐脚镣，这些需要把材料扭曲的部件，便是此木为之。

狃 niǔ 亲近、熟悉，是由纽结之义引申。老是纽在一起，便是亲近了。字从犬，取亲近之义，同义词如狎，便是亲近之义。从而又得习惯、因袭、拘泥、重复等义，如说狃于习俗、狃于成见。

妞 niū 北方民间对女儿的亲昵之称，如说小妞、妞妞、傻妞等，女儿有点虎气就叫虎妞。同时妞也有纽结之义，北方农村孩子常叫拴就是拴住，叫锁就是锁住，叫留就是留住，故妞就是纽住。

忸 niǔ 忸怩，惭愧之义。惭愧、羞涩的时候，行动就忸怩，不大方。今说扭捏，也是这个意思，退缩，或扭转身去。

朒 niǔ 食肉。手持肉，转而食也。

羞 xiū 字亦作羞。持肉进献，动词；作名词指进献的羊肉等食品。一度人们主要吃羊肉，今草原牧民还是这样。进献给鬼神叫荐，进献给人叫羞（或作饈），是真要吃的。羞指美餐佳肴，可说珍饈。腥、臊、羞三字声母相同，细辨起来，羊肉气味曰膻，豕肉气味曰臊，鱼肉气味曰腥，引申起来都可说腥。三字又都可以用作抽象义，都可以用以形容政治和道德之败坏，如《国语·周语》有"其政腥臊"，《史记》中有"羞先帝之遗德"。实际上，这种羞字已经是羞辱、羞耻之义。今说害羞，也可说害臊，羞臊二字还可结合使用，成为双声词。如《红楼梦》第118回中说，老是左右打量巧姐，"倒把巧姐看得羞臊"。

饈（饈） xiū 好菜叫珍饈，多用以进献。由于羞字常用于耻辱之义，本义就又加食字旁以示区别，或作膳，均是后起字。

170. 反

反 fǎn 从又、厂(hǎn，山石，石字也从厂)，象扳倒岩石之形。反与正相对。一切反复、背转、颠倒、回报、对立的行为，多可说反，如说反掌、反手、反目、反唇相讥、反口、反思、反省、反哺、反戈一击、反抗、反射、反响、反差、相反相成等。副词用法如说反而、反正。

返 fǎn 人之回来、物之归还，皆可曰返。引申义如说麦苗返青、梅花返魂、返璞归真等，都没有返回的行为。

扳 bān 于足为返，于手为扳。以手作反转的行为。钳工的一种工具叫扳子，或叫扳手，专门用以作反向着力的活儿。扳石头是把石头翻个身，下面常有蚯蚓、蜈蚣之类藏身，搬石头则是将石头移位。铁路有扳道岔，下棋或赛球反败为胜，就说是扳回几分，或扳回一局。

饭(飯) fàn 动词，反复地吃，故从食，反声。这是饭字本义。如说饭牛，没有饭马、饭狗、饭鸡的说法，牛是典型的反刍类动物。食之反复的另一义是多次多天地吃饭，如漂母饭信的故事，是说汉代的韩信年轻时连饭也吃不上，遇到一位好心的漂母(洗衣服的老妇)，"饭信，竟漂数十天"。即供韩信吃了几十天的饭。古来有一种"饭琀"的习俗，即在死者口中装进珠玉或米谷，那就更是永远的饭了。故一般的食和反复的饭有着显著的区别。汉代以后，饭字逐步代替了食字，指一般的吃饭，并多用于名词。

疲 fàn 呕吐。吃了的又吐出，故音义从反。

贩(販) fàn 买贱卖贵。这是买与卖、贵与贱之间的反复，或者也可说钱贝的转手。名词指商贩，动词说贩卖。

叛 pàn 从半，是分裂之义，故叛为分裂(国家或王室)之反，它一直作为一个政治概念来用。

恦 fàn 心态不同寻常，如有悔的语义，可说反悔。又可指褊狭、急性之义。

版 bǎn 木字分成左右两部分，左为爿，右为片，木片用之于宫室器用者曰版，今字作板。古时建筑多土墙，先用两版两边夹住，中间装土夯实，叫作版筑，跟现在浇水泥的工序相似。古时的书为雕版印刷，至今犹说出版。国家的地图也是画在版上的，故称版图。

蝂 bǎn 蝜蝂，一种善于负重的小昆虫，背负多重也不休止，有嘉奖其为国之义。

板 bǎn 解木为片曰板。引申为水泥板、玻璃板、钢板等说法。腰说腰板，脚说脚板(一说脚板的板从蹯)，都带有硬的意思，脸也说板，是严肃、快要发怒的神情。文艺中的板也很有讲究，有快板、慢板，要有板有眼。艺术的表现僵硬，过于直率，也可说板。日常的思想、工作方法可说呆板、硬板、死板，就完全是抽象义了。

輽 fǎn 车两旁反出如耳的部分。

舨 bǎn 舢舨，本作三板，用几块板材钉成的小船，言其简单，求其轻快，坐二三人。北方还有皮划子，不能叫舨。

阪 bǎn 或作坂。较平坦的斜坡。地质学上研究的地壳板块，就更是巨大了。

畈 fàn 指大片的平板田，说一畈田。

钣(鈑) bǎn 饼状的金银块。

鲂 bàn 比目鱼，扁平状，故其音义从板。也称鲽(tà)，或作鳎，如叶片，或平塌之谓也。还有一种鳊鱼，鲂则更扁。

171. 寸

寸 cùn 从又，从一。古以手掌到动脉距离为一寸。在没有法定的度量衡之前，人们就找一个公认的大约数为标准。故寸有推测、度量、法度之义，如寺字本指官署。分封的封、爵位的爵，都从寸，与法度有关。

忖 cǔn 心里揣摩、衡量或推测，《诗经》："他人有心，余忖度之。"

172. 肘

肘 zhǒu 肱与臂之关节曰肘，股与胫之关节曰膝。肘的动词用法就是以肘推击之义。肘从寸，人的两臂全伸展是一寻，即八尺。只算一边便是四尺，上肱与下臂各一尺二寸，是法定的。

讨（討） tǎo 声讨，讨伐。从言，即口诛笔伐；从寸，法也。由于讨涉及法，故讨又有讨论、研究、谋求、获取等义。讨饶就是求饶；讨人欢喜，就是求得人们的欢喜；检讨，就是又查又论。

疛 zhǒu 小腹病，即是精气郁积在腹中便发胀和掣动，故它和肘的动词义很切近。

纣（紂） zhòu 驾车时拴在牛马尾部的皮带，皮带的前面挽着马鞍和车轭，可以起制止的作用，故它和肘的动词义接近。

酎 zhòu 重酿的酒，反复三次，故为高度酒，十分醇厚，喝了以后就是让人捉住臂肘也不想起来的酒。

173. 付

付 fù 以手持物对人，即是给予之义。今说托付、付予、支付。付的主语不限于人，所付的对象更是广泛，最常见的如说付钱、付诸实施、付出了辛勤的劳动。

咐 fù 口头上的吩咐、言语中的嘱咐。那就大多是差事、使命之类，而不是具体事物。

怤 fū 心之付予，便是想着、惦记之义。引申有喜乐之义。

符 fú 一种凭信。古时以六寸之竹，上加刻划，中分为二，左半付予执行命令的人，右半留予发令者，合而相符，叫作符合，便是可信者。还有铜符、玉符，还有以虎形为符叫虎符，中分为二，各执其一，可以凭此调兵遣将。出入关口、分封爵位、传递诏书，都可以此为凭。今说符合，又说符号，便指一种标记物。音乐上的音符，代表高低、长短不同的音。

泭 fú 编木为筏，用以渡河，还有竹筏，取并合、附加之义。

府 fǔ 本指文件、资料交付收藏的地方。文件总要或向上或向下地交付，有交付就有收存，因此府从广，付声。于是百官所居曰官府，政令所出曰政府，学之储存与交付曰学府。富人所居也常称府，《红楼梦》里有曰贾府、荣国府。

腑 fǔ 人有五脏六腑，脏，收藏也；腑，付予也。六腑：咽喉是量入之腑，胃是五谷之腑，大肠是转输之腑，小肠是受成之腑，胆是积精之腑，膀胱是精液之腑。

腐 fǔ 府中库藏之肉，常至腐败不可食，即是陈旧变质。其中尤以肉之腐败为典型。今说贪污腐败、腐化堕落、腐蚀干部、为抽象义。腐的抽象义由来已久，如说人的言行陈旧而且拘泥叫迂腐；不能与时俱变，还说腐儒，指一些儒生而言。腐的另一引申义指像是稀烂状态的食物。豆腐并非腐败食物，把大豆浸泡水磨后，煮滚略加盐卤或石膏，使它凝结便成豆腐，即使是老豆腐，也是一碰就烂。还有豆腐乳、豆腐皮等。我国从汉代开始制作豆腐。

附 fù 附着、依附、附属、附带、附近等，都是由给予之义引申的。给予之物，必附加于他人或他物之上，附加的方式和关系不同，就和诸多同义的动词结合。附的本义从阜，指小土山，它是附加于大地之上的，此义今已不用。

坿 fù 以白灰涂墙，故有附着之义。与附通。加固城郭曰坿，则取附加之义。

袝 fù 先祖的子孙们逝世后，曾孙辈也是在祖庙中祭祀，这叫袝祭，依附于祖之义。

苻 fú 苻草，亦称鬼目草、牵藤，附着于地，或依附他物上长，故其音从付声，义近于附。

蚹 fù 即蜗牛，它依附于他物（墙壁或树干等）行进。

驸（駙） fù 驾在车辕之外的马称驸马，它依附并辅助辕马，为附加之马。驸马也指驾副车（即非主帅所乘之车）之马。皇家的女婿称驸马，因为他们常常被拜任驸马都尉的官。最著名的驸马当推晋代的杜预，他娶了晋宣帝司马懿的女儿安陆公主，还领兵打败了东吴，又贴切地注释了整部《左传》，从而大名鼎鼎。

鮒（鮒） fù 鮒鱼，又名鲫鱼。此鱼好旅行，以相随即谓之鲫，以相依附谓之鮒。

抚（撫） fǔ 本作拊。以手附着于物，故今说抚摩、抚摸、抚拍。抚掌就是拍手，抚膺就是捶胸，抚琴就是弹琴。以抚表示爱，可说抚爱，以抚表示养育，可说抚养、抚育。

弣 fǔ 亦作柎。弓体的中间，射时以手抚持之处。

跗 fū 或作趺。脚板。人之着于地者曰跗。以手着物曰抚，以足着地曰跗。事物之足亦可曰跗，悬挂钟鼓的架子有四足，称"钟鼓之跗"，花朵与花枝相连处曰花跗。

柎 fū 器物之足大多从木，故与跗通。也与抚、坿相通。

俯 fǔ 头朝下，如说俯首、俯视、俯卧、俯冲。俯的反义词是仰。俯仰之间，就是时间短暂之义。俯本作頫，或作俛。从付之字指足，常居下部，故俯有朝下之义。

胕 fǔ 驼背、脊椎弯曲，不能仰视，故为俯病。胕又有浮肿之义，参看下面胕字。

胕 fú 肿。常说胕肿，今作浮肿。胕又与腐字相通，肉之稀松状。

174．寻

寻 dé 取得。从贝，从寸，古文字中常为从贝从又，即手持贝，或贝在手，便是得。

得 dé 今说获得，获字从犬，是猎有所得；得字从彳，是行有所得。贝壳之类要到海边去寻找，故须行而有得。得的取义，与有字相似。有为手下有肉，得为手上有贝，赅字便肉和贝都有了。得与失为反义词，失字从手从乙，在手而逸去也。得的抽象义如说"得道多助，失道寡助"。又说得罪。得的主语和宾语大为扩展，并与另一动词结合，加在另一动词之前或之后，补充说明另一动词，具有副词的性质，如说记得（记着）、料得（料到）。再进一步便完全虚化为动词和形容词的后缀，如说跑得快、快得很等。难得一词，本是难以获得之义，后说难得来，就是难能来、难于来，来，无所谓获得与否，得字的获得之义被虚化掉了。难得糊涂，就是难能糊涂，难以糊涂。现代得字的一个新的用法，便是与一些抽象名词结合，表示有无、是否之义，如说得力，就是很有力量；得空，就是有空闲；得当，就是很适当；得法，就是很有办法。

175．尺

尺 chǐ 从尸，从乙，尸是卧着的人体，乙表示做一个标记，即是以人体作标记，作为长短的度量。人手到动脉，便是寸口，十寸为尺，四尺曰仞，八尺曰寻，倍寻曰常。古时的一尺，大约约相当于现在的六寸多到七寸多，各时代都有变化，"邹忌修，八尺有余"，若是用现代的尺寸来算，那就要有两米多，就不合乎一般的审美标准了。

咫 zhǐ 中等身材的妇女手长约八寸，谓之咫，即略小于尺。咫与尺双声。今犹说近在咫尺，意思是很近。只字有限止、仅仅之义，故咫尺就是不过一尺、尺把长之义。咫的引申义为短小、甚少。咫进就是学问有一点小的进步，咫角就是牛才长出很小的角。咫尺千里，有两层意思：一是说虽然离得很近，却像隔了千里，没有来往；一是说咫尺大的画面上，却画出了千里江山。

176．局

局 jú 从口在尺下。局字的第四笔本是从乙，为屈笔之形。后又加钩，钩

向口字的方向。局就是说话、做事要有尺度、有分寸、有规矩，要受到限制。今犹说局限、局促，辕下之车局促，它负载重，又必须顺着车辙行进。由于受到限制，局又演变为局部、部分之义。今说财政局、反贪局，都取局部之义。财政部的部也是取局部之义，虽然部与局都有上下、大小之别，语言上的取义却是一致的。局部之中又有全局，所以又有全局、大局的说法，棋局的说法早有了，今又说时局、战局、结局、骗局等，局字的名词和动词用法都得到了发展。

侷 jú 侷促。字皆从人，指人的活动地盘小，不便伸展，或者指心理上有拘谨，侷促不安。

踋 jú 蜷踋难伸。或者是行走受到限制，或者是自己拘挛难进。

搰 jū 踋谓足行而曲不能伸，搰谓手持而臂不能伸。如说由于操作劳苦，手曲难伸，就说余手拮搰，也作据搰。拮，纠结也；搰，卷曲也。引申说手头拮搰，指经济状况不佳，难以开支。

锔（鋦） jū 今说锔子，或曰抓钉。即以一根铁条或铁片的两端弯曲并钉入破裂物的裂缝两边，起修补、固定的作用，锅碗瓢盆的破裂处，都可用此法修理。现在建筑物或大坝的裂缝，也可用此法加固。

焗 jú 一种烹调方法。把肉或鸡放在锅里或罐里，上面盖严密封，加火焖熟。这是取局限之义。现在理发时在头上抹上染发剂或护发膏等，用机具把头发罩起来，用蒸汽加热，叫作焗油。

177．爪

爪 zhǎo 本指朝下的手，鸟兽的爪也朝下。朝上的手便是掌，掌从尚，

即上。常说爪牙，指脚爪和牙齿，这里爪主要指指甲，爪和牙都是锐利之物。爪的动词用法今皆作抓。

抓 zhuā 抓取物、捉拿人。如说抓一把花生、抓住凶手。我们现在把许多无法抓的事情都说成了抓，如说抓思想、抓矛盾、抓落实，把一个口语词极为抽象的引申。

笊 zhào 笊篱，或说笊滤，一种炊具。用竹篾（今多用铁丝）编成像大勺一样的形状，或疏或密，到油锅或汤锅里把食物捞出来。笊从爪，就是抓取，篱从离，就是疏离。

找 zhǎo 寻觅。今说找寻，本作爪寻，故知找的意义是从爪、抓而得的。

叉 zhǎo 手足的指甲。字从又，两点象指甲之形。

蚤 zǎo 跳蚤。被它咬了以后，身上就发痒，就要抓挠，故名其虫曰蚤。

搔 sāo 抓挠，用的是指甲。如说搔首，即是挠头。被跳蚤咬了就要搔痒。清代郑板桥有句联语："搔痒不着赞何益，入木三分骂亦精。"意思是没有搔到痒的地方不顶事。

瘙 sào 疥疮。因为特别痒，总想去搔，故是一种搔痒的病。

骚（騷） sāo 人或马总要搔动，不得安宁，今说骚扰、骚动，为同义词结合。于人为搔，于马为骚。古说摩马，现在常用刷子刷马。骚乱，常用以指社会之动荡不安定。战国时屈原的著名史诗《离骚》的骚，为忧愁之义，忧国忧民，是内心精神上的不安。离，通罹，谓遭遇之义。故离骚就是遇到了忧虑。

慅 sāo 心情不安。或者是忧愁，或者是恐惧。

傮 sāo 骄傲。神气活现，总想表现，不能安定。

以下的从爪字，声母和语义同时出现显著变化。

舀 yǎo 米在石臼中舂好了，手朝下去掏出来。如今看不到春米了，常说的是舀，用瓢或勺去舀水、舀稀粥（或说盛粥）。

蹈 dǎo 脚踩、踏，亦即动而不定。《尚书》中有句话："心之忧危，若蹈虎尾，涉于春冰。"是说心中忧虑惶惧像踩着了老虎尾巴，像踩在春天的冰层上。后又有赴汤蹈火、蹈人覆辙等说法。抽象义说蹈善、蹈恶。蹈与踏（亦作蹋）声母相同，踏从沓，为重沓不断之义，故踏歌为不断地踏步唱歌，今说舞蹈，也是不断地踏脚的。

騊 táo 马行貌，即嘚嘚之声不绝。

滔 táo 水漫曰滔，古今都说滔天。形容人话多，会说，叫滔滔不绝。滔滔为不绝之貌，亦重沓之义。贬义说罪恶滔天。

慆 táo 践行，经常用作时间之行进，如说日月其慆，就是日子过得快。慆字从心，常指心理情感的不绝现象。如说慢慆，即怠慢之心常见，实是心之变动无常。慆早已是古词。

謟 táo 疑惑不定。亦有傲慢之义。

韬（韜） táo 亦作弢、绦。存放弓、剑之器。多以熟皮为之，故字从韦。韬与鞘不同，刀剑之鞘只护其刃，韬则全藏之。故韬作名词，指刀剑之套、囊，作动词为隐藏之义。韬隐、韬晦为同义词的结合，韬光谓掩藏其光辉，是动宾结构。杭州的灵隐寺，又名韬光庵，取义是一样的，谓隐藏着佛的灵光。韬又引申有谋略之义，如京剧《萧何月下追韩信》："全凭着，韬和略，将我点聘。"军事的谋略，总是隐藏不宣的，故由隐藏之义引申。且韬为刀剑之藏器，用以指军政谋略，就很合适了。

套 tào 这是唐宋以来逐步用开的俗字。字从大从长，事物的套子套在外面，总要比事物长大些，否则就套不上。如有车套、书套，有皮套、布套。衣服有外套、套衫。又说配套、成套、套数，都是指成系列的完整组合。作动词如说套在脖子上，套来套去套不上。抽象义如说客套、俗套、圈套、套公式、设圈套、老套子、套路，都是指办法、思路。套的音义从韬，剑衣曰韬，实即刀剑之套。

掏 tāo 本作搯，舀取，挖取。今皆作掏，如说掏口袋、掏耳朵、掏窑洞。抽象义说掏心肝，表示竭诚无私之义。

稻 dào 本是指米，已舂为皮曰稻，未舂带皮曰稌。后稌也说稻。今稻主要指稌。孔子那时说"食夫稻"，今则说吃大米。

孚 fú 即孵字，因为孚字主要用作诚信之义，就又加卵旁作孵，以示区别。禽鸟孵时，常以爪反覆其卵，故作爪下有子。孚的另一义指俘虏，亦爪下有子。孚字为什么有诚信之义？卵之孵化，都有一定期限，不失其信，故孚又得诚信之义。这是畜牧时代实际生活中的体验。

孵 fū 孵化。孚字从子，故孚本指人，孚字用之于卵生的禽鸟，已是派生义，禽鸟之子曰雏。虫鱼亦多卵生，但不需孵化。

俘 fú 捕获之敌人曰俘虏，或说战俘。虏(虜)字从虍，从毌，从力，本就禽兽之俘而言。在奴隶社会，奴隶的主要来源是战俘，他们的价值往往还不如禽兽，故俘虏至今二字连用。

罳 fú 或作罛。字皆从网，鸟兽之以网捕取曰罳。

浮 fú 漂在水上或在水上行进都叫浮，乘船而行本亦可曰浮。水行需要覆水划动，故浮字从孚。在空气中飘动也可叫浮，如说浮云，浮字的主语和宾语都变了。还说浮土，指地表的一层易于飘动的尘土。抽象义指人的举止不稳重，可说轻浮。工作不深入群众，长年待在机关里，可说浮在上面。思想灵敏活跃，起伏不定，就说浮想联翩。学风不正，有时就说浮躁或浮夸。

桴 fú 或作枹。木筏，浮行水面，大者曰筏，小者曰桴，区别在大小，不在竹木。桴的另一义项指房屋的栋梁。它架在上面承受屋顶的压力，在上曰浮，故梁亦可称桴。击鼓之槌亦可曰桴，鼓槌总是要覆手去抓的。

醰 fú 酒泡，漂于酒上。又指酒喝过了量，昏头晕脑，身如漂浮。故从酉，孚声。

蜉 fú 一种朝生暮死的能飞小昆虫，夏天的傍晚在空中大群地飞舞，叫作蜉蝣，即为浮游之义。

烰 fú 火气上行之貌。与浮字通。也说蒸，今说蒸蒸日上。

保 bǎo 保与孚的语音本来十分切近，只是变化得大不相同了。语义和字形也相近。保的右旁本作孚字的长横下面各加一笔，作八字形，象保护之形。有时孚字省爪，子字的头往往作口字，就成了现在的字形。人对子的保护，便是保字之义，今说保姆的保，便是保字的本义。古说"保民而王"，对国家和人民说保，便是保卫、安定之义，后又说保障、保证、保险等。

饱（飽） bǎo 本作餤。吃饱就是保养身体的。引申的说法如颗粒饱满、精神饱满，又说饱学之士、饱经风霜。饱和状态指液体所溶解的东西达到了最大限度。饱字的主语和宾语得到很大扩展。

褓 bǎo 小儿的衣被，是保护婴儿的。襁褓，襁指背带，褓指包被。尚在襁褓之中，即是说还是婴儿。

褒 bāo 实即今之袍字，是长襦、大腋衣，从保养、保暖取义。今说褒贬，褒为奖励、赞扬之义，贬为降低、减损之义。褒字何以从长袍之义演变为褒奖之义？因为古时常以长袍加身作为嘉奖之礼，不只天子对诸侯如此，卿对嫡妻初见，亦加赐褒衣。可说褒贤、褒表、褒拜、褒饰。

堡 bǎo 以土石作防卫之墙或围子，今说城堡、堡垒、碉堡，都是战争中作防卫、保护之用的。原还可指堤防、土堆，能起保障作用，防水防风，都可称堡。

煲 bāo 四面陡起而深的锅，近似于罐，优点是保热，适于熬煮，今有煲饭、煲汤，有瓦煲、铜煲、沙煲等。

葆 bǎo 保持、养护，如说葆其美妙之青春。本谓草木旺盛。葆又指车盖，如说羽葆，指以羽毛等装饰之车盖，对乘者起保护作用。

荸 fú 一种多年生细长的草，湖湘之间称湖草，多用以盖屋，起保暖生养的作用，也用以饲养牲畜。荸又指芦苇秆子里的一层薄膜，起保护作用，吹笛子时用的笛膜就是它。

麸（䴸）fū 本作𥽦。麦子磨成面粉后筛出的麦皮。也称麸皮，对麦粒起保护作用。其实大米外面也有一层薄皮保护着，称作糠。于人曰褓，于草曰荸，于谷曰𥽦，所指各异，音义则同。

郭 fú 或作垺。指外城墙。

殍 piǎo 作形容词为饥饿之义，作名词指饿死的人。那是从奴隶、俘虏之义引申的，如说"民有饥色，野有饿殍"。有些浮民浮户，他们的命运也往往如此，故殍也从浮字得义。

178.争

争（爭）zhēng 争字从𠬪(biào)，从厂，谓上下两相对而争一物。可说争城、争地、争权，抽象义说争言、争辩。今说斗争，斗为两人持械相对，争为两手同引一物。又说竞争，竞为两人争言，争为两手争物。今又说争光、争气、争脸等，均为抽象义。

挣 zhēng 力争。今说挣扎。挣，力争，扎，拔出。居于困境，欲挣扎而起。动宾结构如说挣钱、挣工资、挣口饭吃。

睁 zhēng 张开眼，比一般的张目要厉害。如《三国演义》第二十八回："张飞圆睁环眼。"该词逐步地用得宽泛了，现在一般的睁眼也说睁。

诤（諍）zhēng 如说诤臣、诤友，就是敢于直言规劝。谏诤二字是同义词结合，谏是一般的进谏，诤则要冒生死之险，是力争，故诤的力度大。

铮（錚）zhēng 金属响亮有力之声，如说铁之铮铮，铮铮铁骨，都是铿锵有力之义。于目曰睁，于言曰诤，于金曰铮，于竹曰筝。

筝 zhēng 一种竹制(后用木)的弦乐器。初五弦，后十二弦、十三弦，近代以来二十弦。筝，施弦高急，其声坚致铿锵，故其音义从争。今之风筝，亦从竹，以竹为骨，风力盘桓而上，是两力相对，与风为争。

峥 zhēng 山高峻貌，也用以形容建筑物之雄壮。或说峥嵘，或作峥嵘。

狰 zhēng 本指传说中的一种怪兽。今语中作狰狞，详见狞字。

179.寽

寽 lǜ 字从爪从寸，即抓取事物，并讲究法度。从抓取之义又引申为抚摸、摩擦。今犹说摩寽，寽与捋通。

捋 luō 或读lǚ。轻易可取。例如采野菜、摘野果，都可说捋，是轻易可得的。如今采桑叶，有时就从上往下一捋，一根桑条上的桑叶全落下来了。捋榆钱的动作也可与此类似。捋胡子就只是顺着抚摩一下，还说捋起袖子。

酹 lèi 以酒祭地。在祭神时恭敬地把酒洒在地上，似乎是神已享用。手势常常作圆弧形的动作。苏东坡《念奴娇·赤壁怀古》词中"一尊还酹江月"，便是把酒浇在江水里。

埒 liè 矮的围墙，或田间小道、小堤，修筑时都是土之易取者，由动词转为名词。

锊（鋝）lüè 古时的重量单位，大约是现今不到半斤的重量，是一个易取的重量。

栵 liè 船上的桅杆，它高举在船身中央，必须上下左右挟持，才能扬帆远航，故其音义从孚。

胒 liè 肋骨上的肌肉，它挟持着左右的多根肋骨，故其音义从孚。又指肠间的脂肪和肉，它也起固定肠道的作用。

180. 妥

妥 tuǒ 从爪从女，故得安坐之义，又有按住、停止之义，坐则止。安为宀下之女，妥为手下之女，故义相近。周代祭祀时有人充当神，坐于尸位，叫作尸。尸安坐，谓之妥。后有妥当、妥帖、稳妥、安妥等说法，妥善的安置、妥协的方案，这是现在常说的。妥字还常单用，如说办妥了、说妥了，也说不妥、欠妥。

腿 tuǐ 本作骽，从骨，妥声。骽本指臀部的胯骨，人的安坐，就是臀部坐下，因此骽的音义从妥。后说骽股，股为大腿，骽也可指股了。腿又有大腿小腿，腿的语义就和今义一致了。桌子凳子的腿不分大小，那便是全部的腿了。《水浒》中写鲁智深出场，说他喝了一桶酒，把一只狗腿揣在怀里，看来这个腿字就是在肉市上通行起来的。

181. 为

为（爲）wéi 古文字作爪下一个象字，手抓象，即是去耕作，或其他作为。为政也说为，就是治理之义了。又说有所作为、为所欲为，为字的语义非常宽泛了。河南省简称为豫，豫，大象也，在夏商以前，中原地区曾有许多大象在生活。大量的行为和动作都可说为，于是为字就开始虚化，先作助动词、介词，如说为人民服务，就是介词用法，是介绍服务对象的。后成为完全虚化的助词或语气词，如说"何以天下家国为"，便是表疑问的语气词。为的虚词意义也很丰富。

伪（僞）wěi 人为。如说事在人为，即事业在于人能有作为。这本是表现积极的褒义词，但它很快就引申为贬义，《庄子》中就有"真伪"的说法，真的反面便是伪。道家创立了真的概念，他们要作真人的本性是真的，人为的东西不是天生的，便是假的了，《易经》中有"情伪相感"的说法，情为实情，伪为虚伪，两相感应。以上是反义词结合，《礼记》中有"诈伪"的说法，便是同义词的结合。此后又有奸伪、伪书等说法，现在又说伪政权、伪满洲国等。

譌 guǐ 伪诈之言。与讹、诡义近。

賮 guì 财资、货物。为字有耕作、种植、制作等生产方面的语义，生产所得，便转为货贿、资产，故賮可为资产、货物之义。

妁（嫣）guì 强健，有作为。

扞（撝）huī 与挥、麾二字同音而同义，但是三字并存，它们还各有一些其他的语义是各自独有的。

以手指扬,则必有作为,故其形音义皆从为。扬字又有分离、裂开之义,但已是古义,这样,扬就成为一个古字了。

挥（揮） huī 手的奋力挥动,其中包括军队的指挥,故挥字从军。《易经》中已有"发挥"一词,指刚柔的发挥,已是抽象义。挥还常指水的挥洒,挥汗的说法也早就有了。挥字的宾语在发展着。挥与"徽"字通用,指旗帜,即是后之"麾"。

麾 huī 本作摩,为旌旗之义。摩为披靡、倒下、顺服之义。可见,麾字从麻,是由靡字省略而得的。麾字从毛,是指挥的旗帜上有毛,以牦牛之尾着旗杆,叫作麾。故麾字从毛,实即是从旄的省略。麾下,即是旗帜之下,是对将帅的尊称。

闛 wěi 开门。它与扬字的古义(分离、裂开)直接相连。

182. 采

采 cǎi 从爪,对着木,便是采。如说采桑、采芹,有时还可说采麦,大概是将取之义,从而区别于"获"。周秦时采字的一个特殊用法是说采地或采邑,即那里的土地和人民照例归天子,只是分给某个诸侯,你到京城朝拜时,可在那里吃住,并征收租税。采地就是采取租税之地。租税多为实物地租,故仍为采麦之义。

宷 cǎi 主持政事者多有宷地,采取赋税。也作埰。宷亦有文采之义。

採 cǎi 为汉代以来的后起字,除对草木说采外,还可说"言语不足采",言语不能用手采,故为搜集、录取之义。采字的宾语进一步发展可说采玉石、采贤俊等。採字所以要加手旁,是因为采的引申义很多,并派生出睬、踩等字。今作采。可说采矿、采油。和其他同义词结合的说

法就很多了,如采录、采集(如标本、样品等)。

睬 cǎi 答理。如说理睬、不理睬,即言有所取与目有所取。这是宋元以来的俗字。

踩 cǎi 脚踏。脚踏两只船,也可说脚踩两只船。采摘,对草木必有所摧残,故脚的践踏也作踩,音义从采,如说踩坏了庄稼。踩也是明清以来用开的字。今还有游泳踩水、踩高跷等说法。

菜 cǎi 草之可食者,即今说的野菜,如苦菜、荠菜等,大多还是野生的。这是由采的行为之词演变为采的对象之词,语法意义变了。一部分野菜被培养成为家常蔬菜。对饭而言,常说饭菜,就把鱼、肉等一切下饭的东西叫作菜了。

彩 cǎi 彡,指毛饰画文,其可采者皆曰彩,从而说色彩、光彩等。五彩指青、黄、赤、白、黑,人所采用。为什么采取之义能演变为颜色之称? 因为自古的颜料大多要通过草木的采集取得。如青,取之于蓝草,绿本就是州名,紫是从茈草中提取,还有皂角可作黑色染料。丹青,从朱砂中提取,矿石要到矿井中去采。自古还有采诗、采风的传统,了解民间的风尚,于是就有风采、神采的说法。

綵 cǎi 指各种颜色的丝织物。

鬔 cǎi 指美丽的发髻,古今都缀有各色彩带。

猜 cāi 或作倛。犬性多猜疑残害。故从犬从青。青,情性也。青的上半部分为生字。由犬而及人,今说猜疑、猜测、猜想等。猜谜语就是根据提供的一些迹象,做出不确定的判断,即心有所取又唯恐猜错。

183. 爯

爯 chēng 从爪，从冓省略了字的上一半。从爪，故有举起之义，从冓是相并、相对的两堆木材，故爯为并举之义。今均作稱。

称（稱） chēng 用并举的办法权衡轻重，叫作称。从禾旁，便是经常要称粮食，已经到了农业时代。"称彼兕觥"就是举起牛角杯。后说名称、称号、称呼，名与号为什么叫称？就是名与实总要相称，即是并举。如李逵，人称黑旋风，若是个文弱书生，便名不相称了。职称是职位与能力相称。事物的对称，就更是宇宙间的重要规律。又说称赞、称道、称颂等，都是称的引申义。

秤 chèng 衡量轻重的工具，俗称秤，即是求其平衡。如今磅秤、弹簧秤用多了，平衡的观念也就淡化了。

184. 爰

爰 yuán 从爪(biào)，从于。爪为上有"爪"给，下有"又"接；于为出气之平舒。故爰为平舒地给予之义，从而得援助、支援、缓和、宽缓之义。爰字在古语中常用作发语词，与于、於、粤、曰等字声母相同，加在语词之前，表发语时语气之平舒，《诗经》中常用。

援 yuán 有援引、攀援、执持、援助等义。救援、援之以手，都是本义用法。抽象义如说援古证今，即是拿古代的史料来说明现代的问题。

媛 yuán 美女，是人们都想以手援引的。

瑗 yuàn 璧和瑗都是圆形而中间有孔的玉，即环形玉。孔小的叫璧，孔大的叫瑗。瑗的功用，是在引进人的时候，不是手拉手，而是用一块瑗去援引前来的人，表示极大的尊重。所谓"召人以瑗，绝人以玦"，即诸侯在招揽人的时候，用瑗去迎接；拒绝人的时候，便示之以玦，以表诀别。

锾（鍰） huán 圆环。或作鐶。常用于钱币的单位。

湲 yuán 水声。潺湲，水引进之声。

楥 yuán 篱笆、栅栏之类。皆编竹木为之，如人之两手相引接。笆从巴，结也；栅从册，编木为之。篱本作杝，从也，即迤，曲折而长也。此皆与援引之义相近。楥又作木名，又称椵柳，以其巨大而上举，可供建筑或造船之用。又名为援，以其高大可攀援。

辕（轅） yuán 或作輐。车前由牛马拖引而行的直木，大多左右各一，辕马驾于其间。辕又称辀。辀从舟，取承受之义；辕从爰，取援引之义。取义相反。辕门，就是军营的门用两辆马车竖起来，车辕朝上，两相对峙成门。

猿 yuán 或作猨、蝯。似猕猴而大，善攀援。又有长臂猿，登攀更加轻捷。

鶢 yuán 鶢鶋或作爰居，海鸟，大如马驹。

缓（緩） huǎn 布面宽绰。引申指事物之宽绰。大凡事物援引之则舒展，爰即已有宽缓之义。对时间和空间，都可说宽缓和紧急，缓的反义词是急。如对于行动的时间可说缓慢、迟缓。

矎 huǎn 大视，广泛地看。

暅 xuān 大目，眼眶宽大。

谖（諼）xuān 以言有所援引，可以引向好的方面，便是援助之义；不怀好意的援引，便是欺诈了。故谖为欺诈之义。谖又有忘怀之义，淡忘便是心与言之迟缓。

185. 敢

敢 gǎn 本作叙。从爻，古声。敢与古只有声母相同。古字可有坚固之义。爻，有所抓取。故敢为坚持进取之义，如说勇敢、果断、敢打敢拼。若说敢想敢说，就不是用手，移指心与口了。敢字有一个特别的义项：敢，不敢也。如《左传》中说“敢辱高位”，杜预注：“敢，不敢也。”谓不敢有辱高位的人。语义向相反方向发展了。这有一个演变的过程：敢字由敢作敢为之义引申为冒昧地作，敢字的古文字在左下部是一个冃字(冒字头)，敢问就是冒昧地问，敢言就是冒昧地陈词。冒昧的事人们大多是不敢做的,于是就有不敢之义了。现在北方话说敢是，是恐怕是、莫非是的意思,即不是很肯定,如说：敢是他来了？意思是：莫非是他来了？

瞰 kàn 或作阚，为窥视、俯视之义，今说鸟瞰、下瞰。其实都是敢于看，语义略有一点引申罢了。故瞰的音义从敢。字形上，从目与从门同。语音上，敢和瞰只是声母有不吐气和吐气的细微差别。阚又读作 hǎn，表愤怒之声，或虎吼声。

撖 qiǎn 高挂。临高即是敢，故从敢声，它与瞰的音义切近，只是从目与从手之差。

橄 gǎn 橄榄，产于五岭以南，至少三国时代即已传到中原。树身高耸，枝皆数丈，故橄榄者，敢览也，与瞰字义近。其果亦名橄榄，《本草纲目》中说它又名青果、忠果、谏果。因为它味虽苦涩，咀之芬馥，比之忠言逆耳，故曰谏果，外加了一番政治含义。

譀 hàn 敢言，大言。引申为妄言、谎言。譀亦作詤，忘从亡声；谎亦从亡声，可见音义皆通。

憨 hān 傻帽，傻里傻气，妄为。但也有憨厚、朴实之义，如说憨态就是老实到了天真的地步。憨笑可有二义：一指傻笑，一指天真地笑。这要根据具体的语境来辨别。憨皮，就是调皮，这一时就分不清是可爱还是可恼，是憨厚还是傻帽。《红楼梦》第三十回：“他们是憨皮惯了的，早已恨的人牙痒痒。”这是袭人说那些小丫头的，她真恨吗，却又不必当真，她们还是很听话的。我说她真恨与假恨都有，恨得牙痒，一阵就过去了。敢字就有敢与不敢二义，这种口语词的语义，灵活而又微妙。

獭 hǎn 小犬吠。小犬吠是什么样？它不识人事，敢叫敢跑。

厰 yín 山石高峻。厰之从敢，取临下之义，与瞰之居高临下之义切近。

严（嚴）yán 教训、政令之严格、急迫。严命，就是庄严的命令。字从二口，一口还不够，以示其紧迫。今说严峻，峻字本也指山高，以山之临下，喻教命之临下，故严从厰声。今说事态严峻、形势严峻，为抽象义，主要是紧迫之义。口语中说门窗关得严、藏得严、裹得严，都是紧密之义。严字还跟大量的同义词结合，使复合词的语义有诸多差别，同中有异，如说严酷、严重、严正、严厉、严格、严肃等，对思想说严谨，对问题说严重，对纪律说严格，对风度说严肃。严字一直处于发展状态，它还有几个从严的派生词。

俨（儼）yǎn 仰头，郑重端庄之貌。陶渊明《桃花源记》：“土地平旷，屋舍俨然。”俨，一般注为端整之义，还应该有高峻的义素。俨从人，由人的威严到物的威严。

嚴 yán 呻吟之声。吟，严也，呻吟之中是有严肃之感，闻之凄叹，俏皮、轻佻或喧嚣之中是很难呻吟的。

酽（釅） yàn 食物之色、香、味加重加厚均可曰酽。字从酉，主要指酒、醋、浆汤等发酵类食物。指颜色如说浅红酽紫，酽白就是纯白。浓香型的茶可说酽茶。思念情深可说酽念。

曮 yǎn 日的运行，一年四季都有严格的轨道，这种现象叫作曮。它是古代天文学中的一个专门名词。

岩（巖） yán 或作山崖，高峻险要之地。岩邑就是险要地带。古代战争中地理条件很重要，谁想据有岩邑，人们就很敏感，是有什么野心了吗？岩与厱义切近。

礥 yán 假山。虽名曰山，却只是指石，故字从石。

籭 yán 射鸟时掩蔽身子的遮挡，大多以竹为之，故字从竹。既要障眼，也要严密，故从巖声。

癌 ái 本读 yán，是受了外语音译的影响。人体上皮组织长出的恶性肿瘤。肿，气血之所踵也；瘤，气血之所滞留也；癌，气血之所岩岩积聚也。

噉 dàn 或作啖。急迫地嚼，刀刻一般地嚼，这种语义正是敢字所具备的。故啖又写作噉，从炎与从敢古韵相同，声母却有巨大差别，故从敢之字出现一个 d 的声母，显得很特别，它是从啖来的。

从敢的词族共 17 个词，语音是稳定的，语义则显得特别活跃，因为敢字的语义就很有活性。敢字自己就发展为敢与不敢二义，敢的派生词也循着这两条线索展开，由手到心目，到口言，到竹木土石，淋漓尽致地发挥了三千年。相比之下，我们这里的叙述就显得过于简单粗略而成片段式的了。

186. 廾

廾 gǒng 从屮，从又，篆文作左右二手相拱之形，隶书把屮、又二字的横连贯起来，成一长横。两手相拱，表示供奉和恭敬，现在也还有这种用意。

共 gòng 共是由上下两个廾（gǒng）字重叠而成，故为相与、共同之义。如说休戚与共，即是悲欢相同，忧乐一致。今说公共，就是大众一同。又说总共、共计，也都是一同之义。

拱 gǒng 实即廾、共，如说众星拱月，就是众星都朝着月亮拱奉。这是通俗的说法，比较科学的说法如《论语》："譬如北辰，居其所而众星共之。"即众星朝着北斗星转，像是拱奉着北斗，而北斗星是不动的。拱也指两手抱拳，是表礼的；还指两臂合围，是丈量粗细的，拱木，就是合围粗的木。又指两臂向上拱起呈弧形，如说拱门、拱桥。曲拱桥是我国桥梁建筑中的独特创造。

珙 gǒng 大璧。珙璧，也作拱璧，需两手合抱之大圆璧。

栱 gǒng 柱上斗栱。即在柱子和屋梁交接处，用许多方形或条状木块纵横层叠，使屋梁的压力均衡地分布到柱子上，也起装饰作用。

拲 gǒng 两手拷在一起的刑具。故其音义从共。

供 gòng 祭祀和宗教上说供奉、供品，所用的桌子叫供桌；法律上说的供词、供状，作动词说供认不讳。这都是陈设、祭献、奉献之义。供的另一义项指社会经济活动中的供（gōng）应，今说保障供给、供不应求、供需见面、供销合作等。供给一词，《左传》中已见用，那时当然没有市场经济，只是指诸侯国对来往使者的供给。

恭 gōng 心如手拱，故为恭敬之义。字从心，共声。今恭字已不单用，只说恭敬、恭喜、恭维等，恭候谓恭敬地等候。

巷 xiàng 今说大街小巷，巷较小而曲。巷指邻里中间的路，两边是邻里人家相对，故其音义从共。巷字的下部为邑字之省略。

港 gǎng 河道分流出的曲折支流或港湾。故从水，两岸相对如拱，故音义从拱。

鬨 hòng 从鬥，鬥谓两手持兵仗相对，便是要斗争了。共声，便是相拱之形。鬥与哄相通，为喧闹之义。今犹说内鬥，即内部的人本来是相拱奉的，现在兵仗在后，要兵戎相见了。

哄 hòng 众人众多之声。今说起哄、一哄而散，都是众声。又说哄动效应，也可作轰，也是众声。哄孩子的哄、骗人的哄，是好声好气的，有时也不免兵仗在后，出呵叱之声。

鉷（鉷） hóng 弩牙。弩是装有弩臂这种机械装置的弓。弓架在弩臂上，就是一个弯弓搭箭的状态，弓弦与箭尾拉在臂后的弩机上。弩臂的前端与弓体交接处有左右两个突出的弩牙，箭的前端置于两弩牙之间。这样，拨动弩机，箭就射出，既省了人臂弯弓之力，也容易瞄准。两个弩牙左右相对，故其音义从共。

蕻 hóng 江南谓草木萌生曰蕻，其茎叶大多作丛聚相拱之状。有一种蔬菜叫雪里红，其实它一点也不红，本作雪里蕻，它从根部四周长出相拱的叶柄，雪中此菜独青。今读 hóng，茂盛也。

烘 hōng 火势盛大。于玉曰珙，大玉也；于火曰烘，火盛也。火大可以取暖、烤身子，但有时候烘手、烘衣服，不要大火，反而要小火。烘手时两手相拱。烘衣服时在火上架起烘篮，是曲拱的。这时候，

烘的语义从拱，而不从盛大，直接语源不同。

洪 hóng 盛大。洪水就是大水。洪范就是天地之大法。洪与港的取义相似，水流的汇合或分流处叫洪，呈相拱之形，那里的水势大。洪可形容的事物越来越多，如说洪炉，由水之大引申为火之大，洪钟、洪亮都是说声之大。洪福的说法，就更是抽象义。

谼 hóng 山谷之深大者，大壑。

篊 hóng 一种绵延数里长的拦河鱼梁，一方面捕鱼，有时也用以在军事上堵塞水路交通。篊也指用竹筒制作的引水渠道。

弄 nòng 左右两手持玉，故为玩赏之义。弄的宾语扩展，弄月就是赏月，弄潮或弄涛就是在浪头上戏耍，弄琴就是赏乐，弄笔不仅是欣赏文章，还指写文章。随着宾语的扩展，弄的语义也开始演变。符信、印玺之类常为玉制，就又和政治联系，并有治理之义，说弄兵、弄权、弄法，常带有玩弄、作害之类的贬义，还可说愚弄百姓，弄字又得欺侮、陷害之义。弄字后还有里弄、胡同之义。直到现在，弄字的语义更加宽泛，事情弄来弄去，弄好弄坏，弄个不亦乐乎，大多是办事、做事之义，要看语境来确定。

送 sòng 从辵(chuò)，俟(yìng)省声。俟，送也，从人，灷(zhuàn)声。灷火种。即两手供奉火种相送。古时没有打火机、火柴，燧人氏钻木取火，火种就是很宝贵的了。古今所送之物千千万万，未曾有人送火种，然在燧人氏的时代，在造字的时代，送的宾语通常是火种。实际上现在送个打火机，不也就是送了火种吗？古时说送，主要是送人；现在说送，恐怕是送物的次数更多。现在还有抽象用法，如说送气、送命、送人情等，送的宾语越来越广泛，还可说把卫星送上天。送的韵母与廾(gǒng)相同，送的声母与灷(zhuàn)相近。

187. 具

具 jù 从廾，从贝省。货物之具备和供应。今说具有，有字为手下肉（主食），具字为两手拱贝（钱币）。具体一词，先秦时代就有了，谓具有事物之体，抽象的便不具其体了。如今许多抽象的观念也可说具有，如说具有龙马精神、具有无神论思想。具字作名词，指各种器具，有工具、农具。但说文具，就不说武具，要说武器；说家具，就不说国具，要说国之重器。器与具，语义有好些重合的地方，如说家具，其中有木器、陶器；说人才，也可说具才，说大器。器与具的区别：说器材、铁器、瓦器、瓷器、竹器，都是就材料而言；又说器械、器官、器乐，都是就使用而言。相比之下，具字着重从供应、备的角度说，因此说具有、具备，是不能用器字去代替的。

俱 jù 一起、共同。副词。如说万箭俱发。说俱乐部，是人之俱乐。

惧 jù 量词，如说一惧牛，或说牛具，包括一头牛拉动一犁或一耙。《史记》中就已有"旃（氈）席千具"的说法。

飓（颶） jù 旋风、龙卷风。东南西北四方之风俱来。也指海洋上的大风暴。

鼻 jú 吃饭时上菜用的大盘子，四周有围如局，故字亦作椐，常需两人对举以进，故字从木从具。今犹说举案齐眉，案从安，安置、存放之义；暴从具，具备、供置之义。案常有足，常一人举之，案小而暴大。暴的音义从具又从局。

晷 jú 缠绕在车辕前端的皮革，抓住这里，举起辕来，引车前进，故其音义从具，提举而起行也。字也可作搞。

暴 jú 靴暴子。即靴上有绳带可缠缚。

188. 葡

葡 bèi 及时而认真地做好了准备，即具备、备用之义。字从用，从苟省。

备（備） bèi 由于做好了准备，所以备有准备、完备、齐备、戒备、防备等义。有备无患，这句话最早见于《尚书》，即有了准备就没有后患了。凡事预则立，不预则废，故说预备，及时完满地做好准备。故备又作副词，为全都之义，如说艰苦备尝、关怀备至、备受青睐。

糒 bèi 干粮、干饭。及时地准备着的米粮。

鞴 bèi 鞴马，或作备马，鞍辔套在马上，及时准备。

犕 bèi 古时也驾牛，故曰犕牛。《易经》中有"犕牛乘马"之语。

惫（憊） bèi 疲极曰惫，今说疲惫已极，只能休息作为备用了。

189. 巽

巽 xùn 字从共，为两个廾字，又从吧，为两个卩（即节）字。两廾在下接受上面的符节、命令，这是巽字字形上所表示的语义。巽令，就是皇帝的命令。巽言，就是谦逊、卑顺之言。这样，巽字有具备、供给之义，还有卑顺之义。

馔（饌） zhuàn 具备食物。作名词，指准备好了的食物，如说肴馔、酒馔、设馔；作动词，谓饮或食。

撰 zhuàn 给做准备。若备的是事物，撰便是制作、建造之义；若备的是言论之类，撰便是撰写、著述之义。今说撰文、撰稿人，都是动词义。

譔 zhuàn 譔与撰相通，只是手写与口述的区别。论譔，也可作论撰；譔述，也可作譔述。譔字也有具备、制作之义。

选（選） xuǎn 本是派遣、指令之义，因为是两手奉符节，又加上走路。也可得遣送、流放之义，那也是捧着命令去走路。这种遣送，不论是对使节或是罪人，都是经选择的。故选又得选送、选择之义。所谓选举，朝廷派遣人来，量才授官，选而举之。时代不同了，选举的主语也变了，不再是君主选举，要由民主选举了。选再由人事之选，引申指各种事物之选，如有选种、选矿，文章也可用选，有《昭明文选》。文章先是做预备，备了再撰，撰后再选，精益求精。

190. 予

予 yǔ 予字的篆文字形象两圈相套，为一手推、一手接的意思。如说"赵予璧而秦不予赵城"，这是讲完璧归赵的故事，赵予璧秦接受，秦不予赵城，赵也无从接受。

豫 yù 安乐，喜悦。字从象，象之大者曰豫。象不害于物，性舒缓，故安乐。河南自古简称为豫，传说那里阳气分布各得其处，其气平静多序，故那里人性安舒。豫，舒也。舒、序二字音义皆从予，安逸之义。

野 yě 本指郊外，即广远之地，取舒缓、平展之义。如说平野、原野、山野。野人指不达礼教的人，野语就是村野之语，野史就是私家编写的史书，非官修的史书。又有所谓在野，指不执掌政权而言，野的

反面是朝，连称为朝野上下。野心一词，《左传》中就有了，说"狼子野心"，本指生在旷野，放浪在外(狼即取放浪之义)，不可驯养顺服之心。后引申为朝野之野，就指要夺取权位之心。

预（預） yù 干预、参预。此亦两手相推与相接之义。参预则需预备，要预谋、预算，要有预见，因此引申有预先之义，"凡事预则立，不预则废"。这里都是需要有预知、预见、预决，都是就人的思想认识而言的，故预字从页，即首、头脑。

薯（藸） yù 薯藸，即红薯之类。薯的音义从者，取诸多之义；藸的音义从预，取安乐之义。参见薯字。

杼 zhù 织布机上的梭子。从前手工织布的时候，确是一手推、一手接的。梭字则从行走取义，夂(zhǐ)象两腿前行拖着个东西，梭子的运行就是带动着纬线来回，织成了布。故杼、梭二字同指一物，一从手，一从足，都很切合其事。杼上有轴，是缠纬线的，轴或作柚，经常是杼柚连称。

抒 shū 如说抒井，即是从井中取水倒出，是一手提一手倒的；又说抒臼，是舀出臼中已经舂好的谷物。抽象义说抒情、抒怀、抒愤、各抒己见，即是把内心的东西表达、抒发出来。抒，舒也，两字声母相同，舒的声母又从舍，即放手、舍去之义。舒又有舒缓之义，故抒也可有缓解之义，只是字常作纾。

纾（紓） shū 宽松，舒散，常指衣服或绳索的宽松，抽象义指忧患或灾难的缓解。如《左传》中说"纾楚国之难"。

墅 shù 本指田间临时居住的简易房子，不久就被建成高档次的别墅了。

序 xù 堂屋的东墙与西墙曰序，故字从广，两墙如两手之相接，故从予声。两墙之间则舒展为堂。主客在堂上相叙，就有尊卑的次序，从而有秩序、顺序、端序等说法，书有序文，乐有序曲，都是端序之义。序又有庠序之义，指施行学校教

育的地方，今已只说学校或学堂。

191. 臼

臼 jú 或作𦥑。左右两手朝上便是廾、拱，左右两手相向或朝下便是臼，或可说捧、叉。异字则是四手共力。

学（學） xué 古作敩，字从教，从冂（蒙昧之义），臼声。即是教育那些童蒙两手捧书学习。教字的左旁本为孝字，从爻，即效法之效，对童蒙来说，学习就是效法。学与爻、效声母均相同。学字发展有学校、学问、学派、学科等说法，都可简称为学。

觉（覺） jué 醒寤。睡觉一词，本是睡了醒来之义，现在说去睡觉，指睡与觉的全部。觉字从见，醒了就能看见。见字又有见识、觉悟之义，为抽象义。觉悟一词原指佛教徒对教义的理解，全民都用起来就不限于教义了，对学问、知识、革命，都可说先知先觉。从自发到自觉，便是提高了一个境界。

搅（攪） jiǎo 或作挍。以手拌和。如说搅拌，取义着重在爻。搅的结果不只是搅匀，也可是搅乱。搅馅是具体义，搅得我心慌便是抽象义。

鷽 xué 从鸟（鳥），学省声。山鹊。鹊能报喜，知人事，学则有知有识，故从学省声。

嶨 xué 从山，学省声。觉和学都可指高大之貌，嶨就是山多大石而高峻之貌。

掬 jū 两手所捧为一掬，就是一捧。又由手之掬引申为体之掬，实即鞠躬之鞠，亦体曲。

鞠 jū 曲体以表敬意。躬从弓声，故鞠、躬二字均为曲义，是同义词的连用。鞠字从勹，为怀抱之义，因而鞠又有养育之义，说鞠养，或鞠育。至于鞠字从革，是指以革缝制成圆形的皮囊，里面装了一囊的毛，踢着好玩，叫作踏鞠，这鞠就好像是手捧成的一团。

麴（麹） qū 今作麯、粬。酿酒用的麴子，用米、麦包裹发酵而成，也叫酒母，故取鞠养、鞠育之义，字也从勹。麴的声母变化是受了曲字的影响。

鞫 jū 或作鞠。审讯、追究罪人的罪状，如说鞫讯、鞫狱。故字从言。又需学法论法，故音义从学、从觉，亦即从㼙。鞫字引申为穷尽之义，谓穷治罪恶。水涯的尽头曰鞫，为曲水穷尽之处。

菊 jú 本作蘜，省作菊，是古代的简化字。穷也，自然界百花吐艳之事至此而穷尽也。菊性高洁，又称傲菊，必待霜降，草木摇落，它才开放。

192. 臾

臾 yú 字从申，从乙。申从臼，即左右二手相拽一物；乙，冤曲而出。故臾字为束缚牵引而出之义。从臾的派生词看，如庾指粮仓，则臾为牵引而输送粮食；如瘐字，则为牵引而出的囚犯。

萸 yú 见茱萸。

瘐 yǔ 病也。囚犯因鞭打、饥寒及疾病而死，便束缚、牵引而出，故音义从臾。

庾 yǔ 漕运粮食，就地建仓，有屋曰仓，无屋曰庾。庾，裕也，粮食多了，就露天堆积着，没有仓房，只有苫盖了。与露积相对的，便是窖藏。秦汉时全国有几个大粮仓，楚汉纷争八年，经常要抢占那里的粮食，古时在粮食贮存方面是颇有办法的。

好名誉。

斞 yǔ 古时如升、斗一类度量粮食的单位。因为庾为粮食之露积者，便引申为量器之名。

腴 yú 丰裕，肥厚，故可指腹下肥肉。对人说垂腴，对土地说膏腴之地，又进一步可说礼乐之丰腴、言辞之腴润。腴作为一个形容词，它修饰的对象扩展了，它的语义也便丰富了。

諛（諛） yú 言语丰润美好，但能陷害，故得阿諛奉承之义。如说谄諛，谄字从臽，谓陷害，諛字从臾，谓丰裕，故为以丰裕之言害人。

193. 异

异 yú 向下的两手与向上的两手相对，故为共举之义。现在北方话中说昇，也往往是几个人抬。《左传》中就有"使五人舆豭"，即五人抬一头公猪。舆，形音义皆从异，这是在方言中保留的古语。

舆（輿） yú 从车，异声，肩舆，就是轿子；篮舆，就是竹轿。舆也指车厢，舆论就是车厢中的言论，引申指社会公论。此皆名词用法，舆作动词，便是昇。

与（與） yǔ 从异，从与，两偏旁又皆表声。今简化作与。与，赐予，给，往往是要两手去给或接。与字还有党与之义，指可以互相给予支持。友好的诸侯国可以称与国。从而又有参与之义，如今犹说"与会"，即参加会议。与字至今还常用作介词，如说与疾病作斗争。再进一步便作连接词，如说批评与自我批评。

誉（譽） yù 用言语来表示友好、亲近，故为称赞之义，动词。它的反义词为毁，即诋毁，说人坏话。常说毁誉。作名词指名誉、声望，并大多指

玙（璵） yú 美玉。由美誉引申指美玉。有时说玙璠、玙璧。

䣽 yǔ 或作醹。美酒。䣽是酒之美，玙是玉之美，誉是言之美、声望之美。

屿（嶼） yǔ 岛。水中之山高举也。举也是从异，异则上举。

旟（旟） yú 旗杆上再加有画着鸟的皮革，号召士卒前进，是更为高举之旗。

欤（歟） yú 表疑问、反诘、推测、感叹的语气词。大多是上扬的语气。水岛高曰屿，旗帜高曰旟，语气上扬曰欤。

举（舉） jǔ 本作舉。手之上扬。今说举手、举重、高举，都已过头。古说举鼎，主要是把鼎抬起来，故也可说力能扛鼎。又如说举足、举踵，只是抬一下。举棋不定，也不会常是举过头去。举的引申义是宾语的扩展，如可说举目、举兵、举要、举一反三，都已没有抬东西的行为。选举一词，即是选而提拔。古说选举，主语是君；今说选举，主语是民。时代变了，语义和语法也有些差别。

櫸（櫸） jǔ 或作椐。今称山毛榉，高可达二十多米，落叶乔木，可见榉就是高举之木。

194. 申

申 shēn 本从臼，两手持物，中间的一竖，本为厂（即曳）字，取延伸之义。故引申为伸展之义。左右两手为约束，约束和伸展是两种行为，常相联系。

伸 shēn 展开。如说伸展四肢，伸腰。冤和枉都是受屈，故曰伸冤。

身 shēn 从人，申省声。即申字从白的右手部分省略了，但仍取申声。身就是伸展的人，为自身、身体之义。引申有亲自、体验、实行之义，如说身体力行，谓亲自体验和努力实行。后来说身体，便是身。身又可说多种事物之身，如树身、狮身人面像、车身等，抽象义可说问题本身。身还有怀孕之义。

俆 shēn 怀孕。后多作身。

呻 shēn 伸展之吟，即吟诵之声拖得长。吟则声较短。吟字从今，今字的最后一笔是古"及"字，及就是到了，急字的上部就是及字。

眒 shēn 张目。鸟兽惊惧，左右而视，是张目，鹰犬之类搜索捕猎就更是张目。

肿 shēn 里脊肉。即脊椎骨的里面，挨着体腔的部位，左右各有一长条肌肉，能牵动脊椎的屈伸。由于它是长条形，故从申。

绅（紳）shēn 古时衣宽，外常束带，带上还往往有较宽的绣有图案的垂带，叫绅。随身份地位的不同，绅的长短有规定；所谓绅士、乡绅，他们的绅便是长的了。孔子的学生有时就把孔子的话写在绅带上，表示随时不忘。

柛 shēn 木自毙（倒下）曰柛，即倒下伸直了树干。

神 shén 天神，能引出万物，故音义从申。过去说的三神，就是天、地、人，人也是神，能创造出本来没有的事物，《周礼》中对天神的解释是"五帝及日月星辰也"，这里就是实实在在的东西。《易经》中说："阴阳不测之谓神。"这也没有多大的神秘感。人们对神还可以有各种宗教的解释，但是在语言上，神就是申，引而申之，出万事万物者。神字的引申义更可以把握住：一是指人的精神、心力，如说聚精会神、神情不妙、神气十足；一是指高超不凡、不可思议的，如说神秘莫测、神通广大、神机妙算、神医、神枪手。这一切都源于我们的神经系统，而世界上一直存在着无神论与有神论的辩论。

电（電）diàn 从雨，申声。申字的一竖本从厂，是屈的。电字何以从申？春雷一响，闪电一亮，冬眠的动物就要苏醒伸展肢体了，电为雷光，电也是引出万物者。电的音义还从霆，所谓雷霆万钧。迅雷叫霆，即是霹雳。霆，廷也，万物挺生也。霆，电也，两字双声，霆也包括闪电，所谓"疾雷不及塞耳，疾霆不及掩目"。这样，电就是从霆又从申，是挺而又伸。

陈（陳）chén 谓大地山川与草木之陈列。陈字从阜，从东，但是《说文》说那不是东字，而是从木，申声，木、申二字重合在一起便成了东。陈有时也写作阜旁一个中字，便是山川之伸展。以语言说明事件叫陈述，以文章说明自己的衷情叫陈情，晋代的李密有名篇《陈情表》。陈言一词有二义：一指向人陈述主张，申明意见；一指陈旧之言，韩愈说"惟陈言之务去"，即陈辞滥调，不要重复。陈字怎样由陈列之义引申为陈旧之义？因为陈往往有行列，说陈列，因而便是积聚，所谓陈陈相因，因而物积久便是陈旧了。今说新陈代谢、推陈出新，陈的反义词是新。

藤 chén 茵藤蒿，似蓬蒿而叶细，无花实，秋后枯萎，来年春天，因旧苗而生新叶，故名茵藤蒿。现在写作"茵陈蒿"。

阵（陣）zhèn 本作陈，取陈列之义。军队要讲究列队和布阵，这个车，当然就是军车了。库字本指兵库、武库，车便是战车。《孙膑兵法》中讲八阵、十阵，字皆作陈；《三国演义》中有一字长蛇阵，现代有地雷阵。今说阵势、阵地、阵容，常常已超出军事范围，如说球队的阵容、思想的阵地等。阵的音义还是从挺又从申。

从申的词族虽然包括的字不多，却涉

及我们民族对大自然发展的认识，包括对神这一重要课题的认识，历史就是申的历史，其中还涉及人自身。

195. 奄

奄 yǎn 或作弇。奄字从大、从申，谓大人下面覆盖着伸展的事物。奄有，就是覆盖和占有，如说奄有四方、奄有九有（即九州）。这是以土地为奄的宾语。申即为坤，坤即是大地。为什么取覆盖的观念？那个时代，诸侯朝拜，便到了王者的"宇下"，宇是屋檐，宙是栋梁，房子无疑是掩盖的。所谓天覆地载，天也是覆盖的。如此说来，奄原本是一个政治用语。弇字从廾从合，即是拱手朝拜会合，覆盖也是合。由掩盖引申为尽或将尽之义，如说奄奄一息。又可为奄没、奄留之义，派生为淹、掩等字。掩则昏暗，奄然，即暗然，派生为晻字。

埯 yǎn 以土覆盖或掩埋，动词。作名词指坑，有待掩埋，种豆种瓜时就要挖一小坑。一埯花生，就是一窝花生。

掩 yǎn 或作揜。以手作掩盖、掩藏、掩闭、覆取。掩的宾语大为扩展，如说掩雉、掩狡兔，它们也是要伸展的。但掩字用多了，伸展之义就消失了，如说掩耳、掩面等。

罨 yǎn 作动词谓以网掩捕（鱼、鸟之类），作名词指渔网、鸟罟之类。

淹 yān 水之覆盖曰淹没。也作渰。

腌 yān 或作醃。以盐浸渍鱼肉或蔬菜，装进瓮内，压实封存，故音义从奄。或从酉，即是加酒之类的调料。腌(ā)臢，掩盖而攒聚，为不干不净或不明不白之义。

阉（閹） yān 一指宫中掩闭门户的人，一指宫中精气闭藏之宦人。

庵 ān 或作菴。草屋圆顶谓之庵，亦取覆掩之义。后来一些文人的书斋称庵，陆游的书斋名老学庵，取老而学之义，他的散文集叫《老学庵笔记》。佛教的小庙宇亦可称庵，如《红楼梦》中有水月庵。

裺 yǎn 小儿围嘴，掩于脖下。古也指被子，是用以掩盖的。

帺 ān 喂马用的口袋叫帺篼，古时男人束发用的巾也叫帺，掩于头之义。

晻 àn 太阳为云彩或草木所掩，曰晻昧无光，即昏暗之义，或作黤。晻世谓黑暗的年代。

崦 yān 崦嵫，山名，日所入。即日为西山所掩。

讞 yàn 掩盖真相以诬陷人之言论。

媕 yàn 诬陷而欲拘捕。通讞。亦以称婢女。

鹌（鶴） ān 鹌鹑，谓其鸣声如掩。参见鹌鹑。

196. 兴

兴（興） xīng 从舁，从同，谓同力舁起。凡是要振兴什么事业，都要众人同力。兴字就表现了这样一个简单的真理。如说百业待兴。兴师、兴兵，则为发动之义，又说兴邦、兴衰，都是指国家大事而言。各人的思想情感方面说兴奋、兴趣、兴致，高兴(xìng)一词很早就有了。

婹 xìng 喜悦，亦即高兴。

臖 xìng 皮肉肿起。离兴字的主语、宾语都已远了。

197. 足

足 zú 从止、口。口象膝形。即以膝盖和脚板之形，指人之下肢。引申指事物之下基，起支撑作用，如说鼎足、画蛇添足，抽象义如说立足基层，为名词。作动词主要为停止之义：知足，本是知道停止之义；不知足，就是不知道停止，无休止地去追求。从而引申为满足之义，亦有足够、充足、富裕之义。从而还得足够、过头之义。足作动词也有行走、践踏之义，但是用得不多。

浞 zhuó 浸泡。即是水之足，取足够之义。

促 cù 为行进、迫近之义，动词。促膝，谓膝与膝紧促在一起，表亲近密切之义。今常说促进、促成、促使，常用于推动工作、成就事业，为抽象义。又说时间紧促、呼吸急促、行动局促，则已是和另一形容词结合，作形容词用了。

齪（齪） chuò 详见龌龊，见从屋的词族。

捉 zhuō 从足的行为变成手的行为，或手足并用的行为，都要急促。如说捉蜻蜓、捕鱼捉虾，捉拿凶手。有时说手捉住刀把，不一定是快，是抓紧之义。引申之义更灵活的，如说捉摸不定，是猜测、预料之义；捉弄人，是开玩笑之义。捉字的口语性强。

198. 止

止 zhǐ 后作趾。作名词，脚；作动词，来到。足字的下半部是止字，它的撇捺是隶书发展横势而形成的，本是止字的最后两笔：一竖和一横。止字的引申义，主要是停止、阻止、静止、禁止之义，所以本义又加足旁作趾。左右各一个止字便是"癶"，即今之拨字；上下两个止字便是"步"，即左右两脚各进一步，相当于今说的两步。今说的一步，只相当于古时的半步，叫作跬（kuǐ），所谓"不积跬步，无以致千里"。

趾 zhǐ 脚。亦指脚趾。"鼎颠趾"就是鼎足朝上，颠倒过来了。

址 zhǐ 住所，歇脚的地方。名词。今说地址、住址、厂址、校址、遗址等。

阯 zhǐ 城阜之基，如说泰山下阯，即泰山脚下。

沚 zhǐ 水中小片陆地人可休止者。水中可居者曰洲，小洲曰渚，小渚曰沚。

芷 zhǐ 白芷。一种中草药，能起止痛的作用，故其音义从止。根粗大，故亦可以是取根止之义。

祉 zhǐ 福气，名词。作动词谓赐福。音义从止，谓福之来临。

齿（齒） chǐ 门牙。从止声，取来到之义，古今皆以齿来看牲畜的年龄，牛马幼小时岁生一齿，人小时也问长了几颗牙齿。又说活到老，到就是止。时间之词从止得声的，如"时(時)"从寺声，寺从屮声，屮即止。齿的引申义：不齿，就是不足挂齿，不屑谈论。物之似齿者如有锯齿、梳篦之齿、齿轮，猪八戒手上使的是一柄九齿钉耙。

徙 xǐ 本作祉、沚。从止声。迁移，徙与迁二字双声。"周东徙洛邑"，就是周王室向东迁都到洛阳。

屣 xǐ 作名词指破旧的鞋，或是破得没了后跟的鞋；作动词谓拖着鞋走。如说"舍天下若舍屣"，舍弃天下好像丢了一只破旧的鞋。

筛（篩） shāi 本作簁。今说筛子，有些地方说筛笭。笭从罗，用绢或编织的铜丝制成，筛子则底面用竹筅编成，孔较大。箩从罗，取网罗之义；筛从徙，取转移之义。筛的时候就要转动，或摇或抖，徙亦有抖动之义。筛的引申义有筛选，即择优选拔人才。

莎 xǐ 五倍曰莎。这是一个特定的计数词，物体的转动，一周就是它体周之长，五周就是它的体周的五倍。故莎从徙取转动之义。

199. 步

步 bù 字本是上下两个止字相背，即是两脚各进一步。现在说的一步，古时说半步，叫跬(kuǐ)，常跬步连称。"不积跬步，无以至千里。"今又说原地踏步，则半步也没有向前跨。还说闲庭信步，便是随便地走，多少步都行。步又有追随之义，如说步人后尘。抽象义则说工作的步骤、前进的步伐。又说落到什么地步，是指处境，也不是具体的脚趾的行进。

跰 bù 行进。如说"有劳先生远跰"，远跰就是远道而来，或远步而去。

莐 bù 禾秆或其他饲草，被人脚乱踩以后不能喂牲口者叫莐。

埠 bù 水边停船的码头叫埠，或埠头，本作步，脚可踩也，埠是明清以来用开的俗字。阜本指土山，此指陆地高岸。南方水路交通频繁，码头也多。安徽有蚌埠，那里一度盛产蚌蛤，其中多珍珠。商埠则是普遍的说法。

濒（瀕）bīn 水滨，接近。今说濒临破产、濒临崩溃或濒临灭绝，濒临的大多不是什么好事，故濒有危急、忧虑之义。濒字从步，从滨。

频（頻）pín 接近，毗连。频频，谓多次、屡屡之义。又说频繁、频仍，现代还常说振动的频率、电视的频道，都是数量多的概念。是与步的

音义相联系的。频的古义也有危急之义。

颦（顰）pín 亦作嚬。急促。颦蹙，为同义词结合。颦眉是紧皱眉头之义，字从卑，为低下之义，与扬眉相反。

200. 陟

陟 zhì 登，升。如说陟彼高岗。陟的反义词是降。有时由近及远也可叫陟。引申义指官职的晋升，此时它的反义词便是黜，黜陟就是黜退和晋升。

骘（騭）zhì 登骘到、升到。评骘，就是晋升、提拔职位前的评定。骘字从马，指公马；一般跑马，不管是由近及远，还是由下及上，都是公马，故其字从马，陟声。

201. 正

正 zhèng 从止，从一。止足之进，为立正之义。立要求正，始为有礼。正，直也，今曰正直；正，中也，今曰正中；是，从日，从正，直也，正不正，以日为准。正、是、直、中，都是有关空间、位置方面的词，同时又都灌注了社会意识形态方面的因素：政者，正也，往者，直也；忠者，中也；是者，正确也。正与反相对，反动就是反正而动；正又与偏相对，偏离了就要拨正。正又与奇相对，兵法上奇正相生。数学上，正数与负数相对；书法上，正书与草书相对；方位上，正又与歪相对。正字还有副词用法，如说正是、正当时。

整 zhěng 正为纠正、治理之义，敕为告诫、整饬之义。这样，整字原本是一个政军方面的用语，如说整其旅、整我六师，都是整的军队，又说整齐万民、整齐百家杂语。逐渐地才有整理衣物、整修林木等说法。再发展才有整个、完整、整体、整整等说法，为全部之义。整与零相对，如说化整为零、整数零数之类。

政 zhèng 政者，正也，就是要纠正和治理那些不正的人和事，故说政治。它历来都包括道德、教育、法律、军事等，是综合性的。政还具体指政令，需要传达到各个地方，故曰敷政或赋政。从音义的角度看，政字的古今变化不大，至于各学派、各政治势力对政治的理解和解释常常有很大差别，就不属于语义的范围了。

征 zhēng 或作证。从彳或从足，都指行为，即有政军目的的行为叫作征，今说远征、征途、征程等。后来引申指一般的远行，如说征帆、征鸿。征鸟指候鸟，随季节做大规模的转移。

证（證） zhèng 用言语来纠正别人的不正行为，本为进谏之义，后说证明、证据、验证、论证，主要是说是否真实，纠正之义就没有了。

症 zhèng 病情叫作症状，名词，是说明病的现象，也有验证之义，要对症下药。故症又常指疾病，如说不治之症。

铖（鉦） zhēng 摇动出声的铃铛，或悬击的小铜锣，有时作军中传达军令的信号，如说鸣铖，就是叫队伍停止前进，就有纠正行动之义。有时铖作为一种乐器，就没有纠正之义了。

怔 zhēng 畏惧。由征战之义引申为畏惧之义，与之相似的是战字，它由战斗之义引申为战栗，发抖、恐惧之义。

窥 chēng 从穴中正可见到。与窥字语义相近。

定 dìng 本作定。隶书将正字的最后两笔，发展为撇捺。在家里立定，便是安定之义。定心，就是心里安定，俗话有吃了定心丸。定的语义发展，从人的安定到邦国的安定，再到事物的确定、规定、约定、审定等，随主语或宾语的扩展，定的方式有所不同。已经定了的，还有稳定、固定、肯定、否定等说法。一定、必定、特定等的说法，还发展为副词，如说一定要去、必定会来。定既是安定之义，必定与停止之义相联系，定与亭、停皆双声。亭，民所安定也。

頔 dìng 头额。是从正面之义引申来的。

锭（錠） dìng 高脚的盘子古曰豆或登，它们是一足居中而起，锭则三足如鼎，故其音义从定，定从正，正就是立定之义。至于后来说金锭、银锭，又说钢锭、铝锭，是因为它们都有定量。

淀 diàn 水之所停，积水较浅。河北有白洋淀，天津有茶淀，北京有海淀，都是一个确定的水域。

靛 diàn 深蓝色。常说靛青，青出于蓝是蓝和紫混合而成的颜色。它的音义何以从定？因为它从蓝草中提炼时，要把叶子泡水加石灰搅至千下，取其沉淀，谓之靛花。

绽（綻） zhàn 或作组、碇。本指衣缝。缝字从逢，边缘相逢；绽字从定，边缘相定。缝有相反二义：裂缝与缝合；绽亦有相反二义：破绽与缝合。含苞欲绽，那就是裂开之义，又说打得皮开肉绽、脸上绽出了微笑。绽的常用义是裂开。

碇 dìng 船停泊时抛下的大石礅，类似于锚的作用，使船身固定，故其音义从定。

腚 dìng 臀部。是北方一些地区的方言词，为坐定之义。定从止，为足之所立定；腚从肉，为臀后之所坐定。

202. 乏

乏 fá 不正曰乏。乏是正字的反写，正从止，止即之，是古隶的写法。人乏则不能立正，故说疲乏、缺乏、贫乏等义。抽象义如说语言乏味。乏还有反复之义，不正之甚便是反复了，此义包含在它的派生字中。

覂 fá 反复。

泛 fàn 水的流动，高低反复，如说泛滥。舟在水上破浪前进，便叫泛舟。字亦作汎，从凡声，故又有广泛之义。泛神论，就是自然界的一切现象都有它们的神存在。泛非主义就是所有非洲的黑种人联合起来反对种族歧视。泛的词义是广大而又反复。

芝 fàn 草浮水中之貌，即是广大而又反复之状。

砭 biān 作动词，指用石针刺病，即针灸；作名词，指针灸用的石针。今针灸用银针，古则皆石制。古常说药石，药指草药，石指针灸。如今还有砭字的抽象义用法，如说针砭时弊，即抨击当前弊端。砭的另一义指山坡，陕北有青化砭、马家砭、黄砭等，以地形为名。坡，波也，偏颇也，皆不正之义。反正为乏，地亦广大，故曰砭。

贬（貶） biǎn 减损。从贝，乏声，即钱币之缺乏，或减损，今犹说贬值。对工作的评价降低、职位的降低，都可说贬低。今说褒贬，褒为表扬，贬为批评。评，谓平正；贬谓反正。

窆 biǎn 从穴，乏声。穴指墓穴，乏谓下降，故为埋葬时下棺于墓穴之义，动词。作名词指坟墓。

　　以上 6 个从乏字是韵母发生变化，以下 1 个从乏字是声母发生变化。

眨 zhǎ 眨眼，目开闭。眼睛乏了就要眨眼，故从乏。一眨眼工夫，就是很快，故眨又有迅捷之义。眨与睫声母相同。睫作名词指睫毛，作动词为眨眼捷速之义。这样，眨与睫的音义就部分地重合了。

203. 此

此 cǐ 从止，从匕。匕，即比，为毗连、邻近之义。止，足也。与足相比近，故此字为近指的代词。此与彼相对，今则说这与那。

雌 cí 指雌性的飞禽，与雄相对。雌从此声，取比连、亲近之义。于人曰妣。父曰考，母曰妣，比亦亲近。后引申指走兽也可说雌雄，如说："雄兔脚扑朔，雌兔眼迷离。"剑也可以有雌雄。人也可说一决雌雄，则为强弱之义。花蕊亦分雌雄，雌蕊受粉结果。银杏雌雄异株，有的银杏树不结果，玉米则雄花与雌花同株。

越 cǐ 浅近之渡曰越。越与越相通，越趑，行而受阻，难进或小进之义。

跐 cǐ 脚踩，踏。如说跐着门槛儿。又读 cī，脚滑了一下，如说脚一跐，摔倒了。

呰 cǐ 吃得少或不吃饭。从此得声之字有少、止之义。脚踩曰跐，口斥曰呰，如说挨了一顿呰儿。

呰 zǐ 停止、完毕。口之所止。或通訾，言之所止。又与"咨"相通，为嗟叹词，或句末语气词，即言之所止。又与"些"通，作句末语气词，《楚辞》中常用。呰又有诃责、制止、诋毁之义。

訾 zǐ 诋毁，说人坏话。訾议，就是评论人家的短处。无可訾议，就是没有什么缺陷可以叫人毁谤、指责的了。

龇（齜） zī 磨牙切齿，发出声响。龇牙咧嘴，是表示对对象的凶狠与厌恶之情。

眦（眥） zì 眼角。即上下眼睑的接合处，靠近鼻梁的叫内眦，于眼梢处的叫外眦。故眦从此声，取相比次之义。睚眦，就是眼圈和眼角。眦又常与制止、恼恨、凶狠之义相联系。目眦尽裂，表示凶狠之义；睚眦必报，谓眼角上流露的一点恼恨之意都要回报，不能放过。

嘴 zuǐ 本作觜，或作柴。本指猫头鹰等头上突起的毛角，故其字从角。它与牛羊的角不同，它始终没有长出角来，故是"止也"，短也。因而从此之字往往有短小之义。移以指人，将口说作嘴，有言辞尖锐、刻薄、带刺之义，可以伤人。至今说嘴脸、说嘴，都带贬义。可是一般说嘴，取代了口字，贬义逐渐淡化而消失了。只是在引申义中，嘴还是指突起的口，如说奶嘴、烟嘴，是不能说口字的；袖口、江口、出口、入口，也是不能说嘴的。山嘴与山口语义的差别很显著。

髭 zī 口上曰髭，颐下曰须（鬚），颊耳旁曰髯，其上连发曰鬓。髭从此声，取其短。

鉴 zī 短斧。

疵 cī 疾病。从此声，取制止之义，疾病是制止的对象。疵疠，就是疫病、恶疾之类。疵有时也指小病；瑕疵，就是有点一般的毛病、缺点。疵字也引申有诽谤、诋毁之义。

骴 cī 鸟兽之残骨曰骴，也指腐朽之人骨。多有厌恶之义，与眦、疵之义相近。在原始时代的原野上，无人掩埋，这些就是常见之物了。

砦 zhài 即寨。以石相比次、垒积，或以木拦隔。军营、堡垒、村寨、院落，周围以石以木，都可曰寨。如大寨、苗寨、安营扎寨。

揓 zhài 动词，把衣服上的附加部件缀上，如说揓纽扣儿、揓花边。

柴 chái 木之短小散乱者，常晒干积累作烧柴。大者要劈，本谓之薪，今说劈柴，大小都叫作柴，烧柴、柴火。柴鸡蛋指一种较小的鸡蛋，是身体较小的柴鸡生的蛋，柴引申有干瘦之义。

祡 chái 积柴燃烧以祭天神。字或作柴。

赀（貲） zī 积累的财货，作动词指钱财的积累。如说"赀累巨万"，赀钱就是积蓄的钱。

崒 zī 积聚。

茈 zǐ 茈草，短小不齐，故从此声。可以染紫，是一种染草。凫茈，即今荸荠，表皮为紫红或紫黑色。

紫 zǐ 紫色的紫，本作茈，紫色的丝帛才作紫。后均作紫。儒家把紫看作杂合之色，不喜欢它。道家把紫看作祥瑞之气，所谓的"紫气东来"，后又有紫府、紫台，都是道家的意味。

204. 乍

乍 zhà 字本从亡从一，为阻止逃亡之义。亡字本作亾，从人从乚，为进入隐蔽的地方。在人、乚二字之间加一横，便是乍字了。楷书将乍字的一竖延长，并把入字写成一撇一横，就成了今天的乍字。无论是逃亡或阻止逃亡，都是急速、仓猝的行为，故可派生为动作之作，于时为昨日之昨，于地为狭窄之窄，于火为爆炸之炸，于木为压榨之榨。乍字在现代语中只作副词用，为忽然之义，如说天气乍冷乍热，"风乍起，吹皱一池春水"。

作 zuò 动作、行为。原还有急疾之义，现在淡化了。人之作为很广泛，劳动、事业、创作等，都可以叫工作。工字本为技巧之义，工作就是巧妙地制作，工人本指有技巧作为的人。人能使用工具，就总是巧妙的。"作"字作名词可指产品、事业、措施等。

做 zuò 做是宋元以来逐步用开的俗字，即作。做字从故，事也，即做事之义。今两字并存，做字口语性强，作字书面语用得多，做人也可说作人，做文章也可说作文章，做工、做生意等大多用做，许多固定词组如作为、作息、工作、作恶、作孽等都不用做字，还有名词用法如作家、作者、力作、代表作等也不可用做字去代替。

连 zé 或读 zuò，起而有所作为。亦有仓猝、促迫之义。

㧲 zhà 以手压榨。实即搾、榨。

痄 zhà 病起，病发作。痄疨(yá)，疮口裂开，没有愈合。

砟 zhà 碑石。今说立碑、竖碑，都是起立之义，故音义从乍。砟作动词谓刀劈，或作斫，斫则开，故亦可有裂开之义。

秨 zuó 禾苗摆动。动，亦作也，今说动作。

袏 zuò 或作胙。作动词指祭祀求福，即祝福、保佑。作名词谓福分、求福的祭祀、祭肉，又指皇位，帝登位或在位曰践袏或莅袏，这是最有福和最能有作为的了，这是语源中的意义。

阼 zuò 主人迎宾所站的堂前东面的台阶。故阼亦位，亦可有作为之义。

酢 zuò 举酒报答。客人向主人敬酒，是礼的行为。

诈(詐) zhà 行中有作为便是作，言中有虚假便是诈伪。其实诈亦有作为之义，兵不厌诈，应是包括战场上的各种奇变和作为。诈还有俊俏、漂亮之义，是说身材苗条、窄长，窄亦从乍。

作 zuò 惭愧。即心有所作为，形于脸色，就是脸红。也指生气。

窄 zhǎi 洞穴之紧蹙、狭窄，进而指住所、过道、衣服、空间，抽象义指心胸、气量之狭窄。窄是一个俗体字，本该作迮。窄的反面是宽，宽字从宀，故窄便是从穴了。窄为形容词，动词作搾或榨。

榨 zhà 挤压。故或作搾。如说榨油、榨取民财。名词指压榨的工具，如说榨床。榨菜，腌制这种菜时要脚踩手压，紧塞在坛子里。

醡 zhà 把酒糟加压、过滤。

鲊(鮓) zhǎ 用米粉、盐和其他作料腌制的鱼，指这种烹调方法，叫鲊鱼。一般不要加压、拌匀、堆积、贮藏就可以了。现在不用此法制鱼，还有茄子鲊、扁豆鲊等。

炸 zhà 突然破裂。常说爆炸，爆从暴，取急骤、短促之义；炸从乍，取突然、倏忽之义。人的暴怒，说气炸了，火上来了。凉玻璃杯突然倒进开水，也会炸，也没有火。

咋 zhā 大声猛烈地呼叫，叫咋唬或咋呼。打雷可说雷咋。咋(zé)舌就是咬住舌头，取紧迫之义。言之咋舌，就是一时说不出口；闻者咋舌，就是惊慌或畏惧，一时说不出话来。

笮 zé 房屋瓦层之下、屋椽之上所铺的一层竹编物或木板，故也是取迫着之义。字亦作柞，也称望板，有时以砖砌于椽上，称望砖。今则大多用水泥之预制板，椽、笮、瓦皆被代替。榨床亦可作笮床，则与榨字相通。

舴 zé 舴艋，小舟，狭窄而行进迅猛。

蚱 zhà 蚱蜢，林间小飞虫，体亦窄长而飞行迅猛，有时用飞掷来形容它。

柞 zuò 指一种常作柴火的小灌木，故说柞薪。作动词谓砍除草木，或劈柴火，与砟字近。

昨 zuó 昨日，谓才过一夜之日，仓猝、匆促已过之日。乍又有刚才之义，如说初来乍见，即行为之刚完成。刚才过去的日子，就是昨日。

怎 zěn 心有疑问便说怎或怎么。怎与乍声母相同，表示问之急迫，字或作咋。怎还是怎能、怎生的合音，在诗词中往往要压缩音节，如说"这次第，怎一个愁字了得!"即怎能是一个愁字了得。

205. 之

之 zhī 往、去到。"之鲁"就是到鲁国去。古隶写作出,象脚趾在地上行走之形,一横表示地。之字是草书化了的出字,它的一竖简缩成点,它的一横发挥为捺,就显得很生动了,之字在草书中实在是变化多端,如行云流水,实在是草书中交融的古文字。之字作代词,相当于"这",为近指,指代人或事物。"之子"就是这个女儿。此字也从止,是脚的行为,发展为近指的指示性代词。之作代词宾语时,相当于他或它,如说取而代之。之作助词,大体相当于现在的"的",如说"以子之矛,攻子之盾"。这种之字还用于句子的主语和谓语之间,如说国家之富强、社会之安定。之字常常用于句末,往往就虚化成语气词了,如说"学而时习之"。

芝 zhī 今说灵芝,意思是神灵之所之(到),实际是一种菌类植物,它生于枯木朽壤,已经显示了神奇,还能供药用,强筋骨、添精气、延年益寿。《白蛇传》中的白娘子施展全身武功,去盗仙草,要救许仙,就是盗的这种灵芝,并称它是回春草。

志 zhì 意志,志愿。心之所之(心用到的地方)为志。志字上半部本为出字,故应与土字同形,但现在常写作从士。引申为多种心理现象,如意之所趋、神之所往、情之所钟,皆可曰志,说神志、情志等。

誌 zhì 心之所之,记之于言,就叫誌。如说杂誌、地方誌、标誌、墓誌等,今皆简化作志。

痣 zhì 肌肤上长出的黑点。自古谁家丢了孩子,年久难认,便以身上某部位的黑痣为准,这是母亲最熟悉的。

欯 xī 即嬉戏之嬉字。欠,人之出气。故欯为嬉戏之气所之,欯的音义从嬉又从之。

蚩 chī 蚩也有嬉笑之义。指嘲笑,是气之所之。蚩还有丑陋、愚蠢之义,常说妍蚩,即为美丑。故蚩字从虫,它并不指某种虫,而是取蠢、取丑之义。蚩与嗤字相通。

嗤 chī 嗤笑,为嘲笑之义。嗤之以鼻,为对丑恶和愚蠢无知的现象而发。

孈 chī 丑。也作妍孈。孈与嗤,都是从蚩分化出来的字。

诗(詩) shī 本作詋,言之所之。话说到了就可以成为诗。后作诗,加寸。寸,法度也。写诗也要讲究法。这就在字形上表现了诗歌与法律的关系,诗不能颂扬罪恶。

寺 sì 本指官署,官员所之曰寺。同时也是法度所之地。故从寸,之声。寺人,就是侍卫的小屋。汉代佛教传入我国,西域取来的经,存到鸿胪寺(管礼宾之所),后修建白马寺于洛阳。从此佛舍皆称寺,便传开了。杜牧《江南春》:"南朝四百八十寺,多少楼台烟雨中。"

侍 shì 供奉、侍候。侍者、侍女,都是指侍候人的人,随叫随到,足之所之。

恃 shì 依靠、依赖。有恃无恐,就是有了依靠,就没有恐惧了。

时(時) shí 本作旹,日之所之为时。今简作时。常说时辰,两字双声,辰之所之为时。辰指星辰,日、月、星为三辰,都曾用以计时。一昼夜分十二时辰,故分二十四者称小时。计时有共同遵守的标准,自古都是由朝廷来公布,故时字从寸,即有法度。时还特指某个特定的时间,如说"学而时习之",就是到一定时间便要诵习之。因为时从之声,故有到义。时常便是时刻、常常之义,时候或时节都是就季节而言,时间是就某一时段而言,现在与空间相对而言,已成为时之通称了。时尚,指当前的风尚;时事,指当前的政事。

按时、准时、一时、临时，都是指某个指定的时间。计时越来越精确，是随着生产和科学技术的发展而提高的。

莳（蒔） shì 移植。种水稻要莳秧，即把秧苗及时移植到大田里去，故其音从时。

鲥（鰣） shí 我国沿海盛产的一种鱼，春夏之交，溯江河而上，到淡水中产卵，故是到这个时节才能有捕食的鱼，就叫鲥鱼。它体侧扁，背部黑绿色，腹部银白色。

塒（塒） shí 鸡窝。为鸡之所之，同时鸡还报时，这已是一个古词。

市 shì 做买卖要去到的地方。今说市场，本是一块空地。市字从冂，即坰，谓郊外之地，用围墙围起来，便于管理，与现在的市镇集市相似。它的上部是出字省写，为区别于"市"字写作一点一横。市字的一长竖是古文"及"字的省写。货物相贸易便是及。这样，市字形体的变化就很大了。市本指闹市区，闹字里面就从市。现在说市区则指整个城市。市作动词谓买卖，在以物易物的时代，买和卖是一回事，买的同时也就卖了。沽字兼买、卖而言，市字也是如此，不过后来市字大多用于购买，如说市脯，就是买来的干肉。用于抽象义，如说市义、市恩，现在说买面子、买人情、不买账等。

庤 zhì 储存，具备。庤与储声母相同，储存什么，总要拿去，故又有出的音义。

偫 zhì 储物以待用也。

待 dài 储备以待用，故behaviour为等待、留待、逗留之义。待人、待遇、优待、款待，都是对待之义。等待之义，如说待一忽儿、待到山花烂漫时，这是就时间说的，这项语义还常用于抽象义，如说待命、待机等。

持 chí 待是从脚的，持是从手的。手之所之，即是手用到的地方，为握、拿之义。如说持璧、持兵（武器）、持三日

粮等。抽象义如说持什么观点、持什么态度、持异议就是保持不同意见。对时间说持久、持续，也是保持之义。持家、持国，就是治理、掌管之义；扶持新生事物，就是支持、帮助之义。

痔 zhì 痔疮，肛门处所生的赘瘤。照中医的说法，是经脉气血之所之，冲发而成。耳鼻所生叫耳痔、鼻痔。瘤，留也，留结不散也；痔，之也，积聚而止也。

時 zhì 在郊外所筑的坛台，祭祀天地所用。即是把土垫起一个高的平台，不建顶棚或房屋，只有一个基址，故谓之時，有备用之义，也是神灵之所之。

峙 zhì 山之峻立、屹立。峙从之声，之与止两字相通，止就是立。曹操的诗有"山岛竦峙"之句。山之峻立是由土石积储而成的，峙就有积累之义。

跱 zhì 或作峙。站立，停止。跱踦，或作踟蹰，行不进也。跱也有积储之义。

台（臺） tái 常是指见方而高起者，今说讲台、主席台、舞台等。繁体的臺字从至，从高省，最上部的部分便是出字，从出声，即是去到的台上。

薹 tái 菜薹，有些菜长到春夏之间，中央长出细长的茎，顶上开花结籽。嫩的时候可以炒食。油菜的薹是长得最高的，故又叫芸薹。又有一种莎草也曾叫薹，它在草里大概算是长得最高的了，叶子可制蓑衣。

柏 tái 北方大多说桌子，南方大多说柏子。唐代以后盛行桌子和柏子，唐代以前大多用案，类似北方的炕桌，即在炕上吃饭用的腿很短的案子。桌子、柏子的高度增加了，凳子、椅子的高度也随之增加，席地而坐的习俗就没有了。今说垮台、塌台，指事或物的败坏，其实没有台。

抬（擡） tái 两人或数人用手或肩把东西提高。如说抬轿子、抬担架。但是抬头的说法也较早就有了，还说抬手、抬脚，只是举高。抽象义说抬杠，只是两方做无谓的争辩。

迨 dài 足之所及，等到。迨今，就是等到如今，亦作逮今。

等 děng 古时没有纸，文件都写在竹木片上，称作简牍，秦始皇一天要看上百斤的简牍。这样，把杂积的简牍长短等齐，便是常做的工作了。等就是长短相等，整齐划一。等字有一古义指台阶，因而至今还说等级，其中当然包含有高低的因素。从而又得到等列之义，许多同辈或同等的人或事，有先有后都在一个等次，因而是复数。列举未尽时就说"等等"。等字在数学上用得很多，如等于、等式、等差级数、等比数列等。

戥 děng 戥子，本作等子，指专门称黄金珠宝或贵重药材的小秤，取积储待称、两边齐等之义，故曰等子。等子后又写作戥子，戥上有星，又因是杆秤，故从戈。

特 tè 或作牺。公牛，同时还有匹配、对偶之义，即相当，相对，能够配得上，也就是值、直之义，故可作牺。这样，特的音义是从待又从直的了。公牛就是留作与母牛匹配的。特和直又都可作副词，为只是之义，独特就是只此一个，特殊、特别、特征、特有、特色，都是独一之义。物无偶曰特，但是既然可以匹配，不就成两个了吗? 匹字也是如此，匹夫就是一个人，但是匹配、匹敌的时候又是成双的了。还有乘字，乘为一，又为二、为四。在数学上，一是绝对不能说成二的; 语义上，一与二、二与四、奇与偶、单独与成双，彼此之间可以演变。

事 shì 本作屮下一个史字，史又作中下一个又字，即掌握中正的记事官。后来又把屮字的竖与中字的竖直通下来，笔画上再略加调整，就成了现在的写法。事是职务、政事之义，史官所记，皆国家大事，身边琐事、鸡毛蒜皮，是不能叫事的。后来，各种大小事情、事变、事故都叫事。一件小事的"事"和政府参事的"事"，差别就大得很了。能够参事的人，大多是士，事与士二字相通，部分语义是重合的。以上均

事字的名词义，事字的动词义有从事、作为、效力，当然也是指士或诸侯、当权者的从事和效力来说的。后又引申为治理、侍奉、任用、役使等义。大事宣扬，就是大作宣扬，就不一定是诸侯或士了。

倳 zì 动词，谓立功、创立事业。

劋 zì 刺也，刀刃之所之。当然也与政事有关，从而区别于一般的刀刺。只是它已是个古词，极少见到用例了。

206. 先

先 xiān 字从儿(古"人"字)，从屮，即脚在人之前，故为先行、前进之义。今说时间与空间的先后，如先说后说、先知先觉，先字的行走的意思已经没有了。先字也没有指足的意思了，只是保留在它的派生词中，如: 跣、赤足; 洗、洗足。

跣 xiǎn 赤脚。如说跣行、徒跣，都是光着脚走路。

詵(詵) shēn 进言。后进詵詵，就是后继的人，竞相进益，不无传人。

侁 shēn 竞相进行之状，如说往来侁侁。

笢 xiǎn 饭帚，即洗刷锅、碗等用的锅刷。

駪(駪) shēn 马竞相行进之状，如说駪駪征夫，即是骑兵们在行进之中。

駪 shēn 从二先，表示众多，表示竞进，与駪音义同义近。

洗 xǐ 本作洒，后作洗，便专指洗脚。洒，本是洗涤之义，可说洒手、洒面、洒身，从中分化出洗字，专指洗脚。结果洗的宾语大为扩展，因为洒的宾语就是广泛的。很早就已有洗爵、洗心、洗礼等说

法，都是有关礼节的，现在又出现一些新的用法，如说洗相片、洗煤、洗牌、洗劫、洗钱等，抽象义如洗练、清洗罪恶。

铣（銑） xiǎn 或读 xǐ，金属之有光泽者，即消除污垢及锈蚀部分。又指小凿，是铲除腐蚀的工具。如今又发展为铣床(铣工用的机床)、铣刀、铣工是对金属铸件的平面、曲面、凹槽等加以切削、加工的工种，是六大工种之一。其余的五大工种为车工、钳工、磨工、刨工、焊工。铣字的两读是韵母读音同先，还是读同洒的区别。由于取义不同，洒字可有六读，成了一个复杂的音义现象。

207. 赞

赞（贊） zàn 进见时以贝为礼。这就把从先、从贝的意思都讲到了。会意字。赞同，就是赞成和同意；赞成，就是赞助和促成。茅盾写《白杨礼赞》，就是对白杨树敬礼，即致敬之义。

讚 zàn 以言称人之美。今说称讚、讚扬、讚美、讚颂、讚赏、讚誉等，今写作赞。这都是从赞同、赞成之义引申的。

嬱 zàn 女子洁白之美。由赞美之义引申指赞美白之美。

缵（纘） zuǎn 继承和推进事业之发展。动词，语义重在推进，即是从先的语义。从丝，谓如丝之绵延不绝。

钻（鑽） zuàn 作动词谓钻进、打孔，作名词指钻头、锥子。钻字的早期用法如说钻木取火、钻灼龟兆。钻研，本谓钻孔、磨砺，后则指钻研科学。钻营，谓找门路，施手段，谋求私利，含有贬义。

劗 zuān 剃发，即以刀行进。如说劗发文身，劗与剪相通，剪字义从前，前亦行进之义。

蹛（蹧） zuān 聚足，由行进而引申为聚拢。蹛亦有穿行之义，多作钻，如说钻山洞、钻篱笆，在人缝里钻来钻去。

趱（趲） zǎn 赶路，即是加紧行进，如说冒雨趱行，还可说趱路、趱运。趱又有蓄积、攒聚、众多之义，是从铣的竞进之义来的。

攒（攢） zǎn 积聚，如说积攒、攒钱。过去还有攒粪的事，是绿色肥料。

儹 zǎn 人才之聚，以计事筹策。

欑 cuán 材料之积聚。也有穿孔之义。

璨（瓚） zàn 三分是玉、二分是石头的杂聚的玉，非纯玉。诸侯中等级不高的就许用混色杂质的玉。

膭 zā 常说腌膭，谓肉之掩藏与杂聚，那就越放越坏，发展为贬义词，为肮脏、恶劣之义。这里的腌膭，就是指肮脏的地方。腌膭泼才，就是坏蛋之义。

噆 zà 或作唪。声音嘈杂，多言，积聚则多。问一句他就要告两句。

208. 出

出 chū 象足止前进之形，自内而外曰出，如说出门、出游、出征，又有出言、出涕等。超出人的行动的范围，如可说出日、月出等。以后又可说出生、出产、出面等，全没有足止的行为。尤其当出字用作动词之后的补足语，如说超出、发出等，出字的语义只是表示一个趋向，便虚化了。

拙 zhuō 笨拙，不巧。大多是次等、劣等的，出字有去除、丢弃之义，拙不可用，便是取的弃除之义。但是巧和拙之间也可以转化，如《老子》中所说："大巧若拙。"人之初生，也是笨拙的，反觉可爱，名曰天真。在艺术上，拙也是一种可感人的风格，书法上有童体字。拙还有质朴之义。

炪 zhuō 火光也，即闪出光来。又郁烟难出也，即没有光亮。两义相反，亦不必以为奇。

頔 zhuō 面部的颧骨，是突出的部位，故其音义从出。亦称面颊骨、面秀骨，秀也有出的语义。

以上的 3 个从出字，声韵皆未变化，或很微小的变化。以下的 30 多个从出字，韵部原则上未变，声母则各个部位的都出现了，可说是一个奇观。

屈 qū 本作诎。曲出也。诘诎，说话难出。屈字的上部分本是尾字之省略，尾之难出者曰屈，就是夹着尾巴逃跑了。引申为短缺、亏损之义，如说理屈辞穷，就是言语之诘诎难出。屈又有屈服之义，威武不能屈。委屈、冤屈的说法，大多是抽象义，如说心里有许多委屈。

窟 kū 原作堀。地洞、土穴，今说地下室。兔窟为兔之所居，石窟是神龛之类。现在还说魔窟、赌窟，都是黑窝点。其实它们未必是一个窟，也可能就在高楼大厦里，仍要说成窟。

蚰 qū 蛃蚰，指木中蠹虫、尺蠖之类。蛃，直也；蚰，一屈也。它一直一屈地行进。

刷 jué 或作刜。剐刷，曲刀，刻镂之具。

浀 gǔ 搅浑，捣成泥浆。动词。如说浀其泥而扬其波。浀的另一义谓水之曲折流淌。

葕 qū 刷掉，掘出。但不同于一般的刷或掘，而是像用久而秃了的笤帚，对角落或低洼处的垃圾，难以扫除，故有难出之义。屈字从尾，却没了毛，刷子没毛就难扫出了。

鷏（鷗） qū 鷏鸠，似山鹊而小，短尾，青黑色。或呼为鷗鹊。显然，鷏之音义从屈，取短尾之义，是一

种短尾的鸠。

耾 wà 听不见，耳聋，或听不明白，有点痴呆，丧失了理解能力。语义着重在无，即是从屈，无尾。

倔 jué 倔强，也作崛强。亦即强出、突出之义。

崛 jué 山短而高。于山势曰崛，于人势曰倔。屈谓短尾，故为山短，突兀而起。

蹶 jué 脚力强，或说腿脚硬，能走路。

掘 jué 原来主要是对掘地说的，也属于重体力劳动，故掘也是强出之义。有力于足曰蹶，有力于手曰掘。还说掘冢、掘墓、掘窖、掘窟。现在的抽象用法，如说挖掘思想根源。掘进是采矿中开凿地下巷道的艰难工程。

茁 zhuó 草初生出地之貌，古今都说茁壮，两字声母相同。茁，实是壮出之义。

齟 zhí 齿之外露，故从出声。齟的另一义项谓齧，即用力地咬。

祟 suì 神之出，便是作祟。本来鬼神之出，有祸有福，但是祟字一般都指祸，说鬼鬼祟祟，就不是什么好样子了。本来作祟的是鬼神，现在错误思想、犯法行为的萌生也可以叫作祟。

叀 suì 祟为鬼神出示人的征兆，人们还不明白，便可以拿着征兆去进行祭祀和卜问，故字从又，祟声。

欯 shì 问（鬼神作祟之事）。故字从欠，问话的时候便要出气。

縗 cuì 卜问吉凶为叀，卜之于心，故为谨慎之义。

窲 cuì 作名词，指边塞，或塞外之路；作动词，谓流放于塞外。这不是一般的出门，而是大出其门，大作其祟了。

蔽 cuì 草出貌。或谓除草。

黜 chù 贬官，黜退，故从出声，取出奔、出亡、贬谪之义。黜一直是一个政治用语。黜与退声母相同。如说功成

身退，是知难而退，光彩地退。若是从黑，便是难以见人地退了。黜的反义词是陟，本义是登山，引申指职位的晋升。黜，废也，去也，流放也。

绌（绌） chù 废除，黜退。与黜字相通。它又读作 qū，即同屈，为短缺之义。于此可见，又读是用来区别语义的。

咄 duō 斥退。今说咄咄怪事，表示惊异，又说咄咄逼人，就表示要后退了。

欪 chù 咄欪，也是表示呵退的话，还兼有不懂事、不知羞愧、不害臊之类的意思，亦即无知、短缺之类。

豽 nà 传说中一种短缺了两前足的兽。

窋 zhú 从穴中欲出之状。窋窊（zhà），如可描写莲子在莲房中长大，一个个露在外面，像是呵怒欲出之状。

泏 zhú 水出貌。与窋的音义很切近。与淈的语义稍远，因为淈有曲转而流之义。

柮 duò 作动词，断；作名词，谓断弃之木。或曰榾（gǔ）柮，即楎（hún）头、树疙瘩之类的恶木，不复可用，故其音义从出，为废弃之木。

饳（饳） duò 参见馉饳。

朏 pèi 月之生而出。每个月阴历的初三开始，明的部分越来越大，直到月圆，叫作生魄，即月亮的体魄生长。十五月圆之后，直到月底，缺的部分越来越大，叫作死魄。人也有灵魂和体魄，丧魂落魄，那就阳气和阴神都丢掉，就活不成了。朏和魄声母相同，朏，魄之出也。

昢 pèi 日出向晴也。日没有圆缺问题，只有阴晴、出没的问题，故明则为昢。

209. 敖

敖 áo 敖的篆文从出从放，故为出游放浪之义，戏谑游逛之义。会意字。

遨 áo 本作敖。遨与游的区别，在于遨是放浪的，带着戏谑甚至傲慢，有失礼貌。

傲 áo 或作傲。傲慢、自大，有失礼节。桀傲，或作桀驁，就是凶暴横行，用一匹不驯的马来形容。骄傲一词有褒贬二义：正当有理由的骄傲，如说民族的骄傲；若是成为谦虚的反面，便是自大了。李白腰间有傲骨，这李白腰里长的东西总不会是坏的吧，无非说他在权贵面前也不那么在意。傲还有喧嚣之义。

聱 áo 听不进人家的话，这里是从敖声，只出只放，故为高傲之义。

嗷 áo 或作謷。众声嘈杂喧嚣。有时表哀鸣愁楚。

謷 áo 放浪之言，妄语，胡说。

獒 áo 会戏谑而又凶猛的大狗。春秋时代晋国一位年少的暴君晋灵公就有一只獒。

驁（驁） áo 难驯的骏马。它可与骥连称，泛指千里马。驁放就是骄傲、放荡。还说桀驁，就是凶狠、暴虐。

鰲（鼇） áo 传说中的大龟，传说女娲砍下了它的四足，撑起了天体，今说独占鳌头，就是占了大头。

螯 áo 本作聱。节肢动物、甲壳动物长有一对巨大的螯，或夹食物，或防卫，是两用的，称二螯，取桀驁、粗大之义。螃蟹和虾都是如此。

璈 áo 是架上配有十个小锣，可敲击成曲的乐器。从敖，取喧嚣戏谑之义。

廒 áo 高大的粮仓。原作敖仓，本指秦代于河南荥阳东北敖山上修筑的大粮仓，后泛称粮仓为廒仓。

熬 áo 小火干煎曰熬。即是火熬发出喧噪之声。用作抽象义，人的心情焦虑，就说煎熬，或说苦日子熬到了头。

鏊 áo 鏊子，指一种煎包子、煎饼的锅，圆形，中心稍凸。泼上些水，很快就干，发出喧噪之声。

磝 áo 或作嶅、嶅。山高大说岑嶅。山多小石也曰磝，取诘屈、乖忤、不平之义。

以上共 15 个从敖之字，声韵均未有变化。赘字虽从敖，声韵均不从敖，故不归从敖的词族。详见从取的词族。嚣字字形不从敖，却有敖的音义，应归敖的词族。

嚣（嚚） xiāo 嚣与敖至今韵母相同，从敖之字往往有喧嚣之义。嚣从吅(jí)，众口也，众口则甚器尘上。嚣字从页，则是气出头上了。嚣又读作 áo，即又读同敖。嚣又与謷、嗷二字可以相通，即语义基本相同。嚣又与喧声母相同，至今还说喧嚣，为双声词。这样，嚣与从敖的几个字的音义都处于胶结状态了。

210. 夊

夊 suī 象两腿行进却拖着什么之状，象形字，故为行进迟缓而有所徘徊之义。有时用以形容抑郁怀忧之状。

绥（綏） suī 音义从夊。舒缓而安妥。绥远，就是安定的远方。绥的另一义项指车中扶手的把，扶住它便可以安坐。又指登车时手拉的绳索，以保安全，失绥便要堕车。

荽 suī 香菜，又称芫荽、胡荽，字也作芰。汉代张骞出使西域时带回的种子，

故名胡荽。《本草纲目》说胡荽茎柔叶细而根多须，绥绥然也。绥绥然，谓舒缓之状。

211. 牛

牛 kuà 跨步也。是夊字的反写，两撇变成了两横，捺笔变成了一竖。夊是行进迟缓，牛便是跨步，即大步流星了。

锅（鍋） guō 本作䤥，从鬲，牛声。指有夸足有把手的锅。三足如鼎而粗大者为鬲，鬲而有把手便是锅了。有把手便于提携，有足便于搁置。锅还曾指盛膏器、温器之类。今说锅，几乎已成炊器之总称。

楇 huò 盛膏器，车行时涂膏可使轴润滑。

坶（堝） guō 坩埚，熔化金银等金属时用，一般由黏土或石墨等耐火材料制成，故字从土。

过（過） guò 经过，走过。即是跨步，故音义从牛而得。言行做过了头，过火了，便成了错误、缺点，故过字有过失、过错之义。什么是错误？走路走过了头，做事做过了头，这实在是社会经验所得反映在语义的发展之中了。后又指数量、时空的超过，如说饮不过二斗、卒不过三万、留长安不过二十日，又说半、过期、过分、过头。再后来又作动词后的补足语，如说飞过来、叫过去，开始虚化。有许多新的说法，如子女出嫁到男家叫过门，戏剧中有过场，法庭上说过堂，商业上有过账等。"不过"已虚化为副词和连接词，如说今年年景很好，不过不平均。这表示语义的转折，过字已经完全没有经过的意思。

鐹 guǒ 镰刀。金之所经过，即为割，镰刀是用以割的。鐹的另一义指车钉，为车轴所经过的铁圈，故其音义亦从过。

剐（剮） guǎ 剮肉置其骨，即刀之所过。咼字从歹，半骨也。今说千刀万剐。

咼 wāi 歪嘴。咼，即歪。或作喎。歪是一个后起的俗字，不正为歪。一般认为歪的本字是喎，从立，咼声，釜无足，常立不正而歪也。咼则为口不正。歪指一切事物之不正。抽象义可说歪风邪气、歪主意、歪点子。今作歪斜，古作咼斜。

歪 wāi 见上咼。

窝（窩） wō 本作窠。鸟兽昆虫的巢穴。北方说鸡窝的多，南方说鸡窠的多。引申说法如草窝、被窝，也是北方说得多。窝窝头，取凹陷而圆之义。但是说窝心、窝囊气、窝火时，里面似乎是充满了气与火。窝是空的，窝藏不就实了吗？

蜗（蝸） wō 蜗牛。它背着自己的窝，又有触角一对似牛。它的窝也是无足而倾斜的。

涡（渦） wō 凹陷而圆转的水流称水涡、旋涡。有些人笑时脸颊上会出现酒涡。

莴（萵） wō 莴苣，又称莴笋，因为它的茎肥大似竹笋，又似草秆扎成的火炬。隋代由咼国传入的这种蔬菜，就称作莴笋。

祸（禍） huò 祸害。两字至今双声。祸的反义词是福，福从畐（fú），满也；祸从咼，凹陷也。今还说陷害。由鬼神所来之祸福常说吉凶，凶从凵，即坎，坎是下陷的，故祸就是来自鬼神的害与陷。现在说闯祸、惹祸，鬼神的观念淡薄了。

树（樇） zhuā 打击，捶杀。音义从过，取惩罚、责备之义。作名词，指杖、策之类。树的古字作策（zhuō）。

挝 zhuā 实即是树的动词义，故从木改成手。作名词还可指骨槌，还指类似于干戈的长武器，十八般武器中有它。

夸（誇） kuā 或作夸。夸父即跨步追逐太阳的英雄。夸的音义从牛，亦从亏。从亏之字有大的语义。夸的抽象义有夸张、虚夸、浮夸、炫耀、自大等义。脚夸为跨，手夸为挎，刀夸为刳，衣夸为裤，言夸为誇，土夸为垮，还有一个草夸为莩，这个字现在不用了。

胯 kuà 大腿。两股之间的部位曰胯下。今说钻裤裆，《史记》上说"出胯下"。韩信年轻时曾出人胯下，受过污辱，表示这位大将能屈能伸。

跨 kuà 本作夸。"大"字像四肢伸展的人，足伸开便是跨了。胯用作名词，跨用作动词。跨的引申义可说跨长江、跨国、跨学科、跨时代等，都是事关两头，相互联系。

挎 kuà 以手相挎，如说挎着胳膊。还说挎着篮子、挎着书包。

刳 kū 掏空，挖空。如说刳木为舟，成凹陷之状。又可说刳肠、刳心。

裤 kù 即裤。裤本指套裤，无裆，只套在两条腿上。后则通称裤。裤也作绔、袴。

誇 kuā 大言，誇口。誇有褒贬二义：誇奖、誇耀是褒义，浮誇、誇诞是贬义。

侉 kuǎ 疲惫。老是夸张就疲惫，即夸张过度之义。

垮 kuǎ 近代出现的口语词，如说垮台，台常有脚，跨度大了就容易倒塌、败坏。可是具体义，也可是抽象义，如说精神上垮了，即是失去了精神支柱。

华（華） huá 古文字作垂下一个亏字，后又作荂，隶书写作華。垂字象花穗和枝叶之垂之形，张大便是开花了。于草曰华，于木曰荣。后草木皆曰华。作动词，开花亦曰华。引申义指物之颜色有光华，琼华就是琼玉之有光华。又可说华旗、光耀荣华、德之华，今常用的有繁华、精华、华丽、华章等，还用作国家、民族及一些地名的专用字。华夏之称，传说的解释是指礼义之大曰夏，服章之美曰华。

花 huā 是汉代出现的后起字。经六朝到隋唐，花、华二字的分工就明确了。一般说花朵或似花者，皆作花，如说桃花、雪花、浪花等；引申义尤其是抽象的引申义，一般作华，如说物华、荣华、才华等，还有眼花缭乱的说法。花字到近现代的两项重要用法：一是指虚夸的，如说花言巧语、花骚、花腔等。一是指花钱，买卖就是货币与货物的转化，俗作花，从而又引申作花时间、花力气、花功夫等，都有使用之义。

骅（驊）huá 骏马，取光华之义。

桦（樺）huà 常称白桦，树皮白色，木材华丽，木色黄而有红色小斑点。

铧（鏵）huá 翻地的农具，常说犁铧。非取其色泽，取其行为为义，铧，剫也，即挖地为坎而凹陷。但铧既从金，像犁头或锹头，翻地摩擦，明晃，也可兼有光华之义。

譁 huá 虚夸之言。今说花言巧语，是不实的。又说譁众取宠，则为喧哗之义，今作哗众取宠。

哗（嘩）huá 与譁相通。又由喧哗之义变成象声词，如水哗哗地流，旗帜哗啦啦地飘。

靴 xuē 长筒鞋，或说高靿鞋，或作鞾。骑马时穿马靴，把裤腿卷在里面，便于上下，行动利索。靴从华声，取脚跨之义，同时也取高大之义。同时也有华义，至今人们还常在靴筒上加装饰，或绣花，或镶边。

晔（曄）(yì) yè 光华明盛之貌。本作熠，闪光的样子，从火，習声。故字虽从华，语音却发生了变化，晔已成为会意字。从形声字熠变成会意字晔，只是为了表达光华之义。

烨（燁）yè 实即晔字，音义完全相通。故它本亦即熠字。火光闪耀之貌。

212. 舛

舛 chuǎn 从夊、牛二字相背，故为相违背、不顺利、错杂之义，"命途多舛"，就是在生命的征途中多有不幸与乖戾。会意字。

舜 shùn 花叶蔓地对生之草，舜花很美，开的是红花，故说"颜如舜英"，即朱颜之义。但是它朝开夕落，这也是命途多舛，这就是舜字从舛的含义了。我们民族的先圣虞舜，他的名字叫重华，字都君，舜是他的谥号。华与都，都是美盛之义，所以他的谥号曰舜。

蕣 shùn 木槿，朝花暮落者。实即是舜，因为要和虞舜作区别，就加草字头，但未通行。

瞬 shùn 一转眼，即一瞬间。转眼无非是左右上下，即是相违背，故音义仍从舛。

僢 chuǎn 相背，错杂。它的音义更接近于舛。

213. 桀

桀 jié 从舛在木上，即木之枝条相背而出。把枝头砍去，留下枝和本，做成木桩，以供鸡栖息之用。相传有巢氏是尧、舜时代的人，那时洪水泛滥，万民皆山栖巢居，可见，栖息于桀的，首先是人，然后才是禽兽。这样，桀和傑（杰）也就不难联系起来了。两字原可通用。

杰（傑）jié 古同桀。人之才力高出一般，便是杰出。豪杰、英杰，都是才能过人者。也有贬义用法，如说桀骜，是凶暴怪戾之义；桀傲是失礼；桀逆、桀黠，都是狡诈、忤逆之人的行为。不过作贬义时便只作桀。

214. 夆

夆 xiáng 从夂、牛，不敢相并，而是上下相承，故为降服之义。会意字。两腿一先一后，皆有所曳，故为降。凡投降之义，皆可说下，降下双声。

降 jiàng 下降。与陟相对，陟为上升。字皆从阜，即是对上山下山说的。引申指各种事物之升降，如鬼神之降福、降诒，各种社会地位之陟降。现代语中如市场价格之升降，理论思想和艺术表现水平之提高与下降，等等。

泽 jiàng 洪水急下。泽有大义，又有下义。泽与绛二字相通，山西有绛县，从那里的绛山和绛水得名。绛水又名沸泉水，悬流二十多丈。

绛（絳）jiàng 大赤。染绛之草名绛草。染之不够工，便得红，即浅红、粉红，染之甚工便得绛。又有缥，浅绛也，三染谓之缥，可见得绛之不易。红霞可说绛霞，红枣可说绛枣。绛纱灯就是现在说的大红灯笼。

豇 jiāng 豇豆，长荚的蔬菜，豆子肾脏形，茎蔓生，缠架上。此豆红色居多，从工与从夆相通。

夯 hāng 本作碎。山崩地裂震动之声。后以木杵筑地曰夯，以石砸实地基亦曰夯，均大力下降之行为，有夯土、夯实。又有夯歌，半说半唱，一人说，众人和。

隆 lóng 从生，降省声，这里是说万物之生之义，人之生亦可曰降。从而得丰盛、兴隆之义，然而隆的本义还是指雷声隆隆。在先民的观念里，春雷一声，万物降生，冬眠的动物也要苏醒，已是惊蛰的季节。《说文》："雷，阴阳薄动，雷雨生物者也。"电字从申，也是伸张万物的。这样，隆的音义就是雷之降。隆逐步成了象声词，说炮声隆、车声隆，叠韵词有轰隆、隆崇等。

窿 lóng 空穴隆起之状。窿道，即是坑道，老的坑道可说老窿。窟窿二字的合音就是孔。

癃 lóng 疲劳衰竭，腰曲而背隆高之病，叫疲癃病。

215. 癶

癶 bō 本作左右相背的两个止字，隶变作癶。步字是上下两个止字，左右各一举足，便可顺利前进。癶则两脚向左右拨弄，行而不进，故实即"拨"字。

发（發）fā 以弓射箭的动作叫发（發）。故发字从弓。癹(bā)，从癶声，像手持杖以击，用脚左右反复践踏草木。这和发箭有什么关系？发箭是两手前后发力以开弓，与两脚左右践踏相似，也可用癶的行为来表达。发的语义发展多样，从左右分发到四散发动，从人的出发到事物的发动，还有从无到有的发生、开发、发现、发掘、发明、发育是就生物的成长说的，色、香、味的传播也都可说发。发配是指对罪犯的处理，发表的是言论、文章。精神状态方面如说发笑、发恨、发火、发愣等，甚至发虚、发空也可说发。弓矢在很长一个时期里一直是人们的先进工具和武器，以至这个动词的语义发展到如此广泛的程度。现在百发百中的本义用法还说，还可说卫星发射。

拨（撥）bō 发是足的行为，拨是手的行为。"转轴拨弦三两声，未成曲调先有情。"手在琴弦上、键盘上、算盘上的动作是典型的拨拉的行为。现在脚也可说拨拉，手脚已不分了。拨乱是治理乱世，拨正则为扶正之义。拨就有拨对、拨错之分。

泼（潑） pō 水珠四散曰泼，发与泼语义差别很大，发为出义，泼为散义。这散的义素是由癶的左右相背之义来的。泼没有褒贬二义：活泼是好的，撒泼、泼皮是坏的。

酸（醱） pō 发酵、酿造。今说发酵，本该作此。

废（廢） fèi 屋废置。废置一词有二义：一是废弃闲置，不用了；一是废除和置用。废的反义词还有兴，如说朝代的兴废。废字又引申有倒塌、败坏、破灭、荒废等义。说中道而废、半途而废，是从废弃之义引申为停止之义。废的中心意思还是废弃、废除之义，即是拨拉到一边。

癈 fèi 顽症，不能治好，使人残废之病，如瘫痪之类。

袯（襏） bó 一种以蓑草制作的雨衣，今说蓑衣，古曰袯襫（shì）。袯字从发，取散发、张大之义；襫字从奭（shì），取盛大之义。故袯襫的语源义谓蓬松肥大。

能向阳，挡住阳光，不致晒到它的根。植物的花叶能向阳，原是它们的本能，只是葵还能转移，叫作葵倾，杜甫有"葵藿倾太阳"之句。

暌 kuí 眼睛的估量、审视。众目暌暌，为乖离、违异、不合之义，癶为左右二足相背，向日葵早晨向东，下午向西，也是相违的。一般解释众目暌暌为注视之义，是含蓄的说法，实际是暌离、暌违、暌疑的。

聥 kuí 听不见，耳之乖离。今说耳朵有点背，这是轻度的，聥是聋之甚者。今作聩，如振聋发聩，聩从贵，取崩溃之义。

騤（騤） kuí 言马行阵容方正，若有所揆。此威仪非凡，曰驷马騤騤。

闋（闋） què 止息，完毕。乐曲一首为一闋，奏一遍亦称一阕。阕字从门，取闭门之义，亦止息之义。

戣 kuí 戟一类的武器。戟是一种三面有刃，可以直刺，也可左右横击的长柄武器，故又可称戣，取乖戾相背之义。

暌 kuí 别离已久，说暌违、暌离、暌绝、暌阔。

216. 癸

癸 guǐ 丈量，计算。字从癶，矢声，以正常的跨步约略计算地亩，这已是千年古法。矢的长短古有规定，故短字从矢。矢字的撇因与癶的撇容易重合，就省略了。

揆 kuí 度量。揆一，就是统一的度量标准。例如日晷，便是树八尺之桌，以日出入之影，定日中之时及南北之向。

葵 kuí 向阳之草，今称向日葵，它能测知日之方向，原产于美洲，称西番葵，明代有此记载。我国传统所说的葵，《左传》中就已有载，说"葵犹能卫其足"，即葵叶

217. 両

両 zhèn 自下而登门之上。二，古文"下"字，或可曰以门之上为"下"也。

闟 lìn 从隹，両省声，应是指一种飞得高的鸟，但今已无可考。闟的另一古义为践，则与蹂躙之躙同音义。躙又作躪，作蹂躙。

躙（躪） lìn 蹂躙，践踏。于手曰揉，揉搓之义；于足曰蹂，蹂蹉之义。故蹂躙为蹂蹉而践踏，蹂蹉是两旁来的压力，践踏是上下来的压力，这样蹂躙一词来形容人间的压迫，语义就很周

全了。

藺（藺） lìn 蒲草之类，今称灯心草。它茎内的髓可以剥取作灯心，是点油灯时用的。它的茎干了以后可以编席，称作藺席，与蒲席相似。它轻软而保暖，做坐卧之具。既做坐卧具，身压足踏，故其音义从閵。蒲，铺也，蒲席铺展也；藺，阃也，藺席压踏也。

进（進） jìn 从辵，閵省声。它的古文字作藺下一个辵字。进，前也，今说前进。进的词义是又登又前。《诗经》中说"进退维谷"，前后都是山谷，他不是站在山顶了吗？进字从閵，故有登义，它的前进之义又是从何而得？进与晋同音，古今都相通，晋字本作晉，臸(zhì)，到，前往，即是向前行进之义。这样，进的音义既是前进，又是上进。进京，也可作晋京，便是向前的。

珒（璡） jìn 或作瑨。似玉之石，制作成筹码，是专用以计数，和计输赢的。人们便总要叫作进，或进账，不愿说输。

218. 贲

贲（賁） fén 从贝，卉声。卉非花卉之卉（从三屮），今卉从三止，奔字下面亦从三止，为疾出之义。龟三足就叫作贲。龟与贝，其背皆穹隆，故贲字常有隆起之义。

坟（墳） fén 本指堤岸，或土之高出者。今特指坟墓，墓之高起而大者曰坟。后来坟还不够，便要修陵。

潰（濆） fén 堤防。淮濆即淮水之大堤。

轒 fén 车之穹隆者。一种四轮的古兵车叫轒辒，上蒙以生牛皮，下可容

十人。轒者，隆起也；辒者，可蕴藏也。

蕡 fén 大鼓，八尺而两面，供军用。击鼓则冲锋，鸣金便收兵。

餴 fēn 或作饙。蒸饭，把米先下锅水滚一下，再捞出蒸熟，米粒便胀大鼓起。

蕡 fén 果实肥大鼓起之状。蕡的另一义指杂草香，指一种香气的扑面而来，今说喷香，故它的直接语源从喷。

愤（憤） fèn 怒气盛。是心与气之憋满。如说义愤填膺，就是充满胸膛。发愤忘食，就是憋了一股子劲，非要学通才能罢休。

歕 pēn 吹气。吹气就要先鼓气，鼓则欲吹，动作是连贯的。

喷（噴） pēn 急吐气曰喷。还有喷水、喷泉、喷火，井喷是喷出的油，还有喷气式飞机。

偾（僨） fèn 激动，兴奋。如说张脉偾兴，是说人体内的气血高涨。偾还有僵仆、败坏之义，这是从贲的止息之义来的，因为卉即是三个止字。

奔 bēn 跑。常说奔走，是同义词结合，但奔与走相比，奔常有急事，可说奔之急，赴急曰奔，如出亡曰奔，又说疲于奔命，不说走命；奔丧，也不说走丧；男女私奔，也不说私走。心里急，脚下也就不一样了。在与同义词结合方面，如奔腾、奔放、奔突、奔波、奔驰，都不能用走字去代替。而走字，主要在动宾结构上才显出语义的活跃，如说走样、走板、走红、走运等抽象说法。

獖（豶） fén 公猪。以其好奔突，故音义从奔或贲。

鳍（鱝） fèn 飞鱼。大者长尺许，翅与尾齐，夜晚常飞到船甲板上。故其音义从贲，取奔腾、上冲之义。

锛（錛） bēn 锛子，指一种丁字形的平头斧，用以快速削平木料，也可快速锛土，故形音义皆从奔。名词和动词两用。

219. 交

交 jiāo 字形上是"大"字的两腿相交之形，词义上指人的两腿相交。常有二义：一种是悠闲等候之义，如说交足以待；另一种是表示优美，舞蹈、戏曲，更有现代的服装表演，表演者们的台步常常交叉，因而佼、姣、狡等字皆从交。岭南一带的人，古时常爱"雕题交趾"，成了一种民族习俗，实际也是以之为美的。因而把广西那一带地方称交州。引申义指人际关系的交往、交友、交情、交心、交道。感情上说交欢、交恶，经济上说交易、交通，政治上说外交。交接，本指男女两性之交接，现在时间、地点、上下班都可说交接。

骹 qiāo 膝骨，为股与胫的相交处。也指可交之腿或小腿。

跤 jiāo 这是后起的口语词，常说摔（或作跤）了一跤，就是翻倒在地，左边翻到右边，左右交叉，翻了个跟斗，脚跟朝上，是上下颠倒。但是实际说起来，就没有这样的讲究，不管你怎么倒地，都是跌了一跤。

佼 jiāo 指人际交往。佼也有美丽之义，佼人就是美人。佼字包含有长大之义。汉初名将陈平，《史记》中称他"为人长大美色"，《论衡·骨相》中称他"貌体佼好"。常说佼佼者，即才能出众的人，出众就是长大。当然这个长大也是适度的，增一分太长，减一分太矮，在众人心目中有一个审美标准。

姣 jiāo 两腿相交的优美，常跟健壮、长大之义联系在一起。毛嫱、西施，天下之至姣也，即容貌美丽。史载夏桀和殷纣这两位残暴的末代皇帝，长相却很姣美。

狡 jiǎo 狡犬，就是少壮长大之健犬。也用以形容人，便常得贬义。狡童，本指狡好之童。狡兔，本指机灵的兔子。贬义是后来的。机敏过度了，便得奸诈狡猾之义，又得狂暴、凶猛之义，因为它本来就长大。现代它已经没有非贬义的组词和义项存在。

皎 jiǎo 月色白亮。也形容毛色之白，如说皎皎白驹。这时的语义已和两腿相交完全脱离了。

茭 jiāo 交结、包束的草，供饲养牛马，如说"刍茭"。又指茭白，一种水生蔬菜，古称菰，称茭白，取其长大白嫩之义。竹笋和藕根亦可曰茭，字亦可作菱，这就说明笋与藕根都有节，是交结之处。用芦苇或竹篾交错编结而成的缆索曰茭，亦作筊。

筊 jiāo 竹索。由诸多竹篾分成几股交结而成，耐水浸泡。

绞（絞） jiāo 把纤维或铜丝、铁丝之类分成几股，旋转相交，叫作绞绳。若是用手搓，便叫搓绳。把绳子紧紧缠绕、扭结在别的事物上也叫绞，绞刑也是此义。心绞痛，肠子或肾脏、胆囊也可绞痛，是肌肉收缩、痉挛或器官阻塞造成的。抽象义如说多种问题都绞在一起，纠缠不清，越绞越糊涂。

铰（鉸） jiāo 剪刀本叫铰刀，也叫交刃刀。

较（較） jiāo 车厢两旁相交的横木，可以凭倚。轼居车厢之前，供扶持，较居两旁。常要求两者长短大小平衡，故曰比较。脱离车辆，各种事物都可作比较对照，从而又得查对、考核之义，与"校"字相通。较还有副词用法，如说较多、较少、较聪明、较糊涂。又作介词，就是比的意思，如说局势较前几天缓和。

郊 jiāo 郊区，就是城乡之交。古代祭天地要到郊区，是天人相与之交接之意。

蛟 jiāo 或作鲛。是龙的一种，称蛟龙，周身为鳞所比次，故蛟取交比、交错之义。蛟又称文鱼，身有鳞纹，纹就是交错的纹理。

鹇（鷮） jiāo 俗呼茭鸡，谓其居茭菰中形似鸡。又因它群栖泽畔，故高脚，到水中捕食，故长喙。鹇之音义从交，交胫也，长大而美也。

校 jiào 牢笼、樊篱、栅栏之类，皆竹木相交而成。军队中的校（xiào）级军官，现在是很高的军衔，由来已久。最初，低级的也可称校。因为这个以木为栏的地方，军部及养马都用它，故军尉、马官都称校。后来只指高级军衔，就改读为 xiào，取效力、报效之义，读同效。学校的校也读效，学校是学习和效法的地方，它也往往有栅栏之类环绕。校的声母也从爻（yáo）来，爻亦同效。学字和樊字亦皆从爻。这样，校的名词义读效，它的动词义则仍原读，如校对、校正、校勘、校书、校雠。

效 xiào 效法。它必定也是一种交流，它的声母也是从爻而得。效力、效劳、效忠、报效，为奉献之义，故也可作劲，交付出力量和诚心。效也有考核、验证之义，效果就是验证的结果，功效就是功用和效果，效益就是效果和利益。

傚 xiào 效法，功效，实即效字，强调其就人事而言。

咬（齩） yǎo 本指嚼硬东西，那必用大牙，它们是犬牙交错的。又说咬牙切齿，大牙是咬的，交错着，门齿是切的，上下整齐相对。在牙和齿之间还有一对虎牙，医学术语叫犬齿。它的位置和形状都在牙与齿之间。口语中把它归之于牙，叫虎牙，可用以撕裂，是很厉害的。现在咬一口馒头、咬一口蛋糕，都不费力，咬的语义演变了。但它的引申义中还保持着本义的踪影，如郑板桥的诗句"咬定青山不放松"，是说松竹的根扎在岩石缝里顽强地生长。追寻敌人的时候要咬住不放。唱歌和唱戏的时候要求咬字清楚，就是要特别注意发音。

220. 疋

疋 shū 这是"止"字上面加了一笔，象腿肚之形。表示疋是活动着的足，与胥字相近。蝑是一种叫唤时振动大腿的昆虫，如蚂蚱之类，叫作动股属。蝑的音义便是从疋。

疏 shū 或作疎。从㐬，疋声，疏通之义。水流的疏通，是本义用法。引申指人际关系的疏通。如说关系疏远，它的反义便是亲近。又说稀疏，为分散之义，疏的反面是积，积疏即积聚和疏散。又引申为疏略、粗疏之义，疏的反义是密，粗疏的反面是细密。疏食即粗饭，从而派生出蔬。

蔬 shū 蔬菜的本义是粗菜，非精食。《诗经》中常常说到出去摘野菜，只有一处说到圃，即是种菜的园子，已经开始种菜了。孔子说"吾不如老圃"，则是种菜的专业户了。所以种菜比种粮晚。蔬本是指野菜、草籽之类，现在才把新鲜蔬菜看成宝贝。

梳 shū 梳子，用以梳理头发，动词说梳头。梳字从木，疏省声。言其木齿之疏。篦子的音义从比，言其齿密。更早则统谓之栉，都是调节一下。抽象义可说把问题梳理一下。

酥 sū 通疏，以言食物之疏散舒脱，称作酥。如今说桃酥之类，在面食中加进酥油之类，做成煎饼或糕点，便酥松香脆。虾片一炸也很松脆，叫作虾酥。酥字从禾从酉，为会意字。禾指粮食、面粉等，酉为酒器、奶罐之类，酥油从奶中提炼。现在加豆油、菜油也能使饼变酥。

楚 chǔ 丛木，谓林木之四散分布。楚有众多陈列之义。又有清疏、清晰、清楚之义，楚还是众列之义，语义则着重在清，楚的声母读同清，而没有读同疏、疋，即有吐气与否之差，这是受了清字的影响。楚的枝干坚劲，常用以制刑杖，引申为动词，以楚杖人，故说楚朴、楚掠、楚挞、棰楚或捶楚，都是拷打之义，故痛苦曰苦楚、痛楚，还说凄楚。至于楚国的楚，也称荆楚，还是取楚的本义，那是荆楚四布，犹如秦国之秦，那里禾木萋萋；齐国之齐，那里禾苗上出平齐。

齼（齼）

chǔ 吃了酸的东西就牙痛，故音义从楚。

憷

chǔ 痛。常说痛在心上。现代的口语中，遇到一些不好处理的问题，有些畏缩不前，就说发憷(chù)，或说有点憷(有时写作怵)头。有时也说作头痛。

碂（碂）

chǔ 垫在柱脚下的石礅。月晕而风，础润而雨。即柱脚下的石头返潮，说明空气中的湿度增加，天就要下雨了。柱脚下不垫石头，天长日久，柱脚就要烂掉，整个建筑就危险了。故说基础，抽象义说思想基础、理论基础、基础知识、基础教育，社会的经济基础则是对社会的上层建筑而言。

胥

xū 螃蟹的肉挑出来以后，呈松散离疏之状，故胥从肉，疋声。又把它做成蟹酱，滋味是很美的了。周秦时代的人做酱的品种和滋味超过现在的人，如今很少有人用蟹肉做酱。胥又为官员之称，常说胥吏、胥徒、胥师，是管理文书、市场物价、捕捉盗贼之类的官。胥吏跟蟹酱的关系，就像将领的将跟肉酱的关系、宰相的宰跟屠宰的关系，都取义于王侯家的仆人，干下手活的人。不只语义如此，社会状况一度也是如此。胥还往往被解释成有才智的人，取疏通事理之义。胥有辅助、审察之义，就是从这里引申的。

諝（諝）

xū 智谋。即是通达事理。

惢

xū 智慧。从心与从言同义。

婿

xù 本从士旁作壻。丈夫，故称夫婿。士指有才智之人，胥亦此义。女称

夫可说官人、老官，婿亦可为胥吏之义。说女婿，口气为女儿之婿。

揟

xū 滤水。即去水中渣滓，或以干草，或以稀布，今则有过滤器，使水疏漏之。可见揟从胥，取疏漏之义。捕鱼亦曰揟，网亦疏漏而可得鱼。

湑

xǔ 滤酒。我国能制蒸馏酒，是后来的事。先是制浊酒，均带酒糟。醑之则为清酒。杜甫说"潦倒新停浊酒杯"，他还喝浊酒。湑湑为疏散分布之状，如可形容露水或草木之叶湑湑。

醑

xǔ 酒清而美。或曰旨酒、厚酒。

糈

xǔ 粮，精米，有美好之义。也指米饭，松散之貌，米饭焖出来一粒一粒的，那便是好。

稰

xǔ 禾稼成熟了才收获叫稰，稻谷就散落在地里；没有成熟就收获叫穛，就要少收。故要掌握好开镰的时间。晚稻也叫稰。

稰

xū 椰子树。无枝条而高，叶在其末，故常说椰叶无荫。取稀疏之义也。

蝑

xū 螽斯、蝗虫之类。以股鸣，即颤动它的后腿。故其言义从疋，即动态之足，动则鸣。

221．至

至

zhì 到达。到、从至，刀声，是自远而至，因此至可有到达极点之义，引申为副词，有极、甚之义。至高，就是极高；至诚，就是极诚。冬至，就是冬天的极点。至也可作介词，至其时，就是到那个时候。

郅

zhì 登、极。郅治，就是至治，天下大治。郅隆，就是极隆、昌盛。郅本为甘肃的一个地名字，故从邑。

蛭 zhì 水蚯，俗称蚂蟥，即大而黄色之软体环节动物，前后各有一个吸盘，在水中找到人或畜的肢体便能入肉内吸血如蚯，故称水蚯。蛭从至，碰到人体附着吸血之谓也。蛭，至也；吸，及也。动词名物化，便得蛭字。

致 zhì 得到，使至。学以致其道，就是学习而得到了道理。致作动词，有导致、致使、求得、达到、送给、招致、引来、施行等义相近的语义。学以致用，就是学了还要求得能用。致命伤，就是导致生命危险的创伤。致字作名词，指要达到的目标、意向，追求的事理、事物达到的极点等。兴致，就是兴之所至；一致，就是一个趋向、目标。

緻 zhì 周密、细致。丝之所致，谓细而密的丝织物。由帛之细致，引申指人之细致，言行小心谨慎，考虑周到。又指物之精致，谓产品之工艺精湛，加工细致。

撍 zhì 刺到，割。

铚（銍） zhì 获禾短镰，是专门用以割穗的，用不着长镰。

挃 zhì 获禾声。它的直接语源便是撍，割到，《诗经》有"获之挃挃"。今大概可说擦擦，擦从祭，就是割杀之义。

齟 zhì 嚼坚硬东西发出的声音，即与撍、挃之义切近。

轾（輊） zhì 车子前重后轻，车向前下俯曰轾；车前轻后重，车向后上仰曰轩。今说不分轩轾，意谓不分轻重高低，不分优劣。

垤 dié 蚂蚁洞口的小土堆，蚁之所至也。常称蚁垤。引申指小山丘，泰山之于丘垤，谓大小悬殊之义。人不蹶于山而蹶于垤，因为小土堆，不去注意，反而就绊了一跤。

室 shì 从宀，至声。人之所至曰室。对堂屋来说，是指内室，所谓登堂入室。一家一户也可叫室，如说万室之国、千室之都。王朝也可叫室，如说王室、周室。现在也用得很广泛，如办公室、教室、诊室、传达室等。

脏 chì 鸟胃。胃者，谷之委（委积之义）也；脏者，谷所至也。脏之从至，犹室之从至。

室 zhì 室谓人至室，窒谓物阻穴。从而引申为充满、遏制、堵塞、障碍等义，今说窒息，谓堵塞和障碍了呼吸。

庢 zhì 阻碍，遏止。山水之曲折曰庢，或有关房屋建筑方面的阻碍物，都可曰庢。或作庢。

桎 zhì 脚镣。今说镣铐，古说桎梏，即犯人所戴的脚镣和手铐。脚镣是阻碍罪犯行走的，故桎之从至声，取障碍之义。桎的另一义项指车锗（或作辖），即插入轴端两孔的插销，以固定车轴，阻止它转动前进。

绖（絰） dié 丧事期间结在亲属头上或腰间的麻带。说明眷属对死者充满着忠实的亲情。

姪 zhí 今作侄。兄弟的儿女称侄儿、侄女，言虽非嫡亲，亦至亲，故其音义从至。

耊 dié 年七十、八十曰耊，老之至也。这是过去的标准，现在大概要到九十、一百才算耄（耄谓昏乱，神志不清）耊之年。

咥 xì 戏笑。或作吷（xì）。戏笑之至极为咥。咥又有咬、啮之义，则与齟字切近。

222. 行

行 xíng 动词，泛指人的一般行走。行的引申义有经历、巡视、施行、从事、推行、流行等义，指行走中还有一些特殊的用意，或指事物之行动。行字也作名词，指行为、品行、操行等义。行字还有一些专门场合的用意，如说行人，周秦时代指外交官（诸侯国之间的），行者指宗教徒，还有行星、行书、歌行等。又作副词，表行为之将要发生，如说行将、行且，都是同义词的结合。

行字又读作 háng，这个主要元音的区别是怎样的呢？是从航而来，航又从舫而来，舫又是从方来的。方，并船也，作名词指并船，作动词为航行。这样说，主要的一条理由是：当读又读音时，大多有并船的并的语义，这也是以义求音。今说并行（xíng），那是有并字在。若说行列，左右成行，前后成列，一人不能行，几人相并便是行。行业有三十六行，行行出状元。与此相关的商行、银行、行会、行情都读háng。又如说兄弟姐妹排行，也是次第而行，在以下从行的派生字中，也存在着这种音义上的区别。

衡 héng 从角，从大，行声。本指在牛角上横架的一根木头，以防牛之触人。引申指车辕前驾马的横木、门窗上屋梁上的横木。许多横的东西叫衡。在横竖、横直的语义上，衡同横。秤是横木，总要求平衡，故说度、量、衡。抽象义又有权衡、衡量等说法。

荇 xìng 一种水生野菜，茎细长，节上生根，随水深浅，长入泥中，随处扎根以繁衍，故曰荇菜。

鸻（鴴） héng 荒野中鸟，沙灰色，翼和尾部都短，足细长，适于涉水，边走边觅食，故鸻之音义从行。

珩 héng 佩戴在头上的横玉，似磬，横玉的两端又可以再挂上一串串的玉，这就很华丽了。珩与衡、横音义同。

以下二字皆读行字的又读音。

桁 háng 屋梁上的横木，今或称桁条，或檩子。桁条不止一根，并行列对称，具有并义。它又读 héng，是受了横字的影响。

绗（絎） háng 衣服缝边叫作绗，是左右对称的。棉衣铺匀棉花以后，用大针脚固定在棉衣的里子上，

也叫绗。绗棉衣时，针脚大小要匀称，行距要相等，做工上都有这个讲究。

223. 彻

彻（徹） chè 从彳，从育，从攴，意为手持肉（育从肉声）食毕即撤走。彻的本义是撤除。引申为通彻之义，事物撤除则通，彻夜就是通宵达旦，彻底就是直通到底。彻头彻尾，就是从头到尾，通彻全身。

撤 chè 徹为从足，撤为从手，故两字常相通。撤，去也。引申为拆毁之义，如说撤我墙屋。今说撤离、撤回、撤换、撤销等，它们的宾语就很广泛了。如说撤销职务、撤销处分等。

澈 chè 水清。如说清澈见底，从通彻可见之义引申。

辙（轍） zhé 车子两轮碾出的印迹，涸辙，就是车辙中积下的雨水干了。覆辙，就是翻过车的车辙，你还要顺着它前进，不是很危险吗？辙，通也。

224. 复

复 fù 走老路，走重复的路。从夂，畐省声。畐可有副贰之义，故可重复。畐字从高字省，故上面本是一个点，草化成一撇了。

榎 fù 织布机上用以卷布的轴，梭子来回织成布后，由它卷起来，它周而复始，故从复。

鰒 fù 以革或丝缠于轴端，以固定轴的位置，它也是周而复始地转动，故

其音义从复。

復 fù 今简化为"复"。往而返。由人之往返，引申为各种事物之往返，如说复政、复命、复辟、复苏、复古、复原等。复又有恢复、反复等义，为动词。作副词或连接词，为又、再、重新之义。陶渊明《桃花源记》"渔人甚异之，复前行，欲穷其林。"即是再往前走，想要走完这片桃花林。

腹 fù 复字从畐，畐又有满的意思，常说满腹，如经纶满腹、牢骚满腹。腹作动词为怀抱之义。古曰腹，今曰肚。腹背受敌，不能用肚字去代替。说肚皮饿到背上，也不能用腹。

鍑 fù 大肚的锅。取义于腹。古曰鬲，腹大于鼎，三足亦皆空，容量大，而不在于口之大小。大者曰釜，小者曰鍑。釜与鍑还都可作量器。

複 fù 现一般写作复。夹衣，与单衣相对。有时棉衣也曾说复。复，厚也。诸多成双、成叠或厚重的事物都可叫复，如说复述、复查、复音、复印、复种、复数等。复杂一词就用得更广泛了，说复杂劳动、复杂问题、复杂心理等，远不只是一个简单的重复。

鰒（鰒）fù 即鲍鱼。其贝壳可入药，即石决明。它附于海底石上。壳上有许多细孔，是用以吸水换气的，故名鰒鱼，取复义。

蝮 fù 又称土虺、土公蛇、草上飞。一种毒蛇，背灰褐色，两侧各有一行黑褐色圆斑。斑点纹理复杂，故名蝮蛇。

覆 fù 从襾(yà)，復声。襾，从冂，自上蒙下，又从凵，自下朝上，互相扣住，再以一盖上，故得反复、颠倒翻转、回复、反而等义。如说覆巢，就是鸟巢翻过来了；覆手，就是手心朝下。对舟车也说覆舟、覆辙。还有说天覆地载。

馥 fù 香盛。即充满了香气。馥郁，便是香气之覆蒙与浓郁。

愎 bì 执拗，听不进别人的话，叫刚愎自用。亦即自我满足，只相信自己。

225. 微

微 wēi 隐行，即微妙隐蔽不宣之行，如可说微行。微从彳，敳(wēi)声。敳，妙也。从人，从攴，豈省声。微字除有隐蔽、秘密、精微、奥妙、侦察等义外，还有微小、卑微、衰微等义。如说微言大义、颇有微辞，都是指精妙而含蓄、富有寓意之言。微观、微波、微乎其微，都是细小之义。

溦 wēi 小雨。

霉（黴）méi 本指发霉的颜色，青灰或微黑的颜色。也常指长期忧郁、发青发黑的脸色。现在还有许多食物或药物的制作，有一个发酵的过程，培养一种霉菌，可以帮助人们消化、吸收或治病，也可见到这种颜色。口语中常说倒霉，或说触霉头，只不过是没有说脸色。

薇 wēi 一种野菜，又名野豌豆，菜之低微者，贱者所食，因谓之薇。至于蔷薇的薇，则又是取精美之义，详见蔷下。

徽 huī 精美的徽号，如标志、旗帜之类。今有会徽、帽徽、领徽、校徽，还说徽章、徽记等，它们总要设计得颜色鲜明，美观大方。这正是从微字的精微之义。徽与号两字双声联绵，号可说称号、记号、符号、标号，和徽的语义是很切合的。黄巾起义就是以黄巾裹头为徽号。徽字的一项重要古义就是指绳索，徽，大索也。故字从系。这就是结绳记事的明证了。这徽字既是绳索，又是徽号，事大大其绳，事小小其绳。徽的美好之义，并不冷僻。徽音，就是美好的音信。徽猷，就是好主张。安徽，就是安而美。徽州，因绩溪有徽岭、徽溪而名，可见，它本是喻山水之美，即是今黄山一带了。

几（幾） jǐ 接近于微小的一个数量。如说几个，不同于微，是接近于微；几有接近之义，是数量上的接近，从而区别于一般的近。今说几千人，大约是三五千人；古语几千人，则是接近于千人，大约是七八百人。幾字从丝(yōu)从戍，即戍守的人马较少，因而得细微、衰退、危殆等义。几字与军事的关系逐渐淡漠了。但是在以下从几的派生词中还不难看到一些。古常说庶几，庶，众多也，几，近于微小。庶几就是差不多，离要求差得不多，是接近的。几，表示一个不确的大约数。《易经》上说，君子要见几而作，他能知微知彰。即是在微始的时候，他就知道了事态，成了明摆着的事实，就更明白了。

畿 jī 古指疆域。对帝王来说，所辖之地虽远及千里，也是接近于他的，故称畿，从田，幾声。后称京畿，指京城的郊区，是接近的。畿、近二字相通。

矶（磯） jī 水边石滩，或突出的大石。南京有燕子矶，安徽有采石矶，湖北有赤壁矶、城陵矶，都是临江有石岸，或露出水面的石滩。

礽（禨） jī 祭祀。是接近和荐享鬼神，孔子说："祭如在，祭神如神在。"但他又说："敬鬼神而远之。"祭了一通，似乎亲近，祭完以后，就远离它，才是明智的。

㽎 jī 气之近微，即衰微，危殆。又切磨，磨则相切近。

以上从"几"字语义着重在近。以下从"几"字语义着重在微。

玑（璣） jī 小珠。字音珠玑，即如大珠小珠。玑又指不圆之珠，人工制造，接近于圆。

鐖 jī 钓鱼钩上的倒钩，那就很小了。所谓无鐖之钩，不可以得鱼。

虮（蟣） jī 虱卵曰虮。虱子已经小了，其卵更小。

讥（譏） jī 以微言相切磋琢磨。此既可取隐微（即含蓄、幽默）之义，又可取切磨之义。诽谤是直言的否定。讽刺则是微妙之语。讥接近于委婉的讽，故常说讥讽。

鱀 qí 豈，军队凯旋所奏之乐；几，接近于结束，殆尽。故鱀是饮宴等接近于尾声的音乐。

叽（嘰） jī 稍微吃一点。

饥（饑） jī 谷子没有成熟。荒字从亡，无也；饥字从几，微也。引申指饿。

幾 jī 精细，小心。是细微之义的抽象用法。

机（機） jī 事物发展的关键，实质或主导的因素所在，它往往处于隐微状态。天机，即天是世界发展的关键因素；天机不可泄漏，即处于隐微状态。机会，就是遇上这种关键的时机。它常常跟命运、规则、预测等联系着。故还有动机、机遇等说法。这都是抽象的概念。具体的，如今有发动机，带动各种机器的运转。《易经》上说："机，动之微也。"古时没有电动机，靠人力、畜力发动的机关，也有不少。如弩机，它是发的机关，就像枪上的扳机，手指一扳，就发出去了。这个机，也是动之微。凡有生命的东西，都可以叫作机体，是自身能够发动。肌肉的肌，可写作膌，肌肉的松紧，带动了关节的运转，开始发动。世界可分为有机体和无机体，生命是有机体的高度表现，有生机。

岂（豈） qǐ 从豆，微省声。豆为高脚盘子，是古代礼器。豈是军旅胜利归来而奏的凯旋进行曲，国家有了生机。岂，后作凯或恺，岂字用作反问、推测或期望之类的副词，或兼表语气。如说"岂难道"，是表反问的。恺，安康之义，恺与康双声，打了胜仗，君王庶几安康。

恺（愷） kǎi 康乐，安康。恺，献功之乐，军胜之乐。

凯（凱） kǎi 凯旋之乐曲，军乐。字从几，案也，祭享和宴集时用。凯旋之旋，谓旌旗之转动指挥。总之，这里都是一番古典式的威武景象。

铠（鎧）kǎi 铠甲，以金属薄片连缀成的戎衣，以防刀剑锋芒。铠字从岂，取坚重之义，铠何以有坚重之义？因为恺有康义，康字从庚，庚为刚硬之义，健康也就是刚强、硬朗。身上铠甲，刀枪不入，就是坚强了。

盔 kuī 俗呼头盔。盔即铠字，也说首铠。

剀（剴）kǎi 刀切，常说剀切。又指摩，摩是切近的行为。

觊（覬）jì 希望，要求。与"庶几"表希望之义相近，如可说觊幸。觊和冀常相通，表希望之义。觊觎，本亦希冀、要求之义，但常用为贬义，指非分的、不正当的企求。

闿（闓）kǎi 从门，岂声。开门也。但它区别于一般的开门，凯旋奏乐则门开。入闿门者，胜利、和乐、喜悦、顺意之开门也。

蚁（螘）yǐ 蚁，本亦作蛾，蛾有大小，大者蚍蜉之类，蛾之微者为蚁，即蚂蚁。蚁有微小之义，如说蚁命、蚁寇，皆微不足道之义。

硙（磑）wèi 作名词指磨盘，作动词指磨碎、碾碎，使其细微。亦磨之齿相切为磨物。硙与硪（é）、礒亦双声而义相通，谓山石错落不平之貌。硙又读ái，有高峻貌、坚硬貌、洁白光亮貌等义，分别形容山石、形容冰雪、形容刀刃剑戟等，语义用得很活。

垲（塏）kǎi 高燥。如说爽垲，指地势爽朗高燥，适于居住。垲还有坚重之义。

皑（皚）ái 霜雪白。皑与垲相通，形容雪山之白，同时也形容其高。当然形容平原霜雪，就没有高的义素了。

226. 寁

寁（寁）zhì 即踬字，踬为跌倒，足受阻碍不得行进之义。寁的字形从叀，从门，从疋。叀，谓专（牵挲）牛马之鼻。门指牛绳马缰之类，或牵引而出，或阻止不行。寁下从足，着重在止。故总的字义为牵牛马欲出，受阻而止。故寁有停止、受阻、跌倒之义。《诗经》："狼跋其胡，载寁其尾。"说一只老狼，前进吧，踩着它颈下长长的胡鬐；后退吧，又踏着它的尾巴就跌倒了。这就是受阻不得行进之义。

嚏 tì 今说打喷嚏。嚏是口中受阻碍不得行，喷为奋起。故为冲破阻塞之义。

憏 zhì 怒，恨。亦心有阻塞、踬碍。有怒则欲发之，故曰忿（fèn）憏。忿亦奋起之义。如此说来，忿憏与喷嚏之义相仿，不过是一指心理，一指生理。

227. 久

久 jiǔ 久字的两撇，像人的两腿，后面这一捺，像一个东西撑着，叫作抵拒既久，因而得时间长久之义。也有人说，久本是针灸的灸，由于久字老用作长久的久，灸字就又加火以示区别。

疢 jiù 积久成疾的病。特别是精神上的忧虑、悲伤、惭愧、思念等，过于深长了，会导致精神失常。孔子说他"内省不疢"，即没有思想上那种长久的自责、阻塞、自我迫害，就可以无所畏惧。

灸 jiǔ 用艾草的叶晾干，制成艾卷或艾条，于穴位处熏灼。或与针刺相结合，于穴位处针刺，并于针上燃艾治病。气血痹疽之病，或遭受风寒不能消散之病，以针灸之法去之。人体有数百个穴位，就从这里选择下手。灸也有撑住、抵拒、阻塞之义。

枢 jiù 虚者曰棺，死者之馆也；实者曰椁，已收殓而覆盖阻塞之，可待久远也。今说灵枢，不说灵棺。枢的大篆作匚内一个舊字，舊，久也。

旧（舊） jiù 从萑，白声。萑字本指猫头鹰之类，但是它的本义早已不用，只作假借义，为新旧之旧。旧，久也。两字今犹同音。旧德，可作久德；旧怨，可作久怨。

舅 jiù 舅，久也，故用以称久老的长者。远不只是现在那样只有外甥称舅。如女婿称岳父、岳母为舅、姑，或外舅、外姑。媳妇称公婆也是舅、姑。舅，久也；姑，古也。两字的取义是一致的。以上都是极通常的称呼，此外还有一时一地称舅的，更有不比自己年长也称舅的，如夫称妻的兄或弟，也可叫舅，就只是作为一个平辈的尊称了。此外，天子称同姓诸侯、诸侯称同姓大夫皆曰父，异姓则称舅。可见，舅、姑都是对无血缘关系而交往既久的亲属说的。

龟 guī 本作龜。象头、足、甲、尾之形。隶楷所作龟的字形，象钓着的龟形，与鱼字一样，都是就猎获之物而言。古龟贝连称，都可用作货币。龟是灵物，占卜期求，都有待于它。龟的寿命长，历来有个传统的说法，龟之言旧也，久也。

阄（鬮） jiū 字不从门，从鬥，即今斗争之斗，本为相对、相当之义。面对着龟，便是阄。今说抓阄或拈阄，把事情的决定权交给了龟，抓到什么是什么。这是渔猎时代的动物崇拜。与之类似的是法律的审判与廌（独角羊），能触不规者。

诱（誘） yòu 本作羑。从羊，久声。从羊，是要引进于善；从久，日将月就，非一日可成。羑还作誘，显然是取循循善诱之义。殷代有羑里，后作牖里，在今河南，本义为进善的地方。诱是会意字，言之出也。诱，引也，今说引诱，两字双声。诱本是一个褒义词。接着就说诱惑、利诱、诱臣妾等，诱就成了一个贬义词。

牖 yǒu 以木相交为窗，故从片，从户。在墙曰牖，在屋曰窗。今在墙曰窗，在屋曰天窗。故古曰牖，今曰窗。诱民可作牖民。门窗是进出空气和阳光的地方，它和羑字都有进的义素。上古穴居，后世圣人易之以宫室，可以开窗户，在牖中进来阳光和空气。自古就有牖中窥日的成语，比喻读书易于接受新知，这不就是进善吗？

228. 逐

逐 zhú 追。追逐的是豕，当然也可以是鹿、兔等。逐字引申有驱赶、随从之义，这是由于行为目的不同而派生的语义。若是对所逐并非想要猎获，只是把它撑走，便是驱赶之义了，如说逐客，并不是要把客人抓住或逮捕，只是要赶走就行了。夸父逐日是追赶太阳。舍本逐末是抽象义，是丢了主要的，抓些枝节，这行为是去研究或处理问题。若是所追的对象多，因而有逐一、逐个的说法，即每一个。又有逐街逐巷、逐年逐月等时空方面的说法。逐这个渔猎时代的极常用词，到现代它的语义还是丰富的。

笛 dí 本作篴。七孔竹管所作的乐器。汉族古乐早就有笛，后又输入几种少数民族的笛，其中最著名的当然是羌笛。笛字从逐，取义是驱逐邪秽，归于雅正。

苗 dí 本作蓫。即羊蹄草，又名牛舌菜、土大黄。似芦菔，茎赤，吃多了要拉肚子，因而音义从逐，取去除不可取之义。

（四）

衣食　舟车

229. 衣

衣 yī 服装的通称。作动词谓穿，如说解衣衣(yì)我，就是脱下衣服给我穿上。引申义为物体外的一层包衣，如说糖衣炮弹；包裹、覆盖，为动词。

依 yī 靠、倚。如说人生的依靠、山川的依傍、行事的依据，这都已是抽象义。具体义如说依你还是依我，就是照谁的意见办。依然如故，就是照旧模样，无甚变化。依依惜别，就是相依难分。

庡 yī 堂屋大多朝南，进门时人朝北，西南角便是比较背的地方，往往是人可依隐的地方，曰庡。

宸 yī 古代宫殿的习俗，户牖之间设置屏风，屏前设置朝南的座位。这个屏风和这个位置都叫宸。人背靠屏风坐，故可曰依，屏风更是人所凭依。

哀 āi 从口，衣声。本为相爱之义，相依则相爱。又从怀念、报答之义，进而得依依而悲哀之义。如屈原说："哀民生之多艰。"哀字的本义相依相爱，早已消亡。

衰 shuāi 即今蓑字。后衰用作衰弱、衰落、衰败之义，故又制蓑字以示区别。衰的本义是草编制的雨衣，叫蓑衣。衰字从𧘇，衣声，𧘇象已编制的蓑衣草（或叫龙须草）下垂之形。故衰引申为下垂、衰落之义，人事之衰败、王室之衰微，都可说衰。衰的反义词是盛。衰又引申为覆盖、苫盖之义，今犹说苫盖、苫雨、苫屋，衰与苫声母相同。

蓑 suō 草制雨衣，《诗经》中就有蓑字。如柳宗元《江雪》："孤舟蓑笠翁。"

榱 cuī 屋椽。在栋、梁、檩、桁等架屋之材中，椽是最细弱的了，并有下斜之义，故其音义从衰。

缞(縗) cuī 丧服。后常说披麻戴孝，有下垂之义，更重要的是衰字即有衰败、悲哀之义。

230. 带

带(帶) dài 古时衣宽大，男女皆于腰间束带。男子革带，妇女丝带，并于带上系佩。带字的上部，一横就是条带，几道竖笔就像有所系佩，或刺绣，或金玉，或表现工艺，或表现等级。走起路来常是叮当响，勇士更佩刀剑。由于衣带是如此习常之物，带字的语义也特别丰富。一切带状物都可叫带，如领带、绷带、磁带、带鱼、地带等，皆名词。作动词各种带领、连带、佩带、携带、附带的行为，都可说带，从宾语看，如说带人、带话、带钱、带感情、带劲等，许多无法携带的东西都带上了。

滞(滯) zhì 凝聚、停留。因为带的行为就是维系的，系则留。农业的相应发展不快说滞后，货物的流通不畅说滞销。

蒂 dì 后作蒂。瓜果和花朵的把儿，音义从带，也是取维系义。根深蒂固的话，原来是老子说的，叫深根固蒂。

231. 弁

弁 biàn 后作卞。周代通行的礼帽，从廾，即拱手，表示礼节，上部本象覆盖之形。弁有皮弁，用皮革制作，是武冠，征战时有防护作用；又有爵弁，用布缕制作，是文冠，祭祀及行礼时用。作动词，戴弁亦曰弁。男女到成人的年龄行加冠礼，一般说冠，有时也说弁。弁的引申义为居上或居前者：一本书的前言可说弁言。两手拍，或以手击，可曰弁，表示对居上者的礼节。

閞 biàn 或作栟。门柱上的斗栱。

拚 biàn 或作抃。拍手、击掌，表示高兴或欢迎。这个习俗早就有了，只是过去不像现在这么普遍，例如皇帝出来要人们磕头下跪，不要人们鼓掌。至于拚命的拚，后或作拼，是弃除之义，就是不要命了，这一义项是从畚(fèn)来的，畚的音义也从弁，详下。

忭 biàn 喜乐貌。它的直接语源是从拚来的，从手为拍手，从心为喜乐。

畚 běn 指一种瓦制或草编的盛器，盛酒、盛粮种、盛草、盛土石，都是可以的。畚字从弁声，下本不从田，而是从甾(zī，盛酒浆的缶属)，省略了三笔。《列子》中讲愚公移山的时候，是"箕畚运于渤海之尾"，就是装的土石。从弁就是两手去抬，从而引申为弃除之义。弃也是从廾。这样，作为礼帽的弁，几经周折，成了箕畚，甚至派生出粪箕来了。

畚 fèn 即粪字。扫除，作名词指撮垃圾的箕畚，也作粪箕，或专用以装粪便。粪有粪便之义是从弃除之义来的。

畚 fàn 一夜就能发酵成熟的酒。它从弁声，取褊急之义。弁字曾假借为褊字，这是由假借义派生新词。

232. 免

免 miǎn 明母，元部。除掉。如说免除、免冠、免罪、避免、罢免等，抽象义也用得很多。免字的宾语越来越广泛。免冠的说法，本来是表示谢罪的，后来才表示脱帽致敬之义。现代还说免费、免票、免税、免疫。

娩 miǎn 或作挽。婴儿产出叫分娩，这是书面语中的说法。

勉 miǎn 打消，免除。努力以求免罪、免祸，故得勤勉、劝勉、勉励之义，这是勉字的现代常用义，与罪过、祸患之义无关了。如说勉励他上进，连免的义素也没有了。勉强(qiǎng)一词，本是尽力而为之义，又引申指力量不足或内心不愿去做，仍要强迫去做。这总还跟勉字从力有关。今又说勉强过得去，是将就、凑合之义，是不充足，已没有用力不用力的问题。

挽 wǎn 引也。如引弓可说挽弓，挽弓则需用力，故挽与语义相近，为用力之义。今常说挽救时局、挽回面子，都是抽象义。手挽手，则是具体义。

輓 wǎn 引车也。与挽字相通用。若是輓的是丧车，輓便得悼念之义，如说輓联。

俛 miǎn 或作頫、俯。与勉相通，为努力之义。又读作fǔ，低头。今皆作俯，为形声字，与仰字相反。人在官府之旁，故为俯身、俯就之义。俛已是会意字，从人从免，人得免罪、免过、免冠谢罪，便是俯首、俯身之义。頫字从兆从页，即是兆民頫者听命于君。故此三字都表现着人们在封建专制时代的心态。頫本是低头，因此引申有低下之义。从免之字从此得低下之义。

冕 miǎn 古时大夫以上贵族等级所戴的礼帽。冖，即冒、帽。免声，取低下之义。这种帽子，顶上是一块狭长的板，它前低俯，后高仰，前后都垂挂成串的玉石，从十二串到三串，表示不同等级。冕字在现代并未消失，如体育界常说卫冕冠军，成语中有冠冕堂皇。

汅 miǎn 地势或水位低下的池子。

鞔 mán 鞋子，是在下之物，故从革，免声。作动词为连缀、绷紧之义，显然跟挽之义贴近。鞔还有蒙住之义，则与冕、冂、冒同义，如钉鼓皮曰鞔皮。

晚

wǎn 日之低下，便是傍晚了。晚的引申义指某个特定的时间已过，便说晚了。上午九点开会，过了九点就说来晚了。水稻有早稻、晚稻，晚于一般收割季节，便是晚稻。人有先生与后生，后生也说晚辈、晚生。大器晚成，这话初见于《老子》，孔子晚而喜《易》，这都是指晚年，与晚辈即小辈，正好相反。

233. 敝

敝

bì 破衣服。从攴从㡀，㡀亦声。㡀字从巾，为布帛之义，四个点象破败之形。故敝字有二义：一指整幅的巾，舞者所执彩帛，字从攴，治也。一指败衣，引申说国敝、家室之敝、民生凋敝。敝人则是自己的谦称。

币（幣）

bì 本指巾帛、缯帛。它常作祭祀或迎宾时的礼物，从而又可泛指钱财。古时又曾一度以布帛为货币，即以物易物的时代开始有了通用品。又说刀币，一度也曾以刀为交易中的通用品，从而把货币制成刀形。钱字本指一种农具，以农具为支付的通用品，最后，钱币二字都成了支付的通用品。现代更已开始电子货币，支付更加方便。钱币二字的语义演变，包含了一部货币发展的历史。布币的币虽从敝声，却无破败之义，而是取布匹、束帛之义。

鷩

bì 赤雉，一种羽毛五色鲜明的鸟。有所谓鷩冕，指一种五色如鷩的礼帽。

蔽

bì 本指以草木为掩蔽。衣服是用以蔽身的，原始人也曾以树叶和皮毛蔽身。引申为掩盖、隐瞒之义，常用于抽象义，如说受了他的蒙蔽。一言以蔽之，即是用一个字或一句话来概括上面所说的内容。

瞥

bì 眼睛受到遮蔽。引申指短暂地一见，常说瞥见、瞥了一眼，此时读piē。

撇

piē 分开，如说撇开、撇掉，大多是较快的行为，与瞥的语义相近。目一见为瞥，手一丢为撇。如说左撇子、嘴一撇、把他撇在一边。抽象义如说撇开那些有利条件不说。汉字的一种基本笔画叫撇，撇向左下方，要求快，慢吞吞地撇出去，就没有活气了。

潎

pì 到水中漂洗，左右来回，常较快。

蹩

bié 脚颠簸，不平稳。今说蹩脚，有二义：一指走路不顺利，遇到障碍物，脚扭了一下，即蹩了一脚，有急疾、不正义。另一义指东西的质量坏，说蹩脚货色，接近于敝的破败之义。也形容事态或人品不好。

毙（斃）

bì 一作獘。跌倒、倒下。是急疾的，并失去平衡。这是从破败之义引申的。古代用冷兵器，大多是击倒，没有立刻死亡。后来用火器，当场要命，故说击毙、枪毙，立即丧命，故字从死。

弊

bì 败坏的行为称弊端，事情有败坏的一面称弊病。弊的反面是利，今说兴利除弊。撇的行为可以一手去做，弊则常常用左右两手，即从廾，作弊有欺诈、蒙骗的一面。

憋

biē 心之急疾，不平衡。如说心里憋气，憋着一股劲，是急待而不得平衡之义。憋气有具体抽象二义：一指胸口感到闷气，透不出来；一指心有疑虑，对方老是不说，是思想上憋气。

撆

piē 憋着发不出来叫憋，憋不住叫撆，语义相反。有话憋不住，有气要出，说做就不能等。《说文解字》："撆，易使怒也。"

弮 biè 弓体反曲叫弮，实即破败之义。即是弓体变形，丧失弹性，更没有发射的准确性。今说别扭，也作弮扭，即是乖戾不顺。

鳖（鼈）biè 即甲鱼、团鱼，常叫老鳖。它为什么叫鳖？它背了一个沉重的甲壳，腿粗而短，所以行动极不利索。

蘩 biè 即蕨菜。它初生时粗短似鳖脚，可食，故名为蘩菜。周秦曰蕨，齐鲁曰蘩。

瘪（癟）biè 因缺水干燥而得病曰瘪。今常说干瘪。今说瘪稻、瘪籽，还说瘪嘴、轮胎瘪了。上海话说瘪三，指干瘦的无业游民。别、弮、鳖、瘪四字同音，并往往可以互相代替。它是六朝时出现的俗语词。

234. 裘

裘 qiú 皮衣。人们最早是穿皮衣和草衣，其次是穿葛衣、麻衣，丝绸也不算晚，最后是棉衣。《诗经》中已经有羔皮、豹皮、貔（pí）皮等，可以想见，那时的皮源和制革工业，都是不差的。

莍 qiú 椒、樧一类树上结的果实叫莍。它的外壳长有许多芒刺，如裘自裹，故曰莍。

求 qiú 本作裘，后假借为求索之求，就省去衣字，一般认为衣旁是后加的，实际正好相反。可能在史前时期，得到一件皮衣，就是一个追求。由此而引申指各种不同方式的求，如今常说的请求、追求、乞求、贪求等。

救 jiù 因危难而有所求，便是救。我救人曰救，人救我亦曰救。救的方式不同，保护、援助、治理、纠正、阻止等的行为，解人危难，都可曰救，并可说援救、抢救、

拯救、搭救、营救、急救等，还说救火、救灾、救济、救助等。不可救药，这个词《诗经》中已有了，本指病重无救，比喻事态严重，无法挽回；也指人品已坏，不可教育。

赇（賕）qiú 法当有罪而以财求免曰赇。接受这种赇的也可叫赇。

逑 qiú 指追求的对象。有好逑、怨逑。这是从动词义引申指动词所之宾语。如《诗经》中说："窈窕淑女，君子好逑。"逑又有聚合之义，是由求索之义引申的。

捄 jū 盛土于锹，即铲土，取聚合之义，故与逑字的音义切近。

俅 qiú 恭顺之貌，可说俅俅。即为有所追求。

觓 qiú 或作觩。假借而得纠曲、缠绕、圆弧之义，常用以形容角弓、兕觥（牛角杯）之觓。而兽角也大多是弯曲的。

球 qiú 本指玉磬，如说"戛击鸣球"，就是敲击玉磬。磬是曲折的玉石制成的乐器，有所谓"磬折"，就是像磬一样曲折之形。球也泛指美玉。今说篮球、足球之球，本作毬，详下。

毬 qiú 用皮革做成一个圆形的皮囊，里面盛满的是毛，或步或骑，以杖击之，争胜为戏。也有用脚踢的。这种游戏至少在战国时代就有了。唐代人做出了充气的富有弹性的、便于发挥技艺的气毬，并说打毬或击毬。

235. 皮

皮 pí 剥取兽皮叫作皮。故皮字作动词为剥取之义，字从又。作名词指兽皮，加工以后便叫作革，很柔软的叫作韦。革有革除之义，便是去其毛。以狩猎和畜牧为主的时代，吃的和穿的，大多要经过剥皮来实现。皮的字形除从又之外，其余的

部分是"为"字的省略，即是剥取。并从为声。革字的中间像口字的部分，本为左右两手，其余的部分像兽之头、身和尾，即是治理其皮。所以，皮革二字在字形构造上的取义是相似的。皮的引申义指一切事物的表皮，如说麦皮、铁皮、车皮、地皮等，皆为名词。从皮的派生词则多取其动词义，如破为裂开、披为掀开等。

皱（皱） pí 扒鱼。即破腹、去鳃、刮鳞等。作名词，指已经扒好的鱼，没有扒的鱼称腥鱼。

被 bèi 睡觉盖的被子，古曰衾，说衾枕；古曰被，指皮褥子、皮垫子。现在北方还有羊皮褥子，睡狗皮褥子对于防御风湿是非常好的。后则把布帛做的被褥统称为被。形音义皆从皮。衾字就不用了。盖的也叫被，因此被引申为覆盖、施加、遭受之义。遭受就是被覆盖，从语法上说就是主语和宾语之差、主动和被动之差。表示被动式的"被"，由遭受之义虚化为表被动的介词。如说我被他缠住了，缠的行为发出者是他，他本该是主语，现在做了介词被字的宾语。他缠住了我，我是缠的宾语，现在我字成了主语。所有这些语法变化，都和被字所表的被动式联系在一起。

帔 pèi 本指裙子，是用以遮蔽的，与表皮的作用相似。是巾制的表皮。下裙往往有开叉的地方，便于走路，从皮之字往往与开的义素相联系。帔字后指披风、披肩之类的服饰，覆盖于肩背。

髲 bì 假发套，戴在头上像是真发。其音义从皮，取覆盖之义。

赆 bì 辗转以财物予人曰赆，增益、增加之义。

彼 bǐ 指示代词。近指曰此，远指曰彼。故彼从彳，小步也，即行而致远。彼字从皮，取覆加之义，如彼与被两字音义相通，"往被四表"也可作"往彼四表"。四表即四方极远之地，故彼就作为远指代词了。

鞁 bài 驾车用具。它包括鞁、蹬、靷等，多革制。驾字即为覆加之义，故鞁

的音义可以从皮。

疲 pí 疲劳，困倦。从皮之字何以得疲劳之义？主要是皮字从为字得，为即为劳作之义，劳多则疲。为字从爪，与皮字从又，也可相通，都是从手之义。对孩子老是骂，以致不起作用了，就说是骂皮了，这是厌倦之义。

披 pī 分开、破裂。披帷，就是掀开帷幕；披心腹，就是剖开心腹以表坦诚。《史记》中有一句极其重要的话说："枝大于本，胫大于股，不折必披。"说树枝比树干粗，小腿比大腿粗，那就不是折断，便是裂开，是说诸侯的权力比天子大。披襟当风，是说敞开衣襟。披挂上阵，是说穿戴之义，即为覆加之义。披又引申为两旁、偏倚之义，披帷时是把帷幕向旁掀开，披山时把土石向两旁堆，所以许多从皮字都有偏倚、倾斜之义。

帔 pī 张口貌。

翍 pī 飞貌。飞翔总要张开翅膀。

蚾 pī 器破而未离，即有道裂缝，故从比，皮声，毗连而未离，没有成碎片。

鈹（鈹） pí 手术刀，医生用以破痈的。又指大矛，是破阵的，又指破土之农具。

破 pò 石分裂破碎。今说破坏、破裂、破损，抽象义如说破格、破案、破除迷信、不破不立。《诗经》中常说破斧，因为离石器时代不远，斧子常是石头的，叫石斧或斤，它劈坏了就叫破斧了。现在的金属斧子，一般是砍出一个缺口，故不说破斧了。破斧、破竹、破镜等都是分离之义，是碎了。破国、破胆的说法也很早了。这个石器时代的词，很早就获得了发展。

诐（詖） bì 辩论。总要分为双方或多方。真理只有一个，往往出现偏颇。

颇（頗） pō 偏颇，就是不端正、不公平、不全面。《尚书》中就说"无偏无颇"。古时的礼节，头和身、

坐和立，都要讲究端正，故偏颇常和礼义联系起来。偏从人旁，颇从头旁。两字又都引申为表示程度的副词，偏表多、深，颇表少、稍。"久颇忘了"，就是时间久了，稍微有点淡忘了。但是颇字很快也引申有很、甚之义，良久可说颇久，多有可说颇有。这样，颇字所表的程度，就要依据具体语境，细加辨析了。

佊 bǐ 倾斜，不正。或指走歪门斜道的人。

坡 pō 地势倾斜的地方说斜坡，有上坡和下坡。今还说坡度大小。

陂 bēi 指比一般坡地的倾斜度要大的地方。如水滨往往叫陂，池塘、水湾之处，地势斜得厉害。

跛 bǒ 或作踃。走路不能平衡，或者是腿瘸，或者是偏瘫。

髬 bèi 腿骨弯曲。今说罗圈腿之类。

簸 bǒ 用簸箕做上下、反复、倾侧的动作，使簸箕中的米扬起，以去糠去皮。音义从皮，取颠簸之义。簸，从箕，皮声。

波 bō 水流涌起，水面倾侧起伏，形成波浪。波是波动，浪里放浪。一波三折，谓由波谷升到波峰，再从波峰落到波谷，一峰两谷，形成三折。"波撼岳阳城"，岳阳在洞庭湖滨，故说洞庭湖的水波好像在摇荡着岳阳城。

236. 革

革 gé 革字中间的口形，本为臼字，即向下的左右两手，中间的部分是兽之头、身、尾之形。但是《说文解字》那是三个十字，三十年为一世，世道就要发生一次变革。这样，兽皮去毛与世道变革两件事就在语源中联系起来了。现在似乎已不易理解，当年制革手工业的规模大，

我们现在若是到草原和畜牧地区去走一走，就可以体会到，而农牧民的皮衣皮裤，也很盛行。革命一词，《尚书》中就有了，本义是顺乎变革，以应天命。天命是在不断变革之中的。《易经·革卦》中说："汤武革命，顺乎天而应乎人。"现在革命成了社会大变革的代名词，问题小一点的就说革新、改革、革除等。

鞈 gé 羽毛，翅膀。看来，革本就有毛羽之义，故去其毛羽可曰革。犹如皮，剥去其皮亦曰皮；枝条曰条，剪除其枝条亦曰条，后作涤；木，截去其干亦曰木，后可有沐；又有污，去其污亦曰污。此古语演变之常例。

撠 gé 更改，革除。

譗 gé 整饬，改革。宣言在前，故字从言。

惼 gé 变异感动之貌。言为心声，故惼与譗相通。

缂（緙） kè 宋明以来有一种缂绣，又称克丝、剋丝，是织纬过程中的一种特殊技艺，能织出像刺绣般的花纹图案，随时要有变化。从革之字皆读 gé，缂读 kè，是受了克、剋字的影响。

237. 麻

麻 má 人在屋下治麻，会意字。从二朩(pìn)。朩，从巾从八，即从麻秆上把含有纤维的一层皮剥下来。朩(pài)为取其皮沤而细析之。未治曰枲(xǐ)，已治曰麻。古言布，皆麻为之。纱字从小，麻字从微，故从麻的派生词多细微、分析、散乱之义，如说密密麻麻。麻点就是细微而分散的斑点，麻疹就是表皮起了许多红点。麻痹或麻木，指神经系统病变引起感觉模糊、错乱，甚至丧失知觉和运动机能的现象。又引申

指思想上的麻痹、麻木不仁。

縻 mí 拴住牛鼻的麻绳。于马曰辔、曰缰，于牛曰縻。作动词为牵引、捆绑、束缚之义，如可说羁縻，于马曰羁，于牛曰縻。

靡 mǐ 披靡。披为剥开(皮)，靡为分析(麻茎)，麻的动词义就是分析茎皮，靡从非，为相违、错乱之义。故披靡本指草木散乱，用以形容军队败退，如说所向披靡，指军队所到之处，敌方都成了散乱瓦解的状态。靡又假借为否定词，为无、没义。

蘼 mí 蘼芜，一种野菜，茎叶靡弱而繁芜。

糜 mí 或读méi，糜子是一种不黏的黍子，黏的叫黍子，或叫黄米。不黏，故散乱；从麻，故又为碎粒。糜费，也作靡费，细碎而损耗。

醾 mí 带滓的酒，呈糜糊状。

壒 méi 尘土。是细小的颗粒，飞散在空中。

磨 mó 本作礳，磨是典型的简化字。把粮食连压带磨，变成细碎的粉末状。这种石制工具叫磨，读去声，这种加工粮食的行为也叫磨。以石磨物曰磨，以物磨石亦曰磨，即有主语和宾语之差。抽象义可用于学业上和修养上的加工行为，说切磋琢磨。古曰砺刃，今日磨刀。相传鲁班发明了磨，就取代了砺字。故磨的音义从麻，取细碎之义。

耱 mò 用以平整土地表面的一种农具，以便播种。它用藤条或荆条编成，把土块压碎压平，耱上两遍，活儿就做得较细了。

蘑 mó 蘑菇，一种食用菌类植物，植物学上属伞菌科。菌形如伞，但它更像磨，因为蘑菇柄上的菌环是厚实的样子。口语中说泡蘑菇，还有蘑菇战术，都是耗费时间和精力而另有目的之义。像磨一样的姑，这是拟人化的说法。

摩 mó 以石曰磨，以手曰摩，两字也时可通用。如说摩拳擦掌、肩摩毂击，便只是擦一下，而摩天岭的摩，更只是迫近于天之义。摩的方式不同，又可有折磨、缠磨、磨练、磨洗等说法，它们大多是手的行为，不用石，但字多从石。

麼 mó 本谓小。本从幺(yāo)，象子初生之形，从麻声也取细微之义。有时说幺麼，指小人，非君子。假借为疑问语气词，一般认为同"吗"，用作句中停顿语气词，一般作"嘛"。湖南人说么事，就是什么事，表疑问。什么、怎么、这么、那么等固定词组中，均作"么"，区别于表丝的幺，什为杂什、什物之义，音义从十。什么，常是什么东西之义，有代词性能。怎，北方话也说咋。咋办，就是怎么办，怎和乍两字声母相同。怎又说怎生、怎甚、怎样之类，怎字的鼻音韵尾是受了第二字的影响，甚至是两字的合音。怎、怎么是宋代语录和宋词中普遍使用的口语词，如"怎一个愁字了得"。

吗（嗎） ma 表疑问或反问的语气词，一般都认为，吗的语源是"么"。

嘛 ma 表停顿的语气词，用于句中。用于句末表肯定或祈使，如说你来嘛，就是想叫你来，不是平淡的语气了。嘛绝非象声词，由么分化出了吗、嘛两个语气词。

魔 mó 印度文魔罗的音译词，善心修行的是菩萨，起来捣乱的是魔鬼、魔王，他们有魔力、魔道。魔罗的意译为障碍、扰乱、破坏，故又可说魔障。不信教的人认为信教是迷信，信教的人认为不信教是执迷不悟。觉悟一词，本指领悟佛教之义，故魔字从麻，取麻木不仁之义。所以魔字虽是音译，多少还有点附会的语义，那些佛经的翻译家们是颇有学识的，恰切地创造了大批的新词新语。至今魔字的运用已远超出宗教的范围，如可说病魔、旱魔，对社会恶势力可说斩断魔爪，捣毁魔窟，变戏法可说魔术，文艺的共鸣作用可说魔力。

魔字成了一个有魔力的字。

238. 丝

丝（絲）ⁱⁱ 蚕之所吐。象两把束丝之形，一把叫糸(mì)，两把叫丝。丝亦省作糸，两字都引申有丝微或盛多之义。

鸶（鷥）ⁱⁱ 鹭鸶。参见鹭字。鹭之顶、胸、背、肩皆生长毛如丝，故称鹭鸶。

兹 ²ⁱ 同"兹"。草木盛多，故从丝省声。兹又有年岁之义，草木一岁一枯荣，一年就是一盛。兹字又假借作此。此、兹、斯、时、是等都是近指的指示代词，声母相近，只有 ts、ts'、dz、s 的区别，都是齿音，也不区分词义，而丝的声母为 s，兹则为 ts，还可读 dz，这是它们彼此互相影响的缘故。

滋 ²ⁱ 草木之滋生繁殖。引申指人之滋养、滋补。滋味就是滋养而有味。若是缺了水分，那就不是滋长，而是枯萎了。抽象义可说滋生事端。

镃（鎡）²ⁱ 镃錤，即锄头。作动词为锄地，以助禾苗之滋长。锄禾是锄其根基，故錤从其。

孳 ²ⁱ 顺利、迅速地生长。今说孳乳、孳衍、孳生，大多已作滋。

磁 ᶜⁱ 吸铁石，今称磁石、磁铁。吸水为滋，吸铁为磁。指南针的发明，就是利用磁石制成的。磁性有吸引和排斥两种作用，人们则大多是利用其吸引之力。

慈 ᶜⁱ 养育，爱抚。即心之所滋为慈。长者爱护幼小，父母疼爱儿女，均曰慈。子女敬爱长者也可叫慈，如说孝慈。佛教要普度众生，就叫作大慈大悲（悲为悲悯、同情）。南方有一种水生植物叫慈姑，它一根岁生十二子，故曰慈姑。

鹚（鷀）ᶜⁱ 鸬鹚。即衔鱼老鸦，俗呼慈老，生雏七八，少者五六，相连而生，故鹚从兹，慈也。鸬之从卢，取其乌黑之义，故俗呼老鸦。

239. 己

己 ⁱⁱ 古字作三横两竖，像三根丝得以区分开，三横两竖连起来，便是现在的己字之形，带钩是隶、楷的发展。故己之本义是像丝之有区别和条理。引申指自己之己，以区别于他人。

纪（紀）ʲⁱ 丝的端绪和条理，如说"若丝缕之有纪，网罟之有纲"。常说纲纪，比喻事物之有条理，有要领。法律、道德等是国家的纲纪，又可说政纪、法纪、纪律。纪作名词指条理，作动词为治理之义。世纪，就是一世的端绪与纪年的条理。

魢（魢）ʲⁱ 魢鱼，体扁侧，呈椭圆形，长约30厘米。绿褐色，各鳞片有一黑点，相连成一纵线，如丝之有条理，故音义从己。与之相似，中医称人体横行的血脉曰纪，纵行曰经。

记（記）ʲⁱ 言之有端绪、有条理可以记识者，《史记》就是历史的有条理的记载，是记事之辞。不但有《史记》，还有传记、游记、笔记、题记等，古有《桃花源记》，今有《红灯记》。作动词可说牢记、铭记、忘记等。纪念，本作记念，是铭记和怀念。于丝曰纪，于言、于口、于心、于笔曰记。

芑 ⁱⁱ 一种茎发白的良种谷子，亦称白粱粟。以其茎白，易于记认识别，故其音义从己。还指一种茎青白的野菜，《诗经》中有《采芑》。

忌 jì 禁忌，戒除，忌讳。要能禁忌，则必先牢记，否则就要犯忌。猪八戒有八条戒忌，可是他往往记不住。李逵下山时，宋江告诫他不要喝酒，他闻到酒香就把不住。所以这个忌字从心，己声；己，记也。忌还有畏惧、怨恨、妒忌等义，无忌，就是无所畏惧，无所顾忌。忌日就是忌讳的不吉利的日子。

跽 jì 长跪。单膝着地亦曰跽，即半跪。见到所敬的人或所忌讳的人就要下跪，故跪曰忌，记于心也。

起 qǐ 这是由长跪或半跪之跽，引申为完全立身之起。清晨起床亦曰起，奴隶屈服于人，也说要起来。起字从走，起跑、起身、起点，都是本义用法。起的含义很广，各项工程的启动，各种生物的成长可说有起色，人的工作可说起劲。它进一步虚化，如说"说起来话长"，这个起字作动词说的补足词，只是表示这一行为的端绪和持续。它还作介词和量词，如说起前年就动工了，就是从前年开始动工；发生一起车祸，便是量词，表示事件的开始和发生。

改 gǎi 更改、改变、改革，都是一种治理，攴与己，本都有治理之义，是一种积极的、重新开始的治理。过而能改，这改也不是一蹴而就的，要有所禁忌，要重新开始。现在改字用得广泛多了，改天、改岁，都是重新开始，改道、改弦易辙，也是重新开始，走新的路。有时说稍微修改一下，这个改，就比较简易。

屺 qǐ 山无草木曰屺，因为是山体倒塌、毁坏之故。从己声，取分别、分解之义。于土曰圮，于山曰屺。

妃 fēi 王侯的妻妾曰妃。妃，匹也，即匹配之义，妃和匹古声母相同。妃从己声，从丝之分别，指人之分别，妃要和别的女加以区别，别的女不能说妃。

配 pèi 匹配，调配。古只作妃，妃作为妻妾的专称以后，妃的许多动词义便皆作配。配从女从酒。酒可以调配，有清浊及度数高低等的差别，又引申为配合、匹敌、媲美、相当、选取等义。分配、配给、分发、分派等义则皆从己字之分别之义来。发配到沧州，是把犯人解送到外地。现在市场的销售有搭配、摊配等。

琲 fěi 从非，己声，己为丝之分别，非为相违背之义，故琲为相违之事物终于分离。此为无用例之古字。

圮 pǐ 土之分解，故为坍塌、毁坏、覆败之义。

240. 重

重 zhuān 缠丝或纺丝的锤形工具，以竹或瓦制成，古称纺砖。字形象正在纺出之形。

专（專）zhuān 从寸，重声，即是一手对着纺砖，正在操作。作名词，指纺砖；作动词，为转动纺丝的锤。纺好了就缠上，从始至终，故引申为专一、诚笃之义，又有独占、独用、主持等义。专制就是独自制定，专政就是独揽政权，专门就是各自一门成家，专心就是一心。

转（轉）zhuǎn 纺锤的操作离不开缠绕转，故引申为车轮之转，道路之绕和转。如说峰回路转。从而指各种事物之转，抽象义如说转念之间、回心转意、转变思想等。

啭（囀）zhuàn 鸟鸣声之啭，歌声之啭。"善声而不知转，未可谓能歌也。"六朝时将转字加口旁。

团（團）tuán 圆环形或环绕的行为。团扇是圆的，团鱼就是老鳖，只是不像一般鱼那样成长条罢了。至于说漆黑一团，或心生疑团，只是说不辨方向、不明真相，揉合或集结成团形物。至于说团体、团结，只是指形成一个整体。

糰 tuán 米粉或面粉做的圆球形食物叫糰子。今简化作团。

抟（搏） tuán 用手抓成一团。捆束，亦指环绕的行为。

篿 tuán 环形竹器。

砖（磚） zhuān 异体字作塼、甎。砖头，或说砖块，从秦砖汉瓦至今，砖都是长方或正方形。然而纺砖则是圆锤形，也叫纺轮。在语义上，方圆之间就没有不可逾越的鸿沟，只是中间有个过渡。砖的名称一度很多，如说"狭长者谓之甋(lù)砖"，鹿是粗糙之义，"砖方大谓之甋瓳(pān hú)"。逐渐地，砖成为一切形状砖瓦之统称，皆为以手抟之。

传（傳） zhuàn 名词，如说传记；读chuán，为动词，如说传之不朽、传递、传送等，现在常说的有宣传、流传、传播、传说、传授等词。有时召唤也说传，甚至逮捕也说传，都是从传令之义来的。

袁 yuán 衣服长。从衣，重省声。纺砖纺丝，是专一而长的，故可指衣服之长。远字从袁，就是长远之义。袁及从袁的派生词中还常与围、回等字的音义结合，从而常有包围、环绕之义。

远（遠） yuǎn 由衣之长引申指时、空之长远，因为远从辵，指人的行走。亲属关系的远近，也很早就这样说，因为袁字是就衣服说的，今还说裙带关系。远作动词为远离之义，如说"敬鬼神而远之"，这是孔子对待鬼神的态度。远字的抽象用法较为后起，如说志在高远、目光远大等。

园（園） yuán 如说果园、菜园，从囗，即围字，有园墙之类围起。园、围声母相同，园与萑韵母相同。今还说公园、动物园等。

辕、猿二字今皆从袁，古则从爰，故见爰的词族。

睘 huán 从目，袁声，目环视也，表惊恐而无所依之状。如《诗经》有"独行睘睘"。

还（還） huán 返回。引申义可说还我河山，还(hái)说还债、还原、归还等。又引申作副词，表事情、现象或行为的继续进行，或有所转折，读hái，如说他还在坚持，他还没有悔改。

圜 huán 环形，或环绕的行为。也指圆形，如说"圜者中规，方者中矩"。圜的一项特殊含义是指天体，古有天圆地方的观念。北京天坛祭天的圆形高坛叫圜丘。

环（環） huán 作名词指圆形物体，如说铁环、耳环、光环；作动词为环绕之义，如说环湖大道，就不一定是圆的了。今说血液循环，指血液往返。环字从玉，玉之圆者称璧，璧字音义从辟，辟即指天。

寰 huán 圜指天体，寰则指地，故从宀，住房是建在地上的。寰字就指广大的地域，指全世界。人间可说人寰、尘寰。寰球则亦作环球。

鬟 huán 古时妇女头发总起来梳的环形发髻，如说云鬟、丫鬟。

鹮（䴇） huán 有朱鹮、白鹮。朱鹮是我国特有的珍奇动物。它也称鹮目、旋目。它大如鹭而短尾，色红、白、深目，目旁毛长而呈环形，故称。

缳（繯） huán 绳索做的圈套，作动词谓用绳索缠绕。今皆以环或圈字代替。

撍 huàn 对人而言，撍甲就是穿上衣甲，对衣甲而言，为环绕其身也。

澴 xuàn 水波回旋喷涌而起之貌。

儇 xuān 形容人的行为灵巧、轻捷、机智，有时用于贬义。字义与"姢"通，谓美丽妖冶。

谖（諼） xuān 巧慧，言行委婉曲折，类似于今说的有点鬼聪明之类。

以上11个从睘字，语义着重在回旋、婉转，以下3个从睘字语义着重在疾速。上述儇字既有速度，又能翻转。

趨 xuān 疾行也。

猭 juàn 形容走兽之行动轻捷。也可形容人的性急或机敏，与"狷"字相通。

翾 xuān 轻捷或有回旋之飞行，如说翾飞。有时也指人的行为轻薄，则与"儇"通。

241. 幺

幺 yāo 幼小。人兽均可说幺，如幺叔、幺妹，是排行最小的，指兽如说幺豚，指最后生的小豚。最小的整数是一，也可读同幺。

幼 yòu 少小。力小为幼。今说幼儿园。本都指人，今可说幼虫、幼苗。幼的反义词是老，如说扶老携幼。

蚴 yòu 绦虫、血吸虫等的幼体，婉曲而长之形。

幺 yōu 隐微。即微小得已看不清，从二幺，小之又小。

幽 yōu 隐蔽。从山，从幺。作名词指幽深隐蔽的山林，如说曲径通幽。这是幽字本用法。"鸟鸣山更幽"，这是形容更加隐蔽的深山。常说幽静、幽雅，就又跟静和雅的义素联系起来了。抽象义如说幽情，指深远、高雅的感情。幽禁就是被关闭看管起来，与世隔绝，幽雅的因素就完全没有了。幽有幽暗、幽冥的说法，就又与黑色之义联系起来，并与黝字相通。

窈 yǎo 形容地形、洞穴的深远、阴暗、幽静。窈又有美好之义，美心为窈。这是和幼字有联系的，应该就是幼而天真、善良之心。美状为窕，即是征兆、形象之美。这样，窈窕一词，就把从里到外的美都包括了。《孔雀东南飞》："云有第三郎，窈窕世无双。年始十八九，便言多令才。"这里窈窕是形容男士，并强调了他的才能。

有时它还形容草木之窈窕，也是美好之义。

鞠 yào 或作靿。靴筒，即深帮（或说高筒）的靴子。

坳 āo 低洼凹陷的地势，或指山沟隈曲的地貌，如说山坳。字亦作土旁一个凹字，也可写作山凹。

凹 āo 低下凹陷的地势，其音义与坳切合。又读作 wā，其音义与洼、窊切合。故凹的语源从坳，亦从洼。凹字在现代语中独立地存在着，它特有的用法，指一般事物的表面凹凸不平，如桌面、墙面、板面，地面也可说，而坳、洼大多指地面而言。凹的反义词是凸。

窅 yǎo 眼窝深陷。穴中是牙为穿，穴中是缶为窑。

拗 ào 或作抝。折断。《阿Q正传》："拗断他的竹筷。"抽象义说他的脾气拗，即不顺从，好坚持己见，可说执拗、违拗。又说拗口，即不顺口，不和谐。律诗要求平仄变换，三个平声字或三个仄声字在一起，便是拗体了，拗体便不符合格律的要求。

黝 yǒu 略微带点青的黑色。如说天色黑黝黝的，即是昏暗看不清楚，却还有一点反光。若是伸手不见五指，便是说黑魆（xū）魆或黑黕（yú）黕的了。常说皮色黝黑、天色黝暗。农作物施肥好，长得青绿之中带点黑，也用这个黝字。

242. 糸

糸 mì 细丝。象束丝之形，上部的丝卷着，下部像丝绪，齐齐的样子。音义从糸的字常有细微或连绵之义。

绵（緜） mián 细微而又连接。如常形容牵藤的植物的茎，说绵绵。绵绵思远道，是形容路途远，形容时间长说绵历。有时语义着重在微薄，如说绵力，就是贡献一点微薄的力量。"此恨绵绵无绝期"，是说区区的情意永远不断。

棉 mián 是从绵字来的。专指结棉花的一种植物。我国人民穿棉衣是从隋唐之际开始的，7世纪从印度传入我国，很快就取代了麻葛，感觉上绵软而且白，纤维细而且长，故从绵的音义，而改从木旁。

243. 茧

茧（繭） jiǎn 蚕吐丝缠绕成的长圆形茧子，自缚其中，化而为蛹。字从糸，从虫，剪省，即可以缝纫制衣之义。

襽 jiǎn 绵（或作棉）衣，今说丝绵棉袄。里面铺的丝曰絮（今曰丝绵），铺成的衣曰襽；里面铺的麻曰缊（yùn），铺成的衣曰袍。襽的另一义项就指丝绵。

皲 jiǎn 本作趼，或作茧。手足之皮磨多了就起硬皮，叫茧子，也说重茧、厚茧，脚上起了厚茧。

244. 素

素 sù 未染色的缯帛，由素丝织成。素又指白净光润的丝。字从糸，从巫（即垂字），丝织品穿在身上易下垂。素字引申有白色之义，说素白。又引申为抽象义，空白、空无之义，素餐就是无功受禄，不劳而食。后说素餐，是无荤腥之餐饮。又引申指平素的时日，就是平常日子。又指人或事物的本色、本质，说素质。未加雕饰的木材曰朴，未经染色的缯帛曰素，朴素就是本质的表现，不加掩饰和渲染。老子倡导朴素和自然，讲究真，这不是极其可爱的美学观吗？《诗经》中几次将本色和华丽的点缀相结合，如说"素衣朱绣"，是在白色缯帛上加朱红的刺绣；又如说"羔裘豹饰"，是在白色的羔皮皮袄上配上一条豹皮的领子或一副豹皮的袖头，这也形成鲜明对比。

愫 sù 真诚，真心实意。情愫，就是本心之义。"醉指青松表情愫"，就是自己的情怀跟青松一般。

傃 sù 人之平素，即本分。循其常分曰傃，即遵守本分或纲常。傃作动词谓遵守、向着。

嗉 sù 或作膆。鸟类喉下暂时盛食物的囊，常说鸡嗉、嗉囊，也叫粮。粮，胀也；嗉，空也，取义相反，实亦一物。

245. 緣

緣 luán 从言，从丝。其言如丝，不绝之业也。为治理之义，治理之言不绝如丝，几天的治，一两件事的治，不能叫緣。以丝喻治的例字，有纲、纪、乱（本义为治）、变等。

脔（臠） luán 切成块状或剁成肉末的肉，实即整治之义。

乱（亂） luàn 治理。从乙，治也；从爲，亦治也（从幺，从门，从爪会意）。《尚书》中有句话："予有乱臣十人，同心同德。"乱臣就是治国之臣。治丝易乱，故引申为不治之乱。兵作于内为乱。乱字的发展主要表现在它的主语越来越广泛，国家乱，心里乱，早就有了，到现在几乎什么事物都可说乱，如乱来一气、乱想乱说、有病乱求医、乱中求生等。

峦（巒） luán 山之连绵者。如说山峦迭起，迭起便是连绵的了。有时也泛指一般的山。

纞 luán 漏水或渗水，大多是连绵的了。

栾（欒） luán 栾木，其叶为羽状，互生，每叶又由许多对生相连的小叶组成，故栾的音义取叶之对生、双生。含鞣质，可制栲胶。

圝（圝） luán 圆曲而相连。常说团圝，即团圆，亲人相聚之义。

滦（灤） luán 滦河，位于河北省东北部，古称濡水。濡为沾湿、浸泡之义，濡与滦为同义词，则滦亦取浸润不绝之义。

挛（攣） luán 牵连不绝。抽筋叫作痉挛、挛缩，为蜷曲不能伸，语义便重在曲。挛从纞，连而曲也。

孪（孿） luán 一胎二子连生，叫孪生兄弟。

娈（孌） luán 美丽。又是恋的古字，并读同恋。

恋（戀） liàn 爱慕。即心相连。本来一般的爱心都可说恋，兄弟之间也可说相恋，今更有说留恋、恋恋不舍、乡恋。常专指男女相恋，恋歌就是男女相恋之歌。

鸾（鸞） luán 传说中的神灵之鸟，鸾凤连称，比喻贤臣，也比喻夫妻间的爱慕。男女定亲的帖子叫鸾书。

銮（鑾） luán 系于马衔两边或轭首之铃铛，故是成双的。可说銮驾。

以下5个从纞字声母发生变化。

弯（彎） wān 持弓搭箭，引弓。弙（wū）与弯双声，为同义词。弙，满弓有所向，亦即张弓。弯字由弯弓之义发展为弯曲之义。开始是说竹担弯弯、月儿弯弯，都与弯弓之形很切合，后来一切不规则的弯曲之形都可说弯。如说走路、转弯抹角、这条路弯弯曲曲。

湾（灣） wān 水曲处曰湾。大的如渤海湾，小的如芦花湾，一般的港湾、河湾。

塆（壪） wān 山曲处，亦可作山旁一个弯字。常用作村镇之名，则村镇多建于小块平地，而处于山之沟壑处。

变（變） biàn 更改。从攴，纞声。它本是一个政治用语。攴，治理之义。今说事变，仍不指一般的事，卢沟桥事变是说爆发了中国抗日之战。又说巨变、时变。纞更是治理之义。攴是卜击之治，纞是言不绝之治，都包括在变字之中了。今说变，则大小之事都可说变，改变、变换、变化、变动、变通等都是同义词的结合，都可包括在变的词义之中，所谓千变万化。

蛮（蠻） mán 南方许多少数民族的通称，现在四川人还往往把下江人说成南蛮子。中原是汉族发展的中心地带，对蛮夷之地需要不断地加以治理，故蛮字音义从纞。春秋以来，楚文化、吴越文化、闽粤文化都相继发展，便是有治理的了。这当然是有史记载以来的情况，史前时期南方、下江的社会情况，都还是有待考证的。常说蛮闽、蛮貊，都是双声字，多闭塞之义，古训中又说蛮之言慢也，怠慢无礼仪之义，又说蛮之言缗也，缗为昏昧之义。概括起来，都在这个声母上做文章，主要是蒙昧之义。不文明就说野蛮，就是要治理、教化之义。

246. 继

继（繼） jì 丝断了就要连接起来，叫作继续。今说后继有人，则是指事业的继承和发扬了。世代相传，也可叫后继有人，是指宗族的繁衍。至今什么事情都可以继续，如说继续努力，继往开来，继的主语和宾语广泛地扩展了。

杞 qǐ 古作檵。即枸杞子。字从木，继省声。枸杞子为什么叫杞？枸杞树是小灌木，夏秋开淡紫色花，结的是卵圆形浆果，红色。中医学上认为它的果实(枸杞子)补肾益精，养肝明目；它的根皮(地骨皮)盘曲，能清虚热、治盗汗等，总之都是延年益寿之药。枸从句，取其根盘曲之义；杞从继，取延年之义。至于杞人忧天，今河南杞县，即古杞国，是续封之国。相传周武王伐纣胜利之后，追封夏禹后代东楼公于其地，故称杞国。这是公元前11世纪之事。杞，继也。河南还有息县，古息国所在地，取子息而封之。又息又杞，皆分封之，血缘宗法之时代也。

247. 绝

绝 (絕) jué 断丝。从糸，从刀，从卩。古文字作纐，与继字反向。它的右旁不是颜色的色字，色字从人，是人有气节；今从刀，是以刀断节。楷书就不分了。绝可指一切人事关系之断绝，如说绝命、绝交、绝情、绝笔、绝路、绝境、断子绝孙等。引申指只有他才有的技能，如说绝技、绝活、交口称绝等，别的地方都没有了。又引申为副词，绝妙就是极妙，没有再比这更妙的了。还说绝顶、绝大部分。绝对，就是只能这样，没有任何例外。

蕞 jué 亦作藆。从草，绝声，即是一捆切断的茅草，古常以它作为排列尊卑位次的标志。字从最，以一撮茅草为标志。蕞又指一种拦水捕鱼的工具，与簎相似。簎以竹为之，断鱼蟹之去路而捕取之；蕞则以草为之，拦断去路而捕取之。绝亦断也。

248. 终

终 (終) zhōng 冬字的上面三笔，像出两丝，中间作一横，表示打住，或两丝上各打一个结，或一个圈，表示终结。这是终字的古文字形。我们现在的缝纫与结网，到最后不是也要打一个结吗？所以，终就是终结、结束，就是拉紧了丝打一个结。并由结绳记事，引申指一切事情之终了。终的反义词是始，始本指人生之始，故终也可指人生之终，说寿终。少者曰死，老者曰终。终的一个重要的引申义是始终、全部、整个之义。终日就是全天，终生就是一生，终古就是永远。终字还虚化为介词，终今，就是到如今。还有终究、终于等说法。终于，就是到底；他终于来了，就是他到底还是来了。终于是文言虚词，到底是口语虚词。

冬 dōng 四时之尽为冬。故冬字的上半部分为终字，冬有终的语义。冬字的两点为冰字，表示冰冻季节。冬又有凋的语义，两字都有终冬义，冬月就说凋年。

249. 玄

玄 xuán 玄字从入(隶楷写成一点一横)，从幺，谓进入隐微的境界。如说事情玄了，就是难以捉摸；问题玄了，就是深奥莫测。天是最为幽远莫测的，故可说上玄、天玄地黄。从而玄又指赤黑色、黑色，燕子可说玄鸟。可是玄字还有明的语义，因为道家的道是明照万物的，叫作玄照，唐玄宗就是唐明皇。道家的学说自称是玄学，玄之又玄，懂得了它，便是进入了玄妙之门。它是幽远的。后来佛教也接受了这个玄字，如玄秘塔，是佛教的名物；玄奘、玄应，是佛教的名人。应该说，玄字并不深奥，只是有深奥之义。

眩 xuàn 视而不明，昏乱不定。如说眩晕，就是目眩头晕；眩惑，就是迷惑不解。据史书记载，荆轲刺秦王没有得手，也让"秦王目眩良久"。

泫 xuàn 暗中流泪。如说泫然流涕，这种眼泪就往往带有深远的隐情或深刻的含意。与之相反，泫也指晶莹发光之貌，经常是指垂露，如说"泫泫露盈条"，是说树枝上挂满了发光的露珠。这露珠一方面人们未曾察觉，暗中就挂满了；一方面是月光照着它，反射出晶亮的光。泫字从玄，既有暗义，又有明义。在物理上，这两者是矛盾抵触的，在语义上则是可以结合领会的。

炫 xuàn 火光。作动词，谓照耀；作形容词，谓明亮。今说炫耀，有二义：一谓光明照耀，为具体义；一谓自我夸耀，为抽象义。

衒 xuàn 从行，玄声，即是流动商，一面走卖，一面炫耀。字或作衙，从行从言，则为会意字。衒的另一义是"自媒"，说舍媒而自衒，就是我们现在所说的女同志到报纸上去登征婚启事，这是时代发展的表现，人们并不见怪。曹植《求自试表》中说："自衒自媒者，士女之丑行也。"真是时代不同，语词虽相同，却已没有共同的语义了。

袨 xuàn 服装美盛。实即光彩炫耀之义。也指黑衣，缠以朱丝，为斋戒时尸祝之衣。有时也作武士之衣。表黑色之词有几个，此取玄声，因兼有玄妙之义。

兹 xuán 区别于兹字。黑而带玄妙之义。

弦 xián 弓弦。古时多以丝制（后则用牛筋、钢丝等），可是弦字为什么从玄声，也有它的玄妙之处。弦的长短、高下、松紧，都要恰到好处，差一点也不行。

弓是要调的，尤其要调弦。老子说："天之道，其犹张弓与？高者抑之，下者举之，有余者损之，不足者补之。"老子是用弓弦来解释玄学，同时也用玄学来解释了弦字的语源，即弦字从玄声的取义。用现代的科技手段来说，就是要测定精密的数据。弦的词义，由弓弦而指琴瑟之弦，也是非常确切的。这音乐也是何其精微幽远之物，"大弦嘈嘈如急雨，小弦切切如私语"。它能传达高山流水，能使游鱼出听，六马仰秣。这个弦字，足以承担和表达其中的奥义。它一方面出于琴师的心手，也出于语言文字创造者——仓颉们的妙思。还有数学上的勾股弦，直角三角形对着直角的斜线叫弦，也从玄声，有什么玄机？我国的数学史上早就揭示了：勾的平方加股的平方，就等于弦的平方。这是一条计算的定律，这不是玄妙的自然规律吗？此外还有说心弦，它和心田、心扉等的含意也是大有差异的。

悬 xián 心情紧急。

趏 xián 急走。

铉（鉉） xuàn 贯穿鼎之两耳用以抬鼎的铁棍或长木。作动词的举鼎之义。因为鼎是国家重器，铉就引申指扛起国家重任的栋梁之材。大徐本《说文解字》的整理者徐铉的"铉"字就是取这个意思。铉与弦通，弓弦是固定两端之物，铉贯两耳，也是固定两端。

舷 xián 船帮。帮言其旁，舷言其弦，常扣舷而歌，有渔歌、采菱歌等。

痃 xuán 腹内积气之病。脐两旁有筋突起而痛，状似弓弦。

牵（牽） qiān 引牛之缰绳如弦，一端系于人，一端系于牲，相牵连也。弦字还包含着一些精微的玄机，牵牛牵羊就没有那么多讲究了。不过牵字的主语和宾语发生变化，只要迈出一步，就连这个绳子也不存在了。如说牵挂是心中思念，牵累、牵涉、牵制是人际关系或法制方面的问题。还说牵肠挂肚、牵动着亿万人的心。而牵引、牵引力，则指机车的拉载能力。牵、纤二字的声母发生了不大的变化，主要是牵字古作搻，读kēng，k 在介音 i 的前面就变化为 q，这是一条音变的规律，所以牵的声母要读 q。坚，紧也，牵则要牵紧，不能把牛羊丢了。所以全面地说，牵的语源是从坚又从弦的。

纤（縴）qiàn 拉船的长绳，动词指拉纤，以索挽船前进的人称纤夫。沿岸供纤夫行走的路称纤路。这一切现在都已被燃料发动机所取代。

250. 毛

毛 máo 眉、发及兽毛之类。人兽曰毛，鸟曰羽，统言皆可曰毛，如说轻如鸿毛。草木也可曰毛，如说不毛之地，毛状物也引申称毛，发霉可说长毛。此皆为名词。引申为形容词：表面粗糙，未经加工的部件叫毛坯；人的性格粗疏，工作不精细，叫作毛糙；又有细小之义，如说毛毛雨，一毛钱的毛，也是微小之义。毛是象形字，中间最长的一笔是最长的毛，两横在篆形都是向上长着的毛。

髦 máo 发中之长豪曰髦。两髦就是两鬓垂下的长发。髦士，指士中俊杰，以发中之髦为比喻。时髦一词，本谓当时豪杰，今则只指时尚的打扮。汉族人长期蓄发、蓄须，故字皆从髟，左旁就是一个长字，故有人说，长字的本义就是指长发、长毛。

牦 máo 本作斄、犛。牦牛，亦作旄牛、氂牛。牦牛周身都长毛。一般的牛，腹、肩、股、胁等部生细毛。牦牛也长满长毛，故耐寒，能卧冰雪。蹄坚实，善驮运，故称高原之舟。《山海经》中就记载，我国有牦牛。

旄 máo 一种饰有牦牛尾的旗帜，在贵族或将军的仪仗队中才见。牦牛尾稀有，它的尾毛长而蓬生，故用作旗上的饰物。插有旄牛尾的车叫旄车。羽旄连称，就是用美丽的雉尾之羽及旄牛尾，把车子装扮起来。

苪 mào 可供食用的一种水草，草为地之毛。如说苪羮。作动词为择取之义，野菜是要择取的，如《诗经》中说："参差荇菜，左右苪之。"

眊 mào 形容视力微弱，眼前昏花，明亮的眼珠变得黯淡了。

耄 mào 年九十曰耄，音义从毛，取昏乱之义。八十曰耋。耄耋之年，记忆力也衰退了，即人到高龄，有点老糊涂。

耗 hào 或作秏。歉收、减产。如说"年之丰耗"，即是丰收与减产。耗字从毛，取微少之义。引申指亏损，说消耗、耗费，单用时如说汽车的耗油量大小，还说煤耗、热耗。还说锅里煮东西别把水耗干了。耗的声母变了。耄字本作蒿下一个老字，蒿与槁意义相通，为干枯之义，这是从草、木与从耒、禾的区别，语音上便发生了 h 与 m 作声母时的差别。耗又有消息之义，如说疈耗、凶耗，这是取损耗、消耗之义，而消息的息，则为繁殖之义。

251. 毳

毳 cuì 禽兽腹下长的细毛，长的羽或毛也常长细毛，今说绒，如说羊绒、驼绒、鸭绒。秋天来了，鸟兽身上的毛和毳都要多长一些，春天来了就脱掉一些，是适应气候的变化。由细毛织成的布叫毳布，是少数民族生产的一种细软毛料，现在就普遍了。

脆 cuì 本作膬。易断、易碎、易破曰脆。肉是软而易破损，故从肉，毳声。演变为从肉，绝省声，取断绝之义。绝，断丝也。俗体字又改从危，危就是易断易碎。肉易碎，实即今酥脆、香脆。如今软骨可说脆骨，这是跟骨肉相关的。古语中常以坚与脆相对，坚为牢固，脆易破碎。引申义如说"释坚而攻脆"，是说攻战要放弃硬骨头，打薄弱环节。脆弱一词，早就有了。干脆一词常用于抽象义，指言行直截了当，不拖泥带水。

糳 cuì 米舂了又舂，即细加工、精加工，从毳声，取精细之义。

糵 cuì 一次次地祭祀。取精心细致之义，同时也有多次之义，毳是从三毛。

糶 cuì 来回地捣。其实舂米也是来回地捣。既有破损之义，又有多次之义。

竁 cuì 最原始的白，是掘地成穴而做成的，故与糶的音义切近。后来才把木或石凿成白形，放在地面上舂米。竁，掘地也，与舂米是相联系的两件事，因此语源相通。

慦 hū 精细而慦厚。从心，毳声。毳为精细之义，从心，指人精细。慦与懿声母相同。懿亦从心，是懿厚、耿直之义。现在人们有时说某人粗中有细，即是在痴愚之中有时也显出一点精细。总之，这里是两义素的结合，《说文解字》："慦，精慦也。"

252. 冄

冄 rǎn 须发柔弱下垂之貌，如说毛冄冄。形容人的须发时上加彡的偏旁，形容人的姿态时作姌，形容草盛时作苒。形容词所形容的对象大加扩展。草木冄冄，则一般是上出的，冉冉（与冄同）日出，更没有下垂之义。实际上这里多为渐进义，"老冉冉其将至"，即是人在逐渐地衰老，岁月在推移。荏苒，指时间的渐进。

冉 rǎn 音义均同"冄"。中间多加一竖是何用意，未见有人解释。那就只能是文字的类化，即在笔画上适当作点小的变动，以求达与其他字形相同。字形不能无限制地增多。冄与再、苒、冓等字的下部同形，而再、苒二字的下部也时见有人写作冄。

髯 rán 脸颊上长的胡子，多柔弱下垂之貌。有些人被称为美髯公。

翢 rǎn 鸟翼下细毛。

姌 rǎn 或作姌。体态柔弱而长，常形容舞姿曰姌嫋(niǎo)。

蚦 rán 蟒蛇。长二丈余，亦柔婉。

苒 rǎn 形容草木轻柔摇荡，引申义形容万物盛衰渐进。

聃 dān 耳无轮廓，柔弱下垂。聃与耽(dān)音节相同，耽，耳大而垂。关于耳朵大而垂有好几个古字，我国自古把大耳看作长寿者的特征，有老聃，有朱耷(dā)，有聂耳。

坍 tān 本作坍或坍。水打岸土渐坍，故为渐进貌。房屋倒也说坍，坍台就是台土渐坍，抽象义指丢人。

那 nuó 本作那，从邑，冄声。为什么冄字现在写成那个样子？书法上有所谓"让右"，即左边的偏旁要让右边的偏旁，不平分，不等同，这是很精到的艺术思想。"那"字本是一个西夷的国名，是否因为他们胡须较多，就称冄了？"那"字一项突出的古义，就是多。婀娜，就是美盛多姿。那，就是多髯而美。"那"字又假借为奈何之义，奈何二字的合音就是"那"，"哪"字就是从这里派生的。"那"字作疑问代词是从何字开始的，何人就是哪个人、哪些人，疑问的义素消失了，就是那人、那些人，"那"字成了指示代词。这、那代

替了此、彼，"那"字成了一千多年以来口语
和白话文中最常用的远指代词，读作 nà。

哪 nǎ 疑问代词，哪一个，就是问其中
的某一个，哪一个都不能去，就是
任何人都不能去。哪还作副词，是怎么之义，
如说哪有这个道理，实际是否定这个道理，
并不是发问而等待回答。哪字还表惊叹、
警告、停顿等语气，如说真好看哪，表惊叹。

娜 nuó 常作婀娜，形容柔美多姿，为
叠韵词，也作阿那、猗那，加女旁也
不限于形容人之美，草木摇曳也可说婀娜。
苏东坡和他的小儿子苏过讨论书法的风姿，
说要"端庄杂流丽，刚健含婀娜"，前一句
是说静和动、直和曲的结合，后一句是说
刚和柔、强和弱的结合。

挪 nuó 移动位置，如说把凳子往前挪
一挪，即是取那字的渐进之义，故
字从手旁，从而区别于一般的搬动。宋元
以来的一项专用法是关于挪用款项的。挪
用公款，是一项犯罪行为。

253. 食

食 shí 从亼，从皀(xiāng)，即聚合米
粮。故食为食物、食品之义，作动词
谓吃饭。引申义如说食言，即是说了不算，
为消除、消失之义。还说食古不化，就是
学了点古书，不能消化，不会运用。

蚀（蝕）shí 虫蛀曰蚀。从虫，食声。
今说腐蚀、侵蚀，都是贬义，
故虫也是指蠹虫之类。

饰（飾）shì 本谓以巾洗刷装饰祭
牲，供神食之。今引申为
装点、打扮之义，与祭祀和食物均无关了。
抽象义如说文过饰非，就是要把非掩饰成
是。还说粉饰、修饰。作名词说车饰、首饰、
窗饰等。这时候，饰字从食得声所表现的
语义就完全没有了。

饬（飭）chì 整治。故从人从力。整
治器物，使能致用。它和
饰字一样，与食、吃的语义已没有直接关
系。食用一项较远的语义，用也，今说食
用。饬有致用之义，可与食的音义联系起来。
饬又与敕义相通，敕为告诫、戒备之义，
整字即从敕，可说整饬，即整顿、治理之义，
如说整饬阵容。又有整齐、有条不紊之义，
如说服装整饬。

254. 皀

皀 xiāng 本指五谷之香，甘指五谷之味。
从白，从匕。白(非白色之白)，像
瓮中有粮食；匕即匙。舀取粮食，即知其
香了，故为会意字。食、即等字皆从皀。

乡（鄉）xiāng 字从相向的两个邑
字，邑字从口从卩，即相
向的一些地区、范围，中间是一个五谷飘
香，便是乡了。这无疑是农业时代的景象。
今说老乡，泛指农民。又说乡村、家乡、
故乡、乡镇，引申义说梦乡、睡乡、醉乡，
都是乡的境界。

向（嚮）xiàng 嚮字原专用以指宫
廷或殿堂之所向。我国历来
十分重视坐向的礼节，使尊卑主从，俨然
分明，从来没有圆桌会议。

飨（饗）xiǎng 食之所向，就是乡
人饮宴了，故同享字。尚飨，
就是请鬼神来享用祭食。今说"以飨读者"，
即是书籍文章供读者学习，用这个飨字，
有尊重和热情对待读者之义。

响（響）xiǎng 本指回声，即音之
所向；影响，本谓光之阴影，
声之反响，引申指各种事件发生的影响，
主语大为扩展了。响字引申指一般声响，
如说炮响，就是炮声，是名词；作动词，

说响起了掌声；说歌声响亮，便是形容词；鸣炮十响，便是数量词。

蠁 xiǎng 一种能够知道声响的虫，相传手中握有此虫行于山中不迷路。

蟓 xiàng 不久，一忽儿时间。日在不停地移动，它所在的方向一忽儿就变了。

卿 qīng 古时朝廷中的高级官员，如《周礼》中有六卿，秦汉时为九卿，分管文武、财政等各部门。卿的音义为什么要从谷香？古时官员俸禄皆以谷物计，如说二千石之类。卿字从卯，皂声。卯时指清早5—7时，是上朝的时间，故卿的构字取义，指朝中领谷的人。卿字引申为一般尊称，如荀子名况，人们尊称他为荀卿。《孔雀东南飞》中刘兰芝称焦仲卿为卿，而焦仲卿的名字就取卿。现代人有张学良，字汉卿。

香 xiāng 篆书作黍下一个甘字，隶书作香。香的本义指谷物之香，又可写作薌。今说稻香村，这是香字的本义用法。檀香、麝香、鸟语花香之类，都是香的引申义。香字本从禾从甘。从本义说，禾谷曰香，草木曰芳。但是禾也属草木一类，所以语义很快就混同了，芳也可说香，"如入芝兰之室，久而不闻其香"，这就把芳说成香。说香花毒草，所有花气都是香。各种好气大多可说香，香与臭相对。而馨是香之远闻者。

象形的局限，考虑笔画与书法的要求。引申指花生米、虾米等。从米的派生词往往取细碎、密集、杂合之义。

敉 mǐ 安抚、爱抚、抚顺，谓举手执事之细密。敉宁，就是安宁；敉功，就是安抚天下之功。

眯 mǐ 草芒等细小杂物进入眼中，就要眯眼，即眼睁得细小，眯缝。

寐 mí 眯眯盹盹，没有睡好觉。或者做噩梦，神志迷糊。

迷 mí 迷路，迷途。如说迷津，迷字从辵。又说迷雾、迷梦。指人的神志不清，认识模糊，如说迷惘、迷惑、迷离恍惚、执迷不悟、迷信鬼神。迷的另一义指沉恋、陶醉于某种活动，如说戏迷、球迷等。

醚 mí 陶醉于酒而迷惑。

谜（謎） mí 只说一点现象、特征，叫你不易猜测到所指事物，叫作谜语。对一个捉摸不透的问题，或一种难以解释的现象，也说是个谜。

麋 mí 麋鹿，它们好成群活动，故从米声，取聚集、杂合之义。它又叫四不像，头似马，身似驴，蹄似牛，角似鹿，简直弄不清。

255. 米

米 mǐ 稻粟之实。本作四个点，中间一个十字。四个点像米，十字像什么？象穗或贯穗的茎。米字下部两点作撇捺，战国时期的古隶中已这么写了，一是避免笔画的雷同；二是受禾、木等一大批字的类化，它们的下部都是撇捺；三是隶书发展横势的需要，向左右展开，所以它抛开

256. 良

良 liáng 善良。良的字形像一种量器，故粮字亦可作糧。量力而行，不越限，就是善良。良字又有深、长、久、甚等义，都是数量方面的观念；良久，就是甚久。而质量方面，也说有良、窳（yǔ，粗劣）之别。良的中心语义是善良，如说优良、精良、良好等。于人说良人、良朋、良媒、良士、良材，于物说良耜（sì，掘土的工具）、良翰、良马等。此皆形容词，良久之良，则为副词，表数量的。

郎 láng 从邑，故本指国土、城邑之良，移以指人，由于良字本就是指人之善良。如说郎中，就是宫中的郎官，是侍卫或议事之官。郎令中，就是管辖所有郎中的官。侍郎就是侍卫于周围的官，有武部侍郎、文学侍郎等。郎字的第二大用法，指亲属关系中的称呼，即是良人之义，首先是妇称夫曰良人，指青年男子。"三国周郎"指周瑜，吴中皆呼为周郎，就不限于夫妇了。后来又可说女郎，"不知木兰是女郎"。又说货郎、牛郎，就只是一个工种，没有官职、亲属、主仆等任何限制了。

螂 láng 螳螂，意思是堂堂男子汉，有斧之虫，是虫中之郎。但是当螳臂当车的时候，它就没有力量而行了。也曾写作蛁娘（或嬢），就男女不分了。

廊 láng 宫殿东西两旁的围墙，常有相附的走廊或房舍，故廊之从郎，取其长也。除了说长廊，还有走廊，也总是比较长的。

宸 láng 廉宸，屋空大，也是就其深长取义的。

阆（閬） làng 门高大。又指高大或空旷之貌。

筤 láng 古时车上用竹子搭的弓形顶篷的骨架，也显出廉宸之状。筤又指竹丛，上枝叶蓬松而下廉宸，它的直接语源是宸。

稂 láng 禾谷秀而不实，壳中无米。故其音义从良，取空虚之义，直接的语源为廉宸。江浙农村叫瘪籽，湖南农村叫公禾（以性别比喻禾谷会不会结籽）。

桹 láng 高木。

锒（鋃） láng 锒铛，或作锒铛、郎当，指铁锁锁链、链条带锁，囚犯所戴。锒字从良，取义于长。锒铛的另一义指钟声，它拖得长而响亮。又一义项指衣服的尺寸放得大，如说这条裤子穿得有点郎当，即空大之义。郎当的抽象义说吊儿郎当，指消极怠惰，游手好闲，思想空虚，散漫落拓。这样，郎当一词的前

两义取义于长，后两义取义于空，直接的语源义不同，义项之间的差别也很大。

榔 láng 或作锒。长的木棒，渔家所用，敲击船帮，用以惊鱼，令其入网。所说榔（或作锒）头，指敲击之用的锤子。又说榔槺，指用具的体积长大，笨重，不灵便。字亦作榔杭、狼犺。

硠 láng 石声，取义于大而重，与钟声之取义于长不同。

琅 láng 玉声。玉声精细，石声重浊，故说书声琅琅，就不从石声。珐琅，与搪瓷是一类的烧制工艺，以石英等为原料烧制而成。珐，本作珐。珐琅者，炮法于玉石之类有光泽、有色彩之工艺也；搪瓷者，抵上瓷质之工艺也。

朗 lǎng 明朗。从良字可有高大、空虚之义。故又可与明的语义结合，"天朗气清"，就是天气清朗，高大而空虚的义素都显示出来了。《经典释文》三十卷的作者陆德明，名元朗，字德明，唐代苏州人。今说思想开朗、局势明朗，都是抽象义。朗又常用以指声音的响亮，如说笑声朗朗，还说朗读、朗诵。

烺 lǎng 明也。从火与从日、月常相通。

睙 lǎng 目视之明。又指目视不正之病，读同戾，字或作睙。戾，反也。目之反，便是目视不正之义。故其声母发生变化，正是另有音义之假借所造成的。

悢 liàng 悲伤、空虚、惆怅之类的心态说悢悢。又引申为眷念之义。

浪 làng 水之长也。水长则有流放，故说流浪、放浪。流放则有起伏，这是今所说的波浪之义，波动而流放也。引申指人之浪荡，便是抽象义，浪荡公子就是四处游荡，不干正事，还往往有失检点。浪子回头，就是不正经、不学好的人改过了。浪语就是随便乱说，浪费就是随便乱用。浪字还有副词用法，浪死就是白白送死，徒然去死，这是从空虚之义引申的。

踉 liáng 跳踉，就是高走远飞，取义于高，也包含有颠簸、急促之义。

狼 láng 似犬，锐头，它凶猛、贪戾、狠毒。狼心就是狠毒之心，狼吞就是贪食之貌。它的牙齿也厉害，在木棍头上植有许多钉子，就叫狼牙棒。还有狼牙拍，就是在板子上植钉。狼字音义从浪，取放浪之义，两字常可相通。犬是驯养在家的，狼则放浪于野。今说狼狗，则是较一般的狗高大。又说狼藉、狼戾，为散乱、放荡之义；狼犹，为笨重之义，实即宜寁；又说狼当，义亦与郎当、锒铛相近。这些语义，都不是狼字所有的，它说明狼与诸多从良字之间都有割不断的音义联系。天文上有狼星，位居南方，南方阳气盛，万物丁壮盛大，所以要叫狼星，《史记》上说："狼者，言万物可度量。"这样，狼也可与良、量相联系。这个狼字似乎已对从良的词族做了一个大交融、一个总括。

莨 láng 狼尾草。是牛羊爱吃的饲草，于茎端生刚毛长穗，形似猴尾。有些地方叫狗尾巴草。人们熟悉的是狗尾。然而狼尾比狗尾更长，更能比喻此草的样子。

獂 láng 一种药草，有剧毒，可治毒疮及腹病之类，以毒攻毒。狼的体内没有毒素，是取狼毒之义。

量 liáng "度量衡"一词，《尚书》中就有了。度指尺寸长度，量指斗斛容量，衡指斤两重量。三者都可用量字，长度可说丈量、量一量身高。容量、重量都说量，因为量字可指一切数量的多少，如可说雨量、饭量，抽象义说肚量、气量、胆量等，连问题也可说商量。而良字就有高大、深远、空虚等义，良字就是一个量器之形。作动词说量入为出、量力而行，还说掂量、估量、酌量。

粮（糧） liáng 本指干粮，行道曰粮，止居曰食。作田赋、俸禄、军饷的粮食称粮，有量功赋给之义，粮是有定量的谷米。

娘 niáng 少女之称。如唐代一位舞蹈家叫公孙大娘，绝非现在说的大娘（年长的妇女或伯母），加了一个大字，那就是比少女再大一点，即大姐之类的意思。《西厢记》中的红娘，也应是少女之称。唐代还说新嫁娘，至今说新娘。娘今指母亲，是宋元以来用开的，它本作孃，音义从襄，取义于丰盛及可爱，后皆写作娘。所以，娘指母亲，它的语源从襄。因此娘与良的声母就不同了。

257. 頪

頪 lèi 难以知晓。从米实即迷，迷则难以知晓。故从页从米。又有鲜白之义，米或粉都是鲜白的。会意字。这是已无用例的古字。

类（類） lèi 种类相似。即是同种相似，可说类似，类指犬，似指人。物种都有遗传和变异，故曰类似。类就有相似之义，如说画虎类犬、类人猿。分类学是科学研究的重要步骤，不是那么容易知晓的。原始时代大多以形貌外表来分类，现代科学的分类便要掌握本质特征。孔子说的"有教无类"，那是指人的等级、阶层、职业、地域而言，以社会的含义来分类。至于说类推，属于思维逻辑问题，就很深刻了，要在相类事物之间作推测，由已知而及未知。

禷 lèi 以事类不同而祭祀告神叫禷祭，如遭灾了就是除灾之祭，军旅出征临行而祭。祭的方式也各不同。

纇（纇） lèi 丝上出现了难解的结，故为疵节、缺陷之义，如说珠有纇，玉有瑕，以纇、瑕并称。

258. 来

来（來） lái 小麦。从木，象芒刺之形。即来字中间两边是麦芒。是老天让它来的，故得到来之义。传统中是这样解释的。实际是赐予之义，与赉字相似。来字的本义现在不用了，只是麦子的麦字上面部分是从来的。来与去结成反义词，两字都有极大发展，都是现代的最常用字。如说，说起来容易做起来难，这只是说行为的继续，并没有来的行为。许多行为都可说来，唱完了歌，叫再来一个，就是再唱一个。叫你扫地，可说你来吧，来就是扫地。来字就是做的意思。表数字可说十来个，有的地方指十几个，有的地方指快到十个。

徕（徠） lái 这是来去之来的古字形，从彳，表示人的行动。引申有慰劳之义，还可有归附之义。"近者悦，远者来"，是说亲近的人要叫他们高兴，远方的人叫他们想来归附。

赉（賚） lài 赐给。赐给的东西是小麦和贝。

睐 lài 眼珠向旁边看，即是受到重视。如说受人青睐。本来黑眼睛是朝前看的，现在改变了方向，重视你这边了。若说受到的是白眼，即是人家眼里没有你。

覨 lài 承蒙照顾。

勑 lài 慰劳，勉励。常说劳勑，报答其勤劳曰勑，安抚其归附曰勑。

俫 lài 亦称俫儿，指供使唤的小厮，呼之即来。

騋 lài 于人为俫，于马为騋，可供使用之义。驾兵车用国马或騋马，驾猎车用騋马，再往下便是驽马了。于马曰驽，于人曰奴。

鯠 lái 即鲥鱼。到一定时节，如春夏之交，它溯江而上产卵，随季节而来，故称鲥鱼，又称鯠鱼。用现在的说法，就是大自然的恩赐，到时节就游上来了。

莱（萊） lái 一种蔓生的野菜。麦子和蔬菜都是从丛草中选拔和培养出来的。山东有蓬莱，说的是仙境，实际是蓬蒿和莱草丛生之地，是否因为那里没有严酷的统治，就成了仙境？山东又有莱芜，齐国还有特有的一个字"秌"，指麦子。如此说来，山东很可能就是小麦的故乡。

麦（麥） mài 从来，从夊，像其根。麦与来叠韵，声母则有m与l之差。《诗经》中已有"来牟"的说法：牟，大也；麰即大麦。故"来牟"即小麦和大麦，亦即麦。

259. 术

术 shú 或作秫。稷（今说小米）之黏者，秫子去皮，今称黄米。谷子去皮，今称小米，稻子去皮称大米，糯稻去皮称糯米，这是现代说法。

述 shù 字形的意思是顺着秫子走，实际使用中的词义是记叙、陈述而有所遵循。如孔子说他的学问"述而不作"，即记述而有遵循，不是创作，意思是先人创作，后人遵行。种庄稼也是先人种，后人述，再说改进。现在说述职、记述、述异、新闻评述等，遵循的义素也没有了。

術 shù 简化作术。技术、技能。原应是指种植稷秫等庄稼的技术传授，就是艺字，本是指种谷，然后才指艺术。术就是种秫之术。后又说学术、美术、武术、战术、医术、手术等。术还有一项古义，指邑中道，即城镇之路，它是从田间来的，犹如里巷之里，从田从土。

鈖（鉥） shù 长针，作动词谓刺。秾叶粗长而锐，故可喻针。

詵 xù 引导、劝告或诱惑。这都是讲究术的。可说谀(xiǎo，诱为善)詵，即循循善诱，言语有术。

怵 chù 恐惧，害怕，心中有惑。今说发怵，即害怕还感到难办，不好对付，要想办法。与詵相通。古常说怵惕，两字皆惊惧之义，并双声。又可说心术，如说心术不正，指心地、思路、心计、居心之义。或诱之于善，或诱之于恶，故需惕。

260. 尗

尗 shū 即菽字。今曰豆，古曰菽。尗字中间一横象地，上象其茎，下象其根。把菽叫作豆，是汉代开始，把菽麦叫作豆麦，还说豆酱。

叔 shū 拾。右手对着豆子，故为拾取。"叔苴"就是拾麻籽。叔字借为少，叔、少双声，故常把弟弟叫叔，太叔就是大弟。叔父本指父之弟，简称为叔，或亲昵地称为叔叔。汉代以后，叔字就只指叔父，不能指弟了。

俶 shū 善。确切说，指幼小真实、天真可爱之善。俶与善双声。

淑 shū 清湛。水之善者，故得清湛之义。可说淑清。引申说淑气、淑景，也形容人，如说窈窕淑女，则与俶通，形容人善良而年少。形容男性说淑人君子。再引申说淑旂，就是旗帜的颜色好；淑问就是善于听讼判案。这时，年少的义素就没有了，善良的意思也变了。

戚 qī 一种类似于石斧的武器。字从戉，尗声。从戉写成从戊，显然是隶书发展横势，要向左右伸展，也避免与尗字的笔画有碍，就不顾语义，类化成戊字了。戚小于戉，戚从尗声，取义于小，从人之幼小到物之幼小。戚字常假借为促，两字还双声。戚可又读同促。促，近也，戚有亲戚之义，说外戚，便是取其近。戚还可有愤怒与悲惨之义，也是从促来的，促，心之所急迫也。戚是戉之刃口蹙缩者。

蹙 cù 足下急迫、紧促、收缩。与踧相通。引申义不限于脚下，如说蹙眉，就是收缩眉间，蹙国，就是国土日益削减。

踧 cù 与蹙相通，故可指急迫之行；也可指道路通达，平坦可行，则又与"蹴"相通。

慼 qī 悲伤，恐惧。或作慽，慽容就是愁脸，也可作戚容。

噈 qī 叹息、忧伤之声，是声中有义的，戚有忧伤之义。

欬 zú 出气急促。

椒 jiāo 或作茮。花椒，北方常用调料，有香味。花椒树为灌木，果实红色，籽黑色。椒之叶也有香味，可煮作饮料。椒酒、椒浆，是在酒浆中间泡点花椒籽。于是椒就成了一个芳香的形容词，可说椒房、椒殿、椒庭等。现在屋里或地板下面撒点花椒，可以不长虫。椒之音义从促从尗，香气急促而出也。香本指五谷之香，引申之则花椒、兰桂之气味亦曰香。今还常椒盐，椒是气，盐是味，撒在菜上就很好吃。辣椒没有香味，也称椒，有刺激性的味道就称椒，由指气而兼指味了。

鵨 qiū 秃。头项皆无毛羽，故称秃。是一种大型水鸟，在水边追逐鱼、蛇及鸟雏为食，性贪恶，行急疾，故其音义从促从尗。今字多作鹙。

槭 qī 槭树是一种高大乔木，与枫相似，果有双翅。它是制造大车轮圈的好材料，木质坚韧，轮飞千里。故槭之从戚，取急疾之义。

寂 jì 无人声，所谓"寂寂人定初"。寂字从宀，指家里没人说话。它的直接语源是从淑，取清静之义，一个重要的证据是它又可写作淑，它早期的用法是指水之清，从而指空气和环境之清。寂寥是指天空的寂静和空旷，如说："自古逢秋悲寂寥。"也作寂寥，指流水无声。寂寞，本指自然界寂静，引申指人的心情冷清孤单或处境的孤独无援。

啾 jì 啾嗼，安静。这该是寂寞一词尚未定型时的不同形态。它的另一义项指赞叹之声，它的直接语源该是从欶，出气急促之义。

督 dū 从目，叔声。今曰监督、督察，皆需用目。叔为拾取之义，引申为抽象义，指收拾、整理。古常以督字作官职的名称，如说总督、都督、督军等。但督字大多数都用作动词，督责就是监督和责备，督过就是督察和指责。督字还有一个重要的义项，督责别人，需要有正理、中道，否则你用什么去监督？督有中的语义，人身八脉，居中之脉曰督脉；衣之背缝亦居中之缝，称督缝。

裻 dū 从目曰督，从衣曰裻，皆居中之义。衣服背后居中的缝。裻又指新衣服初穿发出之声，则与"欶"之赞叹声，义相切近。

怒 nì 忧伤，如戚、感等皆有忧伤之义，所不同的是怒字声母特别。怒与愵相通用；愵（nì），忧儿。这样，怒就是忧上加忧了。

261. 享

享 xiǎng 进献。篆形作亯。原本用于向鬼神进献熟物，熟字就从享。享的整个字形就像一件献品。享有进献之义，同时也有接受之义。今说享受、享用，语义着重在受。同时享有的不只是祭品、贡品，宾语扩大，说享年，指享有的年寿；享国，指天子、诸侯在位；享誉，指大有声望。更常说享福、享乐，还说享有的民主权利。

亨 hēng 通达，顺利。如说亨通，绍兴有咸亨酒店，这是取《易经》里的话"品物咸亨"，就是世上万般事物，皆得通达。今说的大亨一词，也出自《易经》，最初是在上海方言中指富商或大有权势的人，现在渐渐用开了。

哼 hēng 从鼻子出气发出的声音，也有通达之义，以表示自己的不满、气恼或鄙视对方。《封神演义》中有哼哈二将，哼是鼻子中喷出两道光和气，表示他的愤怒。引申指低声吟唱，如说哼个什么调子。

烹 pēng 煮。《老子》中说"治大国若烹小鲜"，就是小鱼小虾到油锅里或水锅里一烹就好了。今常说烹饪、烹调。烹与炮二字常连称。声母相同。炮是在火上烧烤，烹是在锅里过，都是火上功夫。如说炮龙烹凤。

262. 章

章 chún 从亯（即享字）从羊，今写作享，与享受之享同形，醇、淳、鹑等字中的享字，皆为此字，并同音，而非享受之享。此为成熟之义，醇为酒之成熟，其味醇厚。成熟则可献享，故语义上是有联系的。

醇 chún 酒味醇厚，即纯正而浓厚，没有异味，含酒精量大，酒精的化学名称就叫乙醇。酿酒时发酵充分，就叫熟得透，并且飘香。醇的引申义指人或事物之纯正、敦厚，用"淳"字。

淳 chún 本指滋味之纯厚，引申指民间风尚之纯朴、厚道。淳的反义词是"浇"，即灌水、淡薄。

犉 chún 高大肥壮之牛，取可献享之义。

鹑（鶉） chún 鹌鹑，参见鹌字。它性淳厚，无常居而有常匹。

谆（諄） zhūn 告晓之言语淳正、诚恳。今常说谆谆教导。

惇 dūn 忠厚、诚实、质朴。又可读同谆，与谆音义相通。言为心声，从心与从言之别。

敦 dūn 敦厚。具体义指事物多、重，抽象义指厚道，忠诚。敦敦为勤勉之义，为用力之厚。敦请，即诚请。敦与屯音义相通，屯为聚集之义，聚集则厚而多。敦在古代指一种礼器，是装载礼品、祭品进献之器。礼品聚集得多，便是礼之厚，便是诚信。

暾 tūn 日始出之貌。音义从敦，取盛大之义。

燉 tún 又读dùn，或作炖。火之聚集而盛。今说把肉燉烂，就不只是熟。熟又加火之屯聚，便是煮烂、煮透。

墩 dūn 平地有堆而高，如说土墩、坟墩，重大建筑物的基础如桥墩、门墩。肉铺切肉的大木墩叫肉墩。

礅 dūn 石之可踞者，得是略高而坚实才可。

镦（鐓） dūn 又读duī，或作镈。千斤锤，即打夯用的重锤，故音义从敦，取厚重之义，亦下垂之义。作动词，冲压钢板，使之变形。

蹾 dūn 或作撴。重重地往下放，动词，如说搬家具要小心轻放，不能往地下蹾。

鱄 tuán 老雕之类善于从高空向地面搏击以捕食，故也是重击、重蹾之义。

隼 sǔn 一种凶猛急疾的鸷鸟，较鹰小。隼的下部不从十，而是从卂省，即省了部分笔画，隼的音义从卂又从鱄。

准（準） zhǔn 平，今说水平、水准。今说水准指以海平面的高度为标准，来说明陆地或山脉的高度。故说标准、准则，标是竖的，准是平的。今说水平，指思想或能力一般所能达到的高度。

又有水准仪，是测量平面是否平准，因为水面是最平的。准在口语中又引申指事物之是否确定，如说：你说准了没有？准会有人来吗？都是确定之义。射箭的靶叫的，如说有的放矢，也叫臬(niè)，是对准鼻子的，也叫准，要瞄得准。为什么准字的形音义都要从隼呢？因为古时靶上常画有鸷鸟猛兽之形，同时，射隼又是捷获之义，射中准的，便是达到目的。所以，准字的语源从隼。

榫 sǔn 今说榫头，两个要连接起来的部件，一方面凿孔，一方面留出一个凸出的榫头，楔入孔内，便可固定两部件。榫头和榫眼必须是形状大小位置一致，差一点也不行，所以榫的音义从准。今也说榫头、卯眼。有的整个一座木塔不用一个钉子，就靠这样的活。

孰 shú 煮肉。即熟。孰的右旁是丮字，即手持(以进献)之义。鸟兽曰肉，人曰肌。熟字的宾语扩大，可说熟食、熟地、熟岁，抽象义可说熟视、熟虑、熟计，又说技术熟练、条件成熟。因为孰字假借为疑问代词，与谁、什声母相同，就把孰字的本义和引申义一律作熟。如说孰胜孰负，就是谁胜谁负。

熟 shú 生熟的熟。如说生米煮成熟饭。孰分化为孰与熟二字，相似的情况如然字分化为然与燃二字。

塾 shú 本指殿堂外的一间小屋，朝见的人到里面去更衣，并熟悉进门的规矩和所要回答的问题，故塾字从土，孰声。后说私塾、村塾，专指乡村读书教学的地方。

263. 歺

歺 è 残骨。即骨字去掉下部的肉字，又去掉上部像脑盖的两笔，故为残骨、半骨之义。

列 liè 分解。从刀，歺声。即是分解骨肉之类。罗列为张罗而分解之义。行列，亦分解为行、为列之义。系列，就是系统而又有分解。又说陈列，就是陈现而有行列。列骨发出的声音叫刺，字本作齽，今说牙齿咬得乱刺响，即是在分解骨肉了。

裂 liè 分解布帛，即是在剪裁或撕裂衣帛。它的主语和宾语也大为扩展，如说割裂、破裂，今说割地，古说裂土。土地成为裂的对象。又可说大国之间的关系破裂了，即破裂的主语不是骨肉和缯帛。还可以说手冻裂了，感情破裂了。

咧 liè 嘴角向两边裂开，或是笑，或是哭，故从口，列声。还说辣得龇牙咧嘴。咧还作语气词，用法与了、啦、哩同，它们的声母都相同。

齽 là 牙齿咬骨头的响声。虽是象声词，却亦声中有义，实际是从列骨的行为之词引申指列骨的声音。

烈 liè 火猛烈。咬硬骨头总要有一股猛劲，也时有响声。又说炽烈、热烈、兴高采烈等，热烈祝贺，常是抽象义，有场面热烈，有心情热烈。又从列骨、烧烤之义引申为事功、功业之义，这要联系渔猎、畜牧社会来看，放牧和宰杀是他们的主要劳动，故可引申为事功之义。烈士就是有志于功业之士。

冽 liè 寒气盛。栗列，即凛冽，烈与冽相通。俗话说冰火（或说冰炭）不相容，但在语言的音义上，从火与从冰就可相通，都是势猛，是猛烫与猛冷。

颲 liè 势猛的风曰颲。今犹说西风烈。

例 lì 同类的事情相比较。如说举例，就是举出一件和此相同类的事物。史无前例，就是从未出现过与此相同的事例。例外，就是同类事例之外的例。例子，就是同类事件中的一个或几个。又说条例、体例，指同类之事相比列中的共同之点。例字从人，指人事而言；例从列声，取陈列、

行列之义。

迾 liè 遮拦，阻挡。指武士列队警卫，故字从辵，列声。同时也是威猛的。

趔 liè 脚下不稳，向旁边滑了一下，几乎跌倒。常说趔趄，即脚下绊了一下，打了个趔趄，摔倒在地。即使没有摔倒，也要打一个前绊，猛冲一下后站住。趔，烈也，猛也；趄，阻也，住也。

264. 叐

叐 cán 会意字，右手持半骨，故为断骨和美餐之义。

餐 cān 美餐，好饭。现在不论好坏，都可说一餐饭。说午餐、中餐，为名词；说聚餐，为动词。

粲 càn 精米，加工极细的米。作形容词，形容精米的颜色和光泽，引申义可形容服饰和妇女之美。

灿（燦） càn 常作灿烂，谓颜色美丽，光彩夺目。如说星汉灿烂，阳光灿烂，还形容事业的成就极为可观，或形容文章的辞藻和风采动人。

璨 càn 美玉。常说璀璨，形容人的妆饰、服装华丽。

鰲（鯼） cān 鰲鰇，银白色的鱼，也称白鯼。

265. 肉

肉 ròu 本指鸟兽身上可食之肉，象形字，象有纹理之形。于人本曰肌。后肌亦曰肉，今尚说肌肉。肉刑、肉袒（把衣服解开，坦露其肌）是把肌说成肉，以表示有罪，是

贬义。《左传》中两次说"生死而肉骨",即是让死者复生,使白骨长出肉来。指再生之恩。这时肉字便没有贬义,与肌字同义了。故肉的派生字有生长、生存之义,如育。肉的引申义有:①果品的可食部分曰肉,如说花生肉。②环形玉器的圆边或圆体曰肉,如璧、环、瑗的玉体曰肉,中孔部分曰好。③语言和音乐的柔婉圆润曰肉,是丰满柔和之义。有一个古字"腬",嘉善之肉,这里肉与柔声母相同,语义相通。肉字这些语义的发展情况,与肉食为主时代人们的心理状况有关,农业时代便是说甘(五谷之味)、说香,嗓音说甜,音乐贵和(和字从禾)了。

育 yù 或作毓。生养儿女曰育,从㐬(tū,倒写的"子"字),肉声。今说生育,草木曰生,人曰育。又说养育,两字声母相同而语义相通。养而生长便是育。今引申说育种、育苗、育秧,则已引申指植物而言。今说教育,教是指精神的,育是指生理的。有德、智、体三育。

堉 yù 土壤肥沃。肥字也从肉。

淯 yù 今白河,在河南省。它养育两岸人民及作物。

鎾 yù 一种加温食物的带把的小锅。人或动物的养育要给予温暖,故温器亦可曰鎾。

名 yáo 小腹小口之酒壶,大多是瓦器,秦人还常击之以节歌。缶之圆转丰满者为名。故从缶,肉声。今名字上部从爪,与采、舀、受等字同形,是字形类化、归并的结果。名与柔、陶二字韵部相同,陶并可义读同名。陶亦从缶,缶者为包裹之形。

窑 yáo 烧陶器及砖瓦的灶。引申指北方一些地区居住的窑洞,还指挖煤的小煤窑。

谣(謡) yáo 严格地说,曲子有乐器伴奏叫歌,没有伴奏的叫谣。现在民歌也叫民谣,连曲也没谱。今人说清唱,唐代人说肉声,周秦人说徒歌。

谣字也从肉声,取柔美之义,说唱柔美,加上押韵,便好听了。

瑶 yáo 玉之美者,从肉取嘉善柔美之义。瑶的引申义已只指珍贵美好,作形容词,如说瑶宫、瑶台、瑶池。

媱 yáo 游戏。肩膀高低前后起伏摇摆,叫媱,即舞容,曲肩而行,总之还是从美好取义。

瞚 yǎo 美目。眑瞚,眼睛精妙动人。

菑 yáo 《山海经》中传说的一种草,"服之媚于人",即受到人们的喜欢。

鰩(鰩) yáo 俗称飞鱼,又称文鰩。胸鳍特别发达,身有苍文而白首、赤喙,故雅称为文鱼,有美好的花纹和色泽。

摇 yáo 动摇不定。具体义如说摇头,抽象义如说中心摇摇,就是心情动荡不定。后又有摇船、摇篮、摇晃、摇荡等说法。

愮 yáo 指心态的惑乱无定,显然是摇字的抽象义分化出来的。

遥 yáo 逍遥,游荡不定。摇从手,遥从足,音义是相通的。今又说遥远,指走得远。

徭 yáo 古时官府给人民摊派的无偿劳动叫徭役。

飖(颻) yáo 风吹动自然界万物说飘飖。

鹞(鷂) yào 本指一种凶猛的鸟,似鹰而小,轻疾上行,至于高远。今又把风筝叫作鹞子,也是取其上行而高远,随风飘摇。

肰 rán 犬肉。字从肉从犬。

然 rán 是燃的本字。烧也。烧也是一种烹调方法,今说燃烧,只指火的燃化。燃的字形说明燃的对象是肰,烧的是尧,尧即茭,竹也。后说煮豆燃豆萁,燃的也可以是草类。然与犬兽有关,派生了㹞字;然与火有关,派生了燃字。然目,就是烧眼、耀眼,然为照耀、明亮之义。人类会用火后,以熟食为主，这是饮食上的极大进步。因此然字引申为适合、允许、同意等义。这肉是要烧熟了吃吗？然。就是同意，是的。这在人类刚使用火的时代，出现一个"然"的新词，使食物容易消化，人吃了减少疾病，谁不同意？然字又作指示代词，为如此、这样之义，是从照耀、明亮之义来的，在黑暗中谁知是什么样？虽然，义为即使如此诚然，就是确实如此；栩栩然，就是像要飞动、生动活泼的样子。再进一步虚化，便成为形容词、副词的词尾了，如说忽然、突然，今还可说忽地、突然地。然字还发展为连接词，表示递进、承接，如说"然后"；表示转折，如说"然而"。这样，然字到现代仍是一个极为常用的词。

燃 rán 燃烧。由于然字用得如此广泛，它的本义就又加火旁，以示区别。今说燃眉、燃料、燃气、点燃等。

猱 rán 猿猴的一种，青身黑颊，黑髯黑手，爱其类，生时有序，死后相赴，杀害它们一个可以招来上百个。

繎 rán 深红色，若火之燃。又指丝缕之疲软，丧失弹性，成为板块状。

撚 niǎn 搓揉。撚线，就是用两指搓线。揉与蹂、燥都是柔的动词义，柔与肉的音义亦相关。

266. 肥

肥 féi 多肉曰肥。故肥字从肉从卩，要节制。卩字写得像个巴字，是隶书发展横势笔画造成的，相同的情况如"色"，是从人从卩。肥的引申义可说牲畜之肥、土地之肥，人们富庶也说肥。河流的水流量充足，可说肥水、肥泉。今还可说肥水不流外人田。

淝 féi 字本作淠，今安徽的合肥，仍作肥。淝水分为东淝河与南淝河，叫作分肥；施水与淝水相合，便是合肥。

菔 fèi 麻籽，可以榨油，因为它含油量大，故称菔。萝卜古称芦菔，取其根之肥大。

蜚 féi 今称臭虫，寄生在人及猪牛身上，吸血为生。它头短小而腹肥大，把它掐死以后还可见挤出的腹中贮存之血。

267. 隽

隽（雋）juàn 会意字，下为横写的弓字，对着上面的佳（短尾之鸟）。字或从乃，乃是竖写的弓字，类化作乃。这是一个意味深长的会意字，鸟肉味鲜美，今称野味，野鸭之类还是捕猎的对象。引申之义，射中而中曰隽，克敌曰得隽，科举考试而中亦曰得隽。人们的言论、诗文，思想深刻，意味深长，就叫隽永。《论语》中说："子在齐闻《韶》，三月不知肉味。"这是说孔子在齐国的音乐中感受到的意味，远远超过了肉味。这是在文艺和鱼肉之间、精神和物质之间做了沟通，很符合语源。

膦 juǎn 汤少的肉羹，鲜味都在肉中了，故音义从隽。

镌（鐫）juān 雕琢，刻凿。如说镌刻、镌石，带有艺术的意味。引申说镌说、镌谕，即是隽永之言。意味深长的话。镌字也有削职、罢官之义，可说镌黜、镌罚，是另一角度的意味深长。

儁 jùn 才智出人叫儁逸、儁迈，也可作俊逸。儁，同俊。

寯 jùn 才能出众。

樶 zuì 樶李，是古时浙江嘉兴一带盛产的一种李子，肉多浆汁而甜美。显然，樶之从隽，取味美之义，由鸟之味引申指果之味。又由于它皮色鲜红，故又作醉李。

散状药物掺和在一起的，既有散义，又有合义。

268. 肯

肯 kěn 附着在骨上或骨缝间的肉。名词。从肉，从冎(头隆骨)省。肯肯，为形容词，指附和、适当之义，今说中肯、肯定，即为此义。若作动词，说肯不肯，即可不可以，适合与否。现在肯定的本义已不用，引申义则还常用。

啃 kěn 逐步啃掉骨间之肉。犹如剮可指去掉耳，髌可指去掉髌(膝盖骨)。啃掉骨间肉要逐步来，区别于一般的咬、吃。它的引申义也是如此，如说啃玉米、啃地瓜，宾语发展了，说啃书本，已没有嘴啃的行为，是钻研之义。参阅龈，啮食骨间肉也。

掯 kèn 指对款项支付中的克扣、卡压，就像到骨头缝中去挑出一点肉来。从口之啃引申为手之掯。

褃 kèn 腋下的衣缝。今常作裉。别处的衣缝不能叫褃，腋下为肋骨所在，那里的骨间肉最多，这就使语义的引申显得很精微。

269. 散

散 sàn 散杂之肉。从肉，㪔声。㪔从二木，分治麻，即把麻的纤维分散开，就可以搓绳或织布。今散字很少用于肉，指人或事物之分离、发散、杂乱之义，如人与兵卒之散、财物之散、气与云雾之散。"我本是、卧龙岗散淡的人。"那是指性格不受拘束，对名利淡漠，超越常俗，用之于人品风貌了，今还说萧散。有些中药的名称叫散，如冰硼散、六一散之类，是几种

伞(傘) sǎn 本作繖或㦔。指遮阳遮雨的散状车盖，今说车的顶篷。今主要指手举的雨伞，作四散之状。

馓(饊) sǎn 本指用稻米熬成黏糊，再摊成饼，有四散之义。今说馓子，用米粉做成细条形并环转成团的油炸食物，作细散之状。

霰 xiàn 下雪时又遇到强冷空气，雨雪结成稷米那样的小冰粒，好似从空中撒下，所谓"撒盐空中差可拟"，"未若柳絮因风起"。雪是飘的，霰是撒的。

潸 shān 泪珠滚落之状，叫潸然涕下，与暗中湔下不同，是散状的。

镢(鐉) sǎn 弩机松弛叫作镢，就不发射了，故取松散之义。

撒 sǎ 或作㪔，本指散米。主要用作动词，谓以手散。字从杀，杀本有消除、流放之义，就接近于撒了。今说播撒、撒得一地，抽象义如说撒娇、撒泼，即是把娇和泼的情调散布出来。散字本有散心的说法，情调就也可用撒。

270. 昔

昔 xī 干肉。故从日，要晾或晒。昔字的上部象散肉之形。俎字从且，指切肉的板，它的左旁便是切的散肉之形，昔字的上部本作四个人字之形。隶书把波折的笔画写成平直的，这是隶化的重要内容。今还说肉干，便于储存和携带。因为要晾和保存，昔字就和时间的问题联系起来了。昔字有久、往、昨、夕、夜等义，本指过夜的肉，非新宰的肉。昔与今字相对，说今昔对比、今胜于昔等。

皲 què 皮肤干燥破裂曰皲，树皮裂开亦可曰皲。

惜 xī 心中有干肉，便是爱惜之义了。今还说爱惜粮食，更广泛地可说爱惜人才、爱惜资源。又说惋惜、可惜、痛惜等。惜的对象越来越广泛。"惜乎！子不遇时。"可惜呀！你生不逢时。这种心情也可叫惜，比惜块干肉就深刻得不知多少了。

嗜 jiè 叹声。珍爱的时候，可说嗜嗜；痛惜的时候，可说嗜惋。这是出气之声。吸气也要出声，如说嗜痛，就是长了脓疮，用嘴去吸。

讍 zé 大声吆喝，有时也表感叹，或以言酬答。

鹊（鵲） què 它叫声嘈杂，故称鹊，如说："乌之哑哑，鹊之嗜嗜。"鹊噪兆喜，故称喜鹊，烦闷时听候喜鹊唱枝头。字本作舃，参见舃。

醋 zuò 或作酢，客人给主人斟酒，即酬答之义，与讍字义近。也与来回交错的错、措之义相近，是主客之心意交错。醋今读 cù，指酸醋，本亦作酢。醋也需要久酿，今还说老陈醋，故其音义从昔。

措 cuò 安置、安顿、安放。手足无措，即手足都没地方放，不知放在哪里是好。干肉需要放好，故得安放之义。今说采取什么措施，或说举措，就是要把事情安排(亦安置、安顿之义)好；但有时搁置不用，就又得废置之义，法律要设置，不当则要废置。后果不同，相反为义。古所谓"刑措"，就是不用刑法，当然是很高的境界了。

蹐 jí 手之安置曰措，足之安置曰蹐，故蹐为践踏之义。蹐蹐然，就是于事恭敬、谨慎的样子。

趞 què 行走轻便，亦得安之貌。

遳 cuò 交错。东西为交，邪行为错，今多作错，说纵横交错。

齰（齰） zé 或作酢。犬牙交错，就是啮骨。也作齚，实即咬。

错（錯） cuò 作名词，指金属的锉刀，作动词，来回磨砺，叫作错。错也有交错之义，互不相当，可说错位、阴差阳错。从而可说错乱、错杂，然后又得差错、谬误，今说错误，或单说错。对和错相反，对是互相对着，错便是错到一边去了。今说错误，已经成为一个很抽象的理念，说错了，做错了，往往有有深刻的含义。误从吴、矢，是头歪在一边；谬从翏，是好高骛远的飞翔。这便是语源上的谬误，也叫作错。错的口语性较强，还可引申为坏、糟，不错就是不坏，就是好。

厝 cuò 磨刀石。他山之石，可以为厝。厝从厂，为山厓之义。厝与错相通，也可有错杂、措置之义。

硞 què 石杂色，即杂色之石，取错杂之义。也可与措、蹐之义相通。

剒 cuò 对角、骨之类的材料加工叫剒，与错刀的错字义近。对玉石的加工曰雕、琢，对木的加工曰劂（duó，裁割）。

斮 zhuó 斩断。这与剒是用刀与用斧斤之别。此谓斧斤之措，故得斩断之义。斩首曰斮。斮陈絮，就是把麻絮之类剁断，拌上漆，用以封葬。

猎 zé 一种带叉的矛。作动词谓以叉矛取物。现在的渔村也往往有以叉取鱼鳖之事。

借 jiè 本谓帮助、依靠、凭借之义，肉食时代以干肉相助，谷食时代以粮食相助。货币发达以后，便常是以钱相助。借的宾语扩展起来，可说借兵、借交(朋友之力)、借路、借威、借资，有的东西是要还的，有的东西无从偿还，为凭借、依靠之义。再进一步可说借光、借鉴、借故、借重，大多是抽象义。"借问酒家何处有"，问还可以借吗？只是表示一个尊重对方、有礼貌、靠你的帮助的意思。现代金融业成了经济的中心环节，它的内容主要是借与贷的对立，故又得借贷之义，借必须是要还的。

耤 jí 这是耕作方面的借助，或代耕。耒为耕犁。相传井田制时代，中间的那一块地是公田，由众人代耕，也叫耤田。

藉 jiè 本指祭祀或朝聘时铺在地上的草垫或白茅之类，礼器、礼品，搁置其上，故可有凭借和搁置之义。若是白茅之类不加编制，来回践踏，便又呈狼藉之状，得杂乱之义。

籍 jí 书册。如说典籍，因为古时簿籍常用竹简穿连而成，故字从竹。籍就是记录政事的凭借。今说书籍、古籍。籍贯之籍指户籍，贯为世代居住之地。籍有时也作动词，为登记、著录之义。

271. 鱼

鱼（魚）yú 水中之动物，主要是鱼。象形字，鱼尾是分叉的，与火的字形相似，故后也写作四个横列的点，燕尾与鱼尾相似，故燕字也作四点。鱼的头上没有长什么伸出的东西，原来是一根穿着鱼的绳子，故这是一条已捕获而悬挂着的鱼。鱼肉就是鱼与禽兽，现在也可指鱼的肉；"鱼肉百姓"，就是把老百姓看成鱼和肉，可以肆意宰割。

渔（漁）yú 捕鱼。渔与鱼通。观鱼有二义：观看游鱼和观看捕鱼。渔的古文字可写作渔下有左右二手。渔字引申有侵夺、猎取之义，如说渔利。

稣（穌）sū 从禾，鱼声。鱼有捕鱼之义，以把取禾曰稣。由鱼到禾，是从渔猎到了农业。还可以是把疏土壤，便是耕作了。屈原《离骚》中有"苏粪壤"的说法，苏即稣，苏从草，把取的也可以是草。稣和苏又有生的语义，死而更生曰稣、苏，因此六朝人又造了一个甦字，甦即苏。苏、稣与生声母相同，死而复生今还曰醒，说苏醒。

苏（蘇）sū 草。它原本是个方言词，江淮、南楚之间曰苏，自函谷关以西即秦国一带曰草。故江南有苏州，今全民语中皆曰草，是秦方言的胜利。

柴草曰苏，割取柴草亦曰苏，故常说"樵苏"。还有一个具有更生之义而声母相同的字是"朔"，"朔，月一日始苏也"。即阴历每月初一开始月亮便有亮的部分，并一天天增加，叫作"生魄"，暗的部分叫"死魄"。这是古代的天文学。

272. 美

美 měi 字从羊从大，美本指羊肉的美味。羹字从羔从美，指肉汤，也主要指羊肉汤。这都说明汉族人原本也是以吃羊肉为主。美字从大，即人，美字主要指人之美，也说美食，而用美字来形容的事物也非常广泛，如美宫室、美山河、美德、美哉周之盛、美哉禹功。养育的养，从食，羊声。義、善与祥三字，也都从羊，就更是思想观念方面的美了。

媄 měi 容颜美好。

渼 měi 水波。波纹是美好，波浪式更有美学的普遍意义。隶书的美，主要是在笔画中常带波势。

273. 膻

膻（羶）shān 本作羴。羴为多、浓之义。膻指羊膻气，不爱吃羊肉的人认为那是膻气不好闻，爱吃羊肉的人认为那真是香，还说膻香。水居者腥，肉獲者臊，草食者膻。

鲜（鮮）xiān 从鱼，羴省声，故鲜的本义指活鱼。老子说"治大国若烹小鲜"，他是烹的活鱼，不是死鱼，因为鲜就有新鲜之义。引申之，新杀的鸟兽之肉也可曰鲜，新织成的布帛也可曰鲜，新登场的五谷也可曰鲜，要尝鲜。新摘下的果子叫鲜果，新开的花叫鲜花。今常说新鲜，鲜就有新的语义，新鲜两字双声。

癣（癬） xuǎn 皮肤上受到霉菌的感染，出现鲜白的斑痕，叫作癣。不出水，也不化脓，是一种皮肤病。

薛（薛） xiǎn 苔藓。生石上、瓦上、墙上、地上的阴湿处，亦有生水中者，或绿或紫，色鲜，故称藓。

霰 xiàn 小雨。音义从鲜，取少小之义，是鲜字的假借义。字本作霅。

274. 瓜

瓜 guā 葫芦科植物的果实。象形字，中间的"厶"，篆形为小圆球形，像瓜，其余的部分是瓜蔓。甘肃的敦煌一名瓜州，因为那里的瓜特别有名，至今新疆、甘肃的瓜果都好。至镇江那里的"两三星火是瓜洲"，那是长江中的一个小岛，形似瓜，故名。今常说瓜蔓，指事物和人之间的关系分割不断，古更以瓜瓞指子孙昌盛。

胍 gū 胠(dū)胍，大腹。是如瓜之圆大。又指椎头或杖头之大，就是今说的骨朵。

孤 gū 无父母曰孤儿。故孤引申有孤单、孤独、孤特之义。瓜字上面也只结一个瓜。还有一个古字作蓏（luǒ），《说文解字》："在木曰果，在地曰蓏。"这才应该是瓜果的瓜字。又有瓜(yǔ)字，意思是"本不胜末，微弱也。"又有窳(yǔ)字，更是败坏、懒惰之义。可见瓜只有一个才好。这是什么意思？这是嫡亲之义，长子为嫡，嫡只能有一个。故古代王侯自称为孤，孤就是嫡长一个。也可称寡人，寡也是孤。孤在周秦时代往往用作尊称，是独一的继承人之义。今说孤家寡人，才是指一些自取孤立的人。词义的褒贬，大为变化了。

苽 gū 今称茭白，古称蒋，亦称苽，以其一棵茭白只长一根茭白，独一之谓也。蒋字从爿，取味美之义。茭字从交，两腿相交为一。

篛 gū 相传有一种竹，只生一根竹笋，竹笋长大，老竹就枯死了。商代有一个诸侯的封国就叫孤竹，孤竹君有两个有名的儿子即伯夷和叔齐，二人互相谦让，不继君位。

呱 gū 小儿啼声。如说呱呱坠地。今还有一词叫"呱(guā)呱叫"，有二义：一指夏夜青蛙狂叫之声；一是赞扬极好的人或事，伸出大拇指，口说呱呱叫。

觚 gū 古时一种小型牛角酒杯。音义从瓜，与孤同音，取小之义。

柧 gū 一种锥形的木柧，分六面或八面，可以在上面练字或记事。它与片状的简不一样，它要编集成书。那时还没有纸。

佤 kuā 同乖。歪斜不正，屈曲。瓜的形状各异（西瓜是后来的），还有歪脖子瓜，两头宽而中狭的瓜。此用以说人事中的不正现象。

窊 wā 往下倾斜，成了低凹之穴。从地势低下而指人的地位低下。总之是低下和歪斜二义的结合，即从汙又从乖。

瓜 yǔ 蔓一而瓜盛多，根茎就劳病微弱。故瓜为劳弱之义。

窳 yǔ 器物之低陷或中空者，即粗劣破损的产品，如说陶器的次品、残品，说苦窳之器。

弧 hú 木弓，与角弓相对而言。引申指曲线形，如说圆弧形、弧形，有弧度和弧心。

狐 hú 妖兽。妖字从夭，曲也；狐字从瓜，亦取曲义。狐似犬，故狐字从犬。它是怎么妖曲的呢？所谓狐媚，它善于迷惑人、讨好人；又有狐疑，它多猜疑，会变化，狐假虎威就是它的一种本领。后来就把它和妖魔鬼怪结合在一起了。狐与弧相通；弧，弓曲也。

瓠 hù 葫芦。虚中而大，也有圆而纡曲的义素。今常说瓠子。

壺（壺） hú 圜曲之器。上像其盖，下为壶身。今说茶壶、酒壶、油壶等。壶与瓠音同义通。

275. 果

果 guǒ 树木结的果实，今说果品、瓜果。结果一词，本指长出果实，引申指各种事情的发展结果。未果，就是未曾有结果。"腹犹果然"，就是肚子仍是果子那样饱满之状。说果然、果真，都是表示信实之义。树木总要结出果来，不会有假。这是把生活经验融会在语源之中。果字还虚化为连接词，为假如之义，为假设的连接词，如果怎样。

菓 guǒ 同"果"。因为果字过于频繁地用于它的引申义，有时就写作菓字。

餜（餜） guǒ 有些地区把油炸的面食、糕点之类称作餜子，因为它们呈饱满之状。

粿 guǒ 米麦轧成的碎屑或粉末，因为它们可以做粿子。这是把成品的名词用作原材料的名称。

麨 guǒ 饼麨之食。

以上3字，从食、从米、从麦，只是偏旁不同，音义一致。我国幅员辽阔，南方吃米，北方吃麦，做法也各有巧妙，因此在语言文字上同中有异。

稞 huà 颗粒饱满之谷。故其音义从果，取饱满如果之义。或指脱皮之谷，即同麨、粿。稞又读作kē，指青稞麦，产于西藏、青海等地，是大麦的一种，粒大，皮薄。

颗（顆） kē 本指小头。引申指各种小的块状物、颗粒物，粮食谷物要颗粒归仓。还指汗珠、星星等，还说一颗心，均作量词。

棵 kē 草木、庄稼、蔬菜等都说棵，作量词。

锞（錁） kè 用金、银等铸成的一颗颗圆锥形的钱币，叫作金锞、银锞。它们的量词则用锭。

堁 kè 尘埃，与粿、麨之义相似，指粉末状或碎粒状的事物。土堆或沙堆亦曰堁，大多为圆锥形。

夥 huǒ 或作伙。众多曰伙，如说同伙、合伙。伙办就是合伙去办。伙计就是合伙计议，引申指合伙计议的人。锞、稞、餜等都是合成之物。

踝 huái 人足之左右骨隆起而圜者，在外曰外踝，在内曰内踝。隆起而圜者，于金曰锞，于食曰餜，于土曰堁。

髁 kē 股骨。隆然而圜，有股骨头、股骨颈，也可指膝骨。

裹 guǒ 包。从衣，果声。早期的裹用以指食物、衣物之裹，如裹足、裹土、裹尸等。不仅裹的宾语发展，裹的主语和裹的材料都扩大。裹挟，就是卷走、带走，如说被时代的浪潮所裹挟。

窠 kē 巢穴。穴中空曰窠，树上曰巢。草木成团便于栖息或藏身，就叫草窠或柴窠，窠臼是两件相似之物，引申为抽象义，艺术创作，甚至办事、写文章，不落俗套，别具一格，可说摆脱前人窠臼。

輠 guǒ 车轴的轴头。于车轴曰輠，于股骨曰髁，于足曰踝。

课（課） kè 言能测知事态结果者，故课字从果。最能测知结果的，不管怎样，就是占卜。故占卜也曾叫起课。课还有考核、计算之义，也是测知的能力。计算税收叫课税。佛教讲解经义叫讲课，坐禅之类叫做功课，都是要测知未来，能否进入天国。现在学校里也说上课，要做功课，则是要学得科学知识。

钳子。

骒（騍）kè 母马，或叫草马。古时对民畜牸牛、草马都要征收赋税，因而对草马也叫课马，或作骒马。

悈 guǒ 杀敌为悈。即果敢，果决勇敢之义。亦与果相通。

猓 guǒ 猓然，也作果然。《本草纲目》上记载，人捕其一，则全群啼而相赴，虽杀之不去，义无反顾，故名之曰果然。

裸 luǒ 亦作倮、臝。祖露，人不穿衣服叫裸露，身上不长毛羽、鳞甲的叫裸虫，历来都以臝释裸，两字双声。裸又从果声，仍指草木之实，如大麦称裸麦，植物上也有裸子植物。人则是典型的裸虫。

276. 甘

甘 gān 从口含一，指口含美味之物。故甘指甘甜之义，亦指口含之义。甘味生于百谷，实即今说的淀粉的甜味。引申义可说甘霖、甘壤，即是好雨、肥沃之田。抽象义说甘心、甘愿，是表的意向。

苷 gān 甘草。一种常用中草药，味甘。

柑 gān 指柑子或柑树，是酸甜结合之味。

泔 gān 淘米泔水。特别是一缸水里多次地淘，米糠上的许多淀粉、维生素都溶解在里面，成了乳白色的浓汁，称作泔水。

姏 qián 能以甘言悦人的老婆子，有时还能钳制人，称作姏姆、姏母，可褒可贬。

拑 qián 作动词，夹住；作名词，拑子。这是从口含之义引申为手夹。以手曰拑，以竹曰箝，以钢铁曰钳。今一般作钳。

箝 qián 今作钳。用竹器去夹住。南方多竹的地区，常以一竹片，于中间折中处火熏加热，然后弯过来就成了一把

钳（鉗）qián 锁住脖子的刑具。作动词为威胁、强制之义。今钳工为安装工程中五大工种之一，完成束、套、裹等活儿。常用的有火钳、老虎钳。

嵌 qiàn 本是对崇山峻岭、深山峡谷的一个描写词，山脉互相挟持，深谷又不可测。今引申指下陷的地势，又指填塞物件上下陷之处曰镶嵌，特别用于工艺装饰，要嵌金嵌银，有时是填补缝隙。

邯 hán 邯郸，今河北省邯郸市，春秋时为卫国都邑，后属晋。三家分晋后，为赵国都城。邯山至此而尽曰邯郸。郸与殚通，殚及从单字多有极尽之义。至于邯山为什么叫邯，恐怕已无史载，顾名思义，是两山夹谷。青海还有邯水，分东邯和西邯，注入黄河。既分东西，即取夹住之义。甘字从口，口常用以指山水之口。

酣 hān 酒喝得起劲，喝得尽情。音义从甘。引申指战斗正激烈说酣战，尽情地唱可说酣歌，睡得正香可说酣睡。同义词结合的可说酣畅、酣放。

蚶 hān 今俗读 gān，蚶贝，俗称瓦楞子。其外壳纹理如瓦楞。蚶，含也，如含于口中。蛤，合也，其贝壳两相合也。蚌，奉也，如两手相供奉也。此皆以其贝壳名之。

坩 gān 盛食物之器，如瓦罐、陶瓮之类。音义从甘，取口有所含之义。坩埚是用黏土或石墨等耐火材料制成的厚实小锅，故埚字从土，于其中熔化铜、铁之类金属，用以修补之用。今实验室中也有坩埚，用铂或镍制成，则是实验之用。字或作甂。

疳 gān 小儿积食病。肥甘的食物吃得过多伤了肠胃，形成消化不良症，面黄肌瘦而又腹胀。肥甘本是好东西，而今是病在肥甘了。

髥 gàn 头发长得黑亮，是美好的表现。从甘之字可有黑义。

绀（紺）gàn 帛深黑而带微红的颜色，也说绀发。又说绀殿、

绀宇，都是指佛寺。

黚 qián 黄黑色。字从甘声，指黑里含有一点其他的颜色。

以下从甘之字的声母或韵母发生了变化。

甜 tián 甘味之浓而长者为甜。甘是粮食中淀粉的甜味，从中制作出麦芽糖、高粱饴之类，便是甜味，之后便产生用各种糖制作的食品。这是甘与甜的区别。甜与嘽(tán)声母相同。嘽的音义从覃。覃，长味也，覃的下部本是一个厚字，上部是一个卤字，指鹹味之浓厚。引申指甘味之浓厚，故从甘从嘽。故甜的音义从覃又从甘。甜可引申来形容声乐的甜美，语言上可说甜言蜜语，心情可说甜滋滋，日子可说过得甜。

恬 tián 从心，甜省声。心里甜美，故得安静之义，如说恬静、恬淡。恬不知耻，就是做了可耻的事，似乎还心安理得，满不在乎。

湉 tián 水安流之貌。如说湉湉、澶(dàn)湉。

厌(厭) yàn 本作猒。从甘、肰(rán，犬肉也)。饱，满足，引申为厌恶、讨厌之义，别制厌为餍饫、餍足之义。厌字从饫，从甘。"饫，食过多。"这正是厌足之义。糟糠不厌，就是糟糠也吃不饱。抽象义可说厌世、厌战、厌学。常说的是厌倦、厌恶、厌烦、厌弃等。

餍(饜) yàn 吃饱。这是厌字的本义，厌字多用于厌恶、厌倦等义，故本义作餍。学而不厌，这是引申义，就不能作餍。

魇(魘) yǎn 梦中受惊，做噩梦。即是取厌恶之义，今说梦魇。又引申作动词，为迷惑之义；作名词，为妖魅之义。这都已是古义。

恹(懨) yān 或作懕。心安。与恬字义近，声母不同，恹更有安之满足之义。恹恹夜伇，便是心安神静。恹恹又有患病而精神疲乏之义，这是从厌倦之义来的。

壓 yān 美好，安详。

廯(黶) yǎn 黑。大多形容肤色及黑痣、伤痕之类。又有厌弃、厌藏之义，廯然，就是黯然掩藏。

槏 yǎn 山桑。有点纹，故直接从廯之义。

厣(厴) yǎn 蟹腹下厣，即蟹脐，起保护、安定的作用。螺蛳之类也都有厣，以掩盖住它们的甲壳之口，一遇风险就掩藏起来而安然。

压(壓) yā 压迫，胁迫。都是力的作用，字从土，为土石之压力，所谓泰山压顶。又从厌，为力之足也，即取满足之义。今说压坏、压瘪、压迫、压榨、压制、积压、镇压等，有具体行为之压，有抽象语义之压。有肩膀上的压力，也有思想上的压力、舆论上的压力。胁是以两胁挟持，拙制的拙，从甘，也是挟持。压又与押相通，而厣则从甲。诸如此类，在这里是左右相通的。

撒 yè 亦作擪。一个手指按。压是土石覆压，故与撒有大小轻重之别。演奏家弹奏、吹管，中医把脉，都说指按，古则说撒。现在对键盘、电钮、鼠标也是大多说按，偶或也说压。

黡(黶) yè 脸上的酒窝。常说笑黡或酒黡，有如指按，古则说撒。

277. 甚

甚 shèn 篆书作甘下一个匹字，隶书写成像个其字。甘谓甘甜、美味，抽象义谓美好、安乐。匹谓匹敌、相当、比得上。为会意字，相当美好之义。甚字现在主要用作程度副词，可说尤甚、益甚、殊甚，是很的意思。

甚 shèn 桑葚，桑树结的果实，生的时候是绿的，熟了就发红，又由红发紫黑，就尤其甘甜了。所以，甚字从甘从匹的两义素，在甚字中完好地保存着。

谌（諶） chén 言之甚美者，故得信任、真诚之义。如说天难谌，即老天爷也难以相信了，这是感慨的话。谌作副词，为确实、的确之义，是从匹的语义来的。

斟 zhēn 斗、勺之类都是古盛酒之器，今犹说斟酒，作动词为盛取之义，酒是甘美的，故从甚声。斟酌一词早就有了，是增损取舍之义，抽象义是对问题的是非和分寸的考虑。

湛 zhàn 沉没。引申指水之清澈、深。精湛，指思想或文章精深。湛字的古义很多，湛露就是露水浓重晶莹，它还有安乐、沉溺等义。

媅 dān 亦作妉。甚为安乐。从甚字与从尢字往往相通，如湛与沈（今作沉）、醋与酖均可相通。

戡 kān 克服、制胜。戡乱，就是平定战乱。戡与克声母相同，戡就是克之甚。

堪 kān 胜任，可以。不堪，谓不能胜任，不可之甚。不堪与不可、不能（即不克），有此程度的区别，因为堪从甚声，并有甚义。

勘 kān 用力之甚。勘探就是勘查和探明，勘测就是勘察和测量，校勘就是校对和勘误。戡为以戈平定之义，勘为用力校订之义。

278. 舟

舟 zhōu 船。最初是独木舟，选用大树干挖空中心就是舟。舟是在水上承受重载的，故凡承受之器可曰舟，盘子的盘字就从舟，承受的受字也从舟（详下受字）。船字本是秦国的方言词，秦汉以后逐步取代了舟。今只在成语或一些书面语中还用舟字，如沉舟侧畔千帆过、破釜沉舟，茶盘北京还说茶舟。

匊 zhōu 舟经常处于周绕盘旋之中，故得周遍、周匝之义。周与匊同音而通用，今则一概用周字。

侜 zhōu 蒙蔽、壅塞，抽象义谓欺诳。

輈（輈） zhōu 车辕。辕的音义从援，左右两木，是援引、拉动车辆前进的，本作辕。輈的音义从舟，居中一木，是承受拉力随之前进的。

受 shòu 从爪（biào，从爪从又，上下两手相向，故为给予或接受之形），舟省声。故受为承受之义，承与受声母相同。承受一词早就有了，为承认和接受之义。它本指手的接受行为，引申为非手的行为，如说受益、受穷、遭受、忍受。它又指上下手之间的行为，从而有禀受之义，如说受命、受教等。随后也逐渐失去这种关系，如说好受、难受之类，就没有上下的关系。至于受字中间的笔画，为舟字的笔画之省，甲骨金文中的受字大多不省，是一个完整的舟字。

授 shòu 给予，赋予。本来给予和接受都作受，后分化出授。它和买、卖二字的情况相似，后分化出卖字，原来是买进卖出都作买。

绶（綬） shòu 印钮上拴的丝带，便于受授，故音义从受。一些玉饰的佩带也可曰绶。

朝 zhāo 或作晁。日出时分。从倝（gàn），舟声。倝，从旦，㫃（yǎn）声，日出时光芒闪耀，故说朝霞。朝又读 cháo，为朝拜、朝廷之义，故从舟，受授君命。发展为介词，为面向、对着之义，如说朝南、朝前。

潮 cháo 水朝宗于海。引申指潮水，朝来者曰潮，晚来者曰汐。又指潮湿、潮气。引申义指事物发展的顶峰状态，说高潮、热潮、潮流等，还说思潮，就更抽象了。

嘲 cháo 口所朝向。常说嘲笑、冷嘲热讽，常伴以言，故亦作潮。

庙（廟） miào 庙堂是供奉先祖牌位的地方，那里有画像或石像，故常曰"尊先祖貌"。行礼或谋事，常于宗庙进行。《孙子兵法》中有"庙算"或"庙谟"，就是到宗庙去筹划军事大计。故庙的音义从貌、从朝。有时还说寝庙，后面停放先祖衣冠等遗物之处曰寝，祭祀的地方曰庙，合称寝庙。为什么要说貌？貌与礼相联系，说礼貌。庙字后用以指宗教的寺庙，那里有菩萨的塑像，也是又拜又有貌的。

279. 般

般 pán 舟之盘旋。从殳，指撑船的篙竹。盘旋则大，故般有大的义项。石之如盘者为大石，作磐；带之盘旋者为大带，作鎜。般字在今语中的一个重要义项，是种、类之义，这般就是这样，那般就是那样。还说一般、百般、暴风雨般。"一般"有二义：①同样，一样。如说人群像潮水一般涌来。②普通，平常。如说一般化，没有特别的地方，没有两样。

盘（盤） pán 或作槃。盘子，承受物品之器。因为般有大的语义，故古说盘，澡盆、浴缸之类也可说盘，脸盆就更可说盘。盘大多是圆转的，也可有方盘，也是四周盘绕。下一盘棋，因为有棋盘，故量词也说一盘棋。今说盘子，大多较小而圆转者。

鎜 pán 大的衣带。现在我们身上大多是裤腰带，古装肥大，或外或里常束衣带，男子带鎜，妇人带丝。带上还常佩有玉饰之类，所谓蟒袍玉带。音义从般，不仅取大的语义，还取盘绕的语义。

幋 pán 缠绕在衣外或盘在头上的巾饰，今之披肩、围巾、裹头布之类，故也是从般而取大、盘绕二义。

磐 pán 成语说大如磐石，或安如磐石，磐是大而团圆之石。

鬘 pán 不是高起而是盘曲在头上的发髻，所谓盘桓髻。

搬 bān 今说搬上搬下、搬来搬去，往往是盘桓的行为，故搬字的直接语源是盘旋曲折之义。撑船是在水上盘旋行进，搬迁是在陆上盘旋行进。

婆 pó 本作媻。本指老母，引申可泛指年长老妇，故取老大之义。婆娑一词早在《诗经》中就有了，指舞姿，故取盘旋之义。字亦作媻娑。波折与盘旋用来形容舞姿，可以相通。

280. 方

方 fāng 象形字，两撇象两舟相并之形，一横表示把两船头连起来了。文字草化以后，上面成了一个点，本来是连起来的船头。方字的出现，是造船和水运发展的表现。凡物相并皆可曰方，如说比方，两人相并曰比，两船相并曰方。仿效即相并相效。方圆的方，本作匚，假借为方。筐子是方的，矩也是方的，字从匚，不从方。但匚的引申义皆方。古说天圆地方，从而说方向、方位、地方、方域等。抽象义如说矛盾的双方、研究的方法、发展的方向。

舫 fǎng 并船。实即方，因为方的引申义用得很广泛，本义就作舫。今说画舫、青雀白鹄舫。甚至单只的游船也叫舫，北京颐和园里有石舫，是单个的石砌的船。

房 fáng 堂屋之左右两室称房，今说厢房，由并船引申指并户。今则泛指整个建筑曰楼房、房地产。就是堂屋，也可以说正房。原配正妻也说正房，后续的叫填房，这就又回到室之在旁曰房。

坊 fáng 邻里可说街坊，相并之居住者。商贾贸易之所、手工工场，亦可曰坊，如说油坊、磨坊、染坊、作坊。

仿 fǎng 相仿，就是相似。常说仿造、仿制。仿效就是从旁效法，是力求相似，常不会完全一样，也可能超过原件。仿佛(或作双人旁，或上作髟旁)就是相似却又看不清。

妨 fáng 妨害，妨碍。户并就是厢房，土并就是街坊，人并就是相似，女并就是妨害。这是对妇女的歧视观点，对男的就不说妨害。以上几个从方字都是就人事之间说的，妨的引申义就超出人事，指诸种事物之间的害与碍，如说于事无妨、不妨试试。

肪 fáng 本指两边腰间的肥肉，脂在两旁者。腰粗了，没了曲线，就不美了。所以它特别显眼。今说脂肪，已不限于腰间。

访（訪）fǎng 广泛地问讯于人曰访。即今说的咨询、请教、商讨。今说暗访，为暗中调查、考察之义。还说专访某个人、访问一个国家。拜访就是结识一下，也可有所谋。

防 fáng 堤。今说堤防，傍水而筑，阻挡水流。引申义防备、防止、防守、预防。防的宾语和主语，已远不限于水土，如说防疫、防腐、攻防等。

枋 fāng 檀木，木质坚硬，耐腐蚀，常用以造车。榆枋常连称，榆字从俞，常用以造船，也是坚固而耐腐蚀。

纺（紡）fǎng 作名词，指丝或麻的织物，如说纺绸、杭纺；作动词，指丝麻纺成纱、线，又把纱线织成布帛，叫纺织，今说棉纺、麻纺等。纺，并也，并丝并纱为之。又有绑，谓杂色的线织成的布；縑，为双线织成的布，都是相并之义。织，言其交也；绸，言其稠密也；绨，言其精细轻薄者；线与缕，言其不绝也。

放 fàng 治罪而放逐之。臣有罪，流放之边远。左边曰旁，屏之四方。这是放字本义。引申为放弃、释放。放牛、放羊，也是有管理的，不是到边防，就是到旷野水草之地。至于放纵、放任、放肆，就是无管理的了。抽象义有放心、放意、放怀的说法，放言就是畅所欲言，放歌就是纵情地唱。更有奔放、豪放，是情怀的尽量发挥。放在现代口语中最常用的义项是搁置之义，如说把碗放下，把这个问题先放一放。

旁 páng 侧也，边也。今说旁边、旁侧，旁的音义从方，相并之处曰旁。旁人就是别的人、其他的人，旁门左道就是歪门邪道，语义都略有演变。旁又有广大之义，是从方位之义来的。旁溥，或作磅礴，义为浩大而普遍。

膀 bǎng 或读 páng，肩与胳膊连接的部位，说肩膀、膀子，是居于两旁的。翅膀，翅从支，取分，分于两旁，语义是相通的。

髈 pǎng 肩膀，也可指大腿，都是居两旁的。

傍 bàng 左右两侧，也说近傍，皆人之旁，今均作旁。还说道傍、江傍，今亦作旁，皆方位之并旁。傍晚则为时间之傍，不作旁。

艕 bàng 船身的两侧叫船艕。

帮 bāng 鞋子的两边曰鞋帮，今作帮。还说床帮、白菜帮。参阅帮字。

鳑（鰟）páng 或作鲂。俗称鳑鲏，浮游水面，成群来往。鳑，言其并或旁；鲏，言其比且连。

螃 páng 螃蟹。蟹从解，言其壳易分解也。螃从旁，言其行左右而横也。

滂 pāng 水势盛大充溢。如说大雨滂沱、涕泗滂沱。还可说滂沛、滂漭。

昉 fǎng 日之明也。从方，取磅礴、充溢之义。

雾 pāng 雪盛大貌。如说雨雪其雾。字或作霶、霶。

耪 pǎng 给庄稼松土。耪地就是疏松土地，使板结的状态疏松胀大。镈是一种耨草的工具，耪与镈均有"大"义。

嗙 bēng 叱声、喝声，皆大声。又有自夸之义，即大言。

磅 páng 击石或石落之声大。磅礴，言气势之大，亦作彭魄。磅(bàng)、镑，则均为英语 pound 的音译。

谤（謗）bàng 毁谤，指责，诅咒。音义从方，取放逐屏弃之义，如说诽谤，诽从非，取否定、排除之义。我国自古有"谤木"，尧时即立，臣民有议时政得失，书之于木。今故宫正门的两旁有华表，便是从谤木发展来的，六朝以后就完全成装饰品了。

蒡 bàng 牛蒡子，又名恶实。故其音义从旁，取毁恶之义。牛，大也。这种植物叶子比芋头叶子还大，它的果实似葡萄之核而外壳多刺，以多刺而又名恶实。

榜 bǎng 本指辅正弓体的工具，以两直木相并夹之，故称夹辅。夹必并，故从旁从方。榜又有木板之义，并木为板，字或作牓。榜上题字就叫榜书，张贴告示叫发榜。今天有光荣榜、选民榜，榜样就是给大家做示范的样。

搒 péng 杖击，另一义指划船，都是左右来回的动作。

芳 fāng 草香曰芳，五谷之香曰香。今皆曰香。香或作薌，乡可有面向、朝向之义。芳从方，亦面向之义。芳的同义词有芬，芬从分，取分布之义；芳从方，取面向之义，皆从动词取义。

281. 亘

亘（亙）gèn 或读 gèng，小篆作二字中间一个舟字，意思是两岸之间有舟相连，故得连接、横亘之义。如可说山脉横亘，"亘古未有"，就是横亘古今所没有的。亘(亙)与亘(㕰, xuān)不同，亘(xuān)是两岸之间有回旋之水。

恒 héng 今多作恒。心的连接、横亘就是恒，恒心就是经久不变、长年如此的心。恒星就是永恒的星、常见的星，与行星相对而言。

晅（晅）gèng 太阳经久接连地曝晒曰晅。久晒则干，故又得干燥之义。

搄（搄）gèng 紧相牵引，连接，则亦必于二者之间，故音义从亘。

縆（緪）gēng 两岸之间悬以大索曰縆，借助通行。拔河时用的绳子叫大麻縆(同緪)，也是两头急引的。琴瑟上的弦，也是两头绷紧的，叫作縆瑟。

282. 俞

俞 yú 主要用作动词，由水行引申为一般行进之义。字从亼(即"集"字，三合也)、从巜(kuài，即浍字，水沟)、从舟。用木集合成舟以渡水，故得逾越之义。

榆 yú 榆树木质坚固，耐腐蚀，是制造舟车的良材，故名榆，音义从俞。陕北有榆林，史载长期驻守北疆的秦国大将蒙恬，在那里"累石为城，树榆为塞"，因而那里名榆溪塞，后称榆林。

逾

yú 越过。

踰

yú 踰越。实同逾。今说不可踰越的鸿沟。又可说踰墙、踰园，都是跨越之义。《论语》有："七十而从心所欲，不踰矩。"就是随心所欲也不至于有越轨的行为，即经过七十年的磨炼，到了这种境界，这个踰字便是抽象义了，因为它的宾语"矩"，指法规，已不是沟、墙之类的具体之物。

蝓

yú 蜗蝓，即蜗牛。它的腹部有宽平柔软的腹足，缓慢地拖延而过，故蜗从厂，延也；蝓从俞，过也。

渝

yú 改变。由此岸越过到对岸，事情就改变了。如说始终不渝、忠贞不渝，都已与水无关。重庆市简称为渝，古为渝州，渝谓越过了三峡艰险，是从水的。

窬

yú 门旁留的小洞，供猫狗出入。名词。也指盗贼挖的壁洞，所谓"穿窬之盗"。

牏

yú 筑土墙时，里外两边的长板曰栽，中间倒土筑坚实；墙两端的短板曰牏，亦曰桢。即是墙至此为门窗，可以逾越。

喻

yù 或作谕。言与口之逾越，即说明问题，通晓、告知之义。比喻就是用一件大家已知的事来说明另一件未知的事。

覦（覦）

yú 从见，俞声。眼睛穿越，即是看到。引申为想要、希望得到。觊觎，指非分的希望或企图，抱有这种想法就叫觊觎之心。

揄

yú 手的穿越，即是引取、挥手之义。揄刀就是举过刀来、挥刀；揄兵而南，就是挥军南下；揄袂，就是挥袖。揶揄，或邪（yé）揄，是不正当的挥手，即是嘲弄、要笑。

瘉

yù 古说瘉，病甚了；今说瘉，病好了，痊愈了。这是相反为义。踰，过也，引申有越过、胜过，作程度副词就是愈加、越加之义。所以愈加病了、愈加好了，都可以。

愈

yù 动词。超过，胜过。引申作副词，为愈加、越发之义。说愈走愈远，也可说越走越远。愈和越两字同步发展。

愉

yú 由胜过之义引申为喜乐之义。有各种不同的愉，今说愉快、愉悦，都是心理现象之愉。

歈

yú 唱歌。愉则歌，歌需出气，故从欠。

羭

yú 母羊。羊中之超越者，言其美味。

褕

yú 羽饰之衣，是华美的，作王后的祭服。

毹

yú 毛毯之类，取美饰之义，故也从俞。

瑜

yú 赤美玉，超越一般的玉。常瑾瑜连称。三国周郎名周瑜，字公瑾。诸葛亮的哥哥叫诸葛瑾，字子瑜。

偷

tōu 本作媮。低微、轻佻、取巧、侥幸，在此基础上引申为盗贼偷盗之义。偷与佻（tiāo）声母相同，偷天之功，也可作佻天之功。佻之甚者便是偷，从俞声，取甚之义。偷又读同愉，便是快乐之义，只有读偷时，才是轻薄、巧黠与偷盗之义。这就说明，声母不同，语义不同，声母是带有语义的。

綸

tóu 细布之尤精者。故此轻薄之义指布，而非人之轻薄，从俞取精美之义。

剅

tóu 剜。木的中心剜空，则轻薄而成独木舟，可以逾越。上述褕，声母也可读舌头音，有轻薄（指内衣）之义。

输（輸）

shū 运送，倾注。字从车从舟，水路陆路皆可曰输。输有倾注之义，如说输泻，两字双声。泻或写，都有输、倾之义，今犹说一泻千里。"输写心腹"就是把肚子里的话倾吐出来。输心就是表达真情。今说输液、输血、输油管道，均指液体说，与水之泻相似，输电则是倾注最迅速的。

输 shū 作名词指边角布料，残帛。作动词为撕裂（布帛），是倾力的行为。

腧 shù 人体气血所输注之穴称腧穴，常说穴位。选择一定穴位针灸、推拿，可防治疾病。故腧的直接语源是输。

283. 前

前 qián 本作歬。不行而进谓之前，动词，乘舟、乘车便是不行而进。今说前进，是同义词的结合。作名词，为前后之前，是指方位的，引申之义，说前进就没有舟车的限制了。今异字，右下从刀，本即剪字。自从前字作为前进之前，剪字就又加刀，以示区别。

剪 jiǎn 或作揃。刀之前行，动词；名词指剪刀。唐代贺知章《咏柳》："不知细叶谁裁出，二月春风似剪刀。"剪还有剪灭、拔除之义。

箭 jiàn 矢。它总是往前的，竹之前行。一种适宜于做箭杆的竹，就叫箭竹。今画作箭头之形的符号叫箭头。

斾 jiān 军中的旗帜，它要指明军队前进的方向，故其音义从前。

翦 jiǎn 羽毛初生时，好像是剪刀剪的那么齐。故翦有剪义，又有齐义。箭的尾部都有羽毛，都要剪短剪齐，箭尾之羽就叫翦，名词。作动词翦有剪裁、剪灭之义，军事上常说翦（剪）灭敌人，就是像用剪子那样齐齐地消灭敌人。《水浒》上说的翦径，就是断路、拦路。

鬋 jiǎn 两鬓之发整齐如翦之貌。作名词指下垂之鬓。

煎 jiān 食物有汁，以火煎熬使熟而较干。亦有消熔、耗尽之义，苦日子难过也说煎熬。

湔 jiān 以水去除污垢。洗衣是具体义，洗刷（屈辱）是抽象义。

荊 jiàn 一种带刺的灌木，又称悬钩子。镰刀也曾称钩。故荊取剪义。荊还指一种枝干可以扎笤帚的植物，似藜，音义从前，便是取翦除之义。

284. 车

车（車） jū 舆（车厢）轮（车轮）相加之总名。造车业的技术含量历来都很高。长期靠牛马，现在用燃料为动力，引擎等也包括在车的概念里了。车的引申义指牙床，即是承载牙齿的，现代凡靠轮子转动运作的机械都可叫车，如纺车、水车、车床、车工等。

库（庫） kù 贮藏战车和武器的仓库。后说武库，今还说核武库。引申义说文库、字库、题库等。

裤（褲） kù 本指满裆裤，从库，取藏义，从车之藏到身之藏。明清以来普遍说裤，古曰裈（kūn），音义从浑，满也；也说裈，从囷，中空也。袴本指套裤，或称胫衣，只套住两条腿，后也指裤。

285. 辇

辇（輦） niǎn 从车，从夫（bàn，即伴侣之伴字），实际上不止两夫，十五人、二十人在前拉车也是有的，用以装运军事装备等特别沉重之器。秦汉以后，帝王所乘曰辇。作动词谓拉车。辇下，指京城。

撵（攆）niǎn 追赶。如说撵不上他。也指赶走，如说撵他回去。皆是用手脚，驱车去赶也可说撵。

286. 连

连（連）lián 人拉的车。作动词为连接、连续之义。汉代以后多用连字，汉以前多用联字，两字今也相通。现在军中还有连队，军中常用车，军字也从车，轻车主要用于追逐、转移，轻字也从车，故军政上的联合常用连字，如张仪的连衡。从而便指各种事物、现象的连接、连贯、连带、牵连、毗连等。并派生诸多从连之字，形成词族。

涟（漣）lián 流水潾溇不断。也说泣涕涟涟。

链（鏈）liàn 用铁圈之类连成的链条，如说铁链、项链。

莲（蓮）lián 本指荷花结的籽，后莲花亦曰莲，因其莲房如蜂巢相连属。

鲢（鰱）lián 或称鳙。相与与相连，取义相同。它们总爱成群出游，到水面觅食。

耞（槤）lián 耞枷，或作槤枷，指一种农具，由若干竹片挨次绑在一起，又固定在一根长杆上，可以转动，用以拍打曝晒后的禾秸，使稻麦之籽脱落。显然，它是以"连加"为语源，转化为名词的。

謰 lián 謰謱(lóu)，或作嗹嘍，谓言语繁杂，既多又乱。

蹥 lián 蹥蹇(jiǎn)，蹇，跛脚，故蹥蹇谓脚下接连颠簸，意思是遭遇不顺，命途坎坷。有时又指口吃之貌。

琏（璉）lián 古时宗庙祭祀中用的玉制器皿，四相连，以盛黍稷，故称为琏。

僆 liàn 人或兽怀胎双产，谓之僆子，亦即双胎。

（五）

农牧　建工

哝（噥）nóng 话多而不中用，今说嘟哝。也说唧哝，小声说话。

吴方言中把你说作"侬"，侬字的语源是"你"，仅在字形上从农而已。

287. 农

农（農）nóng 农字的篆文从晨、从囟，晨字的篆文是朝下的左右二手对着下边的"辰"——农具。农和晨的意思就是到耕种的时辰就拿起农具来耕作。从石耕到铁耕之间，还有一个蜃耕的阶段，这是农、晨等字明确表示了的，以大蚌壳作刀刃或犁头。囟，脑门也。农字为什么要从囟？囟与农的声韵皆不相干，我们已无法得知农字语音由来，故把农字看作语源字。农字作名词指农业、农夫，作动词谓耕作，农字还有优厚之义，想当年农业的发展，使得人们的生活从衣到食，大为优厚了，故衣之厚曰襛，酒之厚曰酼，汁之厚曰脓。

浓（濃）nóng 本指露水重。可说浓厚、浓重、浓烈、浓郁等，是同义词的结合，形容具体或抽象事物的如说色彩浓、气氛浓、浓墨、浓眉、浓云、浓妆、兴致浓、情意浓等。

脓（膿）nóng 指汤菜之汁肥厚。今多作浓。

癞 nóng 肿血。后指痈疽溃烂化脓，今多作脓。

酼（醲）nóng 酒味醇厚。

秾（穠）nóng 花木盛。如说秾郁，今也作浓郁。

襛 nóng 衣服肥厚。

襛 nóng 厚祭。今说隆重。

獴 nóng 獴狮犬，即是长毛的狮子狗。

288. 田

田 tián 种谷物之地。字形象四个口字之形，是指纵横阡陌。已耕者曰田，未耕者曰土、曰地。今又引申说煤田、气田，指有资源可开发，如农田之有出产。田作动词有耕种之义，今已不用。

佃 tián 本是耕作之义，后专指农民向地主、官府、寺院租种土地，仍为动作，读 diàn，租田的农民称佃农。六朝以来通行租田，派生了这个词。

畋 tián 平整土地。字从攴，为治理之义。畋还指治猎，是取禽之义。"游畋"就是游猎，也可说畋猎。

甸 diàn 古时都城周围的田地归帝王直接管辖，称甸。从勹，取周围之义。城乡之交曰郊，郊外曰甸。甸作动词便是治理、管辖郊外之甸。

洰 tián 水势广大无边，如一片田野曰洰洰。

淀 diàn 或作淊。浅水的湖泊、沼泽地带，从甸便是就一个范围和地带而言，北京有海滨区，原是京郊之地，现在都成了市区，那里的浅水湖泊很多。河北有白洋淀，是涉及几个县的大片水草、芦苇和水面交杂的沼泽地。

钿（鈿）tián 用金片制成的花状首饰。田田，形容其片状，与"莲叶何田田"之义相同。说花钿、金钿，指妇女贴在脸颊上的花形金片。白居易《长恨歌》中"花钿委地无人收"，是说杨贵妃被处死以后，她的首饰、贴花丢了一地。钿作动词为镶嵌之义，钿车就是镶嵌有金玉、象牙的车，钿带就是镶嵌有珠宝的衣带。上述意义现代读 diàn。

289. 畺

畺 jiāng 本作上下的两个田字，后加三横相间，表示田间界划。俗又作疆，又从弓从土，表示以弓丈量土地，从而得疆界、边疆之义。畺的另一义指坚土，也作疆，田中疆界处常垒坚土或竖石以为界，今称田埂，以坚土为埂。也有以沟渠为疆的，渠从巨，是经规矩有计划的。

强（彊） qiáng 本作疆。弓有力曰强，是由坚土之义引申的。弓无力曰弱。强与弱为反义词。强引申为强盛、强壮、强大之义，又有倔强、固执之义。还有强迫、强求、勉强之义，读第三声。这都是强有力的不同表现，当然已是远远超出弓弩的范围。

犟 jiàng 或作勥。口语中说脾气犟，是倔强二字合音，有顽强的一面，也有倔的一面。也说脾气倔，强的因素就少一些。

繮（韁） jiāng 拴马的绳子，牛曰纼，马曰繮。马繮绳是对马的有力控制，特别是对奔马，人与马的协调，主要是在繮绳。

襁 qiǎng 襁褓，或说襁负，是背孩子的布兜或宽带，故也是取有力制约之义。

繦 qiǎng 穿钱币(古钱币中多有孔)用的粗长绳子，亦强约之义。它用以穿钱，故字可作镪。

糨 jiàng 用糨糊粘贴，或用浆水浆过的衣服，都显得坚挺，叫作糨，形容词。糊糊、稀粥熬得太稠了，也说糨，音义从强。

胝 jiāng 手掌上或脚掌上常磨而生成的硬皮。也叫起茧，本作胼。胼取研磨之义，胝取强硬之义。

僵 jiāng 或作殭。人的肢体僵硬不能动弹，或常倒下，甚至死去。引申指事物的发展处于停滞状态，可说僵持、僵局。本来很灵活的事物不那么灵活了，就说发僵、僵化。思想也可说僵化，便是抽象义。

鯨（鲸） jīng 古人以为是海中大鱼，实为哺乳动物。鲸吞，就是大吃小，大国兼并小国。鲸波就是巨浪，鲸滑就是巨奸大滑。

麖（麠） jīng 大鹿。

犅 jiāng 牛脊长，则体必大。

姜（薑） jiāng 生姜是几千年来我国惯用的极好调料。因其根茎肥大，故也取大义。

橿 jiāng 橿木，木质坚韧，用作车轮外周，亦作锄把，免于折裂。

礓 jiāng 硬石子。常说礓䃧，䃧，小石。它们经过长年的风化与磨击也未碎，故坚硬。

290. 畴

畴 chóu 即畴。象田中沟洫纵横交错之形，指经过筹划，已经整治好的田地，今所说的可耕田、熟田。对各种不同形状面积的测算，推动了我国数学(其中有许多是几何学)的发展。《九章算术》是我国数学上的经典著作，成书于公元以前，它的第一章叫"方田"，便是计算地亩的面积，从种植到管理都需要这个数字。同时，田亩还要分等分类，因而畴又有类义，说畴类，还说畴匹、畴筹。范畴一词是哲学上非常抽象的概念，它要对客观事物的普遍本质做出概括，如现象和本质、必然和偶然、主要和次要等，都是哲学上的基本范畴。而范畴二字的本义则是模子和田界。

俦（儔）chóu 伴侣，匹俪，人等。吾辈，可说吾曹、吾侪、吾俦，都有辈类之义。

筹（籌）chóu 竹签之类，是用以计数的，今说筹码。筹作名词，指计算的工具，作动词为计算之义。今说筹划、筹备，已远不只指田畴。汉代张良"运筹帷幄之中，决胜千里之外"，就有交战诸多方面的计算，更有战略、策略的谋划。他这时用的筹码，便是汉王面前的筷子。如今数学有运筹学，即是运算和筹划财力和智力的应用，以获取最大效益。筹码可以用竹，用草，用木，用象牙，为名词；作动词谓筹备、筹办、筹集、筹建，重在计算和使用。一筹莫展，就是一根筹码都摆不开，一个主意都拿不出。

捣（搗）dǎo 本作擣。以手或棍棒之类椎击或敲砸。捣的音义从筹，本是指有筹划的椎击，今犹说有意捣乱。岳飞要直捣黄龙府，能没有筹划吗？故原先的捣字往往用于军事。用得宽泛了，说捣来捣去，是搅乱之义，由捣药、捣衣到捣蒜，就没有多少策划了。还有调皮捣蛋、瞎捣鼓，就是胡来的了。

涛（濤）tāo 波是颠簸不平，涛是翻腾搏击。故涛与捣的手椎之义切近，常说涛声、听涛，谓大浪搏击之声。还说"惊涛拍岸，卷起千堆雪"，惊字也不形容波浪。松涛，意思是风入松林，发出波涛般的汹涌起伏之声。

岛（島）dǎo 本作隯。岛的直接语源从涛，海涛所击曰岛。海与山相接曰屿，海与山相搏击曰岛。《昭明文选·两京赋》："长风激于别隯，起洪涛而扬波。"

踌（躊）chóu 于手曰捣，椎也；于足曰踌，践也。于手曰捼，于足曰踩。踌，足践、脚踩之义。今说踌躇、

踌跱，为久立之义，踌字今已不单独使用。

梼（檮）táo 断木。即椎断之木。作动词则与捣通用。

瘳zhòu 心腹之病，忧伤如捣，如椎击。

帱chóu 帐篷。车上帷幔亦曰帱，皆取遮蔽、覆盖之义。那都是一种筹划，筹划的目的是覆盖。

翿dào 羽舞时手执的羽饰之旌旗或羽盖之类，作为仪仗的称羽葆，是保护之义，亦是遮盖。

焘（燾）dào 俗读tāo，光照四方，亦覆盖之义。

騹dǎo 祈求牲畜牛马肥健无疾之祭。有时马要去拉运重载时，也往往祭马祖，求保平安。这也是筹划。

祷（禱）dǎo 告事求福。今说祈祷、祷告。它还是一种祈求延年益寿之祭，《论语》中说到有一次孔子病得重了，学生子路就请求进行延年益寿之祭。

寿（壽）shòu 字从老省，丂声，丂字加口，口表示人，人老了要像田畴一样总是存在，可赖以生存。至于寿字下面后又加寸，表示长寿了还要合法，就像诗字也是后加的寸，诗歌也要合法。寿，久也。寿字作名词，为寿命之义，如说眉寿、南山之寿。作动词用为祝寿之义，如说为仁者寿。"祝寿"的说法是后来的。但历来都说"上寿"，寿与上声母相同，寿即有上的语义。上，即尚，崇尚之义，寿便是崇尚寿老。

酬chóu 本作酬。主进客以酒曰酬，客进主亦曰酬。有时以金帛赠人亦可曰酬。今说应酬、酬谢、酬答。酬亦有偿（償）的语义，偿（償）字从尚，亦即上，与寿字从上、尚一致。

铸（鑄）zhù 熔化金属倒进模子里成器，叫铸，今说铸造。如说铸剑戟、铸鼎、铸钟。其中最关键的是筹划。这就从田畴的筹划进而用之于工

业冶金的筹划，就是铸造。铸与造双声，造的本义用于造舟，是用木造，铸则以金造。

291. 畾

畾 léi 三田相连，故多连累、累增之义。

垒（壘） léi 打仗时筑的堡垒，用以掩护。作动词便是累积、堆砌之义。

蘲 léi 盛土的笼或筐之类。

磊 léi 磊磊，石累积貌，或垒积之石高大貌。今说光明磊落，磊落是形容人品的俊伟、高大。

礌（礧） léi 或作檑。石或木累积于上，自高而下，打击敌人。作名词叫礌石，作动词叫礌击。

雷 léi 雷何以和田地相联系？春雷惊蛰之后，大地苏醒，要播种了。音义从畾，取其击之连续和声之宏大。霆则更是取挺生万物之义。今说地雷、水雷，取其爆炸轰鸣如雷。

擂 léi 像打雷一样敲击。如说擂鼓，又说擂了一拳，就是大力打了一拳。打擂台当然也是激烈的。

罍 léi 酒杯之高大者。或指刻有云雷之象的杯。

蕾 léi 花苞，蓓蕾，花苞盛大。蓓从倍，加也，多也。蕾从雷，大也。

藟 léi 牵藤的草。葛藟，指两种蔓生的草本植物，葛的纤维织成葛布，或编草鞋叫葛屦。藟一名巨苽，或谓之萿藟，野葡萄之类，是盛多的。

累（纍） léi 连绵而有条理。今说积累、连累、拖累、累计等都是动词的结合；动宾的可说累石、累卵，累德就是积德，累世就是接连几个世代。

累又引申有劳累（lèi）、疲乏之义。

讄 léi 言之多遍者，如祷告。基督教叫早晚祈祷，佛教叫念佛，都不知念了多少遍。

诔（誄） léi 累述死者生前功德的文章。与讄通。

摞 luò 重叠放置。它的宾语可以是书、纸、碗、衣服、砖石、箱匣等。量词可说一摞、两摞。

螺 luó 或作蠃。回旋形的形体摞起来，田螺、海螺等的壳就是这种形状，故称螺。螺髻也是这样，还有螺旋桨、螺线管、螺纹磨床等。

漯 luó 河南省有漯河市。据当地人讲，河中一度多田螺、螺蛳，故称漯河，又以河名市。从螺到漯，只是改了一个偏旁。

胹（腡） luó 指纹之圆而累叠者。

缧（縲） léi 作名词指绳索，作动词谓连缀、拘系。它常用以指拘捕犯罪嫌疑人，如说缧囚，就是拘捕的囚徒，缧绁（xiè）就是牢狱。《史记》的自序中说："太史公遭李陵之祸，幽于缧绁。"就是幽禁在监狱里。

瘰 luǒ 因缺碘而患的粗脖子病。小者为瘰，大者为疬。

骡（騾） luó 或作蠃。驴父马母所生，骡大于驴而健于马。故骡之音义从累，取壮大之义。骡于周秦时代由匈奴、龟兹等传入中原。

傫 léi 傀傫本作魁礌，指累积的土石块，或土石块之累累。后引申指土木制成的人像，称土偶或木偶。汉魏时有木偶戏，称傀儡子。又发展陶俑或金石之偶人，用以殉葬，作各种歌舞喜乐之像，代替了活人殉葬的习俗。而傀儡一词，引申指一些全无自主，而为人效忠、受人利用的人或政府。

292. 里

里 lǐ 从田，从土。作动词谓居住之义，作名词指所居之田里，或宅或乡或街巷。如今还有平安里、同仁里等。里正，就是里乡的管理人。里字更作为丈量土地的单位，至今还说几里地。它又派生为"理"字，是治理之义，从乡里到家国。至于里面的里，本作裏，简化作里，是最为常用的义项。

俚 lǐ 乡野之人的歌叫俚歌，民间通俗的谚语称俚语。又说俚俗，是同义语的结合。

理 lǐ 治玉曰理，而里就是治理乡里，两者是一回事。分封土地的凭证，现代有土地证，古时用圭，字从二土，是一种上圜下方的玉，表示天圆地方。这样，理玉与理土地、理政事完全是一致的了。阡陌沟洫之类都是治理土地的内容。理字的发展过程，是进一步指国家的治理、天地阴阳的道理，然后说理财、理论等，然后可细说身边各种事物的整理、清理、理会、理睬等。

厘（釐） lí 本为治理之义。字从产(xī)、从里，皆表声，皆有治理之义。厘定，就是治理和规定，如说重新厘定各项规章制度。此外，里有计算、测定之义，就引申有毫厘之义，常作微小的单位名称，如说毫厘不差。一米的百分之一叫一厘米。此外，厘还有一些重要的假借义，如有福气、吉祥之意，是假借为"禧"的；有赏赐、给予之义，是假借为"赉"的。

裏 lǐ 简化为里。衣服的里子曰里，衣服的面子曰表，常说表里。里字开始的引申义是指诸侯国的内外说表里，因为里字从田从土。然后就是说家里、户里，指居所，跟里字的本义相关。然后是说岩石里、内心里。如今说里头、里面、里边，广泛地对具体事物、抽象观念都可说，思想里、观念里，凡物只要有个范围，就有里外。

娌 lǐ 兄弟之妇，彼此之间称妯娌，妯之言俦，娌之言比邻，毗连。

鯉（鲤） lǐ 自古就以黄河的鲤鱼为最珍美，所谓鲤鱼跳龙门。它总爱栖息于水的底层，故说鲤沉，"燕雁拂天河鲤沉"是宋代黄庭坚的诗句。故鲤之从里，取底里之义。

貍 lǐ 或作狸。野猫。为了防御田鼠之害，人们养了大批家猫，以保卫禾苗，故猫的音义从苗，野猫则仍然留在田野，故狸字从里，田里之间也。

埋 mái 或作薶，从草，貍声，谓貍之藏于草野也。又有埋葬之义，葬不如礼曰埋，埋，死者之居也。常说埋没，两字声母相同，没、殁皆有死亡之义，死亡之后就要掩埋。埋字的宾语大加扩展，有埋头、埋名、埋怨，或藏或没，这埋字就用得很活了。

霾 mái 刮风扬起尘土而又落下，就是今说的落沙天。阴霾、霾霓，都是天气阴沉之义。

293. 井

井 jǐng 掘地取水，以瓶引汲，便叫作井。掘地取矿，则叫矿井；穿地取油取气，便叫油井、气井。掘地为壕堑，取兽或取敌，叫作陷阱或陷坑。我国古代有井田制，《孟子·滕文公(上)》记载得最具体，我们的文字上也留下有井田制的踪迹。像一个井字那样，中间一小块是公田，其余八小块是私田，大家去种完公田再种私田。井田制成为一种法，故做事有法叫井井有条。

刑字也从井，也叫刑法。而井这个象形字，历来的解释，是象井栏之形，井口上架四根木，中间有汲瓶（今说吊桶）上下。

阱 jǐng 或作穽。陷阱，用以捕猎或对敌，功用与形状皆不同于水井，只有陷地是相同的点。

耕 gēng 或作畊。从耒，井声，在井田制中耕作。耕指具体耕作时，主要是指犁地，即来回翻土，耒就是翻土的工具。耕地指全部的耕作，如说耕战，就是种地和打仗，不限于指哪种农活。因此，念书写字可说笔耕、墨耕。耕与垦的音义，部分是重合的。垦，耕也。垦的音义从狠(kěn)，豸啮物也，即啃。对土地的开垦，像猪啃那么去垦，显然是原始笨拙的耕种方法，用耒用牛去耕就先进得多了，两种耕作的区别，就是是否用先进工具。现在用拖拉机耕地，仍叫耕，就更先进了。而说开垦，垦荒，就是初次艰难费力的耕。

刑 xíng 本作荆，从刀，井声。这里的井字已由井田引申为法制之义。刀上的法，那便是刑了。刑字从井，为什么写同开？那也是偏旁的类化，把一些形近的偏旁合成一个，如丹，本也从井，写同月或舟的近似字了。刑作名词指刑法，作动词谓惩罚、伤害、杀死等处分。

荆 jīng 一种丛生的灌木，枝条柔韧，古常以之作刑鞭或刑杖，故其字从草，刑声。赵国的廉颇肉袒负荆，到蔺相如门上请罪，为什么背上负荆呢？因为荆和刑联系着。先有廉颇负荆，后有李逵负荆，都是自动请罪。

型 xíng 铸器的模子，也称模型。刑，法也。以水为法曰準、曰法，以木为法曰模，以竹为法曰范（範），以土为法曰型。今说模型、模范、典型等。法字从水，以水平面作为平正的标准。故型之从刑，已不是刑法之义，而是取井、取法式之义。因而说典型、类型、新型等，对具体事物的类型，说发型、血型、流线型、大型、小型等，从而又派生出形体、形状之形。

形 xíng 人的容貌，事物的状况，都可叫形状、形体。形作动词为表现、显示、描绘、比照等义，如说喜形于色，就是喜悦之心表现在脸色上。不过现代语中，形字主要用作名词，如情形、形势等。形字从彡(shān)，彡，毛饰画文也，所以形字本指美好之形，现在什么丑陋的形象都可说形。形还总是具体的，故可说有形与无形，今还说无形之中。与形相对的是神，神便是无形的，形神就是人的形体和精神。神是依托于形的。文艺上有形似和神似，形似只是外表相像，神似就传出神情来了。

铏（鉶） xíng 盛菜和羹的小鼎，大多是青铜器，也有陶制的，称土铏。"衣布褐，饭土铏"，即穿的是粗布，用的是粗碗。硎与铏通。

硎 xíng 磨刀石，是治理器物成形的。

294. 埶

埶 yì 字从坴(lù，土块)、丮(jǐ，手持)，手有所持而向土，谓种植之义。亦可作蓺、藝。作名词，指种植的技艺，引申指人各方面的才能、技艺，所谓多才多艺。艺术一词的本义是指种植的技术，引申指文化上的各种艺术。术，本即秫，也是来自农业的。而经书也可说艺，六经可说六艺。有时则把道德与艺术相对而言，现在还说德艺双馨。

艺（藝） yì 同埶，今通行艺，便成了古今字。古作埶，今作艺。艺字从云，概是取耕耘之义，谓种植还需锄草。古时把驾车、射箭也包括在六艺之中。今说艺术也有广义的说法，如有军事艺术、领导艺术，还指某种产品、某项工作带有一定的艺术价值或艺术技巧之类，例如恰到好处、掌握火候之类。

呓（囈） yì 说梦话。说梦话为什么音义从艺？呓的古字作瘱，从瘱省，臬声，臬是射箭的靶子，说梦话往往是言而中的，射箭是六艺之一，口说而能中的，便是呓了。我国自古都有先人托梦的说法，是梦中告以机要，还是梦中妄言，往往是分不清的。

讆 wèi 梦话。梦话不真实，梦想办不到。虽然梦话也有一定的生理和心理依据，却绝不能与清醒之言等同。故讆又引申为无知或诈伪之义。

惥 wèi 梦言荒唐。

热（熱） rè 本指温暖，故从火，埶声，即是指适于种植的温度。热与燃声母相同。至于天气暑热、人病发烧发热，都是近四十摄氏度。这样，热的范围就广泛了。至于说热心、热情、亲热，都是抽象义，没有数据可言。

爇 ruò 或作焫。是热的动词义，点燃。

褻（褻） xiè 非公众朝会时的穿戴，指平时在家休息时的便装或者内衣，不是庄重之服。故引申为不庄重、轻慢、污辱之义，如说褻慢、褻渎，如说对民族尊严的褻渎。褻又由内衣之义，引申为亲近、宠幸之义，褻臣就是亲信之臣。服装常与人的尊严、人际关系相联系。褻与"私"声母相同，褻服就是私服。

慹 xiè 谓时时相亲相慢，习以为常。与褻字音义相通，亦从私又从热。

势（勢） shì 权力之盛大曰势。从力，埶声。埶由种植之义引申为技艺之义，又引申为治理。政治权力之盛大叫权势。事物的形态，能表明它包含有力的大小叫形势，风的形势叫风势，军队有阵势。力之盛大便是势。

295. 畟

畟 cè 从田、人，从夊（suī）。人在田，即是治稼，夊，两腿进。故为犁地之义，治稼而两腿进。又引申为整齐之义，故说齐畟、畟然。

稷 jì 或指粟，或指稵类，或指高粱，或指五谷，总之，稷由耕作之义引申为耕作的宾语——谷物。社稷，意思是土地之神和谷物，从而指农业立国的国家，或指土地之神和五谷之神。稷也指农事之官。

穄 jì 纹理细致之木，似松，有刺。音义从畟，取齐整、明细之义。

谡（謖） sù 起身。这和治稼以进曰畟，是相联系的，如说谡足以进。谡也有整齐之义。三国时诸葛亮挥泪斩马谡，马谡字幼常，很有才气。一个人应该不断地谡谡以进，以此为常，大概就是这个意思吧。

296. 辱

辱 rǔ 耻也。从辰，指农时，叫时辰。错过了农时，就在封疆上绳之以法，故从寸，寸，法也。农耕的季节错过了，一年也就无望了，就拉到田埂上处死，这无疑是农奴的遭遇。辱与荣是反义词，也说宠辱。引申义有玷污、受辱、羞耻等义。辱还有厚重之义，于封疆上即戮之，这种奴隶的耻辱是深重的。这样，辱字就由耕耨之义发展为耻辱之义。

耨 nòu 或作槈、鎒。除草之器。从木旁指其柄，从金字旁指其刃。与锄、铲之义相近。

褥 rù 本作蓐。陈草复生繁缛也。常以厚草铺床取暖，故字从衣旁或丝旁作褥、縟。还有毡褥，更有装有弹簧、棕等材料的褥。

縟（縟）rù 繁多。如说繁文缛节，形容礼节繁琐。这主要是由草的繁多、褥的厚重之义引申来的。缛子则是名词。

溽 rù 水之厚重，指盛夏潮湿闷热的天气，叫作溽暑。潮湿就是水汽大。

297．桑

桑 sāng 桑木、桑叶。蚕所食，从叒（ruò）、木。或称若木、扶桑，东方神木，日出其下。又指蚕桑的职业，如说农桑。

颡（顙）sǎng 头额。额宽叫作广颡，是阳气大的表现，额的两旁是太阳穴，太阳初出时登在扶颡木上，所以额又叫颡，是阴阳家的阐述。叩头可说稽颡，即头额至地。颡的动词便是叩（首）、撞（地），从而派生为搡字。

搡 sǎng 推推搡搡，是用力推、推倒之义。还可说搡了一跤、搡了个跟头。这是从稽颡、以头颡地来的。

磉 sǎng 柱子下垫的石头，曰础，亦曰磉。础字从足，磉字从首，以石颡地也。

嗓 sǎng 咽喉，后又曰嗓子，本作颡子。咽是对饮食而言，喉是对气而言。咽喉与鼻道相通，又上通脑门，因而就叫作嗓了。嗓与颡在文字上也相通。

298．臼

臼 jiù 舂米的石臼。象形字，中间的两短横象米之形。

齨 jiù 老人之齿如臼，或曰齿坳。

杲 jiù 把米、麦炒熟或熬熟，然后捣碎，做成的饼饵之类。

桕 jiù 乌桕木。因为乌鸦爱吃乌桕树结的籽，因而就把乌桕树说作供应乌鸦粮食的石臼。

舅、旧二字皆从臼，但在语义上取"久"义，故归于久的词族。

299．舂

舂 chōng 一种手工操作的粮食加工方法，即把米放在石臼中不断地用杵上下舂击，去其皮，使糙米变成白净的精米。这种方法在我国实行了几千年，才被现代的机电加工所取代。舂字的上部篆书为廾、午二字，午为杵字之省，廾为左右手，两手举杵对着下部的臼，便是舂米了。这是个典型的会意字。

摏 chōng 冲，撞。以戈或其他武器对人或物做类似于舂米的撞击行为，如说"摏其喉以戈"。

惷 chōng 惷愚，笨拙。思想状况就像舂米那样来回重复一个简单的行为，故被理解为笨拙无知之貌。

矗 chuāng 视而不明，或直视痴呆之状。这就和惷愚之义很相近了。一是从心，一是从见。见从目，两者是联系的。

桩（樁）^{zhuāng} 一头钉在地里的木桩子，粗长的叫柱子，细短一点的叫木橛子，拴牛的叫牛桩，拴马的叫马桩。桩还可作量词，一件事可说一桩事，说一桩桩、一件件，细说端详。

300. 舂

舂 ^{chā} 舂去麦皮。故与舂的行为相似，本都指粮食加工，却又有不同，舂以干，舂以杵，用力轻重有别。舂可以发展为"插"，舂则与"冲"相通。

锸（鍤）^{chā} 缀布衣的长针，是穿插的行为。锸又指锹，是插地起土。这锹把或长或短就与锸之从干相似。

插 ^{chā} 刺入。插本是一个粮食加工用语，它的主语是人手，宾语是米麦，两方面都逐步发展，如有插枝、插秧、插标、插针，又可说插脚、插嘴，就都没有手插的行为，实际已是参加、增加之义。

歃 ^{shà} 饮，喝。即是以嘴插入吸。封建诸侯订立盟约时要微饮牲血，或涂于口旁，或含于口中，以表诚信，叫作歃血。

这里还有一个牐字，今已作闸。放下闸门，就是从舂之义；保护安全，就是从甲之义。人民大众取了从甲之义，写作闸，就归入从甲的词族。

301. 毇

毇 ^{huǐ} 持殳临臼，臼中有米。则主要是由粗加工为细为精。

毁 ^{huǐ} 从土，毇省声。如说毁坏、毁灭、销毁、捣毁等，所毁的主要是土木建筑之类，如说毁室、毁巢等。毁誉是反义，说毁誉参半。毇是积极加工，毁则是败坏行为。

燬 ^{huǐ} 火焚坏。

諊 ^{huǐ} 说人的坏话，即毁谤。

擊 ^{huǐ} 击之使毁伤，毁灭性的打击。

以上3字，于火、于言、于手，偏旁不同，直接语源都是从毁，至今也都同音，实际都是毁的分化字，今则皆作毁字。

302. 㐭

㐭（廩）^{lǐn} 从入，从回，禾谷之所入曰仓㐭，方曰仓，圆曰㐭。㐭作名词指粮仓、粮食、俸禄；作动词谓收藏、储存、积聚，又谓供给、赐予、领取、接受之义。到国家的粮库去领取俸禄，就要想想给国家朝廷做了什么事，因此派生稟字，为恭敬、认真之义；又派生懔字，为惶恐、危惧之义。

懔（懍）^{lǐn} 认真，谨慎。这是在国家与朝廷的俸禄面前所应有的心态，故其音从稟。同时还感到危惧、惶恐、战栗。常说敬畏，两种心态，经常是联系的，又敬又畏。

凛（凜）^{lǐn} 颤栗、寒冷。这里从稟之字，至此脱离了粮仓之义，而专指气温，如说寒风凛凛，不说凛冽。只有指人的风貌时，还与敬畏之义有点联系。如说大义凛然、威风凛凛，都是大可敬畏之状。

檩（檁）^{lǐn} 屋上檩木，也叫桁条，是承受椽子压力的。故其义从稟，取承受之义。

禀（禀）bǐng 赐谷曰禀，受谷亦曰禀。禀与秉两字声母相同，语义相通。秉承也可说禀承，是承受与听命之义；秉操也可说禀操，是禀赋与操守之义；秉性也可说禀性，是天赋的本性。

303. 囷

囷 qūn 圆的粮栈、米囤曰囷，方的叫仓。囷与廪有什么区别？廪上有屋，从广，即是粮食仓库，囷是贮谷的圆囤，泥涂于内，草苫于上，或称露囤（或作笸），即谓之囷。囷的引申义是聚集。

菌 jùn 即今蘑菇之类，有圆形伞状之盖，又囷集而起，夏日雨后丛生，故从囷。今菌又指细菌、真菌之类低等生物，读 jūn。

箘 jùn 箘簬，指一种细长、节稀，可作箭杆的竹。由于竹是通过竹根（或称竹鞭）的移植来繁衍的，故也是从集而生。

麇（麕）jūn 鹿爱群聚，故有一种鹿就叫麇，亦名麕（亦作獐），麕从囷，如小鹿而美。麇（麕）从囷，聚群而行，故曰麇至、麇集。

攟 jùn 或作攈、捃。拾取谷穗，散而聚集之。如说攟粟。

稇 kǔn 以绳捆束。

胭 jùn 人体或兽体内肌肉或脂肪的聚结处，如腹部多脂、腿部多肌，古则曰胭。

硱 jūn 硱磳（zēng），石危貌。硱，石之聚集；磳，石之增层，故硱磳，石危貌。

304. 啬

啬（嗇）sè 从来省，从亩，来为小麦，麦在亩上，就是收获之义了。种曰稼，敛曰啬，后作穑。对于粮食，收获了就要爱惜、节省，啬字也具有这两个义项。少费之谓啬。啬又有吝啬、贪婪之义，过于少费就是吝啬，少费就是多留，又成了贪婪。啬在中医学上还有一特有的义项，指血脉的流动不滑润，不通畅，就是血管阻塞或血栓，字或作濇、涩。

穑（穡）sè 收获。亦即聚集之义。不稼不穑，就是不种不收。

歉 sè 恐怖。人恐怖则屏息，屏息就是气之收敛、聚集。故字从欠，啬声。

繬 sè 缝合。即布之收敛、聚合。

轖 sè 或作轖。车厢之前或两旁用布或皮革做的遮蔽物，因为它交错缠缚，故也与收敛之义相通。

濇（澀）sè 人体气血之收敛、迟缓、不顺畅曰濇，人在这种状态下就要生病、死亡。濇的反面是滑，气血滑利则生。

譅 sè 本是朝下的两个止字与朝上的两个止字相对，而且相反，故得行动迟涩、不顺畅之义。语言不顺畅也可曰涩。口味不顺利曰苦涩。它是从濇字派生而得的。

譅 sè 或作嚠。言语之难，即口吃，结巴嘴，如说言语讷譅，话语甚多亦可曰譅，这与啬字有吝啬与贪欲之义相似。

涩（澀）sè 滋味苦涩，舌头感到麻木与干燥，难以咀嚼与下咽，不利口，就是涩。文章写得晦涩，不流畅，或者是内容艰深，或者是语言没有可读性，表达不流利。

蔷 sè 长在水边的辣蓼草，舔一下也使舌头发涩。此非蔷薇之蔷，蔷本作蘠，音义从爿，语源不同。

305. 啬

啬 bǐ 从囗（即围字），从㐭。从来从㐭为啬，从囗从㐭为啬。粮食皆入廪而又围之，故得吝（爱惜）积而不散之义。

鄙 bǐ 本指聚集粮食的地方，粮站之类，引申指村庄、乡镇。常说都鄙，就是都城和村镇。边鄙就是边远地区的村镇。又引申指人的鄙陋、俗野，于是说鄙人、鄙言，都成了自我的谦称。现在更有鄙视、卑鄙的说法，是低下之义，无非就是消费水平低、礼节讲究少之义。

306. 仓

仓（倉）cāng 从食省，从口，象仓形。指粮仓、仓库。粮食所藏之所曰仓，方曰仓，圆曰囷。藏谷曰仓，藏米曰廪。抢收入仓曰抢。藏粮是农业国家的大问题，秦汉时代全国建有几个大粮仓。太仓是建在京城的大粮仓，敖仓建在河南荥阳，项羽与刘邦打了八年仗，他们经常就敖仓食，那是最重要的战略物资。

舱（艙）cāng 舟中装载粮食或货物的地方叫船舱。现在飞机上说机舱。

匫 cāng 古盛器之称。

苍（蒼）cāng 禾苗之色，草色，一般指青黑。又说苍天、苍穹，即是青天。苍蝇也说青蝇。所谓苍黄，禾苗成熟，由青变黄，故苍有苍黄变化之义。例如苍可指灰白色，说脸色苍白、白发苍苍。也指黄色，苍生、苍黔，都指老百姓，那是取青黑色。还有苍茫、苍莽，更是看不清楚的颜色。

鸧（鶬）cāng 鸧鹒，指黄鹂。鸧鸹（guā），似雁而黑色者。

沧（滄）cāng 或作沧。沧浪，水色。常说沧海、沧江，为青苍色。水浊便是黄色，苍黄变化了。沧又有寒冷之义，这是假借义，本作凔。

伧（傖）chéng 今读 cāng，鄙贱之称，今说寒伧，伧是寒的同义词，无钱讲究礼节和排场，丢了面子，就说寒伧。

跄（蹌）qiāng 急疾。如说仓促、仓皇，故跄的音义从仓，行走仓皇。踉跄，形容行走不稳，跌跌撞撞。

抢（搶）qiāng 冲撞，抵挡。都是指一种急遽用力的行为。抢字和粮仓有点联系的，当然就是抢收，只有那么十天左右的时间里都要开镰收完，否则变天，即使不变天，大太阳一晒，谷子熟透了，一动就掉在地里，收不回来了。与之相仿的，当然就是抢劫、掠夺之义。在抢劫过程中，就不免有冲撞和抵挡之类的行为了，而更直接的是抢险、抢救、抢时间等说法。

枪（槍）qiāng 剡（yǎn，削）木伤盗曰枪。剡木就是削尖的木棒，就是后来安了枪头的红缨枪之类。显然这是从猛冲、打击之义来的，由动词义转为名词义。现在的枪非常先进，但是语言上仍然叫枪。我国 13 世纪开始有火枪的记载。

创（創）chuāng 本作刅，从刃，从一。伤，刀刃伤人，枪更能伤人。今说创伤、创痕等。此义可与疮字相通。创的另一假借义为创业、创始、创造、创作之义，字本作刅，读chuàng，井田法是一种经济管理方法，刑罚的刑字，本亦从井，井字就有法的语义。立法以创业就叫创。在人们的印象中，创伤与刀枪有关，创业也与刀枪有关，天下是打下来的，就要动刀枪。所以创字从仓，取义于枪。

戗（戧） qiāng 从戈与从刀相通，此为古创字。逆也。顶风可说戗风，亦作炝。游泳时灌了一口水叫戗水，亦作呛。抽象义指言语之间的顶撞、违逆，如说两人说戗了，亦作呛。

鎗（鎗） qiāng 本指鼎类，取收藏或烹调食物之义，故从仓。还说酒鎗，即盛酒的金属容器。作兵械之鎗，与枪通，取冲突、撞击之义而名物化。鎗还作金属之声的象声词，可说鎗鎗，与鏳字相通。也指玉石之声，与瑲字相通。鎗字还有一项特殊的含义，说鎗金，即是在器面上或器物的漆面上抢出一道道沟来，然后嵌入金银之丝，并加粘连，形成金银花纹。这种工艺，又抢又填藏，故亦曰鎗。

呛（嗆） qiāng 本指鸟啄食，急遽如抢，此为古义。今说呛，指吃饭时，食物下咽误入气管，气逆而急遽喷出，就说呛了。有时油烟或有些气味难闻，也说呛人。

炝（熗） qiàng 一种烹调方法，将菜肴急遽投入沸水中，稍滚立即取出，加入调味料搅拌即成。或将菜肴投入热油锅中急炒，加调料稍翻，即加水煮。这都是急遽用水、火的手法。

疮（瘡） chuāng 是从创字分化出来的，创从刀，故常指外伤，疮从疒，就常指内伤，如皮肉所起疱、痈肿之类。

怆（愴） chuàng 心之所怆，皮肉之所伤曰怆或创，口鼻之伤曰呛。常说悲伤，还说伤心，故怆，悲伤也。常说悲怆、悽怆、怆恻、怆恍(huǎng，失望)。

307. 禾

禾 hé 木字上面加一撇，表示禾穗之垂。禾指整个禾苗，如说锄禾。也可指谷粒。禾为什么叫禾？因为它得时之中和，即在暖和的季节成长，故它总指百谷而言，"胡取禾三百廛"，并不限于哪种谷物。禾与谷，两字都指作物，谷字强调其壳，禾字寄托了思想观念，两字作动词的时候，谷只是养活之义，禾则要调和身心。种植业发达了，才发展并强调和的思想，而渔猎时代则猎取禾餐，即是持半骨。而"獲"和"穫"，一从犬，一从禾，表示了不同时代，今皆作获。

盉 hé 调味。作名词指调和羹汤的器皿。

龢 hé 调声曰龢，调味曰盉。今皆作和。

和 hé 口之相应，言之相应，那便是人际关系和谐了。和平一词早就有了，是就朋友和人际关系说的，后说和睦、和爱、和气等。故宫有太和殿、中和殿，都强调和字。和成了我国哲学和美学中的一个中心思想。和字又虚化为介词和连接词，古说吾与汝，今说我和你。

科 kē 品类、科目。字从斗，取衡量之义。从斗，禾声。今动植物的分类还说什么纲、什么科。世界是有序的，发展是从无序到有序，科学又有律令、规程、准则之义，这与和的思想是可以沟通的。科学在一定程度上可以说是分科之学，它包括许多或大或小、或远或近的学科。在语言文字上，反映最细的分类便是禾谷，即所谓"百谷"。在渔猎时代，动物的分类也很细，鸟是长尾的，短尾鸟之总称曰隹。人和兽一般都是内骨外肉，贝壳之类则是外骨内肉。分科分类是认识事物的一种方法。

有赤红梨、白梨。还听说有一种紫煤梨，应该是颜色最深的梨了。

308. 利

利 ‖ 从刀，从和省。利有锐利之义，因其从刀；又有利益之义，因其从禾。有了道义上的中和，就可以有经济上的利益，义和利是相互促成的。经济上说财利。赢利，政治上说权利、胜利，心理上说吉利、顺利。此皆名词，作动词如说利国利民，利人利己。从而利又得富饶、供养、贪求等义。利的反义词可说利害、利病、利弊。利有锐利之义，如说坚甲利兵，"工欲善其事，必先利其器"。这都是指工具和武器的锐利。利则巧，巧则生财利。这样，利这个会意字的含义便更深广了。

犁（犂）‖ 作名词指翻地的工具，作动词谓翻地，耕。用牛耕地，发明了犁，比学骑马早得多。石器时代以石耕，十分笨拙，后以耦耕，稍好一些，然后才以铁耕、机耕。黎明，或作犂明，就是天尚黑，是耕地的时候了。因此，从利字又与颜色为黑的语义联系起来了。黎明的黎就是天色尚黑，又有黧、藜、梨等词。

黎 ‖ 从黍，利(勹是篆文的刀)省声。黎民与黔首同义，皆有黑义。黑土可说成青黎。面如冻梨之色，则是黄黑。

黧 ‖ 黑而带黄，常用以形容脸色。我们是黄种人，劳苦憔悴一点便是黄黑了。

鹂（鸝）‖ 本作鸝。常说黄鹂、黄莺、黄鸟，它的羽毛底色黄，常杂以黑色斑纹，因此音义从利。莺从荧省声，谓其羽毛发亮。

梨 ‖ 梨的颜色各不相同，而以黄黑之色为常。河北鸭梨有名，鸭的颜色是黄黑。古还多鹅梨，鹅指鹅黄色。此外还

藜 ‖ 藜草之色土青，是一种野菜。又有蒺藜之藜，它布地蔓生，细叶，籽有三角，刺人，故藜从利，取锋利之义。这样，藜有二义项，取义不同，最终则都是从利。

俐 ‖ 伶俐，谓行为巧捷、便利。

蜊 ‖ 蛤蜊，亦作蛤黎、蛤梨。蛤从合，取两合之义；蜊从利，取坚好之义。以其可从黎、梨，故亦可取青黑之义。

髴 ‖ 髴髴，亦作瘌痢，指秃发疮。先是长疮，长癣，头皮坑洼不平，故曰刺。接着破坏了头发的皮下组织，不能再生，头皮光净利落，故从利声。

痢 ‖ 腹痛、腹泻，大便过于顺利了，故称痢疾。

309. 秝

秝 ‖ 禾苗的种植，苗距稀疏适当，故从二禾会意。我们现在还有所谓密植法的试验。

曆 ‖ 日月天象，季节时令，它也是稀疏适当，与禾苗的种植合拍，故历法的音义从秝。

歷 ‖ 人或事物的经历，都离不开时间的进程，即日月的进程。历史，就是历来之事的记载。又说经历、履历，唐代崔颢《黄鹤楼》"晴川历历汉阳树"，历历有稀疏均匀之义，引申为分明、清晰之义。隔江所生，树木皆历历在目，清晰可数。

茢（蘈）‖ 葶苈，一种草本植物，由它地下的根部长出若干葶来开花结籽，它们是稀疏适当的。

轹（轢）‖ 也作轣。车辆经过碾压的轨迹、路途。作动词谓碾压，它也是稀疏适当的。

坜（壢）lì 地坜，指庄稼收获以后在地里留下的稀疏合适的土坑。

沥（瀝）lì 过滤的水往下滴沥，由快到慢，也是稀疏均匀。滴，水往下注；沥，稀疏适当。

疬（癧）lì 瘰疬，脖子上起的淋巴结核，绕颈项而生。小者为瘰，累累也；大者为疬，历历也。

枥（櫪）lì 养马的食槽。牛马喂多了，食槽便要排列着，是稀疏合适的。故称枥。现在养猪场、养鸭场，也是稀疏适合的。老骥伏枥，不管几匹马，都称枥。

鬲 lì 古作䰛。鼎的三足皆中空，故肥大而曲，三足的间距较宽而稀疏适当。若是稀疏不适，就会一碰就倒。鬲是象形字，下部三竖都是它的三足，中间本是巴岔，像鼎腹上的花纹。鼎足而立，要求是等边的三角形，稀疏而适当。

翮 hé 鸟尾部或翅膀上长的大羽，根部中空，故翮从羽从鬲。常说羽翮，两字双声，为南方特产，可作羽幢、羽盖等装饰品。我们现在有时还能见到有人从云南带回孔雀大羽，插在瓶里以供观赏。各种稀有羽翮，都是宫中或仪仗队的装饰。翮有两项引申义：一是说"振羽"，那是莎鸡之类；说振翮，那就是有宏图大志了。可见翮指大羽大翼。二是翮可引申指笙管等乐器，皆取于中空。

隔 gé 阻塞，障碍，间隔。以鬲之三足言其疏阔，隔离。常说间隔，间是以两门之间表示其距离，隔是以鬲之三足言其竖阔。间是指门第之间，关山之间之隔是指山川之隔。间隔两字本是双声。从语义上看，秝是两禾之间，鬲是三鼎足之间，间距都要适合。

膈 gé 人体和动物体内胸腔和腹腔之间的一层薄膜。

礋 gé 或作碐。土中多石之地，难以耕种，且不耐水旱。

槅 gé 车槅，使牛马扼于两辕之间。槅也指门窗或房间的隔板。

鹝（鷊）yì 或作鶂。也名绶鸟，绶是彩色丝带，绶鸟的咽喉下部有一小囊，五彩彪炳。于此可见，它名鶂，言其绶如五彩霓虹。又名鷊，取小囊中空之义。

鷊（虉）yì 一种有杂色的小草，如绶，也叫绶草。

310．苗

苗 miáo 幼小的禾。始生曰苗，成熟曰禾。引申义可说树苗、鱼苗，还有矿苗、疫苗，于事可说苗头，人的子孙早就可说苗裔。为苗除害，护苗亦曰苗。

猫（貓）māo 狸是野猫，驯养成了家猫，就叫作猫。鼠害为患，古今皆然。《诗经》有"硕鼠硕鼠，无食我苗"。护苗亦曰苗，因此就叫作猫。最近法国考古说明人类驯养家猫，已经有近万年的历史。我国古时还有祭祀猫虎的仪式。"迎猫，为其食田鼠也；迎虎，为其食田豕也。"田豕就是野猪。虎与田豕斗，就是"虡"字，参见虡。

锚（錨）máo 船头用的四角叉，后有铁索相连，投水中使船身不动摇。它如猫之抓鼠不放。

媌 miáo 眼神所表现的内在的美。也泛指容貌之美。以禾苗形容人之苗条。

描 miáo 描画，使人增加美丽，与媌字义相近。今说描写、描绘，有时有依托，有时是创作。

瞄 miáo 有目标地看，或有用意地看。如说瞄准目标，瞄准了广阔的市场。以手曰描，以目曰瞄。

緢 miáo 纤细之丝。从苗取细小之义。

穿过之义。现在说：道理讲得很透彻，就是全明白了。

311. 秀

秀 xiù 庄稼抽穗以后开花曰秀，从禾，从乃。乃，象气之出，指扬花季节，田野里一片稻麦花香。扬花以后，便是灌浆结实。引申指草木茂盛美丽，抽象义指人才辈出，优秀、后起之秀，也是指人才说的。

绣（繡） xiù 五彩皆备曰绣，后专指刺绣。

锈（銹） xiù 本作鏥。字从宿，取积久、老化之义。宋元以来作锈，金属氧化生锈，成斑驳之状，故字从秀。麦锈病，就是麦子受到真菌类锈菌的寄生，在秆、叶尤其在穗上出现黄黑色斑点，或铁锈般粉状孢体，导致减产。

琇 xiù 美的玉石。

莠 yǒu 禾粟的穗是下垂的，上扬的便是禾间杂草，如狗尾巴草之类。更像稻谷的还有稗。莠的引申义是坏、恶、丑。《诗经》中有"好言自口，莠言自口"。莠是异于秀者。秀字已有秀出、异于一般之义，所谓一枝独秀。

璓 yǒu 次于玉的石头。乱玉之石谓之璓，犹乱苗之草谓莠。

釉 yòu 古作鏥。釉彩。涂于陶瓷器的坯上，经过窑中高温焙烧，就显示各种光泽和异彩。色泽之优异也，也是一种异秀。

透 tòu 跳出，穿过。字从辵，谓足之出，秀有秀出之义，故透为跳出。引申为透露，透彻。又引申为程度之词，因为它常用作补语，如说湿透了就是全湿了，伤心透了就是伤心极了。透字是六朝以来用开的字，隋唐时代还有跳的语义，现在不用了。力透纸背，这句话初见于唐，是

312. 齐

齐（齊） qí 禾麦吐穗上平，故为齐平之义。齐的篆文作三根麦穗齐平之形，有时中间一穗提高，三穗作鼎足之形，又下加两横，表示齐平。秦字从禾，言禾苗之盛；齐字言禾麦上平。春秋战国时代，齐秦两诸侯国，一东一西，都是取农业发达之义，荆楚则还是荆棘丛生，开发较晚一步。齐字的语义引申指诸多事物之整齐，或齐正。齐圣就是端正通达的人。又引申为齐同、一样之义，如说齐心、看齐、一齐等。故齐常作动词和形容词。

济（濟） jǐ 山东济水。它本名沇水，改从齐。今济字声母不同齐，而同朿(zǐ)，是受了朿的影响。为什么又改从齐？朿，止也。水之所止，禾麦吐穗上平也。齐也有止义，雨止为霁，足止为跻，对这种古老的名称，未见记载，就只有从语源上作个探讨，作个参考，那就是两岸禾麦吐穗上平，是受了济水的灌溉。又有一个旁证，那就是河南有颍水，颍字从顷，头不正为顷，颍又与颖通。颖，垂穗也。颍水两岸禾麦垂穗。临颍地区古时出贡米，所以名为颍了。济的引申义是众多、齐备，今说人才济济。济还有渡过之义，未济就是还没渡过，济沧海就是渡海。这一义项，应该是与跻字切近。济还有救济、帮助之义，无济于事，就是于事没有帮助，无从补救。

跻（躋） jī 登上。人之足上平就是登上、到达。今说跻身于世界先进行列。

愭（愭） qí 怒。即是作气上出。

霁（霽） jì 雨过天晴曰霁。霁从齐声，过也，止也，与济、跻之义切近。

赍（齎） jì 送给，帮助，接济。"藉寇兵而赍盗粮"，意思是给敌寇兵器而送盗匪粮食，意思是有人有物，自己不用，反而去帮了敌人的忙。

齍（齍） zī 作名词指盛谷物的祭器，也指黍稷等祭祀用的谷物。作动词谓谷物备齐之祭。

以下从齐之字皆取等同、齐一之义。

侪（儕） chái 吾侪，就是我辈。还可说侪伦、侪辈。

齌（齌） qí 平等，犹吐穗之上平。后说贱妻、贱妾，妻本是等同之义。

脐（臍） qí 肚脐，与左右上下齐等。磨盘的正中叫磨脐，有时也偏离一点。脐橙的蒂也在正中，螃蟹的腹部和它的脐不在正中，也便叫作蟹脐。

荠（薺） qí 荸荠的荠是在正中的，再往下便是根，它是向下吸收营养和向上输送营养的渠道，是典型的植物之脐。

稽（穧） jì 指割倒而未捆的禾，一排排摆得整齐，下一道工序才把它们或大或小地捆起来，运回谷场。

蛴（蠐） qí 蛴螬，天牛的幼虫，见从酋的词族。

齑（齏） jī 菜与肉之细切，大小如一者，今说菜末、肉末，古说齑。以韭为典型，切细后拌酱，用以调味，或作酱菜。

剂（劑） jì 剪齐、斩齐或切齐。中药多味草药按量配制，叫调剂。现在有许多化学制剂是多种原料，按一定配量、一定程序加以制作。我国是世界上炼钢最早的国家之一，当时说"金有六齐"，即是炼出了六种不同配量的合金钢，那时候把剂说成齐，即各种剂量配齐。

襂（襂） zī 切边，把衣服的下边折起一点缝齐，如刀切一般齐。或说贴边，用另一条布沿边缝合，它必定是讲究齐整。

斋（齋） zhāi 斋从示，齐省声。即齐字下部的两横与示字上部的两横重合，只剩下斋字下部的三点子。示字指鬼神之事，如祭祀、焚香、祷告之类，对鬼神之事都要做到，要齐备，如有斋戒数日，沐浴、不饮酒，表示专心一意，恭敬虔诚。斋字从齐，亦有专一之义。祭品曰斋供，祭房曰斋宫，祭前禁忌日斋戒。后来书房也说斋，表示专心一意于中修学，没有旁骛杂念，并自题斋号。如宋代洪迈有容斋，他写有《容斋随笔》；清代蒲松龄有聊斋，他写了《聊斋志异》；谭嗣同有莽苍苍斋，感到天地苍莽，要谋求革新。现在有些商号也叫斋，是求雅之义，如荣宝斋等。

挤（擠） jǐ 两手或两人齐并用力，如说挤马奶。人际关系常常说排挤：排字从非，像两翅相背；挤字从齐，谓相并相向。抽象义的排挤，不用手或身，是讲利害。现代的挤字，主语和宾语都大为宽泛了，如说挤眉弄眼，还说挤时间。

313. 秦

秦 qín 从禾，从舂省。禾苗茂盛，收成有望曰秦。草木茂盛曰榛。后秦专作诸侯国名、地名，禾苗之盛亦曰榛。陕西的北部有个神木县，据那里的人讲，是秦始皇筑阿房宫，到处找不到栋梁之材，最后在那里找到了一棵神木。现在的陕北、晋北与内蒙古交界处，是世界四大煤田之一，这说明那里早先是草木榛榛的。

榛 zhēn 盛。除了形容百谷或草木之盛曰榛榛，还形容妇人之盛妆。

榛 zhēn 木丛聚而生曰榛。榛栗之榛，以其长得长(cháng)大。

溱 zhēn 水名曰溱，亦取盛义，言水势之盛。

臻 zhēn 从聚而至，众至。如说"舟车所臻"，意思是天下各方舟车丛集。臻的音义从至又从秦。

314. 委

委 wěi 从禾，从女。从女取柔弱之义，禾谷柔弱，故得委婉曲折之义。禾苗在灌浆时期若被大风刮倒，便要歉收，故委可得委弃、衰颓之义，派生萎字，有萎缩、萎靡、枯萎等说法。从而又引申为委托、转移或推卸。委婉，就是有话不直说；委罪，就是推卸罪责；委派，就是委托派遣；委任，就是委托任命；委员，就是委任的人员；委员会，就是委任人员的会议。

萎 wěi 草木要死或已死，枝叶耷拉下来，叫作萎，即是枝叶曲。萎又作倭。

餧 wèi 或作喂。即是饲养方面的托付。

煨 wēi 即没有着完的炭放在盆中，仍可取暖。把红薯之类放在没有着完的柴火中炙熟，叫煨红薯。一些不易煮烂的食物放在文弱的小火上长久地煮(烂)，也叫煨。煨之从畏，亦依托之义。

偎 wēi 依托，亲热地紧挨。如说偎在母亲的怀里，依偎为两同义词的结合。

痿 wěi 肢体麻痹、萎缩、瘫痪之病。痿人就是瘫痪的人。

矮 wěi 对草木说萎，对人说矮。两字亦相通，"哲人其萎乎！"人之死亦可用萎字，矮是从萎分化出来的。

逶 wēi 常说逶迤，亦作委移、委佗、威迟、威夷等，均为曲折而绵长之义。逶从委，取曲折之义，迤从也，取延长之义。

踒 wō 脚关节受伤，今说踒了脚，即扭了一下。故从委声取扭曲之义。

诿（諉） wěi 以言委托。亦有推托、推辞之义，如说推诿、诿过于人。

倭 wěi 顺从。从委声取委随之义。汉代以来称日本人为倭(wō)或倭奴，也应该取顺从之义，他们对汉族文化一向取尊重和吸收的态度。明代的倭寇是一小部分人沦为海盗所致，大肆侵华是近代以来的事。

矮 ǎi 人短。短与矮皆从矢，度长则以弓，古时弓矢都有一定尺寸，故可用以丈量。高与矮相对，唐代以来矮字用得较多，如说矮脚虎、矮牵牛、矮高炉等，萎缩则短小。

隈 wēi 出水的曲陬之处。畏字本无曲义，是从委字假借而得。山曲处曰隈，水曲处曰澳。但一般只作隈。

餧 wēi 角曲处，也指弓曲处。

猥 wěi 犬吠声，人招呼说"喂"。假借为委，常有卑贱、低下之义，从委缩、短小之义引申，如说猥贱、猥亵(xiè)，猥人为鄙陋之人，北海之隈有国曰偎人，这显然是从隈曲、鄙野之义引申的。又说猥昵，表示亲昵，则猥又假借作偎。总之，猥与委、隈、偎等字语义均可相通。尤其是个犬旁，如说猥官、猥婿，一个猥字就全无光彩了。

畏 wèi 畏惧、害怕。畏的篆形，上从甶，即鬼字之头，下部是横写的爪字右边一个人字，鬼头而虎爪，可畏也。今说不畏艰险、大无畏。本来畏是一个语源字，但是没有从它的畏惧之义派生出一个新词，相反的，几个从畏之字均假借为从委之义，畏字亦假借有委义，如说"弓之畏"，即弓曲处，实即取委字之曲义，或可作餧，亦可作隈。这样，从畏的词族，就归到从委的词族里来了。

馁（餒）něi 饥饿。冻馁，即饥寒。引申为空虚、贫乏之义。又鱼败曰馁，实即萎、矮之义。肉坏曰败，鱼坏曰馁。鱼游得不那么灵活了，就说有点萎，死了就是矮或馁。人饥饿了，和草木一样，也要柔弱下垂。

315. 秉

秉 bǐng 从又持禾，故作名词为禾把之义，作动词为执掌、把握之义。秉钺，就是手执大斧；秉心，就是操心、用心；秉彝，就是执守常规、天道。名词用法如说国之秉，就是国家的权力。

柄 bǐng 本作棅。各种事物的木把，如说刀把、勺把。抽象义指国家的权柄，《韩非子》中有一篇文章叫《二柄》，指国家掌握着两个权柄，为赏与罚，要好好运用。现在的用法有话柄、笑柄，叫人抓住了把柄之类。斧与斤的区别是什么？斤上有把可持，便是斧了。斧从父，父，从又持杖。“治国不失秉”，就是失了权柄，还怎么治国？

316. 兼

兼 jiān 从又持二禾，故得两、倍、同、合并、重复、毗连等义。二者不可得兼，兼就是二者俱得；兼程，就是加倍赶路。兼听则明，就是多方面听听。二禾字的横与撇捺，均省而为一。

搛 jiān 夹持。南方人常说用筷子搛点菜给他。

歉 qiān 合并。

缣（縑）jiān 两丝合并为一织成的绢，今常说双线织。这是由禾之兼到丝之兼，是从农到桑的事。

鹣（鶼）jiān 相传指南方的比翼鸟，青赤色，一目一翼，须得另一目一翼，比连而飞，故名鹣鹣。

鳒（鰜）jiān 相传指东方的比目鱼。不比不行，故名曰鳒。

隒 yǎn 山崖重叠，如叠两甗，故名曰隒。

膁 qiǎn 牛马腰两旁肋后胯前的两虚凹处。

龣 yàn 齿左右出，龃龉不齐，如夹持，与搛的音义相近。

嗛 qiǎn 今说颊囊，即鼠的脸颊两旁鼓起来，像口袋似的可以贮存食物。亦作鼸。又名蚶（hán），音义从含。

歉 qiàn 食不饱。亦与谦相通，言之不满足者。故从兼字有歉之不足之义，又有慊之满足之义。歉之年，或曰歉岁。歉的引申义为少也，贫也，抽象义说歉意、抱歉、道歉，就是对不起人，有所欠缺。

鼸 xiàn 即田鼠、野鼠。一种庄稼没有收成，它的储备就不足了；两种庄稼没有收成，就挨饿了。

谦（謙）qiān 言之不满足者曰谦，说谦虚、谦让。这是我国人民的传统美德。兼，由手之持禾引申为口之裹食，作嗛，食不足为歉，意不足为歉，言论不自足为谦。

慊 qiǎn 怨恨。由心中不满足而引申为怨恨之义，嫌少了。慊又有心中存疑之义，今作嫌疑。慊又有满足、惬意、愉快之义，实是假借为惬意之惬，读 qiè，音义上都是另为一词了。

嫌 xián 心存不满、不平或怀疑。与慊字之义相近。字从女，指男女贞节之嫌疑，扩展指狱讼方面的嫌疑，今常说嫌疑犯。今嫌字的语义更宽泛，对人对事各方面的嫌疑都可说嫌。且不限于嫌疑，厌恶、嫌弃都可说嫌，语义加重了，如说嫌你没出息，嫌你不争气，事情就大了。若是语义轻一点，仍可回到不满意的意思，如说饭菜嫌淡了、嫌咸了之类。

蒹 jiān 蒹葭，芦苇之尚未出穗者。葭，苇之未秀者；蒹，芦花已经嘛含着，不久便是枫叶荻花秋瑟瑟了。

廉 lián 从广，兼声。房屋的两侧边曰廉，故从兼声。廉隅常连称，隅为角落，堂屋的两边角处叫廉隅。廉与棱声母相同。棱，四方之木，棱角就是四边形的边角。今说是棱见角，或有棱有角，就是棱角分明，用以指人，便是有意见就要提，不模棱两可，不随波逐流，即为人方正。棱而兼，便是廉，可说廉正。廉才能清洁，叫清廉或廉洁。廉价，可以是不贪图之价，但兼有不足、少之义，可以是不足之价。人们往往也就不分了，如说廉价的劳动，往往是指后者，而抽象义说廉价的微笑，就更没有价钱可说，是不必要的微笑。

镰（鐮）lián 本指箭镞上带的棱角，有三棱角、四棱角。镰刀是收割用的曲刀，从兼字带有曲义的是膁，指腰部。镰刀就是有棱而形曲的刀。

磏 lián 或作磏，石之有棱者。

簾 lián 今简化作帘。有门帘、窗帘，是遮蔽门窗的，取义于重、合并，故从兼声。它四边四角长方形，故也有棱义。又有幱，以布为之。

膁 lián 小腿的两侧，故有两、边侧的义素，都是从廉的。

嫌 liǎn 清美。指人品，也可指容貌清秀美丽。

鬑 lián 鬑鬑，须发稀疏之貌，"鬑鬑颇有须"，就是略微有几根稀疏的胡须。

濂 lián 或作溓。浅小之水。从兼取少、小之义。

鰜 lián 稍微吃点，不是正餐。故从兼也是取少、小之义。

蠊 lián 小蚌。蚌蛤都是由两片合成的，故蠊之从兼，取小义，亦取两义。

赚（賺）zhuàn 古曰重卖，即卖物得价倍于常值。买物多出资谓之重资，今作买卖多得为赚钱，就不一定是加倍的利。今说重价收购，兼字就有倍的语义。重为重复、加倍之义。后则稍赚一点也说赚，这也是语义的灵活性。

以上从兼的词族中，前16个词声韵基本相同，语义也是一贯的。后10个词声母发生了变化，相应地语义也有演变。最后一个赚字，声母离得更远，语义也相应地出现增损。贯穿其中的则是从兼的韵母和兼的语义。

317. 畜

畜 chù 或读 xù，作前一声母时为名词，作牲畜之义，还说耕畜、家畜、六畜兴旺、畜生，此音此字本作兽，假借作畜。六兽为牛、马、羊、犬、鸡、豕。养之曰兽，用之曰牲。畜，本读 xù，本作兹下一个田字，兹，益也，故畜得畜养、畜积之义，为动词。"畜我"就是养育我，畜还有顺从、喜爱之义。

蓄 xù 积也。多指积粮食、菜蔬以为防备。《礼记·王制》中说："国无九年之蓄曰不足，无六年之蓄曰急。无三年之蓄曰国非其国也。"这是立国的重要经验。按照那时的产粮，一年下来的正常收获，可以有四个月的余粮作积蓄，那么要三十年下来，才有十年的余粮，上下才能安心。蓄字的宾语发展，有蓄火（火种）、蓄力、蓄念、蓄怨之说，今更有蓄能、蓄电、蓄谋、蓄志等说法。

慉 xù 或作嬹。喜爱，是由养育之义引申来的。

潐 chù 蓄水。即水之积聚，今多用蓄字。

搐 chù 人体肌肉及筋非随意自主的收缩、聚结曰抽搐，常见于腿部及脸部。

勖 xù 喜好、爱。是蓄的假借字，与慉、媚音义相通。勖本读 mào，从力，冒声，为勉励、劝勉之义，与懋音义同。冒，进也，升也。勉励人们努力上进便是勖。

318．羊

羊 yáng 象羊之头角和足尾之形。有羊就是完备、美满的了，故善、祥、美等字皆以羊为象征。一群的群字也从羊。至今说，人要有个人样，样字也从羊。汉族人在早先也是以吃羊肉为主。在语言文字方面，人与羊的关系是最为密切的了。

养（養） yǎng 供养、营养，皆以羊为主。人饲养的也主要是羊，牧则从牛。抽象义则说养心、养性、修养、教养。反面义还可说养痒。养的宾语很多。

氧 yǎng 从气，羊声。原先曾写作养气。大气中氧气约占五分之一，是人和动植物一刻也不能停止供养的气体。

样（樣） yàng 本读 xiàng，后写作橡。橡树的果实叫橡斗，因为它的果实外面还有一层硬壳，当裂成两片的时候，就像斗。因为它可以染黑，故又名皂斗。它为什么叫样？因为它的果实含淀粉，磨粉蒸食，可御饥年，就是平时从不吃它，遇到荒年可靠它养活人。所以就叫它为样。但是它是像羊养人，哪能真抵得上羊？所以就是橡。至于一切事物都有一个样子，语义普遍化，则是羊或样的更进一步的抽象引申，因为人与羊的关系最密切，犹如相貌的貌则是从豹，就

都与动物的形象相附会了。如说好样的、人要有人样、像模像样，也说丑样、装模作样。但是从羊到人样、事物的样，首先作这种引申的，还有佯字。有了真假之佯，才有一般之样。

佯 yáng 假装，装样。各个事物都有它特有的样子，如今是人为的样子，便是假装的了。即使是人为之事，也有真伪之别，如说狂人，当然是人为的，"佯狂"便是装疯了。北是败北之义，"佯北"便是假装失败，是诈骗人的，《孙子兵法》中有"佯北勿从"。与佯字相似的有"伪"，为是人有作为，又加人旁，便是虚伪、假冒的了。

羕 yàng 水流增长。从永，羊声。永就是水长，又从羊，便是水流增长广大。养字便有长大之义。凡羊字居于一字之上，羊字的一竖便都不再延伸下来（本像羊的尾巴），是为了避免笔画互相妨碍，是书法问题。

漾 yàng 或作瀁。水流增长，引申为浮动、飘荡、摇晃、闪烁等义，如说荡漾。漾还有溢出之义，如说碗里的汤都漾出来了，抽象义如说脸上漾出了笑容，增长多了就是溢出，也说喜气洋溢。

洋 yáng 盛大，众多。由水之洋洋，指牧野之广大，言语之洋洋万言，滔滔不绝，还说得意洋洋，指情绪之大。字也曾可作漾、养。我国以洋命名的河流有几条，都取义于水盛。至于说世界五大洋，那是后来的说法，是最盛大的水了，古说四海之内，今应说洋内。但洋人的说法是有的，并与土相对，说土洋结合。

恙 yàng 内心动荡不安，指忧虑、愁伤，又从而指灾祸、疾病，常说别来无恙。

痒（癢） yǎng 心忧愆之病，与恙字之义切近。又指疮疥、溃烂之类的病，扰动于肌肤之间，即搔痒痒。抽象义说心里发痒，如说锣鼓响，脚板痒，意思是想去看戏，坐不住了；或者是也想唱一段。

蚈 yáng 米谷中长的小黑甲虫。广东人呼米牛，绍兴人呼米象，那么呼羊也因其似羊了。

羌 qiāng 古代西部的游牧民族，牧羊，故其形音义皆从羊。羌字从羊从人。羌与卿双声为训，今犹称牧羊人为羊倌，倌从官，官亦卿也。"羌笛何须怨杨柳"，这表现了羌族与汉族的文化交流。

蜣 qiāng 蜣螂，或蛣螂，一种黑色的甲壳虫，以动物之粪土为食，故还称屎壳郎。

徉 yáng 徜徉亦作尚羊、倘佯。来回摇荡，徘徊不定。

祥 xiáng 幸福、吉祥、完善、美好、顺当，这些美好的观念，都可以说祥。再进一步，一切事物的征兆，不论善恶，都可说祥。妖祥，就是恶的征兆。妖祥还有另一义，指恶与善两种征兆。祥云与妖气相反。这便要从上下文意来确定了。从羊到祥，从牧畜到人事，是语义的一个极大飞跃。再从善恶到善恶的征兆、迹象，要见微知萌，预测事物的演变、吉凶。

详（詳） xiáng 明白而详明地说出。今说详细、周详，都是同义词结合。又说详谈、详情、详解等。详还引申有稳重、安详之义。

翔 xiáng 回旋而飞曰翔，亦取来回之义。详实，亦可作翔实，既是来回，便是详细的了。

庠 xiáng 商代的乡学。殷曰庠，周曰序，故庠序连称。从语源上说，庠，养也，是子女受教养之所。

319. 羔

羔 gāo 小羊。羊曰羔，牛曰犊。有时也说狼羔之类。

糕 gāo 本作餻。最初的糕，类似于现在的肉饼，稻米二，肉一，合煎成饼。后全以米面糖果之类制作，叫作糕点。羔和雁是古代常见礼品，卿羔、大夫雁、士雉，是一种习俗，至今糕点也还作礼品看待。

羹 gēng 煮烂的羊羔，加以五味调和，带有很浓的汤汁，叫作羹。除了羊羹，还可有鱼羹、鹿羹、蟹羹等。羹又有烹的语义，动词，羹鱼，就是烹之为鱼羹，也就是烹小鲜。

320. 马

马（馬） mǎ 力畜之一。牛马驴骡都是力畜。今说马路，本都指马及马车所行之较宽的路，今则指公路和大街。《汉书》中已经说到有马奶酒，韩愈的诗中已说到有马奶葡萄。马字有强大之义。马蝉是蝉中最大的。有一种大蚌叫马刀，其形像刀，称大为马。马上，就是骑在马背上了，为立即、很快之义，也说立马，为立即和马上。

骂（罵） mà 从两口（或从网），马声，即是两口用力，怒骂之义。骂不一定以恶言，严词指责也是骂。

蚂（螞） mǎ 许多昆虫的名称加马字，取强大之义，故作蚂。蚂蚁本指巨大的黑蚁，好斗。今一般都说蚂蚁。蚂蜂指大蜂，蜇人。还有蚂（mà）蚱、蚂蟥。

犸（獁） mǎ 猛犸，一名毛象，似象而有毛。故音义从马，取其大也。

祃（禡） mà 马上之祭。师行所止，恐怠慢其神，下而祀之曰祃。

码（碼） mǎ 筹码，用竹木片作计数的工具。筹为计算、谋划之义，胜者可为将帅而乘马，故筹马就是胜利之马。后计算往往以石为马，故作码。
于是有数码、号码、页码等说法。至于码头，
本亦作马头，在水滩植木筑土，伸至河中，
便于兵马上船，谓之马头，后多以砖石为之，
故亦作码头。

嗎 mà 增益，堆积。如把砖瓦、禾把，
还有货栈的箱装、袋装货物，都要嗎
齐（或作码齐），以便查点。从而一堆、一
垛也可叫一码。又说一码事，就是一回事；
两码事，便是互不相关。

玛（瑪） mǎ 玛瑙的玛，也取大、盛
之义。见瑙下。

321. 牟

牟 móu 牛鸣声。又假借为孜（wù），
或作牟旁右边一个力字，为强大之义。
牟，大也。又引申为加倍、超过之义。又
可为夺取之义，如今说牟取暴利。

麰（麳） móu 大麦。字亦作孜下一
个麦字。大麦、小麦的说
法起于汉代以后，不在于麦棵的高低和颗
粒的大小。大麦的芒特别长，小麦则短小。
故其音义从矛，直刺之兵器，强也。

侔 móu 齐等。加倍亦是两者等同，"侔
三王"即是与三王的业绩相等了。

眸 móu 亦作睸。眼珠。取两眸子齐等
之义。如说回眸、明眸。

蟊 máo 亦作蟊。残害庄稼的虫，食根
曰蟊，食节曰贼，故连称蟊贼，本作
蟊贼。音义从牟，取也，夺也。故以蟊贼
指夺取农民钱财的人。

322. 尨

尨 máng 从犬，从彡（shān，毛饰画
文），犬之多毛者。毛和色常联系着，
这多毛的狗，时常就是杂色的狗。尨的语
义引申指杂色。尨服就是多种颜色的服装，
尨眉就是眉毛有黑有白。

牻 máng 黑白杂毛的牛。又引申为混
杂、杂乱之义。

駹 máng 黑马之面颡皆白，不纯色。

蛖 máng 蛖蝼，蝼蛄之类，有尾须，
故用尨字形容，取长毛之义。

薕 máng 草也。是一种什么草，已无
史料可证。但它可能是多毛的、杂
色的，从女旁，可能是柔软的。这些参考
条件是可靠的，可作为考订工作中的一个
参考。

哤 máng 杂语，异言。哤聒就是声音
嘈杂，哤异就是思想观点不一，言
论乱套。

厖 máng 又读同庞，大石也。又说厖供、
厖鸿，均谓大。厖也有杂乱、厚重
之义，用同庞。可说厖杂、厖错。

庬 máng 实即厖。丰厚、洪大。多出
了一个点，是受庞字的影响，语音
则仍同尨。

323. 突

突 tū 犬从穴中急出。如说突然，谓急
促地、短暂地。窀字是鼠从穴中急出。

都是会意字，但两字的语义很不相同。突的动词用法为凸出、鼓起之义，如说突出的成绩、突出的问题，都是抽象义，具体义如说峰峦突起、脊椎骨突出。杜甫的名句："呜呼！何时眼前突兀见此屋，吾庐独破受冻死亦足。"突，凸起，兀，高而上平。突兀，屋宇之高耸显现。突又由突破之义引申为穿越之义，地洞、隧道是穿越的，就成为名词。狗洞可说狗窦、狗突；烟囱是出烟的通道，也说灶突。

挨 tū 搪挨，今作唐突。搪，抵挡，如说搪塞，谓对付一下；突，冲突，突破障碍欲出。这样，唐突就是一挡一冲，因此有冒犯、诋毁之义。"唐突西子"就是对美女西施加以诋毁，而去刻画一个无盐（古代著名的丑女）。

袯 tū 开裆裤。突，穴也。

埃 tū 灶突，即烟囱。今作突。取通道之义，参见突。

棁 tú 拴门的立木。横曰闩，直曰棁。取突立之义。榾柮（gǔ duò），与骨突、骨都、骨朵之义相近，指断木头、树疙瘩之类，无可派用，只作烧柴而已。

葵 tū 萝卜头，一个凸出的块状物。菩葵，指没有开放的花蕾，或一些植物的果实，都是圆圆一颗。

凸 tū 是从突出之义分化出来的，突的其他语均凸字所无。凹、凸二字形象，均产生于六朝。人们经常以凸释突，两字至今同音。

324. 戾

戾 lì 古作盭。从犬出户下，身曲戾之义，作动词为乖背、不顺从、反逆之义，作名词指乖背的人或事，为灾难、罪逆之义。如说乖戾、罪戾等。戾又引申为狠、恶、暴、

负之义，都是引起灾难的背逆的因素。如说暴戾、贪戾、很（狠）戾无亲、为人刚戾。又引申有及、至之义，如说鹤飞戾天。

捩 liè 扭转、回旋、拗、拧，即是有曲折的行为。如说揪耳朵，便是抓住；若说拧耳朵，就是抓住了再一扭，便很痛了，可说"捩狗耳"。现在用以拧的水龙头、木栓子，古说捩子。

泪 lèi 或作淚。遇到不顺利的时候，便要流淚。老牛在要宰的时候流淚，见到老虎而流淚，初生的牛犊则见虎却不流淚，它还不理解这个暴戾的遭遇。淚的本义不指眼淚，指汹涌急流，与瀑字义近。戾有暴义，可说暴戾，戾派生淚，暴派生瀑。水淚破舟，指水急暴了要毁舟。淚是形声字，泪是会意字；淚字在前，泪字在后。

唳 lì 鸟鸣声，形容其清亮婉转，即有曲义。又说嘹唳、喽唳。

莀 lì 染草，染黄绿的叫绿莀，染紫的叫紫莀。莀为什么形音义从戾？我国古时曾把颜色分为正色和间色两大类：青、赤、黄、白、黑为五方正色，绿、红、碧、紫、留黄为不正的间色，或称次色。次为次于正色，间为间于二者，青与红混合为紫色，黄与青混合为绿色。故莀草为有乖于正色的染草。

缑（綟） lì 以莀草染色之帛，有绿缑、紫缑。

325. 猋

猋 biāo 犬奔跑之貌，引申为急速之义。可说猋忽、猋迅，为同义字结合。人走曰走，牛走曰犇（即奔字），犬走曰猋。

飙 biāo 暴风从下扶摇而上谓之飙。疾走必有风，故疾风可曰飙。今说狂飙、飙骇。

326. 犮

犮 bá 从犬而丿之，会意字。即是拽住犬的一只脚，一颠一瘸地往前赶，从而引申为拔除、驱除之义。渔猎畜牧时代，人和犬的关系很密切，以至产生了这么一个语源词，它的几个派生词至今还常用。

跋 bá 脚走路不顺当，今说跋涉，草行曰跋，水行曰涉。那不是在现在的草坪上走，而是荒草丛中赶路，也是要绊脚的。山行亦曰跋，说跋山涉水，言其艰难。今又说题跋，题是头额之义，跋是足后之义。写完一本书后的后记，也叫跋。完成一项著作工程，也是一路跋涉之艰。

拔 bá 于足曰跋，于手曰拔。草木之足曰根，故说连根拔起，拔除。要开垦土地，便须连根拔除。拔的宾语扩展起来，有拔刀、拔剑、拔帜、拔须眉、拔龙髯，还有拔城邑、拔山、拔国。它不只是拔除，还有拔起的，如说出类拔萃，抽象义说人的风貌挺拔，人的精神坚韧不拔。现代的说法，如对人才说拔尖，对形象说拔高，还说拔脚、拔腿、拔火罐、拔丝山药等。

菝 bá 菝葜，一种根横生、茎坚挺而多刺的植物。

茇 bá 草根。这是由动词拔转为拔的对象——草木之根。

炦 bá 火气上出。故取义于拔擢。

魃 bá 旱魃。没有水，一切生物都不能生存，故魃为拔除一切之鬼神。

祓 fú 除恶之祭。

軷 bá 将领出征，于路口立坛，树茅为軷，祭軷，车轮在祭牲上碾过去，大家在路边喝点酒，就安全了。故軷为行车出征除灾之祭。

翇 fú 执全羽以舞，祭社稷曰翇。翇的音义从犮，取拔擢之义，及高举雉羽以舞，区别于一般之执。

帗 fú 在一根长柄上悬挂着各种颜色的绸布，举起跳舞，以祭百物之神。与翇字通。

黻 fú 绣有青黑相背之花纹的礼服，相背则不顺，故从犮声。黼与黻常连称，黼则为黑白相间的斧形之纹。

绂（紱）fú 系在印鼻上的丝带，也叫绶。绶从受，谓两手相授受；绂字从犮，为提起之义。

发（髮）fà 头发。它拔擢而出，根也叫茇，天天向长，也就是拔，今说拔高、拔长之谓也。发也可指草木，山以草木为毛发，也是拔高拔长之义。

被 bō 少数民族服装衣衽向左面开，汉人之服习俗皆向右开，故被字从犮，取不顺当、反戾之义。

鲅（鮁）bō 鱼游貌。它的尾部左右摇摆，故亦取反戾之义。字亦作鱼旁一个发（發）字，发字从癶，谓向左右拔。从犮字与从发字往往相通。

馛 fá 盾。是抵挡戈矛的，故也可以犮，起反戾与守卫的作用。

吷 fèi 狗叫。或作哎，则为形声字，口之反戾与守卫也。字亦作狈。

327. 臭

臭 jú 犬注视也。也指鸟之张目视。

阒（闃）qù 门口有犬注视，无人敢随便登门，从而得肃静、空寂之义。如说阒寂、阒静。鲁迅《亥年残秋偶作》："竦听荒鸡偏阒寂，起看星斗正阑干。"

鹞（鵙）jú 字或作鵙。又名伯劳、鹈鸠、杜鹃。此以其鸣声昊昊而名其鸟谓鹞，就与犬视、寂静之义无关。

328. 狄

狄 dí 古代北方的一些兄弟民族统称为狄。所谓南蛮北狄，南方的民族性格比较稳定、温和，北方的则淳朴而刚强，这跟自然条件、生产方式都有关系。南方在水面上乘船，北方在旷野里骑马。狄，假借为翟，指雉及美丽的雉羽。又与趯相通，得跳跃、行走迅疾之义，派生了逖字。

逖 tì 远也。行走疾速，故得遥远、远离之义。如说遐逖、离逖，都是同义词的结合。

荻 dí 芦苇。常说芦荻。芦荻之花穗，初呈紫色而有光亮，成熟了呈草黄色，如雉之短尾（雉之雄者尾长，雌者尾短）。这正是狄字之假借义。

这样，狄的两个派生词都是从它的假借义派生的。狄的本义是壮犬。

329. 豕

豕 shǐ 猪。豕字的撇，像它的毛足，豕字的最后两笔像它举起的尾巴。它用劲的时候尾巴就起来了。

彖 shǐ 从彑(jì)，从豕。彑为豕之头，锐而向上，所以，实际上彖就是豕字，并与彖(tuàn)的字形重合。

蠡 lí 蛀木中空的蠹虫，它的嘴也是锐而向上的，故以彖指蠹虫。蠡又有

劙(刀割)的意思，一瓠劙为二，成了盛物的瓢，从而蠡又得瓠瓢之义。蠡测，就是以瓠瓢来测量大海的水，比喻浅小不知高深。蠡蠡，指田园间垄亩分明之貌，这也是从分割之义引申而得的。总之，蠡的音义从劙又从彖。

劙 lí 或作劀，亦作劙，分割。如说"劙盘盂，刭牛马"，盘盂是金属的，就是后来所说的寒光闪闪，削铁如泥。宰牛马就更不在话下了。

櫪 lí 网罟，用以捕捉雉兔，故从蠡，取伤害之义。櫪又指江中船，与蠡有瓠瓢之义有关，如说瓠蠡，指用葫芦制成的酒器。古代往往以木罂瓴或瓦瓴作为军队渡水的工具，故櫪可得舟船之义。

盠 lí 以瓢为饮器，即是瓠蠡之义。

憍 xié 怒而恨。豕本即为怒而竖其尾之形，憍又与恨双声。憍，恨也。怒与恨两者是经常联系在一起的。

330. 豚

豚 tún 或作㹠、独。小猪。以小猪为祠祀或馈赠，是古之常礼，有名的如鲁国阳虎馈孔子豚。古常说鸡豚、豚犬，可见豚不一定指幼小之猪，也可指一般个小之猪，其善走者也。

遯 dùn 逃。因为豚善走，故引申为逃跑之义，如说"如追放豚""遯居田野"。通遁。

鲀（鲀）tún 河鲀，今作河豚。体圆筒形，似豚。亦可取遯走之义。它状如蝌蚪，大者尺余。它触物即怒，腹胀如气球浮起，鱼皆不敢近。故从屯，取守卫、蓄积之义。

腞 tú 又读 dùn，牛羊曰肥，豕曰腞。遵循祭祀之礼所用的猪都是经过挑

选喂养的，故肥壮。

姻缘或说缘分。衣服、裙带，常用以指血缘关系，如裔字就从衣，佛教好说因缘。又引申说缘由、缘故，指事物发展中的因果关系。

掾 yuàn 手之遵循，故得佐助、助理之义。常作下属副职官员之称，如说掾佐、掾属。狱掾就是监狱的副官，廷掾就是朝廷或法庭上的副官。

331. 彖

彖 tuàn 猪跑。从彑，从豕省。彑为豕之头，走在前，便是跑得快。先字从人从止，脚在人之前便是先，头在豕之前便是彖。豕绊足而行为豕，可见豕之行是不慢的。彖的词族的发展，主要是它的假借义，它假借为它的同音词"断"，即解释、判断之义，《易经》中的彖辞，就是判断各卦之义的；每一卦都有六爻，各爻又都有所象，从而彖又得图像义，篆书就是由图像进到文字的。

篆 zhuàn 即图形文字，常说象形字。篆书的笔画以曲笔为主，易于象形。篆字还有刻画、花纹之义。后来为便于书写，并规范化，就把曲笔尽量平直化、简短化，进入隶、楷的时代。

瑑 zhuàn 圭璧上起的裂纹。瑑也有画饰、雕琢之义。如说："常玉不瑑，不成文章。"

褖 tuàn 指一种黑色镶着红边的罩衣。故是从边缘来取衣的。

腞 zhuàn 画饰。腞楯，就是有画饰的载棺出殡的车。故它与篆的语义相近。

椽 chuán 屋顶上架的椽子。圆曰椽，方曰桷。桷从角，就其方而言；椽从彖，就其圆曲而言。最初的椽子就是砍断而已，所谓"采椽不斫"，彖，断也，后来才讲究还要彩色，雕梁画栋。

缘（緣） yuán 衣服沿边的花饰。作动词谓沿着，作名词指衣服的花边。常作动词，它的宾语扩展，如说缘木求鱼，就是沿着树干去找鱼，便无所得了。"缘法而治"，就是遵循法度来治理天下。作名词指抽象的人际关系的因缘、

332. 豕

豕 chù 猪的两脚走时一绊一绊，行而急止之貌。

瘃 zhú 脚上长了冻疮，里面还有硬块，行而豕豕。也可指手上长了冻疮，做起事来也不顺当。

啄 zhuó 鸟类之食曰啄，动词。如鸡啄米、啄虫，斗鸡时也是啄。它角质的嘴，准确、迅速啄下，取食即回收，与豕之绊足而行相似，啄的名词义指鸟类、禽类的嘴。啄字从口，鸟嘴也可说鸟口，林热鸟开口，明清时代才把口说成嘴。

琢 zhuó 治玉曰琢。治骨曰切，象牙曰磋，玉曰琢，石曰磨。材料不同，加工的行为也不一样。经过漫长的石器时代，人们对玉石的加工很有经验了。琢这种雕刻的行为，以豕绊足、鸟啄食为类比，也很形象。后切磋琢磨用以指君子商讨学问，还说雕章琢句，现在口语中还指反复地想，说是琢磨了老半天，这里已没有口或手的行为。

拯 zhuó 或作叕。击也。击类似于啄或琢的行为，对木材加工类似于击的行为有砍、伐、凿等，故拯、椓二字就用得很少了。

椓 zhuó 以木击，或击木。故与拯字音同义近。如说"椓之丁丁"，是说打

桩的声音丁丁响，"椓之橐橐"，是说用杵夯土筑墙的声音橐橐响。用于抽象义，则为打击、残害之义。

乱（殺）dū 椎击物。这实在是与椓、豰的音义息息相通的。

屁dū 或作豚。臀部。又指蜂或蝎子的尾部，有毒刺。

涿zhuō 水下滴。水下滴如椓之敲击。

诼（诼）zhuó 毁谤，说坏话。是言语上的打击。故其音义与椓、豰同，为抽象义。

冢zhǒng 亦作塚。从冖，从豕。高坟。坟（墳）字从贲，为隆起之义，墓则是无封土，与地面齐平者。冢则比坟更高。秦始皇的坟曰冢，是几十万人筑起来的，《史记》中说冢的，还有黄帝冢、许由冢、孔子冢、陈涉冢等。坟墓是需要椓的，但不一定很高，只有封土而椓，才能得冢。冢的音义从豕又从封。现在我们说秦始皇陵、昭陵、成（吉思汗）陵，今还说冢，最著名的便是呼和浩特郊区的青冢了，是汉代王昭君的墓。那是一个很高的土包，上面还建有亭子，与冢的本义及语源，完全吻合。

333. 豕

豕suì 随从，顺应，安舒。从八，从豕。八，象气之舒散，那么从豕是什么意思？没人说过。逐字从豕，是追随、随从之义，家字也从豕，有安居之义。它们也都是会意字。语义相近，那么豕就是与豕相随而安了吧。畜牧时代人和家畜的距离很近。

遂suì 随从而行、顺应而行，故得成功、顺利进行、顺心之义。作名词指通道、通达之地、安定之地。作副词谓于是、就。遂心，就是顺心；遂事，就是已经完成的事；半身不遂（suí），就是半个身子已经不能随意行动，瘫痪了。遂字在现代口语中已不能活用。

稼suì 禾苗顺利成长之貌；禾穗下垂成熟之貌，则与坠字通。

隧suì 隧道、隧洞，都是取通达之义，在穴居时代和畜牧时代，挖隧道恐怕是寻常的事，古墓中也多隧道。现在主要是交通和采矿中多用。

邃suì 深远。常用以形容建筑物之深邃。抽象义指思想、理论之深邃。朱熹有副对联说："旧学商量加邃密，新知培养转深沉。"说旧学经过商讨和斟酌就更加深刻而周密了，新学经过培植和养育变得深入而沉稳。邃密与深沉相对，是很恰切的。邃古，就是远古，邃字本指空间，这里又指时间，时与空在语言上常常是相通的。

襚suì 给死者送衣送葬。音义从遂，遂从死者生前之意。给死者送车马曰赗，送货财曰赙，送衣被曰襚。

璲suì 佩玉。如说佩璲，取义于下坠，坠亦从遂，取义于顺当。又有礤，指天上落下的陨石。从石与从玉相通。

燧suì 古代边防报警的烟火，昼则放烟叫烽，夜则举火叫燧。烽，逢也，逢遇也，燧，遂也，随从也。古老的传说中有燧人氏，能钻燧取火，大概是一种硅质的沉积岩，也可作礤。古希腊是普罗米修斯从上帝那里盗取火种。可见火的控制和利用，在原始时代实在是件科学大事。

鐩suì 火镜。即铜制凹镜，使阳光聚焦于一点，形成高温以取火。从燧字来。

队（隊）duì 后作坠。从高处下坠，这是队字本义。队又有队伍之义，队从阜从豕。队与自（堆字）相通，多而高曰自，小阜曰堆。故队为众多而随从之义，因而说军队、部队，为总称，又有小队、小分队，可以是几个人。故队的音义从自，又从豕。

坠（墜）zhuì 坠落。如说飞机坠落。坠的另一义项是坠而不落，如说耳坠、扇坠，禾穗之穗也可作坠，它也是垂而不落的。

334. 彑

彑 jì 猪头，象尖嘴向前之形。

喙 huì 指鸟兽虫鱼的嘴。鹬蚌相争，就是蚌夹住了鹬的嘴，而鹬的嘴如矛之入，是尖而向前的。喙一度也指人之口，所谓喙长三尺，指善辩论，并常带贬义。喙息，即张口喘息，有疲困之义。

瘣 huì 困极。

殨 huì 困极。与瘣音义是一致的，从歺旁则语义可能有轻重之别。

彘 zhì 彘从二匕，象其足，彘足与鹿足同，鹿字下部亦从二匕。彘的头下，二足之间有一矢，故彘本指中箭而残废了的猪。用多了就指一般的猪，如说狗彘，就是一般的猪。

璏 zhì 或作瓆。剑鼻上缀的玉。或谓剑鞘旁之璏孔，穿革佩于腰间者。

335. 兔

兔 tù 象踞兔之形，一点为其尾，所谓兔子尾巴长不了。篆字本来是跟兔子身体连着的，草书发展点的艺术，就演化为一点了。㲋(chuò)，似兔而大；毚(chán)，狡兔。兔子机灵，善跳跃，它的后腿比前腿长，是跳着走的。它经常的动作是蹲和跃。

塅 tù 桥墩。又叫桥垛，从敦或从朵，取其堆也；从兔，取其蹲也，兔子善蹲和跃，蹲则居岸，跃则过河。

菟 tù 一指茯苓，一指菟丝。茯苓，一名伏菟。相传千年之松，下有茯苓，上有菟丝。它们的生长与松脂有关，但传说是古松神灵之气伏结而成，故谓之伏灵，其形如兔之蹲，故又为伏兔。菟丝，一名兔缕、兔丘、兔藟、女萝。丝与缕，取义同，谓其藤蔓如丝缕也。藟，累也，谓其累积、重叠之藤与叶如兔居之丘，如罗网也。

336. 穴

穴 xué 土室。从宀，八声。下面扒土，上面有宀覆。穴居而野处，后世圣人易之以宫室，这是在居住方面的进步。现在北方有些地方还住窑洞，大城市中也有地下室，它冬暖夏凉。穴作动词谓穿穴，作名词又可指泉穴、墓穴和一切孔穴。人体上还有穴位、太阳穴。

芡 xué 芡子，是用竹篾或芦苇编制成的窄长席子，也叫栈条。把它围成圈，可以囤积粮食。随着粮食增加，芡子还可一圈圈加高。因为它围成一个空穴，故它从艹，穴声。

鴥(鴪) yù 鸟疾飞。字或作鴪，从矞(yù)声，矞，以锥有所穿越。鸟疾飞如穿穴，故鴥的音义从矞又从穴。

泬 jué 水从孔穴疾出。鴥为鸟疾飞，泬为泉疾出，皆取穴的动词义，只是主语的扩展。回泬，亦作洄穴、回通，为旁出、邪出之义，引申指事情之曲折回旋。泬，亦作滴(jué)，它们声母相同，泬又读同穴，也可读同鴥。泬字在声母上的三种读法，都是事出有源，可以查究的。

337. 舍

犹 yòu 或作犹。长尾猿，常说猿犹。它的韵母读同猴。犹，似猴，仰鼻而长尾，善疾走，故它的声母从鹬，取疾出穿越之义。

舍 shè 客舍、旅店之类。字从亼，三合，实际是四合、多合的院。又从中，从口（不是口字，象筑地盖房的围子之形）。后来一般的房舍、处所也都可称舍了。作动词为住宿、止息、安置之义。舍还有一项特殊的含义，军行三十里为一舍，退避三舍，那就是九十里了。

捨 shě 今皆简化作舍。释放、舍弃、留下、停止。锲而不舍，即是舍字，不舍就是不放手，不停止。不舍昼夜，就是日夜不停地流着。还说舍近求远、舍己为人。

舒 shū 伸展、缓和。从舍，予声，实际上舍亦表声。舍，释放；予，推予。故舒字又推又放，得伸展之义。今说舒展、舒畅、舒坦等，心情舒畅，则为抽象义。舒服，或舒适，指身心两方面轻松愉快。舒的反义词是卷，如说云层的舒卷。舒又有迟缓之义，如说舒徐，为同义词的结合。安徽的舒城与江苏的徐州相邻近，据历史记载，那里的民性舒徐，故以舒、徐称之。

畬 yú 或 shē 已经开垦耕种了三年的熟田，从田，余声。余，语之舒，从八，舍省声。经过三岁的耕种，草木之根悉除，土脉膏肥，就是舒缓而宜于耕作的良田了。

賒（赊） shē 先取货，缓期付款曰赊销，或曰赊买，故其音义从舒。为什么作赊？术字不出头，表示欠缺之义，有待偿还。

佘 shé 佘与余本是一字而同音，赊字下已经作了说明，两字的韵母到隋唐时分化了，声母则余字从予、佘字从舒。

余 yú 语气舒缓。从八，舍省声。因为余字一般均假借作第一人称代词，就不作语气词了。《尚书》用予，《左传》用余，因人因时而异。

餘 yú 今餘简化为余。食之富饶有餘，泛指各种事物之有餘。舒缓、伸展则有餘，由食至衣，至财物，再说餘波、餘风，风指风尚、习俗，便是抽象义，它的主语和宾语扩展，后更说餘勇、餘威、餘毒、餘悸、餘兴等。又指数量上的多餘、剩餘、残餘，时间上的业餘、餘暇、餘年、餘生。

塗 tú 本只作涂，后常用于以泥涂物，故又加土，有涂抹、涂饰、堵塞等义。路途的途也与泥土有关，也是从这里分化的。

途 tú 舒缓而伸展的路，故说长途、旅途、前途，还有说半途而废，或长途跋涉。还有说仕途，也是一个漫长的过程。故途字的音义从余。

除 chú 从阜，余声。谓山阜之由高而舒缓以渐趋低平，也可指由低而渐高。人们就可在此芟除草秽，整治地段，故除又可得整修、治理、去除之义。宫廷殿堂前大多有渐起或渐落的大台阶，就可叫除，"黎明即起，洒扫庭除"。所筑的高台，一般叫坛，也可叫除。因而一般的拜官、封官就可叫除，如说"除臣洗马"，就是授予李密太子洗马的官；去官也在宫廷殿阶，因此去官、治罪也可叫除，至于如何理解除的含义，只能在上下文中加以辨别了。除夕，就是除旧布新之夕。日月其除，就是岁月逝去。

滁 chú 安徽有滁河，本作涂，水之舒缓流长也。山西也有涂水。

捈 tú 引。引之则伸展、舒缓。

荼 tú 苦菜。可食，但味苦。几千年来均作我们贫困或遭灾时充饥的野菜。荼的另一义指荼树，是一种苦荼。早采者曰荼，晚采者曰茗。引申指人身心之痛苦，常说荼毒，毒本亦指苦。滋味大多是草木所滋生之味，酸、甜、苦、辣大多是从草木中品尝而得，苦就是苦菜之味。滋味都要渐渐品尝，故从余声，也是取扩展缓慢之义。

茶 chá 指茶树、茶叶及泡成的饮料。茶是从荼字分化出来的一个俗字。现在的茶泡浓了，也还有点苦。大凡发苦的食物，都是凉性，能去火。从汉代开始，到唐代陆羽写《茶经》对茶的制作及品尝就很有讲究了。至于荼、茶二字的声与韵，本来是同音字，是一字的分化，后来俗字俗读，隋唐后，音就都不相同了。

搽 chá 塗。搽、塗二字的音义是一脉相承的。搽字最初是从元代戏剧中使用开的词，花旦叫搽旦，是搽脂抹粉的。戏剧的妆扮和做作，也是跟茶酒那样要品评的。

稌 tú 稻。稌字从余，取缓和、舒展之义，禾二月(就古代所用夏历而言)始生，八月而熟，得时之中和。

筡 tú 作动词，为析竹之义，从余声取舒散之义；作名词指所破之竹曰筡，后曰篾。篾从蔑，取细密之义，筡从余，取舒散之义。

篨 chú 籧篨，粗竹席。以细薄之篾编席则可卷，故常说席卷。粗竹之席不可卷，总是摊着作铺垫。籧从遽，为紧迫之义；篨从除，为舒展之义。有时也以粗糙的芦苇编成厚垫，不可卷曲。引申指人体不可屈曲俯仰之病，或作抽象义，指人事上只能或俯或仰以求人之义。

醔 tú 酒曲子，酵母。曲有隐闭、贮藏之义，需要酝酿。酵字从孝，从蓄从老，储存而陈久也。醔字从余，需时日之舒缓久长也。故有时也指再酿的酒。

敍 xù 或作叙。次序、秩序、循序、顺序、叙与序升声。食物顺次序展开叫叙。一本书的前面有叙言，也可做序言、绪(丝之端绪)言。叙、序、绪三字声母相同，都有头绪之义，又各有其不同的声旁字和不同的部分语义。叙从余声，有其展开之义。

潊 xù 水边、河沿。从余声取铺叙展开之义，又水又岸，连绵不绝。潊与滩的取义相似，滩，摊也，水边泥沙铺摊。

斜 xié 从斗，余声。斗是舀器，也是量器，如粮食从臼中挹出，水从缸中舀出，酒从壶中斟出，斜字的本义，就是挹出而舒缓有序。以斗挹出，则渐倾注，故斜字引申为倾斜不正之义，如说斜坡、斜阳、斜视，抽象义如说斜门歪道，就是心术不正，不走正路。其实，余声之字与倾斜有关的，早已存在：如除指台阶，台阶总是有倾斜度而舒缓有序的；如途指前途，也不总是直路。

徐 xú 舒缓、安闲而行。如说徐趋，为慢步小跑。徐的反义词是疾。"清风徐来，水波不兴。"这里徐字的主语不限于人的行为了。舒徐是同义词的结合，也是同词族的词。

338. 屋

屋 wū 房屋的顶棚之类。字从尸，不是指横卧的人，像屋上有两层覆盖物，旁边还有点遮拦，是茅屋、帐篷之类。后来说房屋、堂屋、书屋，一般住房甚至高级住宅都可叫屋。

幄 wò 帐篷。张幕于旁曰帷，于上曰幄。

渥 wò 受到水或其他润湿物、粉状物的沾染与覆盖曰渥。渥赭，就是脸上敷了一层丹赭的颜色。渥又常指蒙受恩惠或宠爱之深厚。

握 wò 本义是具备，上有覆蒙之物就是具备了，器具、刀剑或权柄在手，也是具备了，叫作在握。今说握手，一般都理解为抓住、执持。

齷 (齷) wò 齷齪，本指人气量、才具之局促、狭隘，计较小节。

字从齿，指口齿、言谈之局促狭小。今吴语用为恶浊、肮脏之义。

剐 wū 古代之贵族、大臣在屋里受诛或受刑。如说剐诛。区别于"弃市"，即在市井众人面前诛杀示众。

339.廛

廛 chán 字从广、里、八、土。广(yǎn)是高架的屋子，里是里巷之中，八是分给，土是土地。这是指古代市民一家围居之房地。廛，就是一套居室、一个住所。

缠(纏) chán 丝之缠绕、约束，如说缠线、腰缠万贯，抽象义如说公务缠身，难以摆脱，如说缠住他不放。

躔 chán 足有所缠绕，即遵循而行。日月的运行，一天循环一次，故也是缠，均为动词。作名词为足迹之义。

瀍 chán 瀍河，发源于洛阳市西北之谷城山，南行又绕至洛阳城东，注入洛水，故为缠绕之河。

340.塞

塞 sāi 又读 sè，以土整齐地堵塞房屋或土穴的空缺处，叫宾或塞。宾，从珡(展字，从四工，齐也)，从廾(拱字，从左右二手)，于宀中。今说砌，从石，从切，如刀切，就更整齐了。后作阻塞、障蔽、杜绝、遮掩等义，往往就没有那么多工巧的讲究了。《诗经》中有"塞向墐户"，就是把北面的窗子堵起来。关塞(sài)、边塞(sài)

更是砖石砌成的土木工程。又如说塞道，今犹说堵塞交通。塞住他的口，也是要讲究工巧的。至于说塞职，本是称职之义，今义变为敷衍、搪塞责职之义。塞作名词指用以堵塞之物，如瓶塞、活塞之类。

噻 sāi 闭口不言，沉默。

篊 sài 下棋时堵塞对方的棋路，今说蹩他的马脚。又指编竹木拦断水路以捕鱼，或称簖(duàn)。

寨 zhài 或作砦。军队的驻地，如说安营扎寨。由营垒之义引申指一般村落，山西有大寨，陕西有安寨。寨与柴两字相通，寨的声母与其他从寀字不同，就是受了柴字的影响，字也作砦，从木与从石之别罢了。

赛(賽) sài 这是六朝时产生，宋元以来用开的字。从贝，塞省声。最初的说法是赛神，即是酬谢神灵降福的祭祀，所以酬谢、报答实际是从阻塞、拦邀之义引申的，把神灵拦邀过来祭祀酬谢他们。在迎神赛会上不乏竞相争先之事，从而指各种竞技的比赛。俗话说，赛过活神仙，这赛字还联系着神仙。现代竞技体育盛行，赛事频繁，这赛字就成了常用字。

塞 sè 充满、充实，实心实意，故从心，塞省声。但一般仍用塞字，如《诗经》中有"其心塞渊"，就是其心诚实而深远。

实(實) shí 从宀，从贯。贯，穿钱(货贝)的绳子。故实，满也。充塞、富足之义。实的反义词是虚。引申为抽象义，如说真实、诚实、实质。事实或说实事，都是真实之意，果实或说实果，都是充塞之义。实字还用作副词，如说实非我愿，就是确实不是我的愿望。有其实、的确、实在是、终于等义。

341. 宁

宁 zhù 非安宁的宁。它的古文字形只是一些交错的笔画，表示物之堆积。到隶楷把安类化为近似的一些偏旁字，于是从宀从丁，会意字，是宀下物丁盛之义。

贮（貯） zhù 积贮、贮藏。又说贮存、贮备，不仅指货币，如贮存粮食，库房里要贮存的东西很多。同时，从宁字有时有时间之久的语义。

宔 zhù 用以贮藏的器皿。字也作䶢、䶤。

斸 zhǔ 盛米的瓦器、口袋之类。甾，缶也，指瓦器，即土器经过烧制，存粮可防鼠。

苎（苧） zhù 本作纻。苎麻，它的茎皮经过沤烂，可得长而坚韧、有光泽的苎麻纤维，是纺织的好材料。常说绩麻，即是要将麻绩短为长、绩少为多。《诗经》中似乎在批评一些女子经常在绩麻的时候去谈恋爱，不好好干活，实际上是说这恋爱也是要绩短为长、绩少为多的。

纻（紵） zhù 纻麻，多年生草本植物，一年可收割两三次，制成纻布、纻衣。

佇（佇） zhù 长久。佇立就是久立，有时只说佇，就是久待之义。

竚 zhù 实际上佇、佇与竚是一个词，只是为了明确立的义素，就又写作立旁。

眝 zhù 久视，长时间盯着。这里没有立的行为，代以视的行为，时久之义不变，语义便引申了。如说眝目、眝望、延眝。

049（諸） zhǔ 亦作忤。谓言之积贮、思想之有所积贮，故得智识、智慧之义。

342. 宗

宗 zōng 从宀，从示。即祭祖先的屋子。同一祖先的人，就是同一宗族。后以姓为标记。同姓就是同宗。母系社会中子女不知道父亲是谁，父系社会便以男性论宗族。财产的继承甚至生杀，都可在宗祠中进行。宗作名词，可说祖宗、宗族等，不同的派别也可以叫宗派，不同派别有不同宗旨。作动词便是尊敬、归往、推崇之义。

崇 chóng 山之祖，故主要指高。如说崇山峻岭，崇高主要是指精神方面。作动词说尊崇、推崇、崇敬、崇拜、崇尚，就完全越出宗族的关系了。

琮 cóng 一种表礼节的玉器，如璧是圆的，表天，献给王；琮是方的，表地，献给后。也可以琮玉为凭信，发布军令，则是取尊崇、听从之义。

踪（蹤） zōng 追随、跟踪，为动词，推崇必跟随、追求之；作名词指足迹，如说失踪、踪迹。

综（綜） zōng 本指织布机上组合经线的行为，引申指一般总聚、综合、归纳、治理之义。"错综其事"，就是交错和聚合，今常说综合、综合治理、综述、综览等。

艐 zōng 船队。取聚集之义。

淙 cóng 淙淙流水，故常释为水流之声，它也有聚集之义，流向低谷，所以它也有归往之义，所谓"百川归海"，或说百川灌河，江河也是归海。可见淙字从宗，声中有义，而且它的语义有远近之分。

343. 安

安 ān 女在宀下便是安，男在宀下连这个字都没有，可见这还表现了母系社会的痕迹。宀下有子便是"字"，本是生育、哺乳之义。安是安定、安静之义。今说安家、安身、安居工程，都是安字的本义用法。引申为安置、安放等动词义，又有平安、安乐、安谧等形容词义。安的反义词是危，危是人在崖岩之上了。

按 àn 用手或手指往下压，如说按电钮、按开关。引申为抽象义，有依照（如说按劳取酬），搁置（如说按兵不动），检举罪恶（如说查按、按察）等义。

案 àn 上饭菜时用有矮足的木盘，可以安放。有点像现在北方人炕上放的炕桌再小一点。举案齐眉，若是大了怎么能举得起来。是唐宋以后，桌子椅子都高起来了，案就可以指桌子了，"伏案"不能是伏在矮脚盘子上。案可引申指案头的文件（如说档案）、事件（如说惨案）。编者案，或说案语，是压在文前和文后的话。

鞍 ān 披在马背上，骑者坐之而安。马鞍形就是两头高、中间低的形状。

晏 yàn 本指天气无风雨、晴朗。引申指天下太平，说海内晏如。晏驾，本指日暮而驾归，为安息之义，又指帝王去世。晏字因而得晚义，晏食就是晚饭，是安息前的一顿饭了。

宴 yàn 安。宴居就是安居、闲居；宴坐就是安坐、闲坐。字或借作燕。后指宴餐、宴集、宴会，专指以酒食待客。

晏 yàn 日清明。无风雨则安。

匽 yǎn 安藏，隐匿，故字从匚，妟声。引申为止息之义，兴文匽武，就是振兴文化，停止用武。匽与偃通。

偃 yǎn 倒下，有安的含义。它有朝上与朝下的相反二义。《诗经》有偃旗息鼓，本指旗子倒下，偃与息互文，偃也有停息、休止之义。河南有偃师县，相传周武王伐纣时部队在此停留、休整，故名偃师。

堰 yàn 拦水的堤坝。用以控制田间或河水的流向和流量。堰，安也，水流平安，疏导以利用。

褗 yǎn 衣领，即今所说之反领，刺绣于上，反面朝下，以其偃，故曰褗。

鼹 yǎn 或作鼹田鼠，以其常居土中以偃匿。故其前肢发达，掘土营窟，但不见阳光，视力退化。

鳚 yǎn 即鲇鱼。因其鱼额平夷低偃，故又称鳚鱼。鳚，偃也，鲇，黏也。古曰鳚，今曰鲇；北人曰鳚，南人曰鲇。

鴳（鷃） yàn 一名老鴳，麦收时出现的一种候鸟。老鴳鴳鷃，催民收麦，不得晏起，晚起了会误农事。

揠 yà 拔。揠与拔韵母相同，声母则仍同匽。擢是直上的拔，故其意义从翟；拔之而安曰揠，似乎无损于苗，趋之则苗已枯槁。揠是隐蔽而无人得知的拔。

344. 娄

娄（婁） lóu 中空。从毋、中、女。宀中有女为"安"，毋，无也。宀中无女则为娄，故得中空之义。中空，故可容纳。娄的字形屡变，它的籀文不从毋，而从臼，即两手相掬，故可得"搂"字。

耧（耬） lóu 农播时下种的工具。常犁耧连称，犁是翻土的，耧是下种的。相传汉代人赵过发明了这种半机械式的播种工具，以其斗中有数空窍以下种，故其音义从娄，又取数之多，又有纳的语义，颗粒皆纳入土中。

髅（髏） lóu 骷髅，死人的头骨。骷，枯叶，久枯之骨；髅，娄也，骨已中空。也说髑髅，髑，独也，孤独无人理会。奴隶制时代，经常把此作为杯盘，即为豆，从而又派生出"頭"（头）字。

篓（簍） lǒu 竹笼。用竹篾或柳条编成，中空而多孔。盛衣物之篓，多直上直下之形，鱼篓多上敛而下侈，形制与功用有别而已。

楼（樓） lóu 或作廔。重屋。本谓牖户之间多有射孔之屋，古还有楼车、楼船，皆多孔中空之象。今说楼，射孔没有了，但是门窗洞开，不失娄义。

镂（鏤） lóu 作名词，指可用以刻镂的钢铁，也指刻镂成的金属饰品，或日用家具如铁锅之类，都是中空的。作动词，于金谓之镂，于木谓之刻，皆治器使之中空，今犹说镂空。

缕（縷） lǚ 线。取义于众多、不绝，故从娄声。如说千丝万缕，作量词可说一缕头发，有许多根。抽象义可说条分缕析，谓陈述清晰。又可说思缕、情缕，言其长而不绝。

褛（褸） lǚ 衣襟。襟，禁也，禁止风寒侵袭其身；袍，抱也，褛，搂也，抱搂其身。褛的另一义指衣服破烂，说衣衫褴褛。褴，滥也，衣无边缘，褛，娄也，多孔。

溇（漊） lǚ 谓密雨缕缕不绝。溇的另一义指田间纵横通水的沟，旱天灌溉，雨天排水，亦不绝如缕。

遱 lóu 行步连遱不断。于丝曰联缕，于辞曰谯遱。

谯（謱） lóu 言语繁杂曰谯谯。亦作啅嗼、连嵝。从娄之字已从中空之义进而与众多、不绝、委曲等义素结合起来了。

偻（僂） lóu 驼背。常说佝偻，从句字也多有曲义，谓曲脊、曲胫之义。

嵝（嶁） lǒu 岣（gǒu）嵝，山巅，取义于委曲而高。

塿 lǒu 疏松的土堆，多孔。大者谓之丘，小者谓之塿。也说培塿，亦堆高之貌。培塿无松柏，谓小而土疏松者。

蝼（螻） lóu 蝼蛄，出入于培塿之蛄，亦称蝲蝲蛄、土狗子。体长寸余，黄褐色，两前脚大而呈铲状，利于掘土。人们常以蝼蚁并称，蚁也能在穴外垒出一堆疏松的土。千里之堤以蝼蚁之穴漏。又以蝼蚁喻生命之低贱。

瘘（瘻） lóu 颈肿。取隆起之义。又作瘘疬，曲脊。

喽（嘍） lóu 喽啰，指部下追随之小卒，取众多之义。喽啰本指言语繁多啰嗦。

搂（摟） lōu 搂抱，聚拢。它的宾语由人扩展到物，可说搂钱财、搂柴火，都是众多之物。

屡（屢） lǚ 今说屡次、屡屡，都是指数量之多。屡盟就是多次订立同盟，屡舞就是不断地舞。

从娄之字中又有数、籔、薮、擞四字，声母皆不同于娄。数，算也。以上四字均归算的词族。

窭（窶） jù 无财曰贫，无财备礼曰窭。若是联系娄的本义看，那么首先是无财备礼以娶亲，以致家中无女。就是现在说的娶不起媳妇，送不起彩礼，显出一副窭相。今说寒酸，拿不出手。所以窭就是处事现窭态，而家中四壁空空。

屦（屨） jù 用麻或葛编制成的鞋子，如说葛屦，类似于今说的草鞋、蒲鞋之类。夏天穿葛屦而冬天穿革屦，若是冬天下雪了，还是穿一双多孔的葛屦，那便是窭态了。

总想去阻止人家别再这样继续下去，有的则已不只是心里的积贮，而采取谋害的行动了。

雇 gù 催人农桑的一种候鸟。布谷鸟也是其中的一种。它要阻止农民，不要荒废了农事。从而又引申为雇佣之义，雇人务农，以不废农事。雇从户声，又可得仆役、扈从之义，受雇的人要扈从。今不限于农，雇工、雇员皆可说雇。而且雇人曰雇，受雇亦曰雇，主语和宾语可以互换，就像买和卖本用一词，雇有买的语义，也有卖的语义。

催 gù 是雇的名词义，指雇的人，如说催农，今简化作雇。

顾（顧）gù 从户声之字常有阻止之义，同时也有保护之义，门户要起阻止和保护的作用。户必有所向，因此顾得照顾、光顾之义。顾客就是光顾之客。顾全大局，就是不能只顾局部。户必有所向，因此顾又可有回顾、反顾、环顾等说法。又发展为副词，表示反而、倒反之义。又虚化为连接词，表示转折的关系，为但是之义。

所 suǒ 从斤，户声。本指伐木之声，如说伐木所所。斤就是斧子，斧之所止，便是伐木了。从户声常有止义。今说所，多指处所之义，如说研究所、事务所，人所止之处，便是处所、场所。户本也是指人居之所。所、析、斯三字声母相同，皆从斤，析字破析的就是木，斯可为撕裂之义，嘶为马叫声尽如撕裂。这样，三字的音义就可相通了。三字都指伐的行为，所还指斤之所止发出的声音。斯和所又都有代词义：斯字有这个之义，所字加在动词之前构成所字结构，指代动作达到的对象，如说"所见"指见到的人或事，"见所未见"就是见到了未曾见到过的人或事。

齼 chǔ 指吃了酸东西后牙痛，有如斤之所止一般，是神经受到了刺激和伤害。

345. 户

户 hù 半门曰户。门为左右相对的两个户字。城门、军门、宫门，都是大门，不说户。独扇户门便是户。守门亦说门，守门之人亦说门。同样，守户也说户，守户之人也说户，只是说得少罢了。又从守门户得阻止之义，动词。今人家可说户，千家万户，一家一户，也说户口、户头。门户之见，则是指宗派、流派的观点。

扈 hù 从邑，户声。本为地名，但是户字的一些派生义也作扈，如守户人就是仆役，故养马者亦可曰扈。作动词则为侍从、跟随之义，如说扈从。

篁 hù 捕鱼的竹网。编竹栅列于水中，作门户状，渐进渐窄，鱼可进不可出，亦可谓之阻止之义。亦有作竹笼状，于笼口一周均有竹篾向里集中，形成户穴形，鱼喜进，出则与竹篾逆向，受阻不得通行，故其音义从户。

沪（滬）hù 上海简称沪。晋时即称吴，有沪渎。大川曰渎，指吴淞江，人们于其入海处张篁捕鱼为业，故称沪渎。上海在发展现代工业之前，一直是个渔村，故称沪。

戽 hù 用水斗从塘里汲水灌田曰戽，动词。名词说戽斗，是中世纪的灌溉方法。户为人之出入，戽为水之出入。

妒 dù 或作妬。妻子妒忌丈夫。在男尊女卑的时代往往一夫多妻，故嫉妒之心产生在女方。如今则男女都可能产生妒忌之心。有些人对别人的成就不服气或眼红，也产生妒忌心。妒字为什么从户声？亦取阻止之义。忌，憎恶也。或作嫉妒，嫉从疾，亦憎恶之义。故皆同义词之结合，憎恶而欲阻止之心也。有了嫉妒之心，就

346. 启

启 qǐ 开门。今说开关，古说启闭。由门户而及道路，可说启程，就是开路。又由门户道路而及天时，如说启明，明则启，夜则闭。对人的智力开发可说启蒙，口语可说开窍。今说启发、启迪。

啟 qǐ 从攴，启声。攴，小击也，治也。启发、启蒙等抽象义，本该作啟，其他具体义作启，后皆作啟，启成了古字。今又简化，一律作启，抽象义也作启。

晵 qǐ 下雨天到了白天云开日出谓之晵。这是启字用于天象。

嗜 qì 睁开眼睛好好看看。启示，为抽象义，给予教育之义。

棨 qǐ 通行证之类。以木为之，书符信于上，又以一木板封之，盖有印章，是开路必备，故从启声。棨戟，就是以戟等组成的开路的仪仗队。

綮 qǐ 赤黑色的细缯，用以缝制棨戟的套子，也把这种材料做成旗帜，边上有锯齿形，都作为开路的先导，故把这种材料也叫綮，而从启声，取启程之义。

肸 qǐ 小腿的腿肚，是一块依附于小腿骨的肌肉，最直接地依靠它来启行，故其音义从启。肸的另一义指筋肉的聚结处，可以由此顺着肌肉的纹理，顺理分解。肯肸，肯就是骨间之肉，肸指筋肉聚结处。古代善于宰牛的大有人在，而以庖丁最有名，他解牛时顺着肌理作分解，稍微一动刀，就骨肉分解了。

347. 扇

扇 shàn 作名词，指用苇子或竹编制的单扇的门，双开的叫扉，又指扇风的扇子，原先大多以羽制作。作动词，它派生煽字，并时常作抽象义，如说煽动人心、煽动群众，是贬义。扇的古义还可是宣扬、传播、阻挡、遮拦之义，原来扇子的作用有二：一是扇风，二是挡风。古时贵族出行，后面往往举着两把大羽扇，是挡风的。我国的扇子，种类和讲究很多，扇面是书画艺术的一种表现形式。

搧 shān 是扇的动词义，摇动。引申义说搧他的脸，动作的主体、行为、目的，都大为改变了，是批击之义。

偏 shàn 炽盛，热烈，指人际关系处得火热。俗又写作煽。

煽 shān 搧得火炽烈。今说煽风点火。

骟 shàn 割去牛、马的生殖器官曰骟，即是取搧或扇的批击之义。嫁接树亦曰骟树，那也要剪去旧枝。骟是宋、元以来用开的俗字，这之前用犗或犍。犗(jiè)之言割也，害也；犍(jiān)本作劇，虔之言杀也。二字皆取伤害义。

348. 门

门（門） mén 门字本是相对的两个户字，单扇曰户，双扇曰门。城门总是双开的。水流峡中，两岸如门，四川有夔门，陕西有石门，河南有三门峡。窍门是指事情的关键所在，也说门径，就是抽象义了。这都是名词义。动词义今已不用，为守门和守门人之义，门神扛大刀，实际是守门之神。门的动词义又向开关两方面发展：门可以关，因而引申为蒙、满之义，派生了闷、们等字；门可以开，因而与分字的语义相通。

们（們）

men 轻声。唐宋时写作懑，你懑或你门，就是你们。满，充足，全部。你们就是你们全部。现在把们字看作是一种语法形态，表示复数。

闷（悶）

mèn 懑也，懑就是心中烦闷，出不来气。有话闷在心里，就是不说出来。闷气、闷葫芦，就是不透气。

焖（燜）

mèn 把食物装在锅里，盖紧锅盖，容易煮熟煮烂，如焖饼、油焖虾。

问（問）

wèn 讯问，从口，门声。由闷、蒙、不通达，引申而得讯问之义，也可与事物门径之义相联系。问的语义发展为审问、过问、责问、聘问、访问、慰问等各种方式和目的的问。学问是学中有问。

闻（聞）

wén 从耳，门声。闻的古文字作睧，昏，不明也。这正说明闻字从门，也是取蒙昧不明之义，也可以耳与事物之门径之义相联系。闻的构词可有新闻、旧闻、奇闻、异闻、趣闻、佚（或作逸）闻等。这样，问、闻二字音义皆从门，于口曰问，于耳曰闻。闻与听的区别是"往曰听，来曰闻"。如说听诊器、窃听器，都是主动去听。《西厢记》中有"听琴"，是莺莺主动去听。这都不能改成闻。闻鸡起舞、新闻报道，都是传来给你听。杜甫有诗句"此曲只应天上有，人间能得几回闻"。这也是传来让你闻，你想去听也是听不着的。有趣的是从听觉扩展到嗅觉，用鼻子也可叫闻，《韩非子》中就说"闻酒臭而还"。

扪（捫）

mén 摸。如说扪心自问。扪髯就是摸着胡子。扪虱就是摸虱子，古代卫生水平低，对人说话时还在扪虱，礼貌也没有了。手上下摸索，

可说扪捫。

闽（閩）

mǐn 古居越之东南，是南蛮的一支。闽字音义从门，取蒙昧之义。他们的文化没有汉族发达，闽字多少带有民族蔑视的意思，后来都融合为汉族，也就不分彼此了。

349. 夘

夘

liú 从一、卯。卯本是相背的两个户字，故为开门之义，门是相向的两个户字，为关门之象。今夘字上又加一，也是闭门之象了。这样，夘与卯，语义相反，声母不同，但是字形往往混同，如留、柳是从夘的，贸、铆是从卯的。夘既是闭门之象，那它的派生词就多有留止之义。

留（畱）

liú 停留。如说留宿，便是关门了。留何以从田？它本是指诸侯时代的一个封邑，意为田地之存留者。位于河南开封附近，后为陈国所灭，故至今犹称陈留。故物之存留、人之去留，皆可称为留。这样，留字的发展便是春秋以后之事了。今说停留、滞留、保留、挽留、拘留、留守等都是同义词的结合。抽象义如说留心、留神、留意、留恋、留念等。

聊

liáo 字形从卯，实际意义从夘。本义是耳鸣，像关着门在里面响。常用的是它的引申义，入室关门留止便是有所寄托，有所凭借、依赖。无以聊生，就是没有什么可赖以生存的。百无聊赖，就是什么依靠也没有，无以为生。山东有聊城，本是齐国西部的边界城市，齐国的安全就靠那里的防守了。无聊，本是没有依靠、寄托之义，可说百姓无聊、父母无聊，引申为没有精神上的寄托而郁闷、空虚，又引申为没有意义，令人厌恶，今说无聊的事、无聊的话。聊也有闲谈之义，不求有什么重要意义，聊天就是谈天说地而已。因为聊字常用于无所依靠，有可聊赖也是一时

的，故聊字早引申为副词，有聊且、姑且、苟且、略微之义，“聊以舒吾忧心”就是姑且放松一下。

罶（罶） liǔ 一种捕鱼的竹篓。入口处有一圈倒插的竹签，入时顺，出时逆，鱼可入而不可出，就留止其中了。

馏（餾） liù 已熟的饭凉了再放在锅上蒸热，停留片刻即止。

塯 liù 瓦盆、瓦罐之类，饭之所留。

熘 liū 一种烹调方法，比炒还要再快一点，要求做得鲜嫩，故是片刻即止。亦作溜。

柳 liǔ 柳字从卯，取聚集之义，止留则聚集。历来解释，柳之言聚。高大的柳，枝条丛聚。矮小的灌木如红柳、河柳，它们更是丛聚而生，能防沙漠化。

榴 liú 今称石榴，本产于伊朗，汉代传入我国。石字取坚硬之义，它果皮厚，革质，内分层裹着大量籽实，故亦取聚集之义，并常把榴作为多子多孙的象征。

褶 liù 祝褶，即祝福止留。是中医中的一个专门用语，人体内有精气，能抗御疾病，若是由巫祝来移精变气，即可治病，使邪不压正，自强而内守，这就叫祝褶。巫和医是联系在一起的，他们是掌握一些医术，但往往是无根据的。

瘤 liú 气血流聚，而生肿瘤。瘤和流二字同音假借，留连可作流连，琉璃可作瑠璃。

霤 liù 雨水之流而止者曰霤。即雨水从瓦沟里往下淌，屋檐处有一横槽接住，叫作承霤，或者引溜。其实它并没有把水留下，只是聚集起来漏水。这是古今建筑都有的装置。只有尧舜住的茅茨不剪的草房子，不会有承霤。

溜 liū 水垂直流下，或顺当地急流向前。如说“清波溜溜入新渠”。引申有滑动、圆转、流利、顺畅之义。此时，音义从留已没有留止之义，语义走向反面，承霤里的水流得很顺畅，有一点阻塞都不行，实际上语义已假借为流。如说他早溜了，一溜烟地跑了，形容他跑得快。滑冰可说溜冰。光滑的路面可说光溜溜的。还有说顺口溜、滴溜滚圆等。

遛 liú 逗遛，就是暂且留下了。另一义指走了，如说遛达，遛弯儿，字或作蹓(liū)，是随意轻松地活动一下。还说遛马、遛牲口是赶了长路或拉了重载以后舒缓一下。遛的两义相反，所以用声调的变化加以区别，就是必要的了。

飗（飀） liú 轻微的风，也可指刮得很猛烈的风，这和遛牲口的慢溜和一溜烟的急溜二义相应。

骝（騮） liú 或作駵。黑鬣黑尾的枣红马，也叫骅骝。从华，是形容它颜色好，仪表好；从留是形容它跑得快，急流直下。相传它是周穆王的八神骏之一。

鹠（鶹） liú 鹠鷅(lì)，即猫头鹰，猛禽。飞扬伏窜，皆其所能，故从留取迅疾之义。

鼦 liú 从鼠。居竹林中，掘土为穴，啮竹根，从留，谓其窜之急疾。

刘（劉） liú 或作镏。杀，刀之急疾。作名词指斧钺之类，执刘就是拿着一把大斧，字从刀从金，丣声。今刘字只作姓。

浏（瀏） liú 水清而或缓或急地流。也用以形容风吹，或缓或急，也用以形容马之急奔。湖南有浏阳河，取义于水之流。浏览，就是快速地、约略地看一遍，看个大概。

簩 liú 竹声清也。由于竹叶轻薄，故摩击之声清而轻。

懰 liú 或作嬼。美好貌，应是指一种清明、雅致之美。懰字还有忧伤、悲哀、怨恨之义，是心之所留，或所急，如说懰慄。

琉 liú 琉璃亦作瑠璃、流离。本指一种天然宝石，有多种光亮色泽，即光之流动，今犹说流光溢彩。相并曰离，罗列曰离，区分曰离。故琉璃谓多种流光溢彩之并列。北京有琉璃厂，明清时代是专门烧制琉璃瓦的地方，它也有黄、绿等光泽，用以修建宫廷、亭台。

350. 卯

卯 mǎo 两"户"字相背离，故为开门之义。故从卯字有开通、空缺之义，多用于制作、营造方面。木工在两材相接处用榫卯的方法，一边作突出的榫（或作笋）头，一边作空陷的卯眼，以榫入卯，起固定的作用。这个卯眼就从开户之义来。

铆（鉚）mǎo 现代机械加工中的五大工种之一叫铆工，对造船业尤其重要。在需要对接起来的两个构件上，用冲或钻的方法，在对接处各打一孔，两孔对在一起，用一端已有钉头的铆钉插入，再用压铆机压制出另一端的钉头。两构件之间用若干铆钉固定起来。

贸（貿）mào 货物的交换与买卖曰贸易。字从贝，即货币；卯声，取开门之义，至今犹说打开市场，改革开放。市场开还需道路和关口开，均与开门是直接联系着的。贸丝就是收买丝。贸又引申为谋取、变换等义，今已不用。只有贸然、贸贸然，谓轻易之义，不明情况就贸然行动。

茆 mǎo 水生植物，春夏于南方水面丛聚而生，叶椭圆形。

峁 mǎo 小山包，指斜坡较陡的黄土丘陵，聚土冒出之义。

泖 mǎo 平静的小湖，取空缺、下陷之义，与榫卯之卯、卯眼之义相通。

昴 mǎo 西方的一个星座，有六七颗星簇聚一起。若用现代大型的望远镜看，可以看到六七百甚至两千余颗星丛聚着。

奅 pào 大孔，木工凿孔曰奅。于木曰奅，于金曰铆。砲打也出现大孔，奅与砲、礟同，砲又曾写作抛，今则作炮。

显然，奅的声母发生小的变化，是受了砲字的影响。

窌 jiào 本作窖。至今我国南方北方都有地窖、菜窖、粮窖。字从穴，土室也。凿孔曰卯，故困、窖连称，两字双声。困为圆仓，穿地曰窖。窖是穿地的困。困是圆的，窖是方的。讲究方圆，主要是以此来计算体积，从而得知里面究竟储存了多少粮食。古时粮食多算体积，论升、斗、斛等。国家的储粮没有三年到七年的储备就不叫太平。一家一国的粮食储备是经常要告示的，所以窌字就作窖。告上曰告，发下曰诰。所有从告的字声母皆读g或k，无有读j的；所有从卯的字声母皆读m或p，无有读j的。窖与困同读为j，因为困字有介音i。

351. 间

间（間）jiān 本作閒，门隙见月，宋元以来俗又作间，门隙见日。它居于两者之间，如说中间、房间、田间、人间等。人间是介于天上和地狱之间吧。时空是无限的，也说时间空间，因为一般说时空，总是指某一段时间，如说早间、晚间、刹时之间、举步之间等。逐渐抽象出时空的无限止的概念。引申义谓秘密的、私下的，如说间谍。间行就是秘密行军，或是抄小路走。间作动词，读去声，如说间隔、间歇、间苗、间作。

瞷（瞯）jiàn 从门缝中看，从隐蔽处看，暗中看，偷看，窥视，监视，斜视。这些词大体上是一个意思，略有不同而已。

痫（癇）xián 癫痫病。不发作的时候没事，间隔一些日子发作时便疯癫、颤抖、痉挛、不省人事，随后清醒过来又没事了。

裥（襇）jiǎn 衣裙的褶子，是来回相间的。衣缝也可叫裥，犹如两门缝之间。

涧（澗）jiàn 夹在两山之间的河流。

锏（鐗）jiàn 在车轴上裹的一层铁，使车轮转动时车缸不致磨损车轴。又指一种鞭形武器，有四棱或三棱，无刃，如有杀手锏（jiǎn），很厉害。

简（簡）jiàn 在普遍使用纸张之前，人们书写常用竹木之简，是狭长的竹木片，用皮绳穿成册。编好以后的竹简，相间成册，故谓之简。简朴，就是简单朴素，朴就是木料素材，简就是成千上万片未经书写的长短宽窄单一的竹片。简就引申为简单、简易、简略之义。删繁就简，简与繁为一对反义词。简政就是简化机构和人员。简也有简陋之义，该有所雕饰讲究的时候，却过于简，成为陋了。礼节不能繁缛，但必要的也不讲就成了怠慢，简字又得失礼、疏略、轻蔑之义，可说简慢、简忽、简阔、简弛等，所以要繁简相兼。

352. 闲

闲（閑）xián 或作閒。空隙，引申为闲暇之义，无事做便是空闲，如常说悠闲、闲心、闲话。门中有木，木是阻拦之义，今已不用。

娴（嫻）xián 娴雅，形容人的举止行动，文静安娴，雅致安俗。有时也解释为熟练之义，但熟练也要与文雅优美结合起来，如说"娴于辞令"。

鹇（鵬）xián 它白色的羽毛上有点黑纹，是素淡的，嘴和爪则又作红色的点缀，就很美了。又说它"性耿介"，即是它刚正不阿还拔俗，就是高雅

之美。

353. 宽

宽（寬）kuān 屋子宽大。从宀，莧（huán，山羊）声。宀下有豕便是家，宀下有山羊便是宽，宀下有牛便是牢，这就猪、牛、羊三牲俱全了。宽引申指一般事物之广阔，与狭、窄相反。抽象义可指政令或法律的宽松，孔子说行政要"宽猛相济"，久宽或久猛都不合适。今则说坦白从宽，抗拒从严。又引申指人的胸襟、心态、处事的宽恕、宽厚，如说心宽、手头宽裕、为人宽厚。

髋（髖）kuān 胯骨、盆骨，臀部是人体最宽的部分。

唤 huàn 本作喚。呼。呼与唤双声为训，唤是呼之宽大者。奐，大也（参见奐的词族）。故说唤起民众、唤醒，都是需要大声疾呼的。

354. 困

困 kùn 一时寄居的房子，四围皆以木为之，即木结构，非长远之计。故由此引申为困乏之义，朱门红楼、琳琅满目的是很少数。行而无资曰乏，居而无食曰困。人在简陋的茅庐里，还没有吃的，便是困了。故常说贫困、四海困穷。困难一词，现在的语义已很宽泛，具体的、抽象的都可包括。克服困难，摆脱困境，思想上常说困惑，生活上说困苦。困兽犹斗，只是包围之义，常说围困。

阃（閫）kǔn 门闩，门槛。今多用金属的插销或锁头，古则用一大木或纵或横地挡住大门。横界于门下者曰阃，今说门限、门嵌，直竖于门中者为阃。或作梱。作动词，今曰锁、曰栓、曰插、曰闩，古可曰阃，实即困。

壸（壸）kǔn 宫中的巷道。壸字的下部像是宫垣遮拦，为之限隔。壸之言阃。壸又指妇女所居内室，亦不离围困限隔之义。

颐kūn 无发。又指耳门。耳门无门闩，亦犹如有闩，仍可曰颐。那么无发曰颐，亦脑门之义。

捆kǔn 或作梱。用绳子围而束之，至今犹说捆麦子、捆稻草，现在不用手捆了，收割机就捆了，但也还叫捆。引申为编织、缠绕之义，如说捆屦织席，捆屦就是编草鞋。捆的宾语扩展，可说捆手脚、捆行李、捆书。

綑kǔn 同捆，一般把捆用作名词和量词，如说成捆的东西、几捆行李。

睏kùn 精力用尽，疲倦欲睡。如说"睏倦时留神门户防野狗"。累了想睡就说睏了，睡觉在吴语中说睏觉。睏觉在吴语中还有一个特殊的含义，指男女上床。

悃kǔn 诚恳。悃愊（bì，志诚），忠诚坚贞的表现。我国的一个传统是讲究礼乐，讲礼的时候心志是忠诚，讲乐的时候是欢欣。

义。

澳ào 水边宛曲隐蔽之处，停船可避风浪。淇奥就是淇水的弯曲堤岸之地，实即澳字。那里长满了绿竹，竹子不能长在水里，长在水边的也很少，故此奥字实还通陕或墺。从奥字的偏旁很灵活，只有襖字不能跟它们相通。澳门的澳作地名，也不能随便改动。澳门，显然由于它居水之宛曲处而得名。

岙（嶴）ào 浙、闽一带称山出现的一片平地为山岙，还是个地名专用字。

陕ào 或作墺。陆地之宛曲处，由山崖之类地势变化形成。

燠ào 暖。对气温来说，曲奥之处便温暖。衣服穿得暖和，也可叫燠，从而得襖（今作袄）。

袄（襖）ǎo 袄字晚起，因为古时没有棉袄，今说皮袄，古说裘。今还说夹袄、小袄。

懊ào 悔恨。谓心中有宛曲，不顺畅。做了错事，追悔莫及，从而得懊悔之义。懊恼为懊悔而烦恼，懊丧为懊悔而沮丧。

薁yù 这是读的古音，奥、澳、陕等字皆可又读此音。蘡薁，俗称山葡萄，或野葡萄藤，为木质藤本植物，有卷须，果实小。称蘡，乃似樱、似婴之义；称薁，言其藤宛曲。

355. 奥

奥ào 从宀，从廾（juàn，左右手拱奉一兽爪），会意字，意思是在室之西南角摆设神主祭祀或尊者居坐之处。为什么要在西南角？人朝南时，右为尊，左为副，与今左为尊相反，故室之西南为尊处。从而奥字引申为隐蔽、深藏、奥妙、奥密之义。奥旨就是重要的旨意，奥义就是高深的含

356. 向

向xiàng 北面的窗。从宀，从口。今曰窗，古曰牖。在墙（古曰墉，今曰墙）曰牖，在屋（房顶）曰囱。朝北的牖称向。为什么北墙的窗要有一个专门的名称？至今北方仍有许多民房，为了保暖，北墙还是没有窗。古时取暖设备更差，没有北窗的房子会更

多,出现少数北窗,就得了一个专门的名称。向字从宀,交覆深屋也,屋深了,为了采光,也要开北窗。向字的引申义主要是动词和介词。先由北向引申为南向、东西向,由方向的向引申为向背的向,从而可说风向、流向、走向,抽象义有事情的趋向、舆论的导向、青年的志向。向着就是对着,因而又有向往、向来的说法。向晚,就是将近晚上;一向,就是从前、原来之义,表示动作的趋向、地点、对象等的介词结构,大多可用向字,如说向前看、向他学习等。

嚮 xiàng 今简化作向。向导之导为头之所向,途之所向,向为窗之所向,取义相同。嚮字为什么要从鄉?鄉、嚮二字声韵皆同,并可通用,故只是加强其语义,而作向导。参阅皀的词族中的嚮字。

饷（餉） xiǎng 或作饟。食之所向,故为款待,请人吃饭。后专指军队的供应,说军饷。

响 xiǎng 本作響。从向与从乡相通,从口与从音相通。参见皀的词族中的響字。

晌 shǎng 宋元以来的北方方言词,从日,指时间,谓片刻,不多久。五代时李煜词:"梦里不知身是客,一晌贪欢。"就是一时贪图个欢乐。晌午就是中午那一段时间。半晌午,就是上午十点钟左右那段时间。上半晌就是上午,下半晌就是下午。时空之词常相通,一晌地就是一片地。作单位词时一晌相当于十亩左右,各地不等。

坰 shǎng 指土地面积,与晌字的部分意义相同。一坰地,在东北合十五亩,到西北合三五亩。一坰亩,就是一方或一片土地。晌、坰二字的声母与其他从向字不同,可能是受了上字的影响。更多的从向词见于从上的词族,如从尚、从当、从堂的一系列词,都是从向的。参见从上的词族。

357. 囱

囱 cōng 今说天窗,指开在房顶上的窗。今说囱,主要指烟囱。本指厨房里的烟囱,现在还指工厂的大烟囱。凡中空通气之词,音义往往从囱。囱字里面的部分,今常写作夕,实际是三道交叉的斜杠,是囱上的交木,故囱为象形字。

窗 chuāng 古曰牖,今曰窗,是六朝时用开的字。它代替了牖、向、囱三字,还可说心灵之窗、窗口行业等。

聪（聰） cōng 从耳从心,囱声。闻是听见了,有听而不闻者,闻而详审明察,便是聪,所谓耳聪目明。从语源上说就是耳朵通气,无堵塞。字或作怱。

匆 cōng 本作怱。心上有通孔,要多出气,得匆忙、急促之义。急为心之所及,忘为心中无所有;心在门中,得闷气、闭塞之义;心中有囱,得匆促之义。门与窗都要求有开关出入,但使用起来,门往往是闭塞的,窗往往是敞开的。敞的音义从尚,尚的音义从向,向,北出之牖。

偬（傯） zǒng 倥偬,言繁忙匆促,如说戎马倥偬,言军旅生活之繁忙快速。参看倥字。

幒 zhōng 套裤。言其两裤腿中空。满裆裤古曰裈,言其浑合近身。

鏓 zǒng 竹木凿通其中曰鏓,大凿曰鏓。

璁 cōng 一般的玉石常带浅青色,取似葱之义。青谓之葱。璁珑,明洁貌,则璁应是指透明或半透明状态。

葱 cōng 古时称葱为荤菜,葱叶中空,故其音义从囱。葱有一项重要的派生义,至今犹说青葱、葱绿,今说郁郁葱葱。

骢（驄） cōng 马青白杂毛。《孔雀东南飞》:"踯躅青骢马,流苏金镂鞍。"

总（總） zǒng 帛青色曰总，此已成古义。总又有聚束之义，为假借义，束发、束丝都可曰总，又引申指总揽事务的官员，今说总括、总结、总计，又说总统、总经理。作副词，说总归、总算、总是，也单说总，如说他总这么说，为全都之义。

熜 zǒng 用麻秆扎成的火把，亦取聚束之义。

廑 cōng 两台阶的交会处，亦取聚合之义。

358.罙

罙 shēn 篆文作罙。从穴从火，从求省。火从穴中出，就是烟囱，也叫灶突，从求，求其能燃。罙字中的横与竖，是求字之省。烟囱总要高出房顶，因为低了容易造成火灾。就其高出谓之突，就其深曲通火言谓之罙。高与深虽有向上向下的区别，也往往相通。今高空也可说深空，穴常往下，囱则向高处。

深 shēn 从水面到水底的距离长，有时不长也说深，是就其深度言。有时也说深谷、深宫，则是指内外的距离长，抽象义如说深谋远虑、深信、内心深处、思念深、怨恨深、感人深、情深意长，深文指文章深刻。还有说颜色之深浅，季节说深秋、深夜。深还跟更多的同义词结合，深的语义可说是一路发展。

藻 shēn 蒲蒻(ruò，嫩蒲草)，即蒲始生于水中之蒻。蒲蒻入水深，故曰深蒲。后来就在深字头上加一个草字头，成了深的派生词。

探 tàn 向远处取。今说探山探宝，这是本义用法。今还说探险、探路、探测、勘探等，都是远取。探亲也常常是

远道的，若在本市，就不必说探亲了。

撢 tàn 探也。两字同音。撢从覃，长味也，探字从深，撢字从长，则探的语源义为深且长，侦探、探讨，都是一个深长的过程。探头探脑，一不用手，二是形容深长之取时的神态。

琛 chēn 从玉，深省声。指一种长的玉。玉笏，也叫琛板，笏是一种狭长的板，大臣们拿着它去上朝，上面可以记事，以备疏忽忘记。笏或以竹板，或以象板，或以玉板，玉板也叫琛板，可见，琛是长的玉。

359.曾

曾 zēng 言词之舒畅益进。字从八，从囧(古囱字)、从曰。曰字从口，乙声，像口气出。这样，曾字的会意：口气出，上经天窗而分散。显然，这是穴居时代的情景，穴居只有囱，没有牖，人在囱下说话。现在的菜窖也没有牖，人在囱下说话。曾字的语义引申指各种事物之曾经、增加。祖父之父曰曾祖父，孙子之儿曰曾孙，也叫重孙。曾，重也。曾作副词，表示递进之义，乃也，则也，又表示转折，竟也。

增 zēng 事物数量之加多都可曰增。曾本是就言词之加，可作谮，累土曰增，又可作橧，聚柴架屋，今则作层或增。今常说增长、增产、增值，增的反义词是减。

赠（贈） zèng 以贝相加，故为赠送之义。赠的东西如玉帛、兽皮、鲜花等，从贝为取其值，没有值便无需相赠。送则最初是送的火，没有打火机和火柴以前，人们要蓄火或送火。赠诗也是早就有了的。

缯（繒） zēng 帛。亦丝织品之总称。丝之经纬重叠相加，故其音义从曾。缯纩就是缯帛和丝绵。

层（層） céng 重屋，层楼，从曾声，取重叠、累计之义。层云指重叠的云层，层巘现指重叠的山峦。今说层次，指事物或思想内容的发展先后、顺序高低。今多作量词。

嶒 céng 峻嶒，高峻重叠。如说西岳峻嶒。

罾 zēng 一种用竹竿、木杆做支架，可以从四角高吊起来的较大渔网，大多为方形。作动词谓以罾捕鱼。

矰 zēng 一种向高空射鸟的短箭，箭末系有丝绳。

甑 zèng 蒸锅，陶制。即在锅上再加层。

蹭 cèng 蹭蹬，义指向高向上之行，引申谓失道难行，或艰险难行。今说磨蹭，谓慢行，耗费时日。

憎 zēng 难。心所苦难，故引申为畏惧、厌恶、憎恨等义。可与嫌字作类比，嫌亦憎恶之义，如说嫌他不争气。嫌从兼，为加倍之义，憎从曾，为增加之义，两字都从数量的观念辗转引申。赠为加于所爱的，憎为加于所恶的。

360. 几

几 jī 今说茶几，但有些茶几、条几已经很高了，古时席地而坐，人们可以凭几休息或小睡，凭字就从几。几字的篆形作两下垂的脚，上平者为几的平面。和几字同义的是且字，且字中间的两横是两脚之间的横档，下面一长横为地，是几立于地之形。工作和吃饭也都在几上，所以，几是古时的常用家具。几与案相似，常说几案，案常四脚，故谓安。唐宋以后高脚的桌椅才时兴起来，宋代时见到谁在一把椅子上坐，那就是受到了款待。几几，谓坚固安好之貌。

肌 jī 人体的肌肉组织。原来于人曰肌，于兽曰肉。不久就泛称了，人亦可曰肉，"生死而肉骨"，就是使死者复生而使白骨长出肉来。即是再生之恩。肌字就从肉旁。肌肉组织发力时，坚硬有力。肌坚而肉柔，肌肌与几几，均为坚固之义。这是肌字从几的取义。今说心肌，心脏也是由肌肉构成的，它要随着我们跳动一辈子，心肌梗死时心脏才停止跳动。人的心脏都由平滑肌构成，都不是肉。杜甫《丽人行》"肌理细腻骨肉匀"，描写的是长安水边的那些美人，肌和肉都说到了。肌有纹理，骨肉均匀，这是非常合乎生理又合乎语言本义的描写。

饥（飢） jī 饿，常说饥饿。几与幾相通，饥也与饑相通。幾，微也，谷不熟为饑，收获幾微。参阅微的词族中的饑字。

361. 且

且 qiě 字从几，两足之间有横档。案足短，几足长，可凭倚，故需加二横档，桌从卓，则更高。进食、进物皆搁置于几，故且字有进义，有承受、凭借之义。处字本从夂从几，得几而止，得处所之义。且字的这些语义都只见于它的派生词中，且字现在只作连接词和副词。并且、而且、尚且、姑且等，都表示递进的关系，或同时或先后更进。且有将要、将近之义。表示时间的推移与行进。"北山愚公者，年且九十"，就是将要九十岁。

俎 zǔ 祭祀或设宴时陈置牲体的案子，字从半肉于几上，故俎为礼器，"俎豆之事"就是泛指礼节的。后切肉的案板或肉墩也叫俎，"如今人方为刀俎，我为鱼肉"意思就是处于任人宰割的境地了。

苴 jū 鞋中的草垫子，音义从且，取承受、凭借之义。

粗

cū 古或作麤。糙米。粳米是经过选择的，粗米便好坏都是它，吃饱而已。粗字从且，亦取凭借之义。凡物不精者都可叫粗，语义便大为发展了，今说粗糙、粗劣、粗疏、粗浅、粗俗、粗野、粗鲁、粗暴等，均为同义词的结合。其中许多都用于抽象义，如说粗心大意、态度粗暴、文章粗浅、作风粗野等。粗又与细意义相反，可说粗大、粗壮、粗声粗气等。

驵（駔）

zǎng 壮马。音义从且，取粗大、壮大之义，亦指可凭借之物。驵还指马匹牲畜等交易的经纪人；驵侩，就是凭借和会合买卖双方以成交的人。

雎

jū 雎鸠，似鸠而大，俗称鱼鹰。相传它们雌雄有定偶，故《诗经》的第一首诗第一句就说雎鸠，以喻君子淑女之配偶。

藉

zū 草席、草垫子之类，故从且取凭借义。至今也常用稻草或麦秸编织，故字从禾。

疽

jū 屋子，是人相依凭而得安的。

伹

zhā 取物于沟泥中曰伹，或舀取，或叉取，皆有所凭借。

咀

jǔ 靠牙齿嚼。如说含英咀华、咀痛茹哀，都有细嚼辨味之义，只是已为抽象义。

助

zhù 这是直接从且的凭借之义来的，力的凭借就是帮助，今犹说借助。引申义便超出力的范围，如说资金上的帮助，思想上、道义上的帮助。

锄（鋤）

chú 或作鉏、耡。站着除草所用的工具。在锄头上安一个短把的名耰，必须坐薅或蹲薅；若是安上一个长把，就可以立薅了。作动词就是除草。引申义如说锄奸，为去除、诛灭之义。

租

zū 田赋。按地亩抽的赋税叫地租，租，且也。税，兑也。如今说国家靠税收来维持支出，这是一种相互依靠、凭借的关系。现在地租没有了，还有房租、车租，也是相互凭借的。在语言上，双方都可作主语，出租和租用都说租。

祖

zǔ 祖父以上皆可说祖辈，又说始祖、先祖，都是子孙后代的凭借和依靠，今说托祖上的福。还指祭祀祖先的宗庙。引申指某种事业或流派的开创者，说开山始祖或鼻祖。祖国指祖辈生养所在的国家。

徂

cú 或作退。往，如说"我徂东山"。就时间说，如"六月徂暑"，就是六月开始盛暑。故徂与祖的语义切近，祖先的人和事，都已是过去的历史，都已是往事。

殂

cú 死去。殂之言徂。就像现在不忍说谁死了，就说"走了"。

柤

zhā 或读 jū，木栅栏之类，水堰也可说柤，往往以木石为之。柤之言阻，取阻拦、阻挡之义。凭借之物引申指阻挡之物，力的作用相反，却又能相通。例如靠字，相依曰靠，相背亦曰靠。背靠背，是相依，亦相背，作用与反作用，相反相成，语义也就沟通了。

自此以下从且之字，多取阻塞等义。

罝

jū 天上捕鸟之网曰罗，地上捕兔之网曰罝。罝，从网，且声，取遮拦、阻挡之义。罝不一定只捕兔，捕兽之网都可曰罝。

阻

zǔ 地形高下起阻拦、遮挡作用的，便叫险阻。阻则止，故又常说阻止。还引申有艰难、忧患之义，现在已不用。

岨

jū 亦读cú。石山上有土，或土山上有石，即曰岨，岨之言沮，有土便易于保存水分，以利草木生长，形成生态的良性循环。

坥

qū 蚯蚓的粪便曰坥。它潮湿松软，改良了土壤。故坥之言沮。

沮

jù 低湿之地。那里难以行进，故得阻止之义，此时读jǔ。从而说沮丧，阻止而灰心丧气；沮恐，沮丧而恐惧；沮败，沮丧败坏。

菹

zū 或作葅、蒩。多水草的沼泽地，取潮湿而沮之义。菹的另一义指泡菜、腌菜。它是泡在汁里的，腌菜虽然不浸泡，也要干湿适度，故其最切近的语源是从沮。菹还指肉酱，常说菹醢(hǎi)，指一种粉身碎骨的酷刑，那便是取沮败之义了。

诅（詛）zǔ 今说诅咒，古时习惯说诅祝。以言告神曰祝，大多是说好话。请神加灾殃于人曰诅，使人沮丧败坏。咒也是告神希望人家不吉利、遭凶祸，故常说诅咒，为同义词的组合。

疽 jū 痈疽，一种毒疮，皮下组织败坏化脓结成红肿的硬块。浅为痈，深为疽。疽的音义从且，气血阻塞而溃烂败坏。

蛆 qū 或作胆。蝇之子，凡物败坏则生蛆，尤其是肉，更易生蛆。

趄 jū 趑趄亦作次且。次，及也，到也；且，阻也，止也。故趑趄谓行而又止、欲达而受阻。造成这种行为而不进的原因和结果也各不相同，如可有行走困难的，可有犹豫不决的，可有小心趋奉的，等等，这种次且的表现和效果也各不相同，在语言上则概括为趑趄一词。

龃（齟）jǔ 龃从且，牙齿参差相阻；龉从吾，牴牾也。引申指事两不相合，或人事相恶。

岨 jǔ 岨峿，山形险阻不平，崎岖波折。用作抽象义指心情起伏不安。

狙 jū 一种狡诈又凶狠的猕猴，突然窜出行凶。狙伺，像狙一样暗中窥视；狙诈，像狙一样诡诈；狙击，像狙一样出击。至今犹说狙击手、狙击战。故狙之音义从且，取其惯于伺机阻击之义。

虘 cuó 刚暴矫诈似虎。这就与狙的兽性相似，也往往是一些猛兽的共性。虎在与豕的激烈搏斗中(参见“豦”下)，就表现得聪明，往往以矫诈取胜。虎的刚暴表现为“虐”字，虐，残也，虎足反爪人也。虘的另一义项指虎文。虍就是虎文。虍与且古韵母相同，故虘就包含有虍的音义。从且字可以有文采、美丽之义。

黼 chǔ 色彩华丽和鲜明。衣冠楚楚，楚本作黼。黹(zhǐ)为针线缝纫之义，今说针黹，故楚楚总是形容衣冠服饰的。

嫭 jù 娇艳。有时省作姐。

姐 jiě 汉魏时四川称母亲曰姐，六朝时称乐妓曰姐，看来是包含有美妇之义了。后与“姊”通，指姐妹之姐，并常作妇人的通称，常说大姐，姐字从且，也可有大的语义。

楂 zhā 本作樝。今说山楂，果实深红色，有小斑点，故其音义从虘。但是另有一说，它“蒂核皆粗”，则樝的音义该从粗，语源上的不同说法可以并存，甚至结合，群众中也常可作不同理解。

珇 zǔ 瑞玉上的纹路，故也取美义。

祖 jù 工作学习好曰祖，就是修身好，像穿一件有文采的衣服。

组（組）zǔ 织有花纹的丝带，常作帽上的带子或印鼻上便于携带的绶。古今常说组织，其实织字也是制作纹锦之义，先染丝再织纹。织的语源取义于标志，表示不同的社会等级，一般的人不能穿织。组的语源取义于文采。海中有一种带状的海藻，上有纹理，就也叫它组。组字引申为组合、组成之义，作名词指组成的基层单位，如小组、班组，即使说大组，也是相对而言，组总是比较小的，因为它原只是个丝带子。织组时经纬成文，现代全是用计算机操作，可是几千年来即使是小件的提花，也全靠心灵与手巧，故织组或组织往往御经纬而成文，喻治众人之事而不乱。今更将政党或集会结社，组建机构，说成组织。

362. 丌

丌 jī 上平而有足，故为下基、底座之义，用以搁置什物。祭祀时把牺牲放在丌上，向鬼神荐进。盖房子打地基的时候，往下有桩，上面夯平，也像是个丌字。

箕 jī 簸箕。本作其，因为其字常用作代词，就加竹头以示区别。其字的下部为丌，上部为箕之象形。现在箕下有座子的很少见了。箕本是竹编的农具，盛粮运土都用它，现在主要用以撮垃圾，也不簸了。

基 jī 本指墙基，故从土。今说基础，谓墙下之基与柱下之础（石磴子）。又说基本，于墙曰基，于木曰本。引申指邦家之基，德也有基，温和恭敬是德之基。各项事业的开始，都可说奠基。今又有基地、基层、基金，调有基调，数有基数。基还有设置、谋划之义，今已不用。

其 qí 豆的秸秆。即是豆棵之本。煮豆燃豆其，它的火力很旺。

棋 qí 我国至少在春秋时代已有围棋，象棋可能在战国时代也已有了，只是与现在的象棋不同。它不是一种简单的游戏技艺，而有深刻意图。双方有攻有守，要算计到后面的几步棋，故又曰簙。簙，搏也。又说局戏或棋局，是讲搏战的。说摆一盘棋，摆、设也。这样，棋之从其，取设置、谋划之义，各种建筑之基，也都需要设计。

骐（騏） qí 马毛青黑之纹如棋局。常骐骥连称，即是青骢马与千里马。

綦 qí 帛青黑色。

琪 qí 青绿色玉。有一种树名琪树，它垂条如弱柳，结子如碧珠。碧，青绿色。

淇 qí 淇水在今河南北部，从而有淇山、淇县等称。其地古来即以产竹著名，《诗经》有"瞻彼淇奥，绿竹猗猗"。附近又有以产竹著名的淇县。故淇水从其，也是取青绿之义。

祺 qí 吉祥。从示，表示是征兆，凡事做到有基有本，便是吉祥的征兆。皇帝即位也叫登基。古文祺从基义。

麒 qí 传说中一种瑞祥之兽，取义于祺。雄曰麒，雌曰麟。它麇（jūn）身，牛尾，一角。是一种被理想化了的吉祥物。

其 qí 作人称代词，相当于"他的"，既指人，也指事物，主要是第三人称代词，偶或也指第一、第二人称。所以，它相当于一般代词之后又加一个"之"字，而其和之二字在周秦时代韵母相同。其字也作指示代词，它不是近指，也不是远指，而是特指，指某个人或某件事。如说"文如其人"，意为文章的风格就像写文章的那个人（的风格）。其在声母方面也有一个相同的字，那就是"厥"。厥是一个古老的指示代词兼第三人称代词，并且也是"他的"之义。厥和其又皆可用作句首和句末的语气词。总之，两字语义和语法作用，何其相似。厥的本义是木桩子，其的本义是簸箕，怎么都假借这样一类很不雅致的字作常用代词？看来当初都是首先在民间借用开的俗字。

亓 qí 与其字同，可作代词，音义也从丌。今还作姓。

期 qī 又读 jī，指特定的时日或期限，如说秋以为期，就是以今年秋天作约定的婚期。期读 jī，为周期之义，如说期年，为一周年，期月为周月，所以至今说假期、分期、汛期、非常时期、服役时期，都是就某一段时期说的。期又引申为邀约、会合之义，从而说期待、期望，为动词。

稘 jī 即一周期的时间，禾苗一年一熟，故以禾计。稘又有禾茎之义，实即其字。

蜞 qí 蟛蜞，一种小蟹。详见蟛字。

旗 qí 从㫃，其声，取期待之义，士卒以旗为期，听其指挥。这是语源义。旗指旗帜，转为名词。旗本指军旗，以象征伐，后则更多地用作一种标识、番号，如有酒旗，是饮者所期待的了。又有彩旗，表示喜庆，亦不失是一种机会。

綦 jì 戒忌。忌从己声，己为记识之义，记识于心，引申为戒除、憎恶、妒忌之义。从其字亦得此义项，于言有所戒忌。篲又有谋划之义，则是直接从基的动词义来的。

諆 qī 欺瞒之言。

欺 qī 从欠，其声。欠为人出气，欺诈则气粗。从以言、以气之诈骗引申为欺负、欺压、欺凌，都可以是行动上的迫害，而不限于欺人以言谈或欺人的气势了。故欺的语义原来是比较轻的，而后是越来越重了。于今还说欺人太甚。至此，欺从其声，几经引申，与其的语义，离得很远了。

惎 jì 毒害，憎恨，厌恶。

顋（顋） qī 或作魌。丑。顋头，就是状貌丑恶的面具。古时驱疫（传染病）时扮神的人所戴。那也是一种以气势相欺诈与驱遣的行为。

傲 qī 醉舞貌，即是倾侧不能自正，跌跌撞撞，喝多了来出丑，叫"屡舞傲傲"。

363. 帚

帚 zhǒu 清除、扫除。作名词指笤帚，字或作箒，则是以竹为之。还有用高粱穗扎成的帚，还有一种菜叫扫帚苗，嫩时可蒸食，枯老了就扎成扫帚。材料各异，所作之帚功用也不全同。然而帚字却从巾。古时席地而坐，恐怕地面要比现在干净，所以用巾。扫的是扃（jiōng）内，即门户之内，从又持巾，等于现在的用抹布擦地，席上也可扫可擦。至于说横扫千军如卷席，指军事行动，连笤帚也没有，便是引申义了。

扫（掃） sǎo 或作埽。它从手或从土，帚声。然而声母不同，扫与刷双声为训，可以互相解释，所以原

来说扫，是包括以巾刷而言的。刷，本作㕞，也是从又持巾于屋下的。扫的引申义如说扫除文盲、机枪扫射、计算机扫描，都表示动作迅速全面。抽象义如说扫兴。扫的主语和宾语大为扩展。

364. 篲

篲 huì 或加草字头，或加竹字头，故箒才是今天所说的扫帚，古曰篲，今曰帚。古曰帚，今曰抹布、拖布之类。篲的构字意是从又持二丰。丰字从生而上下达。篲星也叫扫帚星，它拖着一条很长的光，似扫帚划过长空。扫帚星出现历来被认为是凶兆，它是来打扫污秽和灾难的，大概人间就不能太平了。

嘒 huì 从篲之字多有小义，嘒为小声，竹木的末梢扎成笤帚在地上来回扫，发出的声音尖小。"嘒彼小星"，是形容星辰小而明亮，没有声音。

熭 huì 晒干。阳光最明，故也音义从篲。

鐏 wèi 小鼎。小鼎谓之鐏，小棺谓之槥，小星貌谓之嘒。这是共性的一面，但总还有自己特有的义素，嘒兼言其明，槥兼言其众，鐏则用例少，不易辨析了。

𦥮 huì 鸟翅羽茎的末梢，故亦有微小之义。亦作羽旁一个惠字，从篲字与从惠字常相通。

暳 wèi 篆文作轊。车轴之末端出毂外而细锐。轊之言锐，尖则由大而小。

嚖 huì 小棺，或谓之椟。士卒从军死者众多，暂且以小棺运回，归其县，再正式衣衾棺葬。

慧 huì 从心，篲声。心之精细、敏锐，故音义从篲。知或谓之慧。小慧就是卖弄点小聪明，这慧有点贬义，拾人牙慧，更是贬义，就是因袭人家的陈言滥语。对人家来说是一番智慧，你也去跟着卖弄，

便是滥调了。但慧字一般还都用为褒义，如说智慧、敏慧、聪慧等。佛教也借用了这个词，善于领会教义，认识真理，破除，就叫作慧，可说慧眼、慧心、慧根等。慧琳、慧能都是唐代佛教界的大名人。

繐 suì 四川出产的一种细布。故兼有细小之义。

雪 xuě 篆文作雨下一个彗字。雨而可彗扫者曰雪，自来者要扫门前之雪。雪之始凝者曰霰，霰雪相继而来，霰或曰冰雨、米雪、雪珠，霰之可扫者曰雪。雪与扫帚的联系，更表现于语义，雪就有扫除之义，如说雪耻、雪涕(擦拭眼泪)、雪恨、雪仇等。

鳕（鱈） xuě 俗称大头鱼，色白如雪。

365. 先

先 zān 今皆作簪。古时不理发，男女头上皆有发，用来别住发髻的插针叫簪。通常以竹木为之，也有玉石或金银的，是重要首饰。从字形上看，先字从人、匕，是两股的簪。簪作动词，为插、戴、连缀之义。

鐕 zān 铁钉。作动词谓钉住，也谓插住、连住，可缀物或缀衣。

揝 zǎn 这是簪的动词义，插。

劗 zàn 刺。引申为割、剪。

兂 jīn 俗作尖。尖是六朝以来用开的字，参阅岃下尖字。先是人们头上都有的东西，它尖锐并插入。冒尖或说拔尖，是出类拔萃之义。听觉灵敏说耳朵尖。带有刺激性的言辞可说尖锐或尖刻。这些都是抽象义。

朁 zǎn 副词。竟然，居然。字从曰、曰字从口从乙，谓口气之出，气出有锐义，出乎意料，便是竟然、居然。"朁不畏明"，就是寇贼竟然无所畏惧。

齽 jīn 高鼻子。鼻高则尖，故取义于尖。

噆 zǎn 口有所衔。如说蚊虻噆肤，蚊虻的嘴是一根吸管，像簪一样尖锐，刺入人肤，到人的微循环系统吸血。蚊子咬人今说叮，为钉的动词义，钉可为叮，则鐕亦可为噆。

顉 zhěn 低头。取义于潜伏、潜藏。另一义项谓头锐长。

齰 jǐn 稍尝一尝，或沾一沾嘴。或说歃酒、歃血。歃，插也，刺入也，如簪之插入。与噆义近。

譖 zèn 镵。言之能刺人害人者。

僭 jiàn 假冒。僭越者，就是超越自己的职位，冒用上面的权势，目的在于陷害他人。故僭字义从朁，仍取义于刺害。引申之义有欺诈、虚伪不信、差错。

憯 cǎn 悲痛、忧伤。如说憯伤，即是刺伤了心。或作癏。

潜（潛） qián 过河，深藏于水。潜龙就是深藏于渊下之龙，潜师就是暗中出发之师，潜伏就是军队秘密埋伏，危机也可说潜伏着。抽象义如说潜心，就是一心投入到事业、工作之中。

鬵 qín 蒸锅。或称甑。甑，分层也，就其高而言；鬵，潜入也，就其深而言。

鱏 cén 深海鱼。故取义于潜藏。据说陆地上如果有哪位大音乐家鼓瑟时，它就要出听。鱏的另一义指腌藏在瓮里的咸鱼。

羷 zān 腌制而贮藏的羊肉。

樳 qián 积柴于水中曰樳，鱼好在其中栖身。

蚕（蠶） cán 从蚰(即昆虫之昆)，朁声。它作茧自缚，潜藏于中。蚕室主要指受宫刑者所居密封之温室，要求保暖，并畏风，可见蚕字从晉，取潜藏之义。

366. 工

工 gōng 象矩之形，即都是九十度的角，不依规矩，不能成方圆。故工字指技巧，巧字就从工。工人本指有技巧的人，工作本指有技巧的劳作。巫字也从工，他们能舞，便是艺术；能治病，看星象，便是科学，故工是包括科学和艺术而言的。善于演奏的人叫乐工。故工字作形容词为精巧之义，如说工笔画；作动词为擅长之义，如说工诗善画；作名词指工人，如说木工、矿工。一切与工作劳动有关的都可叫工，如说工具、工资、工会等，一个工作日也可叫一个工。

功 gōng 用力而有工巧，便得以成功。故引申指功业、成效、成绩之义。功有大小，为国为民立功，便是大功，农事可叫农功。功的反义词是罪。

贡（貢） gòng 作动词，献纳。贡献主要是对国家和人民来说。作名词指贡品，如说纳贡、进贡，赋税也叫贡。贡还有赏赐之义，已是古义，孔子的得力大弟子叫端木赐，字子贡。

赣（贛） gòng 赏赐。从章，为乐章之义，从夊，为舞步之义。故赣为又歌又舞地进行赏赐。赏赐二字与贡字相同，皆从贝，是物质上的赏赐。江西何以称赣？因为有赣水，赣水由章水、贡水合流而成。贡水一称东江，是赣水的东部水源，故赣应即是东，因为赣又读同东。故江西并不是长江之西，而是贡水之西，东江之西。聊备一说。

攻 gōng 攻击，是巧妙地击，或说智取。他山之石，可以攻玉。这治玉是要工巧的，故说攻。又说"我车既攻"，这是说的造车业，历来的造车业都要求是高科技的工艺。战争中讲攻守，攻其无备，出其不意，都是战争的艺术。攻就是击之工者，《孙子兵法》的27个攻字都是用得很明确的。逐渐地，攻其有备，一些笨拙地攻，也叫作攻了。

巩 gǒng 卂谓持、握，持之稳当、牢靠，便是巩了。如说巩固，就是持之牢靠。

蛩 qióng 即蟋蟀，又称促织，谓促织之工。

巩（鞏） gǒng 用韦革坚固地捆绑着，故说巩固。河南省有巩义，为什么叫巩？史载那里四面环山，又处洛水之间，可以巩固。

邛 qióng 地名，在今山东成武县，地居邛山与成山之间，也是巩固之义。四川有邛州，有临邛县，也取义于此。

筇 qióng 竹名，可为杖，实心，节与节之间长而直，故亦取牢靠之义。

碧 gǒng 水边大石，巩固了堤岸。

控 kòng 控制，抓住，如说引弓控弦，控缰。与巩义相近，持之牢固也。今说遥控、自动控制、控购、控股，对时局、市场、时间、数字等都可说控制。控制一词早就有了，但远没有现在用得那么广泛。

鞚 kòng 带嚼子的马笼头，可控制马的行进。

空 kōng 穴之工者曰空。穴，土室，故有关地下或地表的土木工程，都可以叫空。夏禹治水，疏浚河道，他的官衔叫司空。后来房子建到地面上来了，甚至有所谓空中楼阁，空的词义也大变了。说天空、太空、空间的概念是从土木工程中开始抽象出来的，建筑是最讲究空间的，是空间的艺术。空作名词说空穴、空隙、空子等，作动词有穿孔、腾出（地方、位置、时间等）等义，作形容词有空虚、欠缺、贫穷、空旷、空泛、空闲等义。它还作副词，如说空忙了半天、空跑了一趟，是白费之义。与空字有音义联系的，如：窍，它的韵部则从敫；窟，它的韵部则从出；窾，它的韵部则从款；窿，它的韵部则从康；窠，它的韵部则从果；窨，它的韵部则从夅。这六个词都有空的声母和空的语义，详见各字之释。

孔 kǒng
孔、空同音，语义上也大部分是重合或相通的，只有小部分有差异。孔字再没有别的语源可言。孔，通也，从乙，从子。乙就是燕子，春来筑巢生子。故孔有嘉美之义，它来是个好兆头，故造出一个孔字，寄托一番美好的心愿。这是空字所没有的语义。孔德，有美德之义，孔雀也不能作空。孔还有一项古义，作程度副词，也不能作空。如说孔嘉就是甚嘉，孔阳就是甚阳，孔明就是甚明，孔武就是甚武，孔多就是甚多，孔悲就是甚悲。

腔 qiāng
体内围成的空间，如说胸腔、腹腔、口腔、鼻腔，引申指说与唱的腔调，如有南腔、秦腔。还有装腔，不搭理说不搭腔。天地是个大空间，人体是个小空间。

崆 kōng
崆峒，山深貌，形容山洞宽阔高敞。崆从空，取空旷之义；峒从同，取洞明之义。

桱 qiāng
在一个漆桶内（是起共鸣作用的腔，叫作共鸣腔）竖起一椎，左右击之，是一种乐器。

箜 kōng
箜篌，一种弦乐器，类似瑟，相传是汉武帝时乐人侯调创制，故侯是就创制人姓侯而言，说箜就有共鸣腔而言。

銎 qióng
在斧斤上凿一个孔，这个孔就叫銎。这是石器时代以来工具的一大改进。可以安上个把，操作起来方便稳当。故銎，孔也。

从空到腔、桱、箜、銎诸字，还有没有精巧之义呢？是明显地存在的，它们都是十分精巧的空穴，从音乐到共鸣。至于体腔，就更是天工开物。

恐 kǒng
精气没有在心，心空虚便要恐惧。中医的理论，人的各种情感的由来，是由五脏精气之盈虚聚散合成的。

倥 kōng
倥侗，童蒙无知之貌。倥，空乏之义，侗，空筒、空洞之义。又说戎马倥偬，谓军务烦忙之义。倥，控也；偬，匆也。

悾 kōng
无知。无穴曰空，无心曰悾，空虚不充实。

缸 gāng
陶制的较大容器，如水缸、酒缸、染缸。早说缸指油灯之类小型的储油器，故今说茶缸、烟灰缸。不管是大是小，皆就中空而言，空方始能容。今汽车、火车上的汽缸，只是一个圆筒，活塞在其中来回运动。

钢（釭）gāng
轴端受轴之钢，钢中空，贯轴涂膏转动。盛膏之具亦曰钢，中空。

肛 gāng
肠端曰肛门。肛道就是通道，肛门就是通门，空则通。

矼 gāng
石桥。我国的曲拱桥，下面是桥洞，也是取义于空通。

虹 hóng
口语中又读 jiàng。阳光经过雨后水汽的折射，在天空形成半弧形的彩色光环，也是空通之形，如说虹桥，是以虹来形容曲拱桥的美的。矼、虹从工，都明显地还兼有美妙之义、相连之义。

扛 gāng
两手抬。如说力能扛鼎。两人或数人共抬一物，或用肩，亦曰扛。若是抬起头那么高，就不说扛了。举的形音义从舁，本是指抬，但今说举手、举重，都举过了头，语义变了。

杠（槓）gàng
是扛的名词义，扛东西往往要用杠子。除了像项羽那样一个人能扛鼎，一般的人都要用一根杠子横穿鼎的两耳来抬。今说的单杠、双杠、高低杠，都是两头架起来的。抬杠是抽象义，指无谓的争辩，也是对立的双方又相连的现象。

戆（戇）gàng
今说戆头戆脑，谓愚而直。吴语说戆头，意思就是傻瓜，直筒子，中空无知，只是一个直。

讧（訌）hòng
互相对立、争讼，并陷害人，叫作内讧。比

抬杠更严重点。

红（紅） hóng 本谓粉红色，介于赤、白之间，叫作间色，或叫杂色。间取空隙、嫌隙之义，杂取合成之义。故红之从工，取相间、空隙之义。从汉代开始，红字逐步地有赤色之义，称作大红，跟一些喜庆之事相联系。故至今还说大红灯笼。红漆大门，古只说朱门，杜甫还说"朱门酒肉臭"。参阅绛字。

荭（葒） hóng 或作茳。似蓼而叶大，赤白色，高丈余。故字从红，取茎叶赤白之义；字从洪，取叶大之义。

鸿（鴻） hóng 即今说天鹅。从鸟，江声。大者曰鸿，小者曰雁。白者曰鸿，黄者曰鹄。它们飞有行列，故又可有相连接之义。

江 jiāng 本只指长江，后说大江，说明江字音义从工，取大之义，也取相连而长之义。鸿从江，亦取大义。

汞 gǒng 本作澒。水银。丹砂所化为水银也。因为它呈银白色，从工字可有白的义素。

玒 hóng 大璧。音义从工，取大义。又所谓白璧无瑕，故又有白的义素，美丽、工巧的义素，又有中空的义素，璧是中空的。

瓨 xiáng 它与缸不同，有长颈似罂，受十升的容器。故亦大而中空。

项（項） xiàng 头颈的后部，今说颈项，故与瓨的词义切近。今说骑脖子，古说骑项；按谁的头硬让他低头称谢，古说按谁的项。

367. 珤

珤 zhǎn 四个工字在一起，是极巧之义。因为一个工字已经就是工巧之义了。今作展。

襄 zhǎn 丹红细绢所作之衣，是极巧之作了。

展 zhǎn 从尸，襄省声。尸为横卧的人字，取陈列之义，故展与工艺、服饰相联系，今说展览，大多是工业品和艺术品的陈列。今说展现、展开、展望、伸展、开展、扩展、施展，都是近义动词的结合，具体的如说眉展颜开、展翅飞翔、红旗招展，抽象的如说一展风采、展露才华、大展宏图。

辗（輾） zhǎn 反转，回转。字从车，指车轮之转，辗转反侧，指人在床上翻身睡不着。今还说人的辗转南北，物的辗转流传。

㲅 zhǎn 擦拭，是辗转的动作，如用干布把桌子上的水擦掉说㲅。

碾 niǎn 用圆柱形的石礅，反复在石头的底盘上旋转滚动，压碎谷物，作名词说碾子，作动词说碾米之类。也可是把麦秸或豆秸铺在场地上晒干滚轧，叫作碾场。车轮子滚过更可说碾。辗又可读同碾。

碾与辗或輾（niǎn）声母、韵母相同，也可作石旁，不过是俗体字把它写作从展罢了。辗是用手来回揉皮，使之伸展，引申指用石或用车。

蹍 niǎn 又读 zhǎn，用脚踩或踏。足所踩曰蹍，车所加为轹。

368. 巫

巫 wū 能以舞、以祝辞降神、能治病请福的人叫巫。男曰觋（xí），女曰巫。字从工，善其事曰工。古时的重要职业是巫、卜、陶、匠（木工）等。巫说的话叫诬，灵字本也从巫。

诬（誣） wū 巫之言曰诬，或毁或誉，或实或虚，皆加之于人，听者所当审慎。当诬言威信扫地时，诬字就得欺骗、污蔑、诽谤、陷害之义。这就是讵字语义演变的社会条件，弄得街巷有巫，闾里有祝。我们现在似乎已经找不到讵字表示真实美妙的用例了。

鹉（鶩）

wú 鹙鹉，一种形似麻雀或鹌鹑的鸟，体形小巧，以草籽、昆虫之类为生。为什么它的名称从牟从巫？它鸣时以嘴插地，如牛鸣，牟，牛鸣也。又说它闭嘴时上唇与下唇不相合，就像人说诬言时可以虚妄不实，前后不接。

369. 巨

巨 jù 今假借为巨大之义。本是矩字，象以手持工，巨字的中间部分象手持之形，工就是方尺之形，是木工手里的曲尺，量距离和直角。

矩 jǔ 又作榘，本作巨。木工正方之器。圆曰规，方曰矩。引申为标准、法则之义。也作动词，如说规矩点，就是不要调皮，不要有不端的行为。矩为何从矢？因矢的长短都有一定的标准。

拒 jù 对不合规矩的，以规矩衡量而加以拒绝，引申为拒不接受、抗拒、抵挡之义，如说拒谏饰非，即坚持错误，把正确的话看作不合规矩而拒绝。

距 jù 本作歫。以脚步来量距离，自古有之。故距作时空的距离和到达之义，如说相距多远、距今多久。距作名词指鸡爪最靠上面的一只小爪，又指武器上旁出的小钩、倒刺之类。有的钓鱼钩上也有倒钩，均可称距。

讵（詎） jù 到达。与距、拒音义相通，讵今也可作讵今，即至今，为介词。讵又可作反问副词，为难道、怎么之义，即为言之拒者。讵，岂也。讵知，就是怎么知道。

炬 jù 火把。手举以照明，犹如巨之手举以丈量。苣以苇秆扎成，故从草，"燔苣"即点起火把。"牛尾炬火"，就是牛巴巴上扎着的火炬点起了火，这是有名的田单火牛阵的故事。今说付之一炬，就是一把火烧了。今说新官上任三把火，火为什么叫把？与火把有关。

苣 jù 莴苣，亦称莴笋。以竹笋喻之，其茎粗大直立如笋；以火炬喻之，其粗大盈握。史载古呙国使者来汉，隋人求得菜种，酬之甚厚，因名千金菜，今莴苣也。我国吃莴苣，是从隋唐开始的。杜甫有《种莴苣诗》，呙国之菜如炬也。呙国应在西域，地中海沿岸。

秬 jù 黑黍，象炬之已燃。故别的黍子没有叫秬。于菜作苣，于禾作秬。

渠 qú 人工开凿的水道。战国时韩国水利专家郑国在陕西开凿郑渠。至今田间水沟纵横交错，也常称水渠，它要左右丈量，故取义于巨。

蕖 qú 荷花又称芙蕖，它一茎挺立如炬，所谓出水芙蓉。荷从何，取负荷、任载之义，蕖从巨，取把持之义。何与渠又都假借为疑问代词，问渠就是问他(它)。

钜（鉅） jù 大刚，即大为刚硬的铁，即今之钢。钜又假借为巨。山东巨野，义谓大野；河北巨鹿，一义为大陆。又可说深林钜木、钜石白沙。

磲 qú 热带海洋中的一种大蚌，长可达一米。

370. 规

规（規） guī 本作规。圆规就是圆的规范。规的字形上没有圆的意思，可见为圆以规，是规字后得之义，本应是法度之义，是规划之中或规定之内。所谓规田，上等的土地一百亩可养活九人。

今规字作名词有规矩、规格、法规、规则、规律、规范等词，作动词有规划、规定、规谏等词。它们大多是同义词的结合。

窥（窺） kuī 或作闚。于门隙、土穴中视，说窥测、窥视、窥察等，窥则有谋，或谋中去窥。如说窥鼎，这鼎是国家重器，权力的象征，你要去看，还不是正经的看，在门缝中看，就很可疑了。管中窥豹，当然没有这个意思，但见一斑。

瞡 guī 亦隙穴之视，抽象义为涉及政见之视，字亦作睽，癸亦揆度、估量之义。

鬶（鬹） guī 三足的爵或釜一类的礼器。音义从规，取规则、法度之义，即三足之间必须是正三角形，每个角都是六十度，否则就倾斜、跌倒了。

鰗 guī 即河豚，谓其体圆也。

揆 guī 裁布帛制衣，量体裁衣，尺寸有严格的要求，故音义从规。

嫢 guī 妇女们打量身材，评估容貌，故字从规。这里虽没有法规，但增一分太长，减一分太短，有一个审美的标准在群众的眼里，或说是有一个合乎时尚的尺度。

371. 丁

丁 dīng 字形象钉子之形，头粗尾小。以竹木及金属为之，故即后之钉字。丁字用作天下第四位，即甲乙丙丁的丁。用以计月，即夏历的第四个月，就是夏天了，万物皆强壮结实，故丁字得壮实之义，所谓人丁、壮丁、园丁等，都指壮实的成人。故丁的派生字向两方面发展：钉子之义和壮实之义。

钉（釘） dīng 本作朾。汉代以后，才用开钉字。名词指钉子，动词谓敲击之义，俗还作"打"。钉子户、板上钉钉，都是纹丝不动之义。

叮 dīng 昆虫对人畜的蜇刺，犹如钉之揳入。故从口，丁声。蚊子是用它的针形口器刺入人的皮下吸血的。叮咛，为言语之揳入，要在被叮咛者的脑中深入不忘。叮当，如钉之揳入声。

盯 dīng 眼睛紧随不舍，直视。盯梢，就是尾随不放。又如说做什么事都盯住他，即是照他的做法去做。

靪 dīng 补靪，是紧贴着衣服的破绽处，如金之钉，如口之叮。今说钉个后跟，多作钉。

疔 dīng 恶疮。突起如小钉头，硬而根深。故可说疔疮。

酊 dǐng 酒气丁盛。参见"酩"字。

顶（頂） dǐng 人头之颠。引申说山顶、房顶等，作动词如说顶住、顶替、顶出去、顶得上，抽象如说顶杠、顶嘴，是言行中的对抗。其实，真用头顶的行为并不那么多，多少受到钉、丁等字的影响。顶还引申为程度副词，为最、极之义，口语性强，如说顶好、顶呱呱，顶没出息。

打 dǎ 本该读德冷切，即与丁同韵。敲击，以手击，或持物击。这里，打字的主语和宾语越来越广泛，使得打的行为越来越泛化。如说打鱼、打水，是猎取和舀取之义，再泛化一点，如说打个盹，又如说打官腔、打主意，都丝毫没有打击的行为，都难以说出群众是在什么样的观念之中使用这个打字的。打字还有一个特殊的问题，即它的韵母问题，《康熙字典》说是假借为"挞"的缘故，备参。

汀 tīng 水边平滩地。因为它是由水冲积而成。凡敲过钉、打过桩的人都知道，锤子下去要垂直，锤子要端平。"岸芷汀兰，郁郁青青。"岸是高的，汀是平的。古时也有以头顶物的习俗，那也要求平衡。再看丁字的古文字字形，钉头的上部大多是一个或大或小的平面，以至到隶楷就发展为一横。

町 tīng 田界或田埂人践踏之处。故取义于平，从丁声。

订（訂） dìng 评议。于水曰汀，于田曰町，于言曰订。此订之本义。如说"订其真伪，辩其虚实"，就是评议其中的真假。故至今有修订、订正等说法，又引申为订立、确定之义，经过商议，各方都认为公平合理，从而签订条约、合同，有订购、订单、订婚等说法，都是成立、成功，言之丁也。

亭 tíng 从高省，丁声，本指行旅往来可供食宿的停留处所，常有楼，故字从高字省。后于风景名胜处建亭子，主要供点缀、观赏和休息，如北京有五龙亭、知春亭，浙江有兰亭。亭也有平义，调亭亦作调停，就是调和公平。亭亭为形容词，亭亭玉立就是调和、匀称的身材。

葶 tíng 如水仙、葱头等的根部长出的无枝无叶的茎，顶上开花，它高而亭亭玉立，故名花葶。与莛稍异。

停 tíng 止。由平定之义引申为静止之义，今说停止，古曰止，今曰停。又由人之停引申为各种事物之停，主语大为扩展，如说车停了，风停了。

渟 tíng 水之停滞，或停滞之水，说渟水。

婷 tíng 婷婷，形容人和花木美好。也说树木亭亭如盖，即树干挺拔、枝叶披靡。

成 chéng 从戊，丁声，谷物成熟。从丁就是壮盛之义，成与熟声母相同。引申指人，可说成年、成人、成长、成就、成功等。事之成败、完成、落成。又常作抽象义，如说时机成熟、条件成熟、思想成熟。答应人家什么就说"成"，就是行、同意。成语说成人之美，为成全之义。

晟 shèng 日光充盛。万物成熟皆与日之光明不可分。

盛 chéng 把已成熟的谷物置于器皿中叫盛，今说盛饭盛菜，古则首先以享鬼神。这是动词义，今还说杯里盛酒，心里盛不下一点事。作形容词说盛装、盛举、盛会。读 shèng 时又说茂盛、盛世。抽象义如说盛情、盛誉。同义词结合如说盛大、茂盛、旺盛、强盛等。

城 chéng 于皿曰盛，所盛者谷物；于土曰城，所盛者民。城可指城墙、城区等，与乡相对而言，今则多指整个城市。城作动词，谓筑城，今已不用。众志成城，则还是名词用法，即成了抵御外患的城墙。

宬 chéng 是从盛的动词用法来的，指专门保存历朝皇上的御笔、圣训，有关他们的实录之类史料的地方，叫皇史宬。

诚（誠） chéng 丁实而成熟之言，常说诚实、诚心、诚意就是实心实意。又说忠诚、诚恳、诚信等，都是同义词的结合。诚还作副词，为确实、真正之义。诚然，就是确实如此。

372. 皿

皿 mǐn 象形字。古文字中的皿字，上面呈凵字之形，可容盛食物。中象器皿之体，下象器皿之底。杯本作盉，碗本作盌，盈、溢、盛、尽（盡）等皆从皿，本指常用的盛器。今说器皿。盗就是对着器皿垂涎，想要偷了。

孟 mèng 从子，皿声。祭祖时，长子管器皿、礼仪，并有继承权，故子孙之长者称孟，顺次排列为仲、叔、季，季为幼小。叔，少也；仲，中也。哭长城的孟姜女，从名字看，应是指姓姜人家的大闺女，但是当时叫孟姜的女子大有人在，实际等于现在说的大姑娘之义。故孟，大也。孟浪之言就是自大放浪之言。从而又有荒谬、狂妄、虚夸之义。

猛 měng 长大之犬曰猛，故得矫健、猛烈之义，又说猛虎、猛火，于人说猛士、猛将，还说苛政猛于虎。猛就是集中力量于短时间内爆发，这样就引申为突然之义，说猛然间，成为副词。猛和突皆从犬。说猛不防、猛不丁。

勐 měng 俗作猛字，为勇敢之义。力之猛也。

艋 měng 舴艋，小船也。孟本谓大，何以又指小？舴从乍，艋即猛，皆取急疾之义，舟小则行进迅猛，故欲其小。

蜢 měng 蚱蜢，小蝗也。也名土蜢，其飞如掷，迅猛而突发于草丛之间。

373 . 盍

盍 hé 字本从大、一、皿。"大"象覆盖之形，"一"象皿中之物之形。隶书从去，去的上部本也从大，去指饭器，也需覆盖，这样盍的上部就与去字相符合了。盍为覆盖、合拢之义，它的本义保存在它的派生词中，盍字的常用义是它假借为何、何不之义。盍、何二字声母相同。作古疑问代词或疑问副词。

榼 kē 酒器。可说壶榼，还说果榼、刀榼、剑榼，都作盛器。

馌（饁） yè 给下地干活的人送饭。饭食当然总是要覆盖保暖的。

瞌 kē 瞌睡，就是疲劳合眼坐睡。

阖（闔） hé 闭门。反义词结合说开阖。作名词指可开阖之门扇。用木曰阖，用竹苇曰扇。阖又引申作副词，谓全部、都，如说阖第光临，就是邀请全家都到。合字也有全部之义。合与阖两字就更接近了。

磕 kē 两物相合，或碰或击，今说磕磕碰碰，都从石旁，既表动作，也表声响。磕了几个响头，便是头碰到地发出响声。又说磕破了块皮，指碰了一下，受点小伤。

嗑 kè 今说唠嗑，就是几个人在一起多说些闲话。又说嗑瓜子，是上下门牙相合的动作，也发出点声音。

溘 kè 本谓水之覆盖、淹没，引申为瞬间、奄忽之义。溘逝就是瞬即离去，忽然逝世。

劫 jié 会意字。以力强制人家不要离去。后说劫持、抢劫，就还要强取钱财，不只是阻止一点行动了。又说人类的浩劫，那就是世界大战，一死就是几千万人。佛教也爱说劫，一场灾难就叫一劫，人生不免要遭受许多灾难，就叫劫数。

鉣 jié 从金，劫省声。指套在脖子上的铁圈，一种刑具。人欲去，以力强制，就跑不掉了。鉣的一个同义词叫钳，取包住、夹住之义。

怯 qiè 或作㤲。胆怯，是勇敢的反面，受到力的强制便往往多畏了。怯懦、怯弱，都是同义词的结合。怯阵，就是临阵害怕；怯场，就是表演或演讲时，临场胆怯，神态失常，更不能临场发挥。

法 fǎ 本作灋。法也是一种强制而阻止的力量，作名词说法律、法令、刑法之义，现代社会是各种法制益趋完备的时代。法的引申义可指各种事物的法则、方法，兵法就是治军用兵之法。说办法、做法，口语中常说没法子，指大小事物的具体做法。法的动词义指守法、效法、惩罚，今已很少用。宗教中常说佛法、不二法门，还有法衣、法身等。悟空、智深等都是法名。法与辟，两字双声，辟言就是合于法度之言。法的音义从辟又从劫，既节制其罪（辟字从辛，罪也），又制止其恶，取义完备。

砝 fǎ 砝码，天平或磅秤上用作标准重量的铁铊。它是法定的统一的标准。

珐 fà 珐琅，详"琅"下。

瘗 è 短气病，即奄奄一息之状。奄与瘗声母相同。它也指跛脚的病。

盖（蓋） gài 盍，覆也，故盖为覆盖之义。草苫在房上叫盖，至今犹说盖房子。还说车盖，即车上的顶篷。

也是大的。后来才说瓶盖、壶盖，就大小都有了。盖世谓超过一个时代，也是大的。盖又有副词用法，为大概、大约之义。

374. 卢

卢（盧） lú 一种盛饭之器，故从皿，虍声，后作卢。也指酒壶之类。鲈或炉则为盛火之器。

炉（爐） lú 火炉。现在炉子的形制已有很大变化，锅炉是锅与炉的结合。电炉则是耐火材料制的盘子，上面布满电阻丝。炼铁的装置叫高炉，炼钢的装置叫转炉。

黸（黸） lú 甚黑。炉底黑，故从卢之字常得黑义。而黑字就是在炎字上头一个囱字。

莀（莀） lú 黑。玄为黑色，莀为众多之义。黑色之弓矢，指一般弓矢。莀是黸的假借字，还有彤弓、彤矢，则是朱红色。

垆（壚） lú 黑而坚硬之土。垆又指酒家门口存置酒翁的土台，是就酒垆、茶垆而说的。

獹（獹） lú 原先指出于韩国的黑犬，是猎犬。以卢指犬，最早见于《诗经·齐风·卢令》："卢令令，其人美且仁。"

泸（瀘） lú 四川泸水，宋以来名大渡河。盛夏涨水时，水色深碧黧黑。名黑水的就多了，内蒙古有大黑河、小黑河。

栌（櫨） lú 栌橘甚甘，放到次年二月变青黑，更甜。栌也指果上短柱，或谓斗栱，其形如斗而相拱，曰栌，其形如垆。

胪（矑） lú 眼珠是黑的，故从卢。白种人是蓝眼珠，若也叫胪，就不追究语源义了。

鲈（鱸） lú 鲈鱼，银灰色，背部和背鳍上有小黑斑。体长口大，下颌突出。

鸕（鸕） lú 鸕鹚，今称鱼鹰、水老鸦，这是以鸦名其黑。它体羽主要为黑色而带有紫色光泽。

以上10个从卢字，皆取黑色之义。

庐（廬） lú 田间临时搭建的简易房子，便于休息管理，放点饭器之类，故音义从卢。后有许多名人寄居之处也称庐，如陶渊明说他是"结庐在人境"，诸葛亮住的称茅庐。至于江西的庐山，史载殷周时有匡俗兄弟七人结庐于此，故称庐山。

胪（臚） lú 人的皮肤称肤，又称胪。称肤谓色泽美好之义，称胪取寄存、附加之义。犹庐一时寄身。

舻（艫） lú 舳舻，大船。上可以建屋，如寄庐，故名舻。有时这舻建于船头，则船头可曰舻；有时这舻建于船尾，则船尾亦可曰舻。有时就说舳舻千里，首尾相接。

驴（驢） lú 驴骡骆驼，汉代时在中原还不普遍，六朝时才逐步用开。驴从卢，所寄旅之义，寄身与行旅之用。它长耳，常用以骑驮。

籚（籚） lú 或作簬。矛戟之柄，以竹为之，矛戟之所寄也。有时作旗杆，用生丝缠绕，并加漆饰。籚又指饭器，便是卢字本义。

芦（蘆） lú 芦蒩，即萝卜。用饭器来形容萝卜，今还可说有碗口那么大的萝卜。葫芦叫芦，它直接就可作盛器。芦又指芦苇。苇，纬也，编织苇席；芦，纑也，绩之而成缕，可以编席。

纑（纑） lú 丝麻之属，绩之而成缕，可以织布。纑作名词指布缕，作动词为交织之义。织纑为席，织纑为布。

颅（顱） lú 头盖骨。头（頭）从豆，古食肉器也；颅从卢，饭器也。这就告诉我们，古时以人畜的头骨，利用颅腔，略加制作，以为盛器，是常有的事。

从卢的词族共 18 字，声韵皆稳定未变，是少见的。语义也一脉相通。

375. 去

去 qù 篆文作大字下面一个厶字，大指四肢伸展的人，厶指上口收敛、下部宽大的饭器，人带着饭器，故去字的本义是离开。今说去年就是过去的一年；过去，就是离开了现在。又说除去、失去，都是离开之义。去字从隋唐以来，多用作去到之义。周秦时说"去鲁"，就是离开鲁国；现在说去鲁，就是到山东去，语义正相反。不过都是指行走，只是方向相反。去字的反义词组合可有去留、去取、去就、来去的说法。唐宋以后，去字的语义越来越虚化。如说走出去、看上去，只表示一个动作的趋向。又如说只有自己去多动脑子，这个去字也只是表示动脑子的行为要持续下去，并没有来去的行为。

弄 jǔ 收藏曰弄。去字有收藏之义，"去药"就是把采集来的草药放在盛器中收藏起来。从廾就是左右两手相拱着。

筶 qù 竹制盛器，似篮、筐，但肚子大，盛得多。亦以柳编。

阹 qū 靠着山体，围出一个半环形似厶的牛马圈曰阹。阹的动词义谓遮拦。

袪 qū 袖口。以其形如厶字之形。古时礼服，宽袖长袖，袖口大而下垂。古说袖曰袪，取其两袖分别之义，袪指袖口，袖指袖口再接出来的一段长袖，今京剧中称水袖。袪的动词义谓卷起、撩起、提起，袖的动词为藏（在袖子里）。袪还可作去除之义，如说袪风湿、袪疾苦。袪偶或也指整个衣袖，为引申义。

胠 qū 腋下。衣之袪为袖，肉之胠为臂胁、腋下。旁开为胠。胠篋，就是旁开的箱子。

呿 qū 张口貌。由袖口之张引申指人口之张。

麸 qù 大麦粥。夏天喝大麦粥、泡大麦茶，可以去火，因为大麦是凉性，小麦则是热性。

抾 qū 以手有所去除。有时它与捕取的行为相联系，故又得取的语义，去与取相反，语义向相反方向发展。

袪 qū 消灾除祸之祭，今说祛痰、祛雀斑、祛暑之类，虽不用祭祀，却还与大小病殃的去除相联系，从而区别于一般的去除之义。

屦 qù 关闭。对门户说关闭，对盛器说掩盖、封闭。屦又可有张开之义，则与呿字之张口貌、去字之离开之义相近似。它们都兼有相反之义。

376. 昷

昷 wēn 本作盟，以皿给囚徒吃饭，故得温仁、同情之义，为会意字。但是以皿食囚的情况并不多，故字从日，以日表温暖、温和之义。

温 wēn 本指人心之温暖、和爱。孔子的学生说孔子温而厉，即看上去温和，骨子里严厉。温字从水，如说温泉，气候、人体、感觉方面都可说温。温暖一词可指具体气候，也指家庭、集体、党和国家的关怀，为抽象义。

愠 yùn 心中有所蕴藏、积蓄。给囚人以器皿就是有了温仁之心。心中有了怨恨、愤怒也可以叫作愠。怨，宛曲也；怒，努也。这都是不平静了，即是生气了。有了气便是有所蕴藏、积蓄。"人不知而不愠"，人家不了解我，我不生气，仍然坦荡。

缊（縕） yùn 装棉于衣谓之缊，口语说絮点棉花。缊，藏也。藏则温。此动词义。作名词，指丝绵、麻纤之类，能藏能温之物。唐代以后大量用棉花，现在还用鸭绒、驼绒，只是语言上不说缊了，缊的名词义已不用，并多作蕴。

蕴（蘊） yùn 或作薀、韞。今说蕴藏、蕴蓄、蕴涵、包蕴等。于草木曰蕴，于韦革曰韞，今皆作蕴。

酝（醞） yùn 酿酒就是要裹藏起来，保温发酵，今说酝酿。用于抽象义，指办事要创造条件，或等待时机成熟，不可简单草率从事，叫事先酝酿一下。

氲 yūn 于酒曰酝，于丝曰缊，于气曰氲。氤氲，指天地间大气凝聚，烟云弥漫，亦作细缊、烟煴，皆是藏积之义。

煴 yūn 不通风，火气郁积。于火曰煴。

辒（輼） wēn 于车曰辒。常指卧车，可以封闭保温的车。也有通风设备，故也叫辒凉（或作辌）车。

瘟 wēn 今说瘟疫，即传染病。它也是一种蕴积、聚集的现象。积聚与传染，只是从不同角度说，而防止传染，除了隔离，也常须通风。

搵 wèn 掩没、用手指按住。如说搵不住的眼泪，辛弃疾词："红巾翠袖，搵英雄泪。"

媪 ǎo 老妇之称。媪与显双声，取温和仁慈之义，媪与老同韵母，故媪字为母老之称。《史记》中刘邦的母亲称刘媪，媪亦不是她的名字，连姓也不是她娘家的姓，只是一个通常的尊称，即刘家的温仁老妇之义。赵国的赵太后亦自称为媪。此外，还有魏媪、吕媪等，据载汉代幽州及汉中一带皆称老妪为媪。只是后来这个称呼没有在全国广泛用开。

377. 盈

盈 yíng 皿中充盈。夃（yíng）从乃，从夊，夊为到来之义，夊字的撇与乃字的撇重合，中间就成了一个又字之形。市场买卖多得来的，盛满器皿就叫盈。故至今都可说盈余、盈溢、满盈、充盈、丰盈等，《诗经》中有说筐之盈、襜（衣兜）之盈、仓之盈、庖之盈、门庭之盈，都是它的本义用法。历来与反义词结合的可说盈亏、盈虚、盈缩、盈缺、盈谦。今多曰满，古多曰盈。盈盈，谓水多，水满之义，"盈盈一水间"就是在牵牛星和织女星之间隔着一条水满的天河。

楹 yíng 柱子。音义从盈，取充盈长大之义，可说楹柱。字亦可作桯，则取挺生之义。常说两楹，则是指对称的两根大柱。

赢（贏） yíng 今说盈利，也可作赢利，音义是相通的。赢字从贝，从贏（骡的本字，象形，本指一种多肉之兽，出卖可以多利）。赢的引申义可指各种商业、赌博、战争、各种斗争的较量、各种竞技的比赛中的输赢或赢家。

籯 yíng 或作籝。箱笼一类的盛器，可以装得多，故从盈满取义。

嬴 yíng 女性丰满之美。秦始皇姓嬴名政，这是秦孝公时赐姓的嬴，取众人称其美好之义。

瀛 yíng 指海，言水之盈满。瀛洲，就是海中之洲，瀛台就是周围有水环绕之台。亦与盈字相通。

丑怎么能献呢？实际还是表演了高超的技艺，说得谦虚罢了。

378. 鬳

鬳 yàn 从鬲，虎省声。鬲为炊具，鼎属，亦作礼器，腹部有交叉之纹，今作虎行之纹，则兼有虔敬、虔诚之义。

甗 yǎn 即在鬲上又加层的蒸锅，殷周时代使用。

巘（巘） yǎn 重甗，谓山形如加层的蒸锅，更有说是山之上大下小者，即山腰凹下者。《水经注》上写三峡："绝巘多生怪柏，悬泉瀑布，飞漱其间。"这里描写出了一幅很好的山水画。在那种上大下小的绝壁上，长着一些怪柏，环境决定了它长得奇形怪状，绝巘与怪柏之间存在着内在的深刻联系。

轍 niè 车上载得又高又大的样子，就像蒸锅一样上大下小，现在一些拉货的运输车也常这样。

讞（讞） yàn 将议罪之言进献于上，听候上级处理，故音义从献。

献（獻） xiàn 祭祀用的牲畜，猪牛羊称三牲，也有用犬的称羹献，用鸡的称翰音，用谷物的叫粢盛。粢盛与羹献，构词相同。粢是黍稷，盛于皿以祭；羹是肉羹，盛于鬳以享。故献作名词，指羹献；作动词谓以羹献作供祀，荐于鬼神享用。荐享曰献，这是献字的本义。现在说贡献、奉献，也是名词、动词两用的，但献字的主语和宾语则根本不同了。但总还有共同的一方面，使得献字还能由古及今地沿用下来。例如献总得要有所进，没有贡献品你献什么？贡献要有极大的诚意，甚至献身，也是古今一致的。至于引申的说法，如献媚、献殷勤之类，为一时讨好之义，献的分量太小了，但这种用大于小，却是语义的生动演变。还说献丑，

379. 缶

缶 fǒu 陶制酒壶，比现代的酒壶要大得多，比桶要小，有时可用作井上吊水的斗。秦国人还往往在唱歌时用它来击拍，所谓的"击瓮叩缶……而歌呼呜呜"，那就一般还比较厚实笨重，不能一敲一碰就破了。

宝（寶） bǎo 从贝，从玉，缶声。可见，在一般人的眼中，缶也是宝器。家中有缶，有贝有玉，大概就像现在的三大件那样，可以提高一个档次了。人的才能，国家的人才，都可看作宝，这也是古今一致的。此外还有宝藏、法宝（源自佛教）之类的说法。

鬴 fǒu 少汤温火煮曰鬴，这是以工具之名指使用这种工具的行为。

380. 曲

曲 qū 或作苗、笛。象器方之形，器口向上，如筐字从匚，也是器方之形，器口则向右，曲字中间的笔画象所盛之物。引申为曲直之曲，可说弯曲、斜曲、曲折等，抽象义如说曲意逢迎，意思是违心地去逢迎人。曲又指蚕箔，或加草字头，或加竹字头，指盛桑叶和养蚕的工具，以竹或苇编制而成。今多用匾，圆形浅口。曲又指歌曲，有塞上曲、小夜曲，取音之宛曲成章之义。心曲，就是内心之隐曲处，与心境、心底、心地、心坎、心扉等用字不同，

词义也有区别。

蛐 qū 蛐蟮，即蚯蚓，传说它善于唱歌，长吟于地下。

麯 qū 此简化为曲。不论是做酒或做醋，都要拌上酒曲，封闭起来，使之发酵。故从曲声，取隐曲之义。

381. 斗

斗 dǒu 本指木瓢。现在还把干葫芦剖开，用以盛米盛面。瓢上安个把，便是斗了。斗字的一竖是它的柄，一横是手持之形，它的两点，本作冂，那就是舀水盛物还常盛酒浆的斗魁之形。北斗星就是由七颗星摆成一个斗形。量器之似斗者，故为升斗之斗。又如小的有烟斗、漏斗、熨斗，大的有斗车、拖斗，是工地运料的，也说料斗子。料字就从斗。把大的说成小的如说斗室，把小的说成大的如说斗胆，斗常朝上，有时要斜下倒出，也叫覆斗，斗帐、斗笠便都是朝下的。有时斗要旋转、倾斜的斜，斡旋的斡，字皆从斗。斗中盛物要倒出来便要倾斜。正是斗字本身，常作名词，动词则作抖。

钭（鈄） dǒu 酒器，后皆作斗，如李白诗"金樽清酒斗十千"。

抖 dǒu 提起、举起。本是提起斗，宾语扩展，可说抖擞精神，也说提精神，抖威风。抖的引申义是颤抖，举起斗的时候往往手发抖，故说冻得发抖，气得发抖。

陡 dǒu 本作阧。本是举貌，山势直上直下，可说陡落，山的坡度大可说陡坡。引申为急剧、突然、顿时之义，可说陡顿。陡增，就是急剧增加，陡觉，就是突然觉得。

蚪 dǒu 蝌蚪，青蛙等两栖动物的幼体，黑而椭圆，拖长尾。科，空也，禾中空曰科。脱下头盔、甲胄，中空亦曰科。科头，就是光着头。蝌蚪也是不戴头盔的秃头战士，蚪即斗，谓其形如椭圆之木瓢所作之斗。

382. 勺

勺 sháo 或作杓。它不从勹，是中间凹下的勺形，一点为勺中之物。勺古多作饮器，酌字从勺，今多作舀取之器，作动词为舀取，并往往用于计量。

酌 zhuó 酌酒，就是盛酒于勺，倒到杯里。酌作名词，可指酒、酒席、酒器。清酌，就是清酒。酌作动词指饮酒，小酌就是小饮。酌的主语和宾语大加扩展，如可说酌情办理、酌量分发、斟酌字句，都是考虑分寸，掌握深浅的意思。酌酒常是礼仪方面的事，而礼是很讲究分寸的。

灼 zhuó 以微火烤炙。无论是炙肉，还是灼龟、针灸，都要适度控制，火小了达不到目的，火大了就烧毁了，故灼为火的适度利用。灼又有鲜明之义，如灼灼其华，是形容桃花明艳的。抽象义如说真知灼见，形容见解明确。灼与焯两字同音通用。焯见即灼见，焯烁即灼烁。

妁 shuò 媒人。两家结亲，是否合适，由媒妁之言作参照。媒，谋也；妁，酌也。

芍 sháo 二字叠韵。芍药，花大而美，与牡丹相似。它的块根可入药，其性能是调和五脏，回避毒气。勺和乐，都有调和之义，能调养与谐和身心之草木也。

玓 dì 玓瓅，珠玉发光之状。

以上3个从勺字，和由它们组成的三个双音节的叠韵词，都以声母的不同来显示它们之间的语义差异，而3个从勺字声母的差异，又都没有超出从勺的词族中声母变化的范围。

的 dì 本指鲜明美丽的白色。字从白，勺声。勺，明也。的与质，两字古时声母相同，质指挡箭牌、靶子，语义也相通。今说有的放矢，"的"指箭靶，实际是指箭靶中心的鲜明白点。箭靶上常画有鸷鸟猛兽之形，正中的点则是白色。今说"明确"，亦可说"的确"。"目的"一词的本义是注视箭靶的中心点。现代妇女在眉心点一个红点，这种习惯至少汉代就已有了，古时叫"的"，白点也可指红点，只要鲜明就可以。"的"还可指莲子，字作葀，则仍是白色的。约在唐宋之际，古文中最常用的"之"字，还有部分"者"字的用法，写作"底"，大约到宋元之际写作"的"。"的"字成了现代语文中最常用、使用频率最高的一个字，它完全是一个假借字。

"的"字用在名词和它的修饰成分之间，表示领属和修饰的关系，古曰"之"，今曰"的"。用在动词之后表示动作所及的宾语，如说"穿的"，就指穿的衣服；用在形容词之后，就表示形容词修饰的对象，如说"真的"，那就指真的东西，或指真字修饰的任何事物。"说真的"，就是说实话。这种"的"字具有代词性。"的"字还表示肯定语气，用于句末，常与"是"字呼应，如说"我是知道的"。"的"字也用在句子的主语谓语之间，取消了句子的独立性而有待进一步陈述，如说"他的出席，是个重要事件"。

馰 dì 马头额上的白点，如说的(即馰)卢马，《三国演义》中刘备骑过的卢马。

葀 dì 莲蓬是青的，里面结的莲子是白的，故从的声。

靮 dí 马缰绳。牛绳曰纼(zhèn)，马缰曰靮。酌为取酒，钓为取鱼，靮为取马，皆从勺声而有取义。

钓（釣） diào 以钩取鱼。钓鱼、钓鳖的事也是有的。钓事应在渔猎时代的后期就盛行了，钓、纶、饵就是这方面的专门用语。茧丝为纶，芒针为钩，荆条为竿，剖粒为饵，这是智取。酌是以勺取酒，钓是以饵取鱼。射以的为目标，钓以鱼为目标。钓与的声母相同。钓的宾语扩展，可说钓名、沽名钓誉，并以璧马为诱饵。钓与吊两字通用。钓字本应与的、馰、酌、妁等同韵，为入声字，但是受了吊字的影响，就读为阴声韵了。

魡 diào 又读作dí，即可读同的，为入声字。这个又读音说明它属于勺的词族。

罚 dí 系结，即是垂纶以钓竿系之。

豹 bào 似虎而小，有斑纹。豹的音义从勺，取其斑纹之明丽，更有金钱豹，而无纹者曰土豹。又有貘，今说虎豹，古则说虎貘。豹貘双声。貘又名白狐，白色。豹是貘之毛色鲜明灼灼者。

貌 mào 本作皃，从人、白。这不是黑白之白字，而是象人面之形。貌则从豹省声。《易经》上说：大人虎变，君子豹变。意思是说大人和君子经过变革的时代，都变得彬彬有礼，文采焕然。故今说礼貌，貌是从豹省而又取其声。而貌的声母则从面，今说面貌，为双声词。今还说风貌、情貌，还说历史的真实面貌，便是抽象义了。故貌的本义是面部的文采、风貌。动容谓之貌。貌的一个或体字作䫉，而页字的下部两点是个人字，上面的部分就是人的头面之形。

藐 miǎo 本指一种可以染紫的草，根含有紫草素，呈紫红色。故藐引申有美盛之义。形容高大的宗庙建筑可说藐藐，还说藐藐昊天，从而得高远之义。今更引申为悠远渺小之义，藐视，就是小看。

邈 miǎo 遥远，或指时间之久远，说久邈。邈不知其所至，即远得不知道他到哪里去了。

礿 yuè 本作禴。指一种酌量之祭，春荒时就薄祭，夏收了就厚祭，故礿从勺声。礿的声母则与禴、龠同。龠是一种乐器，也指一种单位很小的量器，升下是合，合以下是龠，大约就是一二两米了，故那是薄祭，酌量之祭。

礿 yuè 洁白细致的布，取白明之义，其光燏燏(明亮)然。

约（約）

yuē 缠束。今说约束，则大多已用于抽象义，如指行为的约束，可有礼节、法律等，孔子就说"约之以礼"。又有思想的约束，则是观念、传统方面的东西了。约指具体的，如指腰缠绳结。约与要、邀声母相同，约束亦可作要束、要誓，就是誓约。邀请，实即约请。至于约字从勺，则是取酌量之义。从盟约、条约，到节约、简约，都是斟酌、权衡的行为。

从勺的词族中出现了6个不同的声母，从唇音到喉音，几乎都占全了，充分表现了单音节词中声母的灵活性。

383. 录

录 lù 它的字形，上象交互之文，下象纷披之形，刀与木交互，所刻之木屑纷纷下落。如剠（kū，挖）木为舟，把一棵大树掏空制成独木舟，不知要干多少天了。另一件重要的刻木之事，是大量书写所需要的简牍的制作，所谓刀笔吏，记录的录，那里也是录的。录录为一一可数之貌。也由此，从录之字往往得谨敬之义、众多之义。

漉 lù 本作渌。水下渌渌，如刻木之下录录。水之渗透、过滤而下滴，常常清澈，故渌又得水清之义，湖南有渌水，应即形容其清。渌酒就是清酒，字或作醁。

醁 lù 美酒。本谓清酒、好酒，区别于相对的浊酒，带糟的酒。现在的蒸馏酒，制作的时候，也是渌渌而下的。

盝 lù 水渌渌而下，落入皿中，对来水之处便干涸了，故得竭尽之义、去水之义。

篓 lù 竹编的漉水之器。人们往往以篓匣小者为过滤之器，滤器也往往作盛器，故篓亦可称篓。现在淘米洗菜用的筐、笪箕之类也可滤水。

罳 lù 小渔网。捕鱼时水从网中流过，鱼却不能漏掉。作动词谓以罳捕小鱼。造纸业中漉去纸浆中水分的网叫漉网，也是渌与网的联系。

麓 lù 本作禁。山足曰麓，那里林木茂盛。下了雨，水流渌渌而下，特别是旱山之麓，雨过水就流失到山下。山下之林亦曰麓，守山林之吏亦可曰麓。

碌 lù 多石貌。引申指事多，曰忙碌，又引申说碌碌无为、庸庸碌碌，指平凡无建树。碌碡，叠韵词。碡从毒、厚重之义。它是一个石磙，通过它的轴心，安上一个枢架，可以牵引转动，用以碾场，轧谷脱粒。故碌碡就是一个碌碡滚动之厚重物。

辘（轆） lù 辘轳，井上汲水所用转动之轴轮。辘辘谓轴声不绝，水则随吊桶沥漉而上。轳从卢，盛器，今曰吊桶，或水斗。

錄 lù 记载。简化作录。顾炎武写《日知录》，意思是每天求知所得的记录。字从金，刻刀也，是刻木录录的工作。今则多说回忆录，还说目录、语录。录字由记录之义引申为采纳、录用、录取之义。录字在现代的一项最新用法，便是说录音、录像，音像也可以录下来，录的宾语就扩展了。

篆（籙） lù 符箓，名词，特指帝王或道教的秘密簿籍，带有神秘性，称是天帝或神道的授命。符也从竹，是符咒之类的书录。

禄 lù 福也。今说福禄寿，三者连称。无禄就是不幸。福从畐，满也；禄从录，多也。后禄常指俸禄，禄的语义跟录相近，省录就是省察录用，录用了，在册了，就给俸禄，因此无禄就是不领工资，就是死亡了。福与禄皆从示旁，谓是神之所示，天之所赐。

媷 lù 随从（于世俗），故与庸碌之碌通用。

逯 lù 心无牵挂，行为不求作为，看似平庸，却又谨慎，从而区别于庸人，叫作逯然。

睩 lù 注视之中又谨慎畏怯。娽、逯、睩三字都要表现一种复杂的情态。

菉 lù 众多而常见之牧草，故从草，录声。由于它可以染绿，故绿字从菉，我们有时在草地上摔了一跤，或坐久了摩擦多了，裤腿上也可能染了草绿色。

绿（绿）lù 青黄相配便得绿色。常说草绿。蓝草染蓝，茈草染紫，菉草染绿，皂斗染黑，都是从草木之名演变为颜色之名。深绿也可说墨绿，接近于黑，因此有时把黑说成绿，如说绿鬓、绿云鬓，多少包含有黑得美的意思。有时有一片庄稼肥上得足，就说长得黑油油的，这是把深绿说成黑。

氯 lù 化学气体，因为它呈黄绿色，故称氯气。

剥 bō 这是 19 个从录字中唯一的声母变化了的词。剥字从录，剥东西时，剥下的皮，就像刻木录录。剥又作刂，从卜，有扑打之义，八月剥枣，是把枣从树上打下来，是攴（pū）枣；攴，小击也。故剥的语义是扑击而又割削之义。现在的剥字，字形上重在割削，刻木录录；语音上则重在卜，声母为 b。《诗经》中有剥枣的说法，又有剥瓜的说法。瓜不要扑击，是削去其皮做腌菜。至于狩猎之事，那就又要扑击又要割削了。

（六）

工具　武器

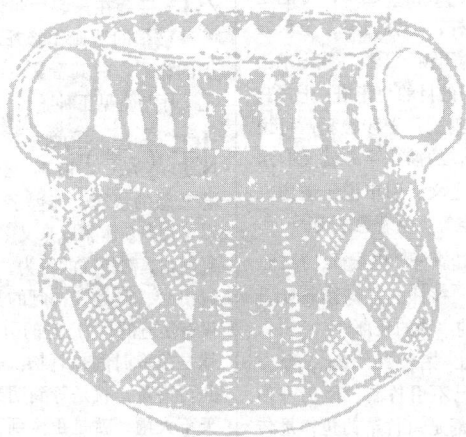

384. 耒

耒 lěi 指一种原始的翻土的犁,它曲柄,用手推。字作木字前头一个丰字,丰为刀刻之形,后作契刻之契,害字亦从丰。凡从耒旁之字皆与耕作有关。

莱 lěi 耕。即耒的动词义。非莱字。

385. 干

干 gān 作为工具与武器的木杆。干的古文字形第一横是个巴叉之形,杆上有一点或一短横,象相交之木,可能是用以击的。于木曰杆,于竹曰竿,于禾曰秆。干作动词,则为干预、干扰,或干求、捍卫之义,皆指持干的目的与作用。干禄,就是求得俸禄。干犯就是干涉触犯,可说互不相干。干作为乾的简化字,就又有水干涸、干枯、干旱之义。引申说干着急、干等,即是白等、空等、空着急之义。

杆 gān 长木。如旗杆、电线杆、拉杆、枪杆、笔杆、秤杆的杆均读 gǎn,都是经过更多制作的事物的长部件。

竿 gān 竹的主体。有箭竿、撑船的竿,钓鱼今大多已不用竹制,但仍写作竿,因为两三千年都是用竹竿钓鱼,是传统。

秆 gǎn 除说麦秆外,还说玉米秆、高粱秆、麻秆等。

轩(軒) xuān 车子作为主干的辕木曰轩,故说轩辕。高而曲者曰轩,平而直者曰辕。后引申指有车厢的供卿大夫或妇女乘坐的小车,说轩车或朱轩。轩冕,即乘的是轩,戴的是冕,就不是一般老百姓了。因为是居中一木,故至少需驾两马,才可左右平衡,轻稳灵便。轩的引申义是高昂,如说轩昂、轩豁、轩举等。轩作名词的引申义指栏杆。杆与轩皆从干。

旱 hàn 日之干扰而成灾曰旱。旱魃(bá)为虐,就是旱神在肆虐了,如炎如焚。是鬼神的干扰,故旱从干声。

悍 hàn 今说凶悍,强悍,生性好干预,大多指凶强之力。

睅 hàn 张大眼睛,突出眼珠,为凶悍之状。如说睅其目。于心曰悍,于目曰睅。

顸(頇) hān 粗大,如说粗声顸气。颟顸,大脸,引申有糊涂之义。

捍 hàn 常作扞。捍卫、抵御,也是一种干预。干有盾的意思,盾就是抵御的。干也可以进攻,干与戈都是进攻的武器。攻与守,都要用干。

焊 hàn 用熔化的金属把若干金属部件接合在一起,叫作焊接。或者是对一些破损的器皿作修补,都是起捍卫、维护的作用,故其音义从干。这是现代的常见工序与常见工种。

赶(趕) gǎn 本专指禽兽,不管是追逐,还是驱赶,都是又急又怒的状态,与悍字义近。以心曰悍,以足曰赶。唐宋以来又多指人之赶,赶路、赶牲口,都指人的行为。又引申说赶时间、赶机会、赶运气,赶的宾语大为扩展,已没有足赶的行为。赶的引申义,如说赶时间,就是争取时间;赶趟,就是来得及;赶明儿再商量,就是等到明天再商量;正赶上天下大雨,就是正碰到下雨天。时间、机会都可说赶,而且并不紧急。

旰 gàn 晚。日旰就是太阳下山,实即赶,行之速。

奸 jiān 干扰,发生关系。今说互不相干,古说各不相奸。干请,就是求请,可说奸请。今说奸,是忠的反面。女同志很有意见，奸臣大都是男的，奸字却写成女字旁。孰不知原来说奸，是好的意思居多。如《史记》中说：(吕尚)以渔钓奸周西伯，这是姜太公用钓鱼的办法求见周文王，这个奸字指的是大大的好事。大量的女性干求，干涉的时代是在母系社会、女权时代。

肝 gān 从干，取干预之义。在中医的传统观念中，一个人的谋虑，都出自肝脏，怎样去干预国家社会生活。其实肝主要是管人体内的新陈代谢。

汗 hàn 人体的某部分过度使用，受到了干扰，就要出汗。这是中医上的传统观念。现在我们认为正常的出汗，是一种散热、排泄现象，出汗的原因是多方面的。竹子也能出汗，把它放在火上烤，干扰它的内部，让它出汗，然后制成竹简，称之为汗青或汗简。

鼾 hān 睡着了打呼噜。过累了，过饱了，胖子过于身重，都易打鼾。是身体机能受到干扰，鼻子出气出现了干扰，故曰鼾。

矸 gǎn 碾压缯帛所用之石。缯和缎都比较厚，需要碾压，这是一道工序。它使缯、缎坚实光滑。缎从段，即是用碫椎缎。干是椎击人的，矸则用来碾压织物。

擀 gǎn 用擀面杖将面块碾压成薄片，再切成面条，叫手擀面。以石曰矸，以杖曰擀。擀芝麻就是把芝麻碾碎。毡的制作，织成之后，也必须擀，使它坚实平整。

闬(閈) hàn 门。是用以捍卫的。城垣、围墙都可说闬。

玕 gān 琅玕，石而似玉，呈长条状，故常被加工成玉树或翠竹。故琅字从良，取美好之义；玕字从干，取义于杆或竿。

釬 hàn 战士身穿铠甲时，臂戴革制套袖。操弓箭时更是常戴，起捍卫、保护作用。

刊 kān 伐木，古代说刊木。刊木即刊其干，木本曰杆。刊其干即曰刊，犹去桑之条曰条桑(剪去桑树的枝条)，犹断人之耳曰刵(èr)。削木为刊，扩展其宾语，削石、刻石亦曰刊。我国的印刷术有木刻版和石刻版，都可说发刊、刊行。又引申说刊物、专刊、诗刊。刊谬补缺就是消除错误、补充缺漏。

河岸的岸，从厂又从干，参见厂的词族。

豻 àn 草原上牧民的狗，至今还很厉害，由它去保护、捍卫羊群，狼见了也害怕。

讦(訐) jié 揭发，揭人阴私。讦的韵母没有读同干，失去了揭字的影响。至今讦、揭二字同音，一般都用揭释讦。

386. 庚

庚 gēng 坚硬，刚强。庚的古文字形是左右二手举干之形。庚作为天干的第七位，用以计日，庚日就是吉日，可以出征或打猎。庚又指年龄，同庚就是同年。

赓(賡) gēng 从贝，庚声。庚指万物之坚强，故可延续。财物之延续，不致亏损，故赓为抵偿、补偿之义。

康 kāng 从米，庚声。小篆犹作庚下一个米字，实即穅或糠字。现在康字主要用作健康、安康、康乐之义，故糠字又加米或禾的偏旁。而音义都是从庚来的。康又有广大、空旷之义。今说康庄大道，古说康衢，即是取广大之义，强与大常常是联系在一起的。

糠 kāng 或作穅。谷皮。五谷之皮有两层，如就稻说，稻子打下来以后，外面是一层粗硬的稻壳，也叫砻糠。稻脱壳而得糙米。糙米再经过舂或碾，得精米，又去了一层薄皮，叫米糠。这两层皮都叫糠，或分别叫砻糠和米糠。砻糠拿去烧火，米糠则含有大量的B族维生素等，是上好的饲料。贫寒人家，或遇荒年饥岁，许多人家都要吃糠。糠有中空之义，糠与空双声。康爵就是空杯，是大而虚的杯子。庚无空的语义，康和从康之字皆有空义。

歉 **kāng** 饥饿。歉为腹之空虚，㵁为水之虚，康为屋之虚。

㵁 **kāng** 水之流失。

康 **kāng** 屋虚大曰康㝀。

慷 **kāng** 本作忼，谓心气之高亢。慨从既，谓气逆哽塞。两字都是不平静的。慷慨，壮士不得志也。失志而激昂愤慨，壮士之刚强如此。

　　唐字从口，庚声，然本作喝。参见易下。

387. 开

开 **jiān** 平。两干相并，便是上平之义。但从开的派生词大都与武器没有关系了。

岍 **qiān** 本作岍，岍山在今陕西陇县西南，为岐头平起之山。

汧 **qiān** 本作汧，汧水源出岍山，东入渭水。故汧之音义间接从开。

研 **yán** 细磨。研取义于上平，平是细磨的行为结果或行为目标，是结果之词派生为行为之词。研的引申义指思想、学业的研究，研还是精细之义，究则为穷尽之义，故研究的要求是从粗到细、由浅入深。

砚（硯） **yàn** 磨墨的砚台，是磨而上平的。或作研。唐以前多用瓦砚，唐以后始用石砚，并很快就评出广东端州的端砚、安徽歙州的歙砚为最上品。它要求石性细、坚、润而平，石质粗了，发墨太快，墨磨成粗粒；石质光滑则又不发墨。所以石质要求细腻坚润。研就是细磨。至少春秋时代开始，我国已使用笔砚。现在多用墨汁，磨墨这道工艺已萎缩。

妍 **yán** 本指人仪姿或肤色平细妍丽之美。后指一般美好，如可有精细、巧妙、聪慧之类的因素，不懂事、痴呆、笨拙就成了妍的反面：蚩或媸。妍蚩为反义词的结合。如画人点睛，四体妍蚩，无关紧要，传神写照，全在点睛，这便要求巧慧，要求精细、妍妙之笔。

趼 **yán** 兽的脚板。它平滑如研。人的脚板比兽进步，脚背弓起。人若是扁平足，走路的能力就要差点儿。但兽善升登，它善于踮起脚跟，故趼有举踵之义。趼又读 **jiǎn**，即读同开。今说手脚上起了老茧，本作趼，即是厚平的硬皮了。史载春秋时墨子听到大木匠鲁班的名声之后，百舍重茧地去拜见他。三十里为一舍，百舍就是走三千里地去见。脚走得茧上起茧，叫作重茧，可见他的诚意。

豣 **jiān** 三岁的野猪，长得差不多高又常并驱，故取上平之义，音义从开。

麠 **jiān** 鹿之绝有力者，故从开，取强壮坚劲之义。

笄 **jī** 钗，妇女头上别住发髻的或冠弁的钗。古时男子到了成人的年龄行加冠礼，女子到了成人的年龄举行许嫁而笄的礼节，如收受聘礼，正式起个名字之类。男冠女笄，都有礼的内容，所以笄的音义从开又从礼。后来这类礼节没有了，一般簪发就说钗或簪。

388. 屰

屰 **nì** 字从干、凵，从干字有高的语义，凵则为下陷。故屰指地势险阻，路途不顺。今说逆境，指人的社会处境不顺，屰即逆。孙中山说："世界潮流，浩浩荡荡，顺之者存，逆之者亡。"逆的反义词是顺，顺从川，贯穿通流水也。屰也可指有枝杈的武器，双枝为屰，单枝为戈，槊指长矛，也从屰声。

逆 nì 迎也。如说迎战、迎击、迎敌，都没有欢迎之义，都是逆势而上。后来迎为迎合之义，逆主要指违阻而上，常说逆流、逆耳、倒行逆施，迎亲是绝不能说逆的。古说逆命，有受命与违命相反二义，需要根据上下语义来辨别。现在说逆命就只有违命之义了。

咢 è 本作两口字之下一个屰字，隶变作咢。吅为喧哗、大声之义，屰为向上诉讼之义。诉本作愬，也是从屰得声的。把屰与口之声情相联系，得二义：一指徒歌曰咢，即没有伴奏，仍迎合节拍；另一指惊愕之义，古文字亦作噩。噩梦就是惊梦，噩耗就是惊人的消息。

愕 è 惊。愕是一种由逆的因素而引起的惊。如不顺的、出乎意料的、违背意愿的甚至是叛逆的惊。

谔（諤） è 直言。还不是一般的直言，是具有违逆因素的直言，如上诉中的直言，不同于众人之言的直言，如说千人之诺诺，不如一士之谔谔，他敢于起来争辩，直言不讳。

遻 è 意外的相遇曰遻。或心不欲见而见，是违心的行为，亦曰遻。

腭 è 或作齶。指人或动物口腔的上部，后分上颚和下颚，对食物起承受和迎合的作用。

萼 è 花朵下部的叶片，含苞时包于其外，起保护的作用；开花结果时托于其下，起承受的作用，是又迎又合的。

鳄（鱷） è 或作鰐。鳄鱼喙长齿利，吞食人畜，故从腭取义。亦可谓凶猛令人惊愕。字或作鱷。

噩 è 甚于一般之惊愕。从重吅，加倍之惊也。

鹗（鶚） è 鱼鹰。善捕鱼，嘴呈钩状，性凶猛，善迎击。故其音义也从咢。

锷（鍔） è 剑刃。有时也包括刀剑之尖端。以其用以迎击，故

从屰。

崿 è 山的边崖，常说峰崿，与锋锷取义同。

堮 è 物之边缘棱角，统呼曰垠堮。

鄂 è 湖北鄂州。亦取江边涯岸之义，三国孙权时代才称武昌。今则扩大为湖北省的简称。鄂、堮、崿均就地理而言。

朔 shuò 阴历十五月圆之后，月亮一天天亏损，这亏损的部分叫死魄，至三十日晦，全死了。每月初一开始，亏损的部分又一天天复苏起来，这复苏的部分叫生魄。死而复生了，故从逆。历来皆以苏释朔，两字双声。故朔的音义从苏又从逆，月死复苏生也。

溯 sù 或作遡、泝、溹。逆水而上曰溯，顺流而下曰顺。溯江水人蜀，那就沿长江逆流而上。隐含有苏生之义。今说追溯、回溯，都是就时间上的逆序而言。

诉（訴） sù 法律上的上诉，就是逆境求生。上诉、告状，就叫告诉，这是告诉一词的本义。今说告诉，往往只是一个通知、传达的问题，无关生死了。

塑 sù 塑像。如有泥塑、面塑，抽象义指文艺上人物形象和性格的塑造，在生与逆这两个义素的结合中不断地去追求。若是塑出一个死板的、公式化的、概念化的人物，便不算成功了。这里的逆，是从无到有的艺术再现，是社会生活的追溯。今说的塑料是用树脂等高分子化合物混合配料后，加热加压而成各种形状的材料，如有板材、线材、薄膜状，也可以有物状、人状。并说可塑性，即在常温下不再变形。

蒴 shuò 蒴藋，又名接骨草。骨断了可助其再生，故音义从朔。

槊 shuò 长矛。与锷的取义相似。是保护自己生命与迎击敌人的。抗倭名将戚继光的诗文集，曾遭《四库全书》的编者抽毁，其中的主要部分总称《横槊稿》，稿中有"一年三百六十日，多是横戈马上行"之句。横戈与横槊是一致的。

搠 shuò 刺进，扎入，是槊的动词义。林冲夜奔前夕在山神庙搠倒富安，轮到陆谦，没动花枪，而是"把枪搠在地里"，用刀去剜了他的胸脯。搠也可作名词，如《水浒》中有"人人都带雁翎刀，个个尽提鸦嘴搠"之句，此实即槊字。

斥 chì 本作庰，俗作庍、斥。拆房。又从拆除之义引申为奔逐、叱责、排斥、远离等义，还从拆除之义得开辟、充斥等义。斥与叱声母相同，故有呵叱之义。叱责也可作斥责，呵叱也可作呵斥。所有这些，都是逆转的行为。

拆 chāi 本作坼。分裂、拆毁，指土石等方面的拆，如说拆墙、拆房。拆台可指把一座高台拆除，也可作抽象义，如破坏人家的工作，贬低人家的成就，都可说拆台，引申用法可说拆信、拆衣服、拆资、拆账、拆散（家庭、集体等人际关系）。拆的宾语大为扩展了。

坼 chè 裂开、毁坏。作名词指裂缝。古说天塞地坼，今说天冻地裂。

柝 tuò 也叫梆子。古时夜间巡行，击柝以报平安，军事上是防敌、民间是防盗的行为。柝本作㭍，并与拓字相通，故柝有开拓之义，它是用一根木棍，中间掏成空心，敲击时形成共鸣腔，因此叫击柝。

跅 tuò 放开脚步，没有约束。跅驰之士，就是不受约束的人。

趀 chè 脚出斜逆的行动，如说趀张，就是用脚踩来张弩。

389. 刀

刀 dāo 象形字。刀字的横笔开头处，篆形作向上翘起之形，表示刀把，下面是刀刃的形状。刀是武器，也用以耕作和工艺。如说刀下留人，那就是要杀人了。刀笔吏指的是文官，在竹简和木简上写字，

写错了就用刀削掉。现在刀的形制、性能和功用就更广泛了，刀字便很稳定。

魛（魛） dāo 今犹说刀鱼，以其形似刀，长而薄。北方有时把带鱼称刀鱼。

舠 dāo 小船，狭长似刀。

召 zhào 呼唤，号召。古时王者以口以刀相号名。字从刀声，刀比口还重要。故召的派生词往往有高远之义。今说召请、感召、征召等。

貂 diāo 鼠属，大而黄黑，出于东北及高丽一带，字亦作鼦。貂的皮毛传入中原，至今貂皮大衣也是名贵的服饰。古时宫中侍卫官以貂皮或貂尾为饰，故貂字从召。

迢 tiáo 高远，如说迢迢牵牛星。今常说千里迢迢，主要形容其远。王者之命是再远也要传播到的，从而引申为一般的遥远。

超 chāo 遥远、高超，如说超人。用作动词，为超越之义，如说超凡，谓超越一般。今说超声波，就是高出一般声波两万赫兹的频率。

到 dào 自远而至，故从刀声。引申为一般的来到、达到，就不论远近高低了。如说坚持到底，就有远有近。时间上的远近也都可说到。周到一词，则指方方面面都照顾到。抽象义如说考虑周到。想到、想不到，也没有到的行为。

倒 dào 自古就说颠倒。颠为头顶之义，作使动用法，如说"鼎颠足止"，就是使鼎的三足举到了头上，便是倒过来了。《诗经》中说"颠倒衣裳"，就是公主那边一叫唤，我就急得把上衣当成下裳穿，下裳当作上衣穿。到字的使动用法，就是使下的到上，使上的到下，便是颠倒了。古说"到景"，今则说"倒影"。倒茶、倒酒就是使壶中的茶、酒倒到杯子里。倒字从人，即人之倒下，有卧倒、跌倒、打倒等。倒字在口语中还有一种生动的副词用法，如说我们受苦，你倒高兴，意思是你反而高兴，

就不是自己人了。这是从颠倒之义引申为相反之义。

菿 dào 草本之倒植者曰菿，如锄地把它翻过来了却又能更生。

捯 dáo 翻倒，推倒。捯根，就是翻它(事物)的根底。

忉 dāo 心有怀念而忧劳，即是怀念之心久远之义。

叨 dāo 如说唠叨，絮絮叨叨，均谓话长言远，从长远之义引申。

怊 chāo 与"超"字同音通用，超有超远、脱离之义，故怊有失意、惆怅之义，如可说怊怅。

髫 tiáo 古时不理发，小儿长发下垂梳成辫子或髫。垂髫就是儿童或指童年。故髫之从召，亦取长义。髟字即从长。

齠（齠） tiáo 指儿童换牙。牙齿不能长得下垂，故是从髫取儿童或童年之义，可说齠年。

苕 tiáo 它先后指三种不同的植物，皆从高或长取义。一指苕菜，今称紫云英，茎长蔓生。二指凌霄花，也是一种蔓生植物，它能攀援其他树木而凌霄。三指芦苇的花穗，芦苇之穗长得高，故其音义从召。今说苕帚，不一定是芦苇的穗。

笤 tiáo 竹枝也可扎成笤帚，高粱的秆和穗也可扎成笤帚。音义皆从召。

岧 tiáo 岧峣，山高耸貌。亦喻人品之高超。

以下从刀字的声母几次发生较大变化。

招 zhāo 以手招呼。由举刀相召引申指一般招呼，不一定都举手，如说招生、招商、招兵，还可说招虫子蛇，招人骂，还可有各种花招来诱人。老话说"谦受益，满招损"，即自满就招来损害，招致损失。招致二字双声，招有至、到之义。招又引申有招请、寻求、招惹、招摇等义，指各种不同的招来方式。

诏（詔） zhào 指上对下的告示，与召的本义紧扣着，一般的言语相召则是引申义。如说诏书、待诏(官名)，都和皇帝有关。

钊（釗） zhāo 有召见之义，与召字义近；又有高远之义，与迢字义近；又有劝勉之义，与切、劳字义近；又有割、挖之义，则为刀字的动词义。钊字从金，则是就刀的材料而言。

沼 zhǎo 池沼，本指护城河之类，招外水积储之。沼泽，引来之水又漫延络绎，成了沼泽地。

昭 zhāo 日之高远，光明显著。可说昭昭、昭著、昭彰，均形容词。于人为召，于天为昭。

照 zhào 或作炤。主要作动词，指日月星辰之照，也指灯火之照。引申为相对之义，照总是要相对的，主语则由日、火而指人际之间的照顾、照料、对照，还说心照不宣、肝胆相照等，又说依照、照样、照例等。总之是由日月之照，到心意之照，是抽象义了。照作名词如说半身照、结婚照，还有护照。

劭 shào 劝勉。那也是一种号召，如说劭农，即是鼓励农业的发展。劭又引申有高尚、美好之义，即道德或名望之高。

绍（紹） shào 继承、继续，即是号召你去做，便是继承前人的事业了。如说"绍复先王之大业"，便是继承和复兴前人的大业。介绍，本义是介于宾主之间，相继传话。今均谓联系、接洽、举荐之义。

韶 sháo 本指虞舜时代的音乐。以音乐相感化，号召，要继承尧之德。《论语》中说孔子在齐国听到了韶乐，说它尽善尽美，竟是三月不知肉味。故韶又得美好、光明之义，可说韶光、韶华，都指光景美好。

邵 shào 高远，常用以形容志节之高远。东汉人应劭，字仲远。劭与邵通。

邵 shào 从邑，召声。陕西岐山附近一块特封的地区，故音义从召。《诗经》中的召南，即是在它的南部，实即召字。

轺（軺） yáo 小车，单马独辕，常用以奔赴军务，故取遥远之义，从召字本有远义，故轺字声母的变化即取遥字的音义。后说星轺，即是星夜兼程之车。

悬 jiāo 这是倒写的首字，首字的古字形本也可作三道曲笔之形，像头发。悬字的音义即从倒，悬首是一种古刑法，悬首于木上。字亦可作枭首。

枭（梟） xiāo 猫头鹰一类的鸟，鹰首猫面，穴土而居，相传母亲把它孵化百日，它长出了羽毛，没有吃的，就把母亲的肉吃了飞走了，所以叫它不孝鸟。鸟字省了四点，悬于木首，便是枭字的会意。今还说枭乱、枭雄，有强烈的贬义，是奸雄之义。但说枭将、枭骑，就只是勇猛之义，没有贬义。因为从倒字没有贬义。

390. 刃

刃 rèn 刀口说刀刃，指刀的坚利处，一点为指事。作动词谓以刀刃割杀。如说"左右欲刃相如"，即在旁的人都想把蔺相如杀了。

仞 rèn 八尺为一仞，仞是一个长度的单位词。到一仞之后就用刀划一下作为标记，故字从刃。现在的尺子上也用刀刻着一寸一分的痕迹作为标记。

牣 rèn 达到一定数量的限度，便是满，故牣可有充满之义，说充牣，就是充满。牣字从牛，指物或人的充牣，物字亦从牛。

忍 rèn 心之刚强如刀刃，故为坚定之义。如说坚忍不拔。又说忍耐、忍让、忍受、容忍等，也是坚忍的一种表现。又引申为狠心、残酷之义，如说忍心、残忍。

认（認） rèn 在言语之中能说出刀刃所刻的标记，那便是认知、识别之义。抓住事物的特征，亦即标记，如说认人、认路。又引申为承认之义，如说认错、认罪、认账、认输等。

韧（韌） rèn 坚忍、牢固。字从韦，即是熟皮，是柔而坚的。今说韧性的战斗，即柔而坚的战斗，以柔克刚、硬碰硬的攻坚战就不叫韧性战斗。这是抽象义，事物的性能说韧性，便是其体义。韧的反义词是脆。脆则弱，韧则坚。

纫（紉） rèn 线或绳索的单股曰纫，取坚紧之义，两股的曰绞，三股的曰辫。《孔雀东南飞》："君当作磐石，妾当作蒲苇。蒲苇纫如丝，磐石无转移。"磐石是坚硬的，蒲苇纫而亦坚，两者结合在一起，就永不分离了。现在穿针引线曰纫针，缝制也可说缝纫，使其牢固之义。

轫（軔） rèn 刹车用的一块硬木头，垫住轮子，阻挡它向前滚动。故轫字从刃亦取坚固之义。若是轮子一压就碎了，便刹不住车。

讱（訒） rèn 说话谨慎，能忍耐，不是漫不经心，脱口而出。

391. 仞

仞 chuāng 今作创。创伤之义，刃字旁又加一点，表示是刃下受伤。创又有创造、创始之义，是假借义，本作刱，从井，取刑法之义，制定刑法以创业，这是创字的本义。今又说创新、创建、创业等。

梁 liáng 今之浮桥。常说桥梁，桥字从乔，高而曲也，故为今之曲拱桥。浮梁则略高于水面，于舟上架板而过。水浅的地方则垒起几块石头，可以跨步而过，叫作石梁。引申之，屋栋架于柱上，亦谓之梁，堤亦可谓梁，是横亘于水上的。还有说脊梁、山梁。它们都是两端相连而高。梁可以叫欐，欐的音义从丽，亦相连接之义。故梁的音义从丽（或从连），又从仞，是连接两端而高于水面的工程上的创造。

樏 liáng 粱之俗体字，可作屋樏、桥樏。本只作粱。

粱 liáng 高粱。从米，粱省声。取高又取创造之义。谷物是天地的造化，由人来种植，也是人力的一分造就。谷物的一熟叫一造，一年两熟就叫两造。糙米的糙也从造，是生就如此的米。这样，粱的音义从刅也就不难理解了。

392. 则

则（則） zé 古字作鼎。古时常把国家的大法铸在鼎上，故"则"有法则之义。如说以身作则，或为民之则。后从贝，贝为货物之义，在贝上划有高下等级的确定的标记，故曰定则。则字作动词，为效法之义。"则"还是自古就存在的连接词，表示顺承、转折或让步的连接关系，语义上和它最近的现代虚词是"就"。

测（測） cè 测水之深，今说深不可测，是测字本义。今又有说测量、测算、测试、测绘、测验、预测等。又说推测、猜测，则是对一些无法用数据来测定的事理说的，故为抽象义。

恻（惻） cè 谓心如刀割，即悲伤、痛恻之义。恻隐之心，指内心的隐痛，谓同情之心。隐字也有伤痛、怜悯之义，故恻隐为同义词结合。

贼（賊） zéi 从戈，则声。戈字左下部的两笔，本为则字的刀旁。《左传》中有"毁则为贼"的说法，这就把贼字从则的意思解释出来了。《老子》中有"国之贼"的说法，《论语》中有"德之贼"的说法，都表现出贼字的法则之义。殷周时代"残贼"二字经常连用，为同义词的结合，并两字双声，贼即有残的音义。残则为贼。《尚书》中还有"戕则"的说法，戕亦败坏之义，戕亦与贼双声。《孟子》中有"戕

贼"的说法，还说："贼仁者谓之贼，贼义者谓之残。残贼之人，谓之一夫。"一夫就是独夫民贼。这样，贼就完全是一个政治用语了。贼作名词指破坏法则的人，作动词谓残害，作形容词谓残暴。后经常盗贼连用，窃贿为盗，即偷东西的人叫盗，指经济问题。很快，就把盗也叫作贼，在社会生活中政治和经济常搅在一起，甚至把心术不那么正也叫作贼心眼、贼头贼脑。贼的词义大为发展而宽泛了。主要在口语中表现出来，并作程度副词，为"很"的意思。如说贼冷、贼亮。

测 zé 测量。语音和字形虽从贼，却没有残害之义。

𫚉（鰂） zéi 乌鲗鱼。今作乌贼，从则与贼相通。它有一个墨囊，遇敌放出墨汁，迷惑视线，它就乘机逃避。它是软体动物，但体内有一块板状之骨。世上有板有墨的是史官，他们记载国家的法则，故从则声，而没有贬义。

蝍 zéi 食禾节之虫。它专门钻进禾苗的茎节之处蛀食，赤头，身长而细。节与则通，故可作残则之义，节即则，食即残。

蔵 zéi 木蔵草，管状直立，茎多节，节与则通，故即谓多节之草。它也没有残害之义。

铡（鍘） zhá 作名词指铡刀，也作刑具；作动词谓铡草，显然是取残杀之义。

蹴 zéi 以足践踏而残害之。

393. 斤

斤 jīn 石斧。斧字即从斤，斧是安有把柄的斤。兵字从廾从斤，即两手抓住一把石斧。石斧就是兵器。从斤之字大多与石斧有关，如新字，本即薪，柴火是要用斧子砍的。由于斤似锄而小，一度常用作秤锤，故得斤两之义，如说斤斤计较。从而又得明察、谨慎之义。

釿 jīn 斤字从金，显然已不是石器时代了，是青铜或钢铁的斧头了。商代是发达的青铜时代，普遍使用铁器则要到战国时代才以铁耕。釿为斩齐、剪断之义，是要谨慎、看准了才下手的。古有刀币、铲币，未有斤币。但今说一元钱、一块钱，古可说一釿。

近 jìn 或作㤺。有人在拿着斧子走路，他在干什么呢？在做边侍、近卫的工作。近字的音义重在斤，本义是侍卫，故可说近臣、近卫、亲近等。这样，近就是一个宫廷语，然后得一般时地之远近之义。可说接近、附近、切近、近距离等。远（遠）字从袁，袁为长衣貌，衣亦亲身之物。亲而疏则为远，说疏远。亲近与疏远相对，还说近亲、远亲。虽然说是边远，但总还是像身上的长衣那样牵连着的。这才引申指一般距离和时间之远近。

靳 jìn 辕马当胸的一块皮革，故其音义从斤，取贴近和卫护之义。引申为不肯给予、爱惜之义。

芹 qín 本作荶、䒲。本指楚国生产的一种水芹菜，史载菜之美者有云梦之芹。《诗经》中两次说到采芹，是君子来朝，要给王者赠送，以表示亲近，故名芹菜。以芹菜作为进献之礼而表情意，成为一个典故。反映到语言上，有献芹、芹献、芹意、芹曝等语。皆为谦言所献、所赠之物微薄，不足道之语。

欣 xīn 喜欢，高兴。亲近就高兴，故欣的音义从斤，还是取亲近之义。如说万分欢欣、欣喜若狂。历来都是以喜释欣，两字双声。对草木说欣欣向荣，草木不会欣喜，那么就是兴旺之义了。

忻 xīn 精神兴奋。故与欣字义近。如说忻慕、忻然。

听 yǐn 笑貌。故与欣、忻的区别，是从欠（出气）、从心与从口的区别。今听为聽的简化字，音义皆不同。

燉 xìn 烤，炙。即火气兴起、旺盛，故作动词为烧灼，引申指战乱与灾难之方兴未艾。

掀 xiān 举出。后大多指把覆盖着的东西揭开，如说掀起被子，掀起门帘，掀起你的盖头来。还说掀起浪、掀开石板、掀起一个生产的高潮。

锹（鍁） xiān 是掀的名词义。今说铁锹，是用以掀土的。

昕 xīn 日将出而已明。初昕，即初明，大昕即大明。昏晓，亦可说昏昕。这是取昕字所具有的明察之义。

以下 5 个从斤之字韵母变生变化。

祈 qí 高声呼号，告神以求福，常说祈求。祈的声母从斤，与忻、欣之义相近，精神兴奋起来了。祈与畿叠韵，畿，近也。祈父，是周代管理京畿兵甲的官，即现在所说的首都的卫戍司令。畿，近也，从田，幾省声，指接近于京都的郊区田地。这样，从斤与从幾，都有接近之义。祈求，就是亲近而求福之义。祈祷就是对神的祈求与祷告。

圻 qí 亦作畿，是从土与从田、从斤与从幾的区别。圻又与垠字音义相通。

旂 qí 上画有两龙的旗帜，表示是王侯的仪仗与侍卫，可见旂字从斤，是取近卫之义。

颀（頎） qí 人的身材长。它区别于一般的长，从斤声，还有可亲近和有威仪之义。

蕲（蕲） qí 通祈。蕲年即祈年，即祈求年景丰收。山蕲，也叫作当归。归是女子出嫁，也叫成亲，含亲近之义，而当归这种中药主要是给妇女调补血气的。

394. 所

所 yín 又读 zhì，即读同"质"。两把石斧并用，威力就难以抵挡。《水浒传》里的李逵就是操两把板斧。《霸王别姬》里虞姬手上舞的是双剑。我们现在用电动的绞肉机，省力多了，过去常用两把菜刀左右轮流着剁肉馅。这都是所的遗风。从所的字多抵挡、抵押之义。

质（質） zhì 以钱或物作抵押，叫作質或交质。今有人质，就是以人为抵押。物的交质，就要看物的本质、性能，因而说实质、性质、质地、质能等。故而又引申说质朴、质实、正直、诚信等义。文质彬彬，就是文采和质地都丰盛。质作名词，指箭靶、挡箭牌，叫作"质的"，也是取抵挡之义。

槓（櫍） zhì 用斧子砍物时垫在下面的木墩。櫍的同义字还可有鑕、椹、碪、砧、俎。刀俎与斧质之义相似，人为刀俎，我为鱼肉，便是任人宰割了。櫍总是在下的，刀斧在上砍，因此櫍字又引申指器物之足，可以派生躓、碵二字。

鑕 zhì 铁砧。也指铡刀，即两斤相合。

碵（礩） zhì 柱脚下垫着的石头，也叫碪。音义从質或从楚，都是就足而言的。

嘖 zhì 质朴无华之言。故其音义从质。过去则是指乡野之人的话。

躓 zhì 跌倒，颠仆。实际是足遇抵挡、阻碍，接下的行为便是跌倒了。

憒 zhì 心里受到抵触，因而有阻塞、愤怒、违抗之义。

395. 析

析 xī 以斧破木曰析。如说析薪，即是劈柴。宾语扩展，可说析圭（玉石）、析骸。析爨就是分家，做饭、吃饭不在一起了。同义词结合可说分析、剖析，说分析问题、解析几何，便都是抽象了。分崩离析，指国家不能统一。

淅 xī 淘米。即把米和杂质分开，轻的草屑浮出由水冲走，重的石头、沙子沉在底下，故从析。

晰 xī 日出四照，则事物明晰，什么都看得清了，故说清晰、明晰。抽象义说思想清晰，文章清晰。

皙 xī 人的皮肤长得白，常可说白皙，是一种鲜明、洁净之白。也可表现为有机物的营养滋润、有血色气运之白。

蜥 xī 蜥蜴。本谓一种色彩明晰之蜴（或作易），五色而形长大。

斯 sī 斯与析声母相同，斯有析的语义，那些劈柴、扫地的人可称厮，《水浒传》中常说这厮、那厮。斯又与"其"字相通，可作代词、语气词等。斯人就是其人。斯作指示代词经常的语义是近指"这"的意思，斯时，就是这时。斯还作副词，是"就"的意思。斯乃，是同义副词的结合；斯可，即"就可以"。

鐁 sī 平木之器。有点类似于刨子的作用，作动词常作刨。

澌 sī 河面解冻时，顺流而下的冰块，已经分解、剖析成块。

撕 sī 以手破解、分裂事物，如说撕纸、撕破衣服。抽象义如可说把我们的心都撕碎了，对情面也可说撕，就都没有手的行为了，但我们也要想象成像以斤析木那样有力、急促的行为。

嘶 sī 形容人发声沙哑，今说嘶哑。今说破锣嗓子。也指马鸣声，如撕裂之声，或表凄楚。

謕 xī 悲声，或呻吟之声。

瘑 xī 散声。器破而未绝的破壳声。本指人病而声音沙哑，故从疒。

甇 sī 瓮瓶之类口小肚大的盛器之破裂声。作名词指瓮瓶之类。

澌 sī 水流失尽，器破了。可说澌灭，灭指火，澌指水，也说澌尽，可指生命等之消失。澌澌可指雨雪下时细碎之声，与淅沥之义相近似。

廝 sī 或作厮。仆役，砍柴割草的人称小廝。故其音义从斯。作动词谓差使、役使。廝守，就是相守，与"斯"字的副词用法相近。

厮 sī 厮、廝二字相通用。但厮还有它的早期用法，与廝并不完全相同。厮从厂（hǎn），山厓之义，山之分歧和水之分流曰厮，斯为分支之义。

从析从斯之字共 14 个，声韵都很稳定。

396. 折

折 zhé 断。从斤断草。折的左旁，篆书并不是手字，是上下两个中字，即断开的草。后来从折之字的发展很少与斧斤有关。今说骨折（zhé，下同），为人体之折。折腰是鞠躬的意思，腰折谓事物中断了。夭折是同义词的结合，指人早年死亡。曲折、转折、波折、周折、折（或作摺）叠、折回，都是折而不断的意思，指各种事物的各种曲折现象。折的主语和宾语都大为扩展，远不只是持斧斤以折草木了。

犼 zhì 或作猘、瘈。指疯狗、狂犬。从折、从制或从契，皆取伤害之义，狂犬是要伤人的。

浙 zhè 水之流曲折。相传夏禹南巡至浙江会稽山，会合天下诸侯以记功，并于此亡。人之逝，水之浙，音义皆从折。

誓 shì 作动词，指立誓，发誓；作名词，指誓言，或说决辞、断言。宣誓就是宣布誓言。总之是下定决心，要照决定的话去做。故誓的音义从折。折，断也，断定之言也。

逝 shì 往，去。逝世就是离开了人世。折字本可用于人的走，说折回、折返。由生而死，是一个转折，折而往，是为逝。生就是来到人世，死便曰往，便是逝世了。

哲 zhé 或作喆、悊。从口与从心是一致的，言为心声。明智曰哲，足智多谋曰哲。哲与知、智声母相同。哲的韵母从折。折，断也，此非折断之断，而是抽象义决断、判断之断。今曰断案，古曰折狱。这样，哲字的本来语义是智慧的判断。作名词说哲人、先哲，那就是有智慧而又有判断的人，如果只是一肚子知识而无判断的人，就不能说哲人。今说哲学指对客观世界和人的主观世界的理论概括。

跮 chì 跳，即行有波折或指跛足颠簸而行。走路拐弯亦可说跮，如跮过山坡，今则多作折。

甇 chì 又读 xué，同穴。围绕成空穴以储粮的茓子。参见茓。

蜇 zhē 毒虫螫人或咬人，与以斤断草木，折伤其体，是一致的。不过是斧折与虫蜇之差而已。今说海蜇皮的蜇，则本作蛰。

引申义说短暂的时间。

渐（漸） jiàn 水之徐缓渗进，常说渐。主语扩展，不仅指水，观念的传播、习俗的影响都可说渐，从而变为一个时间的副词，如说渐变，就是逐渐地变化。成语如说循序渐进。

堑（塹） qiàn 壕沟之类，如说长江天堑，即天工造就的大壕沟。堑山堙谷，就是削平山头，填埋峡谷，以修建通道。故堑从斩，取砍削义。

椠（槧） qiàn 没有纸张以前，人们在竹简木牍上写字。椠指砍削平整，尚未书写的简牍。

錾（鏨） zàn 用以雕琢刻镂的小凿子，今说錾刀。石凿曰錾。与斩字可说是同义字。

崭（嶄） zhǎn 形容山势高峻陡峭，如刀斩剑削。崭露头角，就是头角高出一般，很突出。崭新就是特别新，超出一般，刀切或剑削总是齐的，因而又可说齐崭崭。

397. 断

断（斷） duàn 本以丝为断的典型，后指各种事物之断，故又加斤旁，为砍断。今还说断奶、断酒、断烟等，抽象义说断定、判断、果断等。断字还有副词用法，如说断断不可、断然，为确实、绝对之义，断然拒绝，为坚决拒绝之义。

簖（籪） duàn 用竹或芦苇编成栅栏状，竖插水中，把河道隔断，便于捕鱼。簖做成卷席形，越卷越紧，下有底盘，竖插水中，用桩固定住。鱼蟹进入其间，越进越难退。簖其后路，称为鱼簖或蟹簖。而后渔人取簖，倒出鱼蟹。

劅 tuán 本作劅，断首也。今还说断头、断头台。

398. 斩

斩（斬） zhǎn 会意字。从车，车裂人之肢体；从斤，以斧钺断人肢体。也可说斩伐国家。斩胻（小腿近膝处）、斩蛇、斩蛟。今成语说斩断魔爪、斩钉截铁等。总之斩的宾语大为扩展了。还说斩尽杀绝、斩草除根。

惭（慚） cán 心如受斩，此惭愧一词之本义。斩心即斩其德，德，心之直也。《尚书》和《史记》中就有"惭德"的说法。古说惭或惭愧，词义比现在严重得多，甚至有惭而自刭的。现在小事也可说惭愧。

暂（暫） zàn 短暂的时刻，如说暂时、暂停，即时间的斩断，

399. 丯

丯 jiè 象刀刻的三痕，如契字、割字皆从丯，皆与刀相联系。

契 guā 从丯，刻也；从夬，分也。此以刀刃之坚刻器材之坚。

韧 qià 精巧地刻画。韧与巧声母相同，故为巧刻。

契 qì 契约。把经济上的契约、政治上的盟约精巧地刻在竹木简上，代替结绳而治，也叫书契。后来就写在纸上了，但还说契。如有地契、房契、卖身契，都是名词。作动词便是巧刻，或说契刻。古曰契，今曰刻。甲骨文也叫契文，是巧刻。甲骨文的书法也为今人所赞赏。契引申有相合、迎合之义，今曰合同。好朋友可说

契合、契友，彼此很默契。

禊 xì 古时的习俗语，春秋两季在水滨设祭，祈求消灾去邪，故音义从契，取消除、断绝之义。

碶 qì 水闸。它是契合的，又是契断的。

甂 qiè 一种瓦制的量器，约为一斗。度量衡的单位，由国家公布、社会遵守，可成批生产，统一标准，故也是一种契约。

藒 qiā 菝(bá)藒，茎坚硬短小，有尖刺，如刻刀，故其音义从契。

愨 qì 心眼巧慧，事理明白，口语说懂事，易于求得人际的契合。

鍥（鍥） qiè 作名词，指镰刀之类轻巧的农具，作动词谓鍥刻。鍥而不舍，金石可镂；鍥而舍之，朽木不折。金石的雕刻，常常是艺术性的妆饰，故也有巧慧之义。

挈 qiè 提起。如说提纲挈领。抓住网罟的纲领，整个渔网就顺当地起来了；对思想或文章，抓住它的要点，也就一清二楚了。故此是一种有约束、有条理的提挈。引申指一般的挈壶、挈囊等，今说提挈，为扶持、提拔（干部）之义。

絜 jié 麻或丝一把、一束或一捆，整齐而有约束，有一定分量，故絜的引申义为修整。

洁（潔） jié 清洁、整洁、纯洁、洁白等，抽象义说廉洁。洁身自好，洁为使动词。身是洁的宾语。

鐤 jié 割稻用的镰刀。割的音义也从丯。

瘛 chì 小儿抽风病。即筋脉相引而急，如有约束，一紧一松之状。

瘳 chì 与瘛字义近。即肢体不能自由行动，想伸展却抽缩，想抽缩反伸展，动弹不得。

楔 xiē 细小的木楔子，即上厚下薄的木片，打入榫眼有空隙之处，使其弥合、牢固。也叫作檨。檨、楔二字双声，楔则更有契合、契入之义。戏剧或小说中常有楔子，是加在正文之前或插进正文之中的一个小片断，在文章结构上起弥合加固或提示的作用。

揳 xiē 是楔字的动词义，北方话中常说揳个钉子。

楈 xiè 俗楔字。引申有门限之义，门限是揳入门档之中的。

啮（嚙） niè 古曰齧，今曰咬。咬如刀刻一般，故义从韧。齿指门牙，说切齿。又鸟曰啄，兽曰啮。啮狗就是咬人之狗。又说啮骨，即嚼骨头，骨头硬，就要咬如刀刻一般地咬。老鼠属于啮齿类，它的牙齿长得很快，需要经常磨短它。啮的音义从咬又从韧。咬，或作齩，也可从齿。

害 hài 本指家中遭受人祸。引申指各种因素造成的伤害，也不限于刀戟之伤，洪水也可说是害。所谓损害，受损就是害。害的反义词是利，或益。害的引申义有妨碍、忌妒、险阻等。交通的要害，便是指险要和阻碍。现在最常说的是害病，得病所受之损就更大了。害与祸声母相同，祸，神不福也，即天灾，故洪水也说害。害与患也双声，害病可说患病。害从丯声，故初指刀戟之害。

割 gē 分割，割断。割的声韵均从丯。割草收割（庄稼），均用刀，对土地说分割、割据，抽象义说心如刀割、割爱、割断与外界的一切联系。

犗 jiè 指经过阉割、不让交配的公牛。于马之阉割曰骟，于羊曰羯，于猪曰豮，等等。

羯 jié 阉割过的山羊。

犍 jiān 或作犍。经过阉割的牲畜均较健壮，故犍的音义从健。犍或犍就是健壮的阉割过的公牛。

豁 huò 或作嚄。从谷，害声。取分割、断裂之义。山体分割、断裂，形成峡谷，山冈的断缺处叫豁口。断崖绝壁，也是说山体的断绝。《桃花源记》中说"豁然开朗"，便引申为宽敞、开阔、空旷之义。抽象义形容人的胸怀豁达大度，绝非小肚鸡肠之辈。

瞎 xiā 晋以后始有瞎字见用，如说"盲人骑瞎马"。有时指目盲，有时指目眇，都是目受损害。瞎在口语中的引申义很活跃，如瞎说、瞎话，指无根据地说话；瞎火、瞎炮，就是没有打响的子弹、炮弹；瞎闹就是胡闹，瞎诌就是胡诌。

从害字与从曷字相通，瞎字就可作暍。

蝎 hé 蛞蝓，指水中屈伸的软体毛虫，也指桑间的尺蠖，一屈一伸向前进，更是桑之大害。

蠍 xiē 亦作蝎。毒虫，能螫死人，常说蛇蠍。它前面有大钳一对，下腹像尾状的器官是毒钩。前面钳住人或动物，后面的毒钩就翘过来行刺放毒，非常厉害，故取毒害之义。

暍 yē 中暑。气温过热，致使头痛、昏沉、血压下降，也是一害。

饐 ài 夏天米饭馊了。人伤暑曰暍，饭伤热曰饐，变味了。

齃 ài 食臭。吃的东西腐败。参见餀。

辖（轄）xiá 车轴两端扣住车轮不致脱落的小铁栓。故从害声，取约束、管辖之义。今还说辖区、统辖、直辖市。

400. 戈

戈 gē 长柄武器的头上安有一个横刃，叫平头的戟。戈字的横便是横刃，戈字向右的弯钩本是长竖，后才写作弯钩，与一撇求得平衡，一撇象有手操作之形。戈字上面的一点，本是戈头上的芒刺之类，是不能脱离戈体的，后来笔画草书化，演变成一个活泼可爱的点，点的位置、走向、轻重快慢，可以有无穷的变化。这便由文字走到书法的境界了。

戟 jǐ 本作戟。从戈、倝。戟是头上有分枝的戈。狼牙棒是棒上植有许多钉子。戟读若棘，棘上有很多的刺，戟也叫钩棘。

撠 jǐ 戟的动词义，用以击或刺。

戛 jiá 字从戈从百（即首字），即戈之头或平或多枝，多有变化者名之曰戛。

嘎 gǎ 短促而响亮之声。如说汽车嘎的一声刹住了。嘎巴一声，是形容脆的东西折断了。小兵张嘎的嘎，是形容孩子脾气倔强、调皮，又有点愣，在敌人面前不肯屈服。

401. 戉

戉 yuè 后作钺。大型的斧子，在戈或斧的前面再加一个刃口。常称黄钺，因为它常饰以黄金，由王者执持，或出现在仪仗队中。秦汉以后，已不见用钺，只是斧钺连称，指的是刑具，如说"斧钺之诛"。

越 yuè 飞举，激扬。高举斧钺而奔走，这是在奔赴王命，故越也有治理之义。古代诸侯国有越国，在今浙江一带，也应是取王业之义。这都已是古义，今则主要是超越、逾越、跨越，指行进得快，与政令、王业无关了。尤其是发展为副词，说越发、越加、越来越……是更加之义。

樾 yuè 树荫。传统以此指王者或祖上的福，叫作荫福。清代学者有俞樾，字荫甫，樾就是荫的意思。他既姓俞，便联想到越，常说逾越。从越又联想到荫福，便是樾字了。

泧 yuè 大水貌。即是水之激扬、水之逾越。

狘
xuè 兽受惊奔走之貌，亦超越之义。

狘
xuè 禽飞走之貌。故字从羽。

娍
yuè 指人的体态轻盈、激扬。

眓
huò 视高貌，即视线之超越。

魆
xū 阴暗。今说魆黑，或黑魆魆。魆地里，就是暗地里。

402. 戋

戋（戔）
cán 残害。与残字音义皆同。古常戋戋重叠，谓害人义。

残（殘）
cán 歹，半骨。故残字表示已遭残割、宰杀。作动词常残贼二字连用，为同义词结合，是凶暴之义。又引申为残酷、残缺、残余等说法。又引申为不完整的、剩余的，如说残破、残余、残疾人、残局等。野蛮时代和奴隶制时代的人比现代文明社会要残酷得多，这在语源上、文字上都表现得很显著。

賎
cán 兽食之余。即残骨剩肉，满地狼藉之状。

铲（鏟）
chǎn 古作剗，亦作剷。用以削平或撮取的带把工具，小的如锅铲，大的如煤铲。作动词如说铲掉一层。这是从戋字的去除、消灭之义引申的，今则多用于生产操作方面。

钱（錢）
qián 本是农具之名，与锹、铲相似。古以钱、刀之类作交易的货币，后以货币制作成钱、刀之形，因名为钱币、刀币。做成圆钱（或内有方孔）是从战国开始的。秦汉开始，钱字就多用以指货币了。钱还用作重量的单位，一两的十分之一曰一钱。

践（踐）
jiàn 本指有伤害性的脚踩，如道旁的庄稼别叫牛羊"践履"。后才指一般的踩，引申为去到、登临、依循等义，抽象义为履行、遵守、实现、实践。如说践约，谓遵守条约；践言，谓实现诺言；实践，概括地指人的行动。

贱（賤）
jiàn 在钱财或社会地位方面受人伤害。或伤害别人，如说"贵马而贱人"，此多作动词，贱的反面是贵，二字皆从贝。贱作形容词，常说卑贱、贫贱、微贱、下贱等，均为同义词的结合。

浅（淺）
qiǎn 水而可践者为浅。这大多是指北方的情况，提起裤腿就想过河，那恐怕不是河，是沟渠之类。浅、践二字相通。浅由水之浅引申指篮子、柜子、杯子的深浅或颜色的深浅，抽象义可指情谊、关系、功夫、知识、思想等的深浅。浅是形容词，它可修饰的对象大大地扩展了。

濺（濺）
jiàn 水激盈、受践而喷洒出来。也可说血濺，泥浆、墨水迸出也可说濺。

笺（箋）
jiān 或作牋。在竹木简上标记自己的意见。大量的竹木简都要用刀来削，写错了要用刀削掉，故笔离不开刀，常称刀笔。故笺也有述说、编次之义，只是都已成为古义，现在偶还说信笺。

譖
jiàn 指一般言辞，也指能伤害人的谗言、巧言。

栈（棧）
zhàn 以竹木编为栅，架于车之四周则为栈车，铺于路则为栈道，架于屋则为栈房，用以存货则为货栈，接待旅客则为客栈。以竹篾编成窄长的栈条，一圈圈围成圆囤，用以盛粮，叫作粮栈。粮站是就处所而言，粮栈是就屯积则言。

輚
zhàn 卧车。下有铺板或竹木编织物。字或作轏。或用以载灵柩。

线（綫）
xiàn 本作綖。或从戋，亦取编织之义。

幓 sàn 妇女之披肩，常为编织物。

盏（盞） zhǎn 小杯。故其直接的音义从浅小。用这种小杯做油灯，故说一盏灯。现在的电灯不用盏了，语用上还是说一盏路灯。

醆 zhǎn 小酒杯。

瑲 zhǎn 玉杯。于玉曰瑲，于酒曰醆，于食曰餞，于皿则曰盏。

饯（餞） jiàn 以盏进酒食送行曰饯。行或设饯。

403．戒

戒 jiè 从卄从戈，即左右二手持戈以待，为警戒之义。动词。戒心就是警戒防备之心。"言之者无罪，闻之者足戒"这句话最早见于《诗经》。两手持斧为兵字，武器之义，名词。两手持玉为弄字，欣赏之义，动词。两手持倒写的子字为弃字，丢弃之义，动词。

诫（誡） jiè 告诫。今说诫之以言。常说的箴言、教令、告示、嘱咐、规劝、戒律、座右铭之类，都是诫的内容，诫用于各种不同场合、不同对象。

诫 jiè 谨慎。

械 xiè 本指镣铐、枷锁之类刑具，取禁戒之义。今又常说器械，则亦可作器之总名。兵器可说兵械。舆械即车辆和器械。械击今说械斗，即是以棍棒等器械相殴斗。

骇（駭） hài 本作䮟。马遇险情，突然惊动，就要立刻警戒起来。今说惊骇，语义着重在惊，必定也要有所戒备。

404．韱

韱 jiān 从从，从戈。一人持戈为戍字，守边之义；持戈对着两人为韱，歼灭也。

歼（殲） jiān 歼灭。就是全部消灭。歺，半骨也，断绝其骨也。歼击，就是歼灭性打击。

橵 jiān 楔子。木器的榫头处有缝隙，不牢固，以一小木片楔入加固。亦灭其缝隙之义。

签（籤） qiān 原先是用一根小竹棍或小竹片，把它夹在一处作为标志，叫标签、书签，就像楔子，此为名词。作动词如说签名、签到、签约、签发、签收等。

忏（懺） chàn 悔过，从心里来对自己的罪过、恶迹，加以歼除、断绝，叫作忏悔。原先是佛教用语，梵文的音译为忏摩。所以忏字是六朝以来的新词。

谶（讖） chèn 汉代的巫师说一些预测吉凶的话，说是将来会应验，实际是迷信，叫作谶纬。

鑯 jiān 作名词指尖锐的铁器，作动词为钻孔或雕琢玉石。鑯是尖的本字，今作尖。

尖 jiān 六朝时的民间俗体简化字，上小下大，为尖锐之义。它作名词指工具的尖锐部分，如说刀尖、针尖、笔尖、舌尖、脚尖、浪尖，还说东西堆得冒尖、人才拔尖。作形容词，就用得更广泛了，如说嘴尖，可指嘴巴噘起，也可指味觉灵敏，又可指语言尖酸刻薄。说人尖，就完全是抽象义，指处事刁钻，总要沾光，不让人。

韱 xiān 从韭，韱声。一种野生的山韭，与一般韭菜相似，根白，叶纤细而

长，故以戈相比喻。是一种良好的饲牧之草，畜牧时代人们就注意它了。从씀之字多从鐵。

纤（纖） xiān 细小。今说纤维，丝麻等都是纤细的，化纤品不是丝麻之类，它也是纤维状。

孅 xiān 细好貌。如形容手之美好，孅与纤相通，孅介或作纤芥，形容事物之小，一点儿。

405. 戌

戌 xū 从戊含一。一表示已经成熟之物，戊象斧钺之形，故得消灭、穷尽之义。戌指时辰，说黄昏戌时，便是阳气越来越少的时辰。

岁（歲） suì 本指岁星，今曰木星，太阳系八大行星中的第五颗，它绕太阳运行一周约为十二年。在地球上看它运行一周为十二个月。周代以前，把一年称作一岁，周年开始称年。岁字从步，戌声。从步为运行之义，岁字本义指年终，岁寒就是年终时的大寒天气。引申指一年。今计年曰年，人的年龄曰岁。

饖 wèi 热天饭菜容易变质，饖，臭也。也说饐、餲，饭秽臭。

哕（噦） yuě 呕吐时没有吐出什么，只是发出气逆的声音叫哕，比打嗝的声音难听得多。

秽（穢） huì 或作薉。多草则禾灭，田地荒芜。故可说荒秽，荒字从亡，无也；秽字从戌，灭也。秽又有污的音义，今说污秽，两字双声，污为肮脏、臭恶之义。抽象义如说秽言秽语，即是说脏话，秽行就是丑恶的行为。

灭（滅） miè 古亦作威。火熄灭或水淹没，都叫作灭，现在还说灭火器、灭灯，都是本义用法。传统中以水、火为毁灭的最大威胁，故灭字从水又从火。引申义如说灭顶之灾、灭国、灭宗室，灭字的宾语大为扩展。今则说消灭、毁灭、灭亡，磨灭一词多用于抽象义，如说功绩不会磨灭。灭字偶或也单用，如灭蚊、灭蝇等。灭与没两字双声而通用，灭顶可说没顶，淹灭可说淹没。要说灭和没二字有什么区别，那就是灭还有戌的语义，而没有尽之义。

搣 miè 以手灭之，或打击或拔除。铣搣，实即剪灭。

刿（劌） guì 伤、割，故从刀。割而尽曰刿。

406. 伐

伐 fá 击杀。如说伐秦、伐楚，引申义可说伐木、伐檀等。一个传统的观念，师出有名，敲锣打鼓地去征战，叫作伐，如今还说北伐。伐是正义的，是革命行动。若是师出无名，不声不响地出兵，或者是偷袭，或者是侵略，这就决不能说伐。因此伐字一度引申有功绩之义，如说功伐，为同义词的结合，又有动词炫耀之义，《论语》中说"愿无伐善"，就是不要夸耀自己的长处。"伐德"有二义：一是炫耀自己的道德，二是败坏道德。这只能依据语境来确定。

阀（閥） fá 古时在为国为民建有功绩的人家门前竖起表彰的柱子，门左的曰阀（取伐字的功绩之义），门右的曰阅（取阅历、经历之义）。后常说门阀。这些人家的子孙有时仗势欺人，横行霸道，门阀就成了一个贬义词。至于后来说军阀、财阀、学阀之类，就未必是祖先有功，只是在某方面具有控制、支配地位，有权势，均为贬义。至于工程上的阀门，也称活门，有水阀、气阀、油阀、安全阀等，可控制管道中液体或气体的流量和流向，故也取控制、支配之义。同时，阀也结合着英语 valve 的译音。

筏 fá 本作橃。海中大船，从发，取行进之义，从伐，取功绩之义。大曰筏，小曰桴。后多指竹筏、木筏之类，山中的竹木砍伐之后，捆绑起来，顺流而下，故此筏字便取砍伐之义。

垡 fá 北方一些地区的方言词，指翻耕过的土块有待砍伐者，有的地方叫土坷垃。

茷 fá 指阵容严整，因为要去征伐。也指草叶茂盛。

407. 殳

殳 shū 用竹木制作的长形武器，前端尖而有棱，用以刺杀或撞击。杀、殴、毁等字从殳，是用以击杀的；殼、毂等字从殳，指用以敲击的长把农具；磬等字从殳，便只是短小的棒槌之类。

投 tóu 掷。今说投掷，两字双声，投梭可说掷梭，投鼠忌器可说掷鼠忌器，故两字音义皆可相通。但投仍从殳声，击杀、敲打之义，这时殳仍在手中。但投掷时往往脱手而出，这便是掷的语义了。投的引申义可指投赠，如说投之以木桃，报之以琼瑶。今体育运动中有投铅球，也可说掷铅球。这一类投掷运动就既无击杀之义，也无赠送之义，只是锻炼身体而已。又引申说投身，就把身体也投出去了。还说情投意合，便是情意方面的投合。又说投机，以为是什么机遇已到，要去投合，大多是贬义。但说两人谈得很投机，这就没有贬义。而投票、投资的说法，更是现代的重要用法，可见投的宾语还在发展之中。

骰 tóu 今有两读：一读投子，音义皆从投。一读色子，因为它六面的数字皆涂颜色。它是正方形的六面体，六面分别刻有一至六的点，投下看哪个数字朝上，用作赌具。相传是三国时曹植首创，至唐改进成今样。

股 gǔ 大腿。股肱就是大腿和手臂的上一节。又常说股胫，两字双声。膝以上曰股，膝以下曰胫(小腿)。胫从巠，巠从壬，取挺立之义；股从殳，取直长之义。股不只指人，蚂蚱的腿也叫股，钗也可说钗股，还可说三股的绳、五股的叉、八股的文章，股民、股票就更多了。

408. 矛

矛 máo 古代用以进攻的长柄武器，长柄前面装有金属的锋芒。矛与防御性的遮挡的盾牌连称，常说矛盾。今矛盾一词已成了一个常用的哲学概念，指事物内部普遍存在的既依存又对立的相互关系，是人们思维领域中早就总结出的发展规律。最早用这个词来表达这一深刻思想的人是战国时代的韩非。它显然与军事现象联系着，是两种武器名称的结合。

柔 wù 强盛。从攴，矛声，又攴击，又持矛，故得强盛之义。引申有勉励之义。

务（務） wù 致力以强盛。如说务农，就是致力于农业，还说务实、务虚，都是动词。作名词，指持矛出力的事业，如说军务、政务、党务、事务、业务、商务，还说家务、杂务，许多都已超出持矛的范围，只是一个出力办理的事。服务就是承担和出力。务字还可作副词，是必须之义，如说务求、务请、务必、务须。

懋 mào 劝勉、鼓励。即是多让人持矛出力，是一种精神现象，故字从心。懋稼，就是勉励农耕。懋功就是鼓励建立功勋。懋与茂，两字同音相通。

楙 mào 林木茂盛，或事业兴旺。从林，矛声。

茂 mào 竹木丰盛。如说松柏之茂，黍稷之茂。抽象义可说德茂、恶茂，今已不用。从戊与从矛古音相同。

戊 wù 戈之有圆刃者，故也有盛大、强壮之义。多用于干支，记年记日，逢戊的日子便是好日子，因为有强盛之义。

髳 máo 毛发茂盛。髳茸，指草木茂盛。

菽 mào 细竹丛生。

茅 máo 茅草，是一种叶、茎、穗都直长而尖出的草。它常用以建屋，称茅屋。杜甫也住过茅屋，写过《茅屋为秋风所破歌》。相传尧也是住的"茅茨不翦"的茅屋。古亦有动词义，谓割取茅草。

袤 mào 衣带直长之貌。今说广袤的原野，形容大地宽广而绵延。

蟊 máo 蜘蛛，能布网捕食飞虫，故音从矛，取远敌也。蜘蛛者，智诛也。

蝥 máo 庄稼的害虫。食心曰螟，食根曰蝥，螟从冥，潜伏而食之；蝥从矛，远取、强取之。蝥与蟊通。常说蟊贼，指危害国家与民众的人。食禾之节者曰贼。贼从戈，则声，则与节通。又有翅上有黄黑色斑纹的斑蝥，即放屁虫，人们逮住了它，它便从后窍喷出一阵烟雾，臭不可闻。如此说来，蝥之从矛，还可能是取烟雾之义。

骛（騖） wù 马偏强乱驰。常说驰骛、好高骛远。

鹜（鶩） wù 野鸭子，以其游或飞之强健有力。

犛 wù 羔生六月曰犛，能到处乱跑。

鞪 wù 能到处乱跑乱飞的小鸡或小雀。

婺 wù 女少壮偏强，往往难以随从，有赞美之义。

綝 mù 或作綝，绑在车辕上起加固作用的皮革。

鍪 móu 兜鍪，武士的头盔。今说钢盔，古还称胄。兜为包裹、环围之义，鍪则为加固、强化之义。也指一种坚固耐用的铁锅或陶罐。

帿 wù 可以防雨的油布、漆布之类，涂以桐油或漆，使之坚固，顶在头上防雨，或遮盖车辆，亦取蒙覆之义。

瞀 mào 视力低，眼前昏暗，如有所蒙覆。

霿 méng 天气昏蒙，云层很低。它的读音可能是受了"蒙"字的影响，又读 mòu 或 wù。

雾（霧） wù 地气上升，不得散发，气温下降，结成小水滴，飘浮在贴近地面的低气层中，如有所蒙覆也。雾里看花，则是形容眼睛昏花。

柔 róu 直长之木，曲以为轮，谓之曰柔，软化木材也。今说柔软，两字双声。柔还有柔弱、柔嫩之义，柔桑就是幼嫩的桑树。柔又有柔和、柔顺之义。作抽象义，柔又有安抚之义，怀柔就是安抚（一方的人民或民族）。柔的反义词是刚，刚柔相济，今则说软硬兼施。柔的音义从软从矛，是在曲与直、柔与刚之间用功夫。柔是形容词，作动词则作揉或煣。

揉 róu 古说揉轮、揉耒（曲柄的犁），这是揉曲的，今有说揉面、揉纸、揉成一团等。揉箭，则是箭不够直，射则不中，便是揉使之直。又说揉眼睛、身上哪儿痛就揉揉，就不论曲直，随心所欲，想怎么揉就怎么揉。

粈 róu 或作粗。杂饭，引申为杂糅、混合之义。与揉通。

煣 róu 木材煣直或煣曲以前，需以火烤数昼夜。竹子单薄，在火上烤一下就可以煣了。

蹂 róu 以脚踩谷或黍，去其皮。后多以杵舂米，又以砻碾之，即以石或木的磨碾去谷皮。蹂的另一义同"厹"，或作内，指兽足蹂地，禺、离等字皆从内，有些昆虫也颇能两足相互蹂搓。蹂躏多指敌人的抢劫烧杀。

徎 rǒu 以足来回踩搓，故从彳。

鞣 róu 熟皮。使生皮变柔软。指制革的工序。

鍒 róu 软铁。即熟铁，较软，不易断裂，含碳量低；生铁硬而脆，含碳量高。

煣 róu 土性柔和的田。新垦的田或多年荒弃未种之田，土壤板结生硬。经过多年耕作之后，耕耱耧耙，灌水施肥，土性便松软柔和，故曰煣田。

脜 róu 肉之肥美曰脜。鞣为柔美之革，煣为土质肥美之田，故脜也得肥美之义。

蝚 róu 蚂蟥。以其体伸缩柔软，屈曲上下，浮行水中，故从虫，柔声。它的身子两端皆有吸盘，附着人体即能吸血，并无痛痒。这是水乡的人在稻田中作业时常遇之物，以掌拍打，则自落地。

猱 náo 一种善于攀升树木的猿猴。猿，或作猱，善攀援；猱从柔，善揉升。

409. 盾

盾 dùn 搏斗时用以掩护身体的盾牌。厂，象盾侧面之形；十，象盾背面可以手握的把柄；可以掩蔽眼睛，故从目。字或作楯，故多木制，正面蒙以厚皮，不易穿透，故说犀盾。

遁 dùn 或作遯。躲避，隐匿。故说逃遁、隐遁、宵遁。引申为欺骗、蒙蔽，抽象义。遁辞就是说话遮掩躲避，不吐露真情，或理屈辞穷。

楯 shǔn 今之栏杆之类，用以遮蔽阻挡。

循 xún 顺着，沿着。如说遵循，循环就是沿着环形的路行进，就没有个尽头了。循行，就是巡视。循与巡相通，声母相同。循还可读同沿。

揗 xún 抚摩，即手之顺行也。

410. 弓

弓 gōng 本是象弓体之形，弓字的第一横为松弛的弦。弓箭在渔猎时代以来很长的历史时代里，都是远距离操作的锐利工具和武器，直到近代火枪、火炮发明后才被代替。以致弓、矢、射等词都是古老的语源词。像弓形之物称作弓的，如弹棉花的弓、拉胡琴的弓、量地的弓、车弓等。作动词为弯曲之义，如说弓着背、弓着腰。

穹 qióng 中间高隆四周渐低的房子叫穹。天似穹庐，即天空就像这样的毡帐，因此天空就叫苍穹。天文台的圆形大厅就盖成穹庐式。

袬 gōng 衣服的腰身，是人体的曲线美之所在。故形音义皆从弓。

躬 gōng 或作躳。身曲曰躬，今说鞠躬，有恭敬之义。又引申为自己、亲自之义，躬耕、躬稼，都是亲自耕作之义。躬自，为同义词的结合。

宫 gōng 从宀，躳省声。身之所在曰宫，人之所至曰室。二字取义相似。原来，老百姓的房子也叫宫，自秦始皇筑阿房宫，汉高祖筑长乐宫、未央宫后，宫就专指皇家宫殿而言了。现在少年宫、文化宫、科学宫、民族宫，都是指大型建筑、公共场所。中医上五脏（心、肝、肺、肾、脾）也可叫五宫，现在只有胎儿所在的部位叫子宫，而古时所说的宫刑就是破坏男女的生育能力，所谓"男子割势，妇人幽闭"。

芎 xiōng 或作营。指一种香草，也称芎藭，常入菜。又象马衔，以其根节似马衔，在马口中可以自由变动，或曲或伸，如弓之张和弛。

穷（窮） qióng 身陷穴中，故为困穷之义，没有路可走了。如说穷途末路、穷极潦倒。无穷，就是没有尽头。引申指贫穷，没有钱财。古曰贫，今曰穷，着重指经济方面说。穷又引申作程度副词，为穷极、极甚之义，如说穷忙，就是极忙；穷开心，就是很开心。但是这个穷字，多少还与穷困之义有点联系，是穷困之中还在竭力求点开心，与一般的很开心还有微妙差别。

411. 矢

矢 shǐ 本以木为矢，以竹为箭。矢必须直，弯了就射不中，就要矫正，故矫字从矢。矢有长短，故短字即从矢。军中下令，总要给予令箭，即是一面小旗，旗杆就是一根箭，旗上还往往有个"令"字，故矢字又有立誓、发誓、誓约、受命之义。矢、誓二字常相通。

雉 zhì 山鸡，或称野鸡。尤其是雄雉，羽毛长得又长又美丽。刘邦的妻子叫吕雉，就是取其美丽之义。雉的种类很多，其中有一种尾羽长得特别长的叫翟（dí），人们持羽跳舞的时候，不能抓根鸡毛、鸭毛，而要举翟、雉之毛。现在京剧中大将军的帽子上还插有两根长长的野鸡毛。

薙 tì 今作剃。除草也。剃除毛发也可叫剃，今说剃头。雉以羽著称，故取其羽亦曰薙，草木为山之毛发，故山也可说秃。

医 yī 本指盛弓矢之器，作名词。作动词为遮掩、隐蔽之义，今多写作翳。隐与掩，皆与医声母相同。矢前有镞（箭头），矢后有羽，矢杆需矫而正直，至于弓体的保护，就更有讲究。故医的本义是治而藏也。今医作醫的简化字，详见醫字。

翳 yì 遮掩，隐蔽，为动词义。作名词，可指车盖(顶棚)，常饰以羽，或带有殳。或指一种打猎时射者用以自隐的防卫工具，又指因遮蔽视力而眼中长的一层白翳、云雾之类遮挡视线的东西，说作云翳、氛翳。

瞖 yì 眼中白瞖，今说白内障。

薆 yì 竹木茂盛，形成屏障，可说薆荟。今还说青纱帐。

瑿 yī 尘土飞扬，形成视线的屏障，如说"尘埃不见咸阳桥"。还有是在战场上，故意在马尾巴上拴着树枝，拖着往前跑，烟尘蔽天，既迷惑了敌人，也掩护了自己。从《左传》到《三国演义》中都曾经记载过这种事。

繄 yī 遮盖、保护载的套子，常为赤黑色。它还特指赤黑色的缯，盖由于深色更易起遮蔽的作用。繄和伊，古语中还常用作句前的发语词，表示发话前的语气。

黳 yī 人身上的小黑痣。偶说黳发、黳石之类，成了一个表颜色的词。

鷖 yī 野鸭、海鸥之类，苍黑色，随潮往来，曰信凫。

硻 yī 画眉石。石炭、石墨之类。

瑿 yī 琥珀之黑者，最为贵重。昼见则黑，灯光下发红。

醫 yī 善治病者。从殹者，治而藏者也。从酉，酒也，中药常常以药酒的形式出现，汉代最为盛行，至今也不乏其例。今常说医治，医就是取的治理和保护之义。

412. 射

射 shè 或作躲。箭发于身而中于远，今说发射。最早的引申义指光线的照射，速度都是极其迅速的。后来的枪炮子弹、导弹等当然更要说作射了。抽象义方面，可说射名、射利，为追逐之义。古代君子要求有几种才能，武的方面就是要能射箭和驾车，射艺高超可直接任命官爵，所以名利的追逐可说射。言语中的暗指还可说影射。

谢（謝）

xiè 以礼相告曰谢。辞谢、谢辞，就是有礼貌地辞去不受；谢罪，就是主动认罪；谢绝，就是有礼貌地拒绝。现在一般说谢，就是用的感谢之义，感谢什么，要看语境而定。如果说新陈代谢（更替之义）、凋谢（衰败之义），就没有礼节的义素了。

塮

xiè 家畜的粪便沤成的肥料，故塮与谢同义，取衰败之义；同时它进入土壤，有促进谷物生长、促进新陈代谢的作用。故塮、谢二字音同而义近。

榭

xiè 高台上建木屋，传统是作为讲武之地，习武以射为先，故从木，射声。榭，射宫也，习射之宫。后来的台榭，就全然成了游乐场所，水榭就是临水的，舞榭就是跳舞的。

麝

shè 亦称射父、香獐。似鹿，麝最大的特点是在雄麝的肚脐下部有腺囊，分泌出颗粒状或块状的麝香，香味强烈。孔雀以艳丽的色彩来打动异性，麝香以芬芳的气味来打动异性。如此，则麝之音义从射，取追求、追逐之义。射父，谓追逐的英雄；夸父，谓跨越的英雄。麝香是一味名贵的中药，用以开窍通经，活血止痛，消肿提神，性温和而效著。

413. 族

族

zú 矢锋，箭头。族的语源义为聚集，以令箭相号召，故从㫃，从矢。诸葛亮草船借箭要求的是十万支狼牙箭，若以五十支为一束，便是两千束，是束之簇了。

族的聚集之义用之于人，便是宗族、氏族、家族之义，现代则主要指民族。族字的一个特殊义项是灭族，如有灭九族，从父族、母族、妻族到祖辈、父辈、儿孙辈，满门抄斩，以血统株连。

镞（鏃）

zú 箭头。古多以石制或骨制，称骨镞，后以金属制作。还有说簇矢的，亦称兵箭，原来在箭头上安装的不是镞，而是小型兵器，射中了就更具杀伤力。

簇

cù 竹丛，因为竹以根的蔓延来繁殖，故竹多聚集丛生。簇的引申义如说簇拥、簇坐，多指人，又说一簇鲜花、花团锦簇等。

蔟

cù 蚕山。即是把麦秸或稻草切短，散堆着供蚕从中作茧。讲究一点的，把切短的麦秸排列着绞在两股的绳子中间，使麦秸向四面岔开，便于作茧。俗称蚕山，意思是蚕宝宝上山作茧。蔟与巢双声，并又读同巢。

嗾

sǒu 嘴唇撮聚发出唆使犬的声音，今常吹哨使犬，如说嗾獒，就是唆使猎狗上去咬人。嗾与哨、唆声母相同，并为同义词。

414. 巢

巢

cháo 巢字的篆文不从果，是木上一个白字，白象鸟巢之形，白上象露出三鸟。故巢的本义是鸟巢，作动词为筑巢，引申为居住、栖息之义。现在人住的叫家，从豕从宀，想当年一度也是住的巢，相传有巢氏教民构木为巢，由穴居变为巢居。然后才逐步住到地面上。巢是簇聚草木而高者。巢有高的音义，巢、高叠韵。

樔

cháo 用以守望的高架的草屋，如说樔处。

轈 cháo 兵车上加巢以望敌，叫轈车，亦作巢车。

剿（勦）jiǎo 它由筑巢之义引申为劳累之义，剿民，就是劳民。又由巢穴之义引申为毁其巢。就像剿，割其鼻曰剿；就像颈，断其颈曰到。巢是经常遭捣毁或倾覆的，有自然灾害和人为祸患，所谓覆巢之下无完卵。鹊巢是古今最典型的巢字用例，马蜂窝、蚁穴、鼠穴，古皆可说巢，对人之所居曰巢，最典型的是说有巢氏，今说《乌龙山剿匪记》，就是要捣毁其巢。又说围剿，围而毁其巢。

繰（繰）sāo 抽绎蚕茧之丝曰繰，繰，抽丝之劳也。先引得其丝之端曰绪，便络绎不绝了。

415. 医

医 hóu 或作矦。箭靶，矢之所向。会意字，厂象张布之形。后来说箭靶的还有鹄、正、质、的、臬、靶，医字就逐渐消亡了。如说鹄的，就是上面画有鸿鹄的箭靶，又说有的放矢、质的张而弓矢至。靶即把子的把，以革为主。

矦 hóu 亦作侯。发射之事，以医为正中；人群之事，以侯为正中。故公、侯、伯、子、男五等爵位，总称为诸侯。诸，众也。诸侯称侯，还有另一方面的含义，一旦你不安守本分，你这个侯，就将成为众矢之的，这个侯字就成了告诫之词了。这也是古人阐述了的。侯作动词，则为分封之义。

候 hòu 等候。射箭时总要等候目的物的出现，是打猎，要等候鸟兽的出现；是战争，要等候敌人的出现，故等候之候，音义从侯。一度把候字的偏旁写作什，后把第二个人旁简作一个短竖。候人，指在道路上送迎宾客的礼宾人员。后说火候、征候，指到一定程度，候鸟、候虫，则跟季节有关。时候本指某个时间，如说不是不报（指善恶的报应），时候没到；时候一到，立刻就报。后来时候成了时间的总称，但多数还是特定的某个时间，如说小时候，就是年龄小的时候。气候，指某个季节的天气。候补、候选的说法，是等候、听候之义。此外，还有问候、伺候等说法，含有探测、验证等义，而候的本义，现在口语中还可说我在这里候他一下。

堠 hòu 观测、瞭望敌情的哨所、土堡之类。故音义从侯，守候、伺望之义也。

鍭 hóu 或作猴。指一种箭，叫鍭矢或鍭矢，箭头是金属的，箭尾的羽毛剪短了，这样就前重后轻，用于近射，加强杀伤力。骨鍭就较轻而可远射。

鮧 hóu 即河豚。又称鮧鲐(tái)、鮧鮧、鈍（实即豚）。状如蝌蚪，大者尺余，背青白，无鳞、鳃腮，目能开合，触物即怒，腹胀浮起，獭及大鱼皆不敢近。可知鮧之言侯，伺机毒杀人也。如今化验，它的肝脏、卵巢、血液皆含毒素。豚，小豕，河豚似之，肉皆鲜美，唯河豚以毒相候也。

猴 hóu 猴喜群居，有猴王，小猴们皆善听候、顺从。今又谓蹲下就说猴下身去，若有所候也。

糇 hóu 干粮，准备到一定时候、一定情况下食用。糇的同义词有糒。糒之言备，糇之言候，备以候也。

瘊 hóu 猴子，皮肤上突起的一点小疙瘩。音义从侯，取征候之义。疹之从参，取病疹之义；疖之从节，即结节之义。一般的病象，取一般的语义以引申。

篌 hóu 箜篌，古代一种弦乐器，小的五弦，大的二十五弦，有卧式，有立式。相传为汉武帝时之乐人侯调（或侯辉）所创。其声坎坎应节，谓之坎侯，声讹为箜篌。

喉 hóu 常说咽喉，咽是连接食道的，喉是连接气管的，故说喉舌，皆用以出言，气流经过喉舌，发出喉音、舌音等各种语音，故喉之言候，等候出言也。

缑（緱）gōu 姓。宋代郑樵《通志·氏族略》之三：渴侯氏改为缑氏。这就很明确，缑字的声母为什么变了？是由渴侯氏压缩为单音节而来的。从曷的字声母读 g、k、h 的都可相通。

416. 臬

臬 niè 箭靶的中心点，也叫的。从木，从自。箭靶一般以木制，故从木。自，象人鼻之形。鼻居人之正中，故从自。射者也要求瞄靶之正中，故臬从自会意。圭臬，是一种测定时间、季节及方位的仪器，水平放着的那块玉石叫圭，垂直竖着的那根标杆叫臬。故臬又引申为法度、准则之义。臬又作埶，执即艺字，为种植之义，确定时节与农业有密切的关系。

劓 yì 割掉鼻子的刑法。常以黥劓连称，即头额上刺字和割了鼻子，都是破了一个人的相，叫你一辈子也抬不起头。

甎 qì 破裂的壶、瓶之类。

闑（闑）niè 埋在门正中地下的短木，用以止门。故从臬正中之义。门坎横而长，闑则为短木。

嵲 niè 危高的山峰。作形容词指山势之危高、突兀。字亦作臲。

巀 niè 常作巀嶭，或臬兀，形容地势孤高突出，险而不安。

黜 wà 从出，臬声，与高危不安之义相近。

寱 yì 今作呓。说梦话，睡得不安心，故寱中有言。

417. 弱

弱 ruò 篆形作弱，表示弓体已坏。两弓相并，本为强字；弓体已坏，虽两弓相并，也是弱了。弱，弓无力也。引申指人之老弱、国家或军力之弱。又说软弱无能，指人能力之差，已为抽象义。弱又用作使动词，如说强秦而弱齐，这里的"弱齐"是使齐国削弱。

搦 nuò 用手压住、按住，使之无力发挥，故其音义从弱。把虫子搦死，即掐死、压瘪。搦笔，即握住笔，就没有弱的语义了，这里宾语扩展，语义就引申了。

溺 nì 古作休。淹没，死于水。甘肃有溺水，常作弱（ruò）水，言其水量小，最后流到沙漠地带就自己干涸了。尿或写作溺，亦是小水。这是双声字之间的假借，两字韵部不同。溺的抽象义如说溺爱、沉溺，指沉迷不悟，过分。

嫋 niǎo 弱貌，如形容柳条说嫋嫋，形容人说嫋嫋素女，为柔美之义。苏轼《前赤壁赋》："余音嫋嫋，不绝如缕。"这是柔和、婉转、回旋不绝之义。俗作褭。褭从衣，衣带的飘动，也是弱貌。参见褭字。

蒻 ruò 蒲草。叶狭长柔软，可以为席。蒲，铺也；蒻，柔弱可铺也。

鶸 ruò 芦花雀，亦称黄雀，小鸣禽。音义从弱，取义于小。

418. 刁

刁 diāo 刁斗，一种金属的小斗，有柄，白天行军中用以做饭，晚上敲击它巡夜。但是更重要的，它具有奸猾、狡诈之义，又有勾引、诈骗之义，不知是怎样获得的，如至今还说刁钻、刁奸等。刁难他，就是故意给他找为难，让他下不来台。它早期曾借用刀字，但只是一个字形与语音相近而已。

叼 diāo 用嘴噙住食物的一小部分，从而区别于一般的噙或衔。如说小猫叼走一条鱼，嘴上叼着一根烟卷。草原上少数民族节日时表演叼羊，骑马飞奔而过，要把地上的一只羊叼走。

汈 diāo 湖泊或河汊，像个刁斗。

（七）

政法　文武

419. 王

王 wáng 古时称统管全国各种事务的人曰王，从三，众多之义，"丨"贯通其间。古代帝王称王，统治天下。故王又有大的语义。今说拳王、蜂王等。蟒也叫王蛇。蒙是一种牵藤的植物，又叫女萝，张罗、覆盖在别的树木上，女取柔弱之义。它又叫王女，意思是较大的藤本植物。

420. 皇

皇 huáng 大也。从自，取起始之义。后秦始皇自称始皇帝。故后唐明皇等亦称皇。

瑝 huáng 玉之声大者。

锽（鍠） huáng 钟声，当然是洪亮的。《诗经》中有钟鼓锽锽（今版《诗经》作喤）。

喤 huáng 小儿大声。小儿小声曰啾。

諻 huáng 乐声、言语之声大。

煌 huáng 辉煌，形容光辉环照而盛大。汉武帝时设置敦煌郡，那时佛教还没传入中国，故它与佛教文化原本无关，敦为丰厚敦实之义，煌为盛大光明之义。

篁 huáng 竹林，竹丛，竹的繁殖来自它的根，其根叫竹鞭，在土下蔓生，于节处长出笋芽，春来长出地面，从而成丛、成林，故取其盛大而曰篁。幽篁，竹林也。新篁，则指嫩竹。

蝗 huáng 农业的大害虫，蝗灾来时，铺天盖地，食尽庄稼。蝗又称螽、螽，取众多之义。

凰 huáng 雄曰凤，雌曰凰，自古把它看作一种祥瑞的鸟，是羽类中之王。龙为鳞类中之王。后来龙凤并称，习惯又把龙指男性，凤指女性，如说赵子龙，便是男的；王熙凤，便是女的。这里发生了性别之差，类似的情况是"后"，后本指君主，男性，后来指君主之妻。

鳇（鰉） huáng 是一种又长又大的鱼种，可达五米。俗名鳇鱼。

隍 huáng 大丘，字从阜。大谷也可曰隍。城池，也说城隍，指城墙和护城河。有水曰池，无水曰隍，即城墙下的一条壕沟，用以防御。

惶 huáng 恐惧大，如说惶惶不可终日，诚惶诚恐。也说惶急、惶疾。

遑 huáng 本为闲暇、来回无定之义，后主要用作惊恐、急遽之义、是受了惶字的影响。

徨 huáng 行走往来不定。彷徨，即徘徊，即来去无定。

偟 huáng 闲暇。

421. 后

后 hòu 字从人、从一、口，口是发号令的。开国之君在先，继位之君曰后，故后可有先后之义。本指继位之君。在母系社会，君多女性，她们是最有权威的，故威字从女。故后来就把王后称后，别人的妻子不能称后。所谓皇天后土，天上是玉皇，因此后得土地神之义。

姤 gòu 字同遘。声母也读同遘、媾。三字音义相通，从而得婚配之义。

一方面要娶，另一方面又怕女德不贞。这样，这个女后，就处于一个由盛到衰的境地了。妢的引申义，先是有美好、善良之义，接着就有邪恶之义，从而派生了垢、诟二字，得污垢与耻辱之义。

厚 hòu 古作厚。今说天高地厚，这是厚字的本义用法。故厚字从厂，旱（即享字），向土地之神祭祀，土地之神来享用。厚字作名词，指土地之神；作形容词，指土地之厚，引申指德之厚。天地有厚德于万物，故《易经》上说"厚德载物"。厚字又用于贬义，说厚颜无耻。接着又可说厚赏、厚衣。这样，厚字可修饰的范围越来越广，抽象义可说厚道（指人品）、厚望、深厚的友谊等，具体义与薄字成反义，可说冰层厚、纸厚等。

骺 hóu 骨端叫骺（guā 即括，包括之义），骺骨的两端膨大厚实，构成关节。

听 hǒu 厚怒时发出之声。从土曰厚，从口曰听。

牬 hǒu 夔牛（一种高大的牛）所下的犊叫牬，显然是取先后之义。

後 hòu 今简化作后。行进迟缓，引申指顺序或时间之先后。字从彳，小步也；又从夂，象两腿行进而拖拉；从幺，象缠绕。这样，後字的三个偏旁都表示行进之不顺，故得迟后之义。后的反义词有"前"，大多表位置，如说屋前屋后；有"先"，大多表时间，如说先后、先来后到。也可互用，如说前天、会前会后，都指时间之前。

逅 hòu 久别的亲友不期而遇曰邂逅（xiè）。邂从解，分也；逅从后，偶合也。故也作解遘、解觏。引申有怡悦之义。

苟 gòu 蘺苟，菱角，楚地曰芰，秦地曰蘺苟。菱取棱角之义，芰取歧出之义，蘺苟取分而遇合之义，菱有四角或二角，是由它的花萼发展而成的，花萼与子房相连而歧出，故曰蘺苟。

垢 gòu 从土，后声，本为皇天后土之义。混沌初开，气之轻清而上浮者为天，重浊而下沉者为地，故垢可得尘土、污秽、浊乱之义，如说污垢、尘垢、藏污纳垢。这样，语义就是从君后之义延伸为污垢之义。语义的延伸，可尊可卑，倒是体现了民主思想，因为语言的主体是人民大众。

诟（詬） gòu 作名词为耻辱之义，作动词为辱骂之义。如可说诟骂，说含垢忍辱。

422. 衮

衮 gǔn 从衣，公声。上面绣有蟠龙的衣服，帝王祭宗庙时穿衮冕。衮职，就是帝王之职。衮衮，是说衮职代代相传，相继不绝。

滚 gǔn 大水流。为什么大水和龙袍联系起来了呢？水为龙世界，龙宫也是修在海底里的，所以大水的翻腾说成滚滚，"不尽长江滚滚来"，滚字是在古白话中用开的，杜甫这句诗中的滚滚，应是新颖的用意。滚水的说法宋代已见。之后又说滚热、滚盈、滚瓜烂熟，滚从而成为一个程度副词。滴溜滚圆，就是十分圆。一些不大圆的也说滚，就很形象，如说人在地上滚、驴打滚。滚的主语由水滚到人滚、物滚，还可指风火之滚，如"风烟滚滚唱英雄"，其动词的主语大为扩展了。

磙 gǔn 圆柱形的石制碾压工具，有的碾谷，有的碾路面，还有的是播种以后把松散的土磙一遍，便于麦苗扎根。名词和动词两用。

壃 gùn 于水曰滚，于土曰壃，为垒垒之义。

423 . 臣

臣 chén 卧字从人、臣，从臣取其下伏之形。故臣主要指两种人：屈服者与事君者。再引申起来，普天之下，莫非王臣，那么天下只有一个不是臣了，即君主一人。这是真正的专制时代的观念。

肾（腎）shèn 人和高等动物的泌尿器官。肾有坚强之义，在中医的观念里，肾脏起着振作、亢奋的作用，故肾的音义取于坚强。从肉，臤声。

臤 qiān 从又，臣声。手握之坚固，派生有坚、铿、紧等词。它又读同贤，字皆作贤。臤字已无用例，但在甲骨文时代是活跃的。

坚（堅）jiān 本指土石之硬，引申指一般事物之坚硬。古曰坚，今曰硬。今说坚固、坚强、坚实等皆为同义词的结合，坚定、坚忍、坚贞等皆用于抽象义，坚壁、坚守等均与土石有关，应是本义用法。坚甲、坚刃指金属之坚；坚决、坚忍指心志之坚。坚是形容词，它所形容的名词大大地扩展了。

鲣（鰹）jiān 即乌鱼，它性凶猛，捕食小鱼，若是池塘中有一条乌鱼，就将小鱼捕食殆尽，故鲣从坚，坚强之谓也。

鞏 qiān 皮革之坚。或曰坚破声。

虋 xián 铡草中的余茎，即饲草中的坚硬者，或指麦穗中的不破者，即硬籽。

铿（鏗）kēng 或作硁、硁、銵。作动词为撞击之义，铿钟就是撞击钟。铿又指钟磬等击声之坚实。金石之声坚实，钟玉之声响亮，则曰锵，故常说铿锵。柔婉之声、低靡之声是不能说铿锵的。

嚚 yín 从嬲（jí 众口也），臣声。即臣仆们一片争论之声，听不清说的是什么。《左传》中说："口不道忠信之言为嚚。"往往就是一些不成体统的话。

掔 qiān 手持之坚固。假借为牵字，掔羊，即手里紧紧地牵着一只羊。掔也有撞击之义，故与铿字相通，都是手之坚。

掔 kēng 撞击头部。与掔、铿音义切近。

掔 qiǎn 牛倔强，牵不动。牛不从羁谓之掔。掔的音义从臣，臣本是顺服之义，语义向相反方向发展，掔已指不顺服的牛。其中一个过渡的语义便是坚固。今有口语词犟（jiàng），从牛，强声。字虽从牛，却主要指人，就是脾气倔强，难以顺应。掔与犟，从坚与从强，皆言性格，指牛与指人，则是主语之差。

紧（緊）jǐn 缠丝急。可说紧急。如指弓弦之紧急，弛则松，张则紧。今说紧张，张才可紧。紧字是六朝以后才广泛用开的。多种事物的多种行为都可说紧，如说拉紧、挤紧、紧追、紧盯、路上查得紧、预算打得紧，抽象事物如说治学或逻辑的严紧。还有说打紧、吃紧，这里并没有打和吃的行为，紧的语义就更活了。

緊 jiān 紧也。紧则必坚固牢靠，音义完全是相通的。

悭（慳）qiān 从心，坚声，心之固陋。悭吝，就是吝啬、小气。钱悭，就是缺钱。辞悭，就是语言简省、贫乏。命悭，就是命运不顺、多乖。

贤（賢）xián 字从贝，取宝贵、珍视之义。贤者志不能不坚，从而得多才能、贤明、贤达之义。常说圣贤，圣人最崇高，贤人其次，只是多才能。当然，心志之坚，也常常是不可企及的。贤字是褒义，悭则有时有贬义。古时巫贤连称，巫是极有才能的。贤贤，就是尊重、推崇贤人，这里第一个"贤"字就是动词了。韩愈说："弟子不必不如师，师不必贤于弟子。"这是说老师不一定胜过学生。由于时代在前进，过去所说的圣、贤，有些观念现在过时了，臣的观念更是不讲了，所以贤字现在用得少多了。有时会说谁家媳妇很贤惠，还说贤弟、后贤之类。

睯 xiàn 大目、慧眼。

424. 士

士 shì 字从一，从十，是说一个人博学而又能一以贯通，便是士了。这是历来的传统解释。士就是有学识有才能、能从事政务而常有职位或爵位的人。"士于齐"就是到齐国从政、任职。古说四民，包括士、农、工、商。今说各界人士，士可说是对人的尊称，尊在有学识，可说男士、女士。壮字从士，是指壮美之士。

仕 shì 从政，任职。动词。《论语》中记载子文这个人，他"三仕为令尹"，即三次当令尹官。三次任命，他脸无喜色；三次罢免，脸无愠色(生气的神色)。孔子表扬了他。

425. 官

官 guān 从宀从𠂤(即堆字)，屋下有一堆人在那里议事，因此得官署、场馆之义，又有官员、官职之义；作动词为管理、尽责之义。官与民相对，有官办、民办，还可说官兵一致。又说官腔，指当官人的口气，就带贬义。人体的器官为什么也说官？《尚书》中就说"耳目之官"。中医把人体也看成一个小宇宙、小社会。腔，

空也，那里也是一个空间，里面五脏六腑，各有职守，协作以实现人体的各种机能，所以就叫作器官了。它们是器而有其职能。

倌 guān 专职养牛的人叫牛倌，养马的叫马倌，放羊的叫羊倌，还有车倌、磨倌、堂倌(跑堂的人)，都是指专职的劳务人员。

管 guǎn 本指竹制的管乐器，今还说竹管。它为什么音义要从官？音乐的传统观念中，把十二月之音与自然界万物之苏醒相联系。如笙，它演奏正月之音，万物生，故谓之笙。管的语义逐渐脱离音乐与竹管，如说管理、主管，那本是官员的职务，就借用了从竹的管字。今说企业管理、管理科学、市场管理等，均与竹管无关，并在口语中常作单音节，如说管他三七二十一。一切要管或可管的事物都可说管，这样普遍地用开，大约要到唐代以后，之前只是个别用例。如说管交通、管人事、管吃管用。一切管状的事物都可说管，如说钢管、管状动脉。管字在口语中用得更活，如"尽管"已是一个表让步的副词，"管他叫……"中的"管"已虚化为一个介词。"不管天冷天热"中"不管"就是无论之义，是表示转折的连接词。它们都已远没有管理的具体行为了。

馆(館) guǎn 本指官家的客舍，等于现在说政府招待所、国宾馆，管吃管住。官字本从宀，指房子。引申指大型的建筑，如体育馆、图书馆。茶馆的说法应是较早，使馆还是本义用法。馆作动词为住宿之义，今已不用。

菅 jiān 一种较长的茅草，茅有多种，菅茅是其一。编成草苫，可用以盖房。茅屋所用材料中实际有些是菅。杜甫家住的是茅屋，故写有《茅屋为秋风所破歌》。尧住的也是茅屋，而且说是未加修剪的，那时公馆也不免是茅屋。菅茅的主要用处就是盖房，故菅字从官，取官舍之义。至于说草菅人命，即是把人命当路边的草菅，取低贱之义。

棺 guān 死者之馆也。古时讲孝亲，就要厚葬，往往成了灾难。韩非子

曾批评齐国，木材都用去做棺材了。

辖（輨） guǎn 车轴两端的金属套，把车轮固定在一个位置上，旋转前进。

逭 huàn 周转，也指辗转逃亡。老话说：天作孽，犹可违；自作孽，不可逭。这里的"不可逭"即是无从逃避。

涫 guàn 滚水，开水。取义于翻腾、转动。

鳤（鰭） guǎn 因其体形呈圆筒形，故其名称从管。产于长江流域，鳞小，呈银白色。

琯 guǎn 用玉石磨制的管形乐器。

绾（綰） wǎn 管理，控制。绾事，就是管事。绾从丝，常常是指经济财利的管制而言。将头发或绳子打成结，也叫绾，今或作挽。绾结总是要旋转的。绾与斡，两字双声，今说斡旋，斡为旋转之义。绾的音义从斡又从官，是盘旋而又控制之义。如说天下盐铁，斡在县官，也可说管在县官。斡也可与辖通，并读同辖。这样，斡与绾、辖二字的音义就很密切了。

426. 守

守 shǒu 作名词指官员，如说庐江太守。字从寸，取法度之义。守也指官员的责任范围、使命，如说职守、守则。作动词为遵守、保持、防卫等义。守与攻相对而言，是军事问题，今下棋、球类比赛等也讲攻守战略，道理是相通的。现代物理学与数学中有各种守恒定律，即能量、动量等不管它们的存在形式如何转变，它们的数量不变，叫作守恒。

狩 shòu 围守打猎，例如焚林而田，便守其下风。渔猎时代所谓狩猎，分

狩和猎两种办法，猎是主攻的，要追捕，追得毛发獢獢之状。狩则是坐待，如守株待兔。当然狩中也有猎，猎中也有狩，交替使用。若是不狩不猎，当然家里就什么兽也没有了。

兽（獸） shòu 狩猎之所获，故其字从犬。养之曰兽，用（即祭祀）之曰牲。禽兽之兽与狩猎之狩，只是名词与动词之别，就像禽是名词，擒则为动词；鱼是名词，渔则为动词。今说兽，主要指哺乳动物。用来骂人，是说丧失理智的禽兽。

427. 丞

丞 chéng 它的古文字形，象两手将一人从陷阱中拉出或举起。中是跪坐之人形。故丞乃拯救，后加手旁作拯。引申为助。历代官职常用丞字，如左、右丞相，府丞、县丞，都是取辅佐之义，大家都不是主人，都是辅佐一位人主。这种思想在语源中表现得很多。

承 chéng 承的字形是去掉丞字下面本有的山字，再加一个手字，承字中间的三横就是从手字来的。三手拱奉一个节字，从而得奉承和承受之义，不管是由下及上的奉，还是由上及下的承受，都要三只手去办理。承上启下、承先启后，都是承受、继承之义，今还说承办、承担、承包、承建、承诺、承认等，多少都有由上及下之义。由下及上的承，主要用于拯、烝、蒸几个派生词。

拯 zhěng 或作拼、撜。上举，救助。今说拯救于水深火热之中，即是上举。

烝 zhēng 送上，进献。古说烝民，谓向上做奉献的众多之民。烝字从火，火气上行，今多作蒸。

蒸 zhēng 竹木等上部正在生长的众多细小枝干。麻蒸，就是用麻秆或竹木等的细枝扎成的火炬，从而热气、水汽上行亦曰蒸，引申指事业的蓬勃发展说蒸蒸日上。

428. 司

司 sī 后字左右反过来写，便是司字，语义则指后下面的官员。如说"有司"（有为词头），即臣下。语音上，司与后是互不相干的。司作动词，为管理之义，如说司空，指管理水利、建筑等工程的官员，司马是管军事的官，司徒是管教化的官，司寇是法官，司农是钱粮官，司仪是礼宾官。今日司令、司法、司机等亦为管理之义。管理的机构也可叫司，如说公司。

伺 sì 等候、窥视、监察，是从司字的管理之义引申的。常说伺候，即等候。伺机而动，即等候时机行动。今说伺(cì)候人，就是照料别人。

嗣 sì 诸侯封国中的继位人。从册，从口，司声。故它与后字义近，后为继位之君。作动词为继承之义，不限于诸侯国，一般人家的继承和继承人，都可说嗣，如说继嗣、嫡嗣、后(先后之后)嗣、嗣子、没有继承人就说无嗣、绝嗣。

祠 cí 本义指春天的祭祀。春祭多求福、报福，故巫祝多言词，祠就是从词的，两字声母相同。于是把得福谢神之所曰祠。后世便把供奉鬼神、祖先牌位及先贤名士的庙堂叫祠，或词堂，成都有武侯祠，开封有包公祠。宗祠指某一家族的祠堂。

词 (詞) cí 言辞、文辞。本指管理的号令之类，说辞令、辞命，后则泛指各种告语、言词，乃至诗词。所以，词本是指言而有所司的，后来才指一般言词。语言学中更赋予它以语法的概念，是语言和语法中的最小单位，字则是指文字。

辞 (辭) cí 从乱从辛，谓治理罪过之义。辞本义指辩明罪过的言辞，引申指一般言辞，并与词通。辞章也可说词章。

笥 sì 盛饭及衣之器，音义从司，取保管之义，转为名词。

饲 (飼) sì 饲养，以食喂养。对人对畜本皆可曰饲，今多指畜。饲就是食的管理。

429. 史

史 shǐ 古字作中字下面一个又字，即是要掌握正确。史的本义指记载国家大事的官员，国家的典籍、法令，也在他们掌管之列。左史记帝王的行动，右史记帝王的言论。所以后来把文体分为记事与记言两大类，《左传》是记事的，《论语》是记言的。司马迁被尊称为太史公。记载的历史称作史，研究历史的学科叫史学，"史学"前加一个"历"字是近代的事。

使 shǐ 作名词指使者，即奉命出使的人。作动词谓出使。"使使"就是派遣使者，前一"使"字为动词派遣之义，后一"使"字为名词。使的动词义很活跃，引申有派遣、支使、役使、使用、行使之义，今说行使职权。使用一词的宾语就更广泛了，不仅指人，物的使用更常说，如使用兴奋剂、使用什么手段等。口语中说使劲，就是用劲。使还发展为介词，如说"使我不能餐兮"，这里"使"为致使、让、叫之义。又发展为连词，如说假使，为假如之义。

驶 (駛) shǐ 使官出使，大多坐马车行驶，故其音义从史，后来作为一般行驶之义，不必都是使者出行，驶字的主语扩展了。驶就是马行疾。再演变，马也不用了，对汽车可说驾驶，对轮船可说在大海上行驶。

吏 lì 从一从史。官吏，皆是理政令和治民的人。字从一，指执法若一。吏之言理也，吏与理声母相同。

430. 征

征（徵） zhēng 征召、征聘、征用，动词。字从微从壬，壬即任用。即居于低微的人，有条件就可以征召、任用。今还说征婚、征兵、征文等。征还作名词，说征兆、征象、象征、特征，本指可以征召的迹象，从而泛指一切特征、征象。

症（癥） zhèng 本作癥。病症，就是病的症状，或说征象。引申义可说问题的症结，即是指问题的表现和关键之所在，此时读 zhēng。

惩（懲） chéng 心有所征，有所责问，故为警戒、惩罚之义，如说惩前毖后、惩治腐败。故又引申有制止、消除之义。

澄（澂） chéng 或 dèng 从水，徵省声。水的静止，故得清澈之义。如说澄江静如练，即像一匹白布，若是激流，就不能如练了。澄醪就是清酒，澄心就是心情清静。抽象义可说澄清事实（了解真相）、澄清问题（分清是非）。

431. 卩

卩 jié 或作㔾，中间的点为指事。后作節，简化作节。它的形象一个屈膝的人字。膝的本字即作㔾。

即 jí 从皀（即香字，五谷之香），卩声。象人屈膝跪下凑近饭食，故得就近之义。即的反义词是离，说若即若离。即位就是到位，即席就是就席。即字还有就字的副词义，即至，就是就到；即将，就是就要；立即，就是立刻就要。

节（節） jié 竹节。竹有节，人身更有关节，韩非子就说人身有三百六十七节。关节发炎，行动就不灵了。人际关系有礼的讲究，称礼节。人还要有气节。音乐有节奏，气候有季节，每年还有几个大的节日。凡事若皆无节，这个日子恐怕就过不下去了。故节有节制、节约等说法。

膝 xī 也作厀。柒即漆，古时常以胶漆喻事物之牢固结合，如胶似漆，那是古代的黏合剂。膝，人之节也。

疖（癤） jiē 皮肤上长出的疮疖。大的叫痈，小的叫疖。痈从雍，为气血之堵塞；疖从节，为气血之结节。即是说充血了，起硬块，红肿，化脓，细菌侵入了毛囊。

栉（櫛） zhì 梳篦之总名。其齿密而排列，节制而成之器也。作动词为梳理之义。如说鳞次栉比，即像鱼鳞那样排列着，像梳子那样毗连着。栉风沐雨，就是靠风来梳理头发，靠雨来冲洗身子。

蛣（蠘） jié 亦称竹节虫、麦秆虫或海藻虫。

蟹 jié 海蟹。它是节肢动物。节肢动物，一般肢体也分节，虾就身、足皆分节，螃蟹身不分节。

鲫（鯽） jì 鲫鱼与鲤鱼齐名，属鲤科。或谓是随处可见之鱼，故其音义从即。本作鰶，言其体扁侧，背脊隆起之义。

唧 jī 或作喞。本为象声词，《木兰辞》："唧唧复唧唧，木兰当户织。"象琐碎尖细之声，还说啾唧。至少唐代就有唧筒唧水的说法，用一根长筒，做一个活塞来回抽挤，压出水来，会发出啾唧之声。

432. 令

令 líng 从亼、卩。令字的最后一笔本为一竖，今写成一点，是楷书吸收草书灵动笔法。令作名词指命令、法令，作动词谓发布命令。天之令曰时令，季节曰节令。县令就是县中的发令长官。令字为什么从亼(合也)？古时以符节为凭信，剖以为二，发令者与受令者各得其半，合则可信。令又引申作尊称、美称，令尊是称人家父亲的，令望就是美好的声望，令仪就是美好的容仪。

伶 líng 伶人有二义：一指接受使命的臣；一指乐人，音乐是美好的。后称演员、卖艺人为伶人。

聆 líng 恭听，听从，因为它是由听命之义引申的。聆聆或聆然，就是明了地、通晓地。

龄（齡） líng 今说年龄，指岁数，又说工龄、军龄、高龄、低龄，与时令、节令之义相同，是天之所命令。至于从齿，畜牧时代就很熟悉，小犊或小驹岁生一齿，人的牙齿与年龄也很有关系。

翎 líng 本指鸟类尾部或翅膀上长得最长而硬的几根羽毛，如说雁翎。它往往颜色鲜美，故称花翎。羽毛和命令的关系很密切，战时将军下令，就发给一面令旗，这面小旗子上面印着一个令字固定在一根箭杆上。箭杆的尾毛都有羽毛。有时下命令是发的羽檄或羽书，在军事文书上插一根鸟羽，表示要飞速，现在还有鸡毛信，也是这个意思。

鸰（鴒） líng 详见鹡鸰。

囹 líng 监狱，也说囹圄或囹圉。监狱和法令当然是联系着的。

蛉 líng 螟蛉，一种桑虫。相传土蜂不会产子，它暗中把螟蛉之子背回自己巢里养大。所以螟蛉，就是冥令，即暗中背回使它长成小土蜂。实际上土蜂还是能生子的，它把螟蛉之子背来作食物，喂大自己的孩子。

领（領） líng 古说首领、头(头)，都包括头和脖子而言，头字从豆，即高脚的盘子，这高脚的部分，用头来比，就是脖子了。领字从页，页就是首领。脖子和命令怎么联系？令作动词为发令，实际上接受命令也叫令，用首领为担保来接受命令，因而说领取、领受。与领字最切近的引申义，名词方面便是衣领的领，指方服靠近领子的部分。动词方面便是率领、带领、领导之义。有令在身，就要率领人去干。从而又说占领、领土。抽象义指思想认识上的领会、领悟，即是理解与接受。要领，本指腰和领，是身体的连接和通畅的部分，故说抓住问题的要领。

岭（嶺） líng 以人体名山体，如说山脉、山顶、山脚等，岭则指山顶以下的山坡地。从而岭又指连绵的山，如说五岭。

拎 līn 提着可说拎着，显然是从领取之义引申的。

铃（鈴） líng 古代都常以铃、铎召告群众，摇铃是有所警告。故铃声不是一个单纯的象声词，只有铃铛作了点缀，无所召告时，才成了象声词，丁零当啷地响。它还常挂在宠物的脖子上。

玲 líng 原来指玉声。后来玲珑指雕镂空明之状、巧妙精致之状。

泠 líng 泠泠，泉声，有时也指水清凉之意。有时也形容人，为轻妙之意，说"泠然"。

瓴 líng 颈口小的瓦器，似铃。另一义指瓦沟，高屋建瓴，则雨水泠泠而下。

零 líng 本作霝。雨已下过，还落下一些零散的点子，叫零雨或零露。作动词，谓落下，说零落。零零落落，指留下没几个人，还说零碎、零星。零数是不足整数的部分，由雨之零引申为数之零。再进一步指整数、零数都没有了，如说一切都从零开始。得出零的概念是很精到的。

冷 lěng 由水的清冷之义引申为冰的寒冷。古曰寒，今曰冷。大约六朝以后才普遍地说冷。到现在，寒字也不是一点不用，如说放寒假，没人说冷假。但许多引申义都作冷，如冷眼、冷笑、冷酷、冷淡、冷落、冷僻、冷板凳等，作副词说冷不防，均不能用寒字去代替，只有寒心、寒酸等少数词用寒字，寒门与冷门、寒酸与冷酸，语义也不同。

433. 邑

邑 yì 从口（即围字），甲骨文中邑下部是跪坐之人形。本来诸侯国与邑经常并称，略有大小尊卑之别，并且两字还可指都城，如说夏邑、商邑。后来邑的观念变得小了，县邑就是个县城，甚至镇、村落也可说邑。邑作动词为分封、建筑之义，如说邑万家、邑于豳之类。邑与悒又有忧虑、抑郁之义，显然，封邑越来越小，受封者的心情就忧郁了。

悒 yì 忧郁，不舒畅。常说郁悒、悒愤。

挹 yì 舀取、酌取。封邑就是有可取，然后逐步引申为一般的取。

浥 yì 沾湿。王维的诗句"渭城朝雨浥轻尘"，即是雨水淋湿把尘土抑制而空气清凉了。

裛 yì 书囊，是随身事物积聚和掏取之处。

434. 郭

郭 guō 外城墙、外城地区。邑的趋势越来越小，城的趋势则是越来越大。修外城墙的也越来越少了。引申指物体的轮廓，并有扩大、张大之义。郭从邑，享声。享非享用之享，是上下相对的两个亭字，简化作享。那是个古僻字。

廓 kuò 张小使大谓之廓。如说寥廓，寥从宀，高飞也；廓从郭，筑于外也。轮廓，就是车轮和城郭，均指周边框架而言。说事情的轮廓，就是大致的规模。廓，空也，即空旷、虚广之义。廓清，就是问题明朗，是非澄清。

椁 guǒ 套在棺材外面的套材。棺，馆也；椁，郭也。

鞟 kuò 去毛之皮，即是外露的皮。

霩 kuò 雨止云散之状，即为廓清、明朗之义。

435. 冋

冋 jiōng 古作门。象界牌之形。今又作坰。国、邑、市皆有界，界之远者曰坰，故坰有远、空之义。

駉（駧） jiōng 牧马场。一般都在偏远之地，水草好。駉駉，又指马肥壮。

迥 jiǒng 远。今说迥远。迥异，就是远不相同。

泂 jiōng 从远处取来的水。近处无水，吃水不方便。又有水清凉、寒冷之义。

炯 jiǒng 火之明，日之明。引申指目之明，说目光炯炯；心及品格之明，炯炯就是心地光明，炯介就是耿介，光明正大。

耿 gěng 从火，聖省（即省略了笔画，只有一耳字了），即圣火，美好的火。耿与炯本同音，耿介，偶也作炯介，耿直与正大也。忠心耿耿，就是正直忠诚。

褧 jiǒng 稀疏而轻薄的罩衫，罩在华贵衣装之外。光明美丽曰耿，或曰，此嫁者之衣。

絅（絅）jiǒng 把散丝拉紧，防其纠结，引之则长远，故音义从同。

苘 qǐng 青麻，它的茎皮中的纤维特别细短轻柔，用以织造褧衣。后来褧衣没有了，它的麻纤维也只作麻绳、渔网或造纸之用。

扃 jiōng 门上的门闩或拴门的键环之类，可说扃键或扃镝（jué 锁钥）。不管是家门还是边关，都是一个内外的界限，故从坰。

鼏 jiōng 从鼎，冂声，以木横贯两鼎耳抬起。故与扃相似而同音。它与鼏（mì）之从一（即冪）为音义全异的两个字，鼏指鼎盖，或鼎之覆中。

诇（詗）xiòng 知道情况，前来告密，是刺探、侦察所得，可说诇察、诇伺。故诇就是来自远处之言。

436. 边

边（邊）biān 指国家的边远地区。如说边塞、边疆、边关、戍边、边骑等。也指山水的边缘地带。故道旁可说路边，更引申说池边、域边、海边、半边、无边、白云边、东边、身边、外边等。现代还说等边三角形，抽象义说双边谈判、

说话没边、边缘人物、边缘科学。边的繁体作邊，它中间的方字本从冋。

笾（籩）biān 古时祭祀或迎宾用以盛果子或食品的竹编容器，器皆有边，扎以藤条，故称笾。

437. 公

公 gōng 从八从厶（即私字）。韩非子说："背私为公。"公与私为一对反义词。公有共义，今说公共；公有平义，今说公平；公有正义，今说公正；公然，就是公开地。办公，就是办理国家或集体的事。自周秦以来，就以公私之公作为对老人的尊称，这表现了诸侯时代的公私观。

伀 zhǒng 惶恐，怖惧。伀的声母从正，常以征伀二字连用，亦作征伀，谓遇公正之人或事，必自敬肃，故得惶遽之义，如今说诚惶诚恐。

忪 zhōng 心动不定，惊。征忪，惊惧之貌。

讼（訟）sòng 争讼。言之于公，以求公平。今说诉讼，诉，上诉也；讼，言之公也。讼的声母从诵，两字双声，今说歌颂，本可作歌讼，歌颂中也是有是非曲直的。争讼，就是言之涌而又公也。

颂（頌）sòng 颂之言诵也。于言则曰颂或讼，于声则曰歌或咏。今说歌颂，则两者兼有了。

容 róng 古文作容。容的本义是容纳、承受、盛放，故其字从宀。宀，交覆深屋。容的韵母从公，谓事关公众也。容的声母从欲求之欲。容，公众所欲求与平分者，盛之于深屋也。容作动词为容纳、接受，抽象义谓容忍、宽大、包容。作名词则谓容量。从容不迫，是形容人的行动能够容纳。人的容貌，本该作颂，今则一

律作容，如说忧喜在于容色，还说改容就是脸色变了。

溶 róng 水盛。是从容纳之义引申的，形容水势盛大安闲，如可说溶溶、溶溢、溶漾、溶滴，均双声。抽象义如说心溶溶其不可量，即是气量大、心胸宽。又说溶化、溶解、溶成一片。化学上说固体的东西溶化到液体中。

熔 róng 现代新字。固体的物质遇高温熔化成液态，如说熔炉、熔炼。我国已有两三千年的冶炼史，字则作镕。

镕（鎔）róng 销熔。引申谓铸造，如说镕钱。作名词指铸器时的模子，于木曰模，于水曰法，于土曰型，于竹曰范，于金曰镕。今说模型、模范。

蓉 róng 豆和瓜果等干熟之后，磨成粉，又制成糕点或馅，叫作豆蓉、莲蓉等。经过化解，故音义从容，是植物之果，故加草字头。

榕 róng 热带植物。其枝条垂地则又生根，一株可丛生至数十百株，庇荫之下可容数百人，故名榕树。

瓹 róng 容器。瓶，本指井上汲水之器，是盛水多的。罂则是肚子大、脖子小的瓶。瓹与之相似，盛水多。

摇 róng 动摇不安，则与溶字义近。

俑 yóng 动盈不安定。也指行动利索轻便。

翁 wēng 本指一些鸟类颈部的羽毛，如大雁、山雉之类的颈羽特别鲜明、美丽。头部的羽毛色彩鲜明的也可叫翁。白头翁是指老人，还有一种白头的寒鸦，它的眉及枕羽为白色，而且越老越白。故此翁字取公，带尊称之义。白头翁还指一种草，它的花、果与茎的顶端，都长有白毛，也就被尊称为翁了。这样，从人之公到鸟之翁，又从鸟之翁到人之翁，在语源上做了一次历史的往返。其间，坚持了韵母的稳定，发生了声母的差异。与翁同音的字还有瓮，后作甕，今又简化作瓮。瓮与罂（或作罌）同物而异名，两字双声，都指大

腹小口之容器，今说瓶颈。所以，翁与瓮的音义是从公又从罌的，是罌之大者，罌可盛四十斗。用它可盛水，还可排水，过江时可用它渡军队。

甕 wèng 或作瓮。从瓦，公声，大腹小口之容器。《易经》中说瓮若是破了，裂了，这不是一个吉利的现象，本是提水、盛水之器变成漏水之器了。关于瓮的声母，详见翁字。

鶲（鶲）wēng 有白头鶲和白眉鶲。因为翁常以言人，故又加鸟旁。

鰟（鰟）wēng 今称热带鱼，体色美丽，故用翁来形容它，如雁和雉的颈羽。

蠮 wēng 牛皮蝇。它的幼虫能钻进牛马表皮的毛孔，寄生其下，伤害牛马的皮肤。牛皮蝇体表密被绒毛，放出类似金属的各种光泽，故称苍蝇、青蝇、金蝇等。

篛 wěng 竹盛貌。常说苍松翠竹，翠字也从羽，故翁也可以形容竹。而且竹愈盛，愈显出其翠绿。

翁 wěng 木茂。翁茸为茂密之义，又说翁萱或翁藟，为多荫覆盖之义。

滃 wěng 云盛。如说滃郁、滃渤。云有白云、彩云，故也包含颜色的义素。

以上五个从翁字，都讲究鲜明色泽。以下六个从公字，声母又发生变化。

松 sōng 松树高大挺拔，故松从公声。它针叶球果，在我们人民的心目中，从来都受到推崇。岁寒，然后知松柏之后凋也。它是民族精神的象征。就物种而言，松与杉最切近。语言上，松、杉双声。在现在的植物学分类中，水松属于杉科，云杉、冷杉、铁杉，属于松科。杉从彡，彡象毛饰画文。松亦有画文之义，如松鸡、松鸦，身都有明丽斑纹，都用松字来形容。

菘 sōng 深秋时收割的包心白菜。它隆冬不凋，有松之节操，故音义从松。

鬆 sōng 今简化作松。形容头发蓬松，是六朝以后的字。如说鬅松，就是两鬓毛发松散好看，洗得也干净。松就有好看之义，它有彡的音义。松本从彡。也是从彡。古时不理发，男女老少都是长发彡彡，故需要发展一个松字。松的引申义可指多种事物之轻松、宽松，与紧字成反义，绳子结、手抓都可说放松，松的主语大为扩展，抽象义说松劲、松懈、松垮、心情轻松、纪律松弛，一个人做事不中用就说是松包或屁松。

淞 sōng 水汽在寒空中凝成冰花，结满在树枝上，称作雾淞。雨点在寒空中结成冰粒散落，称之曰霰，便是又松又散了。

宋 sòng 从宀，松省声。本指建大屋所需之大材，故从松声。后宋字只作姓氏用。

嵩 sōng 本作崧。山大而高。五岳之一为中岳嵩山，在河南登封境内。

438. 厶

厶 sī 自营为厶，背厶为公。厶的字形像一个环形，表示自营之义。公私的观念早已存在，只是各个时代的内容不同。

私 sī 自营之禾曰私。自营之田亦可曰私。作动词为占有之义，今说私有。可见，私字是从禾、田、肉，是从私人占有开始的，后来普遍发展了私有制。当它与公有（例如诸侯国之占有）发生严重对立时，私被说成是奸邪与恶德了。以公灭私的话，《尚书》中就有了。故私还指非法的，今说走私、贩私、私货、私欲，都是不正当的。私字还有偏爱之义，"私我"就是偏爱我。"自私"一词的本义是自我偏爱，今说自私，就全然是私心之义。

茈 sī 茅草的穗。庄稼没有长，茅草结了穗，故称茈，取奸邪不正之义。茈还有一个名称叫蓾(xié)，从斜，即邪。

439. 宪

宪（憲） xiàn 法也。今说宪法，指国家的根本大法。要规定国家的制度、公民的权利和义务。宪法一词《管子》中就有了，指典范之法。宪字从心、目，又从丰(jiè 刀刻之迹，如简策之类)从宀，在屋下用心用目来识别简策所载，便是指典范之法了。宪作动词为效法之义，今已是古义。宪又假借为欣，有欣喜之义。

萱 xuān 本作藼。即今之黄花菜、金针菜。古说它是令人忘忧之草，显然是取欣喜之义。古说椿萱，指父母，以椿比喻长寿，萱取义忘忧。

440. 遣

遣 qiǎn 派遣、使用，又有放逐、排除之义，它们都是使人离去之义，只是离去的用意和目的不同罢了。故遣字从乀。至于上面这个偏旁就解释不清了。今说遣送，是遣送回乡或遣送出境，便涉及法律了。比较特别的是作抽象义，说消遣、消愁遣闷，便是消除之义；遣词造句，便是使用之义。

譴（譴） qiǎn 谴责，谪问。如说谴责恐怖主义，是语言上的遣送或排斥。

缱（繾） qiǎn 缱绻，欲离而不相离也。缱为遣送，绻为屈曲、收敛之义。

441. 辟

辟 bì 从卩从口从辛，即王者用口说节制其罪行，便是指法律了。故辟可指君，又可指法。说辟王，就是君王。说辟言，就是法言。辟作动词，为开辟之义，如说日辟国百里，辟的主语是君王，辟的宾语是国土。辟又有回避、排除之义，从而派生"避"字；又有放辟、邪辟之义，从而派生"僻"。

檗 bò 黄檗，木名，皮可作染料。以五色与五行相配，黄为土，中央之正色也。我国自古皇家多用黄色，所谓黄门。王家是代表法的，故把染黄之木称檗。佛也讲法，称佛法，他们的袈裟也多黄色。故他们也常说黄檗，禅宗的一支就叫黄檗宗，还传到了日本。

璧 bì 平圆形正中有一小孔的玉，圆形是象征天的，故其音义从辟。常说圭璧，圭是上呈半圆、下呈半方的长条形玉，也象征天地。不过人们更珍视璧，有赵国蔺相如完璧归赵的故事。

闢 pì 今简化为辟。门大开。从而区别于一般开门的开字。如说开天辟地。开辟疆土这话，开的是国门。又说辟地生莱、辟草莱，已引申为芟除之义的"劈"字了。

劈 pī 击破，裂开，用刀斧。如说劈柴。宾语扩展，可说劈山、雷劈。大多指动作迅速、目标准确地砍，如说劈面、劈头盖脸，实际上无具体的动作。

鐴 bì 犁头，或锹、凿子的头，取开辟之义。

霹 pī 霹雳。动词，今犹说雷劈。亦指雷劈之声。与天公有联系。作名词指疾雷、迅雷。

臂 bì 手臂，指手掌到肩的部分。凭双臂去开辟了世界，高度评估了双手

的创造能力，并且是人皆有之的，从君王之辟走向了平民之辟。如说奋臂、振臂。

擘 bò 裂开，分开，即是与开闢之义相联系的。以斧曰劈，以手曰擘。于门曰闢，于雷曰霹。作名词说巨擘，就是大拇指。

擗 pǐ 拍打，分开。擗踊哭泣，谓捶胸顿足哭泣。

躄 bì 或作躃。一瘸一颠，邪辟偏废之义。

襞 bì 缝制裙子的时候，布褶叠向前，吴语叫打裥，就像跛行时进一步、退半步，引申指衣服折叠的皱纹。

薜 bì 薜荔。荔是一种须根长而坚硬的植物，薜荔有根不能站，须攀援墙壁或其他植物而上。薜，躄也，足偏废不能行也，但是攀着人家时则又足硬。

鸊（鷿） pì 鸊鷉，一种野鸭，脚连尾不能陆行，常在水中，人至即沉。虒(sī)似虎有角，能行水中，陆行能力已退化，故用以鸊之拐扭邪辟。这样鸊鷉与薜荔，一鸟一草，一个有足难行，一个根本不能立，似乎是难兄难弟了，但它们却在另一方面发展自己，一个善潜行，一个善攀援。

嬖 bì 以邪辟取爱曰嬖，贱而得宠幸曰嬖。殷纣王嬖幸妲己，周幽王嬖爱褒姒，所以嬖幸、嬖昵，为偏爱、溺爱之义。

癖 pǐ 一种偏爱，酷爱。如说书癖、画癖，就是酷爱书画，是兴趣特大，情有独钟。原来是指一种偏侧的病，寒气积聚一边，引申指偏爱，宋代大书家米芾好洁成癖，晋代大将军杜预说他有《左传》癖，他注释的《左传》今简称《杜注》，一直深受推崇。现在许多人烟酒成癖，伤了身体就不是好事了。

澼 pì 漂洗。此与擗字拍打之义相近。又指肠间积水的水肿病，则与癖字相近。

僻 pì 避开，远离。引申作形容词，说偏僻、冷僻、生僻、孤僻、怪僻，都是同义词的结合。僻又指邪僻，罪恶。

辟既指法，又可指罪，都是人事，故字从人。

避 bì 回避，躲开。古时的公堂上竖着两块大牌子，一块上写着"肃静"，一块上写着"回避"。避字的早期用法大多与法有关，说避君王、避刑罚、避罪恶祸患。《孙子兵法》中说"避实而击虚"，似乎没有直接说法，但他的书就叫兵法。《论语》中说避世，世上不也还是君王和法律吗？更远一点说避寒暑，似乎与法无关了，但那还是天气，是天的事。就这样避字就越来越远离王法与天命，最终成为一个全民的常用字，如说防避、避嫌、避免、避孕、避弹衣等。

壁 bì 墙壁，是防避风寒的。也指军垒，是避敌人刀箭箭镞的。

甓 pì 砖，是砌墙壁的。

譬 pì 明，譬喻是为了说明问题。法也需要明，所谓明法，《管子》中有《明法篇》，至今还有普法行动，要普及法律知识。

幦 mì 车前车后防御风尘而遮挡的漆布，显然是取防避之义。它与幭、幠、幕皆为同义词，声母是不是受了它们的影响，可待考。

442．狱

狱（獄） yù 监狱，牢房。字从言二犬，谓诉讼双方相争，以明真伪。狱作名词指案件，折狱，就是判案；入狱，就是进牢房。狱作动词为争讼、起诉之义。狱还有一项传统的古义，为确凿，即案情的确凿、真实。

岳（獄） yuè 本作嶽。我国自古就有四岳之称，东岳泰山，南岳衡山，西岳华山，北岳恒山。岳的音义为什么从狱？周代天子十二年一巡守，

每季度各至一岳，四方诸侯各朝于一岳之下，考核他们的政绩，决定他们的任免，也是要求确凿，故岳字从山，狱声。山不说山，要说岳。

哭 kū 从吅，狱省声。吅，惊呼也。争讼相告以罪而惊呼谓之哭，这是哭字初期的语义。引申为哭丧之义，或是悲哀之声，大多与诉讼无关了。孟姜女哭长城已是一般哭丧，谁敢去投诉秦始皇呢？

443．曹

曹 cáo 法庭上的原告和被告叫狱之两曹，也叫两遭、两造。引申起来，吾辈也可说吾曹，尔辈说尔曹，不一定在法庭，也可不只指两人，指两群人。曹与侪音义相近。

蠰 cáo 蠰蛴，或蛴蠰，金龟子的幼虫。俗名地蚕，因为它似蚕，呈柔软的圆柱形，乳白色，居土中，食庄稼之根茎。蠰从曹，取众多之义；蛴从齐，取等列、聚集之义。

遭 zāo 两曹相遇，故得遭遇、相逢之义。战场人与敌人意外相遇叫遭遇战，与行走有关，是本义用法。来回走、重复走，也可说遭，一遭生，两遭熟，三五遭也可以，这时遭已是数量词。

漕 cáo 车运谷曰转，水运谷曰漕，主要指政府向农民征粮以后的运输而言，叫作漕运。水陆两路并进，故漕取分曹、两曹之义。今南方一些水道的支流还叫漕河。宋代为什么要建都开封？要依靠江、淮一带的粮食，分水陆两路运送（今水路已经不通），《清明上河图》中还可以看到水道中的船只，其中也会有漕运。

艚 cáo 漕运所用的船。

槽 cáo 家畜之食器，如说猪槽、马槽。老骥伏枥，没有说槽。枥字从历，繁体是两禾相并；槽从曹，则两东相并。都是供众多牲畜之食。猪槽现在不用木头的了，用石槽，以免经常被它们踩翻。槽的引申义，在任何一个平面上出现一条低下的长条，都可以叫槽，如说水槽。槽钢，就是中间凹下的长条钢材。

糟 zāo 酒渣，也说糟粕。粮食经过酿造，分为酒与糟，经过过滤，把两者分开，由浊酒而得清酒。这酒糟与狱之两曹如何联系？因为酒也是府中之物，庙堂之礼。酒常与浆相连称，酒浆也说糟浆。浆字从将，与将军、将帅相联系；糟字从曹，与狱曹、官曹相联系。

444. 罢

罢（罷）bà 从网、能。言有贤能的人犯法入网了，就赦罪罢免他。这是罢字的本义。引申为今说的罢工、罢市，是群众起来斗争，并不是他们犯法。罢兵则是休战。还说欲罢不能。所以罢可引申为停止、免除、取消、完毕之义。作语气词说"罢了"，两字均为完毕之义，虚化为句末语气词。

罴（羆）pí 从熊，罢省声。似熊，猛憨多力，能拔树木。即比熊更能，却也不免坠入猎者的罗网。

摆（擺）bǎi 拨开，摆脱，与罢的语义相切近。又有摇摆、陈列之义，如今说摆设，家里的摆设很多。抽象义说摆架子、摆阔气，这就把抽象的语义说得很形象。名词的说法如钟的摆，是从动词摇摆之义来的。又派生了襬，也是名词。

襬 bǎi 衣裙下面的边，常是摆动状态。

445. 𦨶

𦨶 fú 从又从卩，右手持节，即是接受了符节，得治理之义。

服 fú 本从舟（后俗写从月），𦨶声。舟为承受之义，盘子的盘从舟，盘子是承受的。这样，服字首先是动词，为治理、从事、使用之义。服田，就是从事耕作；服官，就是担任官职。引申为信服、佩服、降服、屈服、服罪，这跟服字从𦨶有关。派生为名词，指使用之物，如衣服、官服、礼服，服装和礼节常相联系。

鵩（鵩）fú 似鸮，不祥之鸟，夜为恶声。因为它体有纹色如服，故名鵩鸟。相传它到谁家，主人死。汉代贾谊家里来了鵩鸟，贾谊写了《鵩鸟赋》，把生死荣辱置之度外。

箙 fú 保护武器的竹木匣子，于弓曰韣（tāo），刀剑曰鞘，矢曰箙。

菔 fú 芦菔，即今萝卜。音义从服，取可食用之义。

446. 辛

辛 xīn 本义指罪辜，辜字也从辛。字从一从辛（qiān 即愆字），辛的古文从干、二（即上字的古文），干犯了上面便是罪。引申为劳苦、辛勤之义。又指滋味之苦辣，今曰辣，古曰辛。辛酸一词，本指辣味和酸味，引申指悲痛、凄苦，今说滋味便说酸辣。

亲

亲 zhēn 或作榛。即今榛子。引申有盛、多之义，秦就是禾之盛，参见秦字。

亲（親）

亲 qīn 今简化为亲。情意恳切盛大曰亲。父母是最亲的了，所以后来说父亲、母亲。有亲属、亲族，便由一般的亲近专指有血统关系。亲字从见，强调相见是亲，这还是家庭和部落起源时代的观念，定居下来，便常相见了。亲是要认的，连父母也不知道，就没有亲，然后到母系社会，那还是知其母不知其父，然后才认六亲，认亲(qìng)家。我国的宗法社会的观念特别深，认的亲比欧洲人多。亲属的称谓也多。族，簇聚也，也是盛多、众齐之义。

衬（襯）

衬 chèn 近身衣，取贴近之义。今说陪衬，陪的也常亲。又说帮衬、铺衬、衬垫，都算是亲，也包含有众盛之义。

榇（櫬）

榇 chèn 棺有内外，外棺曰椁，郭也；内棺曰榇，亲也，亲近之义。还有三重、四重的棺。

薪

薪 xīn 劈柴，古说析薪。作名词，大者可析谓之薪，小者合束谓之柴。作动词谓砍柴。今说薪金，意思是油盐柴米之金。

新

新 xīn 本是砍柴之义，斤就是石斧，对着亲。后新字主要用作新旧之义，故又作薪字以加区别。那些众盛的草木，砍了又长，砍得快，长得快，故新得新生、初生之义，又引申得新旧、新故之义。新收的粮食可叫新粮，也说尝新。维新一词，《诗经》《尚书》中都用了，是一个政治概念。对于农业国家来说，是一个很好的词，指禾木之新生。所以到资产阶级民主革命时还说维新运动。新与故成反义，如《论语》中说"温故而知新"，后来又有新与陈、新与旧、新与老成反义。现代的说法如有新闻、新式、新思维、新纪元等。

莘

莘 shēn 莘莘，众多之义。至今犹说莘莘学子，以草木之盛多喻学人之盛多。今还说人才济济，济字从齐，禾麦吐穗上平，此以禾麦之盛喻人。莘与济取义相似。莘字与其他从辛字读音略有不同，致使人们常常读错，莘莘本作駪駪、诜诜，皆读shēn，皆从先，为众多而行疾之义。故说莘莘学子，除众多之义，还有行疾、竞进之义。

宰

宰 zǎi 从宀从辛。屋下有罪人在执事，既是罪人，又要执事。就像臣，既是奴隶，又是执事。我们要把握好这类词的准确含义。历来皆以吏释宰，吏就是执事者，是官吏的通称。宰相更是群吏之长。上有太宰，或称宰相，一人之下，万人之上。下有邑宰、里宰，是最基层的了。最下便是家奴、隶皂，也称宰。但作动词，宰则是治理、主宰之义，今犹说主宰一切。《论语》中说割鸡，今说杀鸡、宰鸡。人也可宰，坐出租车、下饭馆，被人敲竹杠，也说宰。宰的派生字中也有这种天壤之别，梓指人材，滓却指渣滓。

梓

梓 zǐ 从木，宰省声。梓是木中之良材，多用于建筑及家具制造。以木喻人，梓材就是治国之人才。发明印刷术以后，制版也以梓木为上材，故书籍付印出版叫付梓。

聹

聹 zǎi 耳朵半聋。聋为朦胧不明，半聋则还有一半可以执事，故音义从宰。

縡

縡 zǎi 事。谓上帝主宰之事、所执之事。

滓

滓 zǐ 指渣滓沉淀。即是从人的罪孽说到水的罪孽。

447. 贵

贵（貴）

贵 guì 珍贵，贵重。贵字的上半部即今之臾字之象形，指草编的框子，是用以盛物的中空之器。贵字又从贝。这样，空乏与贵重就是从贵之字语义的活动范围。自古就说，物以稀为贵，稀就是比较空乏，就值钱了。匮字从贵,却是匮乏之义。贵与贱皆从贝,表现于货物的价值,很快就引申为政治和等级的贵贱。贵就是爵位高,孔子说富贵于我如浮云,那是就经济和爵位说的。

蒉(蕢) kuì 草编的盛器,筐子之类。《论语》中说荷蒉,就是背着一只草筐。

篑(簣) kuì 盛土竹器。"功亏一篑",就是要堆出一座山只差一篑土就完成了,却没有完成而前功尽弃了。

柜(櫃) guì 本作匮,亦作鐀。藏器之大者曰柜,次曰匣,小曰椟。有立柜、卧柜,商店的柜台是卧柜,兼可作台。

匮(匱) kuì 缺乏,空虚,指物资、粮食、钱财。

溃(潰) kuì 水溃,水决,必有空缺之处,如说千里之堤以蝼蚁之穴溃。今说崩溃,崩是山塌了,溃是水决了。它的主语扩展起来,不限于水,房子塌了,墙倒了,都可说溃。对军队可说溃败、溃退,对经济也可说崩溃,抽象义对思想、信仰也可说崩溃。人体有肌肉组织溃烂、腐败,说胃溃疡等。

殨 huì 烂。今多作溃。

愦(憒) kuì 神志昏乱,可说昏愦、烦愦。

聩(聵) kuì 耳聋,显然是从昏愦取义的。

隤(隤) tuí 此言土与阜之溃。它与坠字双声而互相解释,隤是倒塌,坠是落下。

缋(繢) huì 衣料剪裁后剩下来的布头布脑,是坠落的东西了。它又与绘画的绘字音义相通。绘从会,合五彩也,缋从贵,众盛而茂也。

鞼(鞼) guì 亦作韏。在熟制去毛以后的柔革上刺绣,西北地区的少数民族和汉族妇女都有这个本事。盾牌上蒙上这种革,既是武器,又是工艺品。

馈(饋) kuì 或作餽。给尊贵者进送粱、肉等食物,逐步就变成赠送、敬献之义。它与遗、归二字均相通。

遗(遺) yí (一)遗有失去、丢弃之义,今说遗失、遗弃、遗忘、遗漏等,此与溃(漏也)的语义切近。(二)遗有赠送、给予之义,这时读 wèi,与馈的音义切近。(三)遗还有遗留、余下之义,如说遗憾、遗产、遗嘱等,跟缋的语义切近。这样,它跟同词族诸字之间的语义可说是息息相通。

448. 尊

尊 zūn 尊奉、尊敬、尊重、尊贵。它的字形义是手举酒杯。故作名词义时便指酒杯,字可作樽、鳟、甒。李白诗有"莫使金樽空对月"。人们以酒表敬,以酒相尊。

樽 zūn 酒杯。樽俎就是杯中有酒、菜板上有肉,要举行宴会了。

遵 zūn 遵循,就是沿着什么路走。作抽象义是说遵循什么教导,遵循什么路线,还说遵纪守法。

蹲 dūn 两腿屈膝,臀部往下,却没有坐地。还有半蹲,就是身子半起。蹲是腿屈的行为,遵是走的行为。蹲点就是下到一个基层单位去工作。

蹲还可读 cǔn,聚也。

鳟(鱒) zūn 体圆细鳞,眼眶发红,能蹲身泥中,故名鳟鱼。

撙 zǔn 节省,约束。如说"节饮食,撙衣服,则财用足"。抽象义则指精神上的自我克制、退让,以表明礼节。

蹲、僔、噂三个从尊字,都有收敛、聚焦之义,由于它们用例很少,到底是假借还是引申,就不易考订了。

蕈 zǔn 丛草也，聚集也。

僔 zǔn 众多，人之聚。

噂 zǔn 聚语。《诗经》有"噂沓"，谓说得多。

449. 卑

卑 bēi 从丿（即左字）从甲，在甲之下，或谓甲象人头之形，在其下，故得卑下之义，传统中重右而轻左。作形容词，今说卑贱、卑微、卑劣、卑鄙等；作动词为轻视、鄙薄、瞧不起之义。卑字今多贬义，原也可有褒义，如可说谦卑。卑辞是谦虚的话。

俾 bǐ 供当差使的人，跑腿的人、门卫等被认为是卑微的。作动词便是差使、俾使之义，引申为俾益、增加之义，即自卑加高之义。俾倪，指城墙又加筑起的短小锯齿形女墙。两字叠韵。俾，卑小也；倪，儿（兒）小也。也可作睥睨，睥，窥外也；睨，小看也。

婢 bì 先是指罪人眷属，株连所及，沦为差役。后则指廉价出卖劳力的女子。

脾 pí 人的内脏之一，居胃之左下侧，故称脾，既取左义，卑字从左，又取下义。它能辅助胃气消化食物，故又取佐助之义。脾气一词又引申指人的习性，为抽象义，脾气有大小、好坏，常指脾气坏，甚至有一定破坏性。

髀 bì 大腿骨。它居髋骨之下，髋是组成臀部骨盆的主要部分。

顝 pǐ 低头。头倾斜则低矮。

睥 pì 斜视，鄙视。常说睥睨，睨从兒，小看。亦作俾倪。为叠韵词。

竨 bà 矮矮的、矮墩墩的。又读 pī，行不正，斜行，则与睥的音义切近。

跸 bǐ 钟形下部扩大之状，可得更大的共鸣腔，钟声洪亮。

捭 bǎi 两手击。一般是右手击，卑字从左，就两手横敲旁击了。今犹说纵横捭阖，即是左右开合，引申为掰开、撕裂之义。

敊 bǐ 毁也，即击毁。从攴，卑声，击之向下而毁。

裨 bì 今常说裨益、裨补。是与俾字直接相联的。如说裨将，即副将，是辅佐的。裨师即偏师，非主力，是两翼的部队。裨海，就是小的湖海。裨冕，就是诸侯、卿大夫去朝拜时的穿戴，可说卑服，卑冕。总之是爵位、职位较低的，都有相应的服饰，故裨字从衣。

稗 bài 今说稗草，草之似禾而卑劣者，它叶似稻而略宽厚，节间无毛，农民一看就看出来了。筛米如果筛得不干净，米饭中就能吃到稗草籽。引申义如说稗官，就是非正式任命的小官。稗史就是正史之外杂记些遗闻琐事的书，稗政就是劣迹、败政。

椑 bài 精米。从卑之字可为卑劣之义，也可为谦卑、礼让之义。故稗可为稗草瘪谷之义，亦可作椑，谓精细之米。

椑 pí 低矮而扁圆的盛酒之器。豆则是高脚的盘子。器有高矮之别。椑又指一种矮小的柿子树。

箄 bǐ 小筐、小篓之类的竹器。

鞞 bǐng 刀鞘的末端，末端之饰亦曰鞞，言其在下之义。

鼙 pí 骑鼓，小鼓。大者叫鼖。

錍 bēi 短斧。

牌 pái 本指做标识之用的小木牌，故从片卑声。宗庙中有祖先的牌位称神牌或灵牌。唐宋以来常带有过路的凭证，称银牌、朱牌。宋元以来流行词牌、曲牌。

商品社会流行品牌，是企业和商品的标志，牌字就大众化了。还有很高很大的牌楼。汉代之前还没有牌字。

狴 bài 矮脚的狗。现在也常见，只是不用这个字了。

蠯 pí 小蛤，大曰蜌。

鵯（鵯） bēi 鵯鶋，或作卑居，鸦之小而多群者。

庳 bì 房子两头高中间低。也形容地势或车辆造型低矮。

埤 pí 下湿，即地势低下而潮湿。也可有自卑加高之义，可说埤益。三国时代张揖作《广雅》，谓增广《尔雅》；宋代陆佃作《埤雅》，即增益、补充《尔雅》。

陴 pí 城墙上的女墙，即俾倪。与埤、裨等有增益之义者可通。

碑 bēi 宫中有碑，是用以观测日影的；庙中有碑，是拴牛、羊、猪以祭的；墓旁有碑，是下棺之用的。秦曰立石或刻石，以纪功德。如秦始皇至泰山，李斯便写下《泰山刻石》，现在在岱庙中还保存着它的一块残石和几个残字，实在是很宝贵的了。后则于墓旁系绳以辘辘下棺之石，刻死者功德于其上，成为树碑立传的民族习俗了。康熙、乾隆下令立的碑，有两层楼那么高，但是字还从卑。碑与碣常连称，碣则取特立、高举之义。汉代以后，牌与碑都成了常用字。如汉代有《礼器碑》《曹全碑》等。

450. 酉

酉 yǒu 字形作酒坛之形，故酒字作酉旁有三点水，便是酒了。故酉作名词是酒器，作动词为造就、成熟之义，今犹说酿造。引申指事物之成熟。

犹（猶） yóu 猴之老大而成就者，故犹从酋从酉，如猴王之类。善回顾，能攫持人。故又有犹豫之义。假借作"由"，故有好像之义，如说虽死犹生。又有如同、一样之义，如说过犹不及，即过火了与不赶趋，同样不好。又有还、尚且之义，如说记忆犹新、话犹未了。

猷 yóu 兽之能图谋者，即老而有成就之义。故猷为图谋之义，如可说嘉谋嘉猷。作名词谓道路、道德、法则之义，可说大猷、新猷、良猷。

輶（輶） yóu 轻车，用以追击，故也是从"由"的假借义。輶轩则为使者所乘，车高而有障蔽。

庮 yóu 老屋上的朽木。此以酒之陈久，喻木之旧朽。因而有恶臭之义。

荗（蕕） yóu 又名鱼腥草，水草之有臭味者。薰荗，就是香草和臭草。

卣 yǒu 酒壶。壶身为雕饰之形，上象提手或壶嘴。

酋 qiú 酒字三点水在旁，酋字是半个水字在上，表示酒已满，可以看得见，而且是指酝酿已久之酒。掌酒的尊长可持以行礼了。故酋长是指部族的首领。酋的声母从就，为造就、完成之义。酋、就双声。

遒 qiú 迫近，聚集。"周公东征，四国是遒。"是说四国之民不再流散，民聚则国稳固、坚强。

箶 qiú 雉射时，箭后系有细绳可以回收，指回收的角制工具。故其音义从酋，聚敛之义。

蟉 qiú 蟉蛴，天牛的白色幼虫，蛀食树干，啄木鸟就是专门要找它们的。它需要多天才能化为成熟的天牛，故其音义从酋，取久酿之义。蛴从齐，为等列、同类之义，久而方结其类。又有一种蜉蟉，丛生于粪土之中，猪好啖之。

緧 qiū 牛、马、驴等驾车时，拴在股后的皮带或横木，今称坐带。下坡时防止滑坡，牲畜可以由此扛住，起到刹车的作用，取稳固、安定之义。字亦作縬，或輶，与遒字切近。

鳅（鰍）

qiū 本作鰌。泥鳅，鱼之首领，长老。泥鳅怎么能当长老？因为它口虽小，却有须3—6对，是最显著的。据说有须的鱼很多，而以它的须最长大。因此它的名字从酋，酋，长老也。字或从秋，秋为禾谷老成。《论语》中孔子对一位卫国大夫大加赞扬，说："直哉史鱼！邦有道，如矢；邦无道，如矢。"箭是最直的。这位大夫叫史酋，名子鱼，显然是取义于泥鳅的了，能老而有成就。

酒

jiǔ 酿造而成，久而味醇。酒与酉叠韵。古今常说酒浆，酒与浆双声。古说浆指米汁发酵成酸味的饮料。现在内蒙古、山西一带的人还爱喝米粥、酸米饭。他们把小米泡在罐里放在锅台上，几天才倒出来熬粥煮饭。酿酒就是从浆饭、浆汤中发明的。酒是发酵成熟的浆，是醇而味美的浆。酒含乙醇，浆则是酸的。酒，浆之酉者。

醜

chǒu 简化作丑。物之臭秽者，从鬼，酉声。从鬼取可恶之义。从酉声之字有臭恶之义的是庮、莤二字。醜常指人形象之醜或心灵之醜。古来最著名的美女叫西施，还有最著名的醜女叫无盐，也曾有人描写她是怎么个醜法，叫人恶心。但是她心灵非常好，后来还被选入宫。醜与嫫双声而可以相互解释，语义也部分相同。醜的反义词是美，嫫的反义词是妍。"辨其妍蚩"，这里蚩与嫫相通。醜的音义从嫫又从酉。今有醜陋、醜恶、醜丑、醜化、醜剧、醜态等说法。戏剧中的醜角，往往从醜中透露出艺术的美。醜又有齐同、同类之义，醜类就是同类、一类，就是畴类或俦类、侪类，不能误解了。

451.奠

奠

diàn 置酒以祭，常说祭奠。从酋，下为丌，即基字。丧祭曰奠，奠字强调其有基，则奠之久。故奠又有定义，今说奠定，两字双声，又说奠基，谓奠定基础。现在祭奠的仪式没有了，但奠字那种郑重其事的语感仍是存在的。

郑（鄭）

zhèng 重也。今说郑重，祭奠是严肃认真的。郑字从邑，本指周代西都京畿以内土地，天子往往于其地郊祭天地。后周平王东迁，进入东周时期，郑也迁至河南，建新郑。今河南仍有新郑市。

掷与踯，本作摘、蹢，归束的词族。

452.豊

豊

lǐ 行礼之器。从豆，豆、登、尊等皆礼器。豆叕上面的部分本象两玉在器中。古行礼以玉，还有牺牲、五谷，后来大雁、鱼鳖也可以，还有就是酒肴。我们是礼仪之邦，这方面的专门用语很多。

礼（禮）

lǐ 作动词为行礼之义，作名词指礼器、礼物。政治上说，礼是指国家社会的等级、秩序，是不能乱的。今说礼，则主要是人际关系方面一些形式上的讲究，指礼节、仪式、礼貌、礼物之类，不算是实质问题，更无事鬼神之意了。

醴

lǐ 糯米酿成的甜酒。一般说酒酿，四川说醪糟。糟与酒一起吃掉。有点酒味便是礼数了。泉水好可以叫醴泉。

鳢（鱧）

lǐ 俗称黑鱼、乌鱼。体圆柱形，故又称鲖，简也。一般的观念，认为乌鱼是很滋补的，常用于送礼，故又称鳢鱼。至今农村还可偶或看到在一条乌鱼的头上贴上一块红纸送亲友。

澧

lǐ 水甘美。与醴泉之义通。

体（體） tǐ 人体各部分的总称，常说身体。体貌，其实就是礼貌。《诗经》中说："相鼠有体，人而无礼。"这是把礼和体挂起了钩。至说体态，两字双声，体就是体现礼的形体和心态。体字作动词，为体现之义。所体现的就是态了。身体一词的本义就是以身力行。礼也是以体力行，所谓行礼。体指形体，还指内心的因素，就是态。如说具于内者谓之体，见于外者谓之用。体的引申义，如说国体、政体、文体、主体、整体，皆事之体；又说体会、体统、体谅、得体不得体，都是就理智方面说。所以，身是着重从形体方面说，体则重内心和礼。

453. 豆

豆 dòu 古食肉器，今之高脚盘子。下部相向的两点，就象高脚之形。故豆也是礼器。豆大多为陶制，也有木制或青铜制。豆作豆类植物的总称，是假借义，有时加一个草字头，为俗体字。

头（頭） tóu 从页、豆声。首也。首为什么要叫头？为什么从豆声？为什么跟食肉器联系起来？在野蛮时代，以头骨作食器，不乏其例，但那时没有头字。到了文明时代，阶级社会，取人首级，并以为豆而祭，令人触目惊心。《史记》中就有"以其头为饮器""漆其头以为饮器"。此时此地是不说"首"的。这样，这头字之所指实在是件血淋淋的事物了。事非单出，这头颅的颅字从卢，卢，饭器也。《汉书》有这样的描写："死人如乱麻，暴骨长城之下，头卢相属于道。"颅既从卢，头亦从豆，就不难理解了。

馒头，本作曼头，谓混漫不清地像个头。据说诸葛亮七擒孟获时，战前祷于神，须以人首祭，乃以羊豕之肉包成馒头享神。

这是馒头的由来。现在馒头、石头、钉头、拳头，完全看作是名词的词尾，指人则说老头子。动词、形容词之后加头变成名词，如说刺头、嚓头、鲜头菜（新上市有鲜味的菜）、青头菜（含叶绿素的菜）。含有实词义的头字就引申得更多了，如说枪头、棒头、笔头、纸头（零碎纸片或整片纸的开头部位）。头字获得了空前的发展。

壴 zhù 从中从豆。豆是高脚盘子，故得站立之义。器之立曰壴。古时的乐器常悬挂在架子上（有个专门的名称叫簨簴[jù]），其颠可上出，故从中（chè，竹木初生枝茎上出之形）。故树立之树，音义从壴。

厨 chú 厨房，是陈器持豆的地方，是准备祭祀、饮宴的地方。

橱 chú 今说立柜。碗柜有些地方说碗橱，还有壁橱、书橱，都是立式的。

幮（幮） chú 帐，似厨形。

蹰 chú 踟蹰，行而不进，还是有立的语义。

逗 dòu 逗留，就是停留，是行而立停。逗号就是语句到此稍作停留的符号。逗笑、逗乐、逗趣的逗为假借义，本作鬥，引逗之义。

尌 zhù 树立、保持。从寸，是合乎法度和礼节的手，从寸持豆，故也有停留之义。

竖（竪） shù 本作竪，从臤，豆声。今从立，则不表音。更古的字形不从又，从殳。全部的意思是说臣仆执殳侍立于侧，指供劳役或做保卫的人。可说竖臣、竖宦、竖儒，都带有鄙小、卑微之义。竖子，就是小子。竖字在口语中引申的横竖之竖，立便是竖的。一切事物的纵势，都可说竖，竖起个大拇指，眉毛也可说竖，笔画说横竖。

裋 shù 竖子们穿的短褂子，也说竖褐。

怌 shù 人之树立作怌，木之树立作树。今说百年树人，仍作树。怌已不用。

树（樹） shù 指一切木本植物，区别于竹。古曰木，今曰树。木的引申义主要用于木材方面，没有常见的动词义。树字常用为动词，为树立、种植之义，不光树木，还可指种草，还可说树人、树旗、树标，抽象义说树敌、树立一个榜样（观念、风尚）。

澍 shù 作名词指时雨；作动词谓滋生、滋润，雨润万物，名曰澍。故又有浇灌、降落之义。

登 dēng 字从又，持肉在豆上。意思是端上来了。登与豆双声。又登与升为叠韵，登，升也。登堂，也可说升堂。登与登古今皆同音，今皆作登。

登 dēng 字从癶(bō)，本作左右相背的两个"止"字。登为足之升，登为豆之升。今说登山、登高、登门拜访、登台亮相，一步登天。又说登记上册、登报声明，就完全没有足的行为了。

蹬 dēng 脚踩，是登的分化字。蹬是脚从下而上的，脚踩的时候则就由上往下了。这是行为辩证法，促使语义向相反方向发展，如说蹬脚，便是用力往下跺脚，鞋子小了穿不上，也要用力往下蹬。

镫（鐙） dèng 骑马时两旁踏脚的东西叫马镫。骑马的时候半蹬半坐，不能一屁股坐死在鞍上，一来马跑时不至于颠得很厉害，二来发生事故要下马，也可处于一个有准备的状态。所以这个镫，随时都要蹬着点。

凳 dèng 从几，登声。坐具。坐的时候重力是往下的。可是当凳子初期使用时，人们由席地而坐到了凳子上是升高了的。凳子高了，案子也要升高，故桌字从卓。凳子唐代以前就有了，桌子要到宋代才普遍使用。

磴 dèng 山路的石级。台阶也叫磴，梯子和楼梯也叫磴。

隥 dèng 或作嶝。上下的山坡，可以升降。

瞪 dèng 用力睁大眼睛。与登共同的义素是用力，于足曰蹬，于目曰瞪。瞪是六朝以来用开的字。

橙 chéng 橘属。橙树高枝，故从登。一曰登有成熟义，橙于八月五谷丰登时成熟，故曰橙。

簦 dēng 笠而有柄如车盖，即今之伞，升于上者也。

灯（燈） dēng 照明之器，古皆燃油，曰油灯或膏灯。于一高脚的盘中盛油，置灯芯草或线条于其中，将草头或线头挑至盘边点燃，故曰挑灯。灯座须高，故曰檠，高擎之义。灯也需升，曰上灯或张灯。大红灯笼高高挂，便也是升。

撜 zhěng 古作抍。上举。撜与拯音义同，为拯救之义。子路撜溺，就是把溺水者举上岸来。

短 duǎn 古时弓长六尺，矢三尺，故度量长时用弓，度短时用矢。所谓一箭之地，言其狭小。短由长短之义而泛指时空之短，抽象义指人的长处、短处，要取长补短，扬长避短。短与断叠韵而义通。断发文身就是短发文身。又如说短路，就是拦路抢劫，也就是截断交通要抢劫。《尚书》中说"断命"，《论语》中说"短命"。

以下两个从豆字，是从豆的假借义派生的。

痘 dòu 出天花时皮肤上长出的豆状疱疹，以其如豆，故痘的音义从豆。

饾（餖） dòu 饾饤，或饤饾，指小块状的食品，今说丁豆点儿。

454.鼎

鼎 dǐng 三足两耳的熟食与调味之器。它的古文字写作贞。鼎不从目，贞不从贝，都是像鼎的容盛之腹。初为陶制，后以金属制，然后才制出特大型的宝鼎，用以祭祀、铭刻功德或国家政令法规，竟成了一国权力的象征。这鼎摆在宗庙或宫廷里，是不能随便去窥探或打听的，若是你要"问鼎"，那就是想要篡权当野心家了。到了战国、秦汉时代，说钟鸣鼎食之家，便是大户人家，是鼎盛、显赫之家。鼎也有了盛义，鼎盛就是兴旺。

贞（貞） zhēn 从卜，鼎省声。鼎是国之重器，郑重的卜问就叫贞。占卜什么问题，就要问，主持占卜的官员叫占尹，便要回答。占尹的官员不全是盲目回答，他们有一定的预测能力，从而产生了后来的《易经》。故贞字有坚信不疑、贞守节操、忠实真诚之义，可说贞士、贞妇、忠贞、贞操等。

侦（偵） zhēn 由卜问之义引申为探问、候望、察看之义，故今说侦察、侦探。

桢（楨） zhēn 坚贞之木，严冬青翠不凋。另一义项版版筑（两边用夹板，中间装上土夯实，筑成土墙）时立于两端之木柱，以它为准，要求平正垂直，故曰桢，取表率和支柱之义。

帧（幀） zhēn 书画作品的装裱，有托褙、镶边、安轴等工序。故从巾，贞声。贞，正也，善也。

赪（赬） chēng 赤为正色，与间色相对而言。同时一般颜色也有正与不正之别，赪为赤之正者，如形容云霞、枫林。

祯（禎） zhēn 吉祥、福祉。好征兆就说祯祥。

455. 圭

圭 guī 一种长条形的玉，上端为半圆形，下端是半正方，象征天圆地方。

分封诸侯时赐圭为凭信。字从土圭，表示土地的所有权，故称圭田。执圭就表明了身份。圭是礼器和凭信，还作仪器，叫作圭臬(niè)，臬是立着测日影的标杆，圭是测日影在地面上的长短从而确定节气的。圭臬有典范和标准之义。圭又有佳善、佳丽之义，从而派生了佳字。

佳 jiā 本指男女外表形象之好，以玉比人，如说佳丽、佳冶。引申指人名声或文章之佳，天光气候及山川万象之佳。今说佳节、佳音、佳话、佳肴等，是文雅的词藻，口语中用得不多。

鲑（鮭） guī 鲑鱼。言其味美，故音义从圭。

桂 guì 至少在战国时代，屈原的《九歌》中已经说到桂酒，即桂花酒。肉桂是由药物发展为香料调料，故桂之从圭，取木中佳善之义。桂冠指用桂花编制的冠，清香高洁，后以桂奖比成绩之佳，取桂、佳音义同源之义，今则把比赛得冠军称作折桂。折枝为鞠躬、跪拜之义，枝与肢也同语源。折柳为送别之义，柳与留也同语源。

卦 guà 从卜圭声。人们占卜所得之征兆，与八八六十四卦相联系，从而来测知吉凶。这六十四卦是观天地之变、阴阳之交而得的，有许多概括性、总结性的话，十分深刻。当然其中不免有碰运气、具有盲目性的成分，它反映人们过去是多么迫切地要掌握自己的命运。卦作动词谓占卜，作名词指卜所得的卦。

挂 guà 或作掛。本指画卦、画符，由此引申为牵挂万物之义，得具体义牵挂、悬挂，抽象义挂念、挂心等说法，成了现代的常用词。挂的语义是由抽象发展到具体的典型例子，挂在墙上，挂在嘴上，挂在脸上。又说挂名、挂号，已没有悬挂的行为，还说一挂鞭炮之类。挂的语义是由抽象到具体、由专门语到全民口语词的典型事例。

绖（絰） guà 被绳子或什么障碍物绊住脚，或攀住身子。

诖（註）

guà 因一些牵挂而延误、耽搁了大事。或者是去欺骗、误导别人。

裤

guà 亦作褂。一般指罩衫，里面穿的一件高级装束，有长有短。马裤是骑马时穿的，今一般衬衣也说裤子。

闺（閨）

guī 本指宫中小门，上圆下方似圭。后一般内室之门也可叫闺门，故至今说闺女。

街

jiē 说大街小巷。市区之中，道路纵横交错，如土地之左右规划。

崖

yá 本作厓。崖为山边，涯为水边。厂、厈、崖三字古声母均相同，厓的音义从厂又从圭。圭及从圭字可有土地界画与边际之义，由土地之边指山岩之边。划分土地和疆域，往往以山水之崖作为边界。我们现在的许多省界、县界，是多少个世纪以来的传统界限，以山水为界。许多水岸就是山崖，还说悬崖、摩崖。

涯

yá 水边。天涯的涯从水，过去人们的观念，四周都是海，所谓的四海之内或海内。那么天边就是海涯了。

睚

yá 眼睚，眼圈或眼角。睚眦，引申的怒目之义，睚眦尽裂，眼珠都要突出来，便是大怒了。

畦

qí 田中划分成若干相连的小区，叫作畦或垄，可以种麦或种菜。又指田埂、田界。

洼

wā 坑坑洼洼，指低陷的地方。洼与洿（wū）双声为训，浊水不流曰洿，故洼为积水颇深之地。

漥

wā 低下之地，甚至牛蹄踩下的坑积点水也可叫漥。今简化字简作洼。

蛙

wā 本作鼃。青蛙、蛤蟆之类。《本草纲目》中说，因为它好哇哇地叫，就叫它作蛙了。它好居水洼之地，故字从圭。

眭

huī 深目，即眼睛凹陷。抽象义为目光深邃。

娃

wá 眼睛大又圆之貌，也指女子长得美好，与佳字义近。今指小孩、婴儿曰娃娃。

恚

huì 怨恨，愤怒。与睸字义近。一从目，表现于眼上；一从心，发自内心，是更深切的。

睸

wèi 目怒貌。

哇

wā 本指谄媚、讨好之声，与娃之美好之义相近。还表哭叫声、呕吐声。

456. 敬

敬

jìng 认真、严肃。今说敬业，即对自己的工作认真。又有慎重之义，不马虎。引申为尊敬、敬仰、敬佩之义。敬礼就是恭敬行礼。敬是会意字，从攴从苟，攴为治事、办事，苟为戒备，办事自多戒备，就是认真严肃的了。

警

jǐng 告诫，戒备。今说警惕，就是警戒而谨慎。字或作儆。

惊（驚）

jīng 马恐惧而惊动。主要用以指人惊。惊的主宾语大为扩展，可说惊蛰、惊涛骇浪、惊天动地、惊弓之鸟。同义词结合的，说惊慌、惊惶失措、惊恐万状、惊险、惊奇等义。

擎

qíng 举起、托起。如说擎跽，跽为跪，擎为举，都是人臣行礼之词。如说"擎饮食"，是奴婢向主人进食。擎天柱就是能撑起天的柱子。

檠

qíng 灯架，是举起灯烛的工具。灯架不会有尊敬的心理因素了，故只有举起之义。

蟼

jǐng 癞蛤蟆。它警惕性高，白天多栖于泥穴、草丛或石板下，夜晚方出动捕食。

457. 肃

肃（肅） sù 今说肃然起敬，肃然就是恭敬严整之貌。字从聿，从又持巾，意思是手之捷巧。心手捷巧，又持事恭敬，下面是一个𣶒（即渊）字，即是如临深渊，弄得不好便有灭顶之灾，所以要敬肃。直到民国之前，官家的公堂上都还竖着写有肃静和回避的两块大牌子，这是政治上的严肃。天气也能严肃，秋风是萧瑟，严冬有肃杀，清野之气来临。政治上也可说气候、氛围，人气和天气相通。

萧（蕭） xiāo 本指祭祀时点燃的一种香蒿，以示肃静恭敬。萧有严肃之义，萧斧指一种刚利之斧，是威严的。萧墙指进门时的屏风，或叫照壁墙，君臣或宾主于此恭敬严肃。萧萧为风雨声，天时严急。又说萧瑟、萧飒、萧索，均双声词。

潇（瀟） xiāo 风雨急疾之貌。如说风雨潇潇。湖南有潇、湘二水，据《水经注》："潇者，水清深也。"

箫（簫） xiāo 管乐器。一管而直吹者叫洞箫，多管而长短参差者曰排箫。箫，其声肃肃而清也。

擉 sù 打击（钟等乐器），使人们整肃恭敬。

绣（繡） xiù 今专指刺绣，如苏绣、湘绣、汴绣等。古绘画也可叫绣，只要五彩备便是绣，同为设色之工。箫为五音备，绣是五色备。今说锦绣、绮绣等。五彩之备还需巧施，这正是肃字从聿，手捷巧也。

啸（嘯） xiào 吹声。如说仰天长啸，永啸。还说虎啸、猿啸、牧啸、悲啸。

櫹 sù 枝干萧疏而高耸之貌。从肃之字往往有长义，如啸为声之长。

臕 sōu 干鱼尾长。干鱼肉收缩了，长度没变，故显得长。也指干鱼。

蟏（蠨） xiāo 蟏蛸，一种小蜘蛛，但脚长，一名长脚。俗称喜子。据说它爬到人衣上，当有亲客至，有喜。

鷛（鷫） sù 鷛鷞，或作肃爽，雁的一种，长颈绿身。用它的羽毛所制之裘曰鷛鷞裘。

骕（驌） sù 骕骦，或作肃爽、肃霜，骏马名。音义从肃，取疾速之义。

458. 文

文 wén 交错的纹理。象相交之纹。指事物之纹理，如天有天文，地有地理，有水文。人则有人文，研究人类社会各种纹理就叫人文科学。还有文章、文采，文字也都是交错的笔画，象形字都是文。文作动词，为修饰、掩饰之义，如说文过饰非，就是美化自己的过错。作形容词是华丽、美好之义。文质，就是文采与质地对举。文还与武对举，治国既要崇文，又要宣武。文言一词有二义：一是指古书之言、文字之言，与当今口头之言相对而言；一是指讲究华丽文采之言。

纹（紋） wén 织物之纹，泛指各种花纹、皱纹、纹理、纹路。有指纹、布纹、裂纹等。

雯 wén 云彩变幻之文。

玟 mín 玉纹。

駁 wén 周文王时犬戎献的一种赤鬣黄目的白马名曰駁。

汶 wèn 山东汶河水有三：一是大汶河，一是东汶河，均在下游分岔，流入不同的水。又有汶河，它有两个源头，合流后归沂水。总之，或在上游合岔，或在下游分岔，总之是交错之形。故名为汶。

紊 wěn 乱。如说有条不紊。文可派生纹理之义，也可派生紊乱之义；犹如错，可说交错，也可说错乱。

玫 méi 今指浓香的玫瑰花。古指一种美石，一名火齐。玫从文声，只有声母从文而双声。玫瑰二字叠韵，瑰为瑰丽、瑰宝之义。

459. 廖

廖 mù 精细的文采。从彡从隙省，隙就是门际或壁缝中透露的一点白光，即是较小的文采曰廖，用来形容礼乐之和美。而昭则是日之大明。所谓左昭右穆，在宗庙祭祖时，始祖居中，一左一右地顺次循序地一代代向下排列。穆引申为肃穆、和谐、清静等义。

穆 mù 从禾，廖声。禾，和也。故穆为和谐、肃穆、明美之义。

460. 爻

爻 yáo 交叉错杂。《易经》中有阳爻和阴爻两种，每三爻搭配，任其阴阳的数量和顺序变化，即得八卦。每六爻搭配，任其变化可得六十四卦。

肴 (餚) yáo 同餚。从肉、爻声。爻字的最后一捺变成横，是隶书发展横势的要求。肴作动词指吃、嚼。作名词指肉食品，今犹说佳肴、珍肴。餚字加食旁，说明已脱离肉食为主的渔猎时代，因为食字常指谷类食品。

骰 xiáo 从殳，指竹木等兵杖的混杂，引申指一般事物之混杂，可说骰乱、骰杂。

崤 xiáo 崤山在河南洛宁县，由东崤和西崤相交而成。所谓骰（即崤）函之固，就是崤山与函谷关为边防要塞之坚固牢靠。

淆 xiáo 混杂。今说混淆。两类事物杂乱不分，抽象义说混淆是非、混淆视听，好人坏人混淆不清。

孝 jiào 仿效。教、学二字皆从孝。孝字则是从老省。

教 jiào 上面施教，下面仿效。上下交流、仿效。自古就提倡教学相长。作名词指教育、教令。政教常联称，字皆从攴，是有关治理之事。又引申为宗教之教。儒家是强调教化的，但不提倡宗教的形式，顶礼膜拜是外来的。教作动词可分主动、被动二义：上面施教，便是主动行为，可引申为使、令之义；下面仿效，便是受教、被教，可引申为被、让之义。"敢教日月换新天"中的便是主动的；"打起黄莺儿，莫教枝上啼"中的便是使、让之义。

驳 (駁) bó 马的毛色不纯一，《易经》中说的驳马，谓赤白相间。《说文解字》有"犖(luò)，驳牛也"。指牛的毛色不纯一。故驳犖连称，构成叠韵词。斑也有颜色斑斓、不纯一之义。斑驳，指色彩说；辩驳，指言论说。不同观点之间混淆与求得统一，通过争鸣来解决。色彩之斑驳与是非之混淆，或色彩之斑斓与是非之分明，均驳字所有之义。

461.希

希 xī 从巾从爻。在巾布上看出相交之纹，故得稀疏之义。希为巾之稀疏者。稀则少，故又得稀少之义。后皆作稀，指禾苗之稀，种的时候稀疏点，长大了才正合适。今希字多用于希望、希冀、希图之义，实即睎字，希望是用目的，参见睎。希和稀有时也通用。

稀 xī 禾苗稀疏。秝(lì)从二禾，稀疏适当也。常要间苗，即拔除一些过稠的秧苗、菜苗。稀与希，一耕一织之别而已。引申指各种事物之稀，如说希用甲兵、希不信爱、好言天下之所稀有，皆为稀少之义而用希字，古通用。

郗 xī 从阝，希声，谓骨节之间，即骨之稀疏处，骨头缝里。

睎 xī 可指远视、仰视、斜视，即左右交织而视，左顾右盼。本该作希望，由于希望一词抽象化，为期待、愿望之义，不再有目视的行为，便省作希了。

豨 xī 羊走成群，故群字从羊；豕走与犬走曰突，横冲直撞，故突字从犬，豨字从豕。所谓豨突或豕突，横直交错，左右急出如爻了。

晞 xī 日曝晒亦曰晞。晒则必疏散也，晒五谷则必于场，摊开，晒了一阵还要翻场。西南一些少数民族妇女，爱到河边洗发，洗了便要散开晒干或晾干。故晞为晒干之义，是行为之词引申为行为结果之词。晒，洒也，散落也；晞，稀也，疏散也。两字的语源之义相似。

欷 xī 欷歔，或作唏嘘。吐气渐少，指哭泣之余声。

悕 xī 心之交织，为思念之义。又有悲伤之义，则与欷字义近。

绤（綌） chī 精细的葛布，与希之从巾义近。绤又指细葛缝制成的衣服，绤与黹双声而互训，即音义相通，黹，缝制或缝制成的衣服，今服装行业还常说针黹。

胹 xìn 伤口愈合时，新长出的肉精细，新肉略微突起。故胹（又读作 chī）与绤义相近。胹又可写作脁或瘨，它们都是叠韵字。欣，欣盛；贲，凸起，都与胹字的语义相通。

罕 hǎn 本从网，干声。今说稀罕，两字双声而义通。罕与鲜叠韵而义通，鲜，本作尟，少也。故罕的音义从稀又是尟。《论语》中说："子罕言利。"是说孔子谈到利的时候不多，有时谈到，话也少。如果偶或一次就大谈特谈，还能叫"罕言利"吗？今说人迹罕至，即是又稀又少。罕是一个假借字，指长杆的捕鸟之网，与稀少之义无关。

462.爽

爽 shuǎng 从燚(lǐ，象门窗上的交叉，取稀疏通明之义)，从大，为大明之义，指门窗大明，为天色明亮，气候清凉。今说爽朗、清爽。周秦时人常说昧爽，又暗又明，即微明之义。抽象义指思想情绪之开朗、爽快，还说豪爽。爽的一项重要假借义通"丧"，为差失、过错、败坏之义。《老子》说："五味令人口爽。"不是现在说的爽口之义，而说让人没口味了，反胃了。爽字在现代口语中用得很多，如说爽口、爽身、声音爽朗、为人直爽、办事爽快，还说人逢喜事精神爽。本义指气候，则说秋高气爽，天气爽(对闷来说)。

潒 shuǎng 水清凉，明净。

塽 shuǎng 地势高敞，与光线、空气相联系。

瓹 chuǎng 用碎瓦石在瓶罐内磨蹭去垢，以使其清洁明亮，故音义从爽。瓹的另一义读 shuǎng，指在窑内没有烧透的瓦器，由于窑内火路不通畅，废品很多。故瓹字从爽，是取差失之义了。

㑄 chuǎng 形容人恶，显然从爽取败坏之义。

䫶 shuǎng 脸面之形象丑恶。从爽之字围绕着人身心之美好与丑恶，确立了几多义项，至今表好的义项还用着，丑恶之义则冷僻了。

鹴（鹴） shuǎng 鹴鸠，即鹰，其性爽而猛。又有鹴鶆，似雁而体高大，白羽，音义从爽，由明而引申谓白。故鹴亦可作鹴。

骦（骦） shuǎng 骦骦亦作骦騻，骏马名，毛色白。

463. 尔

尔（爾） ěr 稀疏明朗之状。它的一项实词义指花盛，便是交文与希明之状。尔主要假借作古虚词：（一）借作代词，与你、汝为双声。（二）借作副词词尾，与然、如、若等为双声，如说铿尔，就是声音铿锵地（放下了瑟）。假借作语气词，与耳、呢、而已为双声。

薾 ěr 花盛貌。怎么盛法？交缀而又鲜明。只有追溯它的语源和字源，才能是准确的。

你 nǐ 或作儞。第二人称代词，表你、你们、你的、你们的，但你字的普遍应用要到汉代以后，之前大多用尔字。不过这只是字源问题，因为尔字早已存在。

您 nín 第二人称代词你的尊称。你和您双声，显然是语源有关系，至于您的鼻音韵尾是怎么来的，您字最初没有表敬义，您有你和你们两义项，那么您的

韵尾该是与"们"（或懑等）字压缩而形成的。它在元曲中用得多，便是口语中出现的词。还曾写作恁、儜。说"劳儜驾"，便有表敬之义了。

迩（邇） ěr 近。今说远近，古可说遐迩。此指方位。迩来，就是近来，指时间。近、迩两字作为亲近、相近之义是一致的，但语源完全无关。近从斤声，持斤（斧子）而行，为近侍、近卫之义。迩为行走而近，得亲近之义。又有尼，从后近之也。尔也可作儞，即是你字，这里尼、尔、你、迩诸字音义都相合。由此可说，第二人称代词是由亲近、接近之义引申而得的。他，本义是别的，"王顾左右而言他"，演变为第三人称代词。

祢（禰） nǐ 祭祀先父的宗庙，故取亲近之义。

奶 nǎi 本作嬭。乃与尔双声。早先曾称母曰奶，取亲近之义。今广大地区把祖母称作奶奶，南方有些地区祖母称亲娘。奶，乳也，这是奶字又一义项。乳的本义是生育，喂奶也叫乳，这是动词，作名词指乳汁，只是乳还能作称谓词。

乳 rǔ 人及鸟生子曰乳，兽曰产。乳、奶古音双声，两字至今还有部分语义是重合的。乳制品就是奶制品。乳与雏叠韵，幼鸟曰雏，人的幼儿也可叫雏，如鲁迅的诗"携妇将雏鬓有丝"。故乳谓乳雏之义。乳字在现代还有引申义，分泌乳汁的称乳房。如乳的豆汁也可称豆乳，燕初生的雏叫乳燕等。

弥（彌） mí 引弓而满。弥月，就是满月，弥天就是满天。弥又有盛大、久长之义，应是与尔、薾的花盛之义有联系。弥又引申为副词更加之义，如说欲盖弥彰，想要掩盖却更加明显了。弥与满双声，弓张曰弥，水涨曰满。弥又有弥补、弥合、弥缝等说法，合则满。

㳽（瀰） mǐ 满也。双声为训。

瀰 mǐ 深、盛、满。水盛则满，《诗经》中有"河水瀰瀰"。也说瀰漫。

彊 mí 弛弓也。彊与弭(即弨)相通，弭有软弱、止息之义，或可指弛弓。

猕（獼） mí 指一种体形较大的猴。故音义必从弥，取盛大之义。

襧 zhǐ 缝纫衣服。与弥缝之义相近。它的声母从纵(zhǐ)，针工曰纵，即是缝合之工好，今说做工好。

繩 zhǐ 纵衣、剑衣。也是从缝制、交织取义。

464. 聿

聿 yù 从又持笔。会意字，上部为横写的又字，即右手，下部为笔形。聿即指笔，书写的工具。截竹为聿。周秦时代，楚谓之聿，吴谓之不律，燕谓之弗，秦谓之笔。所以，今一律说作笔，本是秦方言的词，秦统一天下，几个秦方言词，成了全民的词。

笔（筆） bǐ 不律谓之笔。显然的，不与笔双声，笔与律叠韵。不，实即弗，谓左右去之，即今之拂，写字的笔画为左右去之。故笔的取义就是右手拿着笔左右去之。不聿为什么又要作不律？律为音律之义，语言是有声的语言，诗歌要讲究音律。同时，文字和音律都要求统一。至于在考古上，如湖南长沙左公山出土的战国时的毛笔，兔毛制成，而殷商甲骨上往往有残留未刻的朱书或墨书文字，笔画流利，是三千年前书写的了。

律 lǜ 统一，约束。如说严于律己，就是对自己要严加约束。又说一律，律就是要一致。律常说法律，指法令、政令，律与令双声。政令中要求大家共同遵守者，便是律了。

465. 建

建 jiàn 从聿从廴。国家立法都要见于文字，然后推行到全国。廴(yǐn)，长行也。这就叫建。封建就是分封给土地，在内建立诸侯的邦国。这样，建本是一个政治用语，建邦建国，立朝律而推行全国。建旗也就是建邦立国，从而说建军、建都，都与立国有关。建设可指经济、文化等，都是国之大事。只有说建房、建筑(筑本指夯土)，才常与国无关。抽象义可说建树、建议、建立友谊等。

健 jiàn 能有所建的人，便是强健的了。天行健，君子以自强不息。意思是天体之行，昼夜不息，周而复始，故君子也应自我勉励，无有止息。故可说刚健、雄健，又进而说具体的健身、健谈、健步如飞、健康长寿等。

键（鍵） jiàn 插销或门闩使门打不开的叫键，能打开键的叫钥，一开一关。后来把锁头，叫锁簧和钥匙。键的音义从建，能有所建，刚坚而主启闭。钢琴有键盘，击键即是奏乐，是琴的关键部位。关键问题、关键作用，这就又回到抽象义了。

楗 jiàn 门闩，必要求刚硬之木。以木曰楗，以金曰键。

毽 jiàn 毛毽。用布裹以钱币，缀以鸡毛。踢不烂，故从建。

踺 jiàn 指体操运动等的一个翻身动作，叫踺子。意思是足的刚健。

又有腱字，参见从筋的词族。

指人的行为，所以从人。

赆（贐） jìn 亲友相见时的见面礼，也指临别相赠的盘缠。不管是见面还是赠别，总之是礼好。赆还有进献、进贡之义。

荩（藎） jìn 一名菉草。可染黄绿，色极鲜好。色好曰荩，书好曰聿。荩又与进、烬相通。

466. 聿

聿 jìn 从聿从彡。会意字。笔下写得有文采。书好为聿，水好为津。

津 jìn 本作水旁一个聿字，今省略了彡。水的渡口曰津，它总要求涯岸坚固可依。所谓津梁，津是渡的，梁即桥梁，是过的。问津就是讯问渡口，引申指请教学问的门径。要津就是交通要道。天津一词由来已久，天上的银河也有津梁，牛郎织女需要相会，而东极箕斗九星横跨天河，大概是真正的天津了。津津有味，意思是口液多，味道好，津字本从彡，就有美好之义。人体内有好多津液的滋润。津贴的津，也取滋润之义，给人应有的报酬，可说润资或润格，津贴就是润资和贴补。

烬（燼） jìn 更早作聿下一个火字，是聿省声。火好，全部烧尽了，只剩下一点灰烬。

尽（盡） jìn 从皿，聿声，谓器中美好之物已尽。如说一饮而尽，杯中之酒空了，便是本义用法。说言无不尽，由杯中物之尽引申为口中言之尽，主语扩展了。又引申为空尽、终止、完毕之义，如说竭尽、尽情、尽头，说尽心尽力，这是尽字宾语的扩展。语义向相反方向发展，尽由竭尽之义演变为全部、极甚之义，并作副词，为全部、悉皆之义。如说尽善尽美，就是极其完美，尽收眼底，就是全在眼中了。

儘 jǐn 现在简化为"尽"。全都、竭尽、最，主要用作副词，是从"尽"字的副词用法分化出来的，是宋代以来的白话中用开的词。尽量，就是竭尽其量；尽快，就是尽量地快；尽先，就是最先。尽管，也是副词，管的动词义被虚化掉了。尽管就是尽量放心地去做什么事，因为它总是

467. 画

画（畫） huà 早先是就划定田界、疆域而言。它从聿，则是在书面上划定的。作动词为划分之义，引申为绘画之义，五色相会于物象也。文字方面也说笔画。作名词指所绘之画，所画之图。图本指地图。今则图画连称。

划（劃） huà 以聿曰画，以刀曰划。古时刀和笔经常连称，在木石上写，故常用刀削。划是画的动词用法，划有刀刻、割开、删除等义。划的一项主要的引申用法是说计划、谋划、策划、筹划等之划，为抽象义。商业上还说划款，在账上分拨之义。划然是忽然、突然。

婳（嫿） huà 美好的时尚。

468. 册

册 cè 象书札有长有短，中间用皮绳穿连起来，叫作韦编。亦可作笧。后来的书籍都可叫册，并用作量词。

笧 cè 从曰，册声，告诉。一般都用册字，如说册祝，为告神之词；册书，告臣

之词。

栅 zhà 又读 shān 用竹木等编制成的隔离或阻拦的障碍物。现在更用铁丝网之类。今说栅栏。栅有编的语义，并可与编叠韵。编也从册，原来编的主要内容是编册，如户册之类。

删 shān 以刀删除，或删取。今则主要说删掉、删改、删节，古则还常可说删取，如说删《诗经》，是删除一些，还保留三百余篇。还说删《春秋》，是做些改动，还保留下来了。

籭 sān 竹器，似箱而粗，也是编制而成。

姍 shān 姍姍为美好、伶俐之义，册是整齐有条理的。婆姍，是盘旋缓行之义；姍姍，指舒缓、从容。故可说姍姍来迟。

愢 xiān 心口奸邪。姍字一度假借为"讪"，故得此贬义。

跚 shān 盘跚，盘旋舒缓而行。

珊 shān 珊瑚，历来都作观赏品或装饰物。色赤，生于海，故从姍省取美好之义。它是珊瑚虫分泌的石灰质之物堆积而成，好看。蜂蜜则是蜜蜂吃到胃里吐出来的东西，好吃。珊珊是佩带珠玉之声。

狦 shān 凶恶的狗，似狼而健。故其音义从姍，取丑义。

舢 sān 脂之在腰者曰肪，从方，旁也，腰在旁。脂之在胃者曰舢，取栅栏之义。

469. 典

典 diǎn 从册在丌（即基字）上，常说典册。古还可加竹字头，即是竹简。所以古时的典册很沉重，秦始皇每天批阅的文件要以百斤计。典礼，本是法典和礼

仪之义，今说开学典礼、毕业典礼。典范则谓典型与模范，典型就是合乎法典的类型。字典就是典范的字书。典故就是带有典型性的事和语。典的一项特殊语义是说典当、典押，是说合乎市场规则、法制的抵押。

腆 tiǎn 指膳食之丰盛、美好。腼腆本指脸丰美，引申指害羞，不自然。今口语中还说腆着个大肚子，义为凸起，那便是从肉并丰厚之义了。

惉 tiǎn 羞惭。"惉墨而谢"意思是面色青灰而羞愧，然后辞退了。

敟 diǎn 动词。谓以法典整治、管理、主持。

470. 扁

扁 biǎn 从户、册，指挂在门堂上的牌，实即今之匾额的匾字。后扁字主要用作不成方圆的扁形体，就又加匚（即方字）作匾。豌豆是圆的，扁豆就不圆了；棍子大多浑圆，扁担就不浑圆了。

匾 biǎn 匾额。又指竹草编成的扁薄容器。如装针线碎布的针线匾，养蚕用的蚕匾，晒谷的匾等。

褊 biǎn 衣服狭窄。古装大多宽博，尤其是礼服，故易有褊小之说。国土也可曰褊小，性格也可说褊，即狭窄、急躁。

篇 piān 书于简册而整编者。其实册已经是成编的篇了。如说《学而篇》《梁惠王篇》，的确是成篇的。

编 biān 将竹简依顺序排列并以丝交织、纠结，今有竹编、草编，还有金属细丝的编织、塑料袋的编织等。今更有计算机的编码，把诸多事物组织规律程序化、数字化、利用电流或电磁波轮送、再现，把人的编次的智慧推进到一个极高的境地。

遍 biàn 或作徧。行走有编次，有篇章，因而得普遍、周遍之义。作副词为全都之义。作补语可说踏遍天下、满山遍野。还作量词说看一遍。

偏 piān 不够普遍，偏在一边，如说有偏颇，有偏辞。这是语义向相反方向发展。还说偏旁、偏僻、偏斜。又说偏向、偏听偏信，便都是抽象义。偏与全成反义，可说以偏概全。

蹁 pián 蹁跹，就是足有所偏而旋转起舞。

翩 piān 与蹁通。翩跹，也作褊襝、翩翻、翩翾，都是形容鸟飞翔之状。翅膀翻腾摇曳。对人可说翩翩起舞，足不正。

骗（騙）piàn 骗腿上马，就是侧身抬起一条腿上马，即翻身上马，总之是取偏侧不正之义。骗人就是用不正当的语言叫人上当，还说欺骗，是抽象义了。

谝（諞）piǎn 指花言巧语，偏而不正之言。

碥 biǎn 水旁斜着伸出来的山石。

艑 biān 狭长的小船，今说一叶扁舟。艑从褊，狭也。

蝙 biān 蝙蝠，又名飞鼠、服翼。它的前后肢都有薄膜与身体相连，张开时像衣服翩翩。

犏 piān 牦牛与封牛（野牛）杂交，则生犏牛。它偏似牦牛，故叫犏牛。

鳊（鯿）biān 形体扁侧，头尖而小的一种鱼。

瘺 piān 半身萎缩，叫偏瘫病，字本作偏。

煸 biān 一种烹调方法，把鱼或肉放到油锅里炒到半熟，然后再煮或蒸。这种半萎缩与瘺的语义相通。

471．仑

仑（侖）lún 从亼从册。指综合而有序之思维。

昆仑，广大无垠之貌。昆，浑同也；仑，合成也。昆仑本指宇宙形成前的混沌状态，这是祖先们对宇宙形成的叙述。

论（論）lùn 作名词，指有条理之言；作动词，谓言有条理。论字重在综合，然后就能有条理。如今说辩论、争论、评论、综论天下。其实分析也是有条理的。今常有人说，欧美的思维重在分析，中国的思维重在综合。原则上分析与综合不可分，在一定程度上有侧重完全是可能的。

伦（倫）lún 人们之间的条理叫伦理，有亲疏、辈分之分。辈从非，非，分也；伦从仑，仑，合也。有分有合，就是有条理的了。伦，类也。绝伦，就是没有同伦可比，无与伦比。现在伦理关系仍还存在，只是有些陈旧的准则需要改造。

抢（搶）lún 选择材料需要分别归类，故从条理之义引申为选择之义，说抢材。又引申为挥动、转动，如说抢刀抢枪，就是武功的动作有条理，不乱阵脚。今又有丢弃之义，把无条无理的破烂都抢掉。

轮（輪）lún 有辐曰轮，无辐曰辁。三十辐两两相对，有严格的条理，故实心的椎轮不能叫轮。今则不分。轮廓，本指轮圈和外廓，引申指事物的大概情况，不知详情。轮的动词义为轮流转动，如说轮班、轮换、轮作、轮牧、轮番等。一轮明月，为量词，有月圆如轮之义。

沦（淪）lún 小波为沦，水纹有伦理也。作动词说沦落、沦陷、沦亡，都兼有沉没之义。如说国土沦陷，家境沦落，沦为殖民地、半殖民地。陷，谓山阜之陷，后也作沦。

纶（綸）
lún 拴在印把上的丝带，也指钓鱼的绳子，都要求理顺，故音义从仑。作动词理丝、理绳为纶，纠绳或搓绳亦可曰纶。纶又读 guān，实即是"冠"，它只指魏晋以来的一种冠名，叫白纶巾或黄纶巾，用青丝带编织的头巾，故写成纶，而没写成冠。实际上它还是冠，与今京剧中诸葛亮所戴相似。

坨（塪）
lǔn 田间分行加高，于垄背种豆类，一行行成有条理之状。瓦坨，或写作瓦楞，或说瓦垄。垄，取其隆起之义；坨，取其有条理之义。

囵（圇）
lún 囵囫，或作浑沦，即浑然一个整体。囫囵吞枣，指不加咀嚼、不知滋味地吃下了。用以形容书呆子，食古不化。

472. 音

音
yīn 发自各种乐器，有节奏能表情达意，就叫音。它大体就是现在说的音乐。音的字形从言，言字的口中含一，表示口有所述。音经常是指有内容的，如听话听音、话音未落。声则还包含有势，可说声势、声威。

谙（諳）
ān 熟悉，通晓。如说不谙水性。

暗
àn 一般室内光线不足也说暗；颜色深，又无光泽，也可说暗。引申义如说暗自思量，又说暗示、暗算、暗箭、暗流，都是明的反面；思想阴暗，则是险恶之义。音乐之义引申不出阴暗之义。音假借为阴，阴天就是日无光，实际是不见日而尚有光。阴，影母侵部，故为同音假借。

黯
àn 黯淡无光，可说天色黯淡，也可说脸色黯淡。又说黯然丧神、黯然销魂，都是抽象义。

闇
àn 《说文》："闭门也。"关起门来就暗了，故闇字从音，也取假借义。因为是关上门才变得暗起来，就得掩蔽之义。

窨
yìn 地窖之类，是阴暗的，故从音声。此为名词。作动词谓在地窖中窨藏，酿造业都讲究把新酿的酒封存在地窖中数月、数年，甚至数十年，有些酒的品牌就叫什么老窨。

揞
ǎn 《方言·六》："藏也。"《广韵》："手覆也。"引申为揞拭之类的动词义，与从音字的音义都相通。

罯
ǎn 掩覆则暗，故从音声。网的掩覆不论是捕鸟、捕兽或捕鱼，都要不声不响地暗中袭击。罯作名词指鱼网，作动词谓暗中掩覆，也引申指一般的覆盖。

腤
ān 《集韵》："烹也。"指一种在汤中先放好调料，再加鱼肉淹煮的烹调方法，其音义亦取淹盖之义。

猣
yān 《说文》："窦中犬声。从犬，从音，音亦声。"犬鸣洞穴之中，声遭掩藏而低沉。

喑
yīn 《方言·一》："自关而西秦晋之间凡大人少儿泣而不止谓之唴（qiàng），哭极音绝亦谓之唴。平原啼极无声谓之唴哴（liàng），楚谓之噭，宋、齐之间谓之喑。"即哭声低沉，以至无声。

瘖
yīn 《说文》："不能言也。"即失语症，哑巴。故从疒。

愔
xīn 《玉篇》："安和貌。"《字汇》："深静貌。"

歆
xīn 晓母侵部。"神食气也。从欠，音声。"意思是鬼神享用祭品的香气。

473. 乐

乐（樂）^{yuè} 音乐的乐与快乐的乐声母不同，我们已经没有资料说明 L 这个声母的由来，只有存疑了。古时乐器大多挂在木架上，故乐字从木，叫作简虡（jù），横档叫简，竖脚叫虡（也作簴）。故乐字上面的三个偏旁都不是字，是三件挂在木架上的乐器。我们现在考古发现的编钟、编磬，远比乐字繁多。我国传统音乐和戏剧的主调是喜，故乐、戏二字都引申有喜乐之义，强调悲是后来的事。古时说乐，远比现在隆重、神圣，它经常是跟礼、德、移风易俗、教化结合在一起。乐出于内心，必须要求和谐。乐者，天地之和也，所以从乐的派生字往往取义于和。

药（藥）^{yào} 中医兴草药，故字从草。中医的指导思想是要求身心各方面的调和，有了病就要吃药疗养，至今犹说养病，药与养双声，药的音义从养从乐，药的语源表现了中医的指导思想。

疗（療）^{liáo} 疗字是药字的动词用法，药就是用以疗的，今说医疗、治疗、疗养，"不可救药"这句话，最早见于《诗经》，《左传》中则说"不可救疗"。所以，乐、药、疗三字的音义实在是一脉相承的。

铄（鑠）^{shuò} 熔化（金属）。也说销，于水曰消，于金曰销。销、铄双声，古今都以销释铄，今还说销熔、消溶。销熔以后，就是合金和铸造的问题。医疗需要配方配药，冶金也需调和剂量。今谓合金，古谓铄金，即和合两种金属。《周礼·考工记》中具体记载了六种合金的调配剂量与其性能及功用，是世界上最早的炼

钢记载了。商周时代，我国的重工业基地在吴越，如无锡的锡、丹阳的铜，号称"吴越之金锡，此材之美者也"。秦相李斯也说秦国宫廷中收藏有"江南金锡"。相传可歌可泣的干将、莫邪夫妻为吴王铸剑，是我国炼钢工人的前身。铄，销乐也。铄字引申有光美之义，形容军队说铄师，显然是指装备精良。又说目光闪铄、精神矍铄，都是神采焕发之义。从乐到药和铄，声母屡变，于养曰药，于销曰铄。音乐与医药、冶金的关系，在语源中连通起来了。

爍（爍）^{yào} 丝色光彩灼然。声韵读同音乐的乐。

珠（瓅）^{lì} 玓珠或玓瓅，指珠玉多光泽。这是从铄金之义来的。

砾（礫）^{lì} 小石头子。今说沙砾、瓦砾，已无光彩可言。原来曾是指石之细者、白石之类。

栎（櫟）^{lì} 俗称柞栎、麻栎，结果实曰梂（qiú），栎实为坚果，球状，谓砾砾如石也。此以其实名其木。

烁（爍）^{shuò} 光彩闪动之貌。于金曰铄，于火曰烁，闪铄亦可作闪烁。火能克金。

鱳^{lì} 该鱼腹有交纹，故取美义。也由于它出产于乐浪潘国，以其产地名其物。就像莴笋这种蔬菜，因为它是从闶国传入的，又像火炬的把，就叫莴苣了。

跞（躒）^{lì} 又读同跃。足跳动、跃进。"骐骥一跃，不能十步"，也可说"骐马一跞，不能千里"，可见跞与跃音义相通。于光曰闪烁、闪耀；于足曰跳跞、跳跃。

轹（轢）^{lì} 车所滚压，马所践踏。引申有欺压之义。

474. 殷

殷 yīn 从殳，月(yǐn，身字的反写，故有反身、归向之义)声。转身是舞之容貌，击殳是跳舞之器，故殷为作乐之盛。故说殷祭、殷荐。引申为盛大、众多之义，如说忧心殷殷，谓忧心之盛和深，殷切即深切。殷又指血色，深赤之色。又指富足之义，如说殷富、殷实人家。殷代，也称殷商，成汤灭夏建商，传至盘庚，迁都于殷(今河南安阳西北)，故曰殷代。当然，这本是一个富庶的地区，到周代才荒芜了，才称为殷墟。

慇 yīn 心情沉痛、深切，这主要还是盛多之义。今说慇懃(也作殷勤)指情意恳切、深厚。说慇懃的接待，便是热情、周到。

475. 奏

奏 zòu 奉进，敬进。奏字的上部从屮，向上之义，从廾，左右二手相拱奉，两字合起来为奉进之义。奏字下半部为夲(tāo)字，趋进之义。故奏乐就是进乐、献乐。献技能也可说进，如今说奏功、奏效、奏捷。后来奏的一项特殊用法，专指给帝王上书曰奏，作动词说启奏、秉奏、上奏；作名词说奏章、奏折、奏疏。

凑 còu 水之会聚，竞进。它的主语扩展，可指人或物之会进。辐凑，就是车轮的辐条会聚到一中心。人之会聚也要说辐凑。凑字在古今的白话文中有很大发展，如人凑到一起，还可说凑拢、凑近点、凑个热闹、凑个趣，已是抽象义。还说凑够数，拼拼凑凑、凑合、凑伙过日子，是将就之义。凑巧，就是巧遇，是意外的，还说凑机会、凑运气。凑近乎，就是故意来表示亲热。凑是湊的俗体字少了一个点，那不是冰，看来就是与水的关系，一再引申，已经没有联系了，于是就去一个点，冲、准二字本也从水的，也已去了一个点，与水无关了。

辏 (輳) còu 辐条都聚到轮中心的车毂上。辐是名词，辏是动词，辐辏是主语和谓语的结合，四方辐辏，便是指人和社会了。

腠 còu 肤腠，或腠理，指皮肤和肌肉的纹理，它们拼凑、连接在一起，附着在骨骼上，伸缩、牵引，气血可以顺理而进。

揍 zòu 手之进。今为打击之义，手的急速行为，如说揍他一顿。这是近代以来口语中的用法。本为手之投或插，今已不用。

476. 章

章 zhāng 从音从十，十为数之终，故音乐终了为一章，今说乐章。诗文终了就说是篇章，有头有尾，思想情意就完整明白了，故引申为章明昭著之义。为章程、条理之义，要看章法，要有章可依。今说的胸章、领章、肩章、印章、徽章，都是一种标记，表明头衔、身份、奖励、凭信等，皆为名词了。

彰 zhāng 文采风貌、事业功名之显明彰著。历来的一种美德，就是不自我表彰。欲盖弥彰这句话，本是褒义，《左传》中说，有的人要求名而名不得，有的人想隐名却名益彰。后用作贬义，做了坏事想要掩盖，反而更加显露。

璋 zhāng 古时朝聘、祭祀、发兵等用以作为凭信的玉，是表明身份的，故其音义从章。

嫜 zhāng 或作伀。媳妇称婆婆公公曰姑嫜。取敬奉之义，因为乐章是表礼节的。

幛 zhàng 以布帛为屏障，张挂于墙，书字以庆吊，求得显彰。有喜幛、寿幛、挽幛等，口语中说幛子。

障 zhàng 界限，阻隔。乐章终了，就要与下一章分隔开，因此从章字又可发展为阻隔、障碍、屏障、遮蔽之义，是动词。前进路上的障碍、路障，则为名词。

嶂 zhàng 山之高峻似屏障者。于阜为障，于山为嶂。如青山嶂，层峦叠嶂。

樟 zhāng 樟树，或称香樟，它的根干枝叶中均可提炼出脂膏，做成樟脑，樟树之脂白色如脑状，置衣物中起防腐驱虫的保障作用，故曰樟脑。亦谓其木理多纹章。

瘴 zhàng 我国西南部山林地带有时弥漫一种湿热水气，带有恶性疟疾等传染病菌，称作瘴气，障碍、阻止人通行。

蟑 zhāng 蟑螂，意思是明君，即章郎，实际它总藏身暗中，是讳称。虫有臭味，讳称为香娘子，因为它活跃在厨灶间，故取讳称，取相反之义。蟑螂坏反得了个美名。它还叫负盘，因为它爱藏在盘皿之下或其他隐蔽处。

獐 zhāng 或作麞。如小鹿而美，故獐从章，取美义。《本草纲目》中说："猎人舞采，则麞麞注视，麞喜文章，故字从章。"然而今说獐头鼠目，则为贬义，谓其头小而尖，目小而圆，为丑陋而狡猾之状。

漳 zhāng 福建有漳江，湖北有漳水。山西有漳河，还分清漳、浊漳，下游还有老漳河、小漳河。以漳为名，取其水之清明秀丽、文章昭著之义。于是又有漳州、漳浦等地，漳绒、章缎等物。汉水之汉，取其水之旺盛；漳河之漳，取其水之清明。于水曰漳，于山曰嶂，于兽曰獐，于木曰樟，于巾曰幛，于玉曰璋，皆可得

明义。其实蟑螂也身有光泽，语取动灵义。

商 shāng 从㐬（即呐、讷。说话迟缓，言不出口，实即慢慢商量），章省声。即商字的上部是半个章字，即是要弄个明白之义。这样，商字本就是商讨、商量、磋商、协商之义。引申为商贸、商业之义，行曰商，坐曰贾。做生意少不了多商量，双方达成协议。这是商字区别于贸、易、买、鬻等字的地方。古说商人，大多指商代的人，只有《易经》中说"商旅不行"，那便是"行曰商"了。至于商代称商，是由于商之始祖契，曾封于商（今陕西商县）。那个地方为什么称商？就不易考证了。商代是已经有了商业的。

墒 shāng 新耕土地。指其湿润、肥美。今说墒情，指土壤的含水量。要保墒抢种，这是北方农村的常用词，因为北方多旱，南方多水田，没有常遇的墒情问题。

熵 shāng 对物质系统中的热能所作的衡量，研究其不能利用的程度，故从火，商声。这是新出现的科学术语，亦植根于汉语语源之中。

477. 竟

竟 jìng 从音从人，人在乐中也。音乐之曲折尽情为竟，今说意境。意境可就文艺的诸多领域来说，对语言来说，竟是就音乐说的。竟有二义：一指乐章之全部，一个整体；一指乐章之终了，引申义可指事物之全部或终了。竟日，就是整日，也可说终日。究竟，就是终于、到底。又说毕竟，毕就是完了，竟就是终极。

境 jìng 亦有二义：一指国土的全部，如说境域、境况、环境，还说处境、思想境界、精神境界，便是很抽象的语义了；一指边境，如说出境、入境，境内、

境外。这国土的境何以和音乐的竟联系起来了呢？显然这个音乐是就国家的礼乐、风尚来说的。入境要随俗，要问俗。

镜（鏡） jìng 金有光，可照物谓之镜。汉、唐常说青铜镜，是将铜盘或铁盘磨光，靠光的反照来显示面容。镜之音义从竟，也是取曲折尽情之义。乐是内心的，镜是容貌的，两者又能有精微的联系。青铜镜之前人们用什么来照见自己的容貌？《尚书》中说"水监"，即是端一盆水来照见自己。在语言上便是"监"字。

猿 jìng 恶兽。常枭、猿连称。枭，鸟名，食其母。猿，兽名，食父。相传黄帝欲绝其类。故猿从竟，取终绝之义。

滰 jiàng 水之终了，漏完。"滰淅而行"，是说孔子离开齐国的时候，淘米的水也要等它滰干了才走，大事、小事料理停当。

撅 yǐng 以手击之而中，达到目的就终了。

478. 殸

殸 qìng 即磬。石制的乐器，形似声字的下部，呈半折之形，上部表示向上悬挂之形，与鼓字的左上部同，从殳为敲击之义。这是象形和会意的字形，《说文》说殸的古文作硁，音义从壬，言其声之劲挺。磬折，谓屈腰如磬，躬身表示钦佩。

罄 qìng 缶中已空，则物尽，故罄为空尽之义。罄竹难书，谓把竹管都做成笔也写不完。罄，即窒字。窒为空穴之伸展，便是空尽。

馨 xīn 从香，殸声。香之远闻者，犹磬为石声之劲挺。馨与磬叠韵。馨与香双声。木多用于祭祀时祭品之馨香，引申为德之馨香，香本是五谷之香，竟说黍稷非馨，明德惟馨。即可以流芳百世。

音乐与道德的关系，如《礼记》中所说："乐者，德之华也。"即把音乐看作美德的表现。所以这个馨字在形音义的表达上，真可说是绝妙的了。

声（聲） shēng 从耳，磬声。馨以磬联系德政之馨香，声以磬联系声势之隆盛。声与势双声，今说声势。势，盛力，权势也。《诗经》有"文王有声"，这是说文王的德政与权势。这是声字的本来含义，今说声望、声势等词的声，均作此义，引申指一般物体撞击发出之声或人的语言发声。

479. 鼓

鼓 gǔ 从支从壴。打击乐器，名词。鼓身原多瓦制，蒙以革面，击其革面。战争时击鼓表示冲锋。鸣金则收兵，一鼓则作气。鼓作动词为敲击之义，如说鼓瑟鼓琴，都是敲击之义。它的宾语大肆扩展，可说鼓风、鼓雷、鼓掌、鼓舌，抽象义说鼓动情绪、鼓励士气等。而鼓腹、鼓肚、鼓鼓囊囊，更只是突起之义，连敲击出声的义素也都没有了。

臌 gǔ 肚子胀，有水臌、气臌，都是臌胀病。这是从郭的张开之义引申的。

瞽 gǔ 眼瞎。眼珠上长了层翳，鼓是蒙了一层皮。

480. 彭

彭 péng 击鼓声。彡，以三撇表示多，故说彭彭也可表示众多，如说出车彭彭。

膨 péng 膨脝(hēng)指大腹。膨胀本也形容人体庞大，引申指事物之膨胀。主语扩展，说膨胀系数，还说通货膨胀，还指人的地位变了，思想也起变化，说自我膨胀，便是抽象义了。

髼 bèng 瓮、坛之类瓦器之大腹膨脝者。

澎 péng 澎湃，大水冲击之声。古作澎濞(pì)。濞，水暴至声。还作滂湃、砰湃。现在口语中有时说"澎了一身水"，是溅水之义。

螃 péng 螃蜞，也作螃蜞。是蟹的一种，体较小。以其旁行，故从旁声，于旁有所期待也。彭与旁本相通。

縪 bēng 庙门内祭祖时，司祝来回步履彷徨，即是取彷徨之义。

481. 龠

龠 yuè 或作籥。管乐器上多孔，故从三口。又从仑，谓有条理。后来常吹羌笛，不说龠了。笛做了良好的改进。但在文字上可作偏旁字的，仅只有龢字。如吹、和、谐等字，原来均可作左旁的龢，右旁加欠、禾、皆。而快乐的乐字指音乐时，声母就要读同龢。可见，在三五千年前的乐坛上，龠是多么重要。与音乐有关的字往往以龠为形旁，以龠为声旁的字却大多与音乐无关。

籥 yuè 如笛的管乐器，本作龠。它的引申义指生火时吹气的竹筒，一般说火筒。它不出音乐，更无三孔，共同之点是吹气和竹管，就可以作语义的引申。更有一种橐籥，是冶炼时向熔炉里鼓风的皮囊，它的张与龠驱动空气的出入，橐字从石声，取张开之义。空气进入熔炉的小通道里有关键，气能出不能进，叫籥。这时的籥连竹管也没有了，只是一个吹气的装置。这出入启闭的关键部分古说籥，今说活塞，多数说键。

钥 (鑰) yào 古还作閞。今说钥匙，或锁钥。打开通道或门户的锁钥，关闭通道和门户的也叫锁钥，起着开闭两种作用。就像笛上的孔，按住是它，放开也是它。后来发明了锁头，就把锁和钥匙对立的两者严格区分开了。一把钥匙开一把锁。

吁 (籲) yù 呼，即口出气，今说呼吁。由于吁从籥声，所以那种呼吁是有礼有理的、和谐的，如说吁天，向老天爷呼吁，谁还能失礼呢？若是要打倒个王朝了，那还去向他呼吁什么呢，还去向他吹笛子吗？故今还是说吁请、吁求。

瀹 yuè 疏通(水道)。或引或排，都可曰瀹。对陆地来说是排，对海洋来说是入。瀹还有水煮之义，亦从入与出取义。

482. 喜

喜 xǐ 快乐。从壴从口，会意字。闻乐则喜，故从壴。喜是不及物动词，如说喜在心头。如果加了宾语，便是爱好之义了，如说喜新厌旧。今说喜事的特殊含义是结婚或生育。

嘻 xī 嘻嘻，喜笑之貌。当它用作叹息之声时，则可表惊异、表遗憾、表恨、表怒了。

嬉 xī 指游戏而得之喜。如说嬉戏，为玩耍、打闹之义。

禧 xǐ 行礼得吉祥、如意。故从示，为祈求之义。贺禧，就是恭贺得福。

僖 xī 谥号，如有鲁僖公、晋僖公等。亦取得福、吉祥之义。

蟢 xǐ 小蜘蛛长脚者，俗呼为喜子。它要爬到衣服上，那就有客至，有喜事。

喜即熙，参见熙。

483. 武

武 wǔ 从止从戈。即阻止干戈。我国的用兵思想，历来都说以兵去兵，以战去战。反对滥用武力，兵为不祥之器，圣人不得已而用之。武字的这种会意，正基于此。然而这是军事理论，为常人所不及。故也有人认为此"止"为行止之义、举止之义，武字的本义就是征伐示威。武作名词还说步武，为足迹之义，那便是行止了；作动词为踵武、继承之义。

赋 fù 从贝，武声。本指军赋，供车马、甲兵、士徒之役，充实府库之用。赋作动词为敛取之义。后说赋税，就不一定专指军赋了。并且还可有赐予之义，如说天赋，指自然的秉性，今还说历史赋予我们的使命。诗赋的赋，取铺陈之义，普遍地赐予便是铺陈了。

484. 军

军（軍）jūn 从车从包省，会意字。许多技术含量高的车，都用于军事，如轻车，是利于追逐的，楼车是用以眺望的。库字本指军库，从车。军字从包字省，师字从帀，为周匝之义；团，围也；营，为萦绕之义。实际都是包围之义。用兵讲阵法，便是包围与反包围。军作动词为驻扎、围建营地。两辆兵车竖起来便是辕门了。军的派生词多圈围之义。

裈（褌）kūn 裤子。从军取圈围之义，这是对没有裤裆的套裤说的。

皲（皸）jūn 手足的皮肤冻裂，或结成紫块，或曰冻疮。疮从仓，从合从围。皲从军，从包省。

运（運）yùn 本谓转动、围绕，如说日月运行，又说天下可运于掌。运字从军，本带政治性。所谓命运，或说时来运转，也包含这种语义。我国的运河大体上是直的，但它是取漕运之义，漕运则是辗转运输的。运字的声母有变化，它与回、环、围等字均双声而义通。运的音义从围又从军。

韗 yùn 或省韗。制作鼓的工匠名称。蒙鼓，把苇或革蒙上鼓身，是圈围的行为。

繂 yùn 纬线。织布机上的经线是直的，纬线来回穿梭于其间。繂还有大束之义，即一大捆丝或麻。束字中间是一个围字，木被围住；捆字从困，是木的外部被围住。繂则是来回穿行。

晕（暈）yùn 日月周围的光圈。月晕而风，日晕而雨，要变天了。这是典型的圈围现象。军事和气象一向都有密切关系。今引申有头晕、晕头转向、晕车、晕船等说法，即是感到周围都在旋转。

珲（琿）hún 美玉，有光彩。又读同辉。

郓（鄆）yùn 山东有郓城县，梁山好汉常在那里出没。它是春秋时鲁国季孙行父率军所筑。城池圈围就称郓了。

浑（渾）hún 水流回旋喷涌，滚滚而下。动词。如说源泉浑浑，引申指社会财富，可说货财浑浑。今说浑合、浑杂、浑涌、浑浊等，大多写作混。混蛋，写作混；浑说（胡说）还作浑。浑沌，指天地还没有形成之前，想象之中是浑沌一团，什么也不分。浑又引申有盛大之义，军事、日月、城池、源泉，乃至宇宙，都是盛大之圈围。又得厚重之义，如说浑厚；又得周遍、完全之义，如说浑身是胆，就是全身。又作副词义，为完全、都、满、简直之义，如杜甫诗"白头搔更短，浑欲不胜簪"。即是头发剩得不多了，簪子简直已经插不住。

恽（惲） yùn 心事厚重，说浑厚。又有谋划之义，就接近于军事了。

诨（諢） hùn 打诨、发诨，义为打趣逗乐，开玩笑。即是说话兜圈子、打回旋，插些别的话头，附会牵合，叫作诨语。盛行于宋元杂剧，叫插科打诨。

荤（葷） hūn 有气味的菜，如香菜、葱、蒜之类。佛教戒食荤腥，就把鱼、肉等腥臊之物也包括在荤菜里了。荤字古作薰，气之上出而圈围。

貔 hún 灰鼠。皮毛柔软如绒，皮毛名贵，作裘衣穿在身上，也是包围的。故与辉、裈之取义相近。

辉（輝） huī 或作煇、晖。光。光芒与光辉有什么区别？芒，草端也，是直线的，可说光芒万丈；辉字从军，有圈围之义，辉与围叠韵。可说辉映，映从央，是四方环围的，辉从军，从包省，就是同义词的结合了。

翚（翬） huī 鹰隼之飞曰翚。因为要在地面上寻找目标，即所谓高空翱翔，其飞是回旋的，翚与辉通，故又指羽毛的光辉照耀。

挥（揮） huī 挥手、指挥，都只能是回旋的，即使是伸出去，还总要转回来。今说挥戈、挥剑、挥鞭、挥毫，也都是手来回的动作。发挥一词，《易经》中就有了，发字从癶，是脚的左右相背的行为。又说挥舞，舞字从舛，也是左右相乖的动作。只有挥洒、挥泪、金钱的挥霍，很难说会拐弯，而语义也就不必如此追究了。

485. 尉

尉 wèi 本作熨。是右手持火，上面一个横躺着的人（尸字），中间的二不知是什么，起隔离的作用。这就是现在所说的热疗、热敷。内蒙古、山西一带的人睡热炕，每天做饭的火从炕板底下的烟道出去，人劳动一天，躺在热炕上睡一觉，非常解乏。《史记》中记载着古代名医扁鹊的熨疗的情况。后来用熨斗裹布帛，使它伸展平顺，就又在下加一火字。熨的动作都是手从上按下的动作，所以《说文解字》说："尉，从上案下也。"尉字早就作为一个武官之称，如廷尉、太尉、校尉，至今还有少尉、大尉等，他们也是用手去按，用军械去按，对国家社会存在的毛病进行热疗吧。一说尸(yí)，即夷，为安平之义，尉就是保平安的人。后又把从又，改为从寸。寸，法也，他们必须依法行动。尉字作了武官之称，熨字就又加火旁以示区别。尉作姓氏读通同郁，古音尉、郁同音。

屪 wèi 捕鸟网，当然是自上按下地操作的。

鳚（鰄） wèi 本作鲔。它身有甲，可以摩擦姜块，它头小而尖，似铁兜鍪。这不俨然是个都尉了吗，故又写从尉。它似鳝而青黑。

慰 wèi 心之从上安下，故为安慰之义。今说慰劳、慰问、抚慰、欣慰等。慰字往往假借为郁(本作鬱)字，两字古同音。郁，愁思也，今说抑郁，郁则怒、恨。这都已是古义。

蔚 wèi 草木盛。义从郁字来。引申为丰富、盛大，如说蔚然成风、蔚为大观。今说郁结，古也可作蔚结。

霨 wèi 水汽充盛、聚集，如说云蒸(上升)霞霨，经常也作蔚字。

蘮 wèi 益母草。也叫茺蔚,全草入药,常用于妇科病。天下的母亲都是应该安慰的。

熨 yùn 熨斗。作动词熨衣服。熨又可作煴,用烙铁或熨斗烫平衣物。

486. 卒

卒 zú 衣有标识者,字作"衣"字下一斜直。指事字。隶人或士兵衣有标识,故卒可指奴隶、罪犯、差役等,后指士兵。卒有两项重要的假借义:(一)假借为"讫",得终了、竭尽之义。卒岁,就是过完这一年。人死曰卒,也是终了之义。(二)假借为"猝",得仓猝、急猝之义,从而读cù。卒然,就是突然。卒与讫、突,它们都是叠韵字之间的假借。

翠 cuì 青羽之雀。常说翡翠,雄而赤羽为翡,雌而青羽为翠。新疆于阗出的玉石也叫翡翠,实际是多种颜色的。有红楼,有翠楼。说翠微,指轻淡青葱的山色,说翠色,是一抹的青色了。卒由衣服指染色而指羽毛、玉石之色,又特指青色。

萃 cuì 草丛生貌。今常说荟萃,指草木,也指人文之汇合、集聚。如说出类拔萃,类与萃相对,萃便是群聚之义。

粹 cuì 精米,无杂质,色泽和口味好。今说精粹、纯粹。士兵们的戎衣也是一律不杂的。

綷(繀) cuì 会合了多种颜色的彩缯,故音义从卒,也取会聚之义。

醉 zuì 喝到头了,不能再喝了,故为终了之义。也可说酒病也,神志昏乱,或倒地,瘁也。醉的引申义很好,如说醉心、陶醉,绝无病义,并且是抽象义,指精神的陶醉,已与酒无关。

瘁 cuì 心力用尽,忧劳成疾。它跟一般生理疾病不同。鞠躬尽瘁就是竭尽(心力),是劳困之病、忧伤之病。即卒之竭尽、终了之义。

悴 cuì 心力交瘁。憔悴,指容貌衰瘦、萎靡、瘦弱。屈原忧国忧民,到最后是"颜色憔悴,形容枯槁"。憔字从焦,干枯之义,今犹说焦虑;悴字从卒,竭尽之义,今犹说尽心。

殚 zú 大夫死曰殚。这就赋予它一个等级的区别,一般死曰卒,如说生卒。

碎 suì 磨碎。破也从石。于人曰卒,于器曰碎,都已不能再用。碎的引申义可指各种器物之破碎,主语扩展。如说细碎、零碎、琐碎,是对整体而言。舞台上有碎步,是以极小的跨度迅速前行;陶瓷中有碎瓷,器上布满了像是破碎的花纹。抽象义如说:你妈为你把心都操碎了。

猝 cù 急速、突然、暴疾,为时间副词。作动词指急速的行为,暴出。手足之速有捽、踤,口舌之速有啐、誶,水火之速有淬、焠等。

誶(誶) suì 斥责、诘问、谏诤,皆为怒叱。誶语,就是怒斥的话。

啐 cuì 急速从嘴里吐出,如说啐了一口唾沫。也作表示斥责、辱骂或唾弃的象声词。

齰 zú 咬。啮是用力地咬,齰是快速地咬。齰字从乍,齰字从卒,皆急速之义。

踤 zú 踢或撞。如说冲踤。

捽 zuó 揪住。若是淹了,就说捽其发而拯;若是要制服他,就说捽其首使顿地。

焠 cuì 焠火,或蘸火,先秦就已有了,把刀刃烧红,急速纳入水中,冷处理,以增加其硬度。

淬 cuì 贮水焠刃之器。这里是水与火合,故从卒亦可取会合之义,与萃相通。

崒 **zú** 崒崩，山陵猝然崩塌。

487. 役

役 **yì** 从殳从彳。即执竹竿、木杖之类去守卫，本指守边之义。一般服劳役，不一定执殳（shū），也可叫役。动词。荀子有句哲学名言，说人要役物，而不役于物。人和物相对，即是支配和使用外物，而不能为外物所奴役。役作名词，今说服兵役，打一仗可说战役。

疫 **yì** 从疒，役省声。为疾病所役使、困扰。故一两个人生病不叫疫，大家得病才叫疫，即指传染病、瘟疫之类。今还说鼠疫。

488. 氜

氜 **yǎn** 旌旗飘动之状。象形字，它的左旁本从中，象旗杆上出，右旁人字形状本是与中联系着，象旌旗的飘带出入舞动。形容词，古时旌旗多直幅，从上面挂下来，就越发能起伏飘动。游字从氜，是在水中一出一入地浮动，氜是在空中起落飘动。有关旌旗之字形旁多从氜，而音义从氜之字皆与旌旗无关，因为语义引申了。

倝 **gàn** 光芒。从旦，氜声。日始出，光芒闪烁之状。今河南南阳一带还有民歌："太阳出来红倝倝。"倝与光双声，是光之闪烁；犹翰之从毫双声，是毫（笔头）之走动。这是从氜字的声母在变化，语义也随之变化，而与旌旗无关了。

乾 **qián** 从乙，倝声。天。乾坤，就是天地。乾的字形所表达的：上面是日出光芒闪耀；下面为乙，乙为万物屈曲而上出。这就是天下。乾又读 **gān**，今简化为干。干湿的干与乾坤的乾，声母本相同，后来分化成两个，成了又读。干与湿相对，百谷草木上出，则干湿处于正常状态，若是没有水，则干旱了，泛滥了，便是水灾。干字在口语中得到很好的发展：眼泪哭干，就是完毕了。若说干哭，则是假哭、装蒜，或是一个劲地死哭，就是没有真情。干字引申作程度副词，谓徒有其表、空无其实地、白白地，如说干瞪眼。干脆，就是做事直率、爽快，干净利索，没有水分。

榦 **gàn** 今简化作干。本指筑土墙时两端竖起的标杆，今引申说树干、枝干，抽象义说骨干、发挥骨干作用。榦之从倝，取上出之义。

幹 **gàn** 与榦常通用，也简化作干。大多用作抽象义，如说才干、干劲、干事、干活。

翰 **gàn** 赤色，太阳之色。故翰为阳光闪烁、光明显耀之义。

看 **kàn** 或作翰。看为会意字，从目从手，目上有手遮光，可以看得远、看得清。翰为形声字，从其形上就可得知它音义的由来了。翰，从目倝声，便是目光闪烁。看又读作 **kān**，为看守、看管之义，如说看门、看瓜、看场，区别于一般的看。六朝时期看的语义泛化成为一般的看。古曰视，今曰看。看字还有更多的发展，如说看孩子、看病，已是照料、诊治之义。又如说看重他、看轻他，这是对人的评价，连看的行为也没有了。再说唱唱看、想想看，表示试一试，更已虚化为助词了。

翰 **hàn** 锦鸡，其羽毛光彩闪烁。从羽，倝声。翰又有毛笔之义，翰墨就是笔墨。

瀚 **hàn** 浩瀚，水盛大而光耀。

鶾 **hàn** 鸟羽长也。

騆 hàn 马毛长者。毛长者曰毫，毫与騆双声。

貒 hàn 兽豪。豪与毫通，即兽之鬃毛。

浣 huàn 本作瀚，亦作澣。洗衣服。去垢则色泽鲜明，光彩照人，故从水，斡声。后写作浣，取简省。浣雪，就是洗刷（罪名）。浣的一个特殊义项，一个月中十日为一浣，三十日分为上浣、中浣、下浣。唐代的官制，十日休沐一次，回家换换衣服，洗洗澡。唐代的官服，色彩非常鲜艳，待浣日换洗。

韩（韓） hán 从韦，倝省声。井口上的栏圈。提水时上出，空桶便放下去，出入不断，故从倝声。韩与韦双声，韦即围，井栏是周匝围绕的。现在韩字已只作姓氏之用。

旋 xuán 从㫃从疋。人之足随㫃旗之指挥而周旋也，㫃疋为旋。旋的音义从随又从㫃。旋即，即随即，是时间副词。旋的动词义引申为旋转，如说螺旋、回旋、凯旋。

鏇 xuàn 指一些圆形的器物，如圆形的炉子可曰鏇，圆形的温酒的筒、铜锡的盘子曰鏇。今之电钻，过去叫鏇。还有鏇床、鏇凿。

漩 xuán 或作漩。回泉也。水流遇到凹陷的地形，常出现漩涡。

縼 xuàn 用长绳拴着牛马放牧，使它在一个地段上来回吃草，不能远走。动词，系住，拴住。

嫙 xuán 轻捷美好之貌，即来回进退，随心自如。

璇 xuán 美玉。如说白璇珠，是圆转的。

斡 wò 本指用以舀水的瓢的把柄，执柄则可运旋。斡旋本谓执柄枢转运。今说斡旋，指解决双方争端，来回出入于双方之间。斡与为双声。斡字古作斡，舌（非口舌之舌）本作昏（guā），隶变作舌，为堵塞、包括之义，如说囊括。斡就是出入而包容。

489. 勿

勿 wù 旗帜。大夫、士等低下爵位者所树，象旗之柄有三飘带。或写作𣃸，从㫃，用以召唤民众。勿勿或忽忽，为急速之义。见到旗帜召唤，就要急速行进，今勿字主要用作否定词，与不、没二字音近。今吴语否定词多用勿字。

物 wù 勿是旗帜，是典章文物；牛是牷牲所供，是牺牲祭物。故物的本义是指行礼之物，指礼物。只要涉及礼的范围，都可叫礼物。从而就可说生物、文物、事（本指政事）物、万物等，物的语义越来越宽泛。后来又说身在物外、身外之物，以物与身相对。又说唯物、唯心，以物与心相对。物可指最细微具体的，也可指最概括抽象的。能够有它比附一下的词，大概就是"东西"。

忽 hū 心情急切。也单纯指时间或行为之快疾，如说忽然、倏忽。偶尔引申为忘却、消失之义。

惚 hū 恍（或作慌）惚，两字双声。模糊难以捉摸，隐约难以辨认。恍从光，今说一晃就是几年，也指时间快。还说晃动，是快速摆动一下。

昒 hū 昒爽，天快亮，很快就天亮。

溜 hū 溜浴，用手很快地撩水洗澡。也说溜水、泼水，水洒得快。

笏 hù 手板。古时官员上朝手中所执，有玉石、象牙的，普通的为竹制，上可记事，以备忽忘，故音义从勿。

囫 hú 囫囵，详见囵字。

吻 wěn 唇边，今犹说唇吻，两字叠韵。吻又从勿，与礼节有关，常常用于表情达意。如说口吻，也说口气，是在言谈之中流露的言外之意，如说开玩笑的口吻。最典型的是说接吻，也作动词说吻他，是表喜爱、亲情的，不能说唇。

刎 wěn 自刎或刎颈。刎字从刀从勿，取殁、尽之义。往往也是带情意的，如说刎颈之交。

490. 旅

旅 lǚ 古今皆作军队的编制单位，军下为师，师下为旅。字从㫃，从从。旅的右下部是从字的隶化，为相随从之义。故旅字有众多、聚集、陈列(指队伍)、随行、羁旅等义。古说军旅之事，就是战争。今旅行、旅游，军事目的全没了，只是众人相从，倒是也常打旗。

膂 lǚ 即吕。军旅皆是指武力，吕为脊骨之形，故膂指脊骨撑拄之力，实即指体力。三国时代的吕布，史载他"膂力过人"，孔子那时有个卞庄子能斗双虎，也应膂力过人。

鲁 lǔ 笨拙，迟钝。今说鲁莽、粗鲁，即不精细，不聪明。鲁字的下部本为白字，指说话、言辞之笨拙。历来认为旅、膂、吕、鲁本为一字。旅就是随从，随从之人总较愚笨，随从就是相连，吕就是脊骨相连，就这么串连起来了。这是就语源说，今四字皆各有其用。

稆 lǚ 或作穭、旅。野稻不种而生曰穭。取粗野之义。

橹 lǔ 用膂力划进舟船的工具，长大者曰橹，短小曰桨。

撸 lū 以手强力去收拾对方，或击或取。如说撸了他几个嘴巴子，或说叫人家撸了。撸袖子、撸树叶，便是取。

噜 lū 噜嗦，或啰唆，起劲地说得没完，让人烦恼。也可有训斥之义，则与撸字义近。

者 zhě 本为区别事物之词。如今说"这个"，原先是说"者箇"，区别于那个。来者，就是未来的人或事，区别于往者。由于"者"字常居于词组或句子之末，故常虚化成句中或句末的语气词，表语气之停顿或终结。如今者、昔者，就是今昔之义。

楮(櫧) zhū 此树处处山谷可见，为常绿乔木，结籽也多。

煮 zhǔ 煮的时间长，火也大。最典型的用例是张羽煮海，要把海水都煮干，要煮多久，要多大的火？要不怎么能制服龙王，和龙女成婚。烹的时间便少，怕煮烂了。

渚 zhǔ 或作陼。水中可居人者，即土阜众聚与陈列。

翥 zhù 起飞，高翔。谓羽之众聚与丰满。

赭 zhě 赤土。谓赤之众多而陈列，即红土壤。作动词谓染成赤色。

奢 shē 篆作奓。从多与从者义同。今说奢侈，侈亦从多。奢为铺张，即众多而陈列。它也指富饶、美好之义，奢过头才成为奢侈、挥霍之义。这是后起义。

扯 chě 本作撦。为张大、裂开之义，今说撕扯、拉扯，闲谈说成闲扯，胡扯，无谓的争吵说成扯皮。

曙 shǔ 天亮。照本作昭，从日刀声，光之所到；曙本作睹，从日者声，光之众多也。

暑 shǔ 炎热。与寒相反。阳光之众多也。

书(書) shū 篆从聿，者声。笔下之别事者。书字的这一取义是精到的。者字下从白，说明也。亦可联系曙，笔下之明。一般说书，便是著作、读本之类，也指书信，家书；也指文字的书体，有隶书、楷书；也指文字的构造，说六书；还有申请书、聘书，还有民间说书。书作动词为书写、陈述之义，可说书怀、书写。

署 shǔ 从网，者声。这里的网，为法网之义。法网之众多而陈列，便是部署、布置之义，动词，署又有署名、签署之义，即谓标明、写明。署作名词，指官署，即是布置法网的地方。

薯 shǔ 或作藷、蓣。今说薯类作物，最典型的是番薯，北方称红薯，南方称山芋，是块根作物。一般一棵下面结三五个，极少一两个，地好肥好的有七八个，多时能把根部的地面鼓起，或呈裂缝。又有马铃薯，北方称土豆，也是一棵下面结一窝。还有荸荠、芋头等水生的薯类作物，也都是一棵下面好几个。总之，薯从署声或诸声，皆取众多而陈列之义。

箸 zhù 筷子。或作筋、筯。从宁(zhù，非安宁之宁字)，为积聚之义，后作贮。筷子就是以箸取物。同时它也是众多而陈列之物，家家筷筒里都有一把筷子，上桌时分发而陈列。筯从助，借助以取。

著 zhù 显著，明显。或作箸，隶化时草头与竹头常不分，从竹则与笔字相联系，著于帛谓之书。今说著作，撰明而别事之作。著也有贮藏之义，积聚则可贮藏。著又变读作 zhuó，谓凭借、依靠，从而指衣着、着装，是人体所依靠的，为名词。作动词则为着手、着力，是用到之义；着陆、着落，就是到达之义。着是著的分化字。

着 zhe 著字的草头和者字的上半部合，省成羊字的笔画，是形似。者字下部从日，何以从目了呢？者字下部本从白，有撇，者字上部从旅，隶化作"者"时，长撇之下本还有一个点，今"着"字写从目，就算是把一撇和一点包括进来了，这与一般笔画变化的情理不同，是民间俗体字求个附会和简便而已。这样，着字的笔画象是从羊从目，却与语义完全无关。着字在宋元以来的白话文中十分活跃。它用作实词，音义皆同著，见上"著"字。用作虚词，加在动词之后，表示动作正在进行中，如说走着、说着，它是从动补结构进一步虚化而成的，如说打着人、没打着人，表示打的程度或结果，并不是动作的进行，如说打着拍子唱歌，便是进行式了。动词之

后加"着"，用得很广泛，还可作些细微的辨析，但总离不开和动词的关系。

睹 dǔ 看到，见到，如说熟视无睹，睹字音义从著，取及到之义。见的本义也是见到、看到，如说视而不见。所以，睹字从见又从著。

都 dū 从邑，者声。取聚集、会聚之义，如说都会、都城。邑之有宗庙者尊称曰都。都人士，指来西周国都的人士，今还说首都。都城是人文荟萃之地，因此都有华丽之义。都字在现代主要作副词，表数量之全都。相比之下，口语和古今的白话文中，大多用"都"字，皆、咸、俱、悉等同义词大多出现在书面语中。

嘟 dū 嘴唇簇聚，向前噘起。如说嘟着嘴，一言不发，是取聚集之义。嘟噜，为聚成一串，如说一嘟噜葡萄，也说嘟噜着嘴，噜从鲁，为笨拙、粗鲁之义，都是从旅的词族。但嘟偶或也可有美的语义。

潴 zhū 池塘之类蓄水之处，即水之所聚。

薢 chú 即五味子。蔓生，籽丛聚于茎头。

橥 zhū 木签，用为标识，故是取标明、显著之义。

猪 zhū 小豕。一窝十好几个，故音义从者，取众多而陈列之义，引申指一般之豕。狗，本谓小犬，故猪狗二字有共同的演变史，而驹、犊二字则未变。

堵 dǔ 原始时代的墙壁，是聚土板筑而成，两面用板夹住，中间聚土夯筑。今还谈一堵墙，堵的长短是根据板来的。《诗经》中说"百堵皆兴""筑室百堵"，都是指墙壁，引申指整个建筑。堵作动词为堵塞之义，也是要聚土石的，还说堵他的嘴，就不用土石了，而是要给人好处，让人不说丑话。

赌（賭） dǔ 最初赌博是一种娱乐。大概汉代开始有点赌的苗头了。魏晋时代有赌衣物、赌钱的记载，已经不讲廉耻，而忿戾之色发作，更有下围棋赌别墅的。也有一事一时信不信打个

赌的，便是小意思了。赌取堵塞之义，堵对方之路，通自己之行，以定输赢，故曰赌。也叫博篹，篹也是堵。而博则为相搏之义。

褚 zhǔ 储藏，蓄积。取我衣冠而褚之，与贮字相通。褚作名词，指贮藏用的口袋、囊；作动词谓以丝绵铺装衣服，也是一种贮藏。褚又有兵卒之义，因为他们衣褚色之衣，故语音也读同褚(zhě)。

屠 tú 屠杀，屠宰，语源义谓分割。从者字有分义的是者、诸二字：者，别事之词；诸，分辨。这是由抽象义转为具体义，宰杀很具体。

蹰 chú 足着地。不论是行是止，脚都着地，如说蹰阶而走，谓踩着台阶奔走。踌蹰，驻足不进，犹豫不前，从容不迫。字或作躇，峙躇，不前也。或作踟蹰、踟蹰。

瘏 tú 马病。什么病？马疲不能进之病，即踌蹰难进。

楮 chǔ 一种落叶乔木，绩其皮可以为布，亦可捣以为纸，洁白光泽。为布为纸，皆需积贮，积贮则众多而陈列，即是有个生产的规模了。考古见西汉早期的纸张，都是用植物纤维制造的。纸可称作楮，纸墨可说楮墨，笔和纸可说毫楮，宋元时代的纸币可说楮币或楮券，还可说楮钱。

储（儲） chǔ 积贮以待用，故亦众多而陈列。今说储藏室、储备粮、储蓄款等。说王储，或说储君，指确认为继承王位的人，主要是待用之义，就没有众多而陈列之义了。

绪（緒） xù 丝的开端，称端绪、头绪。抓住丝之绪，就可以一直抽引到尾。缫丝时，众多的茧漂在开水锅中，得绪抽引，是众多而并列的。从缫到织，都是众多而并列。绪与序双声，序为顺序、次序之义，事物皆有序，颠倒和混乱皆为无序。绪也有次序之义。序言或序论也可作绪言、绪论，要概述全书的要旨。司马迁写《史记》，全书一百三十卷，他的自序是最后一卷。最后概述全书，也

不失为顺序，故绪也有末尾之义，所谓"慎终于始"，语义向相反方向发展，绪的一项重要的引申义就是指有步骤、有顺序的事业。今说各项准备工作都已就绪，就是都已做好。说思绪、情绪，有连绵不断之义，远不只是一个开端。有头绪，就是顺序而来。"剪不断，理还乱"，这便是无序状态了。所以绪的音义从序又从者，有序而众多陈列。

491. 兜

兜 dōu 头盔，汉代曰兜鍪，古曰胄，今曰盔。兜字从兒，兒的上部为头面之形，下部为人字。兜的两边是卯字，卯，冒也，就是帽子。故兜即是冒于人头之义。今还说风兜，比帽子更挡风。还说衣兜、裤兜、网兜、背兜，都是从下往上兜住的口袋或盛器。还说兜圈子，则从两旁、周围兜。兜的主语和宾语大为扩展了。原来兜的只是人头，现在还可说兜肚，还说兜生意、兜售商品，是招揽之义，兜的行为也大为不同。抽象义更说兜他的底，就是揭发他的内部底细，这个兜字，既形象，又口语化。

篼 dōu 竹制的饲马之器。显然是用以兜住草料的，也叫马兜。

檽 dōu 或作椥。木的根部无枝丫，它冒地而出曰椥。茅草的茅，本作茆，是冒地而出如矛，长高了木或有枝。檽与茆，语音毫不相干，语义却走到一起来了。

492. 鬥

鬥 dòu 今简化作斗。鬥的字形是相对的两个卂(jǐ)字，卂字的左下部为手执，它的长而曲折之形是兵杖。故鬥为两士相对，兵杖在后。斗的词义有二：一是说竞赛、战争、斗殴、揭露批判，如说斗牌、斗气、斗法、斗心眼、斗嘴，又说智斗、械斗、恶斗；一是说双方凑合到一起，合得来。斗榫就是把榫头和榫眼合拢。梁上斗拱的斗，也是取相对、相合之义。所以，斗有对立和合拢二义，相反亦相成。这和敌字的词义演变相似，敌有敌对之义，又有匹配之义。

鬭 dòu 遇合。如说斗榫斲(zhuó)，用斧子砍，即指榫的制作。今亦简化作斗。

493. 侵

侵 qīn 渐进。从人、又，右手持帚象扫着前进。会意字。大小篆均作又上一个帚字，隶书变成巾，成今侵字。一般都用于军事之侵犯，军事上也说横扫千军。同时也有渐进、逐渐之义。古说侵，也大多是贬义。师出有钟鼓曰伐，无钟鼓曰侵。凡师出有名，就鼓以进，钟以退，师出无名，或名不正，言不顺，就只有悄悄的了。现代国际上凡说侵略，便都是非正义的。侵字也不全都用于军事，如说风雨的侵蚀、思想的侵蚀、冷空气侵入等，也多数是消极意义。侵的一项古义是说相貌不扬，个子短小。《三国志》上说"粲貌寝(即侵)而体弱"，是说王粲的诗写得那么好，名字也美，谁知他相貌不怎么样。

唚 qīn 本指猫狗呕吐，借以贬称人说话，如说胡唚，就是谩骂，口之侵袭。

寢(寝) qīn 或作寑、宿。卧也，从爿，指床板，屋下只有帚帚了，人和右手没了，卧下了。后说寝、废寝，寝室也可叫卧室。寝与兴相对，兴为起床。由卧而至寐(睡着)是一个渐进的过程，在屋下的床板上渐进。

浸 jìn 水泡。水的渗入也是渐进的。今说浸湿、浸透、浸没，浸种就是下种前先把种籽浸一定时间。沉浸用于抽象义，如说沉浸在胜利的欢乐之中。

鋟(鋟) qīn 以金属的工具在木上雕刻。宋代以后专指刻印刷书籍之版，故也可说鋟木或鋟梓。于人曰侵，以水曰浸，以金曰鋟。

駸(駸) qīn 马渐进貌。后常指岁月之渐进。说岁月駸駸。駸还可有逐渐之义。

梫 qīn 肉桂、厚皮。桂为百药之长。梫木，也叫马醉木，叶有剧毒，煎汁能杀毛虱及农作物害虫，又可用以洗疮疥。马食其叶，可致昏醉。即麻醉神经，昏醉卧倒了。

禙 jìn 天空阴阳之气相侵，出现不祥的赤黑色妖气，叫作禙。

綅 qīn 作名词指线，作动词谓缝，是渐进的。

苫 shān 同苫。草垫之类，防止风寒雨水之侵袭。

（八）

草木　鸟兽

494. 中

中 chè 草木初生。象形字，象枝茎上出。两个中字便是艸，后作草。三个中字便是花卉的卉，四个中字便是茻，即茫。莫、莽、暮等字皆从茻。尌、鼓、磬等字的开头两笔，都是中字，表上出之义。

卉 huì 百草之总名。如说卉木、百卉。卉的另一义项指花，说花卉，两字双声。卉醴，指蜂蜜，它是从花中采集的。卉字又有蓬勃与众多之义，显然也是从花草之义引申的。

奉 hū 从夲(tāo，进趋也)，卉声。指草木的生长盛多而快，即蓬勃、旺盛之义。

拜 bài 头至地以行礼也。本作两个手字，拜就是要两手相并而向下的，现在右边的手字多了一横，本是一个下字，下字的古文字作丅。拜字本作挑手旁右边一个奉字，从手，奉声。拜的古文字又作比字下面并列的两个手字，即是两手比列而下，拜与比为双声。今常说礼拜，拜是表示礼节的，礼拜表示尊敬、祝贺和感谢。自古及今，朝见、盟会、授官、上书或结成师徒、兄弟、夫妻等关系时，都要行礼相拜，今说拜访、拜请、拜寿、拜年、拜师、结拜兄弟、夫妻拜堂等。

湃 pài 波涛冲击，水势盛大，曰澎湃、滂湃，故湃从拜，取并起、疾趋、盛大之义。

峉 niè 从自，中声。自，即堆，指土石之危高。峉与厃(wěi)双声。从中取上出之义。土石或草木上出而高曰峉，它的音义充分表现在它的派生词中。

糵 niè 树木被砍伐以后旁边再生的枝条曰糵。糵从辛，取罪过之义。

蘖 niè 发芽的米麦。是受了潮。故也是上出，又有罪过之义，因为发芽了就不好吃了。

孽 niè 庶子。即不是正妻所生之子，是妾所生，叫庶孽，作旁系看待，是旁出的枝叶。今说作孽，就是犯罪，也说罪孽。

蠥 niè 禽兽、虫蝗之怪，谓之蠥。今说妖孽，本该从虫，虫谓一切动物之总称。妖孽作名词，指怪异反常的现象，作动词为危害之义，可说妖孽误国。字又可从女。

辥 xuē 罪恶、罪过。此即薛字。

薛 xuē 赖蒿。蒿字从高，薛字从峉，都取危高之义。薛与辛声母相同。薛又指一种莎草，是一种危害的草，叶可编席、制蓑衣。

495. 生

生 shēng 心母耕部。从中，从土，《说文》："象草木生出土上。"草木曰生，人曰育。后来对人亦曰生，如《诗经》就说"生民"，今则说生育，又说生平、生命。生员也说生，如考生、学生。不只是有生物曰生，无生物亦曰生，如说生财、生产、生气。又引申为生死、生熟之生。生的抽象义如说态度生硬。生生地，就是硬是；生怕，就是很怕，副词用法。

性 xìng 从心，生声。是就心理、性格、情意等说的，如说性急。古来有性善、性恶的争论，认为人的本性生来就是善或恶。人的男、女两性和人生育能力的性，也是天生就的，故也叫性。又引申指人或事物的一切属性。不论是生就的，还是后天的，长远的还是一时的，如说积极性、伸缩性、艺术性等。又有性格、性质、性能等词。

姓
xìng 人所生的宗族、血统都有姓，是宗族的标志。姓的最初，都由天子赏赐、分封，都属于贵族上层，一般的人没有姓，故说"百姓"，现在说老百姓，人人都是百姓了。鲁迅写的阿Q，过于卑贱了，以致他也不知道自己的姓。有一次随便说了个姓，说他也姓赵，就被赵太爷训斥了一顿。

甥
shēng 舅舅有姐妹的儿子叫外甥，是本家族的女人所生，只是嫁到别的家族以后所生，故曰外甥，成了外姓人。

牲
shēng 家养的有生命的牲畜，三牲指牛、羊、猪，六牲则包括马、犬、鸡。古则着重指有生命的祭祀品，以牛为最大，故从牛旁。又称礼物，物也从牛。后则玉帛、五谷等也可用以祭祀。奴隶制时代，祭祀要杀人，后以物代人，文明得多了。但是还讲究要有生命，始养之曰畜，将祭之曰牲。

眚
shēng 眼中生了白内障之类的病，引申指一般病症，今说生病。负病可说负眚，除病可说除眚。抽象义指人的错误、罪过，《左传》中有句话："不以一眚掩大德。"又指灾难，可说灾眚，为同义词结合。

腥
xīng 本作胜。生肉、生鱼的腥味，故音义从生。做熟了便成馨香了。古时政治黑暗也可说"其政腥臊"，这是肉食者为主时代的说法。

星
xīng 从日，生声，古文字作曐。先民们有个观念，人间的种种精英，与天上的星辰相对应，"万物之精，上为列星"。星有瑞星，有妖星，有救星，有灾星。《水浒传》中还说林冲是天雄星，李逵是天杀星，扈三娘是地慧星等。这与我们现在说的电影明星、体育明星是一致的，不过观念不同了。他们与日月星辰无关了，但他们仍都是有生命的，是文艺的生命、体育的生命。现在大家接受科学的宇宙观，日月星辰是宇宙间的客观存在，人们可以好好研究它。星的引申义有细小、散布之义，如说星星点点、星火燎原。

晴
qíng 本作夝。本指晴夜星辰皆现，后白天天晴也叫晴，从日，即太阳出来了，就从日从青，通行这个俗体字了。晴的反义为阴。

笙
shēng 笙是典型的民族吹奏乐器，用十三个管(有十九、二十四管不等)列于匏中(可以共鸣，今无)，管端有簧，吹时振动。传统以音乐和季节、阴阳、万物生长相结合，笙和竽是立春之音，故名笙，春天万物复生，笙的音义从生。

旌
jīng 古时在巡行或指挥的流动车上，插有牦牛尾或五彩羽毛的旗帜，号召人们前进，故可说旌旗。后被看成是一般装饰。旌从㫃，生声，取精进之义。旌引申为表彰、表明、识别之义，如说旌表。

猩
xīng 或作狌。比猿猴小而好啼，声如小儿，故称猩猩。又象声，又取小义，变成猩猩这类动物的名称。

鼪
shēng 赤黄色，大尾，即指黄鼠狼、野猫之类，叫声也是猩猩然，夜里在外边叫起来颇能吓唬一些爱哭的孩子。

鶄
jīng 或称鸲(qú)鶄。鸲鶄，体小，形似小鼠。可见鶄取精细之义。

青
qīng 草木生长时色。故从丹，生声。青是东方之色，故山东有青州。春天来了，草木返青，实际是有绿有青，青深了就接近于蓝，青天也可说蓝天。青与黑也相近，黑云压城，实际是青灰色，墨刑是在脸上刺字，实际也得是青灰色。而青年，指正在生长之年。

鲭(鯖)
qīng 青鱼，以色为名。

蜻
qīng 蜻蜓，常捕食蚊子等小飞虫。胸部有翅两对，腹部挺直，故曰蜓，常为青色，故曰蜻。也有黄色、赤色，小而黄者也可叫胡梨，小而赤者叫赤卒，现在叫黄蜻蜓、红蜻蜓。

箐
qīng 竹名，以色名其竹。还指小笼之类的竹器。覆盖在棺车上的材罩也曰箐。

清 qīng 河水澄清、洁净。《诗经》中常说"河水清"，那个时代说河，就指黄河，黄河的水是清的。其实水无色、无味、无臭，但水中有许多水生物，水上是一个绿色为主的世界，天也是青的，于是就出现"秋水共长天一色"的境界了。把水说成青或清，给人们很深的印象，故清字的引申义很广泛。如气味可说清香、清芬，气候可以说清风、清秋，感觉可说清爽、清凉，声音可说清亮、清脆。抽象义如指社会关系可说清查、清白，品貌可说清秀、清高，思想认识可说清醒、清晰，艺术风格可说清新、清劲。有些常用词如清楚、清明等，含义广泛，就不限于某个方面说。

圊 qīng 厕所。或称圊溷，亦称溷，混浊之处宜常洁清也。作动词则有清除之义。

净（淨） jìng 本作瀞。今说干净。净又引申为纯尽之义，如说净重、净收入、净产值。

竫 jìng 今多作靖。安静、平定。今说安静，是假借静字，本应作靖，立则安，动则不安。青、清二字即有安定之义，后说绥靖、靖边，都是平定之义。从青字与从争字往往相通。

静 jìng 清则静，故说清静、安静、平静、静止、静默等，都是同义词的结合。抽象义如说文静、宁静，指人的风貌。静的反义词是动，所谓一动不如一静。《老子》中以躁与静为反义。没有行为曰静，没有声音亦曰静。

清 qìng 寒冷。温凉，也可说温清。

醒 xǐng 酒醉以后清醒过来，故醒字从西，屈原说"众人皆醉我独醒"，李白诗说"但愿长醉不愿醒"。引申指睡后醒来，古曰觉，今曰醒。又引申指从昏迷状态中苏醒过来，也指思想认识上的清醒。

惺 xīng 心里清楚、明白。睡眼惺忪，形容刚醒时的眼神，一方面很有神，一方面还是刚醒过来。假惺惺，就是装得机灵，实际一看就是假的。

菁 jīng 茂盛。青色就是有生机的颜色，菁华，后作精华，花叶茂盛就是有生机。菁还可指韭华。韭之茎名韭白，韭之根名韭黄，韭之华名韭菁，为白色。故菁之从青，不取青义。

精 jīng 米之纯净洁白者。精的反义词是粗。今说精白米。布之细白者曰精白布。可见，精与白在语言上可以联系起来。义同或义近的同义词结合可有精明、精细、精密、精妙、精彩等。精的重要义项是对人身来说，有精力、精神、精气、精灵等说法，人有形体和精神两方面。这精神能反映整个世界，有能动性，有灵感，能创造，去粗取精就是能动性的一个表现，吐故纳新就能永远保持精气。精字最终的音义还是从生。

情 qíng 情是人心中产生的精气。常说神情，神者伸也，情者精也。人有七情，喜、怒、哀、乐、爱、恶、欲，都是精气伸展的表现。情是生就的本性，简单的七情是不学而能的，故情字一项重要的引申义是真实。今说真假，古说情伪。情是真实的本性，伪是人为的，往往有虚假，今说有名而无实，古说有名而无情。今说情形、情况、情由、情节、事情，这些情字，本都是真实之义。爱情是七情之一，也应是真实的才算数。

腈 jīng 今说精肉，肉之精粹者。有些方言说精肉，主要指瘦肉。

睛 jīng 本作精，是目中之精气。今说眼睛，指全部的目，古说目睛，只指眼珠。而目睛本作目精。今说画龙点睛，原本是作"点精"的。可见与睛最切近的同语源词是精，取此义。

请（請） qǐng 以言表敬曰请。言为心声。言中之情、言中之精，亦即以我之精气表敬，说到底，更是以生命表敬，而尊敬的尊，只是以酒杯表敬。这样，这个请字在语源上的分量是很重的，是真诚、恳切的。今说请求、请问、请示、请见等，说多了似乎就不经意了。

倩 qiàn 人长得好看。亦作士之美称，也说倩女，男女都可说倩。倩还可专指女婿。

蒨 qiàn 草木茂盛鲜美。亦作茜。

篟 qiàn 竹茂。

綪（綪） qiàn 赤色的绸子布，因为茜草虽是青葱之貌，它的根却可以染赤，于是语义也就可以由指青变浅指赤了。

彭 jìng 清素之妆饰。彡（shān），毛饰画文也。现在还说素净、文静之类的审美观。

婧 jìng 有才德之人，懂得礼仪的约束，文质彬彬之貌。

靓（靓） jìng 美好的召见，语义接近于请。又有妆饰美丽之义，粉白黛黑谓之靓妆。眉目清秀，如说靓女、靓仔。字或作靘，脸色清秀也。

氰 qíng 碳与氮的一种化合物，无色气体，有剧毒，燃烧时发红紫色的火焰，故从气，青声。

賝（賝） qíng 受赐。也有赐予之义，则读 jìng，均与请、靓的语义接近。

496. 㞷

㞷 huáng 草木生长茂盛。上从中、一，指初生之草木长在地上；下从土。旺和狂，音义皆从㞷，到隶、楷中皆简作王或主，往字便简作主。这都是笔画上的变化，与音义无关。

旺 wàng 本指草木、庄稼长势旺盛，需要阳光照射，故从日。引申说旺季，又说火势旺、人气旺，又引申指事业兴旺、精力旺盛。

汪 wāng 水盛则深广，则积聚。如说汪洋，大海可说汪洋，文章的气势也可说汪洋。还有一个常用的例是说眼泪汪汪，这眼泪总是有限的，也形容为汪。作动词说汪着水，作量词说一汪水。

往 wǎng 草木在地上长出，更是㞷。引申为人行之出，便是往。往字从彳，象人之腿有三节之形。㞷，即"之"，为去到之义，之外为往。往的反义词为来。来的本义也是指植物，本指小麦，麦字的上半部分就是一个来字，麦和来韵母本相同，引申指人行之往来。往字的语义扩展，对时间可说往日、往年。往往，就是常常。对事情可说这往事，对心意可说向往。往作介词，可说往东、往西，是向着、朝着之义。

枉 wǎng 草木生长弯曲。应该说是弯曲的多，故说要矫枉。枉道，就是走了弯路；枉驾，就是曲驾，是地位高的人去拜见了地位低的人。冤枉，就是受了委屈；枉法，就是弯曲了法律的规定。枉还有副词用法，如说枉然、枉自，就是徒然、白费。枉费心机，就是白操心。

尢 wāng 曲腿。"大"字本指四肢伸展之人，"大"字的捺弯曲了，故为曲腿之义，即瘸子。字亦作尪。尪又指骨骼弯曲症，胸背伸不直也可叫尪。

匡 kuāng 方形的盛器，从匚（fāng，是方圆之方的本字），㞷声。不方器之方圆，都是曲的。派生为多种方形的事物，如筐、框、眶等。作动词说匡正、匡救。匡的音义是曲而枉也。

筐 kuāng 竹制的方形盛器，常说篮筐，筐篚则大多为箱子之类。

框 kuàng 方形的木器，如说镜框、门框、框架。作动词如说框起来，框得太死。抽象义如说受了条条框框的束缚，处事没有灵活性。

眶 kuàng 眼眶，眼圈。如说泪满眶，或眼泪夺眶而出。

恇 kuāng 胆怯，恐惧。实即心之枉曲。

勋 kuāng 急迫，惶遽不安。实即力之枉曲。

軭 kuāng 车之枉曲，难以行进。这里匡、枉、曲的音义都汇聚在一起了。

軖 kuáng 纺车。抽棉为线谓之纺，缫丝也是这样，以轮车往复而萦绕之。缫车曰軖。独轮小车亦曰軖，亦往复而行之。

狂 kuáng 本作忹。心之枉曲。一种是指病态的，或痴呆，或疯癫，有精神病。一种是指幼稚无知的狂妄、傲慢，不知天高地厚，是思想认识和作风问题。韩非子说："心不能审得失之地则谓之狂。"又一种是另有高超的政治抱负，不过表面上表现得像个失常的人或愚蠢无知的人，不经意之间就说出一句超越一般的言论。如《论语》中的楚狂接舆，汉代的东方朔，现代如鲁迅笔下的《狂人日记》的狂人。字后作狂，从犬旁，即是狂犬病的狂，即疯狗，那是染了一种能使犬或人的神经达到极度兴奋状态的病毒，故狂与旺的意义切近。

逛 guàng 远行，急趋，精神还常处于兴奋状态。故其音义从狂。逛字到近代引申为浏览、闲逛，可急可缓。

诳（誑） kuáng 或作诓。言之枉曲者为诳，故得欺骗之义，如说诳惑，即为欺骗、迷惑之义。诳楚，即是欺骗楚王。

497. 丰

丰 fēng 草丰盛。本是生字的一竖直往下伸，表示根之深，所谓根深叶茂，就丰盛了。引申指人，如说人样长得丰满，或声势、财物之丰富。

豐 fēng 今简作丰。丰满也。从豆，是高脚盘子，上面一个山字，表示高。左右是各三个中字叠起来，取盛多之义。

这样，五谷丰登，可作为丰字的本义用法。丰字可形容的对象越来越多，大多是形容人，如说丰肌、丰姿，又说丰功伟绩、丰碑。

奉 fèng 奉进，也指承受。从手、从廾、丰声，廾为左右两手相拱，它的横与上部丰字的第三横重合，它的两竖变成撇捺，这是隶书化现象，奉字下部本作手，与"举"字下部的手字一样，简化成现在这样。三手相并向上作奉献之状，所奉丰盛。又说奉命，就不是向上奉献，而是接受上面来的指令，还说奉行、一心奉公等。奉承一词则有贬义，只知讨好。

捧 pěng 两手托起。奉字常用作抽象义，没有双手托起的行为，就需有捧字。古可说奉觞，今则说捧起酒杯。逐渐地捧字也可以没有双手的行为，如说捧场、吹捧、捧哏。

唪 běng 大笑。《史记》中已说捧腹大笑，大笑时要呼出大量的气，引起胸腹部的剧烈运动，故要捧腹，以免笑破肚皮，就派生了唪字。

俸 fèng 本作奉。奉禄，后作俸禄，官吏供奉职守之后所得，也说俸金、俸米、薪俸。

棒 bàng 大杖。故需两手操持，民间就称棒。故棒与奉、捧仍应同词源。今常说棍棒、当头一棒。今口语中又把好说成棒，如说唱得真棒，应该是从捧的意思来的。

琫 běng 佩刀的握手处，用两片玉合起来以为把饰，亦起加固的作用。

蚌 bàng 亦作蜯。水生动物，它的壳是由两片合成的。大曰蚌，小曰蛤，都是奉合之义。

莑 běng 草盛。与丰、蓬等字义近。

夆 fēng 或 páng 奉为两手之合，故有捧字；夆为两足之合，故有逢字。夆从夂，丰声。夂，从后至也。凡高而上小者皆曰夆，如山之峰、刀之锋，则与繁体之豐取义相合。

逢 féng 人相遇。人和时代相遇亦可曰逢,如说生不逢时,还可说绝处逢生,时、地都可说逢。对数可说逢双、逢单。

缝（縫） féng 以针缝衣,为两边相合,动词。作名词指两边相合所呈现的一条合缝。引申义有缝伤口、无缝(fèng)钢管。除了说合缝,还有说裂缝、门缝、墙缝,都是合了以后还有缝隙。报缝是指报纸版面之间的空余处,也叫骑缝。

蓬 péng 蓬蒿是两种野生植物,蓬言其丰,蒿言其高。蓬音义从丰,故也可作形容词,说蓬勃勃、蓬松、蓬散,还说蓬头。草蓬子是指用草覆盖的房子。作量词可说一蓬花。

篷 péng 用竹席、苇席或帆布制成的覆盖在车船上面用以避风雨、遮阳光的顶篷,有敞篷车、乌篷船。此外还有帐篷。斗篷是披在身上的没有袖子的大衣。

锋（鋒） fēng 刀枪等武器的尖端,常说锋芒,芒为草端。凡尖锋外露皆可曰锋,有中锋、边锋,是球队的布阵。毛笔有笔锋。抽象义对言论、文章的观点及其表现风格可说针锋相对、锋芒毕露。

蜂 fēng 黄蜂、马蜂、蜜蜂,尾皆有刺能螫人,音义从锋;牛虻则头部有刺,是螫牛的口器,音义从芒。蜂皆成群行动,故说蜂拥、蜂起。

峰 fēng 山之尖端,引申义有驼峰,事物发展可说有顶峰期。

烽 fēng 边境有警,即举烽火以通报。表示已与敌相遇。烽,古作逢下一个火字。

邦 bāng 国亦可曰邦。古多诸侯国,为天子分封,故曰邦,从邑,丰声。国则主要就区域而言。邦还有动词用法,为分封之义,如说"邦诸侯",就是分封诸侯。

封 fēng 本指分封给诸侯的土地,从圭,从寸,会意字。寸、法也。圭,作为土地凭证的圭玉。给你合法的圭玉,就是分封了。封的古文字作丰旁右边一个土字,从土,丰声,形声字,指丰盛的土地,进入农业社会了。封的动词义有很大发展,如今还常说封锁、封闭、封存、封山、封港、封口、封皮、封条、信封等,封火就是把取暖的火封住,不让它着旺了。封山就是不让进山去放牧、砍柴。

以下三字都是后起的从丰的常用字:

帮（幫） bāng 从帛,封声,本指鞋帮,以帛为之,把鞋子周围封住了,是合缝的。又有船帮、腮帮。事物之旁助者皆曰帮,名词,今还有帮会、青红帮、黑帮,还有马帮、茶帮,都是跑生意的。作动词便是帮助,说帮他一把,可以是物质的,也可以是精神的。

绑（綁） bǎng 捆绑,也是封住了。如说绑人、绑在一根绳子上的蚂蚱。

梆 bāng 以木穿孔,或以竹节为之,敲击有声,可以巡夜,或官府召众。锣也是唐代以后的东西,也可以敲锣。又多用于音乐,作了打击乐器。有梆子戏,如山西梆子、河南梆子,都是地方戏曲的名称。

498．無

無 wú 简作无。篆作大字下面并列的两个廿(二十)字,表示众多之义,再下面为一林字。人或草木之众多便是无。实即后之芜字,为荒芜之义。荒字从亡,也是无的意思。又从荒芜之义引申为有无之义。有就是右手下面一个肉字,为占有之义;无便是荒山野林。《老子》中说:"有无相生。"人们出去渔猎,占有了肉,是生产和分配。有了就要消费,吃完了再去生产。有无相生,社会就生存和发展了。无,今多说没,两字本双声。没的反义词是有。

今说无有、没有，就是没，有字的语义逐渐淡化、消失了。

毋 wú 古文字的毋字是女字中间加一长横，表示阻止对女性的强暴，故可引为否定副词，并与无字同音。毋庸，就是不用；毋乃，就是岂不；毋宁，就是不如、宁可。

芜（蕪） wú 有草木丰盛、田园荒芜二义，是互为因果的。

璑 wú 杂玉，有几种颜色。玉要求纯色，芜杂就不好了。

舞 wǔ 跳舞。从舛，谓人之足有的向左，有的向右，相背而行，为手舞足蹈之形。舞从无声，取繁盛之义，除了手舞，还要持羽、持帛，或甩袖或举旗以舞。《论语》中说"八佾舞于庭"，那是几十人的大型集体舞，其繁盛之貌可以想见。引申的说法如有舞文弄墨、营私舞弊。常说的鼓舞，是击鼓以舞，战场上则是一鼓作气，均为激励上进之义。

妩（嫵） wǔ 美好。常说妩媚，形容姿态等美好。郭沫若说王羲之的书法妩媚，字也有姿态，这跟肥与瘦、宽博与苗条、平正与欹侧、严紧与疏散都有关系，那是一种综合的美、丰盛的美。

瞴 wǔ 美目貌。

忼（憮） wǔ 爱抚，爱。另一义项是失意貌。怃然，就是惘然若有所失，与亡、无之义直接相联。

抚（撫） fǔ 或作拊。以手触摸、按摩之多也。安抚，就是叫诸侯们都安定，并来朝拜。

庑（廡） wǔ 堂下环绕之屋或长廊，而堂屋则高居正中。可说廊庑。庑为屋之众多。又说繁庑，则与庑通。

帗（幠） hū 作动词为以巾覆盖，作名词指覆盖之巾或帽。于屋为庑，于巾为帗。所不同的，帗字的声母大变了。殷商时代的帽子叫冔（xǔ），从

冃（即冒、帽字），吁声。帗可又读同冔，故帗为冔之覆冒者。吁与帗均有大义于此两字的音义相通。

膴 hū 肉干，大块的干肉，是肥美、丰厚的。也形容土地之肥美，曰膴膴。膴也可又读同无。

499. 繁

繁 fán 盛也。可说繁庑。今说繁盛、繁荣、繁华，本都指草木而言，繁字从每，每就是草盛上出。对动物则说繁殖。抽象义说繁礼、繁文，反义词是简。繁字从糸，言装饰雕琢之繁。繁又从攴，为治理之义，繁过头了，就要求简，礼节、文采往往要求简，简则简，繁则繁，故要求治理之。这样，繁就是由三个偏旁组成的会意字。

蘩 fán 白蒿。随处可见，谓其容易繁殖。

緐 fán 集丝下垂如穗以为饰，悬于马颈。

蕃 fán 草茂盛。从番字没有茂盛之义，故此为繁之同义假借字，繁衍可作蕃衍，繁殖可作蕃殖，繁弱（古代一种良弓之专名）可作蕃弱。

500. 茁

茁 zhuó 简化作丛。草木聚集生长之争高竞长之状。

齄 zuò 糙米加工，舂成精米。从毇（huǐ，读同毁），茁声。即毁其皮，出其米，取并出之义，故从茁声。

凿（鑿） záo 穿木也，动词，穿木之器曰凿子。所凿之孔曰孔穴、榫眼、隧道、墓穴。凿凿为形容词，鲜明貌。确凿，为真实而准确。穿凿指硬加的解释、牵强的联系。

丛（叢） cóng 古作藂、樷。丛就是聚，两字双声。草木之聚为丛，举与丛亦为双声。聚的下部为丛字，丛与众叠韵，聚众为丛。今说人丛，正是众人之义，也说草丛、林丛。引申说论丛、丛谈、丛书等。

501. 粪

粪 pú 从舛，从廾。两手对着丛生的草木，故实为扑打之义，如说若火之燎于原，犹可扑灭。

朴（樸） pǔ 未经制作雕饰的木材。今说朴素，素为未经加工染色的帛。由木与帛引申指人之不加雕饰。也说朴实、纯朴、质朴，都是指人的品质好。这是道家特别倡导的品德之美。清代的朴学，指质朴的经学，注重语言与考据，与宋代理学的发挥，呈鲜明的对照。

璞 pú 玉之未雕者。

镤（鏷） pú 未经炼制的矿石，也指生铁一类可待进一步冶炼者。

璞 pú 土坯之类的有用之材。

扑（撲） pū 拍打。或轻或重，如说采茶扑蝶，较为轻快。武松打虎，虎两次扑将过来，便是搏击了。扑的引申义都不用手了，如说大浪扑来、香气扑鼻。一心扑在工作上，是抽象义。扑的主语和宾语大为扩展。

蹼 pǔ 凫雁、鸭鹅之类的脚趾间有一层皮膜连接，主要是在游水时便于划行，取扑水前进之义。

幞 fú 亦作幞。头巾之类，也叫幞头，用以包裹和覆盖。也指手帕之类，是用以擦拭的。

轐 bú 轴承。与轴紧相搏着，今皆为圆形，套在轴上，中有滚珠，以减少摩擦力。

醭 bú 酒或醋等发酵的制品，时久变质，在上面漂浮一层白霉，叫白醭。

仆（僕） pú 本作僕。供人奴役者，称仆役。亦取附着之义，仆附于主人。仆的一项古义，专指赶车的人，仆夫就是御者。古时仆还常作自我的谦称。司马迁就常自称为仆，如他说"仆诚已著此书""今仆不幸"。

濮 pú 濮水，在今河南，依附于黄河，绵延数百里。

502. 甲

甲 jiǎ 米外的硬壳。甲字的头两笔，本是象甲壳之形，顶在上面。各种果实、种子外面的硬壳，待春雷一响，就都裂开了。最常见的可举黄豆，当它发芽生长时，它的根直往土里钻，而把两个豆瓣连同它的硬皮（即孚甲），高高地举出地面。战士穿戴的叫盔甲、铠甲，动物有甲壳虫，人有装甲车，都呈包裹之状。又有船面的甲板，则是平板形的。

胛 jiǎ 肩胛骨，指肩下贴背处的两块大骨，是平而硬的。

岬 jiá 突出于海中的半岛或陆地的尖角，像坚甲一样，经受住海浪的冲击，像陆地的铠甲。

匣 xiá 古指柜子、箱子之类，今说匣，如点心匣子、铅笔匣子，这里有大小的差别。人们凭的是生活经验，数据是没有的。盒子强调其合，或有盖；匣子强调其甲，起甲藏的作用，匣从匚(xì)，甲声。但是匣与甲声母虽然相差不远，却还是不一样，匣的声母从匚，指一个斜曲的地方可以窝藏，上面一横，表示还有掩盖。匣就是可以掩藏，又可以得到保护的容器，如可说剑匣，就是较小的匣了。

柙 xiá 木笼。如说"虎兕出于柙"，谓虎与犀牛从槛笼里逃了出来。

狎 xiá 对犬作圈养、熟习、训练，即是驯养之义。引申指人亲近而态度不庄重，如说狎侮、狎昵、戏狎。

呷 xiā 吸，饮。音义从甲，由收藏之义引申为吸收之义，吸与呷双声。呷(gā)又作象声词，呷呷叫。

押 yā 在契约上签字叫签押，不会写字的可以画押，为首的、负责的签，表示他是甲，叫示甲。甲、押也。作动词又可引申说关押，即拘禁、压制之义。押送、押解，为管辖、率领之义。押与压双声相通，压宝可作押宝，压队可作押队，压韵可作押韵。

鸭（鴨） yā 古曰鹜，或称舒凫(fú)。即野鸭，俗称鸭。鸭字明确指家鸭，是圈笼、驯养而成的，故鸭，押也。因此鸭的声母也读同押。一般认为鸭子称鸭，是因为它呷(gā)呷地叫，这也可看作是通俗语源加以保存，鸭本就是个俗称。

闸（閘） zhá 用以开闭的门，但不是人走的门。如说水闸，是放水的门，电闸是通电路的，控制送气、送油的阀门有时也叫闸。历来对闸的注音读同押，能押得住水的流动，但现在一律都只读 zhá，有声母之差。历来，闸读同牐。河道上设牐(zhá)，启闭以通舟；城门设牐，也是用以启闭。它以木版为之。这样，闸的声母是从牐而得的。

503. 乙

乙 yǐ 象春来草木冤曲难出之状，曰乙乙。作为天干的第二位是难出，甲则为包藏。

厄 è 本作厄。狭隘，窄。从户，乙声，门户窄，故难出。困厄，就是艰难困苦的处境。厄运，就是不顺利的命运。

阸 è 作名词，指阻塞多，险要、狭窄之地。作动词谓阻隔、困迫。

轭（軛） è 牛马拉犁或拉车时架在颈上的曲木或圈套，起扼制的作用。如说犁轭。

扼 è 或作搹。用手握住，或用力掐住。周秦时人常说扼腕，是一只手握住另一只手的手腕，以此表示激怒、振奋或惋惜的心情。今说扼要，本指扼制要冲冲地带，是坚守之义，引申指抓住要点。又说扼杀，本指掐住脖子，致人死命，今语义抽象化，可说扼杀新生事物。

呃 è 或作噎。打呃，就是喉头气逆，声门突然闭合，扼制了气的出入。

轧（軋） yà 车辗。如今说的轧花机，就是两个滚筒紧挨着旋转，把采下的棉花轧过去，棉籽留下，棉花乙乙而过，使两者分离。轧又读 zhá，即同札。今说轧钢机，对大型钢材加热压制成各种形状、各种尺寸的钢材。它完全是一种挤压的动作，钢材也是乙乙而出。

佚 yì 佚民，专指遗弃、逃失、隐逸的贵族及其后代。故从人，失声。失字从手，乙声，在手而逸去也。失字的捑，本是乙乙字。佚与逸通，故读同逸。佚字有安乐、俊逸、美丽等义，都是从逸而得的，故与从失无关。佚字从失，为佚罚、过失、错误之义。这些都已是古义，佚字现在已很少用了。

逸 yì 兔子善于逃逸，故字从兔。逸为亡逸之义，逸还可有奔跑、超越之义，则是失字所没有的。佚闻，也可作逸闻；佚事，常作逸事，都是指散失的见闻。佚、逸二字共同之处多，差异之义少。

轶（軼） yì 后车超越前车。今说超车。引申为突破、侵袭。轶又与逸同，轶事、轶诗等说法均取散失之义。

駃 yì 马疾走。亦乙乙而出，出则疾忽。

泆 yì 水荡失。淫泆，指人的行为过度与放荡。

昳 yì 出众，超群，通"逸"。这是指才干，若指容貌，则为美丽之义，如说"容貌昳丽"。昳又指太阳偏西，不正了，有差失。

眣 dié 视线不集中，心神不定，若有散失。

迭 dié 更替，更代。今说高潮迭起，即更替而起。也说更迭，又说遞代。迭、遞、代三字声母相同，音义相通。韵母方面又各有自己的讲究。遞字从虒，取持续之义；代字从弋，取标志之义；迭字从失，被遞代与更替则必有其差失。

秩 zhì 官职和爵位之常规、次序。以禾谷论俸禄，故字从禾。职位分高低大小，如公、侯、伯、子、男五等，秩序分明，既可以更迭，又严加区分。秩秩，就是有序之貌。秩序一词，引申指各种事物之井然有序。

帙 zhì 过去的线装书，容易散失或损坏，常用布帛或木板做成书套，加以保护。卷帙浩繁，指大书分成几函，每函几册。故帙就是书卷的编次，必注明次第。帙的直接意义从秩，书函之次序也。披帙，就是打开书函。

绖（軼） zhì 缝合。针线上的功夫，针脚的先后、大小，必定要求匀净。故可说缝绖、补绖。

詄 dié 忘却，失误。心中有失。

胅 dié 骨肉或关节处相接有差失，常表现为突起，是错位或变形。

鶗 dié 去年的瓜棵，第二年再结，瓜则小。故鶗从失声，取更迭之义。

跌 dié 脚下有差失，即跌倒。今犹说失足。失从手，在手而逸去也；跌从足，手与足在语源中经常是相通的。引申义如说物价跌了，是下降、低落之义，跌的主、宾扩展了。

趏 dié 大趋。即是放佚。又可通跌。

扻 chì 用手击，包括用竹板、木杖、鞭策，如说神扻电击。

504. 屯

屯 tún 艰难生长。从屮、一。一，象地。草木从地下出，它的根曲向下，为艰难之状。隶书发展横势，就向右曲，形成挑笔。屯又引申有丛集、积聚之义，自古就有屯兵、屯民、屯垦、屯聚的做法，即驻守、扎根边疆。

囤 dùn 以竹篾、枝条或稻草编织并围绕而成的较大容器，以储存谷物，存米的叫米囤。囤作动词，为积聚、储存之义。读 tún 如说囤积居奇。

庉 dùn 实即仓库，建得高，便于屯聚储存。

顿（頓） dùn 头往下至地，并用力撞地，叫顿首，即叩响头。稽首是头停留在地上，过会儿再起来。引申说顿足，今说跺脚，"牵衣顿足拦道哭"。顿兵，是停兵、驻扎之义，屯兵则是长期驻守。顿时，指行为有力地刹住所需的时间，即是立刻之间。作量词，可说吃了一顿、打了一顿，既然是顿，那就不会很短，也不是无休止。

豘 tún 或作㹠。小猪，也作豚。屯，草木初生，故豕之初生，亦可从屯。

軘 tún 兵车。专指军队中屯守之车，故音义从屯。

砘 dùn 播种之后，用以压土使之坚实的石磙。也指植树之后，对根部的松土，用脚往下踩，使土坚实。

鈍（鈍） dùn 刀剑不锐利，割之难，故从屯声。钝兵，指士气低落，久战疲惫，锐气已丧的军队。抽象义可形容人的愚钝、昏钝、顽钝。几何学上小于90°的角叫锐角，大于90°的角叫钝角。

炖 dùn 或作燉。用小火长时间地把食物煮烂，可见炖字从屯，取久留之义。

窀 zhūn 长埋(于墓穴)谓之窀。

沌 dùn 水不通，即是堵塞，水久留，故取屯声。混沌，混是混合，沌谓堵塞，混沌就是浑然一团。先民们认为在盘古开天地之前，世界是一团处于混沌状态的元气，视之不见，听之不闻。混沌初开，气之轻清而上浮者为天，重浊而下沉者为地。于是出现了日月阴阳，上覆下载。用心形容人，可说混沌无知，不开通。或者谦称曰茅塞，即茅草塞途。

飩（飩） tún 馄饨，面皮裹馅的一种食品，水煮而食。馅居其中曰饨，屯也。混然不知曰馄。它是从水煮馅饼发展来的。

盹 dǔn 眼睛闭一会儿，瞌睡一下，说打个盹，或丢个盹。困顿而难持之义，故说丢。

吨 tún 吨吨，言语吞吐不明，取难出之义。今重量之噸(dūn)，简作吨，两千斤为一吨。是音译词。

忳 tún 思想认识茅塞未开，不知治乱存亡之所由，忳忳，愚昧状。又指心情郁闷，不能舒畅，故从屯声，难出也。忳还有悃诚之义，与"谆"字相通。

腞 zhūn 有三义项：(一)面颊骨，即颧骨。字或作顀(zhuō)，两字双声。屯是难出，故从屯与从出义近而相通。人的面颊骨是秀出的。(二)禽类的胃，鸟胃为腞。今犹说鸭腞肝。鸟类吃谷物，如有所聚集、囤积。同时也是有进有出的，它不能屯积在胃里，而要消化。(三)诚恳貌。与忳、盹二字义近，且忳、盹二字也可又读同腞。

春 chūn 本作萅。以草木之初出表季节，就是春天了。出，本也是指草木之出。这是对植物界来说。对动物界来说，春，蠢也，蠢蠢欲动也。春就是屯出。

蠢 chǔn 冬眠的动物要开始出动。引申指人的笨拙，如动物之欲动。如说蠢材、蠢货。愚字从禺(yù)，猴属。心如猴属，又如虫动，这便是愚蠢了。

椿 chūn 字或作杶、櫄。春天来了，椿树很快就发出嫩芽，总有气味上出。椿有香椿和臭椿，故字可从熏。

塮 chūn 地边上用土石垒起来挡土的墙。故也是取聚集、垒积之义。实际上，此即坉字，不过坉是堵水，此是挡风、土。

村 cūn 本作邨。人之所屯聚曰村，从寸，法度也，是于法有据可查的。即使是荒野村落，也不能没有行政法度。村落也可说屯落。辽宁有皇姑屯，内蒙古有扎兰屯。河南的小屯村，是发现殷代甲骨文的地方。可见，是村是屯，语言习惯不同而已，语源是一个。村字的引申义，有褒有贬。如有朴实之义，还有鄙陋、粗俗、冒犯等义，村气就是土气。

纯 chún 纯一无杂的丝的积存。今说纯粹，丝不杂曰纯，米不杂曰粹。从而引申为抽象义，如说人的单纯、纯洁、纯正等。炉火纯青，是说道家炼丹，没有一点杂质的燃烧，就是炼成了。现在则说纯钢。纯又引申为副词全、都之义，如说纯属造谣。

505. 毛

毛 zhé 象禾苗草木贯地而出。毛从一，地也，毛的撇象其穗，象茎叶托穗而出，下象其根之曲。今多写作托，作动词为托起，作名词可说花托。

托 tuō 亦作侂。作动词是寄托、依托，作名词说托子、托儿。抽象义如说委托、拜托，手的动作就不是主要的。

託 tuō 以手曰托，以言曰託。託今作托。托孤就是把自己的孩子拜託给别人，如刘备把阿斗嘱托给了诸葛亮。今常说的有商业上的信托、精神上的寄託。

宅 zhái 人所居住的房屋，取寄托、依托之义。宅尔宅，就是居住你的房子，前一宅字为动词，后一宅字为名词。《红楼梦》中有宁、荣二宅。现在常说住宅区、宅基地。

垞 chá 土丘。人可宅。

蛇 zhé 海蜇，也叫水母。形如覆笠，随水漂浮。大者达半米，小者如碗，蛇者言其如宅。

咤 zhà 本作吒。喷，叱怒。叱咤，表示发怒吆喝之声。叱，呵也，即呵斥责骂。本是象声词，《史记》中形容项王一声叱咤，千人皆废。但是二字皆赋予了语义，如说"叱之"，即呵斥他，可加宾语，咤字则派生了诧、姹、侘三字。一般的象声词是没有派生词的，有了派生词就说明它已经成为实词了。

诧（詫） chà 今说诧异，表示惊奇不同寻常；诧愕，表示吃惊、发愣。原先还表示赞叹之言或欺诳之言。

姹 chà 由惊诧、赞叹之词，引申指女子美丽或花木艳丽之义，今语有姹紫嫣红。

侘 chà 侘傺（chì），失意的样子，怅然伫立之状。

魠 tuō 张口鱼。有些鱼是口大也好张开的，我们已不知它实指何鱼，它没有斥责或赞叹，只取形似而已。

亳 bó 今安徽有亳县，是古亳国所在地。古称亳，最著名的，是商代建都之亳。商都曾七次迁移，有南亳、北亳、两亳三亳之称。盘庚迁到安阳，还叫殷亳，就是殷人所迁到的宅居。亳字从高省（即省略口字），毛（zhé）声。故那也是山丘之地。亳与毛及从毛字声母不同，是很特别的。亳，常写作薄，薄有迫近、停止、依附之义，这和依托之义相近。故殷亳就是殷人止息、宅居之地。

506. 不

不 bù 几千年来，它的最常用义是作否定副词，如说不来不去，不好不坏。也用在句末，使一个肯定句变成了疑问句。如说：他来不？近代以来，人们越来越认为不字的本义指花萼和花萼的蒂。不与柎、跗古音相同，不的字形象一个朝下的花萼之形，蒂取缔结之义，柎指事物下部的脚。这样，不字有两义项，一为本义，萼足，一为假借义，否定词。两义互不相干。

丕 pī 从一，不声。这一横主指事，意思是：这就是花萼或胚芽。故胚字从丕。又有苤字，指华盛，即花木之发育壮大，故丕有大的语义，由花木之发育壮大，引申指人及事业之盛大、伟大。曹操的次子叫曹丕，字子桓，桓亦壮大之义。

胚 pēi 本作肧。胚胎，指人或动物母体内胎儿发育的初期。胚芽，指植物的花骨朵和嫩芽。这都是一个浑沌而凝结的状态。以此理解宇宙，早期也是一个浑沌初开的局面。

伾 pī 大力。伾伾，形容马拉车有力。山重叠、众多，亦可曰伾。

苿 fú 花盛。苿苡，相传吃了这种植物的籽就能怀孕。若从语源、字源看，苿苡显然就是胚胎之义，胎字的右上部就是一个"以"字。

豾 pī 或作狉。野猫之子，故可从胚、苡派生。

坏 pī 陶瓷器或砖瓦等的粗糙的初期制作品，尚未进窑者。它已成形，已不是混沌状态。如说毛坯、土坯。今还说钢坯等。酱坯子、面坯子，指酱或面的半成品，还没有完全做好。

鮢 pī 大鱯[hù]，似鲇而大，白色。鱼也有孕育期。

秠 pī 黑黍。一颗籽中有两颗米，实即大胚之义。

抔 póu 两手捧物。抔饮，就是用两手捧水喝。一抔土，就是一捧土。

杯 bēi 或作桮、盃、棓。今用为茶、酒之饮器，古说一杯羹，即是一碗肉汤，现在就不说杯了。杯字从不，取义于抔，为手捧（还常表敬）之义。常是玉制，有"葡萄美酒夜光杯"。

瓿 bù 小瓮、小缶。但是比杯还是要大些，如说酱瓿。

否 fǒu 从口，不声。不可也。从口，就是常见之于言，并可带语气。今说否定、否认、否决等，都是后起的复音词。否字带语气时，常用于句末，如现在还说能否，就是能不能；然否，就是对不对。否又读pǐ，臧否，就是善恶或成败；否泰，就是逆或顺、坏或好。常言有否极泰来，或否终则泰。

痞 pǐ 病痛。也指腹内结块的病，叫作痞块。否就是阻而塞，泰就是通而治。这是说生理上。社会上，地痞就是地方上的坏分子、恶棍。

呸 pēi 表唾弃或斥责之词，它的语源是不或否，属于实词，并兼有语气。往往单独一个字来说。谁遭到了呸字，就是遭到了强烈的否定或反对，甚至是侮辱。

字或作杏，隶变作音。

不字作否定副词，有时可与它后面的动词结合成合音字，如叵即不可、甭即不用、孬即不好。

507. 马

马 hàn 花苞。下是托住花苞的茎，上象含苞未放之形。

函 hán 字从凵，为张口之形，中间是水滴，上出的是马。函字引申指张口盛物的匣子，封套、信封之类。荆轲刺秦王时，带去了秦国逃将樊於期的头，以取信于秦王。这个头就是装在一个函里再封存好的。函谷关，在今河南灵宝境内，东自崤山，西至潼津，深险为函，故名函谷，是周秦时东西方的交通要道，许多故事都发生在这里。函与含义皆相同，但两字的分工，至今不混。

颔 hàn 亦作颌。即下巴。函是以花之苞来比人之口，这口的上、下颚便是包含舌的。然而颔只指下颚，上颚叫谷（jué），上下总称为颔，也可说上颌与下颌。颚字从咢，是两口争讼，于花则作萼。人与花朵之间的语源联系如此。

菡 hàn 菡萏（dàn），指荷花的花苞，小者曰蓓蕾。菡亦含，未吐之义，或作蘫。

蜬 hán 小螺蛳。它背上背函以为保护。

錎 hán 古代将士上阵穿的甲，起保护作用。

涵 hán 地势低处，水多汇聚，可说泽涵、涵濡。今说江涵、海涵，指江海容纳之水盛大。海涵，常用以指人的肚量大，对人多所包涵。涵，容也，容亦从谷（jué非山谷之谷）。涵泳，具体指在水中潜行，抽象义指思想感情上的深入体会。涵养就是滋润培养，包容大，修养深。

霝 hán 久雨。天地间雨水处于浸润饱和状态。

508. 垂

垂 chuí 边远地带。亦作陲。从土、𡴀声。𡴀，草木之花叶下垂。引申为一切事物下垂之称。垂柳、垂钓都还算是本义用法。名垂青史，则是抽象义。垂死挣扎之垂已为副词，将要之义。

陲 chuí 本指山阜之高欲垂者，又指边陲地区。

睡 shuì 坐着打瞌睡。目垂就是眼皮睁不开了。也说"假寐"，就是临时瞌睡会儿。人与兽之闭眼乃上睑（眼皮）就下睑，鸟闭眼则是下睑就上睑。鱼则根本就不闭眼，连眼皮也没有。现在睡字指全部的睡眠，也说睡觉。而睡觉一词的本义是睡而觉醒，至于寐，音义从昧，目睛掩蔽起来了。

捶 chuí 用杖击。如说捶挞、捶笞、捶扑、鞭捶，都是同义词的结合。有时也说马捶，便是名词。由于捶击大多是向下的行为，故其音义从垂。

棰 chuí 或作槌、椎、箠、木杖，棍棒。棰楚就是木杖和荆棒。有时也作动词。

箠 chuí 马鞭。可说马箠、箠楚。

錘（錘） chuí 由钢铁的锤头安上木把制成。以木曰棰，以竹曰箠，以金曰锤，功用与形制略有差异，语音相同，文字也时有相通。语法上都可名词与动词两用。只是引申义就有差别了。如锤有重、秤砣二义，还作重量的单位名称，一锤为八铢。

腄 chuí 脚跟上起的厚皮，是行走、跑跳中压迫、磨蹭造成的。也可说胝、胝皮。

甀 chuí 小口的罂瓶。抱甀而汲，是井上提水用的汲瓶，是需要下垂的。

唾 tuò 或作涶。作名词指口水，作动词谓吐。也指吐痰。唾吐双声。吐从土，土中生出万物者。故唾，谓出而下者。唾及从垂之字，语音皆相近，只有唾字声母发生了大变。它是否从吐，还有一条证据，即唾沫的唾，即读同吐，为唾[tú]沫。

509. 朵

朵 duǒ 枝叶花实之垂者，皆可曰朵。木字上面的部分，象垂之形，有时写作木上一个乃字。现在只说一朵花，为量词。枝叶下垂，总是挂在旁边，故朵又有旁边之义，朵楼、朵殿，都是指两旁的建筑物。耳朵也是长在两旁的，那里的耳饰大多下垂，还来回地摆动。朵作动词，指枝叶下垂来回地动。"朵颐"就是下巴来回地动，就知道他是在嚼食呢。

箣 zhuā 亦作簻、撾。用以策马的竹鞭，用竹梢较细处制作，竹梢、竹枝是曲而下垂的。

垜 duǒ 堂屋两旁的房间，故音义从朵。垜又引申为堆积之义，读duò，如说柴垜、麦垜。作动词可说垜起来，把砖头垜起来，两边的意思就逐渐淡化、消失了。如说把砖头捡起来垜在一边，门两旁伸出的小墙曰垜头，这就还有旁边的义素。

娜 duǒ 女容如花之垂，美好之义。常说花容。

挅 duǒ 掂量。与揣、掂的音义相近。掂量的动作大多是高下的行为。

剁 duò 砍。大多是向下的行为。剁馅便要不断地剁。

跺 duò 脚提起再下踏的行为，一般还比较用力，也不论次数。

躲 duǒ 隐蔽，躲藏。朵是下垂的枝叶，它可以藏身，即事物之名引申为它的功能之称。躲藏是不动的，躲开、躲让则还有急速的连续行为，还有躲雨、躲车、躲债。躲的主语和宾语大为扩展了，躲的方式也多种多样。

510．㺝

㺝 ruí 从㺇，㺇指草木之生，果实累累，多而下垂，这就是㺝㺝之状。又从豕，豕字的最后一笔，隶楷作撇捺，篆作向上然后即下垂之形，这叫"揭其尾"，即举起尾巴，那是猪发怒或着急时的表现，然而它举了一部分就又下垂了，它不能全部举起。

蕤 ruí 草木华垂貌。引申指冠缨（帽带）及旌旗之垂饰，多而下垂之貌。常说委蕤、葳蕤。"羽旄扬蕤"，便是形容旌旗的。

緌（綏）ruí 帽子上的带子，结在下巴下面，结余的部分便下垂着。这里是蕤字的假借字。

511．刍

刍（芻）chú 从屮，从勹（即包），象割下的草包束起来。名词。作动词为割（草）。引申为饲养之义，或作犓。饲养曰刍，饲谷曰豢，皆为动词。民食刍豢，即人们吃牛羊和犬豕的肉，刍豢就又成名词了。刍在畜牧时代是一个常用词。

驺（騶）zōu 马倌。管马之饲养与使用。

犓 chú 牛倌。管牛羊之饲养与使用。

稸 chú 禾秆，可以喂牲口。

俦（傷）zhòu 饲养牛马等劳作的仆人。

嫦 chú 妇人怀孕。显然是从养育取义。

雏（雛）chú 小鸡，也指小鸟。有待饲养。至于是草养还是谷养、虫养，在引申中就不论了。还可说雏鳖，就不知饲养什么了。幼小的植物也有可叫雏松，那就是水土之养了。至于人之幼小待养者，如鲁迅的诗"挈妇将雏鬓有丝"，这是指他带着许广平和周海婴。

诌（謅）zhōu 一种是指草创的话，如说诌议，因为刍是指包束的草。一种是指做任意编造的话，如说瞎诌、胡诌。

绉（縐）zhòu 特细的葛布、麻布，与刍之从屮是一致的。细，与织之紧蹙相联系，而包束草也必定要紧蹙。

皱（皺）zhòu 脸面或皮肤之紧蹙者。人老了，皮肤宽松收缩而起皱纹，故字从皮。还说"眉头一皱，计上心来"，此指两眉紧蹙。又说"风乍起，吹皱一池春水"，此指水面起浪，语义已发生很大变化。荔枝的一个别名叫皱皮生，这里的皮已经不是皮肤，是它的壳。今常说衣服皱，还有皱布、皱纱、皱纹纸，皱的语义发展已经很大。

趋（趨）qū 紧蹙、急促地走，快步走。可读同促，为入声字，为急趋、速行之义。蟋蟀也叫促织，也可作趋织。趋的抽象义指事物发展的趋向，即趋势之所向。也说意见趋于一致，大势所趋。

怊（懰）zhòu 急性子。心之所迫，偏急或固执，难以说通。

512. 莽

莽 mǎng 草多貌。

莽 mǎng 从犬，莽声，意思是草木丛生，原野一片苍茫。如说莽原、莽苍、草莽。引申说人性鲁莽、莽撞，指冒失无礼。莽与茫音义同，今说茫茫的草原，实即莽。但鲁莽不能作茫。可见在文字上还不一致。

漭 mǎng 水广远貌。

蟒 mǎng 蟒蛇，体庞大，呈黑褐色，有深暗斑点，为草野之色，故从虫，莽声。

葬 zàng 从死，在莽中，埋藏之义。历来皆以藏释葬。藏、葬双声。葬既有藏义，又有莽声。葬虽从莽声，声母却发生很大差异。

脏（髒）zāng 污垢。今说肮脏。肮本为掩盖之义，故肮脏本是掩盖、藏纳之义。

莫 mù 从日在莽中，实即暮字。因为莫字假借作否定词，与无、没、亡三字均为古双声字。作莫不是、莫须有等之莫，为否定代词（义为无人、没人）和否定副词，这样，就在日暮之义时，又在莫字加一日字。暮色，就是夕时草野苍茫之色，暮时就是日落草丛、月已半现之时。夕、月半现。

暮 mù 夕也，即傍晚。旦暮，旦是日出地平线之上，朝阳升起；暮是日落草丛之中，暮色苍苍。引申义说暮春三月。岁暮就是快要过年，暮年就是晚年，平生的大部分时间已过。

幕 mù 从巾，莫声。如说帷幕，在旁曰帷，在上曰幕，故幕从莫，有覆盖而阴暗之义，还可说夜幕。这是对帐篷说，现在舞台上的幕布，则是在前的，说开幕、闭幕，也是语义的演变。

膜 mó 本指人体内胸腔下的一层横膈膜，引申指体内的各种薄膜组织，如耳膜、鼻黏膜，再延伸指体外各种材料制成的膜，如笛膜、塑料膜。

馍（饃）mó 广大华北地区把馒头叫馍或馍馍，有白馍、黑馍、泡馍等。馒头本来是有馅的，它以面裹羊豕之肉，像人头，以祭神祠。馍，从曼，蒙也；馍，莫也，无也，中间无有馅也。

漠 mò 水广大貌。与漭字切近，由草之广到水之广。徐悲鸿的奔马题词："长夜漫漫无绝期，漠漠穷荒有尽头。"漠漠指原野广大，也是草之广，但是在奔马的脚下总是有尽头的。沙漠的漠，也是取广大之义，不过已转为名词，可说漠南、漠北。犹如溟，本是幽深之义，转为名词，可说南溟、北溟。漠字还有昏暗之义，还有淡泊不在意、寂静无声等义，如说漠不关心、冷漠、淡漠等，均抽象义。

募 mù 广求曰募。如说招募、募捐。募兵就是广泛招收士兵。广泛、广大是从莫字的本有义素，人力和财力之求，是募的新增义素。

慕 mù 心的广泛追求，心向往之。如说仰慕、思慕、羡慕。慕字的下部为心字，心莫，谓心中昏暗，不知所行，故要仰慕；手在暗中，为摸索之义。

摸 mō 暗中摸索，如说摸着石头过河、瞎子摸象、摸清情况、摸底。偷偷摸摸是在黑夜中或无人看见的地方进行的。又说抚摸，是同义词的结合，触摸与抚摩之义。

蓦（驀）mò 本为上马、骑马之义，是对马的触摸行为。又引申为跳跃、逾越之义，蓦墙就是跳墙。这都是突然、忽然的短暂行为，故今说蓦然、蓦地，作副词，上马必疾，越墙必急。有时蓦然还有点漫不经心、出乎意料的意思。

摹 mó 摹与摸皆从手，先有摹，后有摸，今两字并存，摹为描摹、临摹之义，都有一个样子作仿效，行动是在尝试与求索之中进行，是在广泛探求、来回摸索中进行。

模 mó 由仿效之义，引申的法规之义。仿效的一定是模范的。于木曰模，于金曰镕，于土曰型，于竹曰范，因此有模型、模范等说法。常说模子，即是依照原型来制作。

谟（謨） mó 计议，谋划。即以言摹拟。《尚书》中有《皋陶谟》《大禹谟》，就是皋陶和大禹的谋略和事业。

寞 mò 或作寞。寂静，夜深人定，无人声。与无字的语义相联系。今说寂寞，主要是孤单、冷落之义，增加了心理的因素，很少是单纯清静之义。

瘼 mò 无名之病。就像火有无名火，诗有无题诗。病也有时说不明白，不知病的根源，难受了几天，自己又好了。

墓 mù 坟墓。坟，本作墳，葬而堆土贲起者曰坟，墓则葬而平者，莫知其所，但见草莽。葬而有圈者曰茔，为萦绕之义。

偌 ruò 如此，这般，那么。它是由若字的指示代词之义派生的。偌大年纪，即这么大年纪；偌多银子，即这么多银子，或那么多银子，说这么、那么都可以，是无定的指示代词。

诺（諾） nuò 答应之词。唯唯诺诺，意思是只会答应，没有自己的主见。敬诺，就是恭敬地答应了。还说许诺、然诺。唯而不诺，就是没有一点迟疑迅速地答应曰唯，缓慢地答应曰诺。

踔 nuò 若为顺手选择，踔为顺脚踩下去，即深一脚，浅一脚。也指小儿始行貌。

箬 nuò 竹笋之皮，吃笋时必去之。又名籜。学古之道，要像吃笋而去其皮，即是有选择地吃，不能食古不化。故从若声或从择声，都是声中有义的。

婼 chuò 不顺从。语义向相反方向发展，唯诺本为顺从之义。

惹 rě 扰乱，触犯，也就是不顺从。如说惹祸、惹是非、惹麻烦、惹恼了。

蠚 chuò 虫螫，那也是招惹、触犯的行为，也是一种不顺从的行为，故其音义也从若。

513. 若

若 ruò 右手对着草，会意字，择有、采野菜之义。此义今已不用，现大都用它的假借义，如若之义。若与如、然、乃、汝、尔、而诸字均为双声，即古声母均相同，因此常作假借。若可作第二人称代词"你"，可作近指的指示代词"这"。若作连接词为如果之义，今还说如若、假若、倘若。若字作助词，相当于"然"，茫然可说茫若，纷然可说纷若。

514. 夨

夨 lù 从中，陆声。指丛生田中的菌类植物。菌字从囷，就也是聚集之义。

lù 土块多而聚集。从土、夨声。

陆（陸） lù 陆地，对水域而言，自然是土块夨夨的。大禹治水，就是要解决水与陆的问题。大野曰平，广平曰原，高平曰陆，大陆曰阜，大阜曰陵。陵则是高而不平者。陆续，或说陆陆续续，即为平齐而连续，故为接连不断之义。

稑 lù 种于陆地之禾谷，与水稻相对而言。旱地是与水田相对而言的，故稑即旱庄稼。

夌 líng 越过。故也有高的语义。夌的韵母从升，或从乘、丞。

陵 líng 大阜曰陵。常说丘陵。帝王坟墓筑得高大，故曰陵，或陵寝。如说唐代的昭陵，明代有十三陵，皆名词。作动词有升高、超越之义。

祾 líng 神灵是凌驾于上的，它作威时人就受到暴虐与凌辱。故从示，夌声。

埨 lèng 土堆。作地名，江西有长坡埨。

淩 líng 或作凌。陵为越过山阜，凌为越水。今说壮志凌云、凌霄、凌空，均升高之义。凌有欺凌、侵犯之义，都是居高临下的行为。

崚 líng 崚嶒，崚为突起、高出，嶒为重叠、层起，故崚嶒为峰峦叠起。

棱 léng 亦读 líng，亦作稜、楞。物体有隆起之处曰棱。如屋上有瓦棱，洗衣服的搓板上有棱，都是线条状的。尖形的叫棱角，说有棱有角。做人也说要有棱角，便是抽象之义。

菱 líng 今说菱角，有两角的、三角的、四角的。菱，古又称芰，取分枝、歧出之义。几何学上有菱形，指等边四角形之有钝角、锐角者。

楞 léng 作棱角义时，与棱字相通，方形的物体都有棱角。但说瓦楞，指屋顶上的瓦铺成一高一低的行列，也叫瓦垄，不作棱。

愣 lèng 失神，发呆。可说愣神、愣怔。也可作睖睁，就是眼睛发直，直视。愣从楞派生，楞是六朝时从棱派生。现在说愣小子、愣爷、愣头青。

塄 léng 地塄，就是田地边沿高出的土堆或长条，或说塄坎，或说土埂。整地时往往把一些废弃的砖石之类堆在一边，成了地塄。或者本来就是一片坑洼地，整出了一块，还有一些高出的地方不易整

了，就到此为止，也便成了地塄。塄与埨音义相通，从夌与从幸都取其高。

睦 lèng 睖睁，直视之貌。也就是发愣。现在最常用的还是楞、愣二字。

绫（綾） líng 一种轻薄细致的丝织物，望之如冰凌之理，往往带花纹，呈半透明状态。雪片就是六角的菱形。

凌 líng 冰凌。结冰和化冰时都会出现冰的菱形之状。水有棱角便是冰。凌也有升高之义，可说凌空、凌云。凌还与陵字相通，可作凌厉、凌辱、欺凌。

鲮（鯪） líng 俗称穿山甲。它穴（穿穴）陵而居，曰鲮鲤，其状似鲤。又说它尾刺如三角之菱，故谓之石鲮。

睦 mù 本为眼顺之义，引申为敬和，故可说和睦。睦从幸声，概是指高平之地，一眼望去，无所阻拦。说反目，就不顺眼了。睽，目相违，便是反目了。睦字的声母很特别，它受了"穆"字的影响，两字同音通用，穆字为恭敬、和睦、信任等义，现在已不用。睦字则还用，如说睦邻，《尚书》就说"睦乃四邻"。睦字虽不用于形容眼睛，和睦的关系总也不免要表现于眼的。

䉖 yù 本作贝字上面一个睦字的古文形，后均写作賣，与买卖的卖字同形，实即䉖字。钱贝上的和睦与信任，即公平交易，双方都可接受。因此䉖也有卖的意思，炫耀商品，四处叫卖。䉖又有养育之义，所以取了现在这个字形，从鬲（最古老的饮器），从米，是养育人的。䉖与育声母相同。

粥 yù 同䉖。故也有出卖与养育二义。粥今读 zhōu，与淖、绰声母相同，淖谓水之宽绰，即是稀粥的粥。粥之稠者曰糜，淖者曰粥，粥的语源义便是水宽绰而可以养育人者。

賣 yù 炫耀而行且卖也。也指买。买卖原先可以不分，没有货币，以物易物，谁是买者，谁是卖者呢？早期的货币以布帛或家具（如钱、镈）去交换，还是常用之物，

所以要待通货的货币发达了，才作买卖的明确区别。

竈 cù 蛤蟆之类，平时多居陆地，故从夫声。它的皮也形容像是土块之状，即疙疙瘩瘩之状。它们还有一个特点就是大肚。行动方面，爬行不快，跳跃迟钝，是局促、难进之状，被说作是戚施(yì)，这戚、蹙、促、蹴和竈的声母相同，语义相通。

歔 zú 俗作嗾。吹气貌。亦与蹙相通，为局促、紧缩之义。

灶（**竈**） zào 今说锅台。字从穴，今犹说灶膛、灶肚，或炉膛，均中空之义，故从穴。而蛤蟆之类，亦大肚。灶肚与蛤蟆之类相联系，更有生活的背景，现在已经几乎没有这种感受了。《国语》中有沉灶产蛙的说法，大水灌注了，或废弃的锅台与灶穴中日久便生蛙。所以，灶的音义离不开青蛙与蛤蟆之类。

渎（**瀆**） dú 水沟。常说沟渎，田间曰沟，邑中曰渎。渎就是现在说的城市下水道。凡水所行之通道曰渎，大小都可曰渎，江、河、淮、济为渎，是最大的了。渎之从卖，取通道、中空之义，由鬻卖与钱贝之通道，到水之通道。钱贝又叫泉币，泉也就是水。渎与通双声。以下从卖之字，实皆从鬻，通道之义。

隒 dú 古从㰱。山谷之间的通道。

椟（**櫝**） dú 盒子、箱子之类中空的木制藏器。盛矢或剑的匣子也可叫椟。"龟玉毁于椟中"的意思是讲究礼乐时这些美好文明之物都装在箱子里，放坏了也不用。

匵 dú 音义均与椟同。匚，即方，是方形的中空盛器。

韇 dú 藏弓之器，以皮革制作。或作革旁，木旁，蜀与鬻同音假借。

读（**讀**） dú 读书就是对书的中空而出入通达。通字从甬，涌为水之出，诵为言之出，通为行之出，勇为力之出。卖，于山阜曰陵，于川泽曰渎，

于竹木曰椟，于皮革曰韇，于言语曰读，于简帛曰牍。以上可说是读字的语源义。今说读，一般只是把书好好看看，或把文字的作品念出声来，这是把读字的语义通俗化了，是直觉的释义，知书达理的意思似乎已是进一步的发挥。读的又一读音是dòu，或作逗，是句读之义，这个又一读音是怎样来的？它与窦、沟之义相通，参阅窦字，也是强调沟通、通达之义。

牍（**牘**） dú 简牍，是写书用的木片、竹片，串连起来就是书册了，是普遍使用纸张以前的情况。有了文字的记载，日后皆可阅读，都可沟通。公文、书籍可叫文牍，书信可叫尺牍。薄者曰牒，厚者曰牍。据《史记》记载，秦始皇在世时，每天要看的奏牍有一石，合一百二十斤，看不完不休息。

覿（**覿**） dí 相见，探望、问候。是更为直接的沟通，因为它从见旁。

黩（**黷**） dú 作名词，为污垢、黑浊之义；作动词为玷污、蒙垢之义，引申为滥用、贪求、轻佻而不庄重之义。如说穷兵黩武，就是滥用武力，这兵是圣人不得已而用之的，现在是玷污了兵法了。还说黩财贿，就是贪财，黩慢就是失礼不敬。这种语义是从鬻来的，叫卖时炫耀巧饰。黩职，也可作渎职，就是轻慢而失职。亵黩，就是十分地轻慢、失敬。亵(xiè)是脏衣服，因此也是污浊、轻慢之义。

遪 dú 轻慢地接近别人，故从辵旁。

嬻 dú 旧社会常亵渎女性，故从女旁，但一般还是用渎、黩字，此字未通行。

浊（**濁**） zhuó 古与渎同音。污秽。从蜀字与从卖字之间同音假借。它与蜀字的字形义无关。从水指清浊而指酒之清浊，声音也可以分清浊，粗重的声音叫浊，语音学上兼有声带发音的叫浊音。社会、世道也可以说清浊、浊世。

佛教中说凡胎浊骨，说尘世，他的主要意思是说不能超度，受尽灾难，不能觉悟，不能立地成佛。

殰 dú 胎死，即未及生而死亡。

黩 dú 卵内败坏，即卵不能孵化。与殰只是文字上换一个偏旁，音义是相同的。

犊（犢） dú 小牛，牛子。从牛，渎省声。直接从鬻，即是养育之义，同时也有出生之义。

续（續） xù 连续、继续。人的世代相传叫嗣续，断子绝孙就没有嗣续了。续是断的反面，今还说断断续续。缫丝的时候是断续现象的典型。子孙的孙从系，也是以丝为喻。续字一度主要用于子孙的嗣续，续字从卖(即养育)，续家谱就是一代代地养育。续又与嗣双声，嗣指子孙的继承，如说嗣子、嗣国。故续的本义就是子孙的继承和养育。续字的主、宾语扩展，如说手续，指办事的程序，一步步进行。编书有正编，之外有续编。

赎（贖） shú 以钱财赎人。赎本指以财物相交换或抵押，特殊的用法指赎罪或赎人。买卖是双方自愿的，抵押则有一方出于无奈。人质的事，古亦有之，以人为抵押。赎和质古音双声，既抵押，又买回，便是赎了。现在还说抵消，有了罪，交出一笔钱，就把罪名抵消了。司马迁为李陵辩护，获了罪，但是家里无财自赎，就只有去受刑。

窦（竇） dòu 洞，孔。在大门旁的墙根处留一个小洞，便于早晚狗的出入，叫狗窦。故窦字从穴。沟渎之类的出水口也叫窦。鼻窦炎就是鼻孔发炎。事件或情况出现了可疑的漏洞叫作疑窦。

515．毒

毒 dú 字从屮，有丰厚之义，又从毒(ǎi，从毋从士，毋行之士)，无行、不端之士在成长，因而得毒害、恶毒、凶恶之义。作名词指有毒之物，作动词谓中毒，如说毒死老鼠。抽象义说用心狠毒。

纛 dào 或 dù 古时将军或帝王出巡时悬挂的大旗，取义于丰厚、强盛。

碡 zhóu 碌碡，用以碾场脱谷的圆柱形石磙。从毒取厚重之义。

以上三字皆不从母，从母者误。

516．乂

乂 yì 即刈。字作撇捺，谓左右去之，即割除、芟除之义，今说割麦子，故说刈麦。更主要的是说刈草，故又得治理之义和能治国的人才。

艾 ài 艾蒿，是一种菊科植物，它能用以治病，把艾叶晾干，制成艾条，或曰灸炷，固定在针的末端，医生在针灸时点燃，在穴位处加热，熏气，以活经脉。从而艾字得治国养民之义，由治病而到理政。艾蒿又叫白蒿，叶的背面长满白色丝状的毛绒，故艾又指长老、师傅。又由老、久而指尽、止，今说方兴未艾就是没有穷尽。

嬖 yì 治理。从辟，乂声。辟，法也，故嬖为依法治理。

惫 yì 惩治、惩戒。戒之于心，故从心。

烌 yì 虎欲有所伤害，故取义于刈。

餀 hài 音义从艾，取历时久长之义。食物历时久长则臭败，即腐败发臭之义。

杀（殺） shā 音义从芟，又从刘，如说格杀勿论。本多指草木，引申指人，是很厉害的了。杀也有治理之义，杀青就是治简，即制作竹简。杀在口语中的引申很活，如有消减之义，说杀价，就是压价、降价。又有收缩、勒紧之义，杀尾就是收尾要扣紧，又说杀紧腰带。又加在动词之后作补足语，说笑杀人，害杀人，并不真要死人，只是说可笑、作害之甚。

铩（鎩） shā 刀剑或矛等武器的刃长出者，易于杀伤，故说长铩。

樧 shā 似茱萸而小，实是茱萸之一种，芸香科，落叶小乔木。古有插茱萸、佩茱萸囊可以健身、去邪的习俗，还有温中止痛、杀虫除害的功能。

粖 sā 散米，也称跐米，也称粞。即经过舂或碾，成半粒或米屑、伤残之米。

挷（撥） sà 用手臂击杀。侧手曰挷。均与义字的左右相交而去之相符合。

刹 chà 这是佛经翻译中新造的字，刹多罗简称刹，为土地、国土之义，人们生活在那里充满灾难，又是刀，又是杀。此外还有作为佛国的一片土地，故寺庙也叫刹。要惩罚那些作恶多端的人，叫香刹、大刹、古刹。佛塔也叫刹，没有塔，就用一根幡柱代替。少林寺的方丈死了，就埋在塔或柱下，那里便是佛国无杀害的了。今说一刹那，指很短的时间。一念之间，就是两个世界、两片土地了。所以刹是警戒之义，教人要从善。

煞 shā 杀的俗体字。杀的本义还是用杀，偶尔杀气也可作煞气。杀的引申义，两字皆可用，刹车可作煞车。杀风景也可作煞风景。煞费苦心、凶神恶煞，皆不用杀。

517. 木

木 mù 从中，下象其根。古曰木，今曰树。木的引申义指麻木，没有感觉了。木讷，就是没有言辞，朴实。呆若木鸡就是不会行动。

沐 mù 洗头发。就本义说，洗，去足垢；盥，去手垢；浴，去身垢；沐，去首垢。因毛发可指草木，不毛之地就是草木也不长之地。木指树木，修剪树木，芟除枝干也叫沐，故沐字也可有去除之义。相似的例如条，本枝条之义，去枝也可曰条，洗去也可曰涤。淘米的水亦曰沐。古以淘米之汁洗头，它确有去油污的作用。

霂 mù 小雨。下场小雨，就像人洗个头一样，根部未湿。

518. 本

本 běn 木之上曰末，木之下曰本，木之中曰朱，即株。墙之下曰基，可说基本。这是就空间说，就时间说，指原始的、本来的，如说人之初性本善，即生来就善。本年、本月，则是指现今的。经济上农业叫本，工商叫末，这是小农经济时代的特定概念，原始的采集时代、渔猎时代及现在的大工业时代，就没有这种概念。资本一词，宋元时代就已有了。本是对利而言的，真正要做到一本万利，恐怕要到大生产时代才有可能。

笨 bèn 竹的外皮叫竹青、篾青，竹的里层叫竹肉、竹黄、篾黄。竹青坚韧而光滑，竹黄厚而质松易折，所以竹材主要是用竹青。这和木材正好相反，树皮里面的部分才是木材。笨指竹里，粗率、松软而不中用，故说笨拙。引申指人的材地，为愚蠢、不聪明之义，是唐宋以来用开的词。人非木石，但在语言上，关系密切。人从竹木得愚笨之义，人从石得开拓之义，一智一愚，相反相成。

519. 未

未 wèi 木上加中，谓草木重叠，草木有滋味。未的本义是滋味，后来未字用作否定副词，与无、勿、没、莫等同为双声词，均表否定。滋味之义就又加口旁以示区别。人们主要从草木得知滋味，只有盐字属于矿物。

味 wèi 五味指甜(古说甘)、酸、苦、辣(古说辛)、咸。从滋味之义引申指气味，这是口鼻之差。抽象义指意味、趣味。作动词，为品尝、体味之义。作量词说一味中药，是神农尝百草而得。

莱 wèi 五味子，一种植物的专称，它蔓生，皮肉甘酸，核中辛苦，并都有咸味。

昧 mèi 没有阳光，天色昏暗。引申指不明事理，说蒙昧、愚昧，是非的态度不明就说态度暧昧。作动词说昧良心，就是违背良心；拾金不昧，则为隐藏之义。

眜 mèi 眼看不清。耳不听五声为聋，目不辨五色为眜。

寐 mèi 从宀从爿，即是从家从牀之义，未声，即是无知觉，不知道，睡着了。梦寐以求，即是睡着了做梦还在追求着。

妹 mèi 女后生者曰妹，总比较幼稚蒙昧。

魅 mèi 过去的观念里，世上各种事物，年代久了，都要成精，如孙悟空是猴子精，白娘子和小青都是蛇精，白骨精则是反面的妖魔鬼怪。魅字从未，取昏乱迷惑人之义，那些妖精都有极大的魅力。今说魅力，抽去了从鬼神的义素，如说艺术魅力、人格魅力，指一种吸引和感召人的精神力量。

520. 末

末 mò 木上曰末。如说末梢。引申说末尾、末代、末日等，是指最后的，终了的。强弩之末，不足以穿鲁缟。鲁国生产的缟是最薄的，也穿不过去，因为强弩发出的箭已经到了最后。

抹 mǒ 手涂擦，使归于尽，如说一笔抹煞。眼前一抹黑，那就什么也看不见了。引申为没有尽义，如说往墙上抹石灰、抹了一脸黑，只是以手涂擦的动作。

沫 mò 水上的浮物，大曰泡，小曰沫。水下细小的沉渣也叫沫。又说唾沫、肥皂沫，是细小的水星。泡沫经济指一些虚幻的经济现象，稍有风浪就失落了，不是真正的繁荣。

秣 mèi 以禾末喂马，如说厉兵秣马，就是磨好刀，喂好马，准备起程。

茉 mò 茉莉。梵文借词，或曰为波斯语音译词，但是随人会意，或作末丽，因为花都开在各枝之末。

袜 mò 即今谓兜肚之类，说袜腹或袜胸之类，取抹去不见之义。今又读wà，作鞋袜之袜的简化字，是另一音义。本作襪，蔑与末两字相通，但都是否定副词。

眿 mò 目不明。实与眜字相通。

521. 枼

枼 yè 树叶子、木片子都可叫枼，从木，世声。世字从卅而曳长之。木之薄而长者曰枼。如树叶是薄长者多，牒是牍之薄长者。

叶（葉） yè 草木之叶，取薄长之义。因为从世，与世纪有关，故可说某某世纪的中叶、末叶。形状薄长之物，如百叶窗。页，本作叶，今则相通，是书页之义。

鍱 yè 金属之呈薄长叶片状者。今作铜叶、铁叶。

篴 yè 书页，今皆作页，本作篴，因为过去多用竹简，故从竹。

饈 yè 或作糱。饼类，许多是薄长者，也多有薄圆者。

偞 yè 形容一种轻盈、苗条之美。与奕字义音相通，今说神采奕奕。

牒 dié 竹简、木简一般称牍，如说文牍，牍之薄小者称牒或札。牍牒双声。

诔（諜） dié 今说谍报，军情写在薄小的牒上，以便秘密递送。间谍，间为间侧、背着，即私下的谍报。

喋 dié 喋喋不休，谓言语之多，取拖长、持续之义，即曳长之义。喋血之喋，本作啑，蝶本亦作蜨，则与曳无关。喋又与嗟（zhá）音义同。

碟 dié 浅薄而小的盘子，放点小菜或调味品之类，如说醋碟。

䑕 zhé 薄切之肉片。

鲽（鰈） dié 比目鱼，体形扁平像薄片，呈长椭圆形。或说它状如鞋屧，即鞋垫子。

䖤 dié 小船。如说一叶扁舟，以形容其小而薄长。

堞 dié 城墙上薄小的女墙，便于窥视城外敌情，也利于城上防守。

蹀 dié 持续地走。常说蹀躞，就是小步溜达，流连不返。躞从燮，取和缓之义；蹀从枼，取延长、持续之义。

蝶 dié 取轻捷之义。详见蝴。

屧 xiè 或作屟。木板拖鞋。又指鞋垫子，均狭长之物。又读 tì，常作屉，抽屉，常是拖拉的，长木板制成。

揲 yè 手椎之使薄，如制陶，需揲挺（shān）其土，即糅和、椎击陶土。揲又读 shé，声母从世，谓持续、累积之义。又读 dié，为重叠之义，牍或牒都是要卷叠成册的。揲字的三个读音，都表现在声母之差，都不出于从枼字声母变化的范围，语义直接间接地联系着。

522. 林

林 lín 丛聚、密集之木。分散的构不成林，数量少了也构不成林。引申说竹林，肉林就是悬肉如林，又有武林豪杰、《儒林外史》、艺林丛谈等。还有笔墨之林、民族之林。都是人或事的丛聚。林立之林，为众多之义。

淋 lín 水多曰淋淋，淋漓本指水盛，引申为抽象义，把心中的情意表现得充分无遗叫淋漓尽致。

霖 lín 久雨。水量大，时间久，故音义从林。

琳 lín 青色的玉，如说碧玉、碧琳。故琳之从林，取其义。常说绿林、青林，草木初生为青色，故曰青春。

罧 shèn 本作椮。聚集柴木于水中，鱼入其里藏隐，便设围捕取，故这是一种捕鱼方法。字从参，取参合之义；从林，取聚集柴木之多，形成了一个水下之丛林。林与参古韵亦相同，所以在文字上作了一个大改变，以林为网。

禁 jìn 聚众而有所示。作名词为禁令之义，作动词为禁止、忌讳之义，说百无禁忌。宫廷可说禁中，说紫禁城，是禁止进去的地方；监狱可说在禁，则是禁止出来的地方。禁字又可作衿，襟亦可作衿，今字从人，为三合之义，可见禁字从林，也是取聚合之义，衣襟是左衽与右衽聚合而成的。禁与今双声。

襟 jìn 衣的前幅。古说交襟，是两幅衣相交而成的，没有纽扣，用衣带束起来，它是禁止和防御风寒的。

噤 jìn 闭口。如说噤若寒蝉。蝉到秋末的时候还叫得很起劲，一来寒流就叫不出来了。当然蝉不用口叫，语义就不计较那么多了。人闭口说噤，如说噤战，即是咬紧牙关打寒战。噤口，就是不谈国是，汉代罢黜百家，言论不自由了，士人就噤口。噤口还有另一种含义：有的病发作，吃了就吐。也叫噤口。

婪 lán 亦作啉、惏。贪。婪为贪之多。婪字从女，是说巫女之婪。是卜人谎告吉凶，从而聚人之财，诈人之食。卜人中女的占多数，因为还常要歌舞。

彬 bīn 或作份。多而盛，也即纷纭之义。如说文质彬彬，亦作文质份份。文采的华丽和朴实，结合得好。

斌 bīn 即彬。语义则由文与质的结合，引申指文与武的结合。真正文武双全的人不多，但是应该作为一个方向，六艺之中有驾车和射箭，就不属于文。

523. 樊

樊 fán 从大，从棥 (fán)。用木或枝相交，即是今之篱笆。还可以用荆棘为屏障，现在更还用铁丝网。今说樊篱。《诗经》有"折柳樊圃"的句子，就是折下柳枝来给菜园子围上个篱笆。这是樊用作动词。为交织起来之义。樊字下部的大字，是隶楷书的变通写法，实际是相背的左右两手，即攀字。相向的左右两手，即廾 (即拱)字。拱手时两手相向，攀的时候一手向左，一手向右。编篱笆的木条是相向也相背的。

攀 pān 本作北、又二手相背之形，其他的偏旁都是后加的。今说攀登、攀援，抽象义可说攀谈、攀亲、攀比。高攀就是和地位高的人拉关系。

襻 pàn 衣服上打结的带子说衣襻，纽扣可说纽襻。还有鞋襻，也是扣住鞋的带子。有的地方把篮子上便于手提的部分叫篮襻。

矾（礬） fán 常称明矾，是一种结晶体，常呈菱形，带尖角，犹如樊篱以木条交错，斜交成菱形之孔。

524. 才

才 cái 草木初生之形，木字少一笔，将生。故才有初的语义。初到，也可说才来。但是这是草木的本性却已确定，故有才智、才性、才力等说法。天才就是人生来的才能。引申为时间副词，表时间之初，如说才到，即初来乍到。

材 cái 可派用场的已经成材的木料。后来皮革、齿牙、骨角、毛羽，皆可称作材，现在则大大地增加了各种金属材料，最常说的当然是钢材。现在的材料科学，就是不断开辟各种新型用材的。但是材字却始终稳定未变。匠字本只指木匠，现在也可泛指各种制作的匠人，但木匠还始终保持一种传统的特有地位。

财（財） cái 货物和货币。今说财产、财富，主要指物质财富，后又说精神财富。财取其用，与材相通，可说财用。

在 zài 从土，才声。左边是才字，右下是土字，由于才字的一竖要给土字让出位置，隶书中一度把一竖省略了，到楷书又补上了一短竖，就看不出是一个才字了。才之所存曰在，从土，是就地点而言，也是就才之所生而言还说放在、处在、留在，作介词，时、地、条件，都可说在。它成了我们现代的最常用词之一。

茬 chí 草木盛貌。今口语中读 chá，庄稼一年一熟为一茬，夏秋两熟为两茬。这个读音 chá 是怎么来的？它是从槎字来的，斜砍树木留下的根叫槎，作为异体字，又写作茬。韭菜割过以后，过几天又长出来了，可叫二茬。麦子割过以后，留在地里的根茎也叫茬。胡子刮掉以后，过两天又长出来了，也叫胡茬。谈论问题时，一人说完了，另一个人接着这个问题说，叫捡起上个人的话茬。

戋 zāi 本作戋字的左上角有一个才字，就是砍伐初生的草木，故栽（即灾字）、裁等字皆从戋，即从戈，才声。草木初生曰才，伤其才亦可曰才，犹如木，去其枝干曰沐，耳，去其耳亦曰聅。戋字已没有用例，只是许多字以它为偏旁。

载（載） zài 取物终更始之义，故一年可曰一载。音义从才。岁月如此，万物亦如此。故载又有运转、轮流之义，从而字从车。可说装载、运载，又说载（zài）客、载重，不但车载，也可说船载、飞机载，还有登载、记载，草木和舟车的义素完全没有了。

哉 zāi 初始，即是才字的语义，草木初生，如说"哉生魄"，就是阴历每月初三，月亮开始出现一点明亮的部分，就是始生魄、才生魄。从而哉字可以作句子的发语词，如《诗经》中说"哉驰哉驱"，就是驰驱之义。还作句中或句末的语气词，就完全没有初始之义了。如说"大哉乾元"，是说宇宙真伟大。上言终而下言始，表语言的流转，常为句中语气词。居句末时则表感叹或疑问，因此哉字从口，才声。

栽 zāi 草木供移植的幼苗曰栽，名词，如说树栽、桃栽。幼曰栽，长曰树。栽与才的语义切近，草木初生。作动词，为栽种之义。栽培，就是栽种与培育。现在说一头栽在地下，就是头跌下去，倒栽葱，像是要往地里栽种。

鼐 zǐ 小鼎，取初始之义。故从鼎，才声。大鼎曰鼐，小鼎曰鼐。

裁 cái 剪裁，是制衣之初始，以刀曰剪，以戈曰裁。裁过以后便是缝，但是式样、尺寸都在裁的时候都已确定了，所以可说裁断、裁判。制裁就是要根据裁断加以处理，有行政制裁、法律制裁。文艺上讲究文章的体裁，把生活素材、故事情节，在艺术形式上加以剪裁，要做到别出心裁。

灾 zāi 或作灾，本作烖。从字形上看，有火灾、水灾和兵灾，追溯其音义之源，即是种植和畜牧以及劳动的人，受到了伤害，戋，伤也。

胾 zì 大块的肉。从戋，取切割之义。

载 cì 毛虫。北方叫洋辣子，南方叫刺毛，能螫人，故其音从戋，取伤害之义。

豺 chái 狼属。贪残而成群，伤害人畜，故其音从才。常以豺狼指贪残暴虐的人。

以上从才之字，一是取初始之义，一是取伤害之义。以下从才之字又有新的音义演变。

戴 dài 从異，弋声。異，分也，分物有所增益。与戴字最直接的一个同语源词是载。负戴，也可说负载。《庄子》中说"夫负妻戴"，即男的用背去扛东西，女的用头去顶东西。《孟子》中也说"颁白者不负戴于道路矣"，就是年纪大的人不去干重体力的活了。我们现在已没有用头去顶的活儿了。唐代还有人记载市上卖饼的人把饼都放在头上顶着的盆里。现在还有些兄弟民族普遍有负戴的习惯。戴就是顶载。戴笠可说顶笠，戴日就是顶着太阳。不共戴天的戴天，也可说顶天。戴的引申义可说戴在胸前，戴的抽象义可说爱戴、拥戴，就只是尊奉之义。

襶 dài 避暑笠，是遮太阳的。

存 cún 从子，才声。存恤，就是慰问、抚恤。存就是慰劳、问候。可说存问，为叠韵词。可说存在，为双声词。存字从子，主要是对幼孤而言，对人而言，现代的存字，主要是对物而言，如说保存、寄存、存放、存款等，是物的存在，恤问的语义很淡漠了。生存就是有生命的人或物的存在。存在决定意识，就是主观的东西受客观存在的世界来决定的。

荐 jiàn 草席，床上的铺垫。音义从存，取抚慰、温存之义。

薦 jiàn 相传是神兽名廌（zhì）所吃的一种草，因此从艸从廌，会意字。薦是一种尚好的草，所以薦有进献、推举之义。又指一种草垫，是给人温暖的，因此与荐字同义。今以荐为薦的简化字。

鞯（韉）jiān 驾马的鞍鞯。《木兰诗》："东市买骏马，西市买鞍鞯。"鞍字从安，骑坐得安，鞯字从荐，铺垫得好。

栫 jiàn 以柴棘堆积、拥塞，围护其中的人或物，其音义从存。

洊 jiàn 或作瀳。水至。水至则存。

怪 guài 異。可说怪異，不同于一般。从心、圣（kū，地势奇崛），故说奇

怪、奇特。奇怪可算是双声词。怪，或作恠，从心，在声。在，才也，今说独出心裁、怪才。怪的语义有褒有贬，另说妖怪、鬼怪。怪石指一种奇异可供鉴赏之石，便是褒义。人也有怪才。脾气怪，是好是坏，要作具体分析。又说大惊小怪、怪三怪四，都是心理活动，怪字从心。怪又引申作程度副词，如说天怪热、水怪凉，为很、甚之义。

525．爿

爿 qiáng 木字在中间判开，左一半为爿字，右一半为片字（片字归半的词族）。鼎字的下半部就是爿、片二字，析木以炊。析字就是斧斤对着木，对木材进行加工处理。孔子说"朽木不可雕也"，就是要选良材。南方一些方言中把瓦片说或瓦爿（pán），一家商店说一爿店。更重要的是用在以下一系列从爿字中。

床（牀）chuáng 从人，爿声。判木为床，白天作座，夜晚则卧，必平而安。床的引申义说车床、机床，抽象义说滋生什么坏现象的温床。

状（狀）zhuàng 本指犬的形状。形字从彡，指毛饰画文，状字从爿，经过加工的。这犬，至今还是宠物，却也是受辱之物。由犬之状引申指人之状、事物之状。貌字也来自动物，音义从豹。说状貌，就犬豹不分了。无状，不是没有形状，而是没有好的形象。状还作动词，为描述之义，今已不用。

牂 zāng 羊壮大而美，引申指树木之壮盛。

妆（妝）zhuāng 由木的雕饰而指人的妆饰。动词，说梳妆、化妆、改妆、淡妆、浓妆、严妆。作名词可说嫁妆、戏妆。

壮（莊） zhuàng 壮大。有大的义素，也有美的义素，如说豪壮、雄壮、强壮，即所谓阳刚之气，不同于从女之妆。壮士的内容也指上述这些。悲壮就是在悲伤面前也是豪壮的。

奘 zàng 粗大。可说粗壮，引申指树木等。

装（裝） zhuāng 装饰。出门的行装，与嫁妆就不同了。服装、行装就不分男女。治装就是准备行装。作动词说装箱、装包、装车，再进一步就说安装、配装、吊装，这是对物说的。对人说装模作样、伪装、装腔、装蒜。今还说包装，对商品要包装，对人也说包装，这真是商品社会的概念了。

庄（莊） zhuāng 庄严，端正，矜直，持重，主要用于人的形象、风貌。轻佻、浮躁之类是不取的。庄字的另一重要用法是庄园、村庄，从而又说庄户、庄稼。庄本是草木盛大，皇家贵族占有盛大院落，称作庄园，里建别墅、山庄，因而有些城镇、村子也叫庄，著名的有三打祝家庄、血战台儿庄。还有石家庄更是发展为大城市了。

樯（檣） qiáng 今说桅杆，取危高之义。原先说樯，取端正、粗大之义。

墙（牆） qiáng 原指照墙，是正门中间筑起的一堵墙，一般筑在正门之内的中间，也有筑在正门之外的。它起遮蔽的作用，并要修饰美丽，是一家之门面。最典型的是《左传》中记载的晋灵公"厚敛以雕墙"，他为了要雕饰这堵宫廷的照墙，就要增加税收，大概是什么高级的装饰材料都用上了。《论语》中说"萧墙之内"，就是肃穆的宫廷照墙之内。成语有祸起萧墙。墙字逐步地可指一般的砖墙、土墙、围墙、院墙，甚至断墙也叫墙。

蔷（薔） qiáng 蔷本作草头下面一个牆字，它与蔷 [sè] 同一字形（参蔷字），但音义皆不相关。蔷薇本谓其花美饰、其茎蘼弱之义。它初夏开红、黄、白等色的花，并可提炼香料，还可入药。

嫱（嬙） qiáng 本作女旁右边一个牆字，六朝时作嫱，省了声旁，宫廷女官之称。汉代的王昭君，本名王牆，说明牆的本义就是照牆，是美丽的。后写作嫱。

酱（醬） jiàng 本作酱。以酒、肉和酱。故本是指肉末炸酱之类，和今说的黄酱不同。酱是粮食做的，再加进陆产和水产的各种荤腥，《周礼》中记载有多到一百二十瓮各种美味的酱。《论语》中说孔子也是"不得其酱不食"。

将（將） jiàng 将帅，将军。它本指剁肉调酒的作酱人。宰相是百官之长，然而宰也是罪人，辛就是罪，甚至是屠宰的人。将字从寸，寸就是法，是法定的了。将作动词为统帅、带领，又有带领、扶助之义，可说扶将。将又有要的意思，如说将欲取之，必先与之。将和欲是同义词的结合。将又有把、拿之动词义。由于这些动作常常是未来的，从而又引申作表时间的副词，指将来、将要发生的行为。

牂 jiāng 扶助，养育。

浆（漿） jiāng 古作牂。本指一种略为发酵、略带酸味的饮料。再进一步发酵，便是酒了。故酒浆二词常连称而双声。现在北方还有好些地方爱喝酸粥，吃浆饭，有助于消化，故从爿声。河南的浆面条，有时很酸。浆的引申义指一些稠的液体，如豆浆之类。浆糊、泥浆之类，就没有爿了。衣服放在粉浆或米汤里泡叫浆洗。

奖（獎） jiǎng 嘉奖，奖励，都是劝勉之义。赞赏被奖者之善与美，故奖之音义从爿。古曰赏赐，今日奖励。作名词指奖品、奖金，说得奖了。

桨（槳） jiǎng 划船前进的工具。长大者曰橹，鲁，粗大也；短小者曰桨，爿，判木也。

簿 jiǎng 判竹为片，可以织席，或紧贴椽以加固，故多指竹片。

蒋（蒋） jiǎng 茭白。似蒲，水生，也叫菰蒲，音义从孤，以其直立不生枝杈。其根交结，是多年生的宿根。其茎白，故曰茭白。为什么又叫蒋？以其茎肥大，故取壮大之义。故蒋，壮也，其嫩茎肥壮可供食用。

螀 jiāng 寒蝉。青赤而小。一般的蝉为黑褐色，相比之下它美得多了，故从爿。

锵（鏹） qiāng 形容金属之声盛大，曰锵锵，或铿锵。或以为此是象声词，汉语中的象声词大多兼有语义。

蹡（蹌） qiāng 容止尊敬、庄重。蹡、庄为同语源的词。跟跄(同蹡)，走路不稳，跌跌撞撞。

戕 qiāng 破坏。如说戕舟，就是毁了舟，是判木的另一种含意。对人则为杀害之义，如说戕贼，贼为损坏之义，戕贼为同义词结合，就是肢解节断。

臧 zāng 从臣，戕声。善良，称好。这是说戕贼之人立了功勋，就转为善良的了。不仅奴隶社会有这种现象，楚汉纷争的汉代，战场上还有几位有名的将领，是脸上刺着字，颈上戴着铁圈的罪人，因而臧有善良之义。

藏 cáng 本指窝藏，掩贼为藏。引申为一般的藏匿、收藏之义。藏的不但是贼，大多是宝贵的东西。这跟藏字从臧的语义有关，今还说藏奸、藏污纳垢，是接近于本义的用法。藏作名词读 zàng，改变声调表示语义有变化，如说宝藏，佛教的经典也叫藏，分三部分因此叫三藏。西藏也是名词用法，它是取了流经全境的雅鲁藏布江中的一个音。

赃（臟） zāng 窝藏的财物曰赃，或赃物。凡是不正常的来路，非法所得，皆称赃物。

脏（臟） zàng 人或动物体腔内的各种器官称内脏，古说五脏六腑，五脏指脾、肺、肾、肝、心。于贝曰赃，于肉曰脏。

526. 冓

冓 gòu 象纵横交织的材料。冓的动词义为架起、筑起。

构（構） gòu 架起，今说构架，本从木，冓声。又说构造。构兵是兵刃相接，还说构祸、构难。现在更常说构图、构件，抽象义说构思、构想、虚构等。

搆 gòu 以手有所交结，如说搆木为巢。实际上是构字的动词义，今多用构。

韝 gōu 或作韛。套在手臂上的皮套。因为衣袖肥大，射箭或劳动时不便行动，需要束起来。日本的和服，袖子仍很大，劳动时就束起来。

遘 gòu 路途相交遇。遘祸可有二义：一是制造祸患，一是遭遇祸患，是语法上的主、宾语之差。

覯（覯） gòu 遇见。与遘字相通。

媾 gòu 常说婚媾，婚是成亲，媾则是亲上加亲，为交积之义。两诸侯国之间求和曰媾和，为交相之义。

购（購） gòu 重金悬赏，有所征求。如说购项王头千金。引申指一般的商品购买；如说购物、采购，都是买进。它的反义词是销。

沟（溝） gōu 田间纵横相交的水沟。引申指一般水沟。常说的沟壑、车沟，战场上挖的壕沟，经常是不通水的，只是个通道而已。常说沟通，南北交通，两国文化等都可说沟通。还说思想沟通。沟不仅有沟通之义，还有隔绝之义，语义向相反方向发展，如说不可逾越的鸿沟，两代人之间差异大，说代沟。

篝 gōu 烘篮(架在小炉上烘衣)、竹篓之类，都是用竹篾交结而成。篝火，是夜间用树枝、柴草等交积燃起的火。

斠 jiào 用斗斛量米时，米倒满后，把一根木尺沿着斗斛的口子一抹，把高出的米划掉，便是平口的一整斛米。这根木尺(有时随手用根木棒之类)便叫斠，有时作校、较。对书稿的校订，可作斠订、斠正。

讲(講) jiǎng 两诸侯国之间构兵，现在要和解了，就说讲。构兵和讲和，都是从冓的字，都是取交相之义。沟字又读同港，取相通之义，港湾、沟渠总是相通的，讲字也与沟通之通叠韵，讲就是要求其通，今说讲学、讲理、讲究，都是求其通。故讲字的古韵母发生很大变化，言之相沟通也。

顜 jiǎng 明确、通达。顜和讲音义完全一致。又有和睦、协调之义。

構 jiǎng 一种开沟、下种、培土三道工序一次完成的耕种工具。構与耧相似，耧取镂空之义，种子在耧中自动漏下，有的地方把耧叫構子，取义于通。

527. 朱

朱 zhū 赤心之株。朱字从木，中间加一横，指事字。松柏往往赤心。朱字引申指颜色，为大红色。如说朱门、朱楼。色浅曰赤，深曰朱，深红色曰绛。今皆说红。红的本义指粉红，是赤白相间之色。今深浅皆可曰红，如说红旗。朱砂的颜色很鲜艳。大凡用之于妆饰，跟美的观念相结合，多数用朱字，如说朱颜，不说赤颜。后红字发展了，说红颜、红妆，也不说赤妆。语义有它的微妙处、细微处，也有它的综合

性。朱和赤也可有重合处，血色可说赤血，也可说朱。有的是语言习惯，有的是时地之差。

株 zhū 树根。如说守株待兔，兔子折颈而死，是撞在树根上的。泛指树干，如说枯木朽株。作量词说一株松。株距指植树时一株株树苗之间的距离。

袾 zhū 衣服的腰身。于木曰株，指树干；于衣曰袾，腰身是人的躯干。袾的另一义项指朱衣，从而与朱、姝等相通。

侏 zhū 侏儒，指身材特别矮小的人。儒，孺也，小也；侏，株也，木根也。梁上的短柱也可叫侏儒。

絑 zhū 缯纯赤色。由赤心之木而指纯赤之缯。

姝 shū 女美丽。声母和前几个从朱字略有差别，是吐气与不吐气之差，但不区别词义。

珠 zhū 珠似玉，色彩多样，堪称美丽。蚌中之珠。均为乳白色，所以最早该是指玉石之珠，从玉旁。

铢(銖) zhū 微小的重量单位。锱铢，六铢为一锱，或十三铢为一锱，时地之差。一般说，古时的度量衡单位比现在小。铢的直接语源从珠，一颗蚌珠的重量。

硃 zhū 硃砂，今皆作朱砂。它是一种矿产品，但主要用作颜料，朱墨是朱砂制的墨。又说朱笔、朱批(红笔写的眉批)，都不作硃了。

茱 zhū 茱萸，一种结小果的豆科植物。古人认为戴上它可以避恶去邪，古时缝茱萸香囊，佩于臂，或折其果插于头。茱萸，即朱臾。果为红色，故曰朱；臾，束系之义。朱臾者，朱实之系结也。

诛(誅) zhū 口诛笔伐，指言语上的责备、批判。引申指刀剑戈矛之诛，便是杀戮之义了。株，本是树干之义，去其株亦曰株，从而得诛；犹木，去其木亦曰沐，从而得沐；犹条，去其枝条亦曰涤，从而得涤。又如耳，断其耳曰刵；

颈，断其颈曰到。故去其株亦可曰株，从而说株连，牵连而及枝叶。从木移以言人，诛便得讨伐，惩处、杀戮之义，如说诛灭、诛杀。

殊 shū 诛死。如说殊死，殊，诛之甚也，即处以极刑，今说狠杀。殊有甚的语义，可说殊甚，两字双声。甚、很，都是程度副词，殊有特别突出、超出一般之义，殊的同义词有尤、颇、极、很等词，都是副词。殊不知，就是完全不知道。今殊的动词义已经不用，主要用作副词和形容词，殊途就是不同的道路，为形容词。

528. 耑

耑 duān 耑字的上部象草木初生的头子，下部象根。故耑指植物的萌生，发端状态。今说尖端、顶端之义。

稬 duān 禾端之穗初是向上，灌浆饱满后便下垂。禾穗下垂之貌曰稬。

鷫 duān 矛之小者曰鷫，它必有锋芒可刺。

貒 tuān 貒，状似小猪，故取初生之义。

端 duān 端正，直立。今还说端方、端庄。一碗水端平，端茶、端菜，则都是平正的行为，是动词。又从此引申为副词，作正是、正好、真正之义，如说端的。事物之开头可说一端，为名词，开端、前端，还可说终端。异端是指对立的一方面。还说事端、万端、多端、循环之无端。端门就是正南的城门。现代的用语说尖端科学，万事都不能走极端。

褍 duān 衣之正幅。显然是取正直、端方之义。

段 duàn 从殳（本杖），耑省声。即耑字下部的根省掉，上部的梢向右略

垂。以殳椎物断开，则成两段，必有两端。故段从耑声。走了一段路，可说地段，工矿企业中的行政单位可说工段、机务段，演唱可说唱段，身材可说身段，写文章可说段落，时间可说年龄段，事物发展总有若干阶段（这阶段是包括时间和空间而言的）。段作量词也用得很广泛，具体的可说一段距离、一段经历，抽象的可说一段缘分。段与断同音，有时相通。

瓮 duàn 卵不孵。卵是最怕椎击的，椎则断裂、破碎，故不孵。

挅 duàn 以手捶击。

锻（鍛）duàn 把金属放到炉子里加热后锤击或加压，加工成所需工件，叫作小冶。大冶就是把矿石或金属熔化、浇铸。金属制造业分不同的几大工种，锻工是古今都有的。锻炼就是到火中去烧，水中去洗，抽象义便是身体和意志、修养方面的锻炼。

碫 duàn 打铁时垫在下面的砧（zhēn），也指磨刀用的砺石，俗称砂石（机械化磨具则用砂轮）。砧石最坚，故《孙子兵法》中说："兵之所加，如以碫投卵。"这就是后来说的鸡蛋碰石头，强弱成鲜明对比。

缎（緞）duàn 厚缯曰缎。今说绸缎，缎从段，是细密的，缎则更坚厚细密，制作中用石碫在上反复碾压，使其平滑有光彩，还坚厚。

墩 duàn 指面积较大的一个开阔平坦的地段。

鞭 duàn 鞋后跟。需捶挅使其坚实稳定。国人原先不穿高跟鞋，穿高底鞋，鞋底里垫一块木板，只在后跟处贴一块皮革之类的耐磨之物。现在我们到钉鞋的摊子上，还常可听到锤子敲钉的声音，但已不说鞭了。

椴 duàn 小木桩。即一段木。又指一种木名，称白椴，木材优良，纹理细致，则与缎字义近。椴又指捕鱼之簖，段与断相通。

综上所述，于金曰锻，于石曰砐，于丝曰缎，于韦曰鞔，于肉曰腶，于卵曰毈，皆取锤击之义。锤击必急疾，慢吞吞能叫锤击吗？故音从耑之字，又可得急疾之义。水急曰湍，行急曰遄，气急曰喘，等等。

湍 tuān 水流沙石之上曰濑(lài)，疾濑曰湍。水流急了，遇沙石激起浪花，呈白色，故曰素湍。湍的动词义为冲击。

遄 chuán 频繁往来。今说忙得团团转。遄与专、转、团皆双声。故遄是急而又转的，只是遄的一般用例着重在急行，频繁往来的义素就淡薄了。

喘 chuǎn 喘气，呼吸急速而频繁。俗话说喘一口气，形容其急迫罢了，实际上至少也得好几口，气流在频繁地转换着。

歂 chuǎn 出气长。字从欠，即哈欠，是困倦的表现。

腨 shuàn 腿肚。小腿的肌肉曰腓、曰腨。腓，违也，两腿相违以行。腨，遄也，频繁往来。

諯 zhuān 以言责备人。即是以言椎击。

顓(顓) zhuān 头顶端正，故得善良、恭敬、谨慎之义。古说民，常说顓民，即取此义。又说顓蒙、顓童，指幼儿无知，但善良。顓字又可同专，《汉书》中把专政、专权写作顓政、顓权，两字音义相通。耑为草木之发端，人之头亦为端，故可得顓。

剬 tuán 或 duān 或作剸。断得整齐、划一。

篅 chuán 或作圌。用劈开的竹片围起来盛米谷，取其圆团团之义。团字本从专，专的本义指纺线的工具，挂在线的下端旋转着。

耑 zhuǎn 一种圆形的较小的酒杯。卮，酒杯，卮就是一杯酒。

塼 shuàn 小卮有耳、有盖者，就像圆形的小酒壶。现在有盖有把的杯子也很多。

椯 duǒ 竹木之杖与马鞭之类，即箠，作动词为锤击、捶击。椯只有声母从耑，韵母则与箠、棰同。从耑之字的韵母发生很大变化，以下诸字也如此。

揣 chuǎi 揣测，度量。度深曰测，度高曰揣。测字从水，水到什么地方便是它的深度；揣字从耑，从顶端往下垂就是它的高度。今又读 chuāi，为贮藏之义，如说集上称回了二斤面，揣在我怀里四五天。它是由篅、圌的盛米谷之义引申的，所以它又可读 tuán，这是保留篅的古音读法。

踹 chuài 用脚用力顿，如说踹了他一脚、一脚踹到坑里去。

椯 chuǎi 跟椯的音义十分相近，击，刺。它又读作 chuán，则音义又与遄字切近。

惴 zhuì 忧惧，可说惴恐、惴栗。忧惧是反复打击造成的。

瑞 ruì 以玉为凭信，可说瑞信、瑞节。因为瑞玉总是要收藏好，所以它与揣的音义相近。瑞的引申义为征兆、吉祥，如说瑞雨、瑞雪。这和它作为收藏的凭信之物是联系着的，玉在石器时代以来的人们心目中是珍贵美好的东西。

529. 束

束 cì 草木之类尖端曰芒，亦曰束，今作刺。从木，象有芒刺之形。

刺 cì 杀伤。于刀兵曰刺，于草木曰束。后直插的动作也叫刺，如以篙撑船前进叫刺船，以针线在布上绣图案叫刺绣，盗取情报叫刺探，刺史是专门起监督作用的官员，幽默的批评叫讽刺。又说刺骨，刺骨只是感觉如刺，并没有刺的行为。

策 cè 马鞭曰策，是用以刺激马的。以鞭击马亦曰策。以策为计算的筹码，得策划、对策之义；以策为卜，就说龟策。

今说政策、计策，皆已不用筹码，只是策划所得的解决问题的办法。

敇

cè 击马。这是策的动词用法。

责（責）

zé 本作束下一个贝字，隶书开始省写成今形。责本为以贝有所求取之义，实即刺取。责备就是从责问到刑罚，都是刺。责任在肩，就是受刺之义，责权则是刺人之权。故责有取人和取于人二义，是主语和宾语的调换。

债（債）

zhài 债是直接从责字分化出来的。债是被人责求。收债，本作收责，又收又刺之义。

积（積）

jī 聚也。聚从取，故可与求取、刺取之义相联系，积就是取禾以聚。积的宾语广泛起来，积食就是吃了不消化。积久成习，习惯也可说积习。学问也可说积，叫积学。杨树达的书斋叫积微居，语文的学习与研究都是逐步积累的。

碛（磧）

qì 水中冲下的沙石堆积成滩头地叫沙碛。陆地上的沙石堆也可叫碛。

绩（績）

jī 丝麻之积聚整理曰绩。成绩、功绩就是成功的积累，还说政绩、战绩。

渍（漬）

zì 沤，浸泡。沤麻，就是把麻渍之于水，多天以后经过腐烂，再加漂洗，洁白的纤维就都出来了。渍酒就是泡在酒里，汉代前后的中药，大多泡在酒里，所以医的繁体字作醫，下部从酉，即酒。

勣（勣）

jì 绩的异体字。功绩。功字从力，故绩字也从力，作勣。

迹（蹟跡）

jì 作名词指脚印，书面语常说足迹。还有手迹。指亲手写的稿子或题辞。引申指一般事物留下的痕迹，说事迹则常指人的经历。还有名胜古迹。抽象义常说迹象。

禗（禗）

jī 衣服洗干净以后折叠而形成的痕迹。

簀（簀）

zé 以竹片、木条编制成的床栈，可以代替木板，却又没有席子那么光净。从编到铺，都是一个积聚的过程。

醭

zhài 酒醭，即以簀垫在酒糟下，上加压力，把酒糟中的酒滤净。

帻（幘）

zé 包头发的头巾之类。但是跟现在的头巾不同。它要起整理和包裹头发的作用，古时人们不理发，或梳成髻，或裹以帻，帻外还可以戴冠。所以帻之从责，取整齐、累积之义，也可说取刺入之义，以簪插入固定于髻上。

婧

zé 形容梳洗之后，戴上了好看的帻巾，是一种鲜艳、整洁之美。形容词。

齰

zé 形容牙齿长得洁白整齐。

赜（賾）

zé 深刻、奥妙。如说探赜索隐，即是到深奥之处探取，于隐微之处求索，来确定天下之事的吉凶。

啧（嘖）

zé 大声指责，便又与刺有关了。怒斥、争吵之义，又作忿争声，咂嘴声，说啧啧。

帝

dì 从二（即上字），束声，即在上的缔造者。花蒂之形，引申指缔造者。瓜蒂缔造了瓜，引申指缔造天下的人。蒂瓜当也。蒂与当声母相同。这像是采集时代的语言。

蒂

dì 本作帝。帝作帝王之字，花蒂之蒂就又加草头以示区别。根深蒂固，于本曰根，于花果曰蒂。瓜果与茎、枝相连的部分曰蒂，蒂要牢固。瓜熟则蒂落。

谛（諦）

dì 言语说到根蒂，为明察之义。谛视就是明视，谛听就是明听。真谛，为佛家语，真实之义。

缔（締）

dì 结在一起不解开。花果与根茎之间的结合是不能解的，解了就没有花果，故曰结不解。常说缔结、缔造，皆以丝言，引申指事物及抽象的社会关系，诸侯国之间订立盟约，遣使缔交。其实说解就解了。我国古代有炎黄二帝，至今受到崇拜。秦始皇也要称帝，他是一个统一帝国的缔造者。

蹄（tí 或作蹏。兽足有甲者称蹄，鸟曰迹。故说兽蹄鸟迹。作动词蹄可有踩与踢二义。柳宗元《黔之驴》："驴不胜怒，蹄之。"即是用蹄子踢。足踩地古可曰刺，蹄与迹的音义皆从束。

掃（tì 用来搔头皮或绾发髻的簪子之类，以竹或象牙制成。也用作装饰品，可说象掃。于足曰蹄，于手曰掃。

褅（dì 祭天帝的大礼，故从帝声。

嗁（tí 本作嗁，俗作嗁，口出之声持续，如说处处闻嗁鸟。人之哭泣呼号亦可曰嗁，如说嗁饥号寒。

啻（chì 又读 tì。不啻就是不但、不只，啻与但双声，如说何啻霄壤，意思是何止是天上地下的差别，意思是比天上地下的差别还大。不啻（chì）的另一义为不止，即多，两义相近，均为假借义。

啇（dì 木之根、果之蒂、兽之蹄皆曰啇。在字形上实即啻，隶变作啇。

谪（谪）（zhé 贬官曰谪。从谴责到罚罪都可曰谪，即言之刺与法之刺。

摘（zhāi 折取，本指花果之类，因为音义从帝。亦即刺取之义。摘的宾语扩展，可说寻章摘句，今还说摘要、摘录，到人家完整的文章中间去刺取若干。摘字在现代常用作去除之义，如说摘帽子、摘牌子，医生动手术可说摘除个什么。

擿（zhì 搔，与掃字义近。又有剔除、摘除之义。与掷相通。

躑（zhí 作名词同蹄，并可读同蹄。作动词有驻足、停止之义，与啇字义近。躑可作踯。踯躅，踯为驻足，躅为踏脚，故踯躅为原地踏步、徘徊不进之义，如说踯躅不安。

镝（镝）（dí 箭头。于刀曰刺，曰锋；于矢曰镝。束为木芒，镝为矢芒。今说挡箭牌，箭往往遇有所挡，挡即当、对，箭总有所对，即有的放矢。

敵（敵）（dí 仇敌，即是死对头。敌本还有匹配、搭档之义，如说势均力敌，便是匹敌、对等、相当之义。

嫡（dí 匹配、相当的正夫人曰嫡，其他说庶。庶，众也。原配妻子所生的叫嫡子、嫡女，今口语说亲兄弟、亲姐妹，也说是嫡亲。超出血统的关系，可说嫡系、嫡派。

滴（dī 作名词指水点。作动词指水点往下落，如说水滴石穿，亦含有刺的语义。也说渧，音如笃，于口曰啄，于玉曰琢，于水曰渧，均向下敲击之义。作量词说一滴，可指各种液体。

嘀（dī 象声词，说嘀嗒，双声，本指水滴之声。可泛指各种嘀嗒之声。嘀咕指细小的私下说话声。

适（適）（shì 本指去到、往。子适卫，就是孔子到卫国去。也是足迹、刺地之义。女子出嫁也可曰适。适一般都是适当的行为，因而引申为符合、恰当之义，又得舒适、快乐之义。适当，就是适合而恰当。还说适宜、适中。适又发展为副词，是恰巧、正好之义，如说适逢其时、适得其反。

530. 棘

棘（jí 丛生的带刺的灌木，故从二束，棗字是上下的二束，棗比棘高。常说荆棘，荆也是丛生灌木。棘作动词，今还说棘手，就是刺手、扎手，形容事情难办，不好下手。

蕀（jí 细叶带刺的一种蔓生植物。一名女木，即柔婉之木，即蔓生。

襋（jí 衣领。它逼着于颈，棘与亟、逼叠韵而语义相通，故可有急迫之义。

僰 bó 从人，棘声。古西南地区的一个少数民族，建有僰国，现在那里还有僰道县，其民曰僰。僰字从棘声，与荆楚的取义相似，即是取荆棘之义。被流放到西方的边远地区的人，被称为僰人，就是遭到逼迫之人，僰之言逼也。僰的声母从逼。僰就是逼迫而至于荆棘之地的人。

531. 束

束 shù 木字的中间有围捆，便是束。如说束薪、束身。宾语扩展起来，说束矢、束帛、束脩(干肉)、束发等。作量词说一束鲜花。今说约束、束缚，它们的宾语就更广泛了。

欶 shuò 吸气。气受到口的约束、促迫。

嗽 sòu 咳嗽，气必急促。

漱 shù 漱口，就是水的激盈、冲击、急促。

涑 sōu 与漱音义相近。冲洗。去垢曰浣，搓洗以后到清水中去冲一冲，冲则急促。

速 sù 行之急促、紧迫。今犹说快速、速度。今日快，古曰速。这是就本义说的。但速字仍作为词素，构成大量的复合词，如说速成、速效、提速、减速、速记、火速等，都不能用快字去代替。速字的使动用法，就是使人速至，从而得征召、招致、召请之义。不速之客这句成语，最早见于《易经》，指不召自来之客。

諫 cù 言之促。諫罚，就是急速惩罚。

蔌 sú 蔬菜之总名。野菜可说野蔌。菜字从采，即手对着草木；蔌字从束，采集而得即束之义。

餗 (餗) sù 锅中美味的饭菜，实即是蔌。但餗的语义已不限于野菜，可食的都包括了。

籔 sù 颤动、抖动之声。象声词。今犹说籔籔发抖；又说眼泪扑簌簌地往下掉。籔字从竹，以竹表风中草木之声。

觫 sù 觳(hú)觫叠韵，紧张恐惧之貌。觫与籔音义相通，颤抖之状。

悚 sǒng 恐惧。实由促迫、紧急之义引申。它和束及从束字比，韵母发生了很大变化，什么原因？悚，或作怂，惊也。悚与怂韵母相同，怂字从从，追逐之义，追逐与束迫皆急促之义。

竦 sǒng 惧怕。实即悚字。竦又有敬肃之义，即自我约束而肃立。山岛竦峙，即是耸立而对峙。

532. 柬

柬 jiǎn 从束，从八，即束字中间的两笔为八字，八，分别也。分别而选择，便是柬、拣之义。柬又假借为简牍之简，故今说请柬，为柬帖、信札之义。

拣 (揀) jiǎn 挑拣、拣选。如说挑肥拣瘦。

諫 (諫) jiàn 分别是非善恶而有所选择之言。过去大多指对君主或尊长进行规劝，使他们改正错误，叫作进谏。有直谏、争谏等，后还有死谏，以死来促使君长接受谏言。西安事变出兵逼住了蒋介石，被�成是张学良的兵谏。

闌 (闌) lán 挡住门庭的栏杆。从而引申为遮拦、阻止、终止之义。夜阑人静，就是夜将终止，还说岁阑、酒阑，也都是终尽之义。阑的声母发生了变化。兰或作莲、澜，或作涟、鍊，可作链。可见阑可有相连之义，要遮拦门庭，必有横而相连之木。所以阑的声母与连的语义有联系。

栏（欄） lán 圈养牛马及猪羊的圈也叫牛栏、猪栏。栏，名词，它的定语大为扩展，可说井栏、殿栏、雕栏、画栏。栅栏则是同义词的结合。报纸上有栏目，马路边有宣传栏。

拦（攔） lán 遮挡，阻拦。实即阑的动词义。

兰（蘭） lán 香草。今所栽种，均为幽兰。古代所指大抵谓长在水泽边的泽兰、皋兰，常人都可佩戴。兰的音义何以从阑？《神农本草经》谓兰草味辛平，杀蛊毒，避不祥，益气轻身，通神明。这里主要可避不祥，杀蛊毒，即阻拦之义。古还有兰汤，是用兰草煮水洗澡，叫作洁斋，要祭大神，也是有避邪之义。

涑 liàn 筛选，漂洗。其实涑字从八，已有分拣、挑选之义。

练（練） liàn 治理缯帛。有拣选、煮熟、漂洗等过程。经过加工以后，缯帛就变成洁白色，故练有白的语义。"澄江静如练"，这是南朝谢朓的名句，而墨子见练丝而泣，因为它容易变黄、变黑，就不成为练了。今可说简练、洗练、熟练，练的每道工序都可产生复合词。作动词可说练字、练拳、练唱等。

楝 liàn 楝树之籽，白而黏，有去污作用，可用以洗衣。过去的习俗，于五月五日取其叶佩戴，可以避恶，则又与佩兰之取义相同。

炼（煉） liàn 今说炼铁、炼钢，也有一个选矿的工序，还有合金配料，然后销铄。相传女娲补天，炼五色石补成，可见那时已有冶炼的技术，跟石器时代有联系。今说炼焦、炼油、炼乳，写文章有炼字、炼句。艺术上常说提炼，宗教上常说修炼。

鍊 liàn 炼的异体字。

烂（爛） làn 火候到则熟烂。淹久不坚则腐烂，取穷尽之义。灿烂之义则着重从火与光，引申为光明之

义、华美鲜丽之义。

斓（斕） lán 斑斓，形容文采华丽纷呈，也包含有众多和连绵的义素。

澜（瀾） lán 或作涟。大波为澜，波相连及而成文，波大则起伏益显。

襕（襴） lán 古代的一种上衣与下裳相连的服装，大概跟现在的连衣裙有点相似。

谰（讕） lán 谰言，即遮拦、抵拒、违避之言。

懒（懶） lǎn 懈怠，懒散，不能振作。常说懒惰。字亦作嬾、阑，则有衰落之义。

533. 剌

剌 là 从刀，从束，会意字。乖剌不顺，框戾不正。它需要用刀砍，用绳子束，故可派生为赖字。

赖（賴） lài 从贝，剌声。依赖，可靠，字从贝，故也有赢利、受惠之义。今说不赖，就是不错，好的。赖又为乖逆、枉戾之义，今又说无赖，就是指下流、恶劣的人。赖的语义在正反两方面之间游移。多数还是取反面义，如今说的赖皮、赖货、撒赖、诬赖、耍赖、抵赖等，都来自乖逆之义。

瘌 là 病痛的感觉，辣的滋味。

辣 là 从辛，剌省声。今主要指滋味之辣，古曰辛，今曰辣。辣椒从南美传入我国，约在明代前后，但辣字的历史早于辣椒。辣字的通行，则与辣椒有关。抽象义如说心肠毒辣，《红楼梦》中的凤姐，被称为凤辣子，这位美人有心辣的一面。

蜊 lā 蝼蛄也叫蜊蜊蛄，它的两只脚呈铲状，常把土挖得乖剌不平。参见蝼字。

喇 lǎ 喇叭。或叫号筒。喇作象声词由来已久，如喇喇形容风声，亦作猎猎，旌旗猎猎，是旗帜在大风中急剧飘荡的声音。现代用例还有忽喇、哗喇等，喇叭与旌旗经常联系在一起。

籁（籟） lài 三孔的管乐器之名，大者谓之笙，中者谓之籁，小者谓之箹。故从赖声，也是取象声之义。庄子在籁字上大加发挥，有天籁、地籁和人籁。地面上的各种孔窍，风来一吹，便发出各种声音，便是地籁。人说万籁俱寂，籁字就包括一切声音而言了。

濑（瀨） lài 浅水流于沙石之上，激扬有声，小则曰溅溅，大则咆哮。水流之状乖乖剌剌，无序可言。

笏 lè 两广一带生产一种刺竹，有刺而坚，可作藩篱。从力声，与刺是方言间的语音差异，音义还是从刺，取乖戾之义。

鰳（鰳） lè 鰳鱼就是刺鱼，四月至海上捕取，小首细鳞，腹下有硬刺，故取乖剌之义。

獭（獺） tǎ 状如小狗，水居食鱼。或谓其后体平塌，故谓之獭，这可说是对獭字声母变化的一个解释，录以备考。水獭皮是很平塌的。獭之从赖，亦取乖剌之义，它要驱遣或食尽一切池鱼，即所谓"为渊驱鱼者，獭也"。

534. 弋

弋 yì 或作杙。木桩、木橛子，象其斜锐之形，常用它作为一种标识。例如可以拴牛马，系舟。挂东西的木橛多钉在墙上。作为标识的，如建筑工地上丈量好地基之后，就画白线，钉木桩。

隿 yì 或作弋。指一种箭，尾部带有细绳，射后可以收回者，箭身较短，像个木橛。

或 huò 它的古文字作弌（即囗字）字，在甲骨文、金文中，从弋从戈往往不分，意思是以弋或戈守卫这个范围或区域。到隶、楷就都写从戈，并下部又加一横，表地。后来"或"字多用作代词、副词、连接词，"或"的本义就又加土旁作域，以示区别。"或"与"有"二字的古音为双声，"或"字有"有"的语义，是太明显的事实了。"人或为鱼鳖"，"或"可以指有的人、有的地方、有的时候、有的事情，总之是一个不定代词。或曰，就是有人说，不一定是谁。作副词，则为或许、常常、又的意思，又发展为或者之义，如说或者好，或者坏，总得表个态。总之，或字音义就是从有、从弋。

域 yù 封邑，领域。即某个地区和范围，如说长江流域，抽象义可说精神领域。唱歌讲究音域，视野也可叫视域。这些说法中，占有的语义就淡化了，命令和分封的意义就没有了。

緎 yù 皮件联缀起来的缝，取界域之义。

阈（閾） yù 门槛。即门下横木，是区别内外的界限和标识。《论语》中说："立不中门，行不履阈。"即站不能站在门当中，走不能踩在门槛上。

馘 yù 或作彧。有文采，也是人或物的一个标识。

惑 huò 疑惑不定，迷惑人心，造谣惑众，都有心神不定之义。"或"字本是一个不定代词。

魊 huò 或 yù 指游荡的幽灵，能令人迷惑不解，常说鬼魊，有时指旋风，使人心神不定。

蜮 yù 此指另一种怪物，能含沙射人的害人动物。

国（國） guó 大曰邦，小曰国。意即土地之周围有标识者。

国可指国家，也指国都，是有外郭的，国与郭双声。从国的字形上看，国家的要素，主要是被分封的土地和有从戈的武装保卫。为什么没有说到人民？人民是随土地的，如也说万户侯，那便是计人口了。另外，那时的人口有相当大的流动性，不办护照，不论国籍。谁的国家开明一点，就有人慕名而往。

楅 guì 或 guó 或作簂。筐当，或说框子，即物之外廓。当，筐之底也，即物之下廓。廓，即郭。

帼（幗） guó 妇女包覆头发的头巾，间或也有发饰的作用。今说巾帼英雄，即女英雄。恢廓，宽大，外廓则大，此廓之引申义，故以廓释帼，帼亦有大的语义。

馘 guó 或作聝。即割取敌人的左耳，回去计数论功。作动词为割取之义，作名词指左耳。但我们不难理解，此耳只指左耳的外廓，今犹说耳廓。

摑（摑） guó 打耳光，其实是打的脸。只是在语义上作了断耳与掌耳的引申。

蟈（蟈） guō 昆虫，俗称纺织娘，促织之类。蟈蟈，其鸣声，以鸣声名其物类。

戠 zhī 从音，从弋。从戠之字皆有表记、标识之义。

识（識） zhì 一种画有日月的旗帜，旗是一种标识。帜，本作识，即认知、记住之义。认字从刃，刀上有标记也识字从弋，以木橛为标记也。识的声母从"誌"，亦作志。《桃花源记》有"处处志之"，即各处都找个标记记住。

帜（幟） zhì 旗帜，亦可作旗誌、旗志。誌、志为阴声字，帜从弋，为入声字。

职（職） zhí 知而能言则为识，闻而记之是为职。作名词有职责、职务、职业、职能、职位之义；作动词为掌管、主宰、承担之义。职掌、职守均为两个动词的结合。

织（織） zhī 以染成多种色彩的丝织成有花纹的锦绮，是一种在服饰上表现等级或荣辱的标记，这就叫"衣织"。至今犹有织锦的说法，是苏、杭等地的特产。一切的布都可曰纺织，织的语义宽泛了。还可说织毛衣、织席子。

炽（熾） chì 本是形容火势旺盛，可说炽热。

檥 zhí 木橛子。立木为表为木橛子，立石为表为石橛子。

式 shì 法式，规范。本指工艺、技能方面的表式，是榜样。用之于礼仪方面就叫仪式，用之于法律方面就叫程式、法式，用之于数学叫公式，用之于语言叫句式。

试（試） shì 尝试，试用，试验。考试就是考查和试验。对身手也说试一试，是否合乎法式。

弑 shì 臣杀其君曰弑。弑的直接语源从试，故从杀省，式声。

轼（軾） shì 马车上车厢前面扶手的横木。有凭轼、扶轼、伏轼等说法。苏轼，字子瞻，"轼"和"瞻"是扶轼朝前看。表尊敬，有法式。

拭 shì 来回地擦。如说大汗出，以朱衣自拭，就是擦汗。拭面就是揩面。拂拭，拂是左右去之，拭是来回地擦。拭目以待，就是来回地擦好眼睛，等着看，有礼节。

代 dài 弋以木橛为标识物，代以人为表识物，故常说代表。代必非原人原物，是更换、接替了的，又常说递代、迭代，递、迭、代三字声母相同，代总是递迭更易的行为。一更天、二更天的更，是时间的更迭，与朝代、时代之代，取义相同。代的音义从递又从弋。

岱 dài 泰山，为四岳所宗，故曰岱宗。即是五岳的代表，故又称岱岳。

贷（貸） dài 亦作貣。即钱贝的更代。今常说借贷，借为凭借之义，贷为递代之义。贷必有二：贷出者之钱贝为贷入者递代用之。贷出与贷入均曰贷，犹借出与借入均曰借，沽与市，亦兼沽出与沽入、市出与市入而言。卖与售，则只指售出，购与买，只指购入。有区分就是发展。

黛 dài 画眉。去眉毛以此画代其处也。也指画眉用的青黑色颜料。

袋 dài 袋，囊也。杜甫说自己"囊空恐羞涩，留得一钱看"。他不说袋。因为这个袋是体现等级的东西。相传秦始皇以来即有算袋和照袋，是专给官员们盛笔砚的。到隋唐盛行鱼袋，五品以上赐新鱼袋，雕木为鱼形，给下属官员颁发鱼符。唐代用铜鱼符，甚至金银鱼符。赐金鱼袋，是极大的荣耀。从唐宋开始，人们的生活什物也都开始装进鱼袋里了，袋子逐渐成了一个大众化的东西，这个词就用开了。

忒 tè 变更，改换，引申为差错、疑惑、邪恶之义。如说差忒，四时不忒就是季节不会有误差。今北京话说"太小"，往往说作忒(tuī)小，作程度副词，为假借义。

慝 tè 与忒音义相通。邪恶，从匿为隐瞒之义，隐瞒真情，掩饰过错。淑慝为反义词，淑，善也；慝，恶也。

匿 nì 隐瞒，避匿。从匚，若声。息便是德字，有道德；慝是有隐瞒，便是邪恶。匿字从匚，匚字从乚(即隐字)从一，一盖在乚上，不就更隐蔽了吗？

暱 nì 从日(取日常之义)、匿(藏隐于后)声，故得亲近之义。字亦作昵。尼，从后近之。私昵，就是私下亲近的人。《尚书》中有句话说："官不及私昵，惟其能；爵罔及恶德，惟其贤。"

蟗 nì 牛虻之类的小者。匿，亡也。虫小了，咬了就隐匿。

櫃 nì 传说中的一种大树，说它高百丈，三千岁作花，九千岁作实。故名曰櫃，是隐匿无人可见。

必 bì 从八，从弋，划分地区的标杆，界标。八，分也。这个标杆竖在山丘上就叫秘丘，就不是一个木橛子了。必

由分界的标杆引申为确定、坚定、确保之义，这种动词义今不用。作副词为必然、必须、必定之义，如说骄兵必败。

秘 bì 用木棍之类做成戈或戚的长把，故其音义也从弋。字亦作鉍，即是金属的把柄。

苾 bì 芳香。从八，其气分而扬；从弋，识也，得知是什么香味。

馝 bì 食物之香。

咇 bì 咇茀，谓香气之盛而四散之义。又咇节，多言，实为声之四散。

泌 bì 水的分流。河南和山东都有泌水，即是支流。今医学常说分泌、泌尿，取分析、分别之义，但有的地方声母读 m，有的地方读 b，是唇音范围之内的音变，可能是受了密、蜜等字的影响。

閟（閟） bì 即闭。闭门。从必，即木橛，用以拒门；从才，即木材，故两字取义相同。只是闭为会意字。今只用闭字。如说闭关、闭道，引申说闭口、闭气，语义已有很大发展，因为那是用不着必或才的。还指人和事物的闭塞、掩闭、隐闭等。

宓 mì 门内有橛为关闭，宀(mián，深屋)内有橛为安静、休止。故宓的音义从宀从必。今多用密字。

密 mì 山洞之类如密室者。说密不透风，就不指山。今用于秘密、稠密、细密等义。也有安宁、静默之义，秘密则安静。今还说机密文件、绝密。

蜜 mì 蜜蜂采集的蜂蜜。它很稠，因此把它叫作蜜。引申之义可说甜蜜蜜，主要指生活、心情好，语义抽象化，还说甜言蜜语。还有蜜月，即是结婚的第一个月。

蜜 mì 藕，是荷花的根，带有淀粉的甜味。

謐（謐） mì 安谧。即安定平静、太平无事，如说安谧的夜晚、安谧的世界。

秘 mì 秘密，奥秘，又说秘方，秘谋也可说密谋。秘字最直接的语源就是密。但秘字从禾，秘的本义是香草。它又可作秘，故从禾。

毖 bì 谨慎，周密。比字就有亲密之义，是两人相比。惩前毖后，谓前事惩戒，后事谨慎。这是对亲近的人说的，故曰治病救人。

瑟 sè 它是由二三十根弦组成的弹奏乐器，常说琴瑟。瑟从必声，必是区分的标识，即是区分弦的长短，从而有不同音阶，那也叫琴徽或琴柱，徽也有标识之义。瑟的声母从萧，常说萧瑟，萧有凄清、肃敬等义，这和瑟的乐音特点是符合的。风萧萧也可风瑟瑟。故瑟的音义从萧从必。

535. 由

由 yóu 木生条。中间长出的一竖象条，即抽芽生条，为动词。作名词指小枝条。由木之生，引申指事物和人事之所从生。故由有经由、缘由、行、从之义。自由就是自己行动，走自己的路。今常说去不去由你，谓随从之义。随你的便，由你自己决定。由字的动词用法，现代已经不多了，现代主要用作介词：一是时空的自从之义，如说由南到北。二表原因，今说"由于"，就是"原因在于"。理由、原由也都是就原因说的。

油 yóu 水之流行貌。淇水悠悠，也可作淇水油油。引申义可说禾黍油油，今说长得水灵灵的，说绿油油。今还说"油然而生"，就是新产生的东西跃然于前了。今油字主要指动植物体内脂肪及矿产的石油之类，油和水已经不能混同。汽油已经成为工业生产和社会生活中的必需品。作动词，以油涂物亦曰油。今曰油，古曰脂、曰膏；今说油灯，古说膏灯、膏火。用膏字来形容雨水的可贵说膏雨、膏露，今则说春雨贵似油。凝者为脂，释（即稀释）者为膏，油就没有固态与液态的区别。今说油漆，实际是天然树脂。如今各种化学合成的油质制品统称为油，但是有些药品、化妆品也说什么脂、什么膏，那是用个古词表明它与一般油制品不同。

釉 yòu 陶瓷器的表面，透明而有光泽的玻璃质涂料，它是用制造玻璃的原料石英、长石等研成粉末，加水调和，涂于坯上，烘烧而成。河南安阳的殷墟遗址，郑州二里岗的殷代遗址，都发现有涂釉的陶器。这样釉既非水，亦非油，只是形似油彩罢了，所以釉的偏旁应该是从采。常说的彩陶文化，是上了釉的。

柚 yòu 今说柚子。小曰橘，大曰柚。它是用嫁接或压条的方法来繁殖的，嫁接也是枝条的嫁接，故柚字从由，由，木生条也。

蚰 yóu 即蚰蜒，俗称蓑衣虫，节肢动物，全身分十五节，每节有一对长脚，故善行。蚰，由也，经由也，蜒，延也，长行也。它的行迹曲折蜿蜒，生活在阴湿处，有毒颚，捕食小动物。

鼬 yòu 黄鼠狼。其实它不是鼠，而是狼，毛色黄，形似鼠，常食鼠，属犬科之狼。它不食粮食，也不是啮齿类。鼬从由声，由与犹通，似鼠之狼。

迪 dí 道路。作动词为行动、进行、引导、遵循之义。启迪，就是启发和引导。迪与道、途三字双声，取它们的名词义，也取它们的动词义。

䢐 dí 形容一般外出走路不止的样子，从彳，小步也。

轴（軸） zhóu 贯穿车轮中心，使轮子可以转动，车子可以行进的车轴。故轴字从由，取轴的音义从迪从由，启动而可行进之义。压轴戏，就是一场演出到此为止，是最后一出最精彩的戏。现代的机件中不但有直轴，还有曲轴，带动整部机床转动。还有轴承厂，要求精度高度准确。各种琴上固定琴弦、调剂松紧的也叫轴。

舳 zhú 舟后制水的舵也叫舳,舟上设有轴,起转动和引导作用的是舵,船后可曰舳。船头显示行进的方向,所以有时船头也曰舳,说舳舻。

宙 zhòu 宇宙。宇指屋檐,宙指栋梁,在屋宇建筑中起着轴心的作用。后来佛经翻译时,没有用宇宙,用了世界一词,指三世和十界,过去、现在、未来为三世,八方与上下为十界,也是就时空来取义。

胄 zhòu 帝王或贵族的后裔,如说帝室之胄。也指后代子孙,便是后续、继承之义。由,木生条也,引申指人,便是生息、繁殖。

妯 zhóu 妯之从由。以木之生条,谓女子生子。兄弟之妇相呼为妯娌,与媳妇之媳取义相同,媳取子息之义。

绅(紬) chóu 作名词,缯帛通呼为紬。作动词,为抽,丝之出谓抽、谓引。义由木之生条到丝之出绪。

抽 chōu 以手引取,如说抽矢以射,抽刀断水。谷子抽穗和木生条是很切近的。抽身、抽簪都有弃官之义,抽拔人才、抽屉之类说法也早有了。还有抽空、抽时间。还有抽筋、抽风是病理现象。还有抽样调查、抽象概念,便是现代的说法,抽象就是从具体现象中抽取概念,这虽然最初是日本的译名,在汉语中也是讲得通的。

籀 zhòu 汉字是形音义三结合的文字,可以从中抽取和演绎出许多道理,叫作籀书。后来把大篆这种字体叫作籀文。

怞 chóu 心之引动,即忧虑、烦躁、不能平静。

袖 xiù 袖是一个早期的俗体字,本作褎,是衣字中间一个釆字。釆字对着禾,采集禾端之谷穗。褎,禾长之貌。衣服上的穗子,本指袖子末端叕缀上的一条白绢,即今京剧古装中的水袖,所谓长袖善舞。手之所由出入,古曰袂,今曰袖。袖与穗双声,袖字从穗又从由。故袖子今

指手之所由出入。古时袖子上头再缀一条布,算是盛妆,除了御寒、装饰,还有礼仪的讲究。夏天缀以素、罗、绮、绢之类,冬天的皮袄上缀以豹袖、羔袖、貂袖、鹿袖。袖字本也可有动词用法,《史记》上说"朱亥袖四十斤铁椎",就是把一个大铁锤藏在袖子里,他要去椎杀晋鄙。至于平时袖子底下藏本书,藏把刀,更是常事。袖手旁观,是今语中还保留的一例动词用法。

岫 xiù 山洞。袖可以藏手、藏书、藏铁锤,山洞可以藏身藏物,故可岫居。岫还可读同由,即人之所由出入。

536. 韭

韭 zǐ 阻止。本是在市(bèi,草盛)字上面加一横,阻止它盛出。为了不与木、市等字混同,由篆而隶,笔画就成了现在这个样子。韭字象韭菜盛出之形,但是它的一横在下,割韭菜是贴着地皮割,让它再生,所以就在下加一横。

齑(韲) jī 腌韭菜。韭菜切得齐等、均匀、细碎,加上酱和调料,过一些天就可以吃,出味开胃。现在还腌韭菜花。齑粉就是菜末和米粉末,引申为粉身碎骨之义。

姊 zǐ 今多作姐。本指平辈女性中的年长者,是个通称或敬称,不必是同父母所生。姊,齐也,等同也。后才专指今所说的姐妹。其实兄弟原来也不一定是同父母所生,甚至也不一定是男性,某某两家的夫人可称是兄弟。甚至父也并不就是生你的人,只是指一个持杖的人,只有母字从女,母字中两个点就是乳房,是乳养你的人。因为人们到畜牧时代还是"知其母不知其父",等到认父了,才用了这个持杖的父字。

秭 zǐ 禾二百把为一秭，它是累积、齐整、均匀的。

柿 shì 本作杮。柿子树高、叶大、结实多，故它的音义从巿，取盛多之义。

鈰 qí 刀锐利。锐利就能"一横止之"，像割韭菜那样。鈰的一个异体字作镸，妻就是齐等之义，妇与夫齐。

痵 zǐ 毛病。是泛称。它并不具体指哪种病，是发育旺盛而一横阻止也。

第 zǐ 垫床的竹第、苇薄、木板之类。它们都是供人止息的，故音义可从巿。第也指床。

趑 cī 跑得仓促、急遽。字亦作趦。

趄 zī 趑趄，行不进貌。两字双声。趑为急行，趄为阻止，是行而未能进。如韩愈说"足将进而趑趄，口将言而嗫嚅"。即是脚下举足不定，口中欲言不能。窝囊了。

迠 zhì 前行的时候发生停顿，勉强支持，无力前进之状，前行中有困顿。

537. 剺

剓 xī 断裂，裂开。厂(ān)是山崖，易断裂。未，味也，果熟有味易破裂。又从攴，小击。小击就裂。会意字。

嫠 lí 寡妇，可说嫠妇。鳏夫曰茕(qióng，孤单)，寡妇曰嫠。今多说孤身。嫠则取断裂之义。

剺 lí 用刀划破、割开。剺面，用刀割破脸面。匈奴、回鹘民族凡遇大忧大丧，用刀划脸，表示悲伤。

嫠 lí 花纹、文采方面的精微刻画。

厘（釐） lí 治理。厘字从里，与理字相通，釐又从攴，攴也有治理之义。厘定，就是整理确定。现在厘字主要用作长度、地亩面积、币制、利率等方面的微小的计量单位名称，计算长度、计算货币都是这样，如说十厘是一分。一方面这类单位都是要由政府来理定公布，另一方面，与嫠字相通，有精微、细小之义，所以它总是表示很微小的单位。釐又读为xī，为"僖"字的假借，吉祥安福之义，鲁僖公即鲁釐公。

嫠 lí 心之忧伤，如受割裂、破裂。

剺 chí 水顺流涟涎，又指鱼龙等身体分泌的黏滑液体，又特指龙所吐涎沫。剺与涎、羡古声母相同。

538. 制

制 zhì 从未从刀，制字左旁是未字，向上的枝叶重出，即是成熟可动刀收割。把未字的篆字圆弧形笔画分解再平直化，成了现在的写法。古说制裁，是对木、布等材料剪裁或切割，由此而得制造、制作、制订之义，又有抑制、控制、限制之义。制服一词有二义：一是指制约、降服敌人或野性的禽兽，动词；一是指固定的服式，名词。制度，本义谓规定的法度。

製 zhì 今简化作制。本制、裁二字均指衣之缝纫，后指一切器用之制作，如说制造业、中国制造。精神生产也可说长篇巨制，也可说制造麻烦，制的宾语大为扩展了。

鮆 zhì 鱼名，身板平，肉肥美，多为鱼酱。故鮆是就可制作鱼酱而言，制本作利，是就滋味之制作而言。

瘛 chì 人如受制而痴呆，言行迟钝不灵敏。有时也指抽风病，即筋骨如受控制，不能动弹。

猘 zhì 疯狗。可说猘狗，就是需要予以控制的狗。

挈 chè 拖拉、牵连。今犹说牵制、牵掣，有控制、制约之义。"其牛掣"就是牛被牵走了。掣肘，就是拉住人家胳膊，或被人拉住胳膊，受到了控制。掣笔，就是抽取他手中的笔。行动快，如成语风驰电掣，即闪电闪一下即止住。

怛 dá 古作憺。心为所制，故得悲伤、惊恐之义。为什么又从旦？袒有肉袒、坦诚、惶恐之义，得罪而心诚惶诚恐也。值得注意的是古作憺，韵母从制，今作怛，声母从旦。而怛又可读作旦，则韵母也从旦。这种声韵的变化、字形的变化均有语义相伴随。

539. 栗

栗 lì 栗子树，果实叫栗子。栗树结实，先长出栗房，是个外带毛刺的硬壳，中间包含几个栗子。故栗引申为众多之义，又有饱满、坚实之义，不是空壳、瘪子。栗又有战栗、惊恐、发抖之义，这是难题。一说栗字从西，用五行说附会，方向与季节相配，西方为秋，均第三位，木到秋，遭肃杀之气，便战栗了。俗语有所谓"栗骇"，栗子熟了，硬壳裂开，栗子爆出，如受惊骇。栗骇和蓬转相对，飞蓬成熟就随风飘转。其实它们都是传播种子，向远处繁殖。就这样，它们和人的情意、感触联系起来了。古时男人要带见面礼，是玉帛、禽鸟之类；妇女则是榛（小栗）、栗、枣、脯之类。这里枣取早起之义，栗取战栗之义，都是表示虔敬的，表明自伤和惊恐的心态。这样，栗子引申为惊恐、战栗之义，并派生慄字、溧字，还是可以理解的。

慄 lì 恐惧，忧伤。栗的异体字。

溧 lì 溧冽，亦作栗列，谓寒气逼人。

瑮 lì 谓玉众多而排列有序。

540. 桼

桼 qī 从木（指中间的长撇长捺）、从水，上部较短的两点，与水字的四个点都表示漆树身上流出的漆汁，用以涂物。今说割漆，把漆树之皮割开，插一个木片之类，漆汁就顺此而下。我国很早就使用这种优质涂料。它常作赤黑色，故今又说四野里一片漆黑。字也作髤、鬃。

漆 qī 本指水名，是渭水的支流，借作桼。常说油漆、胶漆。如胶似漆，形容人际关系及事物之牢固结合。膝盖也可解释为牢固结合之盖（参见节字部分）。漆字名、动两用，漆柜子，便是动词。

刕 chì 割漆。不仅漆树，橡胶树也要割，也叫割胶，现在多用割字。

541. 某

某 mǒu 古作槑。从木，从甘。从甘与从口通，甘亦从口。甘指五谷之味，引申指五味之美者皆曰甘。某指一种酸果，酸也是五味之美者。某假借作不定代词，今犹说某人，指一个不知名的人氏，后亦指某事、某地、某时。汉语中的不定代词，常用的是三个："或"指有的人，"莫"指没有人，"某"指不知的谁人。

梅 méi 异体字为楳、槑。梅子,早春开花,立夏后成熟。未熟时称青梅,成熟后称黄梅。酸果,古时梅常用作调味品,故音义从甘。它的花则受尽了人间的赞赏。梅字假借从楳,而谋、媒等字则假借从某。

542. 查

查 chá 本作柤、樝,今作楂。从且字往往有红色之义,山楂是红的。查字大约在唐宋以后才主要用作检查、考查、调查、查证等义,几乎成了司法方面的专用词,那些检察官对文字是通晓的,就把查字下部改成了旦字。旦,明也,查则需明。查与茬相通,草木砍伐或庄稼收割之后残留下的根茎之类叫查或楂,理发或刮胡子以后的一些残留物叫发楂或胡楂。因而查得清点、查检之义,司法上有访查、追查、查办等。

揸 zhā 抓取,张开手指去取,或张开手指去阻挡或遮拦。

蹅 chǎ 脚踏、踩。如说蹅泥、鞋蹅湿了。

猹 chá 像獾的野生动物。擅长掘土,前腿特长,糟蹋庄稼,捕食其他小动物。因此跟蹅、揸的音义相近。

渣 zhā 食物经过压榨以后的残余部分,如糖菜渣、豆腐渣。煤炭经过燃烧剩下的是煤渣。常说渣滓,都是指的废弃物,这不是糟蹋,是生产加工,与废弃之义相同。吃馒头、吃干粮洒得一地的碎屑,也叫渣,也废弃了。

楂 chá 玉米等磨成的碎粒叫玉米楂子,比粉末状粗得多。也叫玉米糁,糁从参,取掺和之义;楂从查,就杂蹅而言。

喳 zhā 象声词,形容细碎嘈杂的声音,如说鸟唧唧喳喳,说人叽叽喳喳。

馇(餷) chā 由玉米楂子熬的粥叫馇粥。对猪食一面搅拌一面煮,是杂蹅的饲料加工,说馇饲料。

碴 chá 碎石块。也说冰碴、玻璃碴。引申指破裂的地方,如说盆上有个破碴;也指说话办事中的破绽,可叫人找碴儿;搭碴是就着人家的话题说下去。语义逐步抽象了。

嵖 chá 山东和河南各有一座嵖岈山。岈就是山形像锐利的牙齿伸向天空,嵖就是山形像器物的裂口下陷。

543. 皂

皂 zào 皂角,也叫皂荚。栎、柞等树带荚的果实。可以染黑。“不分青红皂白”,就是黑白都不论了。皂巾就是黑色头巾。过去奴隶常穿黑衣,故称皂隶。肥皂也叫皂,它有去污作用,水泡后成黏液状,皂字从白,应是取义于此。皂又分化出早、草二字。从七或从十,均甲字之省,即皂荚。在古文字从的十字,实际是七字,十字是在一竖的笔画中间加一个鼓出的点。后来十字的点写成一横,七字就在一竖的尾部向右拐出,以至现在的从皂字或从七或从十。

早 zǎo 早字的小篆作睪,指植物种子的外壳。早字由染黑之义引申为天色尚黑,是黎明前的黑暗时刻。再进而指比任何一个特定时刻较早一点的时间,如说早睡早起、早春、早年等。

草 cǎo 草斗,就是皂斗,就是栎实。所以用草字作为所有草本植物之总称,只能算是假借义,没有语义的脉络可说。草的引申义有粗糙、低劣、匆促、草率等义,草稿就是一个粗略的初稿,又说草草了事、乱草草。草书主要就其迅捷、简略而言,绝非草率之书。草创,就是早创、初始之谓。

唣

唣 zào 吵闹、扰乱。如说罗唣，唣他一场，就是吵闹一番。

544. 竹

竹 zhú 冬生的植物。竹在我国早就用得很普遍，各种家具的制作常以竹，简牍篇簿、笔篆等皆从竹，又有筹算、笙簧等亦皆从竹。竹，物之多筋者，故筋字也从竹。

筑 zhú 以竹曲而施五弦之乐。从巩，以手持之而工，竹声。筑是要击的，常说击筑，并且是以竹尺击之。以竹击曰竹，以杖击曰杖，以鞭击曰鞭，以策击曰策。故筑曰竹，以其材料名乐器，以所击之物名乐器。这样，筑就从打击乐器发展为弦乐器。现在的扬琴是以竹击的弦乐器，可能与筑相似。

築 zhù 今简化作筑。以木杵捣土使坚实，今曰夯。最典型的是筑室、筑城，都是土方工程。《周礼》中的筑氏，则是指的打铁。又说筑巢，是不用土的。猪八戒的九齿钉耙筑的是妖魔鬼怪。总之，筑的词义也在稳步发展着。

笃 dǔ 本作竺。筑之则固，故笃引申为坚固厚实之义，并作抽象化，主要指人老实忠诚，可说诚笃、笃实。《诗经》中有名篇《笃公刘》，以笃字赞美公刘忠实。笃行就是坚决实行，笃学就是专心实意地学，没有虚浮。这些，都是从劳动的筑土使实之义来的。笃字何以从马？据《说文》："笃，马行顿迟。"即是有病走不动了，故后说病笃。

545. 支

支 zhī 从又持个，即右手持一枝竹，竹字是两枝竹。个就是竹一枝。隶书中竹头与艸头常可不分，竹一枝就写同"十"字之形了。今支字的本义皆作枝，引申义作支。因为枝总是从干分出来的，故支的引申义主要是分，如说分支、支流、支脉、支线，都不能作枝。支付、支取、支票都是分出的部分款项之义，支离破碎就是分裂散乱之义。因为支字从又，故可有手持之义，如说支持、支撑、支柱、支援，支支吾吾，或作枝梧，就是又说又不说，支为支撑，吾为抵牾。支字又有计算、度量之义，原来计算的算、筹码的筹，都是从竹的字，古时以竹枝或竹器为计算的工具。支字从右持个，这是在干什么？在计算或表演技艺(故技字从支)。

枝 zhī 木另生的枝条。在宗族世系方面也说本与支，嫡长子是本，其他都是支，是庶蘗。枝节问题就是次要的较小的问题，已是抽象义。枝作量词说一枝红杏。

肢 zhī 手足曰四肢，体之分也。折枝就是鞠躬，也作折肢。

翅 chì 鸟翼。翼字音义从异，异，分也。翅字音义从支，支，亦分也。两字取义相同。但两字的语义并不完全相同。翼指张开的翅。张飞，字翼德，若说作翅德，就不好了，因为飞总得张开翅膀。现代的飞机常说银翼，不说翅，因为它永不合拢。把鸟的翅、人的肢和植物的枝，看作同语源，很符合进化论的原理。

忮 zhì 不听从、坚持、固执，即是心中有所执持，故音义从支。

攲 qī 倾侧，偏斜，不正。由头之不正，引申指事物之不正。攲与顷、倾双声。

𠀤仍从支声，取支持之义。𠀤彼织女，就是倾侧的三颗织女星。

頍 kuǐ 抬头仰望，不是正视。

伎 qí 党羽，伴侣。也指有技艺的以歌舞等为业的人。伎伎，还有行动舒缓之义。

骹 qí 跑得舒缓。字从骨，便是骨相好。

蚑 qí 动物或昆虫，有足者之行，都是伸展自如、有节有肢。

越 qí 爬树。左右倾侧而进，曲线上升。

跂 qí 足多长出一指，也是倾侧的，名词。各种舞蹈的步法，或畸立或舒缓，往往以跂、越来形容，动词。

庋 guǐ 置放食品的架子，作动词为搁置、收藏之义，可说庋置。

歧 qí 岔道。即大道旁出。如说误入歧途。今说意见分歧、对人有歧视，都是抽象义。

岐 qí 山脉旁出曰岐。西周最初立国，封在岐山，故称岐周。岐与歧常相通。

屐 jī 木屐，即木拖板或拖拉板。原来底上还有两个铁钉，是踩泥防滑的，故就取歧出之义了。

芰 jì 菱角，言其叶之歧起曰芰，言其实有棱角曰菱。

敱 yǐ 三足鬲，故歧出。实是大口的锅，有时还在里面淘米。鼎也是三足，鬲之三足粗而中空，容量大。

技 jì 技巧。支是手持半竹，又加手，强调是手上的技巧。算就是技，算字从左右二手，又从竹。古时技的概念可包括科技、技能、艺术等。今科学上讲科技，百工中说技工，艺术上讲技法。但是在过去有一种偏见，君子不屑谈论那些技艺问题，认为那只能养几个人，君子要讲道、讲富国之术，于是就发生了道与技的对立，伎与妓往往被看作不正经的人，伎俩一词就是贬义。

妓 jì 女乐，即表演歌舞的女演员。唐代有位著名的公孙大娘，善剑器舞，杜甫看了激情写诗，怀素看了草书日进，这是高层次的艺术交流了。但是妓后来专指娼妓。

豉 chǐ 用大豆煮熟发酵调味而得的副食品，常称豆豉。豉从支声，取调配之义，是从支的支配之义引申的。烹调就是一种调配的艺术。豉与嗜声母相同，豉就是人们喜爱的调味品，酸甜苦辣之味，都能于此尝到。

546. 鸟

鸟（鳥） niǎo 本读 diǎo。宋元以来，人们常常把它用作骂人的话，如说鸟人、鸟刀之类，《水浒传》第71回："招安，招安，招甚鸟安！"它与屌（男性生殖器）同音，本来是写作屌的，太粗野了，就写作鸟。而鸟兽的鸟就改读成今音。那么现在这个鸟的读音是从哪里来的？是从袅、从茑（茑萝，本叫女萝）等几个从鸟的派生词来的。只有一个鸟字，还读着鸟的原来读音，好在也不会引起误会。鸟本指长尾鸟之总称，短尾曰隹。若说鸟兽，则四足而毛谓之兽，二足而羽谓之鸟，就不分尾长尾短了。

茑（蔦） niǎo 寄生草。常寄生于桑，攀援而上，女萝的女，取柔弱之义。

袅（裊） niǎo 形容柔美、缭绕、摇曳之状。如说炊烟袅袅，是缭绕上升之状；余音袅袅，形容声音婉转抑扬。

嫋 niǎo 本作嫋，俗作嫋。为细长柔弱之义。

547. 隹

隹 zhuī 短尾鸟之总名。但早就可与鸟字混用，鹤、鹰二字既从隹，又从鸟。一般说短尾的擅飞，奋飞的奋的繁体字（奮）中间便有一个隹字。

骓（騅） zhuī 青白杂毛的马。骓之奔驰如隹之飞，故骓之音义从隹。项羽征战八年，骑的是一匹青白杂毛的乌骓马，最后说"时不利兮骓不逝"，最后他把这匹乌骓马送给了在江边守候他的一个老人。

锥（錐） zhuī 锐利的金属常呈白色，或略带青，故从颜色取义，直接的音义从骓。引申指物体的锥形。

崔 cuī 山高大。如说南山崔崔。崔为什么从隹声而有高大之义？隹短尾而擅飞，山在飞鸟之上，飞鸟相与在下，这山就显高大了。

灉 cuǐ 灉灿，文理鲜明、色彩斑斓之状。

璀 cuǐ 璀璨，与灉灿同，一以玉喻，一以火喻。

摧 cuī 摧折，摧毁，挫败。原用于对高大事物之摧，如说地崩山摧，摧本亦从山。

催 cuī 《玉篇》："迫也。"与摧相通。摧是以手作毁败的行为，催义减轻，为催促、急迫。加快事物的变化与发展，可说催化、催育、催生等。

唯 wéi 唯和诺，都是表示答应之词。唯恭于诺，即比称诺更恭敬、顺从。唯字从一唯承诺之义，引申为副词，是独有、只有之义。今说唯有、唯一，都是只有之义。唯独，是同义词的结合。唯物论，就是只有物质的理论。

鷕 yǎo 雌雉的鸣声，表示顺从，故其音义从唯。雄雉的鸣声为雊（gòu）。

惟 wéi 心之应对，也可说是心之独有，故常说惟有。此时与唯字作副词同义，可说惟一、惟独。惟命是听，就是只有听命，还说惟我独尊、惟利是图等。

维 wéi 丝之应对，就是把两者连接起来，作名词指绳索，如说国之四维，就是治国的四点纲要。作动词义为连接，如说维舟，就是系舟。刹车用轭，停船用维。维，持也，今常说维持，维持局面、维持秩序，就是维系和保持。维新，就是只有革新。

虽（雖） suī 本指一种昆虫，故从虫，唯声。虽字古今的常用义是作连接词，为即使、假使、纵使之义，是表示假设或让步的连接词，虽与使，二字声母相同，语义相通。使作名词指使者，作动词为派遣、支使之义，又有致使、让之义，并虚化为让步连词，为假若、假使之义，这就是虽字本有的古义了。虽字在现代的用法，是放在前一分句，后一分句用"但是、却、也、可是"之类相衔接，如说他虽然很喜欢这项运动，却从不参与。但在古语中，虽然大多放在后一分句，如："苟子之不欲，虽赏之不窃。"意为：如果他不贪，（下边的人）即使奖励他也不会去偷盗。

睢 suī 张目仰视，即目之应诺，说"睢睢"。或为令人仰目，有使、令之义。又曾引申为怒视。

谁（誰） shuí 一、疑问代词，与"孰"字同为指人的疑问代词，可说谁人、谁们、谁个。少数用于指事物，如："秦皇岛外打鱼船，一片汪洋都不见，知向谁边？""谁边"就是哪一边，何处。二、用作泛指，如说"谁不说咱家乡好"，就是人人都说，无人不说，因而也不要求有人来回答疑问。或者用于一定范围内的泛指，如说今天水凉，谁不做好准备活动，谁就别想下水。

548. 雠

雠 chóu 从二隹。两鸟相当、匹配，故引申为相当。如说雠答、雠对、仇敌、好仇、好逑、俦辈等，诸字皆与雠音义切近。唐代佛教经文中有"难雠之价"，可知售是雠的派生词。商品与价格相当，亦谓之雠。

雠 chóu 亦作讐。言之相对、相当者，如答应、对话，都是如此。今有校雠学，或说校勘学，就是将不同版本的书，互相对照，找出其错误加以更正。引申为仇敌、报复之义，如说怨仇，一般可认为仇与讐同。

售 shòu 卖出。如说售货员、销售、出售。从口，雠省声。古义有使用、施行之义。如说售奸，就是施行他的奸计；售谤，就是散布毁谤之言。

犨 chōu 像牛喘息之声。又作水名，《水经注》载，犨水有二源：东源与西源，这就明白地说明是取两源相当之义。

549. 乌

乌（烏） wū 乌鸦。它的古文字字形或作"於"，故两字为一字。但於字后假借为常用的一个介词，就成了不同的两个词了。乌鸦多反哺，故称孝鸟，群飞是它们的一大特点，故常说乌合、乌集。乌鸦纯黑，故乌字引申为颜色之词，如说乌衣巷、乌纱帽。乌与黑没有词义的差别，黑从烟熏，乌从鸟黑，黑发也可说乌发，黑菜有的地方叫乌塌菜。但是黑土、黑陶，一般就不说乌了。乌又假借为疑问代词或疑问副词，如乌有，即何有。

关于於字假借为常用介词，因为现在都归为"于"字，参见于字。

呜（嗚） wū 呜呼，为叹息之词，或悲哀，或愤懑，故发此声以舒写之。

坞（塢） wù 或作邬。野集或营居，皆可曰坞，因为乌好群集。有些集镇、小城堡可曰坞，山坳之地周围有岗峦遮挡，可曰坞。船坞就是水边港湾，可避风浪，亦有屏障。

菸 yān 郁积。烟的异体字。明代烟草输入我国，又称菸叶。取其干枯之叶制之，燃而吸其烟。

淤 yū 水中的泥沙及沉淀物的淤积曰淤泥，水停为潴，泥积曰淤。作动词，为沉积之义，从聚集之义引申。

瘀 yū 血的郁积、凝滞，曰血瘀。作动词说瘀血了。

阏（閼） è 堵塞，遏止。或以闸，或以门；或堵水，或堵风。阏与遏音义皆切近。阏字从於，遏字从曷，於与曷亦相通。故阏的音义从於又从遏。

550. 焉

焉 yān 只知是一种黄色的鸟，带毛。黄凤亦曰焉。如今它的实词义只保存在它的派生词中，它极早就假借为常用的古虚词，同时跟几个双声词之间叠韵词之间假借。一、它假借为介词"于"，借为介词结构"于之"，善莫大焉，就是善莫大于之，就是优点没有比这个更大的了（指错了能改），于之就是比这个。二、它又借为安、恶两个疑问代词或疑问副词。焉避害，就是怎么避害。三、又借为副词词尾"然"字，潸焉出涕，就是潸然出涕，即眼泪纷纷地落下。由于这些虚词用法，常居于句末或句中停顿处，焉字就很容易成为兼带文言语气的词。于句末，表肯定或疑问；于句中，表停顿。

嫣 yān 笑得美好，有成语嫣然一笑。作为一种鸟或草的名称，加上一个女旁，就有如此美好的涵义，还有一个嬿字。但两字现在都已不多用。嫣字还形容色香之鲜浓，如说嫣香、姹紫嫣红。

嘕 xiān 喜笑貌。

篶 yān 竹身紫黑浓艳，如紫竹。

蔫 niān 草木枯萎发黄。蔫字长期活跃在全民口语中，引申指人精神萎靡不振，或者情绪不好，或者要生病了，说蔫样儿、蔫不唧。又指人办事拖拉或性格不爽快，说蔫呼呼。

鄢 yān 河南有鄢陵；湖北有鄢，常与楚国首都郢，并称鄢郢；山东之鄢陵又名安鄢。可知地名称鄢，取义于平安。安与鄢两字本可通假，如西安，是对东都洛阳而言，南宋定都杭州，称临安。

551. 难

难（難） nán 鸟名，相传它非龙肺不食，非凤血不饮，因而它实在难活，早绝种了，不料却在语文上留下个难易的难字。难为鸟名，易为蜥蜴之名，皆来自虫鸟。艰难一词，《诗经》中就有了。它一度还发展有茂盛、众多之义，辩论、责问之义，抵抗、反对之义。今说发难，谓奋起抵抗。还说责难。但这些义项，今大多已不用，或保存在它的派生词中。难字在现代语中，词性灵活，组词力强。如说难道，它是一个语气强烈的反问副词，并没有难以说道之义。又如难怪、难得、

难堪、难免，都除了字面义之外，还有委婉的语气。难过，就是悲伤；难看，就是丑陋；难受，就是痛苦。又说为难人、难坏人，口语性强。作名词或动词，为灾难、患难、责难之义时则读 nàn。

戁 nǎn 恐惧，认真。两义是相承相因的。遇有难，则心恐惧。

歎 tàn 叹的异体字。吟叹。从欠，难省声，谓出气之盛多，故其音义从难。一唱三叹，即一人领唱，三人跟着吟。

叹（嘆） tàn 本来歎多喜，嘆多悲，两字有区别，今归为一字。

滩（灘） tān 水涯再伸出去的平地。沙石淤积没有露出水面的叫暗滩。故音义从难，亦取众多、伸出之义。

摊（攤） tān 两手平着，手心向上张开，也可指事物之展开、铺开、分开等。今说摊子（名词）铺得太大，摊派（动词）的人太多。还说摊贩、摊饼。

瘫（癱） tān 四肢伸展在床叫瘫痪。中风等病导致神经系统发生障碍。瘫，行难也；痪，涣散也。引申指行政机构、指挥系统之运转失灵。

暵 hàn 日之盛。或谓曝晒，或谓怒气之盛。赫怒，盛怒，暵与赫同义而双声。水之盛曰汉，火之盛曰熯，都是音义相通的词。

熯 hàn 烘烤，焚烧。很薄的饼，摊在热锅上烤熟，叫熯。有的脆饼返潮了，再放到热锅上稍烘，就又脆了，也叫熯一熯。这时候火势不能盛，熯的词性也成了动词。

汉（漢） hàn 从水，难省声。水盛曰汉。名汉水者，最大的是长江支流，至汉口汇入长江。它源自陕西，经汉中平原至襄樊，再往南注入长江。甘肃也有汉水，并曾有汉阳郡。今韩国的汉江，也应是取水盛之义。天上的银河星系，曾名曰天汉，《诗经》中说"维天有汉"。西楚霸王项羽，当年把刘邦分封在陕西汉中，称汉王。他自己就回彭城（徐州）了。后来刘邦建立起汉代的统治，巩固了秦代开创的全国统一的局面，匈奴等诸多少数民族

均称我们为汉人、汉儿，我们自己也自称是好汉、男子汉等。从汉代开始，我们的民族称汉族，后又说汉语、汉字。

傩（儺） nuó 行为有礼节，故得认真、谨慎之义。后傩字专指认真而有节奏的驱除疫鬼的舞蹈。每年过年的除夕，是除旧迎新之义，也有去除邪恶、驱逐不祥之义。傩与那叠韵，实际是音义相同的。如猗傩（轻盈柔顺貌），同婀娜，可知猗与婀同，傩与娜、那同，那字义为美盛之义。这样，傩的语义就是驱疫之舞美盛。

魃 nuó 见鬼惊叹之声，这惊叹的语气是从那字来的，类似今之"哪"字。

552. 舄

舄 què 今作鹊。原为象形字，下为鸟字之省，上象张口善鸣之形，类似的是鼠字，上亦象张口，总要咬东西。鹊是形声字，在商周形声字发展的时代，鹊就取代了舄。鸟鸣哑哑，鹊鸣喳喳。这是最通俗的说法。相传它还能感应阴阳，若是年多风，它就把巢筑得低一点。它善于学习而能知未来事，故又名鷽（xué）。至于能够报喜，更是历来称道的。它还喜欢晴天，称它为乾鹊。从而舄的一个义项是指高底鞋，在鞋底里垫一块厚木板，现在京剧舞台上的道具还是这样，他们为什么要穿这种鞋呢？原来是出于礼节的考虑，老站着，地下的潮气上来，人容易得病。所以，穿上舄就表示有礼了。

碏 xì 即读音昔，并取久昔之义。柱脚下面垫的石头，也叫础，同物异名。老话说，月晕而风，础润而雨。如果没有这础或碏，柱脚常年返潮，就霉烂了。所以这碏，就像人穿木底鞋，是为了保持干燥。这是材料工程极不发达时代的选择。

猤 xǐ 指一种不爱依附人的犬，一有惊动便叫唤不已，如鹊之喳喳。另有一种犬，不声不响就走到跟前，说不定便咬你一口。

写（寫） xiè 因为舄即鹊，可假借为措，措有安置与去除二义，义正相反。写也有安置与去除二义，以写我忧，就是消除我的忧虑，派生为泻，是倾泻之义。写与喜鹊相关的语义是仿effect、模拟之义，而喜鹊又名鷽，是善学而知来者的鸟。如说写生、写真、描写，就是照着实际事物去写或去画。然后，演变为一般写作、书写等独立操作的写。所以写的文字造意，就是家里有一只爱叫爱学的喜鹊，进而指文字的描绘和一般的书写。古曰书，今曰写。秦时说"书同文"，现在便说文字的书写要统一。

泻（瀉） xiè 指水的排除、移置、倾倒、废弃。如说江河之水，一泻千里，《孔雀东南飞》中"泪落便如泻"，这两个泻字虽然差有万千，但倾泻之势是一致的。医学上说泻肚，是消化系统的病。

潟 xì 盐碱地。上面不长庄稼，连草也难生，所以从舄声，取废置、抛弃之义。潟又指卤水，它溶解大量的盐碱，味苦不能饮，故为水之废弃者。

553. 隺

隺 hè 从隹，上欲出门（即坰，郊外）。故有极高之义。隺然，指心志之高。以鸟飞形容天高的，还有寥。

鹤（鶴） hè 它颈、腿细长，翼大善飞。有白鹤、灰鹤、丹顶鹤等。鹤鹤，洁白貌，也可说鹤发。

皬 hé 像鹤羽那样洁白有光泽之色。据《说文解字》说，白有各种各样的白，如皎，月之白；皑，霜雪之白；晳，人色白；皤，老人白；皠，鸟之白；等等。各种事物的白，确实不能全同，我们是黄种人，皮肤长得白，跟白种人的白不一样。老年人色素减退，再加上常有老年斑之类出现，应是一种混浊的白。它跟晳就很不同了。各种事物之白，都可精细地去体味，我们的语言中都曾做出区别，都有不同语源。那么白又是什么呢？《说文解字》说："西方色也，阴用事，物色白。"阳气旺盛，阴气衰落，那应是各种事物综合的比较苍白的颜色。而在语义上统称为白，然后有分别人之白、鸟之白之类。

确（確） què 本作确、塙、碻等。石之坚高。高从隺，坚从石，坚高则不可动摇，故后有明确、的确、正确、确实、确立、确定等说法。

榷 què 独木的步桥，也可是石条的。桥从乔，高而曲也；榷从确，坚而高也。今说商榷，是商讨、确立之义。

搉 què 敲击。敲字从高，搉亦坚高，均引申为动词义，就相通了。商榷，亦作商搉。

554. 鹰

鹰（鷹） yīng 本只从隹，从鸟为后加。鹰随人所指挥，故又从人。猎人常饲养鹰来帮助捕猎，故得相应之义。鹰师指驯鹰的人，鹰坊指饲鹰之所。鹰与犬连称，犬更是助猎之物。

应（應） yīng 应字内的三个长点表示三个偏旁之省，一横是心字之省，这都是草书的得意之笔，今说应当、应该，本都是取相应之义，大多已用作副词。应主要用作动词，读 yìng，如说应对、应付、应和、响应、感应、适应等，都是两方面相应之义。今说心心相印，很符合应字的本义用法。得心应手，是心与手之间的相应。应用就是适合于使用，应时就是适应时尚的要求。有求必应，就是全都答应。

膺 yīng 人之胸亦曰膺，是人之所对、所当。今说胸背，古则说背膺。义愤填膺，就是满腔义愤。膺选，就是当选。

555. 巂

巂 xī 字从隹，上象其冠，下为冋，郊外为坰。意思是坰外上空有一只带冠的鸟，会意字。它指的是子规，巂又读作 guī，即规，后常称杜鹃、鹈鴂。寫的字形，是家里有一只会叫的喜鹊，它一叫就喜事临门。巂的字形是郊外有一只带冠的杜鹃，它一叫就使人思念不已。从巂的字大多有联系、牵挂、携带之义，从而有时有离绝之义。

携 xié 由心之思念，到手之牵连，这是它语义的派生过程。从《诗经》至今都有携手同行的说法，《史记》中就说扶老携弱，今说扶老携幼，只换了一个字。携字的宾语扩展，可说携粮、携壶、携琴等。提携常是指社会地位、职务等的提拔。现代的说法更奇特，可说携带什么病菌、携带负离子之类。

懵 xié 心之携带，即是变异、叛离、有二心。今说提心，是放心不下。携贰，就是带有二心，不携贰就是忠诚之民。

讗 xié 言语之中不一心，离谱，或气粗，或自是。

尷 xié 尷尬，实即提携。两字皆从尤（wāng），即从大而曲其一足，跛也。又从爪，即为人所引。这使我们对提携一词的语源有更好的了解。

繼 xǐ 名词义指绳索、带子，动词义谓系结、连带。繼秋兰，就是佩戴着秋天的兰花。繼又有弦断之义，断则为二，二则必离。连接与分离，在手曰攜，在丝曰繼。

饎 xǐ 用象牙或牛角制作的、有尖端如锥形可用以解衣结的用具。故说"童子佩饎"。自结绳记事以来，先民们打结、解结的事比现代人干得多。他们的服饰上常有衣带打结，他们念的书（竹简、木简）上，用绳子串起来要打结，他们不理发，头上打髻插簪，有时也会缠住。故饎的音义从巂，取分离、解开之义。

鑐 xǐ 指大盆、大锅、大钟之类，都是圆形，巂或规有圆义。鑐又读作juān，为雕刻之义，则是假借为隽永之隽与俊美之俊而得的。

纗 suī 帽子或旗帜上的垂饰，也是马鞍或刀鞘上的垂饰，与繼的音义相近。

556. 乙

乙 yǐ 燕子。下部曲笔的部分象鸟身，上部左出的部分象鸟首。燕子在古代是一种象征生儿育女的报喜鸟。实际上，只因燕子是春天来临，而春天大多是动物生育的季节，于是就附会上了。人及鸟生子曰乳，乳字也从乙。

圠 yà 实即挖。土穴空大、深。作动词为挖凿。今犹说挖墙脚，挖菜窖。

挖 wā 这是从元、明以来的白话小说和戏剧中用开的字，手挖为穴，或凿地成穴。挖的宾语扩展，可说挖耳朵、挖眼珠、挖煤、挖老底、挖老本，抽象义说挖苦、挖空心思、挖掘潜力、挖掘文化遗产等。

札 zhá 没有纸张以前书写用的木片。厚者称牒，薄者称牒。牒，小木札。今犹说信札，札字从乙，简作从乚。古以鸿雁燕乙等候鸟表示书信之往来，书信也是要及时来的，像候鸟一样。所以信札之札从乙得声得义。信札也可说信笺，笺与札双声。笺为薄小者，从竹从木都可说笺。长大者曰椠（qiàn），薄小者曰札。今说札记，只是随笔之类，写在纸上，与燕子也无关了，这是札字的活用。

扎 zhā 缠束、捆绑。扎是札的动词义，无论是简牍、信札，都要有整理、缠束、封存的过程。引申说驻扎，军队到驻地要安营扎寨，是帐篷就要搭建，有一系列缠扎的过程。又说扎辫子、扎根（插进）、扎针（刺入）等，扎的行为多种多样，而皆已与燕子无关，是义素的增损。

紮 zā 和紮皆为扎的异体字。如说扎一条龙灯、扎一只风筝，都要用或粗或细的线和绳索捆绑。扎鞋带、包扎伤口，都是宾语的扩展。

燕 yàn 乙字是从侧面看鸟之形，燕是从正面看鸟之形，上象其钳口，两旁象翅，中间象体，下四点本象其尾。燕与乙只是声母相同。燕与宴声、韵皆同，宴，安也。对于燕子，不论贫富，都希望它来堂前安居。饮宴，也可作饮燕。宴乐指宴会所奏之乐，也可作燕乐。燕享，就是宴享。燕私，就是家庭宴会。燕喜，就是宴喜。宴尔，就是快乐地，也可作燕尔。燕燕，就是安息貌，也作宴宴。以上都是《诗经》中的用语现象。逐渐地，乙字就消亡了。孔、乳等字中从乙的音义虽还保持着，却已不为人们识别。燕的饮宴之义也已不同，燕就是指燕子，然后就是燕山、燕京、燕国、燕园等专门名词。

曣 yàn 晴朗无云。日出，自然界平安无风云。

嬿 yàn 妇女取名专用字，为安闲美好之义。如今大多作燕。

胭 yān 本作臙。胭脂，一种擦脸或唇的红色化妆品，取明媚美好之义。

讌（讌）

yàn 指喜乐安定的聚会。

咽 yàn 因为宴或燕可指请人吃饭饮酒，故从口，燕声就引申为一般的吃、吞之义，如说细嚼慢咽、狼吞虎咽。作动词，食物咽下；作名词读 yān，指咽喉，即咽下的地方。咽又读 yè，呜咽、哽咽，就是泣不成声，声塞也，也是气塞。也作噎。

557. 雀

雀 què 麻雀。从小、佳，黄褐色带黑褐色斑点。老年人易生老年斑，就是黄褐色的斑点。雀，常作爵。

截 jié 本作戠，隶变作截。从戈，雀声。以戈对着小鸟，故得拦截、横挡、阻止等义。如果以网罗对准小鸟，那就是逮捕、网罗之义。今说截断、横截、截止等，宾语已很少指小鸟。截长补短，截取的是多余之处，补短处所在。截然不同，就是界限分明，完全没有混同之处。截断就是割断、锯断等，一截木头就是一段木头。

髯 jié 妇人束小髻。露髻曰髯，即不戴簪或巾，也无冠弁。

蠿 jié 小蝉，茅蜩。小而色青绿者。俗话说麻雀虽小，五脏俱全，此以麻雀为小的典型。

蟚 jié 梭子蟹，海产，两旁尖出而多黄，螯有棱锯，擅截物如剪，故曰蟚。

趨 jié 行进好傍出，故为横截急出。

截 jié 修剪草木，当然是截齐的。

爵 jué 殷周时期长期流行的一种酒杯，是小型的高级酒杯，它前有一个嘴子伸出，喝的时候酒从这里流出，下有三足鼎立，这就与雀近似，像雀的头颈和脚。

故这种杯的语音也从雀。重大宴会中，这种高级酒杯要表明座中宾客的社会等级即所谓的爵位，酒杯就和诸侯政治联系起来了。作动词，就是分封、授予爵位，如说"以其有功也爵之"。

醮 jiào 饮酒尽，喝完。

曝 jiào 白净无污染。是从空尽之义引申，与醮字语义相近。

潚 zhuó 细小的水声或雨声。

爝 jué 小火把。点起火把进行除灾的祭祀。

瞯 jiào 目光昏黄暗淡，视而难见。

558. 集

集 jí 篆文中作三个佳字鼎立，下一木字。群鸟集聚于木上也。如《诗经》中有"黄鸟于飞，集于灌木"。这是本义用法。引申指人之集，如说赶集、集会。又可指事物之集，集的主语大加扩展，如说货物的集散地。又说诗集、文集、全集、选集，均名词。抽象义如说思想之集大成者，集思广益。

杂（雜） zá 本作雜、襍。五色相合，形容绘画或衣着之美。后引申为杂乱、混杂不纯之义，今说杂质、杂务、杂耍、杂牌、杂凑、杂七杂八，都不是正经的事，只有杂文、杂志、杂技、杂交水稻等具有积极意义。

礋 zá 山之高峻，曰礋嶫(yè)。实是石之集。

漅 jí 泉出。泉之涌出如沸曰潝(chì)漅。即水之聚集。

559．羽

羽 yǔ 鸟的长毛。鸟兽的短毛曰绒毛，如鸭绒、羊绒。尾羽、翅羽则更长，有时称翎。古时帽子上、旗杆上、车篷上，常饰长羽。信封上有羽，则表紧急，说因檄。鸡毛信不说鸡羽信，说明羽和毛的语义界线已混合，毛包括了羽，如说凤毛、鹅毛、孔雀毛。振羽，谓振动翅膀，羽字作为文字的偏旁，常常指翅膀，如翱翔、翩跹、翼、翩、翥、翠等，翻飞也是翅膀在翻。白羽是箭的意思，古常以白羽制箭。

栩 xǔ 栎树又名栩，因为它长的是羽状之叶，以其叶名其木。栩作形容词，如说栩栩如生，即生动活泼之貌。《庄子》中说"栩栩然蝴蝶也"，蝴蝶的翅膀，又大又美丽，绝不亚于羽毛之美丽。

诩（詡） xǔ 大言。自诩，就是自我吹嘘，言行飞扬跋扈。但是古时诩字也用于褒义，如可说诩畜：畜，好也；敏捷又勇曰诩。

关于羽的词族，还有翩、翰二词，它们与羽双声而有羽的语义，只是韵母不同，参见翩、翰二词。

560．翟

翟 dí 野鸡尾部的长毛。尾长者皆为雄性。也指尾长之雉。作姓氏时读zhái。

濯 zhuó 清洗。《楚辞》有"沧浪之水清兮，可以濯吾缨"。即洗洗我帽子上系颈的丝带，使它重现光彩美丽。濯濯，形容词，光泽、明净之貌。

嬥 tiǎo 身材直长美好。雄羽之长者曰翟，以言人，指身材，今日出佻，佻与嬥通用。或说嬥，细腰貌，可说嬥嬈。

藋 diào 是与藜一类的植物，藜藋连称。藜杖是以藜茎所做的杖，可见是直长的。藋茎还有红缕，叶青背白，可见它的色彩也不单调。

擢 zhuó 拔根曰擢，拔擢是直上的行为。提升官职亦曰擢，引申义。

櫂 zhào 划船的桨，拨船直进。作名词指桨。櫂又读dí，木枝直上貌。

戳 chuō 以戈或以木直触的行为，如说戳穿纸老虎。把秫秸戳起来，就是竖立起来。手指头戳痛了，即直撞了一下。手戳、邮戳，指图章，名词，盖章的动作是直着向下的。戳是唐宋以来用开的词。

糴 dí 名词指谷粟，它从翟声，实即从擢，谓提取、引出、引进之义。提取粮食引出，便是糴米之籴，或籴米之籴。

籴（糴） dí 买米，即引入米谷。

粜（糶） tiào 卖出米谷。包公陈州放粮，本作陈州粜米，用官仓的粮食去救济灾民，故是出米谷。

耀 yào 或作燿。光之闪烁、照射。从翟声，取光彩、美丽之义。抽象义如说荣耀、夸耀。耀武扬威，就是炫耀武力。耀与爚（yuè）音义相通，爚，火光也。

曜 yào 光明照耀。作名词指日光。日、月、星称三曜。

鬻 yuè 把肉或菜放进滚汤中随即取出。它与瀹（yuè）字音义相通，以汤煮物曰瀹。只是鬻字还有从翟之义，翟即擢，直上取出也。

跃（躍） yuè 跳跃。于手曰擢，于足曰跃，皆上而出而急疾。今说跃跃欲试、跃进、飞跃，皆不出此义。跃与趯（yuè，越也）同。

趯 yuè 踊跃。故与跃字音同而义切近。又读tì，有逃跑之义。与踢字也义近，疾出之义。

561. 几

几 shū 羽短的鸟飞行迟钝之状。此非茶几之几字。

凫（鳧）fú 水鸟。俗称野鸭。大小如鸭，野曰凫，家曰鹜。矮脚短喙，青色，行动舒缓迟钝。鹜已不能飞，凫则犹能几几而飞，故其音义从几。它又名鸊鷈（pì tī）。

562. 习

习（習）xí 从羽，从白，谓拍动翅膀，习飞也。今引申指人的练习、复习、重温、理解、训练等，都可以叫学习。不但习的方式很广泛，习的对象也大为扩展，如可说习文、习武、习字、习作等。抽象义有习惯、习性，是习以为常的了。

鳛（鰼）xí 泥鳅。它的尾巴在泥塘里使劲左右摆动。这是由鸟的翅膀来回拍动，引申指鱼的尾巴左右摇摆，从而作这种鱼的名称。

謵 xí 初学之恐惧，言语失气之貌。与慴字义近。

熠 yì 光彩闪耀。常说熠耀，两字双声，耀，照也。熠，光彩闪动。又说熠煜、熠爚，都是双声词。

摺 zhé 即折。有折断、毁坏之义，又有曲折、折叠之义。叠必有重复，往往多层，如说折扇、手折，都是多层的，习亦多次的。摺的音义从折又从习。

褶 zhě 衣服经过洗涤折叠，留下了痕迹，叫作衣褶，名词。衣服皱了，就有皱褶。又有百褶裙，裙子的制作常多褶。褶又读作 diē，指夹衣，即重叠之衣。又读作 xí，指一种骑服，是习武时穿的。这样，从习字的三种声母之异，褶字都具备了，三读各随其语义之所取而定。

慴 shè 心有所折，常说折服，或作慴服，谓畏惧而屈服。故慴字常释为恐惧之义。

牒 diè 习之而成则治，从片，牍牒之类，文治也。

563. 奋

奋（奮）fèn 用力。从奞（xùn），从田。奞，从大从隹。大为四肢伸展之人。鸟翅伸展于田野，便是奋飞了。各种鸟兽，行动健壮有力，就都叫奋。而更主要的是指人之奋，奋斗、奋战之类，只能就人说。还说奋发、奋勇、振奋、感奋、兴奋等，大多指精神状态。

幩 fèn 口袋盛物撑破。用力过大，承受不住了。引申指衣缝脱线或开裂，故从巾。

564. 非

非 fēi 象鸟之两翅收敛，取其相背之形。故非字得违背之义，又从而得指责、批评、否定之义。是非，谓正确与错误。非常，谓不寻常，副词。

飞（飛）fēi 或作蜚。本指鸟虫之飞，一切能飞的动物都可曰飞，又从而指诸多事物凌空的迅速行动如说飞机、飞碟、飞弹。至于飞跑、飞车，并没有凌空，只是速度快。抽象义如说心飞神驰、飞来横祸，至于飞来峰、飞来石，它飞了没有？谁也不知道，也无关紧要，完全是想象之中的。

霏 fēi 雨雪霏霏，形容雨雪之盛，飘扬而下。亦形容云起貌，如说烟霏云散。

腓 féi 小腿，或小腿的肌肉。如说腓大于股，难以趣（即趋）走。即小腿比大腿粗，跑路就很难了。

屝 fèi 草鞋，亦谓左右相对。

剕 fèi 断足。非本谓两翅，腓谓两足，断其两足亦曰剕。古代五刑之一，五刑是墨、劓、剕、宫、大辟。

扉 fēi 左右两门可合曰扉。柴扉就是草木编的门，心扉是想象中的，它也可以开合。

匪 fěi 后作篚。车厢周围的围栏，取相合之义。又指筐、箧之类竹器，亦犹盒之盖与底相合。匪又指匪徒、土匪、是非法的人，行为不正的人。匪也用作否定副词，同非，与不、否、弗等均双声字。

榧 fěi 野杉。常绿乔木，种子叫榧子，外有硬壳，如盛箧盒，可供食用。

騑（騑） fēi 驾在辕马两边的马，显然是就一左一右说的。

犇 fēi 两牛东西相向而耕，又指两次耕后种植。

辈（輩） bèi 军车一百辆为一辈，排列成行。骑兵则六十骑为一辈。各时代也有变化。又引申指同类、同等的人。再引申指长幼的辈分，如说先辈、父辈、晚辈、儿辈等。

排 pái 排挤、排除。还说排水、排污，抽象说排忧、排难解纷。排斥一词，大多指人际关系说。排列，则左右两边不相违，如说排队、排行、排榜，反而是要求整齐，有顺序。作编队的单位，有连排。

作量词说一排座位。有前排、后排。

徘 pái 徘徊，来回地走。徘从非，离去之义；徊从回，返回之义。

俳 pái 杂剧、滑稽戏之类，数人排列相戏。故今说排练、排演，排已引申为演练之义。演这类戏的人也叫俳或俳优。

诽（誹） fěi 诽谤、非议，指否定人或事的言论。说人错误，甚至罪恶，有严正如实的、善意的，有歪曲捏造的、蓄意的。两者都可说诽，后来就都指后者。相传虞舜曾立木于朝，欢迎众人诽谤，把意见写在木头上，叫作诽谤之木。这里诽谤主要是指严正的，没有贬义。所以诽、诽谤的语义变化很大。诽的反义词是誉，是一贬一褒的。

悱 fěi 嘴上未能说出，心里却在反对。故是心诽，或腹诽。

悲 bēi 与本心相违则悲，悲则伤痛，悲则哀。事与愿违则悲。悲的反义是喜、乐，如说乐极生悲、悲喜交集。

斐 fěi 文，为交错之纹，斐，为分别相违之纹，虎为条形之纹，豹为环形之纹。孔子竭力主张要"斐然成章"，如果没有文，那么虎豹的皮和犬羊的皮就没有区别了。

裴 péi 长衣貌。衣服长了，风度翩翩，往往与人的风采、气度相联系。

翡 fěi 赤羽雀。雄赤曰翡，雌青曰翠，翡翠鸟是很美丽的，引申指赤青相杂之纹的玉石。故翡之从非，取文采之义。

菲 fěi 菲草，生下湿地，似芜菁，花紫赤色可食。

绯（緋） fēi 帛赤色。但较多地是用以形容脸红或桃花之红。今说绯闻，就是桃色新闻，指男女关系方面的新闻。

痱 fèi 热疮，红色。古代指风痹病，四肢麻木，丧失了机能。故痱从非，违也。

罪 zuì 本指一种相违相合的捕鱼竹网。相传秦始皇以为辠（zuì，罪的异体字）字与皇字相似，故以罪为罪孽字。今说犯罪、罪过、治罪。口语中引申指苦难，说受罪，其实并未犯法。《尚书》中说："天作孽，犹可违；自作孽，不可逭（huàn，逃避）。"后来《孟子》中说作："自作孽，不可活。"犯罪都怪自己，这是自古以来的一条真理，所以罪字的声母从自。违法就是为非作歹，故罪字的古韵母从非。

565 . 翏

翏 liù 高飞。从羽，从彡。彡，新生羽而飞也。珍字从彡，由鸟羽之珍而指金玉珠宝之珍。这样，从翏的派生词向两方面发展：一是向从羽的方向发展，得高远之义；一是向从彡的方向发展，得珍宝、美丽之义。

镠（鏐）liú 黄金之美者，如有紫磨金、白金等。

嫪 lào 爱惜，恋不能去也，为美的动词义。

鹨（鷚）liù 天鹨，又称告天鸟、云雀。从天或云，均言其体小而好高飞，色似鹌。鸣声如有所告。

寥 liáo 指建筑高大进深，也指天空广远辽阔。如说寥远、寥廓。又从而得空虚、稀少、寂寞之义，如说寂寥、寥落、寥寥无几。

飂 liú 高远之风，长风。《老子》中说"飂兮若无止"，即广远无止境。

漻 liáo 空谷，深谷。由高飞之义引申为深落之义，都是一种空间，今犹常说高深。

嫽 liú 烧种。即焚毁草木，通沟溉田以种，取义于空廓、扩大。

漻 liáo 水深而清。寥指太空的清虚，嫽指谷的清虚，漻指水的深与清。

蓼 liǎo 红蓼、辣蓼，一种水草，长得高大，故其音义从翏。苇字从韦，取其长大，蓼字从翏，取其高而红，其穗与茎皆呈红色。

憀 liáo 心中清楚明白，了然。形容声音嘹亮，亦可作憀亮，即声音清亮。

醪 láo 带糟的酒，酒是清的，带糟便是浊的了。后去糟得清酒，或用蒸馏法制酒，得完全的清酒，醪就指浊酒。今醪糟仍是带糟的江米酒，即浊酒。不过醪字从翏，仍有美好之义。

嘐 xiāo 夸语，即高远的话，好高骛远，志大言大。嘐还指一种咆哮之声，用同"哮"。黄河在咆哮，字只作哮。今还说哮喘。于此可知：哮、吼、呼、喊、唤、号等一系列字声母均相同，都与呼喊、喘气之声相关。嘐的声母就也不是偶然的了。

獟 xiāo 犬受惊以后的叫唤声，亦传得远。

谬（謬）miù 妄言，错话。实即是高远的话，忘于情实。今说谬误、误字从吴，大言也；谬字从翏，高飞也。又说荒谬，荒字从亡，谬亦妄言，妄亦从亡。

璆 qiú 本作球。美玉曰璆，美金曰镠。但是璆与镠有着声母上的重大差别，显然，璆的声母是从球而得。

瘳 chōu 病愈。愈从俞，谓舟之越过，瘳从翏，谓鸟之飞过。还有一个释义，说瘳是病忽愈若抽去之也，它以抽释瘳，同音相释。

摎 jiū 用绳、帛等物杀人曰摎，亦曰绞，亦曰纠。三字皆声母相同。今多说绞刑。摎字又从翏，谓长远之纠结，如说纠其错谬，就要不止一次地纠正，非一日之功。

樛 jiū 树木的枝干向下弯曲叫樛。弯曲了还是向上则为乔木。

胶（膠）jiāo 古时的胶，都以动物的皮或角熬煎而成，故有鹿胶、马胶、牛胶等，故字从肉。今山东的阿胶用驴皮熬成。今则普遍用橡胶，用橡树之汁制成。历来以胶漆喻人际关系之牢固结合，谓如胶似漆。又说胶着状态，指事物粘合牢固。它也有长远之义，为长远之结合、黏着。

缪（繆） móu 丝帛，常说绸缪，取交织之义。它与谬字同音通用。缪又读 jiū，为交错、纠结之义，与纠字通用。不同的声母是表义的。秦穆公，也可作秦缪公。照例，穆与缪韵母并不相同，但是也将就了，即缪也读作入声了。缪又可同缭，缭绕可作缪绕，缭有辽远之义，与翏字高飞之义相近，缪与缭韵母也不相同，也将就了。这样，缪字三次异读，皆在声母之差异，韵母方面的差异，可以淡化不计。

潹 jiǎo 温器。如酒桶、汤罐之类，器高而深，故从谬声，置热水中或炉中加温。此为名词义。作动词为搅，即到温器中搅，即缭绕之义。或把酒桶晃荡几下，使冷热交流，故与摎字音义近。

勠 lù 并力。即力的集结、纠合，如说勠力同心，即同心协力。

戮 lù 杀戮。故与摎字义近，但是没有纠、结、绞的义素，故声母仍不同摎，而同翏。

僇 lù 痴行。即发呆一般或罪人一般，只是往前远走。

566. 孔

孔 xùn 疾飞。即飞字的两点及繁体飛字的另一只翅膀都看不见了，因为飞得快。

迅 xùn 人行走之快，如说迅跑，还说迅雷不及掩耳。常说迅速，为同义词的结合。

汛 xùn 本指泼水之疾。今指季节性的涨水，如说汛期、汛情。又引申指风汛、鱼汛，指风多或鱼多的季节。潮汛指一年中定期的大潮。

讯（訊） xùn 言之迅疾。如说驷不及舌，即马跑也赶不上传言之快。常指法庭上的审问。如今的电讯，是真正迅疾的了，从而说通讯报道，一般也有时间性。

虱 shī 虱行疾，故从孔，指一种食人血的小昆虫，虱与孔双声。虱还有疾的语义，它爬行快、繁殖快，还传染疾病。

鯴（鯴） shī 寄生于鱼类体表的一种甲壳动物，形似虱，吸食鱼类血液，并能分泌毒汁，引起鱼病。

567. 冐

冐 tà 会意字，从羽，从月（即冒字）。鸟飞而上有所冒，故得着地而行之义。

遢 tà 稳步行进之貌，谓脚安然着地。也指急行貌，脚迅速着地。

蹋 tà 践，用力踩。区别于一般的脚踩，如说蹋死一只蚂蚁。践字从二戈，具有作害之义，后说糟蹋，就是作践，乱踩一通。

榻 tà 人所坐卧，长狭而卑曰榻，故有足底要着地之义。

塌 tā 倒塌。本是凌空的山陵或建筑，一旦着地了，就叫塌。甚至天也可以说塌下来，山说崩塌，房说倒塌，还说一塌糊涂。抽象义说死心塌地，就是塌在地下，不再起来，一门心思，别的都不论了。丢脸了，可说塌下脸、塌了气。

溻 tā 溻湿，就是水着地或着身。汗水湿衣叫溻湿了。

褟 tā 贴着身子穿的小褂，常说汗褟儿。衣服的贴边又镶以花绦子也叫褟，也取贴着之义。

阘（闒）tà 或作闼。脚踩到门屏，也就是到达门屏，故两字语义相通。秦汉时常说一个词叫阘茸(róng)，意思是卑贱低下之辈。阘是脚踩之下，茸指草之丛生。司马迁成了刑余之人，就说他是身“在阘茸之中”。

鳎（鰨）tǎ 娃娃鱼。像鲇鱼，四脚，声如小儿啼。四足短小，如榻之足低要着地。

譶 tà 闲唠叨，斗嘴皮，言之低下者，甚至能残害他人。

缮（緆）tā 缮索，即在绳头上结一个圈，可以套人或套马，以绳索加害于人也。

搨 tà 拓的异体字。对石碑或青铜器上的文字和图像，先把一张薄纸蒙上，用柔软的布团之类拍打，使有字处凹下，无字处凸起，然后再蘸上墨拍打，文字或图像就照原样显示出来了。这就叫拓。以足践踏曰蹋，以手拍击曰拓。好的拓片，轻重恰到好处，成为翻印的宝贵底本。许多著名的碑帖，原碑已经没有了，或风化残损了，拓本在流传着。

568. 隻

只（隻）huò 从隹从又，一隹在手，捕获之义。后作获，动词。对各种捕猎物都可说获，战争的俘虏也可说获，宾语在扩展。只字又读 zhī，持一隹曰只，两隹曰双，这里从语义到字形均强调了隹，只的声母可能就是从隹而得。六朝以后，量词大为发展，只就成了一个用得十分广泛的量词，许多可以用手抓的东西都可说只，如一只箱子，一只杯子；鸟兽之类更可说只，如一只狮子；许多成双的东西不成双了，也都说只，如一只鞋子、一只眼睛、一只轮子。

蒦 huò 从又持萑(huán，芦苇类草本植物)。草可持，则禾把等更可曰持，故有穫字。

获（獲）huò 本作獲、穫。获本指猎获，或耕作有获，获的宾语大为扩展，对利益、权利、政治影响、学习心得等，都可以说收获或获得，如说获胜、获益、获得成功、获得解放。

劐 huō 以刀割开，划破。是对猎获物的处置。

护（護）hù 从语言上让你有所得，有收获，即是保护、救护，那都是还要用手的。只有辩护是用言的，还有掩护、庇护、护理、护卫等都是要用行动来实现。

韄 hù 缠在刀把上的丝或韦革，起保护的作用。

擭 huò 或 hù 捕获。

镬（鑊）huò 常以鼎镬连称，有足曰鼎，无足曰镬。镬大而无足，是用作刑具的，所谓汤镬，是烹人的。

濩 huò 煮、烹。是镬的动词义，故需从水。

鳠（鱯）hù 大型海鸟。鼎大曰镬，鸟大曰鳠。

矱 yuē 度量。从矢，与长短的度量相关，短字即从矢，矢的长短有规定。

蠖 huò 尺蠖，屈伸前进之虫。尺蠖的幼虫，体形细长，行走时身体弓起呈弧形，使尾部移到头部所在地，然后身体伸直，头部前进一个身体的距离。再屈身使尾部靠近头部，如此循环行进，就像人以大拇指和中指之跨进以度量一尺的距离。故名此虫曰尺蠖。

彟 huò 八尺曰寻。丈量寻的长度曰彟。

569. 罗

罗（羅） luó 捕鸟的网曰罗，从网从维。维是张网的大绳，维与纲连称。作动词为以罗捕鸟。引申义指一种细密的筛面的筛子，有绢作的罗，有铜丝编织的罗。还指一种稀疏的丝织品，说绫罗、锦罗等。作动词，为罗列、张罗之义，又说网罗人才、罗织罪名，都是从鸟兽转移指人，是宾语的扩展。

逻（邏） luó 巡逻。巡从川声，取通行之义；逻从罗声，取列阵、网罗之义。逻所就是巡逻的哨所。逻辑一词是翻译词，指思维的规律，不合逻辑，就不能成立了。从字面看，逻是网罗，辑是聚集，大意是经过概括而得的规律，故不能违背逻辑。

锣（鑼） luó 大约是在北朝时我国大地上开始有鸣锣之声，元代有很大的普及。开始是作军中巡夜之用，代替刁斗，同时也可炊饭，象脸盆之形，以铜为之，大者声高扬，小者声急促。有时还称沙锣，即声音还有点发沙。现在成为一种乐器了。

萝（蘿） luó 女萝，指一种蔓生植物，缠于松柏等其他树木而笼盖于上，故其音义从罗。女为柔弱之女，也作茑萝，茑与女谐音。萝卜，本称莱菔、芦菔，萝与莱、芦谐音，无网罗之义。

箩（籮） luó 竹编的淘米、盛饭的容器，说淘箩、饭箩头。大的用以盛谷，上圆底方，常箩、筐并称，还有一种笸箩，较小。罗本是渔猎时代的生产工具，沿用到农业和现代生活之中。

椤（欏） luó 木名，其纹细密如罗。或称山梨，以其果似梨而小。

啰（囉） luó 喽啰，或作偻啰、娄罗，本义是办事人员，接近于今张罗之义。后指山寨喽啰，便是泛指部下、追随者之义，还略带渺视之义。

570. 毕

毕（畢） bì 打猎时捕鸟捕兽用的一种网。特点是有一杆长柄，毕字的一长竖，就是那杆长柄，上从田字，取畋猎之义。故毕，小网而长柄。《诗经》中有："鸳鸯于飞，毕之罗之。"假借为全部之义，副词，"群贤毕至"就是全部都来了。又作完毕之义。完与毕本都是全都之义，引申为结束、完了之义。毕业就是修业完毕。

筚（篳） bì 篱笆，起掩蔽的作用。筚门，就是以竹木编成的门，起掩蔽的作用。以毕捕鸟也常说掩。

韠（韠） bì 礼服前面专门有一块下垂的饰物，也起掩蔽的作用。还有一种皮革制的护膝也叫韦韠。

彃 bì 毕是掩取（鸟兽），弓是射取，弋是以绳系箭而射，毕常与弋连称。这样，彃也得射取之义了。

敠 bì 完毕。今皆用毕字，敠字就冷落了。

瘭 bì 两腿麻木、抽筋，血脉压迫不通，气血不到曰瘭。

繵 bì 帽子上缝合的地方，也取义于掩蔽。

跸（蹕） bì 或作趩。停止通行，如说跸宫门。

571. 率

率 shuài 一种捕鸟之毕，中间象丝网，上下都有把柄。那么它是否不止一个人操作？率的动词义是捕捉，又有率领和遵循之义，并与"帅"字的部分音义重合。率领一般就是走在前头，因而又派生出率先、表率的说法。率是丝网，它轻细又结实，所以又有轻举之义，率然，就是轻举之貌，《论语》中"子路率尔而对"，就是轻易、草率、急忙地回答。捽，就是轻率而急疾的动作。

率又读为 lǜ。它由率先、表率之义，引申为标准、法度之义，并与"律"同。彀率就是发射时弓弩张开的程度，不到这个程度就射不远，超过这限度弓体就要损坏，掌握这个限度就十分重要。今说比率、增长率、损耗率、出勤率，都是就数据说，就更为明确了。

衔 shuài 实即今率、帅字，强调其行伍方面。

逹 shuài 先导。实即今率先、率领之义，今皆作率。

蟀 shuài 蟋蟀又名促织。似蝗而小，有角翅，摩擦两翅，发急促之声，如催人加紧纺织。蟋蟀者，悉率也，皆将帅、斗士之辈。《诗经》中有："悉率左右，以燕天子。"即带领全部人马，与天子共宴乐。

捽 shuāi 弃之于地。是宋元以来用开的字，如说捽酒瓮，捽交（实即今捽跤）。这是直接从率字的轻疾之义来的。《红楼梦》中描写贾宝玉捽掉那块通灵宝玉，说"摘下那玉，就狠命捽去，骂道'什么罕物……'"。今说捽打，也是锻炼之义。

踤 shuāi 跌跤，即是足下过于轻疾了。

甩 shuǎi 是从捽的音义来的口语词。如说甩瓶子、甩卖。

572. 霍

霍 huò 甲骨文、金文中作靃或霍。风雨骤降，飞鸟急疾归巢之声。再要看时，已经早不见了。《木兰诗》中"磨刀霍霍向猪羊"，磨刀的动作来回也是急剧的。又说霍然、霍地一下。挥霍，本指行为轻捷，指洒脱无拘束的风度，后指花钱挥霍无度。霍乱是一种急性传染病，又吐又泻，使人的消化系统立刻处于崩溃状态。

嚯 huò 象声，表急疾，如说嚯地站了起来。亦表惊叹。

藿 huò 苗为禾始生，藿为豆始生。今也多说豆苗，如说豌豆苗，从霍，形容它长得快。

臛 huò 臛食，本指粗食。如今在豆汁汤里加了肉，又进而把肉羹也说作臛了。说菜，荤素可分可合，菜本指野菜，今什么菜都说菜。

癨 huò 本指霍乱病，肠道传染，来势快，致人休克。

濩 huò 濩水。由霍之飞声引申指波声，水势急而盛。

攉 huō 手反覆，所谓易如反掌，翻手为云，覆手为雨，变化急疾。又说攉土，就是把土倒到别处。又说攉煤机、攉煤工人，就是把采出的煤或矿石，倒腾到另一处。

篧 zhuó 以竹或荆条编织成的捕鱼器，一般为圆筒形，下略微大，上略收敛。也称罩。罩字从卓，取高之义；篧字从霍，取疾之义。此为捕取大鱼之法，渔人持罩或篧，迅速从水中笼罩而下，直至河底，然后于罩中以手获取。

矆 huò 指眨眼工夫，即短暂之间。另一义指用伤害或刑法的手段，使双目立即失明。现在有的犯罪分子用石灰撒在受害者眼里使其失明，也叫矆其双目。

573. 西

西 xī 象形字。古文字象鸟在巢上之形。故西字作名词，指鸟巢，作动词谓鸟栖（棲）息。什么时候众鸟栖（棲）息？日落西山之时，故西又指西方之西，与东相对。栖（棲）为什么从妻？妻，本义齐也，众鸟一齐归巢。

粟、栗二字上从西，实皆从卤(tiáo)，上象蒂，下象果实之形。要、迁（遷）等从西，实为囟(xìn)字，脑门之义。覃、潭等字从西，实为卤（鹵）字，中间四点象盐形，因为西方多盐卤而碱地。以上三种从西字，音义皆不得相混。

栖 qī 栖（棲）鸟类栖息。人居高处亦可曰栖，如说越王勾践栖于会稽之上。今说两栖动物，有时居陆上，有时居水下，则是一高一低了。

洒 xǐ 今洗的本字。为什么要作洗呢？因为要着重表现洗足之义，先字从人从止，足在人之前曰先，水对着在前之足便是洗了。洒字今又读作 sǎ，此音义的本字为灑，散水于地，假借作洒。豆子洒了一地，也可说洒，主语扩展了。此时，洒字从西，便与东西之义、鸟栖之义均无关系了。

粞 xī 碎米。取细散之义。

艍 xī 造船时，船体的主要工程完成之后，还要安装许多零散的部件，如桅杆、锚等，叫作艍装，取零散之义。

574. 禹

禹 yǔ 指一种能蹂足的动物，禹字的上部象其头，下为内(róu)，即蹂字。禹的引申义有旁行辅佐和舒展伸张二项。夏禹是我国古代的首领，为民治水的英雄。

瑀 yǔ 指左右杂佩之玉。佩玉者需两足舒展伸张而行，不得急走而碰坏了佩饰物。

踽 jǔ 迟缓、畏缩而独行之貌曰踽踽。后说踽步，即蹇步，艰难曲折地行进。

龋（齲） qǔ 龋齿，即虫牙，或说蛀牙。禹本指虫类。实际常常是食物残渣发酵腐蚀牙齿的结果。

575. 万

万（萬） wàn 从厹。即能蹂足之动物，上非从草，象其钳子，中为其躯体。此义今作虿。万字假借作千万之万，极早就说万民、万邦等。简化作万，则是从六朝时的魏碑体用开的。万字有许多用例是不能用数计的，如说万寿、万福。万，大也。万又可概括为所有一切，如说万事万物。万能，就是什么都能。又有极甚之义，如说万幸，就是极幸。万不得已，就是极不得已。

虿（蠆） chài 即蝎子，毒虫。长尾为虿，短尾为蝎。虿与万声韵皆不相同，这里是什么原因，我们已无法解释，只知道以下所有的从万字，韵母皆与虿同，而劢、迈、讈三字，声母与万同。

劢（勱） mài 勉力，即努力，多出力，勤劢。劢与万古声母相同，取万字的众多之义。

迈（邁） mài 远行。即行之众多，年迈就是年之众多。迈步就是跨步大，迈进就是大踏步行进。迈字从万，取义于大。

讲 mài 夸大其词。故亦取义于大。

厉（厲） lì 本义指磨刀的石头，后皆作砺。厉则主要用于严厉、凶猛、厉害之义。如说厉行节约，就是严格执行节约的方针。厉声厉气，就是凶狠的样子。厉兵秣马的厉，则是磨刀使之锐利。厉字的这种用意都是从虿来的，它凶猛、厉害，先是用钳子夹人，然后尾巴翘过来刺毒并放毒，毒顿时渗入血液，血管呈现一条红线，通向心脏。厉的声母从"利"，取锐利之义，至今厉、利二字有时还是相通的，如厉害，也可写作利害，天气热得厉害，也可写作利害。

砺（礪） lì 作名词，指磨刀石；作动词，谓磨砺。如《荀子》中说"金就砺则利"。它又加石旁，是把厉和砺加以区别，把它和威严、凶狠之义分开。

濿 lì 本作砅。水中坚石，作动词义就是踩着石头（过河）。

励（勵） lì 劝勉，鼓励。就是力的奋发与激励。励志，就是激励和磨练意志。励精图治，就是激励精神，力求国治。今还常说奖励、鼓励。厉、砺、励三字音义完全是贯通的。

巁 lì 山势险恶，区别于一般的高峻。

粝（糲） lì 粗劣之米。引申指一般器物之粗粝，即粗糙而质量亦差。

疠（癘） lì 恶疾，恶疮，也指瘟疫，恶性传染病之类。

蛎（蠣） lì 海中的大蚌。或作蛎。

576. 易

易 yì 蜥易（本作易，后作蜴）。上象其头，下象其体和尾，撇象其足，与豸字下部相似。它表皮粗糙，皮下有多种色素块，能随着周围不同的环境而变色，形成自己的保护色。因此易字引申有变易、更改之义。世界就是一个日月阴阳变换更改的世界，于是就写一部《易经》来论述它。它根据变易的多种可能，加以排列，进行占卜，有时就搞得很神秘，不可思议。易字的语义并不复杂。它由变易之义演变为交易之义，商业发展的初期，以物易物，货币还没有产生和发展。今则说贸易，开展国际贸易，形成全球性的市场。贸易讲究平等交换，故易有平易之义，简易、轻易、难易，都是易的表现。难与易相反又相成，《老子》说"难易相成"。容易一词，却并不易懂，本说谈何容易、事何容易，何容，谓岂可之义。后容易二字凝固为一词，容为可以、容许之义。容的词义淡化，容易就是易了。

蜴 yì 蜥蜴，易就是容易改变其色，析以斤分木，分离也。蜥蜴的尾巴很长，且易断，并能再生，故得蜴字。蜥蜴还有一个特征，就是它还有一条很长的舌头，以此捕食虫类，故"蜴"字从之，以舌取食也。

偒 yì 人际交易，故从人，后则均作易。由交易而得待人接物之平易之义，从而也指地势道路之平坦，易的反义词是险。偒字早已不用。

敡 yì 侮慢。即轻看人家。

瘍 yì 脉搏变化巨大之病，是惊吓、恐惧造成的。

場 yì 边境。即出境了就国土和君主都要变易了。場也指田界，出了这个地界就不是这块地亩了。

暘 yì 日在云间或隐或现，指阴晴之变易。

緆 xī 细布。麻布粗涩，经过整治，使其光净平易。

裼 xī 脱衣露其肩背。取义于变易。裼又读tì，人解去外衣曰裼，虫解去外皮曰蜕，裼之声母与脱、蜕同。今犹说蜕变，即变易之义。

賜（賜） cì 给予。即贝或财之易其主。犹如場，边境也，出则易其主。后专指上之予下，谓恩赐之义，贡则指下之予上。但是《尔雅》中说："贡，赐也。"可见两字之上之下之分，本来并不那么严格，一度强化了。

錫（錫） xī 五金之一。锡是一种软金属，易于变形，故其音义从易。更重要的是它在合金钢的冶炼中，按照合金的比例，能改变合金的性能，炼出各种性能的合金材料。故锡之从易，又有变易性能之义。江苏无锡市有锡山，周秦时那里产锡，到汉代初年，锡矿采完了，就叫无锡。那时最先进的铸剑业，也在吴越。干将、莫邪（yé）夫妇是我国冶炼工人的老祖先了。秦国的丞相李斯《谏逐客书》中说"江南金锡不为用"，江南的金属产品是最好的，你秦国的宫廷里能不用嘛。可见我国的重工业基地，春秋时代是在江南。

剃（鬀） tì 本指妆饰用的假发，故音义从易，取变换之义。说剃发为以刀去除之义，说脱发则是自己脱落。鬀与脱声母相同。

剔 tì 去骨曰剔。今说剔骨肉，也可说脱骨肉。脱字也从肉旁。今说剔除、挑剔，它们的主语和宾语就非常广泛。如说吸取其民主性的精华，剔除其封建性的糟粕，这是抽象义，就思想与文化来说，

剔除的行为是很深刻的。当然有时也只是一个简单的剔除行为，如说这个人很挑剔，如他去买菜、买鞋，只是一个具体的挑剔行为，拣好的，去赖的。若是让他去挑女婿、评价作品，语义就又复杂了。

髑 tì 骨间黄汁。言人临死时，髓变为髑，黄汁流出。人之生死，是一种摆脱和深刻的质变。

逿 tì 去除，脱离，因而也有治理之义。

惕 tì 戒惧，还有警惕。惕息，就是警惕而不敢喘息。心与言作急速之改变而不同于寻常。如果跟平常一样，还叫什么警惕。

踢 tì 本指足的惊惧与急速，踢踃是惊慌错乱之状。宋元以来，蹴鞠就说踢球了。踢的宾语扩展，可说踢人，什么都可以踢，又说踢倒、踢翻等。

舐 shì 以舌取食。后作舐，今说舐。动作很快的。舐与舌古声母相同，即是舌的急速动作便是舐。

577. 蜀

蜀 shǔ 形似蚕的毛虫，是蝴蝶飞蛾之类的幼虫。字中虫旁为后加，上象其头，下象其身蠕动之形。周代用作诸侯国名，封在今四川成都一带。

蠋 zhú 因为蜀用作古国名、地名、山水专名，如说巴山蜀水，因此作虫名又加虫旁，以示区别。最初四川那里住着两个少数民族部落，巴就是蛇，蜀就是毛虫。古时对少数民族都要给予不平等的称号，还有闽、蛮，也都从虫。至今四川仍称蜀，福建仍称闽。

属（屬） shǔ 相连续若尾之在体。从尾，蜀声。原来尾巴上的毛都是下垂的，故作倒写的毛字，成为

繁体属字上部那样的笔画。但是蚕蜀之类既无尾巴，也无倒毛，又何以得连续之义？鸟兽虫鱼的生殖交配曰尾，蚕蜀由幼虫到成虫蛾蝶之类，虽然形体大异，却是同一虫体连续蜕变而成。生物学上可说蚌属，即多种不同的蚌蛤，却都是同一物种。又如说猴属。人也可说亲属、家属。甚至可说是属于什么性质的问题。属的语义得到极大的发展。又从连续之义引申指附属的关系，对人可说宗属、支属，对政军关系可说随属、领属、属国、属地。

嘱（囑）

zhǔ 口中连属之言。今说叮嘱，叮为口中紧随之言。遗嘱谓临终之叮嘱。

瞩（矚）

zhǔ 目之连属，即为注视、长视之义。高瞻远瞩，瞻为向前看，瞩为连续看。凝瞩，为聚精会神，专注长视。众目瞩目，就是万人注视之义。于口曰嘱，于目曰瞩。

烛（燭）

zhú 指火把，以麻秆之类捆扎而执之。东汉以后指蜡烛，燃油脂为烛，中有线绳为烛芯。火之连续，可以瞩目，故谓之烛。

裻

shǔ 上衣与下裳相连续。或指长襦，襦为短袄，似襦而下连腰，则为长襦。

趣

zhú 小儿学步，抬脚高，不断接着前行。

触（觸）

chù 触为角之全力而撞击。本义是牛羊之角触人。触藩就是羊角撞了篱笆。触作为动词，它的主语的宾语大为扩展，如说触礁，是船撞到了海底的石头。触电是人触到了电流。触目、触怒、感触，更是就人的感官说的。还指触犯禁令、触犯刑律。

歜

chù 怒气上出，可使人触及，指人的感官触觉而言。

以上诸从蜀之字，声母皆相近，以下七字声母变化了。

独（獨）

dú 羊为群，犬性独。至今犹说单独，两字双声，单一就是独一。老而无子曰独，所谓鳏寡孤独。

这都与生育繁殖之义相关，单则无属，故曰独。独夫民贼，则是政治概念，即没有一个人拥护，无卿相辅佐，没有一个下属了。独又可作副词，为仅仅、只有之义，如说唯独。独有，就是只有。这显然是声母从单的音义发展来的。

髑

dú 髑髅，头盖枯骨。髅的音义从娄，中空之义，髑则为孤独。故谓孤独而中空之骨。

镯（鐲）

zhuó 本指军中用作号令的铃铛。击鼓就是号令冲锋，所谓一鼓作气。鸣金收兵，金就是钲、镯之类金属之物，鸣金就是停止进攻，收兵。钲，又名丁宁，有所叮嘱也；镯，取义于属，有所嘱咐也。今镯指手镯，套于手腕（或脚腕）的环形饰物，以金属或玉石为主。于项曰链，于手曰镯。链从连，连续之义；镯通属，连属之义。

躅

zhú 踯躅，或蹢躅。蹢，驻足也；躅，不断地踩。故蹢躅就是不断地以脚踩地，却又徘徊不进，并往往是孤单一人。作名词，指一溜脚印。

斸

zhú 作名词指锹、大锄一类的农具，作动词谓砍伐、挖掘。斸谓以斤触击，触谓以角触击。

欘

zhú 作为农具之名，欘即斸。欘又指曲柄的斧斤。

斀

zhuó 割去生殖器官的刑罚，常称宫刑。蜀可以加尾作属，便与生殖有关。攴，小击也，亦谓法治之义。

578. 巴

巴

bā 象形字，本指蛇，此义早已消亡。巴蜀之说也早已存在。巴水曲折三回，其形如巴。巴就作为一个假借字，获得很大发展，它假借为什么字，已无人能查考。它中心的假借义是联结。如说巴结，是两个同义词的结合，义为对人报效、奉承、讨好，有时还唯恐巴不上。巴望，就是期待、盼望，便是心的联结。锅巴、盐巴、泥巴，都是干结成块之物。把柄、把握，就是手与事物的联结。爬山、爬墙，就是人向上的指爪与山体、墙体的联结。口齿很不伶俐，说结结巴巴，只是一些声音的联结，听不清字句。眼巴巴，就是老看看，连着看。尾巴的巴，是了结之义，还说结尾，尾总是要结的。

粑 bā 结成块状的食物。糍粑是糯米饭揉成的团。玉米粑粑就是玉米面烙的饼。甜饼也可说糖粑。

羓 bā 风干的腊肉，是干巴的了。

疤 bā 筋骨的连接处曰节，也叫节巴。那里有病就叫疤。疤又指疮痕，曰疮疤，即疮疱痊愈后结成的疤。

屁 bà 小儿语称粪便曰屁屁，亦取连结之义。

笆 bā 篱笆。篱从离，取隔离之义，笆从巴，谓编竹、苇、枝条等连结而成之屏障也。又说笆斗，半球形，也是用竹或枝条编结而成的盛器。

吧 bā 语气的终结，是由巴的了结之义虚化而成的，是白话语气词。吧儿狗，或说哈巴狗，走路时两腿向外弯曲，哈有弯曲之义，它腿短，作爬行之状，故说吧儿。

把 bǎ 手执持，即手和事物的连结，如说把舵、把盏。把门不一定都抓住门，守着门出入就是了。所以就可有掌管、把守、控制之义。如说质量有人把关，成功要有把握。作名词，指手和事物连结之处，如说花把、刀把，抽象义可说话把或笑柄，即是话中有不周全处，叫人抓住了。作量词如说一把鼻涕一把泪。把字从唐代开始发展为介词，对人或物作一种处置，叫作把字句，或叫处置式，如说我把他打了一顿。

芭 bā 巫所持香草，等于今说花束、草把。

弝 bà 弓体中央手执之处，即把手的地方。

靶 bǎ 本指缰绳，是御人所执。另指上车时车上的扶手。今指箭靶，或说把子。各种武器都可说把子，都是手执持的。戏剧中把武打说成玩靶子。被打的对象也叫靶子。射击训练叫打靶。

葩 pā 花。奇葩就是奇花。今说花把儿，指花的柄，即花蒂。蒂为缔结之义。葩字从巴，也取连续、缔造之义。今说开花结果，不说结花，但古说秀，则是包括开花与结果的。

爬 pá 从爪，巴声。搔痒，也说抓痒、爬痒。爬梳，就是抓挠梳理。爬字从巴，取挨着、贴着之义。爬的引申义指手足并用，在地爬行。如说爬山、爬坡、爬树。爬字魏晋时代出现，宋元以后白话中普遍用开。

耙 bà 常说犁耙，犁是翻土的，耙则用以碎土和平土。有方耙(实际是长方形)和人字耙，它着地的一面，装有许多铁齿或刀，人立其上，由牛马在前拖行，把翻过来的土切碎碾平，以便播种。耙的音义从巴，取贴住地面而行之义，耙的早期字形便作爬。

钯（鈀） pá 五齿(今多四齿)的锄，用以平土除草，也叫铁钯，装上长把，以手操作。也作兵器，猪八戒用的是九齿钉钯，那是特指的。

杷 pá 收麦器。也有齿，推或引禾谷，木制。

筢 pá 用以取草，五齿，曲竹为之。今竹木不分，皆作杷。

鲃（魞） bā 鲃鱼，体侧扁，略带圆筒形，臀鳍为五分枝鳍条，似带齿的杷。

豝 bā 两岁的猪。一岁的叫豵，能够跟从着跑。两岁的半不大，容易驱赶捉拿，故从巴，三岁的已高大，故叫特。

琶 pá 琵琶，亦单称琶。本于波斯、阿拉伯等地流行，汉代传入我国，几经改造，已成我国民族乐器。

579. 虫

虫（蟲） chóng 有足谓之虫，无足谓之豸。虫豸或虫，本是动物之总称，古时把动物分为裸虫、长虫、羽虫、鳞虫、甲虫五大类。老虎叫大虫，人属裸虫。今说虫，主要指昆虫。

爞 chóng 旱热之气上出而盛曰爞爞。故音义从虫，取其众甚之义。

疼 téng 本作痋。风湿病疼痛。也叫动病，不动就不痛，不动了再一动就更痛。故从虫声，虫就是动物，就是动。冬天大量的动物都冬眠不动了，所以动病从冬。疼又引申为心疼、疼爱之义，是北方口语中常说的词。

580. 肙

肙 yuàn 蚊子的幼虫，孑孓，或作蚼蠲。故肙字下从肉，上象其首尾相接如环。

蜎 yuān 作名词指孑孓，即肙；作动词，蜎蜎，为屈曲蠕动之貌。

弱 yuān 弓势，即是屈曲之形。

圓 yuán 圆环之形。

痏 yuān 疲倦。倦从卷，亦取义于卷曲。又指骨节疼。

削 yuān 挑取，剜。剜从宛，屈也，剜就是弧曲形的切割走向，或以弧曲形的刀去切割。故削作名词，便指曲刀。

捐 juān 舍弃、去除。常说捐弃或弃捐。与削字的剜去或割去之义相近。今说捐助、捐献，则是从积极方面说。如说为国捐躯，就是献身之义。更常说捐款、捐税、捐献。

餭 yuàn 厌弃。即饱食而厌弃之义。

悁 yuān 忧愤，悒郁。愤则急，又可说悁急。

鵑（鹃） juān 常说杜鹃，又名子规、布谷鸟，声哀苦而啼不止。所谓杜鹃啼血，相传蜀帝杜宇化为鹃，故称杜鹃。一名怨鸟。怨，受委屈之义。故与从肙字屈曲之义相通。又传说杜鹃啼血染红了杜鹃花，即映山红，还用映山红来象征革命的胜利，是文艺把这些花鸟和人间的悲欢相结合。今更多地说是催种的布谷鸟。

埍 juǎn 土围子之类，为囚徒所居，一曰女牢。

罥 juàn 亦作羂。用绳子设置成圈套，把鸟兽的头或脚套住。名词和动词两用。

獧 juàn 急躁。如说狂獧，就是性急、急进。《论语》中说："狂者进取，獧者有所不为。"狂字今说疯狂、狂妄，消极的因素多，狂字的古今词义大有差别。獧指性急，却又能有所去除、有所不为，就很不差了。

睊 juàn 睊睊为侧目相视。与忿悁、獧急之义相近。

绢（絹） juān 厚实而稀疏的丝织物，以生丝平纹织之。尤其是作书画用的绢，更要求坚挺清爽。

稆 juān 麦茎。麦茎光泽娟好，故曰稆。茎的音义从巠，为劲挺之好。同时，娟、稆也有曲好之义，麦子籽粒饱满的时候，麦穗就下垂，所以，娟、稆等字，实是有直有曲之美。

娟 juān 婵娟，指身姿体态之美，指女性、月亮等姿色之美好。

涓 juān 涓涓，形容细流，不壅不塞，有直有曲之状。

酳 juān 滤酒，以孔涓涓而下，是典型的细流。

鋗 xuān 小盆，亦指温器。取其为圆形之物。

桮 xuān 盂、碗之类，皆圆器。又指车环。

駽 xuān 青骊马。与稆字通，皆有青色之义。駽又指马强壮貌。盗骊，千里马，青黑色，可知駽从肙，也取忿急之义。

鞙 xuàn 驾车时悬于车轭的皮带，另一端缚住车辕，以引车前行。

琄 xuàn 佩玉。取悬挂之义。

鑺 juān 去除，鑺免。鑺体，就是祭祀或隆重礼节之前，斋戒沐浴，除去身上污垢。鑺忿，就是消除愤急的心态。这样，鑺与捐的音义就很切近了。鑺还指一种蠕动爬行的小虫，与蜎字的音义相近。

581. 豸

豸 zhì 上象其头，下象其长脊穿窿之状，想要猛扑之状。豺、豹等皆从豸，猫狗本也从豸。

廌 zhì 廌的古字形和古音本是从豸的，传说它形似山牛，一角，能在法庭顶撞那些不正直的犯法的人。法字的古文字，在它的右上部本还有一个廌字偏旁，后来省略了。

582. 虎

虎 hǔ 山兽中之凶猛者。虎字的下部，象其足，古文字中有多种写法不一。凡勇猛、凶险之行为或事物，常以虎字形容，如说虎将、虎狼之国、虎步、虎声虎气等。

虍 hū 虍是虎的省文，即省去了象足的部分。虍象其张口露牙之形，下垂的部分象虎纹。虍字只作为偏旁字出现。

唬 hǔ 吓人或蒙骗人，说吓唬，也说唬人。这是近代以来派生的口语词，但唬字早已存在，只作啼声。

琥 hǔ 以一玉雕或铜铸之虎作为调兵遣将时的证件，并象征勇猛，往往称作虎符。符皆一判为二，各持其半以为验证。又有一种化石叫琥珀，以黄褐色或红褐色的虎纹为最显眼。琥珀也作虎魄，取虎纹与神灵精魄之义。

虡 jù 或作鐻。古时钟鼓木架之足，饰以虎廪之形，一方面装饰，一方面起加固作用，因为钟鼓（尤其是编钟编磬）之类往往很重，同时饰以猛虎之形，也增加了威武之势。钟鼓架的横档叫簨（sǔn，或作栒），也饰以鸷鸟猛禽。虡的下部，象其足。这样，栒虡二字成了典型的古词古义了。

盧 xǐ 古陶器，似豆（高脚盘子），饰以虎纹。

戏（戲） xì 从戈，戏本指一种威武的武器。指挥军队时可用旌旗，也可用兵器，因此，戏字与麾、挥二字的音义可以相通，麾下也可作戏下。戏作动词，谓角斗之义，有真斗，也有训练、表演之戏斗。戏兵，就是演兵。又引申为戏谑之义，那就是斗着玩的，从而得嬉戏、表演、戏剧之义。戏剧二字本皆从虍，它要求有情节的冲突，要威武，这是传统。

后来才有文戏,才完全成了戏剧的舞台艺术。戏成为做的了。追溯戏的本义,则全是真刀真枪玩命的事,剧字从刀,还要求剧烈,剧字从豦,为豕、虎之斗,才是真剧。

巇 xī 山之高峻威严者。如说巇险。

虏（虜） lǔ 虏获、俘获、掠夺,都是强制性的。故从力。虏从虍声,故是威武之力,是有力如虎。虏作名词,指俘虏、奴仆。

掳（擄） lǔ 俘获,掳掠。掳是虏的后起派生词,是虏的动词用法。

虑（慮） lǜ 思考,谋虑。竭力地思考,深思、多思曰虑。常说智者千虑、深思熟虑、远虑、顾虑。虑的引申义是忧虑、恐惧、怀疑。因为是需要多思的难题,故常是忧虑和疑虑的课题。

勴 lǜ 勉励、赞助、教导。

鑢（鑢） lǜ 来回反复地用力磋磨,有所谋也。作名词,指磋磨所用的工具。钢铁的加工,大多是工具或武器的制作,需要谋思。现代则大多有图纸,就更是精细的谋思了。鑢又指修身,更是一日三思而又省察之义了。

滤（濾） lǜ 过滤,就是把水中渣滓分离出去,是谋思而得的办法。现在有过滤空气的设备,还有把不同频率的电磁波分离出来的装置叫滤波器。

摅（攄） shū 抒发、传布,常用于思想感情方面。

处（處） chǔ 从几从夂,虍声。人行进而得几,可以凭几休息。居字从古,则为久处定居了,处则为一时暂处。"上古穴居而野处",穴居是在洞穴里久居安处,野处是在野外一时休息。处字由暂止之义,引申为居住、相处、停止、处理、担任等义,均作动词。处女就是暂时尚未出嫁、终于还要出嫁之女;处士就是暂时尚未出仕、终于还求出仕之士。

处作名词,大多读 chù,指处所、位置,抽象义指某个方面,如说好处、坏处,大处着眼,小处着手。处从虍声,取雄居、高居之义,如说势处,就是居于权势的地位;上处,就是居于前上方。

肤（膚） fū 人曰肤,禽兽曰皮。汉代前后,两字的语义界限才开始混淆。人也可说皮肉。肤从虍声,取美丽、有纹理之义。尽管肤从虍声,却从未有人把虎皮、虎豹之鞟等说成虎肤的。

583. 虐

虐 nüè 虐字下部,是一个朝右的爪字,意思是虎对人的残暴、虐杀。引申指天对人、人对人的虐待和虐杀。《尚书》中就有虐政、暴虐等说法。苛政猛于虎,便是虐政了。

疟（瘧） nüè 疟疾,先是冷得发抖,接着就发高烧,故取肆虐之义,虐待人之疾也。

谑（謔） xuè 常说戏谑,两字双声,谑有嬉戏、喜乐之义。同时,谑的形音义又从虐。故谑,戏且虐也。两义素结合以后,既包含有两义素,却又不等同于其中的任一义素。《诗经》中有"善戏谑兮,不为虐兮"。是说那些有才华的君子善于戏谑,却不为残暴,即现在说的善于来点幽默讽刺,却不伤人。

584. 豦

豦 jù 从豕从虍,谓豕(野猪)虎之斗,相持不下。古时有迎猫和迎虎之祭祀，迎猫，为其食田鼠也；迎虎，为其食田豕也。大自然之间，一物降一物，相克又相生。于此可见，虎豕之间的相克关系与猫鼠并列。现在田鼠和野猪为害庄稼之事，各地都有发生，语源中的事情又在发生了。豕虎之斗急剧，故剧字从豕。豕虎之斗惊险，故懅（恐惧）字从豦。豕虎之斗往往互相抓烂了对方的脸，两败俱伤而走，观望者由惊恐而转为喜乐，故噱字从豦，感到幽默而具有戏剧性了。

勮 jù 用力甚，即急剧之义。

据（據） jù 手有所凭依、倚仗。豕虎之斗，必据地而起，用力而甚。今说占据、根据、依据，均切近于本义。根据，为根之所据，就不是手足之据了。据说，就是依一般传说。证据、凭据之类，就更没有手足的行为，是理据的问题了。

躆 jù 以足据持。如虎两足举，则另两足必更有力地据地。

遽 jù 行为急遽如豕虎之斗。又有恐慌、惊惧之义，如说遽色、遽容，指急促、仓惶的容色。凡涉及心理因素，则字可作懅。

蘧 jù 草名，未详。又作惊动之貌，惊则急疾而至。蘧然，就是急疾地。

鐻（鐻） jù 钟鼓之架，其横梁叫栒；立柱叫虡，亦作鐻，取以足据地之义，实亦躆。以金为之，故从金。

璖 qú 耳环，穿耳以据持。大多以金银为饰，耳坠大多为玉制，故作璖。

醵 jù 乡人一起凑钱沽酒相聚，这里不是豕虎之斗，而是笑语剧谈，相斗不解，从而区别于一般之乡饮。

噱 jué 先民见豕虎之斗，或惊惶而去，或喜笑于旁。今吴语有发噱（xué），喻其人幽默；有噱头，喻其言可笑。

剧（劇） jù 作状词，为尤甚之义，剧痛，就是极痛、很痛。它显然是从剧烈之义来的。剧字今主要用

作戏剧之义。戏（戲）剧皆从虍，一字操戈，一字操刀。

585. 虔

虔 qián 从虍从文。虎行貌，今犹说虎步。虔字在今语中只有虔敬、虔诚之义，可能是由祭虎而得此义。

劇 jiān 砍削。虎能带来很多伤害，故可得此义。

樈 qián 刀砍时垫在底下的砧。

嘕 qiān 欢乐。从虎字与欢乐有关的还有噱字。

以上从虎之字，有欢乐，有虔敬，有虐杀，有谋虑，等等，可说是做了全面的语义上的反映，是一部人和虎的关系史。

586. 希

希 yì 长镑毛猎。从彑，下象毛足。

彝 yí 古代宗庙祭祀中常用的各种酒杯之类礼器的通称。上从彑，表示彝器中祭品堆积高出来了。下则两手供之，以示虔诚，所谓的秉彝。彝器上刻有各种鸟兽的画饰，如有鸟彝、虎彝等。因为彝是宗庙常器，彝的词义就引申为常礼、常法、常德等义。如说彝训、彝教。彝宪就是国家常备的大法。

肄 yì 本作希旁右边一个聿字，从聿，希声。即是持笔常作练习。

是选择的一个重要因素。

587. 禺

禺 yú 头顶凸出、足要踩地的猕猴之属。我们已不大清楚禺所确指的对象，只是大概如此。

偶 ǒu 配对，和合。偶还指桐人，即桐木所雕的人像，用以殉葬，与死者相偶。也可以土为偶，象鬼神而求其消灾除祸。偶人也叫俑。历史上最大规模的偶人殉葬，莫过于秦始皇陵的秦俑了。偶的引申义很多：偶与人相像，至今还说偶像，是崇拜的对象。相像必有两者，故偶有二的语义，偶数就是双数；两人婚配叫作配偶；文章字句相对叫作对偶；两人意外相逢曰遇，今犹说偶然相遇。偶然、偶然性，与必然相对。由于事物外部和内部多种因素的巧合与干扰，就存在偶然性。

耦 ǒu 两人并耕曰耦。

藕 ǒu 荷花的根。那里花实之茎与叶茎同出，故音义从偶。

齵 ǒu 牙齿掉了又长出一个，重生则偶。

髃 yú 肩角之骨，是左右对称的。

隅 yú 角落。平面的角是两边相交，立体的角则是三个平面相交。隅从阜，则是两土山相交之处。城隅，就是两城墙相交之处，也叫城角。角楼建于其交合处，故也可称隅。海隅就是天涯海角。东南隅指东和南的交会处。抽象义如方正之士则有棱角，故说德之隅。今说举一反三，凡屋皆有四隅，又有它内部的同一性，举一隅则三隅可知。

嵎 yú 山势曲折之处。虎负隅，它没有后面来的袭击，就更凶猛了。今说负隅顽抗，人也会负嵎。地形对于战争，

寓 yù 虎负嵎，人则寄寓。作名词指寓所，作动词谓寄身、寄托。抽象义如说寓言故事，讲一个故事却寄托着深刻的哲理。司马迁的文章是"寓论断于序事"，他对刘邦和项羽正面不说多少褒贬的话，在对他们的叙事中一切都明白了。

遇 yù 偶尔相见，不期而会。如果是某个确定的时日相会叫作期，如说预期、秋以为期。如说遇难、遇害、遇盗、遇祸灾等，都是意外的。路遇不平，拔刀相助，那是路遇，偶然的相逢。逐渐地遇的这种语源义开始变得模糊，如说百年不遇，只有相逢的意思了。遇的引申义，如说待遇，遇是对待之义；还说机遇、遭遇，不是与人相遇，而是与机会相遇。

愚 yú 这是以猴喻人之愚，蠢则是以虫喻人。故愚蠢二字是同义词的结合。愚的反义词是智。大智若愚，又说智者千虑必有一失，愚者千虑必有一得。可见在智愚之间，还有相通的地方。

以下两个从禺字韵母发生了变化。

颙（**顒**）yóng 人头攒动而仰望曰颙望。颙从禺，禺的头就与一般不同。颙与禺只有声母相同。颙与俑叠韵。俑，偶人也。木人送葬，设机关而能跳踊，故名俑。木像曰木偶，土像曰土偶，秦陵的兵马俑，象秦兵马，只是不会踊动。俑就是偶之能跳动者，也就是颙之攒动。故颙的音义从偶又从俑。

喁 yóng 鱼嘴上仰攒动之状。俗话说水浊则鱼喁。水混浊得很了，鱼呛不住，都漂到水面上来休息，故见其口。若指人，则为人头喁喁然攒动了。

588. 象

象 xiàng 指南方的大象，长鼻长牙。象字的第一撇，在甲骨文中便是象其长鼻之形。其实，河南省简称为豫，豫就是象之大者。河南曾出土过大象化石，足见远古时代那里是有象的地方。后犀象连称，语义是指犀牛的角和象的牙，这是两种贵重的装饰材料。所谓牙雕，就是象牙的雕刻工艺。象箸就是象牙筷子，还有象栉、牙筹之类。大将军所建的旗叫牙旗，以象牙为饰，从而军帐叫牙帐。衙门本作牙门，竖有牙旗。象服应该是象牙为饰之服，其实，后大多以画绘刺绣为饰，象字就得装饰之义，叫作象饰。想象，意想其美饰之象。至于说天象、星象，似乎还有点美饰之义，气象、物象、现象、形象，就不一定都是美的了。语义已泛化。

襐 xiàng 襐饰，盛服饰。

像 xiàng 比照人物绘制的形象，如有画像、肖像、塑像，都有美饰之义，是艺术加工后的作品。像作动词，指形象上的相像，有相似之处，如说某人长得像谁。似，本指儿女像其父母之义，引申指一般的相像。又皆引申为好像与比如之义。像样，就是像个样子，这是褒义词，反面形象就要说不像样；像话，也是褒义词，反面的就说不像话。样字从羊，像字从象。

橡 xiàng 栎树的果实。以其外壳像斗，故曰橡斗。又以其像栗，故又称橡栗。从而把栎树也叫橡木。果与其木同名。今之橡胶树，似橡栎，又结球形硕果，故称橡胶树。原为热带植物，产巴西。

蟓 xiàng 蚕，食桑叶作茧者。蚕本作蠶，谓能潜藏其形复又赋形为蛾者。

589. 鹿

鹿 lù 鹿在古代是常见动物，故在语文上有广泛的表现。如说鹿死谁手，不说狗、羊之类。丽字本是从鹿的，是卷着的两张鹿皮之形。鹿皮是黄褐色，有的有花斑。但粗劣的粗的一个异体字写作"麤"，这真是贵贱不嫌同文。一般的爵位也可叫鹿，鹿与封禄之禄同音，封禄都是发放谷物，鹿就又与谷物联系起来，粮仓也可叫鹿。困鹿空虚，就是仓里没粮了。困，本作囷，因为鹿性好聚，都是成群地行动的，故说麤集。

麤 lù 粮仓。圆曰囷，方曰鹿。因为鹿字与角字也相通，雄鹿的角长得像树枝一般，故方形有角的仓曰鹿。

檿 lù 檿木，生埏岸旁，小株高三四尺。又名醉鱼草。渔人采其花叶揉碎投河中，鱼食之，即被麻醉，不用网罟而麤集之矣。

摝 lù 捞取。实即麤集之义。河里失钱河里摝，即还要到河里去捞。

此外，从鹿之字还有：在水中麤集曰漉，在网中麤集曰麗。麓字从林，为木之集，辘轳在井上提水，为水之集。因为它们与从录之字相通，故归于录的词族了。

590. 龙

龙（龍） lóng 甲骨文中的龙字，主要是把今龙字的右下部分伸展为一条长龙之形。它是水生的鳞虫之长，水不在深，有龙则灵。龙能兴云雨，利万物。对龙的崇拜，跟水联系在一起。水少了，人们就祈求龙，水多了人们却不责骂龙，龙被理想化了。自来水管出水的地方叫水龙头。对龙的描写，大多是在飞舞状态，偶尔也说盘龙卧虎。龙字在语言上常被引申为长大、高大之义，如地势高大被说成陇或垄，地位之高被说成宠。

泷（瀧） lóng 雨不停地下叫雨泷泷。

珑（瓏） lóng 刻着龙文的玉，用来祈雨。后指雕刻之精巧曰玲珑。

陇（隴） lǒng 甘肃省简称曰陇，以有陇山得名。陇山山脉的主峰是六盘山，山路盘旋曲折者六，始达顶端。可见陇山就是以其山势长大如盘龙而名。张衡《四愁诗》："我所思兮在汉阳（今甘肃天水），欲往从之陇阪长。"这是形容其长大的。

垄（壟） lǒng 或作垅。田间高地。垄上就是田间的高地之上。后称田地分界线筑的小路，又称田中或菜园中培起的一行行土并在上种植者称垄。垄断一词本指在集市的高地上操纵市场，今专指独霸市场叫垄断。

巃 lóng 山高而长可称巃，谷长大亦可称巃。江河也可称巃。

拢（攏） lǒng 两手把事物聚合成高大之形的动作，今说合拢。有大坝的合拢、队伍的靠拢，又说收拢、归拢。拢头发就是把头发往高里堆，并使它蓬松起来。又说笑得嘴都合不拢，这就完全没有高大的义素了。数字的合计可说拢共或拢总，如说拢共才有十几个人、七八条枪。

巄 lóng 兼有。有字从右，即右手，故与拢字音义切近。

笼（籠） lóng 本指抬土用的竹筐、簸箕之类，名词。后用以储存衣物，称箱笼。它们都取聚合之义。熏笼是向下扣，里面有火盆，笼上熏衣服。蒸笼则是下有底上有盖，中间有饭菜要蒸。

还有存鸟的鸟笼、关人的牢笼。这样，笼的形制和功用就很广泛了。笼字作动词读lǒng，如说笼货物、笼盐铁，都是聚合、收拢之义。又说笼罩，"烟笼寒水月笼纱"，是说南京秦淮河之夜，水面上笼罩着一层白茫茫的雾气，即是烟波江上之义。月亮也好像笼盖上了一层轻纱。这河上的景物全在一片迷蒙之中。一句诗中连用了两个笼字。抽象义如说笼络人心，指用不正当的手段，拉拢和收买人心，为贬义词。笼统一词就更抽象了，它指思想和逻辑的分析中缺乏具体的东西，陷于含糊不清的境地。

栊（櫳） lóng 房栊。房上窗棂犹如笼之疏孔。栊也指圈养禽畜的栅栏，又是拦，又是拢。

砻（礱） lóng 作动词谓磨砺，即刀与石之磨合。作名词，指以木或石为主，上下两爿相合的圆形磨盘，叫作砻。木制者轻，多由人力推拉，去稻之壳取米。石制者重，由畜力牵引，磨米磨豆成粉。今皆以电力发动，砻已很少了。

咙（嚨） lóng 喉咙，随时开合，以言以食。喉的开合由喉肌来控制、调节，决定喉部两对黏膜皱襞的开合。喉者候气，咙者闭合。

胧（朧） lóng 朦胧中朦为蒙蔽之义，胧为笼罩之义，两者相加，便是迷糊不清了。形容月色，便都加月旁；形容日色昏暗，便都加日旁；现在又有朦胧诗。朦胧，微明貌，说它暗吧，还有点明，说它明吧，只是微明。

聋（聾） lóng 听不清，朦胧不明。如可说有点聋，即大多还是听见了的；说聋得很，即多少还是听到一点，基本上听不见。完全听不见叫实聋。生而聋曰聩，谓崩溃之义。故聋的语源义是朦胧微明。

龚（龔） gōng 供给。实即供，今说供养、供奉。恭敬原也可作龚敬，均谓供其上，取高大之义；也取合义，供者与受供者相合。龚的声母从供，供、龙皆表声。

庞（龐）

páng 本指高大屋，引申为高大之义，这正是龙的引申义，至今犹说庞然大物。庞与尨（méng）、厖二字相通。庞然大物，可作尨然大物。尨，多毛犬或杂毛犬。故庞至今还有庞杂之义。厖，读同龙，大石也。引申有丰满、厚实之义。龙与厖又读作páng，庞的声母正是由龙、厖此音而得的。今说脸庞，指脸的轮廓，也说脸盘、脸蛋儿，正是取厖的丰满之义。这样，从龙与从犬、从石之间的音义联系就建立起来了。

宠（寵）

chǒng 从宀，龙声。屋里有受尊崇的人，便是宠。即是把某人高看了，音义从龙，取其高大之义。最典型的宠，就是臣或妃受到帝王的宠，宠臣就是受到信任和重用的臣，宠人就是重人。权宠就是权重。宠重就是尊崇重用，两字双声。

591. 毚

毚 chán 从兔（chuò，似兔，青色而大，灭绝了，今已不能确指为何物），从兔。机灵、狡猾之兔。以兔喻人，毚兔就是谗人，说狡猾之言的人。毚还有一项古义，指锥、凿一类的工具，即镵、劖的名词义。兔以窟多著称，狡兔三窟，人们去堵它的窟，那就是冤字，屈也。把兔与兔结合起来，概括它们的特点是狡，它们的技能是劖。

镵（鑱）

chán 作名词，指犁头之类利于掘进的工具。前是锋，后安有长柄，如红缨枪之类。医学上针灸用的石针叫砭（biān），其长针叫镵石，那时金属材料还不发达，还是石器时代。镵作动词，刺也。

欃

chán 欃枪经常连称，都是长柄而有锐利枪头的武器。

劖

chán 刺断，或挖掉，或凿断。

搀（攙）

chān 刺。今搀字的常用义为搀扶、手搀手、搀合、搀杂之义都应是"掺"的假借义。

谗（讒）

chán 以言论伤害忠良为目的，或者挑拨关系，或者歪曲事实，获取私利，用心狠毒。用谗和信谗是封建帝王政治中的一个特殊现象，历史上有大量正直的政治家为谗言所中伤而受诛。谗是镵、劖之义用之于人事、言论和政治。

馋（饞）

chán 吃不够。贪吃。即用兔子的吃食作比方。兔子的牙齿锐利，嚼得特别快。眼馋是贪心而表现于眼的形象说法。

噲

chán 鸟兽虫鱼突出的尖利的口，有的是角质的，噲的动词义谓以口品尝，味觉灵敏，今说嘴尖。

巉

chán 山势险峻如凿削之状，如说巉刻、巉削。李白《蜀道难》："问君西游何时还，畏途巉岩不可攀。"

纔

shān 指浅绀的颜色。绀，指帛深青而含赤的颜色，可能与兔为青色有关。又读 cái，假借为才，刚才的才，表示一个短暂的时间，还曾借为财、裁、哉等字，今皆作才。

592. 鼠

鼠 shǔ 上象张口露齿之形，下象腹爪，最后一笔象鼠尾。最后一笔挑起来，是隶楷的讲究，篆形这一笔是拖在下面的，鼠尾经常拖在地上。鼠一直名声很坏，如说鼠窃狗盗，《诗经》中有《硕鼠》《相鼠》，都是从鼠再骂到坏人的。

瘋 shǔ 恐惧症，常畏则心忧虑而疲惫。鼠常畏，却不得病，畏则逃窜（窜），故窜字从鼠。瘋还指一种老鼠疮，即脖子上长出一串大小不等的疮疱，西医叫淋巴结核，脓顺着淋巴腺蹿出来。既然像窜，那就是老鼠了，其实它跟老鼠没有关系。

593. 窜

窜（竄）cuàn 鼠在穴中，便是逃藏；犬在穴中，便是突；牛在穴中，便是牢（本可从穴）。由于它们习性不同，虽同在穴中，语义却大不相同，其中都有生活的体验。犬在穴中最易窜出，鼠不轻易窜出，但是一旦老鼠过街，那是非常迅速而冷不防的。窜经常带有贬义，如说逃窜、窜改等，都不是正经的行为。

撺（攛）cuān 手匆忙。有匆促和急速的行为，如说撺掇。形容植物的枝叶长得快，也说直往上撺。

氽 cuān 俗字，本可作撺。把食物放到沸水里不必多煮，就可捞出。如氽丸子、氽汤饭。

蹿（躥）cuān 急速跑跳，如说蹿来蹿去。引申指鼻子里出血，如说鼻子里蹿血，比一般流血急速，如喷发出来。

镩（鑹）cuàn 短矛，名词。其击必急速如窜。如有冰镩，除前有尖锥，用以凿冰，还附有倒钩，可以钩住冰块在冰上拖行。古今凿冰，大多为藏冰于穴，就是现在的冰窖，窖字从穴。

594. 黾

黾（黽）měng 蛙的一种，象大腹之形。一名土鸭。常蛙黾连称。蜘蛛，本作知朱，也可以知朱二字之下各加一个黾字，因为蜘蛛也是大腹。黾可假借为勉，勉励之义。

渑（澠）miǎn 今河南有渑池。《水经注》："洛水之北，有熊耳山。……山际有池，池水东南流。水侧有一池，世谓之渑池矣。"顾名思义，则湖水如大腹之出。黾和渑韵母之差是古方言造成的音差。

孕 yùn 或作孕、胚。至今犹说孕育，两字双声。孕必包含育，胎儿在母腹中长大，也是要养育的。生下以后，更要抚养成人，《易经》上说："夫征不复，妇孕不育。"谓丈夫出征不回来，家里生了孩子也不能养大。孕的引申义可指事物之包含与孕育。

蝇（蠅）yíng 《说文解字》说："营营青蝇，虫之大腹者。"

绳（繩）shéng 绳索。本指木匠手上的墨线，如"木受绳则直"。相传虞舜的大臣倕（chuí）是一位巧匠，他创制了规矩和准绳，为平者准（即是现在说的水平仪），为直者绳（墨线）。所以准、绳和开始就联系在一起了，两字可作双声。绳作名词，有墨线、准则、绳索之义；作动词有衡量、纠正、约束之义，如说绳之以法，更是法办之义。

绳又读同孕，为繁育不绝之义。绳又读同黾，为勉励之义。这样，绳就有三个读音，主要是在声母上作差别，随之语义也不同。现在后两个读音已经不用了。

595. 辰

辰 chén 即蜃，大蚌。其贝壳用以制作农具，故农、耨等字皆从辰。《淮南子》中有"摩（即磨）蜃而耨"的话，即是磨蜃壳制作除草的工具，这可说是早期的材料科学，因为石器实在太笨重了。辰壳与时间季节之间有重要的联系。时间说时辰，初指耕作之时，耨本作辱，即是右手持辰壳。雷震惊蛰，万物开始苏生，震字从辰。日月星称三辰，还有晨星、北辰等，这些辰字也都与时间有关。

蜃 shèn 或作蟮。蚌有巨蚌，小则曰蛤。合为两壳相合，蚌本作蜯，也是取两手相奉之义。

震 zhèn 作名词指疾雷，作动词谓震动。当万物都在隆冬熟睡之后，三月阳气动，天公就用雷电去震动和惊醒它们。今大多作振，只有说雷震、地震、威震等时用震字。

振 zhèn 可说振作、振动、振兴、振奋等。以手振动，这范围就很宽泛了。振铎就是摇动铃铛，要宣布政令，文事用木铎，武事用金铎。振笔就是奋笔疾书。振羽就是拍动翅膀起飞。振的最初用意还在于耕作，是手拿耕具去做。振又曾有举救之义，今已作赈。

赈（赈）zhèn 贝和辰，都赋予了社会意义，成了生产和交换的象征，成了财富的表现。赈济是赈的使动用法。使人富有，便是赈救。

袗 shèn 社肉，即供土地神时所用的肉，把这种肉送给家门里的人，表示亲热和关心，实即振、赈之义。

娠 shēn 孕而身动曰娠。怀孕曰妊娠，妊从任，取任载之义；娠从振，取身动之义。

晨 chén 本作晨，即左右二手持辰往田耕作。指时间是黑夜将明。和晨相对的是昏。今晨、昏二字皆从日。

唇 chún 口之端。因为辰有振动、挺伸万物之义，故作名词，指口之前端，也说口之边缘，今还可说话到唇边，没有说出来。

湣 chún 水岸边。如《诗经》："坎坎伐轮兮，置之河之湣兮。"

宸 chén 屋檐，屋边。一度专指帝王之所居，宸札就是帝王的书札，宸鉴就是御览。

还有一个与辰的音义有联系的字，就是时字，为辰之所之，即到时候的意思。时与辰双声。

596. 贝

贝（贝）bèi 本指贝壳的水生动物名，后专指贝壳，又指贝壳磨制的货币，是我国最早的一种货币，周而有泉，至秦废贝行钱。至今从贝的字大多与货币有关。

败（败）bài 覆灭，毁坏。以攴对贝，便是击坏。则字是以刀对贝，为筹划之义，即对贝作相等长短的刻划，从而得常规、法则之义。贼字是以戈对则，毁则曰贼。事物之腐臭、破烂、损坏、弊病，皆可曰败。如说败坏了名誉、社会上的腐败现象等。它还常用为使动词，是打败、砍伐、危害等义。今则主要用作失败之义，在战争及各种竞技比赛中都要分出个胜败。败的反面是胜。也说成败在此一举，败的反面则是成。

597. 䙅

䙅 yīng 挂在脖子上的装饰品，从二贝。这是渔猎时代留下的风尚，以贝为饰，而且是成双的，这就使装饰的美，大为增加了。后来则佩珠玉，且是成串的，叫项链，不叫䙅了。

婴（嬰） yīng 人始生曰婴，就要给戴上个什么饰物。婴作动词是系戴之义，如说婴宝珠、佩宝玉。引申为环绕之义，如说婴城，就是筑起城墙，以自环绕，可以固守。又有遭受与触犯之义，是就不同的主宾语说的。遭受是就自身说的，婴罪就是受罪，婴疾就是得病。触犯是就对方说的，人家不敢来触犯。

攖（攖） yīng 系戴，缠绕。婴病亦可作攖病。

纓（纓） yīng 戴帽时系在脖子上的带子，系马为䙅，系帽为纓。犬马的颈饰也叫纓，大多是穗状，后则系铃。纓还指下列诸物：帽子顶上的红纓，红纓枪的长柄与枪头之间的红纓，苞米纓就是玉米棒子前的穗，萝卜纓就是萝卜拔出来以后下面的须状物，也有的地方是指萝卜上面的叶子。请纓，就是请求给一条绳子去捆绑、降服敌人。

瓔（瓔） yīng 珠玉所作的颈饰，代替了贝饰。常说瓔珞(luò)，珞，联络，联络成串。

罌（罌） yīng 瓶之腹大口小者，其颈必亦缩小，叫作瓶颈，今用以指阻碍经济迅速发展的某个环节。但已不说罌，罌已成古词。

癭（癭） yǐng 粗脖子病，即甲状腺肥大，缺碘所致。罌言瓶颈之小，癭言颈病之大，大小的义素已经不计，只指绕颈而言了。

樱（櫻） yīng 樱桃，小于桃，从婴取小义。又称朱樱，其色鲜艳如红纓，以色取义。又樱桃是伞状花序，果则列如䙅。这是从三方面作不同取义，它们并不是矛盾排斥的关系，而是三者结合，语义就更加惟妙惟肖。樱又指樱花，总状花序，呈一串一串之形如纓。

鸚（鸚） yīng 鸚鵡。又叫鸚母、鸚哥，表尊爱之义。鸚鵡能言，如婴儿学舌，故音义从婴。鵡从武，与鸚母之母古音同，谐音作武。

嚶（嚶） yīng 鸟鸣声，取义于小，不能与狮吼虎啸相比。后有嚶呦、嚶喔、嚶咛等双声或叠韵之词。

蘡（蘡） yīng 蘡薁，又名野葡萄或山葡萄，蔓生，结果大如龙眼，黑色，可以酿酒。故蘡之从婴，取其藤本蔓生，如纓之缠绕。薁从奥，本亦宛曲之义，故蘡薁为同义词之结合。

598. 贞

贞（賏） suǒ 从小从贝，为贝之琐碎细小之声。

瑣（瑣） suǒ 玉声。它与贝声相似，相击都只能以轻微之力。今说琐碎、琐细、身边琐事，均指事物之细小。委琐，形容拘小节、务琐细、讨得一时眼前喜欢的人。繁琐哲学，就是哲学陷于又多又小的枝节问题之中，失去了高度的概括。

锁（鎖） suǒ 铁链条，铁索。即以铁环互相贯穿。引申指锁头之锁，即是把家门或箱盖锁住，不得打开。作名词指锁头，作动词谓锁闭、封锁。抽象义说锁国，即是对外不开放，杜绝一切国际往来。又说锁眉，为紧皱两眉。这时既没有铁链，又没有锁头，语义的演变实在很大，大家却还感到很形象，没有理解上的困难。

唢（嗩） suǒ 唢呐，一种吹奏乐器，管身有八孔，用手指按或放来调节共鸣腔的大小，发出不同的乐音。金元时由波斯、阿拉伯一带传入我国，原译为苏尔奈，经改造有喇叭、海笛等。可见唢呐原是苏尔奈的译音，又加以改造，使之兼义。唢是金属之声，呐是不轻易出声，一出声便是大声呼喊，这正是吹奏唢呐的特点。

599. 尾

尾 wěi 本指鸟兽雌雄相交以生殖，后均指尾巴。本作倒写的毛字在尸下。因尾巴常朝下，毛就是倒挂的。现在尾字的毛，是正写。犀字中间的笔画便是倒毛，它在隶书中是向左下的两点和向右的两点，到楷书中写成两两相向的四个点。尿字本是从尾从水的，现在把中间的倒毛省略了，屎、屁二字也省了倒毛，本都是尾下之事。由鸟兽之尾引申指事物末尾，后也，梢也，微也，底也，末也，终也，尽也。尾字犹有美好之义，这和两性相交有关，公鸡和孔雀都在尾部长出最美丽的羽毛。琐尾，是细小而美好之义。尾巴还可以作为装饰品，旄就是以牦牛尾固定旗杆顶上为饰，这是现代人很难理解的了。尾巴在文字上的表现也受到了特别的关注，鸟、豸、易、它、龙等字下部的笔画，都是表现尾巴的。牛、羊二字中各有一竖，就表示它们的尾巴。豖字最后分解为两笔，原本是一条撅起的尾巴。廖是豖虎之斗，它的最后一笔写得很有劲。而兔子的尾巴长不了，现在竟写成了一个流离的点。这都是对尾巴的观察与表现。

娓 wěi 顺利。娓娓动听，应是说得顺口，听得顺耳，感觉顺心。《玉篇》："娓，

美也。"

浘 wěi 水流顺畅。又有水底之义，音义从尾，底也。

梶 wěi 树梢。末也。

隶 dài （非隶的简化字）从又持尾，即持倒毛。即是从后赶到，追上。既是从手，更直接的语义是抓到。隶与持、追（等到）均双940字。追字从辵，与隶是从足与从手之差。但是人的行为往往是手足相兼的。获字从隻，是右手抓住了隹，我们现在是抓不着的了，但是原始人在与大自然的生存斗争中，他们手足的速度和机能超过现在的人，现在奥运会的记录，在那个时代并不稀罕。

逮 dài 逮捕，捉拿，均指犯罪之人。但也说逮麻雀、逮耗子，读 dǎi。

追 dài 等到，及。除指人的行动，也用以指时间、年代之追，"追天之未阴雨"就是趁天还没下雨。

埭 dài 土坝。即水到此为止。

棣 dì 常棣。有白棣、赤棣，颜色不同，果实皆如李而小，五月始熟，叶如刺榆而微圆。故棣从尾声，取微小之义。樱亦取义于小，桃之婴者。棣又常假借为兄弟之弟，幼小次弟之义。

迟（遲） chí 徐行也，行之于后。又指时间之晚，时之于后，如说迟到。声母仍从追，等待。

徲 tí 亦读 chí 徲徲，往来貌。久。

墀 chí 台阶。如说阶墀，它经常是要砌饰、涂墁的。玄墀就是以漆涂饰的阶墀。作动词谓涂饰，即是往来迟回的动作。

犀 xī 犀牛，产于南方热带、亚热带地区，形似牛，头似豖。经常犀象连称，指犀角象牙，是工艺加工的名贵材料，故犀之音义从尾，取美饰之义。今说犀利，因犀角坚固锐利。又说犀甲、犀盾，均取犀之皮为之。章太炎说，犀与囟（xìn，头

盖)双声。犀角有二义：一指犀牛之角，一指人之额角骨，即脑门合拢之处，可见犀有凶义。又说"齿如瓠犀"，形容人的牙齿长得美。葫芦的子方正洁白，排列整齐，犀可指人，瓜子亦称瓜仁，本作瓜人，瓠犀就是瓠仁，犀与人也相通了，又如䚡(sāi，牛羊之角，外骨冒内骨，内骨曰䚡)，音义从思，思字的上半部本是囟字，且囟、思心母双声。脑盖合拢之义，腮理分明，下为额，上为顶，正是犀角所在了。故犀的音义从囟从尾，意思是头角之美。

樨 xī 桂的别名，木樨，有银桂、金桂、丹桂，花有浓香，木质纹理坚细如犀。

罧 dà 从目从隶省。目之所及，就是眼睛跟着看。及字从又从人，即手抓着；罧为眼看着。罧与及的古韵母相同。

遝 tà 足之所及。音义又与"沓"相通，而得杂沓之义。

譶 tà 言多杂沓、反复。又以言探人亦曰譶，就是要把话说到关节处，看人家的反应。

裹 huái 从衣，罧声。衣之所及，就是抓起衣襟兜东西，囊是口袋，总是要装东西的，那是布之所及。裹的声母从襜，襜是兜在衣襟里，裹是藏在怀抱里。

怀（懷） huái 心之所及，思念之义，怀作名词指胸前，怀抱之中，抽象义指志向、情怀，如说旅夜书怀。作动词有怀藏、怀胎、怀念、忧伤等义，如说赤壁怀古。怀从褢声，有美好之义，故还可说怀才、怀德、怀宝、怀玉等，只有少数说心怀不测、心怀鬼胎之类。

耰 huái 耒(似犁)之所及，指翻土的农具。

坏（壞） huài 毁坏、倒塌、崩溃。指土木建筑之坏。如说屋坏、城坏，抽象义如说礼坏。唐宋以后，坏字的语义越来越加重，以致把人分成好人和坏人两大类，把事事分为好事和坏事两大类。坏的反义词先是兴，可说行事兴坏。后则为好，说好与坏，如说好坏参半。

焜 huǐ 火毁，焚烧。尾有末了、无有之义。火毁成烬，从尽，亦无有之义。

肆 sì 本作肂，隶变作肆。从长，从隶，擅长捕获，则竭尽其力。从而有刑杀之义，肆与杀双声。肆力，就是尽力；肆虐，就是恣肆暴虐，极度残忍。肆无忌惮，就是放肆没有顾忌。肆意，就是纵情。肆又引申有延伸、陈列之义，与其从长的偏旁有关，陈列各种货物的铺子可叫肆，酒肆就是酒铺，铺为铺张之义，肆为陈列之义。

莅 lì 本作涖、隶。从立，隶声。临位曰莅，字从立，故为来临之义。来、临、莅三字均双声。古说莅政、莅祚、莅众、莅盟，都是临位之义。如临深渊，这种临字不能用莅字去代替，因为它与职位之义无关，今说莅京、莅沪，虽然没有职位的因素，但常常指领导来访，有时指外宾来访，就没有职位问题，只表示尊重和欢迎之义。

位 wèi 本指官位、爵位、王位，更早只指王位。位与王声母同。虽也可指人之坐处、立处，也只是指有官位的人的坐立之处，只有当它可以指一般人或物的位置，即主语要充分地扩充，指一般的坐位、站位、品位，才算引申了新义，要到唐宋才出现。今说诸位、这位、那位，多少包含有对被指称者的尊重，又进而说方位、座位、位置、数位、货位，任何一个空间的移动都可说位移，位字能指的范围就极其广泛了。

600. 鬣

鬣 liè 亦作鬛。上象毛发长而披散之形，中为凶字，头盖、毛发居于其上，下象足，与鼠、鹿之足相似，马鬃、猪鬛及尾巴上长得长一点的都可称鬣，为其引申义。

猎（獵） liè 追逐禽兽，以获取为目的，叫打猎。此时人与禽兽都是毛发披散向后飘动，生死得失就在瞬间。引申之义可说旌旗猎猎，也是生死搏斗了，今说猎取，指残酷的争夺，不择手段的获取。

腊（臘） là 年终之祭，即以冬猎所获而祭先祖及百神。腊月，谓腊祭之月；腊梅，谓腊祭季节所开之梅。腊八粥是腊月初八所喝之粥，相传释迦牟尼于这一天成道，善男信女们于这一天用大米、莲子等煮成的粥供佛，大家便喝上腊八粥了。

儠 liè 谓人高大丰伟。

犣 liè 即今青藏高原的牦牛。牦字从毛，取其毛丰而长。它又名犣，毛长而鬣、髀、膝、尾皆有长毛。

蹢 liè 践踏，犹如打猎一般。蒙古民族形容打猎回来，马蹄也要磨掉半寸。

遪 liè 形容打猎时手足上下无所不用其极。遪遟（lā tā），本谓行走匆匆，遟，或作蹋，亦指足践踏。故遪遟，行走仓促不慎，亦谓脏乱之义，可说家里遪遟，不加收拾，也说人遪遟。办事遪遟，就是拖拖拉拉，还有遗留问题，不能干净利索。

撷 liè 分理而持之。即从猎取之义引申为整理之义。

蜡（蠟） là 虫名，能产蜡。有一种檪树，四时不凋。蜡虫大如虮虱，顺枝食汁吐涎，剥取其渣，炼化成蜡，制成蜡烛。

檪 là 树可放蜡，煎汁为油，五月开白花，成丛结实。今又可于矿物中提取石蜡。

镴（鑞） là 又称白镴。是锡和铅的合金，用以焊接金属，故称镴焊。这样，它的颜色和性能就接近于蜡，从而它的音义也取之于蜡。如说银样镴枪头，即看起来是银的，实际上是锡制，软货。

601. 角

角 jiǎo 兽角，是兽类自卫和攻击的武器。形似角而被称作角的事物，不断地在延伸着。如蜗牛的触角，人的发髻叫总角，又有豆角和菱角，地势有山角和海角，居室有屋角和墙角，凡有点棱角的地方都可称角或角落。最初号角是用角制成的乐器。货币有角，量器有斛，从斗，角声。几何学上两线或两面相交，形成锐角或钝角。作动词，以角相触曰角，打斗可说角斗或角逐，只是争吵就说口角。

桷 jué 屋椽之方者曰桷，圆者曰椽。不论方圆皆可曰榱。榱从衰，由梁而檩，由檩而椽，渐减渐衰。

确 què 土地之多石而瘠薄不长庄稼者，今借作准确之确、确实之确。

斛 hú 量器名。数斗为一斛，各朝代多有变更。从斗，角声。斛与"衡"声母相同，衡字的中间本作角下一个大字，衡为衡量之义，以角为衡之义。

槲 hú 麻栎树，为高大乔木，结的果实有碗状壳斗，故其形音义皆从斛。

饺（餃） jiǎo 饺子的饺，很长时间都写作角。初指角状的饼饵，后指半圆带角的饺饵。饵，后亦谓之粉角。北方读角如交，即是角的入声消失了，故写成饺，故饺的语源从角。

602. 解

解 jiě 从刀触牛，故为分解、剖开之义。古常说解牛，为本义用法。没听说有解鸡、解鱼的说法,它们多为骨肉连锅煮,解牛是把牛的骨与肉、骨与骨分开。解鹿的说法也早就有了。解引申为破解、消散之义,对事理能够分解、剖析,便说理解、见解,对思想和文章的分析,可说解释、注解。对国家和政权则说解体。解放本义是解除罪名和释放。人际的怨仇,可说宜解不宜结。解与结成反义。

蟹 xiè 螃蟹。螃从旁,言其旁行;蟹从解,言其可解,吃螃蟹都是掰开其背壳,即是解其体。死了的螃蟹,背壳也容易自动解开,海滩上往往可见。

懈 xiè 筋骨过于劳累,或感冒。感到肢体缓解,就说松懈、懈怠。今说坚持不懈、做不懈的斗争。

廨 xiè 官府、官舍曰廨。与厅字取义相同。厅从听,为听事、治理之义;廨从解,为解事之所。

嶰 xiè 山间峡谷。峡字从夹,涧字从间,皆取相合之义。嶰字从解,取分割之义。分与合,就一事之两个方面而言,相反亦相成。

隦 xiè 两阜间小溪曰隦,往往是有水的,而瀣,水就更大。

瀣 xiè 古称渤海曰渤瀣,是从黄海分出的一个大海湾,故从解声。今又说稀粥或其他黏糊状物时间长了就出水,与黏糊状分解开,就说瀣了。

獬 xiè 獬豸,或作獬廌,传说中的一种神羊,一角,能辨曲直是非。见人斗,触不直者;闻人争,咬不正者。

薢 jiè 菱角。菱亦有角,外壳而内肉,需分解而食之。

邂 xiè 邂逅。意外相遇。邂从解,为分离之义;逅即遘,为遇合之义。

（九）

日月　山川　气象　鬼神

603．日

日 rì 是宇宙中阳气的集中表现，故汉代开始亦可兼称太阳,今还说阳公、阳婆。内蒙古、山西一带说阳婆。为什么要把日说成女性？它能育化万物。南方说日头，是加一个词尾。日是圆的，为什么写成长方形？从小篆开始，日字略带方形，到隶楷，把弧形的笔画尽量平直化，就写成长方形的了。至于日字中间的一横，有时写成乙，是日中鸟飞之形。我们认为日字中间的横是对日的观测。日的正中便是"是"字，日的偏西便是昃(zè)字。日的引申义主要指时间，"日者"就是占候时日的人。一个白天或一个昼夜就是一日。日还可指每日，或他日，或往日。"日知其所亡"，就是每天都学到一些不知道的知识，日也可泛指时间，如说积以时日。过日子，就是安排生活。

衵 rì 日常所穿之衣，还指贴身衣或妇人内衣。

馹 (馹) rì 送信的传车，或每日或隔日传行。

貭 nì 贴近，黏着。

涅 niè 作动词是染黑，作名词指黑土、黑泥。沾染便是黏着，与貭、衵义近。

捏 niē 用两三个手指夹住，如说捏着一杆铅笔。也指对泥巴或面团之类加工，如说捏出一个泥人。它与黏着、沾染之义相近。抽象义如说捏造事实。

604．昊

昊 hào 从日，从天。昊天，就是广大的天空，苍昊就是青苍的天空。昊为形容词，明朗的(天空)。

淏 hào 水清。

颢 (颢) hào 白貌，可形容白日照耀，字又从页，就也可形容白首。颢天也可说昊天，颢苍也可作昊苍。两字古今皆同音，故两字实际同语源。

灝 (灝) hào 水势大。也通"浩"。灝气就是天地间的大气。灝灝，远大貌。又灝，豆汁也。豆汁是白的，故是取义于白。颢派生灝，昊派生淏；昊从日，颢也从日，这都是同步的。

605．旦

旦 dàn 日在地平线上，即为天明之义。一旦，即有朝一日，引申指一天。元旦就是一年的第一天。旦日，指明天。抽象义如说信誓旦旦，谓誓言中说得明明白白，已转为形容词的重叠。

坦 tǎn 土地的显露，为平坦、宽广之义。如说坦途。抽象义如说坦白，就是明说。坦怀就是坦露胸怀，真诚待人。坦率就是有话直说，光明磊落。

袒 tǎn 脱去衣服，露出胸背。古时以肉袒表示虔诚与惶恐。袒右就是露出右边，表示受刑。今说偏袒，就是袒护某一方，不公道。

绽（綻）zhàn 本作组。衣服有了裂缝，就是破绽，人体袒露了。抽象义指事情败露，叫人看出了破绽，即是露了马脚。主语扩展，可说皮开肉绽，由衣之绽到皮肉之绽。花要开了，可说含苞欲绽。脸上还可说绽出了微笑。绽的语义向相反方向发展，缝补破绽亦可曰绽，正是在这个意义上，绽由从旦改由从定。

但 dàn 本指人脱衣袒露，故从人旁。后假借作但是的但，作表示转折的连接词。又假借作只是、只有的但，与徒、特、直、第，声母相同或相近，用作表示范围的副词。袒露之义就只用袒字了。

疸 dǎn 黄疸病。浑身皮肤发黄，眼珠也发黄，尿更黄赤。还有黑疸病，便是发黑。吃饱了还说饿，叫作胃疸。症状不同而已。症字从正，验证之义；疸字从旦，显现之义。

亶 dǎn 从㐭，旦声。今旦写作且，是字形上的类化，因为从且之字很多，旦、且二字的字形又类似，就不分了。但是音义上的讲究却不能含糊。㐭即仓廪之廪，旦与坦均有诚信、确实之义，仓廪信实，便是多谷之义。

擅 shàn 诚信，专一，引申得专长之义，擅权就是专自据有大权，即是专制，也说擅国、擅朝、擅兵，今说专断，古说擅断。

颤（顫）chàn 衣袒则寒颤，或恐惧而颤，今还可说树枝在寒风中颤动，安装时机身颤动。还有驙指马载重难行，负重过甚，腿就颤悠悠的了。

坛（壇）tán 祭祀所筑的高台，上面是平坦的。祭祀之处曰圜丘。北京有天坛、月坛等，今则常说花坛，又有学坛、文坛、论坛、体坛。名词的修饰成分扩展了。

毡（氈）zhān 用毛编织的席，于上祭祀、聚会、讲学。

蟮 shàn 本作蟺。即蚯蚓，又名曲蟮，以其体常环曲。

膻 dàn 胸口两乳之间，为气之海，故亦曰气海。古生理学名词，常为袒露之所。

澶 dàn 平坦宽广，如说澶漫。

檀 tán 我国早就有檀树，如《诗经》就有“坎坎伐檀兮”。檀为强韧之木，木质细腻，即今所说的红木，制作名贵家具，平滑耐磨。古则以之制杵、锤、扁担、车辆等。故《诗经》接着又说“坎坎伐轮兮”“坎坎伐辐兮”。六朝时从印度传入檀香木，为常绿小乔木，只能做点小匣、扇骨之类，它香味浓郁。但这个檀字是梵文的译音，故无平坦之义。

笪 dá 以竹挞人，一种罪小罚轻之刑。笪与挞，音义同，为什么又要从旦？袒右之义。笪，袒而挞也。

靼 dá 柔革。即经过处理的熟皮，柔则平坦。北方有一种少数民族叫挞靼，亦作达旦，后融入蒙古民族，故有时蒙古族也叫鞑靼。

怛 dá 怛怛，忧伤之貌，亦心之受鞭挞、捶击也。

炟 dá 火之爆起。火燃，捶挞则火星四飞，为爆起。炟字已不见用例，更无音义缘起之证据，这里只是从词族所作的推测。存作参考而已。

606．明

明 míng 或作朙。囧，窗牖。明作动词，照，今已不用。但可说说明、表明、证明。作形容词为明亮之义，如说一片光明，抽象义说前途光明。耳聪目明，是指视力之明。作名词指照明，也说黎明，都是用在复合词中的。而明本是指日月之光。明说就是公开地说，明码标价就是售价公开标出。

萌 méng 作名词为草所发之芽，今说发芽，古说抽萌。作动词为萌生、萌发之义，泛指事物的萌芽状态。

盟 méng 本从血，明声。古时诸侯国之间订立盟约，要割牛耳取血，要大家喝一口，或涂于口旁，表示忠诚，坚守约言。这是畜牧时代的习俗。现在是在条约上签个字，举杯祝酒。

607. 㬎

㬎 xiǎn 从日从丝，于日光中见丝，虽微小之物，却能明显可见。

显（顯）xiǎn 明白地表现出来，如说显眼、显著、明显、显示、显然。用以指人的声望、权势及社会地位之高，说显耀、显达、显贵、显赫。赞扬先祖就说显父、显祖。今口语中则说显身手、显本领，作为单音节词还在活用着。

灦 xiǎn 水深而清澈，为显豁透亮之义。

韅 xiǎn 或作韅。马腹带，或指腿肚之间的革带。总之是在显要部位保护马身的革带。

608. 昆

昆 kūn 从日从比，与日相比同也。昆仑，就是宇宙间混沌回旋，广大无垠，然后就分出天地日月。昆仑山就是与日相比的山。昆从日，故有明义，所谓昆明。以昆喻人，兄弟也是相比同的，哥曰昆，尊称为明之义。昆虫的昆，本作蚰，各种动物相比同也，从而又有众多之义。

焜 kūn 明亮、辉煌、照耀。焜耀，就是照亮。

琨 kūn 石之美者。玉是石之质地细密而有光泽、色彩者，其光华与玉比同。

锟（錕）kūn 赤金谓之锟铻。所谓金光闪闪，故从昆，亦取光华之义。

绲（緄）gǔn 以染丝织成的花带，故亦华美之义，名词。作动词谓以织带镶衣服之边，或说滚边，即绲字。

辊（輥）gǔn 车毂匀整、齐等之貌。毂是车轮中心的部件，它的中心有轴穿过，它的四周是众多辐条环绕，所谓三十六辐共一毂。故这个毂是标准、整合而比同之状。

棍 gùn 本谓一捆、一束之木，取比合、混同之义，亦众多之义。今加整治，如干如戈，以为进攻的武器或防卫的工具。如众人皆举棍，或说揭竿而起。有时也可选取其中之一，如孙悟空拿的是金箍棒，有时也说棍。

鲲（鯤）kūn 鱼子，音义从昆，取后代、后世之义。鲲鲕（ér）连称，鲕指鱼苗。鲲还指传说中的大鱼，如庄子所说："鲲之大，不知其几千里也。"这是广大无垠，与日相比。

混 hùn 或作浑，也与溷相通。水势盛大，如说源泉混混。混也有比合、共同之义，今犹说混合、混同。混则往往杂、往往浊，故又说混杂、混浊。混字在口语中还有一项新的引申义，指过日子。可说混日子，有时指胡混；有时也说要混出个样子来，这就不简单了，有志气在内了。

掍 hùn 混同，合成一片，浑然一体。

圂 hùn 猪圈。我国自古以来就常把猪圈和厕所连在一起，猪粪及冲猪圈的水一起流入厕中，共一个粪坑，或叫茅坑，今南方还时而可见这种猪圈。

溷 hùn 杂乱。污浊。混浊，古作溷浊，混淆，古作溷淆。故混、溷二字相通，今作混。

惛 hùn 心里感到杂乱，扰。因而又有忧虑之义，又有感到受了污辱之义。语义抽象化了。

609. 白

白 bái 日色也，太阳之明也。如说白日、白昼、东方发白，与黑夜相对。的、皓二字今皆从白，古则从日，可见白与日的密切关系。引申为颜色之词，如说白马、白发。又引申指明亮、明白、洁净、清白之义，指具体的，也指抽象的，如说心里明白、历史清白，便都是抽象义。作动词为说明、禀告、道白、对白之义，如说自我表白，说白了，就是明确地说。作副词谓徒然地、不计代价地，如说白费口舌、白吃白喝、鲜血没有白流。

帛 bó 白色的丝绸。有时说布帛，指一般衣料，就不论颜色。

碧 bì 石之青美者，从玉从石，白声。但是玉石之色并非纯白，白中略青。碧有时也青，说碧空、碧海、碧草。云彩有白有青，说碧云、也说青云、碧霄。

伯 bó 伯、仲、叔、季的排行，伯最长。今称伯父，即长于父，叔父即少于父。伯从人，白声，取明白之义；与昆为兄，取明白之义相同，明白于德也。在血缘关系中，分亲疏、远近，伯是最长之子，是最亲近的嫡子，故伯字可引申为亲近、迫近、连属之义。

柏 bǎi 或 bó 或 bò 柏树耐寒坚强，常称松柏，松从公，柏从伯，皆以尊长之义称之。

舶 bó 大船。今常称船舶，船本作舫，从公，舶则从伯。船本为关中方言，取代了全民语词"舟"。舶本为蛮夷用语，海舟曰舶。

迫 pò 紧迫，急促。又逼迫、困窘之义。迫则受害，可说迫害、饥寒交迫；迫则急促，可说急迫，如说从容不迫，迫不及待；迫则相近，可说迫近，如说迫近城郊；又压则迫，可说压迫，如说阶级压迫、民族压迫。

粕 pò 酒糟过滤并压榨以后剩下的渣滓叫糟粕。粕，迫也，加压过后剩下的米糟。

怕 pà 恐惧。今说害怕，心之受迫。恐怕有二义：一是恐惧害怕，二是对事态表示怀疑或忧虑，恐惧出现另一种情况，并不表害怕，只表意外。

拍 pāi 以手迫击，捷而有声，或轻或重。如说拍皮球、拍蚊子、拍片子、打拍子。作名词说拍子，有球拍、蝇拍。拍胸脯表示勇敢，拍马屁表示讨好。

啪 pā 象声词，表示拍打、撞击、爆裂之声，如说啪的一声，气球破了。

胉 bó 即膊。即两膀，赤膊就是光膀子。

泊 bó 停船，靠岸，故取迫近之义。如说枫桥夜泊。转为名词，得湖泊之泊，新疆有罗布泊，现在已是沙漠地带，原先是内陆最大的一个咸水湖；山东则有梁山泊。倒在血泊中，就是一大摊血中。

箔 bó 门窗的竹帘可曰箔，养蚕时用柴秆或苇子编成的铺底曰蚕箔，金属的薄片有金箔、铝箔或锡箔。这些事物皆因其薄，即取从迫。

帕 pà 手帕，随手用以擦拭的一块美丽的布或绸，从白亦言其薄。古亦指裹头束发的头巾，迫于头额；也指兜肚之类，迫于其腹。

铂（鉑） bó 用金属锤压成的薄片。今又将白金称作铂，取白色之义。

百 bǎi 十个十便是百。从一、白，亦白声。白，明也。数每到十或百，便告一阶段，成一整数，是数的位，十位或百位，便是满数。到百个，便进一，故又从一。

佰 bǎi 十人为什，百人为佰，这是古时军中编制。亦以称百人之长为佰，千人之长为仟。即是连长、团长。《史记》上写第一个农民起义的领袖陈胜，他"蹑足行伍之间，俯仰仟佰之中"。今用作大写的百字。

魄 pò 人的形体可说体魄，它迫着于地，而灵魂则升于天，故音义从云。俗话说，丧魂落魄、魂飞魄散，魂是飞失，魄是散落。人是魂和魄的结合物，一经分离，便是死亡了。

霸 pò 从月，霉(gé，雨水泡了革就隆起)声。霸为紧迫之义。《孙子兵法》中说"月有死生"，农历每月初一以后，月亮明的部分逐渐增加，所增部分叫生魄(体魄之义)。每月十五以后，暗的部分逐渐增加，所增加部分叫作死魄。一月之中就经历一生一死，故曰霸然，就是紧迫的。霸又读 bà，假借为伯。夏、商、周三代共有五伯，为诸侯之长。春秋时期则有五霸，是把持王政的，霸气越来越大，王道衰微。诸侯政治的时代过去了，霸字却没有消失，所谓横行霸道，是就一些人的人品和做法说的。地方上有霸，行业中也有霸。

坝（壩） bà 拦水的堤防，它常常横行于河道，故音义从霸。横行就是霸。

陌 mò 阡陌指田间小路，它也是分界线。在井田制时代，陌就是一百亩田地间的分界线，陌与亩二字双声。四周的八家耕种各自的百亩，中间一百亩为公田，大家合力共耕，是为井田制。

隙 xì 壁缝曰隙。上下各一个小字，中间是白字。言壁上常有或上或下的裂缝，小露白光。隙从白声，取明义。历来皆说孔(亦作空)隙，两字双声。空闲的土地叫隙地。乘隙，就是趁空。引申指人际关系有隙，就是有了裂痕，出现了矛盾，发生了怨恨。

610. 敫

敫 jiǎo 从白，从放。指光影的流动，即为照耀、闪烁之义。也指空气和水的流动。

皦 jiǎo 同皎。玉石之白，也说皦日。也形容月光之白，及人品之清白。

璬 jiǎo 从玉敫声，白玉所作之佩饰。

噭 jiǎo 吼，呼叫。同叫。是空气与声从口流动而出。

警 jiǎo 痛呼。除了气出，还有言出。

歊 jiǎo 从欠，敫省声。欠是人上出气。同歌字之从欠，故是歌唱之义。

憿 jiǎo 吉而免凶，今说徼幸，或作侥幸，就不免要欢呼，即是气从心出。心中没有气可出，高兴了气就从胸与口出。

徼 jiǎo 通行顺利。即是人行之出。徼为巡行，视察。巡字从川，川，通流之水。

激 jī 水受到一定阻碍，流得急，故说激发、激扬、激烈等，用作抽象义，指思想情感之波动，可说激动、激愤、刺激。激将法，就是不从正面去动员别人，而是说一些反面的话使人激动愤慨，去做事。就像水，不是疏导而是遮拦，使它流得急了。激光就是用光或电流刺激一些物质的粒子，从而辐射出高度集中的光束来。故激光之激，正合乎敫字光影流动与照耀的本义。

缴（繳） jiǎo 或作交。对财源、物流，拦取其一部分曰缴纳，即是抽税。引申说缴卷、缴枪，缴的宾语扩展了。缴又读 zhuó，指系在箭上的丝绳，箭射出去，连同中箭的鸟兽一起收回。此时，缴的声母从遮，为拦截、阻击之义。历来常以遮释缴，或释从敫之字。

撽 qiāo 以手旁击。于水曰冲激，于手曰旁击，音义是相通的。

敲 qiāo 从旁横击，今犹说旁敲侧击，还有说敲边鼓、敲竹杠。引申指一般的敲击，如说"僧敲月下门"。实即撽。它又派生为搞。

搞 gǎo 古读同敲。敲字从攴，小击也。政、改、攻、教等字皆从攴，因此敲、搞亦可得治理之义。近半个世纪以来，搞字用得十分广泛，基本的语义是做、干、办，如说搞工作、搞卫生、搞建设、搞创作、搞活市场经济等，简单的、复杂的、具体的、抽象的，都可以说搞。

邀 yāo 遮拦、挡路。邀请的本义如此。要与邀双声，如《桃花源记》中"便要还家，设酒杀鸡作食"，就是邀请回家去招待一番。邀的音义从要从攴，就是在流动中的邀请，引申指一般的邀请。

檄 xí 一种用以征召或声讨的官方文书，常称羽檄，意思是要像飞一般急疾。檄字从木，古以竹木之简牍为书。檄字始见于战国。

覈 hé 今作核。如说核实，为考核、验证之义，审核属实。果中之实曰核，亦可作覈。故历来两字相通。

鼗 xí 以角饰杖头或马鞭，取坚硬之义。

窍（竅） qiào 今说空（或孔）窍，两字双声。孔之有光影流通者曰窍，人之七窍：两眼的瞳孔是光影流通，两鼻孔则是气流的畅通，两耳腔是声波的传入，腔字也从空（口腔便复杂，是各种食物、饮料之入，又有语言、歌唱之出）。哪一个窍不通，便是生病或死亡，所以窍字从攴是非常重要的，它区别于一般之空、孔。庄子说，自然界到处都有窍，刮大风的时候便到处都有声气的流动，万窍怒号，真是热闹。今指事情的关键一着叫窍门，或说诀窍。

611. 是

是 shì 从日从正。隶书把正字的最后两笔写成撇捺，是它发展横势的需要。天下之物，莫正于日，时日、方位等皆以日为准。从而又得正确之义，是与非相对。什么是"是"？什么是正确，看日就是了。过去说"勿论国是"，就是莫谈国家的是非道理。是还有肯定和校正之义，是正，就是校正。是字的假借义是作指示代词"这"，与此、斯、兹等同义。从而又发展为判断句的系词，据王力先生的分析，汉代王充《论衡》中的许多是字，是真正的系词了，如说"余是所嫁妇人之父也"。

諟（諟） shì 言之是非有理者。日正为是，言正为諟。

湜 shí 水清貌。水清可以见底，可以见人之善恶，故湜湜，持正貌。

匙 chí 从匕，是声。匕有三义：一指匕首；二指箭头，两物相似；三指棘匕，就是现在的叉或勺，可以到鼎里取肉，与现在的饭匙、汤匙相似。匙的音义从是，取正直之义。钥匙也是正直的，故也说匙。

禔 tí 安福。一般说，正直是安，得到肯定是福，这是联系是非善恶与国泰民安的福祚。

褆 tí 衣服端正貌。引申指人品行之正。作动词是端正品行。

媞 shì 审察是非曰媞。有的方言称母亲曰媞。母亲的话总是对的。这使人们想起"诲"字，诲字从母，母亲的话就是教诲。《诗经》有"好人媞媞"，或作提提，就是正直之人可得安福，也就是好人一生平安。

题（題） tí 头额。定也指题额，定、题两字双声，定字下部也是从正，题则从是，故取正直之义。今说正题，正符合题字的本义，如说文章脱离了正题、说话转入了正题。所谓题目，就是头额和眼睛，端正而直视。作名词还说问题、命题、课题等，作动词说题字、题名、题写等。

鳀（鳀）

tí 是我国盛产于沿海的小型食用鱼类，它趋光性强，昼夜作明显的垂直移动，体侧有一明显银色纵带。从这些情况可知，鳀之音从是，实有日正之义素。

缇（缇）

tí 帛赤色，为日正之色，故音义从是。

醍

tí 酒红色。直接从缇的颜色。

堤

dī 或作隄。江湖河海沿岸用土石修筑的挡水堤岸，还有横截水流的拦河堤坝。

提

tí 悬持。如说提了个包、提着个菜篮子，是垂直的力。还说提高点、提过头。抽象义如说提拔干部、提高水平、提纲挈领。提的引申义很多，就不再论垂直或高下了。如说提早，是就时间而言；提醒，是唤起注意；提审，就是把犯人带出来审问。还有提意见、提问题，都是思维活动，说不出提的行为是什么样。问题本可作问提，音义都从是，在语源上表现了我们的求是之心。

踶

dì 即提脚，引申为脚踩或踢的行为。踶又通蹄。

瞠

tí 迎视。即面向着、正对着看，从是取正直之义。瞠又与瞋（chēn）古音叠韵。瞋，张目，即睁大眼睛。这样，瞠的全面的语义是张目迎视，如说射箭时，眼睛要"瞠禽"，即张目迎视发射的目标。

612. 易

易

yáng 从日、一、勿，三字会意。一指云彩，是云开见日之义。勿，本指旗帜，三撇象飘扬之状。易的语义是飞扬、展开。

旸（暘）

yáng 日出。晴可曰旸，曝可曰旸，日中时曰旸，明亮亦可曰旸。

阳（陽）

yáng 字从阜。山之南为阳，水之北为阳，以有阳光照耀。衡阳居衡山之南，华阴居华山之北。淮阴居淮水之南，洛阳居洛水之北。河南有首阳山，地处平原，日方出，即照到山巅，这是首阳山的解释。阳的引申义：雕刻可有阳文（凸出的）与阴文（凹陷的），电流有阴阳两极，人的风貌、气质可分阳刚与阴柔。因为阴阳的观念有时被用于消极与谬误的方面，后来需要换个表述的方法，如说正反、矛盾等。

扬（揚）

yáng 或作敭。飞举之行为。如说飞扬。簸箕则是从手的行为，簸箕对着风洒下谷物，瘪籽和杂草就都吹下去了，今说扬场。水和火都有扬的问题，相传扬州是"州界多水，水波扬也"。鹰隼之类的飞翔，都可说扬，对人可说扬眉吐气、扬名、扬言、耀武扬威。今说弘扬什么精神、弘扬什么传统。扬的反义词是抑，可说抑扬顿挫、抑扬与夺。

飏（颺）

yáng 风之飞扬。

炀（煬）

yàng 太阳晒。今吴语连冰雪融化也叫炀，实即太阳晒，不晒也可说炀。熔化金属也说炀，有时写作烊。糖化到水里也叫炀。

玚（瑒）

yáng 祭祀宗庙所用的玉。有显扬祖上之义。也用以祭天，天为阳气。

钖（鍚） yáng 马额上的装饰，今常用红缨和铃铛。人眉之上谓之扬，马眉之上谓之钖。

疡（瘍） yáng 头疮。先红肿，后溃烂，化脓，取融化之义。

杨（楊） yáng 枝条上挺，故谓之杨树。柳则下垂，有白杨、钻天杨等多种。

汤（湯） tāng 开水，如说扬汤止沸、赴汤蹈火。有时指热水，如说饮汤、浴汤。汤是水之动荡。从汤之字如有动荡、震荡，都重在动义，都是声母方面显示语义。太阳出来的地方叫汤谷，则仍读同扬，取扬起之义。

烫（燙） tàng 烫酒就是给酒加热，烫衣服、烫头发也是加热。又说烫手、烫面，作动词。

盪 dàng 荡的异体字。主要作动词，为摇动、晃动之义，还说盪气回肠，还有思想、心灵上的震盪。盪字从皿，用热水给盛器去垢曰盪涤。

钖（鍚） tāng 类似现在的木锉，用来磨平表面上的斧斤痕迹，是荡平之义。小铜锣叫钖锣，声之震荡与远扬也。

荡（蕩） dàng 与盪字通用，今归为一字，皆作荡。荡从艹，本指草木受风霜大气之震荡。引申为放纵之义，可说放荡、浪荡公子、淫荡等。胸怀坦荡，则为平坦、宽广之义。

簜 dàng 大竹。竹节可相去一丈，故取义于上扬和大。

砀（碭） dàng 有文采之石，其光昭昭，故取义于阳。安徽芒砀山，出此神石。

宕 dàng 从宀，砀省声。今说跌宕、放宕，谓放任不受拘束。起伏跌宕，就是变化多端，这里还包含着动荡的义素。宕字从宀，古指洞屋，即四围无障蔽之屋，通畅也。

场（場） cháng 本指祭神的坛场，也指田边的谷场，都是平坦空旷之地，今则说广场。今说场，作名词，它的修饰成分扩展得多了，如说操场、市场、农场、战场、剧场，此皆读 chǎng。有些抽象义根本就没有地，如说磁场、法场（佛教的）、情场。场作量词，有些有场，如看了一场京戏；有些就没有场，如说闹了一场笑话。

畅 chàng 不生禾谷之田。

畅（暢） chàng 通达，伸展，发扬。如说开会要畅所欲言，交流要畅通无阻，市场有畅销货，文艺有畅想曲。抽象义如说心情要舒畅，还常说畅谈、畅游、畅快，皆精神之发扬。

肠（腸） cháng 胃肠是人和动物的消化器官的主要部分，胃，食物之所围；肠，本或作胀，长大而畅通，还曲折回荡。所谓肠一日而九回。羊肠小道，折山路曲折而长。鱼肠指一种宝剑，为专诸刺王僚时，置之鱼腹而得名。用于抽象义，如说心肠善良，指一个人的思想和待人。断肠就是悲伤得不得了。

唐 táng 本作喝。从口，庚声。重大言论，张扬之言，后说唐皇，唐（后作堂）正正。河北省唐山，其实那里的山并不大，相传尧曾分封于此，像汉代王充所说："功德之名，盛隆之意也。"即主要是颂扬唐尧的功德，故名唐山。后取庚声，干支之名，计时计节，农业要发展起来了。唐字后引申为贬义，说荒唐之言，荒唐本谓广大无边，也作贬义，指放荡、荒诞不经。

搪 táng 张扬。让我们荡起双桨，今作荡，《水浒传》里还是作搪。引申为涂抹之义，如说搪瓷脸盆，就是在脸盆上涂上一层瓷性物质，那也是张扬。搪炉子就是在炉壁里普遍涂上一层泥。

塘 táng 培土为大路，供传驿通行。也指堤岸，也是要培、要筑的，又指池塘，这是塘字在现代的主要意义，如说湖塘、池塘、鱼塘、灰塘。地名如钱塘江、西塘镇、塘南阁、湖塘桥等。引申义还说澡塘、炉塘,今多作堂或膛,取空大之义,因为从庚字如糠等多空虚之义。

溏 táng 池塘,泥塘。

凼 dàng 水在凵(即坎)中,实即塘、溏字,如说灰塘、粪塘,是田头地角沤肥或倒灰的坑,有水也不多。功用和大小与塘不同,故又俗制此字。

糖 táng 本作餳。是用麦芽或米蘗熬成的,今称糖稀,也叫饴。糖从汤,取加热煎熬、滚开融化之义。糖稀又要加徽,便结成糖块了。徽是用糯米煮熟,煎干研碎,掺入糖稀中,一干一稀,扩大膨胀,就是固体的糖了。现在制糖工艺已先进多了,大多从甘蔗、甜菜中提取。

蟷 táng 一种较小的蝉,鸣声清亮而张扬。

䵃 shāng 中矢所受之伤。故字从矢,声母也从矢。如说"郤克伤于矢",实即䵃。

伤(傷) shāng 今说创伤,创之浅者曰伤。今说惊弓之鸟,古则说伤弓之鸟。被蛇咬伤也叫伤,伤人或伤牛都叫伤,这样,伤的主语和宾语都扩展了。抽象义还可说伤心,是悲哀之义。伤作动词,如说伤筋动骨。伤字还有两个特定用法:一是说伤脑筋,就是颇费心思;一是说吃伤了,就是对某种食品吃得过多,反胃了。

殇(殤) shāng 夭折,未成人而死。但说国殇,就指为国牺牲者,不论年龄了。

慯 shāng 忧伤。心之创伤。也有思念之义。

觞(觴) shāng 盛满了酒可待举杯的牛角杯,故音义可从扬。

613. 丙

丙 bǐng 阳气大盛,万物成熟。但也意味着阳气将亏,阴气将起。我国的殷周时代,盛行阴阳五行之说,同时那也是文字的创造与解释的时代,故对文字的解释有时就用阴阳之说。

炳 bǐng 亦作昺。明亮,昭著,显耀。用以形容人的风采丰盛,或文章华丽。如说彪炳。

㤐 bǐng 充满,满腔。

鮩 bǐng 蚌属。又指美珠,是蚌所生产的。美珠则炳然有光彩。

病 bìng 本义是病重,一般的病原称疾,疾加曰病。《论语》中说:"子疾病,子路祷。"即是孔子病危了,子路来给他祈求长寿。引申指一般疾病。心病,则指忧虑,担心。说毛病还常是指缺点、错误、弊端。病的动词义是生病,还有担心、发愁之义,现在不用了。

更 gēng 本作叓。改变、改革。攴,治理。治理之加盛叫改革,所以,这是一个政治行为的词,是改变、更易、替换之义,发展为副词,读gèng,指程度的加甚,与愈、越、益、加、弥等词同义。又表数之再、又、复。更上一层楼,就是再上一层楼。自力更生,就是靠自己的力量重新生存了。

哽 gěng 哽咽,因为悲痛,喉头阻塞,说不出话来。有时吃饭噎住了,过快了也阻塞,因为更从丙,盛满则阻塞。

骾 gěng 鱼骨头卡在喉咙里,也是阻塞。

鲠(鯁) gěng 鱼骨。也是取梗阻之义。但有时也说骨鲠之臣,是忠实之义,敢于说话之臣。

梗 gěng 草木的枝干，它坚硬，故曰梗。高粱秆也可说高粱梗。故事的梗概，意思是故事的枝干与大概。在骨曰骾（鲠的异体字），在木曰梗，在土曰埂，在石曰硬。抽象义说为人梗直，即是刚正之义，又说心肌梗死，就是心脏的动脉血管堵塞，血液难以流通。还有脑血管梗阻。所以梗就是病，梗与病皆从丙声。

捱 gěng 去掉枝叶，只剩下一根硬杆。又指阻挠、搅乱、作梗。

绠（綆） gěng 井上提水用的绳子，相对而言，它比较硬而直。

埂 gěng 田间小路，是直长的。若作地界，就更坚固。

峺 gěng 高峻的山岗或险阻的崖隘。

硬 yìng 本作鞭，是六朝以来逐步用开的口语词，从革之坚到石之硬，是它的字形上表明的。实际上，它也有气盛、阻塞等义，后来主要是说物坚469硬。如说硬邦邦、坚硬、强硬、死硬。它有时用得很具体，有时就很抽象。如说硬汉子、硬头硬脑，是就性格说的；硬碰硬、硬性规定，是就工作方式说的。新用法如说硬水，就是含有较多的钙、镁等盐类的水；硬件就是计算机系统的全部物理装置；硬着陆就是经济体制的转型过于急剧。还有说发展是硬道理，道理还有软硬，硬道理意思是指坚定不移的方针。

粳 jīng 或作秔。不黏的晚稻曰粳稻，黏者曰糯。糯者懦也，粳者硬也。

便 pián或biàn 方便、顺利、适宜、妥善。人有阻塞，便要更改，才可以安。《说文解字》：“便，安也。”便宁，就是安宁。便利，就是适宜、顺利。便与丙为双声。大腹便便，便是肥满之义。人人自便，自便是安宁而便利，若是用现代语义去解释，便是大家方便。北京的故宫，有东便门和西便门，天安门是正门，正门之外还有便门，首先考虑安宁，再是要求便利。便字还引申轻巧、灵敏、娴丽之义，如说便妍。但是便字后来主要用于一时方便之义，如

说便饭、便衣、便宜、方便等，离它从丙、从攴、从安的意义很远了。便字又逐步虚化为常用的副词和连接词。作副词表示行为的敏捷、迅即，如说即便，就是随即就。便作连接词为即使、纵然之义，表示退让。

筼 biǎn 竹制的轻便抬轿。有没有安宁之义呢？从语源上说是有的，从生活中说抬轿的人总不能把被抬的人摔了。筼又指饭器，它是方便的，从语源上说它从丙还有盛满之义。从生活中说，用它的时候往往是盛满的。

缏（緶） biàn 把麻分成两股或三股再绞合在一起。绞丝为辫，绞麻为缏。经过绞合编结，便结实可用，取坚梗之义。今说草帽缏（也作辫），用麦秆编成扁平的长带，再用它编成草帽或其他轻便用具。

鞭 biān 用以击马的马鞭子，以革、竹皆可（以竹曰策）。作动词说鞭策。对人也可说鞭策，为激励之义。至今一些国家还有鞭刑，古代更有以侮辱死者为目的的鞭尸。

614. 昏

昏 hūn 日低下为昏。天刚黑而星已现，还说黄昏，取昏黄之义。昏与晓为反义，晓为日未上而天刚明，尚有晓星，日上便是晓尽而为旭了。昏的引申义指人神志不清，说头昏。

婚 hūn 古时习俗，昏时娶妇。故至今说结婚。但是这种习俗没有维持多久。《易经》中三次说“匪寇，婚媾”。梁启超说，不是强盗抢劫，而是有人家在结婚办喜事。原来说的是抢婚制，天黑了好行动。后来讲究礼节，明媒正娶，就白天办理了。偶或也有抢的，几家争一个好媳妇，先下手为强，便不论昏晓了。妇嫁曰婚，重婚（即

亲上加亲)曰婣。

阍（闇） hūn 昏时即闭的城门、宫门曰阍。也指守门昏闭的人。

棔 hūn 木名，合棔。它的叶子早晨张开，黄昏时成对相合，又名合欢树。

涽 hūn 滑涽，即是混杂昏乱、不易分清的状态。

惽 hūn 老人健忘，糊涂了。今多作昏。

唔 hūn 眼睛看不见。今作昏暗。

惛 hūn 神志不聪慧，不精明，今说昏庸。

殙 hūn 不省人事，指病重、临终的昏迷。

615. 月

月 yuè 象半月之形，故历来解释月，缺也，人们多数时候看到的月亮是缺的。这一语源上的释义是否可信呢？在语源上，从月的派生词若有亏损之义，就可以承认月、缺二字之间也是音义的联系。月也作时间之词，阴历三十天，月圆缺一个循环曰一月。像月那么圆的琴叫月琴。按月办的事叫月刊、月票等。

刖 yuè 或作趽。以刀断足之刑，使之亏损。削足适履，本叫刖足适履，这就不是刑法，只是鞋子做得不合适。

朚 wà 耳朵掉了。割耳朵是古代战争中常有的事，参见耳、取等字。

拐 yuè 以手折物曰拐。如把柴草来回曲折缠绕成一把烧火，就叫拐。木匠做根扁担，直的反而不好挑，放到火上烤烤，拐得弯一点好挑，这是以月亮的弯喻扁担的弯，没有折断也叫拐。

玥 yuè 神珠。超常地大而圆，或特别明亮，像夜明珠之类。

616. 闰

闰（閏） rùn 公历地球绕日一周为三百六十五天多，农历按月亮绕地球十二周为三百五十四天或三百五十五天，这样，农历与公历一年就差了十几天，三年就差三十多天，就要补上一个月，叫闰月。有闰月之年叫闰年。三年一闰还补不够它的差额，要五年中有两闰。闰是一个会意字，王坐在门中。据说平常时"天子坐明堂"，到闰月就只能坐门口。

润（潤） rùn 闰是一种天文现象，很自然地联系到水文现象，水曰润下，火曰炎上。故有润色、增益之义。水之滋润，使万物有色。写文章加点词藻，也叫润色，这就包含了增益之义，做生意挣得多了，就叫利润，这个说法，汉代已有。现代的说法有润滑剂、润滑油，可以减少摩擦的阻力以及机件的磨损。口干了就说喝口水润一润嗓子。

瞤（瞤） rún 眼珠灵活转动有光泽，今说水汪汪的眼睛。

617. 夕

夕 xī 月亮半现。夕的反义词是朝，说朝夕相处，朝为日出光芒闪烁万丈，夕为半个月亮爬上来。引申义可指整个一黑夜，如说胜利的前夕，指前一天的夜里。

汐 xī 傍晚的潮水。潮汐：朝曰潮，夕曰汐。"春江潮水连海平，海上明月共潮生。"这分明说的是汐，已是一轮明月，却仍说作潮，潮字已成通称。

夅 xī 墓穴。长夜没有天明，或说阴府。

618. 夙

夙 sù 本为夕旁右边一个丮(jǐ，手持)字。虽夕犹手中执事不休。这是夙字的本义。夙夜就是早晚。夙昔就是早先。夙志、夙愿，就是向来就有的志愿。丮夕为夙，曰辰(两手持蜃往田)为晨，两字取义相仿，都是早晚勤息。夜字也是这个取义，夜字从夕，亦省声，亦为臂腋之义，初昏为夕，将晨亦为夕，都是半个月亮，故夜为虽夕犹臂有所掖。

宿 sù 从宀，佰声。佰是夙字的古文，本作伈，是人在席子旁，又在宀下，便是住宿、过夜之义。投宿，就是投奔过夜的地方，一宿(xiǔ)就是一夜。宿债就是拖欠下来的陈债，宿怨就是旧日的怨恨，宿将就是老将。宿命论就是今生的祸福，由前生的善恶决定。古天文学上还有星宿(xiù)的说法，星谓万物所生之精，宿指一些星象所居的位置及其表现。

缩(縮) suō 用绳子约束、捆住。因为夙从丮，有手持之义。引申为引取、收敛、卷缩之义，今说收缩、紧缩、退缩、缩手缩脚之义，还说缩水、缩影等，缩的宾语就更广泛了。缩的反义词有盈，盈为增多、盈余，缩为收缩、减退。又有伸，说伸缩自如。

搦 suō 引取。缩谓约束而引取之，搦谓以手引取之，因为它们原皆从丮。

蹜 sù 脚步收缩、紧凑。于足曰蹜，以手曰搦，以绳曰缩，皆紧迫之义。

619. 多

多 duō 众多。重夕为多，重日为叠。叠字的上部本作三个日字，宋元以来俗字作叠。如此，多和叠本是指朝夕之重叠而言，但是使我们感到疑惑的是，一般不见有多夕的说法，却可多日的说法。常见的是人或物之多，抽象义是祸福之多、言论之多。现代就用得更广泛更灵活，如可指程度方面，说好得多，差得不多；若是过分了，就说过多了、多心了、多嫌他，还说多嘴多舌。"多么"是一个副词，说多么光彩、多么动人；也可单说多，如说多美、多丑，常带感叹的语气。语气也可在引申之列。多字有一项重要的古义，作动词为推崇、重视义：多我，就是推崇我；少我，就是看不起我。

侈 chǐ 自多以凌人曰侈，就是自我推崇还要欺凌别人，即自我扩张，自大自狂。侈，大也，多也，张也。今说奢侈，两字双声，奢，张大也。它的古文字作奓。故奢侈的本义是自我张狂之义，后引申为物质上的极度享受。

袳 chǐ 衣服过于宽大。

哆 chě 口张得很大。又读作duō，今说哆嗦。

誃 chǐ 或作謻。移动、动摇之言，离心离德之言。

眵 chī 眼红易于肿大。又指眼屎。

屎 shǐ 本作䏏，从艸，胃省。胃字的上半部本作囷，六朝时俗写作屎。它本作眵，取多余之义。

移 yí 禾苗互相依附而根部又扩充、生长出许多新苗来，至今犹说移植，即是繁殖，故其音义从多。移又可读同侈，义亦相通，均归于多。移与延又经常相通，而双声，得绵延、扩大之义。移的音义从延从多，得繁延、扩大、转移之义，后着重引申为挪动、搬迁、变易之义。如说迁移、转移、愚公移山、移民、转移视线、移风易俗、对意志、方针等均可说坚定不移。

迻 yí 迁徙。与移通。

㢊 yí 廄(yǎn)㢊，亦作剡移，门户上突出的插销、门闩之类，是要移动的。

黟 yí 变易，发黑，亦即移。

簃 yí 宫室相连谓之簃。亦指堂楼阁边之小屋，亦相连延。

宜 yí 本从宀从一。一，地也，宀下地上，中间一个多字，或有作夕字。宜从多声。"宜尔子孙"就是子孙多。宜与义两字历来都互相解释，音义相通，宜的音义从义从多，多义为宜，大义为宜。后来，义着重成为一个道德的概念，说仁义道德；宜着重于适宜、合宜之义。宜又引申作副词，为应该之义，如说不宜操之过急。

谊(誼) yì 友情。今说深情厚谊，谊本来就是厚重的、广大的，因为宜从多声。但是这种语源义在人们的观念中已经很淡漠了。谊字从言，言为心声，故可说友谊、情谊。

620. 晋

晋 jìn 本作晋，两个至字连起来，略有省略，便是现今的字形。晋的本义是日出而万物生长、上进。晋级，就是晋升级别；晋谒，就是进见。周时有诸侯国名晋，主要部分在今山西省，故今山西简称晋。

搢 jìn 插进。搢绅，就是把上朝时用的笏(即竹或玉的手板，行礼时执笏)插进衣服的大带里。

縉(縉) jìn 作名词指长大的衣带；作动词为插于衣带。縉绅还有一个特殊的含意，指古代有官职的人，或曾做过官的人。

濅 jìn 濅水，其水迅进。

榗 jiàn 木名，已无考。又指一种竹箭，且箭与榗叠韵。

戩 jiǎn 戈之进，谓翦除、消灭之义。又指进谷，为福禄之义。

621. 寅

寅 yín 引进。正月阳气引出万物成长。蚯蚓的蚓，本作螾，是引进之义，并引申有认真警惕之义。

夤 yín 从夕，寅声。因为寅字用于干支计时，就跟日夕之义联系起来了。"夙夜惟寅"，就是早晚都认真，想着自己的职责。夤夜，就是深夜，引进就又得时空之深远之义。

演 yǐn 引水。洪水演天，就是洪水远到天边。

蚓 yǐn 本作螾。蚯蚓，丘中之引进者也。参见蚯。

戭 yǎn 长枪，长柄之干矛。

胰 yín 夹脊肉，生于脊椎两边，故是长条的。

演 yǎn 本指长流之水。春天发水，就要漫延。延，长行也，水之长行便是演，演与延两字叠韵。引申指万物循序引进曰演，水土濡而气润，可以生物。演字语义的重大引申，指事理之推衍、扩展和阐述，如说事物之演变，事理之演义，理论与思维之演绎、演说。逻辑上说，归纳与演绎，是两种思维的方法。后来又说音乐上的演奏、演唱，军事上的演兵、演武；历法上和数学上的演算，全是大有程式而必须严格遵守的事，这就是演字的认真之义。

622. 山

山 shān 有石而高。山有脉，故称山脉，山还作动词，向上传布之义，在先民的观念里，云雨多从山中兴起，他们看到山中常是云雾缭绕，认为那里是散发地气的。

讪（訕） shàn 在下的宣布对上的毁谤言论，常说讪上。

疝 shàn 疝气病。腹痛，腹气上下急引。

汕 shàn 众多的鱼在游，为舒散之状。汕的另一义指捕鱼的网，它捕鱼时要散开，叫撒网。"鱼鳖可钓汕"，一种办法是钓，一种办法是网，鱼来便是上钩、上网。汕还有冲刷之义，水中泥沙顺流而下，在浅海处积成长条形的沙滩也叫汕。广东有汕头，谓沙滩之头，那里还有汕尾，有头就有尾。

623. 丘

丘 qiū 自然形成的小山。下一横为地，上象山峰。有时墟墓的高大者也称丘，是人为的。我们到陕西还能看西汉两位丞相萧何、曹参的墓是很高的，可称为丘。

比之于墓，它高大；比之于山，它低矮。

邱 qiū 地名。故从邑。以地邑之名为姓氏，今有邱姓。

蚯 qiū 蚯蚓，又称地龙。地亦指丘。蚯蚓是一种环节动物，丘中之引行者，能改良土壤，有益于农作物。

虚 xū 从丘，虍声。丘之高大者曰虚（下部从丘与从业同）。因为虚字后主要用于空虚之义，丘之义就作墟。虚引申为虚心、谦让、欠缺、不足等义。天空可叫太虚，方位可叫六虚。虚和墟为什么要从虍声？虍，虎纹也。《易经》上说，每到要变革的时代，大人虎变，君子豹变，都更有文采了。故墟墓和宗庙都是人们哀痛和尊敬的地方。庙，貌也，貌字从豹，而墟则从虎。虚与实相对。

墟 xū 本作虚，指人工建的墟墓，故从土。也指废墟，有故商墟、故吴墟等。

嘘 xū 或作歔。吹气，吐气。常表感叹。嘘吸，即呼吸。唏嘘常表悲伤。今说嘘，嘴里吹气，常表阻止、驱赶，动词。如说把他嘘下了台，就是不让他讲了。驱赶鸡犬也常用嘘声。

觑（覷） qù 或 qū。把眼皮合成一条缝，眯着眼睛去看。如说面面相觑、冷眼相觑。

624. 冈

冈（岡） gāng 山脊曰冈，从山，网声。山冈总是高亢的，以人体之脊或亢来比喻冈，脉、岭、巅、嶙等字也都是以人体之名喻山。又何以要从网声？自然就是若网在纲了。参见纲。

岗（崗） gāng 实即冈。作名词，一般皆作岗，如说黄泥岗。今说岗位、岗亭、站岗。因为过去站岗常在高处、险要处，故音义从冈。

纲（綱） gāng 渔网的大绳，纲举则目张。故纲从冈，取高大坚实之义。引申指国家的法制、伦常，治国的大纲、今说纲领性文件，还说纲要、纲目，提纲挈领。

扐（搁） gāng 高举。今多作扛。

刚（剛） gāng 谓刀之坚利，引申指种种事物之坚硬。刚的反义词是柔，今则说软弱。刚有适中之义，《易经》上说"刚柔分而刚得中"，因此刚又引申为副词刚好、刚巧、恰好，都是适中之义。刚的坚硬之义也引申为副词义，刚要，本是硬要、偏要之义；从而又作时间之词，说刚刚、刚才，即不久之前，他硬要去办某件事的时候，既然硬要办，总不致拖延久了。

钢（鋼） gāng 坚铁。铁经过提炼，使之含碳量适中。《周礼·考工记》中记载有六种合金钢的配剂，大概是世界上最早的炼钢技术的记载了。钢，本作刚。冶金技术越来越发达，就派生了这个钢字。钢还可作动词读 gàng，刀刃用久了，屡屡打磨，锋口没有了，或回炉重新打造，或由铁匠重新上点钢，叫重新钢一钢，就又是一把新的了。不过现在大多重新换一把，不再去做这种手工操作的处理。

犅 gāng 公牛，取其坚强之义。

柡（棡） gāng 高大之木，也叫櫔栎。

罡 gāng 音义均同冈。用于一些特定场合，如天罡星，指北斗七星中像斗柄的星。罡风指天空极高处的风。在语义上大多取高大之义。

625．厂

厂 hǎn 山之边崖，其下便于人居，其上人亦可待，产字即是厂上一个人字。

岸 àn 水涯而高者，亦指山崖而高。后语义宽泛了，河滩海滩并不高峻也可叫岸。岸的引申义可指人的身材、风貌、品格之高，如说伟岸、魁岸。

婩 àn 妇人端庄高峻之美。

彦 yàn 从彡（即文），厂声。文采之高峻者，如可说彦士，是赞美士之有才华。

谚（諺） yàn 流传之美言，前人之训诫、经验之谈，今说谚语。农谚就是有关农业的谚语。

颜（顔） yán 或指眉目清秀，或指头额宽大，也指面容华美，说花容。也指反面的，如说厚颜，即不知羞耻。又说笑逐颜开，则是指整个面部了。颜色一词，本指脸面表情，今泛指各种颜料和色彩。

产（産） chǎn 从生，彦省声。产与生双声，产与彦叠韵，彦士之生曰产。但生字可指的范围就很广，所以产字的主宾语一直是广泛的。今说农产品、畜产品、水产品，又说物产、房产、遗产等。正是对人反而不大说产，只在妇产、产房等作词素用。如说生了个女儿，不说产。春秋时郑国的贤相子产，他本名公孙侨，侨是高义，产是彦义，两者是有联系的。

犐 chǎn 指牲畜之生，以牛为代表。

浐（滻） chǎn 流眼泪。取义于出、生。陕西有浐水。

篴 chǎn 类似笛子的一种乐器，三孔而短小。声成文谓之音，故乐器也可联系产字。

源 yuán 本作原，篆文作厂下一个泉字（泉字下部的水写成小，是草书化的结果）。大江大河的发源地都在大山脚下。原本，还说原原本本，就是水有源，木有本。原来，就是本来。原先，就是最初的。原始，就是最初的、开始的。原料，就是未经加工的材料。原理、原则的原，引申为固有的、基本的道理。原子，就是物质的进行化学反应的最基本单位。原字另一重要义项指平原之地，如说草原、荒原，原、厂二字就是上平之形。屈原，名平，字原。

塬 yuán 专指西北地区的一种地貌，四周是流水冲成的沟，中间突起呈平台状，边缘陡峭。陕西的洛川，本叫洛川塬。

羱 yuán 生活在高山地带的一种羊，以羊生活的地带名羊。

蔤 yuán 茎叶向四方散布，若平地出泉四散之状。

嫄 yuán 相传是周朝始祖后稷的母亲，名姜嫄，显然取原始之义。

愿（願） yuàn 源自内心的希望叫愿望，也说心愿。许愿就是许下一个心愿，到时候可以来还愿。又说心甘情愿、自觉自愿。

雁 yàn 从人从隹，厂声。雁之尾短，故从隹。它每年春分以后飞向北方，秋分以后飞向南方。它飞行时排成人字形或一字形，故雁字从人，应由于此。它高飞而穿越山崖，栖息水涯，故其音义从厂，山崖之义演变成鸿雁之义。浙江有雁荡山，山顶有湖，来往之雁，栖宿其间。雁与鹅双声，家曰鹅，野曰雁。

赝（贋） yàn 假造的。书画界常说赝品，就是假货，伪造的。鸿雁之义何以得伪造之义？原来人家是要吃鹅肉的，你拿一只雁来充数，所以得伪劣、假充之义。其实，雁是真的，鹅才是家养的变种，但是语源学就不论这些了。

炭 tàn 从火，岸省声。今说木炭，即是把木柴装进炭窑里加高温，却不让它燃烧，成了乌黑的木炭，可以再点燃取暖而无烟灰。炭窑都修建在山崖坡洼之地，故从岸省声。炭与炱（tái）双声为义。炱指燃烧中积成的黑灰。

碳 tàn 炭是未经燃烧的燃料，一种非金属元素，有金刚石、石墨等同素异形体。

626. 自

自 duī 今作堆。小山自。自与阜的第一撇和第二笔竖，即为厂（hǎn）字，即山崖。剩下的笔画象台阶，人可拾级而上。故原先的堆，比现在说的草堆、灰堆、狗屎堆要大得多。堆为土之聚集，人之聚集而众也可说堆，说一堆人。官、师（師）二字皆从自，即是取众义。堆作动词可说堆积、堆砌、堆成一堆。堆成一堆的第二个堆是量词，可说一堆衣服。

追 zhuī 追随、追逐。追则聚集，故还是从堆的动词义来的。追常用于抽象义，如追溯往事、追念、追认、追悼等大多是就思想、感情、记忆等说的。追求真理、一生的追求，这类说法就更虚了，但又体现在众多的实际行动中。

椎 chuí 或作槌、鎚、搥，又通棰、锤、捶。这里声旁和形旁都变动灵活，是可以相通的。《史记》中说"朱亥袖四十斤铁椎"，椎是武器之名，它的前面呈堆积之形，故称椎。说的是铁椎，椎字也未作金旁，只作木旁。用拳头搥也可说椎，《孔雀东南飞》："阿母得闻之，槌床便大怒。"后还有说棒槌的，只是头部略粗，略粗也得粗点，否则就是棒了。今说的棒球，它击球的棒前头是略粗的，就这也没说成椎球。脊椎（zhuī）骨是一个个的椎形。此外，兵法上有椎形之阵，几何学上有椎形的计算方法。

推 tuī 《尚书》中就有推贤，这是取向上推举、累积之义，有阶梯可拾级而上。至今还说推选、推荐、推举。后来又引申为推翻、排挤、去除之义。这是一来一往的，就像追字。可有追求、追随之义，也可有追逐、追击之义。

碓（碓）duì 舂米。即杵臼捣粟。去谷之皮，可以手舂，也可以足碓，皆举石椎为之。今人皆以电动机完成粮食的加工，对这种古来的手工操作方法已经不理解了。

縋（縋）zhuì 以绳系人或物下垂。也有的是在城上挂下绳子，一个个援绳登城。这也是可上可下的行为。

帅（帥）shuì 或作帨。从巾，自声。帅的本义是佩巾，结（从自，取结集之义）在佩带上可随时用以擦拭。结帨是古时嫁女的一种仪式，母亲一面给女儿结帨，一面嘱咐要勤劳持家，反复叮咛。今读shuài，主要是元帅、将帅、统帅之义。为什么将帅字要用佩巾之帅？将字从肉，爿声，不过是帝王家做肉酱、配食、烹饪的人，帅就是佩巾的清洁工之类吧。而宰相也不过是屠宰的人。这是奴隶社会的概念，在那时，除了奴隶主之外，其余的人都是奴隶，自由人极少。这种社会关系在语源学中保存下来了。帅的本义早已消亡，但帅、率、帨、刷等字同音通用，帅与刷双声，佩巾就是用以擦拭的。帅与率还存在音义的联系，帅就是要率领的。

师（師）shī 军队编制的单位名称，从帀，自声，取众多之义。引申指军队，如说楚师、齐师，也引申指一师之长。今犹说师长，至于一师的人数当然多有差别，现在一师有近万人，《左传》的注释中说那时一师为两千五百人。那么师一向是一个较大的编制。师又引申指周代教民的官员，曰师氏。今学校称老师，工厂称师傅，皆由此来。

螄（螄）sī 水生贝壳动物，常说螺蛳。螺从累，因其壳有旋转数周之螺纹；蛳从师，取众多之义。

归（歸）guī 从止，从妇省，自声。女嫁曰归。女儿出嫁后回娘家看望曰归宁。由此引申指一般的回家。归的主语大为扩展了。归与嫁、家古时声母相同。今还可说人心归向，佛教的信仰可说归依，亦作皈依。许多东西拾掇到一起，可说归并、归属。思维的整合概括可说归纳。

峗（歸）kuī 山小而众，丛聚罗列者曰峗。

627. 鬼

鬼 guǐ 鬼字的上面是鬼头，下部从人，从厶。据说鬼是人死之后变成的，故与人有关。厶即私，本义是奸邪。鬼头形丑，鬼性奸邪。但语言中的鬼字，情况就不同了。语源中的鬼，人归去就成了鬼。鬼，归也。首先是无其物而有其名，但那是认识中的存在。其次它坏，如说鬼胎、鬼相、鬼话、捣鬼。再次它可以走向反面，对相伴为亲的人有时一般爱称不能满足，就来个相反相成，用个恶称来表爱，就叫老鬼、小鬼、鬼东西、鬼名堂、鬼心眼。

餽 kuì 这是鬼的动词义，祭鬼就叫餽，鬼食之。引申指奉饷，名词说粮饷。从而与馈字相通，还得贻赠、奉送之义。

蜿 guì 蚕蛹。蚕四眠以后，体躯变成半透明状，就叫老蚕，就要上山（蚕蔟）作茧自缚，变成蛹，也叫蜿，是老有所归了。蛹与蜿还是有区别的，蜿为雄，蛹为雌。蛹变成蛾，就不吃桑叶了，只有一个产卵的任务，蜿交配以后就要归土。

騩 guǐ 马浅黑色。是黯淡的颜色。当天地有大变，有灾难来临，就派人骑騩马出门，免为庶人，以示消灾。

魋 kuǐ 鬼头不正，或鬼头大。若要说出鬼的样子，主要是在头脸，故至今犹说鬼脸。迎神跳鬼的时候，人要戴上凶恶的面具。同时，畏鬼之心重了，感到人弱小而鬼强大，故从鬼字往往有大的语义。

愧 kuì 惭愧。愧的异体字作媿，自羞自愧，故从耻省，得羞耻之义。今说羞愧。音义从鬼，取其丑恶、难看、不正之义。惭，心如斩也；愧，心如鬼也，都是对心的惩处而言，是德的表现。

傀 guī 魁伟，把鬼在想象中的一些特征移以指人，指个子大，今说块头大。鬼是怪异之物，故傀又得怪异之义，六朝时的志怪小说往往就是讲鬼的故事。今说这个人真鬼，除了怪异，还有狡黠、刁钻的因素。傀还有孤独之义，常说孤鬼、野鬼，是说其独居无人去祭。更值得注意的是：傀还有美丽之义，如瑰，至今还说瑰丽。妖就是美丽之义。傀(kuǐ)偏二字叠韵，本指汉末以来流行的木偶戏。傀为怪异之义，似人非人，土木制成，偏为败坏之貌。后以傀偏为嬉戏，又结合歌舞音乐，引申指受人控制不能有自己主张的人或团体、政府。

瑰 guī 美玉。鬼字就有奇异之义，玉石之奇异者，就得美好之义。瑰还指一种珠，因而得圆好之义。瑰丽、瑰宝、瑰奇、瑰姿等都是同义词的结合，都兼有美好之义。

块（塊） kuài 土块，谓土之堆积、凝结状。引申说糖块、煤块、地块等，又作成块事物的数量词，如一块砖、一块饼。

峗 wéi 山高且不平。它的不平之义，即是与块的语义相通。崔峗叠韵，高峻之义。

隗 wěi 高峻的样子。

巍 wēi 从鬼，委声。鬼羕而曲折，如说巍巍群山、巍巍昆仑。

魏 wèi 古代宫门两边高台观称魏阙或魏观，故魏为高大之义，因为不指山，故省作魏。

槐 huái 古时种槐树常常有怀念人归之义，故从鬼声，人之所归。槐之言怀也。槐树为落叶乔木，春来开槐花，长长荚。

瘣 huì 树木内部有疾，故无枝，或结块旁出若肿瘤之状。故瘣与坏双声。坏，亦怀也，怀，心之伤也。瘣从鬼，块也，结块旁出。

褱 huái 作名词指衣袖，作动词为隐藏（于袖或襟）之义。鬼亦有阴密、隐秘之义。

628. 氐

氐 dǐ 从氏，从一。氏，山崖之欲崩堕者，今说山体崩塌。一，地也。故氐为根柢、低层之义。根是就树木而言，层是就建筑而言。今氐字下作一点，是楷书吸收了草书的成分，篆书中的氐字下为一长横。

阺 dǐ 山崖从旁突出，象要崩塌之状。

坻 chí 水中由泥沙冲积成的小块高地，谓底层之坚厚，高出了水面。

砥 dǐ 磨刀石，质地细平坚硬，因多出于沉积岩中，故取底层之义。作动词谓磨刀，抽象义谓磨练意志品德。今说中流砥柱，谓水底砥石特出于激流之中如柱。黄河中本有砥柱山。

底 dǐ 到，抵达，动词。到达的地方往往是事物的尽头或底层，就成名词，如说将革命进行到底。又说彻底的唯物论，就是贯彻到底。常用的如水底、海底、箱底、壶中见底、芙蓉帐底。要把牢底坐穿，也是抽象义，是形象的说法。到底，又可作副词，说到底，就是究竟，竟也是终了之义。

邸 dǐ 诸侯来朝所居曰官邸。抵达之所曰邸。

柢 dǐ 木之根曰柢。如说根深柢固。柢为根的主导部分，旁出者为根，今通称为根。

胝 zhī 手足因劳动磨出的厚皮，俗称老茧。茧，本作趼，磨也。胝从氏，亦磨平之义。还说累茧重胝，即是茧上加茧。

抵 dǐ 以手有所抗拒、排除。如说抵抗侵略，这是一个专门的政治用语，还说抵挡、抵制、抵销等。古今都说抵罪，把生命或金钱去顶替或抵消罪过，否则不能平衡。抵触本指牛羊用角顶的动作，现在主要用于抽象义，如说思想抵触、抵触情绪等。

诋 (詆) dǐ 以言相抵，如指责、大声呵斥之类。今说诋毁，主要指说人坏话，恶意诽谤。

骶 dǐ 脊椎骨的最下部分。

軝 dǐ 大车的最后部位，今说车屁股。

牴 dǐ 抵的异体字。古说牴牾，今大多说抵牾。牛羊以角抵人，是抵字本义。

羝 dǐ 公羊，以其能抵人。汉代的苏武在北海牧羊时，人家让他放牧的是羝羊，并且告诉他，要等羝羊下了羔，才能让他回去，即是永远别想了。

低 dǐ 今说高低，古说高下。今曰低，古曰下，是形容词。又说低昂，昂为向上，则低为向下，皆动词。如说昂首，今说低头。周秦时代，低头与低首是有区别的，那时的头字有贬义，指要砍或已砍的头，荆轲刺秦王时，手上提了一个木匣子，里面装的是樊於期的头，不说首。说低首，语义已经包含有表敬或认罪的因素，已非单纯一个首的行为，故低头更有鲜明的贬义。汉代以后，低的语义扩展，如谷价可说低昂，便是贵贱之义。现在，声音的高低、地势的高低、身材的高低，用得很广泛。抽象义说能力和水平的高低。

紙 dǐ 不只是丝，凡物沉淀于水下的渣滓，都可曰紙，但今已不用。此非纸张之纸。

衹 zhī 致敬。可说衹敬，就是礼数周到。衹从氏声，取到达之义，到与致，皆从至，衹也有至的音义。衹又作副词，只有，原可作衹有。

鸱 (鴟) chī 老鹰，攫取鸡雀之类。鹰从应，应声而至；鸱从氏，迅猛抵达，也即至。

629. 石

石 shí 在厂之下，口，象石之形。即这里的口，既不是口舌，也不是围字，就是山石之形，语义就是山石。石字有两项重要的动词义，现在不用了：一是以石投掷之义，古代生产和战争都少不了掷石；二是针砭之义，古时医药的针灸，用石磨的针来刺。现在全是用金属的针。现在只有一项动词义保留在它的派生词中，即开拓的拓字。石器时代靠石器来狩猎劳作。现在人们跟石头的关系在语言上反而疏远了。石的形容词义有硕大和厚重之义，现在一担粮食可说一石，并读 dàn，即是厚重义。

炻 shí 这是一个新字。介于陶器和瓷器之间的一种制品，如水缸之类，坚硬跟瓷器相似，但粗糙如石，故从石声。

硕 (碩) shuò 大，如说硕果。原指人的形貌壮大，男女都可用硕字，说硕士、硕女。也形容道德声望之崇高。今说硕士，特指学位的名称。这样，硕本是一个好字眼，忽然把硕字形容老鼠，说硕鼠，它的讽刺意味就很强烈了。

鼫 shí 似鼠而大，头如兔，毛青黄色，好在田中食粟豆。

祏 shí 重量单位，百二十斤为一祏，后皆作石。

柘 zhè 与桑相似的一种落叶灌木，今植物学上属于桑科。自古桑柘连称。河南省有柘城县，盛产柘桑，以柘桑养柘蚕而得柘丝。柘丝作琴弦，清响好听，柘枝可作乌号之弓，为良材。可知柘从石声，取坚劲之义。

斫 zhuó 斤就是石斧，以石斧砍曰斫。斫从石声，显然要取石字的动词义，可说斫木、斫地、斫人。古曰斫，今曰砍。

跖 zhí 亦作蹠。脚掌。作动词为踩、践，即是以脚刺地，与斫的音义相近。

拓 tuò 以手取石，就是去开拓、扩大。开拓的工具，由石器、铁器到电气自动化，开拓的精神则是一贯的，这个拓字就是一个明证。拓地千里，就是开辟、扩大了千里的疆域。

祆 tuō 裙子中间开衩的地方，可以张大，便于跨大步。

橐 tuó 从束从囷省，石声。即是束字的中间断开，中间加一个囷字，囷字中间的豕省去，加进一个石字，楷书又把口字省成一，就成了现在的橐字。口袋有底的叫橐，无底的叫囊。有底的口袋，里面装上了东西从束从口中就张大了，故从石声。老子曾设想天地之间也是一个橐，可用以鼓风，什么季节吹什么风，万物都生长在这个口袋里。

柝 tuò 异体字作檬。后称梆子，巡夜的人击柝报更。后用于戏曲，击梆子以示节奏，故称河南梆子、山西梆子，能表达北方戏曲的刚强之气。戏曲的梆子往往是两块木头相击，巡夜的柝往往是竹筒，有时用木棒，也是中间凿空以共鸣传声。柝字从橐，取中空之义。字又从斥，取分裂之义，斥，开也。

蠹 dù 木中蛀虫，取中空之义，故也从橐声。蠹又叫白鱼，它身有银白色细鳞，形似小鱼。故蠹作名词指蠹虫，作动词为蛀食禾木或衣服书籍，引申为损坏、危害之义。

磔 zhé 从桀，石声。古时一种车裂的酷刑，有时叫五马分尸，把四肢都张大分裂。字从桀，如木枝向左右分开。文字上的捺笔也叫磔，也是取笔势张开之义。

630. 玉

玉 yù 人们经过漫长的石器时代，发现了各种美丽的玉石，奉为瑰宝。人间的多种美德，都可用玉字来比拟，如说"温其如玉"，指湿润仁爱之情如玉。又说有女如玉，亭亭玉立、金玉良言。玉字从三横一竖，表示是三块玉贯穿起来，是一串的玉。王字本是两横竖挨着，第三横靠下。后来玉、王二字不分了，玉字就又加一点以示区别。

鈺（鈺） yù 从金，玉声。取金玉之坚，或取义于珍宝。

頊（頊） xū 古常以玉为相见之礼，又以顿首表恭敬，两者就在頊字上结合起来了。其音从玉，其义表谨敬。由恭敬之义演变为自感失敬，语义向相反方向发展，"頊然不自得"，就是自感很失礼的懊丧心情。

玨 jué 亦作珏、瑴。两串玉相合之礼。

631. 丹

丹 dān 丹的字形作丼，楷书将短横化作一点。从井中采丹。丹也叫朱砂、丹砂，是一种矿物，也叫赤石，巴郡和南越出产。把丹砂磨碎用以书写叫丹书；丹铅就是丹砂和铅粉，用以作文字的校刊；丹青指丹砂和青䒸(huò，是一种矿物做的颜料，青色)，丹青指绘画；秋天的红枫叫丹枫；药方可说丹方，还说灵丹妙药，是道家用朱砂炼药来说的。丹心则指一片赤诚之心。

旃 zhān 赤旗。又假借为"之焉"二字的合音字。

彤 tóng 丹饰。今说红彤彤。朱砂的颜色保持得年代久，而且颜色鲜明显著，故与融字叠韵。彤之言融，两字相通。故彤谓红得鲜明而长久。

632. 沙

沙 shā 水中散粒状之石。散沙状的事物可说铁沙、豆沙、沙糖、沙瓤。发声嘶哑可说嗓子都沙了。僧侣可说出于沙门，则是梵文的译音，意思是悉心修道。

砂 shā 细碎的石子。矿砂、朱砂均不作沙。两字的音义还是相同的。

纱(紗) shā 麻丝等的细长纤维。已纺的曰纱，织成的细薄织物亦曰纱。今有麻纱、乔其纱等。长沙马王堆出土女尸穿的一件纱重二两，其轻薄如此。今说乌纱帽，是由薄乌纱制作的帽子。

莎 suō 莎草，它的叶片呈线形。莎衣就是蓑衣，由蓑草制作，蓑草之叶为线形，也叫龙须草。为什么叫龙须，猫须不行吗？因为穿上这蓑衣表示天要下雨了，是老龙在云端兴风作浪了。莎又读 shā，莎鸡，就是纺织娘，也叫络丝娘。秋茧收获的季节，纺织娘叫唤了。

桫 suō 桫椤，其叶片长一至二米，呈羽状复叶，如纱如罗地伸展着。

娑 suō 婆娑，舞姿之状，来回摇摆。又形容草木形影扶疏。

痧 shā 皮肤上出小红点，小而多。俗称出痧子，或出疹子。

鲨(鯊) shā 海中大鱼。以其皮粗如沙粒状，其皮可以做刀剑的套子。

633. 土

土 tǔ 地之吐生万物者。从二，象地之中、地之下，一竖象物之生出。今说天地，古还可说"皇天后土，实所共鉴"。此以土与天相对。还说乡土、国土，随便从地下抓一把土也叫土。现代的一个新用法，是说土洋结合，以土与洋相对。洋指海外的，土指国内的，可以结合在一起。还说土特产、土话等。

垔 dù 咸水草。茎叶细长，可以织席造纸。把它种在盐碱地上改良土壤后再种庄稼，故名垔草，从艹，土声。

吐 tǔ 从口中出。如有食物之吐，说吐哺言谈之吐，如说谈吐、吐露、吐音、吐字。古还可说吐文、吐论。进而非口中出也可说吐，如说百花吐艳，李白诗中有"松暝已吐月"，杜甫诗中有"四更山吐月"，这是说月从松林中、山背后升起。月可吐，日亦可吐，并说吐光。这样，吐的主语和宾语取得了全面的发展。至于有病呕吐，反而是较晚的说法。

肚 dù 肚的本义指胃。胃从来叫胃，围米于斯也。为什么又要叫肚？以五脏与五行相对应，胃，土也。水谷皆入于胃，五脏六腑皆从胃接受元气。但是从未听说有人把胃说成肚，只是把动物的胃说成肚(dǔ)，如猪肚、牛肚，还有鱼肚之类，却是全民一致的。这是人们要把人和动物加以区别，剖宫产，若说剖肚产，就有点失礼了。那么肚为什么又指腹了呢? 中医又以五行与五位相配,东南西北中五位,土居中央。胃是五脏六腑之本。这样,包含五脏六腑的腹就也称作肚了。脐从齐,亦取中央之义,与四周等齐也。胃居腹腔的左上部,它并不居中,它只是在五行的理论上是土居中央。

徒 tú 本作辻。隶变作徒。步行曰徒步。徒也指行役,就是去修建城堡、堤坝、宫廷园林等土建工程,这是徒字的动词用法,是修建土木工程之义。这种行徒,又不是一个人或几个人的事,因而有众多之义。步兵说徒兵。后来说门徒、党徒。无车而战亦谓徒,无舟而渡亦谓徒。徒手操、徒手搏斗,更指手中没有器械,是空手之义。从而又引申为副词义,徒、但、第、地、特、独六字皆双声,作副词时同义,徒然,就是白费,就是枉然。

杜 dù 甘棠。实际上杜有赤有白,有甘有涩。我们现在棠梨之类,酸涩甘甜,各不相同,尝之方知,故棠字从尝,杜字同度。土字的古义,就有度量之义。杜,又作敨,闭门杜绝之义,由度量而至堵塞。杜有涩义,止涩不通也,就是杜塞不通。杜撰,就是杜塞不通,胡乱编造。

社 shè 土地之神主,俗称田公田母。作动词祭祀土地之神曰社祭,社祭的场所曰社宫,俗称土地庙、土谷祠。社祭之日称社日。社祭所供称社酒、社肉。社祭之日所举行的集会称社会,所演的戏叫社戏。土地之神曰社,五谷之神曰稷,合称社稷。我国自古以农立国,故国家亦称社稷。禅,祭天地曰禅,社的音义从禅从土。现在祭土之义没有了,集会结社,就是分工合作,共同完成一项事业。如说学社、通讯社。社会本指祭祀社日的集会。与英语的 society 相当,指或大或小的人们共同生活的群体,如社会制度、社会科学、社会关系、社会主义。

牡 mǔ 牲畜或禽兽中的雄性。雄从厷,取大的语义,牡丹、牡蛎亦是大,从牛而有大之义的是"牟",麰就是大麦。牡与牟古今皆同音。

634. 堇

堇 jǐn 黏土。黄土多黏,故字从黄省。名词。后有时用作植物名称。

墐 jìn 用作堇的动词义,因为黏土常作涂料,就常用为涂抹之义。如说塞向墐户,就是把北面的窗子堵死,把竹木编的柴门涂上黏土,好暖和过冬。墐的另一义指埋葬死者。又指水沟边的道路,需要拍打、涂抹,以免被水冲垮。

殣 jìn 道中死人,加以覆盖封闭,就要涂泥。

馑(饉) jǐn 蔬、谷不熟皆可曰馑。是从歉收、死人之义来的。从堇之字往往有少小、歉收之义。

廑 jǐn 小屋,少劣之居。

仅(僅) jǐn 表示数量和程度之少,副词,义为才、只是、不过。仅有,就是只有、才有。仅见,就是只此一见,极其少见。仅仅,强调极少。

槿 jǐn 木槿。夏秋开白、紫、红三色的花,很美,但是它朝开夕落,历时过短,故名为槿。

谨(謹) jǐn 谨慎小心,认真仔细,言少也。涂塞也是一种谨慎的行为。

勤 qín 由谨慎、认真之义,引申为勤劳、辛苦、操心、慰劳之义。勤力就是用力、尽力;勤学就是努力学习。但是现在勤字很少作动词用,如说勤快、勤恳、手勤、洗得勤等,都是形容词。作名词指事务,如说执勤、内勤。

懃 qín 懃懃,殷勤的异形词,就是接待周到,悉心照顾,故字从心。

觐(覲) jìn 诸侯拜见天子,勤于王事,故字从见,是宫廷用语。

瑾（瑾） jǐn 瑾瑜，紧密光润之美玉，稀世之珍宝。瑜从俞，胜也，超过也；瑾从堇，仅也，少有也。三国时吴将周瑜，字公瑾。

635. 尧

尧（堯） yáo 高。兀上又有三土，兀，高而上平也，故尧尧，崇高之貌。

峣（嶢） yáo 焦峣，山高之貌。又说峣峥、峣峣。

翘（翹） qiáo 尾部长的长毛，鸟兽中常见。引申指一切事物之翘（qiào）起，指举起、抬起。对人，腿、嘴唇、头发都可说翘起。翘尾巴，是骄傲不逊之义。

趬 qiāo 起、高，走路轻快的样子。

跷（蹺） qiāo 蹺跷，蹺本读 xǐ，但受跷字影响，读双声。蹺，步行的羊肠小道，作动词谓脚蹺，是用心地踩，或有意地踩。跷，举足高，有所思或有所待。故蹺跷，指事有曲折，行有可疑，形迹不同寻常。这是宋元以来白话中提炼得很好的一个词，可以包括言行中各种难以窥测、探知的曲折事态。

浇（澆） jiāo 淋、灌。如说水浇地，南方有菜浇饭，给花木浇水，都是要由高而下。抽象义如说借酒浇愁。浇还有一项特殊的含义，指社会风尚的浅薄、浮夸，风尚纯朴敦厚就是淳，或作醇，冲了水就浅薄了。淳厚与浇薄相对。

硗（磽） qiāo 或作墝。土壤坚硬多石，地必瘦瘠，不宜种植，故硗与肥相对。《孟子》说："地有肥硗。"硗与浇薄之义相近。

骁（驍） xiāo 马勇猛矫健。也可以形容人，如说骁将。骁骑指勇猛的骑兵，人与马都包括了。

獟 yào 或 xiāo 疯狗，狂犬。故与骁音义相近。

晓（曉） xiāo 天明。昕为明之始，破晓之时。大明曰晓，或说大昕曰晓。旭为晓已尽，日欲出。昕、晓、旭三字双声。晓从尧声，故曰大昕、大明。常说昏晓，两字相对，偶也说昏昕或昏旭。同义词的语义有细微差别，语义略有宽泛，便相通了。作抽象义，北方人多说知道，南方人常说晓得。晓由日之明，引申为智之明。

绕（繞） ráo 缠线，丝是缠绕之物中最典型的。宾语扩展，走路也可说绕路了，绕场一周，环绕，故字亦可作遶。又如说山绕水匝，山水之曲折也可说绕。绕与柔、揉双声，柔则方可绕，如说"何意百炼刚，化作绕指柔"。

挠（撓） náo 扰也。今说扰乱，古亦说："扰乱我同盟，倾覆我国家。"挠亦有揉屈、削弱之义，为抽象义。如说挠志，即屈节以从他人；挠辞，即屈服投降的话。

铙（鐃） náo 军中发令之器，如铃而大，口朝上，执以敲击。所谓鸣金收兵，就是击铙命令部队收兵休战；所谓一鼓作气，就是击鼓开始冲锋。故铙即挠，揉屈之义。

桡（橈） ráo 曲木，动词。作形容词，为弯曲、削弱之义。与揉、煣音义相通，都有绕曲之义。

娆（嬈） ráo 妖娆，美丽，妍媚。妖，曲也，媚也；娆，柔也，弱也。故妖娆为柔曲之美。娆字亦单用，扰也，戏弄也。

荛（蕘） ráo 柴草。大曰薪，小曰荛，常说薪荛。又说刍荛，故为包裹与缠绕之义，即是采集而捆束。其中也不免要有揉曲的动作。作名词指刍荛的人，《诗经》说："先民有言，询于刍荛。"

刍者，饲草；荛者，烧柴。

饶（饒） ráo 甚饱，丰多，因而又得安逸、富饶之义。从而引申为宽恕之义，如说饶他一条命。

蛲（蟯） náo 腹中寄生虫。其尾常向腹面弯曲。

谇（譊） náo 怒呼声，喧嚣、争辩、欢腾之声。它的直接语源是从扰乱之义来的。

烧（燒） shāo 烧野草以肥田，也指打猎时焚草木赶出禽兽以便猎取，叫作"火田（即畋）"。这是烧字的初期用法。"野火烧不尽"，野火曰烧，野外的火都是行火，是可以燎原的。进而可说烧城郭、烧粮草，炉膛里的火也可说烧。至于烧肉，然字的火上是犬肉，炙字的火上也是肉。燔字从采，就是烧的熊掌之类。汉代以后有许多抽象用法，体温上升曰发烧，羞愧说脸上发烧，这都是不见火的烧。传统的说法有火烧赤壁，英法联军火烧了圆明园。烧字从尧、荛，有高、猛、大之义，烧与姑(shàn，即今闪烁之闪)双声，故烧谓火势之盛，行火也。

636. 厃

厃 wěi 从人在厂上，即人居山崖之上而高危。实即危字。

危 wěi 在高而惧。危石就是高峻的石头，危冠就是高正的冠。今说危楼是指要倒塌的楼，古说危楼就是高楼。屈原说他戴的是危冠，就是一顶很高的帽子。正襟危坐，就是端正而高高地坐在上面。舟上的桅杆也是高而正的。引申为高而险之义，说危险、危机。所以，危有正与不正相反二义。

垝 guǐ 高而险。如说垝垣。

桅 wéi 船上挂帆的木柱，常称桅杆。有时也以竹。

跪 guì 两膝着地，屁股靠在脚后跟叫坐；腰和大腿都伸直，仅是屈膝叫跪。此时以头着地曰拜。按理，跪着比立着要矮，为什么音义从危？古时席地而坐，与坐、拜比较而言，跪的体势就是最高的了，故其音义从危。

诡（詭） guǐ 言危为诡。高而正直之言，故是指命令、责成之类的言论。后指高而险之言，指奇谈怪论、危言耸听、荒唐虚假之辞。这样这个诡字的词义就要好好琢磨一下，随语境而定。这也是正与不正相反二义。

恑 guǐ 或作佹。与诡通。佹辩，即今说之诡辩，似正直而实似是而非。

嫢 guǐ 体态从容、闲雅之状。

637. 高

高 gāo 从冂从口（即围字），象高台之形，形容地势之高。高高在上这句话本指天高，从而可说高飞。《尚书》中有高后、高祖、高宗等说法指社会等级之高。今说高尚、崇高，是就道德和地位来说的。高字可形容的范围大加扩展，如年龄、声音的高；见解、价值、层次的高；频率、水准的高；速度本说快慢、温度本说冷热，也可说高。但是高字的动词用法消失了，只能和其他动词结合，如说举高、提高、加高等，高字作了补足语。

犒 kào 慰劳。即以牛羊酒食劳师。如说犒赏，犒字从高，赏字从尚，均尊崇之义。

槁 gǎo 草木枯萎。以粮草、牛、酒犒赏军功，故槁、犒二字相通。同时也可指木之年代高者。枯从古，取古久之义；槁从高，取高先之义。

殠 kǎo 骨肉干枯。

稿 gǎo 禾杆。引申为粗乱之义，今说写文章先打个草稿。稿的语源义仍是从犒，实为犒，是用以犒师的。

蒿 hāo 蒿草，有青蒿、香蒿等，种类很多，以致一般就指杂草、野草。草屋可说蒿店，草路就说蒿径。它也常指草之高者，高大与枯槁二义素常相结合。

薧 hāo 坟场、墓地。就草木动物而言，则是干枯之义，兔薧就是兔肉干；鲜薧就是鲜肉干。

篙 gāo 撑船的竹竿。因为水有深浅，篙则必长，长即高也。南方往往把晾衣服的竹竿也称篙竹，也要求长。

镐（鎬） gǎo 原指大锄，是长把的。后镢、十字镐之类不那么长了。现代凿岩的工具风镐、电镐之类，有时它的钻头伸进去也比较长。

歊 xiāo 气上出之貌，可说歊歊。

熇 xiāo 熇熇然火炽盛之貌。熇暑，谓高温天气。

滈 hào 水长流之貌，水之盛大。亦久雨也。

缟（縞） gǎo 细薄而精白的丝织物。生帛曰缟。帛亦素白色。从高之字常兼有白的语义。

皜 hào 今多作皓。《楚辞·渔父》："安能以皜皜之白，蒙世俗之尘埃乎？"皜首，就是白头。

膏 gāo 凝结成块状的叫脂，液化了的叫膏。膏亦呈白色。古曰膏，今曰油。羔裘如膏，就是白白的自然色。膏露、膏雨，则膏有滋润之义。今说药膏或膏药，不再限于白色，梨膏糖是治咳嗽的，非白色。有多种护肤的膏，不论颜色，也不论是凝固的、液态的，大都呈油脂状。

豪 háo 豪猪，全身长有长毛，并带刺，遇敌时刺竖起，以屁股后退刺敌。后又称箭猪，豪从高声，取其长义。引申指豪俊、豪杰，又说豪放、豪爽、豪迈；也有作贬义的，如巧取豪夺、土豪劣绅，豪客有时就指盗匪。

毫 háo 细长的毛，从毛，高省声。如说毫毛。秋毫指秋天动物身上长出的绒毛，是冬天御寒的。毛笔有羊毫笔、狼毫笔，羊毫软，狼毫硬，还有鸡毫就更软了，写起来风格大不一样，书家根据自己的风格去挑选。所谓七紫（指黑毛）三羊，就是七成狼毫、三成羊豪，写起来刚中有柔。

嚎 háo 声音拖得很长的呼叫，如说鬼哭狼嚎，对人则说嚎啕大哭。

壕 háo 或作濠。护城河。城壕也说城池。今主要指战壕，是战场上的壕沟，取其长义。

塙 què 确的异体字。坚高之貌。天是至高而明的，故确又有明义，今说明确。的确，就是像箭靶那明明确。又说确实、确切，也是同义词的结合，还说正确、准确。

翯 hè 鸟羽洁白有光泽。其义取自高与膏。

乔（喬） qiáo 从夭从高省，高而曲也。如说乔木、乔松，是高而曲的；桃树就只说桃之夭夭，因为桃树不高大。形容山的可说乔岳。在从乔的派生词中，如侨、骄等字语义重在高，桥、矫等字语义重在曲。但常常是兼有的，如桥有曲拱桥，但是高桥也有的，越高就越曲。乔迁，主要指高迁，但其中也有许多曲折的故事。有时也很难兼顾，如说踩高跷，没有曲义了；乔装打扮，是掩盖、歪曲了真相，没有高之义。

侨（僑） qiáo 指人迁移到高处居住，故也可说高迁。今指到异国他乡居住谋生，叫华侨、侨胞，为名词。

蹻 qiāo 举足向高处走。蹻（亦作翘）足而待，就是跷起脚跟。踩高蹻，就是脚掌下支起木棍，踩着木棍行走。总之是足的行为与高有关。

屩（屩） juē 用麻、草之类编制的鞋，穿着脚步矫健，便于举足行高。

趫 qiáo 善于登高攀升。

挢（撟） jiǎo 举手。引申为举起、仰起之义，翘首亦可作挢首，即抬头、伸头之义。矫枉过正，也可作挢枉过正，语义则着重在曲，把曲的东西矫正。

娇（嬌） jiāo 娇贵扭捏之状，故作姿态，称作娇气，故也是高而曲。

骄（驕） jiāo 马高大。引申指草木长，从而指人之骄。骄傲一词有褒贬二义：自豪、骄子、一代天骄，都是褒义；骄兵、骄横、骄气，都是贬义。

憍 jiāo 仰头，摆架子，骄矜恣肆。

鷮 jiāo 鷮雉是雉的一种，它尾部的毛最长，高而曲也。

𤛦 jiǎo 角高而曲之状。

鱎 jiǎo 一种白鱼，头尾都向上翘，身子就形成弯曲之形。

峤（嶠） qiáo 山峰锐而高。也指山路，读 jiào，就更是曲折向上的现象。

桥（橋） qiáo 架于水上或空中便于通行，如说曲拱桥、立交桥。颐和园中的玉带桥，把高而曲的成分加以夸张，成为大众观赏的艺术品。桥牌是相对两家合伙得分。凡起沟通作用的现象，都可叫桥梁作用。

鐈 qiáo 似鼎而长足，则必高。

繑 qiāo 套裤上的绳子，系于腰带，故必居上，系则必扭曲。

轿（轎） jiào 今说抬轿子，故是高的。如今的小型汽车叫轿车，已经没有高的因素了。

矫（矯） jiǎo 箭杆弯曲了，就射不正，射不远，就用钳子之类工具夹直，叫作矫枉。矫正，就是使曲者变直。矫字引申为假造、诈称之义，如说矫诏、矫命，就是假造一道命令。如果矫命者是正确的，那就是矫正过错的行为，但它大多指阴谋者的行为，就完全是诈称和欺骗了。乔装的乔字，就是假装之义。乔、矫之间有相通的语义脉络。矫与揉是反义词，揉是使直变曲，矫是使曲变直。矫揉造作，就是在曲直之间来回不断地做些动作，以卖弄自己。

荞（蕎） qiáo 荞麦，种子可磨面供食用。大麦小麦的茎挺直向上；荞麦茎赤，柔弱而上翘，故呈曲而向上之形，故称荞麦。

橇 qiāo 或作鞒。在泥滩、泥途上滑行的滑板，雪橇则是在雪地上滑行。雪橇狭长而前端翘起；泥行之橇如箕形，两头翘起。

撬 qiāo 手举起、翘起。与挢、跷通，如说撬起脚，今多作翘。撬还引申为掘开、挑起，如说撬开井盖、撬开大门。

638. 京

京 jīng 从高省，丨，象高形，高字下本为同字，省口，加丨。作小字，是隶书草化的结果。高的本义是高台、高丘，自然形成。京则专指人为的土木工程，也是高台之类。后又指城堡之类，进而指一国之首都，有北京、南京，张衡写《东京赋》和《西京赋》。京又引申有高大之义。

景 jǐng 从日，京声，光明也。故可指阳光、太阳、光明之义。春和景明，就是春天气候暖和，阳光灿烂。风景，就是风和阳光，以此概括一切自然景物。景行，就是光明正大的品行，为抽象义。又由此得仰慕之义，说景仰、景慕。今说光景过得怎么样，指的是日子，即实际生活的贫富、康乐，说光景主要是指时间，又以此指生活。

憬 jǐng 心里明白，觉悟。憧憬，为向往、仰慕之义。

璟 jǐng 玉的光彩。

麖 jīng 又名马鹿，形体高大，四肢细长，机警善奔。

鲸（鯨） jīng 海洋生物，长可达三十米，胎生动物。鲸波，就是大波。鲸吞，就是强食弱。字亦作鱷。

勍 qíng 强。力大则强。

黥 qíng 亦作剠。墨刑，在罪人脸上以刀刻字，以墨染之。字从黑，以其有罪过；从京，表明其罪过。

影 yǐng 事物经过光的照射，必有阴影，故说形影不离。形经过水面的反射，见到的是倒影，本作倒景。影响，本指形的阴影和声的返响。阴与影双声，阴，暗地，翳也，遮挡住了光，才有阴和影出现。光暗的地方就是影。故影的音义从阴又从景。

谅（諒） liàng 诚信。谅从京，取光明之义，光明正大则必诚信。今说原谅、体谅、谅解，都是从谅察、明察之义来的。谅字从京，京有高明之义。谅又有预料、料想之义，如说谅他也不敢，能明察，故也就能预料。谅与亮双声。亮字也从高省，亮字的下部为人字，人高明便是亮。谅察可作亮察，谅直可作亮直，谅阴可作亮阴。谅，也与良双声而语义相通。良为善良、贤明之义，谅与良便是同义词。

倞 liàng 亦作亮。明也。倞又可读 jìng，为强大之义，实即勍。

亮 liàng 明朗。月常叫月亮，有的地方叫亮月。这是对光线说，对声音说，可说响亮。抽象义可说心明眼亮，指思想认识清楚深刻。亮有诚实不欺之义，是从谅、倞来的。

凉 liáng 或作涼。所谓高寒地带，地势高，气温就低，高处不胜寒，薄寒为凉。故可说凉爽、凉快。凉也有凄凉、荒凉等引申说法，人一走，茶就凉，则是就人情的厚薄说的。还说把饭凉一下再说，这是作动词，读 liàng，声调变了一下，就区别了词性和词义。

辌（輬） liáng 车厢有窗，关闭则辒，通风则辌，叫辒辌车，实即温凉。

醇 liáng 稀释的米汤之类的凉饮料，也指用桃梅之类泡水的饮料。稀释的酒也可作凉饮料。

晾 liàng 把潮湿的衣物放在通风或阴凉的地方，让它干燥，故晾字和通风、阴凉联系起来。晾字从日，让太阳晒干。晾的引申义如说把他晾在一边，不理睬，冷淡他。

掠 lüè 夺取，如说掠夺。手有强力，故可得夺取之义，字从京，与倞、勍之义切近。但掠字的韵母特别，它是从略字演变的。今说侵掠，《左传》中作侵掠；《史记》中说劫略，也作劫掠。今作掠夺，本是作略夺的。掠本来也读同倞、勍的，又可读同略，后来就完全读同略了。

639. 就

就 jiù 从京从尤，很高的地方，是人所要去的。常言说，人往高处走，又说就高不就低。这都是就字的本义用法，为去到之义。各就各位，又说就业、就餐、就近、就势等，高处的义素就没有了。由去到之义引申为归向、成就等义，大多是抽象义，如说功成名就，"就"为成功之义。又说将计就计，是将就、迁就之义。就字更常用作副词，由去到之义，虚化指两种行为的连续发生，两种情况的接连出现。如说要去就去吧、吃了就睡。如果没有两件事连着说，便是单纯强调这一件事，如说我就是要去。就字作动词时，总是和时、空联系着，它再虚化一点，便只表示行为的随即发生，或状况的立即确认。如说这就是、那就是之类，又说他就要上班了。这是就字的最常用的用法。

僦 jiù 运送，为去到之义的引申。另一义为租赁，"僦屋"就是租赁房屋，是去到的处所，"僦载"就是租用车辆，是去到的工具。

蹴 cù 或作蹵。用脚踩或踢，也是去到之义的引申，如说一蹴而就，就是马到成功，蹴，到也；就，成也。蹴然，有时表恭敬，有时表惊恐。

鹫（鷲）jiù 即雕，凶猛而高飞的鸟。动物学上都属于鹰科。

640. 卓

卓 zhuō 高也。从早、匕，早得教化便是卓。常说卓越、卓见、卓识、卓绝等。高则超越，高则明，高则远大，这些引申义，卓字都是有的。卓然不凡，还说卓尔，这些词都以副词结尾。卓字已不单独使用，说明它有点萎缩，但是由它组成的双音节词却很活跃。

桌 zhuō 从木，卓声。过去人们席地而坐，伏案几工作、休息，这案几只能是低的，后人们坐起椅子来，这案几的脚也要高出一倍，故叫作桌，本作卓。今北方客来上炕，用的是炕桌，实际那是真正的案。

趠 chuō 或作踔。远走，亦有跳跃、超越之义。高与远在语义上常可沟通。趠趠，高远之貌。趠行，即远行。

掉 diào 摇摆。足之高远曰踔，手之高远曰掉。尾大不掉，就是翘起尾巴摇摆摆不了了。掉得起劲地摇，掉不够便是摇，有程度上的区别。掉与卓为双声，掉与摇为叠韵，故摇之大者、高远者为掉。掉头就是改变了方向。许多较轻的东西摇晃着落地的，落地叫掉，直线落地也可叫掉。从而遭受损失也可叫掉，如掉色、掉膘。还有交替轮换着的行为叫掉换，也可说掉一个位置。语义稍虚化，加在动词之后作补足语，表示行为的完成，如说吃掉、擦掉、漏掉等。

悼 dào 恐惧，来回颤抖，故与掉的行为相似，哀伤是心神的震动，故说哀悼、追悼或悼念。是专对丧事而言的。

棹 zhào 摇船的工具叫櫓，也说棹，是左右摇的，桨是前后划的，叫荡起双桨。

罩 zhào 本指捕鱼器，从网，卓声，那是一个较大的圆筒形的竹编之器，高而下大上小，下罩以后，罩就落到河底，渔人就到罩里去抓鱼。捕鸟则是用竹笼，所以常说笼罩。语义加以引申，它们的主语和宾语都加以扩展，如说皎洁的月光笼罩着大地，战争的阴影笼罩着整个欧洲，还说罩衫、罩裤、灯罩、口罩。

倬 zhuō 著名而广大，是高远之义的引申，如以倬形容昊天、形容云汉（天河），也形容道德事业。

焯 zhuō 高明盛大。焯与照双声，皆从火。故焯为普照、高照之义。

绰（綽）chuò 宽大、宽厚。指布帛或衣服，也用以形容人之体态、心境。

淖 nào 常说泥淖，双声，泥泞也说淖泞。淖为深泥。陷于泥淖，若不是深泥，就不至于陷。淖的音义从泥又从卓。

人进入一个新的境界，如晶体物质由固体挥发为气体，叫升华，现实生活经过艺术的提炼进入一个新的境界，也叫升华。

昇 shēng 日上曰昇，主要是为了表现升者的辉煌和尊严。也说昇堂、昇车。

陞 shēng 从阜从土，故陞主要是就陞堂、陞阶说的，堂字从土，阶字从阜。今一律作升。

抍 zhěng 上举。即拯字，拯救可作抍救。抍，救助也。或认为此即振、赈字。

641. 乘

乘 chéng 篆字从入、桀，桀为枝条左右相背而出之木，人入于其上，即升于高出之本。故乘的本义为上升。乘屋，即上了屋顶。乘舟就是上船。故今又说乘火车、乘飞机、乘胜追击、乘风破浪。还说乘机、乘势、乘虚而入，便是抽象义。夏日乘凉，凉怎么可以乘？这是从乘风之义来的，有风则凉，故可说乘凉。今数学上说加减乘除：加，增也；减，损也；乘，升也；除，去也。数，屡算也，屡作不同之增损也。

剩（賸） shèng 为多余、剩余之义，即有所升。如说剩下的人，没剩下什么财产。

嵊 shèng 浙江原有嵊县，那里有嵊山，山总是高升的。那里四山相合。一车驾四马曰乘车，故四山相合曰嵊。

騬 chéng 騬马，也说騬牛，指割掉了牛马生殖器的，使其长得强壮而高大，它们不能生育，可多拉车，多干活。也说骟（shān）马、犗（jiè）马、犍（jiān）马，都是一个意思，取义不同。

642. 升

升 shēng 量器。升斗连称。总的来说，古时的度量衡单位都比现代的小。升降的升，是它的假借义。人或各种事物的位置向上叫升，动词。如说升天、升空，从小学到大学可说升学、升级，官职的高低也说升降。升华一词本指官职说，引申指事物或

643. 罨

罨 qiān 升高。从卪从异，囟声，篆文为罨，隶化作罨。囟指脑门，手抬起一个脑门，又加志节。故是指思想精神方面的提升。

迁（遷） qiān 登高，乔迁。引申指一般的搬迁、转移。今说变迁、迁就，也不分高低。而官爵之迁，有升迁，贬官也叫迁，便是降职了。所谓迁客，一般是指遭贬官的人。迁字在现代主要用于变迁之义，如时过境迁。

仙（僊） xiān 亦作仚，人在山上，便是要仙去了。仙，迁也，迁入山中也。人死便说仙逝。仙的引申义便是不同风俗，除去道家修炼的因素，说仙便是区别于一般。李白是诗仙，是超越的。又有仙桃、仙乐，"此曲（仙乐）只应天上有，人间能得几回闻"。于此可知，这仙字多少还有升空之义，所谓的飘飘欲仙，而杜甫身在民间，就只说他是诗圣。

跹（躚） xiān 蹁跹，轻捷起飞之貌。蹁，或作翩，疾飞也。跹，上升。它是形容舞蹈的。

千（韆）qiān 秋千，于高架上悬两长革，下系木板，或坐或站于其上，捉革前后摆动。秋，揪也；千，通迁，登高也。故为手揪与足登之戏，相传为春秋齐桓公从北方山戎引入。

644. 音

音 pǒu 本体"否"字上面加一点，即今呸字。参见呸。音又有假借义，从音之字多有增厚、加重之义。动词。

培 péi 用土加厚。或高积叫培，庄稼根部常常要培土保墒，工程上要填土保基，堤坝加固加厚，也可说培，还常要夯或筑。抽象义说对人才的培养、培育、培训，还说培植势力。对植物也说培育良种、培植树苗。

陪 péi 土之重叠，指山阜、丘墟而言。今多用于人事之陪。重土为陪，人之相重亦曰陪，如说陪客、陪审、陪伴、陪同等。古说陪臣，他们都有封地，或涉及封地，所以用陪字，现在说陪客人、陪病人，就跟土地无关了。陪衬，是陪伴作衬托，指人的陪，也常是物的陪。从而陪又有辅佐、协助、增益之义。

赔（賠）péi 损坏人家的东西，用钱去作补偿。古曰偿，今曰赔，赔是宋元以来用开的字。作引申，一般的耗费也说赔，如说半天的工夫赔里了，赔了夫人又折兵。还说赔礼、赔罪、赔不是。赔笑就是亏待了人家，失礼了，理亏了，就用笑脸作补偿。

倍 bèi 事物的数量或价值翻一番，叫一倍，倍，重也，即增厚、加重。有的时候就没有具体的数量，如说倍加小心或信心倍增，这是无法用准确数量来表述的东西。翻覆曰倍，故倍还曾有背叛之义，现在已经不用了。

踣 bó 跌倒。前踣，就是前覆，即是从翻覆之义派生来的。

掊 póu 把，用耙子把，如说把土、把沙子，为聚集、增厚之义，故其音义从音。培是把土加厚。掊可以是把拢，也可以是扒开。把字从巴，集结也；扒字从八，分开也。两者有增减、损益之别，是相反相成的。

剖 pōu 判、分。分则为二，如说剖符，或剖竹，各执其一以为凭证。今说解剖，就全都要分解。又说剖析、剖视，常就思想观点而言，为抽象义。

部 bù 作动词，为划分之义，指县邑、区域之类的划分。今说部署，也是动词，有布置、率领、管辖之义。作名词，说部分、部门、部落、部队、部件，还说东部、西部、面部、腹部。作量词，说一部著作，一部汽车。

菩 bèi 作动词，为遮蔽、加厚之义。作名词，指苫屋的草，不是要增厚、加重的吗？杜甫的诗说："八月秋高风怒号，卷我屋上三重茅。"菩草和麦秸皆可作为建造茅屋的原料。至于菩萨的菩（pú），便完全是梵文译音了。

蓓 bèi 蓓蕾，没有开放的花骨朵。蕾即花蕾，棉花的花蕾特别大叫蕾铃。蓓则为培育或众多之义。蓓蕾为众多的骨朵。

痞 pēi 痞瘟，中医叫荨麻疹，皮肤上起的一片红红的小疙瘩，为过敏疹。痞瘟为众多的疙瘩。

焙 bèi 北方常吃烹的焙子，把它贴在锅沿上或炉壁上烘烤，经常要反复地烤。

醅 pēi 已经发酵、培育而成的酒曰醅，古时大多指未经过滤的浊酒。以酵曰醅，以火曰焙。

645. 粪

粪（糞）fèn 弃除。除秽曰粪，动词。作名词指粪便、排泄物。粪字篆文本从釆（biàn，即辨字。经过消化，辨别精粗，排出渣滓，粪便之便，应即此字）、从𠦒（bān，箕属，推弃之器）、从廾，即两手推着箕排除废物。粪土之墙，是说废土夯出的墙，它不结实，易塌。

瀵 fèn 地层深处喷出的泉水。它们在地层深处都是相通的，涌到地面上，哪里有泉穴就分别从哪里溢出了。故音义从粪，取分别之义。

攛 fèn 扫除。

646. 乚

乚 yǐn 表示一个曲折的处所，故得隐匿之义，实即今隐字。亡、陋、直等字皆从乚（直字的最后一横本为乚字），但语音皆不从乚。

隐（隱）yǐn 隐蔽、隐藏、隐瞒，动词；作名词指隐藏的地方或事情。隐士，就是身有才能却不出来效力，只求个谨慎可靠，就隐居到山林。从阜从心，㥯（即隐上下两手相掩而工）声。

傿 yìn 依人。本是依阜而隐，引申为依人。

讔（讔）yǐn 有话不直说，做点儿比喻，或旁敲侧击，让你从中猜测，以求乐趣。

饚 wèn 以食相依而安。

擟 yìn 心身协调，亦相依之义。

缊（縕）yǐn 缝衣，两边相依而隐，亦两手相付而工。

幓 yìn 包裹。从隐蔽取义。

稳（穩）wěn 今说安稳，隐蔽则安，故稳字从隐。如说稳固、稳重做事，谈问题、风度，都可说稳，或拿得稳，即是从心的。两手相付而工，也是拿得稳。稳字从禾，本是农业用语，两手相付将谷子从谷穗上揉下，又揉去谷皮，颗粒聚集。过去都是靠这种熟练的手工进行劳动。

檃 yǐn 屋栋。栋与梁都是上下相接而稳的。字或作櫽。檃栝，檃为揉曲之器，栝为正方之器，皆娇邪成形，稳而且安之义。

轀 yǐn 车过隐约震动之声。轰（轟），则为群车之声。

霠 yǐn 云层隐蔽之状。

㠯 yǐn 㠯嶙，山势高峻，云雾缭绕，隐约可见之状。

瘾（癮）yǐn 本指荨麻疹，皮肤上起小疙瘩，取隐微之义。今则主要指烟酒之瘾，没有烟酒心里难受，坐立不安，也是一种内病。又说过把瘾，指做自己爱做的事，痛快一时，免得心里有病。

以上从隐的词族共14字，涉及生活的诸多方面，但是它们的上舌声韵是一致的，后来的读音虽有诸多变化，却皆不影响语义。

647. 亡

亡 wáng 逃亡。有时一般外出，人不在，也叫亡。字从入、乚，即进入隐蔽之所，便是逃亡了。引申为失去、消亡、灭亡、死亡等义。亡字还曾假借为无，并又读同无，为否定副词。

忘 wàng 从记忆中消失了，不记得了。念念不忘，忘却的反面是思念。

妄 wàng 胡乱、荒唐、不法、狂妄。如说妄想、轻举妄动。这是在语言文字上反映女权时代、母系社会，女亡便要出乱子，女亡便是荒唐。女不亡在家便是安。《易经》中有一卦叫"无妄"，是吉利的卦。在周代，还有一个"奷"字，是女子干预政事，本是正常现象，后来说奸臣、汉奸，才是反叛之义。

忙 máng 唐代才较普遍使用，汉魏偶见此字。心不在，故得急忙、匆忙、慌忙、仓皇之义。后指事多，如说农忙、忙里偷闲、忙中出错。忙的反义词是闲、空。

氓 méng 或作甿。本指流动人口，《诗经》中有一首诗就叫《氓》，写的是一个各处去收购蚕茧的流动商人，有时村野之民也叫氓。流氓，本指无业游民，后才指为非作歹的人。

盲 máng 目失明。故从亡声，取失去之义，引申指不能辨识某方面的事理。法盲，即毫无法律知识，文盲指不认识文字，盲从就是瞎跟别人，自己无主见。

芒 máng 草本的末梢，小而欲尽，如说针尖对麦芒，刀锋的尖端说锋芒，光也有芒叫光芒。芒鞋，指用一种叶子细长的植物编成的草鞋。

虻 méng 牛虻，似蝇而大，有刺，食牛马之血。虻从亡，以其有刺如芒；蜂从夆，以其有刺如锋。

茫 máng 字从水，如形容水上烟波浩渺，迷茫不清。草木丛中，更有迷失现象。茫然，主要用作抽象义，失意的样子。茫然不知所措，指一时无办法，无主意，也说茫无头绪。

栌 máng 栌果，也作芒果，又曾作檬果，以其叶丛生枝端，如上有所蒙；又叫檬果，众草曰莽，以其叶丛生而花丛开也。栌字从亡，取其音同或音近而已。

硭 máng 硭硝。于山石中采之，是结晶体。布于草芒者，以水浇淋，以盆覆盖，过夜硝皆结于盆盎，故曰硭硝。布于木皮者，则曰朴硝。

望 wàng 远视也。视之茫茫，因而得远视之义。如说瞻望、瞭望、望远镜，这都不能用视、看之类的同义词去代替。望断南飞雁，就是一直要望到看不见，因为是怀念着南方。望尘莫及，就是远远落后了，只看见前面人马带起的尘土。每月的十五日望。那天是日月东西相望，故望的右上角为月字。望字从壬，谓挺出，即伸头或踮脚而望。望有远的义素，在现代语中还没有明显淡化，只有望东、望西作介词时就不论远近。

㠠 huāng 从川，亡声。广大、旷远，和茫字的语义相近。㠠与虚双声，㠠有空虚、虚无之义，饥饿可说虚，如说充虚，而荒则可说饥荒。虚有大的语义，天空可说太虚；㠠也有大之义，可说宇宙洪荒。

荒 huāng 芜也。荒荒，水淹为㠠，草淹为荒，都是茫茫一片之义。荒字从亡，芜字从无，亡与无亦相通。这都是就农业来说的，若是畜牧业，水草丰美，真是好年景。故谷不升谓之荒，果不熟为荒，大荒之年连果蔬也找不到。荒的引申义为荒废、荒淫。荒则淹浸，淫为过度，故荒淫为沉溺之义。抽象义，指对事理、情意、礼节的迷茫不解，从而得荒唐、荒谬、荒诞的说法。

帾 huāng 草掩盖曰荒，巾覆蒙曰帾。

慌 huāng 精神恍惚，谓迷糊不清，似有似无。惚从忽，指时间短暂、急迫，故又说慌张、恐慌。慌张就是慌忙而紧张，心神不定。老子爱谈恍惚，他说道就是一个恍惚的东西，若有若无，若存若亡，用现在的话说，就是极度抽象的东西。

谎（謊） huǎng 谎言即妄言，无中生有，胡言乱语。又指有意欺人之言，比一般的虚假之言更坏，是欺骗。

肓 huāng 人体的心脏之下，横膈之上，有膏肓。病入膏肓，就是不可救药了。可见肓之从亡，指隐蔽之所。

丧（喪） sàng 小篆作喪，隶变成今形。丧的下半部分是亡字，竖钩为乚，撇捺为人，今还常说丧亡、丧家和亡国。丧与死双声。棺，椁也；葬，藏也；死者全居于彼，故曰亡，丧者，死而亡也。尸体古亦可曰丧。

　　从亡的词还有罔、惘等，它们从一又从亡，参见一的词族。

648. 区

区（區） qū 从品在匚(xǐ)中，匚从乚(即隐)上有一覆盖。故区为掩藏众多人或物的地方，名词，今说区域、地区，还说住宅小区。区可有小的语义。作动词，为掩藏，引申为区分、区别、区划、区间之义，掩藏则往往有所区别，有所喜爱。

　　区字又读 ōu，与隐字为双声。隐字从阜，是就地形而言；区则是就地域而言。区字今只用作姓氏，读同欧。

躯（軀） qū 身体。如说躯体，为国捐躯。泛指自身，举四体手足等则曰躯，可区而别之。躯也是一个藏匿之所，内有五脏六腑，众品齐备。

岖（嶇） qū 崎岖，两字双声，山路险阻之义。崎从奇，倾侧不弃之义；岖从区，为隐藏曲折之义。

驱（驅） qū 或作敺。从攴，区声，鞭扑之，使藏匿也。如说为渊驱鱼，为丛驱雀，即驱鱼藏于渊，驱雀藏于丛。驱为区的使动用法，使鱼雀藏匿，藏匿行为的发出者为鱼与雀，鞭扑和驱赶行为的发出者为人或马。走马谓之驰，策马谓之驱。人与车皆可无藏匿之义。由驱赶之义引申为驾驭、奔驰、追逐等义，驱车就是驾车、赶车；长驱两万余里，驱便是奔走之义。现在还常说驱除、驱逐。

抠（摳） kōu 抠指去挖的动作，如说抠土、抠耳朵，衣服上抠了个洞。故音义从区，取义于迂曲。此人很抠，抽象义，即小气，舍不得花钱。

眍（瞘） kōu 眼窝深。如说人瘦了眼睛都眍进去了。形容词。抠可以是抠出来，也可以是抠进去。抠是动词。

弫（彄） kōu 弓弩两端的钩弦处，为名词，作动词谓钩住、扣住。弓弩不用时，弓弦松开，叫作弛；射时首先就是施弦于弓，叫作张弓。

　　以下从区之字均读影母侯部：

伛（傴） yǔ 驼背。音义从区，取义于曲。

呕（嘔） òu 呕气，即心中藏匿有气。又由藏匿之义引申为呕吐之义，藏则有出。

欧（歐） ǒu 呕吐之声，从而也得呕吐之义，又得恶心之义。今主要用以欧罗巴的译音，简称欧洲。

殴（毆） ōu 捶击物，音义与驱相近，策马谓之驱，捶击、杖击谓之殴，今说斗殴，则殴的工具与殴的对象宽泛了。

沤（漚） òu 长时间地泡在水里，从掩藏取义。沤麻就是把苎麻秆泡在河水里多天，然后漂洗，得麻的纤维用以纺织。今常说的是沤肥，是把杂草、柴灰、粪便等堆积起来发热发酵，人们爱施绿肥、农家肥。

鸥（鷗） ōu 今称水鸥、白鸥、银鸥、江鸥、海鸥，杜甫称他自己"飘飘何所似，天地一沙鸥"。他一生漂泊在外，老来要赶回河南老家，在水路上写了这句诗。《列子》中说"从沤鸟游"，可见鸥是从沤取义的。

怄（慪） ǒu 以水久渍而腐曰沤，以火久焖而烟曰怄，均从掩藏取义。今还说怄蚊子，实是以烟熏，驱赶蚊子。天气闷热也曾说怄。

妪（嫗） yù 老妇的尊称。如今说老妈子之类，取温暖和爱之义。羽者妪伏，毛者孕育。即鸟类伏卵孵化，兽类怀胎养育。

讴（謳） ōu 讴歌，谓众人之歌，取喜爱、赞颂之义。讴从区，区，众也。

瓯（甌） ōu 小盆、小碗之类，往往指精美藏品。瓯常用以比喻国土，也因为它音义从区的缘故，带有区域之义，如浙江东瓯。

枢（樞） shū 控制门户开关转动的轴心处有一轴，把它插进配套的门白里，以自由启闭。枢从区，取处所之义，即制动门户之处。枢与制双声，常说制动之枢机。

649. 凶

凶 xiōng 交陷凵（即坎）中便是凶，是吉的反面。就像现在开车，陷在那里动不了，便是逢凶。这坎有捕猎的，有战争的，或者是自然的沼泽峡谷地。阜山为险，坎谷为凶。今说凶手、凶器，就是制造凶事的人和器。故又说凶恶、凶险、凶狠、凶猛。人厉害可说凶，酒度数大也

可说凶，此时常作兇。《易经》中列举各种凶事，凶的含义就更广泛了。

兇 xiōng 兇字下边的两笔是人字，凶在人之上。兇有恐惧、扰乱之义，现在已不用，兇还有兇狠、兇残之义，如说来势兇猛，手段兇狠。兇与凶通。

匈 xiōng 从勹（bāo）、凶声。勹为怀抱之义，故匈为胸之本字，后皆作胸。匈匈，为纷乱、喧扰、不平静之义，如说天下匈匈。

胸 xiōng 或作胷。从凶声，取凵之下陷之义，呼气时胸脯下陷，吸气时胸部沛然气足，故作肺。抽象义谈胸襟狭窄、胸怀宽广，还说胸次、胸臆、心胸，皆指人的品性而言。古多说膺，今多说胸。说义愤填膺，便是古语。胸有成竹，指宋代人文与可画竹，意在笔先。膺取承当、抵当之义。一物而二名，取义不同。

讻（訩） xiōng 或作詾。争讼，是激烈的言辞。也指祸乱。

恟 xiōng 恐惧。是由凶险之义引申来的。

夑 zōng 从夂，兇声。夂（suī），行迟貌。遇凶险坎坷，则行迟缓而进。兇之言总也，兇与总双声，总为聚敛、会合之义；人遇凶险，两足聚敛缓进曰兇。

菆 zōng 小树枝，细密而丛聚。

稯 zōng 禾束，今说一捆。稯稯，聚貌。

緵 zōng 徒隶们所穿的粗布，是麻的丛聚。

棕 zōng 或作椶。它扇形的叶子和连片的棕毛皆丛聚于茎端。棕树的毛，一层挨着一层往上长，故也可叫敛足。不像竹，两节之间可以做一根笛子。棕榈者，棕取敛义，榈取连义，栟取并义，皆聚敛之义。棕字从宗，则取高义。

鬉 zōng 本作騣。马的颈毛是丛生的长毛。又有猪鬉，也是项脊上丛生的长而粗硬的毛。鬉还指人的发髻，称鬉角，也作总角，为聚束之形。

粽 zòng 或作糉。今称粽子，一名角黍，以芦叶裹米，裹成三角锥体之形。有时一脚伸得很长，称粽角；那么伸得不长的时候便是敛足了。

鬃 zōng 亦作鬷，即同总。车轮，三十六辐共一毂，所有的辐条都丛聚在车毂上。

嵕 zōng 山之高聚者曰嵕。陕西醴泉县有九嵕山。

猣 zōng 犬子生一连三只，亦丛聚之义。猪生子三曰豵，亦从聚之义。但是猪有时一窝生十几只，故这里不是称其多，而是称其少。

睉 zōng 小视。不是老盯着看，稍一看就全知道了。或暗中窃视，故睉之言蔑也，小也。

鯮 zōng 石首鱼，鱼头中有一石。以吃小鱼为生，其目睉视，故谓之鯮。

650. 川

川 chuān 或作巛。贯通的流水、河道。今犹说川流不息，四川称川，水都注入长江汇入大海了。若说水上、池上，便不一定是贯穿通流的。《论语》："子在川上曰：逝者如斯夫，不舍昼夜。"若不是通流，流了一黄昏就不流了，还叫什么不舍昼夜？叫什么川上？

釧（釧） chuàn 手镯。以手穿环，是贯穿的。

順（顺） shùn 从页，川声。如说顺流而下，顺水推舟。顺的反义词是逆，说逆水而上。顺字从页，人之头顺故为顺从之义。又说听顺、顺服。顺民，可有三义：一谓顺从民心，一谓顺从而无反心之民，一谓教化而使民顺从。就人体说，还可有顺手、顺口、顺眼、顺心等。孔子

还说他"六十而耳顺"，即什么话都听得进去，忠言逆耳，也听得进。顺德，就是归顺有德的人。顺常，就是遵循常规。同义词结合，可说顺便、顺当、通顺、和顺等。

巡 xún 行走通畅。秦始皇统一全国后，分几次巡行天下，过去六国割据，不能巡行，不能贯通。后常说巡视、巡守、巡逻、巡警、巡礼等，而巡礼就是巡行并礼拜。

紃（紃） xún 装饰鞋边的丝带绕了一周，是贯通的。

馴（驯） xùn 养鸟兽使其顺服，马被驯服了就会听从驯马手的意志。亦可兼以言人。

訓（训） xùn 以理训之使顺从。如说教训、训导。今皆曰教，古常说诲。训与诲双声，训，诲之使顺从也。

軘 chūn 或作輴。车厢前面和两旁的栏木有缠束物，与巡字相通，为巡绕之义。

甽 quǎn 或作畎。田间小沟。它也是贯通的，灌溉时水都能流得到，排涝时水都能流得出。畎，又作浍（kuài），即巜，小沟之所聚会也，甽与浍双声。故甽，小沟之水会聚而又通流。

圳 zhèn 山下蓄水、出水的山沟。深圳的意思就是这样一条山下的深沟。

651. 州

州 zhōu 本作两个川字相重。两边都是通流之水围绕，中间有人可居之处曰州。古时把天下共分九州，先民的观念里，天下都被水所包围，重川周绕，故曰九州。今说苏州、杭州，是就重川而言；说城，是就盛民而言；说市，就买卖之所而言。

洲 zhōu 专指全球范围内海洋围绕的七大洲：亚洲、欧洲、非洲、南美洲、北美洲、大洋洲和南极洲。

652. 邕

邕 yōng 从川、邑，即四面有水围绕的都邑。水与陆安然和谐相处，若是水来淹了，水去枯了，便不能叫邑。广西有邕江，穿过南宁市，取安和之义。南宁简称为邕，将安与宁联系在一起了。

雍 yōng 本作雝。隶变作雍。雍的左下部为乡，即郷的简化字，本就是一个朝左的邑字。雍的本义指鹡鸰鸟，它喜飞鸣作邕邕而和之声。九州中有雍州，指今陕西、甘肃一带，是黄河环绕之地，取水陆相和之义。今北京有雍和宫，是雍与和的同义词结合。雍容，就是仪态温和。

拥（擁） yōng 本作环抱。由水之邕，到手之拥，又指各种围拥、拥挤的现象。拥彗，就是抱着笤帚；拥遏或拥阏，就是拦阻，拥兵百万，就是拥有百万大军。还说拥护，就是赞成、支持之义，如拥军、拥政。

壅 yōng 壅土，在植物的根部周围培点土。壅塞，就是堵住了，堆积着。

灉 yōng 水决出后又还入，即是拥塞回流了。在水为灉，在土为壅，在手为拥（擁），在肉为臃。

臃 yōng 臃肿，本指人体肥胖。引申义说机构臃肿，人浮于事，反而调度不灵。也指人体内气血不能畅通，出现肿胀现象。

痈（癰） yōng 肿起。痈疽就是长了毒疮或瘤，红肿，起脓疱。肿，气血之行所踊聚也；瘤，气血有所滞留也；疽，气血之所阻遏也，痈，气血之所壅结也。取义相似。邕本有和谐之义，现在不和了，

出现了相反的现象，语义也大变，成了疾病。

瓮 wèng 或作甕、罋、罌。盛器，言其肚大，如有所壅也。如说瓮中捉鳖，内可养鳖。瓮还常作井上汲水之器，盛水多。瓮还可作乐器，如说击瓮叩缶，肚大成了共鸣腔。古时候，瓮破了还可砌在墙上做窗户，陈涉家是瓮牖绳枢，他家的窗子就是砌个破瓮。古时瓮的许多用途现在都不用了。

饔 yōng 食物割烹调和曰饔。熟肉曰饔，朝食曰饔，均其引申义。

齆 wèng 因感冒等原因鼻子不通，说话鼻腔发生共鸣，鼻音很重，叫作齆声齆气。也有说齆鼻子的，音义从囊，为中空之义；从邕为壅塞之义。

蕹 wèng 空心菜。茎蔓生，皆中空，较肥大。

653. 泉

泉 quán 水之源，象水流出成川形，上面的白字象泉穴之形，下本为川字。源指大山之下的大河之源，泉指平地出水的小水之源。泉还指货币，取其流布之义。

线（線） xiàn 音义从泉，取不绝之义。引申指多种细长之物。现写作线。如说电线、光线，更有抽象义说生产第一线、战线、防线、阵线、内线（案件内部的各种联系）等。还有几何学上两点之间的直线或弧线。

腺 xiàn 生物体的内分泌腺，在一定条件下腺细胞分泌出液体，如有汗腺、唾液腺、淋巴腺、生殖腺等。植物的花朵中有蜜腺，分泌花蜜。

锬（錪） xiàn 金属制成的线形体，一般仍用线字，此字没有用开。

菉 quán 俗称蜀羊菉。蔓生植物，其茎四出分布，就像平地出泉，各自东西南北流。它的茎和叶柄上都长着白色的长柔毛，如羊毛状，故曰蜀羊菉。

鲸（鯨） quán 有华鲸、黑鳍鲸等，多栖息于淡水底层，故名曰鲸。因为泉在地之底层，掘地方能及泉。泉居于下，故曰泉下。

654. 云

云（雲） yún 地面的水蒸气上升到空中凝聚成微小的水滴，飘浮在空中，便是云，或说云层、云彩。经过阳光的照射，折射出多种美丽的色彩，便成朝霞或晚霞。云的主要特点是回转，云字的下部是回旋之形，上部两横就是上字，云便是在上回旋，故说云散、云合。有时看破世事，就把云说成是轻浮和过期之物。由于云字常用作诗云子曰的云字，就在云彩之云上又加雨字以示区别。现又简化作云。

沄（澐） yún 水的回转流淌，也形容起大浪。

芸（蕓） yún 芸香草，多年生草本，枝叶皆有强烈的香味，可提炼芳香油。音义从云，取回旋四散之义。茴香的茴，与芸香的芸取义相似。这种有气味的草木，一旦入药，往往有行气、祛风的作用，以气攻气。

纭（紜） yún 纷纭，繁多杂乱之状。也说纭纭，或芸芸。芸芸众生，指回转不休之状，是佛教的语言，形容世上众生的回转。

覙 yùn 谓目之所见，纷纭众多，眼花缭乱之义。

耘 yún 除草。从耒，锄也；云声。回旋不休之行动。如说春耕夏耘，耘与芸通。

园 yún 凡从云声之字皆有回转之义，园从口，即围，就更是如此。

魂 hún 自古把人分成形、神两部分：神是阳气，要上升于天，故曰魂，音义从云；魄需迫着于形，故曰体魄，音义从白，迫也，形魄则归于地。魂的引申义脱离了与鬼神的关系，指种种思想、精神的崇高典型，如说英魂、国魂、民族魂、诗魂等。

曰 yuē 从口，乙声。曰字最上面的横，在篆文中作乙字。象气从口中出曰"曰"。曰的音义从云从乙，义为当面见其说出，气犹乙乙。云，则是前人早已说过，或由别人转述。故曰"诗云子曰"，《诗经》上的话早已说过，《论语》中的话则是记录孔子当时所说。古曰曰，今曰说。

汩 gǔ 疏通、治理。曰字从乙，为气之出；汩字从乙，为水之出，故得治理之义。如说汩汩而流，谓水顺流疾出。汩没，就是淹没。

员（員） yuán 从贝，口（即围字）声。口与员双声，员字有周围之义，派生为圆。员的古文字形作扁，鼎字从贞，贞字从贝，故字形上从鼎与从贝可以相通。鼎为国家之重器，国家的发展说就是鼎盛，朝廷中的重臣也可说鼎辅，于是对一般官员也可说员，语义扩展了。又可说统计员、演员、会员、人员、成员。要精简机构就说裁员。

圆（圓） yuán 环绕得均而全，便是圆了。《墨子》中说"中吾规者谓之圆"，还有天圆地方的概念。引申为完整无亏损，如说圆满、自圆其说，是成全之义。做人也有方圆，有原则便是方正，讲灵活便是圆通。过去的铜钱铸成圆的，而中间的孔就是方的，也是方与圆的结合。故至今仍说几元钱，元本作圆。

陨（隕） yǔn 或作磒。从太空掉下来的陨石，陨从员，取回旋、运转之义，后也说坠落。原来陨的主语比较宽泛，如眼泪掉下来可说"涕陨"，草木摇落也可说陨，社稷也可说陨，现在就只用于陨石。

殒（殞） yǔn 身死曰殒，如说殒身亡国。也作陨，殒是陨的分化、直接派生之字。

损（損） sǔn 减少。如说谦受益，满招损，益是增多好处，损是减少损失。损与省、少均双声。省字即从少，目稍视即明，故有省察之义。损字后引申有丧失、伤害、毁坏之义，语义偏重于陨、殒；又引申有减损、损耗等说法，则语义偏重于少。

655. 雨

雨 yǔ 水从云下曰雨。一象天，冂象云，水零其间。雨（yù）作动词为落下、掉下，雨星，就是星陨如雨。

黍 shǔ 今北方称黄米，是黏性的，南方则种糯稻。历来说暑天种，实际是夏至前二十天左右下种，也算是暑天了。又黍字从禾，雨省声，即黍的下部是雨字之省。雨是天所下的，这粮食虽是人种，也是天之所下。这样，黍的词义便是从暑又从雨。这里完全是取了传统训诂中的解释。

656. 流

流 liú 水之行进。会意字。从水，从𠫓（tū），𠫓为倒写的"子"字，下面三笔为巛，即子之头发。疏通的疏字，亦从此。育字的上部也是倒写的子字而没有头发。胎儿倒着生下来是正常情况，是顺生，若是足先生出便是难产了。流字从倒子，是顺出之义，即顺流、疏通之义。此以水之顺比母亲之养育，我们至今说长江、黄河

是我们的母亲河。可见这流字从倒子寄托了我们多少的祈求与期待之心！流是动词，如水之流的行动都可说流，流字的主语不知扩展了多少。如说流动（常指人）、流离、流亡、流放（刑罚）、流传（言论、消息）、流行（时尚、风气、歌曲、疾病）、流露（感情）、流通（货币）、流变（事态的发展变化）等等。流作名词，如说源流（学术、文艺等的历史）、上流、下流（社会阶层）、人流、气流、风流等。流字也作形容词，如说流失、流言、口齿流利。

旒 liú 旗帜上作为饰物的飘带、垂穗之类，以其随风飘扬如波浪之翻旛，故旗可叫旒或旛。

瑬 liú 帽子上装饰的垂玉。贵族所戴的礼帽叫冕，前后缀有穿满玉石的垂饰。

鎏 liú 亦作镏。将金与汞的合金涂在器物的表面，而后烘烤，成为一种鎏金的工艺，发亮并带色彩。

琉 liú 琉璃，本指天然的各种有光的宝石。琉璃二字一般不拆开用，实际上琉亦流也，流光溢彩之谓，璃或离，丽也。

硫 liú 硫黄，它易于流传，色黄，以游离的硫和各种硫化物存在，易燃，化成气体扩散。一些死火山中流出的矿泉水，带温度并含硫黄，可以沐浴治病。

657. 凸

凸 yǎn 从口从水半见，即是山口的水流得不多了，留下了一片淤泥地，是山坡上的泥石随水冲下，淤积于谷底，成了渥地。人若行其上，则陷于泥中，故只能沿渥地而行，就派生了沿字。

沿 yán 顺着水边而下曰沿，顺水而上亦曰沿。沿字的宾语扩展，可说沿街、沿路、沿着前人的足迹。沿作名词说河沿，

引申说床沿、阵地前沿。作抽象义，动词方面如说沿袭、沿用，都是指过去的惯例、传统；作名词如说沿革。

铅（鉛） qiān 本读同沿，铅易沿流，熔点低。铅的声母尚是一个待考的问题，或从译音方面，或从印刷方面，如铅与鈆二字至今同音，以铅浇铸成凸字的印刷至今叫鈆。

船 chuán 本指舟，船是一个关中的方言词，秦代统一后，有几个关中方言词成了全民的通行词。至于船的声母问题，也没有记载，它的韵母从沿则是无疑的。

658. 亘

亘 xuān 从二，中间本是一个回字，洄水在两岸之间也。从亘的派生词多有回旋之义。

宣 xuān 散布、传播、宣扬、疏通，都可与回旋、周遍之义相联系。今说宣传、宣布、宣誓等。宣字从宀，则最初与宫室之义相关，有宣室，即大室，宣有大义。

瑄 xuān 璧大六寸曰瑄，璧总是圆的，象征天体，也可有回旋之义。字也作珣，音义从旬，便是周遍之义。

喧 xuān 或作谊。惊呼、大语，如说喧哗。可派生为欢乐之义，如愃、萱，也可为哭泣之义，如咺。

揎 xuān 捋起袖子，要耀武扬威了。可引申为推翻、揎倒，有时也用于女子揎起袖子，显示美丽。为什么总跟袖子联系着呢？因为捋袖子是回旋的动作。

愃 xuān 愉快，宽心。乐则易忘，如常说乐而忘返、乐不思蜀，故愃又可有忘义。

萱 xuān 忘忧草。还叫宜男草，说怀孕的妇女佩戴了它就能生男。大约从周秦到隋唐我们民族对萱草情有独钟，对它寄寓种种美好的愿望，实际上它就是我们现在说的黄花菜。

渲 xuàn 绘画时，以墨水或淡色涂抹画面，衬托物象，增强效果，叫作渲染。文学作品中，对环境、景物多作描写，以烘托人物，或者对人物的行为、心理突出形容，也叫渲染。渲从宣，布也，扬也。

烜 xuǎn 或作煊。火盛貌，如说烜赫，形容声势盛大。

碹 xuàn 或作碳。如说碹涵洞、碹窑，它们都是拱形的，取回旋之义。

桓 huán 古代常于邮亭、桥梁、墓地、寺庙等地立柱作为标志，又叫桓表、华表，故桓从木，亘声，取传布、宣示之义。齐桓公死后，给他起的谥号叫桓公，就是取表扬、示范之义。故称桓公的，那时大有人在。而盘桓一词，就是盘曲回旋之义。

垣 yuán 围墙，故是取义于回旋、围转。也指城墙等围绕之物。

659. 永

永 yǒng 水之长。如说江之永，本即是泳字，从水，自永字引申作永久之义，游泳之义便作泳。永久一词，《诗经》中就有了，由水流之长引申说永怀、永言，即情怀和言论之长。今还说永远，为同义词结合。

泳 yǒng 游为浮行水上，泳为潜行水中，一出一入。泳需水流之长，从而得长义。今游和泳的区别已不论，可说仰泳、蛙泳，其实都是游。单独使用一般说游，作词素来构词，便常作泳。

咏 yǒng 或作詠。长言也，即唱歌，要把声音拖长。京剧里有时一个字要唱一分多钟，蒙古族歌曲中还有长调。

660. 辰

辰 pài 是反过来的永字。水流斜出的直流。

派 pài 分流的水，支流。引申为对事物的分配、选用，如说派人、派兵、派用场；作名词，指学术或艺术上的流派，如说乾嘉学派，京剧梅派、马派，许多艺术南方和北方风格大不相同，称南派、北派，还有海派。人的作风有正派、邪派。就世界的文化来说，有中国作风和中国气派。

紙 pài 散丝，未缉之麻。别水曰派，散丝曰紙，血理之分曰眿。

脉 mài 或作脈、眿。今称脉搏、脉息或脉象，指血液在动脉血管中的流动情况。中医要号脉，或称把脉。脉学是中医的重要特色，能从脉测知人生之寿夭，故至今说命脉。脉的声母从命，命脉双声。命字本为命令之义，从口从令。自从产生天命的观念之后，人的生命亦在于天之所命，故生命曰命。脉搏的阴阳躁静能测知寿夭(夭折死亡之义)，脉就是生命之脉了。脉的引申义可说山脉、叶脉，写文章也要脉络分明，是就思路说的。

眿 mò 斜视。或作覛(mì)，亦即觅，故觅字的上部是辰字的草化，并非爪字。觅为寻找、寻求之义，目斜视是什么意思呢？是有所寻求。觅还曾有偷窥之义，不也是斜视的一个目的吗？抽象义如说寻章觅句，指写作中的推敲、斟酌。

661. 衍

衍 yǎn 从水从行，会意字。为大水流行之义，因而作形容词有广远、丰多之义，作动词为扩展、漫延、演变之义。今常说敷衍，本为铺张、扩展之义，引申为应付了事。

愆 qiān 超过、错过、过头，是从衍的扩展之义来的，"愆期"，就是错过了日子。又引申为错误、罪过之义，可说愆谬、愆尤，愆位就是失职。愆与侃两字双声，愆的籀文作諐，侃字从川，侃侃而谈，就是言语滔滔不绝，从容不迫。故愆的音义从侃又从衍，言辞滔滔不绝而过头了。愆或作迦。

侃 kǎn 从伃，伃，古文信字，从川。侃侃本是理直气壮之义，是言有信义的，且滔滔不绝。今则引申为闲谈、调侃、戏弄等义。

馆（饘）zhān 或作飦、饘。厚曰馆，稀曰粥。粥，本作鬻。馆与粥双声。馆从亶声，亶，厚也。故馆为稠粥。

662. 攸

攸 yōu 攸字中间的一短竖，本为水字，省作一短竖。水之安行、鱼在水中安行、人在水中安行，均可曰攸，从而有攸然自得的说法。若是湍急的水，就不能攸然了。攸又引申有长远之义。

悠 yōu 心境之闲适不迫，并持之长久。偶也指忧伤或快乐。引申义，悠悠岁月，是指时间之长远，悠悠苍天，是指空间之长远。陶渊明的诗句："采菊东篱下，悠然见南山。"这里南山是悠远的，心境是闲适的，情与景交织在一起，便成了名句了。

条（條） tiáo 从木，攸声。直长的树枝。今说枝条，枝从支，为歧出之义；条从攸取直长之义。条的声母从梃、莛。于木曰梃，于草曰莛，指草木之茎。茎亦从壬。从壬字多直长之义。桑树可说是枝条直长的典型，有说桑条，还说荆条。条与梃、直、长均为双声。条的音义从梃从攸。条作动词，去除枝条亦曰条。条桑，就是去除桑树的枝条。条作量词多用于条状事物，从而派生涤字，以水去除为涤。

荼（蓧） diào 亦作莜。除草用的竹编笭筐之类或除草之器。作动词，为除草之义。

匫 diào 实即莜。除草之器。

鲦（鰷） tiáo 或作鲥。小鱼，形狭而扁，状如柳叶，鳞细而洁白，性好群游。

鲦 tiáo 传说中的动物，形如黄蛇，鱼翼，见则大旱。

绦（縧） tāo 或作縚。束在腰间的丝带之类，无疑是长条之形。

肇 tiáo 马缰绳。以丝曰辔，以革曰肇。

涤（滌） dí 以水去除污垢，常说洗涤、荡涤、涤除。所特别的是涤字的韵母变了。《诗经》："旱既太甚，涤涤山川。"而三家诗的版本则作"藋（dí）藋山川"，藋与涤叠韵，藋，旱草尽也。这就说明，涤的音义从条又从藋，涤是去除干净之义。

修 xiū 从彡，攸声。彡（shān），须毛和画饰的花纹。修与彡双声，修与攸叠韵，故修的语义是修饰而长远。"路曼曼其修远兮"，此指路途之长，有没有修饰的意思呢？至今还说修路，路是要铺设、修整的。后来说修竹、修篁、修眉，都是美好而长之义。抽象义如说修身、修养、修往，既是美其身，亦有攸长之义。

脩 xiū 从肉攸声。一般风干的肉条曰脯，加了姜桂等调料捶打揉搓，整治一番就叫脩了。故脩有美好而长之义。

翛 xiāo 鸟的羽毛干枯凋敝之状。从修字的美好之义没有了。

潃 xiǔ 指搁置时间长了发出酸臭味的淘米泔水。

藋 tiáo 苗。与莛、条、修长之义相联系。又指羊蹄草。

筱 xiǎo 箭。小竹。取修长、美好之义。

663. 益

益 yì 一个横写的水字居于皿上，为溢出之义。水溢，此益字本义。后益字用作利益、增益之义，本义便又加水旁以示区别。益的反义词为害，利与害、益与害均可构成反义，昆虫有益虫和害虫，还可说有百利而无一害。益作增益之义的反义词为损，增与损、益与损均构成反义，如说谦受益，满招损。益字还作副词，为更加之义，如说日益发达。

溢 yì 满出。盈与溢古音双声，盈亦从皿，谓器满之义，满了再增益便是满出、溢出之义了。河水的溢，便是泛滥成灾了。

镒（鎰） yì 镒是体积或重量的一个小单位，取义于满。

隘 ài 狭窄、偏僻。如说隘巷。因为是就地势而言，故从阜。隘同厄，或阸，为同音字之间的假借。险隘，可说险厄。厄，阻塞，与狭窄义近。

揢 è 同扼。捉住，阻塞。如说揢腕，可作扼腕；扼吭，可作揢吭。

嗌 yì 主要指饭食之嗌，难于下咽；呃则常指气逆，说打呃。实际上，嗌、呃是相通的。

缢（縊）yì 上吊，绞刑。缢，阸也，阸其颈。

蝼 yì 缢女，虫名。长寸许，头赤身黑，幼虫常吐丝自悬。

以上嗌、搤、嗌、缢、蝼五字，它们与厄及从厄字阸、扼、呃有着密切的音义联系，五字是从厄又从益的。

谥（謚）shì 周代以来相传的习惯，帝王贵族死后，根据他们生前事迹追加称号，叫作谥号。因为谥是身后所加，故从益声。因为是称号，故从言。谥的声母从氏，原来是男人称氏，妇人称姓。姓，生也，妇人所生。称氏，就是看重他的功德、事业，如神农氏是教民稼穑的，燧人氏发明钻燧取火，以化腥臊，使民熟食。取氏与取谥的用意是一致的。

664. 湿

湿（濕）shī 沾了水，如说潮湿。中医说的湿疹或风湿，认为是阴邪之气造成的，故常说阴湿。

㬢 qī 晒干。

隰 xí 山坡下面的低湿地。高平曰原，下湿曰隰。

塂 zhí 地势下跌、下陷。

665. 旻

旻 mò 从又在回下。回，即洄。右手入水有所取也。一说没收，即是把犯罪者的钱财充公，便是有所取，只是没人水。

顝 mò 纳头水中，即是灭顶。若有所取，便是与今之潜水员相似了。

没 mò 物体沉入水中曰没，它本是从旻得声，因为回字的篆形作螺旋形，有自下而上和自右向左的笔画，是隶楷的笔画所排除的，因而对没字的右旁作多种写法，或从回，或从刀，最后被殳字类化了。没的主语扩展，人或家族王朝的衰败都可说没落。还可说淹没、沉没、埋没、出没。没的反义词是出。没字又引申为完毕、最后、终了之义，如说没代皇帝。最后发展为否定副词，为没有的没（méi），"没有"本是不具有、不存在之义，"没有人"就是不具有人，若是说"没有来"，来的行为不存在具有不具有的问题，此时，"有"的语义就消失了。

歿 mò 或作殁。从歹(è)，本作歺，为骨字中间部分，即是失去肉的枯残之骨，人死曰歿。

666. 渊

渊（淵）yuān 或省水旁。左右两笔为岸，中间是一个横写的水字，指回旋的水，它常常很深，甚至地下有岩洞，因此常说如临深渊。抽象义可说知识渊博。

彋 yuān 弓体的两端曰箾，箾，梢也，末梢之义；弓体的中央曰弣。弣，抚也，射者所抚持。箾、弣之间曰彋，彋，宛也，弓体回宛弯曲。彋是渊的派生词，两字相通。

螁 yuān 古代建筑物上雕刻的动物之形，如龙凤之形，大多是宛曲的。

鼘 yuān 鼓声回荡。

667. 氾

氾 fàn 亦作汎、泛。水漫灌，如说泛滥。又有浮行水上之义，如说泛舟，就是舟行水上。引申作抽象义，为广泛、普遍之义。《论语》中说"泛爱众"，《庄子》中说"泛爱万物"，今常说广泛征求意见。又有浮浅之义，交往不多就说是泛泛之交，言论不深刻就说是泛泛之论。

湓 fàn 杯子。或曰盏，或曰湓。盏从浅，取浅小之义；湓从氾，取满灌之义。

范 fàn 指一种善摇动的草，是从飘浮之义引申的。如枫，也是弱枝善摇。范与笵、範通，今三字作范。

笵 fàn 规模曰笵，即规矩和规模之类。又指法规。作具体义，指事物所应遵照的形制；作抽象义，指人们在社会生活中必须遵守的法规。古铸器之法，以土曰型，以金曰镕，以木曰模，以竹曰笵，今统称模子，大多用翻沙的方法，把铁水往里漫灌，就像氾为水之灌，湓为酒之斠。

範 fàn 今简作范。从車，笵省声。本指出行前对路神的祭祀，就要用湓灌酒。今说楷模，为榜样之义，大家照着去做。还可说典范作品、示范田等。今说范围，带有一定的限制性；规范，是要大家遵照执行；就范，则带有强制性、法制性了。

軓 fàn 古代马车车厢前面的横木叫轼，供乘者扶手，轼下有挡板叫軓，起防范作用，防范的范，实即軓字。

犯 fàn 于水曰泛滥，于犬曰侵犯。犬是侵犯或防范的，故犯字从犬。触犯就是触动规范，因此触动也可叫犯，如说人不犯我，我不犯人。犯上就是触犯了尊上，犯颜就是触犯了尊长的威严，犯罪就是触犯了法律之罪。除了犯法、犯罪，还可说犯病、犯愁、犯困、犯傻等。

668. 巛

巛 zāi 从一雝川。即川字中间加一横，表示阻塞了，要闹水灾了。水灾是我国的重大灾害，治国与治水都叫治，治国的一个重要内容就是治水。灾的语义由水之灾扩展指一切人间的灾害，如火灾、虫灾、天灾。招灾惹祸，那就包括人为的一切不幸的遭遇。字均作灾。

灾 zāi 或作灾、烖。字形上指火灾，烧了房屋。今说灾难、灾殃，那就还包括各种人为的灾害。如说灾难深重的中国人民，这就天灾人祸都包括了。

菑 zī 亦作葘。田中草多成灾，即是草荒。新开垦的处女地，头一年种上，叫菑，因为原来的草根、草籽还很多。三年下来才是熟田，土性才是和柔。菑木，就是受灾而死却还立在那里的树木。

榴 zī 树木立即枯死曰榴，与菑字通，即是受灾了。巛字中间有无一横已可通用。

淄 zī 山东有淄水，相传那里土石黑，数里之中波若漆。那是一种污泥浊浆之黑，区别于烟囱里的黑。如说"涅而不淄"，涅是黑土在水中也，真正白的东西泡在这种黑土水中也不会染黑。

缁（緇） zī 帛黑色。鲁迅诗"月光如水照缁衣"，指他四处藏奔，风尘仆仆，穿的是一件灰黑的衣服。

鲻（鯔） zī 鲻鱼背部的鳞缁黑，实际是一种灰暗、浅黑的颜色，它生活在南方浅海或河口入海处。

辎（輜） zī 四周有帷，车厢中暗黑，或可于其中卧息，或做军中运输装备或粮草的车，是秘密装载的。常说辎重，辎是秘密运输的车，重是载重的车，两者是联系着的。

锱（錙） zī 是一种重量的单位，三锱为一两。有时八两为锱，便是半斤。一般说锱铢，均言微小，跟尘土泥沙之类相关。

669. 冰

冰 bīng 水遇冷后凝结成固体曰冰，本作 冫，象冰凌之形。冰作动词为冷冻之义，如说冰一下。冰是阴气之盛而凝结，阳气盛则水蒸发。

冯（馮） féng 今只作姓。古读 píng，怒也。喜是阳，多温和；怒是阴，冷酷而肃杀。此性情与阴阳之联系。冯字从马，马也是怒，怒了就要骂，骂从叩，马声，冯又有马行疾之义，行疾则要努。努即力之盛，而努、怒亦通用。

凭（憑） píng 或作凴。在先民看来，性情也生于阴阳，这样，心和冰就联系起来了。冰是阴气之盛，冯和怒，都是依仗气之盛，从而凭义得依仗、驾凌之义，所谓盛气凌人，气盛了就要凌人。气盛之后便要休息，凭几就是依靠几案休息，从而引申说凭栏、凭轼、凭肩、凭眺等。还说凭着他的一身武艺，凭空就是无依据，凭虚就是全凭虚构。

凝字音义也从冰，详见从疑的词族。

670. 寒

寒 hán 它的篆形作人在宀下，四周有草覆盖，但下有冰。寒字最后的两点是冰字。寒为冷之极。如说岁寒，就是年终的大寒天气，即是数九那个寒天。一暴十寒，就是一天太阳晒，十天冰冻，生物就不能生长。寒的引申义有枯凋、战栗、恐惧，如说寒颤、寒噤，指寒冻的结果；又有贫困、卑贱之义，如说寒门、寒士。

搴 qiān 本作攐。拢取。天寒要拢取柴草覆盖保暖，故从手，寒省声。

褰 qiān 从衣，寒省声，提起衣裳。作名词，指裤、袄之类；作动词便是提起（衣裤）便于过河。

攐 qiān 提起，即褰的动词义。跋山涉水，都要提起衣裤。

蹇 jiǎn 跛也，一脚如欲提起不能舒展行动，如说蹇驴、蹇兔。引申有困苦、艰难之义，蹇步就是步履艰难。同义词结合，可说蹇滞、蹇涩。

灒 jiǎn 倒（水）、泼（水）。这是从提起之义引申的。

骞（騫） qiān 原指有病残的马，如说驽骞。又由拢取、提起之义引申为举起、高出、昂首之义，如说骞腾、骞举、骞翥。

骞（鶱） xiān 鸟类高飞远扬之貌，直接从骞引申。

謇 jiàn 单击磬（石制的打击乐器），没有黄钟大吕和琴瑟相和，就音乐节奏而言，就显得寒俭，好像是欲飞举而跛足，故磬为困难之义。磬的下部为节奏的节字。

謇 jiǎn 口吃，言语困难，不能流畅表达。磬为音乐节奏之难，謇为语言表达之难。有时文章不顺畅也可叫謇，艰涩也可作謇涩。小孩子说话不流利也叫謇。謇还有另一方面的语义:慈厚正直的人不跟着别人的话头取媚,往往有逆耳的忠言,往往带来祸患,却又不能不说。屈原并不口吃,表达亦不艰难,只是楚国朝廷的环境迫使他有话难说,却又不能不说,这也是謇。謇謇,忠贞貌。

671. 气

气 qì 本指云气,向上出之形。引申指天气、各个气节、各种气味,抽象义指各种社会风气,各人的运气,人的元气、力气、志气、脾气等。总的说法是阴阳二气,"二气交感,化生万物"。我们的民族文化,是特别讲究气的。哲学一度就是气的辩论法,文艺中也讲"文以气为主",文中讲辞气,武中讲气功,语言中有专门的一类词叫语气词,是一般的语言中没有的。气又有乞求和给予二义,这是相反的二义。《易经》中说"同声相应,同气相求",即同类的鸣声相互呼应,同类的精气彼此取求。这是阴阳二气的交感。这里求和应都有了。在语言中有使动式的语法关系,即是施予和接受关系的转换。

乞 qǐ 乞与气本为一字,后乞求之义省作乞,从而与气区别为两字。今说乞丐、乞食、乞怜、乞恕。给予之义成古义。

氣 qì 从米气声,或作餼(xì)。"齐人来氣诸侯",即是齐国人来给诸侯的军队赠送、给予粮草。氣作名词指粮草,作动词为赠送、给予(粮草),故字从米。"客气"这个词的本义指外表的非真心诚意的友好表示,是做个虚假的样子给你看的。氣字今皆简化作气。

忔 yì 勇壮。勇为力之涌出,气之盛大。如说"忔忔勇夫"。

頜 kū 秃。无发则头顶现,亦上出之义。

柢 gài 平斗斛。即盛满一斗斛的米,用一根木条(即"概")把高出的米刮平。去其高出,故也可从气。

屹 yì 山上出、高耸之貌。引申指国家和民族的屹立,为强盛、坚定、高出之义。

圪 yì 墙高之貌。圪、屹、忔相通用。

虤 yì 虎气,或说虎虎有生气。"云生从龙,风生从虎。那一阵风过处,只听得乱树背后扑的一声响,跳出一只吊睛白额大虫来。"这是《水浒传》中对景阳冈上虎出时的描写。风是吹急了的气,于此也是虎气。

芞 qì 又名藒(或作揭)车香,即是长得车子那么高,而又开出白花,有芬芳之气。

忾(慨) xì 动词出大气,长叹气。表示激昂,或愤怒。如说同仇敌忾,即有共同的仇敌,一起来抵抗我们痛恨的人。忾与慨相通。慨音从无,亦即从气,慷慨亦可作慷忾,感慨亦可作感忾,故此时忾字读 kài,是受了慨字的影响。而忾与讫字相通时又读 qì,是受了讫字的影响。

喟 kuì 长太息。如说喟然叹息,即颇多感慨之义。

砭 kū 用尽心力,劳极貌。如说用心砭砭、终日砭砭,字从石,表示坚决、坚持不懈之义。

龁(齕) hé 音义从乞,表强劲有力,指牙齿之坚利,如说龁齧(niè,像刀刻一般地咬)、龁吞。

秴 hé 或作秴。指硬的米粒,不易舂碎。音义从气,取坚硬之义。

麧 hé 粗硬的麦屑或麦粒。字或作䵼。

纥(紇) hé 下等的丝。它容易板结成僵硬的一块,故音义从气,常写从乞。

刉 jī 或作刐。刀划破了皮肉，或划断。这都是刀坚利的表现。刉的另一义是刀不利。于瓦石上刐之，即磨砺，使之坚利。

鐖 kài 怒而战。怒则有气，战则用兵，故其字从金从气。与忔语音同而语义通。

汽 qì 本指水干、水汽尽之义，从乞字可引申为完毕之义。汽字又可指水汽，即今所说蒸汽、蒸汽机。汽车、汽艇燃的是汽油，汽油极易挥发，但不是水汽，而是油。油字也从水，则此水旁是就液态而言。

汔 qì 本与汽相通，但作为竭尽、完毕之义时，往往写作汔，汔之言讫也。又引申为将近完毕、将尽之义，从而又转为庶几、差不多之义，为副词。

迄 qì 到。迄今就是到现在、至今，指时间或空间的到达。乞求或给予，往往是可以达到目的的。又可以得终了、完毕之义，如说迄未见效，就是终于没有见效。

讫（訖） qì 终了，完毕。常与迄字相通。起讫，就是开始与完毕。收讫，就是征收完毕。言讫，就是说完。

吃 chī 本指口吃，即说话困难，结巴嘴，此时读 qì。今说吃饭、吃酒、吃烟，是从"喫"字来的，并读同 chī。吃力、吃亏、吃紧等本也作喫，后才普遍作吃。对茶酒，南方所说吃，北方多说喝。其他的引申义，南北大体是一致的，如说吃老本、坐吃山空。口吃，本是口有所乞求，就开口困难。吃字还表被动，作介词，如说吃他骗了。喫字今已不用，实际上是喫、吃二字合并在一起，成了现代一个极常用的词，吃东西说吃，唐代已经开始，但是普遍用开是在唐代以后。

炁 xì 痴呆。字亦作忔。是气血阻滞，使人烦懑，食不下。

忔 qì 通炁。又有欣喜之义。

疙 gē 古读 yì。痴呆，与炁音义相通。今说疙瘩，指皮上肿起的小块。疙从乞，取其结塞不通之义；瘩从合，取其聚结，故疙瘩指块状物，如说面疙瘩、土疙瘩、芥菜疙瘩，字也作圪垯、咯哒，全读作 gē dā，这样，从乞字读 g，是受了从各字的影响。胳膊的胳，一度也曾写作肐。

672. 凡

凡 fán 在甲骨文中，凡字往往用作风字，凡的本义就该是风。但两个字只是双声，只是部分意义相同。天地间刮起风来，无孔不入，因而得普遍、凡是之义。凡是，即所有都是；不同凡响，即不同于一般的音乐。对神仙宗教而言，一般世俗的人都叫凡人，是世俗凡胎。神仙下凡，就是来到了人间。

泛 fàn 或作汎、氾。广泛，就是普遍。泛泛，就是一般，没有深入之点，没有突出之点。参见氾。

帆 fān 随风张幔曰帆。李白的诗句有"直挂云帆济沧海"。今说帆布，指一种特别粗厚的布，用以制帆或帐篷之类。

芃 péng 草盛貌。芃芃其麦，是说麦浪随风翻滚。

钒（釩） fán 杯中溢满之貌，今指一种银白色的金属元素。

风（風） fēng 从虫、凡声。空气的流动形成风，流动的方向、季节、强弱不同，形成各种不同的风。风的音义从凡又从虫。虫即蟲，是各种动物的总称，有毛虫、羽虫、鳞虫、介虫、裸虫。人身上的毛都褪化了，所以叫裸虫。世上各种的虫随着四季在八方之风的影响下生长活动。老子曾把天地间比作一个风箱，来回地扇动，永不停息。自然界有风气，人群社会中也有风气，有风俗、风化，每个人都有风度、风貌，艺术创作都有风格。风的音义从虫，貌的音义从豹。上以风化下，下以风刺上，上行下效，也有下行上效，如风而行，风行一时，与时俱进。风向也指社会的风气和时尚，社会潮流之所及，风为名词，动词谓风吹。风行一时，就是吹动和行进于一时。

飌（飌） fēng 水声。引申以形容宏大婉转的乐歌之声，因为民歌可以叫国风，是诸侯国中流传的。

讽（諷） fěng 用言语化下或刺上，缓和的就是劝告，尖锐的就是讽刺。

疯（瘋） fēng 自然界的风和湿，侵入人体，使阴阳失调，形成种种疯病，如头疯病，即是偏头痛或中风瘫痪之类。一旦神经错乱，神志失常，便是癫狂发疯的病。

枫（楓） fēng 枫树之叶厚而叶柄柔弱，故善摇动，风吹其叶，叶又扇其风，故名枫。

凤（鳳） fèng 从鸟，凡声。历来奉为吉祥仁瑞的神鸟。从甲骨文到大篆的凤字，均作高冠长尾展羽之形，作泛泛然之状。如说龙飞凤舞、龙章凤姿。以凤字形容宝贵、美好的，如说凤仙花、凤尾竹、凤尾鱼等等。本来说雄曰凤，雌曰凰，现在女性的名字用凤，比男性还多。

蒚 lán 草得风之貌。

岚（嵐） lán 大风。显然是山间之风，有谷口，把风逼得很紧，加上云雾是从山中来的，随风卷涌，便是岚了。岚本北地山名，岢（kě）岚，北藩语。故岚的声母特别，是从音译词来的。后魏就置有岢岚镇，多猛风。金时升为岢岚州，明时置岢岚县。这样，岢、岚二字既有汉语的成分，又兼北藩语的因素。汉语的借词常常如此。

佩 pèi 字从人、从凡、从巾。今说佩带，指能挂在身上的装饰品。古时人皆有衣带束身，常于衣带上佩有饰物或佩巾。佩巾或佩穗下垂，则常泛泛然，故佩与凡为双声，皆唇音。今又常说佩戴、佩服，皆为叠韵词。巾主要作头衣，即头巾、帽子之类。服字亦有衣带之义，主要是服之于身了。所以，佩的语义就是泛泛然有所戴、有所服也。今说佩，主要是勋章之类，风是吹不动的了。

673. 欠

欠 qiàn 于人字上面作气上出之形，但这是一个反写的气字。故是不寻常的气，如呵欠或哈欠，是张口出的大气。有时是气不足，故得欠缺之义，引申说欠账、欠人情、欠考虑等，还说欠周到、欠佳。还说万事俱备，只欠东风，风也可说欠。略微起动身子叫欠身，表示谦恭、尊敬。

茨 qiàn 一种水草。它的叶子都浮在水面，它的浆果叫茨实，也叫鸡头米，伸出水面，象欠身之状。它的花托形似鸡头。

肷 qiàn 兽类体两侧肋骨和胯骨之间的凹陷部位，故其音义从欠。吃饱了也略下陷，饥饿时更下陷。

笁 qiàn 小竹，即有所亏欠，有待长大。或谓其有欠伸之义。

砍 kǎn 用刀斧劈，使被劈之物有亏损、欠缺。如说砍柴，抽象义如说砍掉一些不必要的机构和项目。又有坎，见从口的词族。

674. 款

款 kuǎn 诚恳，亲密，归附。款待，就是诚恳亲切地接待，款留就是真诚地挽留。有激情，出气就多，故从欠。从示，即示意有诚。古代的钟鼎等礼器上常铸有文字，要子子孙孙万年永宝，叫作款识，义为热诚地记载。后来政令、刑法等都铸在鼎上，因此款字得条款、条条款款、款项、款式之义。书画等作品下面要有落款，记载作者及创作的年月、地点。款项指为某种用途储存或支出的钱，款式指服装、家具等的各种设计模样。

款又有中空之义。在鼎上铸字，凹陷者为款，突出者为识。今篆刻中常说阴文、阳文，阴文下陷，则为中空；阳文突出，则为中实。

鏉 kuǎn 古时书写的竹简、木牍上，用烧红的铁在简牍上烫出一些烙印，以辨认简牍的次序，显然也是一种款识。后来有纸可用了，就在公文的纸缝上做署记，标页码。

窾 kuǎn 中空。窾本就是空心之术。作名词指孔穴、缝隙。作抽象义，窾言就是空话，国窾就是国家穷困、贫乏，亦即国库空虚。

675. 欮

欮 jué 或作欨。气逆，即是胸口岔气了，有点疼痛。会意字，从欠从屰。许多逆行现象的词，音义皆从欮或厥。

厥 jué 发射石块。从厂(hǎn)，山石发向敌方，故从逆。故厥字有触及、碰撞之义。厥角稽首，就是碰到额角、磕头。厥字还有昏倒之义，说昏厥，即不省人事，手足僵冷，是从气逆之义来的。

厥字又常假借为古助词，作句首或句中的发语词。还常借作代词，谓他的、他们的；作指示代词，谓那、其。

偰 jué 禾稼伏倒在地。有时是风刮倒，有时是长得过旺倒伏了。

蹶 jué 跌倒，手足僵硬失控。如说一蹶不振即是一跌下去就起不来了。蹶的引申义有脚踏、急遽、衰竭等。

橜 jué 短小的木桩，逆而使人易蹶。如树木残留在地的根植。门橜就是门中间设立的短木，便于关闭门户。今说木橛子，就是一段短小的木条。

蠜 jué 传说中的一种动物，它前半身如鼠后半身如兔，四脚长短大小差别悬殊，走起来总是像要跌倒的样子，不能平衡。蠜，蹶也。

鱖（鱖） jué 即鳜(jì)鱼，又名石桂鱼，故鱖字又可读同桂。口大鳞细，黄绿色，有黑色斑点。李时珍《本草纲目》："鱖，蹶也，其体不能屈曲如僵蹶也。"

獗 jué 常说猖獗，猖从昌，为发起、肆意而行之义，獗从厥，使人颠覆、倒伏之义。故猖獗为竭力反对、肆意颠覆。

鷢 jué 似鹰，尾上白，故名白鷢。猛禽，善捕鸟雀，使之伏倒。

觼 jué 以角有所触发，实亦猖獗之义。

劂 jué 倔强有力。从厥字与屈字相通，从厥字常有使人屈曲、伏倒之义。

蕨 jué 今说蕨菜。卷曲似鳖脚，老鳖的脚常要蜷曲隐蔽到甲壳之内。

孒 jué 孑孒亦作蛣蟩。蛣，结也；蟩，曲也，蚊的幼虫，短小而在水中不断屈曲。

撅 jué 挖掘。下挖而后翘起，故是一种强力而又屈曲的行为。掘、撅二字有时代先后之别，掘是现代常用字。

噘 juē 噘嘴，就是把嘴唇甚至下巴翘起来。生气了或看不上人家就噘嘴，故字从口。噘是近代新起字。

剧 jué 剞剧，曲刀也。指一种专门用于镂刻各种工艺品及雕版刻字的工具，以适应各种刻镂行为的要求。剞有阿曲不平之义，剧则为屈折，两字双声而义近。

镢（鐝） jué 今说镢头。刨硬土、挖硬地的工具，偶也用以锄草、平地。它的特点是沉重，强有力。

阙（闕） què 宫廷向外的大道，于两旁各筑一楼台相对峙。说门观，以其高可远观；说宫阙，以其两观之间缺然为道。也说魏阙，指高大的宫门。身居江湖，心存魏阙，即是在野的人关心朝廷。阙与缺、隙二字相通，声母也受到它们的影响。阙的引申义有缺点、过失、损害、去除等义，补阙，就是补救过失。"阙秦以利晋"，就是损害了秦国的利益而有利于晋国。

676. 旡

旡 jì 吃东西的时候噎了，喉头哽塞，气逆不通畅。字形上是反写的欠字，语义上是欠的反面，哈欠就是出大气，旡就是出气不畅。

既 jì 从皂（xiāng，五谷之馨香也），旡声，在食物面前气逆，稍食即止，因而得食尽、完毕之义。用作副词，为已经、尽都之义，常说既然、既而、既……又……。

慨 kǎi 心中气逆不顺，感慨也。逆则气愤或悲壮，不得志，则必激起叹息。

嘅 kài 太息，出气大。

溉 gài 以水灌注，今说灌溉。灌字从皿，喧也，即是水流顺畅；溉字从旡，气逆不顺，即是流得缓慢而小的了。故灌溉就是或大或小地注水。溉亦可有洗涤之义，与摡字相通。

摡 gài 洗涤，以手以水去除之义。摡又有取义，与墍字相通。

概 gài 或作槩。平也，平斗斛之木，即用斗斛量米时，用一根平直之木把斗斛口上堆起来的米刮去，就是整一斗或一斛。今说大概、一概，即取整体、总括之义。

暨 jì 日稍可见。音义从既，取概略之义。且为日出地平，故可略见。日未出曰晓，晓尽曰旭，日略出谓之暨。暨又引申为动词及到之义，又作连接词及、和之义。此时，字或作洎、泊、墍，如说自古洎今、自商暨周、暨乎唐代。暨有及义，又有不及之义，语义向相反方向发展。

墍 jì 以草盖屋曰茨，以土涂其顶曰墍。气塞曰旡，土塞曰墍。墍又有休息之义，叹息曰嘅，休息曰墍。墍又有取尽之义，手之所及为摡，墍与摡相通。

悘 ài 或作墍。此爱字本字。气是馈客刍米，亦即给予、赠送。心有所给予便是爱，是气的交感。这是爱字的语源义。今说恩爱，指夫妻婚姻之爱、恩惠也。恩与姻皆从因，因是凭借、依靠之义。今说爱护，爱有卫护、掩蔽之义，从而派生薆、暖。爱的声母从隐，是隐蔽于心的爱。

爱（愛） ài 从夊，悘声，本指隐蔽而缓慢之行，或缓慢地进行隐蔽。如《诗经》中有"爱而不见，搔首踟蹰"。爱为隐蔽之义。爱及一系列从爱之字，皆以隐、翳、掩三字作解释，三字都和爱双声，即都是从声母方面的音义来发展。至于爱的今义为恩爱、爱护等义，则见上面的悘字。

薆（薆） ài 隐蔽。爱而不见本应作薆而不见。即以草木为隐蔽，故薆又有草木盛之义。

蒺 jì 草多貌。密密则能掩蔽。声母仍读同既，这里没有隐蔽之义。这是菱与蒺的音义区别。

概 jì 禾稠密。深耕概种，即耕得要深，撒种子要密。声母也读同既，无隐蔽之义。

籈 ài 蔽不见也。与菱字仅为从竹与从草的区别。音义则同。

暧（曖） ài 日不明，昏昧。可说晻暧、杳暧、埋暧，皆双声词，暧昧则是叠韵词。今说态度暧昧、关系暧昧，即模糊不清，为抽象义。

媛（嬡） ài 尊称他人的女儿曰令媛。

677. 丂

丂 kǎo 象气上出，被一横阻挡。那么是出了呢，还是受阻了？从它的派生词看，有出有阻。

巧 qiǎo 技术都有巧拙之别，故成功的技术都可说技巧。字从工，工就是巧饰之义，工人本指有技巧的人。巧与出气有关，则指言谈、行动之巧，与出气无关的便是引申之义了，如智慧、技艺方面之巧。巧字历来都有褒贬两种用法：一种指巧妙、灵活、美好之义的；一种指巧过了头，成了虚伪、巧作之义，如说花言巧语、巧舌如簧。巧还引申作时间副词，有恰巧、凑巧、刚巧等说法。

考 kǎo 从老省，丂声。老也，如说寿考，即高寿、长寿。却又是气时出时阻，快老朽之时了。父生称父，死称考。考又有考察、考究、考核、考问等义的，它们都是巧的表现，没有考察研究的人肯定是笨蛋。今又说考验、考试，这试和验是考的内容，也是巧的措施。

拷 kǎo 敲击，打。《西厢记》中的拷红，就是拷问红娘。

铐（銬） kào 如说铐上手铐，动词和名词两用。今又说镣铐，镣取缭绕之义，铐取考察之义。

栲 kǎo 臭椿。香者名椿，今说香椿，臭者名樗（chū），山樗名栲。一般说椿，便是臭椿，樗从亏声，亏为气之舒出，从丂从一，气之平也。栲从丂，气之欲出而阻。

烤 kǎo 把衣服烤干，就是让水汽舒出。烤鸭、烤红薯之类，是把食物烤熟。它们都是有节制的，烤到一定程度就要阻止，不能过头了。

朽 xiǔ 或作杇，腐朽，如说朽木不可雕也。又说朽索，是绳子烂了。又指气味之朽，属于本义用法。又有老朽的说法，朽有老化之义，如说墙朽、城门久朽，都是老化之义。不朽的说法，很早就有了，世间不朽的东西不多，人和草木都是速朽的，立功、立德，还有立言，这些抽象的东西，常谓之不朽。

678. 弓

弓 hē 从反丂，即丂字反过来，便是气出而无阻碍了。实即今之呵、诃字。

呵 hē 斥责之声，可说呵责、呵禁、呵导（呼喝开道），还说笑呵呵，或呵呵笑，又作表感叹的语气词。此皆气舒出。

诃（訶） hē 大声而怒。出气亦必粗。从可之字常有大的义素。

闯 xiǎ 门大开。大杯、大碗亦又曰闯。

何 hè 肩扛、揭举。今说负荷，荷本作何，俗作荷，负为背扛，荷为肩荷，如说戴月荷锄归、荷戟独彷徨。假借为疑问代词，如说何人、何事惊慌。作疑问代词的字还有六字：安、恶、焉、胡、奚、曷。

前三字双声，后三字亦双声。安在，也可说何在，即是在哪里。

荷 hé 荷大叶，故音义从可。同时也是揭举之义，藕长在水底淤泥之中，它的秆长出水面，并举起这么大的荷叶，就是负荷。

河 hé 本只指黄河，也叫大河。河字的第一项引申义指天河，或说天汉。汉字亦谓水之盛大。天上的河呈银灰色，叫银河，地上的河就叫黄河了。较早的用例是《木兰辞》："不闻爷娘唤女声，但闻黄河流水鸣溅溅。"

可 kě 肯也。两字双声为训。即许可、愿意之义。许多人都认为可与肯一声之转，即两字的韵母不同，本是同韵，后来"一"字变化了。我们则认为可字的韵母明明是从ㄛ声，可，即肯啊。可，或可以，今主要用作副词，往往是表强调的语气，如说人可多、他可忙。这种强调的语气，也就是出气之大。这种强调的语气，在疑问句中也可用，如说：他可曾告诉你真实的情况？从可之字保留着语气的，当然以"啊"字最为典型。

柯 kē 大斧，柄长三尺。有柄曰斧，无柄曰斤。斤上施柄，是工具的一大发明。斧从父，父字从又（即右手）持杖。故可持曰斧。

矼 kē 系船的木桩。柯为大枝，以大枝为桩。矼从卂，矼，判木也。以判木为矼。

珂 kē 似玉的美石。又指海螺，大而白者为珂。

舸 gě 如说弘舸。船大者谓之舸。

轲（軻） kē 车轴之相接者，谓其宽大。轲峨，谓舟车之高大。

苛 kē 苛刻、严峻、急切、骚扰。如说政苛刑峻、苛政猛于虎。值得注意的是，苛字从可，肯也，孔子说苛政猛于虎，但同时又说政事要"宽猛相济"，他认为缺哪一个也不行。苛的最切近的语源是诃，由诃责之义引申为苛刻、严峻之义，苛政就诃责之政，此时苛读同诃。

疴 kē 病。沉疴就是重病。疴与苛两字通用，疾病就是对人的苛刻与严峻。病字从丙，取加甚之义；疴字从可，取苛刻之义。

阿 ē 大陵。大山的曲处，可说山之阿、曲阿。于水也可曰阿，如说汾之阿。但水曲曰隈、曰隩，阿与隈、隩双声。山阜之曲处亦可曰隈，隈与隩皆从阜旁。阿字有三项引申义：一、阿谀奉承之义，即曲从之义。往的音义从直，委曲随从，以取人欢心，便是阿谀，是抽象的贬义。二、由委屈之义引申表亲昵、亲近。曲则近。在作词头，如说阿爸阿妈、阿哥阿姐。阿猫阿狗也是作为宠物才这样说的。小名还可说阿娇、阿瞒。后来用得十分广泛，就成为一个名词词头，亲昵之义便淡化或消失了。三、曲则易为美，所谓的曲线美。古说阿然，为美貌。派生"婀"字，婀娜多姿，是曲线美。

咱 zá 我们。说咱们，就包括说话人在内，表亲近。咱与自双声。咱还是表陈述和祈使的语气词。咱字有两义项且是结合的，就是"我们啊"的意思。宋元以来白话又常说洒家、沙家，都是自称。而亻、俩二字又是三、两二字的韵母作ɑ，以表亲切。咱的韵母作ɑ，也是如此。

爸 bà 爸与父双声，妈与母双声，爸、妈的韵母则均作ɑ，以表亲切，并带语气。还有的是爸、妈二字前再加阿字，或自身重叠，就更加亲热了。

婀 ē 常作婀娜，或阿那。《孔雀东南飞》："四角龙子幡，婀娜随风转。"垂则直，转则曲，是形容随风摇曳之貌。又形容春风杨柳。也形容人，可说婀娜多姿。婀从阿，取曲转之义；娜从那，取挪动之义。作形容词，阿有大义，那有多义，语义也是切近的。两字又都有美好之义，故一般释为柔美。总之，两字语义上屡可沟通，一般则不多加追溯了。

啊 ā 表赞叹、惊异、肯定、疑问，并可以随语气不同，改变它的声调，阴、阳、上、去，还有轻、重音，都齐全了。它随着上一个词韵尾的不同，还可作哪、哇、呀的声母变化，如说天啊，就常作天哪，好啊就常作好哇，妈啊就常作妈呀。这三个语气词的区别在于声母，声母又是随着上一字的韵尾的影响而定，这是在寻求声与韵的协调，使语气顺畅。

屙
ē 上厕。厕从侧，隐蔽旁侧之处建厕，说屙从阿，曲隩之处曰阿。故二字取义相似。从而说屙屎。尸谓人体而言。

奇
qí 或读jī，从大，可声。从大，就是从人，奇字本是形容人的，如说奇才、奇士。从可，大而曲，不同于一般，如说奇兵、奇计，还说奇遇、奇效、奇峰、奇葩。奇的反义词是正，正则直，故与曲相反。还有奇巧、奇崛、奇拔、奇妙等，则是同义词的结合。奇怪一词也早就有了。

倚
yǐ 依靠、依仗。倚则必倾斜，故引申为倾侧、偏斜之义，如说不偏不倚、独立而不倚。倚与偎、依均双声，今说两人偎依在一起。依山傍水，可说偎山靠水。三字可互相解释，有其共同之点，差别为：依为依靠，偎为紧挨，倚则倾斜。

椅
yǐ 坐具后有可倚靠者。名词。坐从土，席地而坐者。椅从木，木之可倚者。桌和椅是联系着的，桌字从卓，一个高起来，另一个也要跟上，桌椅的使用，是宋人的一大发明。椅字早已存在，本指梧桐之类，所谓长松文椅即是有花纹的奇美之木。

輢
yǐ 车傍，人之所倚处。

猗
yǐ 绿竹猗猗，为美而盛之貌，实际也有曲义，猗与椅通，都是形容竹木的。但猗字从犬，本指犗犬，即割除生殖器官的犬，从奇，取不偶之义，即不再找配种了。猗又作古语气词，表感叹。如说猗嗟、猗与。猗还可说同阿(ē)，猗傩，即婀娜。猗还可读jī，跨腿，与骑字切近。

漪
yǐ 水上的波纹，如说碧漪、漪涟。

旖
yǐ 旗帜翻动飘扬之貌。草木随风飘动或云彩舒卷，都可说旖旎。

绮（綺）
qǐ 带花纹的丝织物，区别于平纹。常说罗绮，罗也是罗纹的织物。

琦
qí 珍奇之美玉。琦玮，实即奇伟不凡。

攲
qī 倾斜不正。如书法上说攲势，虽说楷书要横平竖直，实际上横大多是从左下方略向右上方取势，即略有攲侧之势。用筷子去夹菜，也带攲势。

掎
jǐ 从旁牵制、拖住。

觭
jī 角一俯一仰，即倾斜，不平衡。又有单一之义，如说匹马觭轮，也可说匹马只轮，轮子都成双，一边有轮，不是双数，便是倾斜了。今单数曰奇数，双数曰偶数，奇与觭通，不偶也。

犄
jī 牛羊的角。桌子的犄角、事物的棱角，总居于旁侧。

踦
qī 一足也，不耦。脚跛曰踦，即倾侧。又有偏重之义，人际关系不是一碗水端平而有偏向，就要出现问题。

锜（錡）
qí 三脚的锅。有足曰锜，无足曰釜，锜是三脚，是单数。釜是有把的锅。

骑（騎）
qí 跨上马背曰骑。骑时总有所倚侧，不仅上马时要侧着身子，马奔跑时骑手的身子也总要略偏一点。所以骑字从倚，这一语源是非常精妙的。汉族人骑马是春秋时期向北方少数民族学来的。骑字的宾语大加扩展，可有骑驴、骑鹤，骑衡是骑在车子的衡木上，容易掉下去。骑缝是跨着衣服接缝的两边，或两张纸的交接处。现代最普遍的用法是骑车。骑的引申义还指可骑的马、骑马的人或战士。项羽在乌江最后一战，剩有三十八骑，是指骑兵。骑的抽象义如说骑墙派，介于斗争的双方之间。骑在脖子上拉屎，即是不把你当人看待。

崎
qí 或作陭。崎岖，山路倾侧，即是斜坡，不平坦。

畸
jī 残余不整齐的地块，偏侧斜曲。今说畸形，或指人体发育不正常，或指事物发展不平衡。

埼 qí 或作碕。曲岸。

剞 jī 剞劂,曲刀,用以刻镂。因为要从工件的内外各种不同的角度去加工,刀具就做相应的改造。

寄 jì 寄居,依托,依靠。"杞国有人忧天地崩坠,身亡(即无)所寄,废寝食者。"这是本义用法。又说寄食,吃住都在人家那里,寄书就是捎信。抽象义说寄情、寄思、寄怨,寄理于竹帛,就是把理论写成著作传播。

哥 gē 从二可。本是表赞许、称颂之声。出气大点儿,在平等之间称哥,表亲近,或者再加一个阿字。一度父子之间也可称哥,只是临时表亲近的称呼,呼兄为哥自唐代始才用开。

歌 gē 本作謌。言语之声永长,带有赞颂的语气,便是歌。发展起来,心有所忧,也可以歌。更大的发展就是与音乐相结合,曲和乐曰歌,徒歌曰谣。即没有乐器的配合,只是清唱几句便是谣。当然现在的清唱也大有音乐的艺术价值。唱腔、调门,都是气的运用,故歌字从欠。

叵 pǒ 不可。语音上是不字的声母,与可字的韵母和声调的合音,字形上是可字的反写。形音义一致。

679. 粤

粤 pīng 从丂从由,会意字。丂是气曲折上出,口在丂上,便得呼号之号;八在丂上,八为分散之义,故今为停顿语气词,气分散就停止没有了。由,是经由、履行之义,故粤为气舒出而自由上行,从而得任侠之义,即是仗义勇为的气概,并见之于行为。该帮的就去帮,该除的就去除暴,舒气而行,叫作任侠。

聘 pìn 问候,拜访,也就是到耳边舒气,以表仗义,或表辅佐。"聘于齐",就是到齐侯面前去问候,是热情而有礼的,有什么事也就办了。接待一方也是礼尚往来。聘还有大小,两年一小聘,三年一大聘。小聘又问,即是问候一下,通个气。大聘才叫聘,就要舒气,有所行动。五年便叫朝拜。聘引申为聘请,就是带礼物邀请贤能的人出仕辅佐。今说聘请你当评委、招聘几位员工、实行聘任制之类,就是这样来的。聘又说聘姑娘、聘媳妇,周秦时就有了用于婚姻的迎娶,已有几千年的历史。我们是礼仪之邦,这个聘字就颇能表现出来。

娉 pìn 专指娉女。男方请媒问女方名字及年庚,这是娉问。也指整个嫁娶的婚礼。

俜 pīng 出使曰俜,或聘问,或任侠,或骋辞。

骋(騁) chěng 马舒气驰骋。驰与骋双声。骋是任气自由地奔驰,故从甹声。驰从也声,也,为持续之义。持续地奔曰驰。驰甹曰骋。《诗经》中有"我瞻四方,蹙蹙靡所骋"。蹙蹙,是局促不得舒展之义,不能自由任气、纵情地驰骋了。后又可说骋目、骋怀,马驰之义没有了,是视线的放任,如说纵目远眺之类,是想象插上翅膀,可以毫无拘束地自由飞翔。还可说骋辞、骋藻,是词章上的任意发挥,纵情奔放。这样,驰和骋,取其同可以互相解释,取其异用以互相辨析。

680. 平

平 píng 从亏从一。亏,气上出而散发。一,气平舒也。因为气的概念很广泛,平字的语义也很快扩展起来,具体义可指土地、道路原野的平坦，抽象义指社会的公平、平安等。和平一词在《诗经》中已有孕育，说"既和且平"。从音乐的协调和谐，引申指国家和社会的和平。平的反义词是侧(或仄)和乱。

评（評）píng 从言语、议论中求得公平，故说评议、评论、评比。批评是要有批有评的，不平则鸣，还可以反批评，评中有批。评弹、评剧何以从评？最初是由评话来的。宋元人讲历史故事，评说历史人物，故说评话。评其成败优劣，会集而概括之曰话。说着，评着，起劲了就唱、就弹、就演起来了。

抨 pēng 弹也，拨弦而复正。故提出他人过错而加以评论曰抨击。

坪 píng 山区或丘陵地带出现一块平地曰坪。平原上很少要说坪。城市里有那么一块空地种了草就叫草坪。

枰 píng 棋盘，也说棋枰。

萍 píng 浮萍，浮水而生，靠芽繁殖，夏季开白花。历来以此比喻人踪漂泊无定。萍水相逢，是说人际关系的许多偶然性。

鲆（鮃）píng 鲆鱼，鱼体呈片状而扁平。

从平字还有以下5个象声词，没有实在语义。象声词往往兼有语义，这五个词又都有击、急之义。

怦 pēng 形容心跳，今犹说心里怦怦跳。

砰 pēng 表示事物撞击或落地的沉重声响。故为石落声。砰湃即澎湃，水击声。

泙 pēng 水冲击声。

軯 pēng 形容钟鼓或雷电之声。

騯 pēng 形容声响众盛。

681. 乎

乎 hū 从兮从丿，象声向上越扬之形。兮是分而扬，乎是上而扬，故乎的语气要高一些、强一些。兮表语气之停留，乎表感叹和疑问自然要高强一些。乎还放形容词或副词词尾，如说巍巍乎、焕乎(光辉的)。乎还有一项重要的义项，是假借作于，这是叠韵词之间的假借，如说在乎不在乎、合乎逻辑。乎是最常用的古语气词之一，之乎者也，它是第二个。

呼 hū 或作虖、嘑、评。鼻子向外出气曰呼，向内曰吸气。人们说话、唱歌，都在呼气之轻重缓急，口舌鼻腔区别得非常精细。呼还有呼喊、叫唤之义，如说呼风唤雨、呼之欲出、千呼万唤始出来。还说高呼、呼应、呼吁，都是用作动词。

滹 hū 呼为口气之出，滹为水流之出。山西有滹沱(沱有支流之义)河。

罅 xià 烧窑时需火气上扬，一部分陶坯就裂了，因此语义引申裂缝、缝隙之义，作动词为破裂、裂开之义。它的主语由缶之裂、器之裂，扩展指土石竹木之裂。引申指人际关系之罅隙及事理言论中之疏漏、疏罅。

墟 xià 或作罅。土石之裂痕。

烀 hū 半蒸半煮，把食物做熟，如说烀白薯。这也是气之上扬，从而得蒸煮之义。

682. 于

于 yú 本作亏。从丂从一，一表气之平。引申为大，所谓大气。于从丂之字有大义。于假借为於，为表时间和处所的介词，今多说在；又为表动词的对象和目标的介词，今多说对于，如说于人于己，就是对于大家和对于自己（都有教益）；又有比的语义，如说 A 大于 B，或 A 小于 B；又有从的语义，如说取之于民，用之于民；又表被动，如说先发制人，后发则制于人。这是汉语中古今都很常用的虚词。

吁 xū 表示惊叹或惊疑之词，如吁嗟，是叹词，气喘吁吁，表示出气大而急，还说长吁短叹。人的感情有了变化，少数时候是少出气或不出气，即屏息以待，多数时候是快出气、大出气。

雱 yú 或作雩。吁嗟求雨之祭也，即求雨之祭时，人们都出来大叫大喊，还敲击各种声响，实际是呼天呼地，民无以生之义。有时执羽舞以祭，故字也可从羽。

讦（訏） xū 言语出气大，张口大，又指川泽广大，土地广衍，曰讦讦。

旴 xū 张目，即睁大眼睛。

袆 yú 大襟大袖之长袍曰诸袆。

竽 yú 大笙。1972 年长沙马王堆出土了汉代的竽，一米长，二十二管。《韩非子》中说："竽也者，五声之长者也。故竽先则钟瑟皆随，竽唱则众乐皆和。"相传南郭先生滥竽充数，这个领头的乐器这么好冒充吗？所以他只好自动退场了。

芋 yù 今说芋头，叶大如盾，常摘以覆盖。叶柄亦长而肥大。

宇 yǔ 屋檐，庇覆四周，故有张大之义。引申为诸侯国家或整个天下，可说宇内。宇宙有二义：一指屋檐和栋梁，这是本义；一指空间与时间，往古来今谓之宙，四方上下谓之宇。今说宇宙，大多指太空。至于一个人的胸怀、风度，可说气宇，则要追溯到于字的本义，谓气之舒，指一个人的志气、气概。人皆有气，气皆欲舒展畅达，施展一番。

纡（紆） yū 丝或绳索的缠绕。纡与萦双声，萦为萦曲之义，如说纡曲、纡回、盘纡。从而引申有阻塞、郁积之义，如《楚辞·九叹》有"原假簧以舒忧兮，志纡郁其难释"一句，其中"志纡郁"就是志气不得舒展。

迂 yū 迂曲，回避。迂的反义词是直，字从辵，即是走弯路或走直路之义。迂字常用于抽象义，如说人迂腐，即言行迂远，不切事理，叫作迂夫子。有一次子路说孔子有点迂了，孔子说怎么可以用字粗野呢。又说怪迂、迂诞，指事物发展中的怪诞现象。

尫 yū 腿向外弯曲，即罗圈腿。

弙 wū 满弓有所向，即拉弓欲射，并与力之大相联系。

扜 yū 以手引弓而射，实即弙，引也，亦圆曲也。

軒 yū 马套在车上，两边有引车前进的皮带或绳索曰靬，它联系着车轴，车轴与靬联系处有皮环曰軒。軒之言纡也。

盂 yú 或作杅。碗属，饭器，碗从宛，盂从于，均取曲义。盂也作酒器，今多作盘盆之类。

瓡 hù 瓡子，比葫芦细长。瓡脯就是用瓡子晒成的干条。它也指瓦壶之类，是迂曲之器，此时读 hú。

壶 hú 盛器。古说箪食壶浆，今有茶壶、酒壶、陶壶、铁壶等。山西有壶口瀑布，史载黄河北来，于此倾泻于西崖，悬注如壶，故名。字本作壺，象圆器之形，字的上部象其盖。

圬 wū 刷墙涂泥用的瓦刀，或作圬、钙。圬者就是泥瓦匠、堵塞墙缝以御风寒，故其音义从亏，取堵塞、淤积之义。今多金属制。

污 wū 或作汙。水不流谓之污，即堵塞、淤积之义，可说汙池，小池曰汙。淤塞则腐败、肮脏，故得污秽之义，今说污泥浊水、污垢、污染、污渍、去污等。抽象义指道德品质、思想意识方面的过错、罪恶、不光彩之处，名词说污点，动词说污辱、污蔑。污名、污吏的说法，也早就有了。

圩 yú 或读 wéi，江淮一带，常有圩田，即水高于田，筑堤围水，于旁低处耕作。故也是取义于堵塞。所筑之堤亦曰圩，筑亦可曰圩。圩田的产量高出一般，这是正常年份，发水之年就涝得颗粒无收。

683. 兮

兮 xī 语气停留之处用兮字，是表停顿和舒畅的语气词。从丂、八。八为分散之义，分字就从八，语气停顿在那里，气就散开了。

盻 xì 怒恨之视，即眼瞪着不放。但是一般持续有神地看也叫盻。故盻可形容多种目视之状，只要是持续而有神。

684. 乃

乃 nǎi 又作迺。乃字的篆文与今乃字缺一撇之形相似，象气之难出。这一撇向下延伸，气不就难出了吗？乃字主要朝着古虚词的方向发展，表示事态的递进、时间的顺延，义为就(是)、于是、才、然后。乃入就是然后进屋，乃知就是方才知道。乃字又与而、如、若、你等第二人称代词声母相同或相近，也假借为第二人称代词，乃翁就是你的父亲。乃还作句首的发语词，常在古文中表示一种赞颂的语气。

鼐 nài 鼎是古烹饪之器，上有乃，即出气之大而难。

仍 réng 依凭、照样、没有改变。今说仍旧，事如旧曰仍旧，即依旧、照样、没有改变。仍与乃称双声。仍与凭叠韵，两字语义上切近或重合。凭，依也。仍也可有依(旧)之义。凭几可说仍几。

扔 rēng 丢弃，掷出，如说扔手榴弹，乃为气之持续出，仍为行为随之而出，仍为手之引出。

訒 réng 就也。实即乃、仍之义。

礽 réng 福也。有所凭依便是福。

芿 réng 田草未芟，新草又生，即新田相因之草曰芿。

苀 rèng 草不翦。即为相仍相因之义。

685. 火

火 huǒ 物质的燃烧现象。作动词为点燃之义；作名词，人火曰火，天火曰灾。燧人氏发明人工取火，钻木、击石，还有阳光聚集。当时一个尖锐问题，就是要熟食，化腥臊，除疾病。炙是火上一个肉字，焦是火上一只短尾鸟，燔是火旁的采(兽爪)，烈是火旁半骨。火的抽象义，用于人的性情脾气，发怒可曰发火，火气大。体内的炎症，叫作上火了，烦字是火上了头，本指热头痛，烦躁则是心气不和平的表现。事物的兴旺现象也可说火，如说生意很火，也说红火。

伙 huǒ 本指一起合火吃饭的人。伙伴就是合火的同伴，如《木兰诗》："出门看火伴，火伴皆惊忙。"大伙儿就是大家，是同伴，是否一起吃饭就不一定了。小伙子就也只是同伴中的年轻人。此外还说家伙、伙计、伙友。伙盗就是结成团伙的盗贼。

686. 炎

炎 yán 火上出升腾之义，形容天气如说烈日炎炎似火烧。炎与凉相对。还引申有旺盛、华丽之义，如说焰火。还指身体内部的炎症，红肿起来，也有肠胃炎、鼻炎等。

焱 yàn 火花，指火之盛而美。

琰 yǎn 璧上起的美丽斑纹。

棪 yǎn 结的果实为赤色。

剡 yǎn 用刀削，使之锐利。如说剡木为矢，即把木枝削成一支尖利的箭，这是从火势上出、升腾之义引申的。又如说火气剡人，为烧灼、炙死之义。剡剡是光芒闪烁之义。

谈（谈） tán 说话也可说谈话，谈字的现代语义很宽泛了。它从言炎声，即是燃烧的语言。语言怎么燃烧？一是指尖锐地说，能伤人。二是指艰难而深刻问题的谈论。如说谈天，现在已变成闲聊之义，其实，这天是多么困难的科学问题，至今还说谈何容易。故谈，论言也，纵言也。第三种谈指美言也，至今还说美谈、美论。谈与覃两字双声，覃，长味之言，后渐渐淡化，谈得不好，变成平淡之言，甚至说空谈、无稽之谈，谈的语义就宽泛得多了。如说谈判，是事态严

重的；若说闲谈，情况便是很一般了。

啖 dàn 或作啗、噉。长时间地有滋味地吃，从而区别于一般的吃，它与谈字之从覃从炎相应，如苏东坡的诗"日啖荔枝三百颗"，抽象义如说"秦割齐以啖晋楚"，即是把齐国的土地割给晋、楚以诱惑两国，即是引申为诱惑、贿赂之义。啖亦可有平淡之义，如说攻苦食啖，即是粗茶淡饭之义。

淡 dàn 薄味、无味。从长味到无味，语义向相反方向发展。淡与浓相对，如说浓妆淡抹。从炎字本有华美之义，现在可说惨淡人生；从炎字本有升腾之义，现在可说平淡无奇。对记忆可说淡忘，对观念可说淡化。

倓 tán 安静，即为恬淡、恬静之义。

餤 dàn 无味。实即淡。

澉 gǎn 味淡。又读同淡。

氮 dàn 无色、无味、无臭的气体，故直接从淡。氧即养，氮即淡，氢即轻，这是极少的几个化学名词中表音又兼义的词。

痰 tán 本作淡。据中医讲人体的津液是养筋血的。若是干涩了，就聚成痰，就手足之力弱，故痰为津液淡薄之义。

毯 tǎn 一种厚实平整用以铺垫的毯子，古曰毛席，即是用毛铺织成的席子叫毯子，其音从淡，取义于平。

綖 tián 衣服色彩鲜艳。取义于光彩华丽。

芟 tán 搔马的工具，有牙如梳，故取义于锐利而长。

锬（锬） tán 长矛。取义于长而锐利。

菼 tǎn 初生的芦荻，直着向上拔高，取义于长而尖。

687. 光

光 guāng 本作灮。人举火可以照明。因此，光作名词指火光、灯光、日月之光。光作动词为照耀之义。抽象义指人的荣誉、风采，如说光荣、光彩。光明一词有具体义，大多用作抽象义，如说前途光明、光明正大。物体表面干净平滑，就有反光，故也说光净、光溜溜。从而有干净之义，如说吃光、用光、穷光蛋。光有，就是仅有、只有，这时光字就成了一个副词，后面必须有动词。以下从光音义所派生的一系列词，主要是取广大、充盛之义，在天地间，光照四方，得以显其大，故光字得大义。

洸 guāng 水面闪光，如说波光粼粼，浮光跃金。洸洸，用以形容威武，那是因为他们的武器刀光剑影、寒光闪闪。

广（廣）guǎng 大屋，如说广厦，杜甫说："安得广厦千万间，大庇天下寒士俱欢颜。"这是广字的本义用法，然后指水之广阔，心脑之宽广。广作形容词，有远大、宽阔、广泛、众多等义，如说兵多将广、大庭广众，是指人员众多。广作动词，有扩大、推广等义，扩字就从广。广东、广西是指国土之广，廣字从黄，黄字从田从光，故可指土地之广。

旷（曠）kuàng 明朗，大而明曰旷。今说旷野，指野之空旷、广大。心旷神怡，指心胸旷达，由空间的旷达，而可指时间的久远，时空在语言上是很能相通的，如说旷日持久，就是长时间。旷字还有一个用法是说旷工、旷课、旷职等，取空缺之义。

圹（壙）kuàng 坑穴、墓穴，取义于空。

矿（礦）kuàng 未经炼制的金属矿石，故也可作鑛。如说矿井、矿床。

犷（獷）guǎng 禽兽凶猛，不驯服，指人则说粗犷、蛮横、凶悍，粗野不文明，是未经提炼之义。

廭 kuàng 心虚。

胱 guāng 膀胱，盛尿的器官，从旁与从光，皆取义于空大。膀胱的另一义指两肋，亦广大之义。当然，身体之广大不能与田野之广大相比，是相对而言。

駉 jiōng 牛马体大而肥。与犷字义近，犷重在野性，牛马则是驯服的。

穬 kuàng 大麦曰䅺穬，从牟与从广皆取大义。

桄 guàng 车、船、织机等上的横木，横则宽广，横字从黄，故也从光。纺织厂中缠线的木器叫桄子，作动词缠线可说桄线。由于桄子这种缠具大，故从光声。比如纺锭，就小，缠上就不取下了，桄子上的线可取下成线圈，一圈毛线叫一桄毛线。

纩（纊）kuàng 亦作絖。粗犷的或老化硬化的丝或棉，缲丝时精者为绵，粗者为絮。

觥 gōng 或作觵。大型的犀兕角制的酒杯，如说"酌彼兕觥"，可容五升或七升酒。

黄 huáng 从田从光，田地之光曰黄，从而指黄色。所谓"天玄地黄"，天地玄黄，玄与黄双声，天地交而万物化生，"玄黄者，天地之襍（即集合）也"。道家在诸子百家中无疑是最悠久的，诸子百家都称他们的学说是道。玄指赤黑色，即天之幽远之色。从黄的派生词有幽远之义的有潢、滉、旷等字。

潢 huáng 水深广貌。如说潢潢、潢洋、潢漾。

横 héng 以木遮拦门庭，或遮拦门庭之木，皆曰横。引申指一切横向的行为，如说横跨、横行、横贯、横穿、横扫等。实际上，说横行天下的横，已经不论纵横，而是普遍、广远之义。说横行霸道的横，是蛮横不讲理、专横跋扈之义，已远不是从横方位的问题了。横字还有一项用法是取从光的古义，即说才华横溢、沧海横流、老气横秋之类的横字，都是充盛、广大之义，不论纵横了。横秋指充满整个秋天的天空。

灙 héng 渡口。显然是取横渡之义，纵则为顺流而下或逆流而上。

横 huǎng 用以搁置什物的架子。它必有横板，故其字从木，广声。它直接地从横字派生。

璜 huáng 把一块圆的玉璧切成两半，半璧曰璜。天圆地方，璧是象征天的，半璧象征冬天的闭藏，地上无物，唯天半见。冬天与黑色相配，故取黑玉曰玄璜以祭天地。

黌（**黌**）hóng 诸侯国之学宫称黌。本指鲁国于洙水之畔所设的学宫。形如半璧，半璧即是璜，故学宫称黌，从学省，黄声。今说学校，古说学宫。

簧 huáng 乐器中横亘于中的薄膜或竹片、铜片，吹奏时振动发声，称作簧。簧之言横也。《诗经》中有"巧言如簧，颜之厚矣"。这是说有些人的巧言就像笙中的簧，奏起来好听，但实在是厚了脸皮的。今说弹簧、锁簧等是有弹性的机件，来回伸缩，有活动性，只是不发声，也称簧，也是横亘于中的。

磺 huáng 石质而呈浅黄色的矿物，称硫磺，可作医用或工业原料。性能和存在状态变化快，故称硫，取流通之义。

癀 huáng 癀疸病。患者皮肤及眼睛均发黄，甚至染及衣物。

蟥 huáng 金龟子，一种甲虫，甲为黄、绿、褐等色，故以金称之。带甲似龟，故以龟称之。又有蚂蟥、水虫，以其体呈黄色或深黄色，故俗亦以黄称之，本称蛭（zhì）。

晃 huǎng 闪耀之光，或光之闪耀，如说明晃晃。引申指时间一闪而过，如说一晃就是几年过去了。人的行动可说身子一晃、摇摇晃晃。晃的主语在扩展，如说一瓶子不满，半瓶子晃荡，是说水没有装满，比喻有的人并未学到很多东西，倒神气得不得了，似乎要洒出来了。

撌 huǎng 以手摇晃，使所提的物体晃动。

幌 huǎng 指幕布、窗帘之类易晃动的巾饰，酒店门口挂的酒幌子是招揽顾客的，也易摇晃，又叫酒旗，是竖条的。幌的抽象义指进行不正当的活动，却打着一个好听的名义作幌子，即是晃动起一个招牌。

榥 huǎng 帷屏、窗棂之类，指一些面积较大的家具。

潢 huàng 水深广之貌。

恍 huǎng 心明。如说心明眼亮。从心，光声。又指心神不定，如说心里恍荡、恍恍惚惚。又指时间短暂，一晃之间，猛醒过来，就说是恍然大悟。

扩（**擴**）kuò 扩的声母是从广而得的，今说扩大、扩充、扩张，语义可以证明这一点，扩与廓叠韵。扩，廓也。张小使大谓之廓。外城曰郭，引申指事物的外壳或表皮，如鞟是虎豹犬羊的皮，椁是外棺，廓便是外层的建筑，与广厦的广字本义相通。由此可见，扩、廓二字的部分义是重合的。扩字到现代有新的用法，如说扩军、扩音、扩大影响等，扩的主语和宾语又扩展了。

彉 guō 弓弩引满。《孙子兵法》有"势如彉弩"，彉，扩也，廓也，张小使大，势急可以发射。

688. 灰

灰 huī 从火从又，火已灭，手可执持，即已烧成灰烬。灰常与尘土一起飞落，故常说灰尘。引申为颜色之词，灰色介于黑白之间，如说色若死灰。抽象义有灰心丧气，即是心如死灰，点燃不起来了。心情消沉、泄气、颓废、沮丧，都可说灰。处境坏、地位低，也可说灰。人和物不好，都可说灰货。石灰在口语中也常说作灰，因为青石烧成石灰以后呈粉末状如灰。

恢 huī 火灭了要再点燃，心灰了有朝一日完全可以振奋起来，故说恢复、恢弘，陆游说："四方本是丈夫事，白首自怜心未灰。"诸葛亮说要"恢弘志士之气"。因此恢有大义，如说天网恢恢，疏而不漏。

诙（詼） huī 于心曰恢，于言曰诙。言之大者，常指调笑、戏谑，今诙字多作诙谐之义，是幽默可笑、发噱之言。

咴 huī 形容马叫声，马嘶山谷响，故亦大声。偶也指小儿笑，则与诙字相联系，调笑之义。

689. 焚

焚 fén 会意字，从火烧林。所谓焚林而畋，即是要打猎。树林烧了，里面的野生动物都逃了出来，但是下次再也无猎可打了，与此相应的是竭泽而渔，都只考虑眼前利益，不顾长远，是渔猎时代的愚蠢举动。

烦（煩） fán 一种头痛发热的病。引申指心情烦躁、心烦意乱的精神状态。麻烦，就是打扰了。烦人就是使人感到麻烦。抽象义可说烦琐，是指大篇的枝节材料，不能概括、归纳。

690. 粦

粦 lín 人体或动物体腐烂时分解出磷化氢，能自动燃烧，历来被说成鬼火。人体缺了磷，就要得软骨病。农作物需要磷肥，促使它粒粒饱满。一些含磷的油脂叫磷脂，不但营养价值高，还可用作化妆品、美容剂。可见，这鬼火，原还是我们人体需要的东西，只是它所处的环境有点吓人罢了。在阴森森的风雨之夜被人们看作是个幽灵在游荡。粦字本从炎从舛，舛是来回地走动，炎字隶化中被俗写作米字之形。

邻（鄰） lín 就近居住的人家，常来回交往，今说左邻右舍，或说东邻西舍，就是从舛的意思。

鳞（鱗） lín 于龟曰甲，于鱼曰鳞，于鸟曰羽，于兽曰毛。蛇皮或蜥蜴身上也有鳞或鳞状花纹，公鸡或老鹰的脚脖子上也有鳞，这些角质或骨质的鳞片，排列错综有序，故曰鳞次、鳞比。植物也有鳞，有些植物的叶子呈鳞状，还有些植物的茎长成鳞茎，如百合、洋葱、水仙、蒜瓣。无生命的水波、云层也常呈波鳞状，即是排列为有序的状态。

粼 lín 水波涟涟，或是波光不断跃动之状。

辚（轔） lín 众车之声，杜甫诗有"车辚辚，马萧萧，行人弓箭各在腰"。

嶙 lín 嶙峋，两字叠韵。嶙从粦，取错综相连之义；峋从旬，为周遍之义。

山既连又遍，故为深山之貌。引申义如说
风骨嶙峋，形容人格刚正不凡。

怜（憐） lián 心相比连，故得爱、同情、哀怜等义。可怜一词，如今主要是同情之义。古则还有可爱之义，可说爱怜，也说哀怜。总之，都是心之波及。

吝 lìn 吝啬、小气、舍不得、贪恋。有几个从粦字都曾借作吝字，如怜惜，可作吝惜，爱怜则易作吝啬，语义可以通。其中最切近于吝的则是遴字。

遴 lìn 或作僯。行进艰难，此与舛相关，相连又相背，就是行难。行难则谨慎，今说遴选，就是谨慎选举。对于钱财，过多地谨慎，便是吝啬了。遴，贪也。遴与吝同，麟也与麐同。

麟 lín 或作麐。麒麟，传说中的一种仁兽，形如鹿，全身有鳞甲，故谓之麟。又鹿好麋集，故音义也可从粦，为毗连之义。

　　以下的两个粦字，取义于光，即从二火。

璘 lín 玉色光彩。可说璘彬、璘斑。

瞵 lín 目有光，有神色。如说鹰瞵鹗视，鹰的眼睛当然是明亮的了，地面上的小鸡都看得清。

691. 荧

荧（熒） yíng 从一从焱(yàn)，指屋下有灯烛之光。荧荧，谓光之闪烁。今说荧光灯、荧光屏，都取此义。

莹（罃） yíng 盛灯油的油瓶，因为与灯与取火照明有关，故从荧省声。

鉴（鎣） yíng 锉刀，用以磨拭金属，使之发光，故从荧省声。

作动词则为磨锃。

萤（螢） yíng 萤火虫，尾部到夜间发出小而闪烁的光。古希腊人把它叫作"屁股上挂灯笼者"，法语把它叫"发光的蠕虫"。取义不谋而同。

莺（鶯） yīng 黄鹂，古还称黄鸟、仓庚，其羽毛有文采光泽。

荣（榮） róng 本指草木之花。引申指草木茂盛。荣与枯相对，如说"离离原上草，一岁一枯荣"。欣欣向荣，本指草木，引申指社会经济文化，兴旺发达。荣华，由草木花开引申指人容颜美丽或身世富贵。此时荣的反义词是辱。光荣一词是同义词的结合，皆从火派生。还说荣幸、荣誉，都是就社会因素说的。

嵘（嶸） róng 峥嵘，本指山之高峻。就社会因素说，峥嵘岁月就是不平凡的年代。

蝾（蠑） róng 蝾螈(yuán)，两栖动物，与蜥蜴同类，背部和两侧皆黑而有蜡光，腹部朱红色带黑斑。这就是以说明蝾字的意义了。又有一种蝾螺，也有夜光蝾螺，因为它的壳面珍珠层厚，故夜有光而名蝾螺。

莹（瑩） yíng 玉色，有光泽、透明，有些玉更有鲜艳色彩。可说晶莹、明莹、莹泽等。

滢（瀅） yíng 汀滢，水清澈透明。作名词指小水流，从荧字往往有小的语义。

䁔 yǐng 目光清明之貌。䁔又有眩惑之义，是因为眼睛受到火花的照射而眩惑。

营 yíng 小声。如说营营青蝇，是指苍蝇的声音。营营又有往来之貌，是从萦绕之义来的，也可解释作苍蝇来回地飞，是又飞又叫。

嫈 yíng 小心的样子，也解释为女人清洁之貌，则与滢、莹之义切近。不同的义项是既有区别又有联系的，因为它们同归一个词族，只是直接与间接之别。

荥（熒） xíng 很小的水流。又指一个人体穴位的名称，针灸时的传感如细流之运行。

营（營） yíng 环绕而居，四周有垣。营字的下部从宫，居室本皆可曰宫。军队需要环绕而居，故说军营。草滩泥甃扎营盘，盘字也从绕义。市场也要环绕而居，故说营业、营销、经营。语义进一步宽泛，凡有所规划与谋求，皆可曰营：营生，即谋生；营利，即谋利。营养，本谓营生之义，谋求生计，今则指吸取养料，养育生命。

潆 yíng 或作瀯。小流回旋之貌。

萦（縈） yíng 围绕、盘旋。丝麻之类纺成线，常常缠成一团，便是萦绕。纺车上的线，更是大圈地缠在纺车上。萦字在现代主要用作抽象义，如说萦绕在心间。萦怀，指思绪、情缕的环绕。梦绕可说梦萦。

茔（塋） yíng 有坟圈萦绕的墓地称茔，无曰墓。坟与冢则是高起。墓字从莫，则是在荒草丛中，甚至与地面持平。这是古代习俗，是从语源上说，现在已不论这些区别，一般都可称墓，有名人之墓，也有公墓。茔字已不常用。

茕（煢） qióng 本指回旋飞翔，茕的下部为卂字。假借为孤独、孤单之义，即为惸(qióng)；两字至今犹同音。无兄弟曰惸。常说茕独，无子曰独。无虑茕独，或说哀此茕独，又说茕茕孑立，形容孤单之状。

692. 熏

熏 xūn 从中从黑，黑字从炎从窗，火烟上出曰熏。今说烟熏火燎。引申指水汽上出，各种气味的散发，说熏人、熏天。在火烟上烤炙，可说熏鱼、熏肉。

薰 xūn 香草。作动词谓焚烧草香，把衣服或人体放到烟上去熏。现在把香料提炼成晶体，喷洒或涂抹，方便多了。暖和的风曰薰风。抽象义指文化教育的熏陶、熏育。

醺 xūn 喝酒多了，或醉了，如说醉醺醺，即是酒气熏人之义。

壎 xūn 土制的原始的吹奏乐器，有六个孔，全靠气流的共振，故其音义从熏。

曛 xūn 黄昏时刻。太阳已下山而有余光，与火苗上出时带点黄色的光相似，也指赤黄的颜色，如说日色曛。

纁（纁） xūn 浅红色。与曛字相通，纁黄，即为黄昏时刻。

勋（勛） xūn 或作勲。力之上出，便是功勋了。元勋就是开国功臣，又说勋业、勋伐、勋劳、勋章等。

蠕 xūn 蚕温暖而生，故取温燻之义。现在养蚕遇到变天也要生火。

693. 焦

焦 jiāo 火烧坏了，或经过燃烧。烧的是隹，故指烧熟或烧焦。作名词，今说煤焦、炼焦，锅巴可说锅焦。作形容词如说野田禾苗半枯焦，还说唇焦、口焦、焦头烂额。心焦就是等得着急了，焦点则是火光集中之点，群众的注意力或意见集中之点。

樵 qiáo 作名词，指柴火，作动词指砍柴。柴小木散材也，只作取火之用。樵夫可简称樵。

糕 zhuō 或作穛。早熟先收之稻谷，其米较小。

礁 jiāo 小岛曰屿，小屿而有草木则曰苫(shàn)，苫盖之义也，其质纯石而不长草木者曰礁，以其如焦土也。

蕉 jiāo 本指一种麻，称蕉麻，把它的纤维织成葛布，颜色发黄，与一般葛布呈白色者不同，故称蕉麻。焦有黑色和黄色之义，烧了呈黑，烤了呈黄。现在吃的香蕉，生的时候绿色，熟了就变黄，烂熟了就发黑，是地道的蕉了。

憔 qiáo 憔悴，面黄枯瘦。引申指心力憔悴忧虑困顿。战国时常说民憔悴、心憔悴。

嚼 jiáo 本作噍。焦为火所伤，嚼为口所伤、齿所伤。从焦之字往往可从爵，同音通用。今说细嚼慢咽、味同嚼蜡。胡言乱语就说是嚼舌，或咀嚼。

谯（譙） qiáo 言所伤，故为呵责之义。城门上的望楼，以远眺敌情，故与瞧字义近。

瞧 qiáo 或作䁓，眼睛模糊看不清，即目有所伤。这是瞧的本义。看不清，便要睁大眼睛看，只能姑且看，一时看，这正是今说"瞧一瞧"的意思。今北方人多说瞧，南方人多说看。今看和瞧代替了"视"，吃代替了食，说代替了曰，走代替了行，拿代替了持。四肢五官方面的几个最常用词大多被替代了。

醮 jiào 亦作釂。单方面敬酒，一饮而尽，受酒方不必回敬。这是成年时行加冠礼的一种礼节，当事人受酒不必回敬叫作醮，尽爵曰釂，音义从焦，取义于尽。

鹪（鷦） jiāo 鹪鹩，是黄黑而体小的鸟，活动于低矮、阴湿的灌木丛中，觅食昆虫。

僬 jiāo 僬侥（yáo），相传为矮人国的小人之貌，僬僬，指行走急促之貌，从焦字可有焦急之义。

蘸 zhàn 以物没水中曰蘸，蘸与醮、焦为双声。没水，即尽也。字从草，以酒洒茅草是祭神时的经常做法，表示鬼神已来享用。古时还有一种蘸甲的习俗，斟酒后以指甲蘸酒，表示畅饮，也有尽兴之义。蘸即是沾，两字叠韵，如说蘸糖、蘸酱。沾为沾染、浸湿之义，这正是蘸的词义。

694．黑

黑 hēi 火所熏之色。从囪（古窗字）从炎。引申指昏暗无光，说天黑。抽象义可把非说成黑白，又指非法的，如说黑帮、黑市，又指狠毒的，如说黑心肠。这都是形容词。口语中有时用作动词，如说黑了心、黑了脸。

墨 mò 墨与黑叠韵，墨有黑义，我国用黑墨写毛笔字，春秋时代就已有了。古时制墨，大多用青黑色的石墨。墨也用以形容天色，如说"墨墨若夜"，就是黑夜之义。但是墨与黑声母差别太大了。墨还指发霉的颜色，即青灰色。《左传》中说"吴王有墨"，即脸色不好，气色下，就是青灰色的脸。墨字在周秦时代用得最多的一项语义是说墨刑，即在犯人脸上刺字，现在还常见有人在身上刺字、刺画，叫作文身，那是青灰色，也即是发霉的颜色，不是黑色。鲁迅的诗有"万家墨面没蒿莱"，这墨面也不是黑面，是说饥寒中的人面有菜色，是青灰色，是晦气满面之义。这样，墨与霉双声，墨的音义从霉又从黑，是青黑色。

默 mò 不语也。对犬则说无声。即是天黑了，墨墨若夜，夜阑人静了。默与墨通用。幽默，早期也可写作幽默。《史记》上写作"默默不得意"，《汉书》上写作"墨墨不得意"。今则说沉默、默读、默认等，与天时、与青灰色已无关了。

缧（縲） mò 黑索，用以拘捕罪人。又可从墨，因为绳墨为木匠所用，弹上墨线使曲木也可成材。历来以绳墨比喻法律，人受到法的约束就可成有用之才。总之，不管缧字从黑还是从墨，都与法律相关。

词义。

695. 赤

赤 chì 火红的颜色，大红色。字本作大字下面一个火字。会意字。大火之后的一个结果为空尽之义，如说赤手空拳、赤膊上阵，古还说赤族，就是灭族，灭就是火烧尽。

赫 hè 火赤貌。引申指人的声势之显赫，如说赫赫有名，或者显赫一时。声势盛大，有时是德望崇高，有时指怒气冲冲。今说火气来了，吓(嚇)人哪。赫与火双声。

吓 (嚇) hè 本作赫。今说恐吓、恫吓，这是以口拒人，把人吓退了。表示使恐吓的对象感到害怕义时，读xià。这里是主语和宾语的差别。

挄 huò 拔除掉。音义从赤，取毁灭之义。

郝 hǎo 古乡名，今多用作姓。它又读为shì，指耕地时土块分解、松散之状，与赦字的音义相联系。

赦 shè 舍置，释放。从攴，为法治之义，从赤为空尽之义。赦与舍、释均双声，今赦有舍罪、释放之义，正是由此而得的。今说十恶不赦、特赦。

螫 shì 马蜂刺人，毒蛇咬人，均释放毒汁，故螫字从虫，赦声，取释放之义。

696. 票

票 piāo 火焰高升、火星爆飞之义。票字的上部与僄、遷二字的上部相同，有高升之义。票的下部本从火。音义从票的派生词多有迅疾腾起之义。票字今皆读piào，火是明的，故可得明示之义，各种票证、票据，都是明示之物，与火飞之义就离得远了。

飘 (飄) piāo 飘风为暴起之风。故今说飘扬、飘荡、飘摇(或作飖)、缥缈、飘忽、漂泊等，漂浮、飘逸则主要用于抽象义，形容人风貌的优劣。形容旗帜飘，既有高升之义，也有明示之义，旗帜总要求鲜明，既是具体义，也有抽象义。杜甫的名句有"飘飘何所似，天地一沙鸥"。对沙鸥的飞翔不大说飘飘，这是感叹他人生漂泊，此时到老了才回老家，所以对眼前江上的沙鸥寄托了情怀。

骠 (驃) biāo 黄骠马。骠，马行疾貌。唐代开国大将秦琼骑的就是这种马，汉代的霍去病号称骠骑将军，骠骑就是飞骑。

漂 piāo 于风曰飘，于水曰漂，于火曰票。浮行曰漂。布帛染色，则需漂(piǎo)洗，然后色彩鲜明，故曰漂(piào)亮。又说漂(piǎo)白，谓去色增白，亦需漂洗。

藨 biāo 黄苕，或称凌霄花，攀他物上举的藤本植物。音义从票，或曰凌霄，都是上举之义，花黄色。

漂 piáo 浮萍。是漂浮水面的。

标 (標) biāo 树木的末梢。一是上举，二是小，三是明。这是它的义素。《管子》中说"大本而小标，以大牵小"，他用以说明诸侯政治中的以强使弱，似乎是自然的现象。《史记》中则是以腿作比喻，若是"胫大于股"，小腿比大腿粗。诸侯比天子强大，还怎么走路。今说标新立异，标用作动词，又说标明、标志、标榜、明码标价，作名词如说锦标、目标、招标、投标、袖标，还说标题、标点、标语等。标字主要用作复合词的词素。

螵 piāo 螵蛸，螳螂的卵鞘。螳螂深秋作房产子，粘在枝上，叫作螵蛸。螵从票，上举之义，蛸，鞘也，套房。

缥 (縹) piāo 淡青或嫩绿的颜色，即木末或草芒的颜色。

褾 biāo 袖端。于木曰标（標），于袖曰褾。

瓢 piáo 把干了的葫芦剖为两半，可作为取水、取米之器。葫芦亦可曰瓢。从瓜，票声，取漂浮之义。有时军队过河有困难，就让每人背上个瓢，增加浮力。古说一箪食、一瓢饮，意思是最一般的生活。

鳔（鰾） biào 鱼类体内充气的囊状器官，中空而轻浮，借以在水中浮沉升降。

幖 biāo 今作标。以巾为标识。东汉末年的黄巾起义，便是以黄巾裹头，作为标识。

旓 piāo 旌旗飘摇也。旓不仅取飘摇之义，还取标帜之义。

镖（鏢） biāo 本指刀剑之鞘于末端有铜的饰物，故其从票声，取末端之义。后又指一种暗藏的投掷武器，称飞镖，形如锐利的小刀。又引申指人，称保镖。

剽 piāo 剽是镖的动词义，以针或刀刺。我国的针灸，最初是用石针刺，后用金属的针，今多用银针。引申指劫人财物说剽窃，强取，也指抄袭别人的文章。

勡 piào 以力胁迫他人，与以刀强取相似。

摽 piāo 打击、拍击，与勡义近。今说两人摽着胳膊走，即是由劫持、胁止之义，引申为连联之义，由强制性行为变为友好的行为了。它还有飘落之义，是古义。

僄 piào 人轻飘、轻率、玩忽，有贬义。也可指轻捷、勇猛。又读biāo，读同标，形容人的姿态轻盈美好，即今说标致，本该作僄。所以，僄字可有褒、贬两方面的语义。

嫖 piáo 本是形容女子姿态和行动轻便、灵活，常说嫖姚。还指军事行动疾速，汉代名将霍去病的头衔是嫖姚校尉，叫霍嫖姚。元明以来，嫖字的一项常用义，指玩弄妇女，从语源上看，它与摽字的勾搭、联结之义相近。

慓 biāo 今指牲畜长得肥壮，说长膘、跌膘、膘情怎样。奶膘是指幼崽吸奶期间长得肥胖，有时也形容小孩。膘与僄切近。

幖 piāo 性格急疾、勇猛，常说慓悍。

暯 piǎo 眼睛朝那边闪了一下，不是盯着看，但是情况已经知道了，故还有明察之义。今又说暯白眼，即是眼睛向旁边扫了一下，正面就只见白眼，是倾视。

嘌 piāo 歌声节奏急疾，戏曲中叫快板，说话快也可叫嘌嘌。

麃 páo 从鹿，票省声，票字的下面本作火。似鹿而迅走的动物，鹿已是善跑的了。用以形容军队威武，可说麃麃。

僄 biāo 行人僄僄，谓行人之多且行走迅疾，来往匆匆。

瀌 biāo 雨雪瀌瀌，谓雨雪之盛且轻疾飘落。

鑣（鑣） biāo 马衔。即是横放在马嘴里的小铁链，两端露出口外的部分叫镳。镳又与缰绳相连接，借以驾驭。分道扬镳，就是各自分路上程。镳与摽的音义切近，取联结之义。

穮 biāo 在禾苗的行间除草。除草谓之耕，亦谓之穮，与剽之义近，刺地之义。

蔍 biāo 野绿豆。多生麦地田野之中，蔓生，故音义与麃相近。蔍又指一种蔍草，茎叶细长，可为席，故与标字义近。

犥 piāo 黄白色的牛，与骠的音义切近，但它不善驰。

曤 piǎo 苍白枯黄之色，失去光泽之美。鸟曤色而沙鸣，这就不好了。

暴 pù 这是古读。本作麃，从日，麃声。谓日之强烈、威猛。动词义指烈日之曝晒，俗作曝。暴的篆文字形从日从出，从廾（即左右二手相拱）从米，曝晒的是谷物，说明是到了农业时代。而鹿走得快就还是一个渔猎的氛围。暴有两读，今说暴力、暴虐、风暴等均读bào，只有说暴露之暴（即曝)读入声pù，这个入声与灼的音义相通，暴字得显露之义。

爆 bào 猛烈的、突然的破裂行为，今说爆炸，爆从暴，炸从乍，均取火之急疾之义。爆鱼、爆肚、葱爆，均指到滚烫的油锅或水里很快地过一下便捞出，炖字从屯，则需要停顿，熊掌需要炖几天几夜。今还说爆破、爆竹、爆冷门。

瀑 bào 水之急疾。如说瀑(pù)布，飞流直下三千尺。瀑本指急雨，或说暴雨、骤雨。于水曰瀑，于火曰爆。在生活中水火不相容，在音义上则是很能通的。

襮 bó 绣有花纹的衣领，还是翻在外边的，故从暴。今说翻领衫。这种衣服《诗经》中就有人穿上了，"素衣朱襮，从子于沃"。意思是穿着一件素白洁净的衣服，上面缀着一条朱红的绣花翻领，跟着你到晋国的曲沃去逛一趟。《诗经》中的服饰很漂亮，如还有白皮袄上缀个豹皮的袖头。在领子和袖子上很讲究，衣带的花样就更多了。

犦 bó 犦牛。它领上的肉暴起高二尺许，状如橐驼，日行三百余里。故音义从暴，一取其行疾，一取其峰突起。

膞 bào 肉突起。今说急得头上暴起一根根青筋，暴与曝相通。

皰 bào 皮上突起。皮破裂亦可曰皰，今说爆破。

鑤 bào 今作刨、铇，以铁器刮木，其器曰刨子、刨床。刨木时必须突然发力，急疾推进，故其音义从暴。

攕 bó 徒手搏击。如说暴虎，就是空手与虎搏击，需要力的急疾。

表 biǎo 古文作褾，小篆及古隶作衺，到东汉隶书才出现在的字形。衣服在外的一面或一层叫表，在内的一面或一层叫裏(今简化作里)。表里为一对反义词，因为表暴露在外，故音义从票，只是字形上有了变化。表字引申有著名、表式、威仪等义，如说表示、表面、表演、表情、图表、仪表等，都是表现在外的。表章(即彰)、表扬、表示，都是动词的结合。亲属

关系中也有表里之分，非直系兄弟姐妹都说表兄、表妹等，与外公、外婆之"外"字取义相同。

褾 biǎo 本指披盖于衣领处的领巾之类，起妆点外表的作用。今装裱书画作品，包括托褙、加绫边等工序。裱也可作褾。

錶 biǎo 小型的计时器，今简化作表。钟则欲其鸣，表只是表示标明的作用。

俵 biǎo 分发、散发，把东西领来发给众人。

嫖 biǎo 指妓女，她们原来都是很有技艺，能够表演的人。

从票之字共46个，它们的声韵未曾发生更替，只是字形有变更，多亏古文字给了我们暗示。

697. 主

主 zhǔ 本指灯中火炷，后主字用作主客、主次之主，炷字就加火旁以示区别。主字上面的点表读火炷，下部的笔画为灯架之形。故主字的古文字常常只写作一个肥大的点。主的引申义指一家之主、一国之主。正夫人叫主妇，皇家的女儿叫公主。此外还有宾主之主、主仆之主、祭主、神主，物归原主是就所有权说的，交易中有货主、买主等。何以火之炷能引申为人之主？这大概是从燧人氏开始的了。《韩非子》中说："上古之世……民食果瓜蚌蛤，腥臊恶臭，民多疾病。有圣人作，钻燧取火，以化腥臊，而民悦之，使王天下。"这就是火主与君主的联系，主还有复合词主宰、主持、主管、主传、主办、主讲等说法，主次就是主要的和次要的，可作形容词，也可作名词。民主一词《尚书》就有了："天惟时，求民主，乃大降显于成汤。"意思是

成汤为民之主。法家不大说天子，要说人主。今说民主，是人民当家做主。

炷 zhù 灯心，凭它来浸油燃烧，常用一根粗线做成。佛教徒常要点燃线香，所以香的量词说一炷香。

注 zhù 本义谓经管、主持水之流灌，它的主语常见夏禹或别的民之主持人。如说禹，他掌管渭水"东注于河"，即注入黄河。注后又说注酒，也是主人或主祭人掌握。由此而引申义是人的精神和感官的注，如说注目、注神、注心、注意，这是由人掌握的，当你六神无主的时候，就什么也注意不到了。注意就是灌注心意。

痋 zhù 病，动词。有的方言中把得病叫痋病，是邪气停住而为病。夏天身心烦乱、消瘦，都叫痋夏。痋还指脓包疮疡之类。

麈 zhǔ 鹿之大者曰麈。群鹿随之，皆视麈之尾所指为准。麈的尾毛长，用以作拂尘，是拂去尘埃的用具，亦称麈尾，或简称麈。

、 zhǔ 即今说逗号之逗，文句至此逗留、停顿。主与、两字的古声母差别很大，、与逗双声，语义也相通。逗，停留之义，原还可写作投。句读的读，读同逗，就是受了逗字的影响，不能读作读书的读。

驻（駐） zhù 马停留。马停也常说人停，故也常指人，如说"行人驻足听"，又如说青春常驻。

住 zhù 人之居住。古曰居，今曰住。站住、停住、留住等的住，都还是停止之义，抓住、捆住、顶得住、稳得住之类的住字，只表示行为能持续、牢靠或达到目的，是语义虚化了。

柱 zhù 今说顶梁柱。引申指像柱子一样直上之物，如说水柱、火柱。

拄 zhǔ 柱的动词义，如说拄拐杖，为支撑之义。

註 zhù 解释之义。今简化作注。引申为登记、注册之义，注册就是贯注、

载明于册。

698. 甶

甶 fú 鬼头。写作上小而圆之形，本无撇，加撇是区别于田字。

畀 bì 从丌，甶声，即是一个鬼头放在座基上，表示要给予之义。这本是说祭祀的事。古常以奴隶、罪人或仇敌作祭品，告慰于祖先或天地神灵，"头(頭)"字也是这样来的，它从页(即首)豆声，豆是高脚盘子，后来不管什么头都不用了，只是用牲体或祭肉。付畀四方，就是给予四方的人民；烝畀祖妣，就是上献给祖先。

痺 bì 风湿病、关节炎之类，是受了风寒、潮湿引起的腰腿疼痛、麻木。若是用语源的话说，就是天地之气杂至所赋予的病，这正是畀字的本义，让取了一个不祥的鬼头。今常说麻痺，为麻木不仁之义，抽象义说思想麻痺，即是丧失了警惕性。

算 bì 蒸锅中铺的一层竹或不锈钢屉子叫算子，使食物不下漏，蒸汽又能上得来，即是水汽之所予。又有炉算子，是铁制的，为火气之所予。关于畀的语义，还可参看"异"字，它从廾从畀。

699. 异

异（異） yì 从廾从畀，畀，给予。异为分给之义。异爨就是分家、分居，离异就是夫妻离婚，异志、异谋就是分裂反叛。异的反义词是同。异常就是不同寻常，叫作怪异。所谓分给、

给予，是谁在给？本是指天老爷给，所谓天生的，神鬼所给。

翼 yì 从羽、异声。翅膀。翅膀是分开的，故从异声。翅从支声，也是取分歧之义，翅膀长在左右两边，长在一边怎么飞？但是翼字常常是指正在分开着的翅膀。例如三国时代的张飞，字翼德，如果叫翅德，就不一定是飞了。今说银翼，指飞机的翅膀，它是永远张开的，不说银翅。应该说翅可张可合，说银色的翅膀也是可以的，但是强调飞的时候，便要说翼，不翼而飞，就是没见张开翅膀就飞掉了。小心翼翼这话《诗经》中已见，是恭敬谨慎之义，说仲山甫辅（辅佐、翼护）周宣王小心谨慎。翼作名词时的引申义也很活，如说左翼、右翼，本指左边、右边，还说左翼联盟、右翼势力之类，便是指政治上的阵线说的。

廙 yì 可以拆卸搬动的房子，如有梁柱的帐篷之类，它张之如翼，故廙与翼通用。廙也有恭敬谨慎之义。飞翔这种事，动作大，速度快，形容谨慎，实在是很精到的。

冀 jì 我国自古分为九州，第一州便是冀，第二州是豫。那九曲黄河，把中原大地劈成南北两面，就是河北与河南，以河为界。故冀，划分为北之义。冀与觊双声。觊觎，希望也。冀又有希望之义，是从觊而得的。豫州，安乐之州也；冀州，希望之州也。冀的音义从觊又从异。觊与冀两字自古相通。

骥（驥）jì 千里马。甘肃天水有骥县（今天水谷县南），骥由其产地得名。相传是孙阳善相马而得。

700. 离

离 chī 上半部分象禽兽的禽字的头，下半部分为内，即㲋，即蹂（róu）字，为兽足蹂地。这样离字为取禽兽之头足合成的字，指一种猛兽，是山神。离亦作螭，螭魅，山泽中的怪异之气，有害于人者，它像虫像鬼。离也与魅通。今离字简化作离，为分离、别离之义，要远离山神，避其害。引申指与人事有关的别离之义。离还可有遭遇之义。

螭 chī 若龙而黄，或云似虎而鳞，为传说中事。

魅 chī 鬼属。《水浒传》中说"迷离毒雾奔群魅"，魑魅魍魉连称，蜩蜽，山川之精物。

摛 chī 散布、铺陈。这是从山川异气的散布、鬼神的运作附会而来的。它主要用于汉魏以来发展辞赋写作方面的一个专用词，它专门讲究辞藻的铺陈，叫作摛艳、摛藻、摛文、摛华等，把它神化，叫作神来之笔。

離 lí 今简化作离。本指黄莺鸟，又作黄鹂、鸰黄，毛色黄而美丽。離从离（chī）声，本就有分离、离散、离失、叛离之义，还有遭受、遭遇之义，相反相成。抽象义可说离心离德，离与合构成反义。离与罗双声。罗，鸟网曰罗；作动词，网鸟曰罗。扬雄《方言》中说："罗谓之离，离谓之罗。"即都有遭受之义。商承祚也说："古罗与离为一字。"两字还都有陈列之义。屈原的长诗《离骚》，即遭受忧患，但也有人释为离别与愁思。这里主要看哪种解释更切合文意。诗中多处是陈述遭受冤屈的经过和事情的原由，故以遭受之义更切合。现在说隔离、游离等，完全与祸患、鸟网无关，便都是后来的发展。

罹 lí 亦有遭遇和心忧二义，罹与离音义相通，只是强调心中遭受，鲁迅诗有"弄文罹文网"，是说写点文章就遭遇到了文化界的法网，指查禁书籍、迫害作家等。

詈 lì 骂。从网从言，即言中网罗人之罪孽。汉代以前多说詈，汉代以后多说骂。詈与罹均从网，是从言与从心之别，均从遭受之义而来。

漓（灕） lí 水渗流貌。分离流散则浅薄，故漓又有浅薄之义。浇漓，指社会风气浅薄。广西有漓江，指水明澈而流离。

醨 lí 薄酒。由水薄至酒薄，除主语扩展外，水薄指流量，酒薄指味淡。醨的反义词是醇。

缡（縭） lí 亦作褵。古时妇女穿戴画有盛多图纹的服饰佩巾之类。离与丽音义相通。

蓠（蘺） lí 江蓠，一种香草，常用以佩戴。音义从离，取其美盛之义。它又指红藻。

篱（籬） lí 以竹木编制的篱笆，起隔离、分割的作用。笆字从巴，结也。字也作栅(lí)，从字取延续之义，篱笆是长的。柴垣曰杝，木垣曰栅。

羅 lí 妇人所戴面罩，亦隔离之义。

黐 lí 一种黏性极强的木胶，可用以粘取鸟类及其他飞禽走兽。今统称为黏合剂。其音义也是从罗从离，取网罗、遇合之义。

仆 pū 往前跌倒，前覆曰仆，后仰曰偃。亦泛指倒下。如说仆地而死、死则僵仆。卜与祸患、死伤的联系，还表现在讣、赴二字。

讣（訃） fù 告丧。今说讣告，原单说讣，说讣就是告。去告便是赴。

赴 fù 急走报讣。即是赴凶、告凶之义。屈原说"宁赴湘流"，《孔雀东南飞》中说"举身赴清池"，都是赴险、赴难、赴死之义。赴汤蹈火的话也早有了，三国时关云长单刀赴会，是充满险恶的，后来《三国演义》中说单刀赴会或赴宴，才是化险为夷。今说赴会、赴宴则经常是轻松或喜庆的事。赴的词义大变了。

攴 pū 或作扑。小击也。从又，卜声。即占卜时有火烤与小击的行为，使出现裂纹。殷商时代，是我国最盛行占卜的时代，国家的重大事件，都要事先占卜。同时也是汉字到了成熟体系的时代，所以，许多国事之词，都以攴字为偏旁，攴后演变为攵，如政、牧、改、攻等。故攴字实际上已是治理之义。扑字今作撲的简化字。

朴 pō 朴是扑的名词义，即指扑击之器，如朴刀，朴字今已作樸的简化字。

701. 卜

卜 bǔ 象灼龟之后龟壳上的裂纹纵横之形。也叫作兆，但兆是名词，卜是动词。灼龟时皆先有直的裂纹，而后有斜出的歧痕，卜字的第二笔隶书皆作横出的挑笔，楷书作草化的一个点。龟曰卜，蓍曰筮。卜谓卜问，有赐予、预测、选择等义。卜居，就是卜问、选择定居之地。卜邻就是选择邻居。《诗经》有"掘粟出卜"，即是拿点粮食出去求神卜，那时还没有钱币，问卜亦需粟。

702. 詹

詹 zhān 从言从八从广。广，高也；八，分也。言之高而能分别事理者曰詹。本主要是指占卜之言，是与天和鬼神相通的。今说高瞻远瞩，那便是眼之高而能分别事理者。詹也有察看、见到之义，因为占卜总是要审查征兆以定吉凶的，占卜的官叫卜人、卜正、卜尹，也叫詹尹。现在那些姓詹的人家，如詹天佑等，大概他们的祖上当过占卜方面的官职。古代的占卜之学，是根据世事所做的哲理性总结，有一定道理，但时而就成了荒唐之言，真理再往前走一步便成了荒谬了。在科学远不发达的时代，怎么总能得到正确的预测呢！《说文解字》："詹，多言也。"这很客观，多言可褒可贬，有好有坏。《庄子》说："大言炎炎，小言詹詹。"炎炎就是"谈"了，谈天说地，谈何容易。詹詹就是多言，喋喋不休，大多要出问题了。

谵（譫） zhān 多言。又特指病中神志不清，胡言乱语，发高烧了。

瞻 zhān 向前、向下看，有时也指向上看。瞻字从尸，人居崖岩之上。还可有省察之义。如说高瞻远瞩、瞻前顾后（"顾"便是向后看）。又说瞻仰，照例瞻是向前看，仰是向上看，但两词长期结合在一起，也就不那么明确地分开了。

襜 chān 衣服之前有束上的围裙之类，下至膝，起遮蔽、保护的作用。往往是劳动时穿。音义从詹，以其蔽于前。

韂 chān 系于身前以为屏障，朝觐或祭祀时穿，以熟牛皮制作，故字从韦。上有不同图纹和颜色，以区别等级。

幨 chān 车四旁垂下的帏帐，亦屏蔽之用，只是不限于前了。前的义素至此便消失了。引申指一般的帷幔、床帐之类。

韂 chàn 马鞍两边下垂之物，以挡泥尘，亦屏蔽之义。

赡（贍） shàn 供给，满足。赡养就是供养。詹就是供人卜问疑虑的。本作詹。故是从多、足之义来的。

蟾 chán 蟾蜍，和青蛙一类，统称蛤蟆。它们好叫唤，就是多言了。

担（擔） dān 负荷，于背曰负，于肩曰担。任，抱也，何，举起。今常说负担，多用于抽象义，如说精神负担、心理负担。它由供给、满足之义引申为负责、承担之义。南方人爱肩挑，长的叫扁担，名词。

瞻 dān 垂耳。两耳垂于肩，如肩有所担。

胆（膽） dǎn 中医的理论，体内的情景和体外的世界是联系着的。胆是管决断的，故从詹。言之高而能分别事理者。做了决断，便能勇敢，胆子大，若是一个人胆怯易惊，睡眠不宁，那么在治疗上就要与胆相联系。胆与肝相连，盛胆汁。今说吓破了胆，即是吓得吐出了绿色的苦胆水。胆的引申义指暖瓶的胆、篮球足球的胆。车胎就不叫胆，它无胆形。

甋 dàn 瓶、罂。罂有颈之缶，故如胆囊。

憺 dàn 安乐、恬静。心气足，能担当，则安。海内憺然，即社会安定，澹与憺相通。

澹 dàn 水的安定。虽有摇荡，没有泛滥。澹泊明志，就是心态安定明朗。

簷 yán 或作檐。房顶伸出的边沿，在门之上，是高而前的。簷的声母与尸（wěi）同，这是就古音说的。

703. 占

占 zhān 从卜从口，会意字。口对着龟甲上的卜纹，问其吉凶。动词，可说占卜、视卜、问卜。占卜是一种渴望探知未来事态发展的举措，是未来学。占梦就是根据做梦来推测吉凶，《诗经》中就有人在"乃占我梦"。现在人们常常认为那是一些无根据的推测，有些人将信将疑，有些人很信。不管怎样，占、卜及其派生词在语言中是很活跃的。

佔 zhān 本作蒧，今简化作占。即是视卜，谁具有占视卜文、隐度其辞、口以授人的权，便是占人，或卜人，《周礼》中均规定着他们的官位。卜筮官之长曰太卜，是殷时的重要职位，秦汉时朝中还有太卜令。故佔字引申为占据、占领、占有之义,实在表现了那时占卜的重要地位。如领地问题,《史记》中载:"占曰吉,乃营邑之。"这便是占领。

飐（颭） zhǎn 风吹浪动曰飐。风是看不见的气流,窥视到物的摇曳,浪的波动,得此征兆,才知有风,故风吹也叫飐,从占声,动词。

沾 zhān 水浸湿,如说沾染、沾濡、沾湿。涕泪沾襟,汗出沾背,还说沾光,便是占便宜,则占与沾通。还有沾边、沾手的说法,沾则必着(zháo),故沾的声母从着,即是沾着边、沾着手、沾着便宜、沾着光。沾着双声。

霑 zhān 雨露之沾曰霑,天旱了就要祈雨,就要占卜。

黇 tiān 淡黄色。即白中沾染点黄。

添 tiān 添与沾字古同音通用,沾则有所增添。为什么到唐代又普遍用开了一个添字? 菾本为耻辱之义,有时菾是个谦词,自己给别人菾累或菾附了什么,"菾两君"字面上是给你我两国的国君沾染了耻辱,实际上是个谦虚的说法。加酒可说添一点。谦虚的语义也渐消失,就只剩增添语义了。添的宾语大为扩展,如北方人爱说添乱,就是增加麻烦,本来已经够忙乱的了。添油加醋,是说夸大其事。

桥 tiàn 拨火用的棍,添了柴火,或已烧的柴火没有着完,就用棍去挑动一下。也叫添火。

菾 tiàn 草木长得茂盛,即枝叶增添。菾的另一义项指甜菜,则是假借为甜字,与增添之义无关。

觇（覘） chān 窥视。本谓窥视龟甲兆纹,引申指一般之窥视。对兆纹是要从隐微之处来察看的。

舔 tiǎn 用口水去沾,沾则增益而添。本还可作舑(或从氏)。它也是唐代以来逐步用开的。

掭 tiàn 沾染。如说掭笔、掭墨,即用毛笔到砚台去蘸墨汁。如今用钢笔,说蘸水笔,不用掭字了。

点（點） diǎn 从黑,占声。沾染了黑色的小斑点。它作名词,指小黑点,引申指斑点、污点、水点、标点等,事物或时空的某个程度,如起点、终点、优点、缺点,数量上一点点,做事情能出点子。它作动词,谓沾染(污点),引申义说评点、指点、点头、点穴(穴位)、清点、检点等,下种子叫点种,引燃叫点火。几何学上的点,说是没有长度、宽度和厚度,照例是不存在的了,是抽象的点。凡是点总有个着落,所谓着落点,若是连着落也没有,就什么也不存在了。点与着不可分。哲学上有两点论,表示辩证法的全面观点,由点到面,几何学就难以理解了。所谓重点、要点、特点,是制定政策中必须注意的。点字在语义上那种宽泛、夸越之甚,几乎到了极点。

玷 diàn 玉之瑕点,如白玉上出现了红点,玉工就要把它磨去。《诗经》中说:"白圭之玷,尚可磨也。斯言之玷,不可为也。"前一个玷字为本义用法,后一个玷字为抽象义,指言语中有了污点,那就没法办了。

刮 diǎn 污损。又指刀砍。作名词,谓刀上砍出的缺口。

店 diàn 商铺中摆货物供买卖的土台子,字本作坫,后指店铺。店有占声,取据有、占有之义。

坫 diàn 古时室内放置食物、酒器等的土台子,参见上店字。

砧 zhēn 亦作椹。捣衣石,把要洗要冲的衣服放在上面,再用棒槌敲打。或指劈柴剁草时下面垫的木墩。也指柱子脚下的石础。也指切菜、剁肉用的砧板。铁匠打铁时下面垫着的铁墩子也叫砧。旧时行刑斩首时下面垫的木板或石墩也叫砧,和砧相配的有杵、锤、斧、钺之类,故说砧杵、砧斧,同义词结合的说砧质、砧俎。

帖 tiè 写在帛上的标签,贴在书函上,落款有某人署。署,著也,著其名也,也是有着落之义。帖亦有检验、妥帖之义,如《木兰辞》:"昨夜见军帖,可汗大点兵。"这军帖实际是一本招兵的名单，要按此查点姓名。帖与贴同音通用。帖与拓叠韵。现在的字帖是把纸贴在石碑上拓下来的。请帖，也是署有姓名的验证之物，你可以拿着请帖去参加活动，占卜也是一种需要验证的活动。帖作动词还有服帖、贴近之义。

贴（貼） tiē 从贝，占声，即抵偿之义，如说贴补点钱，作为补偿。贴就取沾连、附着之义，引申为贴近、贴身、贴心、体贴之义，是关于人事方面的贴；粘贴、招贴、贴金、贴画等，是关于事物方面的贴。

掂 diān 或作战。称量，把东西拿在手上，上下掂一掂，估计重量。实际上占卜也是一种估计和称量。

跕 diǎn 或作跕。以手、以头曰点，以脚尖曰跕，说跕起脚来。若是以脚板、脚跟则曰踩，或曰站。

惦 diàn 心有所掂，常据心间，故说惦记、惦念。亦可曰沾，沾着心间不能释念。

站 zhàn 古曰立，今曰站。站亦从沾连之义，久立曰站，脚就沾在那里不动了。也说独立曰站。这是站字的初义，后泛指一般的站。今一般认为站是一个蒙语音译借词"站赤"的简称，实际在元代以前已有站字。外语借词到汉语来，往往取音兼义的字，把驿站叫站赤。至今说兵站、车站、发电站、保健站，作动词说站岗、站柜台、站住、站稳。显然，作蒙语借词，为站字代替立字，起了很大的作用。

阽 diàn 临危。山体、墙壁，久立则危。阽危就是面临危险，身之阽危，或天下阽危，都是坠倒之义。

黏 nián 粘着、贴着。黍和糯米皆为有黏性之谷，做成浆糊，皆用以粘贴。黏与黏双声。黏从尼，谓两人背靠背，为贴近之义。故黏谓贴近与粘连之义。声与韵各有其义。

拈 niān 用手指取物。即是黏着不放。抓阄可说拈阄、拈个纸团。拈、捻、

捏三字均双声，均有部分语义相通。

鲇（鮎） nián 或作鲶。鲇鱼无鳞，因周身黏滑而得名。它的皮下有黏液腺，分泌黏质。泥鳅也是周身黏滑。泥，水和土也，鳅本作鳝，酒久熟曰酋，是带黏性的甜酒，粘手。大概过去那些酒翁常以泥鳅下酒，就跟酒连起来了，鲇则是跟米黍联系的。

苫 shàn 作名词说草苫子，是用以盖房的；作动词，是用草苫子苫房。苫上一层草是为了霤雨水的，故其音义从占。苫与荵双声，侵有覆盖、渐进之义，字从人从又持帚渐进，隶书省作侵，实亦包含有铺垫之义。所以苫得音义从侵从占。今说侵占，那是两字在引申义方面趋于同义或近义。苫从荵是就两字的本义说的。

疝 shān 疾病的渐进和侵入，即疝疾。今说生病还说染病，对病菌则说侵入。

闪（閃） shǎn 本作黏，指火之行进。作闪，为会意字，见到人在门中一闪而过。由光之闪烁引申指人之闪，闪的主语扩展了。今说闪光，为受益之义，说明光是可以沾染的。这说明闪或黏的音义也是从侵从占的。至于闪字自身的语义发展，说躲闪、闪身，有时是在门中，常常是与门无关，如说闪开、闪失、闪了腰，都就人的行动而言，与火和光就无关了。人的迅速出击可说闪击，抽象义如说一闪一念，就是忽然想到。闪字作为动词，它的主语和宾语，现在已很广泛。

704. 兆

兆 zhào 或作秋。火灼龟甲出现的裂纹。象裂纹之形。占卜的官员就从中联系君国大事的吉凶。今说兆头、好兆头、征兆。我国古代兴占卜，殷周最盛，说明

当时人们在认识上的迷惘和积极探索，他们的成就不断地受到后代科学发展的检验。在语言上，音义从兆的字也颇有内容。事情总有迹象，见微以知著，故是可以预测的。

桃 táo 从木，兆声。桃木和桃子自古就被看作一种除邪恶、驱鬼魅的象征，能消灾，迎吉庆。逢年过节，要用桃木制作的人偶或符板置于门前，用桃枝制成的笤帚洒扫。还要喝桃汤。陶渊明写《桃花源记》，那是逃避了世间的离乱忧患，"不知有汉，无论魏晋"，那就是从诸侯战乱和秦的苛政中逃出来的，他不可能写"李花源记"。人们庆寿，要用寿桃。孙悟空到天宫偷吃蟠桃，他不可能去偷吃鸭梨。从龟坼到桃源，互相联系着。桃，逃凶也，避邪也。

逃 táo 避开，免除。谁的逃亡不是需要避免凶险灾难？所以逃字的初期用例，就多用于逃难、逃荒之类。今说大逃亡、逃走、逃跑，宾语稍微宽泛，但要逃总还不是什么好事，今歹徒作案，躲避法办，也可作逃。

挑 tiǎo 拨动，挑开。如说挑衅，衅本指缝隙、裂纹。龟甲上的裂纹也可叫衅。后指挑动诸侯国家之间的裂纹。挑动它，就要引起战争，故又说挑战。人身上长了脓包，就说要挑破。弹筝、弹琵琶、绣花、缝纫，都有挑的动作，就与吉凶之兆无关了，挑的宾语在扩展。又说挑刺、挑毛病、挑短，大多是抽象义。挑选就是依据好歹吉凶，选取而加以提拔。挑担就是把筐篓用扁担头挑起。

跳 tiào 或作逃。于手曰挑，于足曰跳。有跨度，有高度。跳和占卜已经没有直接关系，跳与逃相通，见凶则逃，跳谓轻身独出。如说跳出火坑，也可说逃。跳高、跳远，就纯粹是一种足的跃出行为，跳舞本和巫卜有点关系，有跳大神。现在全然是文体和艺术了。上下船搭起的跳板，有时也为逃亡，但一般也与逃无关。说心跳、眼跳，就与足无关，跳字的主语也在扩展着。

说跳江、跳河，是跳的宾语在扩展。总之，跳字处在一个全面发展的状态。

眺 tiào 或作覜。远望，察看。以目视龟坼的征兆，从而测知未来之吉凶，故得察看之义，以知未来，得远望之义。现在已完全是一个眼的行为之词。说眺望、眺览等。

龆 tiáo 小孩子脱落乳齿，换长恒齿，故也有长远之义。

旐 zhào 龟旗，或说龟旒，大旗上画有龟蛇，举在前面开路，是大将之旗，能避免祸害，象征吉祥。

鼗 táo 或作鞀、鞉。拨浪鼓、货郎鼓。如鼓而小，有柄，持而摇之，旁有耳可自击，以表有所召示，故音义从召或兆。

鮡（鮡） zhào 生活在山涧、小溪等地的小鱼。

祧 tiāo 作名词指先祖之庙，作动词谓庙祭。也有龟兆显示，告吉而避害。

朓 tiǎo 阴历的月底那天晚上，月亮开始有月牙出现在西方，即是从兆取显示之义。

庨 tiāo 龟坼裂开之处，皆凹下，故为不满之貌，指容器。

㡯 tiāo 古量器，是凹下的。又指锹一类的古农具，直接语源从挑，是插入挑起的行为。

铫（銚） tiáo 长矛，用以拨动、挑开。又作田器，大锄曰铫。铫又读 yáo，指煮物或温酒之器，取圆曲而美之义。参见姚字。

窕 tiǎo 本指间隙、裂缝。龟坼曲折细小，它既象征吉祥而得妖美之义，又象征凶险而得轻佻淫佚之义，褒贬两方面均具备。窈窕、窕冶，都是指妖美的。

佻 tiāo 轻佻，为轻落、放纵、不严肃甚至巧诈之义，主要用于贬义。也可读 yáo，作宽松之义。

姚 yáo 美好之貌，如说姚冶。亦有长远之义，说姚远，与遥同，亦可有轻佻之义，说飘姚。

珧 yáo 小蚌。用以装饰弓、剑等的把柄，故亦从美饰取义。它的肉制品称干贝。

705. 魚

魚 jiāo 灼龟不兆，读同焦。龟甲放在火上烤不起裂纹，那就是烧焦了。焦字从隹在火上烤。两字音同义通，各有自己的一系列派生词。

秋 qiū 本作秌。省作秋。禾谷熟曰秋，有秋，便是说丰收年景了。秋与收叠韵，秋就是有收成，有秋就是有收。秋作为季节之名，也是就灼龟和收获而言的。更重要的是从秋的派生词中大多有收敛、收缩和聚集之义。

揫 jiū 秋之言揫，收敛也，细也。

揪 jiū 唐宋以来的后起字，与揫字相通。聚敛，可说揪摔、揪扯，为同义词的结合。后引申为用手抓住，如说揪头发、揪胸脯、揪绳子，抽象义说揪心，为担心、十分感伤之义。

鬏 jiū 发髻，是头发的聚敛、盘结，故音义间接从秋，直接从揪。

甃 zhòu 聚砖修井，作名词指井中四周以砖砌成的壁。

锹（鍬）qiāo 铁铲之类的工具，用以铲取、挖掘，古时畚（běn）簸箕也可叫锹，因为它也是用以摄取、聚敛的。

湫 qiū 水之聚集，作名词指潭、渊。也指狭隘低湿之地。

楸 qiū 楸树长得大而皮粗皱，故从秋，取收缩之义。

萩 qiū 蒿属，名牛尾蒿。蒿字从高，取枯槁之义。萩字从秋，取老成之义。

有些菊科植物，春时各有其名，到秋天通名为蒿。

鶖（鶖）qiū 一种水鸟，头顶及项皆无毛，故又称秃鶖，又名扶老。故鶖从秋，取老成之义。其实泥鳅的鳅从秋，也是取老成之义，因为它有胡子，有胡子的鱼还不少，泥鳅的胡子特别显著。

瘳 zhòu 收缩。物不申曰瘳。憔悴，或作瘈瘵，亦谓减缩。

啾 jiū 谓细小之声，如玉佩相碰击。又指燕雀声。又指众声，则有聚集之义，指合乐、口吟等。

愁 chóu 秋字从魚，龟不兆，故心愁。故愁字的初义用例，大多指年景、国计民生、存亡安危之愁，所谓哀而不愁，愁的语义是很重的。屈原说他是"忧与愁其相接"，他愁的是楚国及其人民。在周秦时代，愁的这种词义是很显著的，忧与愁的词义有轻重之别。李白说他要"与尔同销万古愁"，但他也说"宛溪霜夜听猿愁"，猿不知国计民生，愁的词义就泛化了。说先天下之忧而忧，则愁字也不用。词人说"怎个愁字了得"，那就大愁小愁都包括了。

潐 chóu 腹中有水汽，亦取集聚之义。

愀 qiǎo 脸色变。见不善愀然，谓见不善的人或事，心有忧惧。

瞅 chǒu 发愁时皱着眉头，也是取收敛之义。如说愁眉紧锁。后来用得宽泛了，一般的看也说成瞅。

706. 祭

祭 jì 从示，从又持肉，即手持肉以示，即为祭。无牲而祭曰荐，荐而加牲曰祭。亦即是杀牲而祭，故从祭之字都有残杀之义。杀了牲畜或俘虏、奴隶之后，用以安慰鬼神，实际是安慰生者之心。我国古代没有宗教，祭祀是很盛行的。要做得很虔诚，洗澡、换衣服、致祝词，事先就斋戒三日。

蔡 cài 或作薬。有待芟除的荒草。由芟草引申指杀人或铲除了谁的势力。今河南既有上蔡县，又有新蔡县，古时为蔡国，因为那里是流放罪人之地，也是铲除、流放之义。

嵰 cài 残帛，即是经过剪裁之后残余的布头布脑。对人曰残杀，对帛曰剪裁。

瘵 zhài 害病。病对人是一种残害，或病也可说瘵，从祭，取义于残杀。

稷 jì 即稷，黍之不黏者，今称糜子。从祭声，谓其米可供祭。

察 chá 祭必详察，鬼神之事是要示之于人的，祭字即示。《论语》中说："子入太庙，每事问。"孔子尚且如此，别人怎好大意。而且真要详察鬼神之事，谈何容易。而且察的是关乎吉凶、祸福、生杀之事。今说观察、考察、视察、监察、警察、明察等。察察为明辨、清白之义，现在不说了。

瞁 qì 视之明察者，从而区别于一般的视和察。

詧 chá 从言，察省声。谓从言语中探察事理，动词。

镲（鑔）chǎ 较小的铜钹（bó），为两片自相拍击的金属乐器。现在闹元宵或民乐合奏时都少不了它。六朝时由西域传入中原，唐代时就已盛行。钹，拢也，拍击之后即提起；铙，挠也，声挠嚷，那么镲，擦也，拍击后即擦过。

嚓 cā 或 chā 割杀之声，表义又象声。取祭的残杀之义。鲁迅的《阿Q正传》中有五个嚓字，都是表杀头之声。

磘 cǎ 磘床，把萝卜等擦成丝的工具，磘本指粗石，是用加工磨损一点边角之类的用具。

擦 cā 急速地磨，原也有伤害、残杀之义。用得宽泛了，一点小摩擦也说擦，如说擦肩而过，是无意地碰到一点。绝无谋杀之义。又说擦桌、擦鞋、擦车，只是去污；擦粉、擦油是为了美容。擦的目的很宽泛了，它是宋元以后逐渐用开的词。

际（際）jì 两墙交接处曰际，壁缝。龟甲火灼后也有裂缝。人之相交曰人际，国之相交曰国际。相交必有边，曰交际、边际。祭祀是人与神之交际。

707. 尞

尞 liáo 祭天也。从火从眘（shèn 古慎字），祭天怎么能不谨慎！尞字下边的小字，本作火，隶变作小。火字可作四个点，省作三点便接近和类化"小"的字形了。祭天时都要烧柴，即积累柴薪，置璧与牲于上而尞之，升其烟气。从尞之字有美丽、明亮和治理等义。

燎 liáo 放火。如说燎原之火，或星火燎原。古时放大火有两个目的：一是火耕，把荒草恶木都烧了，便于耕作；一是火猎，即烧山行猎。今说火烧火燎，燎就是烫、灼，还说手上燎了个泡。

僚 liáo 官员，祭天的人。同僚就是一同祭天的官员，官僚一词本无贬义。偶亦作寮。僚作名词指官员，作动词是服事、执役之义。僚还有美丽之义，从火之美到人之美、女性之美。

从尞字中与火烧有关的有燎、爒等，与明亮美丽有关的有嬼、镽、瞭等，与治理有关的有撩、疗等。

獠 liáo 打猎。宵田为獠，即举着火把去打猎。现在也有宵猎，便是开着汽车车灯打猎。

爒 liáo 从炙，尞声，语义从炙，语音从燎，炙是在火旁烤、灼，却不燃烧。实际上，手上燎了个泡，应即爒字。两字相通。

嫽 liáo 由火之美引申指人之美，由人之美引申指思想之聪明智慧。

璙 liáo 玉之美好者。

鐐（镽） liáo 美的金属，如紫磨金，银之纯者。鐐又指鐐铐，脚曰鐐，手曰铐。此鐐的直接语源从缭，取环绕之义。两义项之间是不能直接相通的。

膋 liáo 脂肪肉白而明也。

窭 liáo 从穴尞声，名词义谓窗牖，是采光取明的。作动词义为环绕，窗子是周围的空穴。孔子有一个学生叫公伯寮（与窭相通），字子周，周为周围、缭绕之义。

鷯（鷯） liáo 刀鷯，能破苇，食其中虫。如此觅食，可谓瞭然。故亦取义于明。又有鷦鷯，又名巧妇鸟，形体小巧，棕色，来回于灌木丛中觅食昆虫，或曰从鷦，形容其鸣声。

瞭 liǎo 眼明亮。如说瞭如指掌，明瞭。眼明就看得远，故说瞭望。

憭 liǎo 聪明、智慧，皆心中瞭然。

嘹 liáo 鸣声嘹亮，远闻之声。包含有明和远的义素，清晰、响亮之义。此由目之瞭、心之憭，到口与耳之嘹，音义是一贯的。

了 liǎo 知了，或称蝉，古称蜩（tiáo）。蜩，即知了的合音，略有一点方言之差而已。它的名称很多，如还称蜩蟟，可见知了的"了"，实与从尞字相通，只是同音之间的文字假借而已。知与蜩的古声母相同，了与尞音同，又作啁嘹，语多也。故知了的本义实为鸣声清亮，但叫得没完没了。

辽（遼） liáo 远也，道里辽远，行之辽远。辽宁就是远方安宁，辽河就是远方的河。

蹽 liáo 大步迅速地跑，故与辽（遼）字相通。

潦 lǎo 雨水大之貌。今字作涝。潦的韵母也读同涝。寮与劳音义相通。写字潦草，又说潦倒，此时又需读同缭，因为潦草就是笔画缠绕、缭乱之义，这之间是否有介音 i 的差别，要根据语义来决定，这便是音随义转了。

撩 liáo 理也。今说撩理，一般作料理。指同僚之间互相理解、关怀与照料之义。撩又有提起之义，如说撩起衣服，免得拖泥带水，行动不便。又说到盆里撩点水洗一洗手，那也是一种撩理。

疗（療） liáo 治疗，指疾病之医治。疗就是治理。尞与了可假借。古还可说疗饥（止饿）和疗贫（救穷）的说法，现在不用了。从官员之治，到事物之治，再到疾病之治，语义的脉络如此。

缭（繚） liáo 缠绕。丝的缠绕也是一种治，治丝麻也。治的结果有理有乱，说料理、疗程便是理，说眼花缭乱便是乱。

墏 liáo 围墙。当然是围绕之状。于丝曰缭，于土曰墏，于竹曰簝，于车曰轑。

簝 liáo 宗庙盛肉竹器，即笼屉、竹筐之类，四周有帮围起来，故也取缭绕之义。

轑 lǎo 车轮上的辐条，它围绕车轮而集中到轮子的中心——毂（gǔ），所谓三十辐共一毂和现在自行车的轮子和辐条相似。轑又指车子顶篷的弓形骨架，共二十八根以像恒星。轑字当然也要读作liáo，因为它是要转的。

橑 lǎo 或 liáo 簷前木，即橼，有时还加雕饰画文，故橑之从尞取显明、美丽之义。轑指车盖之骨架，橑可指雨伞之骨架，它也是弧形的环绕物。橑还指柴薪，是祭天时所用。

周绕其四周，故䶞为声之围绕。䶞也与咒通，咒语在方士、僧众的口里也是不断地反复、重绕的。

708. 祝

祝 zhù 祭祀时有人在旁边向鬼神说话。或赞颂，或祈求，偶也有人说坏话的。外国人叫祷告，中国人说祝。常说巫祝，跳舞的叫巫，说话的叫祝。致祝词的人叫祝，说的词也叫祝。故祝字从示、从人、口。祝字的现代用法，主要是摆脱了与祭祀和鬼神的关系，就现代生活中种种值得赞颂和庆贺的事而言，庆祝的是人间盛事。祝酒是对人的。祝辞和祝福的内容全变了，祝这个词却仍习用不衰。

柷 zhù 一种像木框一般中空的打击乐器，加以油漆，并画山水之类于其上，以木椎左右内外击之。常于奏乐之始击数下，以定节奏。祝是以言语赞颂，柷是以乐曲赞颂，故柷之形音义皆从祝。

咒 zhòu 或作詋，咒为俗体字。以言告神谓之祝，求神加殃谓之诅。常说诅咒，祝的反面是诅咒。祝为祝福，咒为咒祸。咒与酬（或作酧）叠韵，酬为应酬、报答之义，而咒就是诅咒，靠着鬼神来加人灾殃。

䶞 zhōu 呼鸡声。鸡声䶞䶞，人效其声而呼之。州为水中可居之地，水

709. 吊

吊 diào 或作弔。本是从人从弓的会意字。葬字上下都是草字，古时草葬，很容易为禽兽所食，故持弓驱之，以此表示对丧者的慰问。字亦作吊，从口从巾。吊有追念、慰问、悲痛、同情等义。主要是对丧者而言的，今说吊唁、吊孝，但说凭吊就不一定对死者，也可说凭吊往事。今又说形影相吊，为孤单一人，自相怜悯之义。宋元以后，吊字的悬挂、提取之义用开了，如说吊桥、吊桶。如果说，上吊还与丧事有关，吊桥就完全是物体的悬挂了。吊桥是向上的，吊桶是向下的，故悬挂与提取二义相联相通。从提取之义又派生有吊取、吊销。而吊装、吊车、吊环这些新的说法也都是向上的。吊嗓子也是要求提高的。吊膀子的吊，则是勾搭、连接之义。

锦（錭）diào 钉锦儿，用以扣住门窗的部件。一端钉死在门窗上，另一端是钩子，钩住门框，其作用和插销相似。音义从吊，取勾搭、连接之义。

十

方位　数量

710. 上

上 shàng 高也。由方位之高处引申指时间之前，如说上个星期、上个月。抽象义指社会地位之高，如说上级、上层人士，也指观念中的好坏高低，如说上策。作动词，指上升或攀登的行为，如说上山、上缴。知难而上，指向前、进行。作补语，就更促进语义的宽泛、抽象化，如说吃上、穿上、迷上、爱上，只表示行为之已经到达或完成，没有方位之义了。

尚 shàng 从八，向声，尚与向叠韵，尚的声母从上，上与尚双声。故尚为向上之义，它主要指尊崇、向慕之义，动词，主要指社会因素说，即尊尚、崇尚之义。如说尚德，即是尊崇有德的人，或是尊崇道德，而不是看重暴力。尚与上、向二字，有时也相通，因为它们之间有部分语义是重合的。如说"草上之风必偃"，谓草上吹来了风就一定会倒下一点。它有时就可作"草尚之风必偃"。同样，志向一词，也曾可作"志尚"但不能作"志上"。

掌 zhǎng 手心之所向为掌，从手，尚声。脚掌为脚心之所向，便是向下的了。这时掌的语义便取向而不取上了，向的反面是背，说手背脚背。"天下可运于掌"，即天下之事都可在掌握之中。引申说鸭掌、熊掌、马掌（马蹄铁）、鞋掌等。掌的动词义谓抓住，就只限于用手，如说掌勺、掌舵、掌灯、掌印，抽象义说掌权、掌管，命运掌握在谁的手中。

赏（賞） shǎng 以贝表崇尚，故得赏赐、奖励之义。抽象义说赏脸（给你面子）、赏光（给予光彩），与贝就无关了。欣赏、赏析，就都是精神上、艺术上的崇尚、向往。领赏的赏指奖品，为名词。赏的反义词是罚，要做到赏罚分明。

偿（償） cháng 由奖赏引申为偿还、报偿、赔偿之义，这里虽然付予钱贝之类，都是对等的关系，崇尚、向往之义淡化了。

尝（嘗） cháng 从旨，尚声。对上佳的美味进行品味。尝新就是新鲜的谷物、菜蔬收获以后，先尝为快。抽象义如说艰难险阻备尝，即是由滋味之尝引申为世事之尝，为经受之义。尝又引申作副词，为曾经之义，表示事情或行为已经发生，是从经受之义来的，今犹说未尝，就是未曾。

鲿（鱨） cháng 尝鱼肉之味，或指滋味美好的鱼。

常 cháng 本指下身穿的衣裙，常与裳通，从巾与从衣之别而已。下裙何以从尚？它不取上义，取时尚之义。常的另一古义指画有日月的旗帜，日月为上，便是取上义了。常又有纲常、伦常之义，是久远的准则，应该尊崇的。又由久远之义引申为时间副词，说常常、恒常、时常、日常等。

嫦 cháng 月宫仙女名嫦娥，本作姮娥，汉文帝名刘桓，为避讳而改姮娥为嫦娥，故嫦娥为永恒美丽之义。

裳 cháng 或 shang 从衣，尚声。穿衣服不只是为了取暖，还要讲究礼尚和时尚，故从尚声。裳有时指下裳，也指上。如有时指披肩，类似今天的围巾、领带之类，是讲时尚的地方了。所谓霓裳，就是以虹霓为裳，或裳有虹霓之色，或有虹霓之色的彩带在飘动，所谓"谁持彩练当空舞"。

敞 chǎng 高的土台可以远望者。既可远望，则必有向；既居高，则必在上。这样，从尚的两个义素都联系到了。字从攵，则为治理之义。今说高敞、宽敞，为形容词，常常指房屋，因为向本谓屋之所向。敞胸露腹，则为动词；敞开说、敞开价格，则为抽象义的动词。

厂（廠） chǎng 马圈、鸡舍之类，有顶无墙，是敞着的。后货场、工场亦称厂，说木厂、铁厂、砖厂，有时连顶也没有，全敞着了。今说厂，是生产单位的名称，许多现代化的大厂房，完全不是敞露简陋之所了。

氅 chǎng 本指以鸟羽兽尾所作之旗纛之类，用作高举的仪仗。旗之为言期会，氅之为言尚向。六朝时就有鹤氅、羽氅，指一种羽饰的外套、大衣，后又有皮大氅之类，都是敞露于外的。

当（當） dāng 从田，尚声。田地之方向相对，或大小相等，或价值相同。当与值二字古声母相同。价格相当便是值，故说价值。当与对字亦双声，对必有向，便是当。当然，就是理应如此，理与事相当。当铺是抵押借贷的，当与抵也双声。当与敌也双声，敌是相对的。但是它们的韵母就不同了，敌的韵母从束，抵的韵母从氏，抵、值的韵母从直，而当的韵母从向。当的音义从对又从向。

挡（擋） dǎng 是当的动词义，挡路不光以手，挡车、挡驾，就用身子挡，或用东西去挡。挡风、挡寒，那就是用衣帽的穿戴去挡。螳臂挡车则是用它的手臂去挡的。春雨再猛，还能挡得住鲜花盛开吗？这类用法看不到具体的手的行为，即挡的主语宽泛了。

垱（壋） dàng 横筑在水中或低洼处的小堤，或防水淹，或挡水灌溉。

筜（簹） dāng 车前车后的遮挡物，常以竹为之。

档（檔） dàng 是当的名词义。不论是木或板，凡有所挡，即可曰档。档不止一层，就可有档次，有高档、低档。档案即是分类保存、层次分明的材料库，两档之间的距离叫空档，两档之间的联系叫搭档。

裆（襠） dāng 裤裆。指两裤腿相对相向而连接的地方。还说背裆，即背心，前半当胸，后半当背，故也叫袖裆。铁裆裆是武士穿的。

铛（鐺） dāng 枷锁也可曰锒铛，今还说锒铛入狱，即戴上枷锁，进了监狱。锁必联系两者，即是相对、相当的。枷，加也；铛，当也。烙饼用的平底锅也可曰铛。底，有所抵也；铛，有所挡也。但至今说饼铛时要读 chēng，抢字又作铨，它有 chēng、qiāng 两读。

珰（璫） dāng 耳环、耳珠之类，本是少数民族的习俗，汉人仿效之。珰必左右成对，且属时尚，故音义从当。

党（黨） dǎng 本为日月不鲜明、暗淡无光之义，故字从黑，尚声。尚，即上，日月也。也可说有所挡，故不明。党又作乡党之党，字或作郎，从邑，尚声，邻里左右相聚集也，取相对、相向之义。五百家为党。党又有朋党之义，指小宗派、小集团，总带有贬义，是宗族社会的产物。近代资产阶级社会以来，产生了政党，它以治国治党的政治纲领相号召，无产阶级政党更以人民的解放为己任。语言上都叫作党，其性质和规模则大为发展了。

傥（儻） tǎng 常作倜（tì）傥。倜然，为离远之貌；傥从尚，取高尚之义。两字双声。倜傥之人，为卓越优异、非同一般之人。

淌 tǎng 水向下流。本来从尚字有向上之义，这里就向下了，就像裳字有时指下裙，是时尚之所在，手掌也常常向下，语义向相反方向发展。眼泪、汗水也没有向上淌的时候，而人在床上躺着，或在水面上淌水，则总是平着身子的。但不管是朝哪个方向，却总还有所向，如果方向也没有，水也就不流淌了。一部分语素稳定，一部分语素随时在变化。

趟 tāng 或作蹚。本是行走之义，现在只作量词，说走一趟（tàng），是相对的方向。

耥 tāng 一种长把农具，前面有一个平面，上面安有几排铁钉，用以在稻行间来回推拉，既除草，又松土，可以促进水稻生长。北方是夏锄，南方是耥稻，都要三遍。现在有杀草的农药，稠稻就免了。稠字从尚，所向为来回推拉。

徜 cháng 徜徉，或作倘佯、尚羊、相羊，即往来徘徊。或表悠闲，或表失意。

惝 chǎng 或作惝恍、惝悦，谓心神不定，若有所失。

堂 táng 高堂、堂堂(大方貌)均有高显之义。本指垫高了土的一块场地，堂与坛、场都是双声字。后在上面盖起了高大的堂屋，或殿堂，都称堂，两边的是说厢房。今更指纪念堂、大会堂，就更是高而有所向的了。而同仁堂、百济堂等指的是药铺，讲堂、课堂大多是指教室，堂馆一词成了一个泛称。

膛 táng 本指胸膛。居身躯的中央较高处。引申之义说灶膛、炉膛、枪膛、炮膛。

瞠 chēng 或作瞠。直视之貌，瞠着眼睛看，或盯着看。

谠 (讜) dǎng 正直之言，如说谠论、谠辞。忠谠就是忠直的人。

躺 tǎng 身体平卧着休息或睡觉，是躺在床上或草地上。

倘 tǎng 本指惊疑之貌，与瞠目直视、瞠眼之义切近。倘字由疑惑之义虚化为副词倘或、大概之义，又虚化为连接词倘若、假如之义。

橖 chēng 或作樘。斜撑着，阻挡着，起支撑的作用。有时横档也叫橖。

撑 chēng 或作撑。实是橖的动词义。用竹竿斜挂着撑船，重要的义素在于向前。撑伞，就是支撑、张开之义。撑竿跳高则是由斜变直，重要的义素还在于高。抽象义说撑腰、撑面子、撑台盘，都是支撑、帮助、维持之义。

锐 (鏜) tǎng 古兵器。或谓形如半月，或谓中间出锋尖，两边出走翘。总之是锋刃指向敌人，音义从对从向。

镗 (鏜) tāng 钟鼓之声响亮。有些地方把锣叫作镗锣，锣声当然是最响亮的。镗的另一义指以铁穿物，响声也大。今说镗床，是在工件上穿眼的机床，上有镗杆、镗刀，以铁穿物是从直从向的。

螳 táng 螳螂，亦作当郎。有斧之虫也。郎从郎，是以人比虫，男曰郎。螳从堂，是威武、抵挡之义。

棠 táng 棠梨树或称杜梨树。果实似梨而小，酸甜。又有沙棠、海棠等品种。

711. 下

下 xià 低。上为高，下为低。今说低下，为同义词结合。今曰低，古曰下。今说高低古说高下，为反义词结合。《老子》说"高下相倾"。上和下，都是方位词。东西掉在地下了，也可说掉在地上了。地点与时间常在语言上相通，时间的先后也可说上下，如说上午和下午，上次和下次。眼下，指现在这个时间。抽象义可说社会的下层，不当权可说下野。下字作动词，如说下山、下雨、下班、下种。进到里面可说下，如说下水、下海。从里面出来也可说下，如下班、下岗、下火线。下字更加复杂宽泛的语义是它虚化作动作的数量词和动词的趋向补足语。如说敲一下，敲大多有下的行为，若说听一下，再听一下，只表示行为的次数而已。如说说下去，表示行为得以持续，又如说结下了一个恶果，该是表行为的完成。总之，下字的语义有很大的发展，只是它的本义被取代了。

芐 hù 或 xià 一种中草药，或称地黄，茎为黄色，叶子都丛生在茎的基部，贴近地面，故也可以音义从下，蒸熟制作以后称熟地。

712．中

中 zhōng 事物的内部均可说中，如家中、城中、山中等。一个特定的含义，说中就是指中心，如说悲从中来，与忠通。诸多中字的古文字写法，这一竖皆不偏不倚，居于口形之中，故中有正中之义，中庸之中，为不偏之义。日中为市，即太阳居于正中。中作动词读 zhòng，射中、猜中。横穿为毌（或作贯），纵通为中，《三国演义》的作者叫罗贯中。中作副词为适宜、正好之义，如说不中用、不中听。

仲 zhòng 子女的排行，居中者曰仲，孟、仲、季也。孔子排行老二，故曰仲尼。女性则称仲姬。若是四个排行，则为伯、仲、叔、季，仲也是老二。此外还有仲夏、仲秋等，指一季三个月中的第二个月。仲裁则为公正的裁判。

衷 zhōng 从衣，中声。本指内衣。作动词为穿内衣，"楚人衷甲"，就是把盔甲穿在里面，掩人耳目，要搞突然袭击。今说衷，多作内心之义，如说言不由衷、衷心祝贺，苦衷就是内心的痛苦。

忠 zhōng 尽心曰忠。忠诚于国家、朋友、事业，均可曰忠。还有愚忠，即忠得不适当，笨拙的忠。《左传》中说："公家之利，知无不为，忠也。"至今说忠诚、忠厚、忠实等，语言无阶级性。

通 tōng 达到。从辵，甬声。甬从用声，用从卜，中声。中从口、丨，上下通，故通的音义最终是从中，为贯通之义。交通要求通达，往来不穷谓之通。世上的事物的发展，到它们的道理，都是贯通的。通人或通才，指学识渊博、融会贯通的人。今还有流通、沟通、说通、普通、通用、通通等说法。四川的达县，古曰通州。

熥 tōng 以火暖物，即火气之所通。

捅 tǒng 以手或棒去触动、撞击，或戳穿，如说捅马蜂窝、捅娄子，都是抽象义的形象说法，即惹祸。

桶 tǒng 本指方形量器，引申指一般圆桶，盛器。合板为围，束之以篾，设档（即桶底）于下，说围得像铁桶一样，是指一点也不漏。

筒 tǒng 竹管。后常作筒。

痛 tòng 痛痒，指大小疾病。寒气涌入经脉之中，使血气不畅，就发痛了。故痛字从甬，引申为极其之义。痛快，本指很愉快，引申为直爽之义。痛打就是狠打，痛改就是狠改，应该说，痛改前非、痛说家史，那既有极其之义，也有沉痛之义。痛哭，也是既有极义，又有悲义。这种两义兼备的情况，正是用词好的表现。

冲 chōng 亦作冲、衝。动摇，行为之重也。如说冲击、冲锋、冲刺，还往往指水冲，如说冲洗、冲刷，不只说水冲，还可说冲水，冲字的主语和宾语都很广泛而活跃。

忡 chōng 心的冲动，如说忧心忡忡。忧则心动，心情沉重、沉痛。

盅 zhōng 小杯，称酒盅或茶盅，常使冲满，又总饮尽。故盅的音义直接从冲。

用 yòng 古文字从卜从中。中，通也，可通行施用也。作名词，可说功用、财用、器用、用途、用法等；作动词，说使用、运用、采用、任用等。用字一开始就用得很广泛，如说用人、用兵、用力、用心。用事，本谓当权之义，即行事、治事；用世就是自己的才能学识能为世所用。用的韵母同中，用的声母从以，用与以，二字双声为训。《说文解字》："以，用也。"如说以其人之道，还治其人之身。

甬 yǒng 从马（hàn）用声。马，草木之花含苞之形，故甬谓草木之花竞相发生之义。浙江宁波简称甬，因为它处甬江之滨，甬江称甬，水涌流也。过道也叫甬道，此甬，通也。

涌 yǒng 水向上升腾，如说泉涌、风起云涌。引申说新生事物或英雄人物之涌现，涌的主语就大为扩展了。湧与涌同，水与力之涌也。

恿 yǒng 怒、忿，谓心气之涌。也指心喜。又指器满。

勇 yǒng 力之勇、气之涌也。今说勇敢、敢，迸取也，果断也。散兵游勇的勇，名词，指士兵。

愚 yǒng 从力为勇，从心为愚。今说恿愚，是鼓动别人去做某件事，恿谓心之放纵，愚谓心之涌动。

踊 yǒng 跳，足之向上涌出。今说踊跃，多用于抽象义，并不指足的跳跃，如投票、参军、认购、开会发言、公益活动等的踊跃，是积极参加、热情支持之义。

俑 yǒng 古时木制或陶制的偶人，用心送葬、陪葬，故俑，痛也，取哀痛之义。最大的俑当然是秦陵的兵马俑了。后谓初创的人叫作始作俑者，由于孔、孟一直批判丧事中用俑作代用品去殉葬，作俑一词就带贬义，创始做好事不能叫作俑。

蛹 yǒng 茧中之虫。蚕，潜也，蚕为幼虫时，它潜藏茧中，故蛹取藏中之义。用时也可以想见，蛹居茧中，也有甬甬欲出之义。

庸 yōng 从庚，用声。古常说勿庸、无庸，就是不用、不中用。庚，为事情之更改与延续之义。用之变更与延续曰庸，语义着重在用。庸有使用、任用、采用、常用等义，均作动词。中庸，就是中知之为用。附庸，就是附属于一家诸侯，为其所用。由常用之义引申为平常之义。常见之人、平凡之人曰庸人。雇佣之人曰佣人，即常用之人。庸还有一些介词、连词的用法。则常与以字相通。

佣（傭） yòng 雇役于人，或受人雇用。佣耕，谓雇人来耕种，或受雇去耕种。佣人不同于用人，是另一种为人雇佣的劳动，不断变更的劳作。

佣的另一义读 chōng，谓均衡、齐等之义。实即是居中之义。出卖劳力，有其价值，故佣得均等义。马克思说，这绝非均等，其中有剩余价值受剥削了。这是科学研究与常用语义之间的差别，往往用科学术语等来加以补充。

慵 yōng 谓心之劳作与倦怠，即心之用。可说慵困、慵惰。

鱅（鱅） yōng 胖头鱼。分布于全国各大水系，《本草纲目》："此鱼中之下品，盖鱼之庸平以供馈食者，故曰鱅曰鳙。"

墉 yōng 小城墙。小城曰附庸，因为那些小城中的附庸是依附于诸侯的标识，故从土，庸声。这是诸侯政治时代的用语。清代的刘墉，字崇如，虽是附庸的小城墙，却也是高崇的，取为国干城之义。

鄘 yōng 周代南夷的一个附庸国，故从邑，庸声。

镛（鏞） yōng 大钟曰镛。钟的音义从东，东，动也，万物始动生也。如此，则镛的音义从甬，草木花甬甬欲出也。镛有时也与笙并列，称笙镛，笙从生，草木生出土上。这里是音乐与生命之不可分离。

甬 béng 不用。音义均是不、用二字之合成。

诵（誦） sòng 背一篇文章叫讽，有节奏或配乐的叫诵，故今说歌颂，或歌诵，就是朗诵，也是抑扬顿挫，入于耳而感于心。《论语》中说"诵诗三百"，即对《诗经》是朗诵或合乐而歌。正由于此，诵是要习的，古常说习诵或诵习，两字双声。

713. 东

东（東） dōng 一种传统的观念，将四方、中央，和五行相配，东方配木。日也在东方，故东字从日从木。阴阳之气开始是在东方动荡，故历来都说，东，动也，万物出动，这个观念贯穿在从东的语源之中。我们必须用传统的观念来解释语源。《白毛女》中的地主，称作少东家，东家就是主人。在传统的礼节和习俗中，主人就东阶，客就西阶。

冻（凍） dòng 从水东声。于水曰冰，于他物曰冻，如说果冻、肉冻。水曰冰，地曰冻。冻之言动，由液体变动，成了固体，这是用今语说。

胨（腖） dòng 肉胨。肉汤鱼汤浓了，内含胶质多，汤凉了成凝结状态。今或作冻。

蛛（蝀） dōng 天空的彩虹，五颜六色，是日光的折射，与日光随时变动。

鸫（鶇） dōng 一种羽毛美丽而多所变动的鸟，有红尾斑鸫、赤颈鸫、紫啸鸫、黑鸫等。故其音从东。

栋（棟） dòng 屋之正中最高处所用的材料曰栋梁，东西者曰栋，南北者曰梁。故栋取东义。

重 zhòng 或 chóng 从壬，东声。经过隶变，东字的撇捺为长横所代替。壬为人立于土上，则必有行动，故从东声，东，动也。故重本为敦厚、郑重之义。今说重礼，也可说厚礼。这里虽然没有轻重之义，但只要一跟数量相联系，离轻重之义就不远了。所谓权（指秤）然后知轻重。人行动，就有消耗，故重又有劳累之义。重字在现代主要用于轻重之义，它的许多引申义都被复合词代替。如它有大义，今就说重大；它有深义，今就说深重；它有增益之义，今就说重复、双重等。

湩 zhòng 或 dòng 人及牛马之乳皆可曰湩。从重，厚也，乳汁厚。

动（動） dòng 从力重声，谓用力之重也，动字的初期用例主要说震动，雷雨霹雳振物，那是力之重者。振动小的如说动股，那是蚂蚱之类摇动它们的大腿。对人来说，如运动，或采取行动，不管是具体的还是抽象的涵义，力都不轻。反动一词也早就有了，指动之反，力的作用与反作用。现在说动，语义就非常宽泛了，动的反义词是静，它可泛指一切人和事物之动静。哪怕是很轻的动，也是动。动字引申为副词，为常常之义，如说动不动就生气，动辄有气。

恸（慟） tòng 极其悲痛，即心之重也。据记载，孔子一辈子恸过一次，是他的好学生颜回过早地去世了。

童 tóng 本作僮，未到成年人年龄的都可叫童，还正在发育时期，万物始生之义。童字从辛（qiān，罪过），重省声，男有罪曰奴曰童，女有罪曰妾。故曰童仆，指勤杂差役，力之重也。

穜 tóng 从禾童声，种植之义，即万物始生。今多用种字，两字之间相通。

种（種） zhǒng 也可读曰童。本指先穜后熟，取足重之义。后穜先熟曰穋（lù），从翏（liù），取高飞之义。今种作名词，指种子，于人曰僮，于禾曰种。引申指各种事物的类别，说千种万般。还说黄种人、白种人。种作动词读 zhòng，为播种、栽培之义，抽象义说种下了祸根，还说种疫苗。

董 dǒng 本指藕根。藕，偶也，董，双重。今说董事，为督察、纠正之义，董事会为主持事务的会，是从重视、慎重之义来的。懂，重也。古董的董，也从重，为珍重、贵重之义。

懂 dǒng 心之重视，故得明白、了解之义。这是近代以来用开的字。至于懵懂的懂，本不从重，而于其下从童，取童蒙、童昏之义。

硟 zhòng 心沉重则行动迟缓，故得迟重之义。

瞳 tóng 瞳孔或眸子。每人都有双瞳，故瞳取双重之义。眸从牟，等同之义。

撞 zhuàng 重力相击。故也是力之重也。如说撞钟、撞车，还说横冲直撞、一头撞在墙上。

疃 tuǎn 禽兽活动的地方，践踏冲撞，故与动、撞义近。也指村、屯，是人活动的地方。村，屯也，聚集之义；疃，活动之义。

幢 chuáng 旌旗之属，取飘动之义。幢幢便是摇动、摇晃。

橦 tóng 帐柱，重心之所在。也指旗杆。

潼 tóng 水流冲击曰潼，实取撞击之义。四川有潼水，流入涪水，一名驰水，言其水势之如奔驰。安徽亦有潼水，流入淮河。最有名的是陕西、河南、山西交界处的潼水，因潼水而有潼山，因潼山而有潼关。潼关本作冲关，言河流所冲也。

冲（衝） chōng 本指交通要道。作动词便是冲击之义，是有重力的行动。冲字引申有撞击、直闯、突破、冒犯等义，都是强力的行动。偶也作形容词，说气冲冲。当冲字强调其力重时，便读作 chòng，如说话很冲、干活儿冲，又说冲压机、冲床。又引申作介词，如说冲着我说，是朝着、对着之义。

轒 chōng 冲锋陷阵时用的车，必定是轻快而有力，现已发展为坦克车。

艟 chōng 艨艟，战舰，即艨冲之义。

踵 zhǒng 脚后跟，人使重力之所踵聚止，下基也。止与踵声母同，重与踵韵母同。

徸 zhǒng 相跟着，相继接踵而来。动为力之重，徸为行之重叠，就是相

跟了。今踵、徸二字均归为踵。

踵 zhǒng 作名词，指脚跟、足迹。举踵就是踮起脚跟。作动词，谓跟踵、追随，如说踵门，就是到门上，抽象义如说踵武，就是继承前人事业。

憧 chōng 心意动摇不定。又指人之行动不定，如说憧憧往来。也指事物摇动不定。憧憬，就是心中向往。

肿（腫） zhǒng 痈肿，或指浮肿病。寒热之气所肿聚。肉暴长者曰肿，泉暴出者曰涌。

鍾 zhōng 酒壶，也指量器。事物重，是聚集、增益所致，故锺字从重，有聚集之义。泽，水之锺也。今说锺情、锺爱，即是聚集、专注的情爱，南京锺山，亦称锺阜，即是聚土石而高之义。锺也作乐器，但后来都写作鐘，今简化为"钟"。

鐘 zhōng 今简化为钟。金属乐器，古常说钟鼓连称。鼓为春分之音，万物始生；钟为秋分之音，万物生长已成，故从东，通也。钟在我国音乐中具有特殊的地位，所谓奏黄钟，它往往是庄重的号召，也说敲起了警钟。

714. 南

南 nán 从宋(bèi，草木盛。从中，八声)，羊(rěn，从倒写的"人"字，进入"二"字，为稍甚之义)声。故南为草木及万物加甚之义，南一直是一个方位词，南方阳气盛，养育万物。兼作动词，谓向南行进，常加介词，说朝南、向南。有时也可省略介词，如说南行、南巡。

楠 nán 本作枏、柟。楠木，生南方，大者可有数十围，至今说楠木家具，还是名贵的。冄即冉，今说冉冉升起。故此与南字的取义相似。南方有一种楠竹，俗称毛竹，比一般竹子高大得多。

喃 nán 呢喃，小声多言。即取渐甚之义，亦说喃喃，形容读书声、鸟啼声。

諵 nán 语声。嘈杂多言，实即喃。

蝻 nǎn 蝗蝻，即蝗虫的幼虫，翅短，身小头大，也叫跳蝻、蝻蚄。蝗虫夹带着它们的幼虫，铺天盖地而来，食尽禾苗。蝗之从皇，取义于众而大；蝻之从南，则取义于渐甚。

腩 nǎn 肉食的一种烹调方法，或煮或烤，或晾成肉干，都先用多种调料浸渍，或撒上姜桂碾轧，让滋味渐入肉中，叫作腩，取逐渐进入之义。

罱 nǎn 从网，南声。动词，指深入河底挖泥，既消淤，又积肥。如说罱河泥。作名词，指罱河泥的罱网，夹鱼虾的较大，罱河泥的较小较密，把此网固定在两根长竹竿头上，使能开合，又在两竿中间处交叉而固定住，人在上面开合操作，把河泥夹入网中合住提上船来，装入舱中。故罱之从南，取深入渐进之义。这是南方水乡常见的农活。

715. 入

入 rù 进其内，纳入。出与入成反义词。入内为动宾结构，与出外相对。对工作的参与，对经济的收入，均可说入。抽象义说入眼，就是看得上；入时，就是合时尚。入的行为远不限于人，如说羊入圈、风入松，入的主语和宾语很广泛。

纳（納） nà 入也。今说容纳、收纳、纳入、纳税，又说纳入计划、纳入正轨。缴纳，二字皆从丝，实物租税，应是纳字的本义用法。抽象义可有采纳意见、容纳不了人（肚量小）。古还有出纳王命、纳妻纳妾之类说法，现在不用了。

妠 nà 娶。故从女旁。

軜 nà 辕马两边的马叫骖马，骖马的缰绳靠内而系于车轼，曰軜，便于驾驭。亦可称内辔。

衲 nà 缝补。即针线之入。穿鞋戴帽亦可叫衲，则取容纳之义。一度把佛教的僧衣称衲，僧徒可自称为老衲。

汭 ruì 差不多大小的两水合，称作汭，为互相容纳之义；若是小支流并入江河便叫汭。此用为动词。若作名词，指两水汇合之处曰汭。汭与会叠韵，言水之交会汇入。

枘 ruì 纳入卯眼的榫头。若是卯眼圆而榫头方，就很难对得上头了。这是一个传统比喻，现代机械加工中的五大工种之一有铆工，专门是打孔对接的。枘指榫头，为名词。动词谓纳入榫眼中。现代的木工在楔入榫头时，在榫头上蘸点热胶，就更牢固了。

蚋 ruì 蚊子。或曰小蚊曰蚋。于水曰汭，于虫曰蚋，皆取会聚之义。常说聚蚊成雷，蚊子是爱聚的。

芮 ruì 芮芮，草木丛聚而生。

銵 niè 手工纺织机下面的踏板。字从入从止，又从又。从入得声，为进入、进行之义，因为是从止又从又，是手和脚都在进行工作。銵与蹑叠韵为训。銵，字或作編。蹑手蹑脚，为轻踩之义。故銵为轻踩踏板，启动纺织机。

走 jié 迅速、疾速。从止从又从中，手脚迅速出动（操作纺织），故为快捷之义。走的音义从疾从銵。

捷 jié 作名词指猎获物（禽兽）或军获品（俘房），作动词，谓战胜，如说捷报。捷报就是速达的路，抽象义指事业速成的方法。还说思维敏捷，都是从疾而得的。

鑔 chā 锹。迅捷插入以起土。

睫 jié 上下眼皮交接处所长的毛叫睫毛。今说一眨眼的工夫，是很快的。又说迫在眉睫。古说交睫，今说眨眼。睫，字又作睰、睼、瞁，它们虽然取了不同的谐声偏旁字，古韵母和语义却是相通的。

箑 shà 或作篓。扇子。扇得越快风越大，古音义从疌。古方言中函谷关以西即秦称扇，函谷关以东六国称箑。所以扇字取代箑字，是秦方言的胜利。

蜨 dié 今作蝶。蛱蜨，即蝴蝶。它的翅膀轻而捷。

716. 内

内 nèi 从入从冂(mì，覆盖之形)。自外进入覆盖物之中，便是内了。作名词，与外相对，所谓内外有别。如说国内、区内、内心、内情。对妻子可说内，但妻的娘家则说外戚，有外公外婆，而妻的弟妹又说内弟、内妹。内偶或作动词，则与纳字之义相近。

跇 nà 足挫伤。即外出难行。

讷（訥） nè 言难。不善说话，吞吞吐吐，今还说木讷。或说这种人内向，多少和性格还有点关系。它是多种因素形成的。《史记》中载韩非"口吃不能道说，而善著书"。《汉书》中载大将军李广"讷口，少言"。六朝时大诗人左思也是"口讷不能给谈"。有时还迫于政治形势，柳宗元一度说"今愚(自称)甚呐"，呐与讷同。

呐 nè 又读 nà，本有难出之义，初不出声而终于喊出，区别于一般的呼喊。鲁迅写《呐喊》是说闷在一间铁屋子里喊出来的，初寂寞而昏睡，终于喊出来了，就叫作呐喊。这是非常切合呐字的语义的。

肉 nè 言之讷也。实与呐、讷切近，但是肉字在甲骨文、金文中早已存在，从口从内。

退 tuì 或作侽、復，从彳、日、夂。行迟也。彳，小步也。夂，行迟也。行而日日迟曳这便是退。故退为退却、缓行之义。退的形音义本皆从内，只是字形一再演变，不为所识了。退的反义为进，如说进退自如、进退两难、不进则退、以退为进。这里大多是抽象义。

褪 tuì 脱去衣服曰褪(tùn)。脱掉一层皮叫褪皮。还说褪毛。小鸡小鸭长大了，小时的绒毛都要褪掉，叫褪毛，这时它们很难看。最特别的是颜色的减退叫褪色，主要是对衣服说的，故从衣旁。

煺 tuì 或作煺。专指宰了猪或鸡后，用开水烫了去毛，这道工序叫煺猪或煺鸡。

矞 yù 以锥有所穿，从矛、肉声。实即是矛或锥之入。锥有所入，则一面为入，一面为出，两义兼存。矞的声母从穴，所入者穴。滴水可作沵水，回通可作回穴。一系列从矞的派生词，把矞字从穴从内的语义表现得丰富而又生动。

鹬（鷸） yù 一种水鸟。相传它知天时，将雨则鸣。故古来研究天文、气象的官员，帽子上都佩戴鹬的雕饰或鹬的羽毛。它常在水边啄食水生动物，故它的脚和喙都很细长，两者配套，可到浅水下面觅食。它啄食时就像以锥有所穿，故它的名字从矞。鹬蚌相争，渔翁得利，要是鹬的喙短了，蚌也就夹不住，所以只有它们两个才能突出这场相争的故事。蚌蛤螺蛳之类，它们的骨头长在皮肉之外，就是为了防备水鸟或鱼类的袭击，天地造化就是这么安排的。蚌，封也；蛤，合也。语源的取义与自然界的对立统一，浑为一体。

蟵 yù 今称金龟子，甲虫，危害农作物，食其花、叶、果，都像是以锥有所穿。它的幼虫叫蛴螬，乳白色，居于土中，对花生、甜菜、薯类，也都能食之如有所穿。

遹 yù 邪行，旁出。亦即穴出之义。

趜 jú 又读 yù，狂走，急疾之貌。也不免有邪行之义。

驈 yù 黑马的两股之间有毛色白。大约马的毛色夹杂点白的，都要狂奔，往往还是凶马。

繘 yù 井上提水用的绳子，或曰绠。先有所入，后有所出，井亦穴也，说穿井。

潏 jué 水涌出。它与沉字通用，沉，水从孔穴疾出。

燏 yù 火光之貌。火光也是疾出的。从水与从火相通。

橘 jú 果只出于江南。若是把它移植到淮北，则变种为枳，果小而味酸不能食，就受了伤害了。所以屈原要写《橘颂》，他要忠贞于自己的土地和人民。橘字从矞，取出义；柚字从由，取所自出之义。索出于井为繘，水出于泉曰潏，果出于江南为橘。

劀 guā 刮去恶疮之肉。矞以矛，劀以刀，皆有所穿。今作刮，摩而去之。

鐍（鐍）jué 就像现在的链子锁，在一个环的两端有锁钥，有所穿也。

谲（譎）jué 或作憰。权诈。以锥有所穿。今曰刁钻，钻亦有所穿。

717. 小

小 xiǎo 从八、丨。八就是分，对事物分割则小。故事物的形体都可说小。抽象义如说小节、小气。小年是大年的前七天，小暑是大暑的前一个节气，小时是一个时辰的一半。

肖 xiào 骨肉相似，故从肉，小声。小辈不似其先辈曰不肖。这里表面是指容貌之似，更主要的指小辈不争气，无作为。

故肖又引申有衰微之义。从小的派生字均作肖。

俏 qiào 美好。如说俏丽、俊俏多形容好容态美好轻盈，总是好看，故从人，肖声。有时也作贬义，如说卖俏，是装好看诱惑人。引申指市场货物销路好不好，说俏不俏，由人的好，移指物的好，主语大为扩展了。

悄 qiāo 声音小，如说悄悄地，黎明静悄悄，它是就人的感受说的，故从心旁。

宵 xiāo 从宀肖声，即室内已经静悄悄，人们都睡了。宵之言悄，即夜深人定之时。今说良宵、元宵，不说夜，与室内由热闹而至平静有关。

绡（綃）xiāo 生丝织成的薄纱、薄绢。纱、绢、绡均取义于小，小则轻薄，常说雾绡，指薄雾般的轻纱。

哨 shào 口哨，声小。但是有的人吹得响，现在用哨子吹，声音就不小了。历来吹哨，或喺使家畜，或号召群众，或军队中发令，都作为信号看待。故今说放哨、哨兵、前哨等，《水浒传》中武松手上提的叫哨棒。

削 xiāo 分割、切开，使事物变小。与小字从八的取义相似。如说削减、切削。切为割开，削则去表，如说削足适履，是稍去一点，不能是切掉一块。

峭 qiào 山势陡峭如刀削。峭、削二字通用，如峭壁，也可作削壁；刻削，也可作刻峭，抽象义指刑法之严酷，说峭法。

梢 shāo 树梢之末曰梢。说树梢、梢头。引申指事物之细而末者，船尾说船梢，眉有眉梢，眉梢上扬或下垂，大有区别，还有眼梢。

艄 shāo 船尾。坐在船尾掌舵的人叫艄公。

鞘 qiào 刀鞘，在末之言也。也可叫鞞，从卑，在下之言也；鞘，梢也。还有鞭鞘，在鞭子的末梢再接一段细皮条，叫长鞘马鞭。

稍 shāo 逐渐。即事物之出现逐渐而来。禾末曰稍，应是它的本义。少小则逐渐，故为事与时之渐。稍的中心义是逐渐，副词，今说稍微。稍息，就是稍加休息。"稍稍蚕食诸侯"，则还是逐渐之义。稍还有一项重要的古义，为甚也、深也、颇也。

潲 shào 一、水流的激，即水之甚也。二、潲雨，即雨点溅到身上或溅到屋里来了，一般是少的，有时也大。

筲 shāo 筲箕，淘米洗菜用的篮子，竹篾编成，便于漏水，却漏不出米。有的地方把刷锅用的竹丝扎成的饭帚也叫筲。筲之从肖，取丝小义，篾之从蔑，亦取小义。

睄 shào 小视。如说眼角里也没有睄着他，即视线一闪而过，捎带一下而已，还没有瞧着他。

诮（誚） qiào 呵责，讥讽。诮字从肖，小也，犹讥字从几，微也。皆卑小以视人，故以言责之。

捎 shāo 捎带。顺便就容易办到的事，不费大功夫，非主要目的，非重托。如说捎个口信。

硝 xiāo 因为它是晶体的矿物，故从石。它本主要用作药石，可以化解腹胀，解除瘕痒，调胃补气，故作消，后作硝。生皮做成革，也要用硝加黄米面处理，叫作硝皮子，也是起一种化解作用，生皮强硬，熟皮柔软。硝石还可制造炸药，故形容战争就说硝烟弥漫。

消 xiāo 我国古时水患极其严重，治国一度主要是治水，故说政治。水小、水尽，就是消，说消灾，水之退是渐进的，即与稍字通。渐而尽，故消有尽义。这水火之患是必须战胜的，今说消灭（灭），"灭"字则从水又从火。云彩、冰雪都是水，都可说消，说烟消云散，说消融，暑气、寒气、腥臊之气等都可说消。情绪意志也可说消，如说黯然消魂。消息一词，《易经》中已说了两遍，消的反面是息，消亡与生息。如说"天地盈虚，与时消息"。今说消息，

指有关国家社会的存亡、事物发展的起落，对之所做的报道。消字的广泛使用，还在于它和有关的动词相结合，如说消逝、消沉、消失，还有消磨、消费、消化等，各有它们的使用范围和特定含义。而销、硝等字，更直接地是从消派生的。

销（銷） xiāo 熔化金属。于水曰消，于金曰销，有关金属的销融，钱币的花销，市场的供销、营销、销售、销账，均作销。撤销工作、销声匿迹之类，与金无关，便是引申之义了。

霄 xiāo 本指大雪纷飞前先下一些小冰粒，叫霰，有的方言说霄。霰取星散之义，霄取细小之义。霄又指高层的云气，说云霄、重霄、九霄、碧霄。

魈 xiāo 独足山鬼曰魈，喜夜处犯人，故其直接语源应是从宵。

逍 xiāo 逍遥，缓步行走，来回安闲之貌，如说逍遥自在。逍遥法外、逍遥事外，便是抽象义。虽然一般不再把两字拆开讲，我们仍不难到两字的组词意义，逍就是小步走，遥就是来回行动不定。

赵（趙） zhào 小跑、疾趋。疾行曰趟，疾趋曰走。古曰走，今曰跑。故赵字从走，肖声，是为小跑之义。赵缭，与逍遥义近。《史记》载周穆王时分封给造父一块封地，即山西赵城（今并入洪洞）后建赵国，子孙姓赵。造父的意思是赶路的英雄。造，去到；父，持杖的人。

屑 xiè 本作屟。从肖（qì 指血脉在肉中分别活动之状）。汉代以后屑字从肖，小也，屑为碎屑之义。今说木屑、铁屑、头皮屑，屑的音义从肖又从屟，随时都可活动的碎屑。不屑，就是不值得，屑为小事，却老在惦记着。故不屑就是不放在心上，不在乎。不屑一顾，就是轻视、藐视之义。

糈 xiè 碎米。米麦碎了，却又不是粉末，还是小颗粒。

硝 xiè 碎石。

718. 少

少 shǎo 从丿，小声。丿即撇字，丢弃之义。丢字也从丿，故少字也有动词用法，如说少了东西、少了个人。抄字从少，也是动词。少还有轻视、贬低之义，也是动词义，现在不用了。自汉至唐，人们说少年，相当于今说的青年，"少年行"就是现在说的青年进行曲。年龄或辈分之小曰少，少与长相对，说少长咸集。少又与太相对，河南的嵩山，包括居东的太室山、居西的少室山。

抄 chāo 本指手指交错去取。许多头上有分岔的工具或武器叫叉，以叉取曰抄。抄近路，就是走另一条较近的歧路。包抄，就是分几路去包围夺取。抄家，一般也是分头行动，又查又拿。抄书，就是照原本写出另一本，手指交错捏笔杆。抄袭有二义：一指包抄袭击敌人，一指剽窃他人文章。抄字从少，小字从八，是分岔的。

耖 chào 比耙田的耙齿更长更细，松土更细更深。一人一畜操作，人两手按耖，畜力挽行。耖，抄也。

钞（鈔） chāo 钞与抄相通，故钞亦有书写、眷录之义，从而财物之数、记账亦可曰钞，写张收据亦可曰钞，钞票本是收据之义，后来纸币也叫钞票。

吵 chǎo 吵嚷、吵闹。一作象声词，雉鸣之类。一从抄，以手叉取曰抄，以口争理曰吵，说不出理就是瞎吵吵。

炒 chǎo 锅里的饭菜放到火上来回翻动，叫炒饭或炒菜。虽不是叉取，亦是锅铲铲取。

杪 miǎo 树梢，古曰木末。杪与末双声，末之小者曰杪。

秒 miǎo 禾芒，芒之末梢。光芒，不说光秒。秒则极言其细微，时间有一秒钟，计长度则十秒为一毫，十毫为厘。这就要用很准确的仪器来测定了。

妙 miǎo 或作玅，精微，而带点神奇。如说妙计、妙用、奇妙，妙龄不只是年少，还蕴含精美之义。妙字从女，取美好之义。《孔雀东南飞》中形容刘兰芝"纤纤作细步，精妙世无双"。这是妙字的本义用法。

眇 miǎo 眇的音义也是从微从少。精细详审地看，又指一目失明。

渺 miǎo 少小，还有深远渺茫之义，这都是从声母演变带来的义变。微就有深远之义。渺渺，深远之貌。水深远则大，故浩渺又指大。如说烟波浩渺。

缈（緲） miǎo 缥缈，为轻举、高远之义，如说山在虚无缥缈间。

篎 miǎo 小的管乐器，其音清妙。

719. 丸

丸 wán 丸为反写的仄字，仄即侧。故丸谓不甚圆而有所倾侧者，比如天圆地方，但据古人观测，天倾西北，故众星都环绕北极星转，地倾东南，故江河都向东南流。所以丸指一个大概的圆形体。它主要用以指弹丸、药丸和卵，还作量词，如说一丸仙丹。

彄 huán 圆形的藏箭器。

肒 huàn 手搔皮肉感染发炎而生的疮，一般都呈圆形。

骫 wán 骨头弯曲。也指树木弯曲。抽象义说骫法，即曲解了法规。

纨（紈）wán 白色细致的绢，常说纨素，它们都平易光滑，像丸的表面。今说纨绔子弟，指富贵人家的子弟，他们常穿白色细绢的裤子，纨扇就是用细绢做成的团扇。

720. 厂

厂 yì 字形是作拖着、拉着的样子。今写作曳，是从申厂声。申即引长、延伸之义。曳就是拖着，如说曳衣、曳兵（拖着武器）。

抴 yè 或作抴。拖。此字在口语中又读作 zhuài，如说生拉硬抴。应说这个读音来自它的同音字撧，损也，拖也。

跩 yì 持续不断地走，故引申为越过之义。

勚（勩）yì 力之持续与延长，故为辛劳之义。可说劳勚。

諎 yì 言之持续、延长，说得没完，作諎諎。后又说语多沓沓，从水，又有侃侃，从川。

袘 yì 长袖，古说袖，指袂上再接的一段布，所谓长袖善舞。

枻 yì 或作栧。指船舷或划水的桨，都是木之长者。如说鼓枻，就是敲起船帮或桨。

世 shì 三十年为一世。字从卅。卅字的右边一竖下脚处作厂，卅字的左边一竖下脚处作乀，都是向左右延伸之义。意思是三十年持续，方为一世，若是断断续续地几次加起来才够三十年，这不叫一世。世与卅双声，世与曳叠韵。世字的引申义：人的一生可说一世，可说世世代代，就是世代相传。世交就是先辈以来就有的友谊。世界一词，最初是佛教的用语，指三世与十界，三世就是过去、现在和将来，十界就是八方与上下。

泄 xiè 或作洩、渫，又读同曳。水流的延伸、引长。引申指种种事物之延伸，主语扩充了。如说排泄、泄漏。泄密是指不该延伸的延伸了，是事件的机密。还可说发泄不满情绪、泄私愤，都是情思之泄。当泄与世字的语义无关时，便读同曳。

绁（紲）xiè 或作绁、绁。长绳子。缧（léi，大绳）绁之中，意思是在绳捆索绑的牢狱之中。当绁读同曳时，便与世字的音义无关，指衣服长或袖子拖拉，与袘字通。

贳（貰）shì 借贷、赊欠。因为包含有时间的观念，故音义也从世。贳酒就是欠账买酒。

齛 xiè 牛、羊吃了草再吐出来细嚼慢咽，叫作反刍，它需要的时间长。

延 yán 长行，安行。从厂，延（chān，安行）声。厂与延还是双声。延的引申义向长、行两个方面发展，偏重于长义的，如说延长、延期、蔓延、延续等；偏重于行义的，如《桃花源记》："余人各复延至其家，皆出酒食。"延为延请、迎候、接待之义。

筵 yán 竹席。作动词为铺设之义。筵席本指饮宴时的席位，今为宴会之义。

蜒 yán 蜒蚰，一种软体动物，以身体的伸缩蜿蜒行进。蜿蜒，龙蛇爬行之貌。蜿谓婉转，蜒谓行进，也引申指山河或道路之曲折延伸。

綖（綖）yán 帝王及贵族戴的一种帽子叫冕，冕顶上固定着一块前后的长板，裹着黑布，叫作綖。綖的前后垂以成串的珠玉，以成串珠玉的多少作为等级的区别。因为那块木板长，故从延。

诞（誕）dàn 长大、大言。大言之义有四：一指大声说话。二指重要的理论。商汤战胜了夏王朝之后到了亳（bó，在今河南商丘），向各方之民宣告天命大义，这是真正的大言。三指说大话，夸大其辞，今犹说大言不惭。四指欺诈之言，比一般虚夸之言更严重。今说怪诞、荒诞。诞字的声母不读同曳，而读同延，安行延延也。人们把安行之义引申为安全初生之义，把生日叫诞辰，表示尊重。还说华诞，是光华的诞辰，表敬。诞在古文中常是一个表敬或叹美的发语词，无实义。

蜑 dàn 南方一种少数民族，常指船家，以渔为生，说蜑民或蜑户。音义从延，也取安行之义，常年舟居而安行也。后作蛋或疍。

蛋 dàn 俗呼鸟卵为蛋，从疋（shū，象腿肚子之形），从虫。人曰诞生，鸟曰卵生，所生曰蛋。那也要求安行，鸟飞蛋打，或覆巢之下无完卵，那就没有安行了。蛋是明代以来通行的字，今说完蛋，可泛指各种事态之失败。蛋一打，一个小生命就完了。

梴 chān 树木的枝条长得长。

铤（鋋） chán 比一般的矛长一点曰铤。作动词义为刺杀。又读同延。

挻 shān 引长。挻还有揉和之义，可揉的东西，往往就引长，如陶人为器，往往如此，如说"揆挻其土"。挻的声母读同世、揆。

埏 shān 揉。如说陶人埏埴(zhí，黏土)以为器。又读同延，指边境，是国土的延伸；指墓道，向下延伸；指水流，是池的延伸。

脡 shān 肉酱。一分脍二分细切，揉合搅拌而成。

廴 yǐn 长行也，从彳从乀。

引 yǐn 开弓。加矢于弓曰贯，开弓由渐而满曰引，从弓，｜（gǔn上下相通）声。因与｜叠韵。所引非只弓，宾语扩展可说引路、引车，同义词结合可说引进、引用、引导、引证等。

靷 yǐn 是一端引轴、一端系于马腹的革带，是用以引车而进的。

胤 yìn 会意字，从肉从八，从幺。子孙相继之义。从肉，为骨肉子孙。从八，肉体之分解，八，分也。从幺，以丝为喻，继续二字就都从丝。其实胤字的音义还是从引来的。胤作名词，指子孙后嗣；作动词，谓继承。曲子的序曲可叫曲引，也作曲胤。

纼（紖） zhèn 牛鼻绳，是用以牵引牛的。马曰缰，牛曰纼。纼与紖(zhì)双声，紖是真正指牛鼻绳的，豸豸，就是伸长脊背，牵牛时牛就要伸长脊背，纼的音义从紖从引。原来纼指祭祀时在牲体旁边置的紖，以期鬼神之引。

矧 shěn 或作弞。连接词。况且、何况，表示语法关系的递进，故从引声。从矢，表言词之直而疾，矢、矧双声，语气词矣字从矢，表语气之疾，知字也从矢，谓知理之疾如矢。矧之音义从矢，更是取此。矧还有古义指牙龈，大笑曰矧，露出牙龈了。

弞 shěn 从欠，引省声。微笑，笑不坏颜曰弞，大笑则露出龈，坏了颜，则曰矧。弞，常作哂。夫子哂之，就是微笑了一下。

在从厂的31个词中，声母和韵母几经更替，语义随之变更，故在一个大词族中还可以有小词族。

721. 虒

虒 sī 虎之有角者。今已不可考。从虒之字，大多有持续、延伸之义。

递（遞） dì 交替更易，轮番替换。俗作递。今常说传递、递进、递代、递增、递减，即是持续地更替、去除。如说四时递代、日月递照。

篪 chí 古代一种管乐器，竹制，横吹，六孔至九孔不等，多长调。

摭 chǐ 拖拉。与拽字相通，故又读 chuāi。

謕 tí 引出话题，打开话匣。故也是延伸、持续之义。

褫 chǐ 强力剥夺衣服，或一般脱去衣服，取拖长之义。故褫职就是革职。

纚 lí 维系，亦即拖着、挂着。原来它指牵连成结的恶丝，只能另作别用。它的声母突然发生了变化。纚与缡(lí)通，皆指恶絮，故纚的音义从缡又从虒。

螔 yí 蜗牛，它背负圆锥形的蜗壳，头部的触角伸出似牛，腹面扁平宽大的足，附着于树干或土石的表面拖沓蜿蜒而行。所以，蜗牛是一个大众化的名称，它如蜗如牛。又叫螔蝓，是个文雅而深入语源的名称，螔的音义从厂又从虒，蝓的音义从踰，过也。这样，螔蝓二字完全是在描摹它的行进之状，并且螔蝓二字双声。

722. 系

系 xì 从糸从厂。本指悬挂，引申指联系，古文字作爪下一个丝字。手抓绳子就是要去系人或系物。今说拘系，专指捆绑罪人入狱。今说联系，世间万物都有普遍的联系，便是一个哲学概念，又说系列、系统，系列可说系列图书、系列商品，还较具体，系统则指诸多事物相对地形成一个整体，是个深广的抽象概念了。心理现象方面可说系念、情系大西北、心系大草原之类。

係 xì 就是，属于。如说孔子係鲁人。它本指用绳子捆绑到一起，与繫字通。今简化同系。

奚 xī 从爪从幺从大，即手抓绳子捕系罪人，大，人也。奚落，就是落为罪人了，今为讥讽、嘲笑之义。奚还假借作疑问代词，与胡、曷二字均双声而同义，

如说奚自，就是从什么地方来；奚为，就是为什么；奚若，就是何如；奚故，就是何故；奚有，就是何有。皆为问事。

傒 xī 中国古代少数民族名。奚也指东胡之一部分，取义相同，把他们说成罪人，是民族压迫时代的观念。

娭 xī 女奴。奚字在甲骨文中就有写作从爪从幺从女的。

徯 xī 等待、侍候。本与奴隶的身份相联系。

躞 xì 待。

鞵 xié 本作鞋。本指生革制作，上有绳子可系的履，从而区别于一般的履。那是一种靠绳控的原始状态的皮鞋。圭是一种前圆后方的玉，鞋字从圭，取其形似。今则已成为一切足衣之总称。圭是象征天圆地方的玉，鞋子走遍天涯，就成为履之通称了。

葜 xì 鞋带。

鸡（雞） jī 鸡的音义从奚，象缚鸡之形，是系以祭享之义。就像牛作祭牲时旁边也有纼，以供鬼神享用之义。

蹊 xī 小路，捷径，斜插的近路。它是两点之间的直接联系。桃李不言，下自成蹊。蹊跷，指事情的曲折奥妙，不为人知。

谿 xī 本作谿。山谷里的水没有通道可以流出去，故音义从奚，取捆缚之义。引申指一般山间河沟，称山溪，多曲折。《桃花源记》："缘溪行，忘路之远近。"

謑 xǐ 謑诟，好用言语去羞辱他人。今说奚落，谓嘲笑、羞辱他人，奚字由奴隶、低贱之义引申为遭受辱骂或忍受耻辱。

貕 xī 小猪。三个月大有肚子肥大之貌。奚字就有大腹之义，故此是直接从语源词来的。

蠵 xī 蛙类，是大腹的。

蟋 xī 蟋蛄之类。又读 qī，土蜂。也指蝗类。它们都腰细腹圆大，故音义皆从奚。

蟋 xī 小鼠。指一种带毒的鼠。此从奚则又取其小。

县（縣） xiàn 系也，即为悬挂之义，县与系双声。县的繁体字左边为一个倒写的首字，这样，县的字形就是倒挂的头。县，元也。元，首也。县与元为叠韵词。悬的是一个元凶的头。而头本作頭，从页豆声，页就是首，即是用头骨做的豆(酒杯)。这里绝不是夸大其辞，是充满了血腥味。《三国演义》和《水浒传》中我们还可以看到城门上或旗杆上挂着一个砍下的人头。秦国商鞅变法把州县的县也用这个字，这州县这都是悬挂于朝廷之下的头，不守法就是断头。

悬 xuán 心中之挂念。悬的主语和宾语大加扩展，如说悬釜，即把锅挂了起来，悬千金，则是悬赏的行为，你做成了某件事便赏你千金，连系挂的行为也没有。只是宣布了，到时候兑现就行，今更说悬案、悬空、悬腕，悬崖就是垂直般的山崖。悬殊就是很不一样。北京话说事情很危险，就说"真悬"。县、悬二字可以说是刑法社会留下的一个见证。

723. 乁

乁 yí 读若移。流动、移动。字形是反写的厂字。也有延续、伸展之义，与厂义近。

也 yí 又读 yě。也字是古汉语中最常用的语气词，表语气之延伸，用于陈述句和判断句之后。也用作句中表停顿的语气词，表语略有延续，再作停顿。也字作副词，与亦字音义切近，是假借义。也字本是一个实词，从也的派生词，多有移动、

延伸之义。

訑 yí 訑訑，自得之貌。是言或气之多，多则延续。

酏 yí 稀粥。稠粥曰餰(jiān)，衍与延相通。粥不论稀稠，都能流淌。酒也可叫作酏。

暆 yí 日行暆暆，谓缓慢移行之状。

崡 yī 崏(lǐ)崡，也作逦迤，逦从丽并列。故崏崡谓山势连绵而延伸。

迤 yǐ 也作迆。斜行。常说逶迤。委，曲折。迤，延伸。

匜 yí 一种盛汤、盛酒或舀水的瓢，它伸出一个较长的嘴，酒水顺此注入或倾出，就是一种延伸。奉匜沃盥，就是客人来了，有人捧着一个匜去慢慢倒出水来，让客人洗手。这既尊重客人，又讲究卫生。

贻 yì 货物重叠而依次排列延伸。故从贝，也声。

袘 yí 长袖，故音义从也。袘的另一义项指裙子等下边的贴边，也是拖长的。

以下从也字，声母发生了变化。

地 dì 古作墬。元气初分，轻、清、阳为天，重、浊、阴为地，万物所陈列。故从土，也声。隊(zhuàn)指路边低矮的围墙，一是田界所在，二是防护庄稼。如此说来，地本指有田界的土地。诸侯封地，是有界线的。若说封土，就是覆盖上一层土。地的音义从隊又从也，即地界的延伸，如说辟地千里。今北方说下地劳动，这不能说下土。南方说下田，也很对，田和地语义相近，田的字形就是地界，是阡陌之制。三千年来，地字有很大发展，今说大地、地球，是最大范围内的地，较小的说陆地、地点，此时此地等，抽象义说心地、才地、见地等。地字还假借作副词词尾，如说愉快地、热烈地。

沱 tuó 江河之别流。如四川沱水，即谓江水之延续。出涕沱若，指泪水之延续。

池 chí 本指淳水。水流不动了，水面就要延伸扩大，形成一个池子，如有滇池、华清池，今引申说池塘、池沼，又说浴池、砚池。还说乐池，指伴奏乐队在台前沿低下处，就连水也没有了。池的另一义项指护城河，城池就是城墙和护城河。它的水是从别处延伸过来的。

舵 duò 或作柂、柁、柂等。控制船只行进方向的装置，置于船尾，这是向鱼类学习的吧，因鱼的游向靠鱼尾掌握，故掌舵的人叫艄公。艄与梢通。飞机上有方向舵、升降舵。象沿围墙曰地，舟沿航向曰舵。

酡 tuó 酒后脸红，酒性发作，故酡之音义从它，取事后持续之义。引申指一般的脸色红润，叫酡颜。

拖 tuō 或作拕。曳字从厂，拖字从乀。拖绅，就是拖着一条大衣带。绅字从申，也是拖长之义，曳字就从申。今说拖拉、拖沓、拖延、拖累，都是一般的拖引行为。拖尾巴、拖后腿是具体义，也有抽象义。一项工程没有最后了结，就说拖着一个尾巴。对工作或工程不是促进，而是促退，就叫拖后腿。它们都没有用手拖的具体动作。

跎 tuó 或作迱。于手曰拖，于足曰跎。今说蹉跎，谓浪费岁月，错过时光。蹉从差，为差失之义；跎从它，为移行之义。两字叠韵。此外，蹉还有跌倒之义，跎还有驼背和用背去驮二义。

驼（駝） tuó 以畜负物，曳而前行，皆与拖的语义相合。骆驼原称橐驼，谓它橐囊而前行。引申指脊背弯曲如有所负载曰驼背。

驮（馱） tuó 本作佗。这是从人与从马已不分。这里佗是正字，俗作驼、驮。背负曰佗。人背上背个孩子也叫驮，专用作载运的马叫驮马。人驮则逶迤而行，逶迤也作委佗，佗又读作yí，则又与也字音义相通。佗也与第三人称代词他、它音义相通。

驰（馳） chí 驾马不断奋进，一般说，驰也有方向，有目的地，如说驰道、驰传。驰的语义发展，首先是扩展它的主语和宾语，人可曰驰，车可曰驰，今说驰名天下，已是传播之义，驰的宾语是名。也可说名驰天下，驰的主语是名。其次便是用于抽象义，如说心驰、神驰、情驰、驰念，马及马的行为都没有了。

鸵（鴕） tuó 鸵鸟。如马驹，蹄亦如驼，故曰鸵鸟。

砣 tuó 秤砣。它重而成块下垂，故又说秤锤。砣又指碾砣，或说碾磙子，也叫碌碡，是一段圆柱形的石磙子，打场时拖着它在麦秸上来回地碾，这就很符合砣字的本义——来回拖行了。

铊（鉈） tuó 秤锤。今多作砣。又指砂轮上的砣子，用以打磨的。铊又读同匜，盛酒盛水之器。它又读同鍦，指一种短矛。它的声母是如此的灵活可变。

坨 tuó 成块或成堆的泥巴叫泥坨子，盐块叫盐坨子，面块叫面坨子。一堆可说一坨。

陀 tuó 从阜从它，阜为土山、土堆，故与坨义相近。如说肉陀，指成块成团之物。陂（pō）陀，陂为倾斜，陀为地势高出，故陂陀指台阶，也指山坡。陀字在佛经翻译中用得很多，都是译音，如说阿弥陀，为无限量之义。阿弥陀佛义为无量寿佛，指的是一个佛祖，叫他快来搭救。

它 tā 它字的上部从虫，即与虫字的上部同形，它字的下部为垂尾宛曲之形。故此实即蛇字。相传远古时代草居患它，故相问无它乎，因而它字得别的、其它之义，又从它、他、她三字作了第三人称代词。

他 tā 别的。"王顾左右而言他"，就是不谈仁义，别的什么问题都可以谈。由此而移以言他，他字从也，取转移之义。他人、其他，都是指别的。他人就是别人，他是无定代词。他字作为第三人称代词，与我、你并列，是从六朝到隋唐时期逐步形成的。"听他言，吓得我，心惊胆战。"这里他指曹操，我指陈宫，是京剧《捉放曹》中的唱词，是后人编的。他字作第三人称代词，魏晋时代已经有了，但在陈宫口中是否能这样脱口而出，不能以此为据。到了隋唐，这种用例就不是个别的了。

她 tā 专指女性的第三人称代词。这是五四运动以来才普遍用开的。这一方面是伸张男女平等，一方面也受到外语的影响，英语等语种中，他、她、它分别对应是三个词。对祖国、对大地等可说成怀抱、具有孕育作用的事物，也用她字，表示敬爱。

以下从也字的声母又发生了变化。

施 shī 从㫃(yǎn)，也声。旗帜下垂之貌，古时的旗常是用横杆撑展在旗杆上挂下来的，同时还大多有飘带，就更显示从也得声之义了。施又读作yì，即读同也，为蔓延之义。施的声母从设，至今说设施为双声词。设，施陈也。施政，就是设置并延续(或传播、行施)政令。施有施行、铺陈、散布等义，都是从也的音义来的，当施字读同也的时候，就没有设置之义，如说那些牵藤的草"施于中谷"，就是蔓延在山谷之中，有什么设置之义呢？这样，施的声母读什么，就和它的语义联系在一起了。施，旗帜能挂下垂之貌。旖施，柔顺摇曳之貌，语义重在也，但是这旗帜是否能够设置，实在是首要问题，所以它的声母要读同设。

諡 shì 言多，即持续地说。常所谓立言，是立设之义，然后能持久，这就是音义从施之义。但是有些从施的字，如㽺、施二字，它们没有设置之义，而有些从施之字，设置之义淡化了，如葹。

葹 shī 又名耳珰草，结的果实如耳，《诗经》中叫卷耳。它细茎，蔓生，如葛之"施之中谷"。

屍 shī 一种覆盖头面的巾帕，故字从冃(即冒字，取冒面之义)，施声，取铺开之义，这里也有一点设置之义，即戴不戴这种面衣。

弛 chí 把弓弦解开，弓体放松，故今说松弛。发射的时候，施弓弦则曰张。所谓的一张一弛，文武之道。如刑法、纪律、精神状态等，久弛则失其体，久张则绝其力，故设立之后要有张有弛。

杝 lí 篱笆，栅栏。它的声母是从篱而得的。篱从离，取隔离之义；杝从也，取延续之义。

724. 乀

乀 fú 字形即今之一捺，是反写的丿，丿的形音义皆从撇。丿和乀在篆文中仅仅是方向相反，到隶楷中，写法就不同了。永字八法是楷书的笔画写法，叫掠和磔。掠是先重后轻，笔画向左下方迅速掠过；磔是先轻后重，向右下方越压越紧，最后出锋。丿、乀与厂(即曳)、乁(即迤、也)完全不同。乀实即弗字，仅字形繁简之别。

弗 fú 弗字中间的一撇一竖，实即丿、乀二字。弗字本为违背、不正之义，又有矫正(违戾)之义，这些意义都保存在它的派生词中。弗作为否定词，与不、否、非等否定词均为双声(b、f古同一声母)，是非的假借字。表否定的否定词其实都是假借字。

弸 bì 本作弗下一个弓字。矫正(弓弩之违戾)。弓箭有不协调的毛病，就要矫正，弸就是辅正弓弩的，因此又有辅正之义。它的引申义就是矫正人的违戾。良弸就是良好的弸臣，弸臣就是矫正君主违戾之臣。

拂 fú 亦违戾与矫正二义。拂乱就是违戾、打乱。今主要用作拂拭、除去之义。拂尘就是用马尾长毛做的拂除灰尘的工具。拂袖就是甩动衣袖，表示舒展，或对某人某事不屑一顾，扬长而去。

沸 fú 或 fèi 泉涌四出之貌。也指开水。人声鼎沸，或说沸沸扬扬，如水四出翻滚，众人乱糟糟一锅粥。

费（費） fèi 财散出如汤沸然。以水喻财，如说财源，货币曰泉，故可以沸释费。费力、费心，指精力的消耗大。浪费就是像丿、丶一样，左右去之。

茀 fú 道路多草不可行走之貌。茀还有除草之义，即左右去之。

制 fú 猛烈急速地砍，或大来大去地砍。如说制蓬、制谗贼，都是大砍之义。

柫 fú 名连枷。竹编农具，用以拍击禾秸以脱谷，亦左右去之。

绋（紼） fú 乱麻，四出无序。又指下葬时四面系棺的绳索，以保持平衡，缓慢下葬。

髴 fú 发乱，说首如飞蓬。又指妇人首饰，取四面摆动之义。

狒 fèi 狒狒，如人，披发，迅走。狒不梳头，更是发乱了。雄狒自头部两侧至肩，更披长毛，更是毛发拂乱了。

佛 fú 看不真切，为拂乱之义。仿佛，即相似又不真切。仿佛若有光，即是山口里好像有光，又看不清楚。佛教的佛，是梵文的音译词佛陀的简称，与左右去之无关。

咈 fú 口气、说话有违逆。忠言咈耳，实即咈字有违逆之义，听不进去。

怫 fú 即心遇违逆，不得舒畅，故得愤懑、抑郁、愤怒之义。常说怫郁，陈琳《饮马长城窟行》："男儿宁当格斗死，何能怫郁筑长城。"又可说怫然而怒、怫然作色。

艴 fú 遇违逆而脸有生气、发怒之色。如说艴然不悦。艴又读 bó，是受了勃字的影响，今还说勃然大怒，勃字或作艴。

725. 囗

囗 wéi 古围字。象回匝之形。

湋（潿） wéi 指一池子的污泥浊水，被围住了，流不出去。

围（圍） wéi 守卫。守的反面是攻，常又说围攻，故围又兼攻守言之。围即围绕、回匝之义，动词。作名词说围子，还说周围、腰围。

回 huí 这是里外两个围字。回转也。还可说回旋。它的引申义则大多不用两圈，掉个头，一百八十度就可说回返，如说回家、回话、回击、回心、回想、回信等。回头、回眸有九十度也可说回了。语义常常不能论准确数据。

洄 huí 回旋的水，或水的旋涡。

逥 huí 本指行走方面，如说迥避、迂逥。略作引申，如说荡气逥肠，即肠子转动。今大多以回字代替。

徊 huái 徘徊，去了又回。徘字从非，违离也，徊字从回，反转也。

茴 huí 茴香，有大茴香、小茴香，不论大小皆称茴香。茴字从回，香气回荡之义。

蛔 huí 蛔虫，寄生于人畜肠内，形体多回转。肠也常说回肠。

韦（韋） wéi 从舛，囗声。即是相背的两腿在一个范围的周围走动。这表示一个相背而绕行之义，这是在干什么？有几种可能：韦字之外又加囗，得包围之义；韦字居于一个行字之中，得守卫之义；韦字置于辵字之上，得违离之义。做是将韦字的音义，做进一步的发展，派生出这样三个常用的词。这样，韦字反而不用了，成了一个构词、构字的要素，韦字的另一义项是指经过制作的熟皮，参见下面的韑字。

违（違）

wéi 人之离别、物之相距都可说违。抽象义说违背了什么精神、指示、纲领，还说违心。又说顺之者存，违之者灭，此为违逆之义，语义就更重了。还说违法、违纪，也不算轻。

纬（緯）

wěi 织布时的纵丝叫经线，横丝叫纬线。地图上也是如此，上下曰经度，左右曰纬度。

帏

wéi 本作幃。车辆、帐篷、床帐之类，在旁者曰帏，上者曰幕、曰幄。帏，围也。

苇（葦）

wěi 芦苇。初生曰葭，长大曰芦，成则名为苇。这样，苇之从韦，取长大之义。古时一种风俗，除夕之夜，家里要摆桃人。桃，兆也，祈求好的征兆，又挂上一根苇索，腊祭时可以去邪消灾，则苇之从韦，取违离之义。

闱（闈）

wéi 从门，韦声。古代宫室、宗庙的旁侧小门。

韡（韡）

wěi 形容花朵的盛大、美丽。故从韦，取盛大之义。

炜（煒）

wěi 闪烁有光彩。

暐（暐）

wěi 光盛之貌。

沛（潿）

wéi 水流回旋。与洄、迴的音义切近。

汇（匯）

huì 水又回又合。名词，水泽之地，如上海有徐家汇、南汇。从韦之字又假借从隹。它的引申义为今所常用：一指钱的汇兑，钱币可说泉，钱的异地流通就说汇了。一指诗文及资料等的聚集，可说汇集、汇注、汇考。还说词汇、文汇，为汇总之义。字亦假借作彙。

淮

huái 淮水，字亦作汇，水回合也。这种自古就有的老名称，各时代可有不同说法，但离不开水回合之义。还有一条淮河，秦代曾加修凿，因此一直叫秦淮河。它发源于句容山（今称茅山），山的走势如句字之曲折，从那里流出一条淮河来，就可想而知了。它先向南流，转向西南，折向西北，往南京注入长江，绕了大半个圈，取回旋之义，就叫秦淮河了。

韑

wěi 树之皮可屈以为杯盘，故音义从韦。生皮曰革，熟曰韦。熟皮为什么叫韦，因为它柔软，可以揉屈，因为韦字从口，有围绕之义。

伟（偉）

wěi 人之奇异，不同于一般，这是伟字本义。它有褒贬二义：（一）义同违，违于规定的服饰称伟服，奇行也可是超越法制的行为。（二）伟丽、壮大之义，指人品、风貌说。今说伟，主要是伟大，如说伟人、伟迹、伟业之类，都是褒义。还说宏伟、魁伟等是同义词的结合。

媁

wěi 和伟字一样，也有褒贬两方面的语义：（一）与自己的心意相违背，有不愉快、不高兴之义，或自己恣肆放纵之义。语义从违。（二）美丽，为伟丽之义。

玮（瑋）

wěi 珍奇的宝石。常说琦玮，两字取义相同，都是珍贵的。还可说琦玮之色、琦玮之情。

袆（褘）

huī 护膝。取卫护之义，或者为安全，或者为治病。

讳（諱）

huì 言有回避，说忌讳，不直接说，表示有礼貌，或回避不吉利等。古之史官要为尊者讳，为亲者讳，为贤者讳，即这三种人的缺点或错误，不说或不正面说，要维护他们的声誉。甚至不能直呼其名，或者就加一个讳字，如说刘邦就称汉高祖讳邦，字季。但是遇到了冒天下之大不韪的人，已超出上述的三种人，史官就要直面无讳，并以此为应有的美德。所以，讳是一个政治用语。至于说讳疾忌医，则已是引申义。

韪（韙）

wěi 是的，对的。不韪就是不是、不对。这里虽从韦声，却无违背之义。"冒天下之大不韪"，就是去干普天下人都认为是大错的事，即是今说的在大是大非的问题上去冒险。韪，是也；不韪，非也。

卫（衞）wèi 本作衞、衛。从行从韦，或又从帀。保卫、防卫之义。周绕以行，是字形上表明的。今还说警卫、前卫、后卫、近卫等，便是名词，古则常说列卫。卫的音义从韦从列。排成行列以卫。行就是列卫。现在北京的故宫，还保持着角楼，便是当年列兵宿卫的遗迹。今又说卫冕（保持冠军）、卫星、都是现代的新词。而卫生一词，则在《庄子》中已有了，道家要讲修炼成仙，就讲卫生，“防卫其生，以合道也”。今说卫生，主要指保持健康，防止疾病，语义由抽象变得具体了。

犩 wèi 用角顶人，或用蹄子踢，即是牛的防卫。马和驴没有角，主要的防卫武器就是用蹄子踢，放牛的孩子最知道哪头牛有此习性。

躗 wèi 防卫。指牛、马、驴以足自卫，实即犩。又指谬言、不信之言、不实之词，为假借义，与讆的音义相通。参见呓下。

胃 wèi 从肉，肉字上面的部分不是田字，篆作口字中间一个斜着的米字，胃与围双声。胃就是包围食物的，中医叫作谷府。胃与既的古音为叠韵，两字相通。既字是有人用匙到饭器中间取食，所以，胃是什么？食而入其围者，胃也。古以五脏与五行相应，胃者土也，故至今人们还把猪牛羊的胃说成肚。人的胃一度也叫肚（dǔ），胃的一个别名叫肚。但这个说法没有普遍用开，只是作为一个中医术语存在。人们倒是把腹说成肚了，饭是吃到胃里，更说是吃到肚子里。参见肚字。

蝟 wèi 或作猬、彙。刺蝟。它浑身长刺，大者如豚（小猪），小者如瓜，脚与尾均短，见人则藏面腹下，缩成一团，攒毛外刺，不可搏执。

彙 wèi 本即蝟字，今以其引申义通行彙。彙与汇通，为汇合、聚集之义。今说彙刻，即把同类或相关的书，汇总起来出版。又说词彙，或作词汇，指语言中所有词语的总汇。

渭 wèi 渭水出陇西，流经陕西入黄河，它有三个水源合注，故名渭水，取汇合之义。

谓（謂）wèi 言之汇合、集中、总括，或说是汇合、总括之言。如说“富贵不能淫，贫贱不能移，威武不能屈，此之谓大丈夫”，即综合这三方面就叫作大丈夫。这和谓字从胃之义是相通的。谓字用得很广泛，还有认为、叫作、告诉、评论之义，还有对……说之义。子谓颜渊曰，就是孔子对颜渊说。所谓，就是所说的。无所谓，就是没有什么可说的。

颹 wèi 大风。汇合、聚集之风必大。

喟 kuì 口中大出气，亦气之集合。如说喟然而叹，即出了口大气而感叹起来。喟与慨、忾、气、欠均双声。

726. 合

合 hé 合口。从亼（jí，三合也，象三合之形）从口。实际上，口之合是上下两合。四合也可说合，北方多四合院。人们把天地上下和四方称作六合，曹植创制骰子，也是取六合，魔方也是六合，一般的箱子、盒子也是六合。人际相处说撮合，做事要看场合，打仗讲的是回合，阵线上讲联合。合的反义词是分。事物的每次分合都有新的内容。今还说合并、符合、结合、配合、适合等。合还读 gě，十合为一升。

颌（頜）hé 口腔的上部称上颌，下部称下颌。

敆 hé 以手促使事物之相合。如说合缝。

盒 hé 本指盒子、盘子的盖，它与盒盘相合，引申指整个盒子。再引申，没盖的盒子也都叫盒。

郃 hé 陕西有郃阳县，概为洽水之北岸。洽水很小，合流入黄河。

洽 qià 雨水之沾濡，但主要用于指人际关系之融洽、和睦。如说洽于民心、洽比其邻。今说商洽、接洽、洽谈会，都是融洽、和合之义。更说感情融洽、气氛很融洽。

詥 hé 言语之间谐和。

佮 gé 并合，聚合。如说他俩人佮合得很好，即是相处得好。

匌 gé 裹而相合，围而周合。

餄（餄） hé 餄餄。饼，饼字从并，两层或多层合并，故餄可从合。

哈 hā 鱼动口之貌。有一种马哈鱼，它的口很大。马，大也。哈从合，同时也包含了它的相反方面，没有开，怎么有合，有开有合便是动口貌了。今说打哈欠，哈一口气，都是张口出气。《封神演义》中有哼哈二将，哼是鼻子中出光出气，哈是口中出光出气，也是开口的。今又说哈哈大笑，所谓笑口常开。看来哈字从合越来越多地指开口。实际上，本指开口的字应是叺，八，分也。哈叺就是口开之状，哈的语义在正反之间灵活地演变着。与哈字语义演变同步的，便是它的主语由鱼变为指人或狗。

閤 gé 小闺谓之閤。闺指内室小门，閤指更小屋之门。今多以小室为閤，并可与阁字相通。

蛤 gé 水生的贝壳类动物，常说河蚌，蚌体从奉，壳如两手相捧，蛤为两合，取义相同。大曰蜃，小曰蛤。蜃的甲壳可作农具，农、耨等字皆从辰。便是另一种语源了。蛤又读通哈，指蛤蟆，它捕食水边小动物，口是常要开合的，还在雨后好叫唤，便也要开口。

鴿（鴿） gē 鸠属。鸽性喜合，以其性命其名。两两相匹，不杂交。每孕二卵，伏十八日而孵化。或谓其鸣声鸽鸽，因以为名。

袷 jiá 夹衣。同袷。又指衣缝，则指布帛的对合。

鞈 gé 由两层革制、用以护胸防矢的武士装束，故其音义从合。

舸 gé 紧抱。两手相合。它是来自吴方言、近现代才载入字书的字。

恰 qià 六朝以前无恰字，是齐梁以来俗语，唐宋词中常用。为适合之义，无意中与自己的心意正好相合，佛教中也常用，于是就流传开了。常说恰好、恰巧、恰恰，恰似一江春水向东流，此时恰已成为副词。恰当，就是正合适。恰、巧二字双声，恰就是巧合。

给（給） gěi 或 jǐ 满足，合字就有满足之义。如说家给人足。供给一词，《左传》中就有了，至今犹说保障供给。给就是充足的供应。给字从丝，那就是衣食财用之供应。供是一般的供应，给必须是充足的供应。给从合声，合可指多种事物、多方面的满足，给则指衣食财用的满足。给字的语义发展，也是从供、从合两方面的：（一）如今给予、交付，是从供义派生的，包括作介词有让、被之义，如说兔子都给吓跑了，是被动式。（二）又发展为完备，便捷之义，便是充足之义引申的，敏给，就是敏捷，形容词。

翕 xī 翅膀合拢。如说翕翼，翼是能开的翅膀，现在合拢了，《老子》中说："将欲翕之，必固张之。"张与翕相对。这里是行为的辩证法。起飞前往往要整合。由于翕字从羽，羽毛之张与合，故又得迅疾之义，说翕忽、翕习等。

潝 xī 水疾声，说潝潝。亦作翕翕、歙歙。引申指小人党羽之合，合得快也散得快。

歙 xī 缩鼻子。从欠，吸气的时候略微收缩鼻子，这也是有微略的张开与收合的现象。歙也有疾急之义，一般的呼吸不动鼻子。

闟 xì 安定。门合则安定。

噏 xī 同吸。

拾 shí 从手合声。拾掇，收拾。合就是归置。合拢、适当，把家里的什杂用品归置好。拾与十、什的音义关系由来已久，两字至少双声，原来十人、十户均作什，逐渐各种日常器用繁多，称作什物、什杂、什器，今还说什件、什锦、家什。拾字从什从合，就是对各种什物的收合。拾与什等同之例有二：一、表示数字之十，唐宋以来的大写繁体作拾。二、疑问代词什么，本作拾没，俗作什么。周秦时拾字的常用义就是从地下捡起来什物，如说拾穗、拾橡栗。拾遗就是捡起来丢失的什物，后来才说补过拾遗，对遗漏的问题做一些补救，对存在缺点做一些挽回，完全作抽象义。唐代有一位诗僧名叫拾得，至今还供在苏州的寒山寺中，他本是个孤儿，为一个老和尚收养，故名拾得。《全唐诗》中有他的作品。

答 dá 或作畣、荅。对话，回话。今说回答。没有问就说，不能叫答。答是切合问题对话。对与答双声。但是，答不一定是合之言，对合之行亦可曰答，如说答拜，也可说合拜。对辩与答辩就很不相同了，对辩是各自申述，可以针锋相对，答辩这要切合对方的问题做切合的回答。答之从竹，取竹简木牍之义。手之对合曰搭，衣之对合曰褡。

嗒 dā 舔。舔必与所舔之物相合，舔必张口，舔完合口。嗒嘴就是吃饭时嘴张合发出响声，是失礼的表现。从而嗒又成为象声词，如说滴嗒、呱嗒。

搭 dā 这是唐宋以来的口语词。以手对合曰搭。可以是好友的搭手，如说搭救；也可以是打架，说双方搭上手了。搭的宾语扩展，可说搭上车、搭上船。更有不用手、不关人的搭，如说搭界，是两个地区或两块田地的对合。抽象义说搭架子，要写文章先搭好架子。说其人神气也说他搭架子。对一切搭扯都无济于事的时候，就说白搭。

褡 dā 横褡，指一种小被子，横着搭一搭，名词。褡褙，内衣没有袖子，只是前后两幅，胸背相搭。褡裢，指一种长口袋，中间半面连着，半面开口，两头都可装东西，一头搭在背上，一头挂在胸前，故叫作褡裢。

瘩 dá 常说瘩背，或说瘩手，指长在背上的疮，手勉强能搭着的地方。

匒 dá 匒匌，重叠之貌，也是对合之义。

会（會） huì 从亼从曾省。今说会合，两字皆从亼，并为双声，会有合的语义。曾就是增益，事物会合必有增益。人相遇合叫会，如诸侯有盟会，各行各业有行会，集会结社叫社会，都是名词。作动词说会见、会战、会商、会谈等。作抽象义如说心领神会、体会、兴会、意会。他会不会来，会是可能、能够之义，副词。会当，是应当之义。会与昏(guā)，隶化写作舌，括合之义，非口舌之舌，古音为叠韵。杨树达说：从会得声之字多有合义，从昏得声之字多有会义。故会，合括也。证据是充分的。如话，本作譮，话的本义是会话，即是对合而言。又如桧，或作栝。髻，或作鬠。这样，会的音义从合义从昏，是撮合与总括之义。会计的会(kuài)，它的声母为什么变了，就是它要求读通昏，即有总括、总计之义。

侩（儈） kuài 市侩，即撮合买卖双方以成交易而从中得利的人，也说牙侩。所谓市侩主义或市侩作风，指只知从中图利，以饱私囊，音义重在括，声母也同括。

禬 guì 会聚求福之祭，或说除殃之祭，这是一个意思。前一句意重在合，后一句意重在去，即刮除去之义。

撍 guài 收捆，会集。亦合括之义。

髻 kuài 把头发挽起，用骨制或玉制的簪插住，把发髻固定在头上。故髻，撮髻也。

绘（繪） huì 又读kuì，本指会五彩的刺绣，后指绘画。作动词，如说绘图，是制图，不再是颜色之会合与包括了。

脍（膾） kuài 细切的肥瘦搭配的肉丝或肉片。加各种调料熘制。今说脍炙人口，指好的诗文人人爱读，就像细熘肉丝或整块烤肉那么好吃。

哙（噲） kuài 咽，口中会合食物下咽。

烩（燴） huì 烩菜，指有荤有素，几样菜一起煮，所谓的一锅煮。有时米饭和菜还一锅烩。这种水煮的方法用多了，有时一样菜炒了后再加水煮，也可叫烩，如说烩豆腐。

狯（獪） kuài 狡猾、诈骗，是狗的相交与合会。

刽（劊） guì 刽子，或刽子手，指执行斩刑的人，与脍字用刀切、刮字用刀削之义近。

旃 kuài 会合士众、指挥进退的旗帜。

廥 kuài 存放草料、木材或器物的仓库或场地。是历来都怕着火而又易生火灾的地方。《水浒传》中林冲上梁山前看守的就是一个草料场。

稽 kuài 糠。即谷皮，是包藏和保存米粒的，故音义从会，取会合、包括之义。

桧（檜） guì 圆柏。叶如松、干如柏相合会。

浍（澮） kuài 田间水沟，常说沟浍。田间的水流入浍，浍注入沟，沟注入谷。浍，合也；沟，通也。

郐（鄶） kuài 祝融氏之后，所封之地曰郐，为溱（zhēn）、洧（wěi）两河流域之地。

靧 huì 每月朔日，指日月相会之时。

荟（薈） huì 草木之所会聚。由草木指人文之荟萃、人才之众多而集中。荟又有遮蔽之义，荟与翳或蘙双声，草木合会必是隐蔽的屏障，故两义就联系成为一词了。云霞也是一经会合就起遮蔽的作用。

䙪 huì 有了见不得人的隐私，便要遮掩起来，就叫作䙪。

憒 wèi 可恶也，与䙪字相通。又指心闷，即心中有阻塞，需遮掩。

黩 wèi 浅黑、黑貌。有可恶之处需要掩蘙，则黑，音义是联系的。

727. 今

今 jīn 从亼、㇆。㇆为故文的及字。即人们已到达而集合，就这个时候叫"今"，即现在。现在，就是出现在，也是以动词表时间。

衾 qīn 被子。盖着被子，即是合，也是及。

衿 jīn 即襟。即衣领合衣襟的交接处。交亦合也，及也。

纷（紟） jīn 连接衣襟的带子，今多用纽扣或拉链，古则以衣带。以带结曰纷，亦及也。纷又指单被，与衾合。

妗 jìn 舅母曰妗，至宋代以来北方就有此称谓。妗即衿，亦即襟，以衣服喻亲属，姐妹们的丈夫之间称连襟，或连袂，互称为襟兄襟弟。襟本有连接之义，只是文字的偏旁由从衣（即衿）变为从女（即妗）了。

矜 jīn 本指矛柄。矛戟之类装上长柄，变成了长兵。短兵谓相接，长兵则谓相及。故矜从今声，仍取相及之义。然而矜字的常用义并不在此。相传它假借为怜，为哀怜、同情之义，如说矜悯、矜恤；又有严谨、崇敬之义，如说矜持、矜庄；又有骄矜、矜今、矜伐（夸耀自负）之义。

禽 qín 走兽之总名。禽字的上部为今字，禽从今声，下部为兽之头和足之形。禽作动词为捕获（禽兽）。捕获就是及，即是今声，是声中有义。

檎 qín 今称沙果，或花红，为甘。又名林檎，来禽。《本草纲目》中说它味甘，能来众禽于林。亦即为禽之所及。

擒 qín 即为禽的动词义，禽的是兽，擒为后起字。也可擒人，如擒庞涓、七擒孟获。

噙 qín 以口咬，如说噙着烟袋，即口之所及。引申说眼里噙着眼泪。

黔 qián 秦谓民曰黔首，周谓之黎，皆以黑指民。黔与禽相通。秦昭襄王时还曾发兵征服过黔中，设黔中郡，至今贵州简称黔。在秦人看来，那里都是被俘获的罪人。

钤（鈐） qián 车轴两端卡住车轮，使不脱落的车辖。故从今声，合也，及也。后说钤记，指盖上印章，亦符合之义。

金 jīn 本为金属之总称，至今犹说五金，即五色的五种金属。金字的上部从今，下部为土，土字中间两点或四点，象金在土中。金字在现代主要指黄金。金从今声，主要取其合义，至今犹说合金，古说青铜、红铜，也是铜的合金。我们现在科学检测越王勾践剑及秦俑坑中的镞，都是讲究的合金。这有助于我们了解金从今（三合而及）声的由来。金的引申义如金色的、宝贵的、坚固的、美好的，形容词，国家的土地说成金瓯，有宝贵和坚固之义。

锦（錦） jǐn 从帛金声，帛五色也。锦从金的形容词之义，得华丽之义，如说锦囊妙计、锦绣河山等。《诗经》中衣锦的人已非个别，还有锦衾之类。

淦 gàn 或作汵。水从舟缝渗入船中，水所及也。

涔 cén 久雨积水而涔，如说涔旱灾害。涔泪，就是泪落不止。

钦（欽） qīn 从欠，金声。屏气收敛之见，即气之所及，从而得尊敬、仰慕、钦佩之义，亦有迎合之义。

揿（撳） qìn 手向下按，必是合的。如说揿电铃，就是按电铃。篮子里的草装满了，揿一揿，还可再装。把人揿倒在地，和打倒、推倒不一样。

嵚（嶔） qīn 嵚岑、嵚崎，形容山势高险，因为钦有仰望之义，故可形容高。

岑 cén 山高而小。

崟 yín 岑崟，山高。

吟 yín 呻吟，声气之伸张。有沉吟，那就是气能少一些。还有长吟，便是生气张大。司马相如有《白头吟》，孟郊有《游子吟》，苏轼、辛弃疾都填过《水龙吟》。由仰望之钦，到高峻之岑，到伸张之吟，语义还是相承的。

琴 qín 我国传统的弦乐器，说操琴、弹琴。由外族传入的胡琴、提琴、钢琴等也叫琴。弹琴复长啸，故琴之音义从今，声气之伸张而播及也。琴字上面的两个王字之形，象琴弦的转轴，下还有一撇一捺，象琴弦，与今字的撇捺重合了。

含 hán 从口，今声。口有所及而合之，如说含而不露。含与合从人，三合也。派生词颔与颌亦同。含的音义从合从今，合而及之也。含的引申义如说含泪，含的主语是目，宾语是泪；含苞，含的主语是花木，宾语是苞；含义，含的主语是语言、文章，宾语是思想用意。还说含水量、含铁量，抽象说含情、含笑、含羞、含恨、含冤等。人有才华说含章、含英。同义词的结合有包含、含蓄等。

衔（銜） xián 本指马勒，马口中衔着的马勒，亦称马嚼子，控制马用。勒紧马嚼子，马便停止不进了。所以衔的音义从合从金。于人口曰含，于马口曰衔。马衔引申而为人衔。过去奉君主之命出使，叫衔命，一来总会要驾马，二来臣仆亦是君之牛马，司马迁还说他是"牛马走"呢。这样奉命就说衔命了。所以至今说官衔、头衔，这个衔字就这么来的。人与马之间的界限就是这样被打破的。古时行军还要"衔枚"，每人嘴里噙一根筷子那样的木棍，既是衔，又是衔，为的是不让说话，保持沉默无声息。这样含与衔就是同义词了，也可说衔泪、衔恨等。

琀 hán 死者口中含的玉，古时习俗。

晗 hán 天将明，太阳还没显露出来，是包含状态。

颔（頷） hàn 下巴，与颏同。用以含的嘴巴也叫颔。律诗的三、四句叫颔联，必须对仗，第五、六句叫颈联。颔在颈之上。

唅 hán 用手指给婴儿喂食，送进口中，故有及、到之义。

浛 hán 水和泥。即泥中含水。又引申为沉没之义。通涵。

龕 kān 或作盦，从龙，今声。是安放神位或佛像的石室（有时是一般容器）。

鉿 hán 金属的容器。作动词为盛纳之义。

鼸 hán 指一种脸颊内能藏食的鼠。亦作鼱，即从嗛，口有所衔也。

谽 hān 谽豂(xiā)，山谷空荡荡之貌。常说空谷。今说口腔，口又与空相联系，故谷也可与含相联系。

嵅 hán 大谷。此与函谷关的函谷取义相同。

念 niàn 常思。今说念念不忘。今说念书，本是常思之义，书是要常思的。字亦作念下一个心字，心之所含也。但有时心之所及，也说一念之差，就未必是常思吧？可是念的声母与黏相同，为双声。如鲇鱼，亦作鲶鱼，拈亦作捻，而拈亦作黏，黏亦作捻，从尼，尼，从后近之也，即亲昵之义，人亲昵便心常念了。所以，念为常思之义，是很准确的。

唸 niàn 口之所及。唸是念的派生字，也常写作念。它由心而及口。但是说唸小学、唸大学之类，就只是上学之义。

捻 niǎn 亦作撚。唐代以后用开的字。捻有二义：一谓两指搓，作名词说捻子、纸捻，即用纸搓成长条，作动词说捻线；一谓两指夹取，目的在取。

埝 niàn 防水小堤，大者称坝，小者称埝。土之所及也。埝子有时也很长，一时拦水，水的冲击力也不大，常说土埝，不用粗大的桩子或石块。

稔 rěn 谷熟之年。年为丰收之年，稔为谷熟之年，即关于禾之思念。两字双年，又都可指一年的时间，五稔即五年。

谂（諗） shěn 劝谏，告知。即为言心中之所念。谂的音义又有深切之义，谂的音义从深又从念。后来谂又与审音同相通。审为详明之义。这样，谂所说劝告，深切而详明了。

淰 shěn 鱼受惊合散不定之状。它们是最熟悉水性的。

阴（陰） yīn 本作侌，亦作黔。云之所及便是阴了。对山阜来说，山之南为阳，北为阴。华阴即华山之阴。对水流来说，正相反，水南为阴，水北为阳，淮阳位于淮水之南。语义演变，阴沟指暗藏的下水道。阴谋是秘密地私下出主意，周秦时并无贬义，还可说阴事、阴情等。后来才指坏主意。《易经》里的阴阳二字，就作为一个哲学概念来理解了。阴阳不测谓之神。其中阳是主要的，阳气发扬，阴气与之相合。阴从今声，今字从合又从及，与天地、日月相配。这都属于一分为二的观念。阴，闇也，亦影也。此皆双声为训，闇，即暗，日无光。天阴则日无光，云所掩翳也。彼此又是否定的。

荫（蔭） yīn 草阴也。作动词为遮盖之义，作名词指树荫，引申指事物之荫，如墙荫等。抽象义为庇护之义，说托谁的荫福。

暗 àn 日无光。假借为阴，今说阴暗，古两字同音，阴天就是日无光。引申指颜色深或无光泽，可说暗。不明说、不公开也叫暗，如说暗示、暗算、暗箭。抽象义说思想阴暗。暗的反义词是明。光明与黑暗也成反义。

黯 àn 深黑。可说脸色黯淡，阴沉沉的，也可说天色黯淡。黯然销魂，为抽象义。

闇 àn 关起门来或掩蔽起来，便是闇。韩非子说，君主有两种：明主和闇主。闇，心不通晓。闇与暗、谙、黯均相通。

窨 yìn 地下室、地窖之类。作动词谓在地窖中暗藏。新酿的酒封存在地窖中数年或数十年，叫什么老窨。窨井是地下水道或管线工程为便于检修而设置的井状建筑。

揞 ǎn 覆手掩藏。

罯 ǎn 从网，音声。网的掩覆，即暗中袭击。

腤 ān 指一种烹调方法，汤中先放好调料，再加进鱼肉淹煮。

猏 yān 犬鸣洞穴之中，遭掩藏而声低沉状。

暗 yìn 哭声低沉，以至无声。如说万马齐暗。

瘖 yīn 不能说话。或者是有病，失语症，或者是政治气候不好，不叫说话。

愔 yīn 形容安静和悦，或沉默寡言。

歆 xīn 鬼神暗中享用祭牲馨香之气。歆，享也，两字双声。几千年人们祭祀鬼神，供奉馨香，谁见过鬼神来享用了呢？于是人们想象中只是闻到点香气而已。欠，张口有气出入。人是在阳间，鬼神在阴间，故歆从阴从享。

饮（飲）yǐn 本作歆，从酉今声。又从欠，吸气而及于酒。隶属才从食，甲骨文中的饮字皆从酉，故饮的本义应该是饮酒。不过饮可指饮水，《左传》中已有了。饮的宾语有很大发展，如说饮恨即含恨，饮羽即中箭，饮弹即中弹，饮誉即享有声誉。饮马、饮牲口，饮的动作实际是宾语发出的，即是使动词。

鹌（鵪）ān 鹌鹑，雌者为鹌，雄者为鹑，属雉科，羽赤褐色。有斑者为鹑。鹑性淳，雌雄关系不乱。鹌，本作鶕，亦作䳺，从今从音与奄双声而义相通。

贪（貪）tān 从贝今声。贪得无厌，得，及也。贪与探相通而双声，古韵亦相同，探，远取之也。故贪为远取而及。今还说贪玩、贪吃，同义词结合有贪图。与贪双声有饕、餮，与贪叠韵的词有婪。

728. 冖

冖 mì 或作冂。从一两端下垂，下垂的长短视字形长短而定。今大多缩短了，是因为隶书发展横势，字形扁的缘故。又有冂(mǎo)，双重的覆盖。又有冃(mào)，实即今之帽字。

冒 mào 从冃从目，蒙着眼睛前进，今说冒进、冒失见。冒失、冒昧、冒犯，都是失礼之义，冒天下之大不韪，便是最大的失礼。帽子之义便作帽。冒字的具体义如说冒汗、冒烟、冒气、冒泡、冒尖、冒水，都是自下而上的，与冂的自上而下的覆盖，方向已经相反了。而冒名、冒充等假冒伪劣之行，就更是四散的了。

帽 mào 六朝以来逐步用开的字。帽、冒字从目，蒙着眼睛怎么还能前进？原来帽、冒字从目，该是两目露在外面，现在也有这种帽子。作案人带的帽子有双目在外，那叫蒙面大盗。上古时代就有"冒，覆项也"。即是帽子和衣领连起来，叫兜风帽。今帽子已是寻常各种冠冕的通称，古曰冠，今曰帽。而帽也是从冖。

瑁 mào 执瑁玉者，言德能覆盖天下。一般的人就不执瑁了。

曼 màn 从又，冒声。这里已把目字横写，目本来就是横的。而且曼与冒只是声母相同。曼，引长也。冒字没有引长之义。与曼结合的叠韵词有曼延、曼衍、曼羡、曼漶等，它们都有引申之义。此试取延字为代表，可说曼的韵母合引长之义是从延而得的。同时，曼又有覆盖之义，与冒的音义相联系着。这样，曼的音义就从冒又从延了。《红楼梦》中描写大观园："一进门，只见两边翠竹夹路，土地下苍苔布满，中间一条石子漫的甬路。"这石子是敷设、蒙盖的，这羊肠路是引长的。漫与曼通。

漫 màn 水平远之貌。如说"路曼曼其修远兮"，这里没有水，只是平远貌。说水漫金山寺，便是水淹盖了。说长夜漫漫，是引长之义；也说夜色笼罩，就也不免有覆盖之义。若说漫天大谎，是抽象义，充满之义，就不必再去追究这两项义素了。

蔓 màn 植物之茎蔓延、攀升。木本曰藤，草木曰蔓。今南方较多说藤，如山芋藤、饭瓜藤，北方较多说蔓，如说瓜蔓、压蔓。这蔓草覆盖于地，又四处蔓延。

槾 màn 泥瓦工用以涂墙的工具，使墙面普遍蒙上一层泥灰或其他涂料，也是从冒从延工作的。

镘（鏝） màn 涂杇之器。铁曰镘，木曰槾。亦作墁。

墁 màn 作名词，是涂墙铺地的工具，作动词是涂、抹、铺陈。以砖石铺地曰墁，亦蒙而延也。

幔 màn 以巾掩蔽，在上曰幔（覆盖），在旁曰帷幔（围绕）。语义灵活演变，有时就指帐子。

缦（縵） màn 缯帛无文饰，漫漫一片，素绸也。缦田，指田不为甽（即圳，田间水沟），一片平广漫延。若为甽，则甽达于沟，沟达于洫，洫达于浍，浍达于川，纵横交错了。

鳗（鰻） mán 鳗鱼，首先，它曼长，白鲦鱼是长条的，鳗鱼不知比它长了多少，它比鳝鱼还长。其次，它形状浑漫无鱼形，没有鳍伸出，没有鳞纹，这样，这个曼字对它就很合适了。

馒（饅） mán 馒头，不单说馒，因为这个字不是名词词尾。馒头的意思是约摸地像个人头。馒字从漫，模糊不清之义。相传诸葛亮七擒孟获，人曰蛮地多邪术，须祷于神，杀人以首祭，则神享，出阴兵以助。因杂用羊、豕之肉，包之以面，象人头出祀。后人由此为馒头。类似的记载屡出，概是属实。则馒头一词始于三国。河南人说馒头为馍，馍从莫；馒从曼，双声而相近。

谩（謾） mán 假冒，欺骗。由冒犯之义引申而得。面谩，就是当面撒谎、欺骗。

慢 màn 本为怠慢、傲慢、失礼之义。同义词结合，如说暴慢恣睢、惰慢邪辟之类。至于快慢之慢，本作趮，行迟也。从曼字有缓慢之义早已存在，但只是冷僻义，常说迟、缓之类，隋唐之后才普遍开来。古曰迟，今曰慢。古曰速，今曰快。这是一个大概的对应。

嫚 màn 轻蔑，侮辱，与慢的本义相近。

鬘 mán 美好的头发，是布满头上的。

网（網） wǎng 或作冈，它的甲骨文字形作或纵或横的张网之形。它的字形已经明白地透露出网的音义从门从亡，作名词指渔猎的网，作动词谓捕取、猎获（逃亡的鸟兽）。网罟是渔猎时代的主要生产工具，若网在纲，纲举目张，有政纲、朝纲，有法网，至今还说纲领。这是把生产工具之词用于政法。现在，网络一词，是系统论思想中不可缺少的语汇了。不但经济有网络，无孔不入，全世界都统一在一个互联网中，布下了多少个亿的网点。至今还说网罗人才，捕鱼用网，捕鸟曰罗。罗也从网，只是音义不从网。

罔 wǎng 通无、亡，三字均双声，为否定副词。如说置若罔闻，即是把事情搁置着像没听说一样。

惘 wǎng 迷惘，糊涂，不知所措。《论语》中说："学而不思则罔，思而不学则殆。"即是学习中不加思考，便是糊涂的，思考而没有学习，那便有危险。这里罔与惘相通。

辋（輞） wǎng 车轮旁的一层护网。现在有的自行车车轮旁还装有辋，以免衣物卷入车轮。

买（買） mǎi 从网从贝。买与网双声。通过买卖交易而谋利，古来就可说网，如说"网市利"，就是谋取市场利益。入曰买，出曰卖，都是网取。买与赀(zī，积财也)叠韵，从此得声的字大多有微小的积聚之义。赀计，就是计量财货的价格；赀簿，就是账簿；赀钱，就是人们不能去服徭役，可以出钱去买人家的工。所以，买就是积钱去网利之义。

卖（賣） mài 卖字的上部本是个出字。卖是由买的音义分化出来的，只是声调稍微变了一点，声调也能表义。卖的语义比买字大为发展了，主要是它的宾语扩展，可说卖力、卖劲、卖好(也可说买好)，意思是尽量出力，不求谁来出钱。又说卖弄、卖乖、卖俏，是故意要表现一番而已。而卖国、卖身、出卖朋友等则是没有价格的政治交易。

蒙 méng 本作冡。蒙本指一种蔓生的草，一名女萝。萝从罗，即网罗于其他植物之上。蒙有蒙受、蒙昧、蒙蔽、蒙骗等义。蒙与笼的音义最切近，两字叠韵。笼是竹制的盛物器，也常盛鸟兽牲畜，而蒙字的下部便是豕。蒙笼就是覆覆、笼罩。草木繁盛，笼罩大地，说蒙笼；眼睛睁不开，看不清，说朦胧；烟雾笼罩，日色昏暗，可说曚昽；月色迷茫可说朦胧。蒙已经有笼的音义，又加笼以加重语义，就像蔓已经有延的音义，又说蔓延。

濛 méng 今说蒙蒙细雨，《诗经》中就说"零雨其濛"。濛濛有繁盛、阴暗、迷糊不清之义。

朦 méng 朦胧，月色迷糊不清。引申义如辛弃疾的词"往事朦胧"。现代有朦胧诗。

曚 méng 曚昽，也作曚昽。日未明。神志糊涂。

曈 méng 瞳孔受到蒙蔽，不能明视。曈然是形容词或副词。童曈(今多作蒙)指无知孩童。也指人之愚昧。

檬 méng 似槐，叶黄，称黄槐，故其音义从蒙，取昏黄之义。它包含大量黄色色素，可作染料。

礞 méng 一种矿物质。中医入药，有祛痰、消食、镇惊等作用，有青黄二色。从蒙之字与黄色联系，是取昏黄之义，与青色也有关，如说青溕、溕色。它的药性就有一种抑制亢奋的作用。

幪 méng 巾就是常用以覆盖的。常说帡幪，帡取屏蔽之义，幪取蒙蔽之义。或指帷帐之类，或指厦屋之类。

懞 méng 敦厚之貌，也指糊涂状。懞与慒同义，今说聪明一世，慒懂一时。懞汉就是糊涂人。

蠓 měng 蠛蠓，一种极小能叮人的飞虫。蠛从蔑，微小；蠓从蒙，看不清。

獴 méng 或称蒙颂、獴猭。似猴而小，故从蒙，取小义。紫黑色，捕鼠胜于猫。为热带或亚热带动物。

艨 méng 艨艟，或作艨冲。古时战船。上游甲板覆盖，故从蒙；用以冲突，故从衝。上言蠛蠓，言其小；此言艨冲，已言其大。

鹲（鸏） méng 鹲鹲，水鸟，热带动物。它一名鹤顶，孔雀与鹤多有长羽覆盖，故从蒙。

氋 méng 氋氃，鹤类飞舞时羽毛松散覆身之状。

鬗 méng 鬗鬆，形容霜花覆盖。亦作雾凇。

饛 méng 盛品满装之状，今说冒尖。冒与饛同为一的词族中之字。

冥 míng 从日从六，一声。意思是每月十六日以后月亮就开始日趋幽暗了。冥与青叠韵，从冥之字表颜色之义者多与青有关。如天空可说青冥，沧海也可说沧溟，沧与苍同，草青色。冥夜指日色晦冥无光。

溟 míng 天色阴沉。如说溟濛小雨。溟的另一义指大海，东海说东溟，南海说南溟。海字从晦，晦亦昏暗之义。

暝 míng 夜，天黑。秋暝就是秋天的晚上，山居秋暝，就是在山里居住的秋夜景色。

螟 míng 螟蛉，指一种桑上的小青虫。螟虫与蝗虫齐名，是食禾苗的小青虫，它除了青色，还钻在苗秆里暗中食禾之心，人们看不见。

瞑 míng 闭上了眼睛。死不瞑目，即是死了也不闭眼睛，还有未了之事。

覭 míng 于暗处密窥。又指细微难见，看不清楚。

媽 míng 小儿羞怯貌。用于贬义，鬼鬼祟祟，指不正当的行径。

幎 mì 帷幔之类，今多说幕布、帘子之类，是用以遮掩或覆盖的。幎的古音，声韵与一同，所以语义也与一特别切近。以下两字亦同。

塓 mì 涂，涂上一层泥，或涂上一层白灰。实际与墁、镘字同义。

蓂 mì 蓂菁，今说蔓菁，即是芥菜圪瘩头。它的根部发达，有点像馒头形状，储存养分，以供食用。蓂又读 míng，即读同冥，那就是菁、青之义了。

729. 青

青 què 从门。屮指门上的装饰。即用以覆冒的帱帐之上有顶饰。它有时也指覆盖舟车的帷幔。

壳（殻） qiào 古作殻。从殳，青声。又读 ké。壳，物皮空，即空壳。从殳，谓从上击下，实即击去物皮。犹皮，还有剥去物皮之义。坚曰壳，柔曰皮。今还说贝壳、蛋壳、龟壳，还说语言是思想的物质外壳。

觳 hú 从角，壳声。角力，可说觳力，取较量之义。觳觫，详觫下，取坚硬而空虚之义。

谷（穀） gǔ 谷必有稃甲，俗称稻壳、麦壳等。今指庄稼和粮食的总称，叫五谷。北方常称带壳的小米为谷子。谷字还有两项重要的古义：人必食谷，故引申为活着之义，与死相对；又有养育、抚养之义。

轂（毂） gǔ 车轮的辐条集中到轮子的圆心上，圆心里中空的木，轴从此穿过。《老子》中说："三十辐共一毂。"韦轮，也说韦毂，即在车鼓轮上贴一层柔皮，以减轻振动。肩摩毂击，是说人之肩相摩，车之毂相击，形容城市之繁华。

榖 gǔ 木名，从木壳声，又名楮，其皮中的纤维可续以为布，或捣以为纸。从壳声取坚实之义。

愨 què 本作慤。诚实，善良，严谨。心之坚实、厚道也。

縠 hú 一种很细薄的丝织物，今之轻纱之类，常用以覆冒或做罩衣之类，称雾縠。

彀 gòu 勾硬弓而引满曰彀。彀与弢双声，取坚硬之义，勾与彀叠韵（实还同音），引弓必有勾的动作。彀率，指弓弩张开的程度。勾当也作彀当，可见勾、彀二字的音义关系之密切。

730. 两

两 yà 冂或冃（即冒、帽）为双重覆盖，两则为相反的两个冂（mì）字一上一下地反扣着，上又以"一"盖住。覆字从两，又加复，即覆之又覆了。羁字有时也写作羁，即从网与两相通。

贾（賈） gǔ 或 jiǎ 买和卖都是网取财利，本为一字，分化为两字，指买和卖，反复取利。买与卖都要取利。市字本也兼指买卖，是买货出卖。只有一方面，就不能从反了。贾的另一义指坐卖，亦即居买，居为积储之义，居积物而卖之。至今还说囤积居奇、奇货可居。居与贾双声，贾就是居卖。贾的音义从居又从两。引申义说余勇可贾，谓还有多余的力量可以贡献出来。

价（價） jià 《说文新附》："物直也。从人，从贾。贾亦声。"货物之值，今说价格、价钱、价目。有许多东西价值很高，没有价格可说。如说身价、评价（作品的优劣之类），都不说值多少钱，大多不作货物看待。现在市场经济发达，往往也可以作价。价字原可作动词，为估价、论价、评价之义。古时市场管理物价的官员叫贾正，贾与价通。价，本为物之价，却从人贾声，价是人的问题。估、沽二字，实际就是价的动词，详见从古的词族。

731. 同

同 tóng 从冂从口，把口都双重地覆盖在一起，即是异口同声，这是同字的本义用法。合为三口相合。这口之同与合，是个大问题，人们所追求的理想世界是个大同。口用以吃饭和说法，说话都能说到一起，谈何容易。求大同，存小异，就很不错了。同字从周秦以来一直用得很频繁，有会同、合同、共同、偕同等。同与通字可相通。同还常作副词和介词，如说同谁说话，同谁是个介词结构。同的反义词是异。古还与离字反义，同心同德的反义是离心离德。

桐 tóng 即梧桐树。桐木一名荣，荣是繁盛之义，桐与通相通，取通达而生之义，它大叶成荫，亭亭而立，无有屈曲。而梧之从吾，可抵御也，详见梧字。

莔 tóng 莔蒿，菊科植物，似蒿，茎肥叶鲜，从同，亦通达生长之义。

衕 tóng 通达的街道，从行，同声。胡同的合音为巷，巷的音义从共，共与同音义也相通。

洞 dòng 穿孔的地方，形成通道，或有底。山洞的洞，或作峒。北方有许多地方住窑洞，窑也说成洞。洞房本指进深的房间，后特指新婚住房。洞房也指连接相通的房间，鼠穴、蚁穴今也说洞，为洞之小者。洞庭一词，本指天地之间，是四通八达的了，洞便为广大之义，把世界看作一个巨大的门庭，故把大湖或大山名曰洞庭。洞作动词为贯穿通达之义，作抽象义为深入、透彻、明达之义，如说洞察、洞悉。洞达、洞彻为同义词的结合。

硐 tóng 磨盘上的洞，谷物从此漏下，磨成了粉面。作动词则谓磨。

峒 tóng 亦通达之义。崆峒，详见崆下。

筒 tǒng 或作筩。本指通箫，后说洞箫。古时常吹排箫，由十几根竹管编排而成，用蜡蜜封底，无封底的便是洞箫。约是汉代开始，一般的竹筒或管状体也叫筒，笔筒是有底的，袖筒是无底的。

鲖（鮦） tóng 鳢鱼，体圆筒形。参见鳢字。

胴 dòng 或作姛。直长之貌。通则常直，筒多直，直长是一种美，舞蹈家是很有讲究的。又指大肠，也说直肠。

侗 tōng 长大、直长。如说侗长。

恫 tōng 痛。疾病或创伤传达到神经，引起痛觉，痛就是通达，参见痛字。恫义有恫吓、恐惧之义，则为空虚之义的引申。

铜（銅） tóng 五金中赤色的金属，今说红铜，古说赤金。五金以颜色作区别，如银为白金，铁为黑金。在我国历史上(欧洲也相似)，石器时代之后便是红铜时代，即是自然铜，它质地柔软，不宜制造各种工具和武器。随着冶金技术的提高，很快就进入青铜时代。青铜是铜和锡的合金，还有铜和铝、锰等的合金，性质坚韧，且熔点低，便于铸造。相传夏禹已铸九鼎，到商代已是发达的青铜时代，今陕西扶风县被称青铜器之乡，那里挖掘出了大量的青铜器。铜从同声，同，合会也，故铜的本义应是指铜的合金，兼指自然铜。所谓青铜时代，乃是铜的合金时代。同时，铜"不为燥湿寒暑变节，不为霜露风雨改形"，即是取齐等、同一之义。两方面的取义可以兼存。

砼 tóng 指混凝土。是砂石、水泥的合会物，故从石，仝声。仝，即同。

烔 chóng 或作爞。旱热熏炙人，热之貌。烔从同声，取合会之义，热气上升，没有扩散，就熏炙人及一切动物，故字又可从虫。

融 róng 从鬲蟲省声。鬲(lì)为炊器，蟲为热气上出，故得融和、融化、融洽、融会等说法。融融，和乐之貌，如说乐融融，还说融洽。融还有持久、长久之义。春光融融，为和乐、明媚、持续之义。

732. 蛮

蛮 mán 齐平、相当。今以皮蒙鼓曰蛮，言平帖无缝也。字从芇(mián)，从两入，谓两相齐平。芇从丫(即乖字)、冂(mì)。可见蛮的声母是从冂而得的，蛮的韵母就无法得知了。

满（滿） mǎn 水之涨满、齐平。今说充满，满字作为动词，它的主语和宾语大加扩展，如《尚书》中就说："满招损，谦受益。"这种抽象义早就用开了，还说满志、满意。今说满口答应、满目疮痍、满怀豪情、满面春风等，作补足语如说装满、打满、贴满、洒满等。满还发展为副词，如说满共、满不在乎、满以为，是很、总、完全、十分之义，是表程度的。

樠 mán 渗溢。松木多松脂渗出，樠樠然。

懑（懣） mèn 心烦意乱。愤懑为心中气之鼓满，如遇不平而心潮涌。又说忧懑，如遇怨屈而不能发，闷在心里。

瞒（瞞） mán 眼没全睁开，眼皮耷拉下来，似乎不看的样子。引申为隐瞒之义，如说瞒天过海、瞒着你不说，由从目而变为从口、从言。

颟（顢） mān 颟顸，脸形丰满。颟顸有粗大之义。引申为昏沉糊涂，说颟里颟顸，从而为傻，不用心，不明事理。

螨（蟎） mǎn 螨虫，头胸腹合成一个浑圆形的整体，故其音义从蛮。前端总还有个看不清的口器，腹下有足四对，是一种繁殖快、数量大、种类多、危害作物、传染多种疾病的害虫。

璊（璊） mén 赤色之玉。禾之赤苗谓之虋(mèn)，谓其如赤色之璊，从而璊之韵母也读同虋。赤，南方色，从大从火，盛阳之色，故取丰满、充盛之义。

蹣（蹣） pán 蹣跚，走路带点盘旋之状，从而行动迟缓。蹣跚，本作盘跚，或作槃散、蕃姗，可见蹣字的声母读p，是从盘字来的，因为从㒼之字声母皆读m。而语义上，从㒼之字皆无盘旋之义，只有蹣字与盘字通。这样，蹣的音义就是从盘从㒼的了。

733. 畐

畐 fú 丰满。或谓象无足之鬲(鼎属)，为长颈鼓腹圜底之器，故得丰满之义。

富 fù 从宀，畐声。深厚之中完备、丰厚，故得财富、富有之义。富有一词早就有了，有谓占有之义，充分地占有叫富有。它的宾语扩展，可说富有生命力、富有代表性。富有就是丰盛、强大、多的意思。

福 fú 甲骨文的福字还在字下加廾旁，即左右两手拱着盛器，祈求上帝保祐，得到富裕幸福。福是神给的，故从示。常说福气，不限于财物的满足，更要求一种气运的及时到来。《尚书》中说："五福：一曰寿，二曰富，三曰康宁，四曰攸好德，五曰考终命。"这可说是对福字的正确解释。

幅 fú 布帛的宽窄。二尺二寸宽就叫满幅，古时尺短，所以满幅也不宽，因为织布机简陋，不能和现在比，现在可以由几米宽的宽面布。引申义说一个国家的幅员辽阔，指它的疆域广大，宽窄称幅，周围称员，即方圆的圆。今幅字主要用作量词，如一幅画、一幅图片。

辐（輻） fú 今说辐条，连接车毂和轮圈之间的长条。现在的自行车都有较长的辐条。

逼 bī 或作偪。腹满曰偪。满则逼迫。故逼有逼迫、迫近、驱赶等义。逼宫就是下臣在宫廷里逼迫帝王交权退位。逼上梁山就是本不想上梁山，高俅父子逼得林冲家破人亡，林冲只有上梁山一条路可走了。还说逼死人命、逼口供。逼真就是逼近真迹。逼侧(或仄)就是狭窄。

鲾（鰏） bī 鲾鱼，体侧扁。

副 fù 或 pì 满则逼迫，以刀逼迫之，故为剖开、分割之义。分而为二，主者为正，次者为副。副者，逼侧之位，辅助之职。又说副将、副室、副车、副本等。副又有相称、符合之义，如说盛名之下，其实难副。

愊 bì 忠诚之意满腔，也指悲愤之心满腔。如说臆。

腷 bì 腷臆，谓胸中之气郁结，憋闷难出。

皕 pì 饱之貌。有时说肚子皕，是不大好受，有病症，是非正常的皕。

楅 bī 楅横，防牛触人，于两角之端架一横木。古代插箭之器亦曰楅，紧逼令其不变形。

簠 báo 簠竹，比一般的竹子中空小而节密，故其音义从畐，取满而坚之义。

稫 pì 稫稄(zè)，禾密满也。秝(lì)为禾苗间隔稀疏合适，稫则为茂密之貌。

734. 毌

毌 guàn 穿物可持，动词。字中一长横就是横毌之形。实即贯字。除钱贝之外，珠玉也常常贯穿，还有龟甲。贯朽，就是穿钱的绳子烂了。这毌有时用棕索，有时用麻缕。作动词为贯穿，作名词指穿钱的绳子。

贯（貫） guàn 穿钱贝之绳索，十五贯，就是十五串钱，作名词常作串。作动词谓贯穿。射箭中的也叫贯侯。引申指一切事理之贯通，《论语》中说"吾道一以贯之"，这是抽象义。今常说一贯，指时空之始终。还说满贯，或恶贯满盈。

惯（慣） guàn 心之贯。如习惯。引申为一直放任、一直纵容之义，如说娇惯了、惯坏了。

掼（摜） guàn 以手穿戴，是熟习的行为。明清白话小说与现代一些方言中，掼还有投掷之义，也是指熟习的行为。

遦 guàn 熟习的行动。实际上，贯之从心、从手与从足，音同而义切近，一般就通用一个惯字。

丱 guàn 总聚其发，束为两角。丱象左右两角分开之形。

绲 guān 以丝贯梭也，往来于左右以织绢。

关（關） guān 以木横贯门户。作名词指门闩，作动词谓以关闩门，即关闭之义。现在大家都用锁头或者插销，不再用大木头去横贯门户了。过去人们在交通要塞、关山险隘之处，设关于晨昏启闭，启以通商旅，闭以守敌。如山海关、玉门关等。关引申指人体之关节、人事之关系、事物之关键、时地之关头。还说有关、无关。关的语义就十分广泛了。又说关乎、关于，已虚化为介词。这些关字，实际是表示事物之间有无最一般的联系。一个很口语化的词叫作卖关子，小说家或说书人故意在说到关键的情节，就戛然停止，且听下回分解，诱人往下再听。关键一词，《老子》中就有了，那里作楗，冶炼工业还不发达，还没有金属的键。横曰关，竖曰楗。关，贯也；楗，建也，立也。

联（聯） lián 连也。从耳，耳联于颊。从丝，丝之连不绝。丱声。耳与丝皆相连之物。今说耳朵根子不牢靠，又说春蚕到死丝方尽，都是相连之义。联的音义从连又从丱。今常说联系、联合，又说联姻、联邦等。联与连有时通用。

穿 chuān 会意字。牙在穴中。即穿洞之义。用牙齿去穿洞，显然不指人牙。穿，贯也，今说贯穿，两字叠韵，是融会贯通之义。穿与插两字双声，今说穿插。牙字的古字作䶗，可见牙与臼早有联系，今还说龋齿。插、舀、锸皆从干从臼，是干入臼中。臼者舂也，舂去麦皮也。最早是掘地为臼，其后是石臼，穿石为之。舂米和挖土，古皆可曰臼，可曰穿，如说"穿窦窖"。穿作名词，即指洞穴。所以，穿是又插又贯的行为。至于说穿衣服，何以能说穿？即也是从贯穿之义来的。穿衣服的说法，六朝开始逐步用开，但最初说穿甲（铁衣）曰掼甲，即穿甲之义。今说穿着，着取附着之义，穿则为贯通之义。逐渐地一般衣着都说穿了。

串 chuàn 又读同贯。串与毌是竖穿与横贯之别。今说串连、串通、贯串，字多作穿，穿即串。但说一串什么东西、成串的、串门、串戏、电话串线之类，就不好作穿了。所以两字同中有别。

患 huàn 患之言贯，贯于心也。今犹说后患无穷、无穷之患，便是贯穿的了。又说有备无患、必有后患，这些患字也是没有期限的。患的本义就是指未有穷期的重大祸害。患与祸、害三字均双声而常互相解释。害的音义从乇，本指刀枪杀伤之祸，患则指贯来、重叠之祸。患还有动词用法，如说患病，也可说害病。又说患得患失，为害怕、担心、发愁之义，患就是一向担心，老是担心。

漶 huàn 漫漶，指碑碣、匾额等遭风雨的侵蚀，年代久了，模糊难认；或遭战乱和破败磨损，均称作漫漶。

735. 丩

丩 jiū 纠结缠绕。如瓜蔓、野生的牵藤植物，丝麻纤维、绳索之纠结，均其典型用例。今皆作纠。

纠（糾） jiū 由两股或三股合成的绳子。因为分了股才能纠合。作动词，复合曰纠，如说纠结、纠缠、纠纷等。抽象义指言语的纠缠不清、人事的纠纷。纠又引申为纠偏、纠正的说法，即为矫正之义。

朻 jiū 大树之枝，曲而向上的叫乔，曲而向下的叫朻。

觓 qiú 本作觓。故觓从丩声，但声母受了球的影响。从求强调角之成双相对，从丩则强调其角之曲。觓为角曲之貌。

虬 qiú 本作虯。龙之子有角者，显然是有角而蜷曲之义。虬髯或虬须，指蜷曲的须须。虬文谓盘旋的花纹。还说虬蟠，就是盘屈纠结，是同义词的结合。

赳 jiū 轻劲有才力之貌。今说雄赳赳，为英勇威武之状。

訆 jiào 大呼也。与叫、噭相通。

叫 jiào 与噭同，敫为光影之流动。叫、噭为气流之疾出入。呼从乎，谓出气之多，叫从丩，带有虬、赳的雄壮威武之义。初期的叫字主要用于民众的疾苦的呼叫，至今还说叫天不应、叫苦叫冤。六朝以后，叫字获得很大发展，一是鸟兽昆虫及物体发出的声音都可说叫，如鸟鸣可说鸟叫，如说清晨起，开柴扉，乌鸦叫过。二是指人的发声也远不限于大声呼叫，如说叫他的名字，就是一般称呼。叫又引申作介词，为被、让、容许之义，如说"倒叫我桂英儿挂在心头"，就是她爹出门去了，没留个话，

让闺女在家担心了。

疞 jiǎo 腹中绞痛。几股绳子绞得紧叫纠，紧急的呼唤叫"叫"，病痛如绞叫"疞"。

收 shōu 拘捕、收敛、积聚。除了收索捕人，还可没收财物。秋收就是聚敛、收藏谷物。收与守两字双声而互相解释，故收的本义是纠捕人而看守之。收复失地、没收财物、收工、收场、收兵、收尾也都是收而要守的。收字的宾语越来越广泛，如说收效、收益、收揽民心。收音、收听、收视、收看，更是我们现在才有的用法，几十年前的人还听不懂这些词。收反义词有发、放、支。

736. 互

互 hù 或作笒。以竹棍之类收绳，即把两股、三股搓好的绳子缠在上面，今纺织厂有大量的纱锭，是缠纱用的。古则曰笒。互引申为交错、互相之义。互是象形字，中间的部分象纠结之形。现在互字作副词用，如说互利共赢、互惠、互助合作、互动、互联网、互生（植物的枝叶一节生一枝而相对轮换着）。

桓 hù 用以阻拦人马通行而置于行道上的木架，它用木棍交叉制成，俗称行马，也叫桯(bì)桓。桯，比连也；桓，纠结也。

罟 hù 网罟的总称。渔猎所用之网罟皆由丝麻交结而成，故罟可作总称。网，门亡也；罟，固守也；笒，交结也。所指相同，取义各异。

洰 hù 或作沍。冻结、凝聚，实即结交之义。如说骨枯而血洰，即血液凝聚。

737. 一

一 yī 以一横表数之一，两横表数之二，三横表数之三。本来横画都是长短相等，隶楷作了长短的区别，是书法的讲究，不作雷同之笔，作伸缩主次之分，是很高明的艺术。一古作弌，加弋旁，弋为木橛子，常作标志物。一又引申为全、满；一身轻松就是全身都感到轻松，一抹黑就是全抹黑了。还可说一律、一概，也是表数量。一又有每一、又一、其一、某一、单一之义，如说一人一碗，就是每人一碗。一还可指一时、一旦、一经、一次、一方面等义，是就时地而言的。一鼓作气，就是第一次击鼓就鼓起了勇气；一鸣惊人中的"一鸣"就是一旦鸣起来。表时间短暂，行为迅疾，还可说一忽儿、听一听、一见倾心、一走了事、一失足成千古恨。一字还可有或义，便成了连接词，有时说"一或"。更有说"一似""一何"，就只是表示一个加强和肯定的语气，如杜甫《石壕吏》："吏呼一何怒，妇啼一何苦。"数字中的基数字，大多成为语源词，最典型的是八字，是派生字最多的字。像一字这样语义纷繁的字，也不免有一系列派生词：声母从一、韵母从吉的派生词有壹，又有从壹的派生词噎等8个，见从吉的词族。又有声母从一、韵部从二的派生词懿，参见从二的词族。故从一的派生词有9个。

738. 二

二 èr 两个一，就是二。或作弍，从弋，弋为木橛子，作数的标志。二有第二之义，如说二手房，就是旧房，第二家进住了。二字的妙用是说二心，即不专一、不忠诚。国不堪二(通作贰)，罪莫大焉。若是二人同心，便是很可贵的了。又有二分法，则是深刻的哲学问题，一分为二，就是矛盾的两个方面，这思想也早已存在了。

贰(貳) èr 即二。市价不贰，就是物价没有两样，故贰从贝，现在还说真不二价。故贰还有重复、匹敌、离异、违背等义。孔子赞颜回能"不贰过"，就是不重复自己犯过的错误，真能做到这一点是很不容易的。贰还有副职之义，是辅佐的。贰车就是副车，副帅之车。军队也分正师、贰师，是主次之别。

腻(膩) nì 从肉贰声。肉之增益，就是增肥之义。对牲畜则说上膘，古说上肥。从而引申说油腻、肥腻、滑腻、垢腻等。吃油腻的东西多了，就说发腻，是指一种感觉而言的。细腻本是精细光滑之义，常指写文章形容人物精细入微，而且生动，就说笔法细腻。做某件事做得过多，感到厌倦，就说腻烦。这些都是抽象义。

樲(樲) èr 酸枣。树小果小，故音义从贰取次小、副贰之义，非正品之枣。

摏 zhì 相当，字亦作"值"。摏与当、值古音皆双声。摏又从贰，取匹敌、对等之义，相当与对等，则必有贰。总之，摏的音义从当又从贰。

次 cì 从欠二声。因欠缺而居其次也。次字从二。次有顺序、编排、行列之义，除作名词外，还作动词。如说位次、伦次、次第，今又说车次、座次等，梁山泊英雄排座次，就是英雄们座位的顺序。次又作数量词，表动作的数量，如说去过几次。次等，就是差一等，次与差双声。差字今下部从工，差的古文字下部则从二。二字无差失之义，次字才有差失之义，次一等就是差一等。说这人真次，就是这人很差劲。故次的音义从差又从二。

茨 cí 以茅、苇盖屋曰茨。今说苫，名词说草苫子，动词说苫一层草，古则说茨，为铺排、编次之义。从而引申为积聚、填补之义。

垐 cí 以草次于屋上曰茨，以土次于道上曰垐。即是垫路面。

资（資） zī 从贝次声，即是钱币的积累。资作动词为积、用、供给，作名词指财货。天资，就是先天资助的，非人力能促成。那也是一种品行的积累，不是轻易能改的。而工资，是指劳动的价值和抵偿。资本，本指积累的本钱，元明白话中已经有这个词，后专指资本主义大宗原始资金的积累，马克思写了《资本论》。资本一词的更早含义见姿字条。

稹 zī 收割之禾堆积于场曰稻稹、麦稹，已去谷者曰柴稹、草稹、稻草稹。积禾约稹，积贝曰资，积土曰垐，积草曰茨。

姿 zī 指天赋给女子的姿色。这里说资本，谓本色或本性的取得或赋予。对天来说是赋予，对人来说是禀受、获得。逐渐地男人也可说姿，今常说姿态、姿势、英姿、雄姿，都不分男女。

瓷 cí 或作甆。从瓦次声。瓦，土器已烧之总称，一般的土器不能叫瓷，必须是黏土、长石、石英混合烧制，质地洁白、细腻而又坚固，名之为瓷，其资性和质地优于瓦器。相传我国夏商时已有素烧的白陶，即为瓷器，历代都有发展，在世界享有声誉，好就好在它的瓷质。

粢 cí 今作糍。今一般以糯米或糯米粉所作之团子或饼，黏性而白质，有些地方叫糍粑或糍团。北方人的黏性食物是黄米（曰黍子），做成黏糕，或作年糕，

是黄的。可见糍，与颜色有很大关系。于食曰糍，于瓦曰瓷，于人曰姿。

咨 zī 以口资助，以言辅佐，即为谋也。谋事曰咨。今说咨询、咨问、咨谋、咨议等，可以指给人提供咨询，即资助他人；也可以指向人咨询，即求助于人。

佽 cì 资助，予以资助；顺次递代。

恣 zì 心之所至，即随意，听任。如说庄子的文章汪洋恣肆，即是放任不羁，驰骋想象的翅膀，发挥无已。恣情就是任意；恣意就是随心所欲，不顾礼法规矩，肆无忌惮，放荡狂妄。如说恣情酒色、恣意妄为、遥荡恣睢，都带贬义。恣也有更替递代之义，与佽相通。

懿 yì 懿与壹双声，懿与恣叠韵。壹，转移。心之所至专一而始终不变，便是美德。三国时司马懿，字仲达，心之所至，专一而始终，是心之所达。懿德就是美德，懿范就是美好的风范，懿行就是善行。

739. 四

四 sì 即是在一个圈的中间画三角形，或打一个叉，就分成四部分了。今写作口（即围）字中间一个八字，八，分也。四字还曾写作四横。一分为二的道理很深刻，有了阴阳，四也很重要。一年分四季，本来是寒与暑，后来发展农业，春播与秋收比冬夏还重要，分四季，唱四季调。孔子写《春秋》，不写冬夏。人和动物的行动靠四肢，鼎三足就易折。这是生活在这个三维的世界里，自然规律所做的安排。四是成双的二，这是从四字的运用与发展中看到的音义现象。详见下牺字条。从音韵学上来看，四与二叠韵，四与双双声，但是在四的字形上没有留下什么迹象。只有

从牭字看，它或作牭，我们研究出了周秦音系，四与二叠韵。

驷（駟） sì 驾四匹马的车，大多是兵车。一辆叫一乘（shèng）。故乘又可作四的代称，乘壶就是四壶，乘矢就是四矢，乘雁就是四雁。但有时物双亦可曰乘，四与双关系密切。

牭 sì 四岁牛。籀文作牭。死与贰的古韵相同，但声母不同，存在明显的差异。飞鸟曰双，物双曰乘，这是乘字的又一义项。为什么四又变成双了呢？《周礼》上记载，雉雁之类作为礼物时，都要求是成双的。物字从牛，物的本义是指牺牲之类的礼物，也包括雏雁之属。乘字促成了二与四、双与四之间的联系。同时，《说文解字》又载四字的籀文作重叠的两个二字，即由一短一长两横组成的二字，上下重叠两个二字，便是四字。四体就是双手与双脚，是成双的。式就有相并与相对之义。在语音上，牭字若读同牭，便是四岁牛，如读同式，便指两岁牛，这是声母区别语义的现象。

740. 两

两（兩） liǎng 成双成对的事物。不是成对的事物不加"两"字，这是"两"字的本义，如说两鬓、两肩等。后来不成对的也可说两，如说一两人。但是，至今成对的事物一般还不能说二，如说两极分化、两全其美、两厢情愿、两湖、两广、两汉等。两字从一从网。网，有对一物从中平分之义。一斤分十两，十两都是平均分摊的。满（滿）字也从网，不平分便是满的。两半不说二半。

辆（輛） liǎng 车一乘曰一辆，言辕与轮一般都是偶数。

裲（裲） liǎng 裲裆，今之背心、坎肩之类，没有袖子，前当胸，

后当背。铁裲裆则作戎装，护胸背。

緉（緉） liǎng 一双鞋曰緉。今说双。两股绞出的绳子也叫緉。

魍（魍） liǎng 魍魍，亦作罔两。一指影子同时又出现重影，故音义从两，又指灵魂，它离体魄飘忽而去，魂魄分而为两。

俩（倆） liǎng 把两人说成俩，读作liǎ，表示存在亲密成双的关系，如说咱俩、兄弟俩、夫妻俩等。

双（雙） shuāng 从雔（chóu）从又，手持二佳。双鸟为雔，即述匹之义，引申为相当之称。雔答、雔校、雔敌，均为此义。贸易物与价值相当，亦谓雔，今作售。两是平分的两半，双是相当的双方。如说交战双方、谈判双方、诉讼双方、买卖双方、智勇双全、文武双全，还说夫妻双双把家还。双面绣是指正反两方面。双手也可说两手，说二手就是另一个意思了，是第二个经手的意思。双与两叠韵，双与相双声。双，相偶也。相，本指双方而言，或说两厢情愿，不说二相。

741. 弟

弟 dì 今作第。顺序，次弟。字从韦省，丿声。以韦束物，束之先后不一，便有次弟之分了。为什么从韦？详见下第字。今用作兄弟之弟，次弟而生者皆曰弟，如三弟、四弟等。妹，古可说女弟。《孟子》中说："弥子之妻与子路之妻，兄弟也。"实际上她们是姐妹。

第 dì 从竹弟省声。次弟之义。由于经常是在文章篇什中排次序，故字从竹，那就是竹简、木简的次序特别重要，它一乱就不易整理。故用韦革穿起来，捆绑好。故弟字从韦省。历史上有韦编三绝的故事。《论语》一开头就是《学而第一》，

即第一篇《学而篇》。篇、第、等次的等，三字皆从竹，都是竹简时代的讲究。后来科举中了，榜上有名，叫作及第，没中叫不第，实际那时已不用竹简。

娣 dì 二女同嫁一夫，先生者曰姒，后生者曰娣。后则娣泛称妹。

悌 tì 作弟的能敬爱兄长，这种品德叫悌，故与孝字并列，叫孝悌。不弟就是不敬爱兄长。弟与悌通。

梯 tī 木制的阶梯。人们循次弟而上。云梯言其高，可梯上架梯，是军攻的器械。古说云梯有三义：一指公输盘为楚造云梯，是攻城的；二指山崖石级，是有阶的；三指仕途青云直上，或神仙升天，因云而上，是无阶无梯的抽象义。如今的电梯是真正无阶无梯的登升之器，但登升的机件是不能少的。梯的次弟之义没有了。

涕 tì 眼泪。作动词为流泪。也指鼻涕。涕泣，指鼻涕和眼泪，说涕泣如雨。涕又写作洟。而涕、洟在区分眼泪鼻涕时仍有混淆，于是又造泱字（鼻涕又作泗字），取事遇怪戾不顺之义，这样，戾从犬与哭字从犬也就相应了。

睇 dì 稍视，或斜视。睇从弟，取幼小之义，即小视。含睇，就是似看未看之状。

稊 tí 亦作梯。似稗，均指杂草。茎叶均似禾，禾之茎叶有细毛，但稊稗光滑，故字可从夷。颜色比禾更绿一点，结的籽似米而小，有时就混在米里一起被吃了。稊从弟，取小义，稗从卑，取卑微之义。稊的另一义指木枯而从旁再生枝叶，故也取义于弟。

绨（綈） tì 或作綗。粗厚平易的丝织物。今说线绨，即是以线织，自然较纱织粗厚了。粗厚则线之次弟分明。

鯷 tí 或作鮧。大鲇鱼，体平滑无鳞。

剃 tì 本作鬎。次弟尽去须发。

薁 tí 芟除草木。又读同夷。

梀 tí 桑之小而条长者，因为桑树每年都要修剪。亦谓木之更生而细者。

742. 丽

丽 lì 象两两相附之形，为两耦之义。

麗 lì 今简化作丽。结伴成群而行。鹿之性好群走，故群字从羊，麗字从鹿。一说麗指成对的两张鹿皮，是惯用的高档聘礼。因为麗的语义有成对的、相附的、连接的、美好的、华丽的等义。今说美丽、华丽、富丽、壮丽等均为同义词的结合，可以广泛地形容各种事物之丽，包括抽象的理想、事业、人生等。

俪（儷） lì 夫妻称伉俪，是成双的。骈俪，或说俪句，为对偶之义，全文都讲对仗，便是骈体文。骈为两马并，俪为两人并。

逦（邐） lǐ 连续不断地行进，环绕周折地行进，如说迤逦而行，也作逶逦。

骊（驪） lí 马并驾曰骊。陕西临潼有骊山，是秦岭的一个支脉。它为什么叫骊山？去实地一看就明白了，那是两个样子十分相似、一般高低而相连的山峰。

躧 xǐ 或作屣。作名词指简易轻便的鞋。也指草鞋、拖鞋、舞鞋。作动词指拖着鞋走。《史记》中爱说脱躧，却不说脱履或脱屦，因为躧是拖着的，或者没有后跟，易脱，以此形容毫不费事。

纚（纙） xǐ 或作縰。专用束发的一块长条的布。音义从丽，取连延之义。纚与徙双声。纚也指一种用于过滤水或酒的稀疏织物，有时用竹篾编成。还用作筛子上的网，用于筛选种子之类。

筛（篩） shāi 或作籭、筛、箣。竹器，可以取大去小，取粗去细，今说筛子，更有用钢丝或人造纤维制作的。字从丽、从徙，取簸动、连延通行之义，从斯，取分离之义，从师，取众多积聚之义，丽、徙、斯、师四字的韵母都是相同的。

䉾（醨） shī 古时常喝浊酒，后来把酒糟过滤出来，就得清酒。这一道过滤的工序就叫䉾。

晒（曬） shài 分散谷物，使阳光普照，去谷物水分。䉾是散其水，醨是散其酒，晒是散其光，三字同源，皆有分散之义。

743. 朋

朋 péng 若干贝连成串，朋，象两串钱贝之形。五贝为朋，此朋字本义。引申指朋友，是串连在一起的人，于贝为朋，于手为友。还引申为并列、比类之义。朋酒就是两杯酒。

棚 péng 编竹木而架于上者曰棚，编竹木则相并，或相错综，故音义从朋。如说工棚、瓜棚、凉棚、草棚子、席棚。

塴 péng 张挂箭靶的矮墙，相并或错综地垒土而成。

輣 péng 车厢像棚的车。

弸 péng 弓强之貌。弓要强有力，弦比绷紧，弸也引申指弦绷紧。强字本为两弓并列之形，并列也便是朋了。

绷（繃） bēng 或作綳。绳索并列，交叉捆绑紧扎，便是绷。今说绷带，是包扎伤口或患处的纱布带。引申义如说绷着脸，是脸上的肌肉纤维绷紧了，即板着脸，没有松动。绷的结

果可得断裂或跳起，有山崩地裂，有蹦蹦跳跳。绷字又发展作副词，如说绷直、绷硬、绷脆，绷由行为之词引申为行为的程度之词，是很的意思，举一可以反三，说功课学得绷儿棒，电灯绷儿亮，读 bèng。

崩 bēng 山体绷裂、倒塌。火药爆炸可说崩，把这山头崩掉，别崩伤了人。气球也可说吹崩了。抽象义如说吹牛吹崩了，三句话没谈完就崩了，国际关系也可说谈崩了。

蹦 bèng 跳起，如说一蹦多高。嘴里突然蹦出一句谁也意想不到的话来。

镚（鏰） bèng 北方话把小硬币叫钢镚子，它易跳动、滚跑，是直接从蹦字来的。

鹏（鵬） péng 这是传说中的大鸟，它拍着暴风急起，一下子就几万里，故是从蹦、从绷引申的。

嘣 bēng 象声词，如说心里嘣嘣直跳，有时也表叱责之声。

744. 八

八 bā 分开。撇捺表示分别相背之形，分字就从八。在先民的观念中，八是一个大可分割的数，可以几次做平分。半字也从八，必字左右的两个点也是八。

扒 bā 擘开。如说扒土，就是把土挖出丢在四周。挖字从穴，穴字从八。扒手就是扒开个口子偷东西。

趴 pā 身子伏下，手脚作扒的状态。如说趴在地上射击，趴在床上写字。

弄 pá 俗体字。即扒手的扒，有时把扒手叫三只手，多出的一只手是专门用来干坏事的。

朳 bā 今作耙，是用以平土、聚谷的工具。

叭 bā 破碎之声或断裂之声，皆是物之分裂，故是声中有义的。喇叭，原本为军中之吹号。喇，言急之声；叭，破裂之声。二字都是有义可循的。

市 pó 从巾，八声。林木旺盛向旁披散之形。现在八字向两边分开之形是为了与木字相区别，作与巾字类同之状。市及从市之字皆不得写作市场之市。

芾 fú 草木盛。

沛 pèi 水盛。如说沛然下雨。沛沛，为汹涌洋溢之貌。今说充沛，形容精力盛。气势磅礴，也可作气势滂沛。

霈 pèi 雨多之貌。滂沛二字均不加雨字头。

怖 pèi 恨怒也，即内心气盛。

酶 pò 酒气盛。也指酒色。

旆 pèi 旗帜上的飘带或垂穗。

孛 bó 从子从市。酶从酉，指酒色，孛从子，指人的脸色，为气盛之貌。说孛如。

浡 bó 禾苗长势旺盛。

勃 bó 今说生机勃发、朝气蓬勃、兴致勃勃，均指气势之盛大。小则指人之脸色勃如，大则指一国一族之勃兴。古义为排除、伤害，如说勃厉、勃乱、勃逆。

荸 bí 或 bó 荸荠，水生植物，叶管状，根茎呈小球形。两广人称马蹄，江浙人谓地栗，今通称荸荠。宋代始有此称，作荸脐，谓状如勃起之肚脐，后作荸荠。

渤 bó 为渤海之专用名、专用字，谓水势盛大之海。古称渤澥。澥，海之别称也。渤澥本义为自成一湾而水势盛大。

肺 fèi 人的呼吸气管。吸气时肺叶充沛，勃然而起。胸字从匈，匈又从凵，谓张口下陷之义，是呼气时的表现。故一胸一肺，即一呼一吸之表现。

鹁 bó 从臭字声，臭败之气散发出来。

饽（餑） bō 馒头、糕点之类。一般经过发酵、蒸烤，松软发虚，呈勃起之状，故称饽饽。

脖 bó 或作颈。颈项，是往往要勃起的地方，所谓脸红脖子粗。脚脖子也说脖，路走多了或受伤了就要肿起来。手腕部分也可叫手脖子，它也会肿。人缺碘了，都会得大脖子病。

鹁（鹁） bó 鹁鸠，或说鹁鸠，为斑鸠之小者，也作勃姑。又称珠颈斑鸠。所以鹁鸠的脖子并没有粗，只因为颈部有白色斑点如珠。

誖 bèi 或作悖，逆乱，违背。与八字的音义切近。这里包括政法、礼乐、道德之违乱，有时也包括昏愦、老糊涂之义。如说乱誖有罪、誖逆作伪之心等，都是就礼乐、刑政来说的。

悖 bèi 心乱。引申为谬误、违背、叛乱等义。如说准确不悖、并行不悖等。

匹 pǐ 从八从匚（xī，藏物之器），古时习俗，嫁娶皆以布帛为财礼，分作数叠（或曰八叠，或曰两头相向卷起），装入匚中。故匹字从八，或取分义，或取八的数量。故匹有匹配、对偶、匹敌、相当之义。国家兴亡，匹夫有责，匹夫是指每个人，并无成双之义，但最初是说匹夫匹妇，夫和妇是跟随而来的。打仗大败了，就匹马只轮无反（即返）者，马和轮都是成双事物中之一。只有后来说几匹布、几匹马，这种匹字就有成双成对的含义了。匹亦从八声，古声韵皆同。

以下从八的字，声或韵开始分割而有变化。

分 fēn 从八从刀，以刀分别物也。八与分双声，韵母则有显著差别。分与云叠韵，分则众多，说纷纷纭纭，谓人马众多。也作芬芸，形容草木。又有汾沄，水之众盛。云字本指云气，后作雲。气之分散，常用八字，如市字从八，兮字从八，曾字从八等。又有氛字便是从气的了。说气氛、氛围，也是多的。分字的发展，主要表现在主语的竭力扩展，如人的分离、物的分配、土地的分封、思想的分析、时空的分割、数量的划分与计算等，用得非常广泛，与许多同义词结合，语义就更明确。身分就是自身在社会或团体中所居的位置，股分是企业资金的单位。抽象义还说天分、情分、缘分等。

份 fèn 是分字的名词义，主要是就人事而言，故加人旁。引申指各种事物的份额，如说省份、年份，是划分的单位。

邠 bīn 或作豳。即今之山西彬县，周太王分封于此，邠是邑名，豳是山名，两字同音，口头上就不分了。邠、彬又皆有缤纷繁盛之义。

吩 fēn 分别嘱咐曰吩咐。今分别之义逐渐淡化，语义着重在嘱咐，对一人一事也可说吩咐。

玢 bīn 玉的纹理，或有纹理的玉。

纷（纷）fēn 众多、茂盛、杂乱，如说纷纷乎若乱丝。忽听得城外乱纷纷，这里主语变了，指司马懿的兵马到了，是人马嘈杂。今又说纷至沓来，也是指人多。纷又指装饰物、花色之类繁多，抽象义如屈原《离骚》"纷吾既有此内美兮"，指内心之美盛大。复合词如纷纭、纷缊为叠声词，缤纷为双声词（今声母已不同，今唇齿音古皆为双唇音）。

裈 fēn 裈裶，双声，衣长飘扬之貌。指羽毛作旄纛，指雨雪作雾霏。

坋 fēn 尘埃。今说粉尘，作粉，坋已成古字。它作动词则为涌出、扬起之貌。

盆 pén 本指容量大的盛器。常盆盎连称，互相解释。盆，腹大口小之

盎，口大底小，这是它们的区别。以盎证盆，盎有盛多之义，如说春意盎然，为充盛、洋溢之义。盆的音义从分，亦有盛多之义。此其一。其二，盆与溢通。溢水可作盆水。溢，水涌也，溢雨，谓骤雨，溢涌，谓水势汹涌。盆从分，亦可有盛多之义。其三，盆还指古量器，一盆可合十二斗八升，故为大容量。今说汤盆、脸盆，字典上已没大的语义，但是它的语源有众多、大量之义。而今说汤盆，是指澡盆，是大的了。更说盆地，是说没有洗碗的地。

溢 pén 水喷涌。江西有溢水，水盛而喷涌。白居易《琵琶行》"住近溢江地低湿"，这里的溢江即指江西的溢水，因其地势低，江水大，故低湿。可见，溢江与盆地，都是言其大而低。溢亦作汾。

汾 fén 水溢也。山西有汾河，有汾阳县、汾阴县，又有汾桥、汾酒。汾河向南折西流入黄河，亦由其水势之盛而得名。

氛 fēn 区分吉凶征兆的云气，它明确地表现了分字从八从云的音义。凶气为氛，吉气为祥，今说气氛、氛围，往往指恶气，如说气氛不正、气氛紧张，有时也说气氛很友好，即是兼指吉凶，总之是和吉凶联系着的。祥字则大多是吉祥之义，如说祥云。

粉 fěn 本指傅面之脂粉，古时用米面制作，还没有化学提炼的工艺。也指铅粉，也是傅面取光洁的，所谓"六宫粉黛"，用粉取白，用黛取黑。引申说淀粉、漂白粉等，今单说粉，主要指米麦之粉，指食物。作动词为粉碎、粉刷之义，如说粉饰太平，已是抽象义。粉红，指白与红的混合。

枌 fén 白榆。榆有数十种，就颜色说是赤、白两种，白榆曰枌。

鼢 fén 亦作蚡。一曰偃鼠，它有一对强壮的前肢，掘土如耕，潜行地中。它体呈红褐色，于额部有一闪亮白毛区，鼢鼠从分，取义于此。

盼 pàn 眼珠黑白分明，如说"美目盼兮"。也指眼珠流转灵敏。故盼引申为期望、探视之义，说左顾右盼、盼望已久、有盼头。

扮 bàn 扮演、妆扮、扮相，主要是就戏剧表演说的，它与以粉敷面是一回事，即是打扮、表演。

颁（頒）bān 分布、散发。今说颁布、颁发，颁奖即要发奖。颁之言分也，分则众多，颁有众多之义。颁字从头，本有大头之义，又指鬓，即为分别之义，此皆是古义。

贫（貧）pín 钱财少。贝分则少，古曰贫，今曰穷，也说贫穷。分的结果可以是多了，也可以是少了，要从不同的角度来看。犹如匹，可有双义，也可有单义。引申起来，不限于钱贝之少，可说贫乏、贫矿、贫油、贫血等。贫嘴不是说话少了，而是说得多了，多则滥或贱，失去价值，甚至令人厌恶。

芬 fēn 草初生其香分布、散发，故得芳香之义，为形容词。今说芬芳、芬菲、芬馥、芬香，均为芳香之义。

棻 fēn 有香味的木材。

棼 fén 屋。本指屋顶，即四壁上部之覆盖，屋下又建屋，谓复屋，类似于今天之天花板，也可叫吊顶或顶篷，又称承尘。既保暖，又美观。音义从分，谓竹片、木条，交错叠置，是分布之义；字又从林，取众多之义。今则大多用塑料。

忿 fèn 怒、恨。忿与愤通，愤从贲，隆起而大也，心气之高大便是愤。怒则气盛，亦气之大。忿从分，亦气之分布而多之义。

釁 xìn 又作衅。血祭。古时制作钟鼓等宝器、建庙灶、修龟策、兵甲，若其上出现裂缝，就要祭祀，并杀牲以血填补，叫作血祭。釁字的上部从爨（祭灶）省，从酉（指祭所用之酒），分声，分为裂缝之义，引申为填补裂缝。釁分叠韵。衅与血双声，半亦从八。这样，釁、衅二字在构字上，在音义的表达上，都是考虑得周到而巧妙。今说挑衅，谓挑起裂缝，扩大矛盾，与填补、弥合之义相反。衅还有争端、过失、灾祸，这是由器物之缺陷引申指人事之缺陷。

别 bié 古作刖（从冎(guǎ，骨字缺了肉)从刀，即是以刀剔去肉。别指奴隶制时代的酷刑，要分解人体。列，也是以刀分解之义。别与列叠韵。别的声母从分，今说分别，古则为双términos。这样，别的音义就是分解骨肉。《史记》中两次说到"别疏骨肉"，这是别字的本义用法。别字的宾语和主语扩展，人的别离、江河的分流、山脉的分歧、国土的划分和割让，都可以说别。大别山、小别山便是就山体的分歧说的。事物有区别、类别，个别事物的表现还可说特别；人也可以有性别、派别，还说别人、别的团体；抽象义说别的思路、别的风尚，这是分解的结果，得另外、个别之义。别字就是另一种写法的字。别字更引申为表示阻止的否定副词，如说别闹、别走、别吭声。

莂 biè 秧苗稠密，长得较大时移植到别处，故音义从别。

半 bàn 篆字从八从牛，牛，件也，指事物。事物中分，便是半。半与件叠韵，今说事件、物件。半与八双声。对在事件、物件之中分，皆称为半。有时是准确的等分，有时是约摸的一部分。如说半路上、半空中。

料 bàn 量物分半也。

牉 pàn 半。片为半木。牉合，指夫妻。半字和片字就包含有分的语义。

片 piàn 判木成片。字形也是木字的右一半。片字的动词用法，如说片肉，即把肉横切成肉片。肉片的片，便是名词，引申说瓦片、铁片、名片、卡片。片言只语，是说零星的，片刻是说短暂的，片面性是说不完全的。新的用法如说照片、唱片、贺岁片等。片常是指薄小之物，但作量词时可说一片草地、一片欢腾、一片汪洋，抽象义也说片，如一片诚意、一片好心。

畔 pàn 本指田界。界字从介，介字从八从人，故介也有分别之义。介为人立于八字之中，半为牛立于八字之中。农业社会里，时而发生田界之争，所谓的"侵畔"。引申说法有海畔，即海边，还说沉舟侧畔，侧畔为旁边之义。

泮 pàn 水边。引申有分散、融化之义。

叛 pàn 分裂、反叛。如说背叛，是个政治概念。

胖 pàn 本指祭祀时所用牲体之半，故从半从肉。一般是用其右侧，叫作右胖。胖之言片也。今常说左右两个半扇。胖切成大小的块，便有肥瘦之别，因而胖可得肥胖之义。由牲体之肉引申指人体时，往往带有贬义，如说胖姑、胖哥，指村里下层的男女青少年。现在胖字已无贬义，胖的本义也完全淡忘了。肉字本也指兽肉。人曰肌，兽曰肉。开始把人肌说成肉时，也带贬义，现在贬义全淡忘了。嘴本指鸟兽角质的喙。人曰口，鸟曰咀，开始把人口说成嘴时，也带贬义，现在也完全淡忘了。

袢 pàn 白色的宽大内衣，夏天穿了凉快。胖为肉之大块，袢为衣之大幅。

柈 bàn 方言词。大块的劈柴。于肉曰胖，于柴曰柈。

判 pàn 以刀分物。物中分曰半，判也有分义，无中义。判引申有分开、区别、判断、评定、裁决等义。它经常用于抽象义。法院里说审判，体育场上叫裁判，逻辑学中讲判断。

拌 bàn 把本来分开的若干样东西拌合在一起，拌本也是分的意思，现在引申为由分到合。如说拌凉菜、拌馅。建筑工地上的混凝土搅拌机是将水泥和沙子、石子加水搅拌。拌嘴，为争吵之义，也是由分到合的，双方有分歧，吵成一团，是有分有合的了。

伴 bàn 伴侣。侣从吕，吕象脊骨之形，是连着的，伴从半，是分而合。同伴、搭伴、结伴，都是相合之义。伙伴是合火做饭，伴唱、伴奏也是相合的。

绊（絆） bàn 或作鞯。打仗时缠绕执系对方马脚的绳子叫绊马索，这种办法，《左传》中就用了，叫絷，显然是取执系之义。后则说绊，半行半不得行也。又如说绊脚石，就不用绳子绊了，石头碍一下脚，也是半行半不得行就倒下了。又说绊手绊脚，手也可说绊。

鞯 bàn 本是绊的异体字。今又指驾车的套在牲口后部的皮带，起束缚的作用。

柈 bǎn 或作伴。用米屑或粗粉再掺和点较黏的东西烙成的饼。

班 bān 分割玉石。从珏（jué 二玉相合）从刀。班有分义，但音义更切合于半。好在从分与从半也不矛盾。现在工厂里分班组，班字取分义，组字取合义。有分有合，是很确切的。军队里叫班排，学校是叫班级，交通上有班车、班机，都是分而有序列之义。班，列也。班与颁、辨、般等字音义均可相通。

斑 bān 或作辬。斑驳多彩，杂色花纹。花纹是色彩的有序列的区分。字从玉，以玉石之纹为典型，引申指各种物体的斑，有斑鸠、斑竹、斑马等。形容词结合说斑驳、斑斓、斑斑。头发斑白，实即半白、花白，也可作班白、颁白。

瘢 bān 现写作斑。皮肤上生出的斑点。雀瘢就是麻雀颜色的斑点。

瘢 bān 疤痕。即疮伤、脓疱好了以后落下的疤。

辨 biàn 从刀，辡（biàn，罪人相与争讼。辛，罪也）声。辨的语音是从八从件来的，今还说案件。辨就是判案，要辨明中间的是非罪恶，字又从刀，法律有强制性。今说辨别、辨析、分辨、明辨等，大多是就抽象的认识问题说的，因为法律中间充满了思想认识和政治理论，语义也就不限于罪过问题了。

辩（辯）bián 争论，以言做判别。今说辩论、辩驳、辩解、辩护等，又说狡辩、诡辩、辩明、辩难等。韩非有口吃的毛病，但是他的文章十分雄辩，秦始皇也很赏识。孟子说："余岂好辩哉？余不得已也。"辩证法就是辩别和证明事理的认识方法，它的具体内容就是要从矛盾发展的观点看问题（这里是就语文上说，哲理上还可再加斟酌）。因为辩字本是两方面的争论。

办（辦）bàn 办与辨很相近，用刀与用力之差，今说法办、严办、首恶必办，都是惩治之义，便是从二辛了。动刀就要用力，用力却未必动刀，所以办的语义宽泛得多，得办理、创设、具备、经营等义，语义越来越宽，如说办事，什么人，什么事，都可以说办，出点力就可说办。如说咋办？对什么事都可以说，未必是公事。创设工厂可说办实体，办货就是经营商贸活动。

瓣 bàn 瓜果的瓤可切成若干小片，橘子自己就长成若干小块，还有豆瓣、蒜瓣，引申义还可说花瓣、碗碎成几瓣。它泛指一些片状体。

辫（辮）bián 头发梳理成三股，编成辫子。辫之取义，分而合。相反的义素之间沟通起来了。这是本义和引申义之间的差异和统一。引申义说草帽辫、蒜辫，抽象义指抓住别人的缺点叫抓住别人的小辫子。

745. 采

采 bián 象形字，非采字。象鸟兽指爪分别之形，它是辨字的古文字形，辨为会意字。它们的音义是一致的。人事之辨是从鸟兽指爪中分化出来的。采为名词，辨为动词。在漫长的渔猎时代，

鸟兽之迹是生产中最重要的信息，辨认它的形状、数量、大小、新旧、走向，就可以追迹捕猎，有了目标。先秦诸子们常说，上古时代兽蹄鸟迹之道，交于中国。人们就要到那上面去寻求信息。我国早期的文字学著作和书法理论著作强调，文字是从鸟兽之迹中学习、发展出来的。《说文解字·采部》主要收了三个从采字审、悉、释，就是要审别、熟悉、解释鸟兽之迹，我们现在学习语文不也还是要强调这三种功夫吗？这三个字深入地反映了狩猎时代人们的生产智慧和认识活动。

番 fān 兽足谓之番，番字下边的田字象其掌。亦作蹯。今说熊掌，古说熊蹯，是一道名菜，要煮几天几夜才能煮烂。今说番号，就是区别和辨认的记号。番又有几次三番的说法，还有更替的意思，因为兽的脚印是左右更替、轮番前进的。今说脚板，实即蹯，是以兽之番移以言人。只是番的声母已读 f，板的声母还是 b，而轻唇音 f 是唐宋时代才从重唇音中分化出来的。

膰 fán 祭肉。这是由鸟兽脚掌进而指所有牲体之肉。

嶓 fán 老人的皮肤往往变白，因为少受日晒雨淋而变黑的磨练了。但是老人之白与青少年之白不同，老人之白是显得浑浊而带有斑点的白，这与鸟兽脚掌所呈的混白相似。

幡（旛）fān 长幅下垂之旗曰幡。旗帜在军队中和市场上，一直是一种信号。酒家有酒旗，至少战国时代就有了。

墦 fān 冢。即高坟，青冢指王昭君的坟，是很高的。墓是平的，坟（墳）是高起以为标志、可以辨识的。

璠 fán 玙璠，鲁国出的宝玉，玙取赞誉之义，璠取标识之义。

翻 fān 亦作翻。鸟类飞行时，翅膀翻动，鸭子游水，红掌儿翻向蓝天；兽类行走，四脚前后轮番更替，故其音义从番。翻的语义发展，主要指事物发展的

反覆，如说翻天覆地、产量翻番、花样翻新等。脸也可以翻，翻脸就是态度变了，为抽象义。

燔 fán 烤、炙。即加火上反复烧烤。引申为一般的烧，翻火焰。

繙（繙） fān 翻动、反复，风吹摆动的样子。

潘 pān 淘米泔水。淘米古说淅米，即是取分析之义。潘从釆，也是分离、辨别之义，取义相近。但潘字的本义早已不用，只作姓氏。

藩 fān 屏障，它的作用就是分离、隔开。如说藩篱。藩国或藩镇，就是起到屏障作用的国家或地区。后则称番邦。

播 bō 播种、散布。从兽蹄鸟迹之布到播种，便是从狩猎到农业，跨越了两个时代。到现代，播种学已是一门学问，各方面信息的传播、思想文化的传播，世界成了一个统一的市场。播与簸叠韵而相通，颠簸可作颠播。而播种也是需要摇动的。

以下 24 个从莽之字，皆围绕卷曲之义向多方面展开，语义和词性皆有发展。

莽 juàn 从廾从釆，《说文解字》的释义是"抟饭也"，即是把饭抓成一团，可是莽的字形是两手抓着个兽足。今内蒙古、新疆还有吃手扒羊的，扒字就从八。所以是从肉食为主到吃饭为主了。莽的古音义从廾又从釆。

𥻦 quǎn 和面，擀面，即是手的卷曲行为。

卷 juǎn 从卩莽声。莽写作丷，是隶变中笔画归并、省略并与勝、滕字笔画类化的结果。卷指膝关节处卷曲，引申指各种卷曲的行为。卷的反义词是舒。人体可以舒卷，风云可以舒卷，席子可以舒卷。现代的说法有卷烟、卷尺、卷扬机等，又说胶卷、花卷、菜卷、一卷纸等。

捲 juǎn 捲是卷的动词义，并着重于手。以手将物卷曲收置。如说捲铺盖、风捲残云、捲入漩涡。今常与卷通用。

拳 quán 手掌卷起。张之为掌，卷之为拳。以拳表现勇，故常说勇拳，《诗经》就说"无拳无勇"。故拳拳表示忠诚之心或爱心。

鬈 quán 头发卷曲之美。我们的头发是直的，有时卷起点觉得好看。

齤 quán 牙齿斜出不正。大多不好看，有时也不差，说齤然而笑。

倦 juàn 亦作券、劵。疲惫，今说疲倦、厌倦。人精力充沛，则能挺立，疲劳了就想坐或躺，老了就腰背曲。有时也指心里厌倦。

惓 juàn 心里倦怠。惓惓，忠恳之义，与拳拳通。

睠 juàn 作睠。本义谓目之还视，即回头看，因而是从卷曲之义引申，从而得怀念、恩爱之义，作名词指眷属，说亲眷、家眷。

婘 quán 容貌美好，即是现在说的曲线之美，在语源上早表现出这一美学原理。婘是卷的直接派生词。

踡 quán 今常说罗踡腿，难以伸展，或是生就，大多有病，还说踡跼、踡缩。

蜷 quán 虫形蛞屈。如说蜷毛虫。

觠 quán 兽角大多弯曲。牛羊的象形字皆带屈角，隶楷才做了笔画的变化。

觠 quān 弓弩皆是不同程度地卷曲的，掌握它的弹性发射羽箭。

錈（錈） juǎn 刀的刃口卷曲。今说卷刃、卷口，本应作錈。

桊 juàn 牛鼻中的环。即在一个小铁环上拴上牛绳，穿过牛鼻，用以牵牛。若是木制的，常是小棍之形，拴上牛绳。

縘 juàn 指结在腰里或手臂上的绳子。因为古装的腰身和袖筒都肥大，常要约束。

帣 juǎn 卷起(袖子)。帣还指有底的口袋，它是用巾卷制而成的。

绻（绻） quǎn 缱（qiǎn）绻，不相分离。缱为牵住，绻为束缚。缱绻，用以指绳索，故为纠结不解之义；若指人际关系，则为缠绵不能分离。绻字单用，屈曲之义。绻绻，也有忠诚恳切之义。这都是从卷字内部意义上的通假现象。

卷 juàn 高脚的盘子，这是豆字的本义。此从卷声，则为圆形之盘。

饌 juǎn 面食之卷者。今说花卷，还有蛋卷、春卷。大多作卷。

陙 juǎn 本指山西安邑县的一个村落，地势处于一个山回路转之处。

圈 juàn 养畜之处，牛圈马圈之类。作动词读 quān，如说把牛羊都圈起来。引申指一切打圈的行为或圈形的事物，如说圈地、花圈、又圈又评、可圈可点，又说花圈、轮圈、呼啦圈。抽象义如说在同行中间拉一个小圈子、说话绕圈子。

　　以下从卷字取分辨、区别之义。卷曲之义仍有但是次要的了。

鞤 quàn 或作鞤。皮革断裂了就叫辨，即分成两块，制成熟皮就叫韦，熟皮柔软可卷，故也叫鞤。

券 quàn 本指票据。商业中的合同或债务，属于简牍或纸帛，中间用刀分为两半，各执其一，成为凭证，叫作券。符节是用于政令的，契券是用于交换的。故券的语义从刀分而卷束。今说证券、借券、入场券等，都作为凭据和信用看待。

豢 huàn 以圈养猪。猪由野猪圈养成家畜，恐怕经历了几千年，甚至上万年。北方常放养猪，南方的猪都在圈里，都有猪圈。圈的声母从圂（hùn 或作溷），圂指厕所，但字形从口从豕。也不知有多少年的老传统了，厕所和猪圈、牛圈总是连在一起，要积农家粪肥。豢与圂，语音上双声，字形上皆从豕，一个从卷，一个从围，也是关联的。而且在使用中两字通用，圂与豢同。这样，豢的音义从圂又从卷。豢养一词，现在还用，引申指人事方面的豢养，是收买和利用之义，贬义词，因为豢养的宾语已不是豕，而是收买的人。

蟠 pán 盘曲。蟠龙是盘踞的，也可作盘龙。蟠道，可作盘道；蟠据，可作盘据。苏州的盘门，本作蟠门。只有一点，蟠字不同于盘，蟠字带有神秘色彩，蟠木是生长在东海神人所居之地的。蟠字从虫，主要就是要指那些神虫的，典型的便是《易经》中的龙了，所以今说蟠龙，而蟠桃，它也是长在仙宫之中，吃了就无比地长寿，人们不写作盘桃。蟠的音义从盘又从番。从番字在声母上就出现了一个唇音字。

746．三

三 sān 它除表三的数之外，还表示众多之义，如说三思而后行、吾日三省吾身。品字从三口，众字从三人，山字是三峰之形，川字是三水之形。

仨 sā 表示关系亲近的三人，韵母变成 a，俩也说成 liǎ，爸、妈也是父母二字的韵母变成 a，a 即阿，表亲热。

乡 shān 指羽毛和绘画的花纹装饰。羽字的两个两点，篆作两个乡字。头发的发（本作髪），胡须的须（本作鬚），皆从乡，也属于毛饰的范围。衫、杉二字皆从乡而有美饰之义。从乡的派生词还朝两个方向发展：一是声母从乡，如修、须，并皆有美饰之义。一是韵部从乡，如参、寻，亦皆有美饰之义。

衫 shān 本指妇女穿的短上衣，一般是单而有花色的，也指短襦，即小袄之类。现在便只指一般衬衫之类。

杉 shān 常松、杉连称，两字双声。叶呈线形或针形，与毛饰画文相似。木材纹路细致平直，称杉锦。

钐（鈐） shàn 镰刀之大而长者，故钐之从多，取明晃而长之义。

参（參） shēn 或 cān 本是星名，常参、商两星连称，商在东，参在西，此出彼没，永不相见，故以比喻夫妻离别或兄弟不和睦。参里包括七颗小星，故参字从乡，喻多之义。但参与三通，三分天下，亦可作参。或作叁。屐，驾三车也。犙，三岁牛也。参引申为参合、掺杂、齐等、参与、参考、验证等义。参考，就是参合考定。今说参军，是参加军队服役，古说参军为参谋军事。今说参观，是到工厂、农村等地去考察学习，古说参观，是参考观察，研讨谋划，要认真郑重得多，所谓"众事之端，皆相参而观之"，这是在做研究呢。参差(cēn cī)，参为等齐之义，差为差异之义，故参差为高低或长短不齐。一般不再把这两字拆开，作为一个语法或语义的整体出现。"参差十万人家"，参差是大约、差不多之义。又如说"绮縠参差"，是说穿着丝绸服装的人多姿多态。

骖（驂） cān 一车驾三马。驾两马者曰骈，驾四马者曰驷。说骖乘，便是驾驭之义，就不论几匹马了。

犙 sān 三岁牛。

掺（摻） chān 或作攙。今说掺和、掺杂、掺假。以手掺合，具体义如说掺水、掺沙子，抽象义如说掺杂私人感情、掺杂个人动机。

糁（糝） sǎn 或作糂。以米和羹故也是取掺合之义，如粉蒸肉，为肉拌上米粉蒸熟。菜饭是米饭中间加有肉和菜。糁字从参，取参合之义。掺和必散开、搅匀，故糁又引申为散开之饭粒。玉米糁(shēn)为玉米磨成碎粒，却不是粉末，从而煮成糜糊、稀粥之类。

粽（粽） sān 毛发或枝条等细长物披散之貌，这就回到了乡的本义，毛饰也。粽粽，毛长披散而美。

渗（滲） shèn 水或其他液体向外透出，叫渗透，是从散开之义引申的。同义词的结合如有渗漏、渗沥(下滴貌)、渗漓(流淌之貌)。抽象义可说思想的渗透。

墋 chěn 沙土入食中曰墋。

碜（磣） chěn 同墋，食中有沙。与掺字相通，有掺杂之义；与惨字相通，有惨重、狠毒之义。

黪（黲） cǎn 黑中带浑浊霉败的颜色，物将败时之色。

惨（慘） cǎn 惨与黪通。色暗曰惨，惨淡即暗淡，可说灰心。心败曰惨，今说惨败，即惨重失败。惨字由心之败坏，引申为今常用说法：悲惨、凄惨、惨痛、惨栗等。

瘆（瘮） shèn 寒病。又有惊恐之义。

寻（尋） xún 本作尋。从工从口，从又从寸，乡声。寻为探索、研究之义，如说寻根问底。用手又用口，并从工，为巧妙之义。乡本可为三，是判断数量，揣度事物，例如两臂之长为一庹，叫一寻。人的手到动脉之处为一寸。故寻是一个长度的概念，乡就有长的语义。三实为众数、复数、多数之义。寻又有循序而进之义，故得寻求之义。寻人、寻物都是具体义，寻思、寻求真理，都是抽象义。

挦（撏） xián 取。寻找而希望有所取。方言词。

樳 xún 传说中的大树，长千里。故从寻，取义于长。

浔（潯） xún 水之深长，亦有水滨之义。江西九江市简称浔，即江滨之义，浔阳江指长江的九江附近一段。

鲟（鱘） xún 因其体长，故音义从寻。其中白鲟古称鱏(xún)，鱏亦有深长之义。

襑 xín 衣宽而长曰襑。

蕁（蕁） qián 今口语读 xún。荨麻，麻的一种，它的特点是茎叶皆有毛，如有手势，故从乡。碰到它如虫螫一般疼痛。今说荨麻疹，在皮肤上起一大片红疙瘩，又疼又痒，像碰到了荨麻一样。

747. 五

五 wǔ 古文的五作 ×，为交错之形。后上下又各加一横，表天地，五就是阴阳在天地间交错，相克相生。许多现象都以五来概括，如五色、五味，因而五得数字之五，它们都是阴阳之交错。

伍 wǔ 古时军队以五人为伍，户籍以五家为伍。今说三五成群，或队伍，无确数，只是参差不齐、交午错杂之义。《易经》中说："参伍以变，错综其数。"数字是精确的，但一经和思想观点相联系，便复杂多变了。其中以一、二、三、五、八最为典型。

衙 yú 或 yá 从行吾声。衙衙，行列之义。官署均有军伍守卫，故称衙府或衙门。王之武备如猛兽之爪牙，故牙与衙取义同而同音，可说牙门、牙旗，即衙门、衙旗。

吾 wú 本义为抵御或守卫，也指交锋。我、吾、卬（俺）三字均为假借的自称代词，第一人称。均为声母相同的词，韵母有别。卬为迎接之义（俺从奄，掩护之义）；我指一种进攻的武器，从戈，吾为抵御之义，都包含一种斗争以求生存的积极意义，非为偶然。假借字往往别有一番寓意，要不然，为什么要假借它？

牾 wǔ 同牾、忤。背逆、抵触。常说抵牾、或作抵牾、牴牾，还有龃龉、钼锘，均相逆之义。同时又有相逢之义，后作晤。语义相反相成，晤为合，会晤。

齬（齬）yǔ 交错。咀嚼时牙齿交错抵牾，参差不齐。拉锯时要求锯齿一偏左，一偏右，齐了很不好拉。锯为龃龉的合音，也是合义。抽象义指双方意见不合，有了争执，发生龃龉。

瘔 wù 或作疡。皮肤上长出的红色或黑褐色的痣，是隆起的小疙瘩，故成龃龉之状。

圄 yǔ 守卫、抵御。如说守圄。又有囚禁之义，囚禁不就要看守吗？周代的监狱叫圄圄。又指养马的人，字亦作圉，是守好马圈之义。

梧 wú 屋梁两端起支撑作用的小柱。梧为牴牾之义，柱子是抵住压力的。梧与牾音义同，柱与住音义同。枝梧，或作支吾、吱唔、支支吾吾，本义是小的抵触，吞吞吐吐，不顺当，有顾虑。又有梧桐，桐木有多种，梧桐一名椽，可以为棺。棺者，死者之馆；椽者，死者亲近；梧者，死者所以抵触。梧桐不仅对死者而言，对生者也是一种瑞应。它可与凤凰对称，是象征王者任用贤良，可用以抵御。

捂 wǔ 梧为名词，捂为动词，犹柱为名词，拄为动词。今说捂嘴、捂眼、捂盖子、捂住口袋，均为阻拦、遮挡之义。

焐 wù 用热的东西贴住凉的东西取暖，如用热水袋焐手焐脚，还说焐被窝，就是不想起床。这是从吾字由抵御、排斥之义而演变的使用、需要之义。

敔 yǔ 禁止，阻止。它从牴牾之义引申。柷敔（zhù yù）是两种乐器，奏乐时击柷，乐终击敔。敔，衙也，止也，所以止乐也。

以下从吾字，皆有遇合、感悟之义，由排斥、阻止，到相合。

晤 wù 相见曰晤，又有明白之义，故字从日。

悟 wù 心有所觉，如可说惕然而悟、瞿然而悟。觉悟一词，《史记》中已见，指诸侯国君主之觉悟，是政治觉悟。后佛教以此指宗教上的觉悟，因而有悟空、悟能之说。现在还说阶级觉悟。觉悟的内容各不相同，觉悟一词大家均可用。

寤 wù 家里（从宀）床上（从爿）醒来。寤与寐相对，寐，昧也，睡着；寤，悟也，醒来。古曰寤，亦曰觉，今曰醒。

语（語）
yǔ 直言曰言，论难曰语。论从仑，有条理之言；语从吾，使人感悟、理解之言。故曰《论语》。此皆作名词。作动词，论为论述之义，语为解释、说明之义。《论衡》为论述之权衡，《国语》为列国兴衰之解说。

午
wǔ 古文字形为纵横相交之形，与五字相交之形相似。至今午与五同，为违逆之义。端午是五月初五，中午是阳气最盛，阴气被压到最低点，牴牾最激烈，故称午。半夜阴气最盛，阳气最低，故称午夜，也称子夜，取半夜时之义。

连
wǔ 或作遻。相逢可说相连，与晤字相近。它具有从吾的几项语义：交错、触犯、违背。

忤
wǔ 心中有违逆、抵触。忤逆就是不孝顺。

仵
wǔ 同伍。为相类、相偶、等同、匹敌之义。等类，可说等件。亦有违逆之义，与牾、梧、忤之义相通。

鼯
wú 因为它能在林间滑翔飞行，古以为是鸟类，实际它长的是肉翅，非羽类，仍是哺乳动物，所以鼯鼠可有两解：一是与鼠为伍了；二是似鼠而非鼠，与鼠违逆。古义取前者，故字从鼠。今义取后者，属哺乳类。

杵
chǔ 舂米的工具。也指捶衣、版筑、夯土等用的棒槌。作动词便是以杵捣谷或捣土。杵的声母从春，作动词时即为舂米之义，舂的字形就是从廾持杵临臼上。春与衝两字相通。

许（許）
xǔ 言之相类、符合者，故得赞同、容许之义。如说许可、赞许，许身就是以身相许，许国就是为国效命。它表示数量时，是约略、估计之义，五十许就是五十多个或五十多岁，许多就是约莫是多的。也许、或许，也是约莫、估量之义。许又作举杵劝力之声，从而指一般劝力之声，如说伐木许许为众人共力之声。故许许表呼声。许与呼声母相同。与呼双声的词有歔、歘、唤、吼、喊、号、呵等，故许的字形义为杵而出气。

单纯的出气，字从口或欠，许字从言，现在的劳动号子之类是有言的。

浒（滸）
hǔ 或作许。水涯。"水浒"二字取自《诗经》，也说江汉之浒。浒字从午，取牴牾之义；岸字从干，取干犯之义，即都是阻拦水的。

卸
xiè 从卪从午从止，午声。卸车，就是舍车解马，即是逆止而不进，行止有节之义。卸与写双声，写的本义是传送、放置。故卸，传送物而卸止也。船运或车运曰卸货，将士曰卸甲，演员曰卸妆，挑担的人放下担子曰卸肩，职务任期已满曰卸任，出了问题还可能推卸责任。卸的反义词是装，常说装卸。

御
yù 古文作驭。卸是解车马，彳是行，或行或卸，是御者之责。御为形声字，它的音义从午从卸。后来把帝王治理天下叫御或驾御，如贾谊所说"（秦王）振长策而御宇内"，这里既是说驾马，又是说治国。再到后来，宫廷庭一切皆曰御用，如说御笔、御医、御林军等。

禦
yù 本指一种抵禦灾害、祈求免祸的祭祀，故字从示。作动词则为抵禦、防禦、禁止之义，实际上就是御字，故今御与禦就不分了，皆只作御。

籞
yù 以竹编制的障碍物，为人而设，也用于对兽的圈养，或养鱼。

从五或从午的词族，主要是在相迎合或相牴牾的大脉络上繁衍发展。

748. 七

七
qī 古文字之形为十，象对一物做中间切断之形。假借为数字之七。六、七、八之数，借物之切分而得。这在造字的时代是颇费周折的了。

切
qiē 刀割。如说如切如磋，以刀曰切，以石曰磋。说切，主要是断物的动作快，故至今犹说急切、切切。切骨，是深入到骨子里，今犹说深切。今又说一切，或一刀切，就是一下子完成，切得整齐。作抽象义，如说恳切，就是诚恳而深切。切本是分开之义，但它的抽象义可说切合，是整齐相合之义，从而又可说迫切、切近、切要。亲切就是亲热而贴近。切实就是切合实际，还说切题、切中要害。确切就是准确而吻合。

沏 qiē 本指水流疾，取急切之义。今说沏茶，就是用开水冲泡，是水的急疾，同时品尝也是求得口味的切合。此时读 qī。

砌 qì 台阶和井壁等，都是用砖石整齐地砌成。如说砌墙。堆砌词藻也往往是力求整齐的。

叱 chì 大声呼喊或斥责，如说呵叱，是急切快速地从口中出气，所以虽然有时表声，还是声中有义的。

749. 九

九 jiǔ 数之尽也。笔画屈曲之形有穷尽之义。为山九仞，功亏一篑。此九仞，远非确数，是极言其高，九言数之多，又引申有物之聚集、汇合之义，表现在它的派生词中。

究 jiū 究尽。今说终究，就是到了末了。究竟，就是到底。这都是后来发展的副词用法。究有研究、探求、谋划之义，动词。还说推究、追究。究字从穴，即是窟室的谋划，引申指事理的探求。百堵皆兴的时代，就都要究。

汃 guǐ 泉水将尽，水流狭窄而周围出现干枯之土，这种情况叫汃泉。

芁 qiú 原野的尽头曰芁野。

旮旯 gālá 即角落，两字到方言中发生了这样的音变，韵母变了，声母未变。可说山旮旯、墙旮旯。旮旯旮旯就是角落落落。都是指空间的穷尽处。

尻 kāo 臀部。本指动物屁股，是躯体尽处，后指人的屁股。

勼 jiū 聚集。九为数之多，故得聚集之义。后多作鸠集或纠集，鸠合也作纠合，勼字就用得很少了。

鸠（鳩） jiū 指斑鸠、鹁鸠、布谷一类的鸟。鸠与鸽同科，鸽、鸠属。鸽从合，其性喜合；鸠从九，取义于聚集。

厩 jiù 或作廏、廐。马棚，牛马之所聚。

仇 qiú 人之聚集，故为同伴之义。仇方就是友邦。好仇，就是好伴侣、好对象。后多指仇敌，为怒仇、仇恨，要报仇雪恨，此处读 chóu。

轨（軌） guǐ 两人相当为仇，两轮相当为轨。两轮间的距离，古有定制，其广八尺。于是车轴的两端、车辙的宽度，都成了固定数，于是轨就引申为轨道、法轨之义，作动词就是遵循（法轨）之义。今之铁轨，也是有固定的数据。

馗 kuí 亦作逵。从首九声。四通八达的路。馗更是九达之道。馗之从首，于道之从首同义，取方向之义，所以这道还都是有方向有目标的路。贾谊的九世孙贾逵，是许慎的老师，后来又有李逵、钟馗，都是取义于此的，比叫什么通，或什么达，更具表达力。

匦（匭） guǐ 后作簋、朹。盛饭或盛粮的方器，方形是四面相当的。

宄 guǐ 从宀，九声，常集聚于内之国贼之类，常奸宄连称，名词。作动词为祸害，如说"暴虐于百姓，奸宄于商邑"。

訄 qiú 或作訅。急迫之言。如章炳麟著《訄书》。有时也指戏言。

虓 xiāo 或作哮。气之出急迫，如说咆哮，吼也。狮吼，人也可曰吼，表怒声。

旭 xù 日始出，天大亮了。晓尽为旭。晓旭双声。晓，明也，指东方有点鱼肚白，到太阳出来之前，都叫晓。春晓，就是春季天亮的时候；东方欲晓，就是要亮还没亮。故又有晓风残月、卢沟晓月的说法，因为太阳还没出来，还能见到晓星和晓月。不说晓日，因为太阳出来就不叫晓了。只说旭日，晓尽而旭日东升。有时画家的笔下太阳已经相当高了，也说旭日东升，实际那是朝阳。只是语义没有明确的数据，将就点是完全可以的。

750. 十

十 shí 数之备也。故十有完全、具备之义，如说十全十美、十恶不赦、十目所视等。从一到十，基本的数字都有了，我国自古就是十进位制。这是一个十分了不起的发明。用干支纪年，是六十进制；用天地阴阳计数是二进制，现代的计算机就是二进制。还有十二支为一打，十六两为一斤，都是在一些科目中运用。全民计数，自一至十，甲骨文以来就是如此。

什 shí 古时户籍，十家为什。税制往往叫什一，即是十取其一。诗文叫篇什。以十计数的方面很多，皆是关于人事，故从人旁。接着便以十喻多，说什物。一个人嘴上无休止，叫唠什子。多种菜炒在一起，叫炒什锦。什还可以读作shén，什么是疑问代词，什是诸事诸物，么为疑问词。什么可以是特指，什么人就是哪个人；也可以是泛指，如说心里总在想点什么；也可用作任指，如说什么话都能说得出口。

啥 shá 这也是什么的合音，即取什的声母、么的韵母，切合而成。四川人说啥子，江浙人说啥。

汁 zhī 从水十声。水中有什物，和协而甘美，如说汤汁、乳汁、果汁。汁与斟双声，斟字从甚，甚字从甘从匹，汁有甘美之义，正是从斟来的。比较特别的引申义是说墨汁，已超出食物的范围，也不论滋味，只是呈浓厚之状罢了。

廿 niàn 两个十字并列。今读同念，廿的声母从二，念的韵母从十。今二十五可读廿五。这是宋代以来市井商贾中流行的读音。

卅 sà 这是三个十字相并，语音也是三、十两个字的切音。

此外，四十也曾写作四个十字相并，但是没有通行。据英国学者爱德华·泰勒《原始文化·原始数学》中说：凡以五、十或二十为进位制者，皆与手指或脚趾的计数相关。仅供参考。

751. 皕

皕 bì 二百。皕与百双声，但是皕的韵母从何而来，已无法得知了。

奭 shì 又读同郝。从大从皕。盛也。奭常被解释为盛义，双声为训，奭又常作赩(xì)，大赤也。

盡 xì 伤痛也。从血从聿，皕声。血聿就是用血来书写，因而得悲痛之义。皕声，就是伤痛之盛。盡然，就是十分悲痛的，如说盡伤我怀。盡的音义从血或从赩，又从皕。

752. 千

千 qiān 十百为千。引申为众多之义，如说千言万语、千锤百炼等。

仟 qiān 千人之长曰仟。仟佰谓千人、百人之长。

芊 qiān 草盛，如说芊芊。

盰 qiān 盰瞑，或盰眠，谓远望是青冥一片，暗昧不清。从草木说曰芊芊，从视觉说曰盰瞑。

阡 qiān 旧间小路东西谓陌，南北谓阡。也有说东西为阡，南北为陌的，总是跟千百有关，是要计算面积的。我国古代数学书中的应用题，许多是计算地亩面积的，这么计算面积划分地亩，那就跟井田制有关了。

年 nián 本作季。从禾，千声。禾谷丰盛，五谷丰登，叫作有年，或丰年。年与稔(rěn)双声，谷熟曰稔，五稔就是五谷成俗。稔与年不仅双声为训，两字的引申义也有同步之处，五年也可叫五稔。五稔有二义，一指五谷皆熟，一指五周年。这样，年的音义就是从稔从千了，庄稼旺盛而又皆成熟，这是年字本义。

753. 算

算 suàn 或作筭。从竹从具，会意字，竹制的计算工具。具又从廾从貝省，这样，算就经常是跟钱贝的计算相联系。筹字也从竹，今说筹码，也是用于计算的。还有一种小的筹码叫策。《老子》中说："善

数不用筹策。"说善于计算的人不用大小筹码。计算的工具由筹策到算盘，今天则用计算机。算字引申为度量、谋划、推想等义。今说预算，谓事先做筹备。又说算计别人，即为阴谋加害他人。《孙子兵法》中十分强调"庙算"，即在宗庙中筹划，要稳操胜算，不算则不胜，少算也不胜，何况是无算呢！今口语中说盘算、打算、暗算、失算，都是考虑、谋划之义。今说说话算数，意思是说了做到；若是说"算了，拉倒吧"，意思是不算了，不计较了。语义向相反方面引申了。

篡 cuàn 从厶算声。私下见不得人的算计曰篡，篡的宾语是位，要篡夺君位。

纂 zuǎn 从糸算声。作名词，指红色而带织纹的丝带，或泛指彩色的锦绣；作动词谓编织、汇集、撰辑(文章、书籍)之义。如说编纂、纂修。所有这些，都是要多设计、构想，都以算得声的语义有关。

攥 zuàn 抓住，握紧。如说手攥住不放、攥紧拳头。

饡 zhuàn 音义均同撰，为纂集之义，字或作饌。又可同馔，为饮食之义，字作饡，即从食省。为具备膳食之义。算字即从具。

匴 suǎn 渌米籔(sǒu)。籔，漉米器，即是淘米的篮子，大多是圆的了，用竹篾密编而成，南方称筲箕，多空隙，可以漉水而不漏米。故其形音义可从数，数又从娄，娄就指多孔透明的状态，如篓就是如此。籔也可说作匴，同指一物。

蒜 suàn 一种调味的荤菜。从二示，明视以算之，故实即算字，音义皆同。它根部的鳞茎称蒜瓣，多可算。蒜属百合科，百合的瓣更多，故称百合。

数 shǔ 算之屡也。字从攴，为治理之义，故数作名词读 shù，为数量、数目之义，数年就是几年，是大约数。作动词为计算，今说计算技术，是很先进的现代科技。今说数学，古说算经。我国传统数

学的特点是强调应用，数学典籍中有大量的应用题，圆周率、勾股定理，早就在应用题中用以计算。数的词义还引申为道理、规律、命运之义。历数，就是天文学的计算。

数字还作形容词、副词，读 shuò，数罟就是细密的网，鱼网细密了，小鱼都打了上来，鱼资源就要枯竭，就没有鱼吃了。所以说"数罟不入洿池"。数还有屡次、频繁之义，如说数见不鲜，就是屡见不鲜(xiān，少)。

籔 sǒu 滤米器，多孔，细竹篾编制而成。籔又称一种量器，十六斗为一籔。

薮（藪） sǒu 大泽，水草之所聚，常说泽薮、渊薮，都是取汇聚之义。渊与潭都指深水，薮与泽则水浅而少，故草盛。薮字从草，是飞禽走兽之区，可以去打猎。

擞（擻） sǒu 抖擞，谓聚集力量。如说精神抖擞，抖为使出、用出之义，擞谓聚结、集中。如说抖擞精神，鼓足力气，准备举重。

附录

附录中汇集的是这样一批字：从没有人说过它们是由谁派生的，也从没有人说过它们曾经派生过谁（皆就单音节而言）。这不能说明这部分字冷僻或不重要，相反，它们是重要或特别重要的字。它们常用常新，历数千年而不败，是语言中的特有现象。

还有个别的字，它们的语源字是知道的，但是过于古僻了，已难以说明问题。例如"毅"字，它的音义从豙，古文作豙，这是一种什么动物，何以能够派生毅字，已无可证，就把这个毅字也归到附录中来了。

还有一批极其古僻的字，它们没有派生字，它们也不知从何而来，那么就连这个附录的字表，也不收了。

以上是附录字的主要部分。

附录字的第二部分是来自国内各少数民族语言和国外语言的音译词，没有语源之义可讲。还有 55 个兄弟民族的名称，也大都是音译词。

附录字的第三部分是姓氏、地名、诸侯国名等的专门名词，这些字尚不知其语源。

附录字的第四部分是象声词、感叹词之单纯象声不论语义者。

至于一批纯音译的化学元素用词，除氧、氢等几个字外，都省略了。

一

男、伊、团、页、睿、沫、卧、冗、劣、孬、吼、笑、报、龇、傻、耍、替、幻、抛、丢、拐、撾、籀、拶、弃、彳亍、走、倏、企、龡顃、设、涉、庆、夔、志忎、了、讵袭、绤、初、巾、崙、囊、飧、炙、卤、龕、醯、酽、莜、粟、料、韭、薤、枣、开、闶、廖

牛、件、牧、牢、牮、犬、乖、毅、骍、犕、闯、匠、业、瓦、甄、器、笪、卮、叠、染、索、闹、帑、赊、虿

兵、戎、戍、羿、鏖、燹、盗、窃、毒、寇、罚、报、肇、图、笳、邮

森、个、枚、蓟、荳蔻、杏、蘅、郁、删、芟、齣、卵、鸢、鹕、彪、虢、夔、兕、鲖、鲴、蛭、鲐

暹、晶、杲、杳、昼、昶、坤、阜、谷、墼、陋、尘、坢、水、瀥、漏、尿、亏、鑫、邕、觋、龛、狄、桑

叠、再、些、六、佾、计、外、另、卡、杂

以上诸字，大多是现用的。若有高明之士能找出它们的语源，当即予以改正。

二

来自国内各少数民族语言和国外语言的音译词，又加上 55 个兄弟民族的名称，它们大都是音译词，一时还弄不清它们原来的取义。

胭脂、玥瑁、葡萄、狮、伽蓝、菩萨、菩提、僧、袈裟、梵、塔、泵、啤、菠、玻璃、琉璃、歹、可汗

蒙古、回、藏、维吾尔、苗、彝、壮、布依、朝鲜、满、侗、瑶、白、哈尼、土家、哈萨克、傣、黎、傈僳、佤、畲、高山、拉祜、水、东乡、纳西、景颇、柯尔克孜、土、达斡尔、仫佬、羌、布朗、撒拉、毛南、仡佬、锡伯、阿昌、塔吉克、普米、怒、乌孜别克、俄罗斯、鄂温克、德昂、保安、裕固、京、塔塔尔、独龙、鄂伦春、赫哲、门巴、珞巴、基诺

以上共计72词。元代和清代还有大批来自蒙语和满语的音译借词，因非常用，均未收集。来自佛教的词如觉悟、世界等，是意译词，取义明确，就作为一般的复音节词看待，不加收集了。还有一大批现代的日语意译科学用语如科学、抽象、逻辑、心理等，也从略了。

三

这部分是姓氏、地名、诸侯国名等专有名词，一时还不知其语源，共计74字。

伋、佟、邙、邝、妲、姜、娲、嫫、婕、鲧、犀、冼、嫘、昝、邗、邢、祁、邡、邝、郇、邓、酆、郈、郈、郜、邦、郫、邬、邹、郢、郏、邺、郦、郴、陕、郑、郗、垟、垌、沂、沅、沣、汴、沩、涂、涪、淞、洧、洹、湟、蒲、洨、渳、浐、蒗、湋、湅、浯、泬、涢、浠、泗、潍、泸、泜、漯、茌、岢、岘、屼、崂、碚、嶂、稽

四

象声词、感叹词之单纯象声，不论语义者，共28词。

玎、耆、硁、玱、铮、泙、砯、哗、喔、哗、咩、唊、咭、咆、哮、哐、咕、呱、吟、哓、咿、哎、呔、吱、喳、鹳鹆、鹡鸰、觱

一

男 nán 从田从力，会意字，言男人致力于畋猎或耕作。这是从劳动的角度来区分性别。与男字相对的是妇字，妇本作娒，从女负声，是背东西，不过背多了就也是重体力劳动了。这样，男人就缺乏一个像"女"字那样专门区分性别的象形字。所以，从文字来说是重女轻男的，是经历了一个母系社会的缘故。舅、甥、虏三字虽从男，但语音上和男字没有共同之处，就不存在语源关系了。

伊 yī 作指示代词，为此、这之义，有时也指彼。伊人就是此人或彼人。唐宋以后有时也作第二人称代词，指你。伊还作句首或句中的发语词，"伊昔"就是从前，就是昔。伊与繄于此音义相同。伊与尹声韵皆不相同。

囝 nān 唐宋时闽俗称子为囝，或阿囝。今吴语中还说小囝。意思是小孩，儿女都可称，故字也可作囡。

页（頁） xié 从百（即首字）从儿，象首及人身之形。假借为一页书、两页书之页。作偏旁字则还有人头之义，如颅、额等皆从页。

睿 ruì 从奴（cán）从目，从谷省。字又作叡。奴、粲、灿等字皆从奴，故有明义。从目，也取明义。从谷，取深义。故睿，深明而精通之义，常用以形容人的智慧，为形容词。视觉曰明，听觉曰聪，思虑曰睿，今犹说聪明睿智，即是有深明高远之见。还说睿哲，就是思想深刻明确。

沬 huì 洗脸。它的古文字作湏、頮，即是两手捧水对着头，便是洗脸之义。变体形声字从未声，未知其取义。

卧 wò 躺下休息。字从人、臣，臣的字形本是象人屈服之形，躺下休息时人体也多屈。卧龙岗，意思就是山岗像一条横卧的龙。还说卧柜、卧琴之类，行为的主体已超出人的范围，自然也已没有休息之义，只有横卧之义。至于卧字的右旁，与卜字没有音义联系。当人字居左旁时，作亻，人字的捺笔变成竖；当人字作右旁时，作卜，人字的撇变成竖，捺变成了点。

冗 rǒng 本作宂，为人在屋下，没有田事，故为闲散、繁杂无用、多余人员之义。今说冗员，即冗杂多余的人员；文章冗长，即有许多无用的字句；拨冗，就是摆脱繁杂事务。

劣 liè 本为懦弱、软弱之义，即是少力。引申指道德品质的低劣、卑下、粗鄙，今常说恶劣行径、劣质商品等。

孬 nāo 现代口头语。语义即不好、坏，语音不知从何。今常骂人坏，就说孬种，把人家祖宗都骂在里头了。孬有时还指胆怯。

吼 hǒu 本指牛及兽类的大声鸣叫。今说狮吼、风在吼，对人也往往说吼。吼字从孔，孔有大的语义。今还说怒吼，吼为怒之大者。北方话还可说吼他一声，为呼唤之义，指大声叫唤，并无怒义。为北方地区口语中的单音节字。吼与孔在语音上没有相同之处，语义上则有大的义素。

笑 xiào 本作娛，亦作咲。从竹从夭，都是后起的偏旁。笑字是语源上的一个极大疑案。它古今都是常用字，指喜乐的表情。它的语义很广泛，指各种不同用意的笑，如嗤笑、奸笑、冷笑、喜笑都可曰笑。也指各种不同程度的笑，如大笑、微笑等。它的同义词有哂、弞、倩、哇等，都已成了古词。

赧 nǎn 脸红，可说色赧。故字从赤。戾（niǎn）或曰为揉皮使软之义，解释不一，也无用例，就难以说清了。

龀（齓） chèn 儿童七八岁时都要换牙，由乳齿换为恒齿，叫童龀。

傻 shǎ 麻木不仁，不识事理。今说傻瓜、傻蛋，《红楼梦》中有傻大姐，她笨拙，又无知识，说话往往叫人发笑。傻的语义变化很微妙。今说傻干，并不是傻子干活，而是正常人甚至聪明人一时不知变通而已。又如说吓傻了，并不是吓成傻子，只是一时蒙了，不知为何应对而已。傻的字形也让人发笑：一个人很能走路，上头顶了一个囟（xìn，脑门弥合处），实际上是一个没有脑子的傻角。傻、呆二字，都是唐宋以来用开的字。语音上两字毫不相干。

耍 shuǎ 玩耍、游戏，吴语中说"白相"。耍字从女，娱、嬉二字也从女，为男女戏耍，不分彼此之义。引申指故意弄人，目的是要人难堪，出人洋相，耍弄人。有时自己耍小聪明，如耍点威风，或耍点脾气，甚至耍赖，都是耍点小心眼。不过，耍有时是耍大心眼，如耍手腕，则是要达到个什么政治目的，要损人利己，是大有能耐了。耍字从而，而，能也，即有点能耐。耍心眼总得有点能耐，直筒子就耍不起来。可是这个能耐又往往是小的，用于小处。大是大非上就不是耍了。

替 tì 废弃。替的反义词是兴，说兴替，今常说兴废。引申为代替、替换之义，如说替罪羊、替死鬼、替身、替补、顶替。又说我都替你高兴，这里并不要替代，更不要废止，而是帮替，有同感。还可说我都替你丢人。替字上面或从竝，下面或从白，取两相表白之义。

幻 huàn 幻是倒写的予字，予字的上半部分作厶，下半部分倒写作冖。予为给予之义，倒写了，就是什么也不能给予，只是一种幻想或幻觉了。所谓太虚幻境，就是根本不存在的境界，只是梦游一番而已。所以还说梦幻。又说变幻莫测，即是虚实难定。

抛 pāo 字从手，从尢（wāng，曲胫），从力，即是手脚都用力，表示丢掉、抛弃之义。弃字上面是一个倒写的子字，故弃字本是弃的人；抛字手脚用力，抛的常是物，如说抛物线，又说抛锚、抛绣球。火炮的炮，是火力发射，故从火；或作砲，发出的是石头；一度也曾写作礮，是抛出石头。炮车可作抛车。抛是六朝时用开的字。

丢 diū 字从一从去，去本是人的行为，故丢字本指丢了人，丢了孩子，引申说丢了东西。丢是宋元以来白话中用开的字。如说把烦恼都丢在脑后，今说丢脸、丢丑，都是抽象义，具体义如说丢三落四、丢东忘西，也说捡了芝麻，丢了西瓜。丢的语义简明而活泼。

拐 guǎi 拐杖，老人或瘸子所用，上有拐把，作弯曲之形，作名词。作动词说拐了一个弯，走路一瘸一拐。作抽象义如说思想拐不过弯来，还说拐骗，搞拐骗的人称拐子。拐是唐宋以来的白话中用开的字。

摁 èn 用手按。摁和按音译相通，按扣可说摁扣。但两字的主要元音有区别，是否有可能是方言造成的，需要查明。按电钮也可说摁电钮。摁是现代口语中出现的字。

箍 gū 过去民间多用木盆或木桶，是用许多块木片接好，然后用竹篾围上几圈，把木盆或木桶箍紧，这种行为叫箍，故字从竹从手从匝，为会意字。作名词称竹箍。后多用铁条，称铁箍。孙悟空头上也有一道箍，是佛法控制的。唐僧一旦认为孙悟空做得过分了，就念紧箍咒。

拶 zā 逼迫、挤压。如可说排拶、拶榨，都是同义词的结合。岁（liè），从川，列省声，水分流往往是被逼的，列有分的语义。拶作名词，指一种夹手指的刑具，取义于挤压、逼迫。

弃（棄） qì 上半部分是倒写的子字，丬为左右两手，即两手推出一个颠倒的子，便是抛弃一个逆子。今犹说弃婴、弃妇，弃的本义是指弃人，为遗弃、抛弃之义。引申指弃物，如说弃灰、弃甲（盔甲）、弃疾、弃物等。抽象义可说背信弃义、弃暗投明、弃权（不投票）。总之，它的宾语大为扩展了，而弃的行为也就随之变化。

彳亍 chìchù 彳象人腿三等之形，小步而行之义。亍是彳字的反写，行而又止之义。即是走走停停，要走又不走之义。

走 zǒu 今说行走，古曰行，今曰走。然而走字的本义是跑，走马就是跑马，古曰走，今曰跑。走麦城就是关公逃跑到麦城。走有行走之义，秦汉时已可见，多种不同速度的走都说走，如说飞禽走兽，这兽不是有行有奔的吗？现在说空中走廊，航空是快的；走水路，就也有慢的时候。抽象义还可说走神，即注意力的转移。走运，是运气来了，那也有快有慢。走火，是说枪炮意外发射。走电是说电线意外通电引起燃烧，当然是很快的了。

倏 shū 本义指狗跑得快。今说倏忽，指时间很短促，或行动极快。倏为会意字，从犬从攸，攸谓水行也，并无疾速之义，所以倏的语源义究从何来，已不知道。

企 qǐ 举踵，即踮起脚跟。因而可引申为竦立、期望、希求之义，如说延颈企踵、企望、企求等。企鹅称企，就是它直立时像有所企望的样子。企业，就是竦立的事业。企图，就是企望和图谋。

飚屭（飆屓）bì xiè 发力的样子。也可单用飚，形容风势大就叫飚风，形容水势大就说波涛飚怒，形容声响猛烈激荡就说飚响。至于从三个贝字与力的关系就无从得知了。

设（設）shè 立（机构）、设置（配备条件）。设字从言从殳（shū，兵杖、竹棍之类），让人去创建。今说经济建设、建设社会主义等。又有假设、设想、设法，又有就具体某件事说设岗、设防、设宴，都是从无到有地设立起来的。

涉 shè 从步从水，为步行渡水之义。今说长途跋涉，跋山涉水，陆行曰跋，水行曰涉。但说涉足，就没有水陆之分，又说涉及什么问题，就更是抽象说法了。如说涉外问题，就是涉及外交方面。涉嫌，就是与某个案件有牵连的嫌疑。涉与陟两字没有语音上的联系。

庆（慶）qìng 上为鹿字，下为心、夂，即是鹿皮为礼，带着内心的感情，去给人庆贺。贺字则是以贝相加。都是礼数的表现。祝则是祭祀之礼，故从示。今说祝则主要表个心愿。今说庆祝、祝贺，都是同义词的结合。还说庆赏、庆幸等。重庆、安庆等也是取庆祝之义。

燮 xiè 字从又从炎，谓手持二火。又从言，古文字中本从羊（rèn，读若能，稍甚之义）。手持二火稍甚，故为熟食之义。火势要求柔和，故燮又有柔和之义。清代的书画家郑板桥原名郑燮，字克柔。燮和天下，就是天下和谐；燮理阴阳，就是调和阴阳。

忐忑 tǎn tè 心虚，惊恐，畏惧。今说心里七上八下，像是十五个吊桶打水。是宋元以来用开的口语词。

了 liǎo 即子字缺了一横，这一横本是象幼子失去的两臂，因此得了结、结束之义，如说春花秋月何时了、一了百了。从而变为表示动作完成或终止的语助词，如说去了两里地。又在现代语中成为表完成或终止的语气词，如说太阳出来了。这两种用法都读为 le，由实词变成了地道的虚词。这字还有明了、清楚之义，如说一目了然、了如指掌，都是作为瞭字的假借而得的。了字主要是在古代的白话文中发展起来的，《三国演义》是半文半白，里面的了字就远没有《水浒传》多。

讵（詎）jù 有岂、难道、怎么之义，作表示反问的副词。也可作假设连词，为加入、苟之义。故它是一个古虚词。还可作介词，"讵今"就是至今，是古介词。

袭 xí 衣被周遍地覆盖。故衣被一套曰一袭。袭击，就是保持敌方原状，不予惊动，出其不意地加以打击，故可说奇袭、夜袭、偷袭，还可说袭捕、袭杀等。抄袭就是依照原文一字不改地抄下来。沿袭、袭用，就是保持原样不变地采用。

绤（綌）

xì 用葛的纤维织成的布。精者曰绤，粗者曰绤，故常绤绤连称，指葛布。后来穿棉，葛麻就成了夏天的布料。它保暖的性能不如棉，但是夏天穿凉快。

初

chū 从刀从衣。制衣之初，又量又裁，筹划一番。故初字常指事或时之初起，如说想当初、初生、初末、初等、初级。初衷，就是原来的想法，开始时的用意。

巾

jīn 随身携带的手巾之类，或用以擦拭，或用以包裹。头巾、围巾之类，就是专门的服饰了。巾字从门，则还常用以覆盖，如枕巾等，古时的礼器、食器，常覆以巾，这种清洁卫生的习俗，时有记载。

黹

zhǐ 今说针黹，即缝缝补补的针线活。黹字从丵（zhuó），丛生草也，针脚缝得密密麻麻，如丛生之草。黹字又从尚（bì），指一幅巾，或指破败之衣，上面都有针黹。用密而匀的针线把布连缀起来，就是制衣业。讲究针黹的功夫好。

爨

cuàn 字形上就表明是烧火做饭，最下面是火，上面架着柴草散木，再上面就是蒸锅之类。分爨就是另起炉灶，一家人要分开过了。爨作名词时便是指灶、锅台。

飧

sūn 从夕从食，即晚饭，或吃晚饭，即为动词。又指晚餐的便宴之类，礼节的讲究少。一度还指泡饭之类，是晚上吃的，好消化。

炙

zhì 从肉在火上，即烤肉。作动词为烧烤。炙手就是烫手。脍炙人口，就是诗文的流传，人人都能口说。

卤（鹵）

lǔ 由人工煮成的叫盐，天然生成的叫卤。但是现在说卤肉、卤鸡蛋等，都是用盐水加酱油、茴香等煮过泡制而成。打卤面就是用肉、蛋等加淀粉煮成的浓汁浇在清煮的面条上，卤与鲁二字同音假借，一些简单粗略的制作可叫卤。鲁莽可作卤莽，粗鲁可作粗卤。

鲞（鯗）

xiǎng 或作鲞。盐渍的生鱼干，干肉曰腊（xī），干鱼曰鲞，均干制品。

醯

xī 作名词指醋，作形容词指酸味。故可说醯酸、盐醯。它的同义词有醋、酸、酢等，语音上均互不相干。

酐

hàng 苦酒。

莜

yóu 莜麦，产于内蒙古、山西一带，也作油麦，与燕麦相似，或称裸燕麦。产量低，炒熟后磨面，制成面食，吃了耐饿，在当地是好饭。

粟

sù 今北方称穀子，简作谷子，去皮后称小米。过去政府官员的俸禄大多以谷或粟来计算，伯夷、叔齐义不食周粟，就是不领周天子的俸禄，不吃周天子的小米。

料

liào 从米在斗中，故为计量之义，是会意字。动词。引申指对各种事物之估计、衡量，如说料想，万万没有料到、始料不及、意料之中、不料、料理家务等，这是指思维活动，抽象义。料作名词如说食料、草料、调料、木料、布料、燃料，大多为具体义。

韭

jiǔ 象形字，象地面上长出韭菜之形。我国人民早就食用葱、韭、姜等，传统有一条释义：韭，久也。它一次种上籽或排上根，可以多年收割，长了又割，只要施好肥。故韭，久也。但是两字的古音只有声母相同，韭的韵部由来不明。

薤

xiè 也是一种蔬菜，叶似韭。

枣（棗）

zǎo 枣树多刺，故从二朿，朿即刺。会意字。《诗经》中就说："八月剥（即扑打的扑）枣，十月获稻。"这是把打、晾枣子作为一桩农事来说。可见，种的枣树不是窗外的三两棵。

开（開）

kāi 古文字的开字从门，又在门内的一横作一卅字，谓左右两手要除去门闩，便是开字。开的语义有很大发展。凡有门可开的事的开始或展开，都可说开，如开学、开办工厂。开会为什么可曰开？至今还有开幕式、闭幕式，开幕一词见于六朝、唐宋，本指开建幕府、营帐、衙署。从而创始可曰开，说开始、开办、开建。开口、开眼的说法也早有了。心另说心扉，扉就是门，故也可说开心。开心本是开导、启发之义，后又说开诚布公，又指快乐、舒畅之义。对法律可说开罪、开释，因为有牢门在，今还说开除。开的反义词有闭、关、阖、合，从而又有分散、离析之义，说分开、离开、散开等。

閯 mǎ 有些地方把小山庄称作閯，如李家閯、庙閯之类。有的閯扩建成了市区了，仍叫閯。

庼 yí 指门户上突出的插销、门闩之类。

牛 niú 象形字，取其头角和尾之形。祭祀时猪、牛、羊三牲俱全，便是最隆重的了。三牲中，牛为最大。牛耕也很早。但牛字至今也没有派生词。牛字在现代口语中的一项引申义是说牛气，或牛劲，指一个人有蛮力气，有时作抽象义，指人的性格，牛脾气，就是倔强、执拗，不容易被说通。参阅犟字。

件 jiàn 今说物件、事件、文件、案件，还有部件、零件，都含数量众多之义，有所谓一桩桩、一件件，都是从分的语义来的。牛为最大礼物，常要分尝；半字从八从牛，半就是分（从八从刀）牛为半。

牧 mù 畜养牲畜，如说牧民、牧童、牧业、牧场。州长可说州牧，牧便是治理之义，牧民又有治民之义。

牢 láo 本指养牛马的圈（juàn），今引申指监狱，如说坐牢、牢监（也说监牢）、牢狱，抽象义说思想的牢笼，就是思想的束缚。牢字在口语中主要作形容词，为牢固、牢靠、牢记之义。监狱要求坚固，故可引申为牢固之义。牢又引申为忧虑、烦闷之义，今说发牢骚，即心中不满，有意见要说。

牮 jiàn 从代从牛，即能顶替牛的作用。如说屋斜用牮，牮能撑住屋倒。又指以土石挡水曰牮，即是堤坝之类，大型的水坝那里往往塑一头牛。牮与墶、犇二字音义相近，但是这种口语词要找可靠的证据就又难了。

犬 quǎn 狗之通称，古曰犬，今曰狗。狗本指小犬，与驹指小马同语源。但犬不论大小都可说狗，也是很早了，《孟子》中就有"狗彘"，即猪狗之义，《庄子》中说"狗马"，《韩非子》中说"狗盗"，即披着狗皮去偷盗。但犬字至今也没有作废，如说犬牙交错、鸡犬相闻。

乖 guāi 乖的音义从丷，这是羊角相背之形，与乖同音。乖字今又从北，北为两人相背之形。故乖字本为拐离、别异之义，如说乖戾、乖剌、乖谬等，都带贬义。这可说是畜牧时代的语言文字，乖的语义向相反方向发展，贬义变成褒义，说小孩子乖乖的，为顺从、听话之义，乖巧是机灵之义。经过几件事情的教训，说某人学乖了，到底是好是坏，还要看具体表现。

毅 yì 果断、坚决、持久到底的品质曰毅。今说毅力、刚毅、坚毅、毅然决然。毅字从豕，本指动物的一种品性，引申指人之有毅力。

骍（騂） xīng 马赤黄色。牛、羊、猪的赤色也可叫骍。辛是表声的，但辛及从辛之字皆无赤色之义，就只有存疑了。

辔（轡） pèi 马缰绳，是牵连、控制和驾驭马的。执辔就是驾着马车行进。

闯（闖） chuǎng 会意字。马出门的样子，与突、窜二字的构思、取义相似。引申为猛冲、突入、无所顾忌、放浪等义，如说闯关、闯荡江湖。最早称闯将的是高迎祥、李自成。李自成还自称闯王。咱们现在说闯，常用于事业上敢闯，勇于进取，与马与门都无关了。

匠 jiàng 本指木工，故从斤，即斧子。引申说瓦匠、漆匠、铁匠等，说匠人、工匠，就包括各种手工艺人。抽象义可说匠心，为构思之义，常是就文艺而言。巨匠，常是指超凡的构思和善于制作的本领。

业（業） yè 所从事的工作叫职业、行业，社会的分工有工业、农业、商业等，有失业，有就业。学校有学业，回家还有作业。业的动词用法现在没有了，"业田"就是从事耕作。业又有副词用法，为已经之义，如说业已取得良好成绩。如说"良业为取履，因长跪履之"。这句话是说张良已经给老人在桥下取来了鞋子，就又跪在地上给老人穿上这只鞋。

瓦 wǎ 今单说瓦，指房上盖着防雨的瓦片。古说瓦，指用土烧的各种器皿，今还可说瓦盆、瓦罐、瓦缸之类。瓦解、瓦全指已烧土器之破裂或完整。土器逐渐为陶瓷代替，瓦字就只指砖瓦之瓦了。

瓻 chī 酒器。大者可盛一石，小者亦可盛五斗。它何以从希声？已无记载。

器 qì 今说器皿、器械、器物，包括很广，口语中说东西。工欲善其事，必先利其器，此指工具。《老子》中说"大器晚成"，则是指人才，人也可归为器。又从而可说器量、器度、器宇。对人推崇，可说器重。

筥 pǒ 筥笭，是用竹篾或柳条编制的盛器。盛点粮食或豆类、零星杂物，形制也无一定。

卮 zhī 今或作卮。一种小而圆的常用酒杯。卮酒就是一小杯酒。又假借指一种灌木，可以染黄色，后作栀，或称茜草。

叠 jǐn 从丞从卪，即乘承礼节之义。婚礼中有"合叠"，用一个瓠，中分得二瓢，夫妻各执一瓢对饮。这个瓢就叫叠。

染 rǎn 以缯帛染色。染色需用水，颜料大多取自草木，故从木。引申义指沾染什么好的或坏的习俗，如说一尘不染。此义常用于佛教，要保持身心的纯净，排除一切色香等物欲的追求。染指，本指用手指去鼎里蘸点汤，尝尝味道。疾病可说传染、感染。绘画或写作可说染毫或染翰。

索 suǒ 会意字。从米（bèi，草木盛）从系，草有茎叶可作绳索。古多麻绳之类。小曰绳，大曰索，更小曰线。如说"大渡桥横铁索寒"。抽象义说问题的线索。索的语义发展主要是在动词方面，最初是把搓绳叫索，搓成绳子后用以捆取东西或人，可说索取、搜索，探索或求索是用于抽象义，还说思索。"路曼曼其修远兮，吾将上下而求索。"索的是路，是屈原寻求楚国困局的解决办法。索的结果，往往是殆尽，索然无味，就是一点兴味也没有了。索性就是用尽这种性情脾气，要干就索性干到底。

闹（鬧） nào 喧嚣嘈杂，字从市会意，故说闹市。闹亦有相对争吵之义，故字从门，今说吵吵闹闹。闹字还有繁盛、热烈之义，如说热闹，有闹元宵、闹新房，都是热闹、庆贺之义。闹字产生于六朝，唐代开始用开，唐诗中如说"红杏枝头春意闹"。

帑 tǎng 金库。府帑，或说帑藏，皆指国库。帑也指裹藏金帛之囊。

赊（賒） shē 赊买，就是没有付款便买进，即欠账。今常说赊欠、赊账、赊销，都是指欠账的买卖。由拖欠之义可引申为迟缓、长久、遥远等义。拖欠的是钱财、货币，它的主宾语可大加延伸，可指各种事物的拖延、缓慢、长久。如说"三十年前事也赊"，是说三十年前的事已相隔久远。

戥（戤） dǔn 从万从足，这是明清以来用开的商业用语。零售的反面是戥售，或戥卖，即成批地、一次性地买进或卖出。

兵 bīng 从廾从斤，即两手并力持斧，兵是武器之义。各种武器都可称兵，有长兵、短兵。引申指持兵器的人，即士兵。兵书是讲打仗之书，兵家是军事理论家和指挥家。随着兵字之后修饰对象的不同，语义在灵活地变化，人们也很能理解。但是对兵字的语源，却未曾见有较为可信的探索。

戎 róng 从戈从十（十字为古甲字），即长兵和盔甲。所谓戎装，就是穿起盔甲，拿起武器。戎事就是军事，戎机就是战争，戎政就是军政。戎还有动词义，为征伐之义，今已不用了。戎还曾作第二人称代词，与汝、若、你等均双声。我字也从戈，本为武器之名。

戍 shù 从人持戈，会意字，守卫之义。戍边就是守边，动词。这与我国古代的徭役制度有关，多少户多少时间出多少人去守边，都有规定。戍与守两字双声，其他问题就不知道了。

羿 yì 本作羿，鸟之羽翼与风之起齐平，即乘风万里之义。古有善射者名后羿。

鏖 áo 苦战而多杀伤曰鏖战。鏖似与熬、鏊音义相近。熬，干煎也。鏊，烙饼的平底锅，是干炕的。但从未有人说过鏖、熬之间的联系，只能算存疑待考。

燹 xiǎn 从火，豩声，野火也。常说兵燹，指战乱带来的灾害。豩(bīn)，豕相逐乱，故燹为火势乱窜之义，亦称战火纷飞。但燹与豩声母有明显差别，属未知数。

盗 dào 或作盜。盗贼二字，早就连用，《老子》中已见，本指窃取人家财物和破坏国家法则的人。盗字从次（即涎字）从皿，心想要偷人器皿。后说强盗，即强力夺人财物。暗中窃取就说是贼。贼往往在人们不知不觉中干。如今说盗版书，即是偷印人家的书，就还是用了盗字的本义。

窃（竊）qiè 今日偷，古曰窃。窃听就是偷听。今说盗窃，是两个同义词的结合。从字形上看，盗为想要偷人器皿，窃〔古字形从穴、从米、从禼(xiè，虫子)等〕为虫子从穴中盗人窖藏之米。鼠窃狗盗，就是偷偷摸摸。窃又有私自、暗中、偷偷地等副词用法，如说窃窃私语，就是私下悄悄地说。我还可以谦称为窃。

毐 ǎi 从士从毋，谓人无往行、士之遭否定者。

寇 kòu 从宀，从元，从攴，即有人在宀下施暴，故为掠夺、抢劫、侵犯之义。寇边就是侵犯边疆，为动词。作名词，今还说流寇。寇雠就是仇敌。《易经》中几次说"匪寇，婚媾"。这不是有人在抢劫，而是有人在办婚事。怎么把结婚误会成了抢劫呢？原来古时曾流行抢婚制，谁抢到就是谁家的媳妇，先下手为强。

罚（罰）fá 重者为刑，轻者为罚。罚字从刀从詈(lì，责骂)，即是持刀责骂一番。今则常要罚站、罚跪、罚款、罚球、罚酒、罚唱歌。罚字从刀，也可从寸，寸就是法度。

报（報）bào 从幸从艮。幸，罪也；艮，即服。服罪曰报，即是治理罪人，如定罪、判决、上报等。报的引申义可说报应、报复、报答、报告等。报字的宾语越来越宽泛，又有报晓、报喜、报警等。报纸本来是向上报的，是给皇上和朝廷看的，到了民主社会，老百姓都要看报，一印就是很多份。

肇 zhào 从攴，肁声，肁为门户始开，故事之开始、发端曰肇始、肇端。肇事者，就是引起事故的人。肇岁就是岁之始。

图（圖）tú 从口从啚(即鄙，边区)。图的本义指地图，上面都是区域、范围和边远地区之类。由地图而引申指各种图像、图表、图画等。作动词说图谋，本是指谋的诸侯国的土地、疆域。再引申指各种企图、意图、宏图。图什么，就是谋求什么。

笳 jiā 古代北方少数民族中流行的一种吹奏乐器，有时把芦叶卷一下就可吹响了。常称胡笳，似笛，以竹制。

邮（郵）yóu 本指边境上传送文书的驿站。步传曰邮，马传曰置，或曰驿。驿站供应食宿和车马，都是公家设置的。字本从垂，取边陲之义。

森 sēn 大片树木丛密而高耸。今说森林、森森、阴森，还说戒备森严。

个 gè 本作箇、個。竹曰个，木曰枚。因为常用以指人，故加人旁。这是一个最古老而现在还用得最广泛的数量词。竹竿是长条的，人也是长条的，故说个人。人的身高可说个子。六朝开始，量词获得很大发展。时间也说长短，故可说一个月、一个小时、一个下午等。瞬间是短时间，也可说一个瞬。皮球是圆的，也可说一个皮球。抽象事物没有形体，也可说一个念头、一个主意。个字还可用在动词之后，说玩个够、喝个痛快、打他个落花流水等。这种用法，表示行为的整个。现在竹子倒不说个了，如说一根竹竿、斑竹一枝等。

枚 méi 树干。枝曰条，干曰枚。干也是长的，于竹曰个，于木曰枚。用得广泛了，就不限于长的形体，如说"径寸之珠十枚"，直径一寸的珍珠，是指长度，但珍珠是圆的，今说颗。"龟长尺二寸者二十枚"，乌龟今说只。枪是长的，今说一枝枪或一把枪，古说枪二十枚。这样，量词的变化也很大，它要表事物的形状，汉语中共计有数十个量词，位居数词之后，名词之前，这个位置则是未有改变。

蓟 jì 一种菜用植物，菊科，多刺，带白色茸毛，随处都能野生。作地名，古有蓟州，今天津市北还有蓟州区。

荳蔻 dòukòu 两字叠韵。亦作豆蔻，一种多年生草本的菜用植物，特别是红荳蔻，只生于我国南方诸山中。南人取其花之未盛开者曰含胎花，诗人形容十三四岁的少女曰荳蔻年华。

杏 xìng 其木、花、果皆称为杏，与桃、李等齐名，但唯独杏字，我们不知其语源。其名也几千年稳定不变。果酸甜差别很大。

蘅 héng 杜蘅，香草。多年生草木，全草入菜，并可提取芳香油。

郁（鬱） yù 木丛生者，也散发芬芳之气，并引申有郁积、郁结、郁抑、浓郁的说法。又有忧郁的说法，忧则心有所郁结，因而得抽象义，可说郁郁不乐、郁郁不得志。具体义可说郁郁葱葱，指草木茂密。

从鬱字有灪字，形容水势大；有爩字，出烟大；又有黦字，指黑色。它们本也可以组成一个词族，由于它们过于古僻了，所以这个词族没有得到发展。

蒯 kuǎi 丛生水边的草，茎可编席或绞索。字也用作姓氏或地名。

芟 shān 割草。作名词指大镰之类。会意字，殳可作除草工具。引申可说"芟夷"，即削平东方的少数民族，芟的宾语扩展了。

虺 huǐ 本作虫。古称土虺，呈土色，长尺余，头如拇指，有牙最毒。虫字今皆作蟲的简化字，音义皆变。

卵 luǎn 今曰蛋，古曰卵。卵与石斗，古曰以卵投石，今曰鸡蛋碰石头。蛋之音义从诞，诞又从延，安行也。卵之音义无考。

鸢（鳶） yuān 鸱鹰之类，猛禽也。象弋之射获，故从弋会意。

鹋（鶓） miáo 从鸟，苗声。鸟名。但在语义上何以从苗，无据可证。

彪 biāo 虎纹也。从彡，象其纹。典型的会意字。主要作形容词，如说彪炳、彪焕，形容事物光彩照耀；说彪缤、彪蔚，形容文采繁盛。今说彪形大汉，形容人体魁梧雄伟。

虢 guó 从寽从虎。寽，即捋，上从爪，下从寸，相对而动为寽。故虢为虎爪所抓的纹路、痕迹。引申有勇猛、暴虐之义。但很少活用，主要作地名及诸侯封国之名。古有西虢和东虢，在今陕西及河南一带。

夔 kuí 相传是一种山林之怪，木石之神。古代有些奇异的物种，早已绝迹了。相传它有一足，且有人面之形（因中间有个自字）。它和虢字一样，只保留在地名和诸侯国名中。

兕

sì 如野牛而青，常犀兕连称。犀牛今还常见。兕皮厚，可制革、制甲。亦常称虎兕，与虎齐名。

鲷（鯛）

diāo 小鱼，骨端脆。它在现代生物学上属硬骨鱼纲。但是义从周的字皆无坚硬之义，故它何以从周声，尚待考证。

鲴（鯝）

gù 属硬骨鱼纲，可是从来无人说此语源。却常说是指鱼之肠或胃，则又不坚硬。所以这里还有问题待考。

草、木、鸟、兽、虫、鱼方面，我们还有许多名物方面的问题。虽然早有人去考证，但有续考，但是他们的主要兴趣不在语源。

蝰

kuí 一种很毒的蛇，我们说不出它从奎的取义。奎，夸也，指人的胯部。蝰也指蚕蛹。

鲐（鮐）

tái 海鱼名。又称青花鱼、油筒鱼，体呈纺锤形，背青色。老年长寿人背上生斑如鲐背，故古称鲐老。鲐稚，就是老幼。

暹

xiān 从日从进。日光进也。但是我们已经不知道它语音的来源了。

晶

jīng 明亮。如说亮晶晶、晶莹。晶的名词义指水晶这种透明的矿石，还指各种结晶体。

杲

gǎo 从日在木上，明也。如说杲杲出日。引申有高远、白亮之义。

炅

jiǒng 日从火，皆为明亮之物。李白《上云乐》有"碧玉炅炅双目瞳"。炅、炯二字音同而义近，今说目光炯炯，可以存参。

昼（晝）

zhòu 白天，与夜为界。今说昼夜。有时午饭可说昼饭，午休可说息昼，便只指中午的一段时间。

昶

chǎng 从日从永，日长也。永为水长，故昶为日长，冬至以后白天一天天长，至夏至最长。昶，明而长也。

坤

kūn 或作堃。从土从申。大地，与乾相对，乾坤就是天地。男女之间，是阳刚与阴柔，就乾坤说，女方属坤，故宫中后妃所居之地曰坤宁宫。

阜

fù 土山曰阜。古常山阜并称，山，有石而高。阜字引申有高峻、肥壮、众多、繁盛、丰厚等义。北京有阜成门，阜为丰实之义，成字从丁声，为成熟、丁实之义，故阜成为丰盛成熟之义。

谷

gǔ 两山之间的低陷地带有水流出者为谷。谷字的口上部分为半个水字之形。进退维谷，表示穷途末路了。空谷足音，表示是难得的人才或言论。

壑

hè 经过疏浚的深谷。字从谷从土从𣨼(cán，穿残骨也)。常说沟壑，原始时代，大地上多有散见的兽与人之残骨。𣨼为右手对着半骨，即歺，餐字即从此。壑字从𣨼，取穿凿之义。

陋

lòu 形容事物之简陋、狭窄、粗劣，如说陋巷、陋室。字从匸，即隐字，偏狭隐蔽之地，何以从丙，就不知道了。作抽象义为低微、卑贱、丑陋之义，如说孤陋寡闻、陋儒（见识狭窄浅薄之儒）。

尘（塵）

chén 本作麤，鹿爱成群出行，扬土就很厉害了。今说步人后尘，是抽象义，自己的创造不多，跟着大家一起干。尘还有沾染、污辱之义，说自尘或自点，都是这个意思。佛教把世俗说成尘世，要找净土，要看破红尘。红是指人间的繁华热闹，被看成尘污。

坚

jì 坚硬之土。

水

shuǐ 象众水并流之形。故本指河流，如说汉水、渭水。隶楷把笔画写成撇捺，向左右伸展。川是通流之水，水有断流处，说是表示有微阳之气，实是指可以酌取之水。许多液态的东西也可叫水，如铁水、菜水、泪水。说话中自己外加的成分多，就说是水分大。一个人额外的收入多，就说是外水大。水字有两项古义，现在不用了：一、用水来测量事物的平面叫水。二、游水也叫水。"能水"就是能游水。水字始终未曾派生过一个新词。

瀣 xiè 沉瀣，指天地间水汽，如夜半人静已久，野外有成片水汽滞留，也指海上的水汽。气味相投的人混成一片叫沉瀣一气。

漏 lòu 本作屚，即屋下有雨水，漏了。漏字的主语和宾语获得很大发展，可说漏斗、漏网等，还可说漏风、漏电、漏光、漏气、漏税、走漏消息等。抽象义还可说工作、办法、考虑有漏洞，机密也可泄漏。漏还专指古时的一种计时器叫漏刻或漏壶，以不断漏的沙计时。关于漏的语源，人们常以漉、瀣、沥、滤等字来解释它，但它们都只是声母相同，韵母方面存在很大疑问。

尿 niào 字本作㞙，即尾部出水曰尿。又假借为溺。尿在口语中有理会之义，不尿他，就是不理他，有鄙视之义。

亏 (虧) kuī 从亏，虚声。气之亏损曰亏，因而得欠缺、差欠、空虚之义，甚至衰退、损坏。今说亏损，可指身体受了亏损，就要滋补、强本。对企业也可说亏损。讲理可说理亏了，理不直、气不壮，就心虚、退让了。亏的反义词是盈。月有盈亏，指其圆缺。功亏一篑，就是只差最后的一筐土，工程不够圆满。亏心就是做事、说话输了理了。幸亏，就是有幸能免于亏损；多亏，也是免于亏损。幸亏、多亏就是不亏，语义引申到了反面，就像敢字可有不敢之义，奈字可有无奈之义。

鑫 xīn 常用作人名或商店字号，取多金之义，显然是一个民间俗字，没有准确的语源记载。

鬯 chàng 以黑黍和郁金香一起酿造的香酒，常称郁鬯，周朝人用以降神。字形作凵中有米，下为匕。

觋 (覡) xí 能服事神灵的人，一般是男曰觋，女曰巫。

龛 (龕) kān 作动词，谓容盛；作名词，指可容盛佛像或祖宗牌位的石窟或小阁之类，常说佛龛、神龛。

疢 chèn 上火，发烧。故字从疒从火，读音却与火无关。

燊 shēn 从焱(yàn，火华也)在木上，故为火炽之义，却不知其语音之来源。

叠 dié 本作疊，从晶从宜，宜字本作㝉。多为两夕字相重叠。这样，叠就是三日两夕相重叠络绎。今说折叠，折则必重叠。阳关三叠，就是送别时把《渭城曲》唱了三遍。层岩叠嶂，就是山峦重重相连。

再 zài 字从冓省，冓是木材相对交积之形，省略了一半，便是再字。一次行动中的第二次叫再，从而区别于二或第二。例如已经唱了一个，要求再来一个。两是成双的，再是一次行动中的第二次。再见，即是已经见了一次。一举而二，第二次就是再。即同样的事情做了两次。

些 xiē 不多一点儿，少许。今说一些、有些、一些些，是唐宋以来逐步用开的数量词。它最早在楚方言中表肯定或否定的语气词。

六 liù 从人从八，会意字。自从和《易经》结合，讲究就多了。《易经》中把一道长横叫阳爻，中间断开成两道短横叫阴爻。非阴即阳，它也是二进制。三爻叠在一起成一卦，两卦叠在一起成为重卦。其中阴阳参变，演化出六十四重卦。每一卦都有一个名称，每一卦下都有或吉或凶事物发展不同情况的说道。六至今还被看成一个吉利的数字，所谓六六大顺。其实也没有什么科学的根据，只是人们的一种愿望而已。各种语言中数字都很活跃。汉语中语义最为丰满的是一字和零字，音义最能派生新词的是八字。

佾 yì 跳舞时排成的队列。古时的常规是一行八人，八行六十四人，叫作八佾。若是六佾，便是三十六人见方的方阵。天子八佾，诸侯六佾，大夫四佾。孔子见到诸侯庭里也是八佾，就觉得事情不好了。佾字右上为八字。八，分也。行列是分成的。

计（計） jì 从言从十。为合计、总计之义，故从十，会意。又可泛指各种计算，如家计谋生、国计民生，有粗略的估计，有精打细算。数学越来越深入各个具体学科，计算机的运用深入到现代生活的各个方面。计字的深刻发展，还与计谋、计策、计划等结合，三十六计，走为上计，还有温度计等，则均为名词。

外 wài 从夕从卜。占卜的时间不在平旦，夕卜就不那么灵验了。故外字原与占卜有关。外最早的引申义是疏远，与内字相对。内阳而外阴，内君子而外小人，从而外就成为一个方位之词。外又与中、里相对，至今还说中外、里外。内外要分明，不能吃里爬外。亲属之间，对母系方面亲属说外婆、外甥等。外字又引申为疏远、抛弃、背叛等义，说有外心，就是要帮敌人的忙。说见外，就是不要把我当外人看待，是自己人。

另 lìng 这是宋元以来的民间俗字，在字形上和语源上都难以查考。它最初的语义是分居、割开，兄弟分居今还说另过。又说另外，是别异之义。有人说，另字是别字的省略而得，这不可信，因为两字的语音差别很大，最多只能是字形上的附会。今还说另起炉灶、另立门户、另眼看待，都是别异之义。

卡 kǎ 会意字。夹在上下之间，或夹住不得上下。如说关卡，为名词。卡脖子，便是动词，气就上下不得。还说头发卡(qiǎ)子，卡具。作动词时或可作拤，但没有通行，不列为派生词。作象声词，有时写作咔，也不通行，多数作喀。卡还常用作外语翻译时的音译字，还写作咔、胩等，佧是佧佤族（现称佤族）的专用字。它们均不能构成词族，因为没有语义上的联系。

尜 gá 由小、大、小三字组成，民间俗字，指两头小、中间大的形体。一种小儿玩具，两头尖，中间大，放在地下，用鞭子抽打，就尖头着地，迅速旋转起来。还有一种挂在墙上的尜尜灯，也是两头小，中间大。尜尜汤就是把玉米面做成尜尜形，下在汤里。

二

胭脂 yānzhī 本作燕支、焉支。匈奴境内有焉支山，因产焉支草，故以草名山。叶似藓，花似蒲公英，可以染红，并可润面。匈奴失此山后作歌曰："失我燕支山，使为妇女无颜色。"后作胭脂、臙脂。

玳瑁 dàimào 本指一种似龟的甲壳动物，它的壳光滑而有斑点，作妆装品，于汉代传入。

葡萄 pútáo 或作蒲陶、蒲桃。藤本植物，结成串浆果。汉代张骞出使西域大宛，将其种子带回内地种植。

狮（獅） shī 状为虎而小，黄色；亦如金色猱狗，头大尾长，或有青色者。出自西域诸国。

伽蓝 qiélán 梵文僧伽蓝摩的省称，僧众们居住的园林曰伽蓝。

菩萨 púsà 梵文菩提萨埵的省称。菩提就是觉悟，能感悟教义；萨埵就是众生。对自己能觉悟，对别人能普度众生，便是菩萨了。可说菩萨心肠、泥菩萨过江等。

菩提 pútí 亦说觉悟，指对教义的领会，相传当年释迦牟尼就是在菩提树下成佛的。

僧 sēng 梵文僧伽的省称，亦称沙门，俗称和尚、尼姑。

袈裟 jiāshā 僧人法衣，今所见多黄色。梵文原义谓非正色，是用杂色布制成的。

梵 fàn 梵文或梵语，指古印度的书面语，佛经皆以梵文写成。梵为梵摩的省称，为清净、寂静之义。佛寺可称梵宫或梵宇，梵音指诵经声。

塔 tǎ 又称浮图或浮屠。为佛教建筑，本是用以储藏、供奉佛骨或佛像的，后也用以储存佛经或僧人遗体。河南少林寺有塔林，是著名僧人的墓群，上建一小塔，故能成林。

佛教对汉语的影响很深。一部分是义译词，如说世界，是指三世与十界，三世是过去、现在和未来，十界是八方加上下。现在我们都说惯了，不觉得是翻译词语。佛是佛陀的简称，简化为单音节，字形上加上一个义相关的偏旁，成为形声字，如佛和僧加人字旁，禅字加示字旁等。

泵 bèng 英语 pump 的音译词，或作帮浦，意译为抽水机、唧筒，有水泵、油泵、气泵，是抽出或注入的一种机械装置。

啤 pí 德语 Bier 的音译词。它是用大麦芽和啤酒花酿制成的低度饮料。现在我国各地各种品牌的啤酒，产销都很旺盛。

菠 bō 原称菠薐菜，相传是唐代由尼波罗国传入（一说汉代开始有菠菜，待考）。菠菜根茎常带红色，富含铁质，常言"菠菜两头鲜"。

玻璃 bōli 其制作法由颇黎国输入，门窗皆镶的透明材料。然而汉语中本有玻璃一词，指一种玉，即天然水晶，古又名水玉，那么玻璃一词本应是晶莹美丽之义。

琉璃 liúli 本指一种色彩明丽的宝石。流离，本谓光彩纷繁之貌。用以破译梵文，初作壁琉。至今还有琉璃瓦，指瓦上涂了一层彩色的釉，明丽而能反光。

歹 dǎi 坏，如说歹徒。为非作歹，歹与非为同义词；不识好歹，歹与好为反义词。歹是一个蒙语借词，元代以后才用开。

可汗 kèhán 古代鲜卑、蠕蠕、突厥、回纥、蒙古等族的最高首领叫可汗，其妻叫克敦。

以上共 18 词。以下为我国 55 个兄弟民族的音译名称及人口、居住情况。他们民族名称的取义是什么，这正是我们这里所需要探讨的，由于史料缺乏，只能暂缺了。而当今世界各国的音译名及其取义，也从略。

蒙古 Měnggǔ 蒙古族，集中居住在内蒙古，那里是我国最早成立的民族自治区。东北三省、甘肃、新疆、青海、河北、河南等地都有蒙古族人世代居住。成吉思汗是他们最大的英雄，他的孙子忽必烈建立了元朝。

回 Huí 回族，较集中地居住在宁夏回族自治区。内地及边疆多个省市都有回民散居。航海家郑和就是回族人。

藏 Zàng 藏族，集中居西藏自治区。四川、青海、甘肃、云南等地也有藏民居住。唐宋时称吐蕃。唐代文成公主嫁给藏王松赞干布是历史美谈。

维（维）吾尔（爾） Wéiwú'er 维吾尔族，主要分布在新疆等地。

苗 Miáo 苗族，居住在西南、中南诸省区及四川等地。甲骨文中就有苗族的记载。

彝 Yí 彝族，居云南、四川、贵州、广西等地。云南白药、歌剧《阿诗玛》都是他们的文化积淀。

壮 Zhuàng 壮族，是兄弟民族中人口最多的，主要集中居于广西壮族自治区，还有云南、广东、贵州等省。

布依 Bùyī 布依族，集中居贵州，有黔南布依族苗族自治州。

朝鲜（鲜） Cháoxiǎn 朝鲜族，居吉林及东北其他地区，有延边朝鲜族自治州。

满（滿） Mǎn 满族，本称女真，17 世纪后改称满族，居辽宁及东北地区，河北、内蒙古、北京也都是他们长期居住的地区。

侗 Dòng 侗族，居贵州、云南、广西等地。

瑶 Yáo 瑶族，居广西、云南、湖南等地。

白 Bái 白族，居云南、贵州、湖南等省。殷商末期已有他们的记载，唐代建有南诏政权。

哈尼 Hāní 哈尼族，居云南。

土家 Tǔjiā 土家族，居两湖及重庆等地，有高水平的音乐文化。

哈萨克 Hāsàkè 哈萨克族，居新疆、甘肃、青海等地，普遍信仰伊斯兰教，有古尔邦节、开斋节。

傣 Dǎi 傣族，居云南西双版纳傣族自治州。

黎 Lí 黎族，居海南，黎锦是很高的纺织技术。

傈僳 Lìsù 傈僳族，人口63万，居云南、四川，是古代氐、羌族的一个分支。

佤 Wǎ 佤族，居云南。民族性格勇武。

畲 Shē 畲族，居福建、浙江、江西、广东等地。浙江有景宁畲族自治县。

高山 Gāoshān 高山族，居台湾、福建。17世纪以来反抗民族压迫的斗争顽强。

拉祜 Lāhù 拉祜族，居云南。是古代的羌人，10世纪以后定居云南。

水 Shuǐ 水族，居贵州、广西。贵州有三都水族自治县。

东（東）乡（鄉） Dōngxiāng 东乡族，居甘肃、新疆。

纳（納）西 Nàxi 纳西族，云南丽江市有玉龙纳西族自治县。

景颇（頗） Jǐngpō 景颇族，云南有德宏傣族景颇族自治州。

柯尔（爾）克孜 Kēěrkèzī 柯尔克孜族，居新疆、黑龙江。新疆有克孜勒苏柯尔克孜自治州。

土 Tǔ 土族，居青海、甘肃。青海有海东市互助土族自治县。

达（達）斡尔（爾） Dáwòěr 达斡尔族，居内蒙古、新疆、黑龙江等地。内蒙古有莫力达瓦达斡尔族自治旗。

仫佬 Mùlǎo 仫佬族，广西有罗城仫佬族自治县。

羌 Qiāng 羌族，四川有阿坝藏族羌族自治州。相传炎帝、神农氏出身于古羌人，大禹也兴于西羌。红军长征曾在那里活动了四个多月。

布朗 Bùlǎng 布朗族，居云南，先民是古代的"濮人"。

撒拉 Sālā 撒拉族，是突厥族的部分后裔，居青海、甘肃等地，青海有循化撒拉族自治县。

毛南 Máonán 毛南族，广西环江有毛南族自治县。

仡佬 Gēlǎo 仡佬族，贵州有道真和务川两个仡佬族苗族自治县。

锡（錫）伯 Xībó 锡伯族，居东北三省及新疆。

阿昌 Āchāng 阿昌族，居云南。

塔吉克 Tǎjíkè 塔吉克族，新疆有塔什库尔干塔吉克自治县。

普米 Pǔmǐ 普米族，居云南。

怒 Nù 怒族，居云南。

乌（烏）孜别克 Wūzībiékè 乌孜别克族，居新疆。

俄罗（羅）斯 Éluósī

俄罗斯族，居新疆、黑龙江。18世纪后期从俄国迁入。

鄂温克 Ewēnkè

鄂温克族，居内蒙古、黑龙江。内蒙古有鄂温克自治旗。

德昂 Déáng

德昂族，居云南。

保安 Bǎoān

保安族，居甘肃。

裕固 Yùgù

裕固族，甘肃省有肃南裕固族自治县。

京 Jīng

京族，居广西。400年前由越南迁入。

塔塔尔（爾） Tǎtǎěr

塔塔尔族，居新疆。19世纪初由俄国陆续迁入。

独（獨）龙（龍） Dúlóng

独龙族，居云南，由刀耕火种的原始状态进入现代社会。

鄂伦（倫）春 Elúnchūn

鄂伦春族，居内蒙古、黑龙江兴安岭林区。

赫哲 Hèzhé

赫哲族，居黑龙江。

门（門）巴 Ménbā

门巴族，居西藏。

珞巴 Luòbā

珞巴族，居西藏。

基诺（諾） Jīnuò

基诺族，居云南。

三

伋 jí

人名。与急字同，急的上半部也是及字，心之所及为急。

佟 Tóng

姓。

邙 Máng

洛阳有北邙山，今郑州临黄河一带还有邙山区。字本作邙，作为山名，应谓草木盛多之山，可是历来从未有人这样解释。

邝（鄺） Kuàng

姓，出庐江县。

妲 dá

妲己，殷纣王之妃。

姜 Jiāng

神农氏居羌水，以为姓。姜与羌音义皆近，皆从羊。

娲（媧） wā

女娲氏，炼五色石以补苍天的神圣女子，是传说中人物。

嫫 mó

嫫母，传说中的丑女。

婕 jié

美也。女名。婕妤（yú），汉代宫中女官名，也作倢伃。

鲧（鯀） gǔn

大禹之父曰鲧，曾治水失败。大禹吸取了教训，取得了成功。

库（庫）She

姓。与库字的音义毫不相干。

冼 Xiǎn

姓。如作曲家冼星海。

嫘 Léi

姓。相传黄帝元妃曰嫘祖。

昝 Zǎn

姓。一度曾用同"咱"字。

邗 Hán

古国名，吴之邻国，春秋时为吴所灭。又有邗沟，或称邗江，是春秋时吴王夫差在江、淮间开凿的一条古运河。

邢 Xíng

周公旦的儿子受封的国名，在今河北邢台。周公本姓姬，子孙便由封地邢而姓邢了。宋代有注释家邢昺,《红楼梦》中还有邢夫人。

祁 Qí 山西有祁县,湖南有祁阳,安徽有祁门。匈奴语呼天为祁连,故祁连山即新疆之天山,不过还有南祁连就延伸到甘肃了。祁还有古义,为众多、大之义。

邴 Bǐng 古邑名,在今山东费县境内。亦作姓。又有古义邴邴,喜悦之貌。

邳 Pī 夏、商时即有诸侯国曰邳,在今江苏邳县境。又作山名,大邳山在今河南浚县境内,字或作岯。

郧(鄖) Yún 或作䢵。古郧国在今湖北安陆县境内。

邓(鄧) Dèng 今河南有邓州市,山东、河南一带还有几处古地名叫邓的。又作姓。

郾 Yǎn 今河南漯河市有郾城区。《说文解字》的作者许慎即郾城人。

郈 Hòu 或作鄇。在今山东东平县一带,是春秋时鲁国叔孙氏的地盘。

郇 Xún 在今山西临猗县境,周代的封国。

郜 Gào 在今山东成武县境,亦周代封国。

邽 Guī 陇西有上邽,于今天水市境。圭本指分封土地作为凭证的玉,故从二土,可能是这种取义。

郫 Pí 秦设置郫县,于今成都之西。

邬(鄔) Wū 于今山西介休县境。又指春秋时郑邑,于今河南偃师县境。

邹(鄒) Zōu 于今山东费、邹、滕等县(市)境,也称邾娄,简称邾。春秋时为小国,因此邹有狭小、村气不冠冕者之义。

鄄 Juàn 今山东鄄城县。春秋时为卫国领土。

郯 Tán 今山东郯城县。春秋时为郯子国,汉置郯县。

邺(鄴) Yè 三国时魏之都城,亦称临漳。在今河北临漳县西、河南安阳市北一带。

郦(酈) Lì 春秋时鲁国地名,楚国亦有郦邑,在今河南内乡县境。又作姓,北朝时郦道元,他的《水经注》是古代地理学名著,并有很高的文学价值。

郴 Chēn 今湖南有郴州。秦时设郴县。

陕(陝) Shǎn 今河南省陕县,春秋时由那里分陕东和陕西,召公主居陕东,名公主居陕西。这和现在的陕西省完全是两个概念了。

郏(郟) Jiá 在今河南省中部。洛阳市西亦有郏。不知何以称郏。郏与夹通,郏室即夹室,即两厢之后室,可以在那里做些杀鸡宰羊之事。

郗 Xī 现已改为河南沁阳市。

垟 Yáng 本指土地的精怪神灵。浙、赣一带田地就说田垟。

垌 Tóng 两广、贵州一带用作地名的专用词。读 dòng,贵州有合伞垌,广东有儒垌。田地可说田垌。

沂 Yí 水名,在山东。孔子就曾"浴乎沂",至今还在唱"蒙山青,沂水长"。还有临沂等地名。

沅 Yuán 源出贵州云雾山,流经湖南,注入洞庭湖。

沣(灃) Fēng 源出陕西秦岭,北注渭水。又为周代地名,在今陕西西安市鄠邑区境。

汴 Biàn 水名,今为河南开封的简称,也称汴梁。汴水源自荥阳,称南索河,隋代开凿通济渠,续至开封。北宋亡后,水路漕运的任务没有了,河道渐湮。

沩(潙) Wéi 水名,在今湖南宁乡市境,东北注入湘江。

涂(塗) Tú 即今云南之牛栏山,源于寻甸,北流注入金沙江。

涪 Fú 涪江居四川中部,流程千里入嘉陵江、汉水。它源于川北松潘县。作地名,今重庆有涪陵,四川有涪阳。

淞 sōng 有吴淞江,源于太湖,至上海与黄浦江合流而入长江。吴为习惯所加,因为它源于吴。

洧 Wěi 源于今河南登封,经鄢陵、扶沟至西华县入颍水。洧水并不著名,却还时而提到它。

洹 Huán 今名安阳河。源于河南北部林县(今林州市),经安阳到内黄入卫河。

湟 Huáng 黄河支流,居青海东部,源出青海湖附近之包呼图山,经西宁又往东至甘肃兰州附近入黄河。湟水又称西宁河。今青海还有湟中、湟源二县。

菏 Hé 今山东有菏泽市。菏本为水泽名。

洨 Xiáo 源于今河北井陉山,东南入泜(chí),安徽亦有洨水,为淮河支流。

洣 Mǐ 为湘江支流,源出湖南桂东县,西北流至衡山县入湘江。又称茶陵江。

浐(滻) Chǎn 源出陕西蓝田县秦岭,北入西安市,又向东注入灞水,故有时浐灞连称。

滰(蒗) Làng 蒗荡渠,古运河名,在河南。大禹塞荥泽开之,以通淮、泗。

澼 Pì 澼水亦名白鹭河,淮河支流,源出河南潢川县,北流经固始县入淮。

涞(淶) Lái 涞水亦名拒马河,黄河支流,源出河北涞源县,往东流入黄河。

浯 Wú 浯水是潍水的支流,源出山东莒县浯山(或作壶山),东北流经安丘、诸城,入于潍。湖南祁阳县又有浯溪,为湘水支流。

浕(瀍) Jìn 汉水支流。源出湖北枣阳,西入襄阳,合唐河入汉水。浕字还有流动、漂荡之义。

涢(溳) Yún 汉水支流。源出湖北随州大洪山,经安陆、汉阳入汉水。

浠 Xī 源出湖北英山县霍山西麓,经罗田县、浠水县入长江。

泗 Sì 源出山东蒙山南麓。古泗水南流入江苏徐州至淮阴注入淮河,后淤废。经曲阜、兖州、济宁入运河。

潍(濰) Wéi 源出琅琊箕屋山,古潍水东入海,今潍河经诸城、高密等入莱州湾。

泸(瀘) Lú 泸水,指金沙江下游的一段,自湖北宜昌以上,至云南、四川交界处的一段。

泜 Chí 源出今河北赞皇县,东流入滏阳河。古又指河南叶县东北的沙河,流经漯河市等地。

漯 Tà 黄河支流,古道屡经变迁,在河南、山东一带。又读Luò,河南中部有漯河市,漯河在此流过,据当地人讲,河中一度多螺蛳,故称漯河,算是一则通俗语源。

茌 chí 山东有茌平县,故为地名专用字。

岢 kě 山西有岢岚山,在岢岚县之北。

岘(峴) xiàn 亦称岘首山,位于今湖北襄阳。

岍 Qiān 山在今陕西陇县,今作千山。

嵧(嶗) Láo 山在今山东青岛东北崂山县境。或作牢山,为道教圣地。

碚 pèi 重庆有北碚,宜昌有虾蟆碚,皆指有高崖或峭岩之地。于土曰培,于石曰碚,故碚似有堆垒之义。备参。

崞 Guō 山在雁门。今山西又有崞县,汉代即已设置。

稽 Jī 从山,稽省声。今安徽宿县有稽山,河南修武县也有稽山。也作姓,三国时魏国著名诗人有稽康。

四

此皆象声词和感叹词，有一部分皆有语义，有一部分单纯象声。语法功能也很单纯。

玎 dīng 玉声。有时作丁。或叮当、叮咚，就不限于玉声了。

砉 xū 又读 huā 皮骨相离声。这在肉食为主的时代就听得多了。又指动作过于迅速，或豁然开朗之貌。字还作騞（huò，或作割），则与豁同音，也指破裂声。

硁（硜） kēng 敲击石声曰硁硁然。石制乐器为磬，其古文作硁。硁与铿古音也极相近。

玎 chēng 玉声。凡物相击有声皆曰玎。

铮（錚） zhēng 金属声。铿、锄二字也表金属声。

洴 píng 水声。或作泙。洴澼为漂絮声，实际是更多的水声。还说洴洴澎澎。

砰 pēng 石落声。还说砰訇，或作砰轰，形容大水或雷击声也说砰磕。砰湃、澎湃是形容波涛汹涌。总之都是宏大而沉重之声。

哔（嗶） bì 豆秸之类的柴火燃烧时发出哔哔剥剥的响声。

喔 wō 鸡鸣声。又读 wū，雉声。

哞 móu 牛鸣声。参见牟字。

咩 miē 叫声。本作咩，古读 mǐ。

咴 huī 咴咴，骡马叫唤声。

咭 qià 古作鼠叫声。又读 jī，今作咭呱呱，或唧唧咭咭。叽咭，表人说话声。

咆 páo 猛兽号叫声，或作咆烋、咆哮。"黄河在咆哮"，两字叠韵，字面上指波涛汹涌激荡，实也指人的怒吼。也说咆勃，发怒声，两字双声。

哮 xiāo 野猪惊叫声，野兽怒吼声。本作虓，虎吼声。今说哮喘，是呼吸道疾病，竟用了一个豕虎惊叫之声来形容它。

哐 kuāng 物相击声或堕地声，还说哐唧、哐当。

咕 gū 说话低声已不能听清，如说咕哝，又有咕噜（喝水声）、咕嘟（壶里水沸声）、咕咚（落水声）、叽咕（小声交谈）、嘀嘀咕咕（唠叨不完）。

呱 gū 呱呱坠地，指小儿生下啼哭声，已用了三千年，大概是最为悠久而稳固的象声词了。呱又读 guā，呱嗒，关门声；拉呱，闲谈之义。

呤 líng 小语声。

哓（嘵） xiāo 惧声。话多没完也可曰哓哓。

咿 yī 悲痛而又怀念之声。

哎 āi 表示悲痛或惋惜的感叹词。哎呀，表示惊疑，或不耐烦。

哒 dāi 突然吆喝声，促使对方注意。或者突然出现，想吓唬人，喊一声哒。字或作呔。

吱 zhī 家具、小动物之类发出的声音。如椅子摇得吱吱嘎嘎响，或咯吱咯吱响。又说老鼠在吱吱叫。更重要的，吱可作动词，如说不吱声，就是不发出声、不说话。

喳 zhā 鸟喳喳叫。对人也可说喳喳呼呼。

鹘鸼（鶻鵃）gúzhōu 一种小鸠之名，也是它的鸣声。

鹢鴯（鴯）yìér 即燕子的名称，也是它的鸣声。今还说呢喃，亦象其声。

觱篥 bìlì 一种吹奏管乐器，出自龟兹（Qiūcí）。以竹为管，以芦为首，状类胡笳而九窍。有觱篥歌，有时在战场上吹，诱使中原的马受惊。两字皆入声而叠韵。又说觱发，双声，是寒风凛冽之义。又有觱沸，为泉水涌出之貌。

后　记

　　我这本《简明版汉语音义系统字典》是在范晓民、曹干彬、骆玉安、李道魁几位老师的全力支助下，得以出版，能不表示感谢吗？

　　我衷心希望，我们的祖先在创造单音节的汉语和方块汉字中所表现的高度智慧，能为万代子孙在语文学习中得到理解和不同程度的掌握。现代科学已经发展到了系统论的高度，我们的思维和学习也要跟上，我们的语文学科的发展也将越来越快，因为它得到了科学的方法论的指导。

　　过去，毛泽东主席在延安整风时曾提出要"改造我们的学习"，那是指马克思主义的学习。我们这里讲语文学习的改造，就是提倡把握规律性，讲究方法论。那就是要注意音义的规律性。孔子赞扬他的好学生颜回在学习中能闻一以知十，感慨地对他的学生们说："吾与汝弗如也。"闻一知十做不到，闻一知三，举一反三，甚至举一反二，哪怕反一，不也就提高一倍的效率了吗？如果能举一反一，这二、三和四等等，也就接踵而至了，学习中就有了主动性和积极性。

齐冲天

甲午仲秋